Nikolli Stéfani O. de Lima

Acesse
www.moderna.com.br/ac/livro
e siga as instruções para fazer o
download do **livro digital**.

12082499 VEREDA DIGITAL FISICA

CÓDIGO DE ACESSO:

A 00021 VEREFIS U 49448

MODERNA

Vereda Digital

Física

Nicolau • Torres • Penteado

Volume único

Nicolau Gilberto Ferraro

Licenciado em Física pelo Instituto de Física da Universidade de São Paulo.
Engenheiro metalurgista pela Escola Politécnica da Universidade de São Paulo.

Carlos Magno A. Torres

Bacharel em Física pelo Instituto de Física da Universidade de São Paulo.
Professor de Física no Ensino Superior e em cursos pré-vestibulares.
Professor de Física e de Matemática em escolas do Ensino Médio.

Paulo Cesar M. Penteado

Licenciado em Física pela Universidade Federal de Santa Catarina.
Professor de Física em cursos pré-vestibulares e em escolas de Ensino Médio.

Livro acompanhado por um DVD.

1ª edição

MODERNA

MODERNA

Coordenação editorial: Juliane Matsubara Barroso
Edição de texto: Eugênio Dalle Olle, Fernando Savoia Gonzalez, João Batista Silva dos Santos, Lívia Santa Clara de Azevedo Ferreira, Lucas Maduar Carvalho Mota, Luiz Alberto de Paula, Silvana Sausmikat Fortes
Assistência editorial: Daniela Beatriz Benites, Edison Ribeiro Araújo, José de Jesus Cherrin Fernandes, Mauro Lalli
Preparação de texto: Silvana Cobucci Leite, Marilu Maranho Tassetto
Coordenação de *design* e projetos visuais: Sandra Botelho de Carvalho Homma
Projeto gráfico: Everson de Paula, Marta Cerqueira Leite, Rafael Mazzari
Capa: Everson de Paula
Foto da capa: Foto Starry Night, tirada em 05/03/2011 às margens do lago Eppalock, estado de Victoria, no sudoeste da Austrália. © Lincoln Harrison
Coordenação de produção gráfica: André Monteiro, Maria de Lourdes Rodrigues
Coordenação de arte: Maria Lúcia Ferreira Couto, Tais Nakano
Edição de arte: Pablo Braz, Tais Nakano, Wilson Gazzoni Agostinho
Editoração eletrônica: Exemplarr Worldwide Limited
Assistência de produção: Alexandre Cabral Benites, Daniele Fátima Oliveira
Edição de infografias: William Taciro, Paula Paschoalick, Mauro César Brosso, Fernanda Fencz
Ilustrações: Adilson Secco, Alex Lutkus, André Vazzios, Guilherme Darezzo, Ligia Duque, Luiz Rubio, Marcus Penna, Studio Caparroz
Cartografia: Anderson de Andrade Pimentel, Fernando José Ferreira, Ericson Guilherme Luciano
Coordenação de revisão: Elaine C. del Nero
Revisão: Afonso N. Lopes, Ana Maria C. Tavares, Carlos Eduardo Sigrist, Eduardo Kobayashi, Fernanda Marcelino, Luís M. Boa Nova, Nancy H. Dias, Maristela S. Carrasco, Nelson J. Camargo, Rita de Cássia Sam
Pesquisa iconográfica: Fabio Yoshihito Matsuura, Érika Freitas, Flávia Aline de Morais, Monica de Souza, Daniela Baraúna, Joanna Heliszkowski
As imagens identificadas com a sigla CID foram fornecidas pelo Centro de Informação e Documentação da Editora Moderna.
Coordenação de *bureau*: Américo Jesus
Tratamento de imagens: Arleth Rodrigues, Bureau São Paulo, Fabio N. Precendo, Marina M. Buzzinaro, Pix Art, Rodrigo Fragoso, Rubens M. Rodrigues, Wagner Lima
Pré-impressão: Alexandre Petreca, Everton L. de Oliveira Silva, Helio P. de Souza Filho, Marcio Hideyuki Kamoto
Coordenação de produção industrial: Wilson Aparecido Troque
Impressão e acabamento: Prol Editora Gráfica
Lote: 207045

Dados Internacionais de Catalogação na Publicação (CIP)
(Câmara Brasileira do Livro, SP, Brasil)

Ferraro, Nicolau Gilberto
Física, volume único / Nicolau Gilberto Ferraro, Carlos Magno A. Torres, Paulo Cesar M. Penteado. – 1. ed. – São Paulo: Moderna, 2012. – (Vereda digital)

Inclui DVD.

1. Física (Ensino médio) I. Torres, Carlos Magno A. II. Penteado, Paulo Cesar M. III. Título. IV. Série.

12-10797 CDD-530.07

Índice para catálogo sistemático:
1. Física : Ensino médio 530.07

978-85-16-08249-9 (LA)
978-85-16-08250-5 (LP)

EDITORA MODERNA LTDA.
Rua Padre Adelino, 758 - Belenzinho
São Paulo - SP - Brasil - CEP 03303-904
Vendas e Atendimento: Tel. (0_ _11) 2602-5510
Fax (0_ _11) 2790-1501
www.moderna.com.br
2017
Impresso no Brasil

1 3 5 7 9 10 8 6 4 2

Apresentação

Esperamos que você goste de estudar Física, pois temos certeza de que é curioso a respeito do mundo onde vivemos. Energia solar, máquinas e motores, radiação, eletricidade, magnetismo e muitos outros aspectos do mundo fazem parte da Física. Essa ciência é capaz de explicar inúmeros fenômenos, desde o funcionamento de máquinas muito simples, como um abridor de latas manual, até de outras muito complexas, como um tomógrafo computadorizado; fenômenos naturais, como um belo arco-íris ou o efeito estufa, e muitos outros. Esta obra vai ajudá-lo a entender e explicar muitos fatos do cotidiano e torná-lo mais curioso, inquisidor e crítico.

Para alcançar esse objetivo, os fundamentos da Física são expostos de forma clara e direta. Em cada capítulo, a teoria é apresentada em tópicos curtos, seguidos por exercícios resolvidos na seção **Aplicando a teoria**. Na sequência, há exercícios propostos, para você resolver, na seção **Avaliando o aprendizado**. No final de cada capítulo, você poderá aplicar seus conhecimentos na resolução de exercícios de vestibulares da seção **Revisando o conteúdo**. Esses exercícios são intercalados por fichas-resumo, que permitirão uma revisão dos principais conceitos estudados.

Uma ferramenta importante que vai auxiliá-lo em seu estudo diário é o DVD que acompanha o livro. Ao longo do livro-texto, você encontrará remissões aos conteúdos apresentados no DVD.

No DVD, você encontra:

- As **Fichas de estudo**, que permitem selecionar e organizar os itens mais importantes do capítulo em estudo.
- A **Visão do especialista**, que apresenta comentários ou resoluções de alguns exercícios propostos no livro.
- A **Biblioteca do estudante**, que traz textos que complementam o conteúdo do livro-texto.
- **Animações**, **vídeos** e **simuladores**.
- **Mapas conceituais temáticos** para a revisão do conteúdo e preparação para as provas, dentro dos seguintes temas: Gráficos, Força e Energia. Cada tema desenvolvido é acompanhado por uma série de exercícios que ajudam a relacionar toda a matéria estudada.
- **Físicos em rede**, apresentando a biografia e a contribuição para a Física de alguns importantes cientistas e relacionando-os com seus precursores, contemporâneos e discípulos, lembrando uma verdadeira rede social.
- As **Listas de exercícios**, que apresentam exercícios adicionais de cada capítulo, possibilitando que você aprofunde o conteúdo e se prepare para as provas e exames vestibulares.

Esperamos que o estudo da Física seja muito interessante e proveitoso e que tudo o que você aprender o faça ver o mundo com outros olhos.

Os autores

Organização do livro

O livro *Física – Nicolau, Torres e Penteado*, da coleção *Vereda Digital*, é formado por 40 capítulos em que são desenvolvidos os principais conteúdos da Física do Ensino Médio.

O livro está organizado de forma a orientar o estudo, propiciando o aprendizado dos principais conceitos da Física. O conteúdo do livro é complementado por conteúdos digitais, indicados ao longo dos capítulos por ícones, identificados pelo nome da pasta e pela numeração de cada objeto.

A **abertura do capítulo** apresenta:
- Os objetivos do capítulo.
- Uma imagem motivadora que sugere os conceitos abordados no capítulo.

Revisando o conteúdo
- Uma bateria de exercícios finais (incluindo questões dos principais vestibulares) com fichas-resumo, que auxiliam a resolução e fixam os principais conceitos do capítulo.

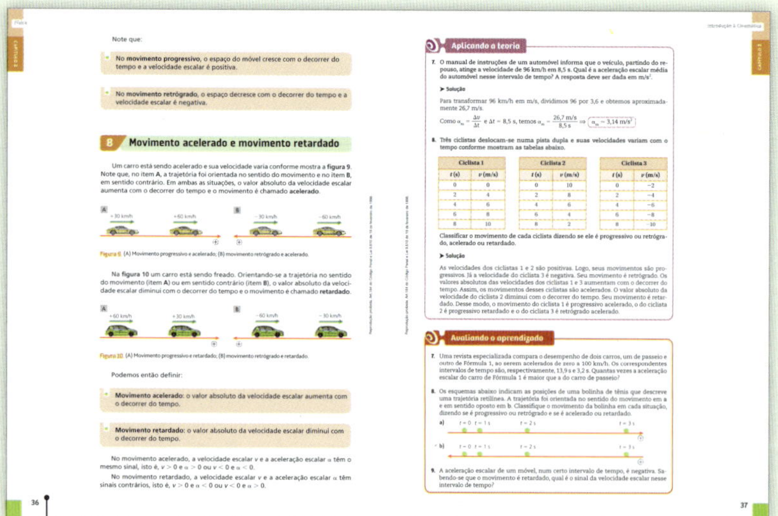

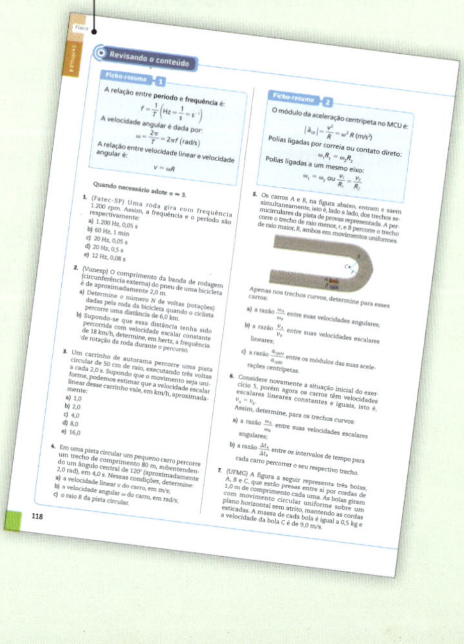

Na apresentação dos conteúdos:
- **Definições** e **conceitos básicos** são apresentados em boxes.
- O tratamento visual organiza o conteúdo.
- O **Aplicando a teoria** apresenta exercícios resolvidos, que visam recordar o conteúdo estudado.
- O **Avaliando o aprendizado** apresenta exercícios para o aluno fixar a teoria.

Como encontrar um objeto digital indicado na remissão

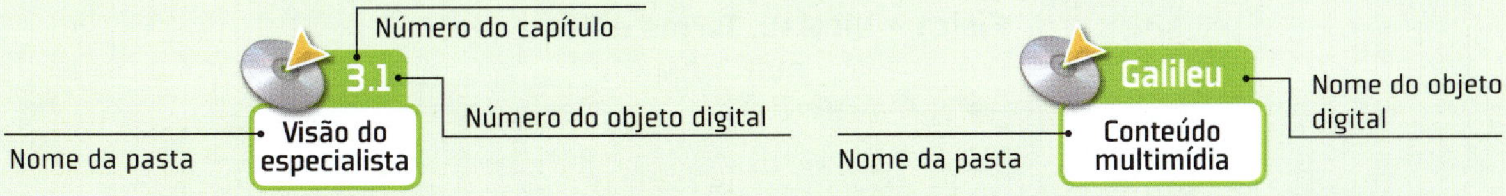

A remissão para o DVD indica a pasta (**Visão do especialista**, **Biblioteca do estudante** ou **Conteúdo multimídia**), o número do capítulo e do objeto digital, ou seu nome.

- O ícone **Visão do especialista**:

Remissão para a pasta do DVD que traz comentários ou resoluções de alguns exercícios.

- O ícone **Biblioteca do estudante**:

Remissão para a pasta do DVD que traz textos que complementam o conteúdo apresentado no livro.

- O ícone **Conteúdo multimídia**:

Remissão para a pasta do DVD que traz animações, simuladores e vídeos.

Remissão para a pasta Mapa conceitual temático do DVD.

Remissão para a pasta Físicos em rede do DVD.

Organização do DVD

Ao abrir o DVD, você encontrará o menu organizado em pastas. O mapa de navegação do DVD é:

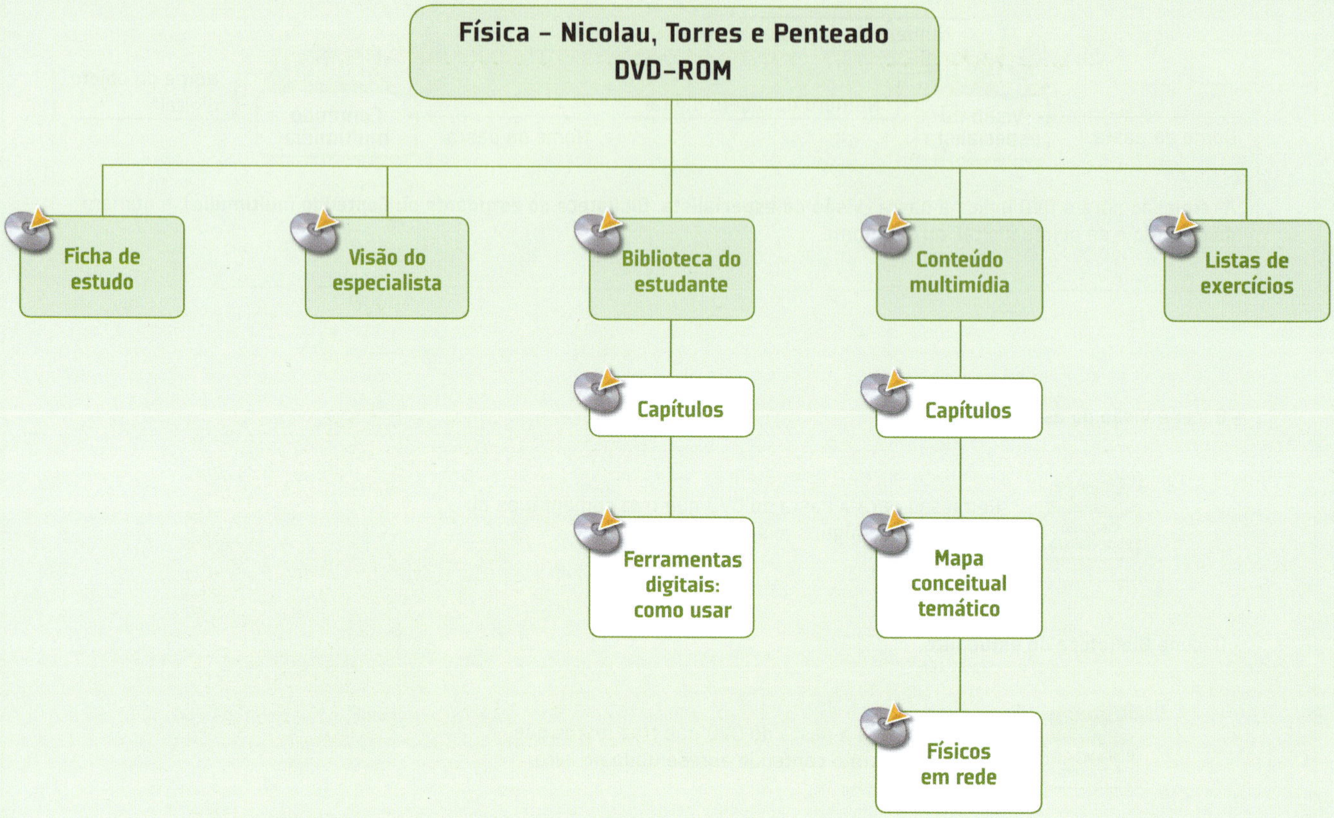

Visão do especialista:
- Comentário ou resolução de alguns exercícios.

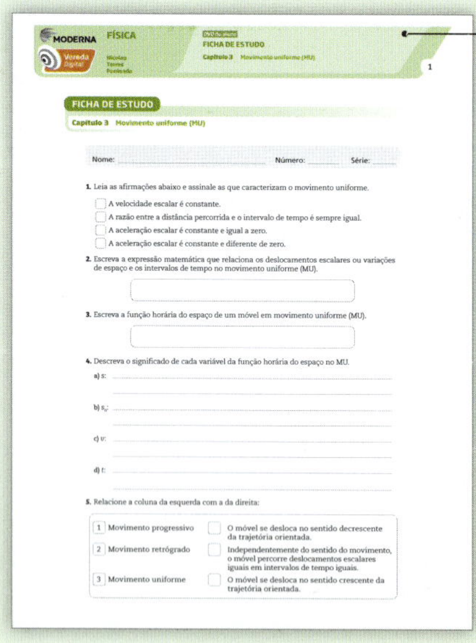

Ficha de estudo:
- Atividades para o aluno selecionar e organizar os conteúdos mais importantes de cada capítulo.

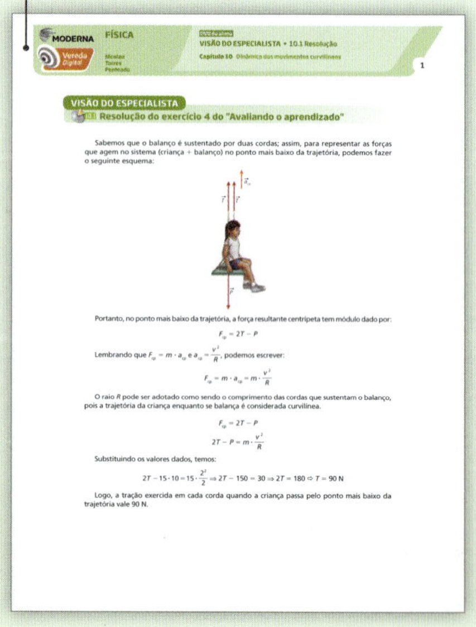

Biblioteca do estudante:
- Textos que complementam o conteúdo dos capítulos do livro.
- Textos com orientações técnicas.

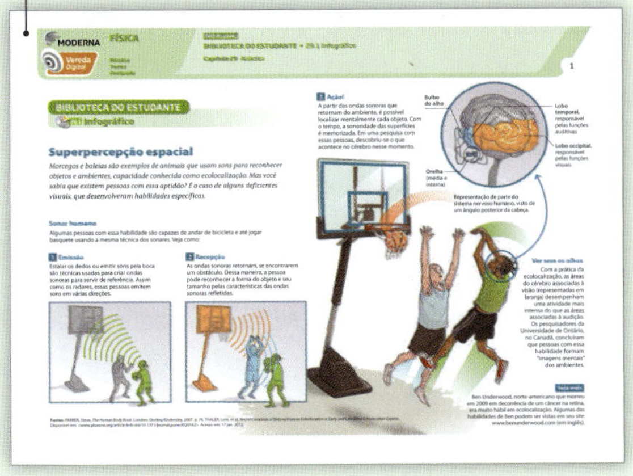

Lista de exercícios:
- Exercícios do conteúdo de cada capítulo para estudo para as provas.

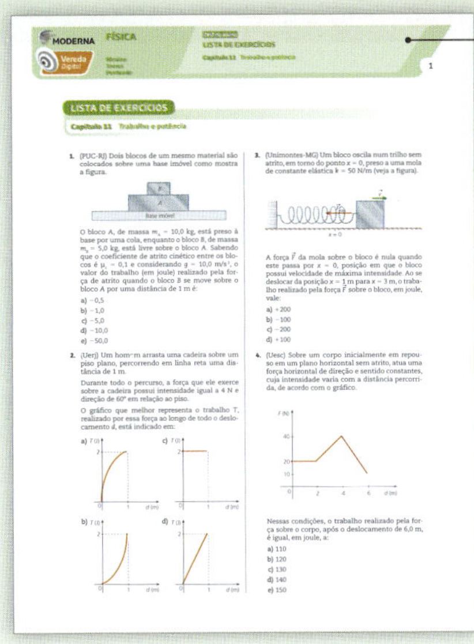

Conteúdo multimídia:
- Animações (demonstração de fenômenos), simuladores (atividades interativas que simulam resultados a partir de alguns dados), vídeos (com experimentos), mapas conceituais temáticos (organizando alguns temas da Física) e Físicos em rede (uma rede com as biografias de alguns físicos importantes, explorando os aspectos sociais e culturais envolvidos no estudo da Física).

Vídeo

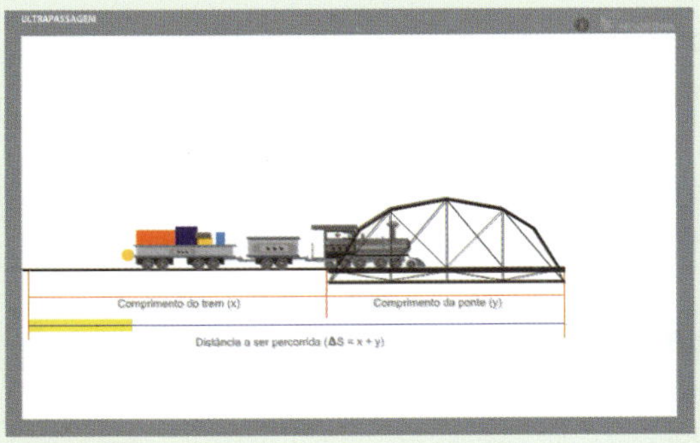

Animação

Mapa conceitual temático

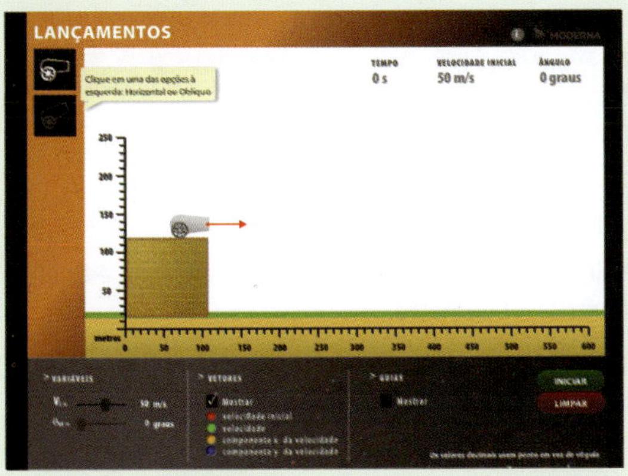

Simulador

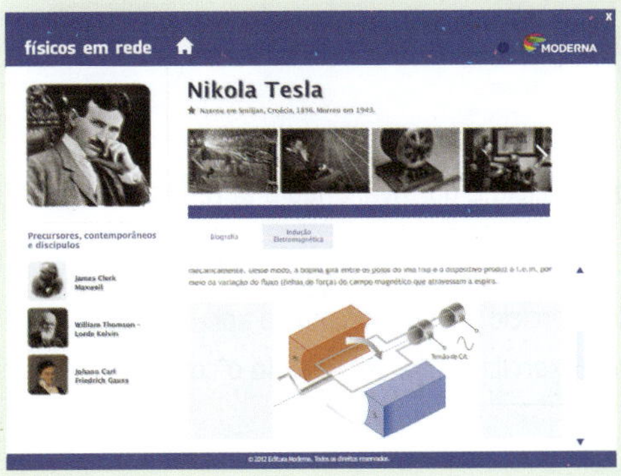

Físicos em rede

Conteúdo do DVD

Ficha de estudo

- Capítulo 1
- Capítulo 2
- Capítulo 3
- Capítulo 4
- Capítulo 5
- Capítulo 6
- Capítulo 7
- Capítulo 8
- Capítulo 9
- Capítulo 10
- Capítulo 11
- Capítulo 12
- Capítulo 13
- Capítulo 14
- Capítulo 15
- Capítulo 16
- Capítulo 17
- Capítulo 18
- Capítulo 19
- Capítulo 20
- Capítulo 21
- Capítulo 22
- Capítulo 23
- Capítulo 24
- Capítulo 25
- Capítulo 26
- Capítulo 27
- Capítulo 28
- Capítulo 29
- Capítulo 30
- Capítulo 31
- Capítulo 32
- Capítulo 33
- Capítulo 34
- Capítulo 35
- Capítulo 36
- Capítulo 37
- Capítulo 38
- Capítulo 39
- Capítulo 40

- **Capítulo 10**

  10.1 Resolução do exercício 4 do "Avaliando o aprendizado"

- **Capítulo 16**

  16.1 Resolução do exercício 27 do "Avaliando o aprendizado"

  16.2 Resolução do exercício 28 do "Avaliando o aprendizado"

- **Capítulo 20**

  20.1 Resolução do exercício 7 do "Avaliando o aprendizado"

- **Capítulo 21**

  21.1 Resolução do exercício 8 do "Avaliando o aprendizado"

- **Capítulo 22**

  22.1 Resolução do exercício 8 do "Avaliando o aprendizado"

- **Capítulo 28**

  28.1 Resolução do exercício 4 do "Revisando o conteúdo"

- **Capítulo 31**

  31.1 Resolução do exercício 11 do "Revisando o conteúdo"

- **Capítulo 32**

  32.1 Resolução do exercício 13 do "Revisando o conteúdo"

- **Capítulo 33**

  33.1 Resolução do exercício 18 do "Revisando o conteúdo"

- **Capítulo 36**

  36.1 Resolução do exercício 3 do "Revisando o conteúdo"

- **Capítulo 37**

  37.1 Comentário sobre a regra da mão direita e a da mão esquerda

Visão do especialista

- **Capítulo 1**

  1.1 Resolução do exercício 2 do "Avaliando o aprendizado"

- **Capítulo 3**

  3.1 Comentário do exercício 14 do "Avaliando o aprendizado"

  3.2 Comentário do exercício 9 do "Revisando o conteúdo"

- **Capítulo 5**

  5.1 Resolução do exercício 6 do "Revisando o conteúdo"

Biblioteca do estudante

- **Capítulo 1**

  1.1 Unidades SI de base

  1.2 Conselho Nacional de Metrologia, Normalização e Qualidade Industrial – Conmetro

  1.3 Potenciação

- **Capítulo 3**

  3.1 Função afim

Conteúdo multimídia

- **Mapa conceitual temático**
  - Gráficos
  - Força
  - Energia
- **Físicos em rede**
  - Ampère
  - Bohr
  - César Lattes
  - Copérnico
  - Coulomb
  - De Broglie
  - Einstein
  - Fahrenheit
  - Faraday
  - Feynman
  - Franklin
  - Galileu
  - Galvani
  - Gauss
  - Gleb Wataghin
  - Hawking
  - Hooke
  - Hubble
  - Huygens
  - Kelvin
  - Kepler
  - Marcelo Damy
  - Maxwell
  - Newton
  - Oersted
  - Ohm
  - Planck
  - Rutherford
  - Snell
  - Tesla

Listas de exercícios

- Capítulo 1
- Capítulo 2
- Capítulo 3
- Capítulo 4
- Capítulo 5
- Capítulo 6
- Capítulo 7
- Capítulo 8
- Capítulo 9
- Capítulo 10
- Capítulo 11
- Capítulo 12
- Capítulo 13
- Capítulo 14
- Capítulo 15
- Capítulo 16
- Capítulo 17
- Capítulo 18
- Capítulo 19
- Capítulo 20
- Capítulo 21
- Capítulo 22
- Capítulo 23
- Capítulo 24
- Capítulo 25
- Capítulo 26
- Capítulo 27
- Capítulo 28
- Capítulo 29
- Capítulo 30
- Capítulo 31
- Capítulo 32
- Capítulo 33
- Capítulo 34
- Capítulo 35
- Capítulo 36
- Capítulo 37
- Capítulo 38
- Capítulo 39
- Capítulo 40

Sumário do livro

Capítulo 1

Introdução à Física

Objetivos do capítulo:

- Explicar o que é a Física e quais são seus campos de estudo.
- Apresentar as unidades fundamentais e os prefixos do SI.
- Apresentar a notação científica de medidas.
- Definir e calcular ordem de grandeza.

A Física é uma ciência muito presente em nosso dia a dia. No bondinho do Pão de Açúcar e nas belas paisagens da cidade do Rio de Janeiro, mostrados nesta foto, vários objetos de estudo da Física podem ser observados.

O azul do céu, as ondas do mar e as marés, a eletricidade e as máquinas usadas para nosso conforto e facilidade, as grandes construções, os diversos movimentos realizados pelos corpos, assim como os sons, são estudados em diferentes áreas da Física.

Começamos agora uma caminhada em que vamos olhar o mundo que nos rodeia procurando ver nele a presença constante da Física.

1 O que é a Física?

Desde tempos imemoriais, o ser humano preocupa-se em entender e em explicar o mundo que o cerca. Também procura, sempre que possível, aplicar os conhecimentos já consolidados e acumulados pelas gerações anteriores para construir equipamentos, dispositivos e máquinas com o objetivo de facilitar a realização de tarefas cotidianas **(fig. 1)**.

TIM JACOBS/NASA

GEOEYE/SIME/NASA

Figura 1. As observações dos movimentos dos astros foram ponto de partida para medir o tempo. Acima, temos a vista aérea do observatório mais antigo das Américas, construído entre 200 e 300 a.C., em Chankillo, no Peru. Entre o fim do século XX e o início do XXI, essas observações ganharam o espaço com os telescópios Hubble (abaixo), Kepler e diversos satélites espaciais de pesquisa. À esquerda, o telescópio espacial Kepler, pouco antes de seu lançamento em 2009.

STSCI/NASA

O conhecimento total acumulado pela humanidade ao longo do tempo comumente é chamado de **Ciências**.

A Física, uma das muitas áreas das Ciências, é subdividida em diferentes ramos, que serão estudados ao longo deste livro.

Ramos da Física

Mecânica

É a área da Física que estuda os movimentos, investigando o que os provoca e como eles se alteram com o passar do tempo. Por que uma pedra abandonada do alto de um prédio cai em linha reta? Em que condições uma motocicleta é capaz de fazer uma curva (**fig. 2A**)? As respostas são dadas pela Mecânica.

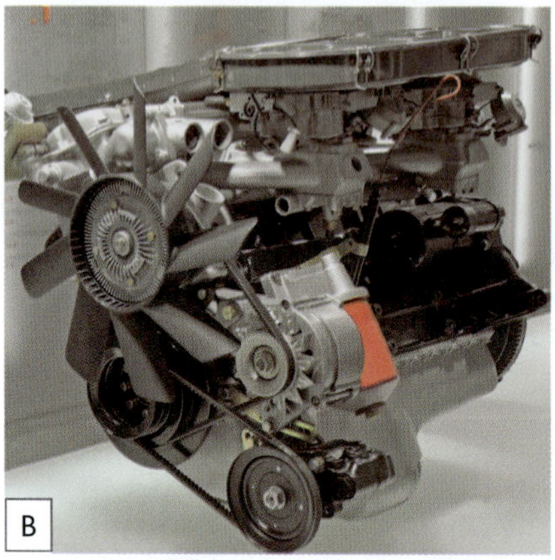

Física térmica

Essa área da Física estuda os fenômenos e conceitos relacionados com a energia térmica, entre os quais a temperatura, o calor e a transmissão e aproveitamento desse calor nas máquinas. A Física térmica explica, por exemplo, o funcionamento do motor de um carro (**fig. 2B**).

Óptica geométrica

A Óptica geométrica é o ramo da Física que estuda a propagação da luz e os fenômenos luminosos a ela relacionados. Dessa área da Física emergem aplicações práticas que nos são familiares, como os espelhos, as lentes e os inúmeros instrumentos ópticos (**fig. 2C**).

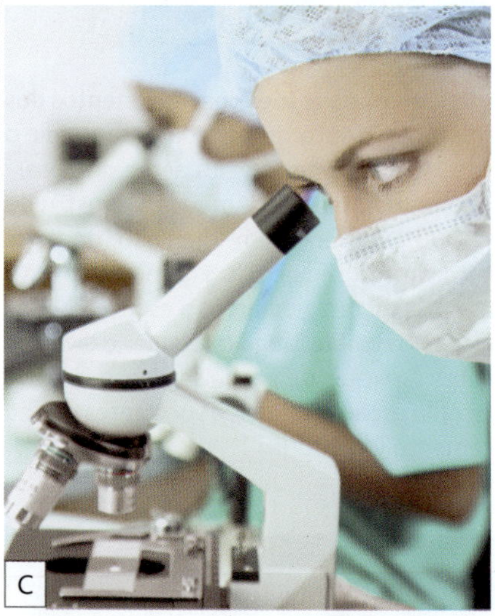

Ondas

Nessa área, a Física estuda a propagação de energia através de movimentos vibratórios periódicos. É aqui que são estudadas as propriedades do som, da luz e dos raios X, entre outras (**fig. 2D**).

Eletricidade e magnetismo

Aqui, a Física se ocupa de uma propriedade da matéria, a carga elétrica, dos fenômenos a ela relacionados (**fig. 2E**) e também de sua utilização em equipamentos e na geração de energia. As baterias, pilhas e eletrodomésticos são aplicações práticas dessa área da Física.

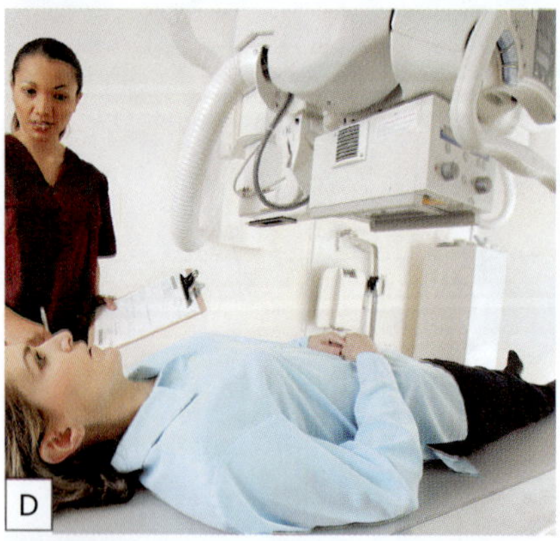

Figura 2. (A) Moto derrapando em uma curva; (B) motor de um carro; (C) microscópio óptico; (D) máquina de raios X; (E) descarga elétrica atmosférica (raios).

Física Moderna

O fim do século XIX e o início do século XX assistiram ao nascimento de uma nova era na Física. As contribuições de Albert Einstein, Niels Bohr e Max Planck originaram o que passou a ser conhecido como Física Moderna, área que hoje tem presença marcante em muitas aplicações práticas, dos computadores pessoais aos telefones celulares e televisores de LCD e de plasma.

2 O Sistema Internacional de Unidades

O estudo da Física tem por base a medida de grandezas. Tais grandezas, como o comprimento de uma ponte ou a temperatura do ar em uma sala, por exemplo, são chamadas de **grandezas físicas**.

CONSTRUCTION PHOTOGRAPHY/CORBIS/LATINSTOCK

Medir uma grandeza física é compará-la com uma medida padrão. Essa medida padrão é a unidade de medida da grandeza correspondente. A adoção de um sistema de unidades de medidas garante uniformidade na expressão das diferentes grandezas físicas.

O Brasil, através do Decreto Legislativo nº 57, de 27 de junho de 1953, adota o **Sistema Internacional de Unidades (SI)**, para a medição das inúmeras grandezas físicas existentes.

O SI estabelece sete **unidades fundamentais**, cada uma das quais corresponde a uma grandeza física. A partir dessas unidades fundamentais, pode-se determinar a unidade de medida das demais grandezas físicas, denominadas **grandezas derivadas**.

A **tabela 1** apresenta as grandezas físicas fundamentais do Sistema Internacional de Unidades com a correspondente unidade de medida e seu símbolo.

Tabela 1. Sistema Internacional de Unidades

Grandeza física fundamental	Unidade	Símbolo
Comprimento	metro	m
Massa	quilograma	kg
Tempo	segundo	s
Corrente elétrica	ampère	A
Temperatura termodinâmica	kelvin	K
Quantidade de matéria	mol	mol
Intensidade luminosa	candela	cd

1.1 Biblioteca do estudante

As grandezas físicas podem variar numa ampla faixa de valores, desde alguns muito pequenos até outros absurdamente grandes.

Visando facilitar a expressão desses valores, o SI usa os múltiplos e submúltiplos decimais de suas unidades de medidas com o acréscimo de prefixos, correspondentes a potências de 10, ou seja, 10^n, com *n* inteiro.

A **tabela 2** apresenta os principais prefixos do SI utilizados em Física.

Observe que o prefixo quilo (10^3) tem por símbolo o k (minúsculo); o K (maiúsculo) é reservado ao kelvin, unidade de medida da escala de temperatura.

Note também que, por razões históricas, o nome da unidade de medida de massa no SI, o quilograma, contém um prefixo; excepcionalmente e por convenção, os múltiplos e submúltiplos dessa unidade são formados pela aplicação dos outros prefixos do SI à palavra grama e ao seu símbolo, g.

Tabela 2. Principais prefixos do Sistema Internacional de Unidades

Prefixo	Símbolo	Fator pelo qual a unidade é multiplicada
giga	G	$10^9 = 1.000.000.000$
mega	M	$10^6 = 1.000.000$
quilo	k	$10^3 = 1.000$
hecto	h	$10^2 = 100$
deca	da	$10^1 = 10$
deci	d	$10^{-1} = \frac{1}{10} = 0{,}1$
centi	c	$10^{-2} = \frac{1}{100} = 0{,}01$
mili	m	$10^{-3} = \frac{1}{1.000} = 0{,}001$
micro	μ	$10^{-6} = \frac{1}{1.000.000} = 0{,}000\ 001$
nano	n	$10^{-9} = \frac{1}{1.000.000.000} = 0{,}000\ 000\ 001$
pico	p	$10^{-12} = \frac{1}{1.000.000.000.000} = 0{,}000\ 000\ 000\ 001$

1.2 Biblioteca do estudante

Aplicando a teoria

1. Uma mangueira plástica de jardim foi cortada em três pedaços com comprimentos iguais a 15 dm, 20 cm e 400 mm. Determinar o comprimento inicial da mangueira em unidades do SI.

➤ **Solução**

Ao somar ou subtrair grandezas físicas, estas devem, necessariamente, estar expressas na mesma unidade de medida.

Devemos então, inicialmente, converter a medida de comprimento de cada pedaço da mangueira para a unidade do SI correspondente.

Assim, teremos:

1º pedaço:

$15 \text{ dm} = 15 \cdot 10^{-1} \text{ m} = 15 \cdot 0{,}1 \text{ m} = 1{,}5 \text{ m}$

2º pedaço:

$20 \text{ cm} = 20 \cdot 10^{-2} \text{ m} = 20 \cdot 0{,}01 \text{ m} = 0{,}2 \text{ m}$

3º pedaço:

$400 \text{ mm} = 400 \cdot 10^{-3} \text{ m} = 400 \cdot 0{,}001 \text{ m} = 0{,}4 \text{ m}$

Agora que todas as medidas estão expressas na mesma unidade, podemos somá-las. Considerando que o comprimento inicial da mangueira seja L, teremos:

$L = 1{,}5 + 0{,}2 + 0{,}4 \Rightarrow \boxed{L = 2{,}1 \text{ m}}$

2. Uma melancia tem massa total de 4,6 kg. Determinar, em unidades do SI, a massa de melancia que restará após a retirada de uma fatia de 200 g.

➤ **Solução**

Se M é a massa inicial da melancia, teremos:

$M = 4{,}6 \text{ kg} = 4{,}6 \cdot 10^3 \text{ g} = 4{,}6 \cdot 1.000 \text{ g} = 4.600 \text{ g}$

Seja M' a massa da melancia após a retirada da fatia, então:

$M' = 4.600 \text{ g} - 200 \text{ g} = 4.400 \text{ g} \Rightarrow \boxed{M' = 4{,}4 \text{ kg}}$

3. O tempo destinado a um intervalo comercial durante um programa de televisão é de 3,5 minutos e deve ser dividido igualmente entre 5 anunciantes. Qual é o intervalo de tempo, em unidades do SI, que caberá a cada anunciante?

➤ Solução

Calculemos o tempo total *T*, em unidades do SI, do intervalo comercial:

$T = 3{,}5 \text{ min} = 3{,}5 \cdot 60 \text{ s} = 210 \text{ s}$

Se *t* é o tempo destinado a cada anunciante, teremos:

$t = \frac{210}{5} \text{ s} \Rightarrow \boxed{t = 42 \text{ s}}$

Avaliando o aprendizado

1. Converta para metro (m) as medidas abaixo:
a) 18 km b) 40 cm c) 35 mm

1.1 Visão do especialista

2. Converta para m^2 as medidas de áreas dadas a seguir:
a) 2 km^2 b) 5 mm^2 c) 300 cm^2

3. O are ou decâmetro quadrado (dam^2) é a unidade de área correspondente a 100 m^2. Um terreno retangular tem 12 m de frente por 30 m de fundo. Qual é a medida de sua área em are?

4. O volume correspondente a 1,0 L é, por definição, o volume de um cubo com aresta 1,0 dm. Assim, 1,0 L equivale a 1,0 dm^3. Qual é a capacidade, em litro, de uma piscina com medidas 3,0 m de largura, 8,0 m de comprimento e 1,5 m de profundidade?

5. Suponha que uma moeda de 5 centavos de real, de aço, tem massa 3,27 g e diâmetro 21,00 mm.
Um comerciante troca em um banco uma cédula de R$ 100,00 por moedas de R$ 0,05. Qual é a massa total, em kg, das moedas recebidas?

6. Um programa de telejornal mostra, em um canto do vídeo, um relógio digital indicando 7 h 15 min 38 s, correspondente ao horário oficial de Brasília. No mesmo instante, uma pessoa observa que seu relógio de pulso está marcando 7 h 18 min 15 s. Quantos segundos o relógio daquela pessoa está adiantado em relação ao horário oficial de Brasília?

3 Notação científica e ordem de grandeza

Notação científica

NASA/CORBIS/LATINSTOCK

Como vimos, as grandezas físicas podem variar numa ampla faixa de valores, desde alguns muito pequenos (o diâmetro de um próton, por exemplo, é de cerca de 0,000 000 000 000 001 m) até outros absurdamente grandes (a massa da Terra, por exemplo, é de aproximadamente 5.980.000.000.000.000.000.000.000 kg).

Devido a essa grande diversidade de valores, é necessário escrever números com muitos zeros, o que é um grande inconveniente na maioria das vezes. No entanto, podemos simplificar a escrita desses valores usando potências de dez. Nos exemplos anteriores, poderíamos representar a massa da Terra por $5{,}98 \cdot 10^{24}$ kg e o diâmetro do próton por $1 \cdot 10^{-15}$ m.

Esse tipo de representação é denominado **notação científica**.

Quando usamos a notação científica para representar um número N qualquer, devemos escrevê-lo na forma:

$N = m \cdot 10^n$ onde $1 \leqslant m < 10$ e n é um número inteiro.

Assim, o número 185, por exemplo, deve ser escrito $1{,}85 \cdot 10^2$.

1.3 Biblioteca do estudante

Observe que a grande vantagem do uso da notação científica é facilitar a realização das operações de multiplicação e de divisão entre diferentes medidas aplicando as propriedades de operações com potências, já estudadas na Matemática.

Ordem de grandeza

Imagine uma viagem de carro entre duas cidades distantes 400 km. Fazendo uma estimativa grosseira, quantas voltas você acredita que o pneu do carro daria durante essa viagem?

Muitas vezes temos de fazer estimativas grosseiras, porém razoáveis, de uma grandeza física. Outras vezes precisamos fazer apenas um cálculo rápido para checar a validade de um resultado obtido com cálculos complicados e verificar se ele é razoável.

Nessas situações devemos calcular a **ordem de grandeza** das quantidades envolvidas.

Seja qual for o valor de N, podemos escrever: $10^n \leqslant N < 10^{n+1}$

A ordem de grandeza de um número N é, por definição, a potência de dez de expoente inteiro, que mais se aproxima desse número.

Para determinar a ordem de grandeza de um número N, devemos, inicialmente, escrevê-lo em notação científica:

$N = m \cdot 10^n$, com $1 \leqslant m < 10$, isto é, $10^0 \leqslant m < 10^1$

Em seguida, temos de comparar o valor de m com o ponto médio do intervalo de $1 = 10^0$ a $10 = 10^1$, ou seja, devemos comparar m com $10^{0,5} = \sqrt{10} \simeq 3{,}16$.

A partir dessa comparação, temos:

- se $m < \sqrt{10}$, então a ordem de grandeza de N é 10^n;
- se $m \geqslant \sqrt{10}$, então a ordem de grandeza de N é 10^{n+1}.

Aplicando a teoria

4. A lista a seguir apresenta valores numéricos que podem, ou não, estar representados em notação científica. Fazer as alterações necessárias para que todos os valores estejam representados na forma de notação científica.

a) 475 m b) $3{,}2 \cdot 10^5$ m c) $23{,}5 \cdot 10^{-4}$ kg d) 3.500 kg e) $0{,}0025 \cdot 10^{-5}$ s

➤ Solução

a) Observe que devemos escrever 475 m como $4{,}75 \cdot 10^n$ m. Como a vírgula decimal foi deslocada 2 casas para a esquerda, o expoente n é igual a +2. Assim: 475 m = $4{,}75 \cdot 10^2$ m

b) O valor $3{,}2 \cdot 10^5$ já está representado em notação científica, pois $1 < 3{,}2 < 10$.

c) Como 23,5 está fora do intervalo entre 1 e 10, a forma apresentada não representa notação científica. Temos, então: $23{,}5 = 2{,}35 \cdot 10^1$. O valor dado pode ser escrito como $2{,}35 \cdot 10^1 \cdot 10^{-4}$ kg = $2{,}35 \cdot 10^{-3}$ kg

d) Como o valor 3.500 kg está fora do intervalo entre 1 e 10, o valor dado não está representado em notação científica. Devemos escrever 3.500 kg como $3{,}5 \cdot 10^n$ kg. Deslocamos, então, a vírgula decimal 3 casas para a esquerda; logo, o expoente n é igual a +3. Assim: 3.500 kg = $3{,}5 \cdot 10^3$ kg

e) Note que 0,0025 não está no intervalo entre 1 e 10 e, por isso, o número não está representado em notação científica. Temos, então: $0{,}0025 = 2{,}5 \cdot 10^n$. Como a vírgula decimal foi deslocada 3 casas para a direita, o expoente n é igual a −3. Assim: $0{,}0025 \cdot 10^{-5}\ s = 2{,}5 \cdot 10^{-3} \cdot 10^{-5}\ s = 2{,}5 \cdot 10^{-8}\ s$

5. Estimar a ordem de grandeza do número de passadas que um atleta deve dar para completar uma prova de maratona.

➤ Solução

Ao resolver um problema sobre ordem de grandeza, devemos ter em mente que sempre será necessário fazer estimativas razoáveis de algumas outras grandezas. Neste problema em particular, precisaremos estimar a distância que o atleta deverá percorrer para completar a prova da maratona e o comprimento de suas passadas durante a corrida.

Sabe-se que o percurso de uma prova da maratona é de 42,195 km, ou seja, cerca de 42 km ou $4{,}2 \cdot 10^4$ m. Uma estimativa razoável para o comprimento da passada de um atleta durante uma prova de maratona é 80 cm ou $8 \cdot 10^{-1}$ m. Assim, se N for o número de passadas do atleta, teremos:

$$N \cdot 8 \cdot 10^{-1} = 4{,}2 \cdot 10^4 \Rightarrow N = \frac{4{,}2 \cdot 10^4}{8 \cdot 10^{-1}} \Rightarrow N \simeq 0{,}52 \cdot 10^5 \Rightarrow N \simeq 5{,}2 \cdot 10^4$$

Como 5,2 > 3,16, a ordem de grandeza do número de passadas durante uma prova de maratona é $10^{(4+1)} = 10^5$, ou seja, para completar a prova de maratona a ordem de grandeza do número de passadas do atleta é 100.000.

Avaliando o aprendizado

7. Um retângulo mede 30 cm de largura por 40 cm de comprimento. Calcule sua área, em m^2, e expresse o resultado em notação científica.

8. Efetue as operações indicadas abaixo e dê a resposta em notação científica.

a) $F = (3{,}2 \cdot 10^3) \cdot (4 \cdot 10^{-2})$

b) $\Delta L = (8 \cdot 10^{-1}) \cdot (5 \cdot 10^{-6}) \cdot (2 \cdot 10^2)$

c) $i = \dfrac{(6 \cdot 10^{15}) \cdot (1{,}6 \cdot 10^{-19})}{(3{,}6 \cdot 10^3)}$

9. Em um recipiente fechado temos um mol de moléculas de um gás, ou seja, nele existem aproximadamente $6 \cdot 10^{23}$ moléculas do gás. Quantas moléculas restarão no recipiente se for tirado um bilhão de moléculas? Dê a resposta aproximada em notação científica.

10. Qual é a ordem de grandeza do número de voltas que um pneu de carro dá durante uma viagem de 400 km?

11. Faça uma estimativa da ordem de grandeza do número de batimentos de seu coração desde seu nascimento até hoje.

12. Usando um conta-gotas, um estudante observou que 1 cm^3 de água corresponde aproximadamente a 20 gotas. Qual é a ordem de grandeza do número de gotas necessárias para encher de água uma panela com capacidade 3,5 L?

Revisando o conteúdo

Ficha-resumo 1

Em Mecânica, principalmente, usaremos as unidades fundamentais do SI que correspondem às seguintes grandezas físicas:

- comprimento: medido em **metro**, cujo símbolo é **m;**
- massa: medida em **quilograma**, cujo símbolo é **kg;**
- tempo: medido em **segundo**, cujo símbolo é **s**.

Ficha-resumo 2

Os prefixos mais usados na **Mecânica** são:

- quilo → k → $10^3 = 1.000$
- centi → c → $10^{-2} = \frac{1}{100}$
- mili → m → $10^{-3} = \frac{1}{1.000}$

1. (PUC-RS) É muito frequente encontrarem-se anúncios e placas informativas com erros de grafia em unidades de medida. As unidades grafadas corretamente são:

a) kg, km/h, m/s
b) KG, V, W
c) km/h, M/s, Kg
d) min, Kg, Km
e) m, h, Km/h

2. (PUC-RS) Um estudante mandou o seguinte e-mail a um colega: *"No último fim de semana fui com minha família à praia. Depois de 2 hrs de viagem, tínhamos viajado 110 Km e paramos durante 20 MIN para descansar e fazer compras em um shopping. Meu pai comprou 2 KG de queijo colonial e minha mãe 5 ltrs de suco concentrado. Depois de viajarmos mais 2 h, com uma velocidade média de 80 KM/H, chegamos ao destino".*

O número de erros referentes à grafia de unidades, nesse e-mail, é

a) 2
b) 3
c) 4
d) 5
e) 6

3. (Acafe-SC) O período do movimento de translação da Lua em torno da Terra é de 27,32 dias. Esse tempo corresponde, aproximadamente, a:

a) 27 dias, 6 horas e 30 minutos.
b) 27 dias, 3 horas e 02 minutos.
c) 27 dias, 7 horas e 41 minutos.
d) 27 dias, 3 horas e 20 minutos.
e) 27 dias, 7 horas e 12 minutos.

4. (Cefet-PR) Um reservatório tem dimensões de 2 m × 2 m × 80 cm e contém água até a sua metade. O número de litros de água contido é um valor próximo de:

a) 320
b) 3.200
c) 160
d) 1.600
e) 8.000

O texto a seguir deve ser usado para a resolução da questão 5.

Óleo leve a 6.000 m

Descoberta no pré-sal de Santos abre nova perspectiva exploratória na região e faz Petrobras planejar mais poços

A recente descoberta no pré-sal da Bacia de Santos, feita a partir de trabalhos exploratórios no BM-S-11, deve assegurar o anúncio de um novo campo gigante de óleo leve na área. Embora oficialmente a Petrobras evite dar detalhes da descoberta, feita pela semissubmersível Paul Wolf (SS-53), fontes da área de E&P asseguram tratar-se de um grande reservatório, com 90 metros de espessura e área de 450 km², localizado a 5 mil metros de profundidade.

Disponível em: <dep.fem.unicamp.br/boletim/BE75/artigo.htm>. Acesso em: 26 abril 2009.

5. (Cefsa-SP) Admitindo-se que o reservatório encontrado tenha a forma aproximada de um paralelepípedo reto-retângulo, seu volume estimado, em m^3, é igual a

a) $4{,}05 \cdot 10^9$
b) $4{,}05 \cdot 10^{10}$
c) $4{,}05 \cdot 10^{11}$
d) $2{,}25 \cdot 10^{11}$
e) $2{,}25 \cdot 10^{12}$

Ficha-resumo 3

Para representar um valor N em **notação científica** devemos escrevê-lo como:

$$N = m \cdot 10^n, \text{ com } 1 \leq m < 10$$

A **ordem de grandeza** de um valor N, escrito em notação científica, é:

- 10^n, se $m < \sqrt{10} \simeq 3{,}16$
- 10^{n+1}, se $m \geq \sqrt{10} \simeq 3{,}16$

6. (UFCE) "A próxima geração de *chips* da Intel, os P7, deverá estar saindo da fábrica dentro de dois anos, reunindo nada menos do que dez milhões de transistores num quadradinho com quatro ou cinco milímetros de lado" (Revista *IstoÉ*, n. 1.945, p. 61). Tendo como base a informação acima, podemos afirmar que cada um desses transistores ocupa uma área da ordem de:
   a) 10^{-2} m²
   b) 10^{-4} m²
   c) 10^{-8} m²
   d) 10^{-10} m²
   e) 10^{-12} m²

7. (UFCE) A escala de volume dos organismos vivos varia, entre uma bactéria e uma baleia, de 21 ordens de grandeza. Se o volume de uma baleia é 10^2 m³, o volume de uma bactéria é:
   a) 10^{11} m³
   b) 10^{-19} m³
   c) $10^{1/21}$ m³
   d) 10^{19} m³
   e) 10^{-11} m³

8. (Acafe-SC) Dentre as potências seguintes, assinale aquela que corresponde à ordem de grandeza do número de habitantes do Brasil, segundo o IBGE. O resultado preliminar, de maio de 2001, verificado no censo 2000 é de 169.590.693 habitantes.
   a) 10^{15}
   b) 10^{6}
   c) 10^{8}
   d) 10^{10}
   e) 10^{12}

9. (UFU-MG) A ordem de grandeza em segundos, em um período correspondente a um mês, é:
   a) 10
   b) 10^{3}
   c) 10^{6}
   d) 10^{9}
   e) 10^{12}

10. (Unirio-RJ)

> "Um dia eu vi uma moça nuinha no banho
> Fiquei parado o coração batendo
> Ela se riu
> Foi o meu primeiro alumbramento."
>
> (Manuel Bandeira)

A ordem de grandeza do número de batidas que o coração humano dá em um minuto de alumbramento como este é:
   a) 10^{1}
   b) 10^{2}
   c) 10^{0}
   d) 10^{3}
   e) 10^{4}

11. (UEL-PR) A ordem de grandeza do número de grãos de arroz que preenchem um recipiente de 5 litros é de:
   a) 10^{3}
   b) 10^{6}
   c) 10^{8}
   d) 10^{9}
   e) 10^{10}

12. (Cesgranrio-RJ) O fumo é comprovadamente um vício prejudicial à saúde. Segundo dados da Organização Mundial da Saúde, um fumante médio, ou seja, aquele que consome cerca de 10 cigarros por dia, ao chegar à meia-idade terá problemas cardiovasculares. A ordem de grandeza do número de cigarros consumidos por esse fumante durante 30 anos é de:
   a) 10^{2}
   b) 10^{3}
   c) 10^{4}
   d) 10^{5}
   e) 10^{6}

13. (UFF-RJ) Os produtos químicos que liberam clorofluorcarbonos para a atmosfera têm sido considerados pelos ambientalistas como um dos causadores da destruição do ozônio na estratosfera.
   A cada primavera aparece no hemisfério sul, particularmente na Antártida, uma região de baixa camada de ozônio ("buraco"). No ano 2000, a área dessa região equivalia a, aproximadamente, 5% da superfície de nosso planeta.
   A ordem de grandeza que estima, em km², a área mencionada é: (*Dado:* raio da Terra = $6{,}5 \cdot 10^3$ km.)
   a) 10^{3}
   b) 10^{4}
   c) 10^{7}
   d) 10^{9}
   e) 10^{12}

Capítulo 2

Introdução à Cinemática

MIRCO LAZZARI/GETTY IMAGES SPORT/GETTY IMAGES

Objetivos do capítulo:

- Mostrar que os conceitos de repouso, movimento e trajetória dependem do referencial adotado.
- Definir espaço de um móvel, função horária e variação de espaço.
- Definir velocidade escalar média e instantânea.
- Definir aceleração escalar média e instantânea.
- Apresentar os conceitos de movimento progressivo, retrógrado, acelerado e retardado.

Este capítulo apresentará os conceitos físicos de repouso e de movimento. Na foto, atletas estão alinhados na largada de uma corrida durante o evento anual da Ferrari na estação de ski de Madonna di Campiglio, na Itália. Na sua opinião, as pessoas da foto estão em movimento ou em repouso? Por quê?

1 Conceitos iniciais

Diariamente utilizamos termos que indicam movimento: andar, correr, voar, subir, cair. Mas, atenção, a noção de movimento não deve ser tomada como algo absoluto. Observe a **figura 1**. Uma pessoa está viajando, sentada, num ônibus que se aproxima de um ponto de parada. A pessoa está em movimento ou em repouso? Em relação ao ponto, ela está em movimento, mas está em repouso em relação ao ônibus. E o ponto de parada está em repouso? Em relação à Terra, ele está em repouso, mas, em relação ao Sol, o ponto descreve o mesmo movimento realizado pela Terra.

Figura 1. O passageiro está em repouso em relação ao ônibus, mas está em movimento em relação ao ponto de parada.

Note que os conceitos de movimento e de repouso de um corpo são relativos, isto é, dependem de outro corpo tomado como **referencial**. Portanto:

- Os conceitos de movimento e de repouso de um corpo dependem do referencial adotado.

O corpo em estudo, que pode estar em movimento ou em repouso, recebe o nome de **móvel**.

Ao analisar o movimento de um corpo, podemos, muitas vezes, desprezar suas dimensões. Nesse caso, o corpo é denominado **ponto material**. Quando se consideram suas dimensões, ele é denominado **corpo extenso**. Um carro é um ponto material ou um corpo extenso? Depende do fenômeno em estudo. Ao efetuar uma manobra para estacionar numa vaga, o carro é um corpo extenso. Numa viagem, ao longo de uma rodovia, ele pode ser considerado um ponto material. Ao ultrapassar um ônibus, em uma estrada, um carro seria um ponto material ou um corpo extenso?

Estamos iniciando o estudo da **Cinemática**, a parte da Mecânica que descreve os movimentos dos corpos sem considerar suas causas, apresentando os conceitos de referencial, trajetória, espaço, velocidade e aceleração.

2 Trajetória

Um ponto material que se movimenta em relação a determinado referencial ocupa diversas posições com o decorrer do tempo. A linha que liga essas posições recebe o nome de **trajetória**. É importante observar que a forma da trajetória depende do referencial adotado. Por exemplo, um menino deslocando-se horizontalmente lança uma bola verticalmente para cima e a apanha de volta depois de certo tempo. A bola descreve uma trajetória vertical em relação ao menino e uma trajetória parabólica em relação ao solo **(fig. 2)**.

2.1 Conteúdo multimídia

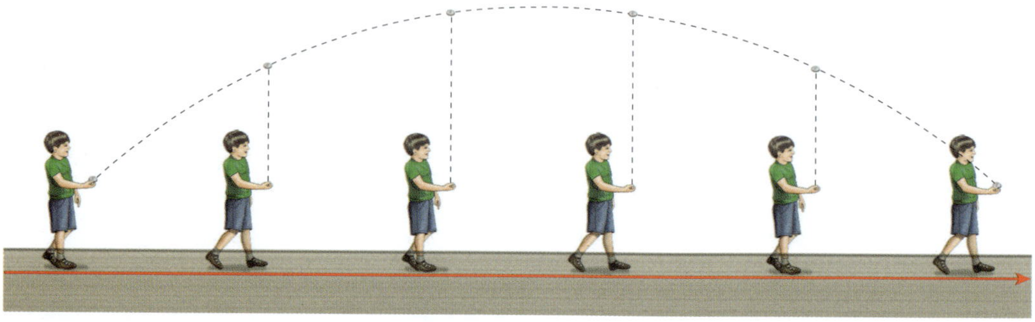

Figura 2. A forma da trajetória depende do referencial adotado.

Aplicando a teoria

1. Na foto a seguir observa-se um carro levado por um guincho que está se deslocando em uma estrada. Analisar as proposições abaixo e indicar as corretas.

ROBERT ASHTON/MASSIVE PIXELS/ALAMY/OTHER IMAGES

I. O guincho está em repouso em relação ao carro.
II. O carro está em movimento em relação ao guincho.
III. Uma árvore está em repouso em relação apenas ao carro.

➤ Solução

O carro e o guincho estão em repouso, um em relação ao outro. Deslocando-se na estrada, eles estão em movimento em relação a uma árvore. Portanto, a árvore está em movimento em relação ao carro e ao guincho. Desse modo, apenas a proposição I está correta.

2. **Um ônibus está se deslocando em linha reta, com velocidade constante, quando uma pequena lâmpada se desprende do teto. Qual é a forma da trajetória descrita pela lâmpada:**

a) em relação a um passageiro do ônibus?

b) em relação a uma pessoa parada na calçada observando o ônibus passar?

➤ Solução

a) Em relação a um passageiro do ônibus, a lâmpada cai verticalmente, descrevendo um segmento de reta.

b) Em relação a uma pessoa parada na calçada, a lâmpada cai verticalmente ao mesmo tempo que avança horizontalmente seguindo o movimento do ônibus. Nessas condições, ela descreve uma curva que é um arco de parábola.

Avaliando o aprendizado

1. Um avião-tanque abastece aviões de caça em pleno voo. No intervalo de tempo em que é feita a transferência de combustível, os aviões de caça estão em movimento ou em repouso em relação ao avião-tanque? E em relação à Terra?

STEVE LIGHTSTONE/GETTY IMAGES NEWS/GETTY IMAGES

2. Um helicóptero sobe verticalmente. Considere um ponto P da hélice principal. Determine a trajetória descrita pelo ponto P:

a) em relação a um observador situado dentro do helicóptero;

b) em relação a um observador situado no solo.

IVAN CHOLAKOV GOSTOCK-DOT-NET/ SHUTTERSTOCK

3 A posição de um móvel ao longo de sua trajetória: o espaço *s*

A trajetória descrita por um móvel em relação a determinado referencial pode ser retilínea ou curvilínea.

Cada cabine da roda-gigante em movimento descreve uma trajetória curvilínea em relação ao solo.

DAVID SANGER PHOTOGRAPHY/ALAMY/OTHER IMAGES

Gotas de água que se desprendem da torneira descrevem trajetórias retilíneas em relação ao solo.

NUBEPHOTO/SHUTTERSTOCK

Para determinar a posição *P* de um móvel, em cada instante *t*, ao longo de sua trajetória, é preciso adotar um ponto *O* como origem e orientar a trajetória, considerando um dos sentidos possíveis como positivo **(fig. 3)**. A posição *P* é definida pela distância, medida ao longo da trajetória, de *P* até a orige m *O*. Tal distância vem precedida de um sinal, + (positivo) ou − (negativo), conforme esteja de um lado ou de outro da origem. A medida algébrica que permite determinar a posição *P*, em determinado instante *t*, recebe o nome de **espaço do móvel** e é indicada por ***s***. O ponto *O* é denominado **origem dos espaços**.

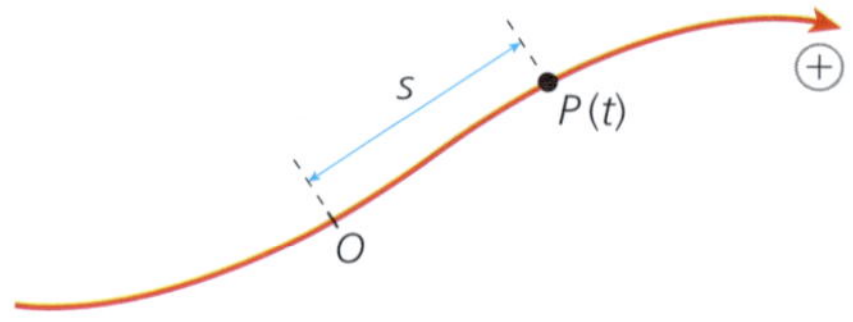

Figura 3. *s*: espaço do móvel no instante *t*.

Na **figura 4** temos um exemplo das posições ocupadas por um móvel ao longo de sua trajetória e em diversos instantes. A tabela ao lado da figura traz os respectivos valores de *t* e *s*.

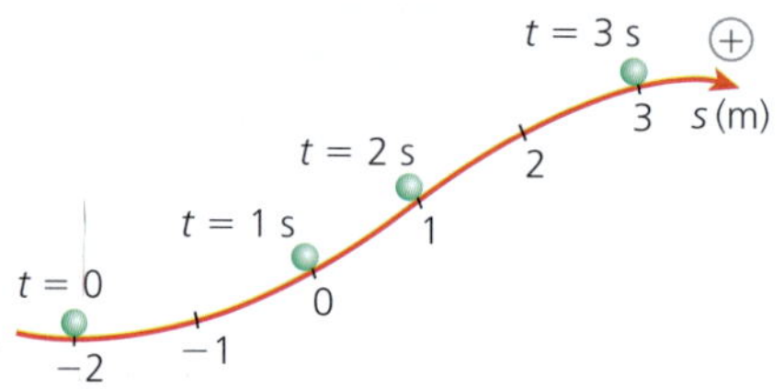

Figura 4.

t (s)	s (m)
0	−2
1	0
2	1
3	3

Na **figura 5** destacamos as posições de um automóvel deslocando-se numa rodovia. Nesse caso, os espaços são os marcos quilométricos da estrada.

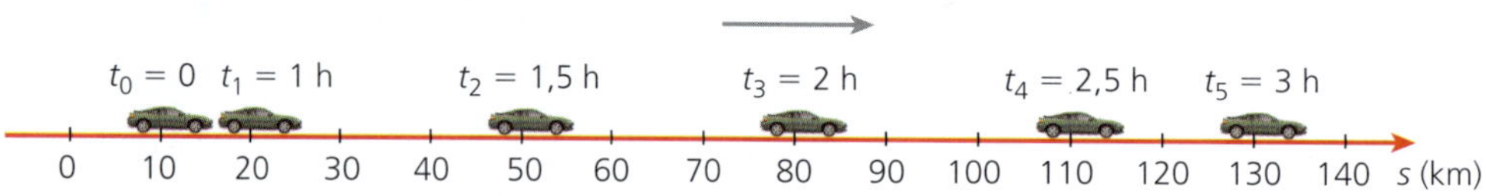

Figura 5.

Na tabela abaixo encontram-se os respectivos valores de *t* e *s*.

t (h)	0	1	1,5	2	2,5	3
s (km)	10	20	50	80	110	130

O instante $t = 0$ é chamado **origem dos tempos** e o espaço do móvel no instante $t = 0$ é o **espaço inicial s_0**. Você sabe quais são os espaços iniciais nos exemplos das **figuras 4** e **5**?

Função horária

A partir dos exemplos apresentados, notamos que a cada valor de *t* corresponde determinado valor de *s*. É possível estabelecer uma relação matemática entre os valores de *s* e *t*. Essa relação matemática é a **função horária do espaço**.

Exemplo:

$s = 3 + 2t$

A cada valor de *t*, em segundo, corresponde um valor de *s*, em metro:

t (s)	0	1	2
s (m)	3	5	7

4 Variação de espaço

Sejam s_1 e s_2 os espaços de um móvel nos instantes t_1 e t_2, respectivamente, sendo t_2 posterior a t_1 **(fig. 6)**, a **variação de espaço** Δs no intervalo de tempo $\Delta t = t_2 - t_1$ é dada por:

$$\Delta s = s_2 - s_1$$

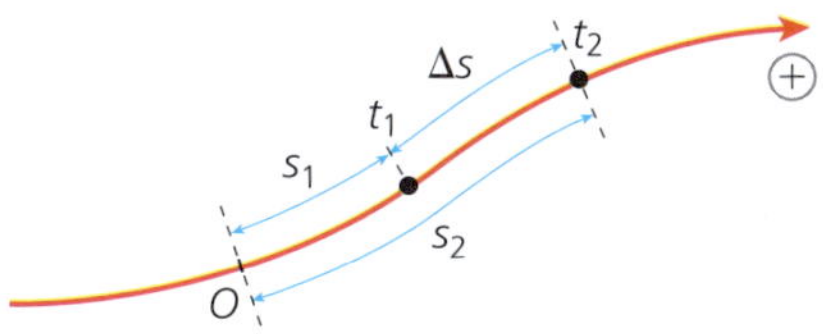

Figura 6. $\Delta s = s_2 - s_1$: variação de espaço ou deslocamento escalar.

A variação de espaço é também denominada **deslocamento escalar**.

No exemplo da **figura 5**, seja $s_1 = 20$ km o espaço do automóvel no instante $t_1 = 1$ h e $s_2 = 50$ km seu espaço no instante $t_2 = 1{,}5$ h, no intervalo de tempo $\Delta t = t_2 - t_1 = 1{,}5\text{ h} - 1\text{ h} = 0{,}5$ h, o automóvel sofreu uma variação de espaço $\Delta s = s_2 - s_1 = 50\text{ km} - 20\text{ km} = 30$ km.

A variação de espaço Δs pode ser positiva, negativa ou nula, conforme o espaço s_2 seja maior, menor ou igual a s_1 **(fig. 7)**.

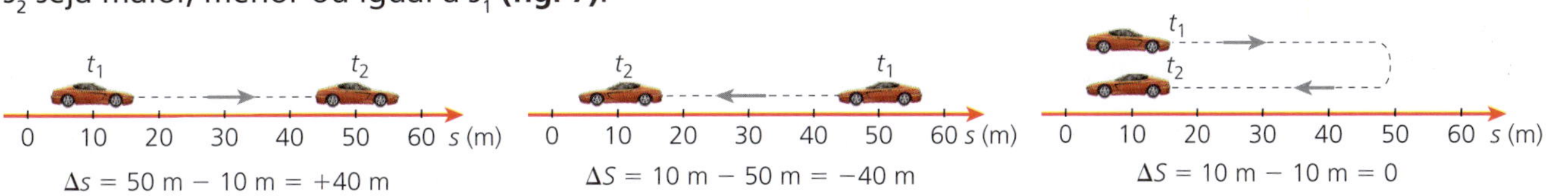

Figura 7.

Observação:

Quando um móvel se desloca sempre no mesmo sentido e no sentido de orientação da trajetória, a variação de espaço coincide com a distância que o móvel percorre ao longo da trajetória.

Aplicando a teoria

3. **Um ciclista descreve uma trajetória retilínea deslocando-se sempre no mesmo sentido. A figura indica as posições do ciclista com o decorrer do tempo.**

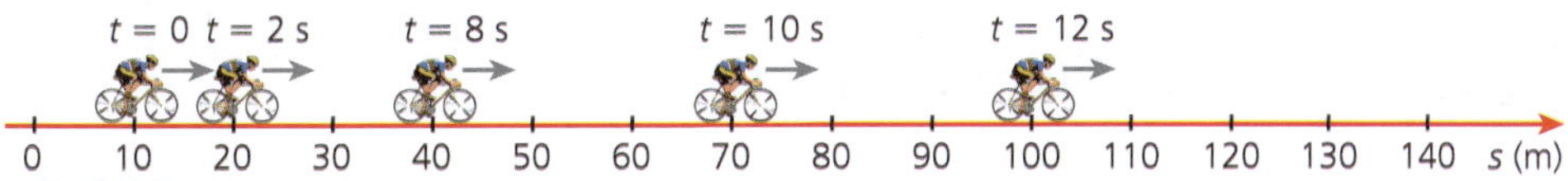

Determinar:

a) O espaço inicial do ciclista.

b) A variação de espaço entre os instantes t = 2 s e t = 8 s.

c) A distância percorrida entre os instantes t = 0 e t = 12 s.

➤ Solução

a) O espaço inicial s_0 é o espaço do móvel no instante t = 0. Assim: $\boxed{s_0 = 10\text{ m}}$

b) De $\Delta s = s_2 - s_1$, vem: $\Delta s = s_2 - s_1 = 40\text{ m} - 20\text{ m} \Rightarrow \boxed{\Delta s = 20\text{ m}}$

c) Como o ciclista se desloca sempre no mesmo sentido e no sentido de orientação da trajetória, a variação de espaço coincide com a distância *d* que o móvel percorre ao longo da trajetória: $d = \Delta s = s_2 - s_1 = 100\text{ m} - 10\text{ m} \Rightarrow \boxed{\Delta s = 90\text{ m}}$

Avaliando o aprendizado

3. O espaço de um móvel varia com o tempo, segundo a tabela:

t (s)	0	10	20	30	40	50
s (m)	2	4	6	8	6	4

Determine:
a) o espaço inicial do móvel.
b) a variação de espaço entre os instantes 0 e 20 s, 10 s e 40 s e 30 s e 50 s.

5 Velocidade escalar

Para se ter ideia da rapidez com que um movimento se realiza, definimos uma grandeza denominada **velocidade escalar**. Quando calculada num determinado intervalo de tempo, temos a **velocidade escalar média**. Já a velocidade escalar num certo instante é a **velocidade escalar instantânea**.

Velocidade escalar média v_m

A velocidade escalar média v_m num intervalo de tempo Δt é a relação entre a variação de espaço, $\Delta s = s_2 - s_1$, e o correspondente intervalo de tempo, $\Delta t = t_2 - t_1$:

$$v_m = \frac{\Delta s}{\Delta t}$$

No exemplo da **figura 5**, no intervalo de tempo $\Delta t = t_2 - t_1 = 1{,}5\ \text{h} - 1\ \text{h} = 0{,}5\ \text{h}$, o automóvel sofreu uma variação de espaço $\Delta s = s_2 - s_1 = 50\ \text{km} - 20\ \text{km} = 30\ \text{km}$. A velocidade escalar média nesse intervalo de tempo é igual a:

$$v_m = \frac{\Delta s}{\Delta t} = \frac{30\ \text{km}}{0{,}5\ \text{h}} \Rightarrow v_m = 60\ \text{km/h}$$

Velocidade escalar instantânea v

A velocidade de um jogador durante uma partida de futebol, a velocidade com que caminhamos na calçada, a velocidade de um automóvel em uma rodovia nem sempre são constantes. No caso do automóvel, por exemplo, a velocidade pode aumentar, diminuir e eventualmente permanecer constante em determinados intervalos de tempo. Em cada instante, no entanto, o automóvel possui uma velocidade escalar que é indicada pelo velocímetro.

Pode-se entender a velocidade escalar num certo instante como uma velocidade escalar média para um intervalo de tempo $\Delta t = t_2 - t_1$ muito pequeno, isto é, t_2 e t_1 muito próximos.

A relação matemática entre valores de v e de t constitui a **função horária da velocidade**. Essa função permite calcular a velocidade v de um móvel em cada instante t.

Por exemplo, uma bolinha de tênis é lançada verticalmente para baixo do alto de um prédio e demora 2 s para chegar ao solo. Seja a função horária da velocidade da bolinha $v = 10 + 10t$, sendo t dado em segundo (s) e v em metro por segundo (m/s). No instante $t = 0$ (instante em que um cronômetro é disparado), a velocidade escalar da bolinha é 10 m/s. No instante $t = 2$ s, a bolinha atinge o solo com velocidade escalar igual a 30 m/s.

PLANNER/SHUTTERSTOCK

Unidades de velocidade

A unidade de velocidade, média ou instantânea, é expressa em unidade de comprimento por unidade de tempo, por exemplo, km/h. No Sistema Internacional de Unidades (SI), a unidade de velocidade é o metro por segundo (m/s).

Sendo 1 km = 1.000 m e 1 h = 3.600 s, a relação entre km/h e m/s é dada por:

$$1\,\frac{\text{km}}{\text{h}} = \frac{1.000\text{ m}}{3.600\text{ s}} \Rightarrow 1\,\frac{\text{km}}{\text{h}} = \frac{1\text{ m}}{3{,}6\text{ s}} \text{ ou } \boxed{1\,\frac{\text{m}}{\text{s}} = 3{,}6\,\frac{\text{km}}{\text{h}}}$$

Portanto, para converter uma velocidade dada em km/h para m/s, divide-se o valor dessa velocidade por 3,6. Reciprocamente, para converter uma velocidade dada em m/s para km/h, multiplica-se o valor dessa velocidade por 3,6.

Aplicando a teoria

4. Um atleta percorre a distância de 100 m em 10 s. Calcular a velocidade escalar média do atleta durante a corrida. A resposta deve ser dada em km/h.

➤ Solução

A partir da definição de velocidade escalar média, temos:

$$v_m = \frac{\Delta s}{\Delta t} = \frac{100\text{ m}}{10\text{ s}} \Rightarrow v_m = 10\text{ m/s}$$

Para transformar a velocidade em m/s para km/h, multiplicamos por 3,6:

$$v_m = 10 \cdot 3{,}6\,\frac{\text{km}}{\text{h}} \Rightarrow \boxed{v_m = 36\text{ km/h}}$$

5. Um estudante, que iniciava seu curso no primeiro ano do ensino médio, viajou de carro com seu pai e notou que os postes estavam regularmente distribuídos ao longo de um trecho da estrada. Seu pai pediu que avaliasse a distância entre dois postes consecutivos. Para isso, o rapaz mediu o intervalo de tempo correspondente à passagem de dois postes consecutivos por um determinado ponto de sua janela, 10 s. O estudante notou que, nesse intervalo de tempo, o velocímetro do carro indicava 90 km/h. Qual foi a distância, em metro, que o estudante encontrou?

➤ Solução

Vamos, inicialmente, transformar a velocidade dada em km/h para m/s e, a seguir, aplicar a definição de velocidade escalar média. Observemos que, no intervalo de tempo citado, o velocímetro indicava velocidade constante. Logo, ela coincide com a velocidade média.

$$90\,\frac{\text{km}}{\text{h}} = \frac{90}{3{,}6}\,\frac{\text{m}}{\text{s}} = 25\text{ m/s}$$

$$v_m = \frac{\Delta s}{\Delta t} \Rightarrow 25 = \frac{\Delta s}{10} \Rightarrow \boxed{\Delta s = 250\text{ m}}$$

6. Uma moto faz o percurso de Recife a Gravatá (85 km) com velocidade média de 42,5 km/h e de Gravatá a Caruaru (50 km) com velocidade média de 50 km/h. Qual é a velocidade média da moto no percurso todo, isto é, de Recife a Caruaru?

➤ Solução

De Recife a Gravatá:

$$v_{RG} = \frac{\Delta s_1}{\Delta t_1} \Rightarrow 42{,}5 = \frac{85}{\Delta t_1} \Rightarrow \Delta t_1 = 2\ \text{h}$$

De Gravatá a Caruaru:

$$v_{GC} = \frac{\Delta s_2}{\Delta t_2} \Rightarrow 50 = \frac{50}{\Delta t_2} \Rightarrow \Delta t_2 = 1\ \text{h}$$

De Recife a Caruaru:

$$v_m = \frac{\Delta s}{\Delta t} = \frac{\Delta s_1 + \Delta s_2}{\Delta t_1 + \Delta t_2} = \frac{85 + 50}{2 + 1} = \frac{135}{3} \Rightarrow$$

$$\Rightarrow \boxed{v_m = 45\ \text{km/h}}$$

Avaliando o aprendizado

4. Viajando de Fortaleza a Sobral percorre-se 234 km. Um ônibus faz o percurso entre as duas cidades com velocidade escalar média de 58,5 km/h. Quanto tempo, em hora, demora a viagem?

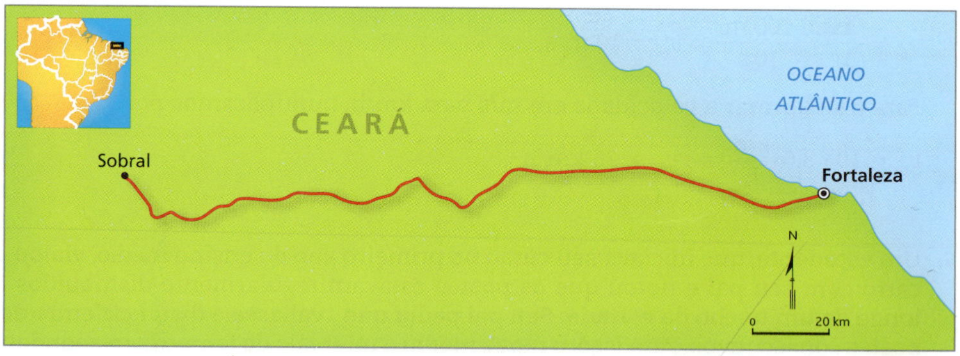

5. Na rodovia dos Bandeirantes, em São Paulo, o limite de velocidade é de 90 km/h para ônibus e caminhões. Um ônibus está viajando à velocidade limite. Num trecho reto e completamente livre o motorista resolve colocar no sistema de som do ônibus um CD, gastando para isso 2 s. Qual é a distância que o ônibus percorre, em metro, nesse intervalo de tempo?

6. O espaço s de um móvel varia com o tempo t de acordo com a função horária $s = 10 + 5t - t^2$, para s em metro e t em segundo. Determine:

a) o espaço do móvel nos instantes 0; 2 s e 6 s.

b) a velocidade escalar média nos intervalos de tempo de 0 a 2 s e de 0 a 6 s.

6 Aceleração escalar

Para se ter ideia da rapidez com que a velocidade escalar varia no decorrer do tempo, definimos uma grandeza denominada **aceleração escalar**. Quando calculada num determinado intervalo de tempo, temos **a aceleração escalar média**. Já a aceleração escalar num certo instante é **a aceleração escalar instantânea**.

Aceleração escalar média α_m

A aceleração escalar média α_m num intervalo de tempo Δt é a relação entre a variação de velocidade escalar $\Delta v = v_2 - v_1$ e o correspondente intervalo de tempo $\Delta t = t_2 - t_1$:

$$\alpha_m = \frac{\Delta v}{\Delta t}$$

Aceleração escalar instantânea α

Pode-se entender a aceleração escalar num certo instante como uma aceleração escalar média para um intervalo de tempo $\Delta t = t_2 - t_1$ muito pequeno, isto é, t_2 e t_1 muito próximos.

Unidades de aceleração

A unidade de aceleração, média ou instantânea, é expressa em unidade de velocidade dividida por unidade de tempo, como $\frac{\text{km/h}}{\text{h}} = \frac{\text{km}}{\text{h}^2}$; $\frac{\text{km/h}}{\text{s}}$. No SI, a unidade de aceleração é o metro por segundo por segundo: $\frac{\text{m/s}}{\text{s}} = \frac{\text{m}}{\text{s}^2}$.

7 Movimento progressivo e movimento retrógrado

2.2 Conteúdo multimídia

Uma pessoa caminha em uma rua. Observe a **figura 8**. No item **A**, a pessoa se desloca no sentido em que foi orientada a trajetória; no item **B**, em sentido contrário a essa trajetória.

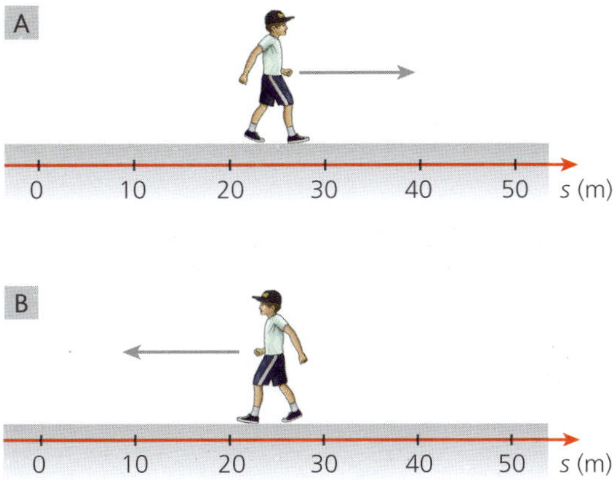

Figura 8. (A) Movimento progressivo; (B) movimento retrógrado.

No primeiro caso **(fig. 8A)**, dizemos que o movimento é progressivo; no segundo caso **(fig. 8B)**, o movimento é retrógrado.

Note que:

- No **movimento progressivo**, o espaço do móvel cresce com o decorrer do tempo e a velocidade escalar é positiva.

- No **movimento retrógrado**, o espaço decresce com o decorrer do tempo e a velocidade escalar é negativa.

8 Movimento acelerado e movimento retardado

Um carro está sendo acelerado e sua velocidade varia conforme mostra a **figura 9**. Note que, no item **A**, a trajetória foi orientada no sentido do movimento e no item **B**, em sentido contrário. Em ambas as situações, o valor absoluto da velocidade escalar aumenta com o decorrer do tempo e o movimento é chamado **acelerado**.

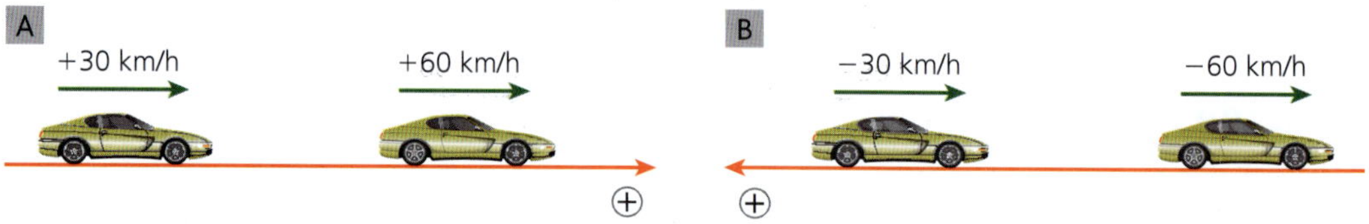

Figura 9. (A) Movimento progressivo e acelerado; (B) movimento retrógrado e acelerado.

Na **figura 10** um carro está sendo freado. Orientando-se a trajetória no sentido do movimento (item **A**) ou em sentido contrário (item **B**), o valor absoluto da velocidade escalar diminui com o decorrer do tempo e o movimento é chamado **retardado**.

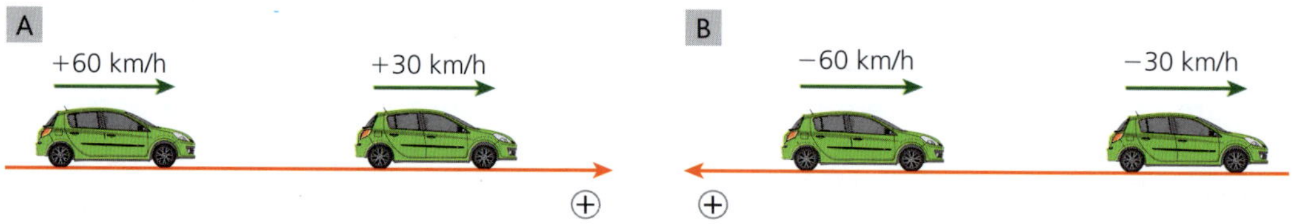

Figura 10. (A) Movimento progressivo e retardado; (B) movimento retrógrado e retardado.

Podemos então definir:

- **Movimento acelerado**: o valor absoluto da velocidade escalar aumenta com o decorrer do tempo.

- **Movimento retardado**: o valor absoluto da velocidade escalar diminui com o decorrer do tempo.

No movimento acelerado, a velocidade escalar v e a aceleração escalar α têm o mesmo sinal, isto é, $v > 0$ e $\alpha > 0$ ou $v < 0$ e $\alpha < 0$.

No movimento retardado, a velocidade escalar v e a aceleração escalar α têm sinais contrários, isto é, $v > 0$ e $\alpha < 0$ ou $v < 0$ e $\alpha > 0$.

Aplicando a teoria

7. O manual de instruções de um automóvel informa que o veículo, partindo do repouso, atinge a velocidade de 96 km/h em 8,5 s. Qual é a aceleração escalar média do automóvel nesse intervalo de tempo? A resposta deve ser dada em m/s^2.

➤ Solução

Para transformar 96 km/h em m/s, dividimos 96 por 3,6 e obtemos aproximadamente 26,7 m/s.

Como $\alpha_m = \dfrac{\Delta v}{\Delta t}$ e $\Delta t = 8{,}5$ s, temos $\alpha_m = \dfrac{26{,}7 \text{ m/s}}{8{,}5 \text{ s}} \Rightarrow \boxed{\alpha_m \simeq 3{,}14 \text{ m/s}^2}$

8. Três ciclistas deslocam-se numa pista dupla e suas velocidades variam com o tempo conforme mostram as tabelas abaixo.

Ciclista 1	
t (s)	*v* (m/s)
0	0
2	4
4	6
6	8
8	10

Ciclista 2	
t (s)	*v* (m/s)
0	10
2	8
4	6
6	4
8	2

Ciclista 3	
t (s)	*v* (m/s)
0	−2
2	−4
4	−6
6	−8
8	−10

Classificar o movimento de cada ciclista dizendo se ele é progressivo ou retrógrado, acelerado ou retardado.

➤ Solução

As velocidades dos ciclistas 1 e 2 são positivas. Logo, seus movimentos são progressivos. Já a velocidade do ciclista 3 é negativa. Seu movimento é retrógrado. Os valores absolutos das velocidades dos ciclistas 1 e 3 aumentam com o decorrer do tempo. Assim, os movimentos desses ciclistas são acelerados. O valor absoluto da velocidade do ciclista 2 diminui com o decorrer do tempo. Seu movimento é retardado. Desse modo, o movimento do ciclista 1 é progressivo acelerado, o do ciclista 2 é progressivo retardado e o do ciclista 3 é retrógrado acelerado.

Avaliando o aprendizado

7. Uma revista especializada compara o desempenho de dois carros, um de passeio e outro de Fórmula 1, ao serem acelerados de zero a 100 km/h. Os correspondentes intervalos de tempo são, respectivamente, 13,9 s e 3,2 s. Quantas vezes a aceleração escalar do carro de Fórmula 1 é maior que a do carro de passeio?

8. Os esquemas abaixo indicam as posições de uma bolinha de tênis que descreve uma trajetória retilínea. A trajetória foi orientada no sentido do movimento em **a** e em sentido oposto em **b**. Classifique o movimento da bolinha em cada situação, dizendo se é progressivo ou retrógrado e se é acelerado ou retardado.

a)

b)

9. A aceleração escalar de um móvel, num certo intervalo de tempo, é negativa. Sabendo-se que o movimento é retardado, qual é o sinal da velocidade escalar nesse intervalo de tempo?

Revisando o conteúdo

Ficha-resumo 1

Os conceitos de **movimento** e de **repouso** de um corpo são relativos, isto é, dependem de outro corpo tomado como **referencial**.

Ponto material é um corpo cujas dimensões são desprezíveis, no estudo de determinado fenômeno. Quando se consideram suas dimensões, o corpo é denominado **extenso**.

A forma da **trajetória** descrita por um ponto material depende do referencial adotado.

1. (IJSO) Dois amigos, Carlos e Francisco, estão em seus carros parados num semáforo, um ao lado do outro. Quando o farol fica verde, Francisco parte e Carlos, não percebendo a abertura do sinal, pisa no freio, pois tem a impressão de que seu carro está indo para trás. A respeito dessa situação, podemos afirmar que:

I. A sensação que Carlos teve decorreu do fato de ter tomado o carro de Francisco como referencial.

II. Em relação ao carro de Francisco, o carro de Carlos se deslocou para trás, colidindo com outro carro que estava atrás do seu, parado em relação ao semáforo.

III. Em relação ao semáforo o carro de Carlos não se movimentou.

Analisando as afirmações concluímos que:

a) Somente a afirmação I é correta.
b) Somente as afirmações I e II são corretas.
c) Somente as afirmações I e III são corretas.
d) Somente as afirmações II e III são corretas.
e) Todas as afirmações são corretas.

2. (UFRJ) Heloísa, sentada na poltrona de um ônibus, afirma que o passageiro sentado à sua frente não se move, ou seja, está em repouso. Ao mesmo tempo, Abelardo, sentado à margem da rodovia, vê o ônibus passar e afirma que o referido passageiro está em movimento.

De acordo com os conceitos de movimento e repouso usados em Mecânica, explique de que maneira devemos interpretar as afirmações de Heloísa e Abelardo para dizer que ambas estão corretas.

3. (UFMG) Júlia está andando de bicicleta, com velocidade constante, quando deixa cair uma moeda. Tomás está parado na rua e vê a moeda cair. Considere desprezível a resistência do ar. Assinale a alternativa em que melhor estão representadas as trajetórias da moeda, como observadas por Júlia e por Tomás.

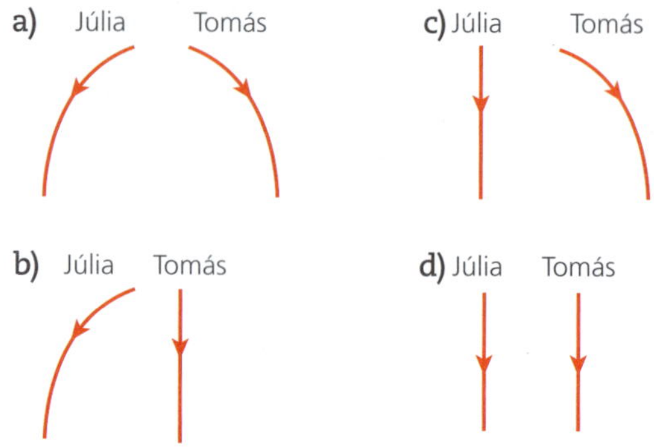

Ficha-resumo 2

Velocidade escalar média v_m: $v_m = \dfrac{\Delta s}{\Delta t}$

Velocidade escalar instantânea v: pode ser entendida como uma velocidade escalar média para um intervalo de tempo $\Delta t = t_2 - t_1$ muito pequeno, isto é, t_2 e t_1 muito próximos.

Unidades de medida de velocidade: m/s; km/h

Relação entre m/s e km/h: 1 m/s = 3,6 km/h

4. (Cefet-AL) Há mais de 30 anos, astronautas das missões Apollo colocaram espelhos na Lua – uma série de pequenos refletores que podem interceptar feixes de *laser* da Terra e enviá-los de volta. Numa determinada experiência, uma série de pulsos de *laser* foi disparada por um telescópio terrestre, cruzou o espaço e atingiu os espelhos. Devido ao seu formato, os espelhos devolveram os pulsos diretamente para o local de onde vieram, permitindo medir a distância para a Lua com ótima precisão. Constatou-se que o tempo de ida e volta foi de 2,56 s. Sabendo-se que a velocidade de propagação dos pulsos *laser* é de $3 \cdot 10^8$ m/s, a distância Terra-Lua, de acordo com a experiência citada, é de:

a) $9{,}42 \cdot 10^5$ km
b) $7{,}68 \cdot 10^5$ km
c) $5{,}36 \cdot 10^5$ km
d) $3{,}84 \cdot 10^5$ km
e) $1{,}17 \cdot 10^5$ km

5. (UFU-MG) As andorinhas saem do hemisfério norte no inverno e voam para o hemisfério sul em busca de áreas mais quentes.

Duas andorinhas, A_1 e A_2, são capturadas no hemisfério norte a caminho do hemisfério sul. Em suas pernas são colocados transmissores e, então, essas aves são soltas. Passados 40 dias, a andorinha A_1 é capturada na África, a 12.000 km da posição original. Vinte dias após essa captura, a andorinha A_2 chega à Austrália, tendo percorrido 18.000 km a partir da posição original.

Com base nessas informações, pode-se afirmar que as velocidades médias das andorinhas A_1 e A_2 são, respectivamente:

a) $\frac{25}{2}$ km/h e $\frac{25}{2}$ km/h

b) $\frac{75}{4}$ km/h e $\frac{25}{3}$ km/h

c) $\frac{25}{6}$ km/h e $\frac{25}{3}$ km/h

d) $\frac{25}{3}$ km/h e $\frac{25}{6}$ km/h

6. (Unemat-MT) Um ônibus escolar deve partir de uma determinada cidade conduzindo estudantes para uma universidade localizada em outra cidade, no período noturno. Considere que o ônibus deverá chegar à universidade às 19 h, e a distância entre essas cidades é de 120 km, com previsão de parada de 10 minutos num determinado local situado a 70 km antes da cidade de destino. Se o ônibus desenvolver uma velocidade escalar média de 100 km/h, qual deve ser o horário de partida desse ônibus?

a) 18 h
b) 17 h 48 min
c) 18 h 10 min
d) 17 h 58 min
e) 17 h 38 min

7. (Fuvest-SP) Um passageiro, viajando de metrô, fez o registro de tempo entre duas estações e obteve os valores indicados na tabela.

	Chegada	Partida
Vila Maria	0:00 min	1:00 min
Felicidade	5:00 min	6:00 min

Supondo que a velocidade média entre duas estações consecutivas seja sempre a mesma e que o trem pare o mesmo tempo em qualquer estação da linha, de 15 km de extensão, é possível estimar que um trem, desde a partida da estação Bosque até a chegada à estação Terminal, leva aproximadamente:

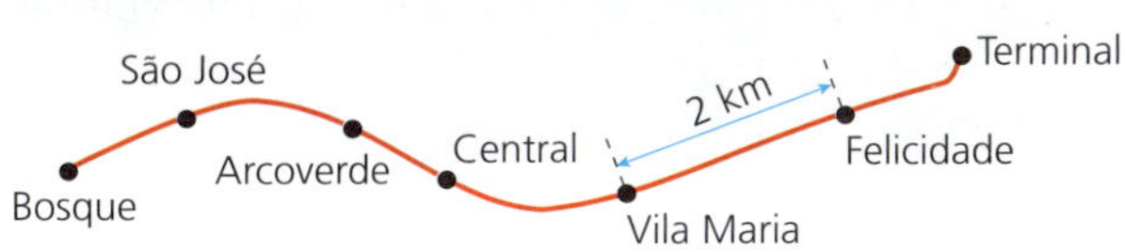

a) 20 min
b) 25 min
c) 30 min
d) 35 min
e) 40 min

Ficha-resumo 3

Aceleração escalar média α_m: $\alpha_m = \frac{\Delta v}{\Delta t}$

Aceleração escalar instantânea: pode ser entendida como uma aceleração escalar média para um intervalo de tempo $\Delta t = t_2 - t_1$ muito pequeno, isto é, t_2 e t_1 muito próximos.

Unidades de medida de aceleração: km/h²; km/h/s; m/s²

8. (Cesgranrio-RJ) Um fabricante de automóveis anuncia que determinado modelo, partindo do repouso, atinge a velocidade escalar de 80 km/h em 8 s. Isso supõe uma aceleração escalar média próxima de:

a) 0,1 m/s²
b) 3 m/s²
c) 10 m/s²
d) 23 m/s²
e) 64 m/s²

9. Um menino abandona uma bolinha de borracha do segundo andar de seu prédio. Admitindo-se que a bolinha caia sob ação exclusiva da gravidade, com aceleração de 10 m/s², qual é a variação de velocidade da bolinha após 1 s de queda? Dê a resposta em km/h.

Ficha-resumo 4

No movimento progressivo o móvel caminha a favor da orientação positiva da trajetória. O espaço *s* do móvel cresce com o decorrer do tempo e a velocidade escalar é positiva ($v > 0$).

No movimento retrógrado o móvel caminha contra a orientação positiva da trajetória. O espaço *s* decresce com o decorrer do tempo e a velocidade escalar é negativa ($v < 0$).

10. (UCG-GO) Se o movimento de uma partícula é retrógrado e retardado, então a aceleração escalar da partícula é:

a) nula.
b) constante.
c) variável.
d) positiva.
e) negativa.

11. Durante certo intervalo de tempo, uma partícula se move de modo que o produto da velocidade escalar pela aceleração escalar é positivo. Nesse intervalo de tempo o movimento é:

a) progressivo.
b) retrógrado.
c) acelerado.
d) retardado.
e) retrógrado e retardado.

Capítulo 3

Movimento uniforme (MU)

UPN/COURTESY: EVERETT COLLECTION/GRUPO KEYSTONE

Objetivos do capítulo:

- Reconhecer como movimentos uniformes as situações que envolvem deslocamentos escalares proporcionais aos respectivos intervalos de tempo.
- Reconhecer o movimento uniforme (MU) quando representado por gráficos, tabelas e funções.
- Resolver analiticamente situações que envolvam movimentos uniformes.
- Resolver graficamente situações que envolvam movimentos uniformes.

"Estas são as viagens da nave estelar Enterprise, em sua missão de cinco anos para explorar novos mundos, para pesquisar novas vidas, novas civilizações, audaciosamente indo aonde nenhum homem jamais esteve!" Após essa narração, começavam as aventuras de *Jornada nas estrelas*, série norte-americana de ficção científica do início dos anos 1960. Na foto, a nave estelar Enterprise viaja no espaço, livre da ação da gravidade, com velocidade constante, depois de cessar sua aceleração, em um movimento que chamamos de movimento uniforme. Esse movimento é o tema deste capítulo.

1 Introdução

EDBOCKSTOCK/SHUTTERSTOCK

Uma pessoa faz uma vigorosa caminhada por uma trilha em um parque, com passadas regularmente cadenciadas de, digamos, dois passos por segundo. Supondo que o comprimento do passo dessa pessoa tenha 75 cm de extensão, podemos dizer que ela se desloca a uma **taxa constante** de 1,5 m a cada segundo. Se forem mantidas essas condições, a pessoa percorrerá 90 metros em um minuto, ou 5,4 km em uma hora. Essas proporções correspondem a uma **velocidade escalar constante** de 1,5 m/s ou de 5,4 km/h.

Vamos supor que, em uma viagem de carro, o velocímetro indique um valor constante de 60 km/h, por exemplo, durante cerca de dez minutos. Como uma hora tem 60 minutos, nessas condições, o veículo se moveu a uma **velocidade constante** de 1 km/min e avançou, portanto, 10 km nesses dez minutos.

Enquanto as situações acima se mantiverem, tanto a pessoa como o veículo percorrerão **distâncias iguais em intervalos de tempo iguais**. Dizemos então que, durante esses intervalos de tempo, ambos os móveis realizam **movimentos uniformes**.

- Todo movimento que ocorre com velocidade escalar constante, independentemente da forma da sua trajetória, é denominado **movimento uniforme (MU)**.

Para determinar esse movimento, devemos identificar pelo menos uma das seguintes características:

Gráficos
Conteúdo multimídia

- **os deslocamentos escalares (variações do espaço) são iguais, em intervalos de tempo iguais;**

$\frac{\Delta s_1}{\Delta t_1} = \frac{\Delta s_2}{\Delta t_2} = \ldots = \frac{\Delta s_n}{\Delta t_n}$, se $\Delta t_1 = \Delta t_2 = \ldots = \Delta t_n$, teremos:

$\Delta s_1 = \Delta s_2 = \ldots = \Delta s_n$

- **a velocidade escalar é constante e não nula** (velocímetro indicando sempre o mesmo valor não nulo);

$$\frac{\Delta s_1}{\Delta t_1} = \frac{\Delta s_2}{\Delta t_2} = \ldots = \frac{\Delta s_n}{\Delta t_n} = v \text{ (constante)}$$

- **a aceleração escalar é constante, porém nula.**

Embora as três características acima se refiram a grandezas diferentes, uma decorre da outra e elas são, portanto, equivalentes.

De modo geral, podemos dizer que, nos movimentos uniformes, os deslocamentos escalares ou variações de espaço (Δs) são **diretamente proporcionais** aos intervalos de tempo (Δt) de percurso. Matematicamente, essa proporcionalidade pode ser expressa da seguinte forma:

$$\boxed{\Delta s = v \cdot \Delta t}$$

A equação acima é denominada **equação dos deslocamentos escalares** do MU.

Observação:

O movimento uniforme (MU) pode ocorrer em **qualquer tipo de trajetória**. Se a trajetória for **retilínea**, o movimento será denominado **retilíneo e uniforme (MRU)**. Se a trajetória for uma circunferência, o movimento será denominado **circular e uniforme (MCU)**, como você pode ver na **figura 1**.

Figura 1. As pessoas que se divertem no brinquedo mostrado na foto estão descrevendo movimentos circulares e uniformes.

SHUTTERSTOCK

Aplicando a teoria

1. Um automóvel passou pelo marco de 12 km de uma estrada às 7 h 5 min. Às 7 h 20 min, ele passou pelo marco de 27 km da mesma estrada. Determinar para esse veículo:

a) o intervalo de tempo, em hora, decorrido entre as passagens pelos marcos de 12 km e de 27 km;

b) a variação do espaço (Δs) no intervalo de tempo calculado no item **a**;

c) o valor v de sua velocidade, supondo-a constante nesse trecho;

d) o marco quilométrico pelo qual ele passará às 7 h 40 min, nas mesmas condições do item **c**.

➤ **Solução**

a) O intervalo de tempo Δt é dado por: $\Delta t = t_2 - t_1$. Portanto:

$$\Delta t = 7\text{ h }20\text{ min} - 7\text{ h }5\text{ min} = 15\text{ min ou } \boxed{\Delta t = \frac{1}{4}\text{ h}}$$

b) A variação do espaço Δs é dada por: $\Delta s = s_2 - s_1$. Portanto:

$$\Delta s = 27\text{ km} - 12\text{ km} \Rightarrow \boxed{\Delta s = 15\text{ km}}$$

c) Admitindo o movimento uniforme, temos:

$$v = \frac{\Delta s}{\Delta t} = \frac{15\text{ km}}{\frac{1}{4}\text{ h}} \Rightarrow \boxed{v = 60\text{ km/h}}$$

d) Entre 7 h 20 min e 7 h 40 min decorreram 20 min, isto é, $\frac{1}{3}$ h. Nesse intervalo de tempo, o deslocamento escalar do móvel foi:

$$\Delta s = v \cdot \Delta t = 60\,\frac{\text{km}}{\text{h}} \cdot \frac{1}{3}\text{ h} = 20\text{ km}$$

Portanto:

$$\Delta s = s_3 - s_2 \Rightarrow 20\text{ km} = s_3 - 27\text{ km} \Rightarrow \boxed{s_3 = 47\text{ km}}$$

Assim, às 7 h 40 min, o carro passará pelo marco de 47 km da estrada.

2. Um trem de 200 m de comprimento, com velocidade constante de 60 km/h, passa completamente por uma ponte, de comprimento L desconhecido, em 1 min 12 s. Determinar o comprimento L da ponte.

3.1 Conteúdo multimídia

➤ Solução

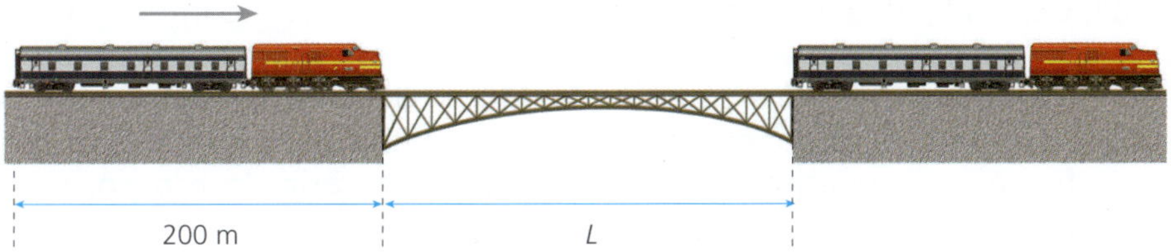

A figura acima mostra o instante no qual a frente do trem chega à ponte e o instante no qual a traseira do trem deixa a ponte. Entre as duas situações mostradas decorreu um intervalo de tempo $\Delta t = 72$ s e cada ponto do trem teve um deslocamento escalar $\Delta s = (200 + L)$ m. Para equacionar corretamente, é preciso converter a velocidade de km/h para m/s, usando o fator 3,6 já visto no capítulo anterior:

$$60 \text{ km/h} = \frac{60}{3{,}6} \text{ m/s}$$

Assim:

$$\Delta s = v \cdot \Delta t \Rightarrow 200 + L = \left(\frac{60}{3{,}6}\right) \cdot 72 \Rightarrow \boxed{L = 1.000 \text{ m} = 1 \text{ km}}$$

Avaliando o aprendizado

1. Por definição, um ano-luz é a distância percorrida pela luz, no vácuo, no intervalo de tempo de um ano terrestre. Da mesma forma, podemos definir um minuto-luz como a distância percorrida pela luz, no vácuo, em um minuto. Analogamente, definimos um segundo-luz como a distância percorrida pela luz, no vácuo, em um segundo.

a) Considerando que um ano terrestre tem aproximadamente $3{,}15 \cdot 10^7$ s, expresse um ano-luz em quilômetro. Adote para a velocidade da luz no vácuo o valor $3{,}00 \cdot 10^5$ km/s.

b) A distância máxima da Terra ao Sol é de aproximadamente 153 milhões de quilômetros. Expresse essa distância em minuto-luz. O que significa esse resultado?

2. Um caça Mirage F1, desenvolvendo potência máxima, chega a atingir velocidade de 2.340 km/h. Isso significa que, a essa velocidade, essa aeronave percorre 1 km em:

a) 1,0 s
b) pouco mais de 1,5 s
c) aproximadamente 2,0 s
d) 2,5 s
e) 3,0 s

3. Em um treino intenso, um ciclista percorreu 2.250 m em 2,5 min, com velocidade escalar constante. Com essa mesma velocidade, um percurso de 4.800 m seria realizado em um intervalo de tempo igual a:

a) 5 min 20 s
b) 5 min 15 s
c) 5 min 10 s
d) 5 min
e) 4 min

4. Um trem de 400 m de comprimento, em movimento retilíneo e uniforme, com velocidade escalar de 160 km/h, atravessa completamente um túnel de 1.200 m de comprimento em um intervalo de tempo igual a:

a) 10,0 s
b) 12,5 s
c) 25,0 s
d) 36,0 s
e) 45,0 s

5. Observe a figura abaixo. O velocímetro da bicicleta, durante o movimento no trecho mostrado, está marcando um valor entre:

a) 5 e 10 km/h
b) 15 e 20 km/h
c) 20 e 25 km/h
d) 25 e 30 km/h
e) 35 e 40 km/h

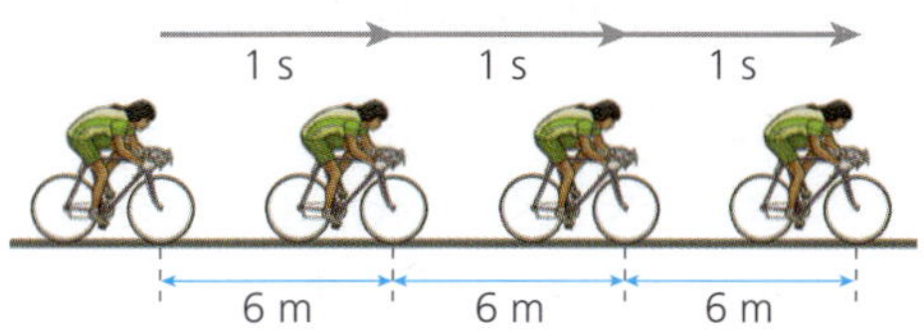

Ciclista em MRU

2 Função horária do espaço do MU

Em situações semelhantes às dos exercícios resolvidos 1 e 2 da seção "Aplicando a teoria", o que importa é o **deslocamento escalar** do móvel no intervalo de tempo considerado. Em outras situações, o que importa são os **espaços** correspondentes às suas posições em determinados instantes. No MU, assim como em outros movimentos, os espaços (*s*) do móvel estão relacionados com os respectivos instantes de tempo (*t*) por uma função matemática denominada **função horária do espaço**, ou **função horária da posição**. Em seguida, vamos obter a função horária do espaço do MU.

O deslocamento escalar Δs é igual à diferença entre o espaço final *s* e o espaço inicial s_0 do móvel, em certo trecho, e o intervalo de tempo Δt é a diferença entre o instante final *t* e o instante inicial $t_0 = 0$, correspondentes a essas posições. Assim, temos:

$$s - s_0 = v \cdot (t - 0)$$

ou

$$\boxed{s = s_0 + v \cdot t}$$

A expressão acima algumas vezes é erroneamente chamada de "equação" horária dos espaços. Na verdade, essa expressão é uma **função do primeiro grau em *t***.

Aplicando a teoria

3. Um automóvel se desloca com velocidade constante em uma estrada, percorrendo os trechos mostrados no esquema abaixo. Os valores indicados representam os marcos quilométricos das posições do carro anotadas a cada 20 minutos, a partir do quilômetro 72.

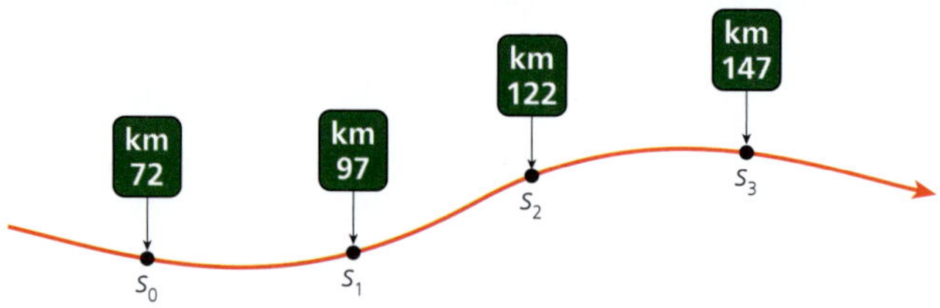

Determinar para esse automóvel:

a) as variações de espaço ocorridas nos três trechos sucessivos;

b) o tipo de movimento desenvolvido entre os quilômetros 72 e 147, justificando sua resposta;

c) sua velocidade escalar, em km/h, entre os quilômetros 72 e 147;

d) a função horária do seu movimento entre os quilômetros 72 e 147;

e) o espaço s_4 correspondente à sua posição 24 minutos após o início da contagem do tempo.

➤ Solução

a) Para cada trecho temos: $\Delta s_{trecho} = s_{final} - s_{inicial}$

No trecho I: $\Delta s_I = s_1 - s_0 = (97 - 72)\text{ km} = \boxed{25\text{ km}}$

No trecho II: $\Delta s_{II} = s_2 - s_1 = (122 - 97)\text{ km} = \boxed{25\text{ km}}$

No trecho III: $\Delta s_{III} = s_3 - s_2 = (147 - 122)\text{ km} = \boxed{25\text{ km}}$

b) O movimento é uniforme, pois o carro desloca-se regularmente 25 km a cada 20 minutos: deslocamentos iguais em intervalos de tempo iguais.

c) Podemos calcular a velocidade escalar do carro tanto para cada trecho como para o percurso todo, pois ela é constante. Assim, temos:

$$v = \frac{\Delta s}{\Delta t} = \frac{25\text{ km}}{20\text{ min}} = \frac{25\text{ km}}{\frac{1}{3}\text{ h}} \Rightarrow \boxed{v = 75\text{ km/h}}$$

d) Como a posição inicial corresponde ao marco km 72, temos: $s_0 = 72$ km. Nessa posição, vamos considerar $t_0 = 0$. A velocidade escalar do carro já foi calculada no item anterior, $v = 75$ km/h. Portanto, como o movimento é uniforme, a função horária do espaço é da forma: $s = s_0 + vt$. Substituindo os valores numéricos já obtidos, temos:

$$\boxed{s = 72 + 75t}$$

com s em quilômetro e t em hora;

$$\boxed{s = 72 + 1{,}25t}$$

com s em quilômetro e t em minuto, pois:

$$75\text{ km/h} = \frac{75\text{ km}}{60\text{ min}} = 1{,}25\text{ km/min}$$

e) Se usarmos a primeira função horária, será necessário converter 24 minutos em hora: $24\text{ min} = 24 \cdot \frac{1}{60}\text{ h} = 0{,}4\text{ h}$. Substituindo esse valor na função horária do espaço, temos:

$$s_4 = 72 + 75 \cdot (0{,}4) \Rightarrow \boxed{s_4 = 102\text{ km}}$$

Se usarmos a segunda função horária, teremos:

$$s_4 = 72 + 1{,}25 \cdot (24) \Rightarrow \boxed{s_4 = 102\text{ km}}$$

4. No instante $t_0 = 0$ um carro A passa pela origem de uma trajetória retilínea, indicada na figura abaixo, com velocidade escalar constante de módulo 5,0 m/s. No mesmo instante, um carro B passa pelo ponto de abscissa 800 m, com velocidade escalar constante de módulo 3,0 m/s, em sentido contrário ao de A, em uma trajetória paralela e idêntica à de A.

a) Escrever as funções horárias dos espaços para os dois móveis, observando a orientação das trajetórias.

b) Determinar o instante t_e em que os móveis se cruzam (encontro).

c) Determinar o espaço s_e do ponto da trajetória onde ocorre o encontro.

d) Determinar o deslocamento escalar de cada móvel, Δs_A e Δs_B, até o encontro.

e) Resolver os itens **a** e **b** supondo que o carro B se mova no mesmo sentido do carro A.

➤ Solução

a) Para o móvel A, temos:

$$s_{0(A)} = 0 \text{ e } v_A = +5{,}0\text{ m/s}$$

Assim:

$$s_A = s_{0(A)} + v_A t \Rightarrow \boxed{s_A = 0 + 5{,}0t\text{ (SI)}}$$

Para o móvel B, temos:

$$s_{0(B)} = 800\text{ m e } v_B = -3{,}0\text{ m/s}$$

Assim:

$$s_B = s_{0(B)} + v_B t \Rightarrow \boxed{s_B = 800 - 3{,}0t \text{ (SI)}}$$

b) No instante do encontro (t_e) devemos ter: $s_A = s_B$
Assim:

$$+5{,}0t_e = 800 - 3{,}0t_e \Rightarrow 8{,}0t_e = 800 \Rightarrow \boxed{t_e = 100 \text{ s}}$$

O instante de encontro é $t_e = 100$ s, ou $t_e = 1$ min 40 s

c) Para obter s_e, podemos substituir t_e na função horária de A ou de B, já que no encontro $s_A = s_B = s_e$.
Como $s_A = 0 + 5{,}0t_e$, temos:

$$s_A = 5{,}0 \text{ m/s} \cdot 100 \text{ s} \Rightarrow \boxed{s_e = 500 \text{ m}}$$

d) Como $\Delta s_A = v_A \cdot \Delta t$, temos:

$$\Delta s_A = +5{,}0 \text{ m/s} \cdot 100 \text{ s} \Rightarrow \boxed{\Delta s_A = +500 \text{ m}}$$

O carro A andou 500 m para a direita.
Como $\Delta s_B = v_B \cdot \Delta t$, temos:

$$\Delta s_B = -3{,}0 \text{ m/s} \cdot 100 \text{ s} \Rightarrow \boxed{\Delta s_B = -300 \text{ m}}$$

O carro B andou 300 m para a esquerda.

e) Para o carro A nada mudou, assim:

$$\boxed{s_A = 0 + 5{,}0t}$$

Para o carro B, entretanto, a velocidade escalar mudou de sentido (e de sinal), assim:

$$\boxed{s_B = 800 + 3{,}00t}$$

Portanto, no encontro temos:

$$5{,}0t_e = 800 + 3{,}0t_e \Rightarrow 2{,}0 \cdot t_e = 800 \Rightarrow \boxed{t_e = 400 \text{ s}}$$

Avaliando o aprendizado

6. Um automóvel passa pelo quilômetro 30 de uma rodovia às 6 h, com velocidade escalar de 75 km/h, que será mantida constante pelos próximos 20 minutos. Considere o instante da passagem do veículo pelo quilômetro 30 o instante zero ($t_0 = 0$) e o sentido do seu movimento o sentido crescente da quilometragem indicada nos marcos da estrada. Assim, no período entre 6 h e 6 h 20 min, determine para esse móvel:

a) a distância que ele percorre a cada minuto;

b) a função horária do espaço, com *t* medido em minuto e *s* medido em quilômetro;

c) o marco quilométrico da estrada pelo qual ele passará às 6 h 20 min.

7. Às 16 h 15 min, um automóvel passa pelo quilômetro 35 de uma rodovia, com velocidade escalar de 40 km/h, que será mantida constante pelos próximos 45 minutos. Considere o instante da passagem do veículo pelo quilômetro 35 o instante zero ($t_0 = 0$) e o sentido do seu movimento o sentido decrescente da quilometragem indicada nos marcos da estrada. Sobre o movimento do veículo entre 16 h 15 min e 17 h são apresentadas as afirmações a seguir. Classifique cada uma delas como verdadeira (V) ou falsa (F) e assinale a alternativa com a sequência correta de V e F.

I. No intervalo de tempo considerado, o carro percorre 2 quilômetros a cada 3 minutos.

II. A função horária do movimento do veículo pode ser escrita como $s = 35 - 40t$, com *s* em quilômetro e *t* em hora.

III. A função horária do movimento do veículo pode ser escrita como $s = 35 - \frac{2}{3}t$, com s em quilômetro e t em minuto.

IV. Às 17 h o carro passará pelo quilômetro 5 da estrada.

V. O carro passou pelo quilômetro 25 da estrada no instante t = 15 min.

a) V V V V V
b) V F V V F
c) F V V V F
d) F F V V F
e) F F F F F

8. Em um dado instante, um carro A, com velocidade escalar constante $v_A = 5$ m/s, passa por um carro B, inicialmente parado. Quinze segundos depois, o carro B sai em perseguição ao carro A, mantendo uma velocidade escalar constante $v_B = 8$ m/s. Considere o instante de saída do carro B o instante zero. Para essa situação:

a) faça uma figura mostrando as posições dos carros A e B no instante zero, indicando suas velocidades e a distância entre eles;

b) escreva as funções horárias dos espaços dos dois móveis no SI, a partir do instante zero, adotando como origem dos espaços o ponto de partida de B;

c) determine o instante no qual B alcança A (encontro);

d) determine o deslocamento escalar (Δs) de cada veículo, desde o instante zero até o encontro.

3 Conceito de velocidade relativa

Ao viajar por uma estrada, você já deve ter observado que, ao ser ultrapassado por um veículo que vai no mesmo sentido que o seu, a velocidade dele parece não ser tão elevada, mesmo que seu carro esteja a 100 km/h. Na verdade, o que você está percebendo é a velocidade do outro veículo **relativa** ao seu carro. Se aquele veículo está a 120 km/h em relação ao solo, relativamente ao seu carro ele está a 20 km/h. Tudo se passa como se você estivesse parado e ele o ultrapassasse a 20 km/h. O inverso ocorre se o outro carro ultrapassa o seu em sentido contrário. Você tem a impressão de que ele passa "voando". Novamente você está percebendo a velocidade do outro veículo **relativa** ao seu carro, que também está em movimento. Nesse caso, as velocidades se somam, dando a impressão de que o outro carro está com uma velocidade altíssima.

Veja a **figura 2** a seguir.

SUTTON MOTORSPORTS/ZUMA PRESS/CORBIS/LATINSTOCK

Devido ao agrupamento causado pela entrada do *safety car* durante uma corrida em um circuito automobilístico, os carros mantêm praticamente a mesma velocidade escalar na pista. A velocidade relativa entre eles é praticamente nula.

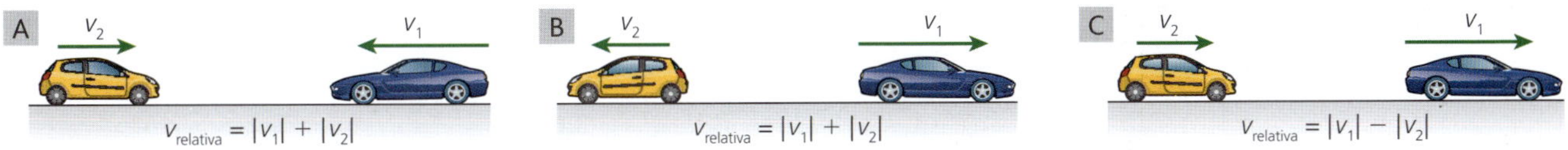

Figura 2.

Observação:

Nas situações da figura 2 supõe-se $|v_1| > |v_2|$ e considera-se a velocidade relativa sempre em módulo.

As operações da figura 2 podem ser notadas nas resoluções dos itens **b** e **e** do exercício 4 da seção "Aplicando a teoria".

Quando os movimentos dos veículos são em **sentidos opostos**, item **b**, **as velocidades se somam** na equação (**fig. 2A**). Observe:

$$+5{,}0t_e = 800 - 3{,}0t_e \Rightarrow \underbrace{(5{,}0 + 3{,}0)}_{\text{velocidade relativa}} \cdot t_e = 800$$

Quando os movimentos dos veículos são no **mesmo sentido**, item **e**, **as velocidades se subtraem** na equação (**fig. 2C**). Observe:

$$+5{,}0t_e = 800 + 3{,}0t_e \Rightarrow \underbrace{(5{,}0 - 3{,}0)}_{\text{velocidade relativa}} \cdot t_e = 800$$

Aplicando a teoria

5. Um carro de comprimento desprezível, com velocidade escalar constante igual a 90 km/h, ultrapassa um trem de 250 m de comprimento que se move no mesmo sentido, com velocidade também constante e igual a 54 km/h. Determinar:

a) o tempo gasto pelo carro na ultrapassagem;

b) o deslocamento do carro durante a ultrapassagem;

c) o deslocamento do trem durante a ultrapassagem.

➤ Solução

a) Vamos, hipoteticamente, parar o trem e determinar a velocidade do carro relativa a ele. Como as velocidades do carro e do trem têm o mesmo sentido, a velocidade relativa será $v_{relativa} = |+90| - |+54| \Rightarrow v_{relativa} = 36$ km/h. Isto é, tudo se passa como se o trem estivesse parado e o carro percorresse os 250 m do comprimento do trem com velocidade de 36 km/h. Veja a figura abaixo.

250 m

No cálculo do tempo, é conveniente converter a unidade da velocidade relativa para o SI. Assim:

$$\Delta s = v_{relativa} \cdot \Delta t \Rightarrow 250 \text{ m} = 36 \cdot \frac{1}{3{,}6} \text{m/s} \cdot \Delta t \Rightarrow \boxed{\Delta t = 25 \text{ s}}$$

b) Para o cálculo do deslocamento do carro, evidentemente, devemos voltar à situação proposta e usar sua velocidade escalar de 90 km/h. Portanto:

$$\Delta s_{carro} = v_{carro} \cdot \Delta t \Rightarrow \Delta s_{carro} = 90 \cdot \frac{1}{3{,}6} \text{m/s} \cdot 25 \text{ s} \Rightarrow \boxed{\Delta s_{carro} = 625 \text{ m}}$$

c) Para o cálculo do Δs do trem, procedemos de maneira semelhante à do item anterior:

$$\Delta s_{trem} = v_{trem} \cdot \Delta t \Rightarrow \Delta s_{trem} = 54 \cdot \frac{1}{3{,}6} \text{m/s} \cdot 25 \text{ s} \Rightarrow \boxed{\Delta s_{trem} = 375 \text{ m}}$$

Note que a diferença entre os deslocamentos escalares dos dois móveis é precisamente a distância que o carro percorre "a mais" que o trem. Essa diferença, que é exatamente o comprimento do trem, é denominada **deslocamento escalar relativo** ($\Delta s_{relativo}$ = 625 m − 375 m = 250 m). Essa distância é a que o carro teria de percorrer se o trem estivesse parado.

Avaliando o aprendizado

9. Dois carros, C_1 e C_2, movem-se ao longo de uma mesma reta e, em dado instante, passam por dois pontos *A* e *B*, distantes 900 m entre si. Esse instante será tomado como inicial ($t_0 = 0$). O carro C_1 tem velocidade escalar constante de módulo 36 km/h, com sentido de *A* para *B*, e o carro C_2 tem velocidade escalar constante de módulo 54 km/h, com sentido para *B* para *A*. A respeito do encontro desses carros, é correto afirmar que ocorrerá:

a) no instante $t = 10$ s.

b) no instante $t = 50$ s.

c) a 360 m do ponto *B*.

d) no instante $t = 36$ s.

e) a 540 m do ponto *A*.

10. Paulo percebe que seu amigo Carlos, ao sair, esqueceu os documentos. Após 4 minutos da saída de Carlos, Paulo sai com seu carro, mantendo velocidade escalar constante de 80 km/h, com a intenção de alcançar o amigo que se desloca com velocidade escalar, também constante, de 60 km/h. Determine:

a) a distância entre os amigos, quando da saída de Paulo;

b) o intervalo de tempo necessário para que Paulo alcance Carlos;

c) o deslocamento escalar de Carlos, medido a partir da saída de Paulo, até o encontro;

d) o deslocamento escalar de Paulo, medido a partir da sua saída, até o encontro.

11. Um automóvel de comprimento desprezível, com velocidade escalar constante de 80 km/h, cruza com um trem de 360 m de comprimento que se move no sentido contrário, com velocidade também constante e igual a 100 km/h. Podemos dizer que o intervalo de tempo necessário para um passar pelo outro vale, em segundo:

a) 2,0

b) 5,4

c) 7,2

d) 8,8

e) 9,4

12. Dois trens, T_1, com velocidade escalar constante de 120 km/h, e T_2, com velocidade escalar constante de 150 km/h, movem-se em sentidos opostos, sobre linhas paralelas. O comprimento de T_1 é conhecido e igual a 300 m. Determine:

a) a velocidade escalar de T_2, medida por um passageiro em T_1;

b) o intervalo de tempo, medido por um passageiro em T_2, para a passagem de T_1 por T_2.

13. Dois trens, T_1, com velocidade escalar constante de 150 km/h, e T_2, com velocidade escalar constante de 90 km/h, movem-se no mesmo sentido, sobre linhas paralelas. O comprimento de T_1 é igual a 300 m e o comprimento de T_2 é igual a 200 m. Em determinado instante, $t_0 = 0$, a frente de T_1 está 100 m atrás da traseira de T_2. Mantidas as velocidades dadas, a partir desse instante, determine:

a) quanto tempo dura a ultrapassagem de T_1 por T_2, em segundo;

b) o deslocamento escalar de cada trem, em metro, até se completar a ultrapassagem.

4 Gráficos do MU

Uma maneira muito útil e ilustrativa de estudar e descrever os movimentos é representá-los **graficamente**. No MU, interessam os gráficos cartesianos do espaço e da velocidade como funções do tempo. Esses gráficos são também denominados **diagramas horários** do movimento.

Sendo $s = s_0 + vt$ a lei de uma função polinomial do primeiro grau, sua representação cartesiana será uma reta de coeficiente linear s_0, ou seja, que intercepta o eixo vertical no ponto $(0, s_0)$, e de coeficiente angular v. Assim, se tivermos $v > 0$, a reta será **crescente (quadro 1)**, e se tivermos $v < 0$, a reta será **decrescente (quadro 2)**.

3.1 Biblioteca do estudante

Quadro 1. Função horária do espaço $s = s_0 + vt$ para $v > 0$

I. $s_0 > 0$	II. $s_0 = 0$	III. $s_0 < 0$
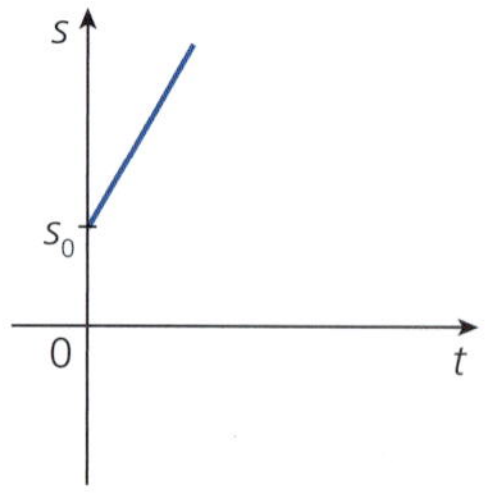	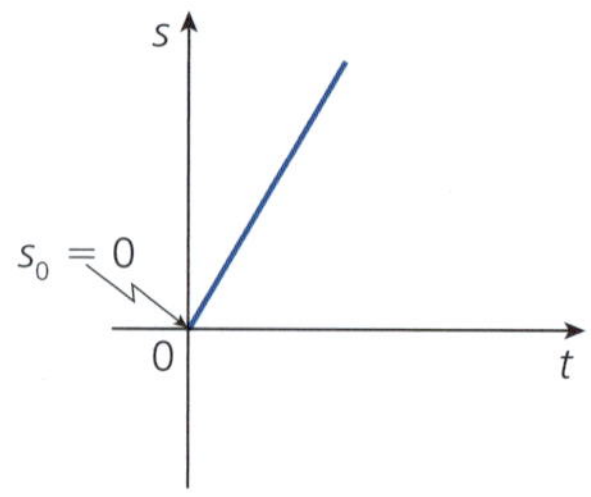	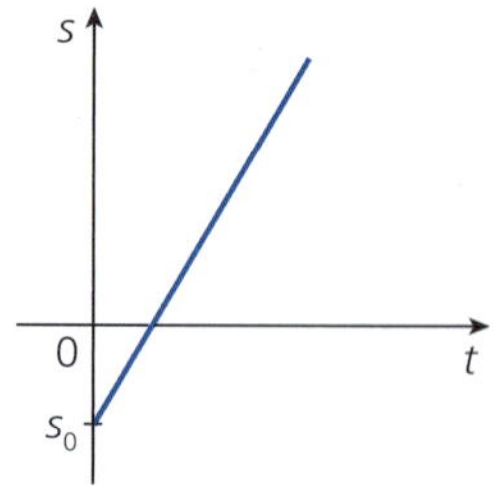

Quadro 2. Função horária do espaço $s = s_0 + vt$ para $v < 0$

I. $s_0 > 0$	II. $s_0 = 0$	III. $s_0 < 0$
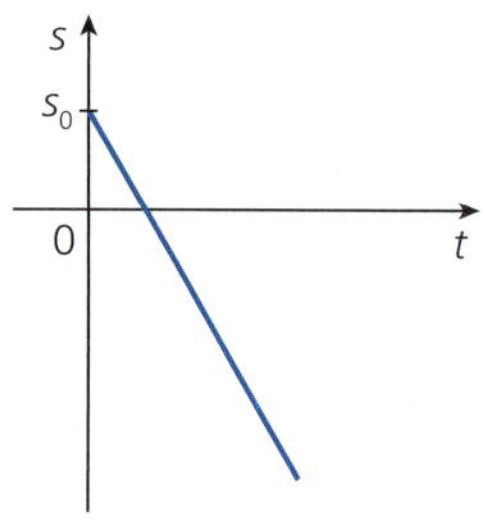	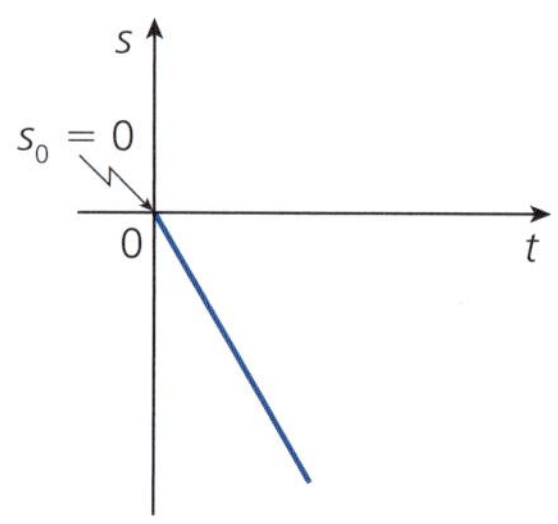	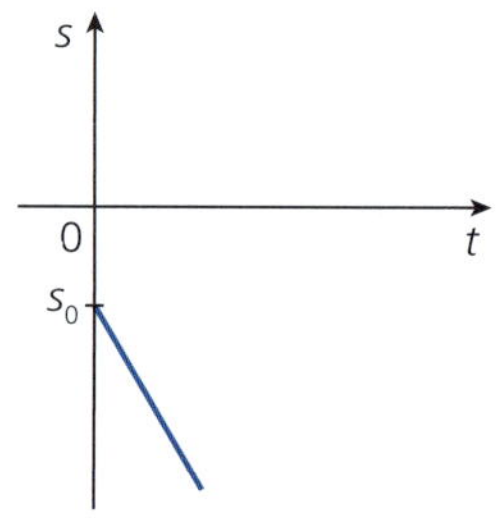

As retas das situações I, dos **quadros 1** e **2**, correspondem a $s_0 > 0$, isto é, a posição inicial do móvel está **à frente** da origem dos espaços. As retas das situações II correspondem a $s_0 = 0$, isto é, o móvel parte exatamente **da origem** da trajetória. As retas das situações III correspondem a $s_0 < 0$, isto é, a posição inicial do móvel está **antes** da origem dos espaços.

No MU, como as velocidades escalares são constantes, suas representações cartesianas são **retas paralelas** ao eixo *t*; elas estarão acima do eixo *t* se $v > 0$ **(fig. 3)** e abaixo do eixo *t* se $v < 0$ **(fig. 4)**.

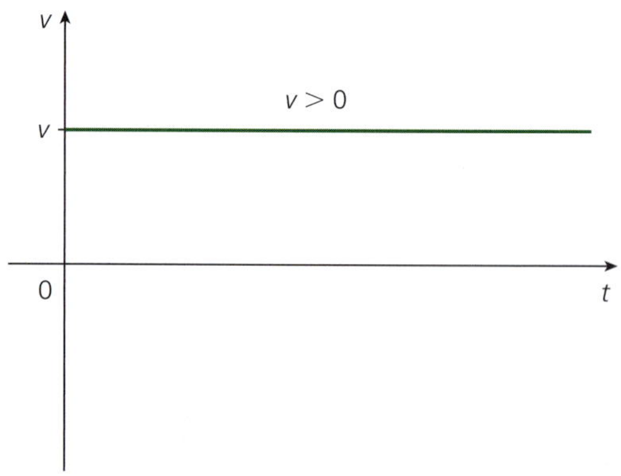

Figura 3.

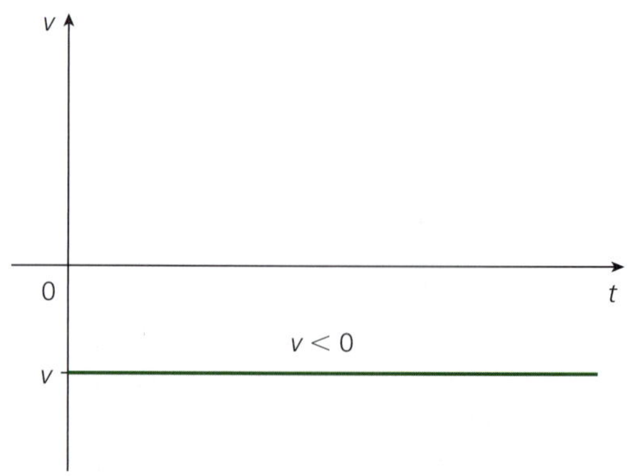

Figura 4.

Propriedade do gráfico velocidade × tempo no MU

A partir do gráfico velocidade × tempo, no MU, podemos calcular o deslocamento escalar do móvel em dado intervalo de tempo, que corresponde ao valor numérico da área entre a linha do gráfico e o eixo das abcissas no intervalo de tempo considerado. Veja as **figuras 5** e **6**.

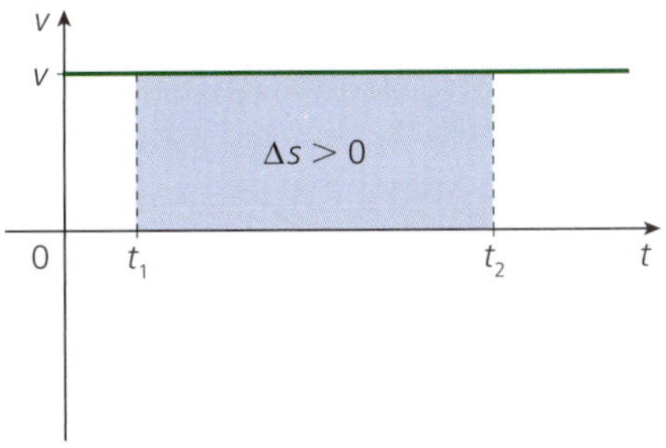

Figura 5. Deslocamento positivo.

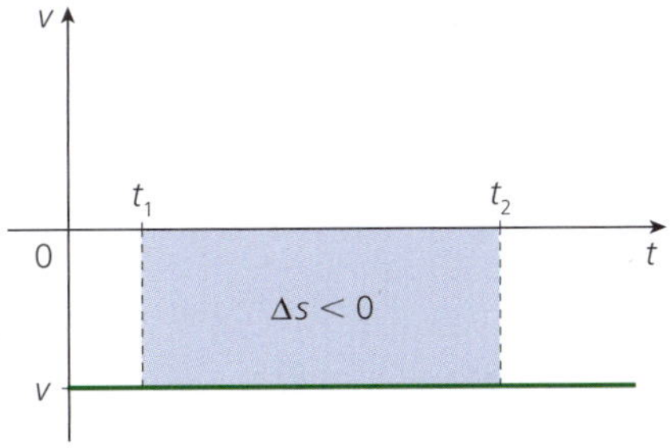

Figura 6. Deslocamento negativo.

Nas **figuras 5** e **6**, a área A do retângulo é: A = base × altura = $\Delta t \cdot v$. O produto $v \cdot \Delta t$ é o deslocamento escalar Δs nesse intervalo de tempo. Portanto, temos numericamente: $A \overset{N}{=} \Delta s$. Como Δt é sempre positivo, quando $v > 0$, temos $\Delta s > 0$; quando $v < 0$, temos $\Delta s < 0$.

Aplicando a teoria

6. Um móvel, animado de movimento retilíneo e uniforme (MRU), tem suas posições indicadas pelos respectivos espaços na tabela abaixo, para cada instante correspondente.

t (s)	*s* (m)
1	−5
3	5
4	*x*
7	25
y	30

Para esse móvel:

a) determinar sua velocidade escalar, em m/s;

b) determinar o espaço correspondente à sua posição no instante inicial $t_0 = 0$;

c) determinar a função horária do espaço do seu movimento, em unidades do SI;

d) determinar os valores de x e y, mostrados na tabela;

e) construir o gráfico cartesiano do espaço *versus* tempo com auxílio da tabela.

➤ Solução

a) Para esse cálculo, podemos tomar os valores das duas primeiras linhas da tabela, por exemplo:

$$v = \frac{\Delta s}{\Delta t} = \frac{s_2 - s_1}{t_2 - t_1} = \frac{5{,}0 - (-5{,}0)}{(3{,}0 - 1{,}0)} \Rightarrow \boxed{v = 5\ \text{m/s}}$$

b) A forma geral da função horária do espaço do MU é $s = s_0 + vt$. Considerando $t = 3$ s e $s = 5$ m, temos:

$$5 = s_0 + 5 \cdot 3 \Rightarrow \boxed{s_0 = -10\ \text{m}}$$

c) Para obter a função horária do espaço desse movimento, basta substituir os valores de s_0 e v obtidos nos itens **a** e **b**. Assim:

$$\boxed{s = -10 + 5t}\ \text{(SI)}$$

d) x é o valor do espaço para t = 4 s, portanto:

$$x = -10 + 5 \cdot 4 \Rightarrow \boxed{x = 10\ \text{m}}$$

y é o valor de t para s = 30 m, portanto:

$$30 = -10 + 5y \Rightarrow \boxed{y = 8\ \text{s}}$$

e)

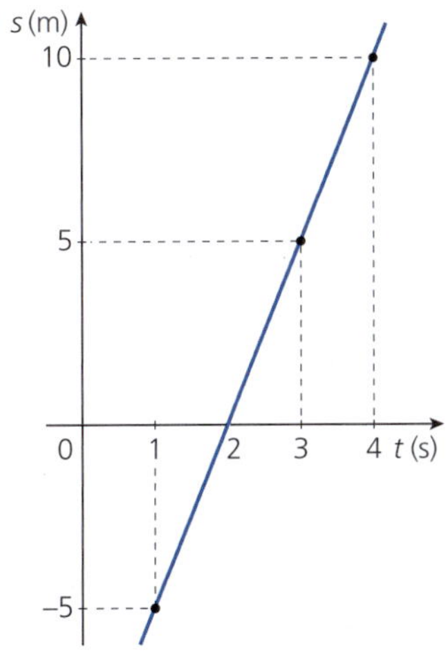

7. **Dois veículos, A e B, movendo-se ao longo de uma mesma trajetória, têm seus movimentos descritos pelas seguintes funções horárias:**

$$\text{Móvel A: } s_A = -15 + 2{,}5t \text{ (SI)}$$
$$\text{Móvel B: } s_B = +25 - 2{,}5t \text{ (SI)}$$

a) Determinar o instante t_e do encontro desses móveis.

b) Determinar a posição s_e onde se dá o encontro.

c) Representar graficamente as funções horárias desses móveis.

➤ Solução

a) No encontro, devemos ter:

$s_A = s_B \Rightarrow -15 + 2{,}5t_e = +25 - 2{,}5t_e \Rightarrow 5t_e = 40 \Rightarrow$

$\Rightarrow \boxed{t_e = 8 \text{ s}}$

b) Para obter a posição do encontro, substituímos t_e na função horária do móvel A ou do móvel B:

$s_e = -15 + 2{,}5t_e = -15 + 2{,}5 \cdot 8 \Rightarrow \boxed{s_e = 5 \text{ m}}$

c) Vamos construir uma tabela com apenas dois valores do espaço para cada movimento:

t (s)	s_A (m)	s_B (m)
0	−15	25
6	0	–
10	–	0

A partir da tabela traçamos as retas correspondentes aos movimentos.

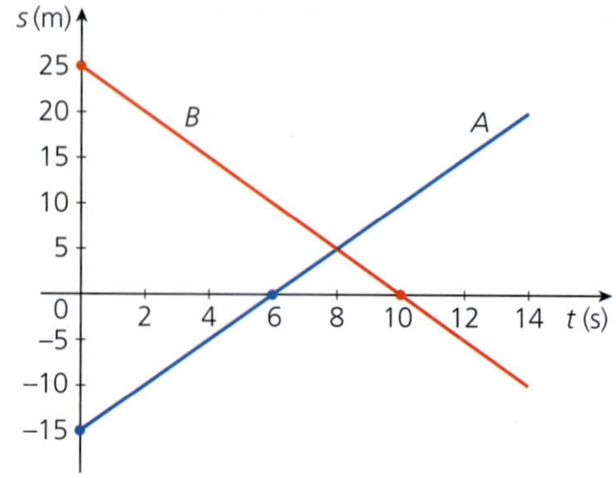

Observe que a abscissa do ponto de intersecção das retas é o instante do encontro, $t_e = 8$ s, e a ordenada desse ponto é o espaço correspondente à posição do encontro, $s_e = 5$ m.

Avaliando o aprendizado

14. Nos trechos I, II, III, IV e V do gráfico s × t abaixo:

a) classifique a velocidade escalar do corpo como positiva ($v > 0$), negativa ($v < 0$) ou nula ($v = 0$);

b) classifique o estado cinemático do móvel como repouso, movimento uniforme progressivo ou movimento uniforme retrógrado.

3.1 Visão do especialista

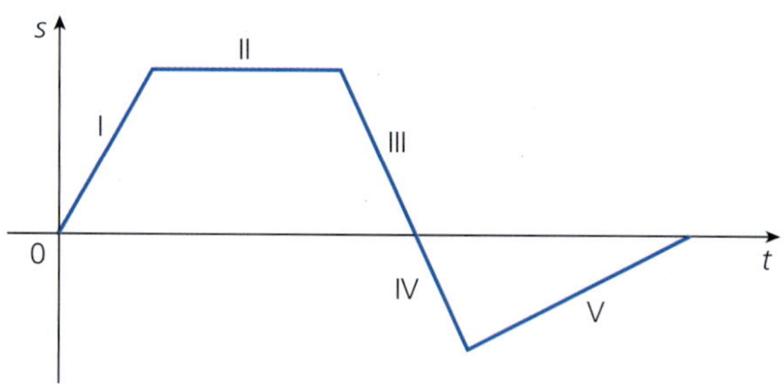

15. Faça o gráfico qualitativo velocidade escalar × tempo para o móvel do exercício anterior.

16. O gráfico s × t do movimento uniforme de um móvel está representado abaixo.

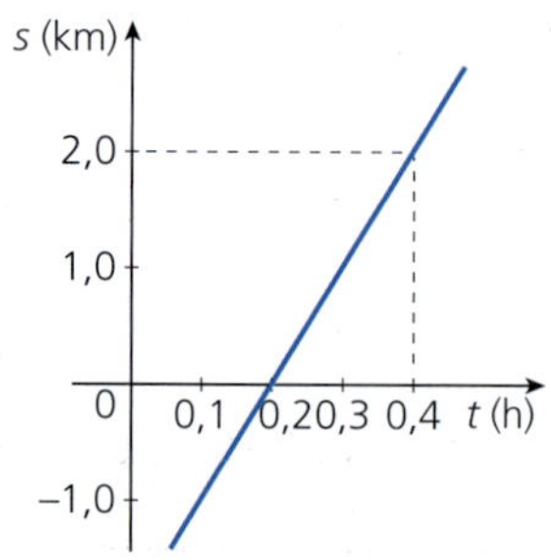

A partir dos valores mostrados no gráfico, determine para esse móvel:

a) sua velocidade escalar, em km/h;

b) a função horária do espaço correspondente ao movimento representado pelo gráfico.

17. O movimento uniforme de um corpo está representado no gráfico s × t abaixo.

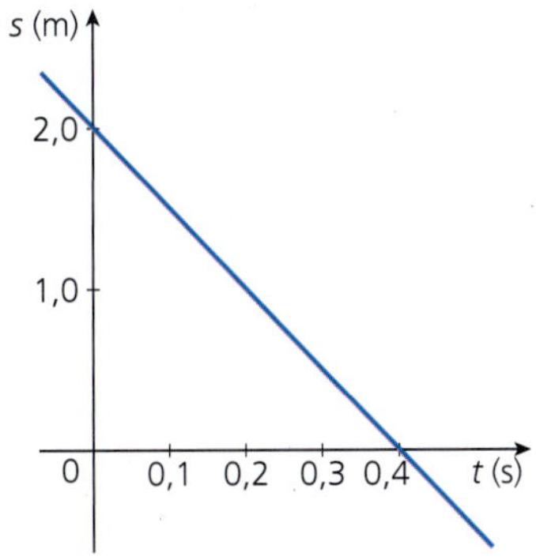

A partir dos valores mostrados nesse gráfico, determine para esse móvel:

a) sua velocidade escalar, em m/s;

b) a função horária do espaço correspondente ao movimento representado pelo gráfico.

18. O gráfico velocidade × tempo de um móvel em MRU está representado a seguir.

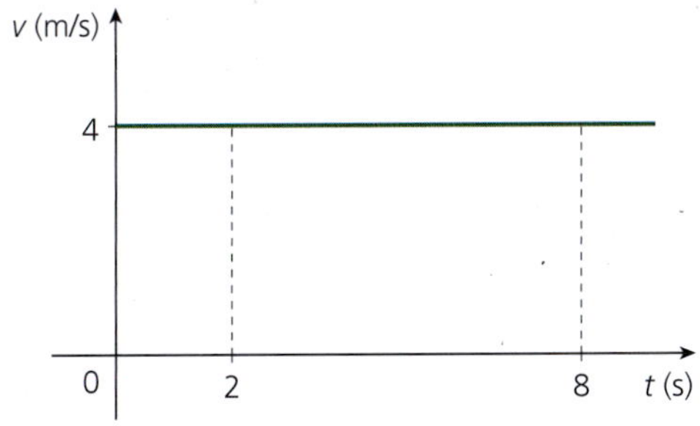

a) Determine, por meio do gráfico, o deslocamento escalar do móvel entre os instantes $t_1 = 2$ s e $t_2 = 8$ s.

b) Determine a função horária do espaço do móvel, sabendo que sua posição inicial na trajetória é indicada pelo valor −30 m.

c) Determine o instante no qual o móvel passa pela origem dos espaços.

19. O gráfico velocidade × tempo de um móvel em MRU está representado a seguir.

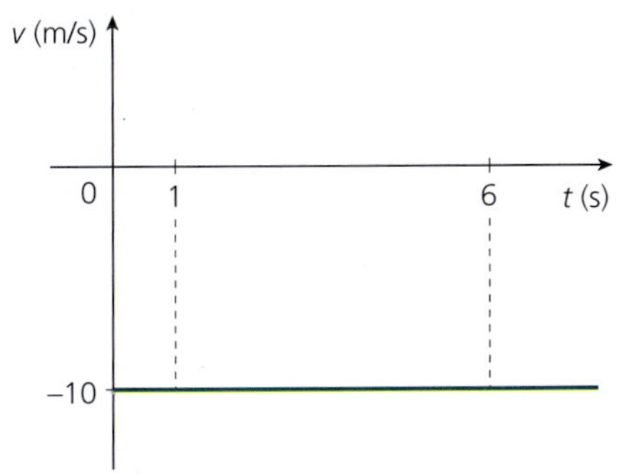

a) Determine, por meio do gráfico, o deslocamento escalar do móvel entre os instantes $t_1 = 1$ s e $t_2 = 6$ s.

b) Determine a função horária do espaço do móvel, sabendo que sua posição inicial na trajetória é indicada pelo valor 80 m.

c) Determine o instante no qual o móvel passa pela origem dos espaços.

Revisando o conteúdo

Ficha-resumo 1

No **MU** os deslocamentos escalares ou variações de espaço (Δs) são proporcionais aos intervalos de tempo (Δt):

$$\Delta s = v \cdot \Delta t$$

1. (UEL-PR) Um trem de comprimento 200 m, com velocidade escalar constante de 60 km/h, atravessa completamente uma ponte em 36 s. Portanto, podemos afirmar que o comprimento da ponte é igual a:

a) 200 m c) 600 m e) 1.200 m
b) 400 m d) 1.000 m

2. (Ufes) Uma pessoa, com passos de 70 cm, caminha à razão de 1,5 passo/segundo. Ela deseja atravessar uma rua com 21 m de largura. O tempo mínimo que o sinal deve ficar aberto aos pedestres para que essa pessoa atravesse a rua com segurança é igual a:

a) 10 s c) 20 s e) 45 s
b) 14 s d) 32 s

3. (UFRGS) Um projétil, com velocidade escalar constante de 300 m/s, é disparado em direção ao ponto médio do costado de um navio que se move em linha reta com velocidade escalar constante de 10 m/s, perpendicularmente à trajetória do projétil. Se o projétil atinge o costado do navio a 20 m do ponto mirado, podemos dizer que a distância entre o ponto do disparo e a lateral do navio vale:

a) 150 m c) 600 m e) 6.000 m
b) 300 m d) 3.000 m

4. Devido ao movimento de rotação da Terra, uma pessoa parada em um ponto da linha do Equador terrestre tem uma velocidade escalar aproximada de 1.674 km/h, relativamente ao eixo de rotação da Terra. Portanto, devido a esse movimento, em um segundo essa pessoa "percorre" um arco de circunferência com comprimento próximo de:

a) 465 m c) 674 m e) 1.925 m
b) 564 m d) 1.674 m

5. (PUC-SP) Para pesquisar a profundidade de uma região oceânica usou-se um sonar no fundo de um barco em repouso, relativamente às águas. O intervalo de tempo entre a emissão do sinal ultrassônico e a sua recepção no barco é 1,0 segundo. Sendo 5.400 km/h a velocidade do som na água, podemos estimar a profundidade do oceano nesse local em:

a) 100 m c) 1.500 m e) 5.400 m
b) 750 m d) 2.700 m

6. (Fuvest-SP) Astrônomos observaram que a nossa galáxia, a Via Láctea, está a $2{,}5 \cdot 10^6$ anos-luz de Andrômeda, a galáxia mais próxima da nossa. Com base nessa informação, estudantes em uma sala de aula afirmaram o seguinte:

I. A distância entre a Via Láctea e Andrômeda é de 2,5 milhões de quilômetros.
II. A distância entre a Via Láctea e Andrômeda é maior que $2{,}0 \cdot 10^{19}$ km.
III. A luz proveniente de Andrômeda leva 2,5 milhões de anos para chegar à Via Láctea.

É correto apenas o que se afirma em:

a) I c) III e) II e III
b) II d) I e III

Observação: se necessário use $c = 3{,}0 \cdot 10^8$ m/s para a velocidade da luz no vácuo e considere que um ano tenha $3{,}0 \cdot 10^7$ s.

Ficha-resumo 2

No MU, o espaço ***s***, correspondente à posição do móvel em dado instante ***t***, é determinado pela função:

$$s = s_0 + vt$$

7. A função horária do espaço para o MU representado no gráfico abaixo, em unidades SI, é:

a) $s = -40 + 10t$
b) $s = -40 + 5{,}0t$
c) $s = -40 + 4{,}0t$
d) $s = -20 - 4{,}0t$
e) $s = -20 + 5{,}0t$

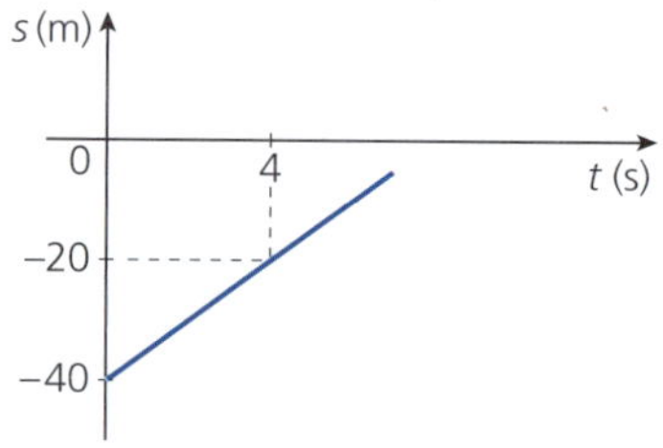

8. (Mackenzie-SP) O movimento uniforme de um corpo está representado no gráfico espaço × tempo mostrado a seguir.

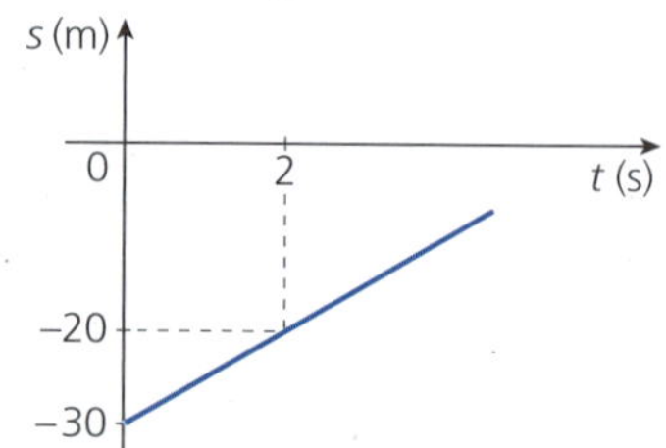

O instante *t* no qual a posição do móvel corresponde ao valor $s = 20$ m é:

a) 4,0 s
b) 5,0 s
c) 10 s
d) 15 s
e) 20 s

3.2 Visão do especialista

9. Na tabela abaixo temos alguns valores de espaço (s) que correspondem às posições de um objeto em movimento uniforme ao longo de uma trajetória e os instantes correspondentes a essas posições.

t (s)	2	5	6	8	y
s (m)	−9	0	3	x	21

A partir da tabela:

a) determine a velocidade escalar v do objeto;

b) determine o espaço correspondente a $t_0 = 0$, isto é, o espaço inicial s_0;

c) escreva a função horária do espaço do móvel, s(t);

d) determine os valores de x e de y na tabela;

e) determine o deslocamento escalar (Δs) do móvel entre $t_0 = 0$ e $t = 15$ s.

Ficha-resumo 3

Considerando $|v_1| > |v_2|$ e $v_{relativa}$ em módulo:

- Velocidades no **mesmo sentido**

$$v_{relativa} = |v_1| - |v_2|$$

- Velocidades em **sentidos opostos**

$$v_{relativa} = |v_1| + |v_2|$$

10. (Mackenzie-SP) Uma pessoa sentada no interior de um trem A, que desenvolve velocidade escalar de 70 km/h, vê o trem B, de comprimento 200 m, passar por ela em 1 min 12 s, estando ambos os trens movendo-se no mesmo sentido e com movimentos uniformes. Assim, podemos dizer que a velocidade escalar do trem B vale:

a) 100 km/h

b) 90 km/h

c) 85 km/h

d) 80 km/h

e) 60 km/h

11. (Fuvest-SP) João está parado em um posto de abastecimento de combustíveis quando vê seu amigo passar com velocidade escalar constante de 60 km/h. Quatro minutos depois da passagem do amigo, João sai com velocidade escalar constante de 80 km/h, na tentativa de alcançar o amigo. Mantidas essas velocidades, a partir da sua saída, João alcançará o amigo após:

a) 4 min

b) 8 min

c) 10 min

d) 12 min

e) 20 min

12. (Fuvest-SP) Dois corredores, A e B, partem simultaneamente de um mesmo ponto de uma pista circular de comprimento 120 m, com velocidades escalares constantes $v_A = 8{,}0$ m/s e $v_B = 6{,}0$ m/s.

a) Se os movimentos ocorrem no mesmo sentido, quanto tempo após a partida de ambos A estará uma volta à frente de B?

b) Se os movimentos ocorrerem em sentidos opostos, qual será a distância entre os atletas, medida ao longo da trajetória, no instante em que B completar uma volta?

Ficha-resumo 4

Diagramas horários do MU:

- Gráfico espaço × tempo: reta oblíqua

  A função é **crescente** quando: $v > 0$

  A função é **decrescente** quando: $v < 0$

- Gráfico velocidade × tempo: reta paralela ao eixo t

  Acima do eixo t quando $v > 0$

  Abaixo do eixo t quando $v < 0$

13. (Enem) O gráfico abaixo modela a distância percorrida, em quilômetro, por uma pessoa em certo período de tempo. A escala de tempo a ser adotada para o eixo das abscissas depende da maneira como essa pessoa se desloca. Qual é a opção que apresenta a melhor associação entre meio ou forma de locomoção e a unidade de tempo, quando são percorridos 10 km?

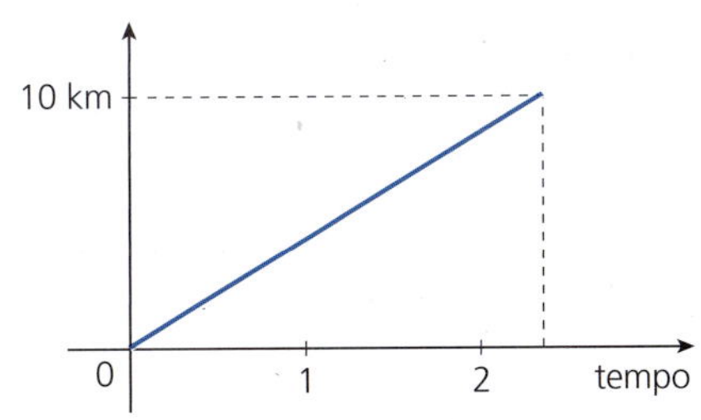

a) carroça – semana

b) carro – dia

c) bicicleta – minuto

d) caminhada – hora

e) avião – segundo

14. (Enem) Em uma prova de 100 metros rasos, o desempenho típico de um corredor padrão é representado pelo gráfico a seguir:

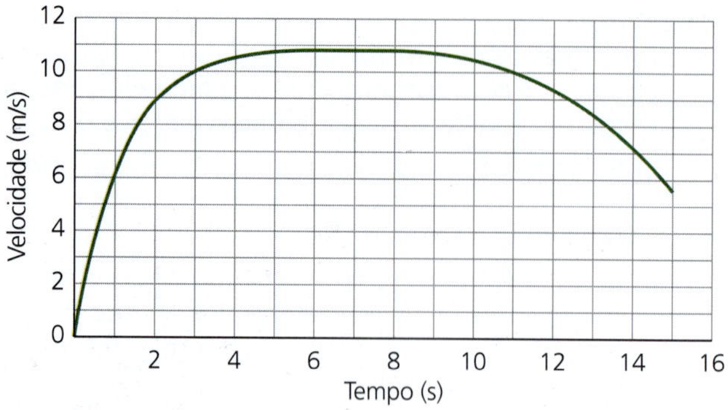

Com base no gráfico acima, em qual intervalo de tempo a velocidade do corredor é aproximadamente constante?

a) Entre 0 e 1 segundo.
b) Entre 1 e 5 segundos.
c) Entre 5 e 8 segundos.
d) Entre 8 e 11 segundos.
e) Entre 12 e 15 segundos.

15. Retomando o exercício anterior, podemos dizer que no trecho de velocidade escalar aproximadamente constante o atleta teve um deslocamento escalar Δs tal que:

a) $30 \text{ m} < \Delta s < 33 \text{ m}$
b) $\Delta s = 33 \text{ m}$
c) $33 \text{ m} \leqslant \Delta s \leqslant 36 \text{ m}$
d) $\Delta s = 36 \text{ m}$
e) $\Delta s > 36 \text{ m}$

16. (Pisa) Na figura abaixo, encontra-se representado o gráfico da distância percorrida por um jipe, em função do tempo, num dado percurso. Selecione a única opção que contém uma afirmação correta.

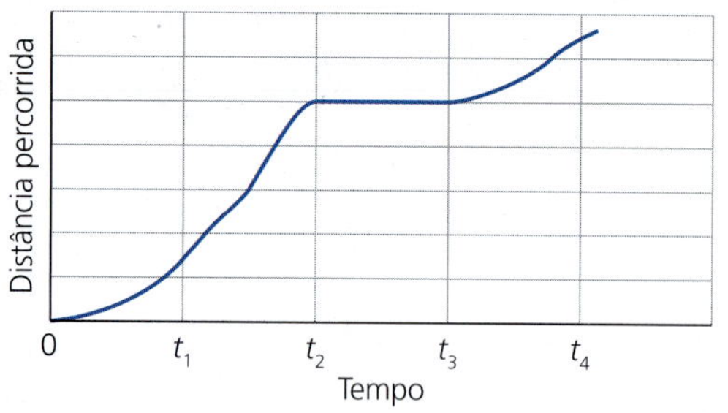

O gráfico permite concluir que, no intervalo de tempo…

a) $[0, t_1]$, o jipe descreveu uma trajetória curvilínea.
b) $[t_1, t_2]$, o jipe inverteu o sentido do movimento.
c) $[t_2, t_3]$, o jipe esteve parado.
d) $[t_3, t_4]$, o jipe se afastou do ponto de partida.

17. Em uma curiosa experiência, um estudante coloca duas formigas, f_1 e f_2, nas extremidades A e B, respectivamente, de um tubo de vidro de comprimento 1,0 m, como se mostra na figura. As formigas começam a se mover, para dentro do tubo, em sentidos opostos, ambas com movimentos retilíneos e uniformes, e passam uma pela outra no ponto que dista 40 cm de A. Dos gráficos apresentados abaixo, assinale aquele que melhor descreve a situação da experiência até o encontro.

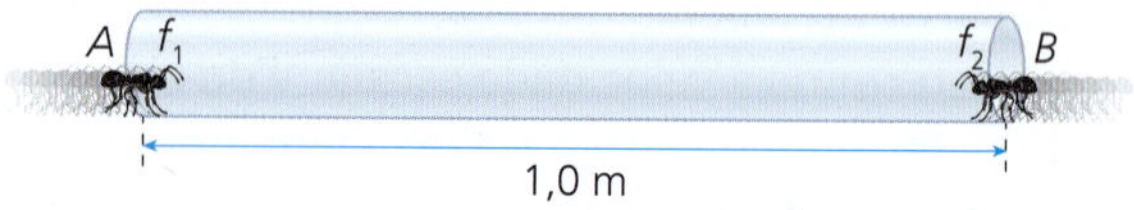

a)

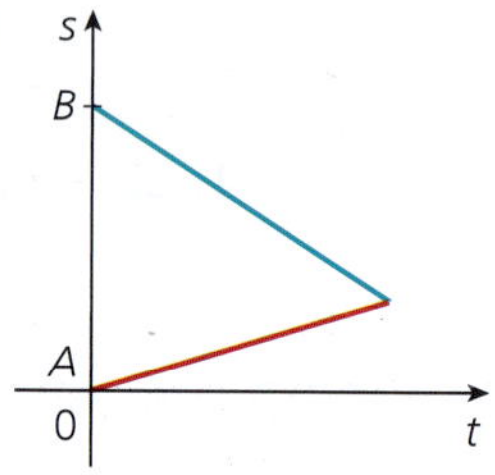

b)

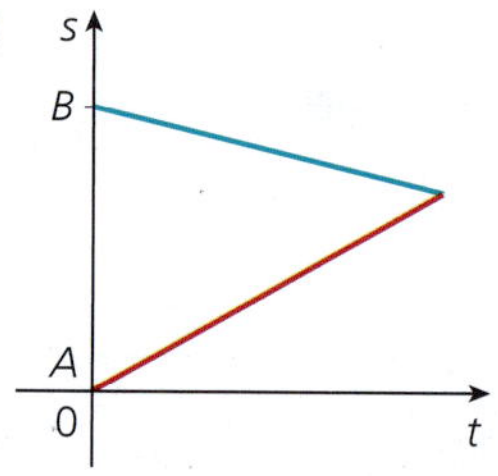

c)

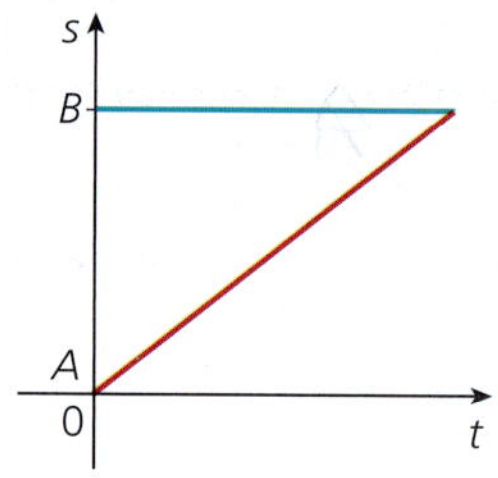

d)

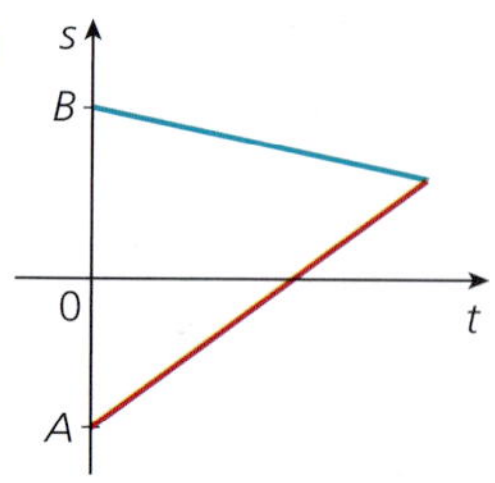

e)

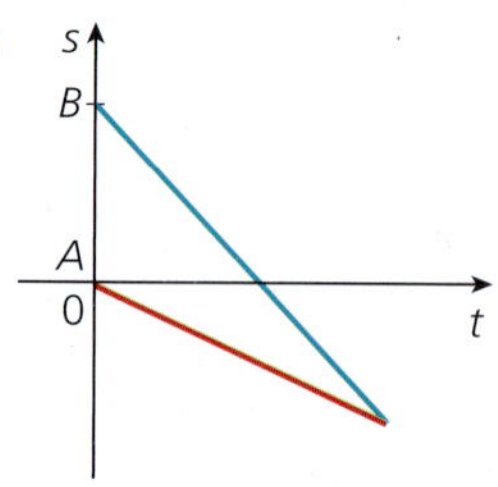

Capítulo 4

Movimento uniformemente variado (MUV)

CORBIS/LATINSTOCK

Objetivos do capítulo:

- ✔ Identificar movimentos com aceleração escalar constante.
- ✔ Reconhecer o movimento uniformemente variado (MUV) quando representado por gráficos, tabelas e funções.
- ✔ Resolver qualitativa e quantitativamente situações que envolvam MUV.

Uma das experiências realizadas pelos astronautas da missão Apollo 15 enquanto estiveram na Lua foi a da queda livre. Diante das câmeras de televisão, ao vivo, o astronauta David Scott soltou de uma mesma altura e no mesmo instante um martelo geológico e uma pena, demonstrando que ambos os objetos tinham o mesmo tempo de queda.

Como a atmosfera da Lua é tênue e, portanto, a resistência do ar é desprezível, pode-se dizer que os dois objetos estavam sujeitos apenas à aceleração da gravidade lunar.

Esse experimento demonstrou, efetivamente, que a antiga inferência de Galileu Galilei estava correta. O tempo de queda dos objetos não depende da massa deles e eles caem com a mesma aceleração.

1 Introdução

Um movimento que ocorre com aceleração escalar constante e não nula é denominado **movimento uniformemente variado (MUV)**. Em linguagem matemática simbólica, para um MUV, temos:

$$\boxed{\alpha = \text{constante} \neq 0}$$

Uma bola descendo livremente por uma rampa plana e lisa **(fig. 1)** ou um objeto abandonado sob ação exclusiva da gravidade **(fig. 2)** são situações nas quais a aceleração escalar dos corpos é constante. Portanto, esses corpos descrevem movimentos uniformemente variados.

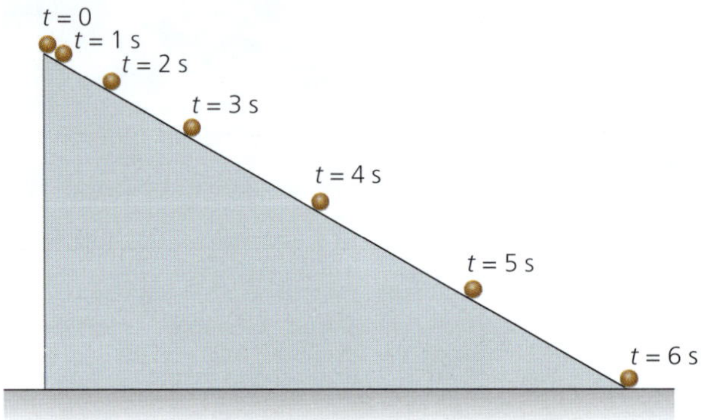

Figura 1. A aceleração escalar em um plano inclinado é constante, porém de valor menor que a aceleração da gravidade.

Figura 2. Queda com aceleração constante devido à ação exclusiva da gravidade; considerando-se desprezível a resistência do ar.

O movimento uniformemente variado pode ocorrer em trajetórias com diferentes formatos. Se a trajetória for retilínea o movimento será chamado de **movimento retilíneo uniformemente variado (MRUV)**. Se a trajetória for uma circunferência, temos um **movimento circular uniformemente variado (MCUV)**.

Na cinemática escalar, a forma da trajetória tem pouca importância para a descrição dos movimentos. No estudo vetorial dos movimentos a forma da trajetória está diretamente relacionada a características e propriedades relevantes desses movimentos.

2 Funções horárias e gráficos do MUV

Função horária da velocidade do MUV

Sendo constante a aceleração escalar nos movimentos uniformemente variados, ela sempre pode ser calculada pela razão $\frac{\Delta v}{\Delta t}$, que representa a aceleração escalar média em um intervalo de tempo qualquer, uma vez que o valor médio de uma constante é o próprio valor da constante. Assim, para um instante t qualquer a partir do instante inicial $t_0 = 0$, em que a velocidade escalar é v_0 (denominada velocidade inicial), teremos:

$$\alpha = \frac{\Delta v}{\Delta t} \Rightarrow \Delta v = \alpha \cdot \Delta t \Rightarrow v - v_0 = \alpha \cdot (t - 0) \Rightarrow$$

$$\Rightarrow \boxed{v = v_0 + \alpha t} \quad ①$$

A expressão ① acima é denominada **função horária da velocidade** do MUV.

Gráficos velocidade × tempo do MUV

Pode-se observar que a equação ① é uma função do primeiro grau em *t*, cuja representação gráfica é uma reta oblíqua. Por esse motivo dizemos que:

4.1 Biblioteca do estudante

- No MUV a velocidade escalar varia linearmente com o tempo.

A velocidade inicial v_0 é o coeficiente linear da função e a aceleração α é o coeficiente angular, que determina o crescimento ou o decrescimento da função.

As **figuras 3** e **4** mostram as possíveis representações gráficas, em função dos parâmetros v_0 e α.

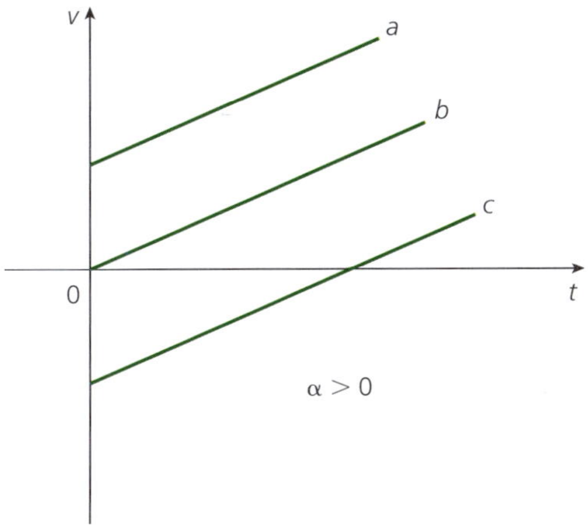

Figura 3.

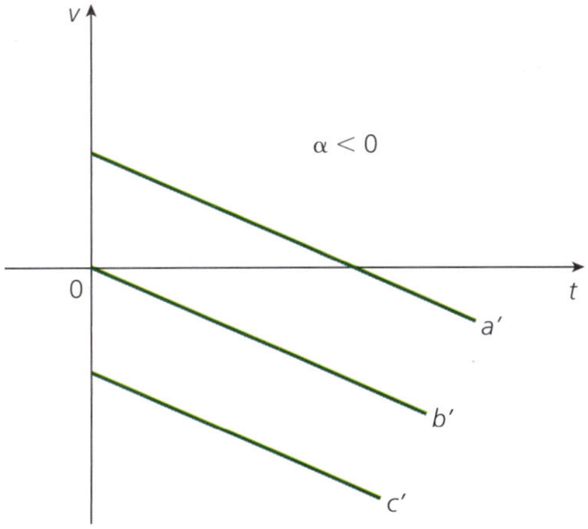

Figura 4.

As retas *a* e *a′* correspondem a $v_0 > 0$; as retas *b* e *b′* correspondem a $v_0 = 0$; e as retas *c* e *c′* correspondem a $v_0 < 0$.

Como já vimos no capítulo 3, no diagrama $v \times t$ a área entre a reta e o eixo *t*, num dado intervalo de tempo, é numericamente igual à variação de espaço (também denominada deslocamento escalar) Δs do móvel nesse intervalo. Veja as **figuras 5** e **6** abaixo.

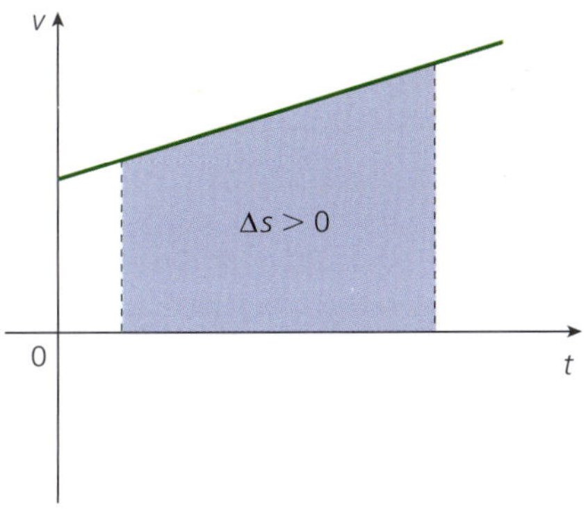

Figura 5.

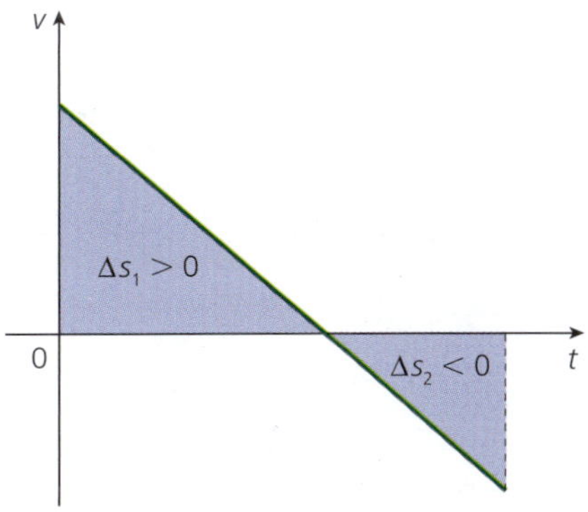

Figura 6.

Se, no intervalo considerado, houver uma parte da área abaixo do eixo do tempo, como na **figura 6**, essa área representará um deslocamento escalar negativo ($\Delta s < 0$).

Aplicando a teoria

1. Um móvel, em MRUV, partindo da posição de espaço $s_0 = -10$ m em $t_0 = 0$, tem velocidade escalar variando com o tempo segundo a função $v = 2 + 4t$ (SI). Para esse móvel:

a) determinar os valores da velocidade inicial v_0 e da aceleração escalar α;

b) construir o gráfico $v \times t$, para o intervalo $0 \leqslant t \leqslant 3$ s;

c) determinar o deslocamento escalar Δs entre os instantes $t_0 = 0$ e $t = 3$ s;

d) determinar o espaço correspondente à sua posição em $t = 3$ s.

➤ Solução

a) Pela simples comparação entre a função dada e a função $v = v_0 + \alpha t$, temos:

$$\boxed{v_0 = 2 \text{ m/s}} \text{ e } \boxed{\alpha = 4 \text{ m/s}^2}$$

b) Como a função horária da velocidade do MUV é do primeiro grau, seu gráfico será linear, bastando apenas dois pontos para obtê-lo. A tabela abaixo mostra os valores usados para isso.

t (s)	*v* (m/s)
0	2
3	14

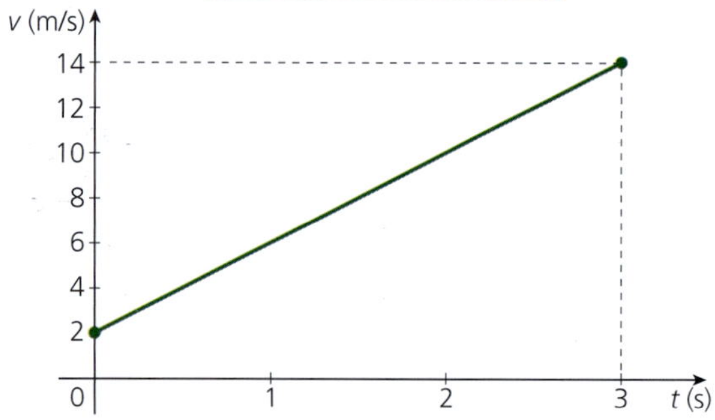

c) O deslocamento escalar é numericamente igual à área A do trapézio destacado no gráfico abaixo.

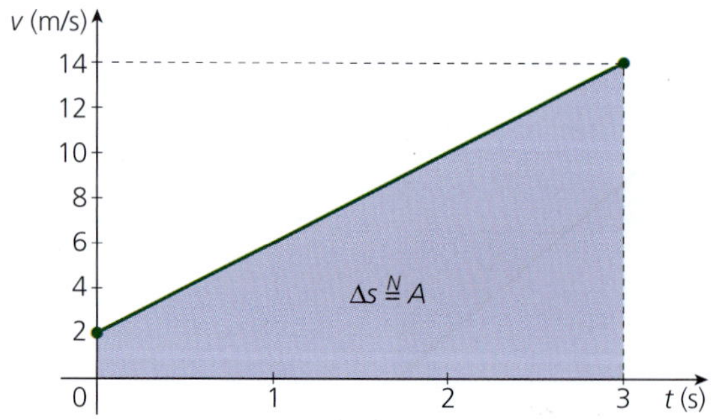

Assim:

$$\Delta s \overset{N}{=} A = \frac{(\text{base maior} + \text{base menor}) \times \text{altura}}{2} =$$

$$= \frac{(14 + 2) \cdot 3}{2} \Rightarrow \boxed{\Delta s = 24 \text{ m}}$$

d) Da expressão para o deslocamento escalar e do resultado do item **c**, obtemos:

$$\Delta s = s - s_0 \Rightarrow 24 \text{ m} = s - (-10 \text{ m}) \Rightarrow \boxed{s = 14 \text{ m}}$$

Portanto, o móvel partiu da posição de espaço $s_0 = -10$ m, deslocou-se 24 m no sentido positivo da trajetória, atingindo, no instante 3 s, a posição de espaço $s = 14$ m.

2. Um móvel em MRUV, partindo em $t_0 = 0$ da posição de espaço $s_0 = +3$ m, tem velocidade escalar variando com o tempo segundo a função $v = 6 - 2t$ (SI). Para esse móvel:

a) construir o gráfico $v \times t$, para o intervalo $0 \leqslant t \leqslant 6$ s;

b) determinar o deslocamento escalar Δs_I entre os instantes $t_0 = 0$ e $t_1 = 3$ s;

c) determinar o espaço s_1 correspondente à sua posição em $t_1 = 3$ s;

d) determinar o deslocamento escalar total Δs_{total} entre os instantes $t_0 = 0$ e $t_2 = 6$ s;

e) determinar o espaço s_2 correspondente à sua posição em $t_2 = 6$ s.

➤ Solução

a) Como no exercício anterior, o gráfico será linear (uma reta). Para obtê-lo, vamos usar os valores mostrados na tabela abaixo.

t (s)	*v* (m/s)
0	6
3	0
6	−6

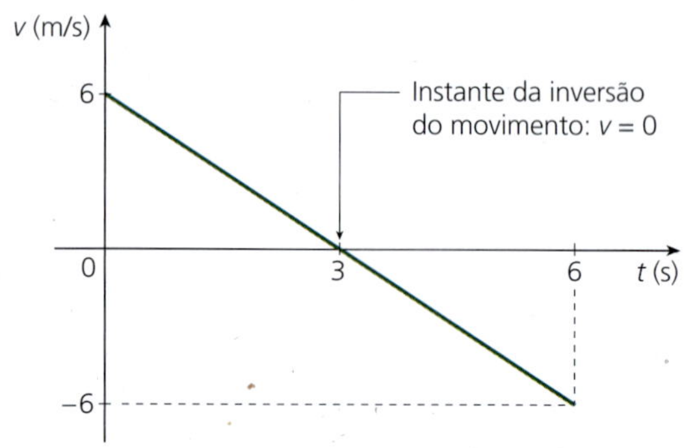

b) O deslocamento escalar Δs_I entre $t_0 = 0$ e $t_1 = 3$ s é numericamente igual à área A_1 do triângulo destacado abaixo. Assim:

$$\Delta s_I \overset{N}{=} A_1 = \frac{3 \cdot 6}{2} \Rightarrow \boxed{\Delta s_I = 9 \text{ m}}$$

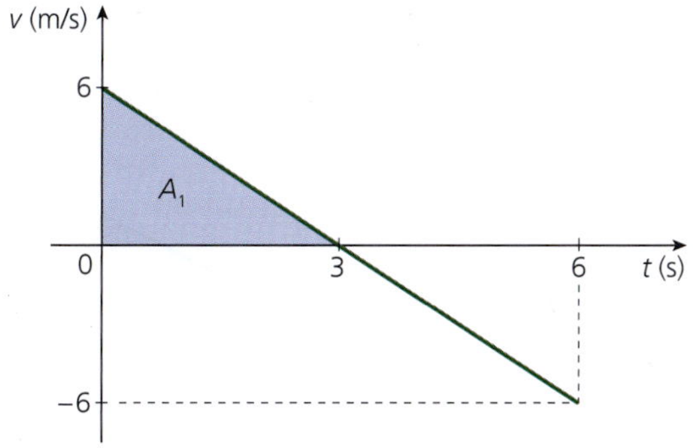

c) $\Delta s_I = s_1 - s_0 \Rightarrow 9 \text{ m} = s_1 - 3 \text{ m} \Rightarrow \boxed{s_1 = 12 \text{ m}}$

d) O deslocamento escalar Δs_{total} entre $t_0 = 0$ e $t_2 = 6$ s é numericamente igual à soma algébrica das áreas A_1 e A_2 dos triângulos destacados abaixo. Assim:

$$\Delta s_{total} \overset{N}{=} A_1 + A_2 = 9 + \frac{[(6-3)] \cdot (-6)}{2} \Rightarrow \boxed{\Delta s_{total} = 0}$$

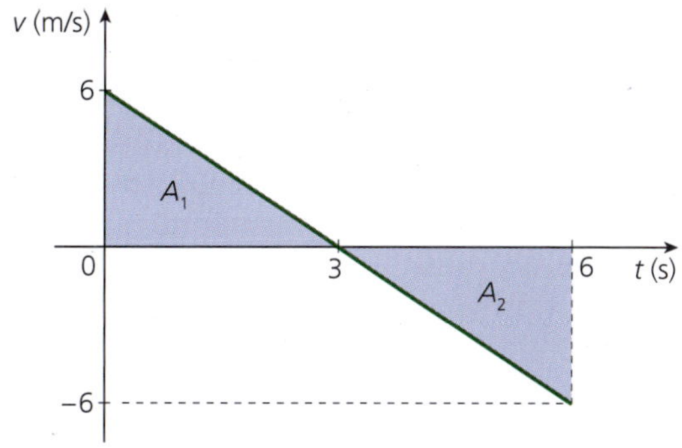

e) $\Delta s_{total} = s_2 - s_0 \Rightarrow 0 = s_2 - 3 \Rightarrow \boxed{s_2 = +3{,}0 \text{ m}}$

Portanto, nesse instante o móvel está na mesma posição que estava em $t_0 = 0$.

Avaliando o aprendizado

1. A velocidade escalar de um automóvel passa de 42 km/h para 96 km/h em 7,5 s. Considerando o movimento do veículo como uniformemente acelerado, podemos afirmar que o valor da sua aceleração escalar, nesse intervalo de tempo, foi igual a:

a) 2,0 m/s²
b) 2,0 km/h²
c) 7,2 km/s²
d) 7,2 m/s²
e) 7,2 km/h²

2. A aceleração escalar de um carro de Fórmula 1 pode chegar a 6,25 m/s². Admitindo que esse valor permaneça constante, para que o carro saia do repouso e atinja uma velocidade de 90 km/h são necessários:

a) 14,4 s
b) 10,0 s
c) 8,4 s
d) 6,5 s
e) 4,0 s

3. No instante $t_0 = 0$ uma bola é lançada, com velocidade escalar v_0, da base para o topo de uma rampa plana. Em $t_1 = 1{,}2$ s sua velocidade escalar tem módulo 4,0 m/s e em $t_2 = 2{,}0$ s a bola para no alto da rampa. Determine:

a) o módulo da aceleração escalar da bola, suposta constante;
b) o valor de v_0.

4. O gráfico a seguir representa a velocidade escalar de um móvel, em MRUV, em função do tempo. Determine para esse móvel:

a) a aceleração escalar α;
b) a função horária da velocidade;
c) a velocidade escalar no instante $t_1 = 1$ s;
d) o deslocamento escalar entre $t_1 = 1$ s e $t_2 = 3$ s;
e) a velocidade escalar média entre $t_1 = 1$ s e $t_2 = 3$ s.

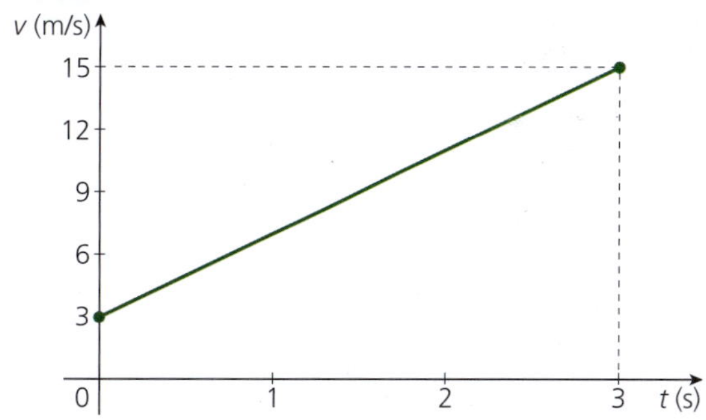

5. A tabela abaixo mostra alguns valores da velocidade escalar de um móvel que descreve um MUV, no intervalo $0 \leq t \leq 10$ s.

***t* (s)**	2	5	10
***v* (m/s)**	−6	*x*	10

A partir dos dados da tabela, determine para esse móvel:

a) a aceleração escalar α;
b) a velocidade escalar inicial v_0;
c) o valor de x, na tabela;
d) o gráfico $v \times t$;
e) o deslocamento escalar entre $t_1 = 0$ e $t_2 = 10$ s;
f) a velocidade escalar média entre $t_1 = 0$ e $t_2 = 10$ s.

Função horária do espaço do MUV

Vamos usar o gráfico $v \times t$ para obter a função horária do espaço do MUV. Como vimos, a área sob a linha do gráfico $v \times t$, em determinado intervalo de tempo, é numericamente igual ao deslocamento escalar Δs do móvel nesse intervalo **(fig. 7)**. Assim, temos:

$$\Delta s \overset{N}{=} \text{área do trapézio} =$$

$$= \frac{(v_0 + v) \cdot (t - 0)}{2}$$

$$2 \cdot \Delta s = (v_0 + \underbrace{v_0 + \alpha t}_{v}) \cdot t = 2v_0 t + \alpha t^2$$

$$\Delta s = v_0 t + \frac{1}{2}\alpha t^2 \quad ②$$

Então $s - s_0 = v_0 t + \frac{1}{2}\alpha t^2 \Rightarrow$

$$\Rightarrow \boxed{s = s_0 + v_0 t + \frac{1}{2}\alpha t^2} \quad ③$$

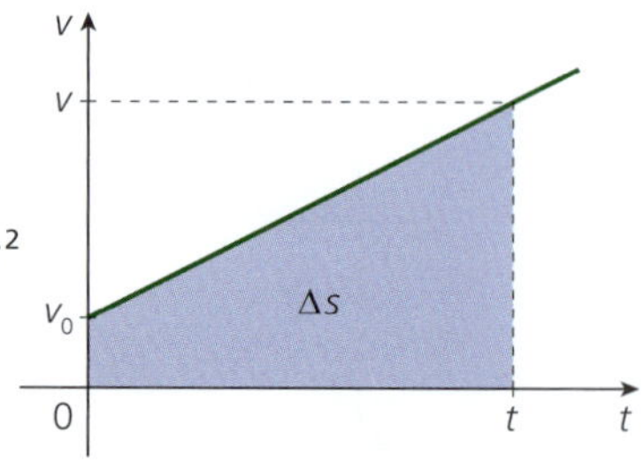

Figura 7. A área sob a linha do gráfico $v \times t$, em determinado intervalo de tempo, é numericamente igual ao deslocamento escalar Δs do móvel nesse intervalo.

A equação ② é a **função horária do deslocamento escalar**; ela dá a variação do espaço entre o instante inicial $t_0 = 0$ e um instante t qualquer. A equação ③ é a **função horária do espaço**; ela dá o espaço correspondente à posição do móvel num instante qualquer t.

Gráficos espaço × tempo do MUV

4.2 Biblioteca do estudante

A equação ③ é uma função do segundo grau em t. Sua representação gráfica é um arco de parábola. As **figuras 8** e **9** mostram, genericamente, dois possíveis aspectos dessas curvas.

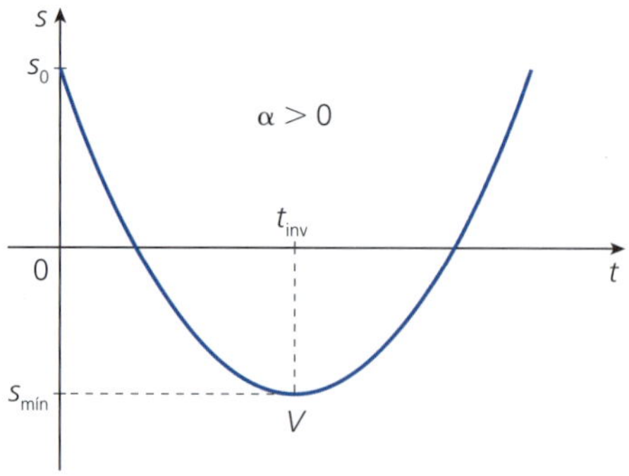

Figura 8.

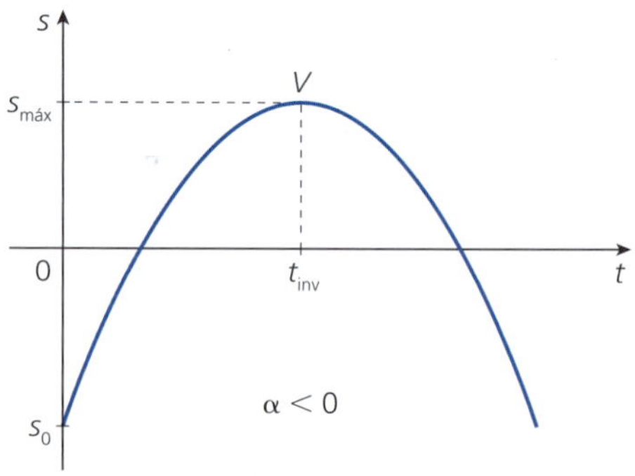

Figura 9.

A **figura 8** mostra a curva que corresponde a $\alpha > 0$; a **figura 9** mostra a curva para $\alpha < 0$.

As coordenadas do vértice V, nos gráficos, representam o instante e o espaço correspondentes ao ponto da inversão do movimento. Nesses instantes, a velocidade escalar do móvel é nula.

Aplicando a teoria

3. Um móvel, em MUV, tem suas posições na trajetória indicadas pela função horária do espaço, $s = -6 - 4t + 2t^2$, com s e t em unidades do SI e $t \geq 0$. Determinar para esse móvel:

a) o espaço inicial (s_0), a velocidade escalar inicial (v_0) e a aceleração escalar (α);

b) o(s) instante(s) em que ele passa pela origem dos espaços;

c) o gráfico $s \times t$;

d) o gráfico $v \times t$.

➤ Solução

a) Pela simples comparação da função horária dada com a função $s = s_0 + v_0 t + \frac{1}{2}\alpha t^2$, obtemos:

$$\boxed{s_0 = -6 \text{ m}}$$

$$\boxed{v_0 = -4 \text{ m/s}}$$

$$\frac{1}{2}\alpha = +2 \text{ m/s}^2 \Rightarrow \boxed{\alpha = +4 \text{ m/s}^2}$$

b) Nos instantes em que o móvel passa pela origem dos espaços, temos $s = 0$. Assim:

$$0 = -6 - 4t + 2t^2 \Rightarrow t^2 - 2t - 3 = 0$$

As raízes dessa equação são $t' = -1$ s e $t'' = 3$ s. Como $t \geq 0$, o instante da passagem pela origem é:

$$\boxed{t_{origem} = 3 \text{ s}}$$

c) Vamos construir o gráfico $s \times t$ usando os valores notáveis da tabela abaixo, obtidos pela substituição dos valores de t em segundos na função horária do espaço dada.

- $s(t = -1 \text{ s}) = -6 - 4 \cdot (-1) + 2 \cdot (-1)^2 \Rightarrow s = 0$
- $s(t_0 = 0 \text{ s}) = -6 - 4 \cdot 0 + 2 \cdot (0)^2 \Rightarrow s = -6 \text{ m}$
- $s(t_V = 1 \text{ s}) = -6 - 4 \cdot 1 + 2 \cdot (1)^2 \Rightarrow s = -8 \text{ m}$
- $s(t_1 = 2 \text{ s}) = -6 - 4 \cdot 2 + 2 \cdot (2)^2 \Rightarrow s = -6 \text{ m}$
- $s(t_2 = 3 \text{ s}) = -6 - 4 \cdot 3 + 2 \cdot (3)^2 \Rightarrow s = 0$

***t* (s)**	0	1	2	3
***s* (m)**	−6	−8	−6	0

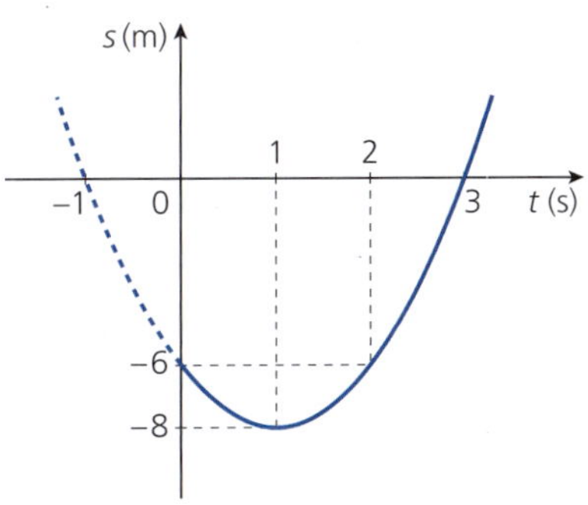

d) A função horária da velocidade é $v = v_0 + \alpha t$. Portanto, para esse movimento temos: $v = -4 + 4t$ (SI). A tabela abaixo mostra valores notáveis e práticos para obtermos o gráfico $v \times t$.

- $v(t_0 = 0 \text{ s}) = -4 + 4 \cdot 0 \Rightarrow v = -4 \text{ m/s}$
- $v(t_V = 1 \text{ s}) = -4 + 4 \cdot 1 \Rightarrow v = 0$
- $v(t_1 = 2 \text{ s}) = -4 + 4 \cdot 2 \Rightarrow v = +4 \text{ m/s}$
- $v(t_2 = 3 \text{ s}) = -4 + 4 \cdot 3 \Rightarrow v = +8 \text{ m/s}$

***t* (s)**	0	1	2	3
***v* (m/s)**	−4	0	+4	+8

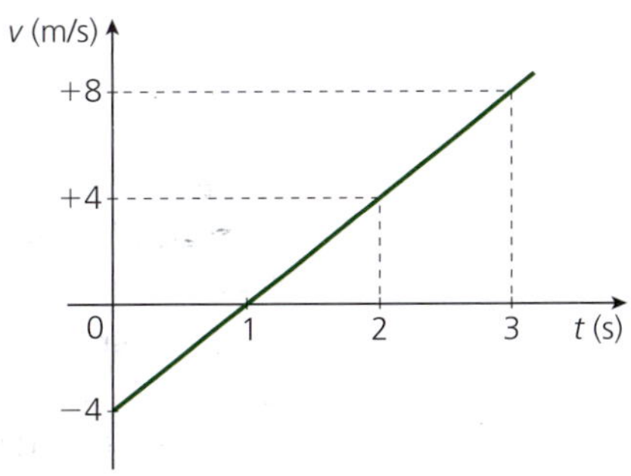

4. **Um móvel, no instante $t_0 = 0$, passa pela posição de espaço $s_0 = -8$ m, com velocidade escalar $v_0 = +6$ m/s e aceleração escalar constante $\alpha = -2$ m/s^2. Para esse movimento:**

a) determinar a função horária do espaço, em unidades do SI;

b) determinar os instantes nos quais o móvel passa pela origem da trajetória;

c) determinar as velocidades escalares do móvel nos instantes obtidos no item **b**;

d) construir os gráficos $s \times t$ e $v \times t$.

➤ Solução

a) Pela simples substituição dos valores dados na função $s = s_0 + v_0t + \frac{1}{2}\alpha t^2$, temos:

$$\boxed{s = -8 + 6t - 1t^2} \text{ (SI)}$$

b) Quando o móvel passa pela **origem dos espaços**, temos **s = 0**. Assim:

$$0 = -8 + 6t - 1t^2 \Rightarrow t^2 - 6t + 8 = 0$$

As raízes dessa equação são $t_1 = 2$ s e $t_2 = 4$ s. Assim, os instantes da passagem do móvel pela origem da trajetória são:

$$t_1 = 2 \text{ s} \quad \text{e} \quad t_2 = 4 \text{ s}$$

c) Pela substituição dos valores dados na função $v = v_0 + \alpha t$, a função horária da velocidade para esse movimento é:

$$v = 6 - 2t \quad \text{(SI)}$$

Assim, nos instantes t_1 e t_2, temos:

$$v_1 = 6 - 2 \cdot 2 \Rightarrow \boxed{v_1 = +2 \text{ m/s}}$$

e

$$v_2 = 6 - 2 \cdot 4 \Rightarrow \boxed{v_2 = -2 \text{ m/s}}$$

d) A função horária do espaço obtida no item **a** nos dá os valores da tabela abaixo.

t (s)	0	2	3	4	6
s (m)	−8	0	+1	0	−8

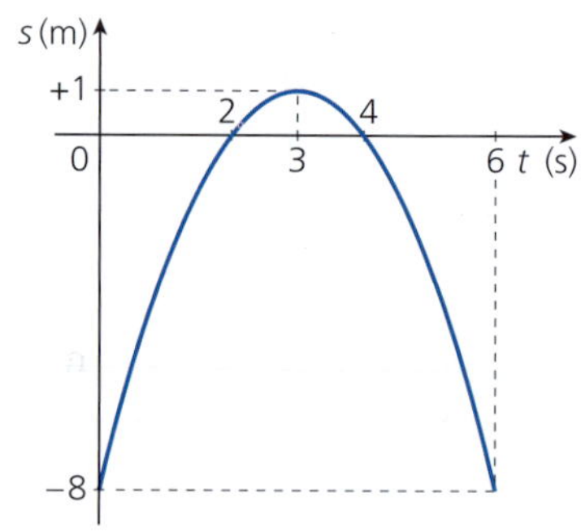

- $s(t_0 = 0 \text{ s}) = -8 + 6 \cdot 0 - 1 \cdot (0)^2 \Rightarrow s = -8$ m
- $s(t_1 = 2 \text{ s}) = -8 + 6 \cdot 2 - 1 \cdot (2)^2 \Rightarrow s = 0$
- $s(t_V = 3 \text{ s}) = -8 + 6 \cdot 3 - 1 \cdot (3)^2 \Rightarrow s = +1$ m
- $s(t_2 = 4 \text{ s}) = -8 + 6 \cdot 4 - 1 \cdot (4)^2 \Rightarrow s = 0$
- $s(t_3 = 6 \text{ s}) = -8 + 6 \cdot 6 - 1 \cdot (6)^2 \Rightarrow s = -8$ m

A função horária da velocidade obtida no item **c** nos dá os valores da tabela abaixo.

- $v(t_0 = 0 \text{ s}) = 6 - 2 \cdot 0 \Rightarrow v = +6$ m/s
- $v(t_1 = 2 \text{ s}) = 6 - 2 \cdot 2 \Rightarrow v = +2$ m/s
- $v(t_V = 3 \text{ s}) = 6 - 2 \cdot 3 \Rightarrow v = 0$
- $v(t_2 = 4 \text{ s}) = 6 - 2 \cdot 4 \Rightarrow v = -2$ m/s
- $v(t_3 = 6 \text{ s}) = 6 - 2 \cdot 6 \Rightarrow v = -6$ m/s

t (s)	0	2	3	4	6
v (m/s)	+6	+2	0	−2	−6

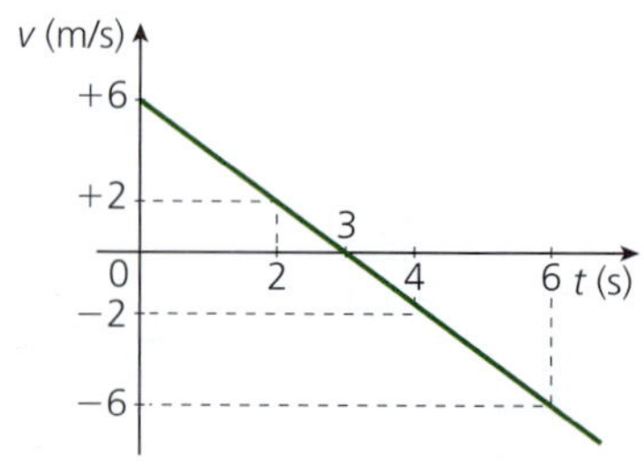

Avaliando o aprendizado

6. Uma bola, partindo do repouso, escorrega sobre uma rampa inclinada plana, atingindo uma velocidade escalar de 3,0 m/s após um segundo de movimento. Determine para essa bola, relativa à rampa:

a) o valor de sua aceleração escalar;
b) seu deslocamento escalar após o primeiro segundo de movimento;
c) sua velocidade escalar após dois segundos de movimento;
d) seu deslocamento escalar após dois segundos de movimento.

7. Uma bola, partindo do repouso, escorrega sobre uma rampa inclinada plana, percorrendo 1,0 m no primeiro segundo de movimento. Para essa bola, relativamente à rampa, determine:

a) o valor da aceleração escalar, suposta constante;
b) a distância total percorrida após dois segundos do início do movimento;
c) a distância total percorrida após três segundos do início do movimento;
d) a distância percorrida no *segundo* segundo do movimento;
e) a distância percorrida no *terceiro* segundo do movimento.

8. Um móvel, em MRUV, passa pelo ponto da trajetória de espaço 25 m em $t_0 = 0$. A partir desse instante, a velocidade escalar do móvel passa a obedecer à seguinte função horária: $v = 20 - 10t$ (SI). Para esse movimento, podemos dizer que a função horária do espaço, $s(t)$, é:

a) $s = 25 + 20t - 10t^2$
b) $s = 25 + 20t - 5t^2$
c) $s = 25 - 20t + 10t^2$
d) $s = 25 - 20t + 5t^2$
e) $s = 20 + 25t - 5t^2$

9. Em relação ao exercício anterior, podemos dizer que o móvel passa pela origem da trajetória:

a) no instante $t = 1$ s, com velocidade escalar $v = 10$ m/s, em módulo.
b) no instante $t = 1$ s, com velocidade escalar $v = 30$ m/s, em módulo.
c) no instante $t = 2$ s, com velocidade escalar nula.
d) no instante $t = 5$ s, com velocidade escalar $v = 30$ m/s, em módulo.
e) em instante algum, após $t_0 = 0$.

10. No mesmo instante em que o móvel A parte do repouso ($t_0 = 0$), com aceleração escalar constante igual a 4 m/s^2, passa por ele o móvel B, com velocidade escalar constante igual a 20 m/s, ambos seguindo trajetórias retilíneas, paralelas e identicamente graduadas. Determine:

a) o instante no qual A alcança e ultrapassa B;
b) o espaço s_u correspondente ao ponto da ultrapassagem;
c) as velocidades escalares de A e B no instante obtido no item **a**;
d) o instante no qual as velocidades escalares de A e B são iguais.

11. No instante $t_0 = 0$ os móveis A e B partem do repouso dos pontos P e Q, de uma mesma trajetória, cujos espaços valem $s_P = 0$ e $s_Q = 64$ m. As acelerações escalares de A e B valem $\alpha_A = +4$ m/s^2 e $\alpha_B = +2$ m/s^2. Para esses móveis, determine:

a) suas respectivas funções horárias do espaço, relativas à trajetória considerada;
b) o instante t_u no qual A alcança e ultrapassa B;
c) o espaço s_u correspondente ao ponto onde A alcança e ultrapassa B;
d) as velocidades escalares de A e B, no instante obtido no item **b**.

Gráfico aceleração × tempo do MUV

No MUV a aceleração escalar α é constante, portanto, o gráfico $\alpha \times t$ é representado por uma reta paralela ao eixo do tempo, como se mostra na **figura 10**.

Nesse gráfico, a área A representa a variação da velocidade escalar do móvel no intervalo de tempo considerado.

4.1 Conteúdo multimídia

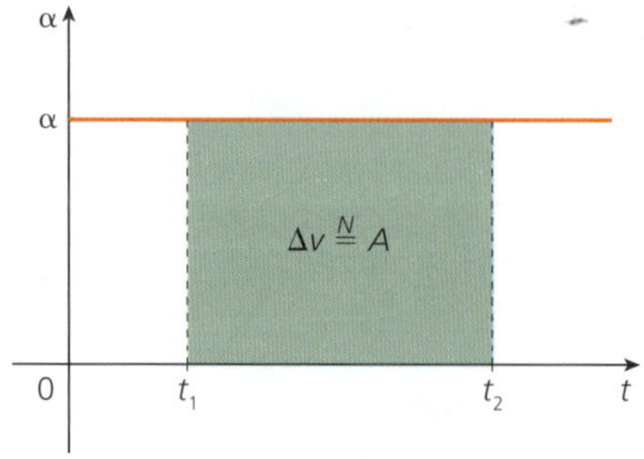

Figura 10.

$$\alpha = \frac{\Delta v}{\Delta t} \Rightarrow \boxed{\Delta v = \underbrace{\overset{\text{Altura}}{\alpha} \cdot \overset{\text{Base}}{\Delta t}}_{\text{Área do retângulo}}}$$

3 Equação de Torricelli e a relação entre velocidade escalar e espaço no MUV

No MUV, podemos determinar a velocidade escalar v do móvel em qualquer ponto da trajetória cujo espaço s seja conhecido. A expressão que relaciona velocidade escalar e espaço é denominada **equação de Torricelli**, que, na verdade, é uma **função do segundo grau**, como veremos a seguir.

Para obter essa função, podemos isolar t na função horária da velocidade e substituir o resultado na função horária do espaço. Após algumas passagens algébricas chegamos à expressão desejada. Mas há um caminho mais simples.

Lembremos inicialmente que, no MUV, o deslocamento escalar Δs, desde o início, $t_0 = 0$, até um instante t qualquer, é dado por $\Delta s = v_0 t + \frac{1}{2}\alpha t^2$, e a velocidade escalar em um dado instante t é $v = v_0 + \alpha t$.

Elevando ao quadrado ambos os membros de $v = v_0 + \alpha \cdot t$, temos:

$$v^2 = (v_0 + \alpha t)^2 \Rightarrow v^2 = v_0^2 + 2\alpha v_0 t + \alpha^2 t^2 \Rightarrow v^2 = v_0^2 + 2\alpha \cdot \underbrace{(v_0 t + \frac{1}{2}\alpha t^2)}_{\Delta s}$$

$$\boxed{v^2 = v_0^2 + 2\alpha \Delta s}$$

ou

$$\boxed{v^2 = v_0^2 + 2\alpha \cdot (s - s_0)}$$

Observe que a equação de Torricelli **não apresenta explicitamente o tempo *t*** e, por esse motivo, não é uma função horária. É uma **função quadrática** de ***s*** em ***v***.

Aplicando a teoria

5. Um móvel, em movimento retilíneo uniformemente variado (MRUV), passa pela origem da sua trajetória, no instante $t_0 = 0$, com velocidade escalar de módulo 2,0 m/s, com aceleração escalar constante de módulo 0,5 m/s², em movimento progressivo e retardado. Determinar para esse movimento:

a) o espaço s_{inv} correspondente à posição na qual o móvel inverte o sentido do movimento;

b) o instante t_{origem} no qual o móvel passa novamente pela origem da trajetória;

c) a velocidade escalar do móvel no instante obtido no item **b**.

➤ Solução

a) No instante $t_0 = 0$, temos $s_0 = 0$, $v_0 = 2{,}0$ m/s e $\alpha = -0{,}5$ m/s². No instante da inversão do movimento, devemos ter $v = 0$. Assim, podemos obter s_{inv} substituindo $v = 0$ na equação de Torricelli.

$v^2 = v_0^2 + 2\alpha \cdot (s - s_0) \Rightarrow$
$\Rightarrow 0^2 = 2{,}0^2 + 2 \cdot (-0{,}5) \cdot (s_{inv} - 0) \Rightarrow$

$\Rightarrow \boxed{s_{inv} = 4{,}0 \text{ m}}$

b) Passar pela origem da trajetória significa impor $s = 0$. Assim:

$s = s_0 + v_0t + \frac{1}{2}\alpha t^2 \Rightarrow 0 = 0 + 2{,}0t + \frac{1}{2} \cdot (-0{,}5)t^2 \Rightarrow$
$\Rightarrow 0{,}25t^2 - 2{,}0t = 0$

ou

$t^2 - 8{,}0t = 0 \Rightarrow t \cdot (t - 8{,}0) = 0$

As raízes dessa equação são $t' = 0$ e $t'' = 8$. Como $t = 0$ representa a passagem do móvel pela origem no instante inicial, o móvel passa novamente pela origem da trajetória em $\boxed{t_{origem} = 8{,}0 \text{ s}}$

c) Determinamos a velocidade escalar no instante t_{origem} usando a função horária da velocidade.

$v = v_0 + \alpha t \Rightarrow v = 2{,}0 + (-0{,}5) \cdot (8{,}0) \Rightarrow \boxed{v = -2{,}0 \text{ m/s}}$

Também podemos usar a equação de Torricelli. Seja $s = 0$, temos:

$v^2 = v_0^2 + 2\alpha \cdot (s - s_0) \Rightarrow$
$\Rightarrow v^2 = 2{,}0^2 + 2 \cdot (-0{,}5) \cdot (0 - 0) \Rightarrow v = \pm 2{,}0$ m/s

O sinal positivo corresponde ao instante no qual o móvel passa pela primeira vez pela origem ($t_0 = 0$). O sinal negativo corresponde à segunda passagem do móvel pela origem, portanto $v = -2{,}0$ m/s.

6. Partindo do repouso e da origem dos espaços de uma trajetória retilínea, um móvel desloca-se com aceleração escalar constante $\alpha = +1{,}0$ m/s². Sobre esse movimento são pedidos:

a) a função $s(v)$, que dá o espaço como função da velocidade escalar do móvel;

b) a velocidade escalar do móvel na posição de espaço $s = +50$ m, em km/h;

c) o espaço, em metro, correspondente à sua posição no instante em que sua velocidade escalar vale 72 km/h;

d) o gráfico da função obtida no item **a**.

➤ Solução

a) A partir da equação de Torricelli, com $v_0 = 0$ e $s_0 = 0$, temos:

$v^2 = v_0^2 + 2\alpha \cdot (s - s_0) \Rightarrow v^2 = 0^2 + 2\alpha \cdot (s - 0) \Rightarrow$

$\Rightarrow v^2 = 2 \cdot (+1{,}0) \cdot s \Rightarrow \boxed{s = \frac{1}{2}v^2}$

b) Da função obtida no item anterior, temos:

$s = \frac{1}{2}v^2 \Rightarrow +50 = \frac{1}{2}v^2 \Rightarrow v^2 = 100 \Rightarrow v = \pm 10$

Como o móvel parte do repouso e sua aceleração escalar é sempre positiva, sua velocidade escalar nessa posição também deve ser positiva. Portanto:

$v = +10 \text{ m/s} \Rightarrow \boxed{v = +36 \text{ km/h}}$

c) Novamente, da função $s = \frac{1}{2}v^2$, com $v = 72$ km/h $= 20$ m/s, temos:

$s = \frac{1}{2} \cdot 20^2 \Rightarrow \boxed{s = 200 \text{ m}}$

d) O gráfico da função $s = \frac{1}{2}v^2$ é um arco de parábola.

Para construí-lo, vamos usar os valores mostrados na tabela abaixo, obtidos a partir da função $s(v)$.

v (m/s)	0	10	20	40
s (m)	0	50	200	800

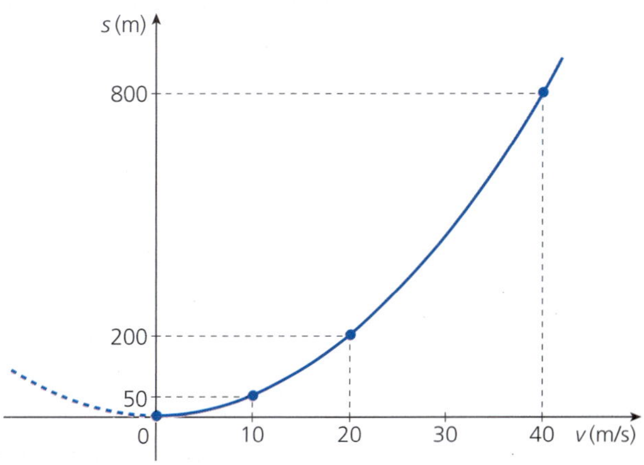

Avaliando o aprendizado

12. Um móvel acelera uniformemente a partir do repouso e atinge velocidade escalar v, no instante T, ao final de um deslocamento escalar s. Portanto, em $\frac{T}{2}$ o módulo da velocidade escalar do móvel era igual a:

a) $\frac{v}{4}$
b) $\frac{v}{2}$
c) $\frac{v}{2}$
d) $v\sqrt{2}$
e) $\frac{2v}{\sqrt{2}}$

13. Em relação ao exercício anterior, o módulo da velocidade escalar do móvel na metade do percurso s era igual a:

a) $\frac{v}{4}$
b) $\frac{v}{2}$
c) $\frac{v}{\sqrt{2}}$
d) $v\sqrt{2}$
e) $\frac{2v}{\sqrt{2}}$

14. Ainda em relação ao exercício 12, desde o início do movimento até o instante em que o módulo da sua velocidade escalar era igual a $\frac{v}{2}$ o móvel deslocou-se:

a) $\frac{s}{4}$
b) $\frac{s}{2}$
c) $\frac{s}{\sqrt{2}}$
d) $s\sqrt{2}$
e) $\frac{2s}{\sqrt{2}}$

15. Uma bola, partindo do repouso, escorrega livremente ao longo de uma rampa inclinada plana, mantendo aceleração escalar constante. Após percorrer uma distância D, sua velocidade escalar atinge o valor v. Portanto, a partir desse ponto, para que sua velocidade escalar triplique a bola deverá percorrer uma distância igual a:

a) D
b) $2D$
c) $3D$
d) $8D$
e) $9D$

4 Velocidade escalar média no MUV

No MUV, a velocidade escalar média entre dois instantes quaisquer t_1 e t_2 pode ser determinada pela média aritmética simples entre as velocidades escalares v_1 e v_2 do móvel nos respectivos instantes: $v_m = \frac{\Delta s}{\Delta t} = \frac{v_1 + v_2}{2}$

Vamos demonstrar essa propriedade do MUV para um deslocamento escalar Δs entre o instante inicial $t_0 = 0$ e um instante qualquer t. Assim:

$$s = s_0 + v_0 t + \frac{1}{2}\alpha t^2 \Rightarrow s - s_0 = t \cdot \left(v_0 + \frac{1}{2}\alpha t\right) \Rightarrow \frac{s - s_0}{t} = \left(\frac{2v_0 + \alpha t}{2}\right) \Rightarrow$$

$$\Rightarrow v_m = \frac{s - s_0}{t} = \left(\frac{v_0 + \overbrace{v_0 + \alpha t}^{v}}{2}\right) \Rightarrow \boxed{v_m = \frac{v_0 + v}{2}}$$

Portanto, no MUV, é sempre correto escrever $s = s_0 + \left(\frac{v_0 + v}{2}\right) \cdot t$, sendo s e v, respectivamente, o espaço e a velocidade escalar do móvel no instante t considerado.

5 Movimentos retilíneos verticais nas proximidades da superfície da Terra

Por volta de 1638, Galileu Galilei demonstrou que, nas proximidades da superfície da Terra, corpos abandonados de uma determinada altura sob a ação exclusiva da gravidade, ou seja, em queda livre, caem com aceleração constante e independente de suas massas ou do material que os constitui. Essa aceleração é denominada **aceleração da gravidade** e é representada por ***g***.

Galileu
Conteúdo multimídia

O valor da aceleração da gravidade na superfície da Terra varia entre 9,78 m/s^2 e 9,82 m/s^2, aproximadamente, dependendo da latitude do local.

O valor padrão adotado para a aceleração da gravidade na superfície da Terra é 9,80665 m/s^2, denominado **aceleração da gravidade normal** (g_0).

À medida que nos elevamos em relação à superfície da Terra, o valor local de g torna-se menor que g_0. Por exemplo, a uma altitude de 32 km, o valor de g é apenas 1% menor que g_0, isto é, $g \simeq 9{,}71\ m/s^2$. Portanto, é muito pequeno o erro que cometemos quando consideramos constante o valor de g para pequenas altitudes. Porém, a 1.600 km de altitude, o valor de g é 64% de g_0, isto é, $g \simeq 6{,}28\ m/s^2$.

Observação:

Nos exercícios, apenas para simplificar os cálculos, frequentemente adota-se para g o valor 10 m/s^2.

Quando soltamos um corpo, inicialmente em repouso, de determinada altura ou o lançamos verticalmente para cima ou para baixo, nas proximidades da superfície da Terra, sob a ação exclusiva da gravidade, seu movimento terá aceleração escalar de módulo g. Portanto, esse movimento será considerado um MUV com aceleração escalar $+g$, se considerarmos positivo o sentido para baixo, ou $-g$, se considerarmos positivo o sentido para cima. Veja a **figura 11** abaixo.

Representação artística da suposta experiência de Galileu na torre de Pisa. Os corpos caem ao solo com uma aceleração cujo valor independe de suas massas.

Figura 11. Orientações das trajetórias para movimentos verticais sob a ação da gravidade.

4.2
Conteúdo multimídia

Aplicando a teoria

7. Considerando o módulo da aceleração da gravidade g igual a 10 m/s² e que a influência do ar seja desprezível, determinar:

a) o intervalo de tempo necessário para uma bolinha cair livremente de uma altura de 5 m, a partir do repouso ($t_0 = 0$);

b) a velocidade escalar da bolinha ao final da queda de 5 m;

c) o intervalo de tempo necessário para a bolinha cair livremente de uma altura de 20 m, a partir do repouso ($t_0 = 0$);

d) a velocidade escalar da bolinha ao final da queda de 20 m.

➤ Solução

Na resolução, vamos adotar o sentido para baixo como positivo.

a) Com o referencial adotado, teremos $\Delta s = +5$ m, $v_0 = 0$ e $\alpha = +10$ m/s². Assim:

$$\Delta s = v_0 t + \frac{1}{2}\alpha t^2 \Rightarrow +5 = 0 \cdot t + \frac{1}{2} \cdot (+10)t^2 \Rightarrow t^2 = 2 \cdot \frac{5}{10} \Rightarrow t = 1 \text{ s}$$

Seja $t_0 = 0$, $\Delta t = t - t_0 = 1 - 0 \Rightarrow \boxed{\Delta t = 1 \text{ s}}$

b) Como $v = v_0 + \alpha t$, teremos: $v = 0 + 10 \cdot 1 \Rightarrow \boxed{v = 10 \text{ m/s}}$

c) Para $\Delta s = +20$ m, $v_0 = 0$ e $\alpha = +10$ m/s², teremos:

$$\Delta s = v_0 t + \frac{1}{2}\alpha t^2 \Rightarrow +20 = 0 \cdot t + \frac{1}{2} \cdot (+10)t^2 \Rightarrow t^2 = 2 \cdot \frac{20}{10} \Rightarrow t = 2 \text{ s}$$

Seja $t_0 = 0$, $\Delta t = t - t_0 = 2 - 0 \Rightarrow \boxed{\Delta t = 2 \text{ s}}$

d) Novamente, teremos: $v = v_0 + \alpha t \Rightarrow v = 0 + 10 \cdot 2 \Rightarrow \boxed{v = 20 \text{ m/s}}$

Avaliando o aprendizado

16. Uma torneira goteja água à razão de uma gota a cada 0,3 s. Considerando desprezível a influência do ar e adotando $g = 10$ m/s², determine, em centímetro, as distâncias x e y entre as gotas sucessivas indicadas na figura.

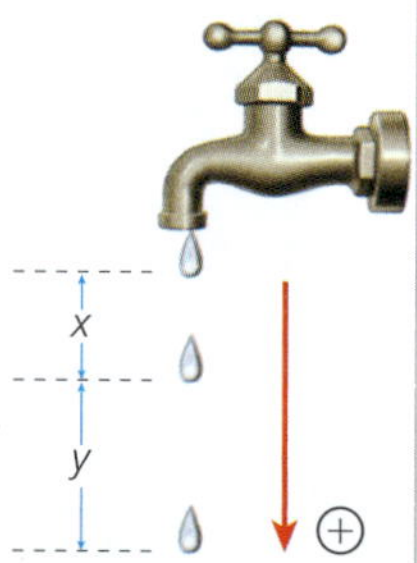

17. De uma altura de 45 m acima do solo plano e horizontal abandona-se uma pedra, cuja queda pode ser admitida livre de qualquer influência que não seja a gravidade terrestre. Considerando $g = 10$ m/s², determine:

a) o instante em que a pedra atinge o solo;

b) a velocidade escalar da pedra ao atingir o solo;

c) a velocidade escalar inicial vertical com a qual deveríamos lançar a pedra para que ela chegasse ao solo em 1 s, partindo da mesma altura.

18. Em um local livre da influência do ar, lançou-se uma bola verticalmente para cima com velocidade escalar inicial v_0 e ela atingiu uma altura máxima H. Se essa bola fosse lançada com velocidade escalar inicial $\frac{v_0}{2}$, a nova altura máxima atingida seria:

a) $\frac{1}{4}H$ **b)** $\frac{1}{2}H$ **c)** $\frac{H}{\sqrt{2}}$ **d)** $\frac{3}{4}H$ **e)** $H\sqrt{2}$

19. Ainda considerando a situação do exercício anterior, é correto afirmar que a velocidade escalar da bola ao atingir a altura $\frac{3H}{4}$, após ser lançada com velocidade escalar inicial v_0, é:

a) $\frac{1}{4}v_0$ **b)** $\frac{1}{2}v_0$ **c)** $\frac{3}{4}v_0$ **d)** $\frac{2}{3}v_0$ **e)** zero

20. Uma bola é lançada verticalmente para cima com velocidade escalar inicial de 12,0 m/s, em um local onde o módulo da aceleração da gravidade pode ser considerado igual a 10,0 m/s² e o ar exerce ação desprezível sobre seu movimento. Para esse lançamento, determine:

a) o instante em que a bola atinge a altura máxima, relativa ao ponto de lançamento;

b) o valor da altura máxima atingida, referida no item **a**.

Revisando o conteúdo

Ficha-resumo 1

Função horária da velocidade: $v = v_0 + \alpha t$

Gráfico $v \times t$: Área $\overset{N}{=} \Delta s$

Velocidade escalar média: $v_m = \dfrac{v_0 + v}{2}$

1. Em um experimento, uma bola é abandonada do topo de uma rampa plana de comprimento 3,0 m. A bola chega ao final da rampa em exatamente 2,0 s. Com essas informações, determine para esse deslocamento:

a) a velocidade escalar média da bola;
b) a velocidade escalar da bola no final da rampa;
c) a aceleração escalar da bola.

2. (Ufam) A figura representa o gráfico da velocidade em função do tempo do movimento de um corpo lançado verticalmente para cima com velocidade inicial $v_0 = 12$ m/s, na superfície de um planeta.

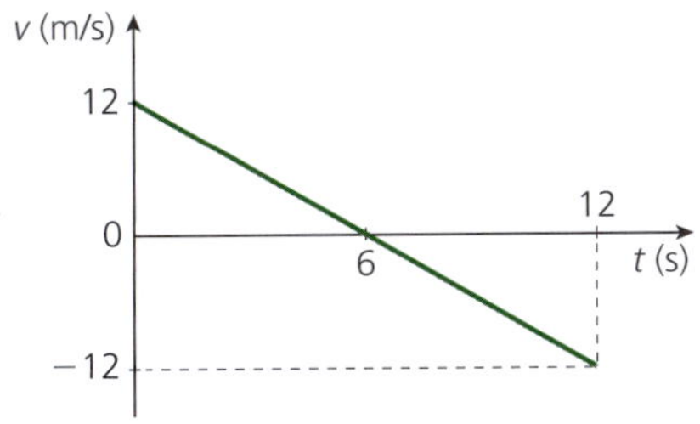

A altura máxima atingida pelo corpo vale:

a) 24 m
b) 36 m
c) 64 m
d) 72 m
e) 144 m

Texto para os exercícios 3, 4 e 5.
Depois de ter sido lançado do solo plano e horizontal, um foguete experimental tem sua velocidade escalar variando com o tempo de acordo com o gráfico mostrado a seguir. O artefato tinha combustível somente para 2,0 segundos de propulsão. Em dado instante, já no seu movimento de volta ao solo, abriu-se um pequeno paraquedas e o foguete aterrissou em segurança, no instante T. No intervalo de tempo entre 0 e 6,0 segundos os movimentos do foguete são considerados MUV.

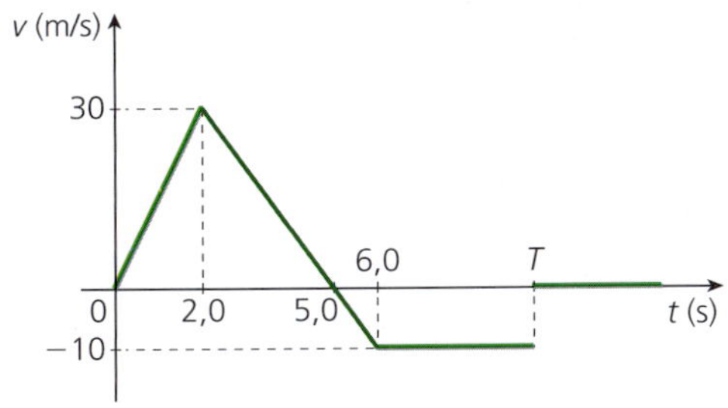

3. A partir do gráfico, é correto afirmar que a altura máxima atingida pelo foguete foi igual a:

a) 15 m
b) 60 m
c) 75 m
d) 90 m
e) 100 m

4. A duração do movimento do foguete, desde o lançamento até o seu retorno ao solo, foi de:

a) 10 s
b) 13 s
c) 26 s
d) 31 s
e) 44 s

5. O paraquedas abriu a uma altura de:

a) 5,0 m acima do solo.
b) 45 m acima do solo.
c) 50 m acima do solo.
d) 70 m acima do solo.
e) 75 m acima do solo.

Ficha-resumo 2

Função horária do espaço: $s = s_0 + v_0 t + \dfrac{1}{2}\alpha t^2$

Função horária do deslocamento:

$\Delta s = v_0 t + \dfrac{1}{2}\alpha t^2$ ou $\Delta s = \dfrac{(v_0 + v) \cdot t}{2}$

6. O diagrama horário a seguir mostra os espaços para o movimento uniformemente variado de uma partícula, entre os instantes $t_0 = 0$ e $t = 10$ s.

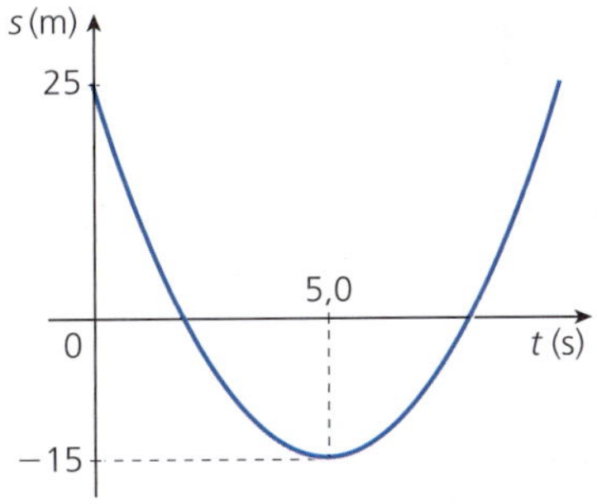

A partir dos dados mostrados, obtenha para essa partícula:

a) o valor de sua velocidade escalar inicial;
b) o valor de sua aceleração escalar;
c) a função horária do espaço que descreve o seu movimento, em unidades SI.

7. (Cefet-MG) Um carro em MRUV em uma estrada plana passa por determinado ponto com velocidade escalar de 15 m/s. Sabendo que ele gasta 5,0 s para percorrer os próximos 50 m, sua velocidade escalar ao final desse trecho, em m/s, será igual a:

a) 5
b) 10
c) 15
d) 20

8. (Cefet-CE) A figura a seguir representa, fora de escala, as marcas das patas traseiras de um guepardo que, partindo do repouso no ponto A, faz uma investida predatória, a fim de garantir sua refeição. O intervalo entre as marcas é de um segundo.

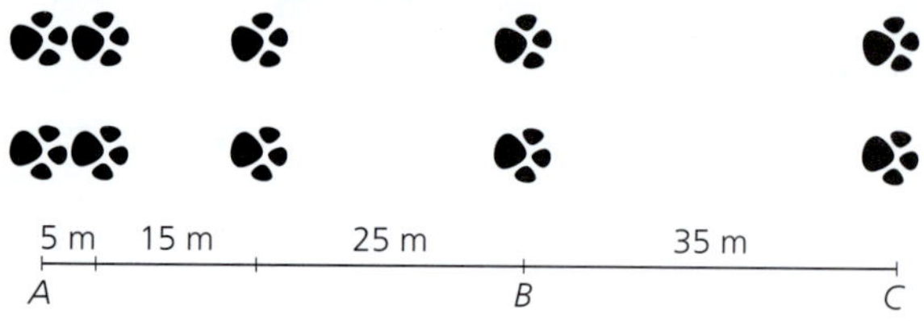

Determine:

a) a aceleração escalar do guepardo;

b) a velocidade do guepardo, ao passar pelo ponto B da trajetória.

9. (UFPI) Um carro A inicia seu movimento retilíneo a partir do repouso, no instante $t_0 = 0$, com aceleração escalar constante igual a $0{,}5\ m/s^2$. Nesse mesmo instante, passa por ele um carro B que se desloca na mesma direção e no mesmo sentido de A, porém com velocidade escalar constante igual a 3,0 m/s. Considerando tal situação, qual é o tempo necessário para que o carro A alcance B?

a) 6,0 s b) 10 s c) 12 s d) 15 s e) 20 s

Ficha-resumo 3

Equação de Torricelli:

$$v^2 = v_0^2 + 2\alpha\Delta s$$

Movimento retilíneo vertical sob a ação da gravidade:

MUV com $\alpha = \pm g$

Texto para os exercícios 10 e 11.

Um *dragster* moderno é um automóvel que pode chegar a 99,9 km/h em apenas 925,0 ms. Nesse intervalo de tempo, seu piloto fica sob o efeito de uma aceleração horizontal α, cujo valor, suposto constante, é igual a n vezes o módulo da aceleração da gravidade, isto é, $\alpha = n \cdot g$ ($g = 10{,}0\ m/s^2$).

10. Assim, podemos dizer que, nas condições acima citadas, n vale:

a) 0,5

b) 1,0

c) 2,5

d) 3,0

e) 5,0

11. Em um percurso de 300 m, típico nas corridas de *dragsters*, esse carro poderia alcançar uma velocidade escalar final de aproximadamente:

a) 134 km/h b) 483 km/h c) 235 km/h d) 512 km/h e) 356 km/h

12. Faltando 750 m para o final da pista, um avião está com velocidade escalar de 180 km/h e o piloto avalia que não será possível parar a aeronave nessas condições. O experiente comandante resolve então "arremeter", isto é, acelerar "forte" com aceleração escalar constante de valor α, para uma decolagem de emergência com uma velocidade escalar de 360 km/h. Assim, para conseguir seu objetivo, o valor mínimo de α deve ser:

a) $2{,}5\ m/s^2$

b) $3{,}6\ m/s^2$

c) $5{,}0\ m/s^2$

d) $6{,}4\ m/s^2$

e) maior que $7{,}2\ m/s^2$

13. (Furg-RS) Uma pedra é solta de um penhasco e leva Δt_1 segundos para chegar ao solo. Se Δt_2 segundos é o tempo necessário para a pedra percorrer a primeira metade do percurso, então podemos afirmar que a razão $\frac{\Delta t_1}{\Delta t_2}$ vale:

a) 1 b) $\frac{1}{\sqrt{2}}$ c) 2 d) $\frac{1}{2}$ e) $\sqrt{2}$

14. (Unimontes-MG) Um objeto é lançado a partir do solo, verticalmente para cima, com velocidade inicial de 10 m/s. O tempo decorrido desde o lançamento até o retorno do objeto ao solo e a altura máxima atingida por ele valem, respectivamente: (Adote: $g = 10\ m/s^2$)

a) 2,0 s e 5 m b) 3,0 s e 15 m c) 2,0 s e 10 m d) 1,0 s e 5 m

15. O *Insano*, o maior toboágua do mundo, no Ceará, proporciona uma queda quase vertical de 40,5 metros, durante 3,0 "longos" segundos, em valores aproximados.

A partir desses dados, faça uma estimativa:

a) do valor da aceleração escalar de uma pessoa quando ela percorre o trecho quase vertical do "insano" brinquedo;

b) da velocidade escalar de uma pessoa, em km/h, ao chegar ao final do trecho quase vertical.

16. Em um local, livre da influência do ar, no qual a aceleração da gravidade tem valor constante g, lança-se verticalmente para cima, no instante $t_0 = 0$, um corpo com velocidade escalar inicial v_0, que passa por um ponto de altura h em relação ao ponto de lançamento nos instantes t_1, na subida, e t_2, na descida. Apenas em função de g, t_1 e t_2, determine para esse corpo:

a) o módulo de sua velocidade escalar inicial;

b) o instante t_r do retorno do corpo ao ponto de lançamento;

c) o valor de h.

Capítulo 5

Vetores

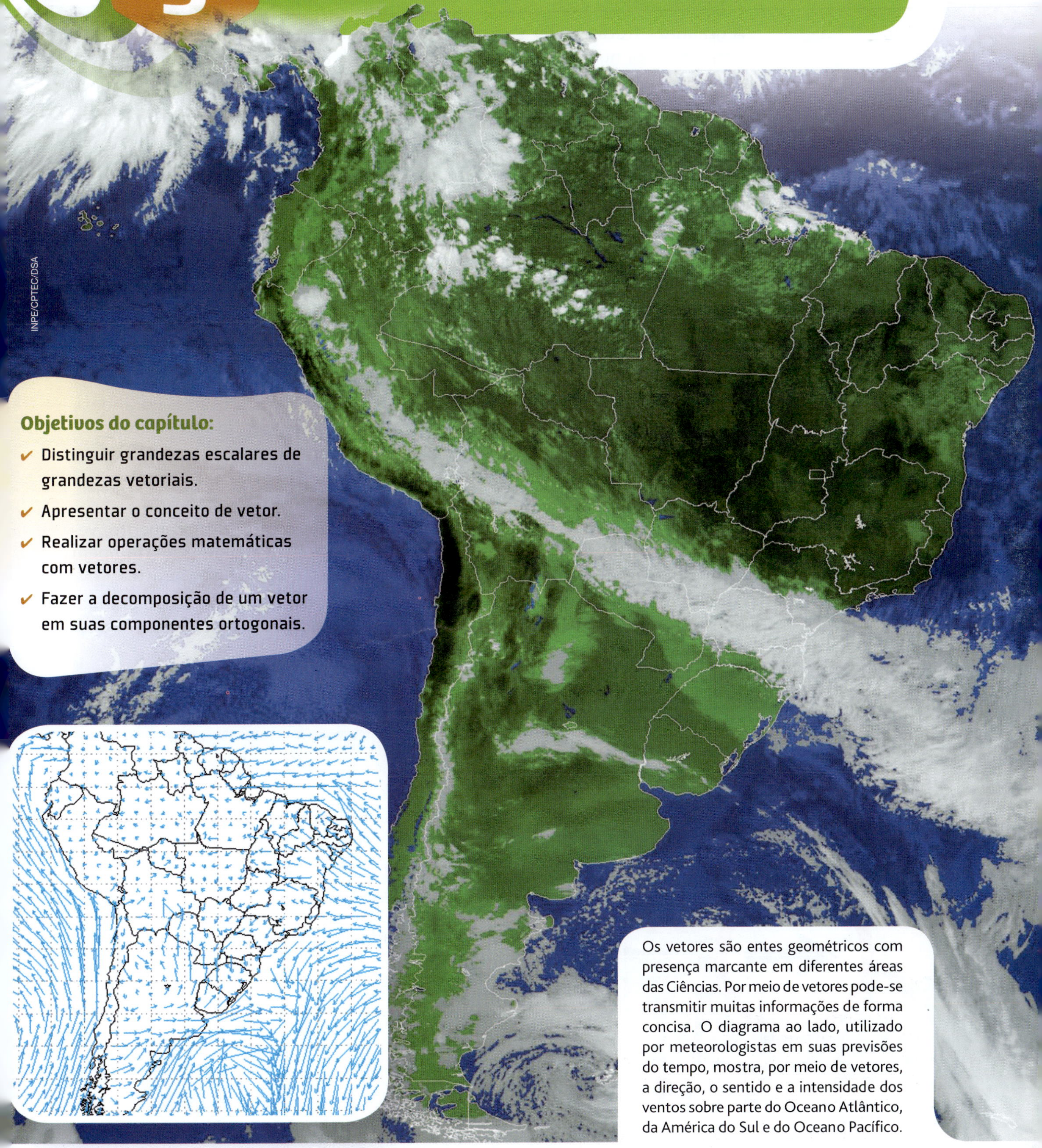

INPE/CPTEC/DSA

Objetivos do capítulo:

- ✔ Distinguir grandezas escalares de grandezas vetoriais.
- ✔ Apresentar o conceito de vetor.
- ✔ Realizar operações matemáticas com vetores.
- ✔ Fazer a decomposição de um vetor em suas componentes ortogonais.

Os vetores são entes geométricos com presença marcante em diferentes áreas das Ciências. Por meio de vetores pode-se transmitir muitas informações de forma concisa. O diagrama ao lado, utilizado por meteorologistas em suas previsões do tempo, mostra, por meio de vetores, a direção, o sentido e a intensidade dos ventos sobre parte do Oceano Atlântico, da América do Sul e do Oceano Pacífico.

1 Grandezas escalares e grandezas vetoriais

O estudo dos fenômenos investigados pela Física abrange diversas grandezas físicas. Essas grandezas podem ser classificadas como **grandeza física escalar** ou como **grandeza física vetorial**.

A **grandeza física escalar** é caracterizada por sua **intensidade** (ou **módulo**), ou seja, por seu valor numérico acompanhado da unidade de medida correspondente.

Como exemplos de grandeza física escalar podemos citar: massa, temperatura, intervalo de tempo, área, volume, densidade, pressão, energia, potência e muitas outras que estudaremos ao longo deste livro.

Quando dizemos, por exemplo, que a temperatura em uma sala é de 20 °C, essa informação por si só é suficiente para que a grandeza temperatura seja caracterizada.

Entretanto, nem sempre basta citar apenas o valor numérico e a unidade de medida da grandeza física para que ela seja caracterizada.

Se dissermos que uma bola de tênis, por exemplo, se movimenta a 100 km/h após uma rebatida, você poderá se perguntar: "Mas ela se movimenta em que direção? Na vertical? Na horizontal? Está subindo ou descendo? Indo para a direita ou para a esquerda?".

Observe que, nesse caso, citar apenas o valor numérico e a unidade de medida da velocidade da bolinha de tênis não é suficiente para caracterizar essa grandeza física. Torna-se necessário, além disso, indicar a direção e o sentido da grandeza.

Quando uma grandeza física é caracterizada não apenas por sua **intensidade** ou módulo, mas também por sua **direção** e seu **sentido**, ela é chamada de **grandeza física vetorial**.

Como exemplos de grandeza física vetorial podemos citar: deslocamento, velocidade, aceleração, força, quantidade de movimento ou *momentum* (também chamado de momento linear), impulso, campo elétrico e campo magnético.

É importante notar que existem grandezas físicas adimensionais, isto é, grandezas que não possuem unidade de medida, como o coeficiente de atrito e o índice de refração.

2 Vetor

FERNANDO FAVORETTO/CRIAR IMAGEM

A grandeza física vetorial pode ser representada graficamente por um ente geométrico denominado **vetor**.

Um vetor pode ser representado por um segmento de reta, que indica a direção, dotado de uma seta, indicativa de seu sentido **(fig. 1)**; trazendo ainda seu valor numérico seguido de uma unidade de medida (indicação de seu módulo ou intensidade).

O comprimento do segmento de reta é proporcional à intensidade (ou módulo) da grandeza física representada pelo vetor.

Figura 1. Sinal de trânsito com indicação do sentido obrigatório a ser seguido pelo motorista.

Geralmente a grandeza vetorial é indicada por uma letra encimada por uma pequena seta, por exemplo, $\vec{V}$. O módulo do vetor $\vec{V}$ é representado por $|\vec{V}|$ ou, mais resumidamente, por V (sem a seta).

A **figura 2** mostra-nos a representação gráfica de um vetor $\vec{V}$.

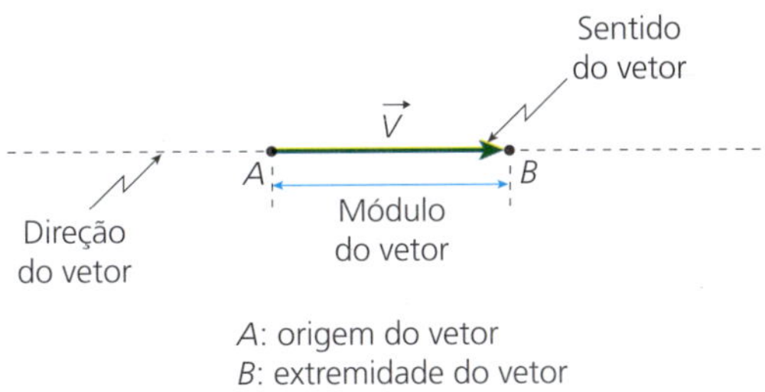

Figura 2. Representação gráfica de um vetor.

Dizemos que dois vetores, $\vec{V}_1$ e $\vec{V}_2$, são iguais, ou seja, $\vec{V}_1 = \vec{V}_2$, se e somente se $\vec{V}_1$ e $\vec{V}_2$ tiverem a mesma direção, o mesmo sentido e o mesmo módulo.

Na **figura 3**, todos os cinco vetores, $\vec{a}$, $\vec{b}$, $\vec{c}$, $\vec{d}$ e $\vec{e}$, têm o mesmo módulo: $a = b = c = d = e$. Os vetores $\vec{a}$ e $\vec{b}$ têm mesma direção; o mesmo ocorre com os vetores $\vec{c}$ e $\vec{d}$. Porém $\vec{a}$ e $\vec{b}$ têm sentidos opostos, enquanto $\vec{c}$ e $\vec{d}$ têm mesmo sentido. Dos cinco vetores mostrados na figura, apenas os vetores $\vec{c}$ e $\vec{d}$ são iguais, têm mesmo módulo, direção e sentido: $\vec{c} = \vec{d}$.

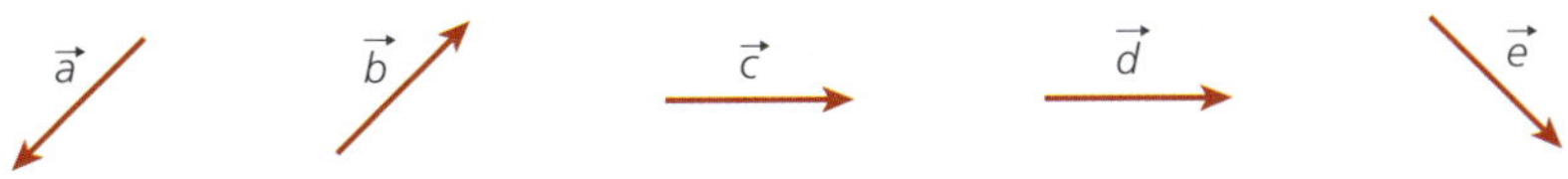

Figura 3. Entre estes cinco vetores, apenas os vetores $\vec{c}$ e $\vec{d}$ são iguais.

3 Operações com vetores

A Matemática permite efetuar um grande número de operações com vetores, mas, para suprir nossas necessidades para o estudo da Física no Ensino Médio, vamos nos limitar a explorar apenas duas dessas operações: o produto de um número real por um vetor e a soma de vetores.

Produto de um número real por um vetor

Seja α um número real não nulo e $\vec{V}$ um vetor também não nulo, o produto $\alpha \cdot \vec{V}$ tem como resultado um vetor $\vec{u}$, sempre com a mesma direção de $\vec{V}$ e módulo $u = |\alpha| \cdot V$. O sentido do vetor $\vec{u}$ é determinado pelo sinal do número real α:

- se α for positivo ($\alpha > 0$), então $\vec{u}$ terá o mesmo sentido que $\vec{V}$;
- se α for negativo ($\alpha < 0$), então $\vec{u}$ terá sentido oposto ao de $\vec{V}$.

Observe na **figura 4** o resultado do produto de diferentes valores do número real α pelo vetor $\vec{V}$. Nesse exemplo: $\vec{u}_1 = 2\vec{V}$, $\vec{u}_2 = -3\vec{V}$, $\vec{u}_3 = \frac{1}{2}\vec{V}$ e $\vec{u}_4 = -1\vec{V}$.

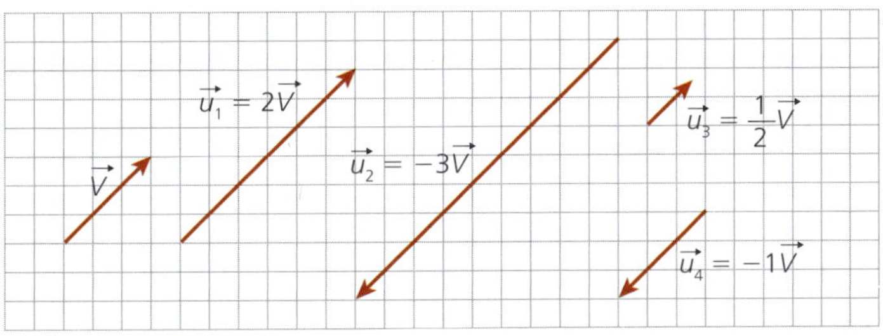

Figura 4. O vetor $\vec{u}_4 = -1\vec{V} = -\vec{V}$ é denominado **vetor oposto** de $\vec{V}$.

Aplicando a teoria

1. A figura a seguir mostra os vetores $\vec{a}$ e $\vec{b}$.

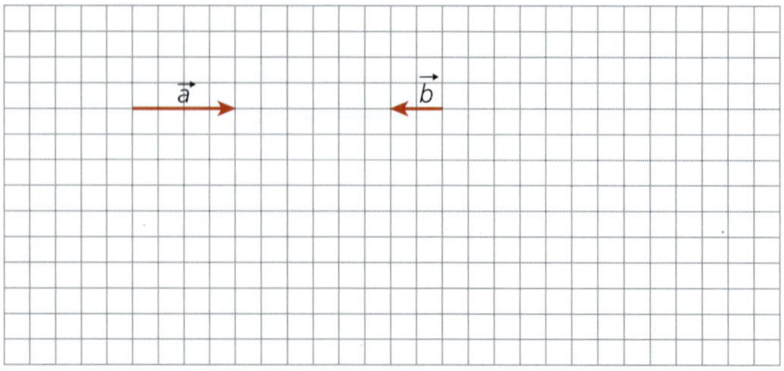

Considerando que cada quadrícula tem lado igual a uma unidade de medida (1u):

a) representar graficamente os vetores: $\frac{1}{2}\vec{a}$; $-2\vec{b}$; $2\vec{a}$; $-1\vec{b}$ e $-4\vec{b}$;

b) dos vetores representados no item **a**, quais são iguais entre si?

➤ Solução

a) Devemos observar, inicialmente, que os vetores $\vec{a}$ e $\vec{b}$ têm mesma direção, mas sentidos opostos. O vetor $\vec{a}$ tem módulo igual a 4 unidades ($a = 4u$) e o vetor $\vec{b}$ tem módulo igual a 2 unidades ($b = 2u$).

Todos os vetores que representaremos no quadriculado terão a mesma direção dos vetores $\vec{a}$ e $\vec{b}$, pois resultam da multiplicação de um número real por um vetor.

Assim:

- o vetor $\frac{1}{2}\vec{a}$ terá módulo igual a 2u e mesmo sentido de $\vec{a}$;
- o vetor $-2\vec{b}$ terá módulo igual a 4u e sentido oposto ao de $\vec{b}$;
- o vetor $2\vec{a}$ terá módulo igual a 8u e mesmo sentido de $\vec{a}$;
- o vetor $-1\vec{b}$ terá módulo igual a 2u e sentido oposto ao de $\vec{b}$;
- o vetor $-4\vec{b}$ terá módulo igual a 8u e sentido oposto ao de $\vec{b}$.

Ficamos, então, com os seguintes vetores:

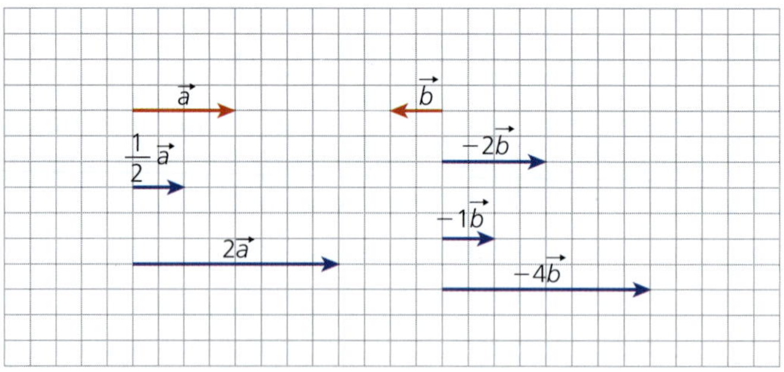

b) Seja $a = 4u$ e $b = 2u$, temos:

$a = 2b$; $2a = 4b$ e $\frac{1}{2}a = b$

Como os vetores $\vec{a}$ e $\vec{b}$ têm mesma direção, mas sentidos opostos, para os vetores representados no item **a**, observamos que:

$$\vec{a} = -2\vec{b}$$

$$2\vec{a} = -4\vec{b}$$

$$\frac{1}{2}\vec{a} = -\vec{b}$$

Avaliando o aprendizado

1. Na figura a seguir, as quadrículas têm lado igual a uma unidade de medida (1 u).

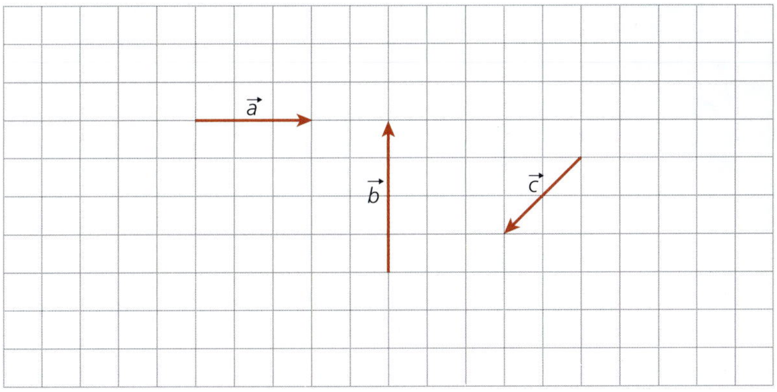

Dados os vetores $\vec{a}$, $\vec{b}$ e $\vec{c}$, represente graficamente os vetores:

a) $\vec{u} = 3\vec{a}$ b) $\vec{v} = -\frac{1}{2}\vec{b}$ c) $\vec{w} = 2\vec{c}$

2. Considere os vetores representados na figura a seguir.

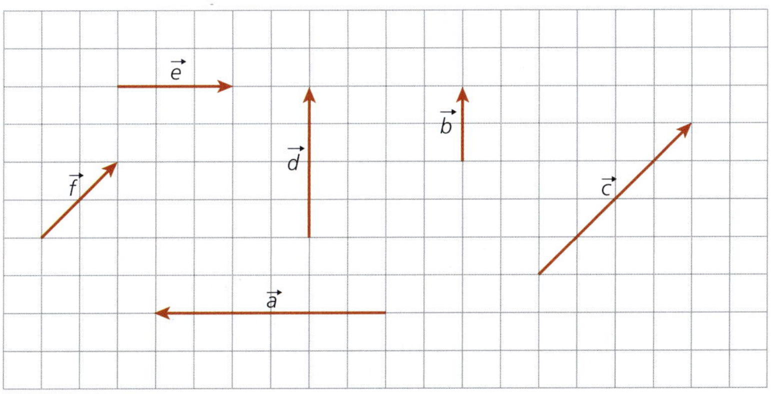

a) Represente graficamente os vetores $\vec{u}$, $\vec{v}$ e $\vec{w}$ tais que: $\vec{u} = -\frac{1}{2}\vec{a}$, $\vec{v} = 2\vec{b}$ e $\vec{w} = \frac{1}{2}\vec{c}$.

b) De todos os vetores representados neste exercício, quais são iguais entre si?

3. Dados os vetores $\vec{p}$, $\vec{q}$, $\vec{r}$, $\vec{s}$, $\vec{u}$ e $\vec{v}$ representados na figura a seguir, considerando que cada quadrícula tem lado igual a uma unidade de medida, determine os valores de α, β e δ, pertencentes aos números reais, tais que:

a) $\vec{u} = \alpha \cdot \vec{p}$ b) $\vec{s} = \beta \cdot \vec{q}$ c) $\vec{v} = \delta \cdot \vec{r}$

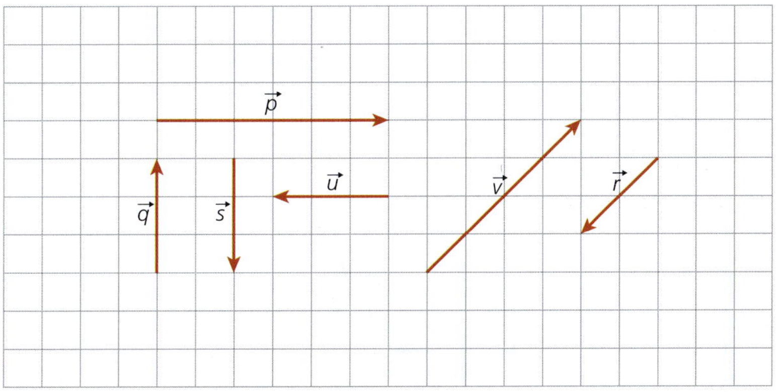

Soma de vetores

A soma de vetores é uma operação de extrema importância no estudo da Física. Ao longo deste livro, frequentemente faremos a soma de dois, ou mais, vetores.

Apesar de estarmos familiarizados com a soma de números reais, a soma de vetores segue regras específicas.

Existem diferentes métodos para se fazer a soma de vetores; todos, obviamente, devem conduzir a um mesmo resultado final.

Desses diferentes métodos, o mais geral é, provavelmente, o **método do polígono**.

Para entender como esse método deve ser usado, consideremos que precisamos somar, por exemplo, os vetores $\vec{V}_1$, $\vec{V}_2$ e $\vec{V}_3$ da **figura 5**.

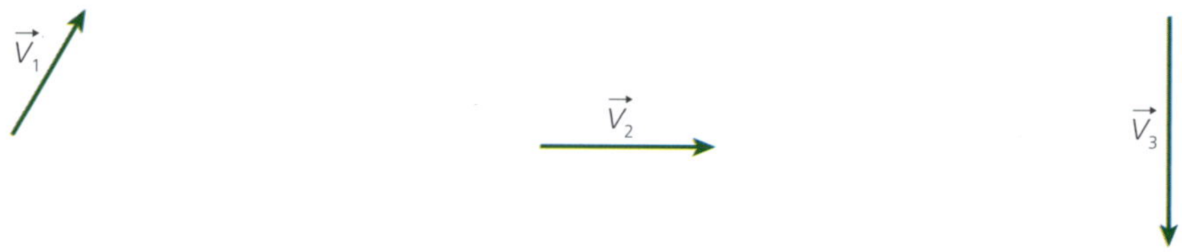

Figura 5. Vetores $\vec{V}_1$, $\vec{V}_2$, e $\vec{V}_3$ que serão somados.

Considere $\vec{V}$ o vetor obtido pela soma de $\vec{V}_1$, $\vec{V}_2$ e $\vec{V}_3$, isto é, $\vec{V} = \vec{V}_1 + \vec{V}_2 + \vec{V}_3$.

Podemos obter graficamente o vetor $\vec{V}$ pelo método do polígono de maneira relativamente simples.

Inicialmente, devemos deslocar e organizar sequencialmente todos os vetores que serão somados. Nesse caso, *sequencialmente* quer dizer que a extremidade de um vetor deverá coincidir com a origem do próximo. A ordem em que os vetores são dispostos não altera o resultado final **(fig. 6)**.

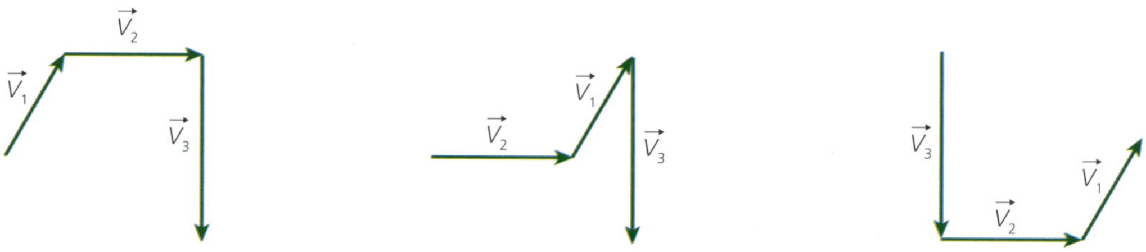

Figura 6. Três possíveis sequências para representar a soma dos vetores $\vec{V}_1$, $\vec{V}_2$, e $\vec{V}_3$.

5.1 Biblioteca do estudante

O vetor $\vec{V}$, soma dos vetores $\vec{V}_1$, $\vec{V}_2$, e $\vec{V}_3$, é o vetor que fecha o polígono, com sua origem na origem do primeiro vetor da sequência e extremidade na extremidade do último vetor da sequência. A **figura 7** mostra o vetor $\vec{V}$ obtido com as três diferentes sequências da figura anterior. Observe que o vetor $\vec{V}$ é o mesmo, seja qual for a sequência considerada.

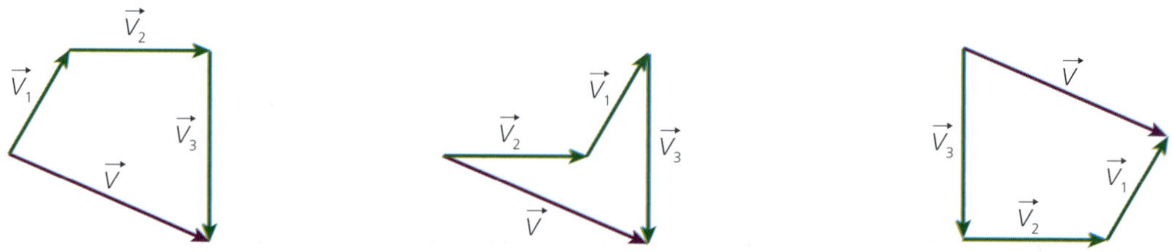

Figura 7. O vetor soma $\vec{V}$ não depende da ordem em que os vetores que serão somados são colocados para formar o polígono.

Casos particulares

Soma de vetores de mesma direção e mesmo sentido

Assim como no método do polígono, para a soma de vetores de mesma direção e mesmo sentido, inicialmente, devemos deslocar e organizar em sequência todos os vetores que serão somados; a extremidade de um vetor coincidindo com a origem do próximo. O vetor resultante terá a mesma direção e o mesmo sentido dos vetores somados. Veja na **figura 8** a seguir como obter o vetor resultante $\vec{V}$ a partir da soma dos vetores $\vec{V}_1$ e $\vec{V}_2$, com mesma direção e mesmo sentido.

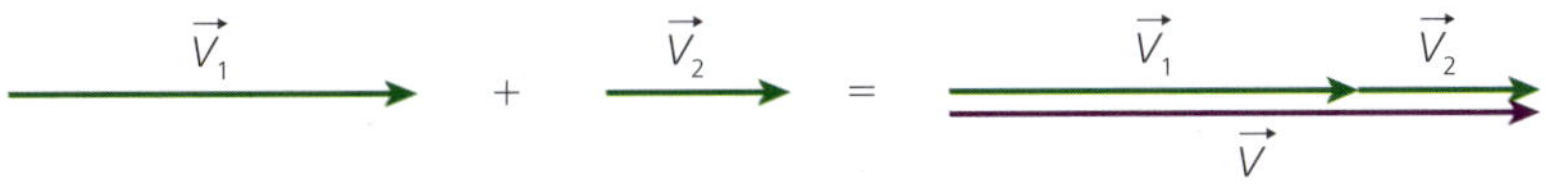

Figura 8. O módulo V do vetor soma $\vec{V}$ é dado por $V = V_1 + V_2$.

Soma de vetores de mesma direção e sentidos opostos

Nesse caso, o vetor resultante terá a mesma direção dos vetores somados e o mesmo sentido do vetor de maior módulo. A **figura 9** a seguir mostra como obter o vetor $\vec{V}$ a partir da soma dos vetores $\vec{V}_1$ e $\vec{V}_2$, com mesma direção e sentidos opostos.

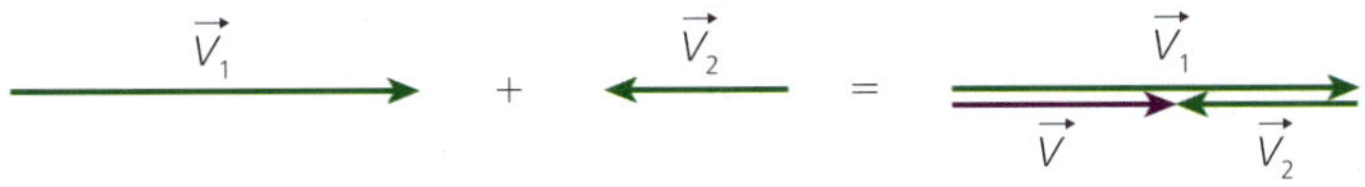

Figura 9. O módulo V do vetor soma $\vec{V}$ é dado, nesse caso, por $V = |V_1 - V_2|$.

Soma de dois vetores quaisquer e a regra do paralelogramo

A soma de dois vetores com direções diferentes, além do **método do polígono (fig. 7)**, pode ser feita pela **regra do paralelogramo**.

Na regra do paralelogramo, os vetores $\vec{V}_1$ e $\vec{V}_2$ **(fig. 10A)**, que serão somados, devem ser posicionados de maneira que suas origens coincidam. Em seguida, pela extremidade de cada um dos vetores, traça-se uma reta paralela ao outro vetor, obtendo-se, assim, um paralelogramo **(fig. 10B)**. O vetor soma $\vec{V}$ é o vetor com origem na origem comum dos vetores $\vec{V}_1$ e $\vec{V}_2$ e extremidade no vértice oposto do paralelogramo **(fig. 10C)**.

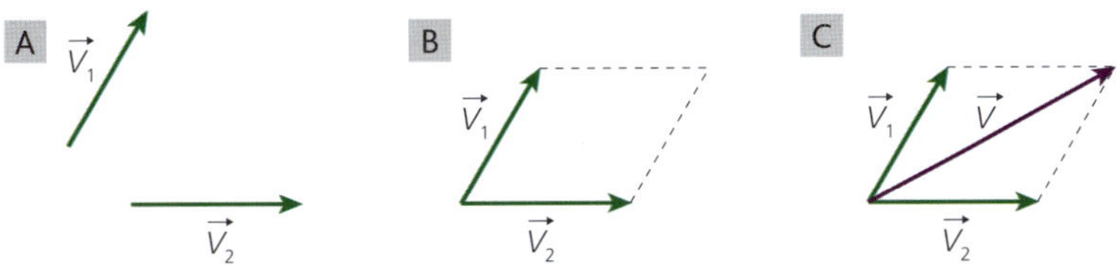

Figura 10. Aplicação da regra do paralelogramo para a soma dos vetores $\vec{V}_1$ e $\vec{V}_2$.

Observe no exemplo a seguir que a diferença entre dois vetores é um caso particular da soma de dois vetores.

Dados os vetores $\vec{V}_1$ e $\vec{V}_2$ **(fig. 11A)**, considere $\vec{V}$ o vetor diferença entre $\vec{V}_1$ e $\vec{V}_2$, ou seja, $\vec{V} = \vec{V}_1 - \vec{V}_2$.

Podemos obter o vetor $\vec{V}$ pela soma de $\vec{V}_1$ com o vetor oposto de $\vec{V}_2$, isto é, $\vec{V} = \vec{V}_1 + (-\vec{V}_2)$, pela regra do paralelogramo **(fig. 11B)** ou pelo método do polígono. O vetor diferença $\vec{V}$ pode ser visto na **figura 11C**.

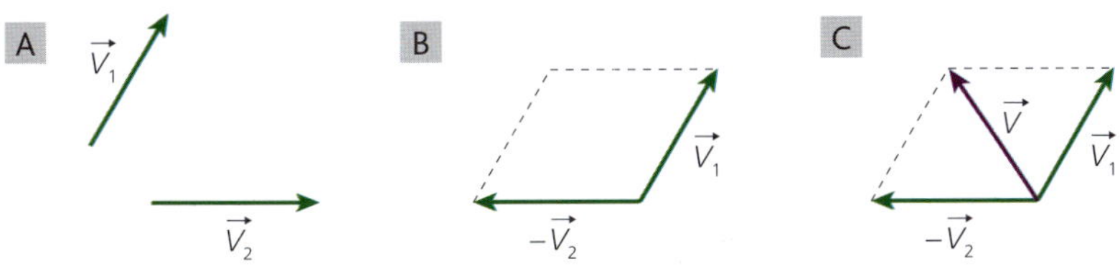

Figura 11. Aplicação da regra do paralelogramo para obtenção de $\vec{V} = \vec{V}_1 - \vec{V}_2 = \vec{V}_1 + (-\vec{V}_2)$.

5.1 Conteúdo multimídia

Aplicando a teoria

2. **Dados os vetores $\vec{a}$, $\vec{b}$ e $\vec{c}$, na figura a seguir, representar graficamente os vetores:**

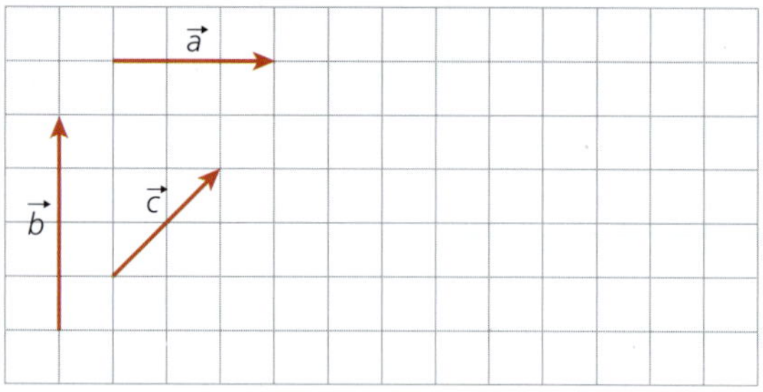

a) $\vec{u} = \vec{a} + \vec{b}$
b) $\vec{V} = \vec{a} - \vec{b}$
c) $\vec{w} = \vec{a} + \vec{b} - \vec{c}$

➤ Solução

a) Aplicando o método do polígono ou a regra do paralelogramo à soma $\vec{a} + \vec{b}$, obtemos o vetor $\vec{u}$ mostrado a seguir.

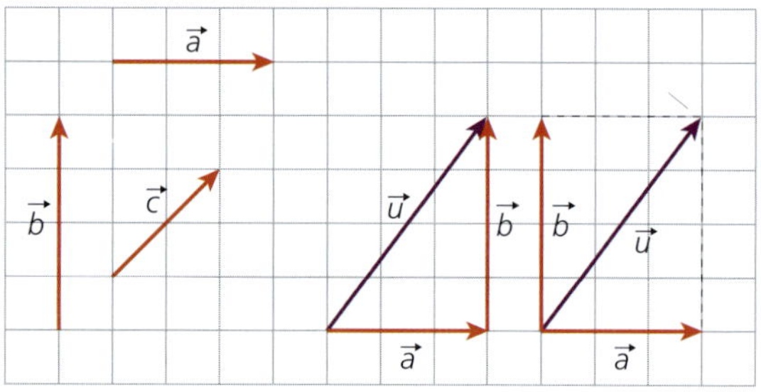

b) Podemos aplicar o método do polígono à soma $\vec{a} + \left(-\vec{b}\right)$ e obter o vetor $\vec{v}$, mostrado a seguir.

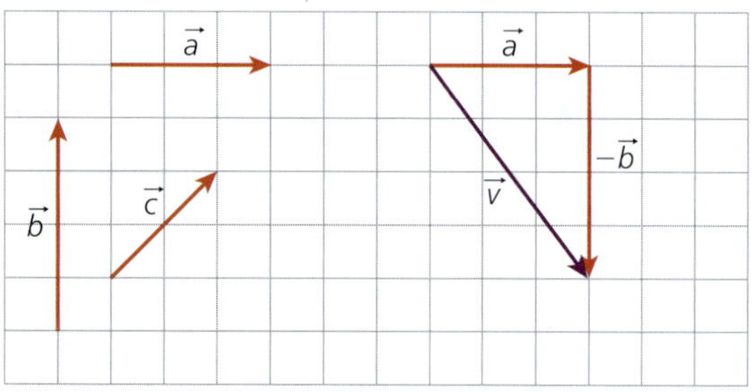

c) Podemos aplicar o método do polígono à soma $\vec{a} + \vec{b} + \left(-\vec{c}\right)$ e obter o vetor $\vec{w}$, mostrado a seguir.

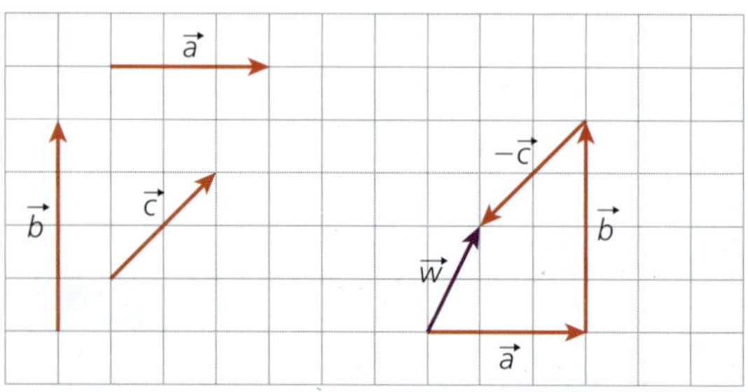

3. **Na figura abaixo, cada quadrícula tem lado igual a uma unidade de medida (1u).**

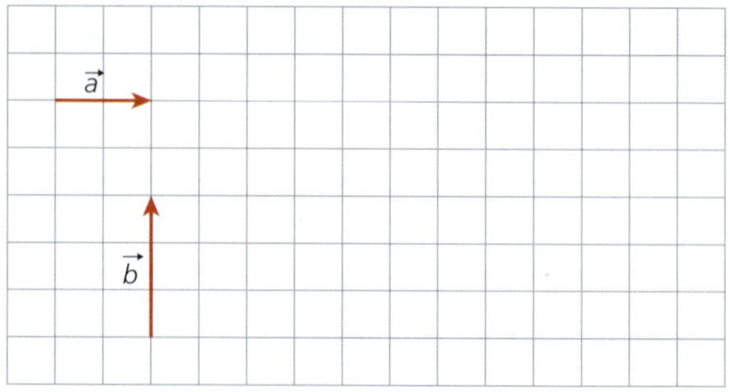

Dados os vetores $\vec{a}$ e $\vec{b}$, fazer a representação gráfica e determinar o módulo dos seguintes vetores:

a) $\vec{p} = 2\vec{a} + \vec{b}$

b) $\vec{q} = 4\vec{a} - 2\vec{b}$

➤ Solução

a) Antes de obter o vetor $\vec{p}$, devemos obter o vetor $2\vec{a}$. Tal vetor terá módulo igual a 4 unidades, ou seja, duas vezes maior que o de $\vec{a}$, a mesma direção e o mesmo sentido do vetor $\vec{a}$, pois 2 é um número real positivo.

Podemos, então, aplicar o método do polígono para obter o vetor $\vec{p}$, mostrado a seguir.

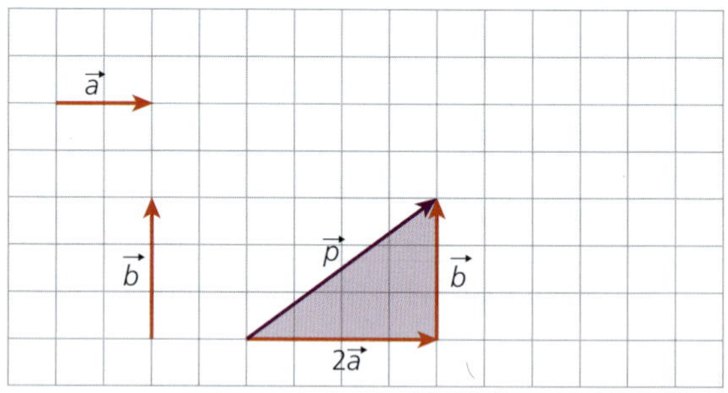

O cálculo do módulo p do vetor $\vec{p}$ é feito aplicando-se o teorema de Pitágoras ao triângulo retângulo destacado na figura.

Então: $p^2 = 4^2 + 3^2 \Rightarrow p^2 = 16 + 9 \Rightarrow$

$\Rightarrow p^2 = 25 \Rightarrow$ $\boxed{p = 5u}$

5.2 Biblioteca do estudante

b) Para obter o vetor $\vec{q}$ procederemos de maneira análoga. Observe na figura a seguir que o vetor $4\vec{a}$ tem a mesma direção e o mesmo sentido do vetor $\vec{a}$, porém módulo 4 vezes maior. O vetor $-2\vec{b}$ tem mesma direção que o vetor $\vec{b}$, sentido oposto e módulo 2 vezes maior.

Podemos, então, aplicar o método do polígono para obter o vetor $\vec{q}$, mostrado a seguir.

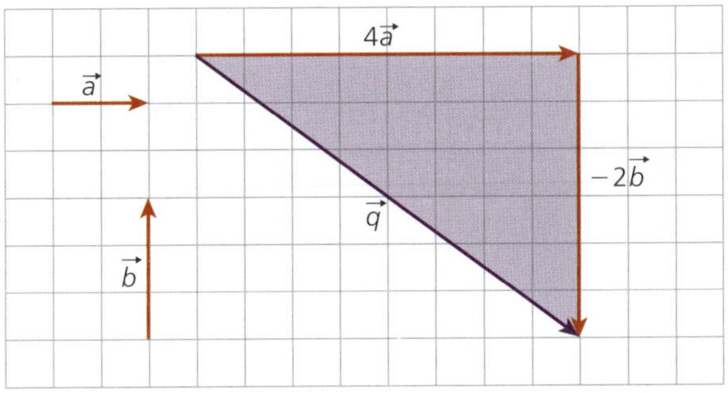

Mais uma vez, o cálculo do módulo q do vetor $\vec{q}$ é feito aplicando-se o teorema de Pitágoras ao triângulo retângulo destacado na figura.

Então: $q^2 = 8^2 + 6^2 \Rightarrow q^2 = 64 + 36 \Rightarrow q^2 = 100 \Rightarrow$ $q = 10u$

Avaliando o aprendizado

4. Na figura abaixo, cada quadrícula tem lado igual a uma unidade de medida (1u). Dados os vetores $\vec{a}$, $\vec{b}$ e $\vec{c}$, faça a representação gráfica e determine o módulo do vetor soma $\vec{S} = \vec{a} + \vec{b} + \vec{c}$.

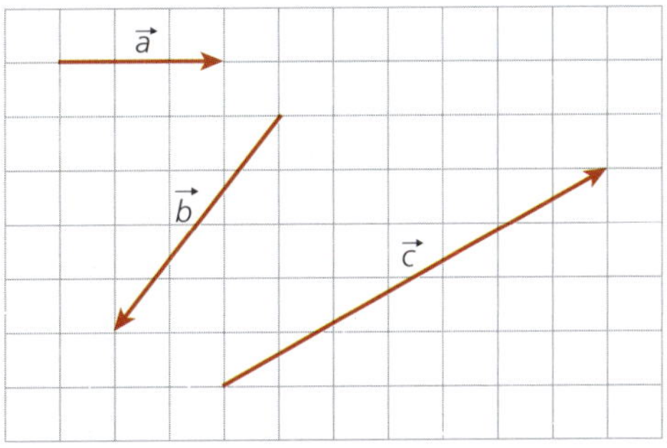

5. Dados os vetores $\vec{a}$, $\vec{b}$ e $\vec{c}$, na figura abaixo, represente graficamente o vetor soma destes três vetores e calcule seu módulo.

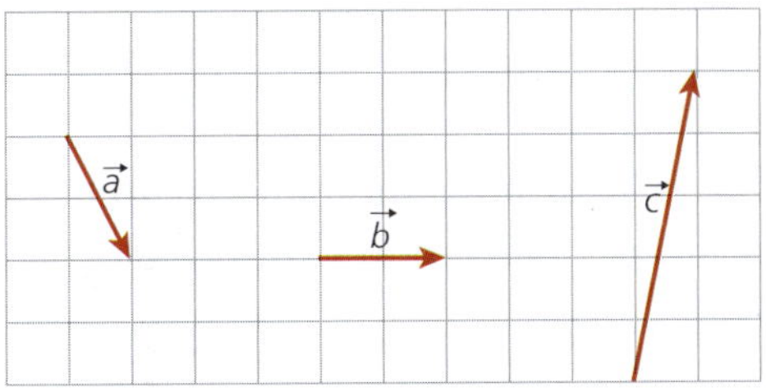

6. Dados dois vetores $\vec{u}$ e $\vec{V}$, sendo u igual a 20 unidades de medida e v igual a 15 unidades de medida, determine o módulo do vetor soma de $\vec{u}$ e $\vec{V}$ nos seguintes casos.

a) Os vetores $\vec{u}$ e $\vec{V}$ são paralelos e de mesmo sentido.

b) Os vetores $\vec{u}$ e $\vec{V}$ são paralelos e de sentidos opostos.

c) Os vetores $\vec{u}$ e $\vec{V}$ são perpendiculares entre si.

7. Dois vetores de módulos respectivamente iguais a 8 e 12 unidades de medida são somados. Das alternativas abaixo, indique a que aponta para um possível valor do módulo do vetor soma.

a) 2u b) 3u c) 15u d) 22u e) 24u

8. Dados os vetores $\vec{x}$ e $\vec{y}$, na figura a seguir, obtenha o vetor diferença $\vec{x} - \vec{y}$ e determine seu módulo, sabendo que $x = 3u$ e $y = 4u$.

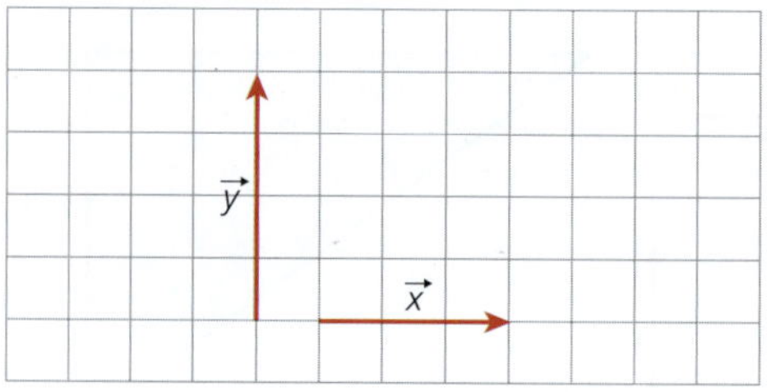

9. Na figura abaixo, cada quadrícula tem lado igual a 2 unidades de medida. Dados os vetores $\vec{x}$, $\vec{y}$ e $\vec{z}$, represente graficamente o vetor $\vec{w}$, dado por $\vec{w} = 2\vec{x} - \frac{1}{2}\vec{y} + \vec{z}$, e calcule seu módulo w.

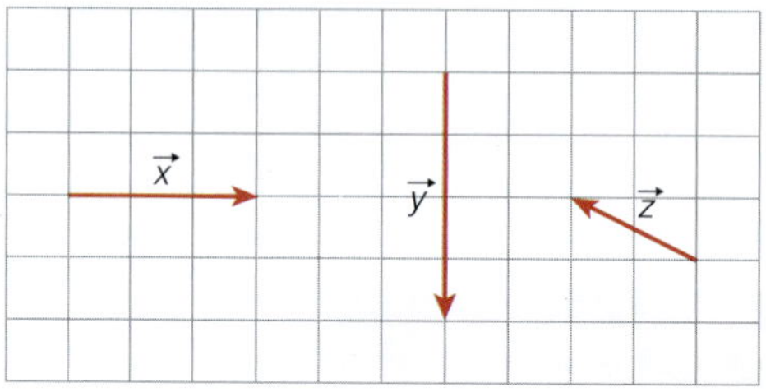

4 Componentes ortogonais de um vetor

Dado um vetor $\vec{V}$ qualquer, sempre existirão dois vetores $\vec{V}_x$ e $\vec{V}_y$, perpendiculares entre si, tais que: $\vec{V} = \vec{V}_x + \vec{V}_y$.

Os vetores $\vec{V}_x$ e $\vec{V}_y$ são as **componentes ortogonais** do vetor $\vec{V}$.

A **figura 12** nos mostra um vetor $\vec{V}$ e um sistema de eixos ortogonais x, y. Note que o vetor $\vec{V}$ forma com o eixo das abscissas, o eixo x, um dado ângulo θ. Quais são as componentes ortogonais do vetor $\vec{V}$?

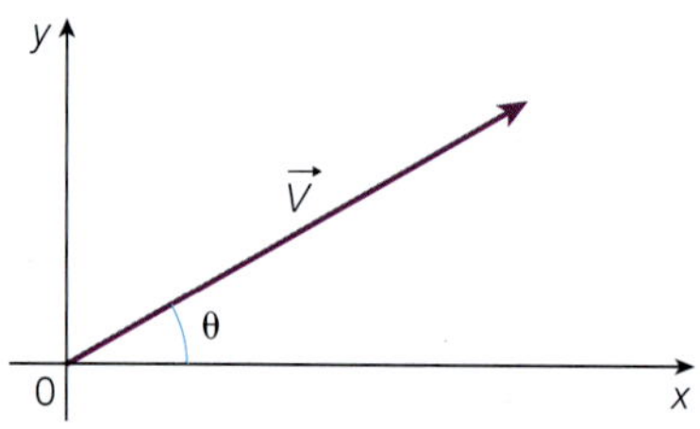

Figura 12. Vetor $\vec{V}$, cujas componentes ortogonais queremos obter.

A partir da regra do paralelogramo, podemos obter graficamente as componentes ortogonais do vetor $\vec{V}$, isto é, $\vec{V}_x$ e $\vec{V}_y$, nas direções dos eixos x e y **(fig. 13)**.

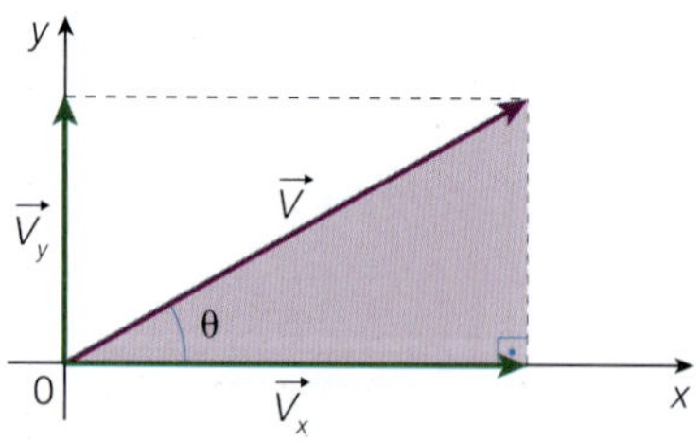

Figura 13. Componentes ortogonais $\vec{V}_x$ e $\vec{V}_y$ do vetor $\vec{V}$.

5.2 Conteúdo multimídia

Aplicando as relações trigonométricas ao triângulo retângulo destacado na **figura 13**, podemos obter os módulos V_x e V_y das componentes ortogonais do vetor $\vec{V}$:

$$\text{sen}\,\theta = \frac{\text{cateto oposto}}{\text{hipotenusa}} \Rightarrow \text{sen}\,\theta = \frac{V_y}{V} \Rightarrow \boxed{V_y = V \cdot \text{sen}\,\theta}$$

$$\cos\theta = \frac{\text{cateto adjacente}}{\text{hipotenusa}} \Rightarrow \cos\theta = \frac{V_x}{V} \Rightarrow \boxed{V_x = V \cdot \cos\theta}$$

Note que se conhecermos os módulos V_x e V_y das componentes ortogonais poderemos, aplicando o teorema de Pitágoras, obter o módulo V do vetor $\vec{V}$:

$$\boxed{V^2 = V_x^2 + V_y^2}$$

Aplicando a teoria

4. **Na figura a seguir, o vetor $\vec{V}$ tem módulo igual a 20 unidades de medida, ou seja, V = 20u. O ângulo θ indicado na figura é tal que sen θ = 0,8 e cos θ = 0,6.**

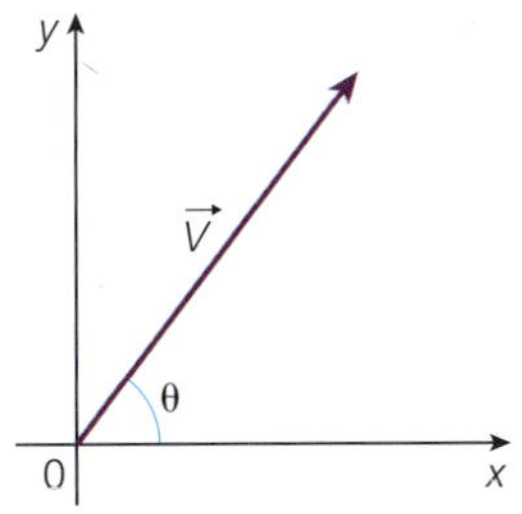

Determinar o módulo das componentes ortogonais $\vec{V}_x$ e $\vec{V}_y$ do vetor $\vec{V}$.

➤ Solução

As componentes ortogonais $\vec{V}_x$ e $\vec{V}_y$ são vetores, na direção dos eixos x e y, que somados resultam no vetor $\vec{V}$. A figura à direita nos mostra essas componentes.

No triângulo retângulo destacado na figura, temos:

$$\text{sen}\,\theta = \frac{\text{cateto oposto}}{\text{hipotenusa}} \Rightarrow \text{sen}\,\theta = \frac{V_y}{V} \Rightarrow$$

$$\Rightarrow 0{,}8 = \frac{V_y}{20} \Rightarrow \boxed{V_y = 16u}$$

$$\cos\theta = \frac{\text{cateto adjacente}}{\text{hipotenusa}} \Rightarrow \cos\theta = \frac{V_x}{V} \Rightarrow$$

$$\Rightarrow 0{,}6 = \frac{V_x}{20} \Rightarrow \boxed{V_x = 12u}$$

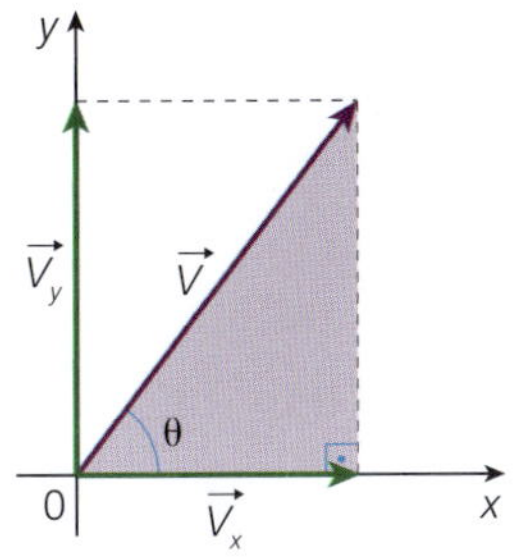

Avaliando o aprendizado

10. A respeito da adição de vetores e da decomposição de um vetor em suas componentes ortogonais são apresentadas as afirmações a seguir. Classifique cada uma delas como verdadeira (V) ou falsa (F) e assinale a alternativa com a sequência correta de V e F.

I. A decomposição de um vetor é uma operação "contrária" à soma vetorial de dois vetores perpendiculares entre si.

II. Decompor um vetor em componentes ortogonais consiste em determinar duas componentes que somadas vetorialmente resultam no próprio vetor.

III. Para obter os módulos das componentes de um vetor $\vec{F}$, que forma um ângulo α com o eixo x, podemos usar as expressões: $F_x = F \cdot \text{sen}\,\alpha$ e $F_y = F \cdot \cos\alpha$.

a) V V V
b) V F V
c) F V V
d) V V F
e) V F F

11. De acordo com a figura a seguir, calcule os módulos F_x e F_y das componentes ortogonais $\vec{F}_x$ e $\vec{F}_y$ do vetor $\vec{F}$, cujo módulo F é igual a 40 unidades de medida.

$$\text{sen}\,60° = \frac{\sqrt{3}}{2};\ \cos 60° = \frac{1}{2}$$

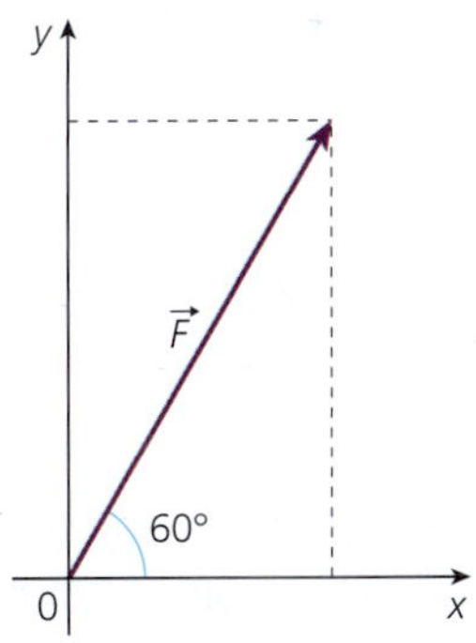

12. Um vetor $\vec{V}$, de módulo 20 unidades, forma um ângulo de 30° com o eixo x no 1º quadrante. Determine o módulo das componentes ortogonais $\vec{V}_x$ e $\vec{V}_y$ do vetor $\vec{V}$.

Dados: $\text{sen}\,30° = \frac{1}{2};\ \cos 30° = \frac{\sqrt{3}}{2}$

13. Sabe-se que a componente $\vec{V}_x$ de um vetor $\vec{V}$ tem módulo V_x igual a 60 unidades de medida e que o vetor $\vec{V}$ forma um ângulo de 45° com o eixo x no 1º quadrante.

Dados: $\text{sen}\,45° = \cos 45° = \frac{\sqrt{2}}{2}$

a) Qual é o módulo V do vetor $\vec{V}$?

b) Qual é o módulo V_y do vetor $\vec{V}_y$, componente de $\vec{V}$ na direção do eixo y?

Revisando o conteúdo

Ficha-resumo 1

Representação gráfica de um vetor:

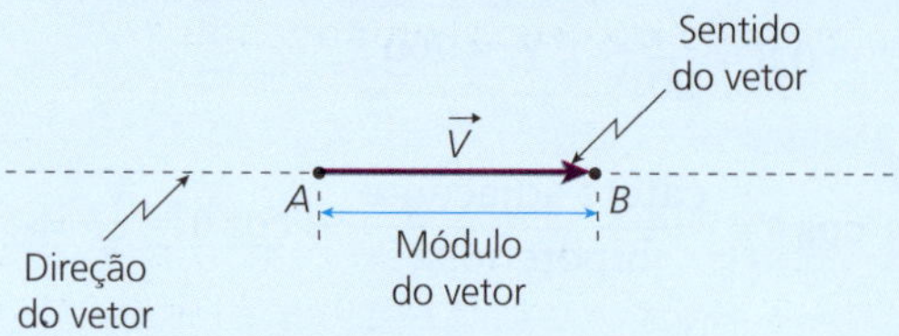

A: origem do vetor
B: extremidade do vetor

Produto de um número real por um vetor:

$$\vec{u} = \alpha \vec{V}$$

O vetor $\vec{u}$ tem:

- **módulo** u igual a $|\alpha| \cdot V$;
- **direção** igual à direção de $\vec{V}$;
- **sentido** igual ao de $\vec{V}$ se α é positivo ou sentido oposto ao de $\vec{V}$ se α é negativo.

Soma de vetores:

A soma de vetores pode ser feita pelo **método do polígono.**

A **regra do paralelogramo** somente pode ser aplicada para dois vetores de cada vez.

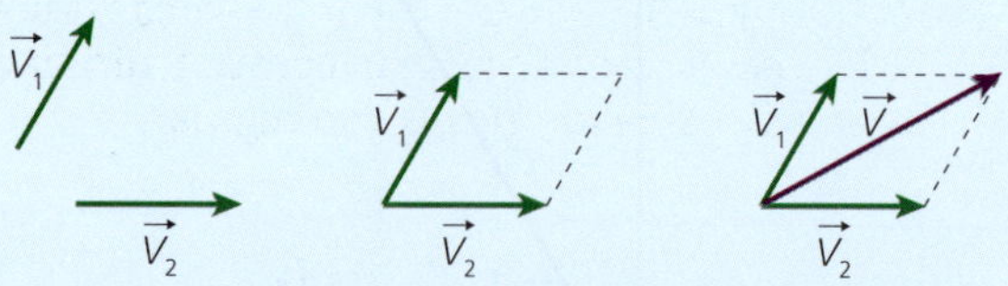

A diferença entre dois vetores é um caso particular da soma de dois vetores.

$$\vec{V}_1 - \vec{V}_2 = \vec{V}_1 + (-\vec{V}_2)$$

Decomposição de um vetor:

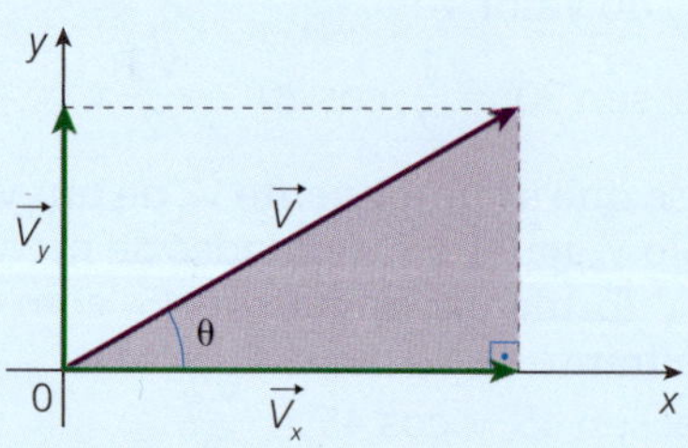

$$V_x = V \cdot \cos\theta$$
$$V_y = V \cdot \text{sen}\,\theta$$

1. (UEPG-PR) Quando dizemos que a velocidade de uma bola é de 20 m/s, horizontal e para a direita, estamos definindo a velocidade como uma grandeza:

a) escalar.
b) algébrica.
c) linear.
d) vetorial.
e) Nenhuma das anteriores.

2. (F. M. Taubaté-SP) Uma grandeza física vetorial fica perfeitamente definida quando dela se conhecem:

a) valor numérico, desvio e unidade.
b) valor numérico, desvio, unidade e direção.
c) valor numérico, desvio, unidade e sentido.
d) valor numérico, unidade, direção e sentido.
e) desvio, direção, sentido e unidade.

3. (FSA-SP) Duas das quatro forças representadas no esquema têm mesmo módulo.

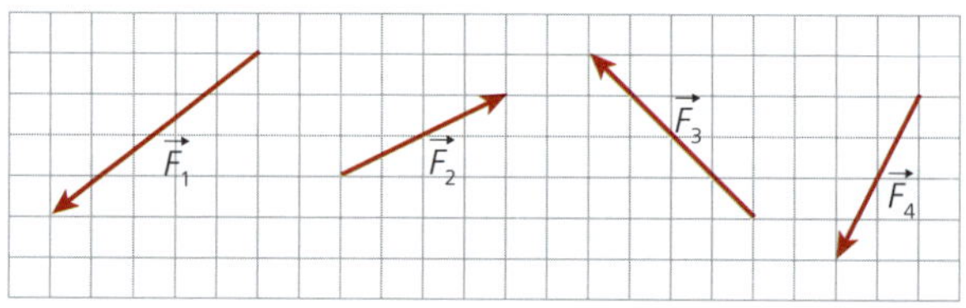

Essas duas forças de mesmo módulo são:

a) $\vec{F}_3$ e $\vec{F}_4$
b) $\vec{F}_2$ e $\vec{F}_3$
c) $\vec{F}_2$ e $\vec{F}_4$
d) $\vec{F}_1$ e $\vec{F}_3$
e) $\vec{F}_1$ e $\vec{F}_2$

4. (UFPI) A resultante dos vetores $\vec{V}_1$ e $\vec{V}_2$

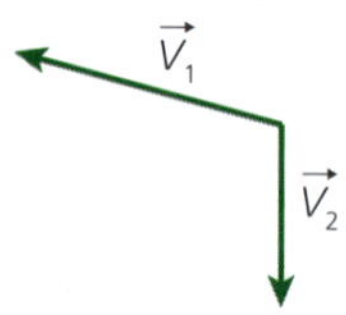

é mais bem representada por:

a) 

b) 

c) 

d) 

e) 

5. (Faap-SP) A intensidade da resultante entre duas forças concorrentes, perpendiculares entre si, é de 75 N. Sendo a intensidade de uma das forças igual a 60 N, calcule a intensidade da outra.

6. (Mackenzie-SP) O vetor resultante da soma de $\overrightarrow{AB}$, $\overrightarrow{BE}$ e $\overrightarrow{CA}$ é:

5.1 Visão do especialista

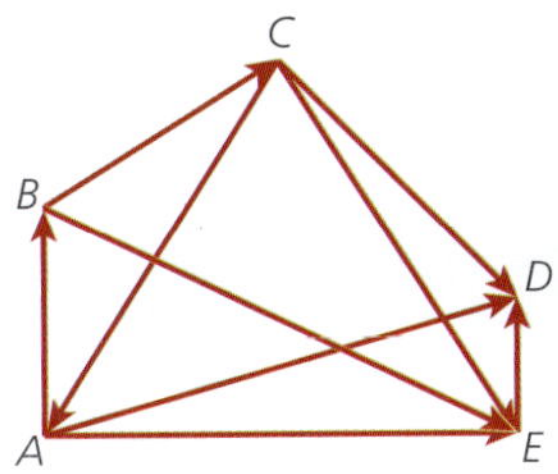

a) $\overrightarrow{AE}$
b) $\overrightarrow{AD}$
c) $\overrightarrow{CD}$
d) $\overrightarrow{CE}$
e) $\overrightarrow{BC}$

7. (UFSC) Observando a figura abaixo, assinale a(s) proposição(ões) que apresenta(m) operação(ões) vetorial(is) **verdadeira(s)**.

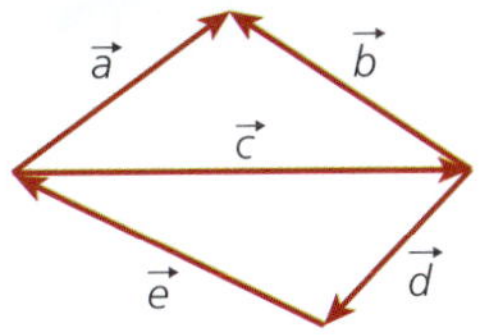

01) $\vec{a} + \vec{b} = \vec{c}$
02) $\vec{a} - \vec{b} + \vec{d} = \vec{e}$
04) $\vec{c} + \vec{d} + \vec{e} = \vec{0}$
08) $\vec{b} = \vec{d} + \vec{e} + \vec{a}$
16) $\vec{a} + \vec{b} + \vec{d} + \vec{e} = \vec{0}$

Dê como resposta a soma dos números que precedem as proposições corretas.

8. (UnB-DF) Ao se determinar a resultante de seis vetores de mesmo módulo k, pelo método do polígono, foi obtido um hexágono regular dando resultante nula. Se trocarmos o sentido de três deles, alternadamente, qual será o módulo da nova resultante?

9. (Puccamp-SP) A soma de dois vetores ortogonais, isto é, perpendiculares entre si, um de módulo 12 e outro de módulo 16, terá módulo igual a:

a) 4.
b) um valor compreendido entre 12 e 16.
c) 20.
d) 28.
e) um valor maior que 28.

10. (FEI-SP) O vetor representativo de uma certa grandeza física vetorial possui módulo igual a 2. As componentes ortogonais desse vetor têm módulos $\sqrt{3}$ e 1. Qual é o ângulo que o vetor forma com as suas componentes?

11. (Acafe-SC) O vetor $\vec{a}$ tem módulo igual a 40 unidades e forma um ângulo de 60° com o eixo x no 2° quadrante, conforme mostrado na figura abaixo.

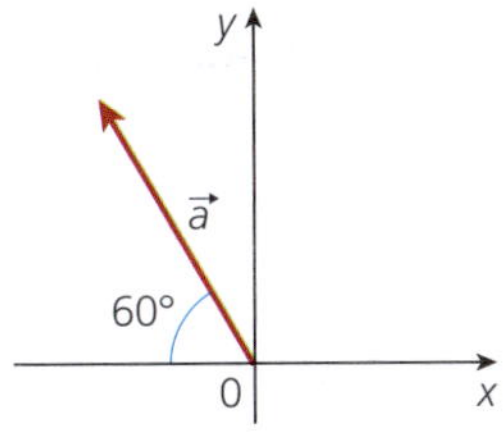

As componentes do vetor $\vec{a}$ no eixo x e no eixo y, respectivamente, são:

a) $-20\sqrt{3}$ e 20
b) 20 e $20\sqrt{3}$
c) -20 e $20\sqrt{3}$
d) $20\sqrt{3}$ e -20
e) $-20\sqrt{3}$ e -20

12. (Mackenzie-SP) A figura mostra 5 forças representadas por vetores de origem comum, dirigindo-se aos vértices de um hexágono regular.

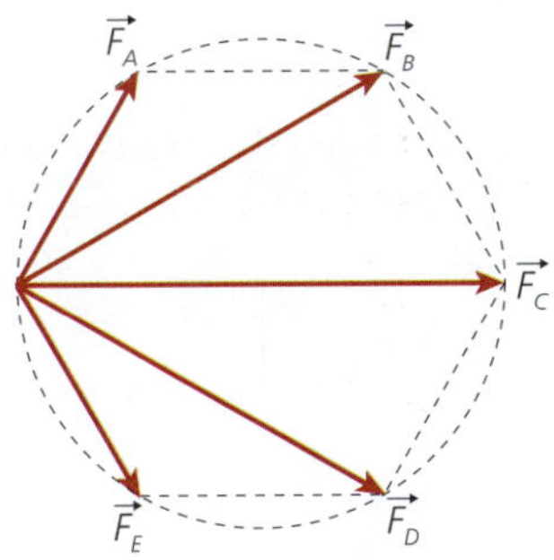

Sendo 10 N o módulo da força $\vec{F}_C$, a intensidade da resultante dessas 5 forças é:

a) 50 N
b) 45 N
c) 40 N
d) 35 N
e) 30 N

Capítulo 6

Cinemática vetorial

MONKEY BUSINESS IMAGES/SHUTTERSTOCK

Objetivos do capítulo:

- ✔ Apresentar o deslocamento, a velocidade e a aceleração como grandezas vetoriais.
- ✔ Conceituar aceleração centrípeta e tangencial.
- ✔ Analisar as características da velocidade e da aceleração em movimentos particulares (MRU, MCU, MRUV, MCUV).

Um aparelho de posicionamento global moderno é um exemplo de aplicação prática da cinemática vetorial. Na figura podem ser vistos os diversos deslocamentos necessários para ir de um ponto a outro de uma cidade, bem como o deslocamento vetorial, cujo módulo indica a menor distância entre esses dois pontos.

1 Introdução

Nos capítulos 3 e 4 fizemos um estudo dos movimentos uniforme e uniformemente variado independentemente da trajetória, retilínea ou curvilínea, descrita pelo móvel. Por isso, inicialmente tratamos as grandezas deslocamento, velocidade e aceleração como escalares. Entretanto, nos casos em que é preciso levar em conta a trajetória descrita pelo móvel, essas grandezas precisam ser conceituadas do ponto de vista vetorial, isto é, devemos analisar suas características: módulo, direção e sentido. Assim, passamos a denominá-las deslocamento vetorial, velocidade vetorial e aceleração vetorial.

2 Deslocamento vetorial

Observe o trecho de um guia de ruas da cidade de Natal, Rio Grande do Norte **(fig. 1)**. Um ciclista sai do local *A*, cruzamento entre as ruas dos Pajeús e Pres. Mascarenhas, e vai até o local *B*, cruzamento entre a rua Pres. Leão Veloso e a avenida Cel. Estevam. O vetor representado pelo segmento orientado com origem em *A* e extremidade em *B* recebe o nome de **deslocamento vetorial**, sendo indicado por $\vec{d}$.

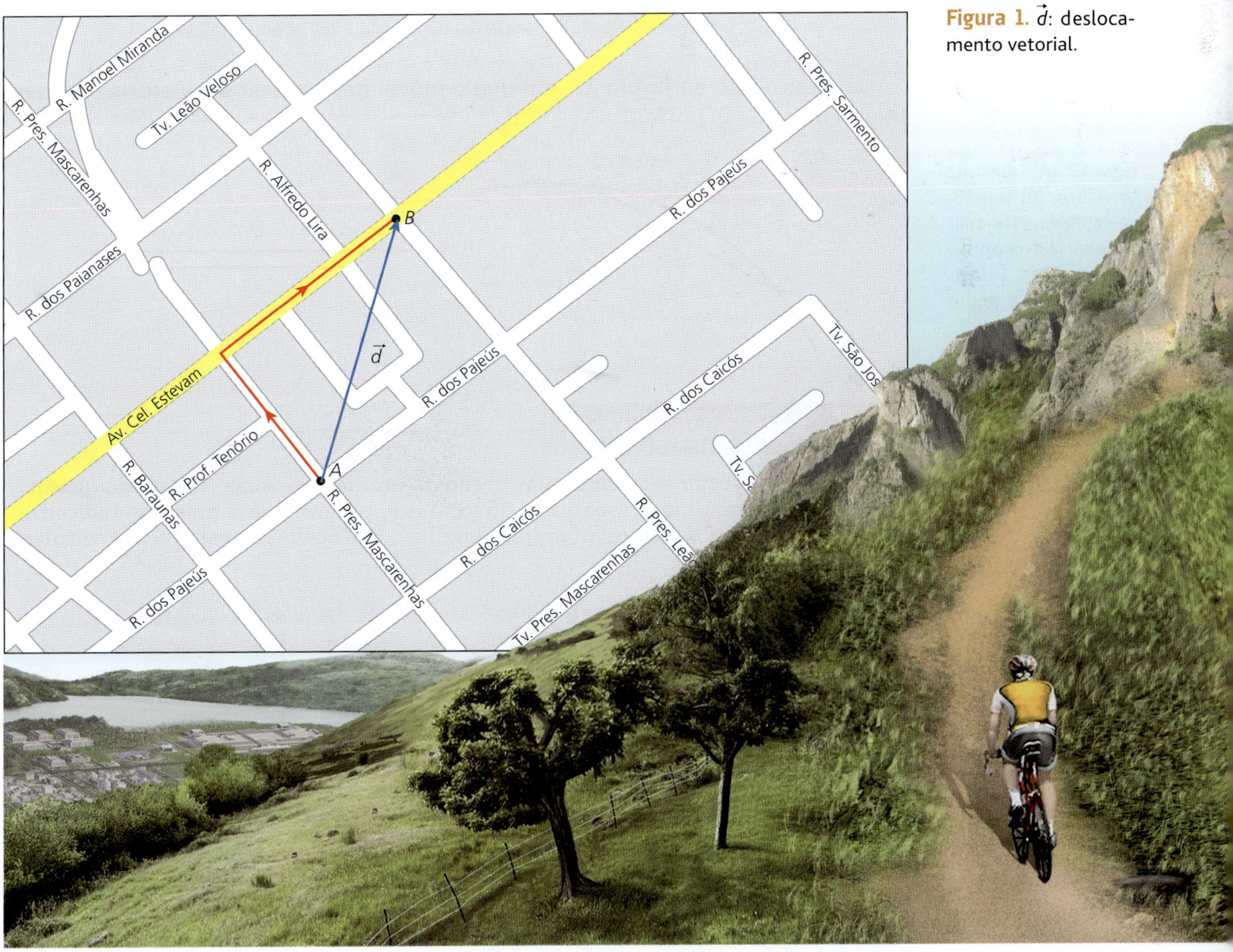

Figura 1. $\vec{d}$: deslocamento vetorial.

3 Velocidade vetorial média

A velocidade vetorial média $\vec{v}_m$ é o vetor dado pela relação entre o deslocamento vetorial $\vec{d}$ e o intervalo de tempo Δt correspondente a esse deslocamento.

$$\vec{v}_m = \frac{\vec{d}}{\Delta t}$$

O vetor $\vec{v}_m$ tem a mesma direção e o mesmo sentido do vetor $\vec{d}$, pois $\frac{1}{\Delta t}$ é um número real positivo. O módulo da velocidade vetorial média é dado por:

$$|\vec{v}_m| = \frac{|\vec{d}|}{\Delta t}$$

4 O módulo da velocidade vetorial média e o valor absoluto da velocidade escalar média

A **figura 2** representa duas situações possíveis para a trajetória de um móvel. Na **figura 2A** o móvel descreve uma trajetória curvilínea. Nesse caso, de

$$|\vec{v}_m| = \frac{|\vec{d}|}{\Delta t} \text{ e } |v_m| = \frac{|\Delta s|}{\Delta t}, \text{ sendo } |\vec{d}| < |\Delta s|, \text{ temos: } |\vec{v}_m| < |v_m|.$$

Já na situação da **figura 2B**, em que o móvel descreve uma trajetória retilínea, temos: $|\vec{d}| = |\Delta s|$ e, portanto, $|\vec{v}_m| = |v_m|$.

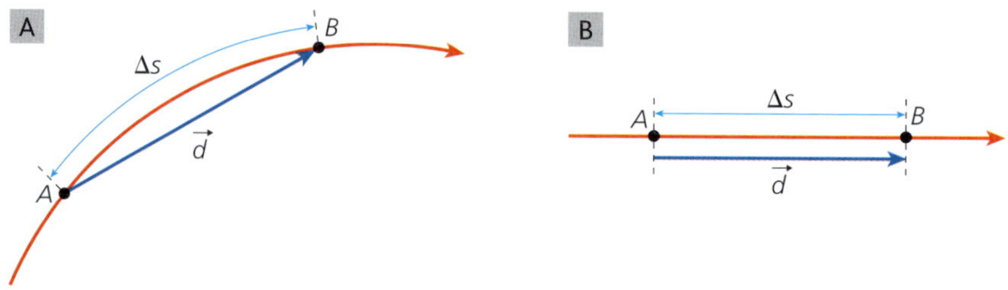

Figura 2. (A) Trajetória curvilínea; (B) trajetória retilínea. Nas duas trajetórias, o ponto *A* representa a posição inicial, e o ponto *B* representa a posição final.

Aplicando a teoria

1. A figura a seguir representa um trecho de um bairro e suas ruas. Cada quadra mede 100 m. Uma pessoa parte do local A e, percorrendo a trajetória indicada, chega ao local B. Representar graficamente o deslocamento vetorial $\vec{d}$ e calcular seu módulo.

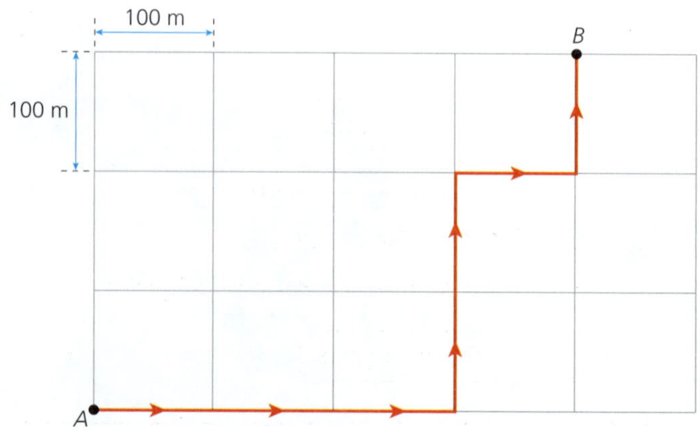

➤ **Solução**

O deslocamento vetorial $\vec{d}$ é representado pelo segmento orientado de origem em A e extremidade em B:

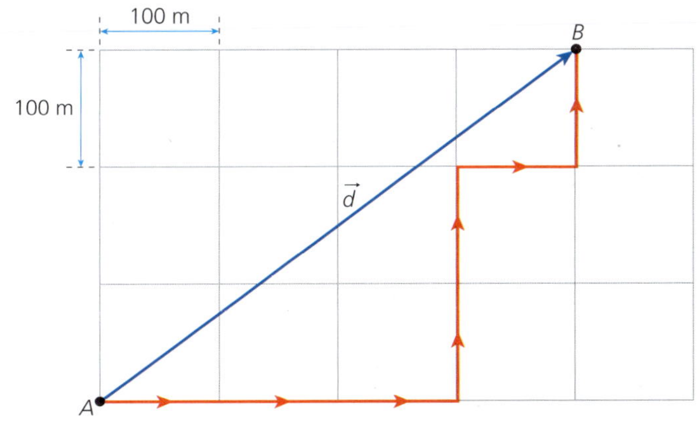

O módulo de $\vec{d}$ é calculado pelo teorema de Pitágoras:

$$|\vec{d}|^2 = 300^2 + 400^2 \Rightarrow \boxed{|\vec{d}| = 500 \text{ m}}$$

2. Uma partícula percorre a trajetória indicada na figura, constituída de duas semicircunferências de raio $R = 20$ cm. A partícula parte de A e chega a B depois de um intervalo de tempo $\Delta t = 5$ s.

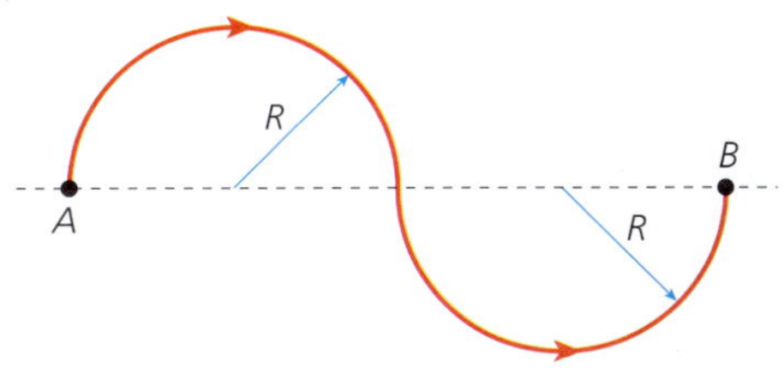

Calcular o módulo da velocidade vetorial média e o valor absoluto da velocidade escalar média da partícula. Considerar $\pi = 3$.

➤ **Solução**

Seja $\vec{d}$ o vetor deslocamento e $|\vec{d}| = 4R = 80$ cm, podemos calcular o módulo da velocidade vetorial média.

$$|\vec{v}_m| = \frac{|\vec{d}|}{\Delta t} \Rightarrow |\vec{v}_m| = \frac{80 \text{ cm}}{5 \text{ s}} \Rightarrow \boxed{|\vec{v}_m| = 16 \text{ cm/s}}$$

O valor absoluto da variação de espaço é dado por:

$$|\Delta s| = \pi R + \pi R \Rightarrow |\Delta s| = 2 \cdot 3 \cdot 20 \text{ cm} \Rightarrow |\Delta s| = 120 \text{ cm}$$

Assim, o valor absoluto da velocidade escalar média é igual a:

$$|v_m| = \frac{|\Delta s|}{\Delta t} \Rightarrow |v_m| = \frac{120 \text{ cm}}{5 \text{ s}} \Rightarrow \boxed{|v_m| = 24 \text{ cm/s}}$$

Avaliando o aprendizado

1. Um ciclista parte de um local A e percorre 1.300 m na direção norte-sul e no sentido de sul para norte. A seguir, percorre mais 500 m na direção leste-oeste e no sentido de oeste para leste. Finalmente, desloca-se 100 m na direção norte-sul e no sentido de norte para sul, chegando a seu destino no local *B*. Represente graficamente o deslocamento vetorial $\vec{d}$ entre *A* e *B* e calcule seu módulo.

VACLAV VOLRAB/SHUTTERSTOCK

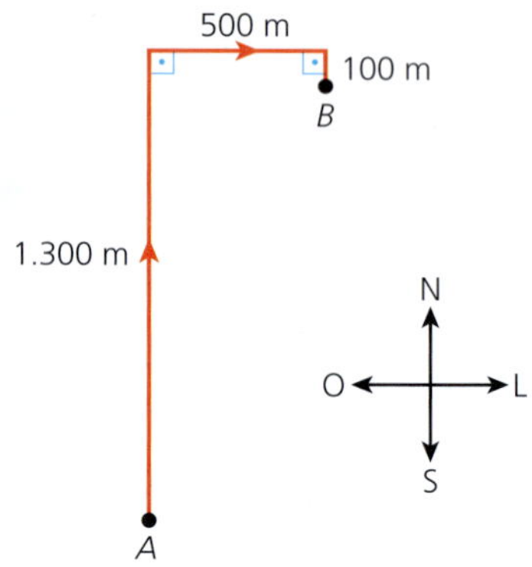

2. Uma moto realiza um movimento circular, partindo de A e chegando a B, conforme indica a figura. O raio da trajetória é R = 1 km, e o trecho é percorrido em 6 min. Calcule o módulo da velocidade vetorial média e o valor absoluto da velocidade escalar média da moto. Considere $\pi = 3$.

KARL WEATHERLY/PHOTOGRAPHER'S CHOICE/GETTY IMAGES

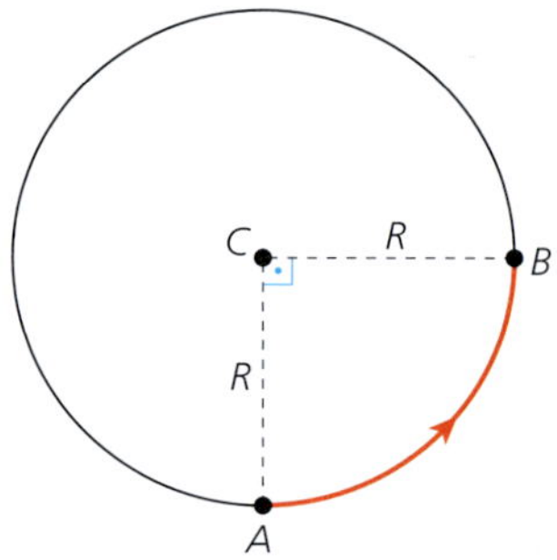

3. Um atleta percorre um trecho retilíneo, deslocando-se do ponto *A* ao ponto *B*, em 40 s.

Calcule o módulo da velocidade vetorial média e o valor absoluto da velocidade escalar média do atleta.

IAN WALTON/GETTY IMAGES

5 Velocidade vetorial instantânea

Considere um móvel que descreve, em relação a um dado referencial, a trajetória indicada na **figura 3**.

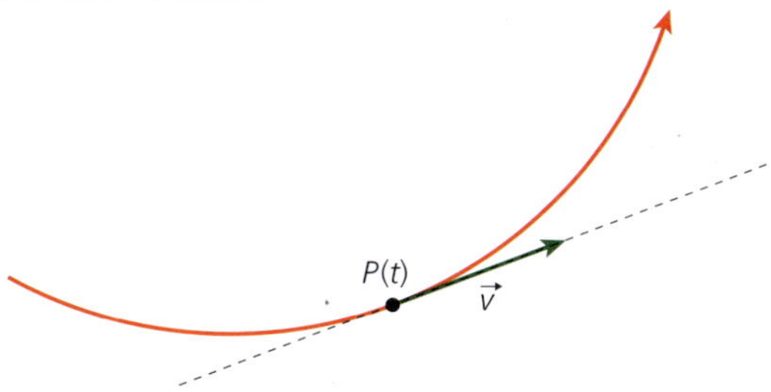

Figura 3. Velocidade vetorial do móvel no instante *t*.

No instante *t*, o móvel passa pela posição *P*. A velocidade vetorial $\vec{v}$ do móvel, no instante *t*, tem as seguintes características:

- **Direção:** a mesma da reta tangente à trajetória, passando pelo ponto *P*.
- **Sentido:** o mesmo do movimento.
- **Módulo:** igual ao valor absoluto da velocidade escalar *v* no instante *t*, isto é, $|\vec{v}| = |v|$.

Aplicando a teoria

3. Um móvel se desloca realizando um movimento uniforme.

a) Sendo a trajetória retilínea, o que se pode dizer da direção, do sentido e do módulo da velocidade vetorial desse móvel em cada instante?

b) Sendo a trajetória curvilínea, quais são as características da velocidade vetorial que variam?

➤ Solução

a) No movimento retilíneo uniforme (MRU), a velocidade vetorial tem direção, sentido e módulo constantes.

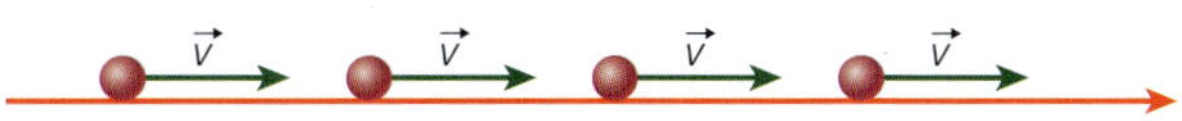

b) No movimento curvilíneo e uniforme, a direção e o sentido da velocidade vetorial variam. O módulo permanece constante.

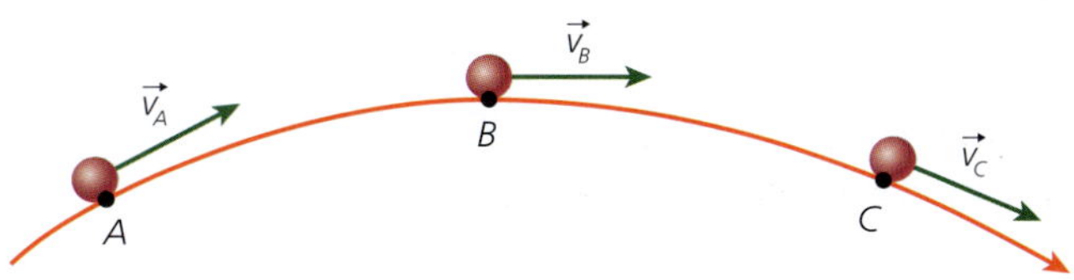

$|\vec{v}_A| = |\vec{v}_B| = |\vec{v}_C|$

Avaliando o aprendizado

4. Uma moto realiza um movimento circular uniforme (MCU), descrevendo a trajetória indicada abaixo.

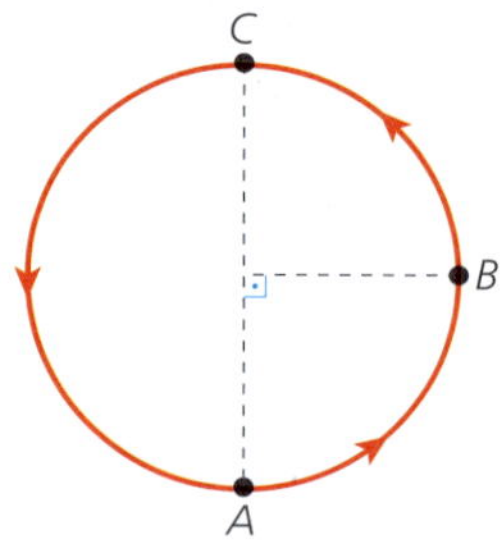

Represente graficamente a velocidade vetorial da moto ao passar pelos pontos A, B e C $\left(\vec{v}_A, \vec{v}_B \text{ e } \vec{v}_C\right)$. O que se pode dizer a respeito dos módulos das velocidades $\vec{v}_A$, $\vec{v}_B$ e $\vec{v}_C$?

5. Um ciclista realiza um movimento retilíneo uniformemente variado (MRUV). Analise a afirmação a seguir e responda se está ou não correta.

"No MRUV, a direção da velocidade vetorial é constante e seu módulo varia."

6 Aceleração vetorial média

Seja $\vec{v}_1$ a velocidade vetorial de um móvel num instante t_1 e $\vec{v}_2$ sua velocidade vetorial num instante posterior t_2 **(fig. 4A)**, a variação de velocidade vetorial no intervalo de tempo $\Delta t = t_2 - t_1$ é dada por: $\Delta\vec{v} = \vec{v}_2 - \vec{v}_1 = \vec{v}_2 + \left(-\vec{v}_1\right)$ **(fig. 4B)**.

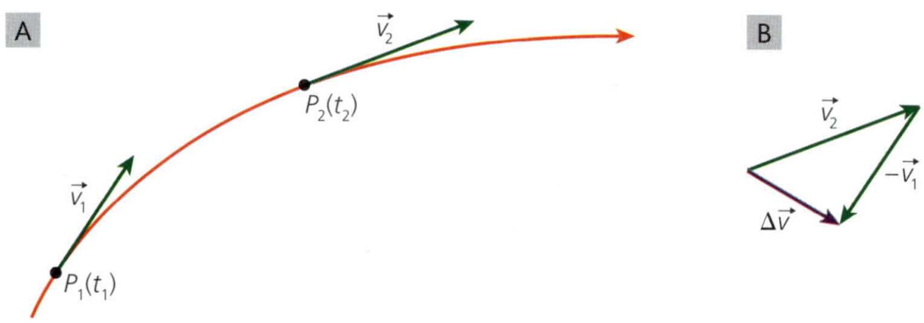

Figura 4. (A) Velocidade vetorial de um móvel em dois instantes distintos, representada sobre a trajetória; (B) variação de velocidade vetorial.

A aceleração vetorial média $\vec{a}_m$ é o vetor dado pela relação entre a variação de velocidade vetorial $\Delta\vec{v}$ e o correspondente intervalo de tempo Δt.

$$\vec{a}_m = \frac{\Delta\vec{v}}{\Delta t}$$

O vetor $\vec{a}_m$ tem a mesma direção e o mesmo sentido de $\Delta\vec{v}$, pois $\frac{1}{\Delta t}$ é um número real positivo. O módulo da aceleração vetorial média é dado por:

$$|\vec{a}_m| = \frac{|\Delta\vec{v}|}{\Delta t}$$

Aplicando a teoria

4. **Um ciclista descreve um MCU com velocidade escalar v = 5 m/s. Determinar o módulo da aceleração vetorial média entre os instantes correspondentes à passagem do ciclista por A e por B. Sabe-se que no deslocamento de A para B o ciclista gasta 10 s.**

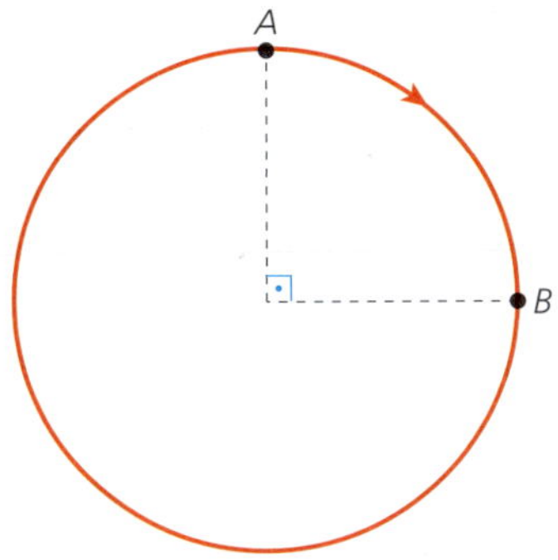

➤ Solução

Na figura ao lado representamos a velocidade vetorial do ciclista em A e B por $\vec{v}_A$ e $\vec{v}_B$.

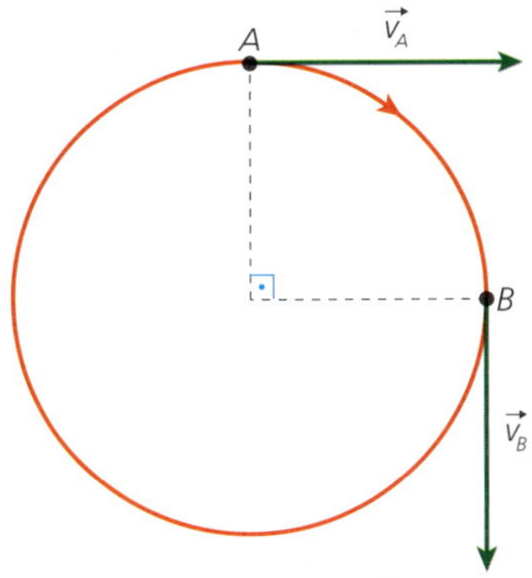

Observe que:

$|\vec{v}_A| = |\vec{v}_B| = 5$ m/s

O cálculo do módulo da variação de velocidade vetorial é feito aplicando-se o teorema de Pitágoras ao triângulo retângulo destacado na figura ao lado.

$|\Delta\vec{v}|^2 = |-\vec{v}_A|^2 + |\vec{v}_B|^2 \Rightarrow |\Delta\vec{v}|^2 = 5^2 + 5^2 \Rightarrow |\Delta\vec{v}|^2 = 50 \Rightarrow$

$\Rightarrow |\Delta\vec{v}| = 5\sqrt{2}$ m/s

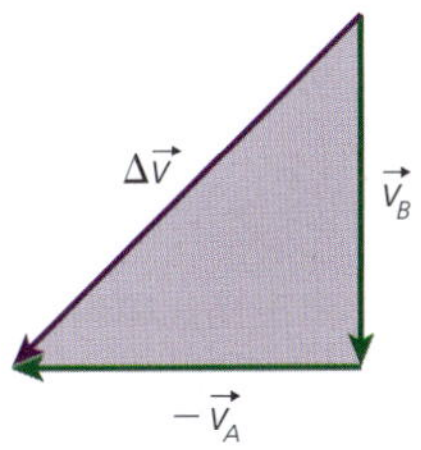

De $|\vec{a}_m| = \dfrac{|\Delta\vec{v}|}{\Delta t}$, temos:

$|\vec{a}_m| = \dfrac{5 \cdot \sqrt{2}}{10}$ m/s$^2 \Rightarrow \boxed{|\vec{a}_m| = \dfrac{\sqrt{2}}{2} \text{ m/s}^2}$

Avaliando o aprendizado

6. Um ciclista descreve um movimento circular uniforme (MCU) com velocidade escalar v = 5 m/s.

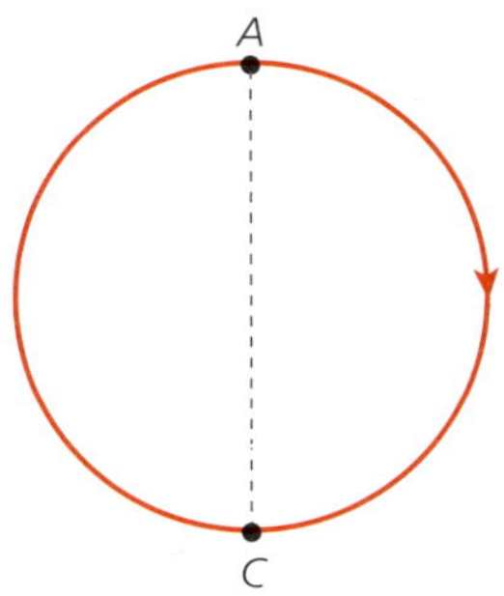

Determine o módulo da aceleração vetorial média entre os instantes correspondentes à passagem do ciclista por A e por C. Sabe-se que no deslocamento de A para C o ciclista gasta 15 s.

7. Uma moto realiza um MCU com velocidade escalar 10,0 m/s. Sabe-se que no deslocamento da posição A para a posição B o motociclista gasta 20,0 s.

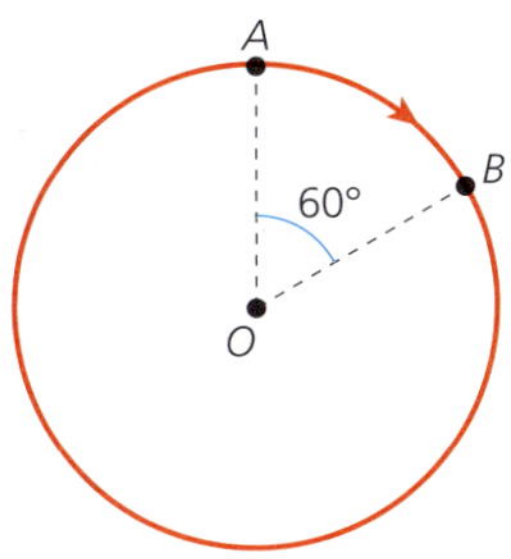

a) Represente graficamente as velocidades vetoriais $\vec{v}_A$ e $\vec{v}_B$.

b) Seja a variação de velocidade vetorial $\Delta\vec{v} = \vec{v}_B - \vec{v}_A$, calcule seu módulo.

c) Determine o módulo da aceleração vetorial média entre os instantes correspondentes à passagem da moto por A e por B.

7 Aceleração vetorial instantânea

A trajetória descrita por um móvel, em relação a um certo referencial, pode ser retilínea ou curvilínea. O tipo de movimento, por sua vez, pode ser uniforme ou variado. Assim, a velocidade vetorial $\vec{v}$ pode variar em direção e/ou em módulo.

À variação do módulo da velocidade associa-se uma aceleração denominada **aceleração tangencial** $\vec{a}_t$ e à variação da direção da velocidade associa-se uma aceleração denominada **aceleração centrípeta** $\vec{a}_{cp}$.

Os vetores $\vec{a}_t$ e $\vec{a}_{cp}$ são as acelerações componentes, num certo instante, da aceleração instantânea $\vec{a}$, denominada **aceleração resultante**:

$$\vec{a} = \vec{a}_t + \vec{a}_{cp}$$

Numa certa posição *P* de uma trajetória, considere $\vec{v}$ a velocidade vetorial do móvel. A aceleração tangencial $\vec{a}_t$ tem direção da reta tangente à trajetória passando pelo ponto *P*. Se o movimento é acelerado, $\vec{a}_t$ tem mesmo sentido de $\vec{v}$ **(fig. 5A)**; se o movimento é retardado, $\vec{a}_t$ tem sentido oposto ao de $\vec{v}$ **(fig. 5B)**. Seu módulo é igual ao valor absoluto da aceleração escalar:

$$|\vec{a}_t| = |\alpha|$$

A aceleração centrípeta $\vec{a}_{cp}$ tem direção da reta perpendicular a $\vec{v}$ e sentido para o centro da trajetória, como mostrado nas **figuras 5A** e **5B**. Seu módulo é dado por:

$$|\vec{a}_{cp}| = \frac{v^2}{R}$$

6.1 Biblioteca do estudante

Em que *v* é a velocidade escalar e *R* o raio de curvatura da trajetória.

A

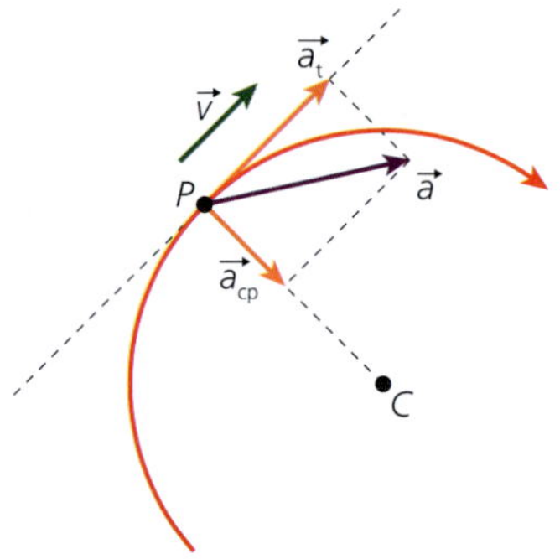

B

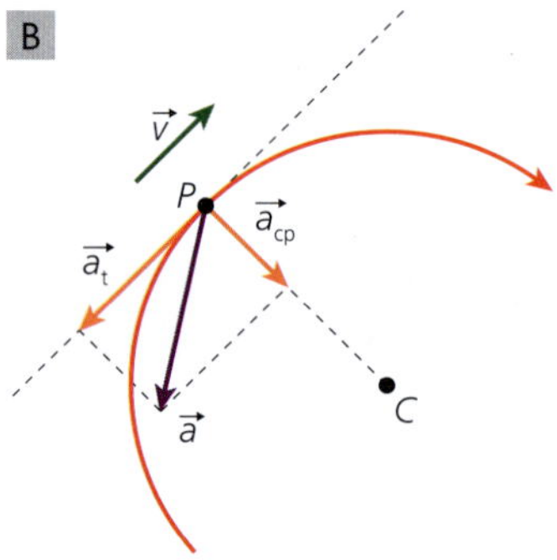

Figura 5. (A) Movimento acelerado; (B) movimento retardado.

Aplicando a teoria

5. Um atleta, partindo do repouso, descreve um movimento retilíneo uniformemente variado com aceleração escalar α = 1,5 m/s^2. Determinar, no instante t = 2 s:

a) a velocidade escalar do atleta;

b) o módulo da aceleração centrípeta;

c) o módulo da aceleração tangencial;

d) o módulo da aceleração resultante.

➤ Solução

a) Tratando-se de um MUV, temos:

$$v = v_0 + \alpha t \Rightarrow v = 0 + 1{,}5 \cdot 2 \Rightarrow \boxed{v = 3 \text{ m/s}}$$

b) Sendo o movimento retilíneo, a direção da velocidade não varia. Logo, a aceleração centrípeta é nula. Portanto:

$$\boxed{|\vec{a}_{cp}| = 0}$$

c) O módulo da aceleração tangencial é igual ao valor absoluto da aceleração escalar:

$$|\vec{a}_t| = |\alpha| \Rightarrow \boxed{|\vec{a}_t| = 1{,}5 \text{ m/s}^2}$$

d) Sendo $\vec{a}_{cp} = \vec{0}$, temos: $\vec{a} = \vec{a}_t$. Logo: $|\vec{a}| = |\vec{a}_t| \Rightarrow |\vec{a}_t| = \boxed{|\vec{a}| = 1{,}5 \text{ m/s}^2}$

6. Um menino em seu *skate* percorre a trajetória indicada na figura.

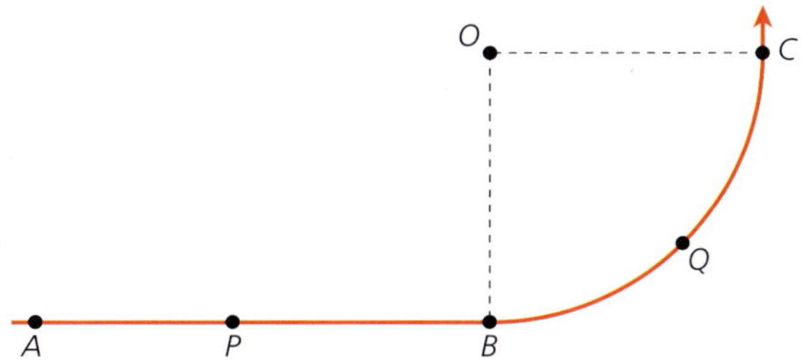

AB é um trecho reto e BC um trecho circular de centro O. O trecho AB é percorrido em movimento uniforme e o trecho BC em movimento uniformemente variado e retardado.

a) Representar o vetor velocidade do skatista nos pontos P e Q.

b) Qual é a aceleração resultante em P?

c) Representar os vetores aceleração tangencial, aceleração centrípeta e aceleração resultante em Q.

➤ **Solução**

a) Representação do vetor velocidade nos pontos P e Q:

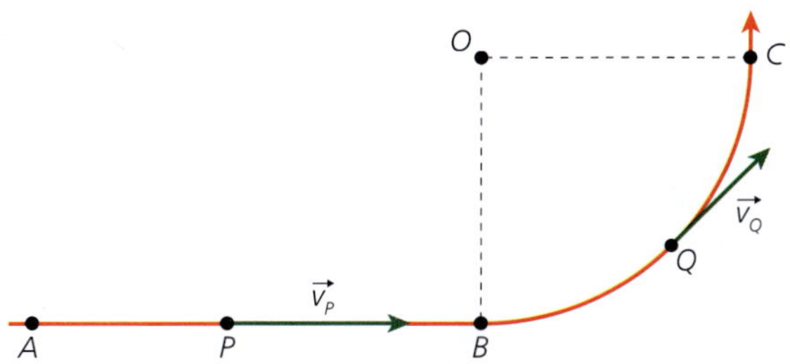

b) No trecho AB o movimento é retilíneo (logo, a aceleração centrípeta é nula) e uniforme (logo, a aceleração tangencial é nula). Assim, a aceleração resultante no ponto P é nula.

c) Representação dos vetores aceleração tangencial $\vec{a}_t$, aceleração centrípeta $\vec{a}_{cp}$ e aceleração resultante $\vec{a}$ no ponto Q:

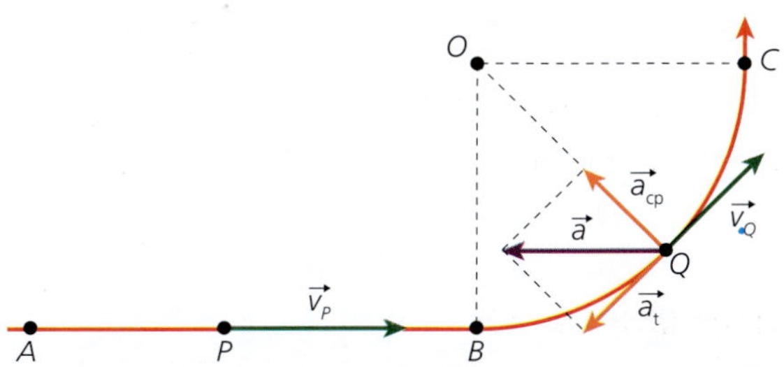

Avaliando o aprendizado

8. Partindo do repouso no ponto A, um móvel descreve um movimento circular uniformemente variado, com aceleração escalar $\alpha = 3\ m/s^2$. Depois de 2 s o móvel passa pelo ponto B. Considere $R = 9$ m o raio da trajetória.

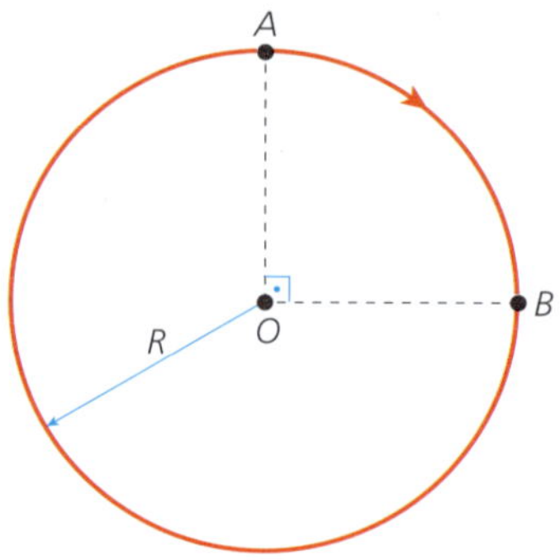

Determine o módulo das acelerações tangencial e centrípeta e da aceleração resultante no ponto B.

9. Um carrinho percorre um trecho de montanha-russa, partindo de A e atingindo B. Os trechos AC e DB são retos. O trecho CD é circular de raio $R = 10$ m. Ao passar pelo ponto E, sua velocidade escalar é de 5 m/s. Em P, o movimento é retardado e em Q, acelerado.

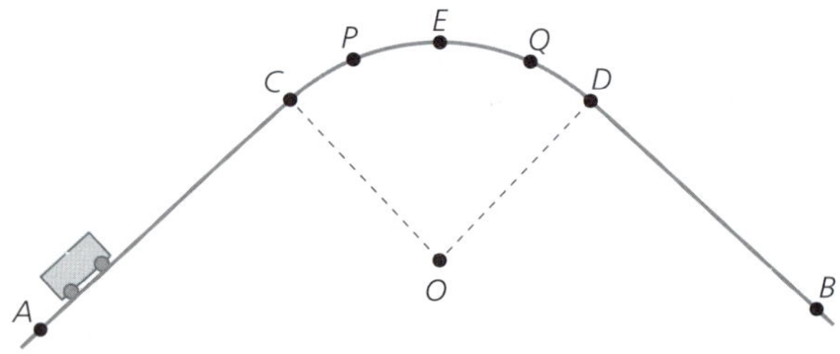

a) Calcule o módulo da aceleração centrípeta do carrinho ao passar pelo ponto E.

b) Represente os vetores aceleração centrípeta, aceleração tangencial e aceleração resultante em P e em Q.

RUBENS CHAVES/PULSAR IMAGENS

Revisando o conteúdo

Ficha-resumo 1

O vetor representado pelo segmento orientado com origem na posição inicial *A* e extremidade na posição final *B* recebe o nome de **deslocamento vetorial**, sendo indicado por $\vec{d}$.

• Trajetória curvilínea

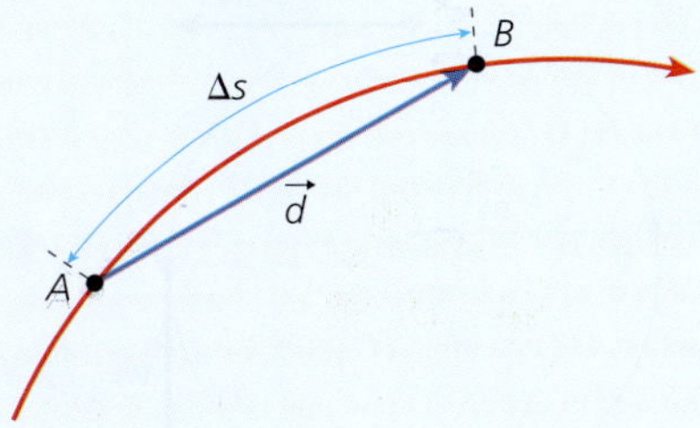

• Trajetória retilínea

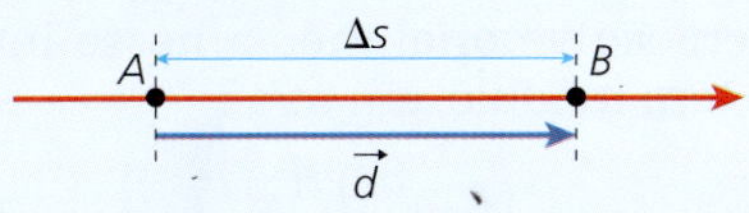

A **velocidade vetorial média** $\vec{v}_m$ é o vetor dado pela relação entre o deslocamento vetorial $\vec{d}$ e o intervalo de tempo Δt correspondente a esse deslocamento.

$$\vec{v}_m = \frac{\vec{d}}{\Delta t}$$

1. (Unicamp-SP) A figura abaixo representa um mapa da cidade de Vectoria, o qual indica a direção das mãos do tráfego. Devido ao congestionamento, os veículos trafegam com a velocidade média de 18 km/h. Cada quadra dessa cidade mede 200 m por 200 m (do centro de uma rua ao centro da outra rua). Uma ambulância localizada em A precisa pegar um doente localizado bem no meio da quadra em *B*, sem andar na contramão.

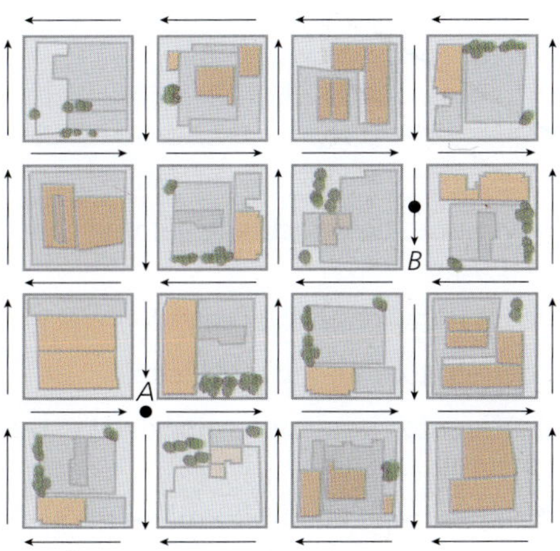

a) Qual o menor tempo gasto (em minuto) no percurso de A para *B*?

b) Qual é o módulo do vetor velocidade média (em km/h) entre os pontos A e *B*? $|\vec{v}_m| = 10$ km/h

2. (Vunesp) Caminhando pelas arborizadas alamedas de seu bairro, planejado com quadras de 100 m de extensão, um cidadão fez o trajeto *ABCDEF* da figura que segue. Sabe-se que o módulo de sua velocidade vetorial média ao longo do percurso foi de 2,0 m/s.

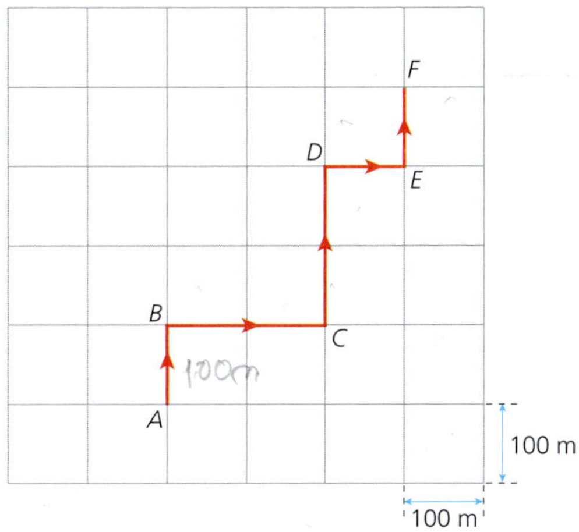

O intervalo de tempo em que cumpriu o trajeto foi de:

a) 4 min 10 s
b) 5 min 50 s
c) 11 min 40 s
d) 16 min 40 s
e) 23 min 20 s

3. (Inatel-MG) Em 4 s uma partícula percorre a quarta parte de uma circunferência de raio 4 m. Calcule o módulo da velocidade vetorial média da partícula, neste intervalo de tempo.

4. (UCSal-BA) Uma partícula percorre a trajetória *MNPQ*, representada na figura abaixo. Os instantes de passagem pelos diferentes pontos estão anotados (em segundo).

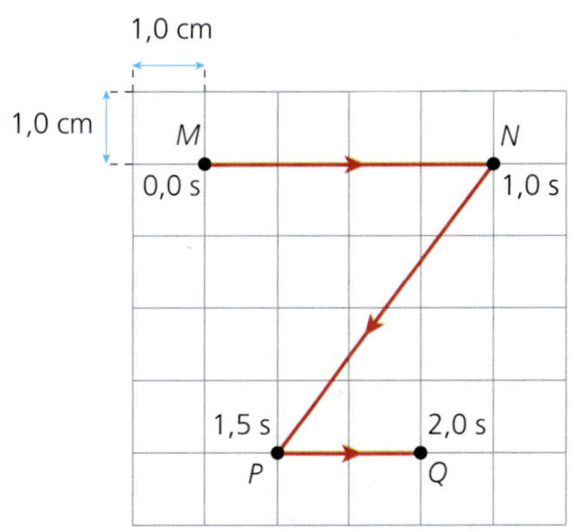

a) Qual a velocidade escalar média da partícula, em cm/s, durante os 2 s de movimento?

b) Qual o módulo da velocidade vetorial média da partícula durante todo o percurso?

Ficha-resumo 2

A **velocidade vetorial** $\vec{v}$ de um móvel, num instante t, tem direção da reta tangente à trajetória, sentido do movimento e módulo igual ao valor absoluto da velocidade escalar no instante t.

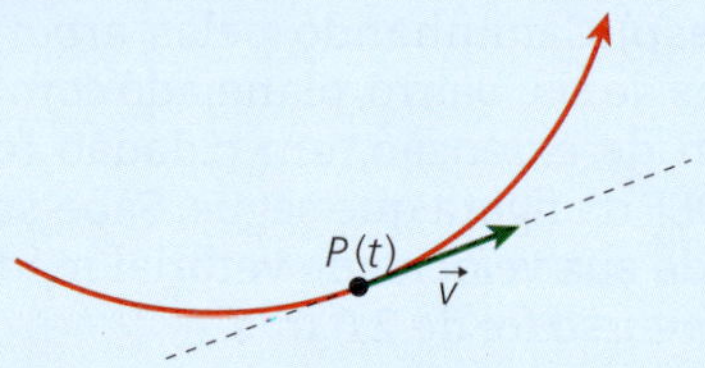

A **aceleração vetorial média** $\vec{a}_m$ é o vetor dado pela relação entre a variação de velocidade vetorial $\Delta\vec{v}$ e o correspondente intervalo de tempo Δt.

$$\vec{a}_m = \frac{\Delta \vec{v}}{\Delta t}$$

A **aceleração tangencial** $\vec{a}_t$ tem módulo igual ao valor absoluto da aceleração escalar.

$$|\vec{a}_t| = |\alpha|$$

A **aceleração centrípeta** $\vec{a}_{cp}$ tem módulo dado por:

$$|\vec{a}_{cp}| = \frac{v^2}{R}$$

$\vec{a}_t$ e $\vec{a}_{cp}$ são as acelerações componentes, num certo instante, da aceleração instantânea $\vec{a}$, denominada **aceleração resultante**.

$$\vec{a} = \vec{a}_t + \vec{a}_{cp}$$

5. (UEL-PR) Uma pista é constituída por três trechos: dois retilíneos, AB e CD, e um circular, BC, conforme o esquema.

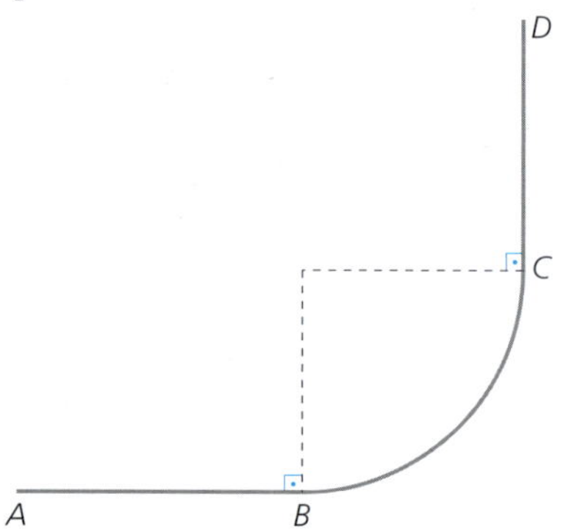

Se um automóvel percorre toda a pista com velocidade escalar constante, o módulo da sua aceleração será:

a) nulo em todos os trechos.
b) constante, não nulo, em todos os trechos.
c) constante, não nulo, apenas nos trechos AB e CD.
d) constante, não nulo, apenas no trecho BC.
e) variável apenas no trecho BC.

6. (UFCE) Um automóvel entra numa curva de 200 m de raio, de uma estrada cujas condições permitem uma aceleração centrípeta máxima de apenas 2 m/s^2 sem que aconteça derrapamento. Determine a maior velocidade, em km/h, com que o automóvel pode ser conduzido na curva, sem derrapar.

7. (PUC-MG) Um objeto em movimento circular uniforme passa pelo ponto A e, 1 segundo após, passa pelo ponto B.

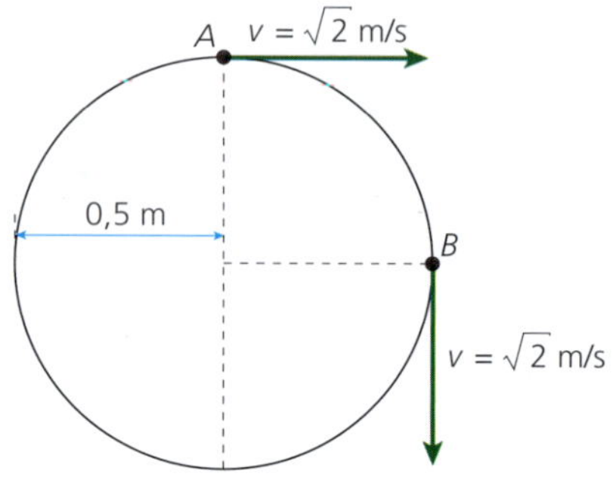

A aceleração vetorial média nesse intervalo de tempo tem módulo, em m/s^2:

a) $\sqrt{2}$
b) 2
c) 4
d) 0
e) 0,5

8. (UFG-GO) Associe as cinco alternativas mostradas pelas figuras com as cinco proposições a seguir. ($\vec{v}$ e $\vec{a}$ são a velocidade e a aceleração instantâneas, respectivamente.)

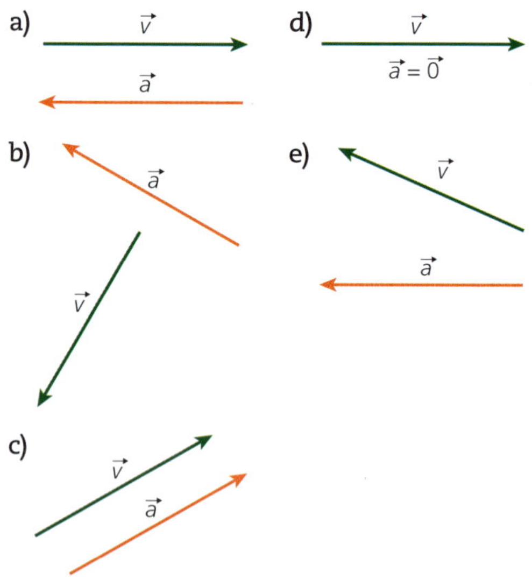

I. Movimento de velocidade vetorial constante no tempo.
II. Movimento retilíneo acelerado.
III. Movimento retilíneo retardado.
IV. Movimento circular de velocidade escalar constante.
V. Movimento circular uniformemente acelerado.

Capítulo 7

Movimentos bidimensionais

JOSÉ VARELLA/CB/D. A PRESS

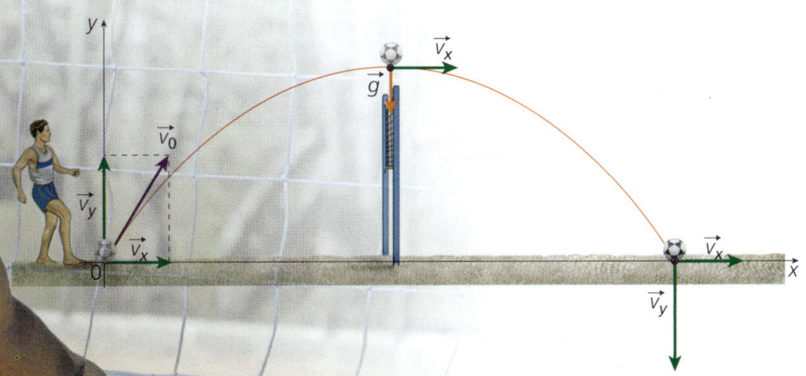

Objetivos do capítulo:

- Analisar os movimentos realizados em um plano vertical, como o de corpos lançados horizontal ou obliquamente nas proximidades da superfície terrestre e sob ação exclusiva da gravidade.
- Mostrar que os lançamentos horizontal e oblíquo, quando desprezada a resistência do ar, resultam da composição de dois movimentos retilíneos simultâneos, um uniforme (horizontal) e outro uniformemente variado (vertical).

No futevôlei, assim como em outros esportes, o saque é o lance que coloca a bola em jogo. Esse lance consiste em golpear a bola com um dos pés, fazendo-a passar sobre a rede em direção ao campo adversário. O saque pode ser considerado um lançamento oblíquo, pois a trajetória descrita pela bola tem a forma de um arco de parábola. Por que a bola descreve esse tipo de trajetória? Qual é sua aceleração? Existem outros tipos de lançamentos importantes no estudo da Física? Neste capítulo, encontraremos essas e outras respostas.

1 Introdução

No capítulo 4, estudamos o movimento retilíneo vertical de um corpo nas proximidades da superfície terrestre, que é um movimento unidimensional, e vimos que ele se trata de um movimento uniformemente variado (MUV) quando se despreza a resistência do ar. A aceleração vetorial desse movimento é a **aceleração da gravidade** $\vec{g}$, cuja direção é a mesma da vertical do lugar e cujo sentido é de cima para baixo. Seu módulo é aproximadamente 10 m/s^2.

De acordo com a orientação da trajetória, para baixo **(fig. 1A)** ou para cima **(fig. 1B)**, a aceleração escalar de um movimento retilíneo vertical pode ser $+g$ ou $-g$, respectivamente.

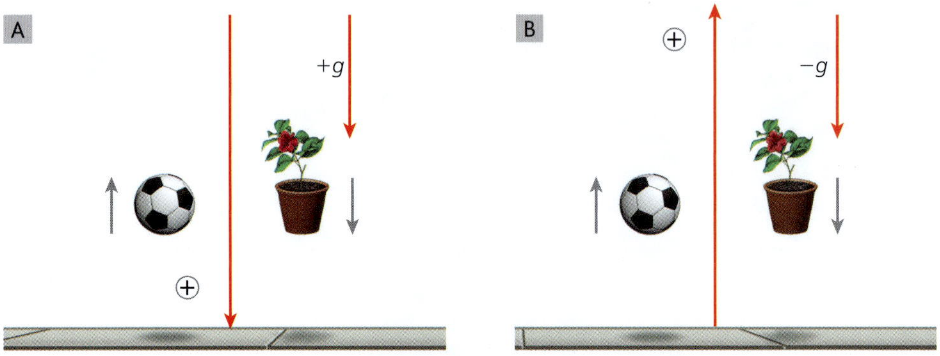

Figura 1. (A) Orientando-se a trajetória para baixo: $+g$; (B) orientando-se a trajetória para cima: $-g$.

Neste capítulo vamos estudar movimentos bidimensionais, como o lançamento horizontal e o lançamento oblíquo.

2 Lançamento horizontal

Uma bolinha P é lançada horizontalmente, com velocidade inicial $\vec{v}_0$, de um ponto O situado a uma altura h do solo. Ela descreve, em relação ao solo, uma trajetória curva que é um arco de parábola **(fig. 2)**, quando se despreza a resistência do ar.

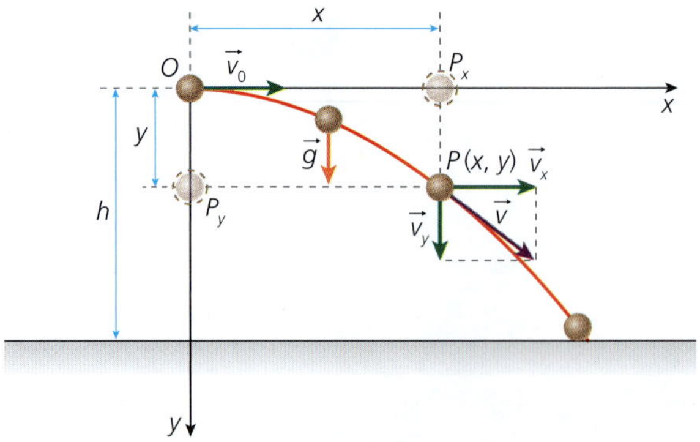

Figura 2. Lançamento horizontal.

Em vez de estudar diretamente o movimento de P, vamos analisar o movimento da projeção de P no eixo horizontal x (P_x) e no eixo vertical y (P_y).

Sendo a aceleração $\vec{g}$ constante e de direção vertical, concluímos que a aceleração de P_x (projeção de $\vec{g}$ no eixo x) é zero. Logo, P_x realiza um **movimento uniforme**. Assim, a velocidade escalar de P_x, que é a projeção de $\vec{v}_0$ no eixo x, é constante e igual ao próprio v_0:

$$v_x = v_0$$

O espaço de P_x é a abscissa de P e varia com o tempo segundo a função:

$$x = v_0 t$$

A aceleração escalar de P_y (projeção de $\vec{g}$ no eixo y) é constante e igual a $+g$, se o eixo y é orientado para baixo, ou $-g$, se o eixo y é orientado para cima. Desse modo, P_y realiza um **movimento uniformemente variado**, com velocidade inicial nula, pois a projeção de $\vec{v}_0$ (horizontal) no eixo y (vertical) é zero:

$$v_{0_y} = 0$$

A velocidade de P_y varia com o tempo segundo a função:

$$v_y = gt$$

O espaço de P_y é a ordenada de P e varia com o tempo segundo a função:

$$y = \frac{1}{2}gt^2$$

A velocidade $\vec{v}$ da bolinha P, no instante t, tem componentes $v_x = v_0$ e $v_y = gt$ e módulo $v = \sqrt{v_x^2 + v_y^2}$, ou seja:

$$v = \sqrt{v_0^2 + (gt)^2}$$

7.1 Conteúdo multimídia

Biblioteca do estudante

Aplicando a teoria

1. **Uma bolinha é lançada horizontalmente com velocidade v_0 = 8 m/s, de um local situado a uma altura h = 5 m do solo.**

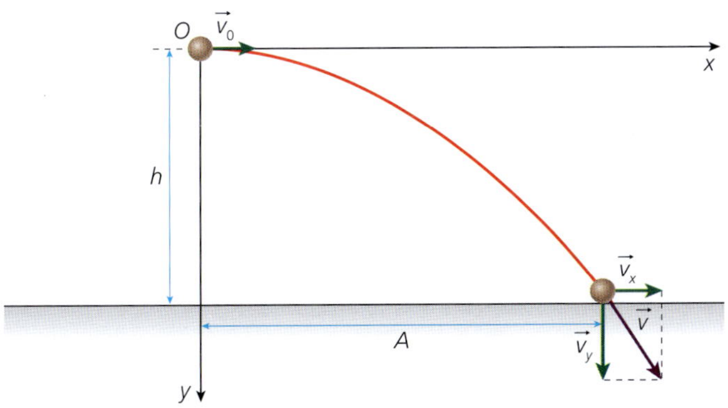

Desprezando a resistência do ar e considerando g = 10 m/s², determinar:

a) o intervalo de tempo decorrido desde o lançamento até a bolinha atingir o solo (tempo de queda t_q);

b) a distância A entre o ponto em que a bolinha atinge o solo e a vertical de lançamento (alcance);

c) as componentes v_x e v_y da velocidade da bolinha no instante em que ela atinge o solo e o módulo da velocidade resultante v nesse mesmo instante.

➤ **Solução**

a) Para o cálculo do **tempo de queda**, consideramos o movimento vertical da bolinha (movimento de P_y). Como no instante em que a bolinha atinge o solo y = h, temos:

$$y = \frac{1}{2}gt^2 \Rightarrow h = \frac{1}{2}gt_q^2 \Rightarrow t_q = \sqrt{\frac{2h}{g}} \Rightarrow t_q = \sqrt{\frac{2 \cdot 5}{10}} \Rightarrow \boxed{t_q = 1\text{ s}}$$

b) Para o cálculo do **alcance**, consideramos o movimento horizontal da bolinha (movimento de P_x). Seja $x = A$, para $t = t_q$, temos:

$$x = v_0 t \Rightarrow A = v_0 t_q \Rightarrow A = 8 \cdot 1 \Rightarrow \boxed{A = 8\text{ m}}$$

c) A componente horizontal da velocidade, v_x, é constante e igual a v_0:

$$\boxed{v_x = v_0 = 8\text{ m/s}}$$

A componente vertical da velocidade, v_y, no instante $t = t_q$, é dada por:

$$v_y = gt \Rightarrow v_y = gt_q \Rightarrow v_y = 10 \cdot 1 \Rightarrow \boxed{v_y = 10\text{ m/s}}$$

O módulo da velocidade v da bola no instante em que ela atinge o solo pode ser calculado pelo teorema de Pitágoras.

$$v = \sqrt{v_x^2 + v_y^2} \Rightarrow v = \sqrt{8^2 + 10^2} \Rightarrow \boxed{v \simeq 12{,}8\text{ m/s}}$$

2. Uma pedrinha A é abandonada de um ponto situado a uma altura *h* do solo com velocidade $v_{0(A)} = 0$. No mesmo instante, uma pedrinha B é lançada horizontalmente, da mesma altura *h* e com velocidade $v_{0(B)}$. Sejam t_A e t_B os instantes em que as pedrinhas atingem o solo, desprezando a resistência do ar e considerando *g* constante, pode-se afirmar que:

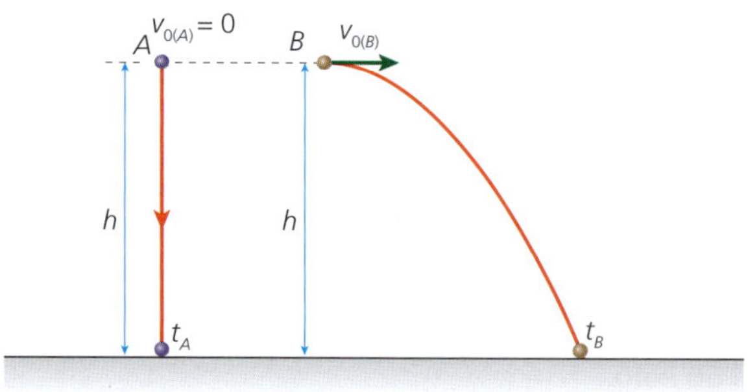

a) $t_A = t_B$
b) $t_A > t_B$
c) $t_A < t_B$
d) $t_A = 2t_B$
e) $t_A = 0{,}5t_B$

➤ Solução

Na direção vertical, a pedrinha B, lançada horizontalmente, realiza um movimento de queda livre, análogo ao movimento de A. Em cada instante, A e B estão à mesma altura do solo. Logo, $t_A = t_B$.

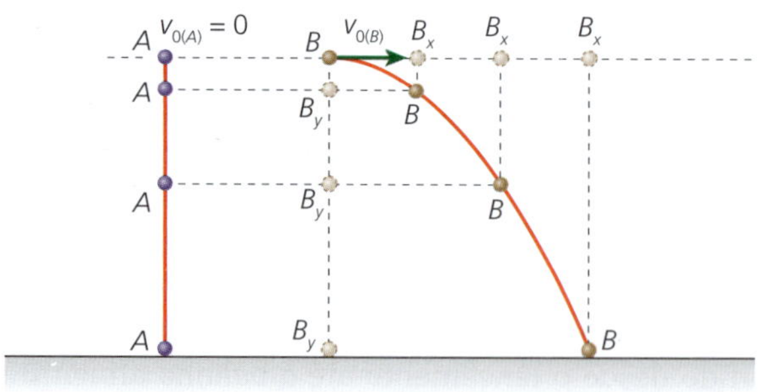

Resposta: a

3. Retomando o exercício anterior, sejam v_A e v_B as velocidades com que A e B atingem o solo, pode-se afirmar que:

a) $v_A = v_B$
b) $v_A > v_B$
c) $v_A < v_B$
d) $v_A = 2v_B$
e) $v_A = 0{,}5\,v_B$

➤ Solução

De $v_B = \sqrt{v_{B_x}^2 + v_{B_y}^2}$ e sendo $v_{B_y} = v_A$, temos: $v_B > v_A$

Resposta: c

4. De uma janela situada a uma altura $h = 7{,}2$ m do solo, Pedrinho lança horizontalmente uma bolinha de tênis com velocidade inicial $v_0 = 5$ m/s. A bolinha atinge uma parede situada a uma distância $d = 5$ m da janela.

Desprezando a resistência do ar e considerando $g = 10$ m/s², determinar a altura H, em relação ao solo, do ponto onde a bolinha colide com a parede.

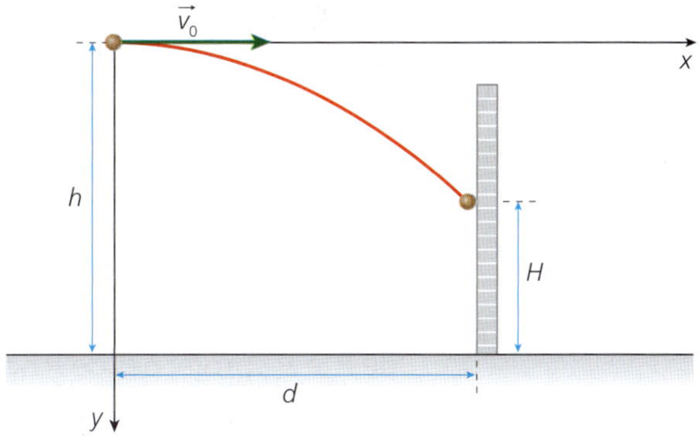

➤ Solução

- Inicialmente, vamos calcular o intervalo de tempo desde o lançamento da bolinha até ela atingir a parede. Conhecendo a distância horizontal d percorrida pela bolinha, temos:

$$d = v_0 t \Rightarrow 5 = 5t \Rightarrow t = 1 \text{ s}$$

- Em seguida, vamos fazer o cálculo da ordenada y do ponto onde a bolinha atinge a parede.

$$y = \frac{1}{2} g t^2 = \frac{10 \cdot 1^2}{2} \Rightarrow y = 5 \text{ m}$$

Assim, a altura H do ponto onde a bolinha atinge a parede é:

$$H = h - y \Rightarrow H = 7{,}2 - 5 \Rightarrow \boxed{H = 2{,}2 \text{ m}}$$

Avaliando o aprendizado

1. Por meio de um pequeno avião pretende-se enviar um pacote de alimentos para pessoas ilhadas por uma enchente. O piloto imprime ao avião um voo horizontal e com velocidade constante de 50 m/s, a 980 m de altitude. Quando o local é avistado do avião, o pacote é solto; chegando bem próximo do lugar em que se encontram as pessoas. Despreze a resistência do ar e considere $g = 10$ m/s².

Determine:

a) o intervalo de tempo desde o instante em que o pacote é solto até o instante em que ele chega ao solo;

b) a distância entre o local em que o pacote atinge o solo e a reta vertical de onde ele foi solto;

c) as componentes v_x e v_y da velocidade do pacote no instante em que ele atinge o solo.

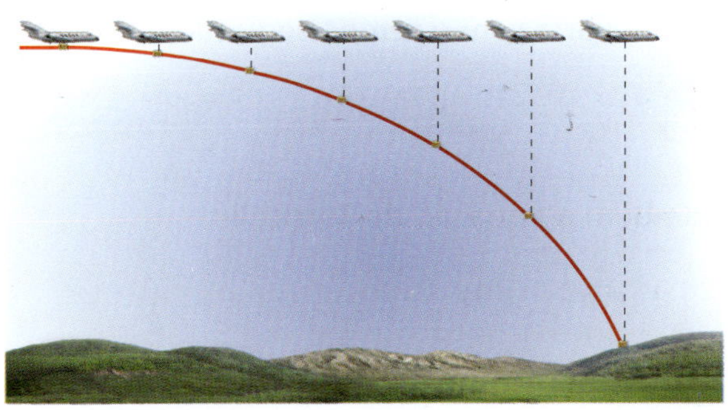

2. Uma bolinha é lançada horizontalmente de uma altura $h = 12{,}8$ m e atinge o solo a uma distância $A = 4{,}8$ m da vertical de lançamento. Despreze a resistência do ar e considere $g = 10$ m/s². Calcule a velocidade v_0 de lançamento.

3. Uma pequena esfera é lançada horizontalmente do ponto O, passando pelo ponto A, após o lançamento, no instante $t = 1$ s, e continuando seu movimento. Considere a aceleração da gravidade constante e despreze a resistência do ar. Nessas condições, entre os pontos indicados, quais deles representam as posições da esfera nos instantes $t = 2$ s e $t = 3$ s?

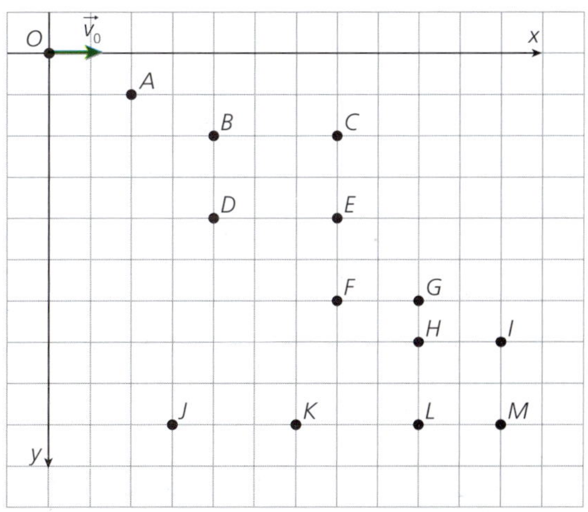

3 Lançamento oblíquo

Galileu
Conteúdo multimídia

Considere $\vec{v}_0$ a velocidade com que uma bolinha *P* é lançada de um ponto *O* do solo, suposto horizontal. O ângulo que $\vec{v}_0$ forma com a horizontal é chamado ângulo de tiro, indicado por θ. A bolinha descreve, em relação ao solo, uma trajetória parabólica, quando se despreza a resistência do ar.

Em vez de estudar diretamente o movimento de *P*, vamos analisar os movimentos de P_x e P_y, projeções de *P* nos eixos *x* (horizontal) e *y* (vertical), respectivamente (**fig. 3**). Assim como no lançamento horizontal, os movimentos de P_x e P_y são, respectivamente, uniforme e uniformemente variado.

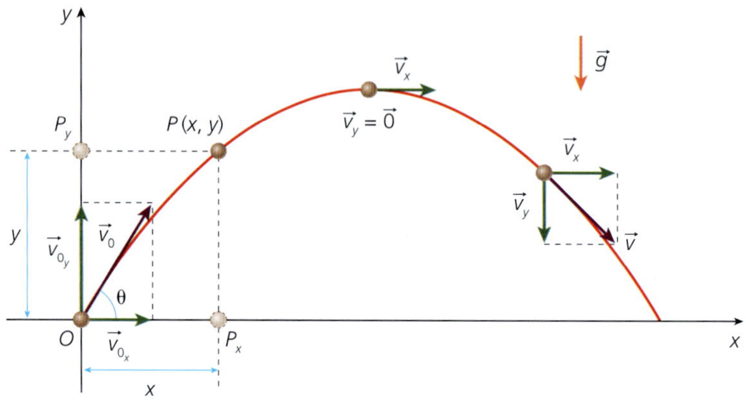

Figura 3. Lançamento oblíquo.

A velocidade escalar de P_x é constante e igual à projeção de $\vec{v}_0$ no eixo *x*:

$$v_x = v_0 \cdot \cos\theta$$

O espaço de P_x é a abscissa de *P* e varia com o tempo segundo a função:

$$x = v_x t$$

A velocidade escalar inicial de P_y é a projeção de $\vec{v}_0$ no eixo *y*:

$$v_{0_y} = v_0 \cdot \text{sen}\,\theta$$

A velocidade de P_y varia com o tempo segundo a função:

$$v_y = v_{0_y} - gt$$

Observe que a aceleração é $-g$, pois o eixo *y* está orientado para cima.

O espaço de P_y é a ordenada de *P* e varia com o tempo segundo a função:

$$y = v_{0_y} t - \frac{1}{2} g t^2$$

7.2
Conteúdo multimídia

Para o movimento de P_y vale também a equação de Torricelli:

$$v_y^2 = v_{0_y}^2 - 2gy$$

Biblioteca do estudante

A velocidade $\vec{v}$ da bolinha *P*, no instante *t*, tem componentes $v_x = v_0 \cdot \cos\theta$ e $v_y = v_{0_y} - gt$ e módulo $v = \sqrt{v_x^2 + v_y^2}$.

Aplicando a teoria

5. Uma bola de tênis é lançada obliquamente de um ponto O com velocidade $\vec{v}$, de módulo 10 m/s, formando um ângulo θ com o solo horizontal, tal que sen $\theta = 0{,}6$ e cos $\theta = 0{,}8$.

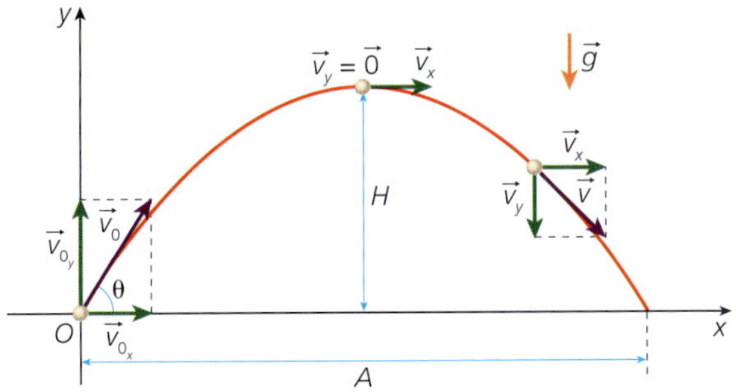

Desprezando a resistência do ar e considerando $g = 10$ m/s², determinar:

a) as componentes horizontal e vertical da velocidade inicial v_0;

b) o intervalo de tempo decorrido desde o lançamento no ponto O até a bola atingir o vértice da parábola (tempo de subida t_s);

c) o intervalo de tempo decorrido desde a passagem da bola pelo vértice da parábola até seu retorno ao solo (tempo de descida t_d);

d) a altura máxima H;

e) o alcance horizontal A;

f) o módulo da velocidade da bola no instante em que ela atinge o vértice da parábola.

➤ Solução

a) A componente horizontal da velocidade inicial é dada por:

$$v_x = v_0 \cdot \cos\theta \Rightarrow v_x = 10 \cdot 0{,}8 \Rightarrow \boxed{v_x = 8 \text{ m/s}}$$

A componente vertical da velocidade inicial é dada por:

$$v_{0_y} = v_0 \cdot \text{sen}\,\theta \Rightarrow v_{0_y} = 10 \cdot 0{,}6 \Rightarrow \boxed{v_{0_y} = 6 \text{ m/s}}$$

b) No instante em que a bola atinge o vértice da parábola a componente v_y é nula.
Assim, para o **tempo de subida**, temos:

$$v_y = v_{0_y} - gt \Rightarrow v_y = 6 - 10t \Rightarrow$$
$$\Rightarrow 0 = 6 - 10t_s \Rightarrow \boxed{t_s = 0{,}6 \text{ s}}$$

c) O **tempo de descida** é igual ao de subida, então:

$$\boxed{t_d = t_s = 0{,}6 \text{ s}}$$

d) A **altura máxima** é o valor de y para $t = t_s$.

$$y = v_{0_y}t - \frac{1}{2}gt^2 \Rightarrow y = 6t - 5t^2 \Rightarrow$$
$$\Rightarrow H = 6 \cdot 0{,}6 - 5 \cdot (0{,}6)^2 \Rightarrow \boxed{H = 1{,}8 \text{ m}}$$

Outra maneira de encontrar a altura máxima é impor $v_y = 0$ na equação de Torricelli:

$$v_y^2 = v_{0_y}^2 - 2gy \Rightarrow 0 = 6^2 - 2 \cdot 10 \cdot H \Rightarrow$$
$$\Rightarrow H = 1{,}8 \text{ m}$$

e) O alcance é o valor de x para $t = t_{total} = t_s + t_d = 1{,}2$ s

$$x = v_x t \Rightarrow x = 8t \Rightarrow A = 8 \cdot 1{,}2 \Rightarrow$$
$$\Rightarrow \boxed{A = 9{,}6 \text{ m}}$$

f) Ao atingir o vértice da parábola, a componente v_y se anula, portanto:

$$\boxed{v = v_x = 8 \text{ m/s}}$$

6. Um projétil é lançado obliquamente com velocidade inicial de módulo 20 m/s, formando um ângulo $\theta = 45°$ com a horizontal. Desprezando a resistência do ar e considerando $g = 10$ m/s², determinar as componentes horizontal e vertical da velocidade do projétil no instante t = 1 s.

(Dado: sen 45° = cos 45° = $\frac{\sqrt{2}}{2} \simeq 0{,}7$)

➤ Solução

A componente horizontal da velocidade é constante e dada por:

$$v_x = v_0 \cdot \cos\theta \Rightarrow v_x = 20 \cdot \cos 45° \Rightarrow$$
$$\Rightarrow v_x = 20 \cdot 0{,}7 \Rightarrow \boxed{v_x = 14 \text{ m/s}}$$

A componente vertical da velocidade é dada por:

$$v_y = v_{0_y} - gt$$

Sendo $v_{0_y} = v_0 \cdot \text{sen}\,\theta = 20 \cdot \text{sen } 45° = 20 \cdot 0{,}7 \Rightarrow$
$\Rightarrow v_{0_y} = 14$ m/s, temos:

$$v_y = 14 - 10 \cdot 1 \Rightarrow \boxed{v_y = 4 \text{ m/s}}$$

7. Num jogo de futebol, o goleiro bate um tiro de meta e a bola é lançada de modo que as componentes horizontal e vertical de sua velocidade inicial sejam iguais a 10 m/s. Em sua trajetória, a bola passa por dois pontos, A e B, situados a uma mesma altura $h = 3{,}2$ m em relação ao gramado.

BPI/JAVIER GARCIA/BPI/CORBIS/LATINSTOCK

Considerando que a bola está sob ação exclusiva da gravidade e $g = 10\ m/s^2$, determinar:

a) o intervalo de tempo decorrido entre as passagens da bola pelos pontos A e B;

b) a distância entre A e B.

➤ Solução

a) Vamos impor $y = h = 3{,}2$ m e calcular os instantes em que a bola passa pelos pontos A e B.

$$y = v_{0_y}t - \frac{1}{2}gt^2 \Rightarrow 3{,}2 = 10t - 5t^2 \Rightarrow 5t^2 - 10t + 3{,}2 = 0$$

$$t = \frac{-(-10) \pm \sqrt{(-10)^2 - 4 \cdot 5 \cdot 3{,}2}}{2 \cdot 5} \Rightarrow t = \frac{10 \pm \sqrt{36}}{10} \Rightarrow$$

$$\Rightarrow t_1 = 0{,}4\ s \text{ e } t_2 = 1{,}6\ s$$

$$\Delta t = t_2 - t_1 = 1{,}6 - 0{,}4 \Rightarrow \boxed{\Delta t = 1{,}2\ s}$$

7.3 Conteúdo multimídia

b) A distância d entre A e B é a diferença entre suas abscissas:

$$d = x_2 - x_1 = v_x t_2 - v_x t_1 = v_x \cdot \Delta t \Rightarrow d = 10 \cdot 1{,}2 \Rightarrow \boxed{d = 12\ m}$$

Avaliando o aprendizado

4. Um projétil é lançado obliquamente de modo que as componentes horizontal e vertical de sua velocidade inicial sejam iguais a 20 m/s. Despreze a resistência do ar e considere $g = 10\ m/s^2$.

Determine:

a) o intervalo de tempo decorrido desde o instante do lançamento até o projétil atingir o vértice da parábola (tempo de subida);

b) a velocidade mínima atingida pelo projétil;

c) as componentes horizontal e vertical da velocidade do projétil, v_x e v_y, nos instantes $t = 1$ s e $t = 3$ s e o módulo da velocidade resultante v nesses instantes.

5. Uma bola de futebol é lançada obliquamente com velocidade inicial de módulo $v_0 = 20$ m/s, formando um ângulo θ com a horizontal. Despreze a resistência do ar e considere $g = 10\ m/s^2$. Determine o alcance horizontal da bola nos casos em que:

a) $\theta = 30°$

b) $\theta = 60°$

(Dados: $\text{sen } 30° = \cos 60° = \frac{1}{2}$ e $\cos 30° = \text{sen } 60° = \frac{\sqrt{3}}{2}$)

6. Uma pequena esfera é lançada obliquamente em relação ao solo horizontal, a partir do ponto O, passando pelo ponto A, após o lançamento, no instante $t = 4$ s. Dos pontos B, C, D, E e F indicados na figura, qual representa a posição da esfera no instante $t = 2$ s? Considere $g = 10\ m/s^2$ e despreze a resistência do ar.

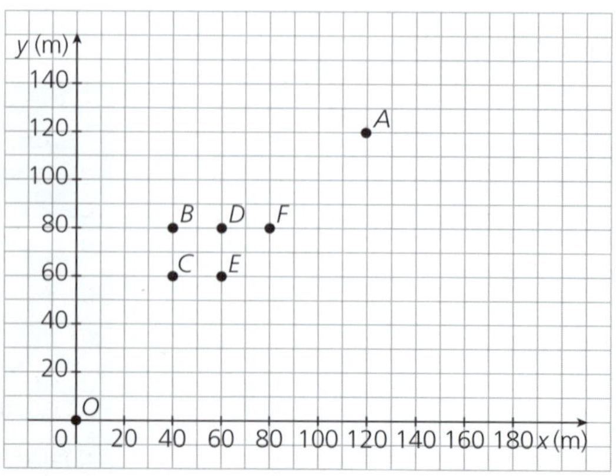

Revisando o conteúdo

Ficha-resumo 1

O **lançamento horizontal**, nas proximidades da superfície terrestre, e desprezada a resistência do ar, pode ser considerado a composição de dois movimentos:

- **movimento horizontal:** movimento uniforme (MU)

$$x = v_0 t$$

- **movimento vertical:** queda livre

$$y = \frac{1}{2}gt^2$$

$$v_y = gt$$

A velocidade resultante $\vec{v}$ do móvel, em um instante *t*, é:

$$\vec{v} = \vec{v}_x + \vec{v}_y$$

$$v = \sqrt{v_x^2 + v_y^2}$$

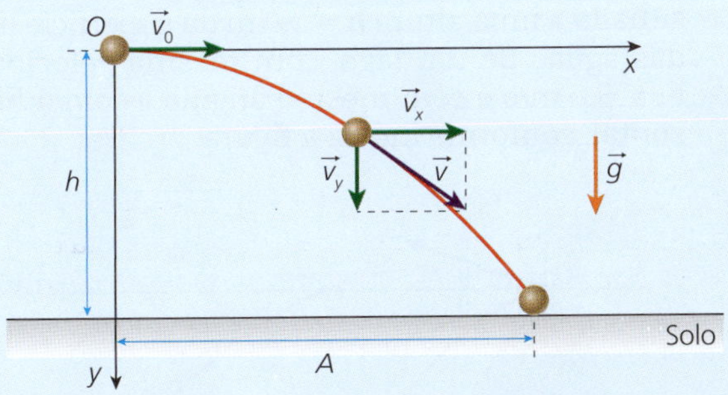

1. (Fuvest-SP) Uma menina segurando uma bola de tênis, corre com velocidade constante de módulo igual a 10,8 km/h, em trajetória retilínea, numa quadra plana e horizontal. Num certo instante, a menina, com o braço esticado horizontalmente ao lado do corpo, sem alterar o seu estado de movimento, solta a bola, que leva 0,5 s para atingir o solo. As distâncias s_m e s_b percorridas, respectivamente, pela menina e pela bola, na direção horizontal, entre o instante em que a menina soltou a bola (t = 0 s) e o instante t = 0,5 s, valem:

a) $s_m = 1{,}25$ m e $s_b = 0$ m
b) $s_m = 1{,}25$ m e $s_b = 1{,}50$ m
c) $s_m = 1{,}50$ m e $s_b = 0$ m
d) $s_m = 1{,}50$ m e $s_b = 1{,}25$ m
e) $s_m = 1{,}50$ m e $s_b = 1{,}50$ m

2. (FGV-SP) Dois blocos, A e B, são lançados sucessivamente, na horizontal, de uma plataforma de altura *h* com velocidades v_A e v_B, atingindo o solo nos pontos A e B, como indica a figura.

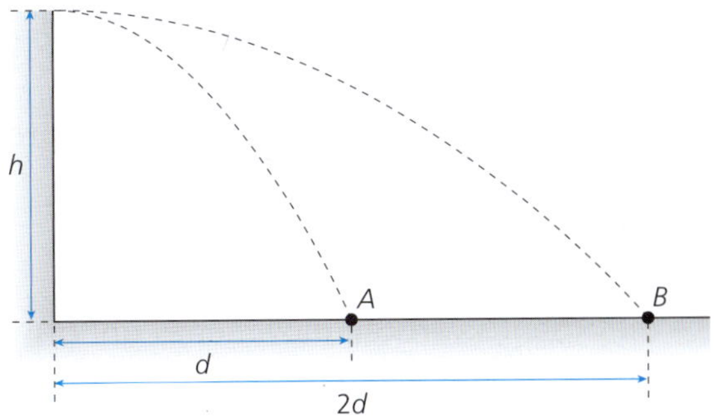

Os tempos decorridos desde que cada bloco abandona a plataforma até atingir o solo são t_A e t_B. Pode-se afirmar que:

a) $t_A = t_B$ e $v_A = v_B$
b) $t_A = t_B$ e $v_A = 2v_B$
c) $t_B = t_A$ e $v_B = 2v_A$
d) $t_A = 2t_B$ e $v_A = v_B$
e) $t_B = 2t_A$ e $v_A = 2v_B$

3. (Unesp) Uma pequena esfera, lançada com velocidade horizontal v_0 do parapeito de uma janela a 5,0 m do solo, cai num ponto a 10,0 m da parede.
Considerando $g = 10$ m/s² e desprezando a resistência do ar, podemos afirmar que a velocidade v_0, em m/s, é igual a:

a) $\frac{5}{10}$
b) $\frac{10}{5}$
c) 5
d) 10
e) 15

4. (ITA-SP) Uma bola é lançada horizontalmente do alto de um edifício, tocando o solo decorridos aproximadamente 2 s. Sendo de 2,5 m a altura de cada andar, o número de andares do edifício é:

a) 5
b) 6
c) 8
d) 9
e) indeterminado, pois a velocidade horizontal de arremesso da bola não foi fornecida.

(Dado: $g = 10$ m/s².)

Ficha-resumo 2

De modo análogo ao lançamento horizontal, o **lançamento oblíquo**, nas proximidades da superfície terrestre e desprezada a resistência do ar, pode ser considerado a composição de dois movimentos:

- movimento horizontal: movimento uniforme (MU)

  $x = v_x t$

  $v_x = v_{0_x} = v_0 \cdot \cos\theta$

- movimento vertical: movimento uniformemente variado (MUV)

  $y = v_{0_y} t + \frac{1}{2}\alpha t^2$

  $v_y = v_{0_y}^2 + \alpha t$

  $v_{0_y} = v_0 \cdot \text{sen}\,\theta$

  $v_y^2 = v_{0_y}^2 + 2\alpha y$

  $\alpha = -g$ (eixo orientado para cima)

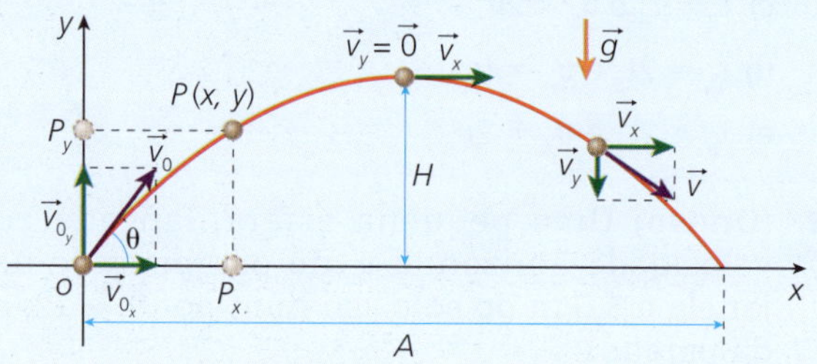

5. (UFV-MG) A figura a seguir mostra três trajetórias de uma bola de futebol que é chutada de um mesmo ponto.

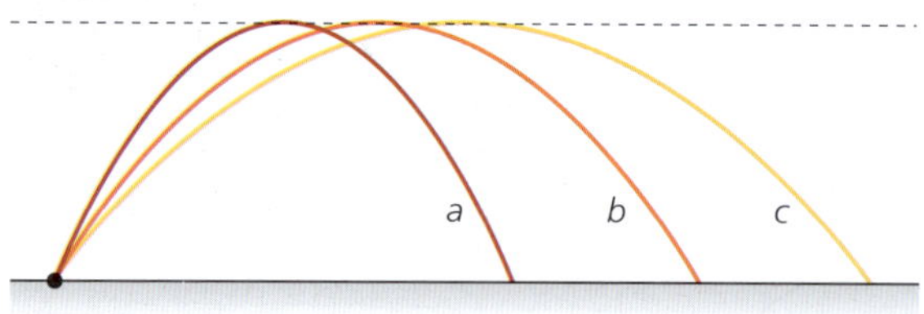

O símbolo t representa o tempo de permanência da bola no ar, v_v, o módulo da componente vertical da velocidade inicial da bola e v_h, o módulo da componente horizontal da velocidade inicial. Em relação a essas três grandezas físicas e considerando as três trajetórias *a*, *b* e *c* acima, livres da resistência do ar, pode-se concluir que:

a) $t_a < t_b < t_c$; $v_{v_a} = v_{v_b} = v_{v_c}$; $v_{h_a} = v_{h_b} = v_{h_c}$
b) $t_a = t_b = t_c$; $v_{v_a} = v_{v_b} = v_{v_c}$; $v_{h_a} < v_{h_b} < v_{h_c}$
c) $t_a = t_b = t_c$; $v_{v_a} = v_{v_b} = v_{v_c}$; $v_{h_a} > v_{h_b} > v_{h_c}$
d) $t_a = t_b = t_c$; $v_{v_a} < v_{v_b} < v_{v_c}$; $v_{h_a} < v_{h_b} < v_{h_c}$
e) $t_a < t_b < t_c$; $v_{v_a} < v_{v_b} < v_{v_c}$; $v_{h_a} = v_{h_b} = v_{h_c}$

6. (UEL-PR) Um arqueiro lança uma flecha para cima, obliquamente, sob um ângulo de 60° em relação à horizontal, com velocidade inicial de módulo 20 m/s. Considerando o módulo da aceleração da gravidade igual a 10 m/s², qual o módulo da velocidade da flecha no instante $\sqrt{3}$ s, após o lançamento?

(Dados: $\cos 60° = \frac{1}{2}$, $\text{sen}\,60° = \frac{\sqrt{3}}{2}$)

a) 36 m/s
b) 18,8 m/s
c) 10 m/s
d) $10\sqrt{3}$ m/s
e) 20 m/s

7. (UFPR) Uma bola é lançada, a partir do solo, com uma velocidade cuja componente horizontal vale 45 m/s e cuja componente vertical vale 20 m/s. Determine sua velocidade *v*, em m/s, 2 s após o lançamento. Adote $g = 10$ m/s².

8. Duas pedras (1 e 2) são lançadas de um local, situado a uma altura $h = 2,0$ m da superfície livre das águas de um lago, com mesma velocidade $v_0 = 5,0$ m/s e com mesmo ângulo θ com a horizontal, conforme indica a figura.

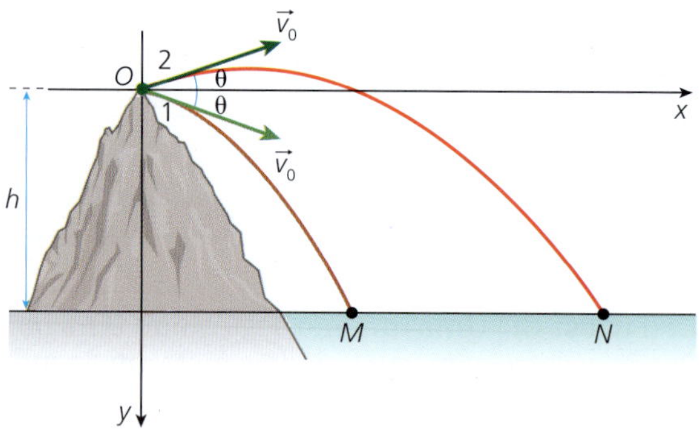

Despreze a resistência do ar, considere $g = 10$ m/s², sen θ = 0,6 e cos θ = 0,8. As pedras 1 e 2 atingem o lago nos pontos *M* e *N*, respectivamente. Em relação ao sistema de coordenadas *xOy*, pode-se afirmar que as abscissas dos pontos *M* e *N* e a diferença entre os instantes em que as pedras atingem o lago são, respectivamente:

a) 1,6 m; 4,0 m; 0,60 s
b) 1,6 m; 4,0 m; 0 s
c) 2,0 m; 2,4 m; 0,80 s
d) 1,6 m; 3,2 m; 0,40 s
e) 1,6 m; 4,0 m; 1,0 s

Capítulo 8

Movimento circular e uniforme (MCU)

Objetivos do capítulo:

- ✔ Apresentar o conceito de movimento circular.
- ✔ Apresentar o conceito de velocidade angular.
- ✔ Analisar as características da aceleração nos movimentos circulares e uniformes.
- ✔ Aplicar as propriedades do MCU ao estudo de polias, correias e dos movimentos circulares acoplados.

ALITA BOBROV/SHUTTERSTOCK

As rodas-gigantes da foto descrevem movimentos circulares e uniformes. A aceleração de cada cadeira é centrípeta, isto é, está orientada para o centro da roda-gigante.

Eixo de rotação da Terra.

TONY WATSON/ALAMY/OTHER IMAGES

Figura 1. Relógio do Observatório de Greenwich, na Inglaterra, com mostrador de 24 horas.

1 Introdução

A Terra executa um movimento de rotação em torno de seu eixo, uma reta imaginária que passa pelo polo Norte e pelo polo Sul, completando uma volta em aproximadamente 24 horas. Desconsiderando pequenas perturbações, podemos dizer que esse movimento da Terra é uniforme e que cada volta em torno do eixo de rotação tem a mesma duração.

O menor intervalo de tempo necessário para a repetição das mesmas propriedades de qualquer fenômeno físico chama-se **período**. Assim, podemos dizer que o **período de rotação** da Terra é aproximadamente igual a 24 horas. Na verdade, esse período é de 23 h 56 min 4 s, isto é, 86.164 s; mas, em geral, adota-se o valor aproximado.

Os pontos dos ponteiros de um relógio analógico convencional preciso realizam movimentos circulares e uniformes. O ponteiro dos segundos completa uma volta em um minuto; portanto, seu período é de 60 segundos. O ponteiro dos minutos completa uma volta em uma hora; portanto, seu período é igual a 60 minutos. O ponteiro das horas, em geral o menor em tamanho, tem período de 12 horas e, portanto, completa duas voltas por dia. Na **figura 1** temos um relógio não convencional, cujo ponteiro das horas tem período de 24 horas.

Assim como os pontos dos ponteiros de um relógio, todos os pontos da superfície da Terra realizam um movimento circular e uniforme (MCU).

Nos exemplos citados acima os movimentos se repetem, respectivamente, em intervalos de tempo iguais e regulares. Assim, o MCU é um **movimento periódico**.

2 Características do movimento circular e uniforme (MCU)

Raio da trajetória *R*

A trajetória de um ponto material em MCU é uma circunferência, cujo raio, *R*, é a distância entre esse ponto e o centro ou eixo em torno do qual ele gira.

Período *T*

No movimento circular e uniforme, o intervalo de tempo de duração de cada volta completa é denominado **período;** geralmente representado por *T*. No SI, o período é medido em **segundo** (s).

Frequência *f*

A razão entre o número de voltas n e o intervalo de tempo Δt gasto para completá-las é chamada frequência:

$$\boxed{f = \frac{n}{\Delta t}}$$

Para uma volta, isto é, $n = 1$, temos $\Delta t = T$. Portanto:

$$f = \frac{n}{\Delta t} \Rightarrow \boxed{f = \frac{1}{T}}$$

Dizemos que a **frequência** é o **inverso do período**.

No SI, a unidade de frequência usada para fenômenos periódicos é o hertz (Hz), uma unidade derivada da unidade fundamental segundo, que corresponde a s^{-1}. Em alguns contextos ainda aparecem as nomenclaturas ciclos por segundo (cps) e rotações por segundo (rps).

Em Engenharia, costuma-se usar a unidade prática rotações por minuto (rpm). Embora **erradamente** usada como unidade de velocidade de rotação, rpm é, na verdade, unidade de frequência.

Velocidade escalar linear *v*

Sendo o movimento uniforme, a velocidade escalar do móvel que executa um MCU é constante e pode ser calculada pela razão $v = \frac{\Delta s}{\Delta t}$.

O deslocamento escalar (ou a variação de espaço) para uma volta tem a mesma medida do comprimento da circunferência, $\Delta s = 2\pi R$.

O intervalo de tempo decorrido em uma volta corresponde ao período do movimento, $\Delta t = T$.

Portanto, a velocidade escalar do móvel, ao longo da trajetória circular, é:

$$v = \frac{\Delta s}{\Delta t} \Rightarrow \boxed{v = \frac{2\pi R}{T}}$$

Essa velocidade é denominada **velocidade escalar linear** ou **tangencial**, e é igual ao módulo da velocidade vetorial do móvel, tangente à trajetória, em cada ponto **(fig. 2)**.

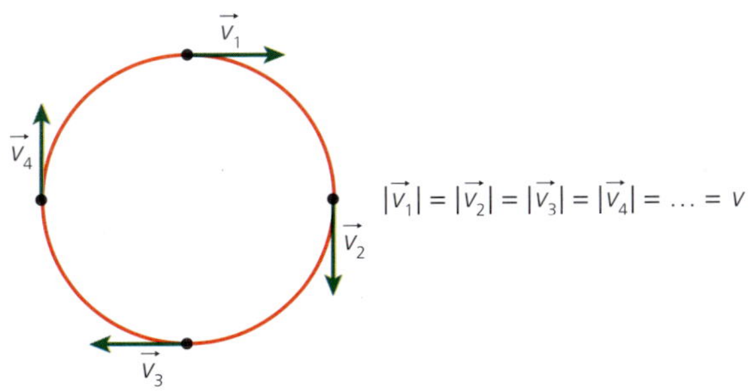

Figura 2.

Velocidade angular média ω_m

Muitas vezes é mais conveniente localizar o móvel na trajetória pelo ângulo central θ, medido em **radiano**, subentendido pelo arco, de medida *s*, entre a posição *P* do móvel no instante *t* considerado e o ponto da trajetória tomado como origem dos espaços, *O* **(fig. 3)**.

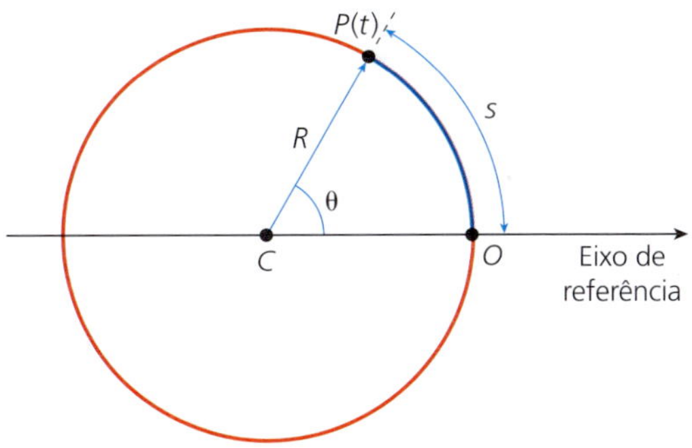

Figura 3.

Se, num intervalo de tempo $\Delta t = t_2 - t_1$, o móvel tem um deslocamento angular $\Delta\theta = \theta_2 - \theta_1$, a razão $\frac{\Delta\theta}{\Delta t}$ é, por definição, a **velocidade angular média** (ω_m) do movimento **(fig. 4)**, cuja unidade no SI é radiano por segundo (rad/s).

$$\boxed{\omega_m = \frac{\Delta\theta}{\Delta t}}$$

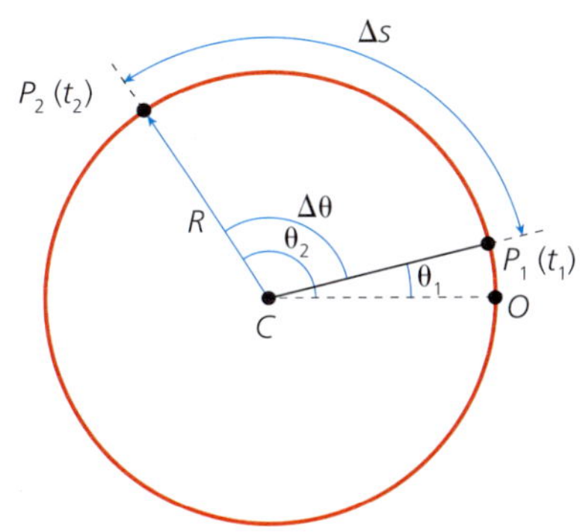

Figura 4.

Velocidade angular instantânea ω

Pode-se entender a velocidade angular num certo instante como uma velocidade angular média para um intervalo de tempo Δt muito pequeno.

Em um movimento circular uniforme, a velocidade angular é constante, portanto a velocidade angular média é igual à velocidade angular instantânea.

Para uma volta completa na circunferência, temos $\Delta\theta$ igual a 2π radianos e Δt igual a 1 período (T). Portanto: $\omega = \dfrac{\Delta\theta}{\Delta t} \Rightarrow \omega = \dfrac{2\pi}{T}$

Como $\dfrac{1}{T}$ é a frequência f, podemos escrever: $\boxed{\omega = 2\pi f}$

Função horária angular do MCU

No MCU vale a relação $\Delta\theta = \omega \cdot \Delta t$. O deslocamento angular $\Delta\theta$ é igual à diferença entre os espaços angulares final (θ) e inicial (θ_0) do móvel, em certo trecho, e o intervalo de tempo Δt é a diferença entre os instantes final t e inicial $t_0 = 0$. Assim:

$$\theta - \theta_0 = \omega \cdot (t - 0) \Rightarrow \boxed{\theta = \theta_0 + \omega t}$$

Essa função permite determinar a posição angular do móvel na circunferência, em relação a uma origem determinada.

3 Relação entre a velocidade escalar linear v e a velocidade angular instantânea ω

A relação $v = \dfrac{2\pi R}{T}$, deduzida anteriormente, pode ser escrita como $v = \dfrac{2\pi}{T} \cdot R$. Como $\dfrac{2\pi}{T}$ é a velocidade angular ω, temos: $\boxed{v = \omega R}$; uma relação muito útil em exercícios.

Aplicando a teoria

1. Em um relógio analógico, o ponteiro dos segundos, de 2 cm de comprimento, realiza um movimento circular uniforme (MCU). Considerando $\pi = 3$, determinar:

a) a velocidade linear v da extremidade desse ponteiro, em milímetro por segundo;

b) o deslocamento escalar da extremidade desse ponteiro quando ele descreve um arco que subentende um ângulo de 60°.

➤ Solução

a) O ponteiro dos segundos de um relógio analógico completa uma volta em um minuto, portanto, seu período é de 60 segundos. Assim:

$$v = \frac{\Delta s}{\Delta t} \Rightarrow v = \frac{2\pi R}{T} = \frac{2 \cdot 3 \cdot 20 \text{ mm}}{60 \text{ s}} \Rightarrow$$

$$\Rightarrow \boxed{v = 2 \text{ mm/s}}$$

b) Quando a extremidade do ponteiro descreve um arco que subentende um ângulo de 60° o ponteiro percorre $\dfrac{1}{6}$ de uma volta e, portanto, o intervalo de tempo decorrido é $\dfrac{1}{6}$ do período do movimento, o que corresponde a 10 s. Usando o resultado do item **a**, temos:

$$\Delta s = v \cdot \Delta t \Rightarrow \Delta s = 2 \frac{\text{mm}}{\text{s}} \cdot 10 \text{ s} \Rightarrow$$

$$\Rightarrow \boxed{\Delta s = 20 \text{ mm}} \text{ ou } \Delta s = 2 \text{ cm}$$

2. Qual é a velocidade linear v de uma pessoa parada na linha do equador terrestre, devido a seu movimento em torno do eixo da Terra? Considerar o raio equatorial da Terra igual a 6.400 km e $\pi = 3$.

➤ Solução

Considerando o período de rotação da Terra aproximadamente igual a 24 horas, temos:

$$v = \frac{\Delta s}{\Delta t} = \frac{2\pi R}{T} \simeq \frac{2 \cdot 3 \cdot 6.400 \text{ km}}{24 \text{ h}} \Rightarrow$$

$$\Rightarrow \boxed{v \simeq 1.600 \text{ km/h}}$$

Essa é uma velocidade supersônica!
(Velocidade do som no ar a 25 °C $\simeq$ 1.250 km/h)

Avaliando o aprendizado

1. A Terra, no movimento de rotação em torno do seu eixo, desloca-se a cada hora de um ângulo central igual a:

a) 15° c) 30° e) 45°
b) 24° d) 36°

2. Sabendo que 1 rotação equivale a 2π radianos, 75 rpm equivalem, em rps e em rad/s, respectivamente, aos valores:

a) $\frac{5}{4}$ e $\frac{5}{2}\pi$ c) $\frac{5}{2}$ e $\frac{5}{4}\pi$ e) $\frac{5}{2}\pi$ e $\frac{5}{4}$
b) $\frac{5}{4}$ e $\frac{5}{4}\pi$ d) $\frac{5}{2}$ e $\frac{5}{2}\pi$

3. A velocidade angular ω do ponteiro dos segundos de um relógio vale, em rad/s:

a) $\frac{\pi}{12}$ c) $\frac{\pi}{30}$ e) $\frac{\pi}{60}$
b) $\frac{\pi}{24}$ d) $\frac{\pi}{48}$

4. Os antigos toca-discos de vinil, hoje novamente em uso, tinham três "velocidades" de operação, como eram erradamente chamadas: $33\frac{1}{3}$ rpm, 45 rpm e 78 rpm. Na verdade, esses valores representam suas frequências de rotação. Portanto, se regularmos o aparelho para funcionar em $33\frac{1}{3}$ rpm, o disco executará uma volta em:

a) 0,33 s c) 1,33 s e) 3,33 s
b) 0,55 s d) 1,80 s

5. Um carrinho descreve uma circunferência de raio 20 cm com velocidade angular ω constante de $\frac{\pi}{8}$ rad/s. Isso significa que esse móvel completa uma volta em:

a) 16 s c) 4 s e) 1 s
b) 8 s d) 2 s

6. Retome o exercício 5 e adote $\pi = 3$. Em 2 s, aquele carrinho percorre um arco de trajetória, L, de comprimento igual a:

a) 4,0 cm c) 12 cm e) 20 cm
b) 8,0 cm d) 15 cm

7. Aproximando o movimento que a Terra realiza, a cada ano, em torno do Sol de um movimento circular uniforme (MCU) de raio aproximadamente igual a $1,5 \cdot 10^8$ km e considerando 1 ano $\simeq \pi \cdot 10^7$ s, podemos estimar a velocidade orbital da Terra em:

a) 1,5 km/s c) 15 km/s e) 45 km/s
b) 3,0 km/s d) 30 km/s

4 Aceleração no MCU

Apesar de ser classificado como uniforme, o MCU é um movimento dotado de aceleração pelo fato de ocorrer em uma trajetória curvilínea. No MCU existe **aceleração centrípeta**, isto é, $|\vec{a}_{cp}| \neq 0$. Porém, sendo um movimento uniforme, ele não tem aceleração tangencial, isto é, $|\vec{a}_t| = 0$.

Como já vimos no capítulo 6, o módulo da aceleração centrípeta é dado por:

$$|\vec{a}_{cp}| = \frac{v^2}{R}$$

Se substituirmos v por ωR, teremos:

$$|\vec{a}_{cp}| = \frac{(\omega R)^2}{R} \Rightarrow \boxed{|\vec{a}_{cp}| = \omega^2 R}$$

Podemos ainda escrever a expressão acima como:

$$|\vec{a}_{cp}| = \omega \cdot \underbrace{\omega R}_{v} \text{ ou } |\vec{a}_{cp}| = \omega v$$

Aplicando a teoria

3. Um móvel realiza um MCU com velocidade linear v e percorre, em um intervalo de tempo τ, um arco de circunferência que subentende um ângulo central θ, medido em radiano. Com esses dados, determinar para esse móvel:

a) o raio da trajetória circular;

b) o módulo da aceleração centrípeta $|\vec{a}_{cp}|$.

➤ Solução

a) $\omega = \frac{\Delta\theta}{\Delta t} \Rightarrow \omega = \frac{\theta}{\tau}$

Como $v = \omega R$, teremos:

$$v = \frac{\theta}{\tau} \cdot R \Rightarrow \boxed{R = \frac{v\tau}{\theta}}$$

(Observe que $R\theta = v\,\tau$ é a medida do arco.)

b) $$|\vec{a}_{cp}| = a_{cp} = \frac{v^2}{R} = \frac{v^2}{\frac{v\tau}{\theta}} \Rightarrow \boxed{a_{cp} = \frac{v\theta}{\tau}}$$

Avaliando o aprendizado

8. A polia mostrada abaixo tem diâmetro de 10 π cm e gira com frequência constante de 1.200 rpm, acionada pela correia C que passa à sua volta.

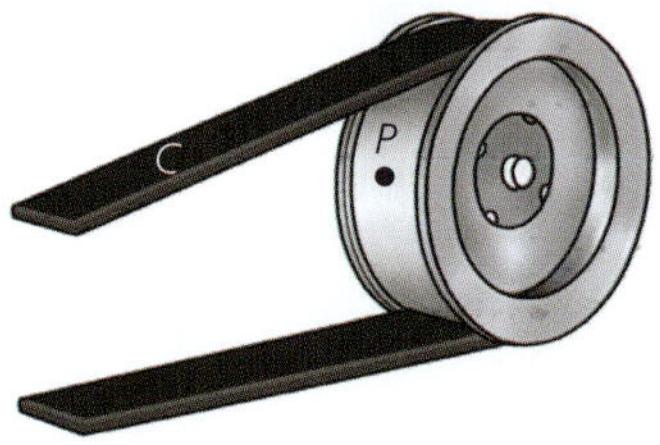

Determine para o sistema polia-correia:

a) a velocidade linear v da correia C;

b) o módulo da aceleração centrípeta do ponto P, sobre a superfície externa da polia.

Dê as respostas em função de π.

9. Na pista representada abaixo, os trechos AB e CD são retilíneos e o trecho BC é semicircular. Um carro percorre todo o trecho $ABCD$ com velocidade escalar linear constante.

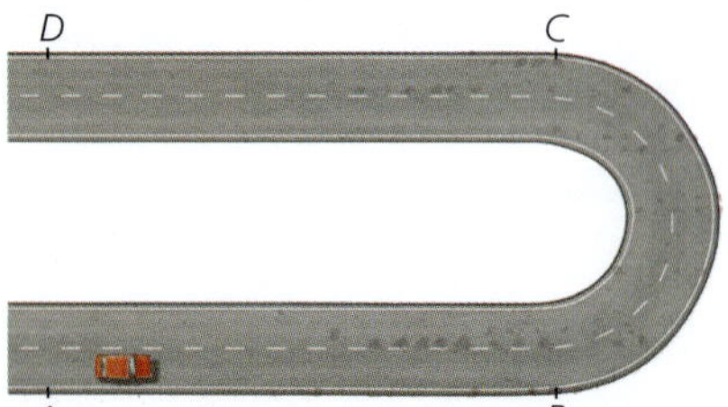

O diagrama que melhor representa o módulo da aceleração vetorial $\vec{a}$ do carro em todo o percurso, como função do tempo, é:

a)
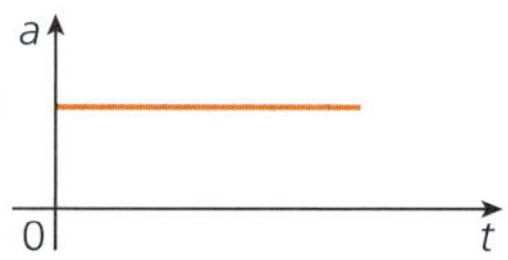

b)
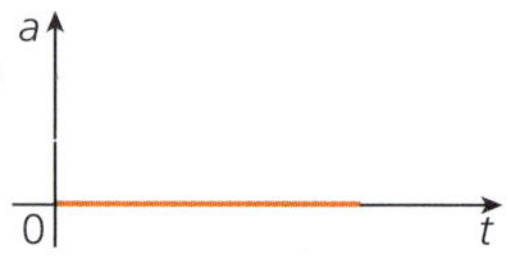

c)
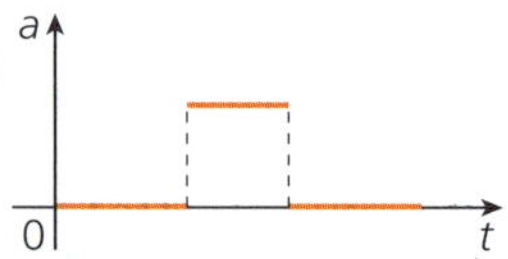

d)
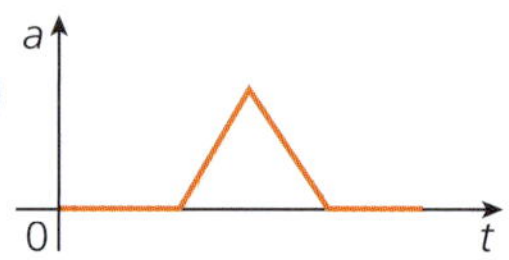

e)
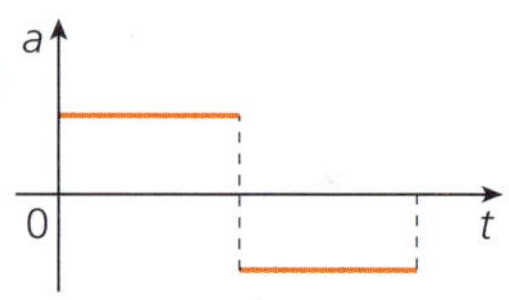

10. A aceleração vetorial $\vec{a}$ de um móvel em movimento circular e uniforme:

a) é perpendicular ao seu vetor velocidade $\vec{v}$ e ao plano da trajetória.

b) determina, com o vetor velocidade $\vec{v}$, um plano que contém a trajetória.

c) é paralela ao vetor velocidade $\vec{v}$.

d) forma um ângulo θ com o vetor velocidade $\vec{v}$, tal que $0 < \theta < \frac{\pi}{2}$.

e) é nula.

11. Um carro percorre uma pista horizontal e plana com velocidade constante. A pista tem a forma de uma espiral, ilustrada no esquema a seguir, e, como se vê, o carro move-se no sentido anti-horário, isto é, percorrendo trechos sucessivos da pista com raios de curvatura decrescentes.

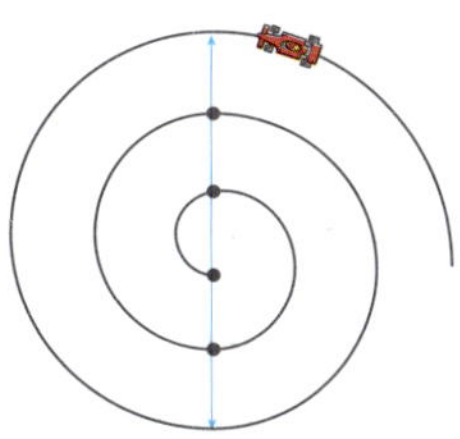

Com relação à velocidade angular ω e ao módulo da aceleração centrípeta $|\vec{a}_{cp}|$ do carro, podemos afirmar que, durante o seu movimento:

a) ambos permanecem constantes.

b) o valor de ω aumenta e o de $|\vec{a}_{cp}|$ diminui.

c) o valor de ω diminui e o de $|\vec{a}_{cp}|$ aumenta.

d) ambos aumentam.

12. A figura a seguir mostra a roda de uma bicicleta rolando em sentido horário, sem escorregar, sobre o solo plano e fixo. O centro da roda realiza um movimento retilíneo uniforme (MRU). No instante considerado, P é o ponto da roda que está em contato com o solo.

Nesse instante, os vetores velocidade $\vec{v}_P$ e aceleração $\vec{a}_P$ do ponto P são tais que:

(Dados: $\vec{0}$ representa um vetor nulo; as setas representam a direção e o sentido dos vetores não nulos.)

a) $\vec{v}_P = \vec{0}$ e $\vec{a}_P = \vec{0}$

b) $\vec{v}_P = \vec{0}$, e $\vec{a}_P (\uparrow)$

c) $\vec{v}_P (\leftarrow)$ e $\vec{a}_P (\uparrow)$

d) $\vec{v}_P (\rightarrow)$ e $\vec{a}_P (\uparrow)$

e) $\vec{v}_P (\rightarrow)$ e $\vec{a}_P = \vec{0}$

5 Movimentos circulares acoplados

8.1 Conteúdo multimídia

Em diversas situações encontramos mecanismos que trabalham em conjunto, como parte integrante de um todo. Nos motores dos automóveis, por exemplo, temos polias e outros elementos rotativos acoplados entre si por cintas, por correias dentadas ou até por contato direto, utilizando-se do movimento do eixo do motor para produzir algum efeito útil.

Polias montadas em eixos distintos transmitem movimento de rotação entre si por meio de correias **(fig. 5)**.

PRISM68/SHUTTERSTOCK

HFNG/SHUTTERSTOCK

Figura 5. (A) Transmissão de rotação entre polias acopladas por correia dentada em "V"; (B) polias dentadas acopladas por correia dentada em um motor.

LESLIE GARLAND PICTURE LIBRARY/ALAMY/OTHER IMAGES

Figura 6. Caixa de transmissão de marchas. Engrenagens montadas em um mesmo eixo transmitem mesma velocidade angular. Engrenagens em contato pela superfície, como as engrenagens 1 e 2, transmitem velocidades lineares iguais.

Na **figura 6**, as engrenagens 1 e 2 transmitem o movimento de uma para a outra por contato direto.

FERNANDO FAVORETTO/CRIAR IMAGEM

Transmissão por eixo cardan numa bicicleta.

Nesses dois modos de acoplamento, por correia e por contato, como não há escorregamento entre as partes, os pontos nas extremidades das polias ou engrenagens em contato devem ter a **mesma velocidade escalar linear**. Assim, nas **figuras 5** e **6**, os pontos 1 e 2 terão a mesma velocidade escalar linear: $\boxed{v_1 = v_2}$

Sendo R_1 e R_2 os raios das polias, temos: $\boxed{\omega_1 R_1 = \omega_2 R_2} \Rightarrow 2\pi f_1 R_1 = 2\pi f_2 R_2 \Rightarrow$

$\Rightarrow \boxed{f_1 R_1 = f_2 R_2}$ ou ainda: $\boxed{\dfrac{f_1}{f_2} = \dfrac{R_2}{R_1}}$

Esse resultado mostra que as frequências de rotação são **inversamente proporcionais** aos raios das polias ou das engrenagens.

Engrenagens que giram ligadas a um mesmo eixo (rotação solidária) executam o mesmo número de voltas num dado intervalo de tempo. Isso significa que suas velocidades angulares ω são iguais.

Assim, $\omega_1 = \omega_2 \Rightarrow 2\pi f_1 = 2\pi f_2 \Rightarrow \boxed{f_1 = f_2}$.

Ou, ainda, como $\omega = \dfrac{v}{R}$, temos: $\boxed{\dfrac{v_1}{R_1} = \dfrac{v_2}{R_2}}$

Aplicando a teoria

4. Ao lado estão representadas 4 polias ligadas entre si. As polias 1, 2 e 3 estão ligadas por meio de uma correia que mantém firme contato com elas, não permitindo deslizamento entre as superfícies. As polias 3 e 4 estão ligadas a um eixo central em comum. Sabe-se que a polia 1 é a de menor raio, as polias 2 e 3 têm raios iguais e a polia 4 é a de maior raio.

A seguir são feitas cinco afirmações sobre os movimentos das polias e da correia. Analisar as afirmações e classificar cada uma delas como verdadeira (V) ou falsa (F).

I. Os pontos das superfícies das polias 1, 2 e 3 têm velocidade escalares lineares iguais à velocidade de deslocamento da correia.

II. As polias 1 e 2 têm velocidades angulares iguais.

III. A frequência de rotação da polia 1 é maior que a frequência de rotação da polia 3.

IV. As polias 3 e 4 têm o mesmo período de rotação.

V. As polias 2 e 4 têm frequências de rotação iguais.

Assinalar a alternativa que indica a sequência correta de V e F.

a) V V V V V b) V F V V F c) F V V V F d) V F V V V e) V F F V V

➤ Solução

I. Verdadeira. Independentemente dos raios, as polias 1, 2 e 3 estão ligadas pela correia, sem escorregamento; portanto, têm velocidades escalares lineares iguais.

II. Falsa. De acordo com a relação $\dfrac{\omega_1}{\omega_2} = \dfrac{R_2}{R_1}$, se $R_1 < R_2$, devemos ter: $\omega_1 > \omega_2$

III. Verdadeira. Como $R_1 < R_2 = R_3$, temos: $f_1 > f_2 = f_3 \Rightarrow f_1 > f_3$

IV. Verdadeira. Como as polias 3 e 4 giram solidárias, isto é, no mesmo eixo, temos: $\omega_3 = \omega_4 \Rightarrow f_3 = f_4 \Rightarrow T_3 = T_4$

V. Verdadeira. A partir das afirmações III e IV, temos: $f_2 = f_3$ e $f_3 = f_4$, logo: $f_2 = f_4$

Avaliando o aprendizado

13. Na figura abaixo está representada uma pista circular para treinos de atletismo. A atleta Nina Velowska corre na parte interna do circuito, com velocidade linear constante v_1, descrevendo uma circunferência de raio r_1. O atleta Yuri Rapidov corre na parte externa do circuito com velocidade linear constante v_2, descrevendo uma circunferência de raio r_2. As circunferências são concêntricas em O e ambos os atletas correm no sentido horário.

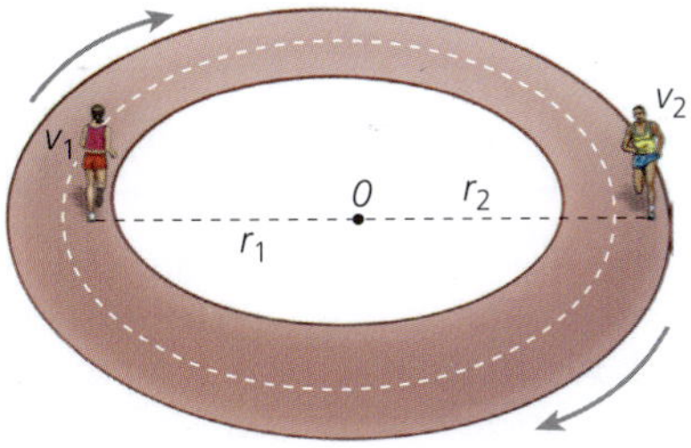

Em dado instante, que será tomado como $t_0 = 0$, Nina e Yuri estão em posições opostas do circuito, mostradas na figura. Para que essas posições relativas permaneçam assim durante algum tempo, as velocidades v_1 e v_2 devem ser ajustadas de tal modo que:

a) $v_1 = v_2$
b) $v_1 r_1 = v_2 r_2$
c) $v_1 r_2 = v_2 r_1$
d) $v_1 r_2^2 = v_2 r_1^2$
e) $v_1^2 r_2 = v_2^2 r_1$

14. Em relação à situação descrita no exercício 13, considere agora que, no instante $t_0 = 0$, $v_1 = v_2$. Assim, para que Nina alcance Yuri após ela ter completado exatamente **uma volta** e ele apenas **meia volta**, devemos ter:

a) $r_1 = \left(\frac{1}{2}\right)^2 \cdot r_2$
b) $r_1 = \frac{1}{2} r_2$
c) $r_1 = r_2$
d) $r_1 = 2r_2$
e) $r_1 = 2^2 \cdot r_2$

15. Considere as engrenagens mostradas na figura abaixo.

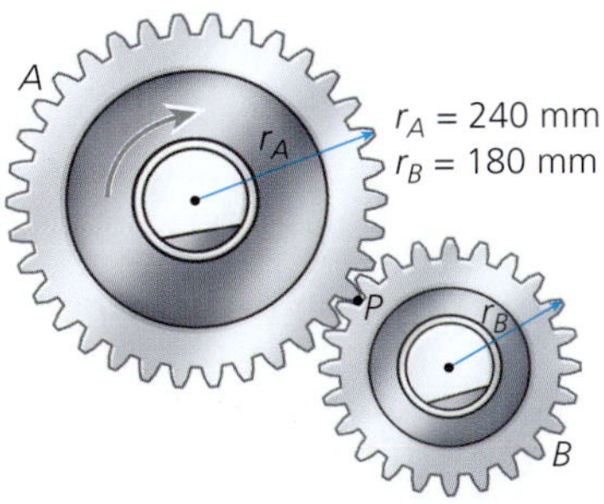

A engrenagem A tem raio de 240 mm e executa 600 rotações por minuto. A engrenagem B tem raio de 180 mm. Ambas são fixas nos respectivos eixos, isto é, apenas giram. Adote $\pi = 3$.

Determine:

a) a velocidade angular de A, em rad/s;
b) frequência de rotação de B, em rpm;
c) a velocidade angular de B, em rad/s;
d) a velocidade escalar linear do ponto de contato, P, entre A e B, em m/s.

16. Julinha ganhou sua primeira bicicleta, mas a menina ainda não sabe se equilibrar sobre o brinquedo, então precisa de rodinhas laterais de apoio, mostradas na figura abaixo, até ter a habilidade necessária para pedalar sem elas. As rodinhas laterais têm diâmetro de 12 cm e a roda traseira da bicicleta tem diâmetro de 30 cm.

SANDY MAYA MATZEN/SHUTTERSTOCK

Assim, durante um passeio com velocidade escalar constante, se a roda traseira executa duas voltas por segundo, podemos afirmar que as rodinhas laterais executam *n* voltas por segundo, sendo *n* igual a:

a) 2,5
b) 3,0
c) 4,0
d) 5,0
e) 10,0

17. Em relação ao exercício anterior, nas mesmas condições de movimento e considerando $\pi \simeq 3$, podemos afirmar que, após um minuto de passeio, Julinha terá percorrido aproximadamente:

a) 92 m
b) 108 m
c) 135 m
d) 162 m
e) 216 m

Revisando o conteúdo

Ficha-resumo 1

A relação entre **período** e **frequência** é:

$$f = \frac{1}{T}\left(Hz = \frac{1}{s} = s^{-1}\right)$$

A velocidade angular é dada por:

$$\omega = \frac{2\pi}{T} = 2\pi f\ (rad/s)$$

A relação entre velocidade linear e velocidade angular é:

$$v = \omega R$$

Ficha-resumo 2

O módulo da aceleração centrípeta no MCU é:

$$|\vec{a}_{cp}| = \frac{v^2}{R} = \omega^2 R\ (m/s^2)$$

Polias ligadas por correia ou contato direto:

$$\omega_1 R_1 = \omega_2 R_2$$

Polias ligadas a um mesmo eixo:

$$\omega_1 = \omega_2 \text{ ou } \frac{v_1}{R_1} = \frac{v_2}{R_2}$$

Quando necessário adote $\pi \simeq 3$.

1. (Fatec-SP) Uma roda gira com frequência 1.200 rpm. Assim, a frequência e o período são respectivamente:

a) 1.200 Hz, 0,05 s
b) 60 Hz, 1 min
c) 20 Hz, 0,05 s
d) 20 Hz, 0,5 s
e) 12 Hz, 0,08 s

2. (Vunesp) O comprimento da banda de rodagem (circunferência externa) do pneu de uma bicicleta é de aproximadamente 2,0 m.

a) Determine o número N de voltas (rotações) dadas pela roda da bicicleta quando o ciclista percorre uma distância de 6,0 km.
b) Supondo-se que essa distância tenha sido percorrida com velocidade escalar constante de 18 km/h, determine, em hertz, a frequência de rotação da roda durante o percurso.

3. Um carrinho de autorama percorre uma pista circular de 50 cm de raio, executando três voltas a cada 2,0 s. Supondo que o movimento seja uniforme, podemos estimar que a velocidade escalar linear desse carrinho vale, em km/h, aproximadamente:

a) 1,0
b) 2,0
c) 4,0
d) 8,0
e) 16,0

4. Em uma pista circular um pequeno carro percorre um trecho de comprimento 80 m, subentendendo um ângulo central de 120° (aproximadamente 2,0 rad), em 4,0 s. Nessas condições, determine:

a) a velocidade linear v do carro, em m/s;
b) a velocidade angular ω do carro, em rad/s;
c) o raio R da pista circular.

5. Os carros A e B, na figura abaixo, entram e saem simultaneamente, isto é, lado a lado, dos trechos semicirculares da pista de provas representada. A percorre o trecho de raio menor, r, e B percorre o trecho de raio maior, R, ambos em movimentos uniformes.

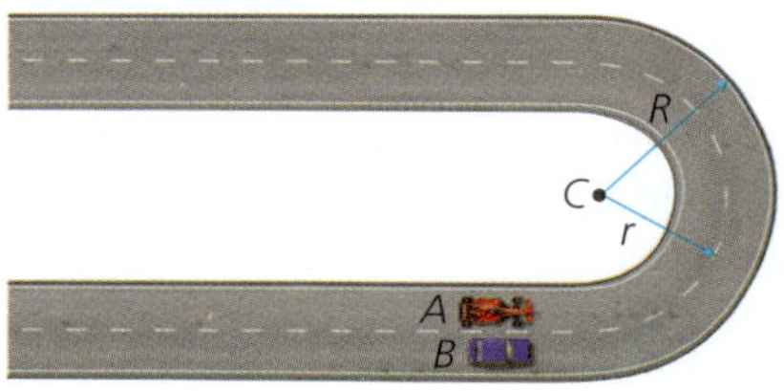

Apenas nos trechos curvos, determine para esses carros:

a) a razão $\frac{\omega_A}{\omega_B}$ entre suas velocidades angulares;
b) a razão $\frac{v_A}{v_B}$ entre suas velocidades escalares lineares;
c) a razão $\frac{a_{cp(A)}}{a_{cp(B)}}$ entre os módulos das suas acelerações centrípetas.

6. Considere novamente a situação inicial do exercício 5, porém agora os carros têm velocidades escalares lineares constantes e iguais, isto é, $v_A = v_B$.
Assim, determine, para os trechos curvos:

a) a razão $\frac{\omega_A}{\omega_B}$ entre suas velocidades escalares angulares;
b) a razão $\frac{\Delta t_A}{\Delta t_B}$ entre os intervalos de tempo para cada carro percorrer o seu respectivo trecho.

7. (UFMG) A figura a seguir representa três bolas, A, B e C, que estão presas entre si por cordas de 1,0 m de comprimento cada uma. As bolas giram com movimento circular uniforme sobre um plano horizontal sem atrito, mantendo as cordas esticadas. A massa de cada bola é igual a 0,5 kg e a velocidade da bola C é de 9,0 m/s.

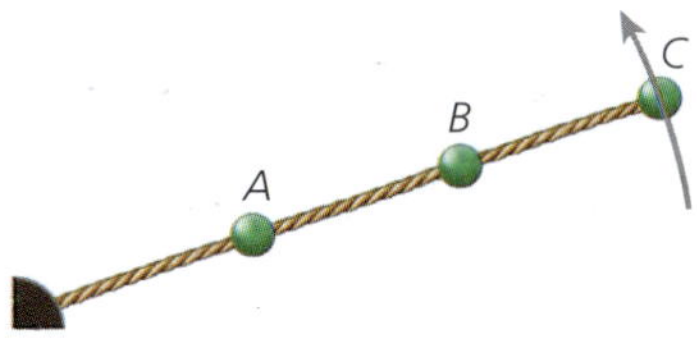

A alternativa que indica como se relacionam as velocidades tangenciais v_A, v_B, v_C, das bolas A, B e C e seus respectivos períodos T_A, T_B, T_C é:

a) $v_A < v_B < v_C$; $T_A = T_B = T_C$
b) $v_A = v_B = v_C$; $T_A = T_B = T_C$
c) $v_A > v_B > v_C$; $T_A = T_B = T_C$
d) $v_A = v_B = v_C$; $T_A > T_B > T_C$
e) $v_A = v_B = v_C$; $T_A < T_B < T_C$

8. Em relação ao exercício anterior, determine a relação entre as intensidades a_A, a_B e a_C das acelerações centrípetas das massas A, B e C.

9. Um carro de Fórmula 1 percorre um trecho semicircular de uma pista de corridas em 20 s, mantendo uma velocidade escalar constante de 108 km/h. Determine:

a) o comprimento do trecho percorrido;
b) o raio do trecho semicircular;
c) o módulo da aceleração do carro nesse trecho.

10. (UFPB) Um carro de Fórmula 1 percorre uma pista circular de 50 m de raio, com velocidade escalar constante de 180 km/h. Determine quantas vezes a aceleração do carro é maior do que a aceleração da gravidade, g. (Considere $g = 10$ m/s^2.)

11. (UFSCar-SP) Em música, uma oitava da escala denominada temperada constitui um grupo distinto de doze sons, cada um correspondendo a uma frequência de vibração sonora.

Escala musical (5ª oitava da escala temperada)	
Nota musical	**Frequência aproximada (Hz)**
Dó	1.047
Dó #	1.109
Ré	1.175
Ré #	1.245
Mi	1.319
Fá	1.397
Fá #	1.480
Sol	1.568
Sol #	1.661
Lá	1.760
Lá #	1.865
Si	1.976

Numa marcenaria, uma serra circular, enquanto executa o corte de uma prancha de madeira, gira com frequência de 4.500 rpm. Além do ruído do motor da máquina e do ruído produzido pelos modos de vibração do disco da serra, o golpe frenético de cada um dos 20 dentes presentes no disco de serra sobre a madeira produz um som característico dessa ferramenta. O som produzido pelos golpes sequenciados dos dentes da serra em funcionamento produz, junto com a madeira que vibra, um som próximo ao da nota musical:

a) Ré #
b) Mi
c) Fá #
d) Sol
e) Lá #

12. (Enem) As bicicletas possuem uma corrente que liga uma coroa dentada dianteira, movimentada pelos pedais, a uma coroa localizada no eixo da roda traseira, como mostra a figura.

O número de voltas dadas pela roda traseira, a cada pedalada, depende do tamanho relativo dessas coroas.

Em qual das opções abaixo a roda traseira dá maior número de voltas por pedalada?

a) 

b) 

c) 

d) 

e) 

13. (Enem) Quando se dá **uma** pedalada na bicicleta a seguir (isto é, quando a coroa acionada pelos pedais dá uma volta completa), qual é a distância aproximada percorrida pela bicicleta, sabendo-se que o perímetro de um círculo de raio R é igual a $2\pi R$ e $\pi \simeq 3$?

a) 1,2 m
b) 2,4 m
c) 7,2 m
d) 14,4 m
e) 48,0 m

14. (Fuvest-SP) Num toca-fitas, a fita *F* do cassete passa em frente à cabeça de leitura *C* com uma velocidade constante $v = 4{,}80$ cm/s. O diâmetro do núcleo dos carretéis vale 2,0 cm. Com a fita completamente enrolada num dos carretéis, o diâmetro externo do rolo de fita vale 5,0 cm. A figura abaixo representa a situação em que a fita começa a se desenrolar do carretel *A* e a se enrolar no núcleo do carretel *B*.

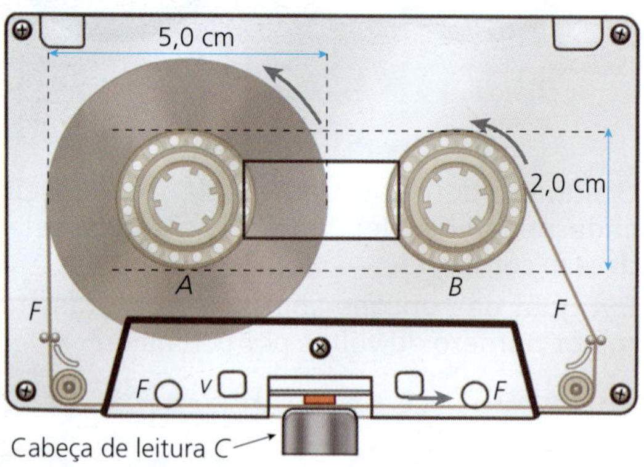

Enquanto a fita é totalmente transferida de *A* para *B*, o número de rotações completas por segundo (rps) do carretel *A*:

a) varia de 0,32 a 0,80 rps.
b) varia de 0,96 a 2,40 rps.
c) varia de 1,92 a 4,80 rps.
d) permanece igual a 1,92 rps.
e) varia de 11,5 a 28,8 rps.

15. (Fuvest-SP) Duas polias de raios *a* e *b* estão acopladas entre si por meio de uma correia, como mostra a figura:

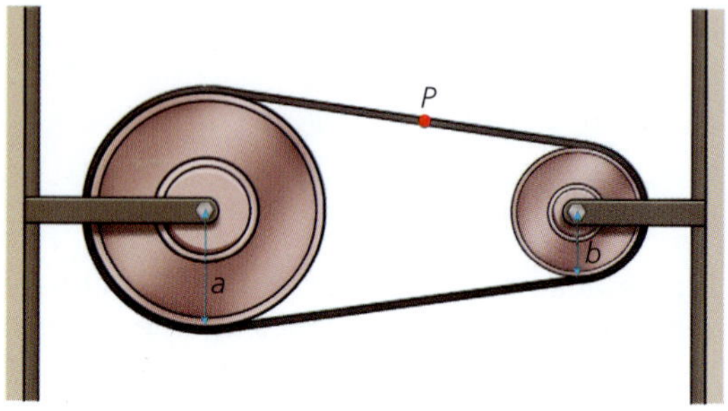

A polia maior, de raio *a*, gira em torno de seu eixo levando um tempo *T* para completar uma volta. Supondo que não haja deslizamento entre as polias e a correia, calcule:

a) o módulo *v* da velocidade do ponto *P* da correia;
b) o tempo *t* que a polia menor leva para dar uma volta completa.

16. (Unicamp-SP) Considere as três engrenagens acopladas simbolizadas na figura a seguir.

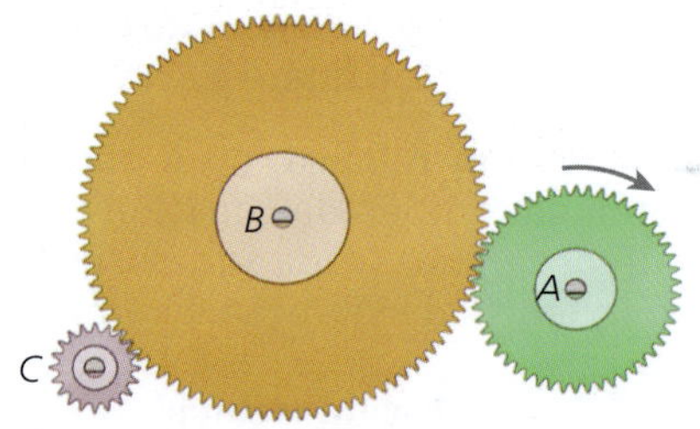

A engrenagem A tem 50 dentes e gira no sentido horário, indicado na figura, com velocidade angular de 100 rpm (rotações por minuto). A engrenagem B tem 100 dentes e a C tem 20 dentes.

a) Qual é o sentido de rotação da engrenagem C?
b) Quanto vale a velocidade tangencial da engrenagem A em dentes/min?
c) Qual é a velocidade angular de rotação (em rpm) da engrenagem B?

Capítulo 9

Leis de Newton

Objetivos do capítulo:

- ✔ Apresentar o conceito de força e as principais forças da Dinâmica.
- ✔ Apresentar as leis de Newton.
- ✔ Aplicar as leis de Newton a situações-problema.
- ✔ Discutir as características da força de atrito estático e da força de atrito dinâmico.

DAVID J. GRIFFIN/ICON SMI/CORBIS/LATINSTOCK

A foto acima mostra um *dragster* durante uma arrancada. Os *dragsters*, surgidos nos Estados Unidos na década de 1940, são veículos leves com motores muito potentes e especialmente projetados para provas de arrancada em retas. Os *dragsters* da categoria *Top Fuel* são capazes de alcançar mais de 515 km/h de velocidade final e percorrer cerca de 400 metros em menos de 5 segundos. Que fatores afetam o desempenho de um *dragster*? Como esses veículos conseguem atingir velocidades tão altas em um percurso tão curto? Que forças eles devem vencer para alcançar tais desempenhos? Essas perguntas podem ser respondidas pela Dinâmica, área da Física que estudaremos neste capítulo.

Gráficos Força
Conteúdo multimídia

1 Força

Iniciamos aqui o estudo da área da Física conhecida como **Dinâmica**.

A Dinâmica é a parte da Mecânica que investiga e busca explicar a causa dos movimentos.

Imagine um livro em repouso sobre uma mesa. Para colocá-lo em movimento, instintivamente o empurramos ou o puxamos. Quando fazemos isso, o livro pode entrar em movimento.

A ideia de empurrar ou puxar um corpo para colocá-lo em movimento está relacionada ao conceito intuitivo de força; no entanto, **força** é a grandeza física que se manifesta pela modificação que provoca na velocidade de um corpo ou pela deformação nele produzida.

Figura 1. Ao ato de empurrar ou de puxar, associamos a aplicação de uma força.

VUK VUKMIROVIC/SHUTTERSTOCK

A força é uma **grandeza vetorial** e, como tal, precisamos conhecer seu módulo, sua direção e seu sentido para caracterizá-la **(fig. 1)**. No Sistema Internacional de Unidades (SI), a força é medida em newton, cujo símbolo é o N.

Chamamos de **força resultante** a soma vetorial de duas ou mais forças, $\vec{F}_1, \vec{F}_2, \ldots, \vec{F}_n$. Portanto:

$$\vec{F}_R = \vec{F}_1 + \vec{F}_2 + \ldots + \vec{F}_n$$

Naturalmente, se houver uma única força agindo no sistema, essa força única será a força resultante.

Newton
Conteúdo multimídia

2 Leis de Newton

O físico, matemático e astrônomo inglês Isaac Newton (1642-1727), em sua obra *Philosophiae naturalis principia mathematica (Princípios matemáticos da filosofia natural)*, publicada em 1687 e considerada uma das mais importantes e influentes na história da ciência, enunciou as três leis fundamentais do movimento, hoje conhecidas como leis de Newton.

GIRAUDON/THE BRIDGEMAN ART LIBRARY/KEYSTONE – ACADEMIE DES SCIENCES, PARIS

Isaac Newton.

9.1 9.2 9.3
Conteúdo multimídia

Primeira lei de Newton ou princípio da inércia

> Todo corpo continua em seu estado de repouso ou de movimento retilíneo e uniforme (MRU), a menos que seja forçado a mudar aquele estado por uma força resultante não nula aplicada sobre ele.

Portanto, se a força resultante aplicada sobre um corpo é nula, sua velocidade vetorial $\vec{v}$ permanece constante. Em outras palavras, para alterar o vetor velocidade $\vec{v}$ de um corpo, é necessária a atuação de uma força resultante não nula.

$$\vec{F}_R = \vec{0} \Leftrightarrow \vec{v} = \text{constante} \begin{cases} \vec{v} = \vec{0} \text{ (repouso)} \\ \vec{v} \neq \vec{0} \text{ (MRU)} \end{cases}$$

Em qualquer uma das duas situações, dizemos que o corpo se encontra em **equilíbrio**. Esse equilíbrio é **estático** no caso do corpo em repouso e **dinâmico** no caso do corpo em MRU.

Segunda lei de Newton ou princípio fundamental da Dinâmica

- A resultante das forças aplicadas a um ponto material é igual ao produto de sua massa pela aceleração adquirida.

$$\vec{F}_R = m \cdot \vec{a}$$

Então, podemos dizer que a aceleração de um corpo é proporcional à força resultante que atua sobre ele. A constante de proporcionalidade entre a força resultante $\vec{F}_R$ e a aceleração $\vec{a}$ é a massa m do corpo.

No SI, as unidades usadas são: newton (símbolo: N), para a força resultante, quilograma (kg), para a massa do corpo, e m/s^2, para a aceleração. Observe que:

$$1\,\text{N} = 1\,\text{kg} \cdot \frac{\text{m}}{\text{s}^2}$$

É importante ressaltar que estamos aplicando uma operação já estudada no capítulo 5, o produto de um número real por um vetor. Nesse caso, o número real é a massa m de um corpo, um valor sempre positivo.

Por esse motivo, a **força resultante** $\vec{F}_R$ e a **aceleração** $\vec{a}$ de um corpo **sempre terão a mesma direção e o mesmo sentido**.

Terceira lei de Newton ou princípio da ação e reação

- Toda ação sempre provoca uma reação oposta de igual intensidade, ou seja, as ações mútuas de dois corpos são sempre iguais, mas em sentidos opostos.

Simplificando, podemos dizer que a toda força de ação corresponde uma força de reação de mesma intensidade e mesma direção, mas de sentido oposto. Essas forças sempre atuam em dois corpos distintos.

Considere dois lutadores de sumô, *A* e *B*, que se empurram mutuamente (**fig. 2**).

Ao empurrar seu oponente, o lutador *A* aplica sobre o lutador *B* uma força $\vec{F}_{AB}$. Pelo princípio da ação e reação, simultaneamente o lutador *B* exerce sobre o lutador *A* uma força $\vec{F}_{BA}$. Essas duas forças têm mesma direção, mesma intensidade e sentidos opostos. Observe que a força $\vec{F}_{AB}$ atua no lutador *B* e a força $\vec{F}_{BA}$ atua no lutador *A*.

Em outras palavras, é impossível empurrar sem ser empurrado, ou puxar sem ser puxado.

9.4 Conteúdo multimídia

J. HENNING BUCHHOLZ/SHUTTERSTOCK

Figura 2. As forças de ação e reação sempre atuam em dois corpos distintos.

Aplicando a teoria

1. Em cada uma das situações abaixo, representamos um corpo com massa de 2 kg, sujeito a duas ou mais forças.

a) 

b) 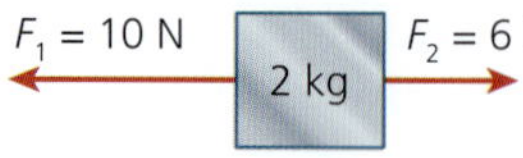

c) 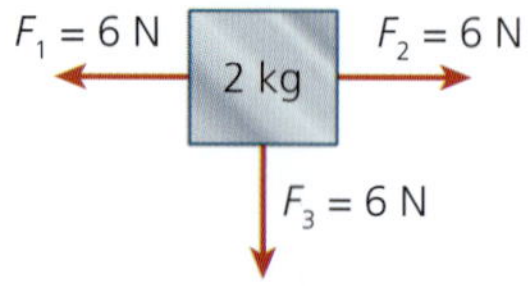

d) 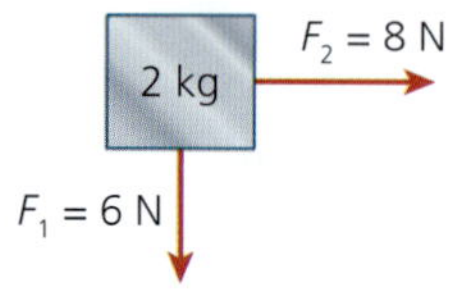

Determinar, para cada situação, o módulo da força resultante que atua no corpo e o módulo da aceleração adquirida por ele.

➤ **Solução**

Em todos os casos, a força resultante será obtida pela soma vetorial das forças que atuam no corpo ($\vec{F}_R = \vec{F}_1 + \vec{F}_2 + ... + \vec{F}_n$), e a aceleração, quando existir, será calculada usando o princípio fundamental da Dinâmica ($\vec{F}_R = m \cdot \vec{a}$).

a) As forças $\vec{F}_1$ e $\vec{F}_2$ têm mesma intensidade (ou módulo) e mesma direção, mas sentidos opostos. Então:

$F_R = F_1 - F_2 \Rightarrow F_R = 10 - 10 \Rightarrow \boxed{F_R = 0}$

Como a força resultante é nula, pelo princípio da inércia, concluímos que a velocidade vetorial do corpo é constante e, portanto, sua aceleração é nula. Então: $\boxed{a = 0}$

É importante destacar que, nesse caso, o corpo representado está em repouso ou está se movimentando em linha reta, em qualquer direção, com velocidade escalar constante.

b) Mais uma vez, temos duas forças de mesma direção, mas de sentidos opostos. Porém, nesse caso, as forças têm módulos diferentes. Então:

$F_R = F_1 - F_2 \Rightarrow F_R = 10 - 6 \Rightarrow$

$\Rightarrow \boxed{F_R = 4\text{ N}}$ (horizontal, para a esquerda)

Pelo princípio fundamental da Dinâmica:

$F_R = ma \Rightarrow 4 = 2a \Rightarrow a = \dfrac{4}{2} \Rightarrow$

$\Rightarrow \boxed{a = 2\text{ m/s}^2}$ (horizontal, para a esquerda)

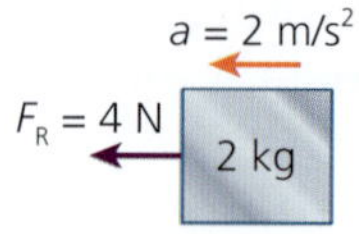

Observe que a aceleração e a força resultante têm mesma direção e mesmo sentido.

c) Nesse caso, a força resultante será obtida com a soma: $\vec{F}_R = \vec{F}_1 + \vec{F}_2 + \vec{F}_3$

As forças $\vec{F}_1$ e $\vec{F}_2$ têm mesma intensidade e mesma direção, mas sentidos opostos. Assim, elas se anulam. Logo, a força resultante sobre o corpo é igual à força $\vec{F}_3$. Então:

$F_R = F_3 \Rightarrow \boxed{F_R = 6\text{ N}}$ (vertical, para baixo)

Pelo princípio fundamental da Dinâmica:

$F_R = ma \Rightarrow 6 = 2a \Rightarrow a = \dfrac{6}{2} \Rightarrow$

$\Rightarrow \boxed{a = 3\text{ m/s}^2}$ (vertical, para baixo)

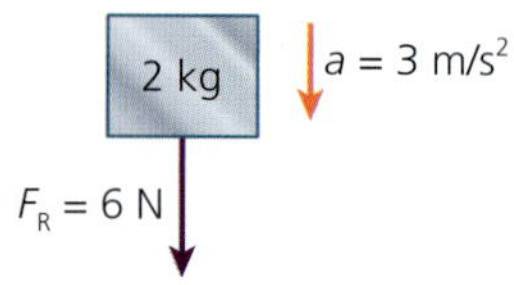

d) Como as forças $\vec{F}_1$ e $\vec{F}_2$ são perpendiculares entre si, podemos somá-las aplicando a regra do paralelogramo. O módulo da força resultante pode ser obtido por meio do teorema de Pitágoras:

$F_R^2 = 6^2 + 8^2 \Rightarrow F_R^2 = 36 + 64 \Rightarrow F_R^2 = 100 \Rightarrow$

$\Rightarrow \boxed{F_R = 10\text{ N}}$

Pelo princípio fundamental da Dinâmica:

$F_R = ma \Rightarrow 10 = 2a \Rightarrow a = \dfrac{10}{2} \Rightarrow$

$\Rightarrow \boxed{a = 5\text{ m/s}^2}$

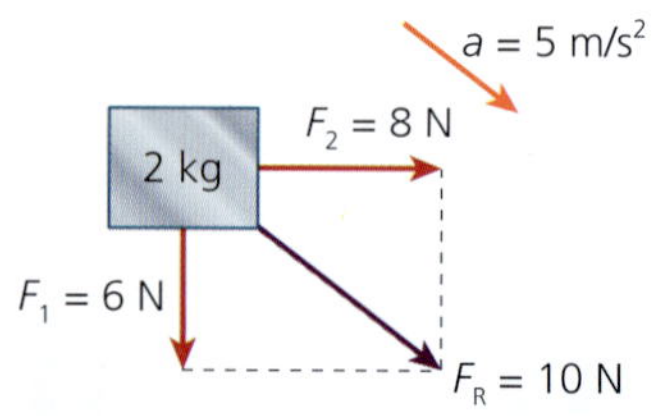

2. A partir do instante t = 0, um corpo com massa de 5 kg, inicialmente em repouso, fica sujeito a uma força resultante constante de módulo 20 N.

a) Qual é o módulo da aceleração adquirida pelo corpo?

b) Qual é a velocidade escalar do corpo no instante t = 3 s?

c) Qual é o deslocamento do corpo entre os instantes t = 0 e t = 3 s?

➤ Solução

a) Pelo princípio fundamental da Dinâmica: $\vec{F}_R = m \cdot \vec{a}$

Então: $F_R = ma \Rightarrow 20 = 5a \Rightarrow a = \frac{20}{5} \Rightarrow \boxed{a = 4 \text{ m/s}^2}$

b) Como a força resultante tem módulo constante, podemos concluir que a aceleração adquirida pelo corpo também terá módulo constante. Portanto, o corpo realizará um movimento retilíneo uniformemente variado.

No MUV:

$v = v_0 + at \Rightarrow v = 0 + 4 \cdot 3 \Rightarrow \boxed{v = 12 \text{ m/s}}$

c) Da função horária do espaço no MUV, temos:

$$s = s_0 + v_0 t + \frac{1}{2} at^2 \Rightarrow s - s_0 = v_0 t + \frac{1}{2} at^2 \Rightarrow \Delta s = v_0 t + \frac{1}{2} at^2$$

Então:

$$\Delta s = 0 \cdot 3 + \frac{1}{2} \cdot 4 \cdot 3^2 \Rightarrow \Delta s = 0 + 18 \Rightarrow \boxed{\Delta s = 18 \text{ m}}$$

Avaliando o aprendizado

1. Em determinado instante, um corpo fica sujeito a duas forças perpendiculares entre si, de módulos $F_1 = 12$ N e $F_2 = 5$ N.

a) Qual é o módulo da força resultante?

b) Calcule o módulo da aceleração adquirida pelo corpo sabendo que sua massa é de 6,5 kg.

2. Um bloco de massa 5 kg desloca-se em movimento retilíneo e uniforme (MRU) sob a ação de um sistema de forças. O que podemos afirmar a respeito da resultante das forças que agem no bloco?

3. Duas forças de mesma direção, mas de sentidos opostos, atuam sobre um corpo de massa 10 kg, imprimindo-lhe uma aceleração de 4 m/s^2. Se uma das forças tem módulo 20 N, qual é o módulo da outra?

4. Um corpo com massa de 5 kg desloca-se ao longo de uma reta em movimento uniformemente variado durante 5 s. Os módulos da velocidade v do corpo nos instantes t correspondentes são mostrados na tabela abaixo.

***t* (s)**	0	1	2	3	4	5
***v* (m/s)**	5	8	11	14	17	20

a) Qual é o módulo da aceleração do corpo?

b) Qual é o módulo da força resultante que atua no corpo?

5. Com base no princípio da ação e reação, verifique se a afirmação abaixo está correta. Justifique sua resposta.

"Quando exercemos uma força $\vec{F}$ sobre um corpo, este exerce uma força igual e oposta $-\vec{F}$ que anula a força $\vec{F}$, de modo que a força resultante sobre o corpo é nula e o corpo não se move."

3 Principais forças da Dinâmica

Vamos agora caracterizar as principais forças com que trabalhamos na Dinâmica. Tais forças aparecem com frequência em situações-problema que envolvem um ou mais corpos nas quais temos de impor as condições de equilíbrio ou calcular a aceleração resultante.

Força peso ($\vec{P}$)

A força **peso**, representada por $\vec{P}$, é a força de atração gravitacional que age entre corpos que possuem massa. Por exemplo, a força com que a Terra atrai os objetos.

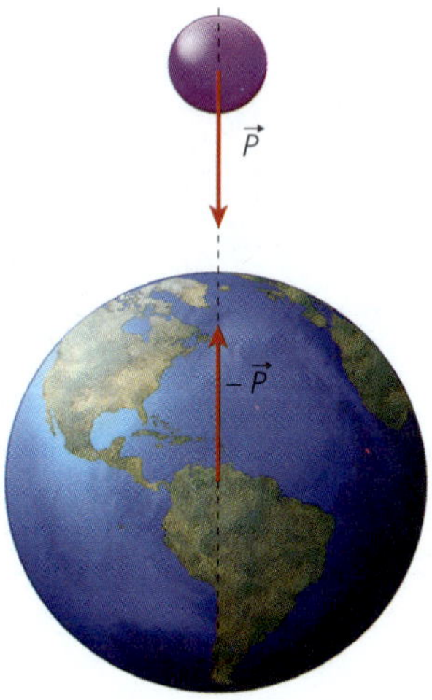

Figura 3. As forças $\vec{P}$ e $-\vec{P}$ constituem um par ação-reação.

Nos capítulos anteriores, vimos que, quando um corpo é abandonado de determinada altura nas proximidades da superfície terrestre sob a ação exclusiva da gravidade, desprezando-se a resistência do ar, ele cai em linha reta descrevendo um movimento retilíneo uniformemente variado com aceleração $\vec{a}$ igual à aceleração gravitacional $\vec{g}$.

Então, pelo princípio fundamental da Dinâmica:

$$\vec{F}_R = m \cdot \vec{a} \Rightarrow \boxed{\vec{P} = m \cdot \vec{g}}$$

A **figura 3** mostra a aplicação do princípio da ação e reação à força peso. Podemos concluir, então, que a força $\vec{P}$ tem mesma direção da aceleração da gravidade $\vec{g}$, ou seja, vertical; mesmo sentido da aceleração da gravidade $\vec{g}$, ou seja, para baixo, pois a grandeza escalar m é positiva, e módulo (ou intensidade) dado por:

$$\boxed{P = mg}$$

Para simplificar os cálculos, adotaremos, como nos capítulos anteriores, $g = 10\ m/s^2$ para o módulo da aceleração da gravidade nas proximidades da superfície terrestre.

Força de reação normal do apoio ($\vec{N}$)

A força de reação normal do apoio, ou simplesmente **força normal**, é a força de contato entre dois corpos que se tocam. A força normal $\vec{N}$ tem direção perpendicular às superfícies em contato e módulo N.

A **figura 4** mostra o par ação-reação para a força normal em algumas situações.

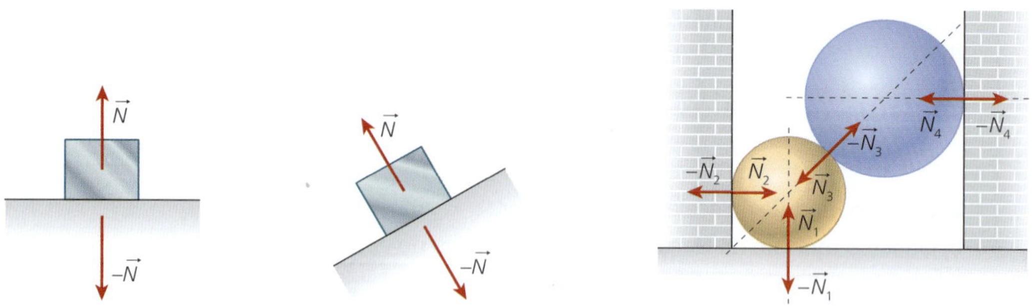

Figura 4. A direção do par ação-reação para a força normal é perpendicular às superfícies em contato.

Note que não existe uma expressão específica para o cálculo do módulo da força normal. O módulo da força de reação normal do apoio é calculado levando-se em conta todas as forças que agem no corpo em estudo.

Força de tração ($\vec{T}$)

Quando um corpo é puxado por um fio, fica sujeito a uma força chamada **força de tração**, que representaremos por $\vec{T}$ **(fig. 5)**.

Um fio flexível esticado permite apenas que o corpo seja puxado, nunca empurrado.

A **figura 6** mostra algumas situações onde aparecem corpos ligados a fios.

Figura 5.

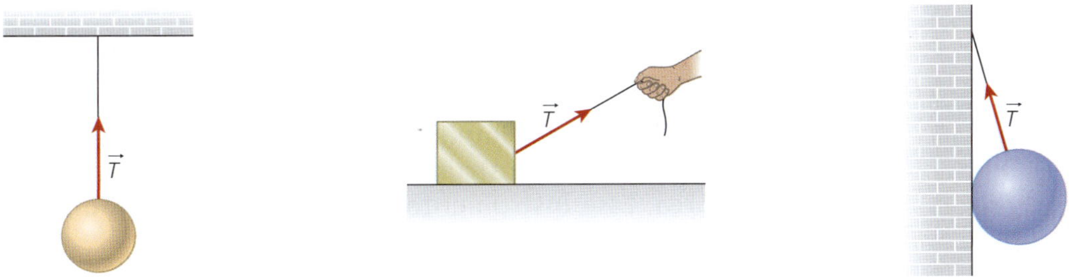

Figura 6. A força de tração sempre atua na direção do comprimento do fio.

Observe que nessa figura representamos apenas a força que os fios aplicam aos corpos; a reação a essa força, que os corpos aplicam aos fios no sentido de mantê-los esticados, não foi representada. Note também que a força de tração sempre atua na direção do fio no sentido de puxar o corpo ao qual está preso. O módulo da força de tração é calculado levando-se em conta as outras forças que atuam no corpo.

É bastante comum considerar os fios utilizados em sistemas mecânicos como fios ideais. Um **fio ideal** é inextensível e tem massa desprezível.

Força elástica ($\vec{F}_{elást}$)

Denomina-se **força elástica**, representada por $\vec{F}_{elást}$,a força exercida por uma mola deformada.

A **figura 7** mostra uma mola presa a um bloco em três situações distintas. Na primeira situação **(fig. 7A)**, a mola não está deformada; na segunda **(fig. 7B)**, ela está comprimida; e na terceira **(fig. 7C)**, está distendida. Na figura, mostramos a força $\vec{F}_{elást}$ aplicada ao corpo pela mola quando ela está deformada.

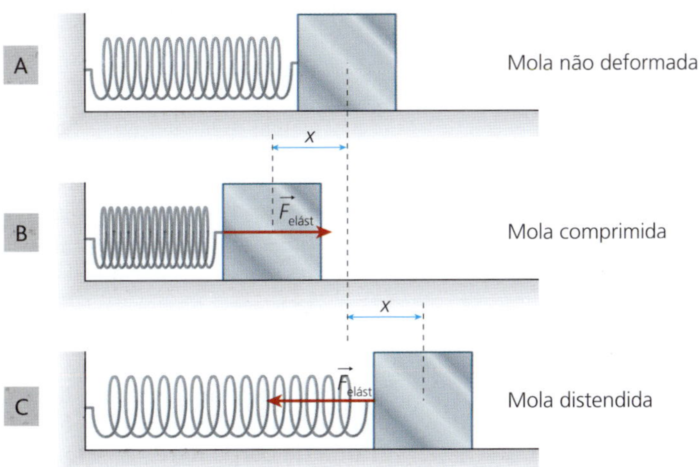

Figura 7. Ao ser deformada, uma mola exerce uma força proporcional à deformação.

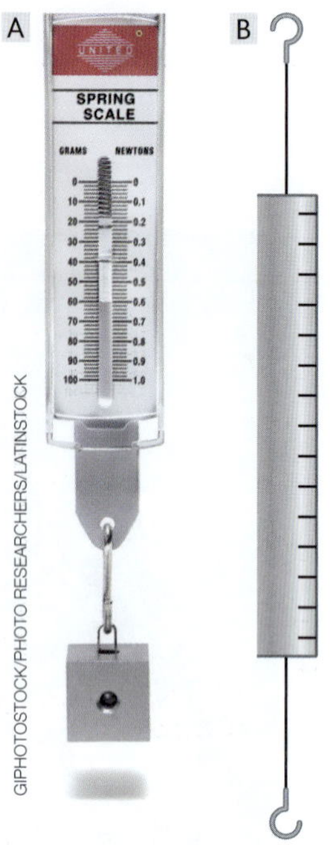

Figura 8. (A) Dinamômetro de precisão; (B) representação de um dinamômetro.

Hooke
Conteúdo multimídia

A força elástica atua na direção da deformação, mas em sentido oposto. Para determinar o módulo da força elástica exercida por uma mola, aplicamos a **lei de Hooke**.

De acordo com a lei de Hooke, o módulo da força elástica é diretamente proporcional à deformação sofrida pela mola.

Assim:

$$F_{elást} = kx$$

Em que k é a **constante elástica da mola**. No SI, essa constante é medida em N/m.

Com base na lei de Hooke, podemos calibrar uma mola e, com ela, construir um instrumento para medir a intensidade de uma força. Esse instrumento é denominado **dinamômetro (fig. 8)**.

Quando colocado em uma extremidade de um fio esticado, o dinamômetro indica a intensidade da força de tração $\vec{T}$ do fio.

Aplicando a teoria

3. Na Terra, um astronauta totalmente equipado tem peso igual a 1.800 N. Considerar a aceleração da gravidade na superfície terrestre igual a 10 m/s².

a) Qual é a massa do astronauta e seu equipamento?

b) Qual é o peso do astronauta na Lua, onde a aceleração da gravidade é $\frac{1}{6}$ da aceleração da gravidade na Terra?

➤ Solução

a) Para o astronauta na Terra, P = 1.800 N e $g = 10$ m/s². Então:

$$P = mg \Rightarrow 1.800 = m \cdot 10 \Rightarrow m = \frac{1.800}{10} \Rightarrow$$

$$\Rightarrow \boxed{m = 180 \text{ kg}}$$

b) Na Lua, temos: $m = 180$ kg e $g = \frac{10}{6}$ m/s². Então, na Lua:

$$P_{Lua} = mg_{Lua} \Rightarrow P_{Lua} = 180 \cdot \frac{10}{6} \Rightarrow \boxed{P_{Lua} = 300 \text{ N}}$$

Observe que a massa do astronauta não sofre nenhuma alteração. Ela só seria alterada se o astronauta emagrecesse ou engordasse.

4. Um corpo em repouso, com massa de 5 kg, está preso a um fio que, por sua vez, está preso ao teto de uma sala. Considerar $g = 10$ m/s².

a) Qual é o módulo da força peso que atua sobre o corpo?

b) Qual é o módulo da força de tração no fio?

➤ Solução

a) A figura abaixo mostra o corpo de 5 kg preso ao teto pelo fio e, ao lado, o corpo isolado e as forças que atuam sobre ele.

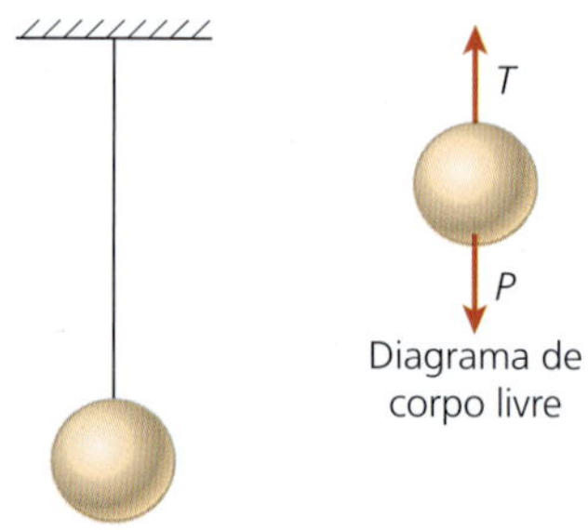

Essa representação gráfica do corpo isolado e das forças que atuam nele é chamada de **diagrama de corpo livre**.

Para o cálculo do módulo da força peso, temos:

$$P = mg \Rightarrow P = 5 \cdot 10 \Rightarrow \boxed{P = 50 \text{ N}}$$

b) Não existe uma única fórmula para calcular a intensidade da força de tração no fio. Ela deverá ser obtida analisando o diagrama de corpo livre.

Como sabemos que o corpo está em repouso, então, pelo princípio da inércia, a resultante das forças que atuam sobre ele deve ser nula $(\vec{F}_R = \vec{0})$.

Assim, as duas forças que atuam no corpo, o peso de 50 N (para baixo) e a tração T (para cima), devem se equilibrar. Portanto:

$T = P \Rightarrow \boxed{T = 50\ N}$

5. As figuras abaixo mostram um bloco com massa m = 2 kg e uma mola de constante elástica k = 100 N/m, em duas situações.

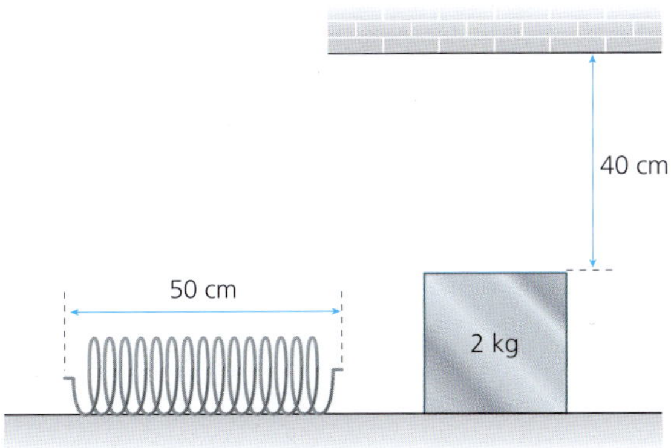

Situação I

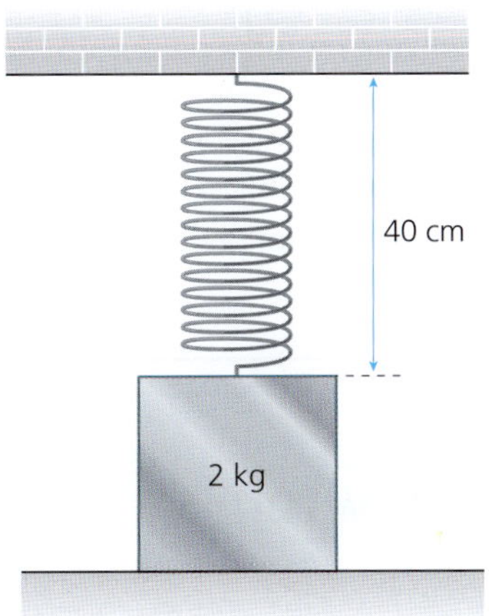

Situação II

Considerando g = 10 m/s², determinar:

a) o peso P do bloco;

b) a intensidade da força de reação normal do apoio N_I, na situação I;

c) a intensidade da força $F_{elást}$ aplicada pela mola ao corpo, na situação II;

d) a intensidade da força de reação normal do apoio N_{II}, na situação II.

➤ Solução

a) O peso P do bloco é dado por:

$P = mg \Rightarrow P = 2 \cdot 10 \Rightarrow \boxed{P = 20\ N}$

b) Observe o diagrama de corpo livre para a situação I:

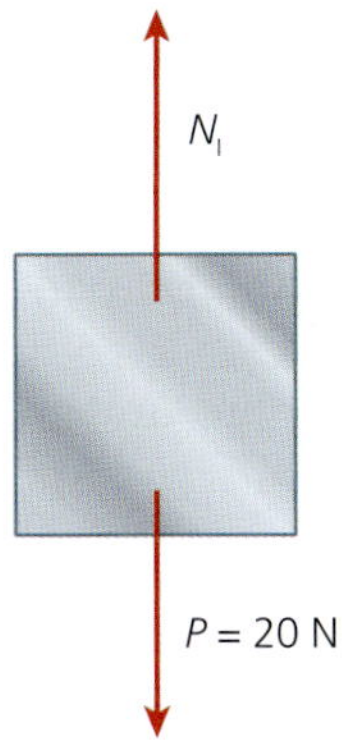

Como o corpo está em repouso, pelo princípio da inércia, a resultante das forças que atuam sobre ele deve ser nula $(\vec{F}_R = \vec{0})$. Então:

$N_I = P \Rightarrow \boxed{N_I = 20\ N}$

c) Para o cálculo de $F_{elást}$, usaremos a lei de Hooke ($F_{elást} = kx$). Observe que, na situação II, para ser encaixada entre o bloco e o teto, a mola precisou ser comprimida 10 cm ou 0,1 m. Então:

$F_{elást} = kx \Rightarrow F_{elást} = 100 \cdot 0{,}1 \Rightarrow \boxed{F_{elást} = 10\ N}$

d) Mais uma vez recorreremos ao diagrama de corpo livre:

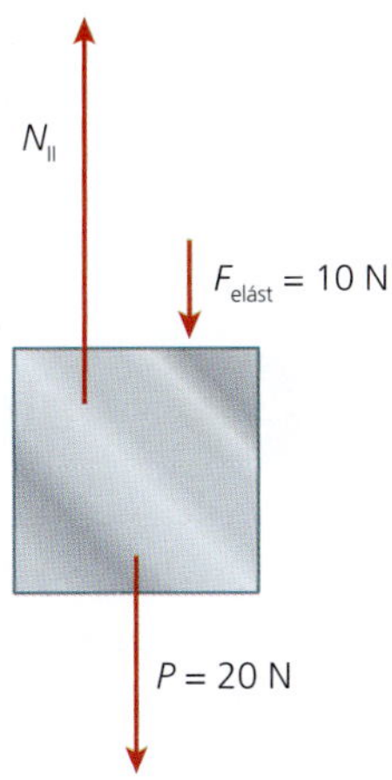

Observe que, como a mola está comprimida, ela empurra o corpo para baixo.

Como o corpo continua em repouso, $\vec{F}_R = \vec{0}$. Portanto, a força para cima deve equilibrar as forças para baixo. Então:

$N_{II} = P + F_{elást} \Rightarrow N_{II} = 20 + 10 \Rightarrow \boxed{N_{II} = 30\ N}$

Avaliando o aprendizado

6. Um paraquedista, com massa total de 80 kg, desce verticalmente com velocidade constante de 0,5 m/s. Adote $g = 10\ m/s^2$.

a) Qual é o valor da aceleração escalar do movimento? Justifique sua resposta.

b) Determine o módulo da resultante das forças que se opõem ao movimento.

7. Uma força horizontal de 10 N é aplicada a um corpo com massa de 2 kg, inicialmente em repouso, apoiado sobre uma superfície horizontal perfeitamente lisa.

a) Qual é o módulo da aceleração adquirida pelo corpo?

b) Qual é o módulo da velocidade do corpo após 3 s da aplicação da força?

8. Um carrinho de massa m move-se sobre uma mesa horizontal lisa, puxado por um fio que forma um ângulo θ com a horizontal.

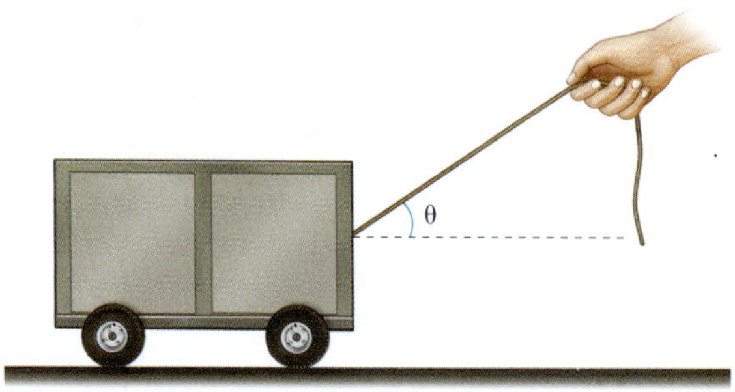

Sabendo que o módulo da aceleração do carrinho é a, determine o valor da intensidade da força de tração T no fio.

9. As figuras abaixo mostram um bloco com massa $m = 5$ kg e uma mola de constante elástica $k = 150$ N/m, em duas situações.

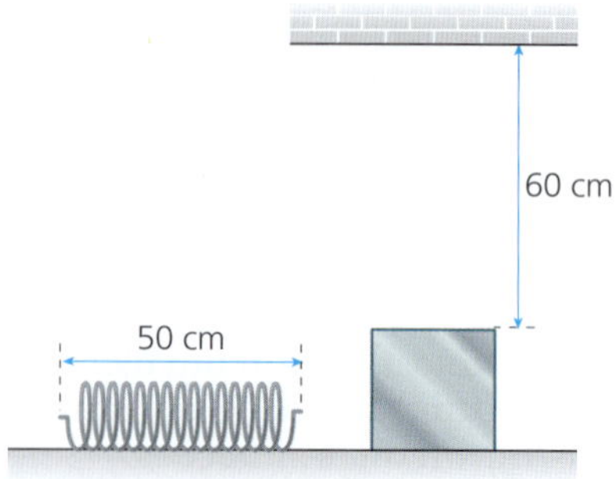

Situação *A*

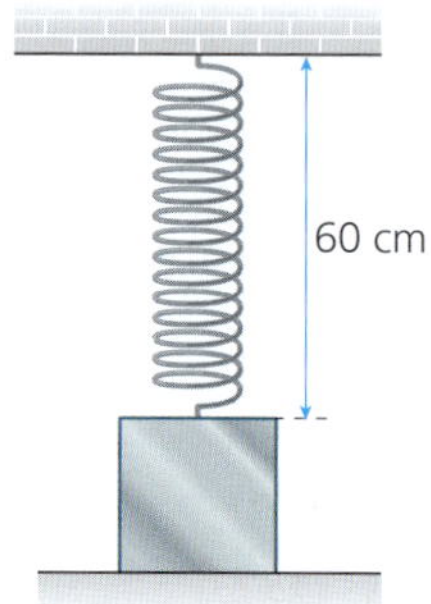

Situação *B*

Considerando $g = 10\ m/s^2$, determine:

a) o peso P do bloco;

b) a intensidade da força de reação normal do apoio N_A, na situação A;

c) a intensidade da força $F_{elást}$ aplicada pela mola ao corpo, na situação B;

d) a intensidade da força de reação normal do apoio N_B, na situação B.

4 Aplicações das leis de Newton

As leis de Newton já foram aplicadas nas situações-problema anteriores, mas agora passaremos a analisar sua aplicação em sistemas mecânicos mais complexos.

Na Dinâmica, a resolução da maioria dos problemas que envolvem corpos sob a ação de forças é feita de maneira semelhante e exige a aplicação das três leis de Newton.

Devemos iniciar a resolução de um problema construindo o diagrama de corpo livre para cada corpo que constitui o sistema. A representação das forças que atuam em cada corpo corresponde à aplicação da terceira lei de Newton ou princípio da ação e reação.

O passo seguinte consiste em analisar o movimento do corpo e aplicar a primeira lei de Newton ou princípio da inércia ($\vec{F}_R = \vec{0}$) considerando a direção na qual a velocidade vetorial do corpo é constante (repouso ou MRU) e aplicar a segunda lei de Newton ($\vec{F}_R = m \cdot \vec{a}$) considerando a direção na qual a velocidade vetorial do corpo varia, ou seja, a direção da aceleração.

Aplicando a teoria

6. O sistema representado na figura abaixo se movimenta numa superfície plana, horizontal e perfeitamente lisa. Determinar a aceleração dos corpos e a intensidade da força que o corpo A aplica no corpo B.

(Dados: $m_A = 2$ kg, $m_B = 8$ kg e F = 40 N.)

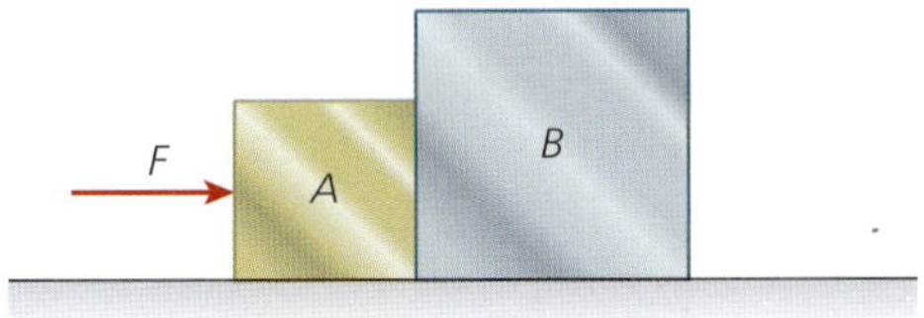

➤ Solução

Iniciaremos a resolução com a construção dos diagramas de corpo livre para os corpos A e B.

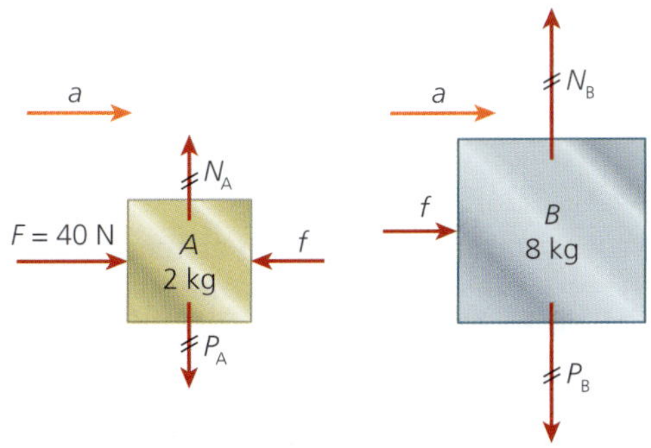

Observe que a força de contato entre A e B é a força que representamos por *f*.

Como os corpos se movimentam na horizontal, eles estão em repouso em relação à direção vertical. Então, na direção vertical $\vec{F}_R = \vec{0}$.

Assim: $N_A = P_A$ e $N_B = P_B$

A aceleração dos corpos será na direção horizontal e, nesse caso, para a direita. Isso pode ser comprovado observando que a força resultante que atua no corpo B é a força *f* para a direita.

Vamos aplicar a segunda lei de Newton $(\vec{F}_R = m \cdot \vec{a})$ a cada um dos corpos.

Para o corpo A: $F - f = m_A \cdot a \Rightarrow 40 - f = 2a$ ①

Para o corpo B: $f = m_B \cdot a \Rightarrow f = 8a$ ②

Podemos resolver o sistema formado pelas equações ① e ② somando membro a membro as duas equações, eliminando a incógnita *f*. Temos, então:

$40 = 10a \Rightarrow \boxed{a = 4 \text{ m/s}^2}$

Substituindo $a = 4$ em ②, temos:

$f = 8 \cdot 4 \Rightarrow \boxed{f = 32 \text{ N}}$

7. No sistema representado a seguir, a superfície plana horizontal onde o bloco A se apoia é perfeitamente lisa. O fio e a polia são ideais. Considerando $g = 10$ m/s², $m_A = 8$ kg e $m_B = 2$ kg, determinar a aceleração dos corpos e a intensidade da força de tração no fio.

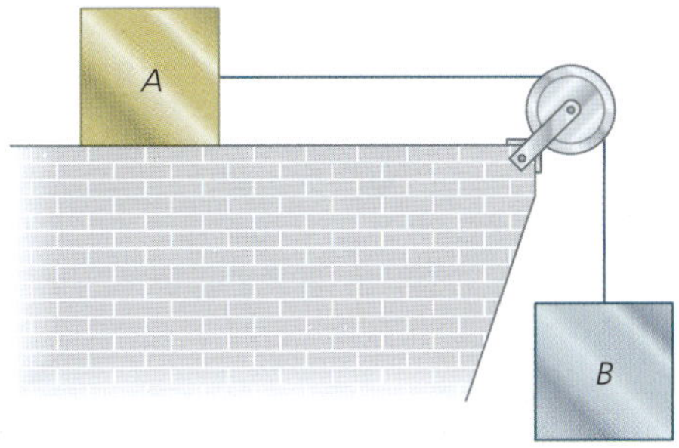

➤ Solução

Mais uma vez vamos iniciar a resolução com a construção do diagrama de corpo livre para os blocos A e B.

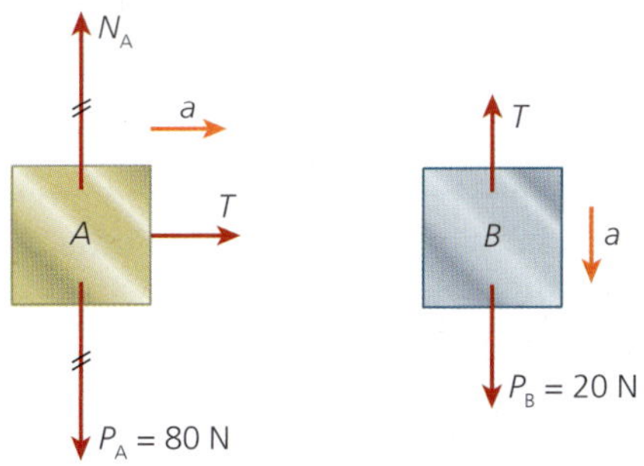

Observe que, no bloco A, a força resultante é a tração T e que a aceleração terá direção horizontal e, nesse caso, sentido para a direita. Portanto, o bloco B terá aceleração vertical para baixo.

Vamos aplicar a segunda lei de Newton $(\vec{F}_R = m \cdot \vec{a})$ a cada um dos corpos.

Para o corpo A: $T = m_A \cdot a \Rightarrow T = 8a$ ①

Para o corpo B: $P_B - T = m_B \cdot a \Rightarrow 20 - T = 2a$ ②

Resolvendo o sistema de equações, obtemos:

$\boxed{a = 2 \text{ m/s}^2}$ e $\boxed{T = 16 \text{ N}}$

8. Um corpo de massa *m* desliza por uma rampa plana, perfeitamente lisa e inclinada de um ângulo θ em relação à horizontal, como representado abaixo.

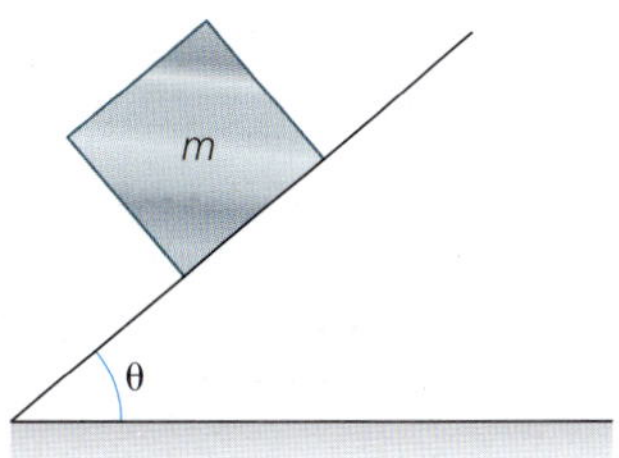

Determinar a aceleração do corpo durante a descida da rampa, considerando que a aceleração da gravidade vale g.

➤ Solução

No corpo atuam apenas as forças peso e de reação normal do apoio. O diagrama de corpo livre é mostrado abaixo.

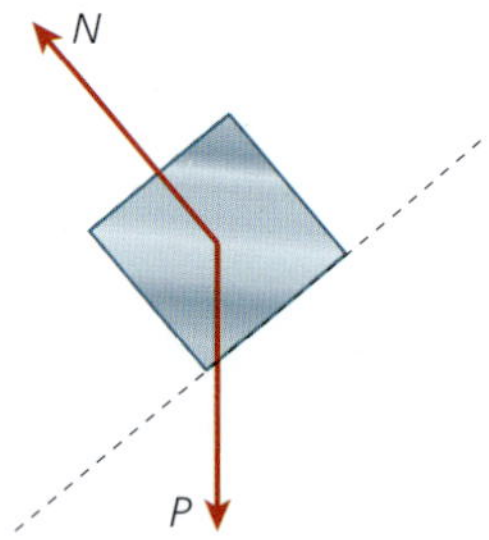

O corpo irá escorregar ao longo do plano; portanto, sua aceleração terá obrigatoriamente direção paralela ao plano. Em outras palavras, a força resultante terá direção paralela ao plano inclinado.

Decompondo a força peso do corpo na direção paralela ao plano (P_t) e na direção perpendicular ao plano, (P_n) temos:

$P_t = P \cdot \text{sen}\,\theta$ e $P_n = P \cdot \cos\theta$

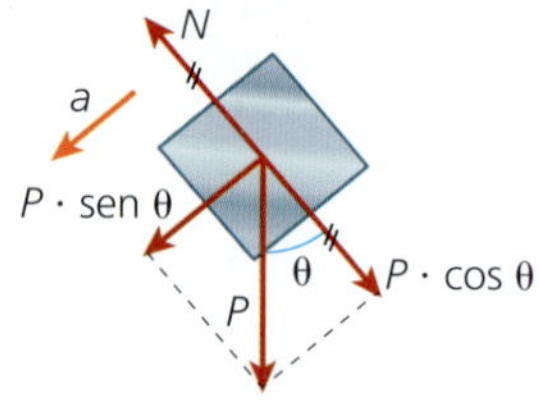

Na direção perpendicular ao plano inclinado, o corpo está em repouso. Então, pelo princípio da inércia:

$N = P \cdot \cos\theta = mg \cdot \cos\theta$

Na direção paralela ao plano, vamos aplicar a segunda lei de Newton $\vec{F}_R = m \cdot \vec{a}$:

$$P \cdot \text{sen}\,\theta = ma \Rightarrow a = \frac{mg \cdot \text{sen}\,\theta}{m}$$

$$\Rightarrow \boxed{a = g \cdot \text{sen}\,\theta}$$

Avaliando o aprendizado

10. Dois carrinhos, com massas de 0,2 kg e 0,3 kg, ligados entre si por um fio ideal, são puxados por uma força horizontal de 2 N sobre uma mesa lisa, conforme mostrado abaixo.

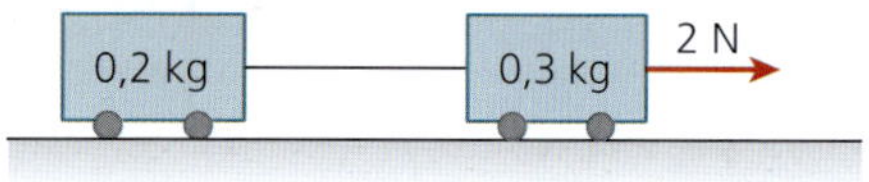

Determine a aceleração dos carrinhos e a intensidade da força de tração no fio.

11. O sistema mecânico representado abaixo é conhecido como **máquina de Atwood**. Os corpos A e B têm massas, respectivamente, iguais a 0,2 kg e 0,3 kg. Considere o fio e a polia ideais e adote $g = 10\ \text{m/s}^2$.

a) Qual é a aceleração dos corpos?

b) Qual é a intensidade da força de tração no fio que liga os corpos?

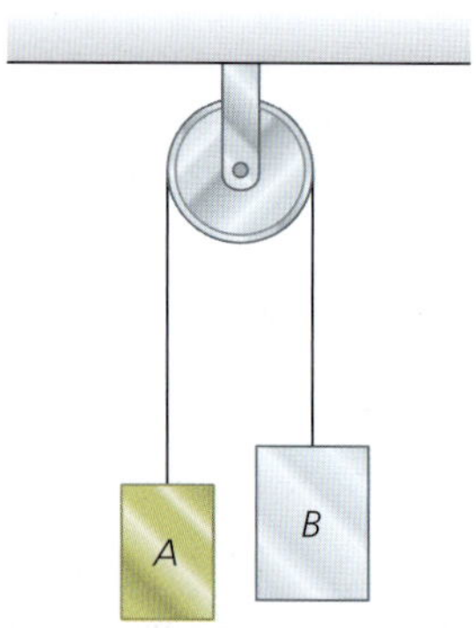

12. No esquema representado abaixo, os blocos A, B e C têm massas, respectivamente, iguais a 20 kg, 10 kg e 30 kg. A superfície em que os blocos A e B se apoiam é horizontal e perfeitamente lisa.

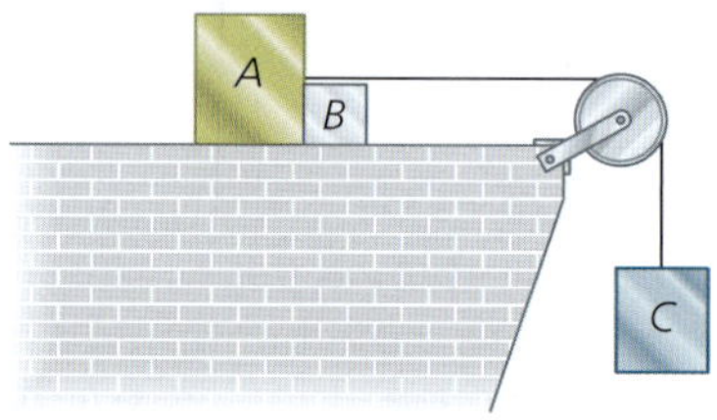

Considerando $g = 10\ \text{m/s}^2$, determine:

a) a aceleração dos corpos;

b) a intensidade da força de tração no fio;

c) a intensidade da força com que o bloco A empurra o bloco B.

13. No esquema representado abaixo, os corpos A e B têm massas iguais a 10 kg. Adote $g = 10\ \text{m/s}^2$, $\text{sen}\,\theta = 0{,}6$ e $\cos\theta = 0{,}8$.

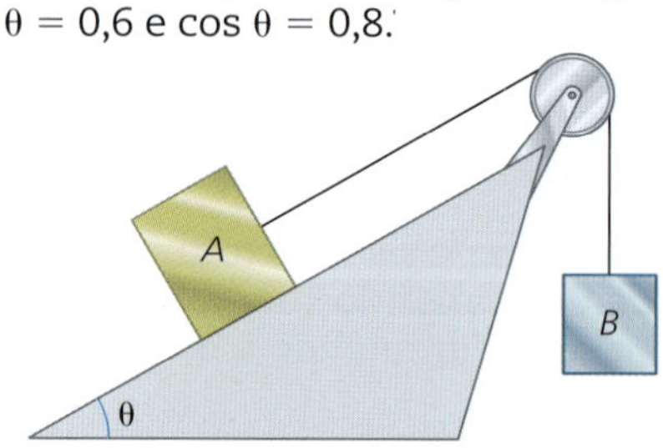

Despreze os atritos e determine:

a) a aceleração dos corpos;

b) a tração no fio ideal.

5 Força de atrito

A força de atrito tem grande importância em nosso dia a dia e está sempre presente nas situações cotidianas. Muitas vezes o atrito é indispensável, outras vezes é indesejável. O atrito é decorrente das imperfeições (asperezas), muitas vezes microscópicas, das superfícies em contato uma com a outra.

Sem o atrito seria impossível, por exemplo, segurar um lápis e, com ele, escrever em uma folha de papel. O atrito também é a causa do desgaste das peças de um motor de carro e, por isso, é necessário sempre uma boa lubrificação para que possamos reduzi-lo.

A força de atrito surge quando duas superfícies em contato movimentam-se uma em relação à outra, ou quando existe uma tendência de movimento entre elas. A força de atrito age no sentido de se opor a esse movimento ou à tendência de movimento.

Vamos considerar um corpo de peso P, inicialmente em repouso, apoiado em uma superfície horizontal sem atrito. Tentaremos colocar o corpo em movimento aplicando uma força horizontal F, com intensidade crescente. Na **figura 9**, podemos observar que o corpo fica sujeito a uma força resultante de intensidade F e acelera.

Figura 9. Se não houver atrito, o corpo se movimenta, qualquer que seja a intensidade da força F.

Entretanto, se existir atrito entre o corpo e a superfície de apoio, o corpo poderá permanecer em repouso e, nesse caso, a força de atrito terá intensidade F_{at} igual à da força F, chamada de **força solicitadora (fig. 10)**.

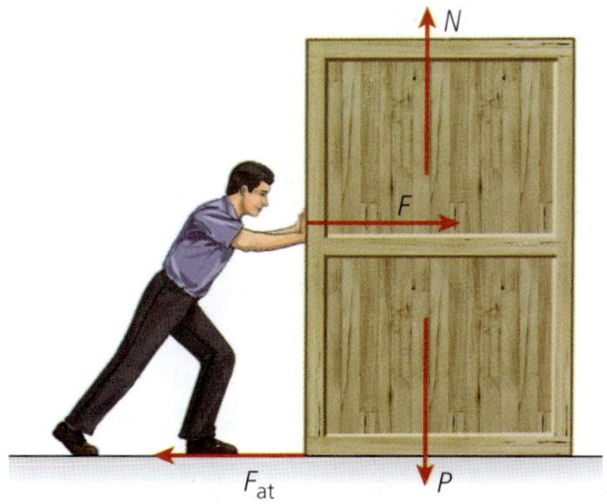

Figura 10. Enquanto o corpo permanece em repouso, a intensidade F_{at} da força de atrito se iguala à da força F.

A força de atrito que atua enquanto as superfícies não se movimentam, uma em relação à outra, recebe o nome de **força de atrito estático**.

Na iminência de movimento do corpo, a força de atrito atinge sua intensidade máxima, $F_{at(máx)}$. Essa intensidade máxima da força de atrito depende das condições das superfícies em contato e da intensidade da força de reação normal N. Então, para a força de atrito máxima, com as superfícies em repouso, temos: $F_{at(máx)} = \mu_e N$, em que μ_e é o **coeficiente de atrito estático**.

9.5
9.6
9.7
Conteúdo multimídia

Após o início do movimento do corpo, observa-se que a intensidade da força de atrito diminui ligeiramente, mantendo-se constante logo em seguida, enquanto o corpo se movimenta. Nesse caso, a força de atrito, agora denominada **força de atrito cinético** ou **força de atrito dinâmico**, também depende da reação normal N, e é calculada por $F_{at} = \mu_c N$, em que μ_c é o **coeficiente de atrito cinético** (ou **coeficiente de atrito dinâmico**).

As constantes μ_e e μ_c são adimensionais.

O coeficiente de atrito estático é maior que o coeficiente de atrito cinético ($\mu_e > \mu_c$). Em muitos casos, porém, esses valores são muito próximos e podemos considerá-los iguais, indicando-os por μ e chamando-os simplesmente de coeficiente de atrito.

O gráfico da **figura 11** resume as características da força de atrito.

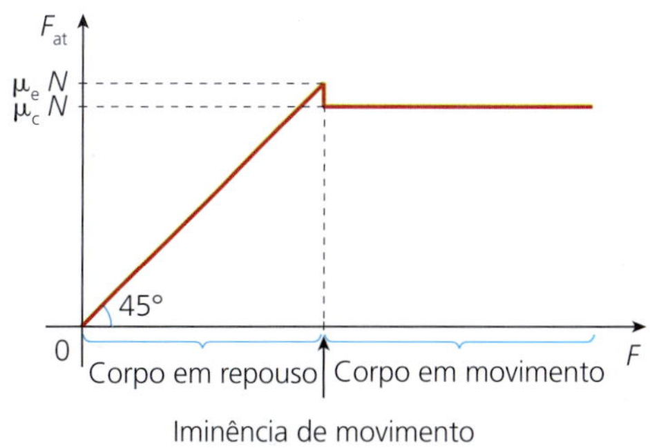

Figura 11. Com o corpo em movimento, a força de atrito mantém intensidade constante.

Aplicando a teoria

9. Os blocos de massas $m_A = 6$ kg e $m_B = 4$ kg, ligados por um fio ideal, são arrastados sobre um plano horizontal por uma força paralela ao plano de intensidade F = 60 N, conforme a figura abaixo. O coeficiente de atrito entre os blocos e o plano horizontal é igual a 0,4.

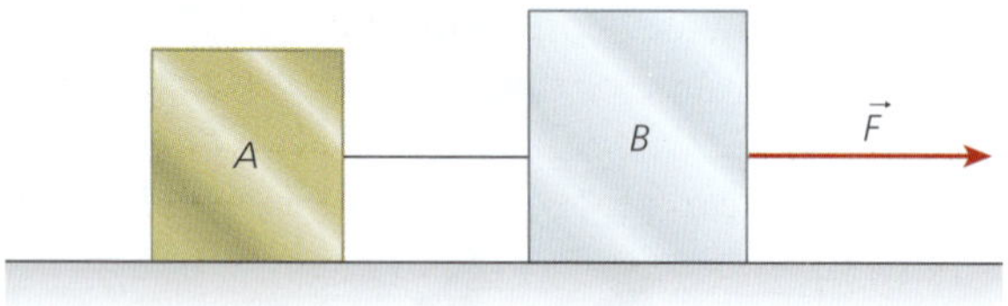

Considerando que a aceleração da gravidade no local vale $g = 10$ m/s², determinar:

a) a intensidade da força de atrito que atua em cada um dos blocos;

b) a força de aceleração adquirida pelo conjunto;

c) a intensidade da força de tração exercida no fio.

➤ Solução

a) Como os blocos se movimentam na horizontal, podemos concluir que na vertical, pelo princípio da inércia, a força resultante é nula. Então:

$N_A = P_A = 60$ N e $N_B = P_B = 40$ N

A força de atrito é dada por: $F_{at} = \mu N$

Para o bloco A:

$F_{at(A)} = \mu N_A \Rightarrow F_{at(A)} = 0{,}4 \cdot 60 \Rightarrow \boxed{F_{at(A)} = 24\text{ N}}$

Para o bloco B:

$F_{at(B)} = \mu N_B \Rightarrow F_{at(B)} = 0{,}4 \cdot 40 \Rightarrow \boxed{F_{at(B)} = 16\text{ N}}$

b) Construindo o diagrama de corpo livre dos blocos A e B, temos:

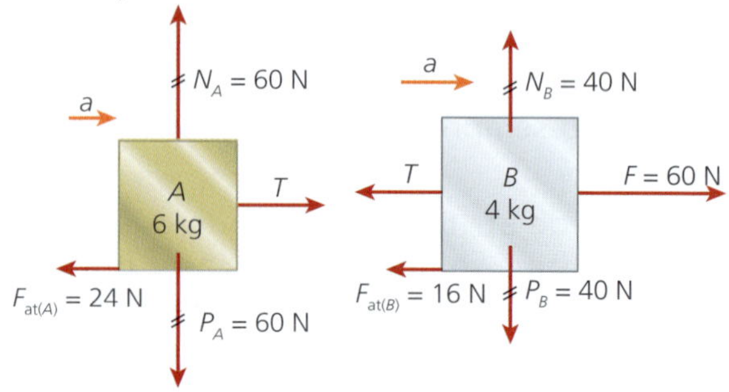

Vamos aplicar o princípio fundamental da Dinâmica, $\vec{F}_R = m\vec{a}$, aos blocos A e B.

Para o bloco A: $T - F_{at(A)} = m_A \cdot a \Rightarrow T - 24 = 6a$ ①

Para o bloco B: $F - F_{at(B)} - T = m_B \cdot a \Rightarrow$

$\Rightarrow 60 - 16 - T = 4a$ ②

Somando membro a membro as duas equações, temos: $\boxed{a = 2\text{ m/s}^2}$

c) Substituindo $a = 2$ m/s² em qualquer uma das duas equações anteriores, chegamos ao valor da intensidade da força de tração T: $\boxed{T = 36\text{ N}}$

Avaliando o aprendizado

14. Um corpo com massa de 5 kg, inicialmente em repouso sobre uma mesa horizontal, é submetido à ação de uma força horizontal de 30 N. Considerando que o coeficiente de atrito entre o corpo e a mesa vale 0,4 e adotando $g = 10$ m/s², determine:

a) a aceleração adquirida pelo corpo;

b) sua velocidade após 5 s da aplicação da força.

15. Os blocos de massas $m_A = 8$ kg e $m_B = 2$ kg são empurrados sobre um plano horizontal por uma força horizontal de intensidade F = 100 N, conforme a figura abaixo. O coeficiente de atrito entre os blocos e o plano horizontal é igual a 0,7.

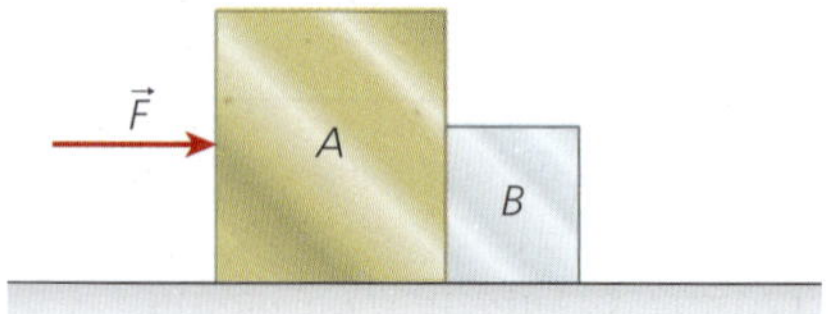

Considerando que a aceleração da gravidade no local vale $g = 10$ m/s², determine:

a) a intensidade da força de atrito que atua em cada um dos blocos;

b) a aceleração adquirida pelo conjunto;

c) a intensidade da força que o bloco A aplica no bloco B.

16. Dois blocos, com massas 0,2 kg e 0,3 kg, ligados entre si por um fio ideal, são puxados por uma força horizontal de 2 N sobre uma superfície horizontal, conforme mostrado abaixo. O coeficiente de atrito entre os blocos e a superfície horizontal é igual a 0,3.

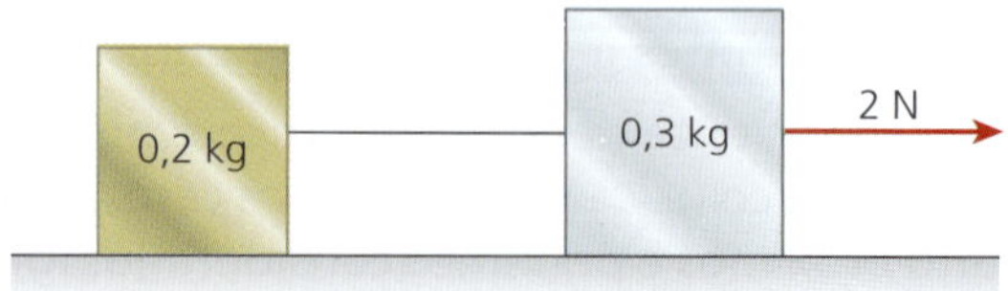

Determine a aceleração dos blocos e a intensidade da força de tração no fio.

9.8
9.9
Conteúdo multimídia

Revisando o conteúdo

Ficha-resumo 1

Força é uma grandeza física vetorial, medida, no SI, em **newton (N)**.

Para um sistema de forças:

$$\vec{F}_R = \vec{F}_1 + \vec{F}_2 + \ldots + \vec{F}_n$$

Leis de Newton

- Princípio da inércia

  $\vec{F}_R = \vec{0} \Leftrightarrow \vec{v} = \text{constante} \begin{cases} \vec{v} = \vec{0} \text{ (repouso)} \\ \vec{v} \neq \vec{0} \text{ (MRU)} \end{cases}$

- Princípio fundamental da Dinâmica

  $$\vec{F}_R = m \cdot \vec{a}$$

  A força resultante e a aceleração sempre têm mesma direção e mesmo sentido.

- Princípio da ação e reação

  A toda ação corresponde uma reação de mesma intensidade e mesma direção, mas de sentido oposto.

  As forças do par ação-reação sempre atuam em corpos distintos.

1. (Unesp-SP) Assinale a alternativa que apresenta o enunciado da lei de inércia, também conhecida como primeira lei de Newton.

a) Qualquer planeta gira em torno do Sol descrevendo uma órbita elíptica, da qual o Sol ocupa um dos focos.

b) Dois corpos quaisquer se atraem com uma força proporcional ao produto de suas massas e inversamente proporcional ao quadrado da distância entre eles.

c) Quando um corpo exerce uma força sobre outro, este reage sobre o primeiro com uma força de mesma intensidade e direção, mas de sentido contrário.

d) A aceleração que um corpo adquire é diretamente proporcional à resultante das forças que nele atuam, e tem mesma direção e sentido dessa resultante.

e) Todo corpo continua em seu estado de repouso ou de movimento uniforme em uma linha reta, a menos que sobre ele estejam agindo forças com resultante não nula.

2. (PUC-PR) Julgue as assertivas a seguir a respeito das leis de Newton.

I. É possível haver movimento na ausência de uma força.

II. É possível haver força na ausência de movimento.

III. A força que impulsiona um foguete é a força dos gases de escape que saem da parte traseira do foguete, à medida que o foguete expele os gases para trás.

IV. Um par de forças de ação e reação sempre atua no mesmo corpo.

Assinale a alternativa **correta:**

a) Apenas as assertivas I e II são verdadeiras.

b) Apenas a assertiva I é verdadeira.

c) Apenas as assertivas I, II e III são verdadeiras.

d) Todas as assertivas são falsas.

e) Apenas a assertiva IV é verdadeira.

3. (Udesc) Um corpo repousa sobre uma superfície sem atrito, quando uma força constante de 1,0 N, paralela à superfície, movimenta-o com uma aceleração constante de 1,0 m/s². A força atua durante 1,0 s. A massa do corpo é, portanto:

a) $1{,}0\ \text{N} \cdot \text{s}^3/\text{m}$

b) $1{,}0\ \text{N} \cdot \text{s}^2/\text{m}$

c) $1{,}0\ \text{N} \cdot \text{s}/\text{m}$

d) $1{,}0\ \text{N} \cdot \text{m}/\text{s}^2$

e) $1{,}0\ \text{N} \cdot \text{m}/\text{s}$

4. (Fuvest-SP) Um veículo de 5 kg descreve uma trajetória retilínea que obedece à seguinte equação horária:

$$s = 3t^2 + 2t + 1$$

em que s é medido em metro e t, em segundo. O módulo da força resultante sobre o veículo vale:

a) 30 N

b) 5 N

c) 10 N

d) 15 N

e) 20 N

5. (UFMG) Uma pessoa está empurrando um caixote. A força que essa pessoa exerce sobre o caixote é igual e contrária à força que o caixote exerce sobre ela. Com relação a essa situação assinale a afirmativa correta.

a) A pessoa poderá mover o caixote porque aplica a força sobre o caixote antes de ele poder anular essa força.

b) A pessoa poderá mover o caixote porque as forças citadas não atuam no mesmo corpo.

c) A pessoa poderá mover o caixote se tiver uma massa maior do que a massa do caixote.

d) A pessoa terá grande dificuldade para mover o caixote, pois nunca consegue exercer uma força sobre ele maior do que a força que esse caixote exerce sobre ela.

e) Nenhuma das afirmativas acima.

6. (UEL-PR) Considere as seguintes afirmações:

I. A resultante das forças que atuam num corpo que descreve movimento uniforme é nula.

II. Dois corpos submetidos a forças resultantes iguais sofrem a mesma aceleração somente se possuírem mesma massa.

III. O efeito final da força de ação exercida por um agente externo a um corpo é anulado pela reação do corpo a esse agente externo.

Dentre essas afirmações, somente:

a) I é correta.
b) II é correta.
c) III é correta.
d) I e II são corretas.
e) I e III são corretas.

Ficha-resumo 2

As principais forças da Dinâmica são:

Força peso ($\vec{P}$)

Módulo: $P = mg$
Direção: vertical
Sentido: para baixo

Força de reação normal do apoio ($\vec{N}$)

Módulo: depende das outras forças que atuam no corpo.
Direção: perpendicular às superfícies em contato.
Sentido: orientada para fora das superfícies que se tocam.

Força de tração ($\vec{T}$)

Módulo: depende das outras forças que atuam no corpo.
Direção: a mesma direção do fio.
Sentido: sempre no sentido de puxar o corpo ao qual o fio está preso.

Força elástica ($\vec{F}_{elást}$)

Módulo: $F_{elást} = kx$ (lei de Hooke)
Direção: coincidente com a direção do eixo da mola.
Sentido: no corpo preso à mola, atua no sentido de trazer o corpo à posição de equilíbrio.

Força de atrito ($\vec{F}_{at}$)

Módulo: $\begin{cases} 0 \leq F_{at} \leq \mu_e N \text{ (atrito estático)} \\ F_{at} = \mu_c N \text{ (atrito cinético)} \end{cases}$
Direção: tangente às superfícies em contato.
Sentido: oposto ao movimento ou à tendência de movimento.

7. (UFMS) Uma lâmpada está pendurada verticalmente em uma corda no interior de um elevador que está descendo. O elevador está desacelerando a uma taxa igual a 2,3 m/s². Se a tensão na corda for de 123 N, qual a massa da lâmpada em kg? Considere $g = 10$ m/s².

8. (Unifesp) Na representação da figura, o bloco *A* desce verticalmente e traciona o bloco *B*, que se movimenta em um plano horizontal, por meio de um fio inextensível. Considere desprezíveis as massas do fio e da roldana e todas as forças de resistência ao movimento.

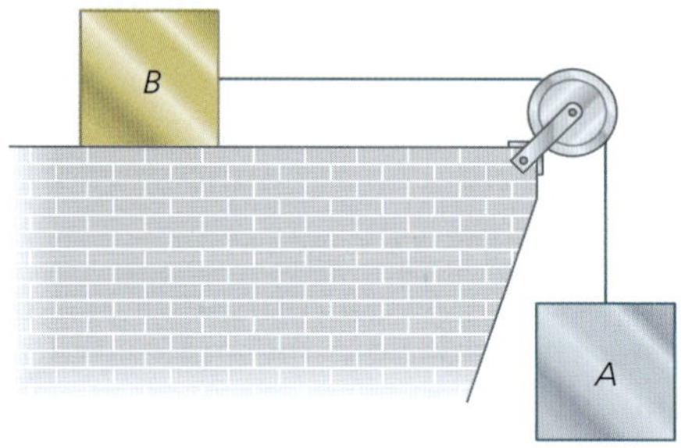

Suponha que, no instante representado na figura, o fio se quebre. Pode-se afirmar que, a partir desse instante:

a) o bloco *A* adquire aceleração igual à da gravidade; o bloco *B* para.
b) o bloco *A* adquire aceleração igual à da gravidade; o bloco *B* passa a se mover com velocidade constante.
c) o bloco *A* adquire aceleração igual à da gravidade; o bloco *B* reduz sua velocidade e tende a parar.
d) os dois blocos passam a se mover com velocidade constante.
e) os dois blocos passam a se mover com a mesma aceleração.

9. (Fuvest-SP) Uma esfera de massa m_0 está pendurada por um fio, ligado em sua outra extremidade a um caixote, de massa $M = 3m_0$, sobre uma mesa horizontal. Quando o fio entre eles permanece não esticado e a esfera é largada, após percorrer uma distância H_0, ela atingirá uma velocidade v_0, sem que o caixote se mova.

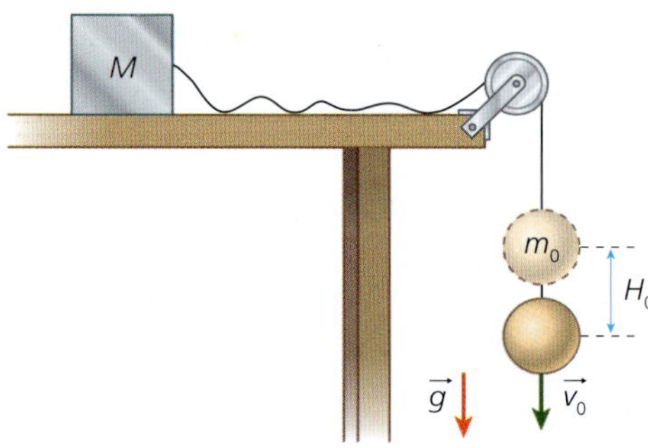

Na situação em que o fio entre eles estiver esticado, a esfera, puxando o caixote, após percorrer a mesma distância H_0, atingirá uma velocidade v igual a:

a) $\frac{1}{4}v_0$ b) $\frac{1}{3}v_0$ c) $\frac{1}{2}v_0$ d) $2v_0$ e) $3v_0$

10. (Mackenzie-SP) O sistema abaixo consiste de polias e fios ideais. Adote $g = 10\ m/s^2$.

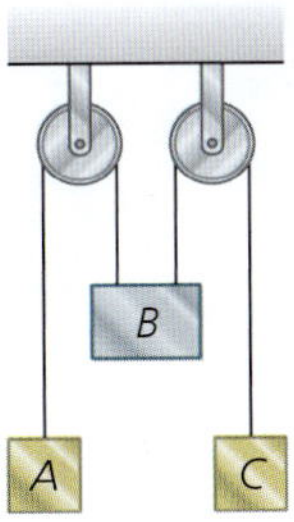

Os corpos A e C têm massas iguais a 3 kg cada um, e a massa de B é 4 kg. Estando o corpo B ligado, por fios, aos corpos A e C, a aceleração com que ele sobe é de:

a) $5\ m/s^2$
b) $4\ m/s^2$
c) $3\ m/s^2$
d) $2\ m/s^2$
e) $1\ m/s^2$

11. (Udesc) Um estivador empurra uma caixa em um piso plano com uma força horizontal $\vec{F}$. Considerando que a caixa é deslocada com velocidade constante, é **correto** afirmar:

a) A intensidade da força de atrito entre o piso e a caixa é igual à intensidade de $\vec{F}$.
b) A intensidade da força de atrito entre o piso e a caixa é menor do que a intensidade de $\vec{F}$.
c) O somatório das forças que atuam sobre a caixa é diferente de zero.
d) A força $\vec{F}$ e a força de atrito entre a caixa e o piso possuem mesma direção e mesmo sentido.
e) Não existe atrito entre a caixa e o piso.

12. (Unicamp-SP) O sistema de freios ABS (do alemão *Antiblockier- Bremssystem*) impede o travamento das rodas do veículo, de forma que elas não deslizem no chão, o que leva a um menor desgaste do pneu. Não havendo deslizamento, a distância percorrida pelo veículo até a parada completa é reduzida, pois a força de atrito aplicada pelo chão nas rodas é estática, e seu valor máximo é sempre maior que a força de atrito cinético. O coeficiente de atrito estático entre os pneus e a pista é $\mu_e = 0{,}80$ e o cinético vale $\mu_c = 0{,}60$. Sendo $g = 10\ m/s^2$ e a massa do carro $m = 1.200$ kg, o módulo da força de atrito estático máxima e o da força de atrito cinético são, respectivamente, iguais a:

a) 1.200 N e 12.000 N.
b) 12.000 N e 120 N.
c) 20.000 N e 15.000 N.
d) 9.600 N e 7.200 N.

13. (UEL-PR) Um bloco de madeira pesa $2{,}0 \cdot 10^3$ N. Para deslocá-lo sobre uma mesa horizontal com velocidade constante, é necessário aplicar uma força horizontal de intensidade $1{,}0 \cdot 10^2$ N. O coeficiente de atrito dinâmico entre o bloco e a mesa vale:

a) $5{,}0 \cdot 10^{-2}$
b) $1{,}0 \cdot 10^{-1}$
c) $2{,}0 \cdot 10^{-1}$
d) $2{,}5 \cdot 10^{-1}$
e) $5{,}0 \cdot 10^{-1}$

14. (PUC-RS) Um menino de 20,0 kg desliza de pé num piso cerâmico horizontal com velocidade inicial de 10,0 m/s, parando após percorrer 4,0 m. Nessas condições, o módulo da força de atrito média que atuou sobre o menino durante o deslizamento foi de:

a) 1.000 N
b) 500 N
c) 400 N
d) 250 N
e) 200 N

15. (PUC-PR) Dois corpos A e B ($m_A = 3$ kg e $m_B = 6$ kg) estão ligados por um fio ideal que passa por uma polia sem atrito, conforme a figura.

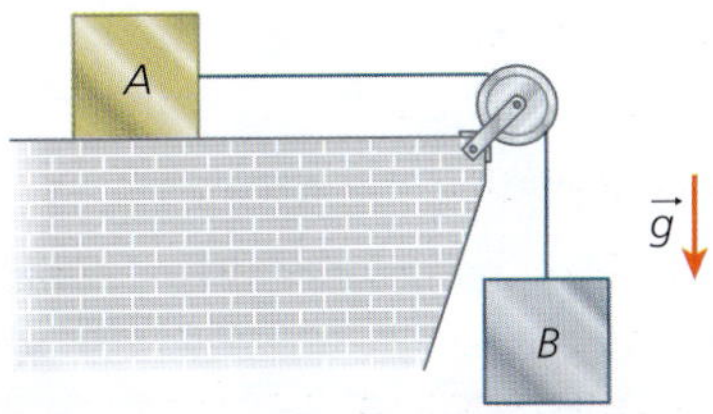

Entre o corpo A e o apoio, há atrito cujo coeficiente é 0,5. Considerando $g = 10\ m/s^2$, a aceleração dos corpos e a força de tração no fio valem:

a) $5\ m/s^2$ e 30 N.
b) $3\ m/s^2$ e 30 N.
c) $8\ m/s^2$ e 80 N.
d) $2\ m/s^2$ e 100 N.
e) $6\ m/s^2$ e 60 N.

16. (Mackenzie-SP) Uma pequena caixa está escorregando sobre uma rampa plana, inclinada de um ângulo θ com a horizontal, conforme ilustra a figura.

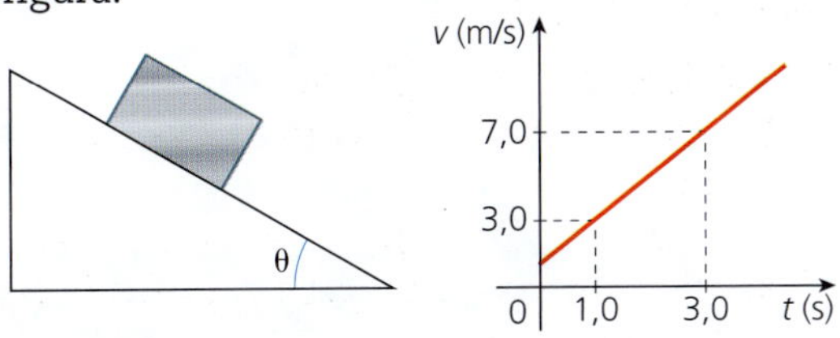

Sua velocidade escalar varia com o tempo, segundo o gráfico dado. Considerando que o módulo da aceleração gravitacional local é $g = 10\ m/s^2$, sen θ = 0,60 e cos θ = 0,80, o coeficiente de atrito cinético entre as superfícies em contato é:

a) $\mu_c = 0{,}25$
b) $\mu_c = 0{,}50$
c) $\mu_c = 0{,}75$
d) $\mu_c = 0{,}60$
e) $\mu_c = 0{,}80$

Capítulo 10

Dinâmica dos movimentos curvilíneos

Objetivos do capítulo:

- Discutir as características das acelerações tangencial e centrípeta.
- Reconhecer as condições para a existência da aceleração centrípeta.
- Relacionar a aceleração centrípeta à força resultante centrípeta.
- Resolver situações-problema que envolvam o cálculo de aceleração centrípeta e força resultante centrípeta.

ROBERT MICHAEL/AFP PHOTO/GETTY IMAGES

Alguns corpos, como automóveis e motocicletas, a Lua, a Terra e os outros planetas do Sistema Solar, realizam movimentos em trajetórias curvilíneas. Os motociclistas mostrados na foto se inclinam ao entrar na curva, mas eles poderiam realizar a curva sem se inclinar? Que forças devem agir sobre um corpo para que ele possa realizar uma curva? Neste capítulo estudaremos as forças atuantes em corpos que se movimentam em trajetórias curvilíneas e faremos uso das leis de Newton para explicá-las.

1 Introdução

Força
Conteúdo multimídia

Durante o estudo da cinemática escalar, nos capítulos iniciais deste livro, e, mais tarde, com a cinemática vetorial, analisamos os deslocamentos, velocidades e acelerações dos corpos ao realizar diferentes movimentos.

Em diferentes situações, algumas bastante comuns, os corpos realizam movimentos em trajetórias curvilíneas: um carro em uma curva, uma patinadora fazendo uma manobra graciosa, um motociclista em um "globo da morte" **(fig. 1)**.

DOUG JAMES/SHUTTERSTOCK

OLEG NIKISHIN/EPSILON/GETTY IMAGES

GUILHERME RODRIGUES

Figura 1. Forças específicas devem agir em corpos que realizam movimentos curvilíneos.

Vamos, agora, analisar as forças que atuam quando os corpos realizam movimentos em trajetórias curvilíneas.

2 Força tangencial e força centrípeta

A **figura 2**, ao lado, mostra um corpo em movimento sobre uma trajetória circular de centro *O* e raio *R*, com velocidade $\vec{v}$ e sujeito a uma força resultante $\vec{F}_R$.

Podemos decompor a força resultante $\vec{F}_R$ em duas componentes ortogonais: uma, a componente $\vec{F}_t$, na direção tangente à trajetória (na mesma direção da velocidade $\vec{v}$), e a outra, a componente $\vec{F}_{cp}$, na direção normal, ou seja, perpendicular à trajetória (direção que passa pelo centro *O* da trajetória circular). A **figura 3** ao lado mostra essas duas componentes da força resultante.

A componente $\vec{F}_t$ da força resultante é denominada **força resultante tangencial,** e a componente $\vec{F}_{cp}$ é a **força resultante centrípeta**.

A palavra **centrípeta** significa "que se dirige para o centro, que aponta para o centro". Note que não existe uma força denominada força centrípeta. Na verdade, o que existe é uma força resultante (ou uma componente da força resultante) na direção normal à trajetória descrita pelo móvel.

Essa componente da força resultante, que sempre aponta para o centro da curva, pode ser a força de tração exercida por um fio, a força de reação normal do apoio, a força peso, a força elástica, a força de atrito ou qualquer combinação dessas forças.

Voltando à **figura 3**, podemos observar a seguinte relação vetorial:

$$\vec{F}_R = \vec{F}_t + \vec{F}_{cp}$$

Pelo teorema de Pitágoras, podemos estabelecer uma relação entre os módulos dessas forças: $F_R^2 = F_t^2 + F_{cp}^2$

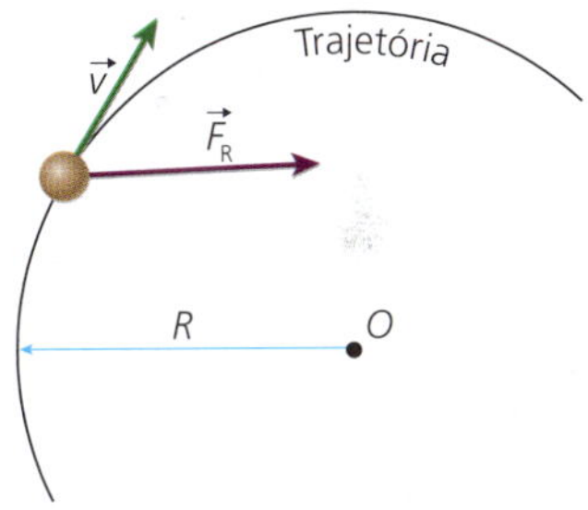

Figura 2. O corpo realiza um movimento circular.

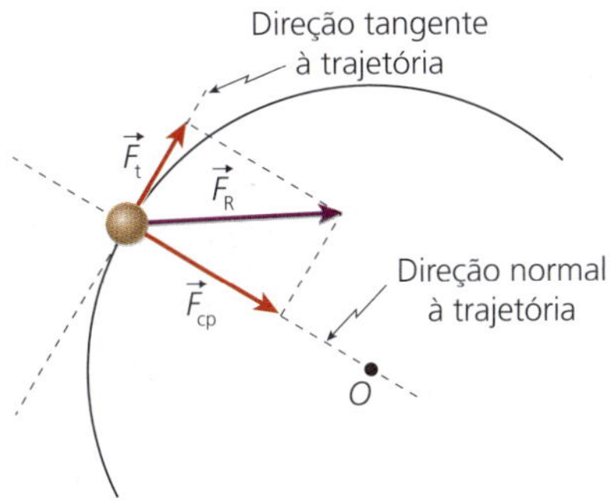

Figura 3. As componentes $\vec{F}_t$ e $\vec{F}_{cp}$ são perpendiculares entre si.

3 Aceleração tangencial e aceleração centrípeta

Vimos no capítulo anterior que, pela segunda lei de Newton (princípio fundamental da Dinâmica), a existência de uma aceleração não nula exige a existência de uma força resultante também não nula.

Dessa forma, em um movimento circular, como o do corpo das **figuras 2** e **3**, devem existir duas acelerações, conforme já estudamos na cinemática vetorial: uma **aceleração tangencial** $\vec{a}_t$ e uma **aceleração centrípeta** $\vec{a}_{cp}$ **(fig. 4)**.

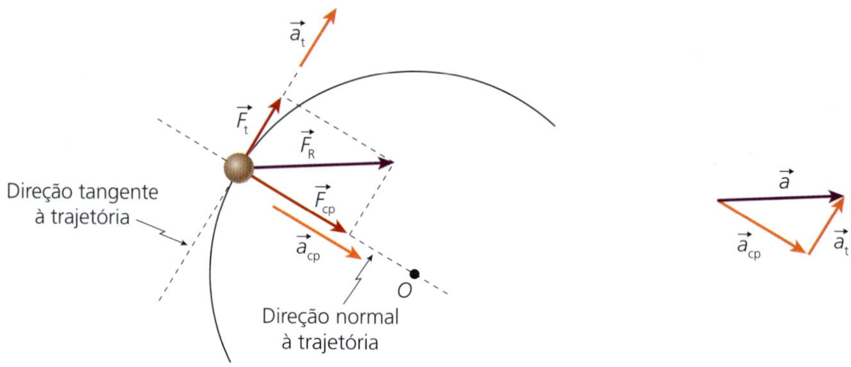

Figura 4. A aceleração resultante é dada pela soma vetorial da aceleração tangencial com a aceleração centrípeta.

Com base na **figura 4** e também no que já estudamos na cinemática vetorial, temos:

$$\boxed{\vec{a} = \vec{a}_t + \vec{a}_{cp}} \quad \text{e} \quad \boxed{a^2 = a_t^2 + a_{cp}^2}$$

- A aceleração tangencial $\vec{a}_t$ é a responsável pela variação do módulo da velocidade vetorial $\vec{v}$ do móvel.

Se essa aceleração estiver no mesmo sentido do vetor velocidade $\vec{v}$, o movimento será acelerado, ou seja, o módulo de $\vec{v}$ aumentará. Porém, se a aceleração tangencial estiver em sentido oposto ao do vetor velocidade $\vec{v}$, o movimento será retardado, e o módulo de $\vec{v}$ diminuirá.

Assim, se há uma variação do módulo do vetor velocidade $\vec{v}$, o móvel possui uma aceleração tangencial $\vec{a}_t$.

Essa aceleração tangencial $\vec{a}_t$ tem módulo igual ao módulo da aceleração escalar α, estudada na cinemática escalar, ou seja:

$$\boxed{|\vec{a}_t| = a_t = |\alpha|}$$

- A aceleração centrípeta $\vec{a}_{cp}$ é a responsável pela variação da direção da velocidade vetorial $\vec{v}$ do móvel.

Assim, sempre que um móvel descreve uma trajetória curvilínea, ele possui uma aceleração centrípeta $\vec{a}_{cp}$.

No capítulo de cinemática vetorial já vimos que o módulo da aceleração centrípeta é dado por:

$$\boxed{a_{cp} = \frac{v^2}{R}} \quad \text{ou} \quad \boxed{a_{cp} = \omega^2 R}$$

Nessas expressões, v é o módulo do vetor velocidade, ω é o módulo da velocidade angular e R é o raio da trajetória.

4 Aplicação das leis de Newton aos movimentos curvilíneos

Pelo princípio fundamental da Dinâmica, podemos relacionar as forças, as acelerações e a massa *m* de um corpo em movimento curvilíneo.

Assim:

$$F_R = ma \begin{cases} F_t = ma_t \\ F_{cp} = ma_{cp} = m\dfrac{v^2}{R} = m\omega^2 R \end{cases}$$

Vamos agora aplicar as leis de Newton a alguns casos simples nos quais o movimento dos corpos que estamos estudando ocorre em uma trajetória curvilínea.

Aplicando a teoria

1. Um carro de 1.500 kg percorre uma curva plana e horizontal, de 100 m de raio, com velocidade escalar constante de 72 km/h sem derrapar.

a) Qual é o módulo da aceleração centrípeta a que este carro está submetido?

b) Qual é o módulo da força resultante centrípeta que atua no carro?

➤ **Solução**

a) Inicialmente, devemos converter a velocidade do carro de km/h para m/s:

$$v = 72 \text{ km/h} = \frac{72}{3{,}6} \text{ m/s} = 20 \text{ m/s}$$

A aceleração centrípeta é dada por:

$$a_{cp} = \frac{v^2}{R} \Rightarrow a_{cp} = \frac{20^2}{100} \Rightarrow \boxed{a_{cp} = 4 \text{ m/s}^2}$$

b) O módulo da força resultante centrípeta é calculado por meio da segunda lei de Newton:

$$F_{cp} = ma_{cp} \Rightarrow F_{cp} = 1.500 \cdot 4 \Rightarrow \boxed{F_{cp} = 6.000 \text{ N}}$$

2. Um bloco de 0,2 kg descreve um movimento circular e uniforme (MCU) sobre uma superfície plana, horizontal e lisa, preso a um fio de 0,5 m de comprimento, com velocidade escalar de 5 m/s, conforme esquematizado abaixo.

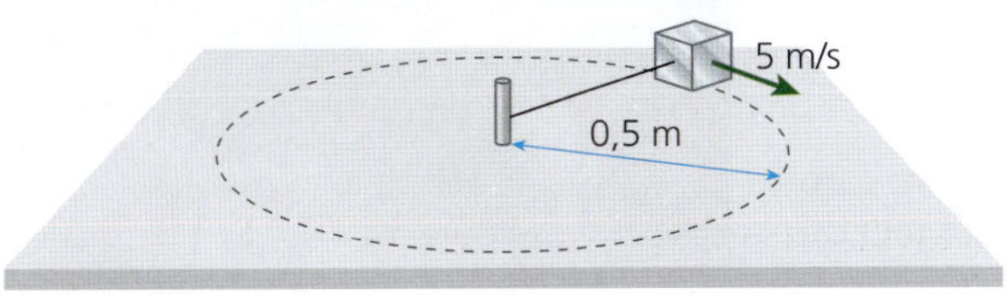

Determinar:

a) a intensidade da força de tração no fio;

b) a máxima velocidade com que o corpo pode descrever o MCU sabendo que o fio suporta, no máximo, uma tração de 30 N.

➤ **Solução**

a) A aceleração e a componente da força resultante na direção vertical são nulas; isso porque o bloco se movimenta sobre um plano horizontal. Consequentemente, a força resultante é a força de tração que atua na direção que passa pelo centro da curva. Portanto, é a tração $\vec{T}$ que desempenha o papel de força resultante centrípeta. A figura abaixo mostra o diagrama de corpo livre para o bloco em movimento.

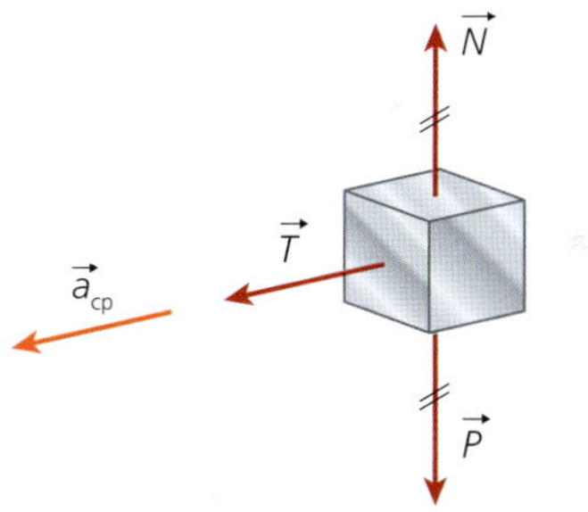

Então, pela segunda lei de Newton, temos:

$$F_{cp} = ma_{cp} \Rightarrow T = m\frac{v^2}{R} \Rightarrow T = 0{,}2 \cdot \frac{5^2}{0{,}5} \Rightarrow$$

$$\Rightarrow \boxed{T = 10 \text{ N}}$$

b) Como $T = m\dfrac{v^2}{R}$, concluímos que a força de tração no fio é diretamente proporcional ao quadrado da velocidade. Portanto, quando a velocidade do bloco dobra, por exemplo, a tração no fio quadruplica. Assim, a velocidade máxima do corpo é aquela para a qual a tração no fio também é máxima, ou seja: $T_{máx} = m\dfrac{v^2_{máx}}{R}$

Então, para $T_{máx} = 30$ N, temos:

$$T_{máx} = m\frac{v^2_{máx}}{R} \Rightarrow 30 = 0{,}2 \cdot \frac{v^2_{máx}}{0{,}5} \Rightarrow v^2_{máx} = 75 \Rightarrow$$

$$\Rightarrow \boxed{v_{máx} = 5\sqrt{3} \text{ m/s}}$$

3. **Um carro de 1.500 kg passa pelo ponto mais alto de um viaduto em formato de arco com velocidade escalar de 30 m/s, conforme esquematizado abaixo.**

Sabendo que o raio R do arco do viaduto mede 100 m e considerando $g = 10\ m/s^2$, determinar a intensidade da força de reação normal que o piso aplica ao carro quando este passa pelo ponto mais alto do viaduto.

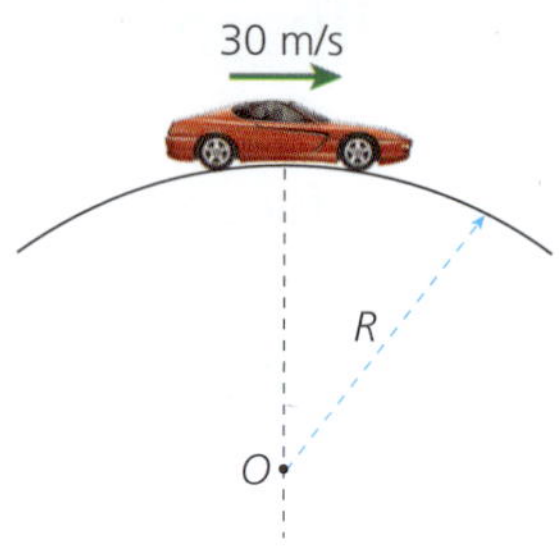

➤ Solução

As forças verticais que atuam no carro, quando este passa pelo ponto mais alto do viaduto, são: a força peso, $P = 1.500\ kg \cdot 10\ m/s^2 = 15.000\ N$, e a força de reação normal do apoio, N. Nesse ponto, a aceleração centrípeta do carro é vertical para baixo, pois o centro da curva está abaixo do carro.

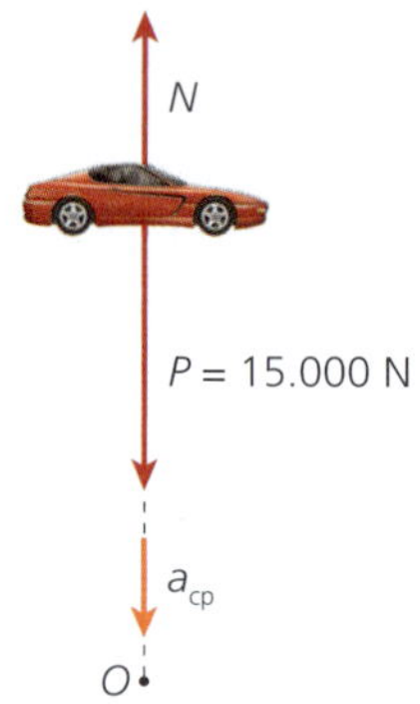

Pela segunda lei de Newton, temos:

$$F_{cp} = ma_{cp} \Rightarrow P - N = m\frac{v^2}{R}$$

Com base nos dados numéricos fornecidos no enunciado, temos:

$$15.000 - N = 1.500 \cdot \frac{30^2}{100} \Rightarrow$$

$$\Rightarrow \boxed{N = 1.500\ N}$$

Avaliando o aprendizado

1. Em uma corrida de Fórmula 1, um competidor descreve uma curva plana e horizontal com 50 m de raio a uma velocidade de 180 km/h.

a) Qual é o módulo da aceleração centrípeta a que o carro está submetido?

b) Qual é o módulo da força resultante centrípeta que atua no carro, sabendo que sua massa é de 600 kg?

JAGGAT/SHUTTERSTOCK

2. Uma criança, com massa de 30 kg, brinca em um gira-gira de um parquinho infantil, como mostra a foto ao lado.

Considerando que o brinquedo tem raio de 1 m e que completa uma volta a cada 10 s, determine:

a) a velocidade escalar da criança;

b) o módulo da aceleração centrípeta da criança;

c) o módulo da força resultante centrípeta que atua sobre ela.

FERNANDO FAVORETTO/CRIAR IMAGEM

3. Duas esferas, *A* e *B*, com massas iguais a 1 kg cada, descrevem um movimento circular e uniforme sobre uma mesa horizontal lisa, conforme esquematizado abaixo.

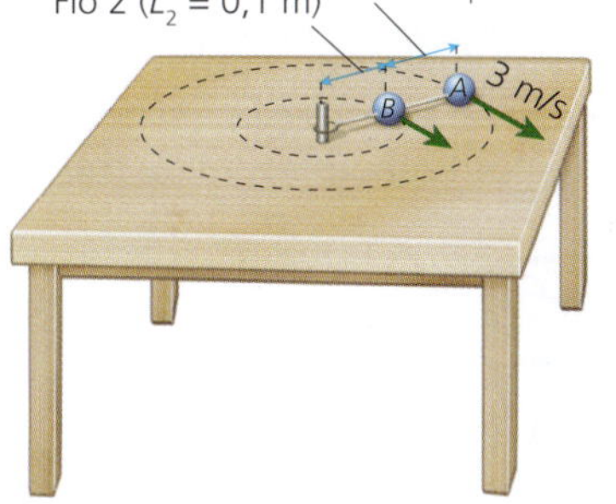

Considerando que, durante o movimento, as esferas permanecem alinhadas com o centro da trajetória, determine:

a) a velocidade escalar da esfera *B*;

b) o módulo das acelerações centrípetas das esferas *A* e *B*;

c) a intensidade da força de tração no fio 1 e no fio 2.

4. Uma criança com massa de 15 kg brinca em um balanço sustentado por duas cordas com 2 m de comprimento cada uma. Ao passar pelo ponto mais baixo de sua trajetória, a criança tem velocidade de 2 m/s. Adote $g = 10$ m/s^2 e determine a intensidade da força de tração exercida em cada corda quando a criança passa pelo ponto mais baixo.

10.1 Visão do especialista

5. Um veículo de 1.600 kg percorre um trecho de estrada em lombada com velocidade de 90 km/h, conforme o esquema abaixo.

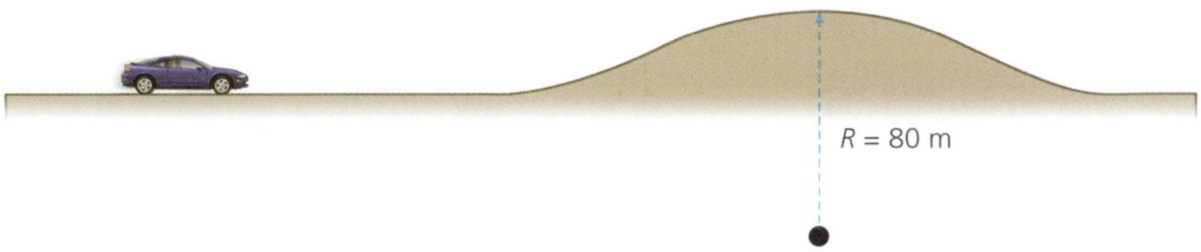

Adote $g = 10$ m/s^2 e determine a intensidade da força que a superfície da estrada exerce no veículo quando este passa pelo ponto mais alto da lombada.

Partiremos, agora, para situações mais complexas e de maior interesse prático. Acompanhe atentamente a análise dos exercícios apresentados a seguir.

Aplicando a teoria

4. O "globo da morte" é uma atração comum em circos e parques temáticos. Trata-se de uma gaiola de formato esférico em cujo interior um motociclista faz acrobacias. O clímax da apresentação ocorre quando o motociclista percorre uma trajetória circular em um plano vertical dentro da gaiola.

Considerando que o globo tem raio $R = 2{,}5$ m, qual deve ser a velocidade mínima do motociclista no ponto mais alto de sua trajetória de modo que complete a volta? Adotar $g = 10$ m/s^2.

GUILHERME RODRIGUES

➤ Solução

A figura abaixo mostra as forças que atuam no conjunto moto-motociclista, na direção vertical, no ponto mais alto e no ponto mais baixo da trajetória circular.

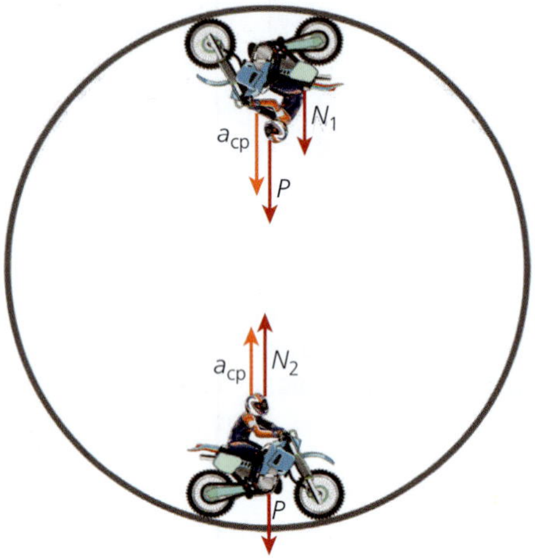

No ponto mais alto da trajetória, a aceleração centrípeta a_{cp} tem direção vertical e sentido para baixo. A força resultante centrípeta tem módulo dado pela soma dos módulos da força peso P do conjunto e da força de reação normal do apoio N_1.

Pela segunda lei de Newton, temos:

$$F_{cp} = ma_{cp} \Rightarrow P + N_1 = m\frac{v^2}{R}$$

Nessa expressão, P, m e R são valores constantes, portanto, o valor de N_1 depende do valor de v. Assim, à medida que o valor de v diminui, diminui também o valor de N_1.

Quando a velocidade atinge o valor mínimo, $v_{mín}$, para o qual a moto ainda consegue completar a volta, temos $N_1 = 0$. Então:

$$P + 0 = m\frac{v^2_{mín}}{R} \Rightarrow mg = m\frac{v^2_{mín}}{R} \Rightarrow$$

$$\Rightarrow v_{mín} = \sqrt{Rg}$$

Assim:

$$v_{mín} = \sqrt{Rg} \Rightarrow v_{mín} = \sqrt{2{,}5 \cdot 10} \Rightarrow$$

$$\Rightarrow \boxed{v_{mín} = 5 \text{ m/s}}$$

5. A figura abaixo mostra o sistema mecânico conhecido como pêndulo cônico. Trata-se de um corpo de massa *m* que, preso a um fio, realiza um MCU em um plano horizontal.

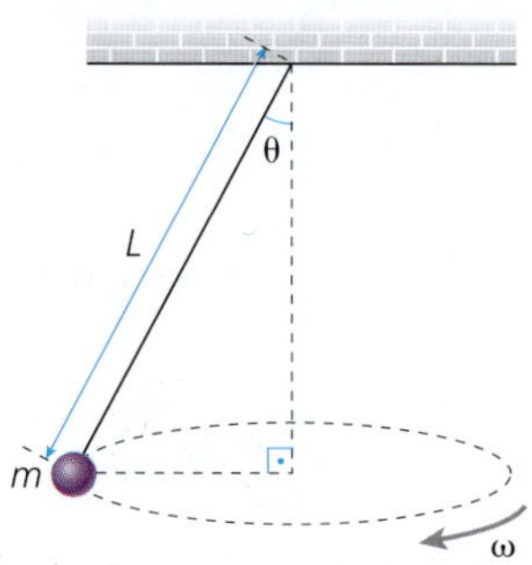

Considerando que a aceleração gravitacional tem módulo *g* e que o fio tem comprimento L e forma um ângulo θ com a vertical, determinar:

a) a intensidade da força de tração T do fio;

b) a velocidade angular ω do MCU;

c) o período τ do MCU.

➤ Solução

O esquema abaixo mostra as forças que atuam no corpo durante seu movimento. A tração T do fio foi substituída por suas componentes ortogonais, na direção vertical e na horizontal. A componente horizontal da tração aponta diretamente para o centro da trajetória circular, e o raio R da trajetória é dado por $R = L \cdot \text{sen}\,\theta$.

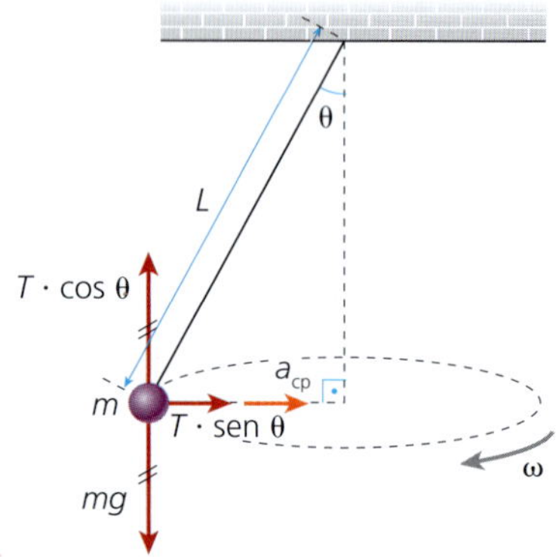

a) Na direção vertical, a aceleração é nula. Então, a força resultante na direção vertical também é nula, logo:

$$T \cdot \cos\theta = P \Rightarrow T \cdot \cos\theta = mg \Rightarrow \boxed{T = \frac{mg}{\cos\theta}}$$

b) A componente horizontal da tração, neste caso, desempenha o papel de resultante centrípeta, assim:

$$F_{cp} = m\omega^2 R \Rightarrow T \cdot \text{sen}\,\theta = m\omega^2 L \cdot \text{sen}\,\theta \Rightarrow$$

$$\Rightarrow \frac{mg}{\cos\theta} \cdot \text{sen}\,\theta = m\omega^2 L \cdot \text{sen}\,\theta \Rightarrow$$

$$\Rightarrow \boxed{\omega = \sqrt{\frac{g}{L \cdot \cos\theta}}}$$

c) Sabemos que, para um movimento circular e uniforme (MCU), $\omega = \frac{2\pi}{\tau}$. Então:

$$\tau = \frac{2\pi}{\omega} \Rightarrow \boxed{\tau = 2\pi\sqrt{\frac{L \cdot \cos\theta}{g}}}$$

6. A figura abaixo mostra um carro percorrendo uma curva de raio R em um plano horizontal.

O coeficiente de atrito estático entre os pneus e a pista vale μ. Determinar a máxima velocidade com que o carro pode fazer essa curva sem risco de derrapar, considerando que a aceleração da gravidade vale g.

➤ Solução

A figura abaixo mostra as forças que atuam no carro na direção vertical e na direção radial.

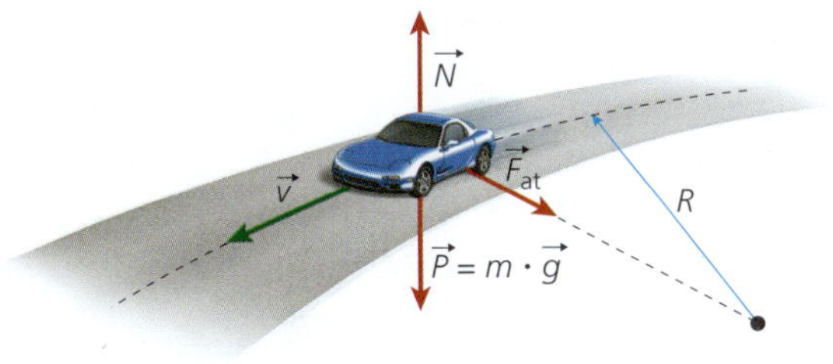

Na direção vertical, a força resultante é nula, então:

$$N = mg$$

Ao entrar na curva, o carro "força a pista" para o lado externo da curva e, pelo princípio da ação e reação, a pista "força o carro" para o lado interno da curva. Essa força é uma força de atrito estático, visto que nessa direção o carro não se desloca.

Nesse caso, a força de atrito estático desempenhará o papel de força resultante centrípeta, portanto:

$$F_{at} = m\frac{v^2}{R}$$

Como o módulo dessa força de atrito depende da velocidade com que o carro percorrerá a curva, a força de atrito será maior para velocidades mais altas. Contudo, a força de atrito estático assumirá seu valor máximo, igual a μN, quando o carro estiver percorrendo a curva com a máxima velocidade possível e na iminência de derrapar.

Devemos, então, impor a seguinte condição: $F_{at} \leq \mu N$

Assim:

$$m\frac{v^2}{R} \leq \mu mg \Rightarrow v^2 \leq \mu Rg \Rightarrow v \leq \sqrt{\mu Rg}$$

Desse modo, a velocidade máxima com que o carro pode percorrer a curva sem derrapar é dada por:

$$\boxed{v_{máx} = \sqrt{\mu Rg}}$$

7. Muitos acidentes ocorrem quando, pelo excesso de velocidade, o veículo não consegue realizar uma curva e acaba por sair da estrada. Uma maneira de diminuir esse tipo de acidente é construir estradas de tal modo que, nas curvas, haja inclinação da pista, como no esquema abaixo.

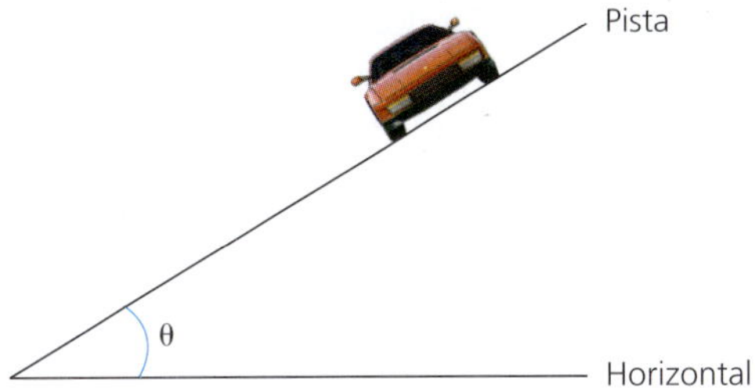

Determinar a velocidade v com que um carro deverá percorrer uma curva de raio R e ângulo θ de superelevação entre as laterais, independentemente da existência de atrito entre os pneus e o piso.

➤ Solução

As forças que atuam no carro, enquanto ele percorre a curva, são mostradas a seguir.

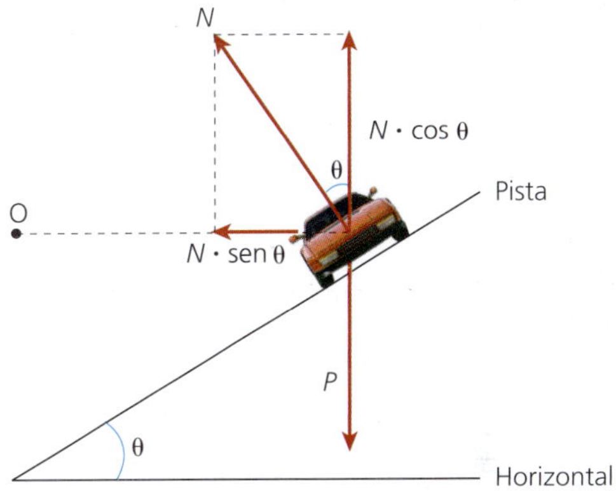

Na figura, a força de reação normal, de módulo N, é decomposta em suas componentes ortogonais: uma na direção vertical, $N \cdot \cos\theta$, e a outra na direção horizontal, $N \cdot \text{sen}\,\theta$, que atua como força centrípeta.

Na direção vertical, a força resultante é nula, então:

$$N \cdot \cos\theta = P \Rightarrow N \cdot \cos\theta = mg \quad ①$$

Na direção horizontal, temos:

$$N \cdot \text{sen}\,\theta = m\frac{v^2}{R} \quad ②$$

Isolando N na equação ① e substituindo na equação ②, temos:

$$\frac{mg}{\cos\theta} \cdot \text{sen}\,\theta = m\frac{v^2}{R} \Rightarrow g \cdot \text{tg}\,\theta = \frac{v^2}{R} \Rightarrow$$

$$\Rightarrow \boxed{v = \sqrt{Rg \cdot \text{tg}\,\theta}}$$

Avaliando o aprendizado

6. Um motociclista em sua moto descreve um movimento circular e uniforme em um plano vertical no interior de um "globo da morte" de 3 m de raio. Considerando que $g = 10\ m/s^2$, que a massa do conjunto motociclista-moto é de 200 kg e que a velocidade da moto é de 12 m/s, determine o módulo da força que a superfície interna do globo aplica na moto:

a) no ponto mais baixo da trajetória;

b) no ponto mais alto da trajetória.

7. Um avião descreve um *loop* em um plano vertical, com velocidade de 720 km/h. Considere $g = 10\ m/s^2$. Determine qual deverá ser o raio do *loop* para que, no ponto mais baixo da trajetória, a intensidade da força que o piloto exercerá no banco seja igual ao quíntuplo de seu peso.

8. Copie a tabela abaixo em seu caderno e preencha os espaços com as palavras **nula** ou **não nula**.

Movimento	Aceleração tangencial	Aceleração centrípeta
MRU		
MRUV		
MCU		
MCUV		

9. A foto a seguir mostra um brinquedo de parques de diversão conhecido como chapéu mexicano. Considere um brinquedo com eixo de rotação na direção vertical. Uma pessoa nesse brinquedo gira em um movimento circular e uniforme com raio 10 m, e as cordas que prendem a cadeirinha formam um ângulo de 45° com a vertical. Determine a velocidade da pessoa durante o movimento. Adote $g = 10\ m/s^2$.

ANDREI NEKRASSOV/SHUTTERSTOCK

10. Considere que um carro de 1.000 kg transita por uma estrada plana e horizontal e, ao realizar uma curva, descreve uma trajetória circular de raio igual a 50 m. A velocidade do carro é constante e tem módulo igual a 15 m/s durante todo o percurso.

a) Determine o módulo da força resultante centrípeta que atua sobre o carro.

b) Considerando que o coeficiente de atrito estático entre os pneus e a estrada é $\mu_e = 0{,}80$, calcule a velocidade máxima com que o carro poderá percorrer a curva sem correr o risco de derrapar.

11. A sobrelevação das pistas nas curvas, em autódromos, velódromos, como mostrado na foto abaixo, ou mesmo em avenidas, rodovias ou ferrovias, dá mais segurança aos usuários, dificultando ou impedindo que veículos em alta velocidade sejam jogados para fora da pista.

MAXIM PETRICHUK/SHUTTERSTOCK

Em um velódromo, um ciclista precisa fazer curvas circulares de 80,0 m de raio, com velocidade de até 72,0 km/h. Despreze a força de atrito e considere $g = 10\ m/s^2$.

a) Com base na figura a seguir, represente graficamente as forças que atuam sobre o ciclista.

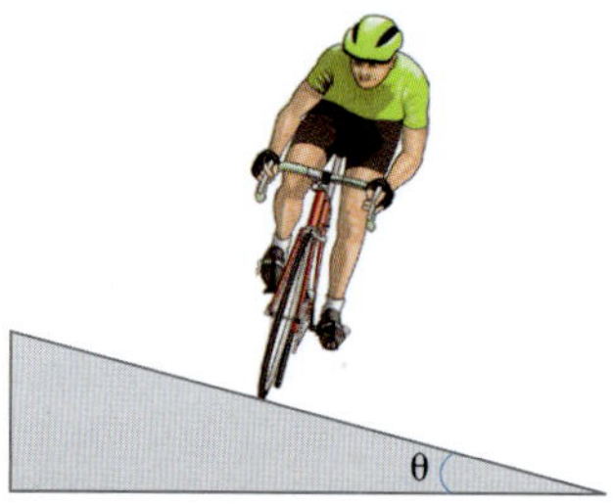

b) Qual deve ser o ângulo de inclinação da pista, nesse caso?

12. Um avião descreve uma curva em uma trajetória circular com velocidade escalar constante, em um plano horizontal, como representado na figura a seguir. $\vec{F}$ é a força de sustentação, perpendicular às asas, $\vec{P}$ é a força peso, α é o ângulo de inclinação das asas em relação ao plano horizontal e R é o raio da trajetória.

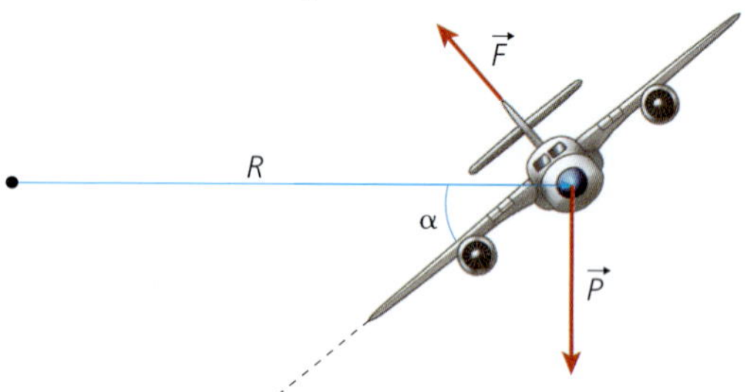

Sabendo que $\alpha = 45°$, R = 1.000 m e a massa do avião é $m = 10.000$ kg, determine o módulo da velocidade $\vec{v}$ do avião. Considere $g = 10\ m/s^2$.

Revisando o conteúdo

Ficha-resumo 1

À **componente tangencial da força, $\vec{F}_t$**, associamos uma **aceleração tangencial $\vec{a}_t$** que é responsável pela variação do módulo da velocidade vetorial $\vec{v}$ do móvel.

À **componente normal da força, $\vec{F}_{cp}$**, associamos uma **aceleração centrípeta $\vec{a}_{cp}$** que é responsável pela variação da direção da velocidade vetorial $\vec{v}$ do móvel.

1. (UFSC) Um carro com velocidade de módulo constante de 20 m/s percorre a trajetória descrita na figura, sendo que de A a C a trajetória é retilínea e de D a F é circular, no sentido indicado.

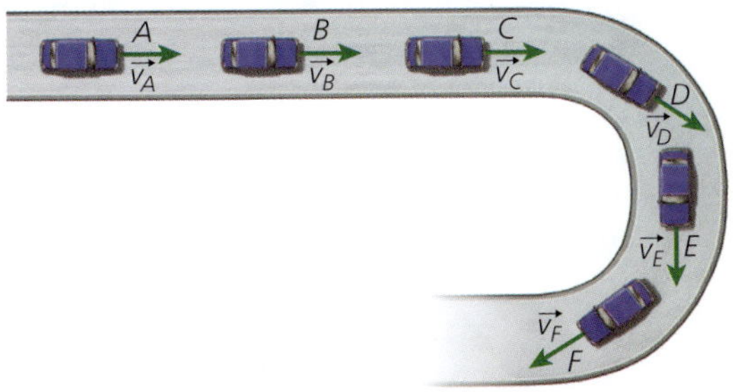

Assinale a(s) proposição(ões) correta(s).

01) O carro tem movimento uniforme de A até C.
02) O carro tem movimento uniforme de A até F.
04) O carro tem aceleração de A até C.
08) O carro tem aceleração de D até F.
16) O carro tem movimento retilíneo uniformemente variado de D até F.

Dê como resposta a soma dos números que precedem as proposições corretas.

2. (PUC-PR) Uma partícula P de massa M descreve em um plano horizontal uma trajetória circular em movimento uniforme. A figura que representa corretamente os vetores velocidade $\vec{v}$, aceleração $\vec{a}$ e força $\vec{F}$ é:

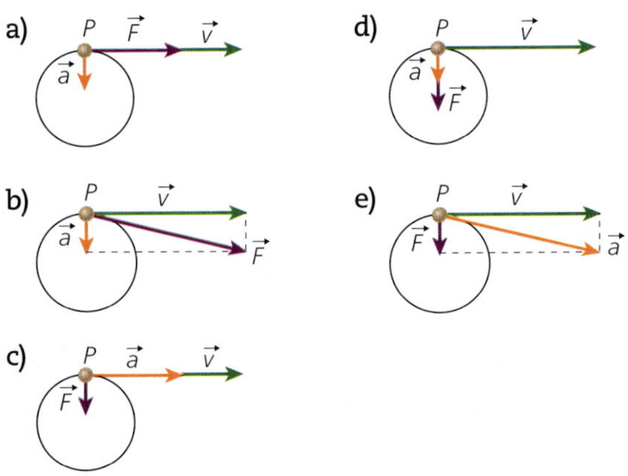

3. (UEL-PR) Com relação a um corpo em movimento circular uniforme e sem atrito, considere as afirmativas seguintes:

I. O vetor velocidade linear é constante.
II. A aceleração centrípeta é nula.
III. O módulo do vetor velocidade é constante.
IV. A força atua sempre perpendicularmente ao deslocamento.

Assinale a alternativa que contém todas as afirmativas corretas.

a) I e IV
b) II e III
c) III e IV
d) I, II e III
e) I, II e IV

4. (UEPG-PR) Um corpúsculo de massa *m* descreve uma trajetória curva em relação a um referencial inercial, sob o concurso de forças. Sobre os efeitos das duas componentes da resultante de todas as forças que agem sobre o corpúsculo num ponto considerado (componente tangencial e componente normal), assinale o que for correto.

01) O módulo da velocidade no instante considerado independe da componente normal.
02) A componente tangencial justifica a modificação do módulo da velocidade vetorial.
04) A componente normal justifica a modificação da direção da velocidade.
08) A componente tangencial justifica a aceleração responsável pela variação do módulo da velocidade.
16) A componente normal justifica a existência da aceleração radial.

Dê como resposta a soma dos números que precedem as proposições corretas.

5. (UFPel-RS) Considere um satélite artificial que está em órbita circular ao redor da Terra. Nessa condição, é correto afirmar que:

a) seu vetor velocidade, vetor aceleração centrípeta e seu período são constantes.
b) seu vetor velocidade varia, seu vetor aceleração centrípeta e seu período são constantes.
c) seu vetor velocidade e seu vetor aceleração centrípeta variam e seu período é constante.
d) seu vetor velocidade e seu período são constantes e seu vetor aceleração centrípeta varia.
e) seu vetor velocidade, seu vetor aceleração centrípeta e seu período variam.

6. (PUC-PR) A pá de um ventilador realiza um movimento circular uniforme levando 0,5 s para completar cada volta. Analise as afirmativas.

I. O período de revolução da pá é 1,0 s.

II. O movimento da pá, sendo circular uniforme, não apresenta aceleração.

III. Se aumentar a velocidade de rotação da pá, aumenta o valor da força centrípeta.

IV. Se aumentar a velocidade de rotação da pá, diminui o período.

Está correta ou estão corretas:

a) somente I.
b) somente II.
c) somente III.
d) somente IV.
e) III e IV.

Ficha-resumo 2

Aceleração tangencial a_t:

$$|\vec{a}_t| = a_t = |\alpha|$$

Força tangencial F_t:

$$F_t = ma_t \Leftrightarrow F_t = m \cdot |\alpha|$$

Aceleração centrípeta a_{cp}:

$$a_{cp} = \frac{v^2}{R} \text{ ou } a_{cp} = \omega^2 R$$

Força centrípeta F_{cp}:

$$F_{cp} = ma_{cp} \begin{cases} F_{cp} = m\dfrac{v^2}{R} \\ F_{cp} = m\omega^2 R \end{cases}$$

7. (UEL-PR) Em uma estrada, um automóvel de 800 kg com velocidade constante de 72 km/h se aproxima de um fundo de vale, conforme esquema a seguir.

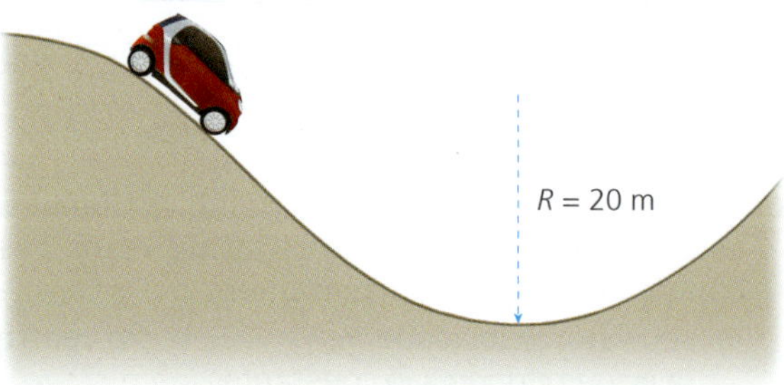

Sabendo que o raio de curvatura nesse fundo de vale é 20 m, a força de reação da estrada sobre o carro é, em newton, aproximadamente:

a) $2,4 \cdot 10^5$
b) $2,4 \cdot 10^4$
c) $1,6 \cdot 10^4$
d) $8,0 \cdot 10^3$
e) $1,6 \cdot 10^3$

(Dado: $g = 10 \text{ m/s}^2$)

8. (Fuvest-SP) Uma bola de massa 1,0 kg, presa à extremidade livre de uma mola elástica de constante elástica $k = 2.000$ N/m, descreve um movimento circular e uniforme de raio $r = 0,50$ m com velocidade $v = 10$ m/s sobre uma mesa horizontal e sem atrito. A outra extremidade da mola está presa a um pino em O, segundo a figura abaixo.

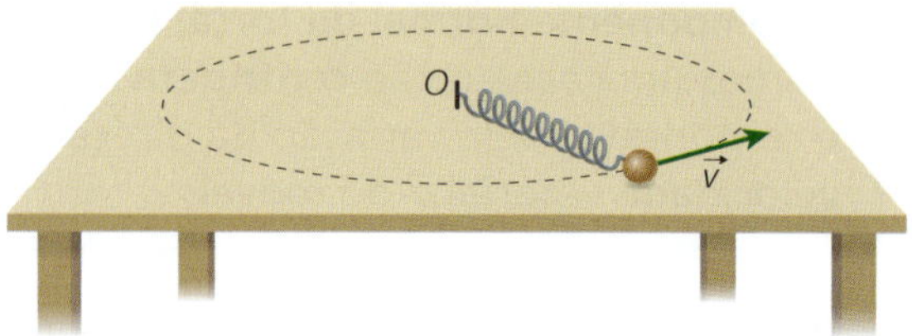

a) Determine o valor da força que a mola aplica na bola para que esta realize o movimento descrito.

b) Qual era o comprimento original da mola antes de ter sido esticada?

9. (UFBA) Um bloco A, de massa 200 g, gira sobre uma mesa horizontal sem atrito. O bloco A está ligado ao bloco B, de massa 1 kg, por meio de um fio inextensível que passa por um orifício existente na mesa.

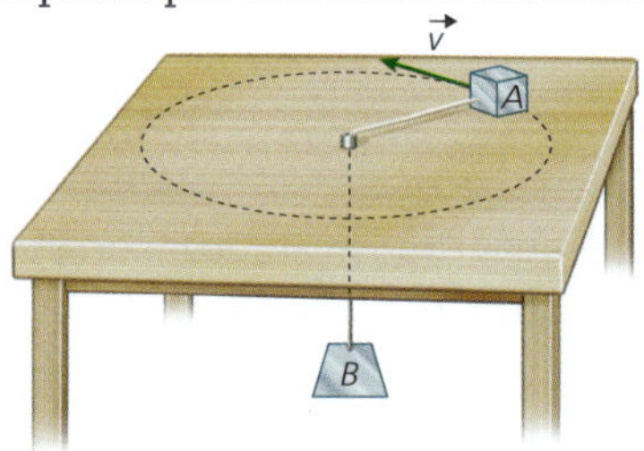

Sabendo que o bloco A descreve um movimento circular uniforme de velocidade escalar 10 m/s e que o bloco B permanece em repouso, determine o raio R da trajetória, em metro. Considere a aceleração da gravidade $g = 10 \text{ m/s}^2$.

10. (Fuvest-SP) A figura a seguir mostra, num plano vertical, parte dos trilhos do percurso circular de uma montanha-russa de um parque de diversões. Adote $g = 10 \text{ m/s}^2$.

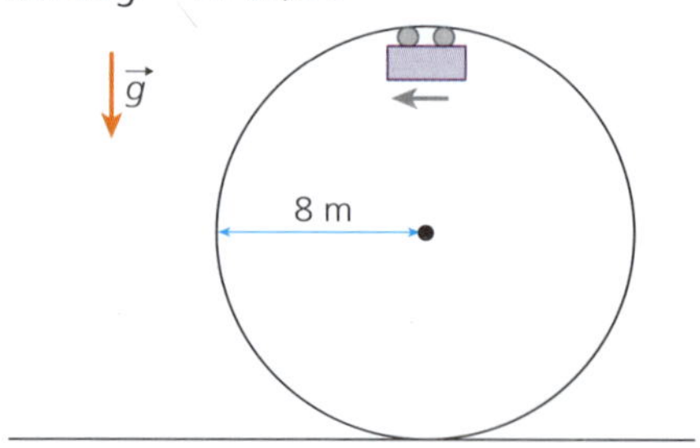

A velocidade mínima que o carrinho deve ter, ao passar pelo ponto mais alto da trajetória, para não desgrudar dos trilhos vale, em metro por segundo:

a) $\sqrt{20}$
b) $\sqrt{40}$
c) $\sqrt{80}$
d) $\sqrt{160}$
e) $\sqrt{320}$

11. (UFSC) Um piloto executa um *looping* com seu avião — manobra acrobática em que a aeronave descreve um arco de circunferência no plano vertical — que atinge, no ponto mais baixo da trajetória, ao completar a manobra, a velocidade máxima de 540 km/h. O raio da trajetória é igual a 450 m e a massa do piloto é 70 kg. Nessas manobras acrobáticas deve-se considerar que a maior aceleração que o organismo humano pode suportar é $9g$ (g é a aceleração da gravidade).

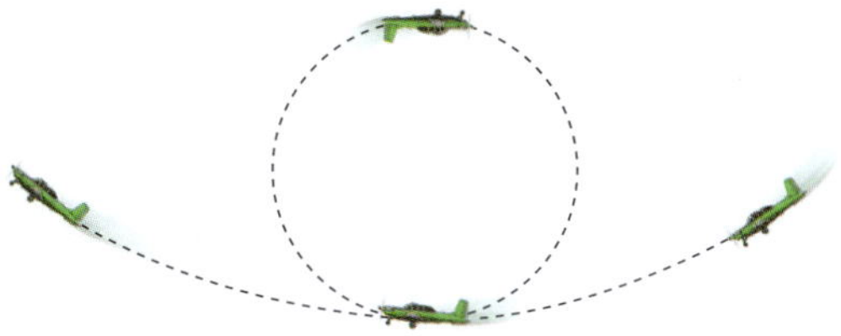

Com base nos dados fornecidos, assinale a(s) proposição(ões) correta(s).

01) Se o raio de trajetória fosse menor do que 250 m, o piloto seria submetido a uma aceleração centrípeta máxima maior do que $9g$ (nove vezes a aceleração da gravidade).

02) A força centrípeta sobre o piloto, na parte mais baixa da trajetória, é cinco vezes maior do que o seu peso.

04) O piloto é submetido a uma aceleração centrípeta máxima igual a $5g$ (cinco vezes a aceleração da gravidade).

08) A velocidade mínima para que o avião complete a volta, no topo da trajetória, é igual a 270 km/h.

16) A força que o avião faz sobre o piloto, na parte mais baixa da trajetória, é igual a 4.200 N.

32) A força que o piloto faz sobre o avião é igual ao seu peso, em toda a trajetória.

64) O piloto é submetido a uma aceleração centrípeta máxima no topo da trajetória, quando a força de sustentação do avião é mínima.

Dê como resposta a soma dos números que precedem as proposições corretas.

12. (UEL-PR) Num pêndulo cônico, a massa m gira numa circunferência horizontal, estando submetida às forças peso $\vec{P}$ e tração $\vec{T}$, conforme a figura a seguir.

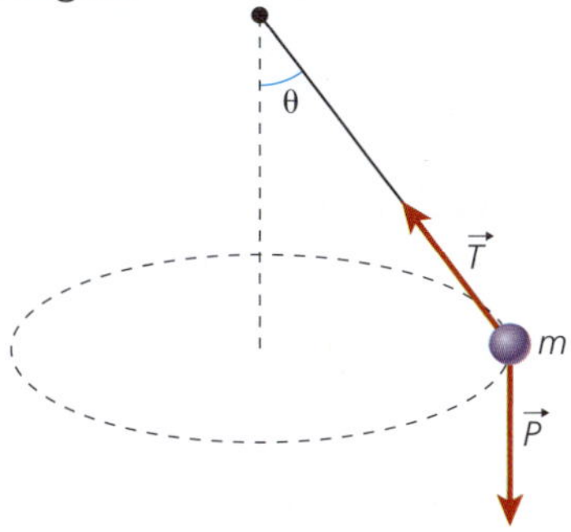

Nessas condições, a intensidade da força centrípeta é:

a) nula, pois o movimento é uniforme.

b) dada pela componente da tração, $T \cdot \text{sen}\ \theta$.

c) dada pela componente da tração, $T \cdot \cos \theta$.

d) dada pela resultante $T - P \cdot \cos \theta$.

e) dada pela resultante $T - P \cdot \text{sen}\ \theta$.

13. (UFSCar-SP) A figura a seguir representa um pêndulo cônico, composto por uma pequena esfera de massa 0,10 kg que gira presa por um fio muito leve e inextensível, descrevendo círculos de 0,12 m de raio num plano horizontal, localizado a 0,40 m do ponto de suspensão. Adote $g = 10\ m/s^2$.

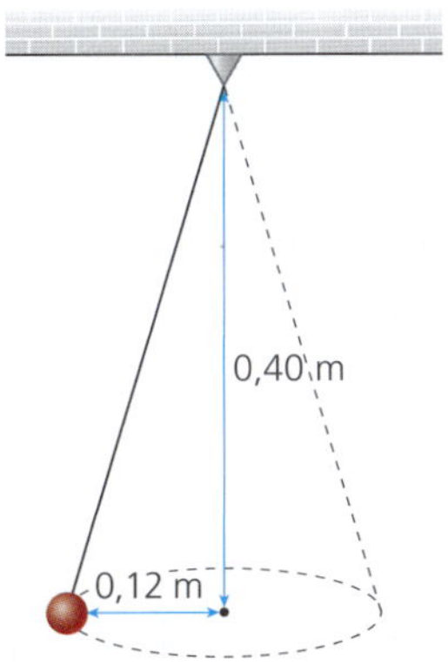

a) Represente graficamente as forças que atuam sobre a esfera, nomeando-as. Determine o módulo da resultante dessas forças.

b) Determine o módulo da velocidade linear da esfera e a frequência do movimento circular por ela descrito.

14. (Udesc) Um engenheiro civil, trabalhando em um projeto de construção de estradas, faz algumas hipóteses: considera que um carro de massa de 1.200 kg transita por uma estrada plana e horizontal e, ao realizar uma curva, descreve uma trajetória circular de raio igual a 100,0 m. A velocidade do carro é constante e em módulo igual a 90,0 km/h, em toda a curva. Adote, se necessário, $g = 10\ m/s^2$.

a) Calcule o valor da força centrípeta atuante sobre o carro.

b) Considerando que o coeficiente de atrito estático entre os pneus e a pista é de 0,80, calcule o valor máximo da força de atrito estático que pode ser exercida pela estrada sobre o carro. O carro conseguirá fazer a curva nessa velocidade (90,0 km/h), sem perigo de derrapagens? Justifique sua resposta.

c) Em dias de chuva, carros com pneus próprios para pista seca conseguem fazer a curva, sem derrapar, a uma velocidade máxima igual a 72,0 km/h. Nessas condições, calcule o coeficiente de atrito estático entre os pneus e a pista.

Capítulo 11

Trabalho e potência

MARCIO LOURENÇO/PULSAR IMAGENS

Objetivos do capítulo:

- ✔ Definir trabalho de uma força.
- ✔ Estabelecer a relação entre trabalho e energia.
- ✔ Calcular o trabalho de uma força constante e de uma força variável.
- ✔ Apresentar os conceitos de potência e rendimento.
- ✔ Resolver situações-problema que envolvam o cálculo de trabalho, potência e rendimento.

Os processos de carga e descarga de um navio, como o da foto, atracado no porto de Santos, exigem o uso de máquinas especializadas que exercem forças de grande intensidade para provocar o deslocamento da carga no menor intervalo de tempo possível. Afinal, navio parado em porto não gera lucros! Essas máquinas utilizadas nos processos de carga e descarga de um navio realizam muito trabalho em pouco tempo e são, portanto, muito potentes. Neste capítulo, vamos estabelecer a relação entre as grandezas físicas trabalho, energia e potência.

1 Introdução

Gráficos Força
Conteúdo multimídia

Nos capítulos anteriores, estudamos o movimento dos corpos usando apenas as funções horárias da Cinemática e as três leis de Newton. Nesse estudo, as forças têm um papel fundamental como agentes responsáveis pela mudança da velocidade vetorial de um corpo.

A partir deste ponto, passaremos a analisar o movimento dos corpos por meio de outras grandezas físicas, como a energia e a quantidade de movimento (ou momento linear).

Essas duas grandezas físicas, presentes em diferentes áreas da Física, são muito importantes, pois em vários casos elas se conservam.

A energia, em particular, é uma grandeza escalar e está intimamente relacionada a outra grandeza física: o trabalho.

2 Trabalho

Na linguagem cotidiana, a palavra **trabalho** tem muitos significados, como podemos constatar a seguir, observando a definição de um dicionário.

tra.ba.lho

sm.

1. Emprego da força física ou intelectual para realizar alguma coisa.
2. Aplicação dessas forças como ocupação profissional: *Seu trabalho é de gari*.
3. Local onde isso se realiza: *Mora longe do trabalho*.
4. Esmero, cuidado que se emprega na confecção ou elaboração de uma obra.
5. A confecção, elaboração ou composição de uma obra.
6. Obra realizada: *Essa cômoda é um belo trabalho de marcenaria*.
7. Grande esforço; trabalhão; trabalheira.
8. Exercício para treino: *A professora passou muito trabalho para casa.*
9. Ação contínua de uma força da natureza e seu efeito: *O trabalho do vento resulta na erosão eólia*.
10. **Med.** Fenômeno orgânico que se opera no interior dos tecidos (trabalho inflamatório; trabalho de cicatrização).
11. Resultado do funcionamento de uma máquina, um aparelho etc.: *o trabalho de uma pá mecânica*.
12. Obrigação ou responsabilidade; dever; encargo: *Seu trabalho é protegê-lo do assédio da imprensa*.
13. **Econ.** Conjunto das atividades humanas empregado na produção de bens: *O capital e o trabalho são os pilares da economia*.
14. Tarefa a ser realizada: *Contratou-o para um trabalho temporário*.
15. Treinamento durante a semana como preparação para o páreo.
16. **Rel.** Oferenda para se obter proteção ou favor dos orixás.

Dicionário Caldas Aulete. Disponível em: <http://aulete.uol.com.br/trabalho>. Acesso em: 30 mar. 2012.

Entretanto, em Física, a palavra **trabalho** tem um significado bastante específico, relacionado ao que ocorre quando uma força desloca um corpo por certa distância.

Podemos interpretar o **trabalho de uma força** como a quantidade de energia transferida ou transformada por meio de uma força.

Vamos considerar um corpo que, submetido à ação de uma força $\vec{F}$ constante, é deslocado por uma distância *d* **(fig. 1)**.

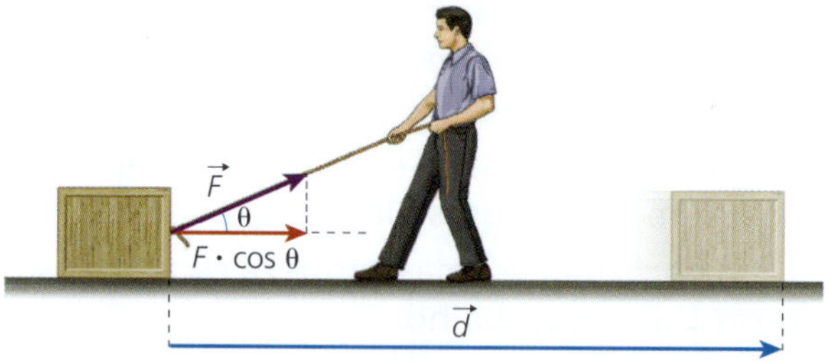

Figura 1. Ao puxar o bloco, a pessoa realiza um trabalho.

Parte da energia utilizada pela pessoa ao realizar essa tarefa é transferida para o bloco. Dizemos, então, que a força $\vec{F}$ realizou um trabalho sobre o bloco.

Por definição, o **trabalho** de uma força constante, representado aqui pela letra grega τ (tau), é uma **grandeza física escalar** calculada efetuando-se o produto do módulo da componente da força paralela ao deslocamento (componente tangencial) pelo módulo do deslocamento.

$$\tau = F_t \cdot d \quad \text{ou} \quad \tau = F \cdot \cos\theta \cdot d$$

No SI, a unidade de trabalho é o **joule** (J), uma unidade derivada das unidades newton e metro, que corresponde a N · m. Essa unidade recebe o nome joule em homenagem ao físico inglês James Prescott Joule (1818-1889).

É importante destacar que a expressão acima é válida **apenas quando $\vec{F}$ é constante**, ou seja, quando a força mantém constantes seu módulo, sua direção e seu sentido.

No caso de uma força variável, podemos calcular o trabalho a partir do gráfico do módulo da componente tangencial da força, F_t, em função do módulo do deslocamento, *d* **(fig. 2)**.

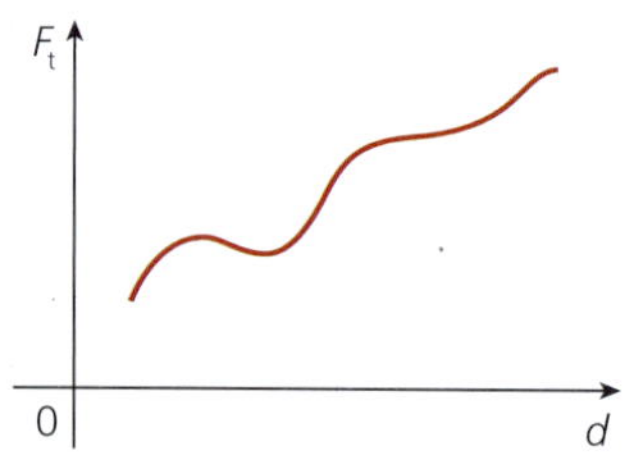

Figura 2. O gráfico mostra a variação do módulo da componente tangencial da força enquanto ela provoca o deslocamento de um corpo.

Nesse caso, o trabalho τ da força variável, em módulo, é numericamente igual à área *A* entre a curva e o eixo das abscissas, num dado deslocamento **(fig. 3)**.

Assim, para uma força variável, temos:

$$|\tau| \overset{N}{=} A$$

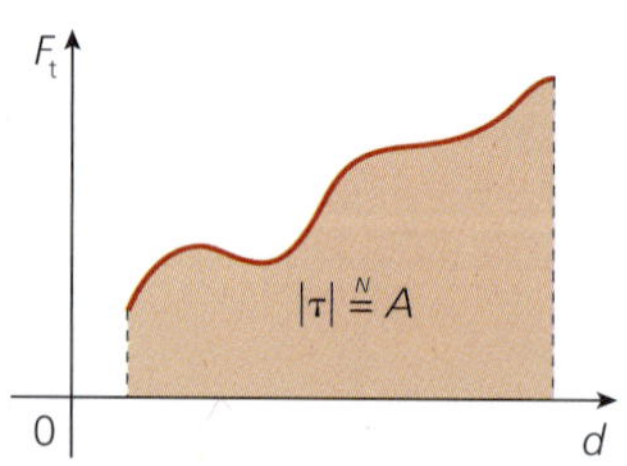

Figura 3. No gráfico $F_t \times d$, o módulo do trabalho τ é numericamente igual à área entre a curva e o eixo das abscissas.

É importante notar que uma força $\vec{F}$ pode ser aplicada a um corpo e, mesmo assim, não realizar trabalho nenhum, isto é, $\tau = 0$. Nesse caso, a força não irá transferir nem retirar energia do sistema.

Para isso, basta que essa força seja perpendicular ao deslocamento ($\theta = 90° \Rightarrow \cos\theta = 0$) ou que não provoque o deslocamento do corpo ($\vec{d} = \vec{0}$).

Se a força favorece o movimento ($0° \leq \theta < 90° \Rightarrow \cos\theta > 0$), então o trabalho é positivo ($\tau > 0$) e denominado **trabalho motor**. Nessa situação, a força transfere energia para o corpo em que atua.

Por outro lado, se a força se opõe ao movimento ($90° < \theta \leq 180° \Rightarrow$ $\Rightarrow \cos\theta < 0$), então o trabalho é negativo ($\tau < 0$) e chamado de **trabalho resistente**. Nesse caso, a força retira energia do corpo em que atua.

Aplicando a teoria

1. Um bloco, com 10 kg de massa, desloca-se em um plano horizontal, sob a ação de uma força horizontal de intensidade $F = 50$ N. O coeficiente de atrito entre o bloco e a superfície é igual a 0,3. Considerando $g = 10$ m/s^2, determinar:

a) o trabalho de cada uma das forças que atuam no bloco durante um deslocamento de 20 m;

b) o trabalho da força resultante nesse deslocamento de 20 m.

➤ Solução

a) A figura a seguir ilustra as forças que atuam no bloco durante o deslocamento.

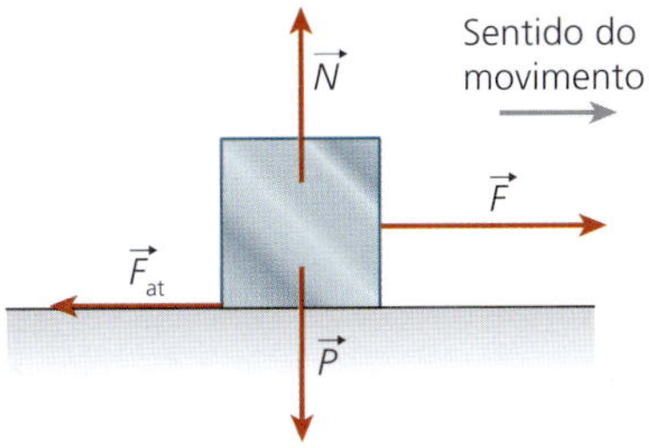

Vamos calcular agora a intensidade de cada uma dessas forças.

A força $\vec{F}$, de acordo com o enunciado, tem intensidade F = 50 N.

A intensidade da força peso é dada por:

$P = mg \Rightarrow P = 100$ N

Pelo princípio da inércia, na vertical a força resultante é nula. Então:

$$N = P = 100 \text{ N}$$

A intensidade da força de atrito é dada por:

$F_{at} = \mu N \Rightarrow F_{at} = 30$ N

Todas as forças que atuam no bloco são constantes e $\tau = Fd \cdot \cos\theta$.

Para a força de intensidade F, temos:

$\tau_F = Fd \cdot \cos\theta \Rightarrow \tau_F = 50 \cdot 20 \cdot \cos 0° \Rightarrow$

$\Rightarrow \boxed{\tau_F = 1.000 \text{ J}}$ (trabalho motor)

Para a força peso de intensidade P, temos:

$\tau_P = Pd \cdot \cos\theta \Rightarrow \tau_P = 100 \cdot 20 \cdot \cos 90° \Rightarrow$

$\Rightarrow \boxed{\tau_P = 0}$ (trabalho nulo)

Para a força normal de intensidade N, temos:

$\tau_N = Nd \cdot \cos\theta \Rightarrow \tau_N = 100 \cdot 20 \cdot \cos 90° \Rightarrow$

$\Rightarrow \boxed{\tau_N = 0}$ (trabalho nulo)

Para a força de atrito de intensidade F_{at}, temos:

$\tau_{F_{at}} = F_{at}\, d \cdot \cos\theta \Rightarrow \tau_{F_{at}} = 30 \cdot 20 \cdot \cos 180° \Rightarrow$

$\Rightarrow \boxed{\tau_{F_{at}} = -600 \text{ J}}$ (trabalho resistente)

b) O trabalho da força resultante pode ser obtido pela soma dos trabalhos de todas as forças que atuam no bloco:

$\tau_{F_R} = \tau_F + \tau_P + \tau_N + \tau_{F_{at}}$

Então:

$\tau_{F_R} = 1.000 + 0 + 0 + (-600) \Rightarrow \boxed{\tau_{F_R} = 400 \text{ J}}$

(trabalho motor)

Para calcular o trabalho da força resultante, também poderíamos ter feito:

$\tau_{F_R} = F_R d \Rightarrow \tau_{F_R} = (50 - 30) \cdot 20 \Rightarrow \tau_{F_R} = 400$ J

(trabalho motor)

2. Um bloco, com 2 kg de massa, desloca-se em um plano horizontal, sob a ação de uma força horizontal $\vec{F}$, cuja intensidade varia com o deslocamento de acordo com o gráfico abaixo.

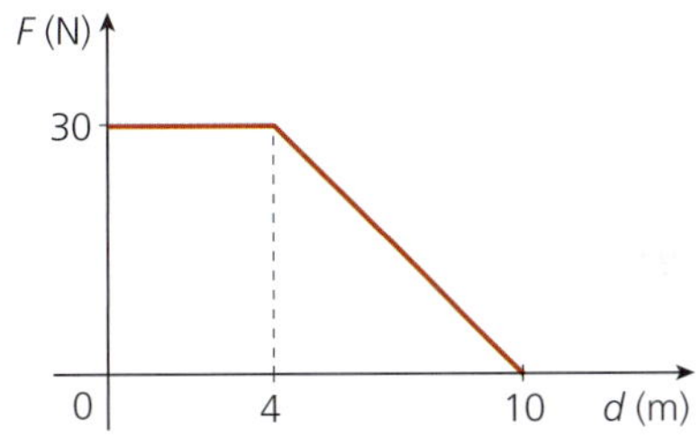

Determinar o trabalho da força $\vec{F}$ no deslocamento de $d = 0$ a $d = 10$ m.

➤ Solução

Como a força varia, calcularemos o trabalho da força por meio da área sob o gráfico F × d.

A figura a seguir mostra-nos a área A a ser calculada.

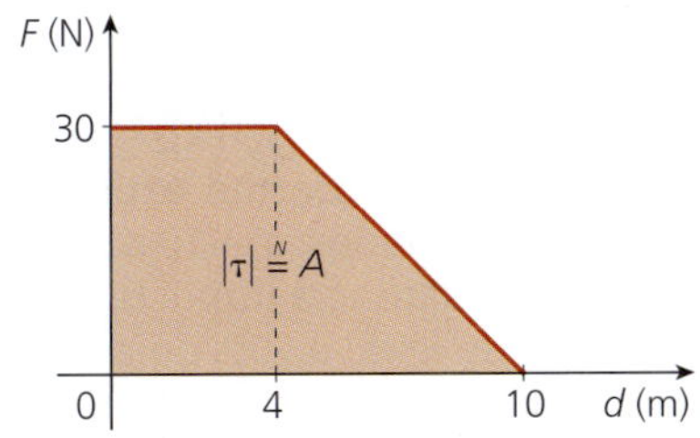

Essa área corresponde à área de um trapézio com base maior B = 10, base menor b = 4 e altura h = 30. A área A é dada por:

$$A = \frac{(B + b) \cdot h}{2}$$

Então:

$$|\tau| = \frac{(10 + 4) \cdot 30}{2} \Rightarrow \boxed{|\tau| = 210 \text{ J}}$$

Observe que poderíamos ter dividido essa área trapezoidal em duas áreas: a área de um retângulo e a área de um triângulo.

Avaliando o aprendizado

1. O bloco mostrado abaixo, apoiado em uma superfície horizontal, tem massa de 2 kg e está em movimento sob a ação de uma força horizontal $\vec{F}$, constante e de módulo 10 N.

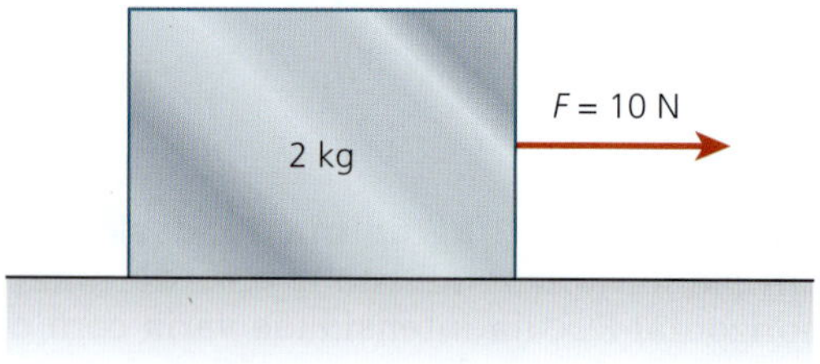

O coeficiente de atrito cinético entre o bloco e a superfície horizontal vale 0,3. Considerando $g = 10\ m/s^2$, determine, para um deslocamento de 5 m, o trabalho realizado pelas forças: $\vec{F}$, $\vec{F}_{at}$ (força de atrito), $\vec{P}$ (força peso), $\vec{N}$ (força de reação normal do apoio) e $\vec{F}_R$ (força resultante).

2. Uma caixa de 50 kg é puxada por 10 m ao longo de um piso horizontal por uma pessoa que exerce uma força constante, F, de 100 N, que forma com a horizontal um ângulo θ ($0 < \theta < 90°$). O chão é áspero e exerce na caixa uma força de atrito de módulo 50 N. Determine o trabalho de cada força que age na caixa e o trabalho da força resultante. (Dados: sen $\theta = 0{,}6$; cos $\theta = 0{,}8$; $g = 10\ m/s^2$)

3. Um carro com massa de 1.600 kg é arrastado por meio de um engate, conforme exemplifica o esquema a seguir. São dados: $g = 10\ m/s^2$ e cos $60° = 0{,}5$. A força de resistência imposta ao movimento tem intensidade igual a 20% do peso do carro e a força transmitida pelo engate tem intensidade igual a 60% do peso do carro.

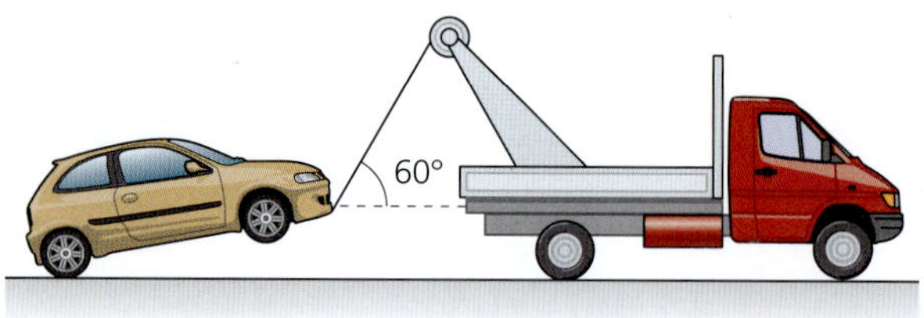

Determine o trabalho realizado pela força resultante que atua no carro em um deslocamento horizontal de 100 m.

4. Um bloco com massa de 2 kg é acelerado a partir do repouso por uma força resultante de direção coincidente com a direção do deslocamento e cujo módulo F_R varia com o espaço s de acordo com o gráfico abaixo.

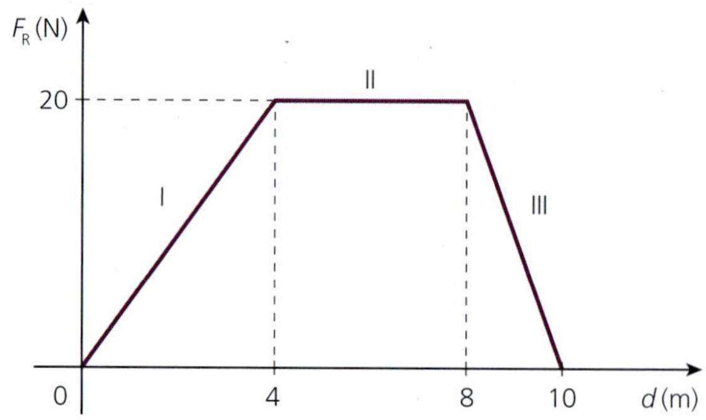

Determine:

a) o tipo de movimento descrito pelo bloco nos trechos I, II e III do gráfico;

b) a aceleração instantânea do bloco ao passar pelo espaço s = 2 m;

c) o trabalho da força resultante no deslocamento de s = 0 a s = 10 m.

5. Um bloco de 30 kg é arrastado sobre uma superfície horizontal por uma força paralela à superfície cuja intensidade varia com o deslocamento, de acordo com o gráfico a seguir.

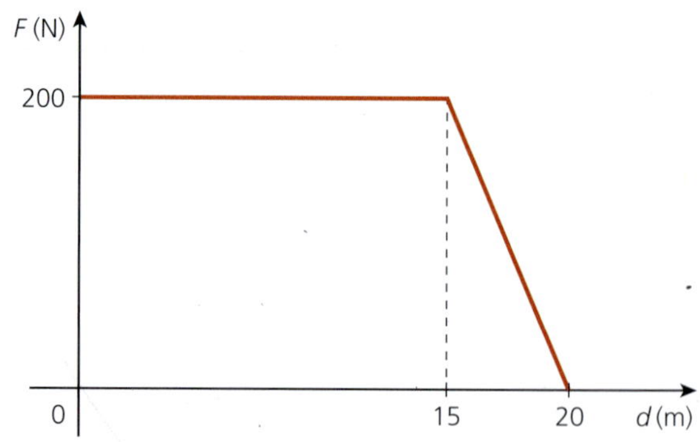

Sabendo que o coeficiente de atrito entre o bloco e a superfície é $\mu = 0{,}4$, determine o trabalho da força resultante no deslocamento do bloco de s = 0 a s = 20 m. Adote $g = 10\ m/s^2$.

3 Trabalho da força peso e da força elástica

Entre as diferentes forças que podem agir nos corpos, duas merecem atenção especial ao se calcular o trabalho: a força peso e a força elástica.

Trabalho da força peso

Vamos considerar um corpo de peso $\vec{P}$ que se desloca entre dois pontos, seguindo uma trajetória na qual sofre um deslocamento vertical h **(fig. 4)**.

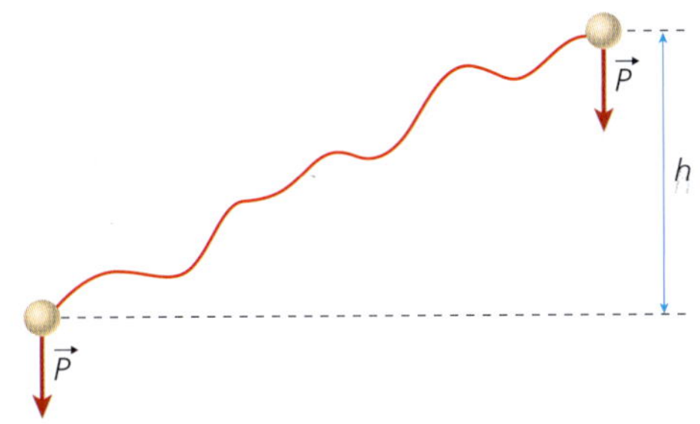

Figura 4. O corpo sofre um deslocamento vertical h.

Ao calcular o trabalho da força peso, seja qual for a trajetória, podemos imaginá-la como uma sucessão de degraus. Observe que, à medida que aumentamos o número de degraus, a "escada", assim construída, aproxima-se da trajetória efetivamente seguida pelo corpo **(fig. 5)**.

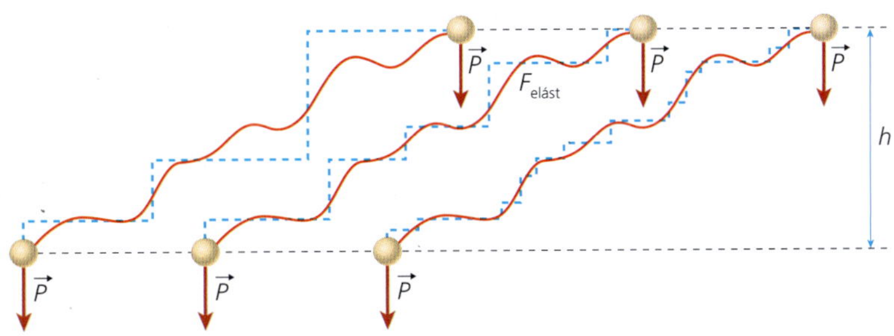

Figura 5. Quanto maior o número de degraus da "escada", mais ela se aproxima da trajetória real seguida pelo corpo.

Note que o trabalho da força peso nos deslocamentos horizontais é nulo, pois essa força é perpendicular ao deslocamento ($\theta = 90°$). Portanto, a força peso só realizará trabalho nos deslocamentos verticais: trabalho motor (positivo) durante a descida e trabalho resistente (negativo) durante a subida.

Concluímos, então, que o trabalho da força peso não depende da trajetória específica seguida pelo corpo, mas apenas do desnível h, medido na vertical, entre o ponto de partida e o ponto de chegada. Então:

$$\tau_P = \pm Ph \Rightarrow \boxed{\tau_P = \pm mgh}$$

Quando o trabalho de uma força não depende da trajetória descrita pelo ponto onde está aplicada, dizemos que a força é **conservativa**. Portanto, a força peso é uma força conservativa.

Trabalho da força elástica

Vamos considerar uma mola sobre uma superfície plana, presa por uma de suas extremidades em O, inicialmente deformada de x_1 pela ação da força externa $\vec{F}_1$, e que é levada a uma nova situação, na qual sua deformação é x_2, agora submetida à força $\vec{F}_2$ **(fig. 6)**. A extremidade livre da mola segue a trajetória representada pela linha tracejada.

De maneira análoga à usada para o cálculo do trabalho da força peso, podemos imaginar que a trajetória descrita pela extremidade livre da mola é formada por uma "escada" constituída por uma sequência de arcos de circunferências com centro em O e deslocamentos retilíneos com direções que passam por O **(fig. 7)**.

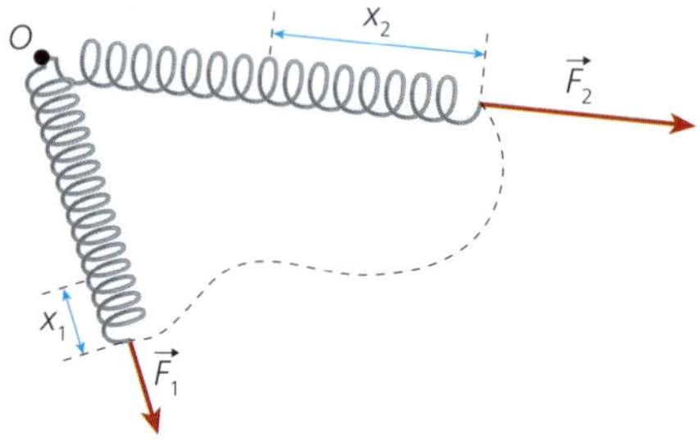

Figura 6. A mola passa de uma deformação x_1 para uma deformação x_2.

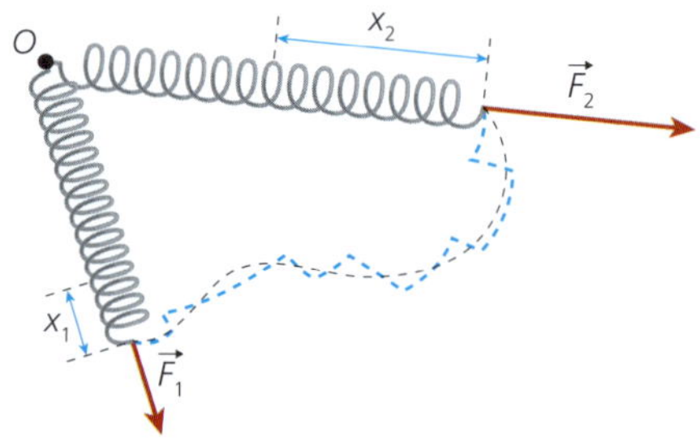

Figura 7. Podemos imaginar que a extremidade da mola segue pela "escada".

Observe que, nos trechos em arco, o trabalho da força $\vec{F}$ é nulo, pois a força é perpendicular ao deslocamento. Mas, nos trechos retilíneos, o trabalho é não nulo e deve ser calculado a partir do gráfico $F_{elást} \times x$, uma vez que, de acordo com a lei de Hooke ($F_{elást} = kx$), a força elástica é variável.

Na deformação da mola de x_1 a x_2, o módulo do trabalho da força $F_{elást}$, é dado pela área sob a linha do gráfico $F_{elást} \times x$ **(fig. 8)**. Assim:

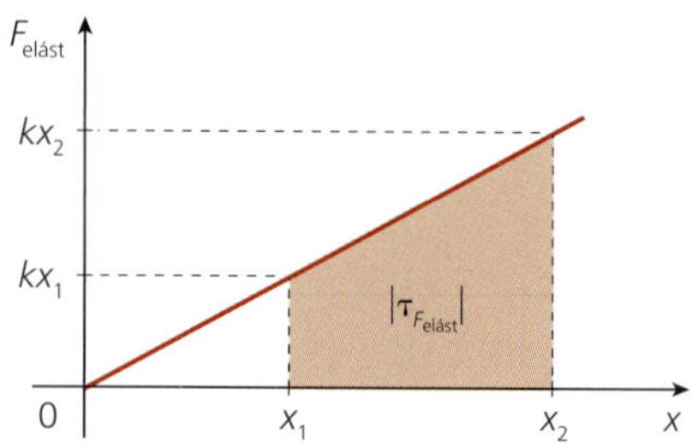

Figura 8. Trabalho da força elástica na deformação da mola de x_1 a x_2.

$$|\tau_{F_{elást}}| = \frac{kx_2^2}{2} - \frac{kx_1^2}{2} = \frac{k \cdot (x_2^2 - x_1^2)}{2}$$

No caso particular em que $x_1 = 0$ (a mola inicialmente não está deformada) e $x_2 = x$, a área corresponderá à de um triângulo retângulo de base x e altura kx **(fig. 9)**. Então, teremos:

$$|\tau_{F_{elást}}| = \frac{kx^2}{2}$$

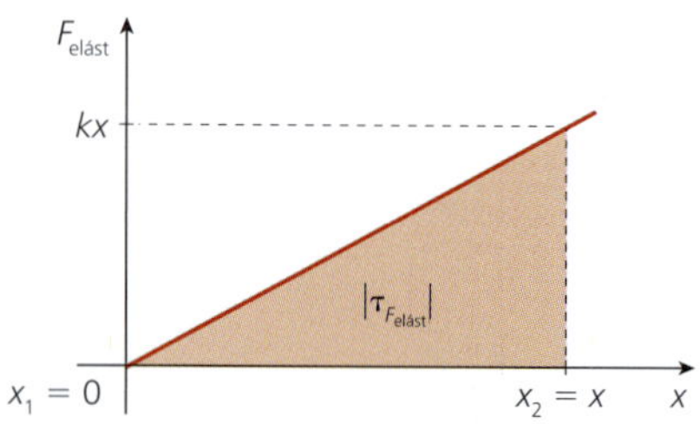

Figura 9. Trabalho da força elástica na deformação da mola de $x_1 = 0$ a $x_2 = x$.

Note que o trabalho da força elástica não depende da trajetória seguida pela extremidade livre da mola. Portanto, a força elástica, assim como a força peso, é uma força conservativa.

Observação:

O trabalho da força elástica é resistente (negativo) quando a mola é comprimida ou distendida e é motor (positivo) quando a mola é restituída ao seu comprimento original.

Aplicando a teoria

3. Um corpo de 8 kg descreve as trajetórias mostradas ao lado, entre dois planos horizontais α e β distanciados por 6 m. Considerando $g = 10$ m/s², determinar o trabalho da força peso nos deslocamentos:

a) de *A* para *B*;

b) de *A* para *C*;

c) de *D* para *A*;

d) de *E* para *A*.

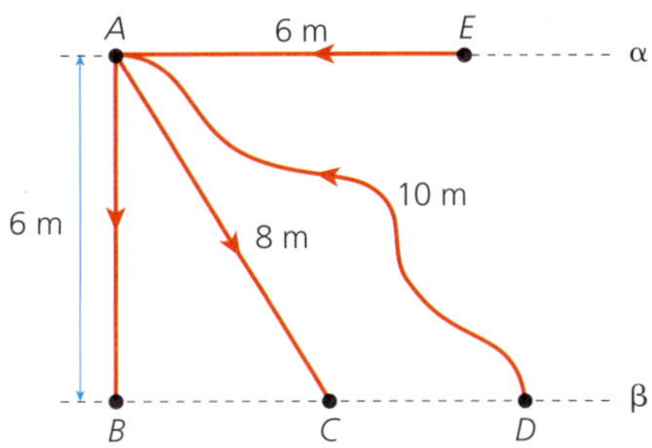

➤ Solução

O trabalho da força peso depende apenas do módulo da força peso e do deslocamento vertical do corpo: $\tau_P = \pm mgh$

a) De *A* para *B*, o corpo desce (trabalho motor). Então:

$$\tau_{P(AB)} = +(8 \cdot 10 \cdot 6) \Rightarrow \boxed{\tau_{P(AB)} = +480 \text{ J}}$$

b) De *A* para *C*, o corpo desce (trabalho motor). Então:

$$\tau_{P(AC)} = +(8 \cdot 10 \cdot 6) \Rightarrow \boxed{\tau_{P(AC)} = +480 \text{ J}}$$

c) De *D* para *A*, o corpo sobe (trabalho resistente). Então:

$$\tau_{P(DA)} = -(8 \cdot 10 \cdot 6) \Rightarrow \boxed{\tau_{P(DA)} = -480 \text{ J}}$$

d) De *E* para *A*, o corpo se desloca na horizontal ($h = 0$). Então:

$$\tau_{P(EA)} = +(8 \cdot 10 \cdot 0) \Rightarrow \boxed{\tau_{P(EA)} = 0}$$

4. Uma mola de constante elástica 200 N/m, inicialmente não deformada, sofre uma deformação de 40 cm.

a) Construir o gráfico $F_{\text{elást}} \times x$ para essa mola.

b) Calcular o trabalho da força elástica, em módulo, na deformação da mola de $x = 0$ a $x = 40$ cm.

➤ Solução

a) Pela lei de Hooke, a força elástica é diretamente proporcional à deformação provocada na mola ($F_{\text{elást}} = kx$). Então:

$$F_{\text{elást}} = kx \Rightarrow F_{\text{elást}} = 200 \cdot 0{,}40 \Rightarrow F_{\text{elást}} = 80 \text{ N}$$

O gráfico $F_{\text{elást}} \times x$ para essa mola é mostrado ao lado.

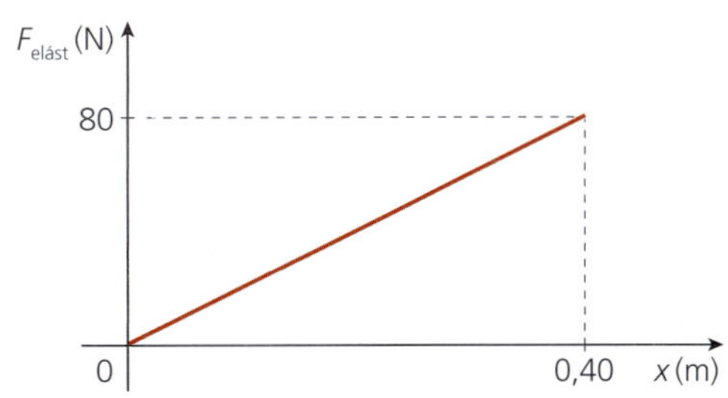

b) Na deformação de $x = 0$ a $x = 40$ cm $= 0{,}40$ m, o módulo do trabalho é dado pela área destacada no gráfico a seguir.

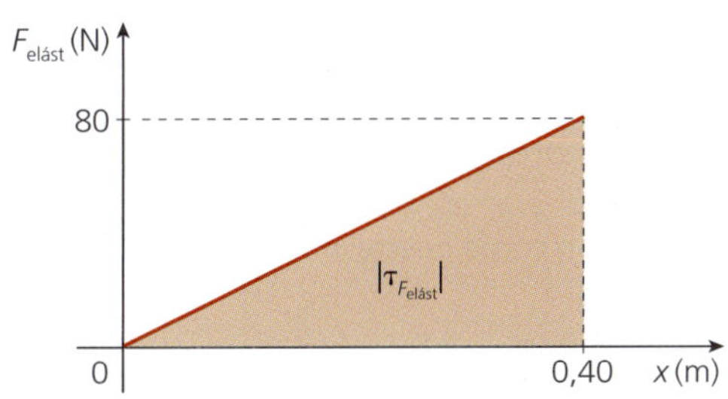

$$|\tau_{F_{\text{elást}}}| = \frac{kx^2}{2} \Rightarrow |\tau_{F_{\text{elást}}}| = \frac{200 \cdot 0{,}40^2}{2} \Rightarrow$$

$$\Rightarrow \boxed{|\tau_{F_{\text{elást}}}| = 16 \text{ J}}$$

Avaliando o aprendizado

6. Uma pessoa deseja erguer uma carga de 40 kg a 5 m de altura, a partir do solo, com velocidade constante, usando uma corda e uma roldana como mostrado na figura a seguir.

Considerando $g = 10\ m/s^2$, qual será o trabalho da força que a pessoa exercerá na corda?

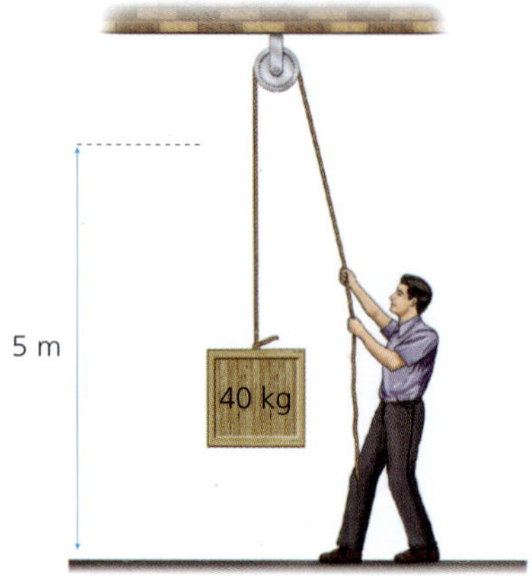

7. Um bloco de 8 kg desce pelo plano inclinado perfeitamente liso mostrado na figura a seguir.

Considerando $g = 10\ m/s^2$, determine o trabalho da força resultante no deslocamento do bloco entre *A* e *B*.

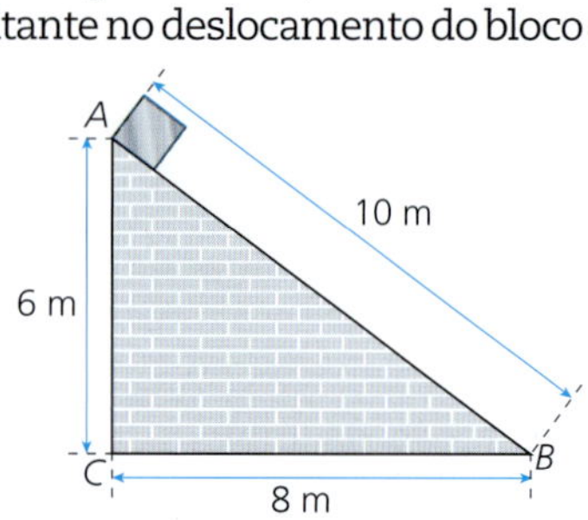

8. O gráfico a seguir mostra a distensão sofrida por uma mola durante um ensaio de tração. Para essa mola, determine:

a) sua constante elástica, em N/m;

b) o trabalho, em J, necessário para distendê-la de 0 a 10 cm.

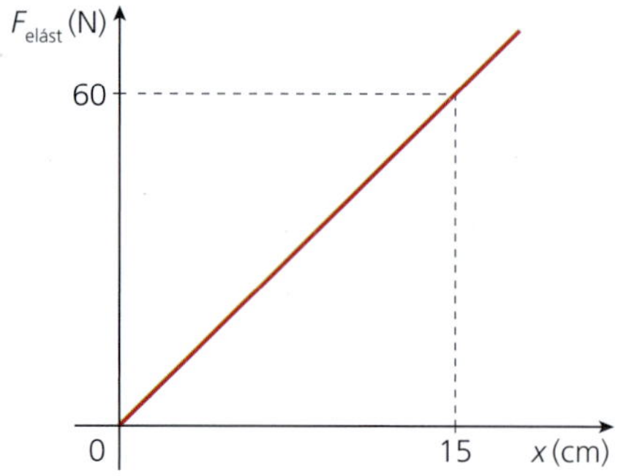

9. Uma mola, deformada de 6 cm, está submetida à ação de uma força de intensidade 30 N. Qual é o valor do trabalho, em módulo, para provocar essa deformação na mola?

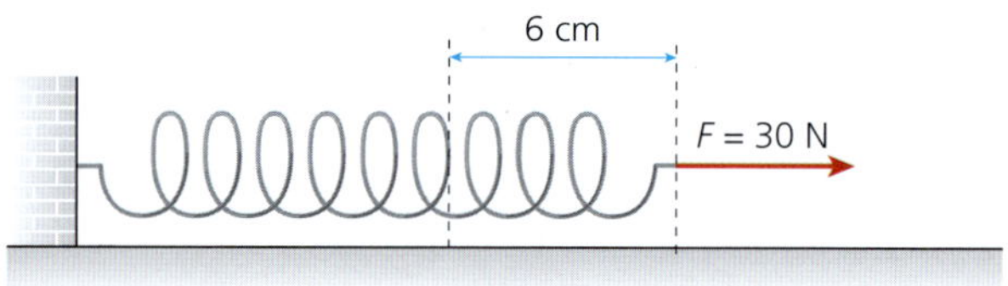

4 Teorema trabalho-energia

Considere um corpo de massa *m* submetido a um sistema de forças cuja resultante é $\vec{F}_R$ e que sofre um deslocamento $\vec{d}$.

Admitindo-se que a força resultante $\vec{F}_R$ seja constante, teremos um movimento retilíneo com aceleração $\vec{a}$ constante (MRUV) e velocidades $\vec{v}_1$ e $\vec{v}_2$ **(fig. 10)**.

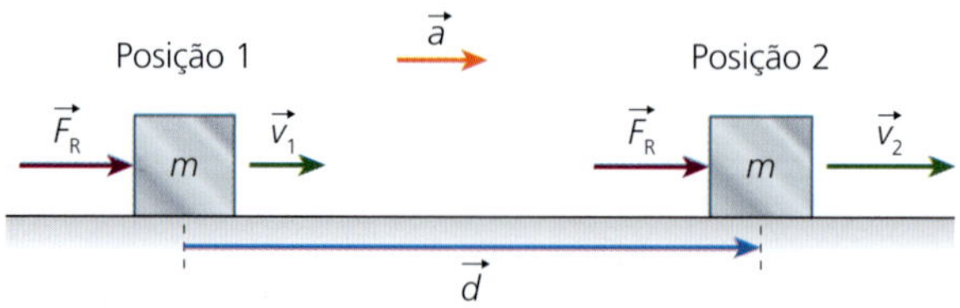

Figura 10. Entre as posições 1 e 2, o corpo descreve um MRUV.

Da equação de Torricelli, obtemos:

$$v_2^2 = v_1^2 + 2ad \Rightarrow a = \frac{v_2^2 - v_1^2}{2d}$$

Substituindo a aceleração a na segunda lei de Newton, temos:

$$F_R = ma \Rightarrow F_R = m \cdot \frac{v_2^2 - v_1^2}{2d} \Rightarrow F_R d = \frac{mv_2^2}{2} - \frac{mv_1^2}{2} \quad ①$$

O primeiro membro da última expressão ($F_R d$) nada mais é do que o trabalho da força resultante.

Os termos que aparecem no segundo membro $\left(\frac{mv_2^2}{2} \text{ e } \frac{mv_1^2}{2}\right)$ são, por definição, respectivamente, a **energia cinética** do corpo na posição 2 (situação final) e a **energia cinética** do corpo na posição 1 (situação inicial).

A energia cinética é uma forma de energia associada ao movimento dos corpos.

Por definição, a energia cinética de um corpo de massa m e velocidade v é dada por:

$$E_c = \frac{mv^2}{2}$$

Assim, podemos generalizar o resultado obtido na expressão ① e estabelecer o **teorema trabalho-energia** ou **teorema da energia cinética**:

$$\tau_{F_R} = E_{c(2)} - E_{c(1)}$$

O trabalho da resultante de um sistema de forças em um dado deslocamento é igual à variação da energia cinética nesse deslocamento.

Aplicando a teoria

5. Um corpo de 4 kg, inicialmente em repouso em um plano horizontal, fica sujeito a um sistema de forças cuja resultante é horizontal e de módulo 80 N. Para um deslocamento de 10 m, determinar:

a) o trabalho da força resultante;

b) a velocidade final do corpo.

➤ **Solução**

a) O corpo irá se desalocar em linha reta, na mesma direção e sentido da força resultante. Então:

$$\tau_{F_R} = F_R d \Rightarrow \tau_{F_R} = 80 \cdot 10 \Rightarrow \boxed{\tau_{F_R} = 800\ \text{J}}$$

b) Usando o teorema trabalho-energia, obtemos:

$$\tau_{F_R} = E_{c(2)} - E_{c(1)} \Rightarrow 800 = \frac{4v_2^2}{2} - \frac{4 \cdot 0^2}{2} \Rightarrow 800 = 2v_2^2 \Rightarrow \boxed{v_2 = 20\ \text{m/s}}$$

6. Um bloco de 2 kg é abandonado do alto de um plano inclinado de 5 m de altura e 25 m de comprimento e chega à base com velocidade de 5 m/s. Considerando $g = 10\ \text{m/s}^2$, determinar o módulo da força de atrito, suposta constante, entre o bloco e o plano inclinado.

➤ **Solução**

A figura abaixo mostra um esquema da situação descrita no enunciado e as forças que atuam no corpo durante a descida pelo plano inclinado.

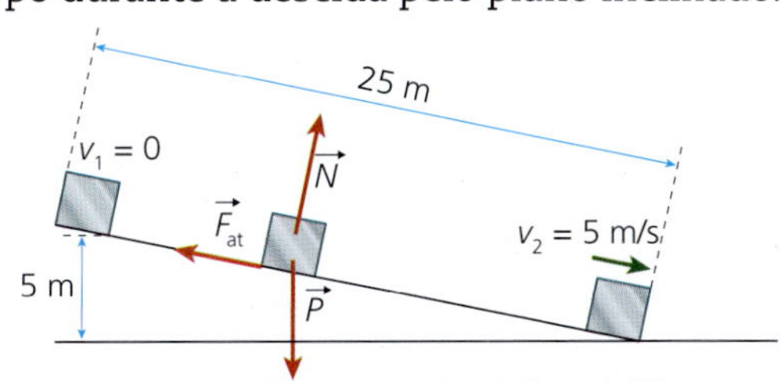

Pelo teorema trabalho-energia, temos:

$$\tau_{F_R} = E_{c(2)} - E_{c(1)} \Rightarrow \tau_P + \tau_N + \tau_{F_{at}} = E_{c(2)} - E_{c(1)}$$

O trabalho de cada uma das forças pode ser calculado separadamente:

$\tau_P = mgh \Rightarrow \tau_P = +(2 \cdot 10 \cdot 5) \Rightarrow \tau_P = +100$ J (trabalho motor, positivo, pois o corpo desce)

$\tau_N = 0$ (trabalho nulo, pois a reação normal do apoio é perpendicular ao deslocamento)

$\tau_{F_{at}} = F_{at}d \cdot \cos\theta \Rightarrow \tau_{F_{at}} = F_{at} \cdot 25 \cdot \cos 180° \Rightarrow \tau_{F_{at}} = -25F_{at}$ (trabalho resistente, negativo, pois a força de atrito se opõe ao deslocamento do corpo)

Substituindo esses valores na expressão para o teorema trabalho-energia, teremos:

$$100 + 0 - 25F_{at} = \frac{2 \cdot 5^2}{2} - \frac{2 \cdot 0^2}{2} \Rightarrow 100 - 25F_{at} = 25 \Rightarrow \boxed{F_{at} = 3\text{N}}$$

Avaliando o aprendizado

10. A energia cinética de um corpo de massa m e velocidade v é igual a E. Determine a energia cinética de:

a) um corpo A com massa $2m$ e velocidade v;
b) um corpo B com massa m e velocidade $2v$;
c) um corpo C com massa $2m$ e velocidade $2v$.

11. Um corpo de 20,0 kg, inicialmente em repouso sobre uma mesa horizontal perfeitamente lisa, é submetido à ação de uma força horizontal constante. Sabendo que depois de 5,0 s a velocidade do corpo é igual a 15,0 m/s, determine:

a) o valor da força aplicada;
b) o trabalho realizado sobre o corpo.

12. Um carrinho de brinquedo de 0,2 kg, inicialmente em repouso, é empurrado ao longo de uma trajetória retilínea e horizontal por uma força variável, cuja direção é paralela à trajetória do carrinho. O gráfico ao lado mostra a variação do módulo dessa força, em função do deslocamento do carrinho.

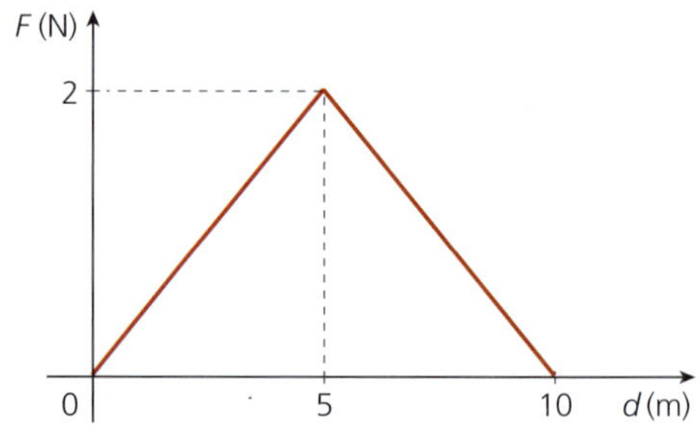

Determine:

a) o trabalho da força aplicada ao carrinho no deslocamento de 10 m representado no gráfico;
b) a velocidade do carrinho após um deslocamento de 10 m.

13. Um bloco de peso 10 N, representado a seguir, parte do repouso em O e é puxado plano acima por um motor que exerce uma força F, cujo gráfico em função de x está indicado abaixo. O trabalho da força de atrito de O até A, em módulo, é 10 J.

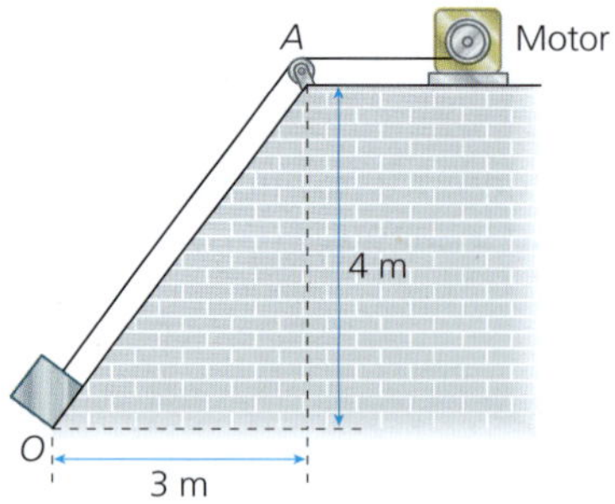

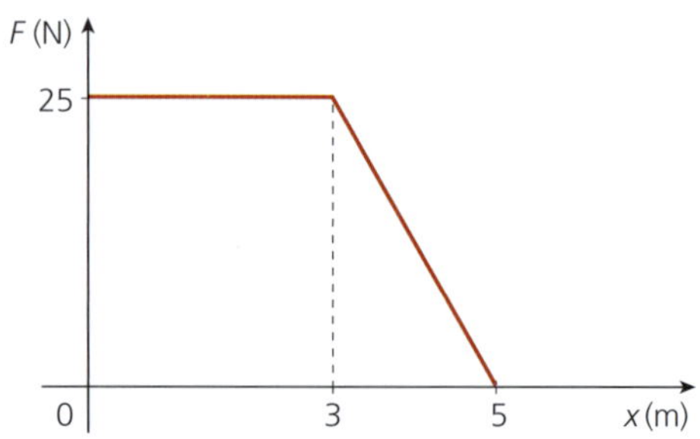

Considerando $g = 10$ m/s^2, qual é a velocidade com que o bloco chega ao ponto A?

5 Potência

Ao subir uma escadaria, o trabalho que você deve realizar para vencer a força peso que age no seu corpo depende de sua massa *m*, da aceleração da gravidade *g* e da distância vertical *h* entre o ponto de partida e o ponto de chegada. Assim, não importa se você irá subir devagar ou rapidamente a escadaria, o trabalho será o mesmo **(fig. 11)**.

Então, por que você se sente mais cansado quando sobe rapidamente a escadaria?

A resposta está ligada ao fato de que o trabalho não tem relação direta com o intervalo de tempo durante o qual ele é realizado.

A relação entre o trabalho e o intervalo de tempo durante o qual ele é realizado é representada por uma grandeza física chamada **potência**.

Potência é a grandeza física escalar relacionada à rapidez com que um trabalho é realizado ou a rapidez com que uma quantidade de energia é transferida ou transformada.

Por definição, a potência média P_m de uma força, em dado intervalo de tempo Δt, é dada por:

$$P_m = \frac{\tau}{\Delta t}$$

Nessa relação, τ é o trabalho realizado por uma força *F*, em joule (J), Δt é o intervalo de tempo durante o qual o trabalho é realizado, em segundo (s), e P_m é a potência média, em joule por segundo (J/s).

No SI, a unidade de medida de potência, J/s, recebe o nome de **watt (W)**, em homenagem ao inventor e engenheiro escocês James Watt (1736-1819). Assim:

$$1\ W = 1\ J/s$$

Observe que, se o trabalho for realizado por uma força $\vec{F}$ constante, com a mesma direção e o mesmo sentido do deslocamento $\vec{d}$, então:

$$P_m = \frac{\tau}{\Delta t} \Rightarrow P_m = \frac{Fd}{\Delta t}$$

Sabemos da Cinemática que: $\frac{d}{\Delta t} = v_m$

Então: $P_m = \frac{Fd}{\Delta t} \Rightarrow \boxed{P_m = Fv_m}$

Nessa expressão, *F* é a intensidade da força, em newton (N), v_m é a velocidade escalar média, em metro por segundo (m/s), e P_m é a potência média, em watt (W).

Para um intervalo de tempo muito pequeno, ou seja, no limite em que Δt tende a zero, os valores médios da potência e da velocidade tendem aos valores instantâneos. Assim:

$$P = Fv$$

No diagrama $P \times t$ (potência instantânea em função do tempo), o módulo do trabalho da força, em dado intervalo de tempo, é calculado pela área entre a curva e o eixo das abscissas, no intervalo de tempo considerado **(fig. 12)**.

CEPHAS PICTURE LIBRARY/ALAMY/GLOWIMAGES

Figura 11. O trabalho ao subir uma escadaria correndo ou andando é o mesmo.

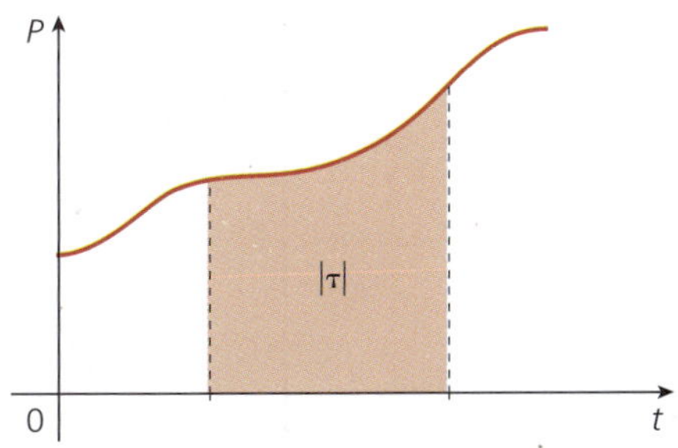

Figura 12. No gráfico $P \times t$, a área sob a curva, em um dado intervalo de tempo, corresponde ao módulo do trabalho realizado pela força $\vec{F}$.

6 Rendimento

Sempre que um sistema físico recebe energia, parte dessa energia inevitavelmente é perdida, quase sempre na forma de energia térmica **(fig. 13)**.

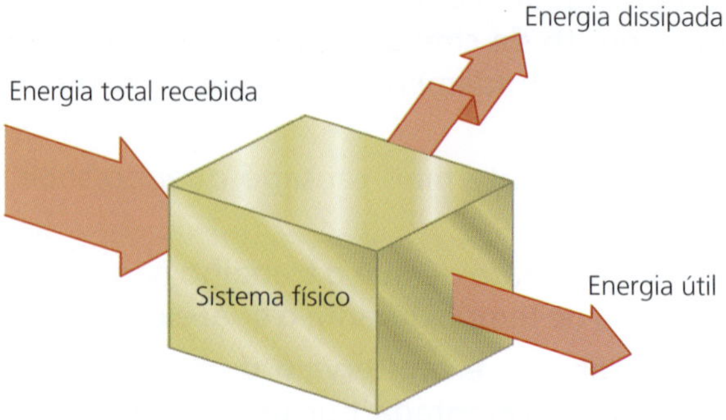

Figura 13. Em sistemas físicos reais, sempre há dissipação de energia.

A potência associada à energia dissipada é chamada de **potência dissipada** (P_d) e a potência associada à energia efetivamente utilizada é chamada de **potência útil** (P_u). Assim, sendo P_t a **potência total** recebida pelo sistema, temos:

$$P_t = P_u + P_d$$

Denomina-se **rendimento**, representado pela letra grega η (eta), a grandeza adimensional dada por:

$$\eta = \frac{\text{potência útil}}{\text{potência total recebida}} = \frac{P_u}{P_t} \quad \text{ou} \quad \eta = \frac{P_u}{P_t} \cdot 100\ \%$$

Aplicando a teoria

7. **Uma força de intensidade 40 N é aplicada a um corpo, deslocando-o por uma distância de 5 m, na direção e no sentido da força, em 4 s. Determinar:**

a) o trabalho realizado pela força;

b) a potência média dessa força.

➤ Solução

a) A partir da definição de trabalho de uma força constante, temos:

$$\tau = Fd \cdot \cos\theta \Rightarrow \tau = 40 \cdot 5 \cdot \cos 0° \Rightarrow \boxed{\tau = 200\ \text{J}}$$

b) Pela definição de potência média:

$$P_m = \frac{\tau}{\Delta t} \Rightarrow P_m = \frac{200}{4} \Rightarrow \boxed{P_m = 50\ \text{W}}$$

8. **Um corpo de 2 kg parte do repouso e, sob a ação de uma força constante de intensidade 20 N, desloca-se em linha reta, atingindo, ao fim de 2 s, a velocidade de 20 m/s. Determinar:**

a) a potência média associada a essa força no intervalo de 0 a 2 s;

b) a potência instantânea associada a essa força no instante 2 s.

➤ Solução

a) Para evitar o cálculo do deslocamento sofrido pelo corpo, podemos calcular o trabalho da força pelo teorema trabalho-energia:

$$\tau_{F_R} = E_{c(2)} - E_{c(1)} \Rightarrow \tau_{F_R} = \frac{2 \cdot 20^2}{2} - \frac{2 \cdot 0^2}{2} \Rightarrow \tau_{F_R} = 400\ \text{J}$$

A potência média da força é dada por:

$$P_m = \frac{\tau}{\Delta t} \Rightarrow P_m = \frac{400}{2} \Rightarrow \boxed{P_m = 200\ W}$$

b) A potência instantânea, no instante 2 s, é dada por:

$$P = Fv \Rightarrow P = 20 \cdot 20 \Rightarrow \boxed{P = 400\ W}$$

9. Um motor tem rendimento de 60%. Esse motor eleva um corpo de 6 kg a 20 m de altura, com velocidade constante, em 4 s. Determinar a potência total consumida pelo motor, considerando g = 10 m/s^2.

➤ **Solução**

Devemos, inicialmente, calcular a potência útil do motor, dada por:

$$P_u = \frac{Fd}{\Delta t}$$

Para elevar o corpo com velocidade constante, a força F exercida pelo motor deve equilibrar o peso do corpo, de 60 N. Portanto, F = 60 N.
Assim, temos:

$$P_u = \frac{Fd}{\Delta t} \Rightarrow P_u = \frac{60 \cdot 20}{4} \Rightarrow \boxed{P_u = 300\ W}$$

Conhecendo o rendimento η = 60% = 0,60, temos, pela definição de rendimento:

$$\eta = \frac{P_u}{P_t} \Rightarrow 0{,}60 = \frac{300}{P_t} \Rightarrow P_t = \frac{300}{0{,}60} \Rightarrow \boxed{P_t = 500\ W}$$

Avaliando o aprendizado

14. Uma grua, como a mostrada na foto a seguir, suspende um contêiner de 15 t a uma altura de 20 m em 1 min. Considerando g = 10 m/s^2, determine:

a) a velocidade média de ascensão do contêiner, em m/s;

b) a potência média desenvolvida pelo motor da grua.

FOTOG/GETTY IMAGES

15. Um motor estacionário arrasta um corpo de 500 kg, com velocidade constante de 0,5 m/s, sobre uma superfície horizontal. Considere que o coeficiente de atrito cinético entre o corpo e a superfície vale 0,1 e adote g = 10 m/s^2.

a) Qual é a potência útil do motor?

b) Se o rendimento do motor é de 50%, quantos joule de energia são consumidos a cada minuto?

16. Um automóvel com massa de 1.200 kg, partindo do repouso, consegue atingir a velocidade de 108 km/h em um percurso de apenas 150 m.

a) Supondo que o movimento seja uniformemente variado, calcule a aceleração do carro.

b) Determine a potência média desenvolvida pelo motor do carro durante essa arrancada.

17. Um motor de 1.000 W de potência é utilizado para erguer um corpo de 35 kg com velocidade constante de 2 m/s, em um local em que a aceleração da gravidade vale 10 m/s^2. Determine:

a) o trabalho útil realizado pelo motor em um deslocamento de 10 m;

b) a potência útil desenvolvida por esse motor;

c) o rendimento do motor.

Revisando o conteúdo

Ficha-resumo 1

O trabalho (τ) pode ser interpretado como a quantidade de energia transferida ou transformada por meio de uma força. No SI, o trabalho de uma força é medido em **joule** (J).

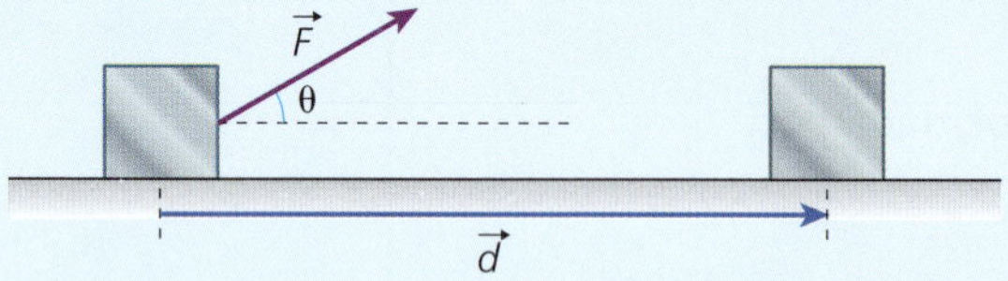

Para uma força $\vec{F}$ constante, temos:

$$\tau = F \cdot \cos\theta \cdot d$$

$$\tau = F_t \cdot d$$

Para uma força variável, o trabalho é numericamente igual à área A sob a curva do gráfico $F_t \times d$

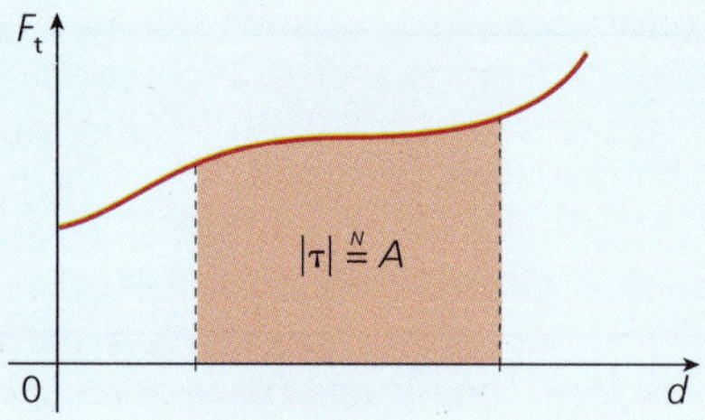

1. (Acafe-SC) Uma estudante do primeiro ano do Ensino Médio, fazendo seus trabalhos sobre a matéria "Trabalho e energia", apresentou dificuldade em responder à seguinte pergunta: "Em que condições uma força realiza um trabalho negativo?". Denominando-se $\vec{F}$ o vetor força aplicada, $\vec{d}$ o vetor deslocamento efetuado e θ o menor ângulo entre $\vec{F}$ e $\vec{d}$, a resposta **correta** para a pergunta é:

a) sempre que $0° \leq \theta < 90°$.
b) sempre que F for negativo.
c) sempre que d for negativo.
d) somente quando F for negativo e d for positivo.
e) sempre que $90° < \theta \leq 180°$.

2. (EsPCEx-SP) Uma partícula de massa 10 mg parte do repouso e sob a ação exclusiva de duas forças constantes e perpendiculares entre si $\vec{F}_1$ e $\vec{F}_2$, de módulos respectivamente iguais a 12 N e 16 N, sofre um deslocamento de 2 m. Sabendo que todos os atritos são desprezíveis, o trabalho realizado pela força resultante na partícula, durante esse deslocamento, em joule, é:

a) 8
b) 40
c) 56
d) 144
e) 256

3. (Mackenzie-SP) Sobre uma mesa horizontal, um pequeno corpo de massa m, ligado à extremidade de um fio ideal que tem a outra ponta fixa no ponto O, descreve um movimento circular uniforme de velocidade angular ω, velocidade tangencial $\vec{v}$, frequência f e raio R.

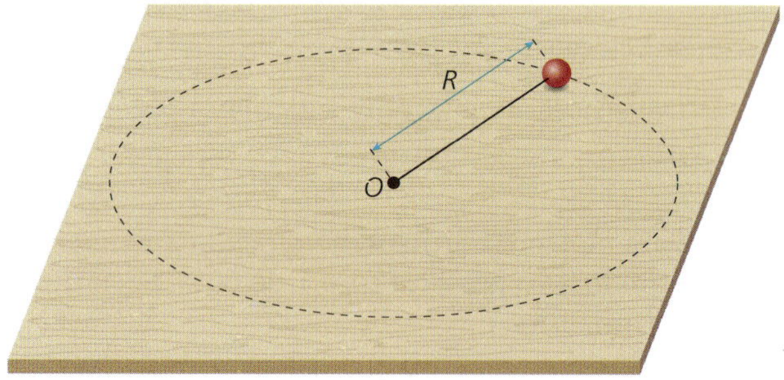

O trabalho (τ) realizado pela força de tração no fio em $\frac{1}{4}$ de volta é:

a) $\tau = 0$
b) τ
c) $\tau = m \cdot \frac{\omega^2}{4}$
d) $\tau = m \cdot \frac{\omega^2}{4R}$
e) $\tau = m \cdot \frac{\pi R \omega}{2}$

4. (PUC-RS) Um corpo de 2,00 kg de massa efetua movimento retilíneo com 5,00 m/s de velocidade, quando sobre ele passa a atuar uma força de 6,00 N, na mesma orientação da velocidade, durante 5,00 s. O valor do trabalho realizado pela força nessas condições vale:

a) 200 J
b) 225 J
c) 375 J
d) 400 J
e) 425 J

5. (UFPel-RS) Um corpo de massa m se move ao longo do eixo x sob a ação de uma força $\vec{F}$, cujo módulo é representado no gráfico abaixo, em função do módulo do deslocamento. Tanto a força $\vec{F}$ quanto o deslocamento $\vec{x}$ possuem a mesma direção e o mesmo sentido.

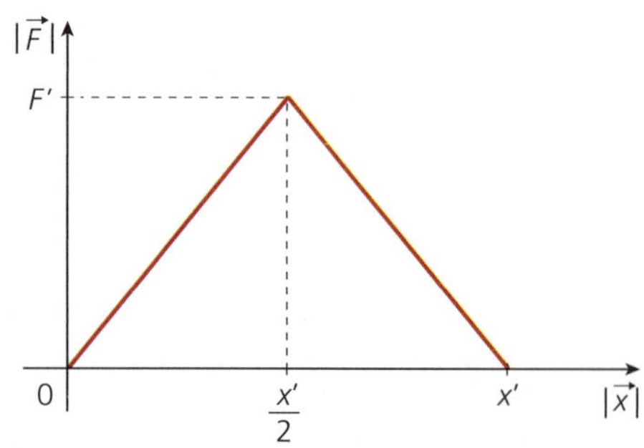

A partir da análise do gráfico, pode-se afirmar que o trabalho realizado pela força ao deslocar o corpo desde a origem até a posição x' é:

a) $\frac{1}{2}$F'x'
b) F'x'
c) 2F'x'
d) $(F'x')^2$
e) $(F'x')^{\frac{1}{2}}$

Ficha-resumo 2

Trabalho da força peso

$$\tau_P = \pm Ph$$

ou

$$\tau_P = \pm mgh$$

(+) Quando o corpo desce.

(−) Quando o corpo sobe.

Trabalho da força elástica

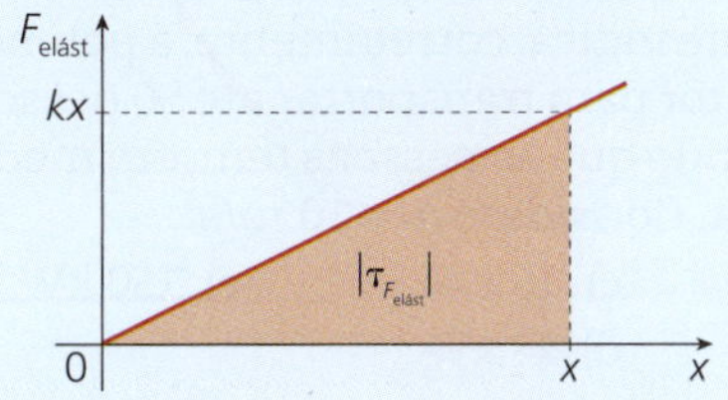

$$\left|\tau_{F_{\text{elást}}}\right| = \frac{kx^2}{2}$$

(+) Quando a mola restitui seu comprimento original.

(−) Quando a mola é comprimida ou distendida.

6. (Acafe-SC) Uma pessoa de 70 kg, passeando em um *shopping*, vai do nível A ao nível B, percorrendo as escadas, como mostra a figura abaixo. Adote $g = 10\ \text{m/s}^2$.

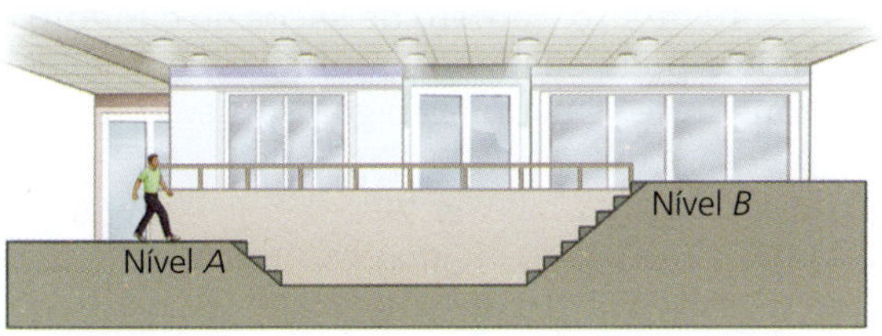

Considerando a altura de cada degrau igual a 25 cm e todos os degraus iguais, o trabalho, em joule, realizado pelo peso da pessoa para ir do nível A ao B é:

a) 700
b) 2.100
c) −700
d) 1.400
e) 0

7. (PUC-RS) Um corpo de massa igual a 5,0 kg é levantado verticalmente, com velocidade constante, a uma altura de 5,0 m. Sendo $g = 10\ \text{m/s}^2$, o trabalho realizado pela força peso do corpo, durante esse levantamento, vale:

a) 250 J
b) −250 J
c) 25 J
d) −25 J
e) 5 J

8. (EsPCEx-SP) Um pêndulo simples de massa $m = 0,5$ kg está preso à extremidade de um fio ideal de comprimento $L = 1,0$ m e é abandonado no ponto A. Ele, então, descreve um arco de circunferência em torno do ponto O até o ponto B, conforme a figura a seguir.

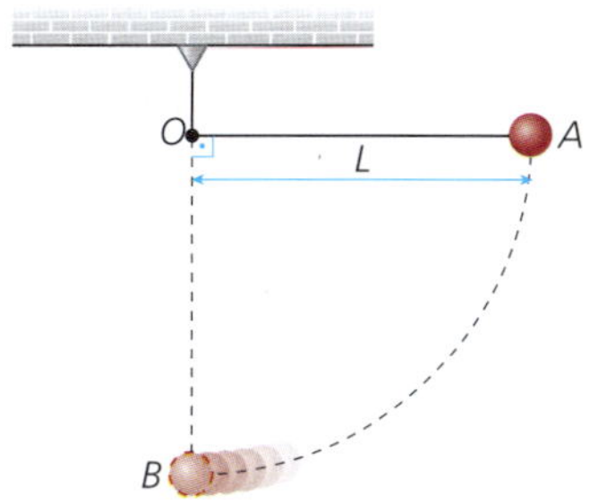

Considerando $g = 10\ \text{m/s}^2$, os trabalhos da força de tração do fio e da força peso sobre o pêndulo ao longo da trajetória AB valem, respectivamente:

a) −5 J e 5 J
b) zero e 5 J
c) 5 J e zero
d) 5 J e $5\sqrt{2}$ J
e) $5\sqrt{2}$ J e 5 J

9. (UEL-PR) Uma mola, submetida à ação de uma força de intensidade 10 N, está deformada de 2,0 cm. O módulo do trabalho realizado pela força elástica na deformação de 0 a 2,0 cm foi, em joule, de:

a) 0,1
b) 0,2
c) 0,5
d) 1,0
e) 2,0

10. (UFSM-RS) O gráfico representa a elongação de uma mola, em função da tensão exercida sobre ela.

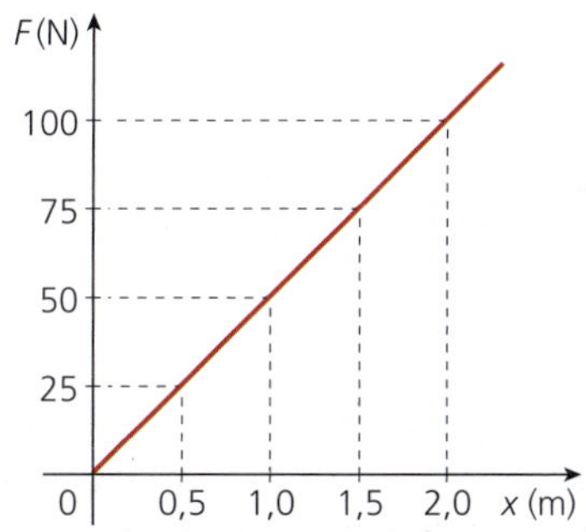

O trabalho da tensão para distender a mola de 0 a 2 m é, em J:

a) 200
b) 100
c) 50
d) 25
e) 12,50

11. (UEPG-PR) O gráfico seguinte representa a deformação de uma mola em função das forças aplicadas a ela.

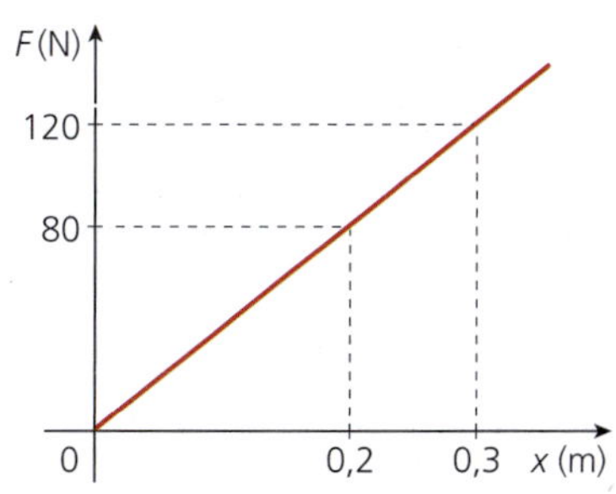

O trabalho realizado para deformar a mola no intervalo de 0,1 m a 0,3 m e a constante elástica da mola são, respectivamente:

a) 8 J e 40 N/m
b) 16 J e 400 N/m
c) 36 J e 266 N/m
d) 8 J e 400 N/m
e) 24 J e 266 N/m

Ficha-resumo 3

Energia cinética é a energia associada ao movimento de um corpo.

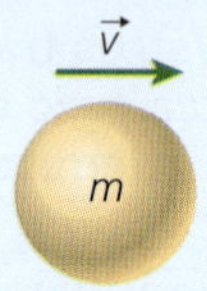

$$E_c = \frac{mv^2}{2}$$

Teorema trabalho-energia ou **teorema da energia cinética:**

$$\tau_{F_R} = E_{c(2)} - E_{c(1)}$$

12. (Udesc) Um corpo de massa igual a 10,0 kg, inicialmente em repouso, é submetido à ação de uma força constante e paralela ao deslocamento. Sabendo que a velocidade do corpo é igual a 15,0 m/s, ao término de 5,0 s, determine:

a) o valor da força aplicada;
b) o trabalho realizado sobre o corpo.

13. (PUC-RS) Um carro de 800 kg está com velocidade de 20,0 m/s (72,0 km/h). O trabalho resultante (em valor absoluto) que deve ser realizado sobre ele, de modo que pare, é:

a) 120 kJ
b) 140 kJ
c) 160 kJ
d) 180 kJ
e) 200 kJ

14. (UEL-PR) Uma partícula de massa 500 g, em movimento retilíneo, aumenta sua velocidade desde 6,0 m/s até 10,0 m/s num percurso de 8,0 m. A força resultante sobre a partícula tem módulo, em newton:

a) 16
b) 8
c) 6
d) 4
e) 2

15. (Mackenzie-SP) Um menino parte do repouso e desce por uma rampa plana sobre um *skate*. Após percorrer 20 m em linha reta, sua velocidade é de 10 m/s. A trajetória descrita pelo menino tem direção que define um ângulo de 30° com a horizontal e a massa do conjunto menino + *skate* tem 60 kg. Adotando-se a aceleração da gravidade no local igual a 10 m/s², a força de atrito constante que age sobre o conjunto menino + *skate* tem intensidade de:

a) 50 N
b) 100 N
c) 150 N
d) 200 N
e) 250 N

Ficha-resumo 4

Potência média

$$P_m = \frac{\tau}{\Delta t} = Fv_m$$

Potência instantânea

$$P = Fv$$

Rendimento

$$\eta = \frac{\text{potência útil}}{\text{potência total}}$$

ou

$$\eta = \frac{P_u}{P_t} \cdot 100\%$$

16. (Unicentro-PR) Uma escada rolante liga um andar de uma loja a outro, situado 5,0 m acima. Assinale a alternativa que indica, corretamente, a potência mínima do motor para transportar até 50 pessoas por minuto, sendo que as pessoas têm, em média, 60 kg de massa. Considere $g = 10$ m/s².

a) 1,5 kW
b) 2,5 kW
c) 15 kW
d) 25 kW
e) 150 kW

17. (UEL-PR) Um motor, cuja potência nominal é de $6{,}0 \cdot 10^2$ W, eleva um corpo de peso $6{,}0 \cdot 10^2$ N até a uma altura de 5,0 m, com velocidade constante de 0,5 m/s. Nessas condições, o rendimento do motor vale:

a) 0,90
b) 0,75
c) 0,60
d) 0,50
e) 0,25

18. (EsPCEx-SP) Um motor com potência de 8 kW é instalado no topo de um prédio de 60 m de altura, para levar sacos de cimento de massa 50 kg cada um do solo até o topo do prédio. Considerando $g = 10$ m/s², o número de sacos de cimento que o motor pode suspender em 30 s, com velocidade constante, em uma viagem do solo ao topo do prédio, é de:

a) 3
b) 8
c) 20
d) 30
e) 50

19. (EsPCEx-SP) Um motor elétrico consegue elevar, verticalmente, uma massa de 50 kg com velocidade constante de 1,4 m/s. Desprezando a resistência do ar, considerando a aceleração da gravidade igual a 10 m/s² e sabendo que o rendimento desse motor é de 70%, a sua potência total, nessa operação, vale:

a) 1 kW
b) 7 kW
c) 700 W
d) 490 W
e) 300 W

20. (UEM-PR) Um motor a combustão consome 10 L de gasolina por hora. Sabe-se que o calor de combustão da gasolina (calor liberado quando ela se queima) é 10 kcal/g e que a sua densidade é 0,75 g/cm³. Considerando que, em um intervalo de tempo de 2 horas, o motor desenvolve uma potência média de 5 kcal/s, calcule o seu rendimento (em porcentagem).

Capítulo 12

Energia mecânica

AMERICA/ALAMY/OTHER IMAGES

Objetivos do capítulo:

- ✔ Apresentar as energias cinética, potencial gravitacional, potencial elástica e a energia mecânica.
- ✔ Introduzir uma nova técnica de resolução de problemas usando a conservação da energia mecânica.
- ✔ Analisar diagramas de energia.

1 Introdução

Energia
Conteúdo multimídia

Quando falamos em energia, a primeira pergunta que nos vem à cabeça é: "O que é **energia?**". Não existe uma resposta simples e direta para essa pergunta. Ao longo desta introdução, vamos apresentar argumentos para formar uma primeira ideia sobre essa importante grandeza.

A. T. WILLET/ALAMY/OTHER IMAGES

Descargas elétricas atmosféricas convertem enormes quantidades de energia elétrica em energias térmica, sonora e luminosa.

Na natureza há muitas situações em que ocorre a conservação de alguma grandeza física. Energia, quantidade de movimento e quantidade de carga elétrica são exemplos de grandezas que se conservam sob certas condições.

Os sistemas físicos trocam e transformam energia quando interagem. A energia é a "moeda de troca" da natureza. A natureza "contabiliza" a energia simplesmente somando ou subtraindo as quantidades que "passam" de um sistema para outro. A energia não é criada nem perdida, apenas é transformada de um tipo em outro. A energia é uma **grandeza escalar!**

No decorrer de nosso curso, estudaremos diversos tipos ou modalidades de energia que, por processos convenientes, podem ser convertidas umas nas outras. O corpo humano faz isso constantemente. Os alimentos que ingerimos são metabolizados e transformados em energia para o desempenho de nossas atividades e nosso desenvolvimento. A energia que recebemos do Sol é aproveitada de diversas maneiras e transformada em outros tipos úteis de energia, como a energia elétrica.

Em certos contextos, os termos energia e força são usados erroneamente como sinônimos. Muitas vezes já vimos e ouvimos frases como: "Mãããe, ... *acabou* a *força*!"; quando, na verdade, cessou o fornecimento de **energia** elétrica. Ou então: "Fulano *tem* muita *força*..."; no entanto, ninguém armazena força. A força está relacionada a uma ação, através dela podemos realizar trabalho e modificar a energia de um sistema. Percebemos então que, embora apareçam juntos em muitas situações, os conceitos de **força** e **energia** são distintos.

A seguir, iniciaremos o estudo das energias presentes nos sistemas mecânicos.

2 Energia cinética (E_c)

Como vimos no capítulo anterior, **energia cinética** é uma forma de energia associada ao movimento dos corpos.

Os movimentos podem ser divididos em movimentos de translação e movimentos de rotação. Desse modo, existe energia cinética de translação e energia cinética de rotação. Quando estudamos movimentos de pontos materiais, a energia cinética envolvida é somente a de translação. A energia cinética de rotação é importante no estudo dos movimentos dos corpos extensos. Inicialmente, nosso curso estará restrito apenas aos movimentos dos pontos materiais e, portanto, envolverá somente a energia cinética de translação. Daqui em diante, vamos denominá-la apenas energia cinética (E_c).

A energia cinética de um ponto material de massa *m* e velocidade escalar *v* é calculada pela equação:

$$E_c = \frac{1}{2} mv^2 \quad \text{ou} \quad E_c = \frac{mv^2}{2}$$

BRETT MULCAHY/SHUTTERSTOCK

Devido à alta velocidade e à grande massa, o "trem" da montanha-russa tem muita energia cinética.

Como a velocidade depende do referencial adotado, a energia cinética também depende do referencial. Se, por exemplo, você estiver sentado no banco de um trem que está em movimento relativo à Terra, sua energia cinética será **nula** em relação ao próprio trem e **não nula** em relação ao solo, onde são fixados os trilhos da via férrea. A energia cinética é uma grandeza escalar, ou seja, não depende da direção (horizontal, vertical ou oblíqua) nem do sentido, ou orientação (para cima, para baixo, para a direita ou para a esquerda), da velocidade do corpo.

No SI, a massa é medida em quilograma (kg), e a velocidade, em metro por segundo (m/s). Assim, já que o coeficiente $\frac{1}{2}$ é adimensional, a unidade de energia cinética no SI é:

$$\text{kg} \cdot \left(\frac{\text{m}}{\text{s}}\right)^2 = \underbrace{\text{kg} \cdot \frac{\text{m}}{\text{s}^2}}_{\text{newton}} \cdot \text{m} = \text{N} \cdot \text{m} = \text{joule (J)}$$

Outras unidades de energia serão estudadas e usadas oportunamente. A caloria (cal), o quilowatt-hora (kWh), a unidade térmica britânica (BTU: *British Thermal Unity*) e o elétron-volt (eV) são exemplos de unidades de energia com usos em áreas específicas da Física e da Engenharia.

Aplicando a teoria

1. Um corpo de massa *m* cai livremente partindo do repouso.

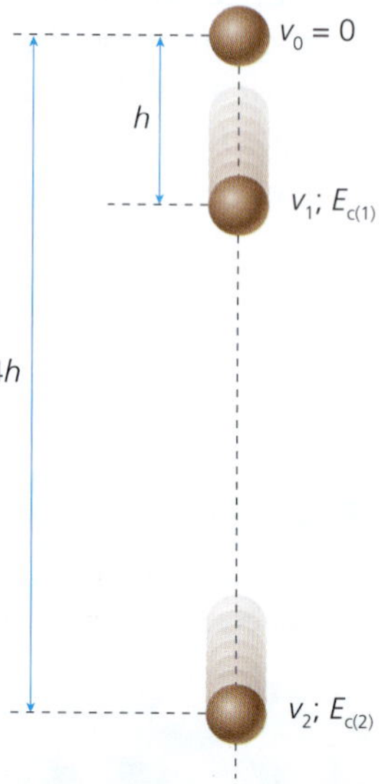

Considerando *g* o módulo da aceleração da gravidade local, comparar:

a) os valores v_1 e v_2 das velocidades escalares do corpo depois de ele percorrer as distâncias h e $4h$, medidas a partir do ponto inicial da queda;

b) as energias cinéticas $E_{c(1)}$ e $E_{c(2)}$ do corpo nos pontos considerados no item **a**.

➤ Solução

a) Vamos usar a equação de Torricelli duas vezes.

Do início ao final do primeiro trecho, temos:

$$v_1^2 = v_0^2 + 2\alpha\Delta s_1 \Rightarrow v_1^2 = 0^2 + 2 \cdot (+g) \cdot h \Rightarrow v_1^2 = 2gh \Rightarrow v_1 = \sqrt{2gh}$$

Do início ao final de todo o percurso, temos:

$$v_2^2 = v_0^2 + 2\alpha\Delta s_2 \Rightarrow v_2^2 = 0^2 + 2 \cdot (+g) \cdot (4h) \Rightarrow v_2^2 = 8gh \Rightarrow$$

$$\Rightarrow v_2 = \sqrt{8gh} \Rightarrow v_2 = 2\underbrace{\sqrt{2gh}}_{v_1} \Rightarrow \boxed{v_2 = 2v_1}$$

Portanto, ao quadruplicar a distância de queda, a velocidade escalar do corpo dobra.

b) Das velocidades obtidas no item **a** obtemos as seguintes energias cinéticas:

$$E_{c(1)} = \frac{1}{2}mv_1^2 \Rightarrow E_{c(1)} = \frac{1}{2}m \cdot (2gh) \Rightarrow E_{c(1)} = mgh$$

$$E_{c(2)} = \frac{1}{2}mv_2^2 \Rightarrow E_{c(2)} = \frac{1}{2}m \cdot (8gh) \Rightarrow E_{c(2)} = 4mgh$$

Comparando os resultados, temos:

$$\boxed{E_{c(2)} = 4E_{c(1)}}$$

Esse resultado mostra que a energia cinética quadruplica quando a velocidade escalar dobra.

3 Energia potencial gravitacional (E_{pgrav})

Energia potencial gravitacional é a energia mecânica associada ao trabalho da força peso.

ANDY Z./SHUTTERSTOCK

A água represada a grande altura armazena enorme quantidade de energia potencial gravitacional.

Se soltarmos uma bola de certa altura h acima do solo e desprezarmos a resistência do ar, ela cairá, adquirindo energia cinética durante a queda. Como não é possível criar nem destruir energia, concluímos que a energia cinética adquirida pela bola durante sua queda já estava "armazenada" em sua posição inicial. A essa energia, momentaneamente armazenada numa posição inicial, devido à interação entre a Terra e o corpo, damos o nome de **energia potencial gravitacional** (E_{pgrav}). Dizemos que a energia potencial gravitacional inicial da bola foi gradativamente convertida em energia cinética durante sua queda. Considerando nula a energia potencial gravitacional no solo, ao fim da queda a energia cinética final da bola tem valor igual ao de sua energia potencial gravitacional inicial.

Se invertermos a situação, isto é, se lançarmos a bola do solo para o alto com a mesma energia cinética com a qual ela chegou após a queda, ela atingirá a mesma altura h da primeira experiência.

O valor da energia potencial gravitacional é calculado em relação a um nível horizontal de referência, em geral o solo, no qual adotamos $E_{pgrav} = 0$.

A **figura 1** mostra a energia potencial gravitacional de um corpo no solo, adotado como nível zero de energia potencial gravitacional, e a uma altura h acima do solo.

Acima do nível de referência, a energia potencial gravitacional é positiva:

$$E_{pgrav} = +mgh$$

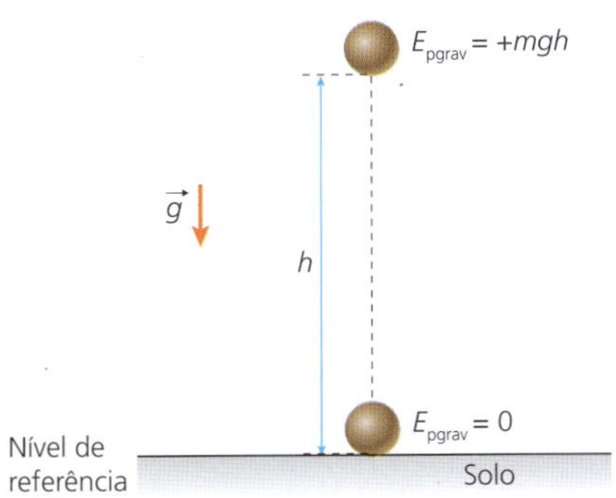

Figura 1.

A **figura 2** mostra a energia potencial gravitacional de um corpo que está a uma distância h abaixo do nível zero de energia potencial gravitacional, em um buraco.

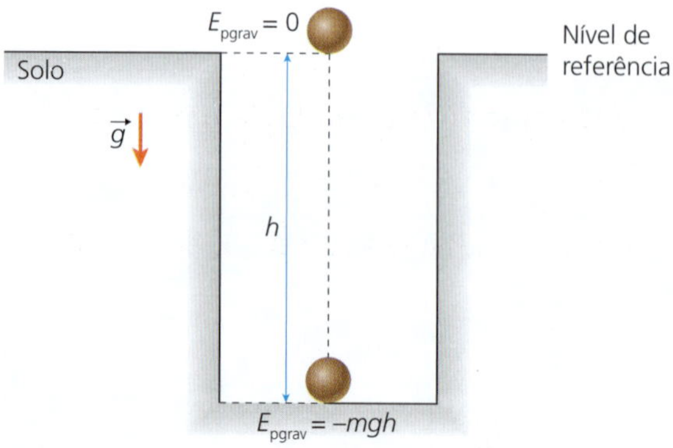

Figura 2.

Abaixo do nível de referência, a energia potencial gravitacional é negativa:

$$E_{pgrav} = -mgh$$

Você, sentado em sua cadeira assistindo às aulas, tem energia potencial gravitacional positiva em relação ao chão da sala, pois está acima dele. Porém, em relação ao teto dessa mesma sala, sua energia potencial gravitacional é negativa, pois você está abaixo dele.

Energia potencial gravitacional positiva significa que o corpo pode, espontaneamente, chegar ao nível zero de energia potencial (o corpo pode cair). Energia potencial gravitacional negativa significa que o corpo não pode, espontaneamente, chegar ao nível zero de energia potencial; para chegar ao nível zero é necessária a realização de um trabalho. Mais adiante, em outros contextos, encontraremos outros tipos de energias potenciais, que podem ser tanto positivas como negativas.

Resumindo, podemos calcular a energia potencial gravitacional em relação a qualquer plano horizontal de referência, no qual adotamos $E_{pgrav} = 0$. Acima desse plano, o corpo tem energia potencial gravitacional positiva: $E_{pgrav} = +mgh$. Abaixo desse plano, o corpo tem energia potencial gravitacional negativa: $E_{pgrav} = -mgh$.

A tabela abaixo mostra a energia potencial gravitacional de três bolas, para três níveis de referência diferentes **(fig. 3)**.

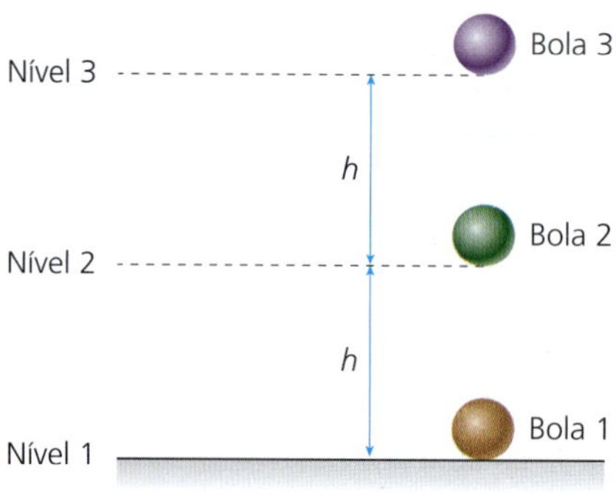

	$E_{pgrav(bola\ 1)}$	$E_{pgrav(bola\ 2)}$	$E_{pgrav(bola\ 3)}$
Nível 1	zero	$+mgh$	$+2mgh$
Nível 2	$-mgh$	zero	$+mgh$
Nível 3	$-2mgh$	$-mgh$	zero

Figura 3.

Observe que, para uma mesma bola, a energia potencial gravitacional varia de acordo com o nível de referência considerado. No entanto, a diferença dos valores entre dois níveis quaisquer é sempre a mesma, isto é, a energia potencial gravitacional no nível 2 é sempre mgh acima da energia potencial gravitacional no nível 1. A energia potencial gravitacional no nível 1 é sempre $+mgh$ acima da energia potencial gravitacional no nível 2 e sempre $+2mgh$ acima da energia potencial gravitacional no nível 3.

Observe também que, quando deslocamos o corpo entre dois níveis quaisquer, a diferença entre os valores inicial e final da energia potencial gravitacional é exatamente igual ao trabalho da força peso nesse deslocamento. Veja os exemplos:

I. Uma bola vai do nível 2 para o nível 1, que é tomado como referência.

$$E_{pgrav(2)} - E_{pgrav(1)} = +mgh - 0 = +mgh = \tau_{\vec{P}(2 \to 1)}$$

II. Uma bola vai do nível 1, que é tomado como referência, para o nível 3.

$$E_{pgrav(1)} - E_{pgrav(3)} = 0 - (+2mgh) = -2mgh = \tau_{\vec{P}(1 \to 3)}$$

Portanto, para a força peso ($\vec{P}$) são sempre verdadeiras as igualdades:

$$\boxed{\tau_P = -\Delta E_{pgrav}}$$

ou

$$\boxed{\tau_P = E_{pgrav(inicial)} - E_{pgrav(final)}}$$

Aplicando a teoria

2. **Uma bola de massa 0,5 kg cai livremente, a partir do repouso, de uma altura H = 45 m acima do solo plano e horizontal, num local onde a influência do ar é desprezível e o módulo g da aceleração da gravidade local pode ser considerado igual a 10 m/s². Determinar para essa bola, em relação ao solo:**

a) a energia potencial gravitacional inicial, $E_{pgrav(inicial)}$;
b) a energia cinética ao atingir o solo, $E_{c(solo)}$;
c) a velocidade escalar ao atingir o solo, v_{solo}.

➤ Solução

a) $E_{pgrav(inicial)} = +mgH \Rightarrow E_{pgrav(inicial)} = +0{,}5 \cdot 10 \cdot 45 \Rightarrow \boxed{E_{pgrav(inicial)} = 225\ J}$

b) Durante a queda da bola, a energia potencial gravitacional converte-se em energia cinética. Ao chegar ao solo, a energia cinética da bola será igual à sua energia potencial gravitacional inicial. Assim:

$$\boxed{E_{c(solo)} = E_{pgrav(inicial)} = 225\ J}$$

c) $E_{c(solo)} = \frac{1}{2} mv^2_{solo} \Rightarrow 225 = \frac{1}{2} \cdot 0{,}5 \cdot v^2_{solo} \Rightarrow v^2_{solo} = 900 \Rightarrow \boxed{v_{solo} = 30\ m/s}$

3. **Retomando o exercício anterior, quando a bola estiver a uma altura h = 16,2 m acima do solo, determinar:**

a) a energia potencial gravitacional, $E_{pgrav(h)}$;
b) a energia cinética da bola, $E_{c(h)}$;
c) a velocidade escalar da bola, v_h.

➤ Solução

a) $E_{pgrav(h)} = +mgh \Rightarrow E_{pgrav(h)} = +0{,}5 \cdot 10 \cdot 16{,}2 \Rightarrow \boxed{E_{pgrav(h)} = 81\ J}$

b) Pelo resultado do item **a**, vemos que houve um decréscimo de 144 J na energia potencial gravitacional da bola da posição inicial até a altura h (225 J − 81 J = 144 J). Essa energia potencial "perdida", na verdade, foi transformada em energia cinética. Portanto, a 16,2 m do solo a energia cinética da bola vale:

$$\boxed{E_{c(h)} = 144\ J}$$

c) Usando o resultado do item **b**, temos:

$$E_{c(h)} = \frac{1}{2} mv^2_h \Rightarrow 144 = \frac{1}{2} \cdot 0{,}5 \cdot v^2_h \Rightarrow v^2_h = 576 \Rightarrow \boxed{v_h = 24\ m/s}$$

4 Energia potencial elástica ($E_{pelást}$)

Energia potencial elástica é a energia associada a uma deformação elástica, que tende a retornar à posição inicial. Uma mola que pode ser comprimida ou distendida **(fig. 4)**, uma barra que pode ser flexionada ou torcida **(fig. 5)** ou um arco que pode ser flexionado **(fig. 6)** são exemplos de corpos que, quando deformados, armazenam momentaneamente energia potencial devido à deformação provocada. Essa energia potencial é denominada **energia potencial elástica**. Daremos maior atenção à energia potencial elástica armazenada em molas.

STOCKSNAPP/SHUTTERSTOCK

Figura 4. Mola helicoidal de compressão ou de tração.

Consideremos o sistema elástico constituído por um bloco e uma mola **(fig. 7)**. Vamos aplicar ao bloco uma força $\vec{F}$ que provoca na mola a deformação $x = L - L_0$, em que L_0 é o comprimento inicial da mola, isto é, o comprimento da mola sem deformação (ponto *O*), e *L* é o comprimento final da mola deformada (ponto *P*).

Ao ser abandonado em *P*, o bloco se desloca pela ação da força elástica $\vec{F}_{elást}$ e adquire energia cinética. Como não é possível criar nem destruir energia, concluímos que a energia cinética que o bloco adquire estava "armazenada" na mola deformada, com o bloco na posição *P*.

Figura 5. Energia potencial elástica armazenada por torção em uma barra.

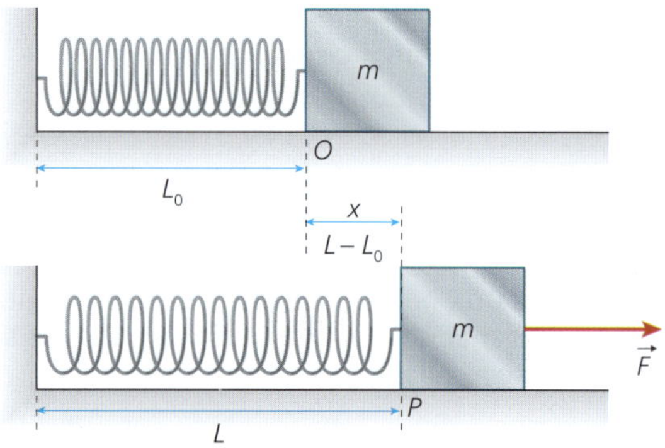

Figura 7. Mola distendida pela ação da força $\vec{F}$. Abandonando-se o bloco (fazendo $\vec{F} = \vec{0}$), ele se desloca sob ação da força elástica $\vec{F}_{elást}$.

Damos o nome de **energia potencial elástica** ($E_{pelást}$) a essa energia. Ela é calculada pelo trabalho da força elástica ao deslocar o bloco de *P* até *O* (tomado como ponto de referência):

$$E_{pelást} = \frac{1}{2}kx^2$$

Analogamente ao trabalho da força peso, o trabalho da força elástica também é dado por:

$$\tau_{F_{elást}} = -\Delta E_{pelást}$$

MARTIN NOVAK/ALAMY/OTHER IMAGES

Figura 6. Flexionado pela corda, o arco armazena energia potencial elástica.

Aplicando a teoria

4. a) Uma mola de constante elástica $k = 400$ N/m sofre uma deformação $x = 20$ cm. Determinar a energia potencial elástica armazenada na mola, em joule.

b) Uma mola de constante elástica k desconhecida armazena uma energia potencial elástica de 1,2 J, quando distendida de 2,0 cm. Determinar o valor de k, em N/cm.

➤ Solução

a) $E_{\text{pelást}} = \frac{1}{2}kx^2 \Rightarrow E_{\text{pelást}} = \frac{1}{2} \cdot (400 \text{ N/m}) \cdot (\underbrace{20 \cdot 10^{-2} \text{ m}}_{20 \text{ cm}})^2 \Rightarrow \boxed{E_{\text{pelást}} = 8{,}0 \text{ J}}$

b) $E_{\text{pelást}} = \frac{1}{2}kx^2 \Rightarrow 1{,}2 = \frac{1}{2}k \cdot (2{,}0 \cdot 10^{-2})^2 \Rightarrow k = 6.000 \text{ N/m} \Rightarrow \boxed{k = 60 \text{ N/cm}}$

5. Um corpo de massa 250 g está comprimindo uma mola de constante elástica k desconhecida, sem estar preso a ela. Quando o sistema massa-mola é liberado, o corpo é impulsionado sobre um plano horizontal sem atrito e, ao perder contato com a mola, está com velocidade escalar $v = 2$ m/s. Na posição inicial, o corpo está em repouso e a mola apresenta comprimento 10 cm menor que o normal. Para esse sistema, determinar:

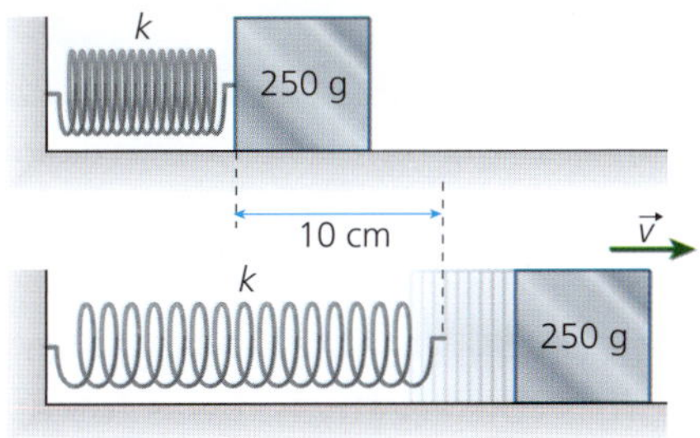

a) a energia potencial elástica armazenada inicialmente na mola, $E_{\text{pelást(inicial)}}$;

b) o valor da constante elástica k;

c) a intensidade da força que a mola aplicava inicialmente no corpo, $F_{\text{elást}}$.

➤ Solução

a) Inicialmente vamos converter as unidades dadas para o SI.

Massa do corpo: $m = 250 \text{ g} = 250 \cdot 10^{-3} \text{ kg} = 25 \cdot 10^{-2} \text{ kg}$

Compressão da mola: $x = 10 \text{ cm} = 10 \cdot 10^{-2} \text{ m} = 10^{-1} \text{ m}$

A energia potencial elástica armazenada na mola é igual à energia cinética do corpo imediatamente após perder o contato com ela. Portanto:

$$E_{\text{pelást(inicial)}} = E_{\text{c(final)}} = \frac{1}{2}mv^2 \Rightarrow E_{\text{pelást(inicial)}} = \frac{1}{2} \cdot 25 \cdot 10^{-2} \cdot 2^2 \Rightarrow E_{\text{pelást(inicial)}} = 50 \cdot 10^{-2} \text{ J} \Rightarrow$$

$$\Rightarrow \boxed{E_{\text{pelást(inicial)}} = 0{,}50 \text{ J}}$$

b) $E_{\text{pelást(inicial)}} = \frac{1}{2}kx^2 \Rightarrow 50 \cdot 10^{-2} = \frac{1}{2}k \cdot (10^{-1})^2 \Rightarrow \boxed{k = 100 \text{ N/m}}$ ou $\boxed{k = 1 \text{ N/cm}}$

c) $F_{\text{elást}} = kx \Rightarrow F_{\text{elást}} = (100 \text{ N/m}) \cdot (10^{-1} \text{ m}) \Rightarrow \boxed{F_{\text{elást}} = 10 \text{ N}}$

ou

$F_{\text{elást}} = kx \Rightarrow F_{\text{elást}} = (1 \text{ N/cm}) \cdot (10 \text{ cm}) \Rightarrow F_{\text{elást}} = 10 \text{ N}$

5 Conservação da energia mecânica

BA LARUE/ALAMY/OTHER IMAGES

Parte da energia potencial gravitacional da água represada é convertida em energia cinética com a abertura das comportas.

Podemos dividir as forças em dois grandes grupos. O primeiro grupo, talvez o mais importante, é o das forças conservativas. Essas forças sempre estão associadas a algum tipo de energia potencial (E_p). A força peso, a força elástica e a força de interação eletrostática são exemplos desse tipo de força. No segundo grupo estão as forças não conservativas, que podem ou não realizar trabalho sobre o sistema; a força de atrito entre sólidos e as forças de resistência exercidas pelos fluidos são exemplos de forças que "degradam" a energia do sistema, em geral na forma de calor, e por esse motivo são denominadas forças dissipativas.

Em nosso estudo, os sistemas físicos serão analisados macroscopicamente, pois, a rigor, podemos dizer que microscopicamente não existem forças não conservativas, todas as forças têm origem nas quatro forças fundamentais da natureza que definem as interações das partículas que constituem a matéria. Essas forças, a gravitacional, a eletromagnética e as nucleares forte e fraca, são todas conservativas.

Chamamos de **energia mecânica** de um sistema físico à soma de energias cinética, potencial gravitacional e potencial elástica, em um dado instante. Quando, em um sistema físico, **a energia mecânica se conserva**, dizemos que esse sistema é **conservativo**. Um sistema físico é considerado conservativo em duas situações:

- Quando sobre ele só atuam forças conservativas.
- Quando as forças não conservativas que atuam sobre ele **não realizam trabalho**.

Para ter uma ideia melhor, acompanhe os exemplos a seguir.

Em uma queda livre, podemos considerar o sistema conservativo, uma vez que a única força atuante é a força peso, que é conservativa.

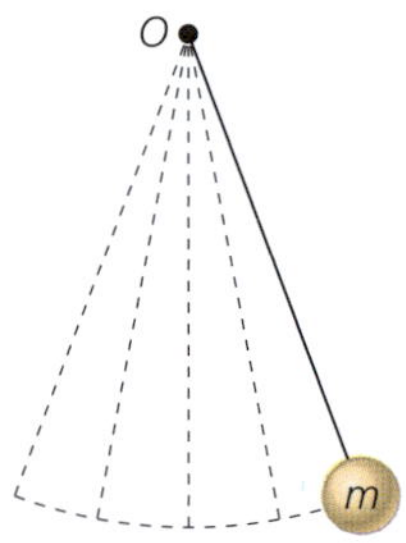

Figura 8. Pêndulo oscilando livremente.

Um pêndulo simples oscilando livremente pela ação da gravidade **(fig. 8)** é um sistema conservativo. Somente o peso da massa oscilante realiza trabalho durante o movimento. A força de tração exercida pelo fio, que é não conservativa, não realiza trabalho, pois é perpendicular à trajetória circular do corpo.

Quando levantamos um corpo muito lentamente por meio de um fio, a partir do chão, até uma altura qualquer, atuam sobre o corpo pelo menos duas forças: seu peso e a força de tração **(fig. 9)**. Como esse é um deslocamento muito lento, pode-se desprezar a influência da força de resistência do ar. Contudo, esse sistema não pode ser considerado conservativo, uma vez que a força de tração no fio está realizando trabalho. A ação dessa força aumenta a energia mecânica do sistema e fornece ao corpo energia potencial gravitacional. A força de tração no fio é uma força não conservativa que está realizando trabalho.

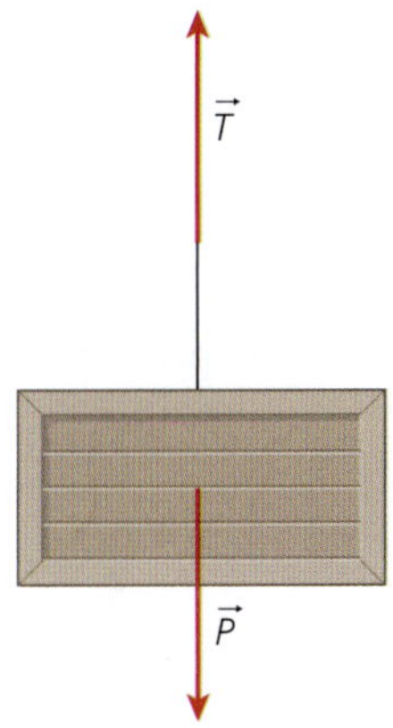

Figura 9. Forças que atuam em um corpo que é levantado por meio de um fio.

Quando um corpo escorrega por uma rampa **(fig. 10)**, existem pelo menos duas forças atuando sobre ele: o peso do corpo e a força exercida pela rampa, que, por simplicidade, pode ser decomposta na força de reação normal e na força de atrito. Novamente, mesmo não considerando a força de resistência do ar, o sistema não é conservativo, devido ao trabalho realizado pela força de atrito, que é uma força dissipativa.

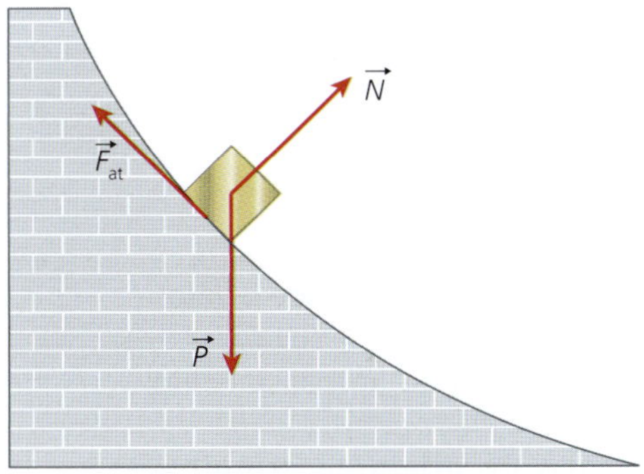

Figura 10. Forças que atuam em um corpo que escorrega por uma rampa.

No exemplo anterior, se desconsiderarmos a resistência do ar e o atrito entre as superfícies da rampa e do corpo, o sistema poderá ser considerado conservativo, pois a força de reação normal exercida pela rampa não realiza trabalho, por ser perpendicular ao deslocamento do corpo em todo o trajeto. A força normal é uma força não conservativa que, neste caso, não realiza trabalho.

Podemos sintetizar e simplificar o conceito de sistema conservativo dizendo que o sistema é conservativo quando somente as forças conservativas trabalham!

O enunciado a seguir é o **princípio da conservação da energia mecânica**:

- Em um sistema conservativo, é **constante** a soma dos valores das energias cinética (E_c), potencial gravitacional (E_{pgrav}) e potencial elástica ($E_{pelást}$), em qualquer instante ou posição. Essa soma é a energia mecânica do sistema (E_{mec}).

Em notação algébrica fica assim:

$$E_c + E_{pgrav} + E_{pelást} = E_{mec} = \text{constante}$$

ou

$$E_{mec(inicial)} = E_{mec(final)} \Rightarrow$$
$$\Rightarrow E_{c(inicial)} + E_{pgrav(inicial)} + E_{pelást(inicial)} = E_{c(final)} + E_{pgrav(final)} + E_{pelást(final)}$$

12.1 Conteúdo multimídia

Eventualmente, uma ou outra dessas parcelas pode ser nula no instante considerado, ou até pode não existir no sistema em estudo.

De modo geral, para qualquer sistema de forças conservativas, podemos escrever o trabalho (τ_{fc}) como:

$$\tau_{fc} = E_{p(inicial)} - E_{p(final)}$$

A igualdade acima é conhecida como **teorema das forças conservativas**.

Quando o sistema não é conservativo, a variação da energia mecânica do sistema se deve ao trabalho das forças não conservativas (τ_{fnc}):

$$\tau_{fnc} = \Delta E_{mec}$$

Aplicando a teoria

6. Na figura abaixo, um esquiador passa pelo ponto A com velocidade escalar de 8,0 m/s. A pista de gelo é suficientemente lisa para que possamos desprezar a influência do atrito e o ar também não oferece resistência considerável.

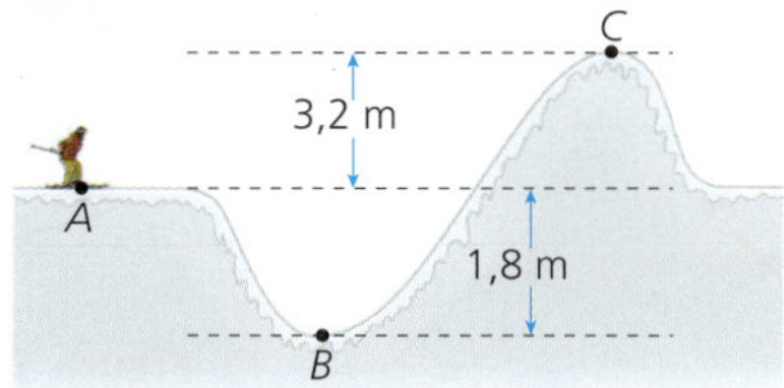

Adotando para a aceleração da gravidade o valor $g = 10$ m/s², determinar:

a) a velocidade escalar do atleta ao passar pelo ponto B;

b) a velocidade escalar do atleta ao atingir o ponto C.

➤ Solução

a) Vamos adotar o nível do ponto A como nível de referência para a energia potencial gravitacional do esquiador, isto é, $E_{pgrav(A)} = 0$.
Aplicando o princípio da conservação da energia mecânica nos pontos A e B, temos:

$$E_{c(A)} + E_{pgrav(A)} = E_{c(B)} + E_{pgrav(B)} \Rightarrow$$
$$\Rightarrow \frac{1}{2}mv_A^2 + 0 = \frac{1}{2}mv_B^2 + mgh_B \Rightarrow$$
$$\Rightarrow \frac{1}{2}(8{,}0)^2 = \frac{1}{2}v_B^2 + 10 \cdot (-1{,}8) \Rightarrow$$
$$\Rightarrow v_B^2 = 100 \Rightarrow \boxed{v_B = 10 \text{ m/s}}$$

Observação: O sinal negativo de h_B se deve ao fato de B estar abaixo do nível zero!

b) Aplicando o princípio da conservação da energia mecânica nos pontos A e C, temos:

$$E_{c(A)} + E_{pgrav(A)} = E_{c(C)} + E_{pgrav(C)} \Rightarrow$$
$$\Rightarrow \frac{1}{2}mv_A^2 + 0 = \frac{1}{2}mv_C^2 + mgh_C \Rightarrow$$
$$\Rightarrow \frac{1}{2}(8{,}0)^2 = \frac{1}{2}v_C^2 + 10 \cdot 3{,}2 \Rightarrow$$
$$\Rightarrow v_C^2 = 0 \Rightarrow \boxed{v_C = 0}$$

Outro modo de calcular a velocidade em C é aplicando o princípio da conservação da energia mecânica nos pontos B e C, assim:

$$E_{c(B)} + E_{pgrav(B)} = E_{c(C)} + E_{pgrav(C)} \Rightarrow$$
$$\Rightarrow \frac{1}{2} \cdot mv_B^2 + mgh_B = \frac{1}{2}mv_C^2 + mgh_C \Rightarrow$$
$$\Rightarrow \frac{1}{2} \cdot 10^2 + 10 \cdot (-1{,}8) = \frac{1}{2} \cdot v_C^2 + 10 \cdot 3{,}2 \Rightarrow$$
$$\Rightarrow v_C^2 = 0 \Rightarrow \boxed{v_C = 0}$$

Seria instrutivo resolver novamente este exercício tomando o ponto B e/ou o ponto C como referência para a energia potencial gravitacional. Exercite.

Avaliando o aprendizado

1. Se o módulo da velocidade escalar de uma partícula triplicar de valor, sua energia cinética ficará multiplicada por:

a) 1 b) 3 c) 4,5 d) 6 e) 9

2. Se a energia cinética de uma partícula for reduzida para $\frac{1}{4}$ do seu valor inicial, o módulo da velocidade escalar dessa partícula ficará reduzido:

a) a $\frac{1}{4}$ do seu valor inicial.

b) à metade do seu valor inicial.

c) a $\frac{3}{4}$ do seu valor inicial.

d) a $\frac{1}{16}$ do seu valor inicial.

e) a $\frac{9}{16}$ do seu valor inicial.

3. Considere duas partículas A e B cujas massas são tais que $m_B = 2m_A$. Se a energia cinética de A é $\frac{1}{8}$ da energia cinética de B, podemos dizer que a razão $\frac{v_A}{v_B}$ entre os módulos de suas velocidades escalares é:

a) $\frac{1}{8}$ b) $\frac{1}{4}$ c) $\frac{1}{2}$ d) 1 e) 4

4. Dos gráficos abaixo, qual representa melhor a energia cinética de um móvel em queda livre a partir do repouso, em relação ao solo e em função do tempo?

a)

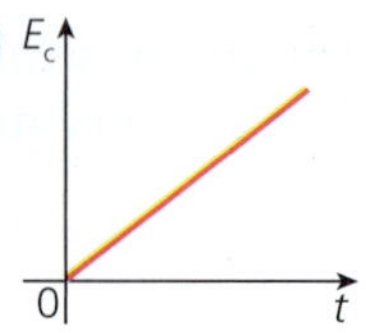

b)

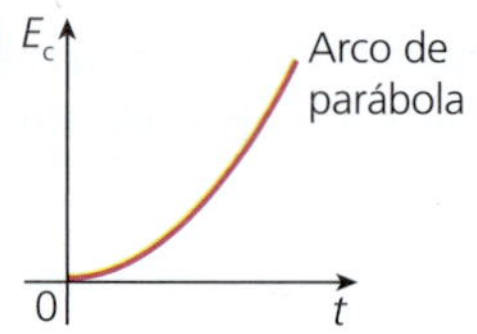

c) 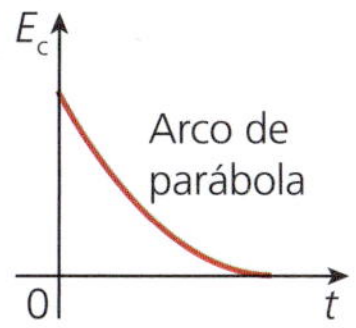

e) 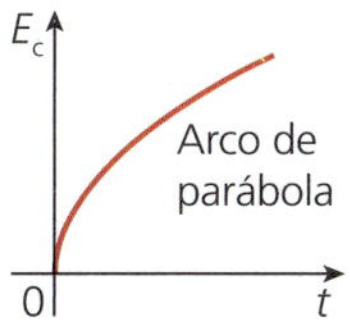

d) 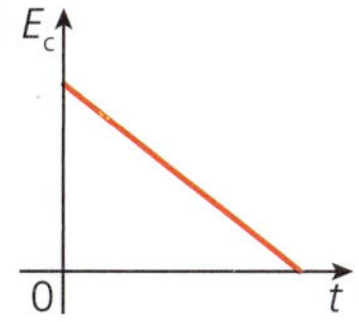

5. Em relação à situação do exercício anterior, qual dos gráficos mostrados a seguir representa melhor a energia potencial gravitacional do móvel em função do tempo, sendo o solo o nível de referência para a energia potencial gravitacional?

a) 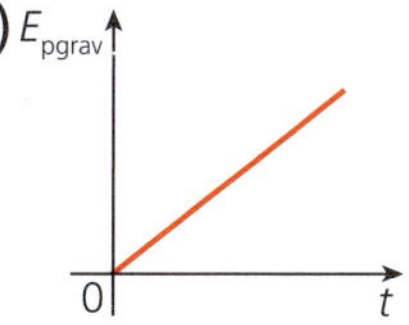

d) 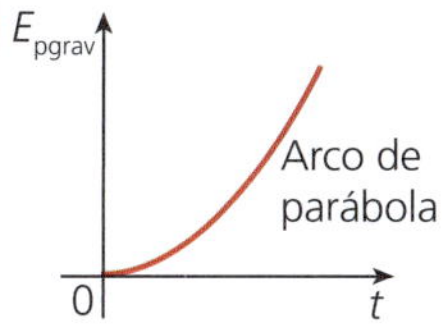

b) 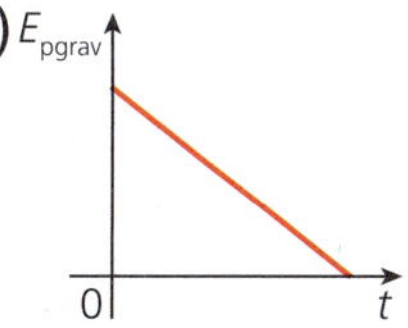

e) 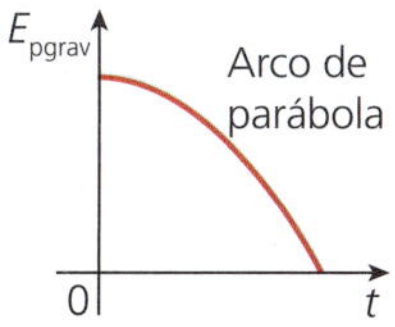

c) 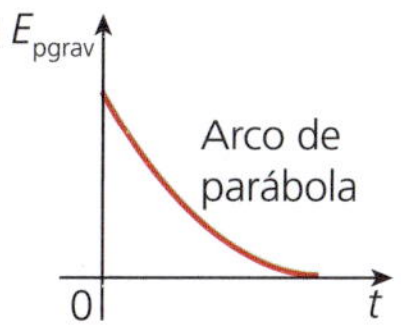

6. Um corpo, de massa $m = 200$ g, é abandonado de uma altura de 20 m, acima do solo plano e horizontal, num local onde a aceleração da gravidade pode ser adotada como $g = 10$ m/s^2 e o ar não influencia o movimento. Determine, para esse corpo:

a) a energia cinética ao chegar ao solo;

b) o módulo da velocidade escalar no instante em que ele chega ao solo;

c) a energia cinética 5 m abaixo do ponto de partida.

7. Um corpo é lançado verticalmente para cima do solo plano e horizontal, com velocidade escalar inicial $v_0 = 30$ m/s, em um local onde a aceleração da gravidade tem módulo $g = 10$ m/s^2 e o ar exerce influência desprezível sobre o movimento. Sendo 100 g a massa desse corpo, determine:

a) a altura máxima H alcançada pelo corpo, em relação ao solo;

b) a altura h, em relação ao solo, do ponto de sua trajetória no qual as energias cinética e potencial gravitacional têm valores iguais;

c) a energia cinética quando ele estiver a 40 m acima do solo.

8. Três bolas A, B e C, assimiláveis a pontos materiais, são lançadas do ponto P indicado na figura abaixo, com velocidades iniciais de módulos iguais a v_0.

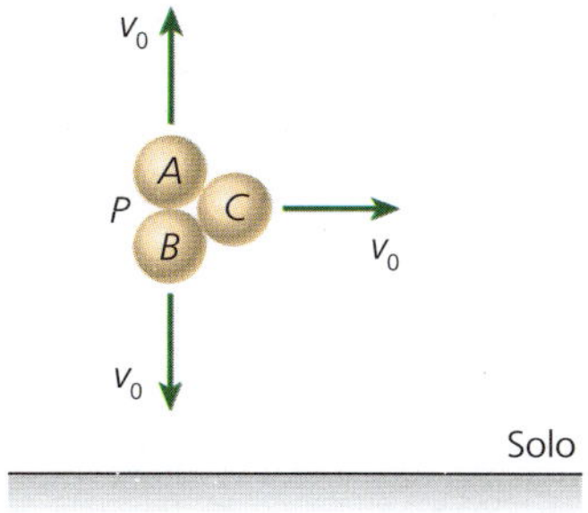

Desconsiderando quaisquer resistências aos movimentos das bolas, quando elas chegarem ao solo, plano e horizontal, suas velocidades vetoriais terão módulos v_A, v_B e v_C tais que:

a) $v_A > v_B > v_C$

b) $v_A < v_C < v_B$

c) $v_A > v_B = v_C$

d) $v_A = v_B = v_C$

e) $v_A > v_C > v_B$

9. Na figura abaixo está representado um diagrama para as energias mecânicas de um sistema conservativo, como função da posição x do móvel na trajetória. A linha tracejada horizontal representa o valor da energia mecânica total do sistema, E_{mec}. O eixo vertical, E, representa os valores de alguma energia mecânica do sistema.

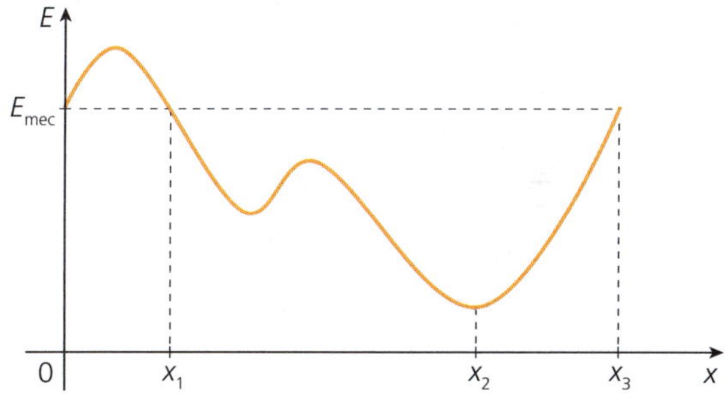

Analise as afirmações a seguir e responda ao teste.

I. Nesse diagrama, E pode representar energia potencial gravitacional ou elástica.

II. E não pode ser energia potencial. Se assim fosse, no trecho entre $x = 0$ e $x = x_1$, a energia cinética do corpo seria negativa, o que é impossível.

III. Para o trecho mostrado, na posição x_2 a energia potencial é máxima.

IV. Para o intervalo $0 < x < x_1$, a energia potencial é negativa.

V. Nas posições $x = 0$, $x = x_1$ e $x = x_3$, a energia cinética do sistema é nula.

a) São todas corretas.

b) São todas erradas.

c) São corretas apenas I, III e V.

d) São corretas apenas II, III e IV.

e) São corretas apenas I e V.

10. O carro de Joaquim sofreu uma pane seca, isto é, acabou o combustível, quando sua velocidade era de 36 km/h. Por sorte, isso ocorreu no início de um pequeno vale que termina bem defronte a um posto de combustíveis e serviços, como se vê na figura abaixo. No local, podemos considerar o módulo da aceleração da gravidade igual a 10 m/s^2.

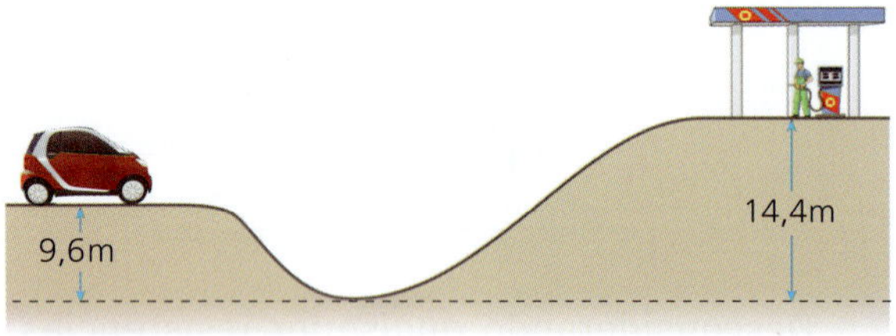

a) Numa situação ideal, desprezando quaisquer tipos de resistências ao movimento do veículo, qual seria o módulo da velocidade do carro de Joaquim ao chegar ao posto?

b) Na situação real, por muita sorte, Joaquim conseguiu chegar até o posto, parando bem em frente à primeira bomba de combustível. Calcule o trabalho realizado pelas forças de resistência que atuaram sobre o carro de massa 800 kg, nesta situação, a partir do instante da pane.

11. Em uma nova modalidade desportiva, proposta para os jogos de inverno, atletas correm com a máxima velocidade possível, saltam sobre um trenó parado e deslizam rampa abaixo até ser parados por um sistema de molas elásticas que, ao serem tracionadas, freiam o conjunto atleta + trenó, de modo semelhante ao que ocorre nos porta-aviões. Vence a prova quem provoca a maior distensão no sistema de molas.

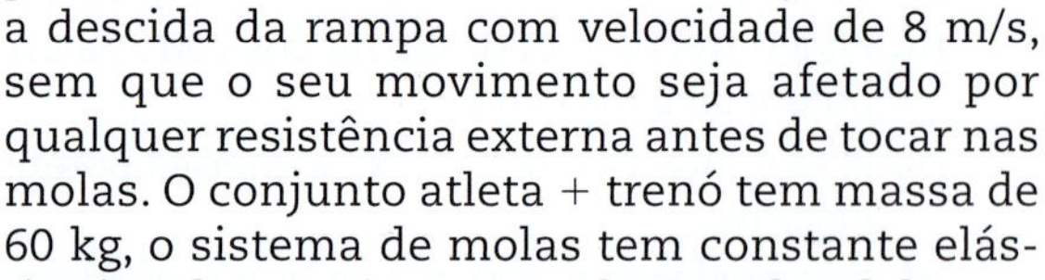

A atleta Lisa Quick, correndo o máximo que pode, atira-se sobre o trenó e o conjunto inicia a descida da rampa com velocidade de 8 m/s, sem que o seu movimento seja afetado por qualquer resistência externa antes de tocar nas molas. O conjunto atleta + trenó tem massa de 60 kg, o sistema de molas tem constante elástica igual a 15 N/cm e a aceleração local da gravidade tem módulo 10 m/s^2. Nessas condições, determine:

a) a distensão máxima que Lisa provocará nas molas;

b) o módulo da força que as molas exercerão sobre o conjunto no instante da sua parada.

12. Um pêndulo simples tem comprimento *L* e a esfera pendular tem massa *m*. A esfera é abandonada do ponto A, mostrado na figura abaixo, estando o fio na horizontal. Considere conhecido o módulo *g* da aceleração da gravidade do local e despreze a resistência do ar.

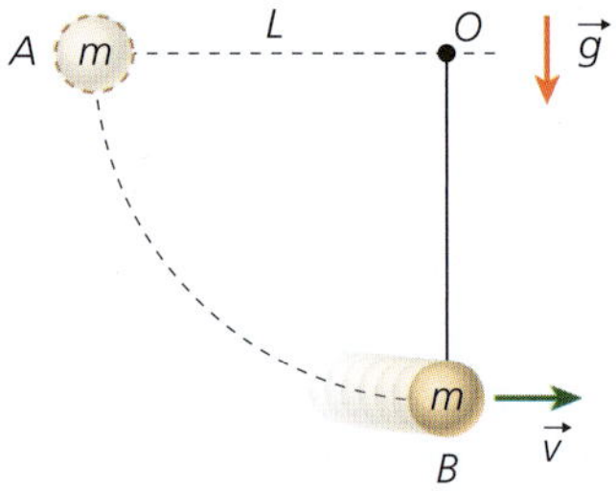

Determine no ponto *B*, que é o ponto mais baixo da trajetória:

a) o valor *v* da velocidade escalar da esfera;

b) o módulo *T* da tração exercida pelo fio.

13. Um bloco de massa 250 g está apenas apoiado sobre uma mola elástica que está comprimida e presa por um fio. A base que apoia o corpo tem massa desprezível. Ao cortarmos o fio, o bloco é lançado verticalmente até uma altura máxima de 2,0 m em relação à posição de repouso do sistema, como mostra a figura.

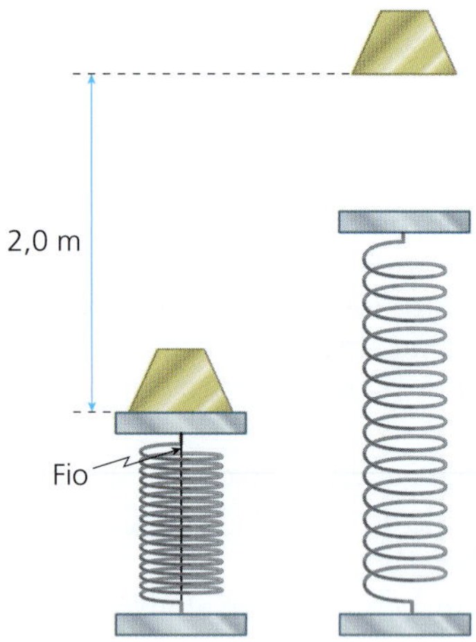

Considerando 10,0 m/s^2 o módulo da aceleração da gravidade local, 2,5 N/cm a constante elástica da mola e que o ar não exerça ação considerável sobre o bloco, determine:

a) a energia potencial elástica armazenada na mola inicialmente;

b) a compressão inicial da mola, em cm;

c) a intensidade da força que a mola estava exercendo sobre o bloco na posição inicial do sistema;

d) a intensidade da força de tração no fio antes de ele ser cortado.

Revisando o conteúdo

Ficha-resumo 1

Energia cinética (E_c):

$$E_c = \frac{mv^2}{2}$$

Energia potencial gravitacional (E_p):

$$E_p = mgh$$

Energia potencial elástica ($E_{elást}$):

$$E_{elást} = \frac{kx^2}{2}$$

1. (UFF-RJ) O salto com vara é, sem dúvida, uma das disciplinas mais exigentes do atletismo. Em um único salto, o atleta executa cerca de 23 movimentos em menos de 2 segundos. Na Olimpíada de Atenas, em 2004, a atleta russa Svetlana Feofanova saltou 4,88 m. A figura a seguir representa um atleta durante um salto com vara, em três instantes distintos.

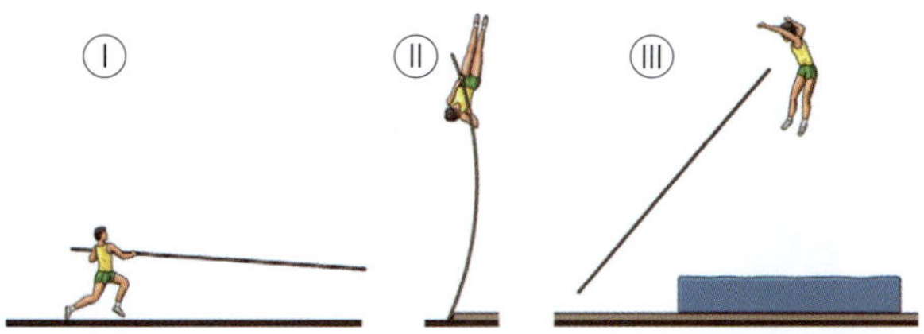

Indique a opção que mais bem identifica os tipos de energia envolvidos em cada um dos quadros I, II e III, respectivamente.

a) cinética – cinética e gravitacional – cinética e gravitacional
b) cinética e elástica – cinética, gravitacional e elástica – cinética e gravitacional
c) cinética – cinética, gravitacional e elástica – cinética e gravitacional
d) cinética e elástica – cinética e elástica – gravitacional
e) cinética e elástica – cinética e gravitacional – gravitacional

2. Tomando o solo como referência para as energias potenciais gravitacionais e para as energias cinéticas dos corpos *A*, *B*, *C* e *D* de massas iguais, coloque em ordem **crescente**:

Observação: As setas indicam velocidades.

a) as energias potenciais gravitacionais;
b) as energias cinéticas.

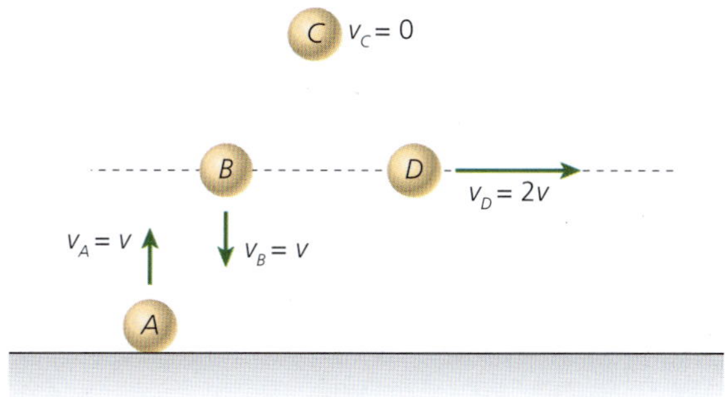

3. Dois corpos de massas m_1 e m_2 têm velocidades escalares v_1 e v_2, respectivamente, tais que $m_1v_1 = m_2v_2$ e $v_1 > v_2$.

a) O que se pode afirmar sobre os valores de m_1 e m_2?
b) O que se pode afirmar sobre as energias cinéticas, $E_{c(1)}$ e $E_{c(2)}$ dos corpos?

4. Dois corpos, 1 e 2, têm energias cinéticas iguais, isto é, $E_{c(1)} = E_{c(2)}$. Sendo conhecidas suas massas m_1 e m_2, a razão $\frac{v_1}{v_2}$ entre suas respectivas velocidades escalares vale:

a) $\frac{v_1}{v_2} = \sqrt{\frac{m_1}{m_2}}$
b) $\frac{v_1}{v_2} = \frac{m_1}{m_2}$
c) $\frac{v_1}{v_2} = \sqrt{\frac{m_2}{m_1}}$
d) $\frac{v_1}{v_2} = \frac{m_2}{m_1}$
e) 1

5. As massas e as velocidades escalares de dois corpos 1 e 2 estão na seguinte proporção: $\frac{m_1}{m_2} = \frac{v_1}{v_2} = k$. Portanto, a razão $\frac{E_{c(1)}}{E_{c(2)}}$ entre suas energias cinéticas é igual a:

a) $\frac{1}{2}k$
b) k
c) $2k$
d) k^2
e) k^3

Ficha-resumo 2

Sistemas conservativos: $E_{mec(inicial)} = E_{mec(final)} \Rightarrow$

$$\Rightarrow E_{c(inicial)} + E_{p(inicial)} = E_{c(final)} + E_{p(final)}$$

6. (UFPB) Três corpos idênticos — 1, 2 e 3 — são abandonados de uma altura h, com velocidade inicial nula, e chegam ao solo com velocidades v_1, v_2 e v_3, respectivamente. O corpo 1 sofre uma queda livre, enquanto os corpos 2 e 3 deslizam sobre superfícies planas, inclinadas e sem atrito, conforme a figura a seguir.

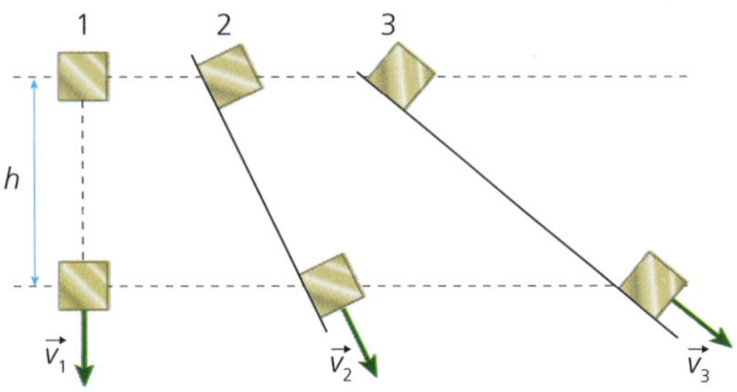

Considerando a situação descrita, é correto afirmar:

a) $v_1 > v_2 > v_3$
b) $v_1 > v_2 = v_3$
c) $v_1 = v_2 = v_3$
d) $v_1 = v_2 > v_3$
e) $v_1 < v_2 < v_3$

7. (Vunesp) Um bloco de massa m desliza sem atrito sobre a superfície indicada na figura.

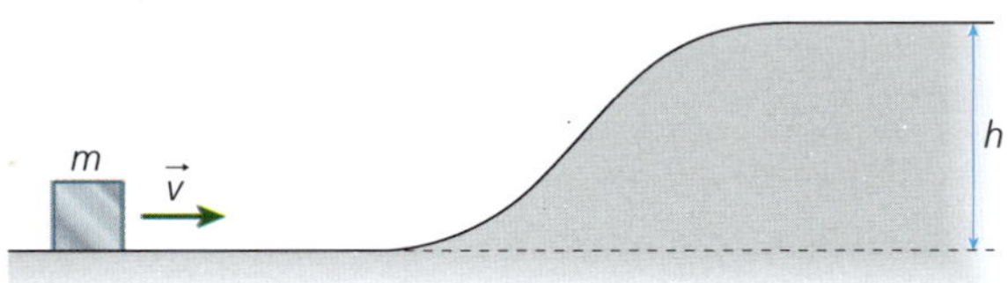

Se g é a aceleração da gravidade, a velocidade mínima v que o bloco deve ter para alcançar a altura h é:

a) $2\sqrt{gh}$
b) $\sqrt{2gh}$
c) $\frac{\sqrt{gh}}{2}$
d) $\sqrt{\frac{gh}{2}}$
e) $2\sqrt{2gh}$

8. (Puccamp-SP) Na borda de uma tigela hemisférica de raio R é abandonado um pequeno bloco de gelo.

Desprezando o atrito e considerando g a aceleração local da gravidade, a velocidade máxima do pedaço de gelo é:

a) $\sqrt{2gR}$ b) $\sqrt{gR}$ c) $\sqrt{2}\,gR$ d) $2gR$ e) $4gR$

9. (Fuvest-SP) No salto com vara, um atleta corre segurando uma vara e, com perícia e treino, consegue projetar seu corpo por cima de uma barra.

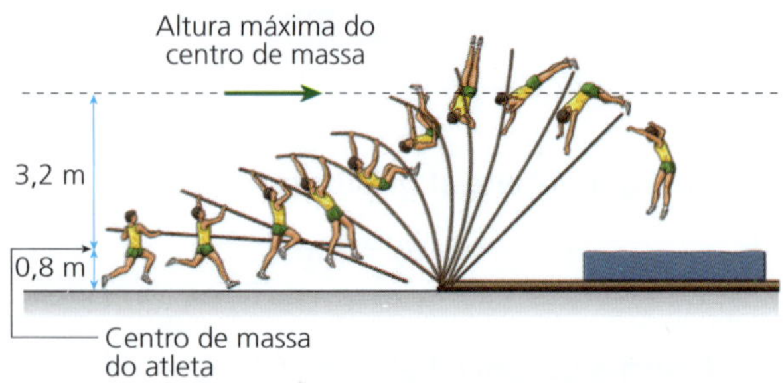

Para uma estimativa da altura alcançada nesses saltos, é possível considerar que a vara sirva apenas para converter o movimento horizontal do atleta (corrida) em movimento vertical, sem perdas ou acréscimos de energia. Na análise de um desses saltos, foi obtida a sequência de imagens reproduzida anteriormente. (Adote $g = 10$ m/s^2 e desconsidere os efeitos do trabalho muscular após o início do salto.)

Nesse caso, é possível estimar que a velocidade máxima atingida pelo atleta, antes do salto, foi de, aproximadamente:

a) 4 m/s
b) 6 m/s
c) 7 m/s
d) 8 m/s
e) 9 m/s

10. (ITA-SP) A figura a seguir ilustra um carrinho de massa m percorrendo um trecho de uma montanha-russa.

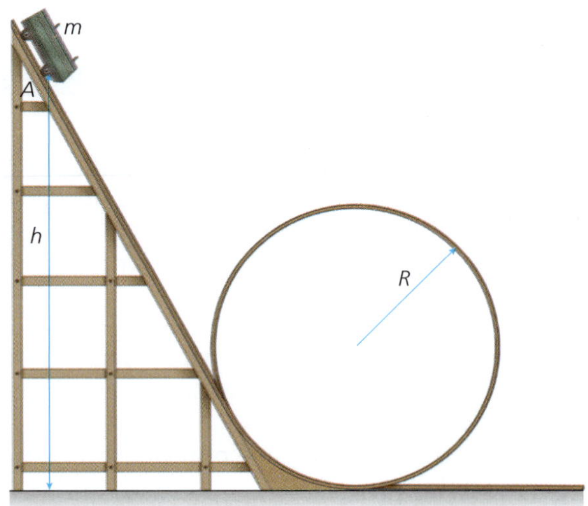

Desprezando-se todos os atritos que agem sobre ele e supondo que o carrinho seja abandonado em A, o menor valor de h para que o carrinho efetue a trajetória completa é:

a) $\frac{3R}{2}$ b) $\frac{5R}{2}$ c) $2R$ d) $\sqrt{\frac{5R}{2}}$ e) $3R$

11. (UEL-PR) Impulsiona-se um carrinho, como indicado na figura a seguir, fazendo-o subir por um trilho circular de raio R, em um plano vertical.

Desprezando os atritos e sendo g a aceleração da gravidade, a menor velocidade v_0 com que se deve impulsionar o carrinho para que ele percorra totalmente o trilho circular é:

a) $\sqrt{gR}$ b) $\sqrt{2gR}$ c) $\sqrt{3gR}$ d) $\sqrt{4gR}$ e) $\sqrt{5gR}$

12. (UFMG) A figura a seguir mostra um bloco encostado em uma mola comprimida no momento em que é abandonado a partir do repouso.

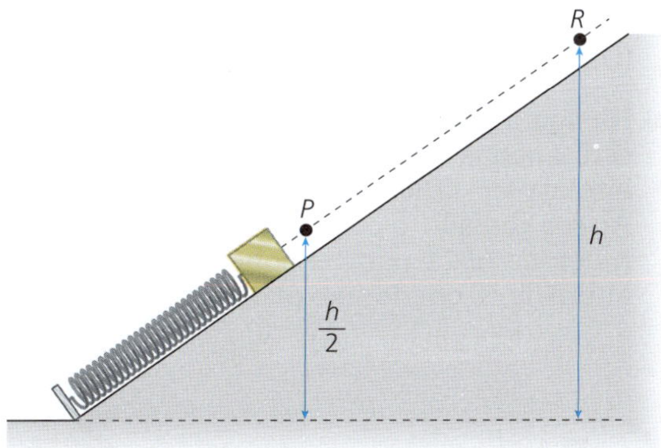

Quando passa pelo ponto P, o bloco se desprende da mola e sobe a rampa, considerada sem atrito, atingindo o repouso no ponto R. Considere a energia potencial nula na linha tracejada horizontal mostrada na figura. No ponto R, a energia mecânica do bloco vale 30 J. Os valores da energia potencial gravitacional e da energia cinética do bloco, no ponto P, são respectivamente:

a) 10 J e 10 J.
b) 10 J e 20 J.
c) 15 J e 15 J.
d) 20 J e 10 J.
e) 20 J e 20 J.

13. (UFPE) Um objeto de massa $M = 0,5$ kg, apoiado sobre uma superfície horizontal sem atrito, está preso a uma mola cuja constante de força elástica é $k = 50$ N/m.

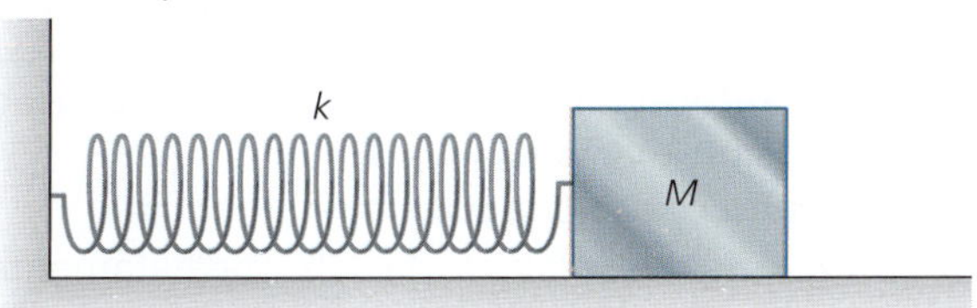

O objeto é puxado por 10 cm e então solto, passando a oscilar em relação à posição de equilíbrio. Qual a velocidade máxima do objeto, em m/s?

a) 0,5 b) 1,0 c) 2,0 d) 5,0 e) 7,0

14. (Fatec-SP) Um objeto de massa 400 g desce, a partir do repouso no ponto A, por uma rampa em forma de um quadrante de circunferência de raio $R = 1,0$ m. Na base B, choca-se com uma mola de constante elástica $k = 200$ N/m.

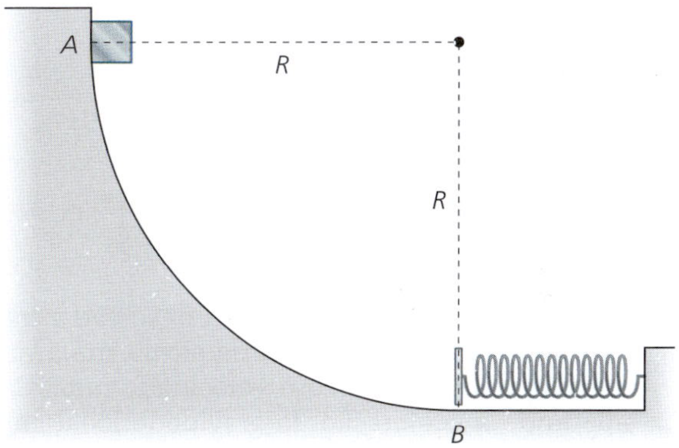

Desprezando-se a ação de forças dissipativas em todo o movimento e adotando-se $g = 10$ m/s^2, a máxima deformação da mola é de:

a) 40 cm
b) 20 cm
c) 10 cm
d) 4,0 cm
e) 2,0 cm

15. Um bloco de massa $m = 500$ g cai livremente, a partir do repouso, de uma altura $h = 1,0$ m sobre uma plataforma horizontal de massa desprezível, suspensa por duas molas elásticas, alongando ambas 0,50 m.

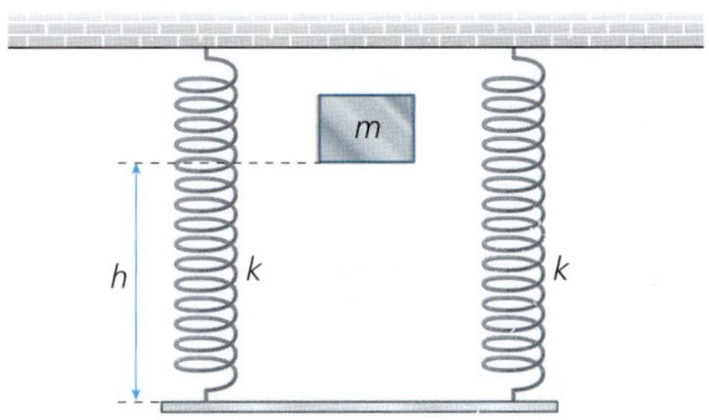

Considerando o módulo da aceleração da gravidade local $g = 10$ m/s^2 e que após a colisão o bloco se fixa à plataforma, determine:

a) o valor da constante elástica k de cada mola, em N/m;

b) a intensidade da força que cada mola está exercendo sobre a plataforma, na posição de distensão máxima;

c) o módulo da aceleração do bloco, na posição de máxima distensão.

Ficha-resumo 3

Trabalho realizado em sistemas não conservativos:

$$\tau_{fnc} = \Delta E_{mec}$$

16. (PUC-SP) O automóvel da figura tem massa de $1{,}2 \cdot 10^3$ kg e, no ponto A, desenvolve uma velocidade de 10 m/s.

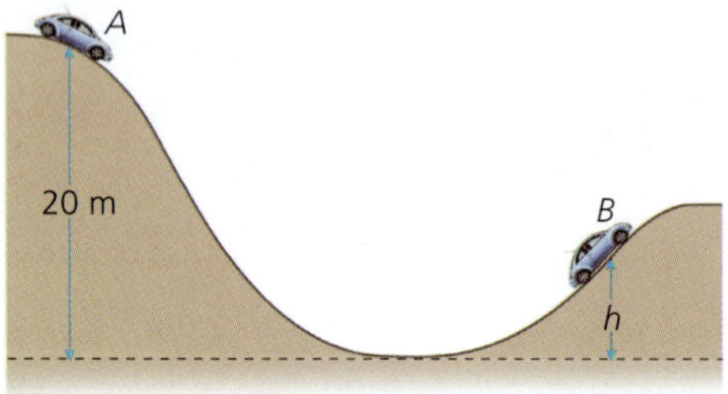

Estando com o motor desligado, descreve a trajetória mostrada, atingindo uma altura máxima h, chegando ao ponto B com velocidade nula. Considerando a aceleração da gravidade local como $g = 10$ m/s^2 e sabendo-se que, no trajeto AB, as forças não conservativas realizam um trabalho de módulo $1{,}56 \cdot 10^5$ J, concluímos que a altura h é de:

a) 12 m b) 14 m c) 16 m d) 18 m e) 20m

17. (Fuvest-SP) Um pequeno corpo de massa m é abandonado em A com velocidade nula e escorrega ao longo do plano inclinado, percorrendo a distância $d = \overline{AB}$. Ao chegar a B, verifica-se que sua velocidade é igual a $\sqrt{gh}$.

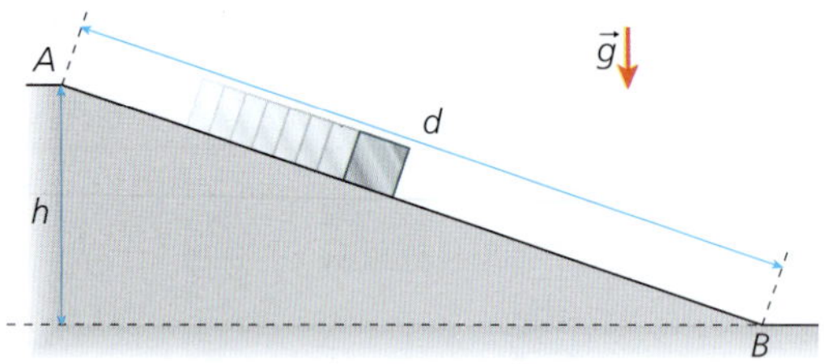

Pode-se então deduzir que o valor da força de atrito que agiu sobre o corpo, supondo-a constante, é:

a) zero
b) mgh
c) $\frac{mgh}{2}$
d) $\frac{mgh}{2d}$
e) $\frac{mgh}{4d}$

18. Retomando o exercício anterior, podemos afirmar que a energia mecânica dissipada no deslocamento do corpo foi:

a) $\sqrt{mgh}$
b) $\frac{1}{2}m\sqrt{gh}$
c) $\frac{1}{2}mgh$
d) mgh
e) $2mgh$

19. (Fuvest-SP) Um corpo de massa m é solto no ponto A de uma superfície e desliza, sem atrito, até atingir o ponto B. A partir deste ponto o corpo desloca-se numa superfície horizontal com atrito, até parar no ponto C, a 5 m de B.

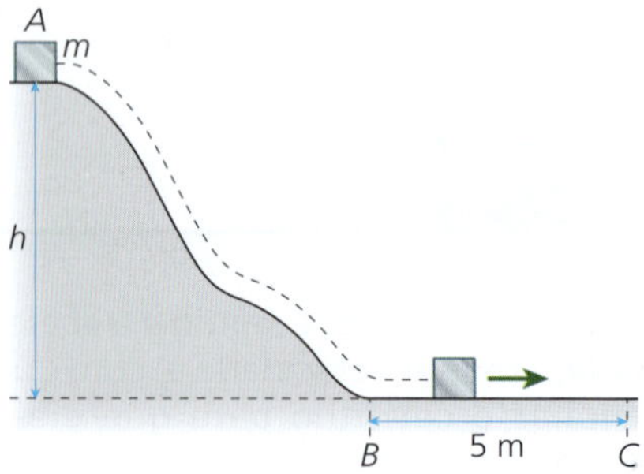

Sendo m medido em quilograma e h em metro, o valor da força de atrito F, suposta constante enquanto o corpo se movimenta, vale em newton:

a) $F = \frac{1}{2}mh$
b) $F = mh$
c) $F = 2mh$
d) $F = 5mh$
e) $F = 10mh$

(Dado: $g = 10$ m/s^2)

20. Na figura abaixo, o carrinho de massa $m = 200$ g está apenas encostado na mola de constante elástica $k = 0{,}50$ N/cm, comprimindo-a 20 cm. Ao ser liberado, o carrinho move-se ao longo da trajetória ABC e para no ponto C, que está a uma altura de 40 cm do solo plano e horizontal.

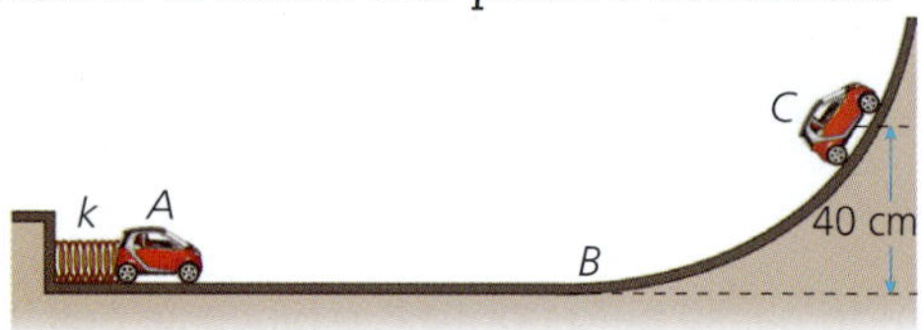

Assim, podemos afirmar que a aceleração escalar inicial do carrinho, imediatamente após ser liberado, vale:

a) 10 m/s^2
b) 20 m/s^2
c) 30 m/s^2
d) 40 m/s^2
e) 50 m/s^2

21. Para o sistema do exercício anterior, a energia mecânica dissipada no deslocamento do carrinho entre A e C foi igual a:

a) 0,2 J
b) 0,4 J
c) 0,8 J
d) 1,2 J
e) 1,8 J

22. Uma bola cai livremente do repouso de uma altura inicial $H = 20$ m e, cada vez que colide contra o solo plano e horizontal, alcança uma altura 20% menor que a altura de partida na queda anterior. Assim, após a segunda colisão da bola contra o solo, determine:

a) a altura h_2 atingida por ela;

b) a velocidade escalar v_2 da bola imediatamente após essa colisão.

Capítulo 13

Impulso e quantidade de movimento

JAMES RUSSELL SPORT/ALAMY/OTHER IMAGES

Objetivos do capítulo:

- Conceituar impulso de uma força e quantidade de movimento de um corpo.
- Relacionar as grandezas impulso e quantidade de movimento.
- Conceituar forças internas e forças externas a um sistema de partículas.
- Aplicar o princípio da conservação da quantidade de movimento a diversas situações.
- Definir coeficiente de restituição e analisar os diferentes tipos de choques.

As discussões sobre as leis que regem o Universo remontam aos filósofos da Grécia antiga. Já na Idade Moderna, Isaac Newton (1643-1727) e René Descartes (1596-1650) verificaram que, durante a colisão de dois corpos, uma grandeza se conservava. Apesar de definidas de maneiras diferentes, essa grandeza é o que chamamos de **quantidade de movimento**.

O princípio da conservação da quantidade de movimento, assim como o da conservação da energia, estudado no capítulo anterior, são alguns dos conceitos fundamentais que explicam o funcionamento do nosso mundo. Mas em que condições a quantidade de movimento de um corpo se conserva?

Na foto desta página, na colisão com a raquete, a quantidade de movimento da bola de tênis varia em virtude do **impulso** que ela recebe. Como essas grandezas estão relacionadas?

Gráficos
Conteúdo multimídia

1 Introdução

No estudo do movimento de um corpo são importantes duas grandezas: uma caracteriza-se pela força aplicada ao corpo e pelo intervalo de tempo durante o qual ela atua; a outra caracteriza-se pela massa do corpo e por sua velocidade. Essas duas grandezas vetoriais são importantes, por exemplo, na análise da colisão entre corpos **(fig. 1)** e são denominadas, respectivamente, **impulso de uma força** e **quantidade de movimento de um corpo**.

PASCAL ROSSIGNOL/REUTERS/LATINSTOCK
FRANCK FIFE/AFP/GETTY IMAGES

Figura 1.

No capítulo 12, estudamos o princípio da conservação da energia. Neste capítulo, estudaremos outro princípio de conservação, o princípio da conservação da quantidade de movimento em sistemas de corpos isolados de forças externas.

2 Impulso de uma força constante

Uma força constante $\vec{F}$ é aplicada num corpo durante um intervalo de tempo Δt.

O impulso $\vec{I}$ da força constante $\vec{F}$ que age no corpo, no intervalo de tempo Δt, é uma grandeza vetorial definida por:

$$\vec{I} = \vec{F} \cdot \Delta t$$

Observe que o impulso $\vec{I}$ tem a direção e o sentido da força $\vec{F}$ **(fig. 2)**.

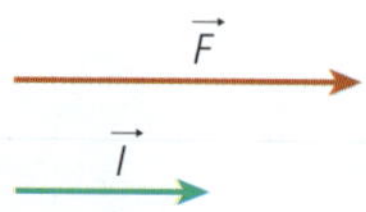

Figura 2. O impulso $\vec{I}$ e a força $\vec{F}$ têm a mesma direção e o mesmo sentido.

A intensidade do impulso é dada pelo produto entre a intensidade da força e o intervalo de tempo correspondente, isto é, $I = F\Delta t$. No Sistema Internacional de Unidades (SI), a unidade da intensidade do impulso é newton · segundo (N · s).

O gráfico da intensidade da força (F) em função do tempo (t) está representado na **figura 3**. A área do retângulo, que tem por base o intervalo de tempo Δt, é numericamente igual à intensidade do impulso.

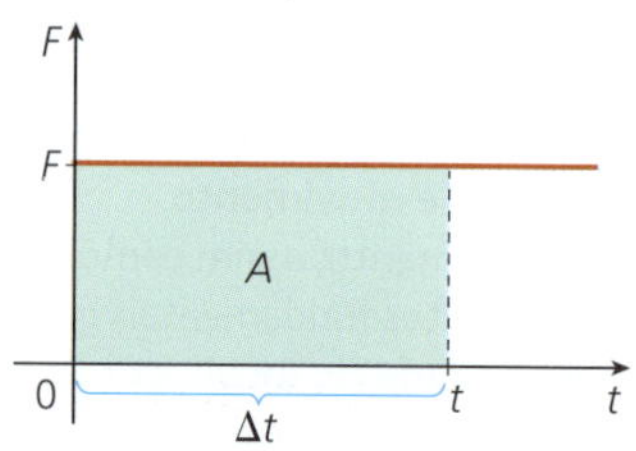

A = altura × base
$A \overset{N}{=} F \cdot \Delta t$
Portanto:
$$I \overset{N}{=} A$$

Figura 3. Gráfico da intensidade da força em função do tempo.

Se a força que age no corpo tem intensidade variável e direção constante, a intensidade do impulso **não pode ser** calculada pela expressão $I = F\Delta t$. Ela deve ser calculada por meio da área no diagrama $F \times t$ **(fig. 4)**. Assim, para uma força variável, temos: $I \overset{N}{=} A$.

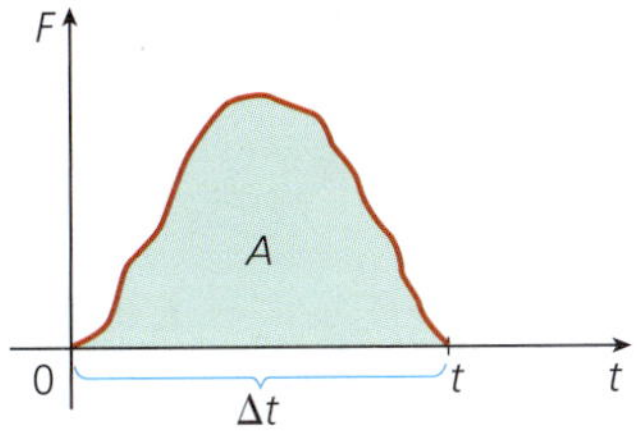

Figura 4. $\vec{F}$ de intensidade variável e direção constante $I \overset{N}{=} A$.

A força constante que produz num corpo o mesmo impulso que uma força variável, em relação ao tempo, é chamada de **força média** ($\vec{F}_m$) **(fig. 5)**.

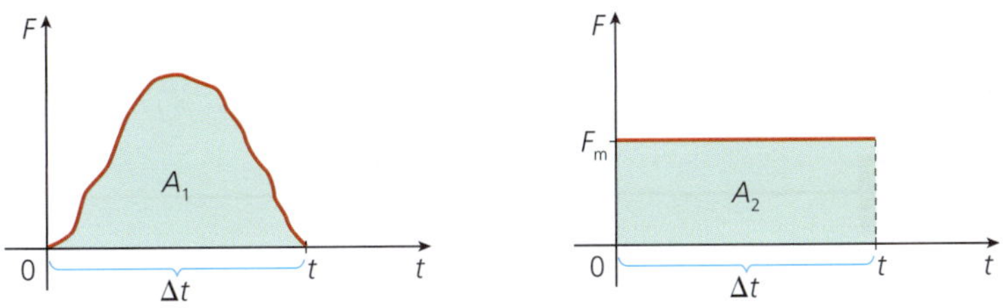

Figura 5. $A_2 = A_1$

Aplicando a teoria

1. Uma caixa de peso P = 30 N sobe verticalmente por ação de uma força vertical de intensidade F = 40 N, conforme indica a figura. Determinar as características dos impulsos da força $\vec{F}$ e do peso $\vec{P}$ durante os 10 primeiros segundos do movimento.

➤ Solução

O impulso da força $\vec{F}$ tem direção vertical, sentido para cima e intensidade $I = F\Delta t \Rightarrow I = 40 \cdot 10 \Rightarrow I = 400\ N \cdot s$.

Já o impulso do peso $\vec{P}$ tem direção vertical, sentido para baixo e intensidade $I = P\Delta t \Rightarrow I = 30 \cdot 10 \Rightarrow I = 300\ N \cdot s$.

Observe que o impulso da força resultante $\left(\vec{I}_{F_R}\right)$ que age na caixa tem direção vertical, sentido para cima e intensidade $\left(I_{F_R}\right) = 100\ N \cdot s$.

2. **Uma caixa está em repouso sobre uma superfície horizontal e perfeitamente lisa. Aplica-se à caixa uma força horizontal $\vec{F}$, cuja intensidade varia com o tempo, conforme indica o gráfico.**

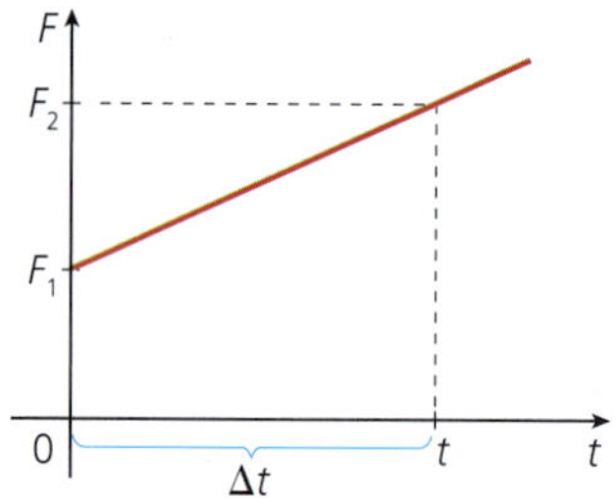

Determinar:

a) a intensidade do impulso da força $\vec{F}$ durante o intervalo de tempo Δt;

b) a intensidade da força média que age na caixa nesse intervalo de tempo. (Dados: F_1, F_2 e Δt.)

➤ Solução

a) A intensidade do impulso é numericamente igual à área do trapézio de bases F_1 e F_2 e altura Δt:

$$I \stackrel{N}{=} A_{\text{trapézio}} \Rightarrow \boxed{I = \frac{F_1 + F_2}{2} \cdot \Delta t}$$

b) $I = F_m \Delta t = \dfrac{F_1 + F_2}{2} \cdot \Delta t \Rightarrow \boxed{F_m = \dfrac{F_1 + F_2}{2}}$

Note que, se a intensidade da força variar linearmente com o tempo, a intensidade da força média será a média aritmética das intensidades das forças nos instantes inicial e final, do intervalo de tempo considerado.

Avaliando o aprendizado

1. Uma bola de peso 5 N cai de uma certa altura e atinge o solo após 2 s. Dê as características do impulso do peso da bola durante sua queda.

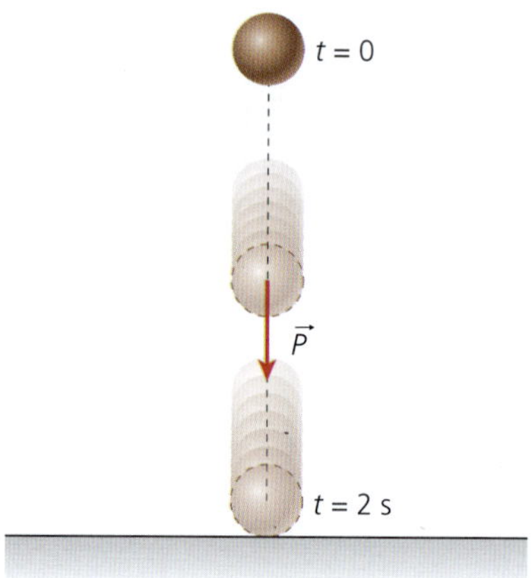

2. Retome o exercício anterior. O gráfico abaixo representa a intensidade F da força normal que o solo aplica na bola durante a colisão, cuja duração é de 0,1 s.

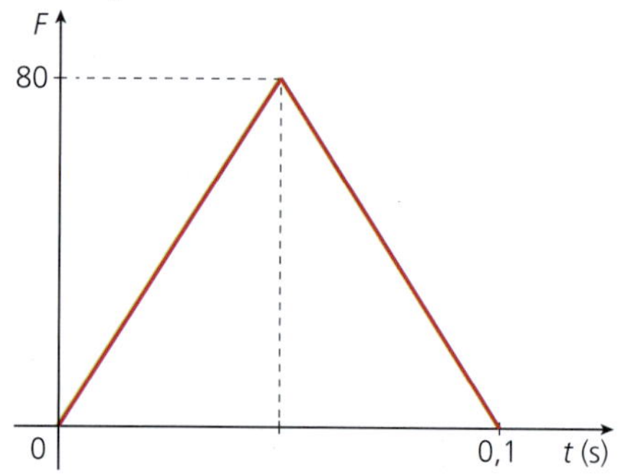

Determine, para esse intervalo de tempo:

a) a intensidade do impulso da força normal;

b) a intensidade da força normal média.

3 Quantidade de movimento

Considere um corpo de massa *m* que num certo instante tem velocidade $\vec{v}$. A quantidade de movimento do corpo, nesse instante, é a grandeza vetorial $\vec{Q}$, dada por:

$$\boxed{\vec{Q} = m \cdot \vec{v}}$$

Observe que a quantidade de movimento tem a mesma direção e o mesmo sentido da velocidade $\vec{v}$ (**fig. 6**).

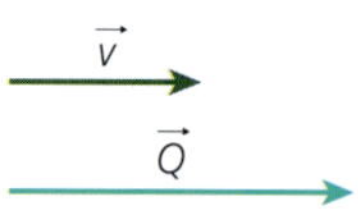

Figura 6. A quantidade de movimento $\vec{Q}$ e a velocidade $\vec{v}$ têm a mesma direção e o mesmo sentido.

O módulo da quantidade de movimento é dado pelo produto entre a massa e o módulo da velocidade do corpo, isto é, $Q = mv$. No SI, a unidade do módulo da quantidade de movimento é quilograma · metro por segundo (kg · m/s).

A quantidade de movimento é também chamada **momento linear**.

Aplicando a teoria

3. **Uma partícula de massa $m = 0{,}3$ kg realiza um movimento circular e uniforme, em um plano vertical, com velocidade de módulo $v = 5$ m/s.**

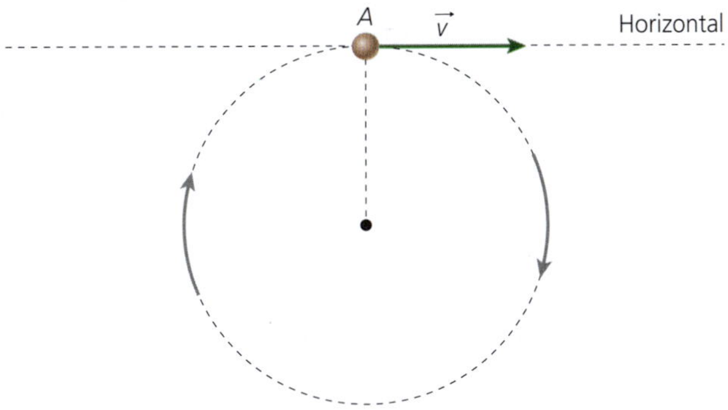

Determinar as características da quantidade de movimento da partícula ao passar pelo ponto *A*.

➤ Solução

A quantidade de movimento tem a mesma direção e o mesmo sentido da velocidade. Assim, ao passar pelo ponto A, a quantidade de movimento da partícula tem direção horizontal e sentido da esquerda para a direita. Seu módulo é dado por:

$$Q_A = mv = 0{,}3\ \text{kg} \cdot 5\ \text{m/s} \Rightarrow \boxed{Q_A = 1{,}5\ \text{kg} \cdot \text{m/s}}$$

4. **O espaço de uma partícula varia com o tempo segundo a função $s = 2 + 3t + 2t^2$ (SI). Sendo $m = 0{,}2$ kg a massa da partícula, determinar o módulo de sua quantidade de movimento nos instantes $t = 0$ e $t = 2$ s.**

➤ Solução

A função horária é uma função de 2º grau em t. Trata-se, portanto, de um movimento uniformemente variado. Comparando $s = 2 + 3t + 2t^2$ (SI) com $s = s_0 + v_0 t + \frac{1}{2}\alpha t^2$, temos: $v_0 = 3$ m/s e $\alpha = 4$ m/s^2.

No instante $t = 0$, temos:

$$Q_0 = mv_0 = 0{,}2\ \text{kg} \cdot 3\ \text{m/s} \Rightarrow \boxed{Q_0 = 0{,}6\ \text{kg} \cdot \text{m/s}}$$

No instante $t = 2$ s, temos:

$$v = v_0 + \alpha t \Rightarrow v = 3 + 4 \cdot 2 \Rightarrow v = 11\ \text{m/s}$$

$$Q = mv = 0{,}2\ \text{kg} \cdot 11\ \text{m/s} \Rightarrow \boxed{Q = 2{,}2\ \text{kg} \cdot \text{m/s}}$$

Avaliando o aprendizado

3. Uma partícula de massa $m = 0{,}2$ kg, partindo do repouso, realiza um movimento retilíneo uniformemente variado com aceleração escalar de 2 m/s^2. Qual é o módulo da quantidade de movimento da partícula no instante 2 s?

4. O módulo da quantidade de movimento de uma partícula, que realiza um movimento retilíneo e uniforme, é igual a 2 kg · m/s. Sendo 0,1 kg a massa da partícula, qual é sua energia cinética?

4 Teorema do impulso

Considere uma caixa de massa m deslocando-se em MRU, sobre uma superfície horizontal e perfeitamente lisa, com velocidade $\vec{v}_0$. Aplicando-se à caixa uma força horizontal $\vec{F}$, ela adquire, após um intervalo de tempo Δt, uma velocidade $\vec{v}$ **(fig. 7)**. Vamos considerar a força $\vec{F}$ constante. Como o peso $\vec{P}$ da caixa e a força normal $\vec{N}$ têm sentidos opostos e mesma intensidade, a força resultante que age na caixa é $\vec{F}$.

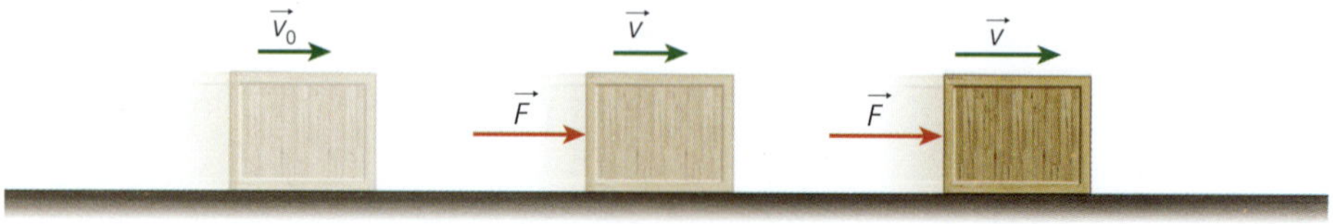

Figura 7. Movimento de uma caixa sob a ação de uma força $\vec{F}$.

Pelo princípio fundamental da dinâmica, temos: $\vec{F} = m \cdot \vec{a}$.

Sendo $\vec{a} = \dfrac{\Delta \vec{v}}{\Delta t} = \dfrac{\vec{v} - \vec{v}_0}{\Delta t}$, obtemos:

$$\vec{F} = m \cdot \frac{\vec{v} - \vec{v}_0}{\Delta t} \Rightarrow \vec{F} \cdot \Delta t = m \cdot \vec{v} - m \cdot \vec{v}_0$$

Como $\vec{F}_R \cdot \Delta t = \vec{I}_{F_R}$ é o impulso da resultante, $m \cdot \vec{v} = \vec{Q}$ é a quantidade de movimento final e $m \cdot \vec{v}_0 = \vec{Q}_0$ é a quantidade de movimento inicial, temos:

$$\vec{I}_{F_R} = \vec{Q} - \vec{Q}_0$$

13.1 Biblioteca do estudante

- O impulso da força resultante num intervalo de tempo é igual à variação da quantidade de movimento no mesmo intervalo de tempo.

Este é o **teorema do impulso**.

Embora tenhamos demonstrado o teorema do impulso no caso de uma força resultante constante, numa trajetória retilínea, ele tem validade geral, qualquer que seja o tipo de movimento.

Pelo teorema do impulso concluímos que a unidade do módulo do impulso é a mesma do módulo da quantidade de movimento.

Assim, no SI, N · s equivale a kg · m/s.

Aplicando a teoria

5. Um carrinho de massa $m = 0{,}3$ kg desloca-se sobre uma superfície horizontal com velocidade $v_0 = 5$ m/s. Desprezando todas as forças de resistência ao movimento, em certo instante, uma força horizontal $\vec{F}$ de intensidade 3 N e de sentido oposto ao da velocidade $\vec{v}_0$ é aplicada ao carrinho. Determinar o intervalo de tempo decorrido desde o instante de aplicação da força $\vec{F}$ até o instante em que o carrinho para.

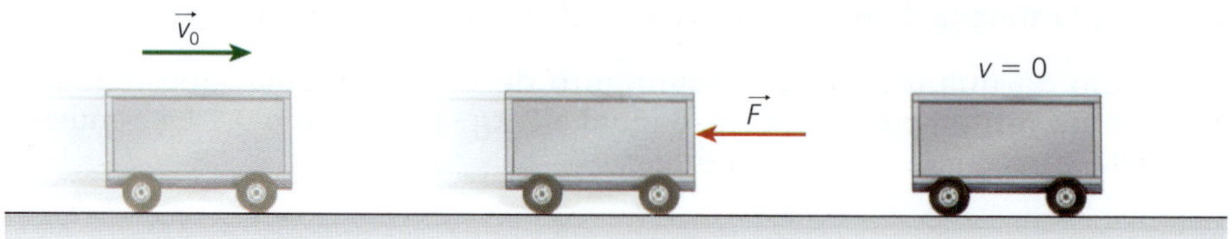

➤ Solução

Vamos aplicar o teorema do impulso:

$$\vec{I}_{F_R} = \vec{Q} - \vec{Q}_0 \Rightarrow \vec{I}_{F_R} = m \cdot \vec{v} - m \cdot \vec{v}_0$$

Como todos os vetores possuem mesma direção, vamos aplicar o teorema do impulso na forma escalar, projetando os vetores num eixo, como o eixo x da figura:

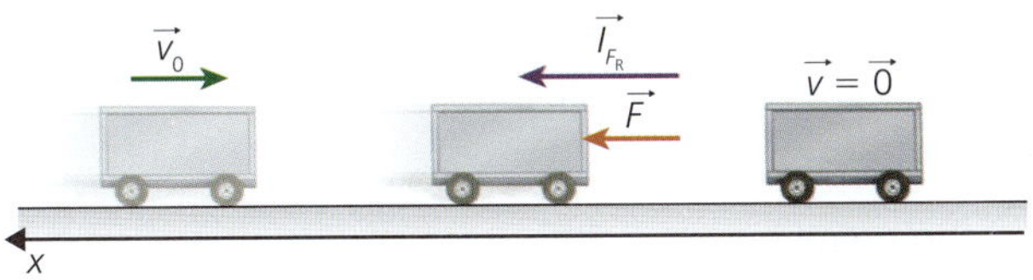

A projeção de $\vec{I}_{F_R}$ é $I_{F_R} = F_R \cdot \Delta t$, observando que $\vec{v}_0$ está orientado no sentido negativo do eixo x, $\vec{v} = \vec{0}$ e $F_R = F$, temos:

$$F\Delta t = 0 - m \cdot (-v_0) \Rightarrow F\Delta t = mv_0 \Rightarrow$$

$$\Rightarrow 3 \cdot \Delta t = 0{,}3 \cdot 5 \Rightarrow \boxed{\Delta t = 0{,}5 \text{ s}}$$

6. Um bloco de massa m desloca-se sobre uma superfície horizontal, perfeitamente lisa, com velocidade de módulo v. Em certo instante, é aplicada ao bloco uma força horizontal constante $\vec{F}$, de sentido oposto ao do movimento. Decorrido o intervalo de tempo Δt, nota-se que a velocidade do bloco tem o mesmo módulo v, mas sentido oposto ao da velocidade inicial.

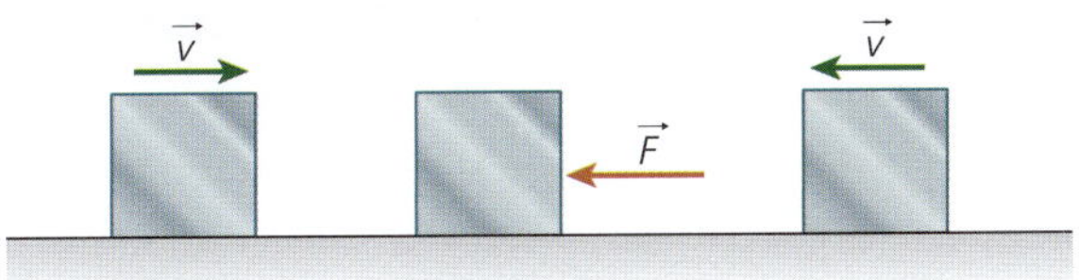

Pode-se afirmar que a intensidade F da força aplicada ao bloco é igual a:

a) $2mv$

b) mv

c) $\dfrac{2mv}{\Delta t}$

d) $\dfrac{mv}{\Delta t}$

e) $2mv\Delta t$

➤ Solução

Vamos aplicar o teorema do impulso:

$$\vec{I}_{F_R} = \vec{Q} - \vec{Q}_0 \Rightarrow \vec{I}_{F_R} = m \cdot \vec{v} - m \cdot \vec{v}_0$$

Em relação ao eixo x da figura, temos:

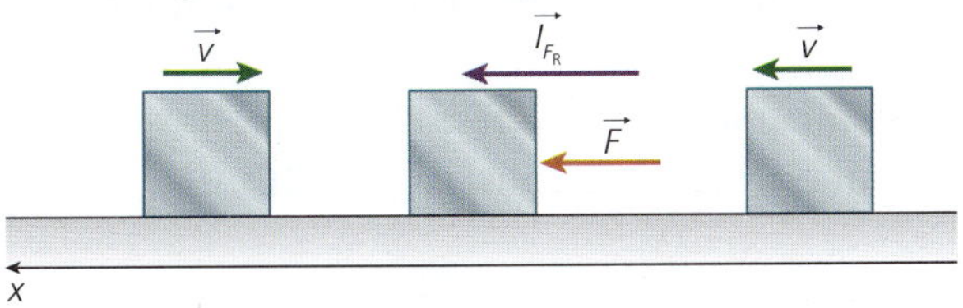

$$I_{F_R} = mv - m \cdot (-v) \Rightarrow I_{F_R} = m \cdot (v + v) \Rightarrow$$

$$\Rightarrow I_{F_R} = 2mv \Rightarrow F\Delta t = 2mv \Rightarrow \boxed{F = \frac{2mv}{\Delta t}}$$

Resposta: c

7. Uma bola de futebol, de massa m = 0,4 kg, cai verticalmente e atinge a cabeça de um jogador com velocidade v_0 = 15 m/s. Ao ser cabeceada, essa bola é lançada horizontalmente com velocidade v = 20 m/s.

CHEN HAITONG/XINHUA PRESS/CORBIS/LATINSTOCK

a) Representar graficamente o vetor quantidade de movimento da bola imediatamente antes de ela atingir a cabeça do jogador e imediatamente após ela ter sido cabeceada. Representar graficamente o vetor impulso da força resultante que o jogador aplica na bola.

b) Calcular os módulos dos vetores representados no item anterior.

➤ Solução

a) A quantidade de movimento da bola imediatamente antes de atingir a cabeça do jogador ($\vec{Q}_0$) tem direção vertical e sentido de cima para baixo. A quantidade de movimento da bola imediatamente após ter sido cabeceada ($\vec{Q}$) tem direção horizontal e sentido, por exemplo, para a direita. O impulso da força resultante é dado pela diferença entre os vetores quantidade de movimento ($\vec{Q} - \vec{Q}_0$) de acordo com o teorema do impulso. Assim, temos:

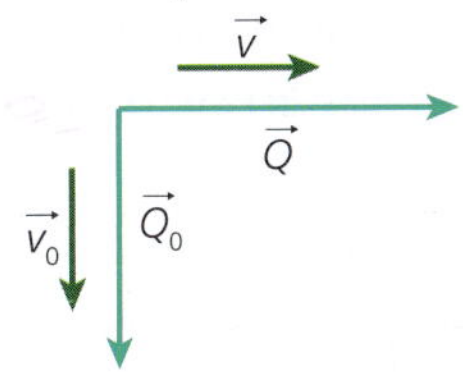

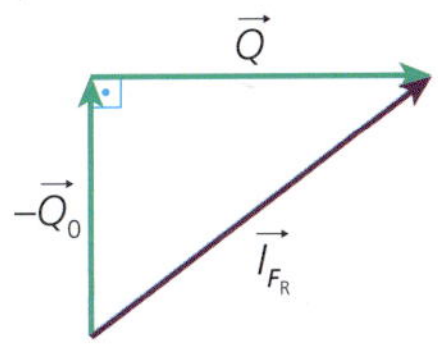

b) $Q_0 = mv_0 \Rightarrow Q_0 = 0{,}4 \cdot 15 \Rightarrow \boxed{Q_0 = 6 \text{ kg} \cdot \text{m/s}}$

$Q = mv \Rightarrow Q = 0{,}4 \cdot 20 \Rightarrow \boxed{Q = 8 \text{ kg} \cdot \text{m/s}}$

Pelo teorema de Pitágoras, temos:

$I_{F_R}^2 = Q^2 + Q_0^2 \Rightarrow I_{F_R}^2 = 8^2 + 6^2 \Rightarrow \boxed{I_{F_R} = 10 \text{ N} \cdot \text{s}}$

Avaliando o aprendizado

5. Um carrinho de massa $m = 1{,}5$ kg está em repouso ($v_0 = 0$) sobre uma superfície horizontal perfeitamente lisa. No instante t = 0, uma força horizontal $\vec{F}$, de intensidade 0,75 N, é aplicada ao carrinho.

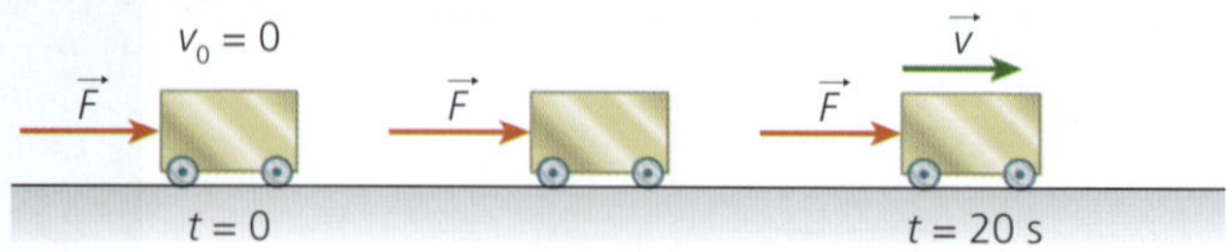

a) Determine o impulso da força $\vec{F}$ no intervalo de t = 0 a t = 20 s.

b) Calcule a velocidade v do carrinho no instante t = 20 s.

6. Uma pequena bola de borracha de massa $m = 0{,}2$ kg é lançada com velocidade de módulo $v_0 = 6$ m/s perpendicularmente a uma parede e retorna na mesma direção com velocidade de módulo $v = 4$ m/s. Sendo $\Delta t = 5 \cdot 10^{-2}$ s a duração da colisão, determine a intensidade da força média que a parede exerce na bola.

7. Uma bola de bilhar de massa $m = 0{,}5$ kg é lançada, de encontro à tabela da mesa, com velocidade $v = 5$ m/s. Após sofrer reflexão, a bola volta com velocidade de mesmo módulo v. Despreze os atritos.

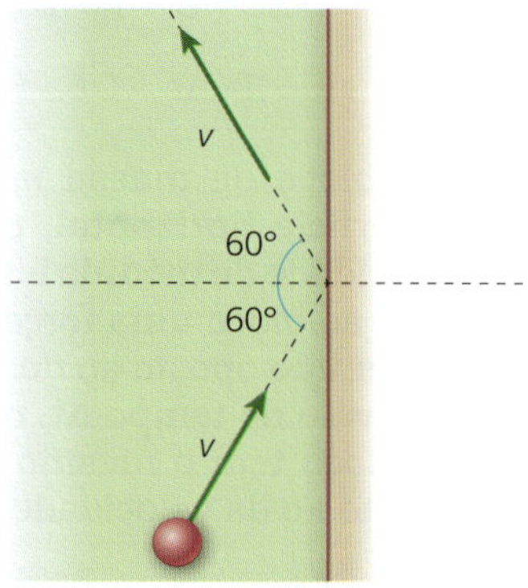

a) Represente graficamente o vetor quantidade de movimento da bola imediatamente antes de atingir a tabela e imediatamente após a reflexão. Represente também o vetor impulso da força resultante que a tabela aplica na bola.

b) Calcule os módulos dos vetores representados no item anterior.

5 Princípio da conservação da quantidade de movimento

Considere um sistema de partículas. A força que uma partícula exerce sobre outra, devido à atração gravitacional, à atração ou repulsão elétrica, por exemplo, é chamada **força interna**. A força que age numa partícula e é devida a outras partículas que não pertencem ao sistema é chamada **força externa**.

Como exemplo, considere um sistema constituído de duas bolas de bilhar, *A* e *B*. A força aplicada pelo taco a uma das bolas, o peso da bola e a força normal são forças externas ao sistema. As forças que as bolas exercem uma sobre a outra durante a colisão são forças internas.

Na **figura 8**, representamos as bolas imediatamente antes da colisão (**fig. 8A**), durante a colisão (**fig. 8B**) e imediatamente após a colisão (**fig. 8C**).

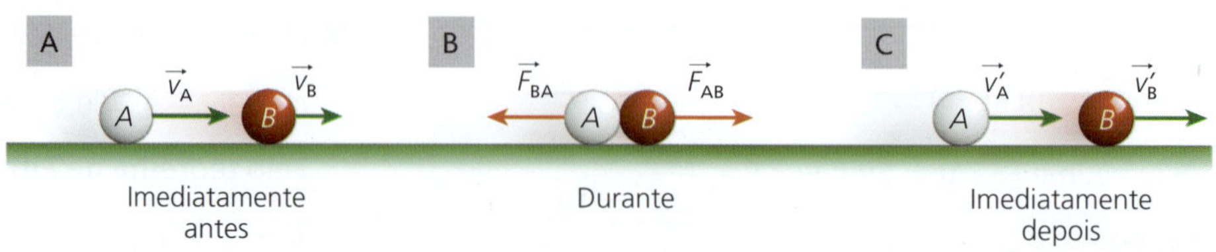

Figura 8.

Note que, durante a colisão, a força que *A* exerce em *B* ($\vec{F}_{AB}$) tem o mesmo módulo, a mesma direção e sentido oposto à força que *B* exerce em *A* ($\vec{F}_{BA}$), de acordo com a terceira lei de Newton. Isto é, $\vec{F}_{AB} = -\vec{F}_{BA}$.

Consequentemente, para os impulsos, temos: $\vec{I}_{AB} = -\vec{I}_{BA}$.

Pelo teorema do impulso aplicado a cada bola, temos:

$$\vec{I}_{AB} = m_B \cdot \vec{v}_B' - m_B \cdot \vec{v}_B \quad \text{e} \quad \vec{I}_{BA} = m_A \cdot \vec{v}_A' - m_A \cdot \vec{v}_A$$

De $\vec{I}_{AB} = -\vec{I}_{BA}$, resulta: $m_B \cdot \vec{v}_B' - m_B \cdot \vec{v}_B = -\left(m_A \cdot \vec{v}_A' - m_A \cdot \vec{v}_A\right)$

Portanto:

$$m_A \cdot \vec{v}_A + m_B \cdot \vec{v}_B = m_A \cdot \vec{v}_A' + m_B \cdot \vec{v}_B'$$

Mas $m_A \cdot \vec{v}_A + m_B \cdot \vec{v}_B = \vec{Q}_0$ representa a quantidade de movimento total do sistema imediatamente antes da colisão e $m_A \cdot \vec{v}_A' + m_B \cdot \vec{v}_B' = \vec{Q}$ representa a quantidade de movimento total do sistema imediatamente após a colisão.

Concluímos, então, que as forças internas produzem variações das quantidades de movimento das partículas que constituem o sistema, mas não produzem variações da quantidade de movimento total do sistema ($\vec{Q}_0 = \vec{Q}$ ou $\vec{Q}_{antes} = \vec{Q}_{depois}$), o que só ocorreria se forças externas, de resultante não nula, agissem nas partículas do sistema. Quando a resultante das forças externas que agem num sistema de partículas é nula, dizemos que o sistema é **isolado de forças externas**. Podemos, assim, enunciar o **princípio da conservação da quantidade de movimento**.

- A quantidade de movimento de um sistema de partículas isolado de forças externas é constante.

13.1 Conteúdo multimídia

Aplicando a teoria

8. Uma garoto de massa M está em pé em um carrinho de massa $m = \dfrac{M}{5}$. O conjunto encontra-se inicialmente em repouso. O garoto passa a caminhar com velocidade de módulo V sobre o carrinho, que recua com velocidade de módulo v. Ambas as velocidades são dadas em relação à Terra. Qual é a relação entre v e V?

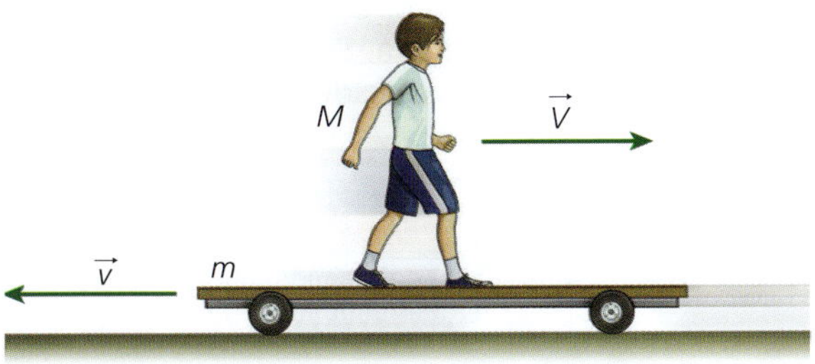

➤ Solução

O sistema constituído pelo garoto e pelo carrinho é isolado de forças externas. As forças de atrito do pé do garoto sobre o carrinho e do carrinho no pé do garoto são forças internas ao sistema. Podemos, assim, aplicar o princípio da conservação da quantidade de movimento. Estando o sistema em repouso, a quantidade de movimento inicial é nula; o mesmo acontece com a quantidade de movimento total do sistema quando o garoto e o carrinho estão em movimento.

Assim, temos:

$$\vec{Q}_0 = \vec{Q} \Rightarrow \vec{Q}_{antes} = \vec{Q}_{depois} \Rightarrow \vec{0} = m \cdot \vec{v} + M \cdot \vec{V}$$

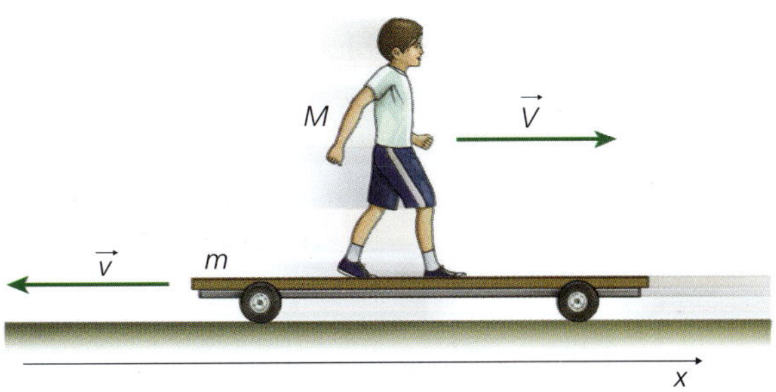

Em relação ao eixo x da figura, temos:

$$0 = MV + m \cdot (-v) \Rightarrow mv = MV \Rightarrow \frac{M}{5} \cdot v = MV \Rightarrow$$
$$\Rightarrow v = 5V$$

9. **Um objeto de massa $m = 2$ kg desloca-se ao longo de um eixo x em MRU com velocidade de módulo $v = 10$ m/s. Num certo instante, o objeto explode em dois fragmentos, A e B, de massas 1,5 kg e 0,5 kg, respectivamente. O fragmento A desloca-se perpendicularmente ao eixo x com velocidade de módulo $v_A = 10$ m/s. Qual é o módulo da velocidade v_B do fragmento B?**

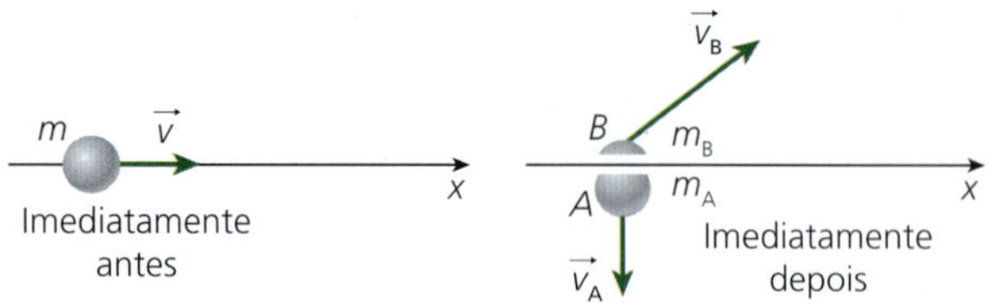

➤ Solução

Nas explosões, as forças internas são muito intensas, de modo que podemos desprezar as forças externas, como o peso do objeto. Nessas condições, aplicamos o princípio da conservação da quantidade de movimento:

$$\vec{Q}_0 = \vec{Q} \Rightarrow \vec{Q}_{antes} = \vec{Q}_{depois} \Rightarrow \vec{Q}_{antes} = \vec{Q}_A + \vec{Q}_B$$

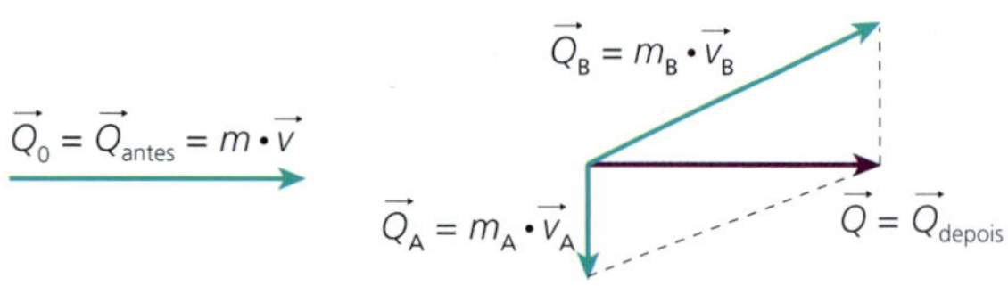

Sendo $Q_{antes} = 2 \text{ kg} \cdot 10 \text{ m/s} = 20 \text{ kg} \cdot \text{m/s}$,

$Q_A = 1{,}5 \text{ kg} \cdot 10 \text{ m/s} = 15 \text{ kg} \cdot \text{m/s}$ e $Q_B = 0{,}5v_B$, aplicando o teorema de Pitágoras, temos:

$$Q_B^2 = Q_{antes}^2 + Q_A^2 \Rightarrow (0{,}5v_B)^2 = 20^2 + 15^2 \Rightarrow$$

$$\Rightarrow \boxed{v_B = 50 \text{ m/s}}$$

10. **Duas bolinhas de argila, A e B, de mesma massa m, deslocam-se com velocidades de mesma direção e sentido e de módulos 3 m/s e 1 m/s, respectivamente. As bolas colidem, uma gruda na outra e elas passam a se mover juntas com a mesma velocidade de módulo v. Qual é o valor de v?**

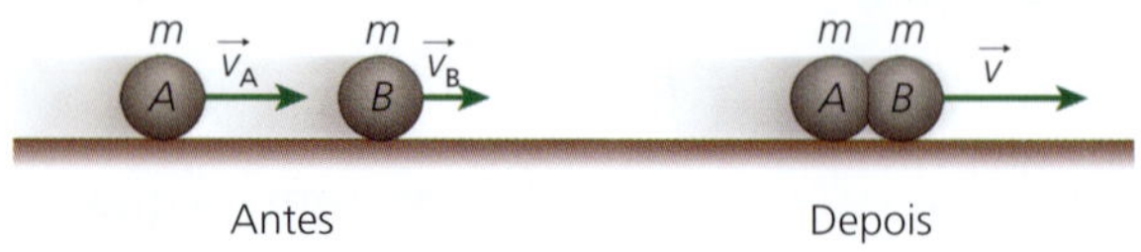

➤ Solução

Considerando que o sistema de bolinhas está isolado de forças externas, de acordo com o princípio da conservação da quantidade de movimento, temos:

$$\vec{Q}_0 = \vec{Q} \Rightarrow \vec{Q}_{antes} = \vec{Q}_{depois}$$

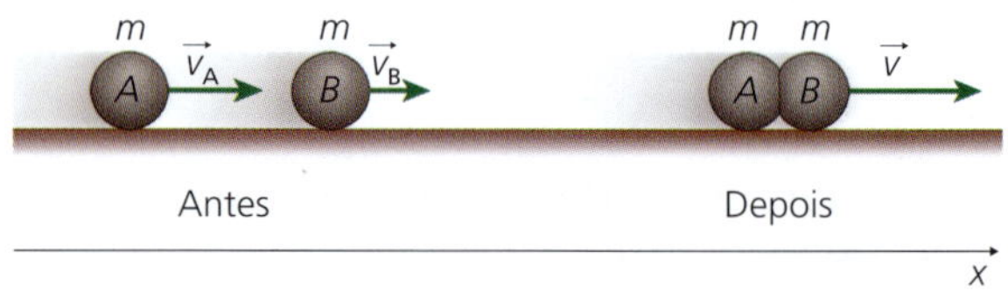

Em relação ao eixo x, temos:

$Q_{antes} = m \cdot 3 + m \cdot 1 = 4m$ e $Q_{depois} = 2mv$

Portanto:

$$4m = 2mv \Rightarrow \boxed{v = 2 \text{ m/s}}$$

Avaliando o aprendizado

8. Dois blocos, A e B, de massas m e $3m$, respectivamente, estão em repouso sobre uma mesa e em contato com uma mola. Um fio, preso aos blocos, mantém a mola comprimida e os blocos em repouso. O fio é cortado e os blocos são lançados, conforme indica a figura. A superfície da mesa é perfeitamente lisa. Se o bloco A adquire a velocidade de módulo $v_A = 3$ m/s, qual é o módulo da velocidade v_B adquirida pelo bloco B?

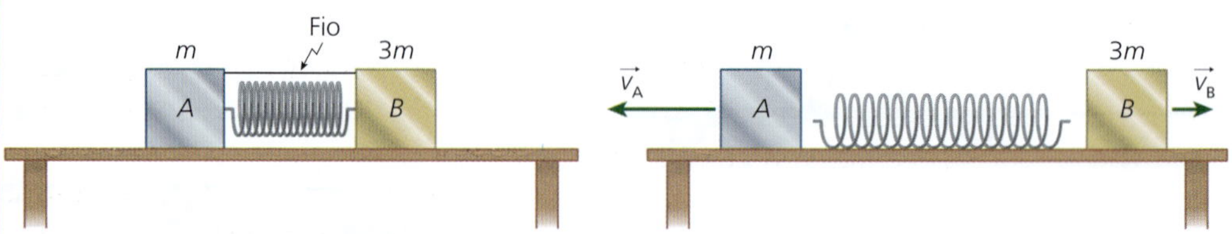

9. Um objeto de massa m desloca-se ao longo de um eixo x em MRU com velocidade de módulo $v = 5$ m/s. Num certo instante, o objeto explode em três fragmentos, A, B e C, de massas iguais. Imediatamente após a explosão, os fragmentos A e B deslocam-se perpendicularmente ao eixo x com velocidades de módulos iguais a 3 m/s, enquanto o fragmento C desloca-se na direção e sentido do eixo x. A figura a seguir ilustra a situação imediatamente antes e imediatamente depois da explosão. Qual é o módulo da velocidade v_C do fragmento C?

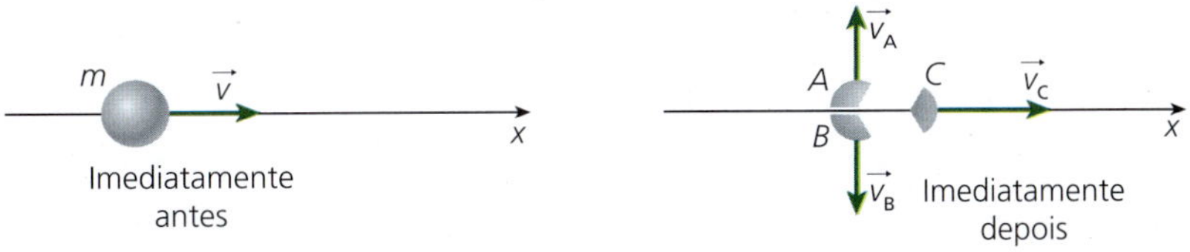

10. Dois carrinhos, A e B, de mesma massa $m = 0{,}4$ kg, deslocam-se com velocidades de mesma direção e sentido e de módulos 3 m/s e 4 m/s, respectivamente. Os carros colidem, grudam um no outro e passam a se mover juntos com velocidade de módulo v. Qual é o valor de v?

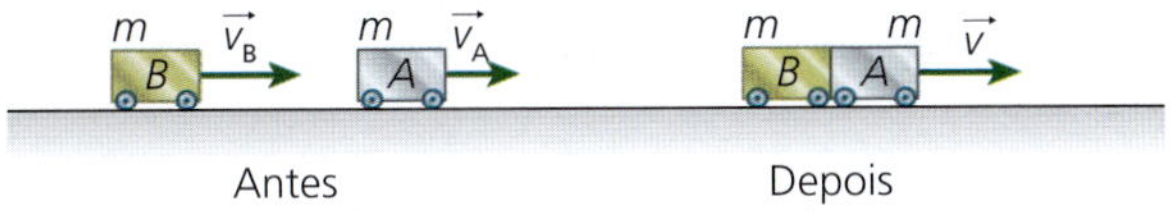

6 Choques mecânicos

Choque frontal ou direto

As colisões entre os corpos são chamadas **choques mecânicos**. Vamos analisar apenas os choques entre esferas ou entre esferas e superfícies planas. Neste estudo, consideraremos que as esferas não têm movimento de rotação, mas apenas de translação.

Quando os centros das esferas se deslocam sobre uma mesma reta, antes e depois da colisão, dizemos que o choque é **frontal** ou **direto**.

Conservação da quantidade de movimento

Na grande maioria das situações físicas, o sistema constituído pelos corpos que colidem é considerado um sistema isolado, pois as forças externas são desprezíveis em comparação com as forças internas. Portanto, há conservação da quantidade de movimento, isto é:

- A quantidade de movimento do sistema de corpos imediatamente antes da colisão é igual à quantidade de movimento imediatamente depois da colisão.

Coeficiente de restituição

13.2 Conteúdo multimídia

Dependendo das propriedades elásticas dos corpos que colidem, a energia cinética total do sistema imediatamente após o choque pode ser igual ou menor que a energia cinética total imediatamente antes do choque. Para caracterizar as propriedades elásticas dos corpos que colidem, define-se a grandeza coeficiente de restituição (e).

Para isso, consideremos um choque direto entre duas esferas A e B. Antes de ocorrer a colisão, as esferas estarão se aproximando. Vamos indicar por v_{ap} o módulo da **velocidade relativa de aproximação** entre A e B. Depois da colisão, as esferas estarão se afastando. Vamos indicar por v_{af} o módulo da **velocidade relativa de afastamento** entre as esferas.

Quando as esferas A e B se movimentam no mesmo sentido, o módulo da velocidade relativa de aproximação (v_{ap}) ou de afastamento (v_{af}) é dado pela diferença entre os módulos das velocidades escalares das esferas **(fig. 9)**.

Figura 9.

Quando as esferas *A* e *B* se movimentam em sentidos opostos, o módulo da velocidade relativa de aproximação ou de afastamento é dado pela soma entre os módulos das velocidades escalares das esferas **(fig. 10)**.

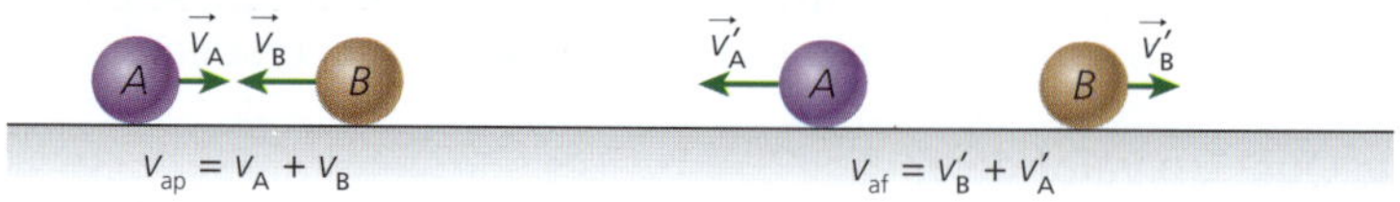

Figura 10.

O **coeficiente de restituição** é, por definição, a razão entre a velocidade relativa de afastamento e a velocidade relativa de aproximação.

$$e = \frac{v_{af}}{v_{ap}}$$

O coeficiente de restituição é uma grandeza adimensional, podendo assumir valores entre 0 e 1, dependendo do tipo de choque.

Tipos de choque

Choque perfeitamente elástico

Nesse tipo de choque, o coeficiente de restituição é igual a 1 ($e = 1$). Desse modo, a velocidade relativa de afastamento é igual à velocidade relativa de aproximação.

No choque perfeitamente elástico, há conservação da energia cinética, isto é, a energia cinética total do sistema imediatamente antes do choque é igual à energia cinética total do sistema depois do choque.

Choque perfeitamente inelástico

Nesse tipo de choque, o coeficiente de restituição é igual a zero ($e = 0$). Desse modo, a velocidade relativa de afastamento é nula. Isso significa que as esferas adquirem a mesma velocidade, permanecendo unidas após o choque.

MARK BLINCH/REUTERS/LATINSTOCK

Choque perfeitamente inelástico.

13.3
13.4
13.5
13.6
Conteúdo Multimídia

Choque parcialmente elástico

Nesse tipo de choque, o coeficiente de restituição assume um valor intermediário entre 0 e 1 ($0 < e < 1$).

Nos dois últimos tipos de choque, a energia cinética imediatamente antes do choque é maior que a *energia* cinética imediatamente depois do choque e, portanto, não se conserva.

Aplicando a teoria

11. **Uma esfera A, de massa m_A = 0,20 kg, desloca-se com velocidade de módulo v_A = 3,0 m/s e colide frontalmente com uma esfera B, de massa m_B = 0,10 kg e que se encontra em repouso (v_B = 0).**

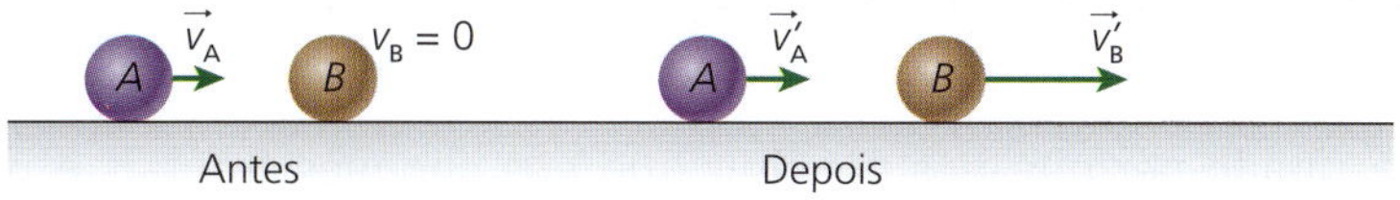

Sendo o choque perfeitamente elástico (e = 1), determinar os módulos das velocidades que as esferas A e B adquirem imediatamente depois do choque, v'_A e v'_B.

➤ Solução

As duas equações que permitem determinar as velocidades depois do choque estão relacionadas à definição do coeficiente de restituição e ao princípio da conservação da quantidade de movimento.

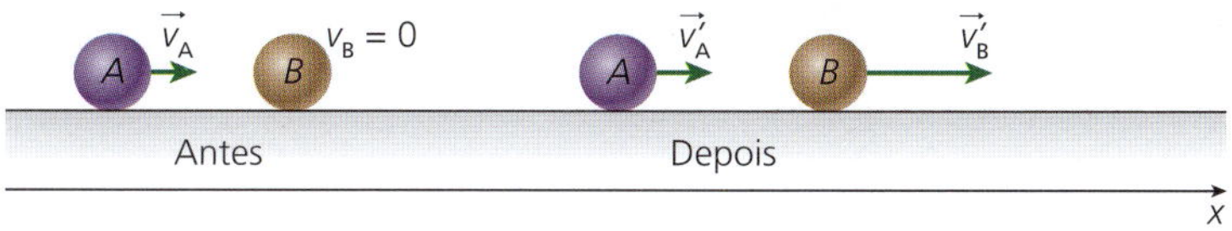

Sendo o choque perfeitamente elástico, temos:

$$e = \frac{v_{af}}{v_{ap}} \Rightarrow e = \frac{v'_B - v'_A}{v_A - v_B} \Rightarrow 1 = \frac{v'_B - v'_A}{3{,}0 - 0} \Rightarrow v'_B - v'_A = 3{,}0 \quad ①$$

De acordo com o princípio da conservação da quantidade de movimento, para o sistema constituído pelas duas esferas, temos:

$$\vec{Q}_{antes} = \vec{Q}_{depois}$$

Considerando o eixo x, podemos escrever:

$$Q_{antes} = Q_{depois} \Rightarrow m_A v_A + m_B v_B = m_A v'_A + m_B v'_B \Rightarrow$$

$$\Rightarrow 0{,}20 \cdot 3{,}0 + 0{,}10 \cdot 0 = 0{,}20 \cdot v'_A + 0{,}10 \cdot v'_B \Rightarrow 2v'_A + v'_B = 6{,}0 \quad ②$$

Resolvendo o sistema de equações ① e ②, temos:

$$\boxed{v'_A = 1{,}0 \text{ m/s}} \text{ e } \boxed{v'_B = 4{,}0 \text{ m/s}}$$

12. **Uma esfera A desloca-se com velocidade de módulo v_A = 3,0 m/s e colide frontalmente com uma esfera B, que se encontra em repouso (v_B = 0). As esferas possuem a mesma massa *m*. Sendo o choque perfeitamente elástico (e = 1), determinar os módulos das velocidades das esferas A e B imediatamente depois da colisão, v'_A e v'_B.**

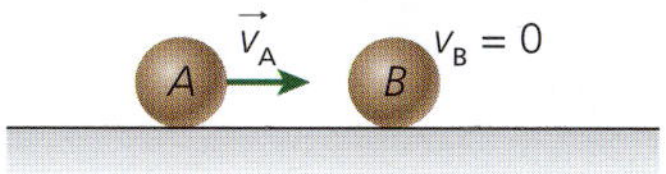

➤ Solução

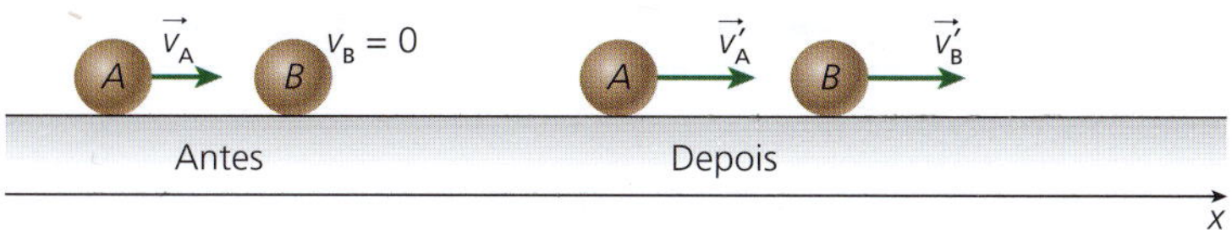

Da definição de coeficiente de restituição, temos:

$$e = \frac{v_{af}}{v_{ap}} \Rightarrow e = \frac{v'_B - v'_A}{v_A - v_B} \Rightarrow 1 = \frac{v'_B - v'_A}{3{,}0 - 0} \Rightarrow v'_B - v'_A = 3{,}0 \quad ①$$

Pelo princípio da conservação da quantidade de movimento, tomando o eixo x como referência, temos:

$$Q_{antes} = Q_{depois} \Rightarrow m_A v_A + m_B v_B = m_A v'_A + m_B v'_B \Rightarrow$$

$$\Rightarrow m \cdot 3{,}0 + m \cdot 0 = mv'_A + mv'_B \Rightarrow v'_A + v'_B = 3{,}0 \quad ②$$

De ① e ②, resulta:

$$\boxed{v'_A = 0} \text{ e } \boxed{v'_B = 3{,}0 \text{ m/s}}$$

Esse resultado permite-nos concluir que nos choques frontais e perfeitamente elásticos entre corpos de massas iguais ocorre troca de velocidades.

13. **Uma pequena esfera A de massa *m*, presa à extremidade de um fio de massa desprezível, é abandonada da posição horizontal, conforme a figura. No ponto mais baixo de sua trajetória, a esfera A colide inelasticamente com uma esfera B, de massa *m*, que está em repouso. O fio tem comprimento L = 45 cm.**

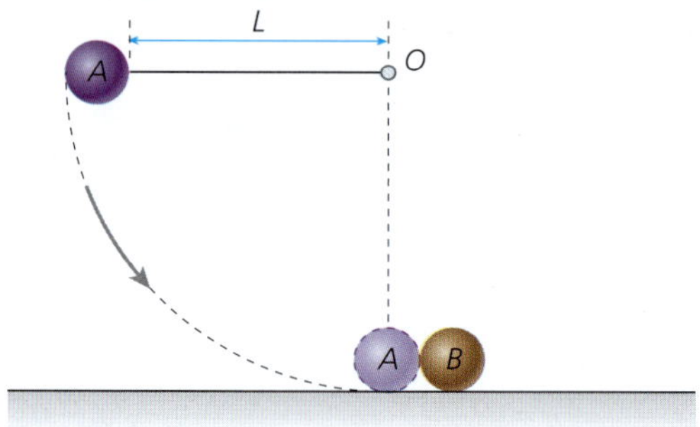

Considerando a aceleração da gravidade $g = 10{,}0$ m/s², determinar:

a) o módulo da velocidade da esfera A imediatamente antes do choque;

b) o módulo da velocidade das esferas A e B imediatamente depois do choque.

➤ Solução

a) Para o cálculo da velocidade de A imediatamente antes do choque, vamos aplicar o princípio da conservação da energia.

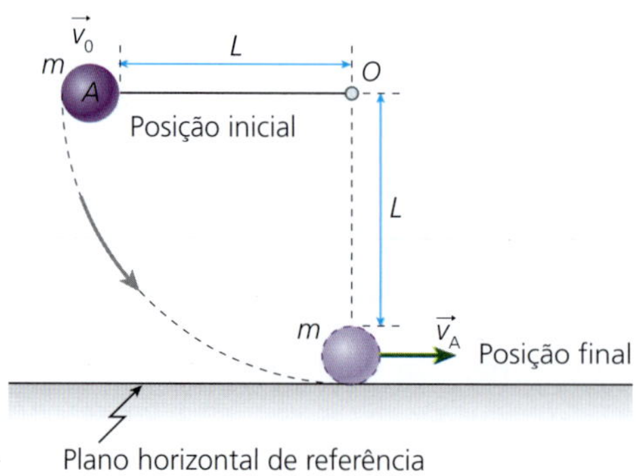

$$E_{mec(inicial)} = E_{mec(final)} \Rightarrow mgL = \frac{mv_A^2}{2} \Rightarrow$$

$$\Rightarrow v_A = \sqrt{2gL} \Rightarrow v_A = \sqrt{2 \cdot 10{,}0 \cdot 0{,}45} \Rightarrow$$

$$\Rightarrow \boxed{v_A = 3{,}0 \text{ m/s}}$$

b) Pelo princípio da conservação da quantidade de movimento, temos:

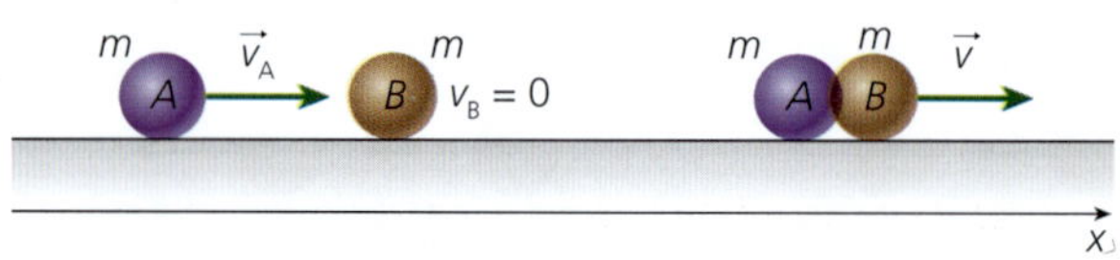

$$Q_{antes} = Q_{depois} \Rightarrow$$

$$\Rightarrow mv_A + mv_B = (m + m) \cdot v \Rightarrow$$

$$\Rightarrow m \cdot 3{,}0 + m \cdot 0 = 2mv \Rightarrow \boxed{v = 1{,}5 \text{ m/s}}$$

Avaliando o aprendizado

11. Um carrinho A desloca-se com velocidade de módulo v_A = 2,0 m/s e colide frontalmente com um carrinho B, que está em repouso (v_B = 0), conforme a figura. Os carrinhos têm mesma massa m = 0,10 kg. Imediatamente após a colisão, eles adquirem velocidades de módulos v'_A e v'_B, respectivamente.

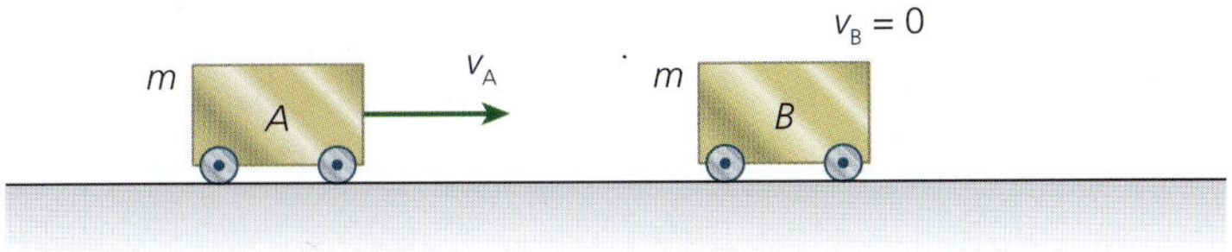

Determine as velocidades v'_A e v'_B nos seguintes casos:

a) o choque é perfeitamente elástico (e = 1);

b) o choque é perfeitamente inelástico (e = 0).

12. Três esferas idênticas estão em repouso sobre uma mesa de bilhar. A esfera A é lançada com velocidade de módulo v, conforme indica a figura.

Todos os choques, inclusive com a tabela, são perfeitamente elásticos. Descreva o que ocorre com as esferas depois de todos os choques ocorrerem.

13. A figura **a** representa um pêndulo múltiplo constituído de cinco esferas idênticas (A, B, C, D e E). A esfera A é elevada, conforme indica a figura **b**, sendo em seguida abandonada.

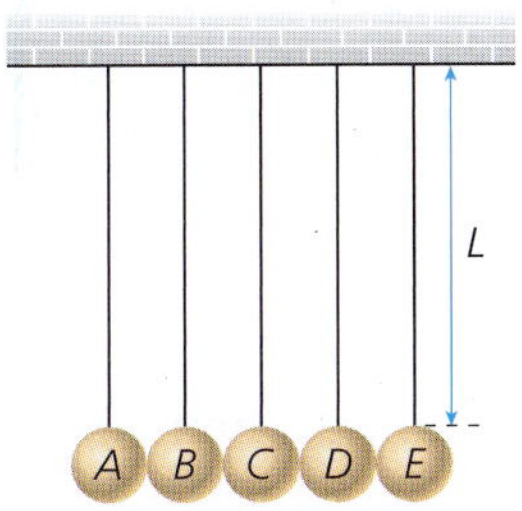

Figura **a**

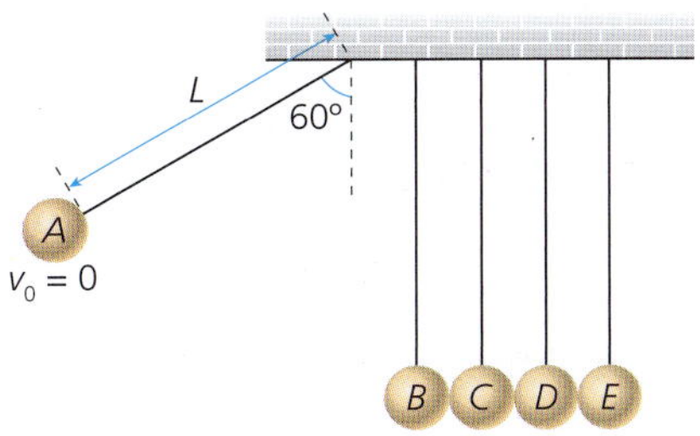

Figura **b**

a) Qual é o módulo da velocidade da esfera A imediatamente antes de a esfera colidir com a esfera B?

b) Após a colisão de A com B, o choque se propaga para as esferas C, D e E. Qual é o módulo da velocidade com que a esfera E é lançada? Considere os choques frontais e perfeitamente elásticos.
(Dados: L = 40 cm; g = 10,0 m/s^2; cos 60° = 0,50)

Revisando o conteúdo

Ficha-resumo 1

O **impulso** $\vec{I}$ de uma força constante $\vec{F}$ no intervalo de tempo Δt é a grandeza vetorial:

$$\vec{I} = \vec{F} \cdot \Delta t$$

em que $\vec{I}$ tem a mesma direção e o mesmo sentido da força $\vec{F}$.

Se a força tem intensidade variável e direção constante, a intensidade do impulso é calculada por meio da área entre a linha do gráfico e o eixo das abscissas no diagrama $F \times t$.

A **quantidade de movimento** é a grandeza vetorial:

$$\vec{Q} = m \cdot \vec{v}$$

em que $\vec{Q}$ tem a mesma direção e o mesmo sentido da velocidade $\vec{v}$.

Teorema do impulso: o impulso da força resultante num intervalo de tempo é igual à variação da quantidade de movimento no mesmo intervalo de tempo.

$$\vec{I}_{F_R} = \vec{Q} - \vec{Q}_0$$

1. (UFTM-MG) Para perfurar concreto ou mesmo pedras, furadeiras de impacto impulsionam a broca, rápida e violentamente para a frente, enquanto esta gira. O resultado é uma série de golpes radiais que fincam a broca e a auxiliam no trabalho de perfuração. Uma dessas furadeiras troca forças com a parede, conforme indica o gráfico.

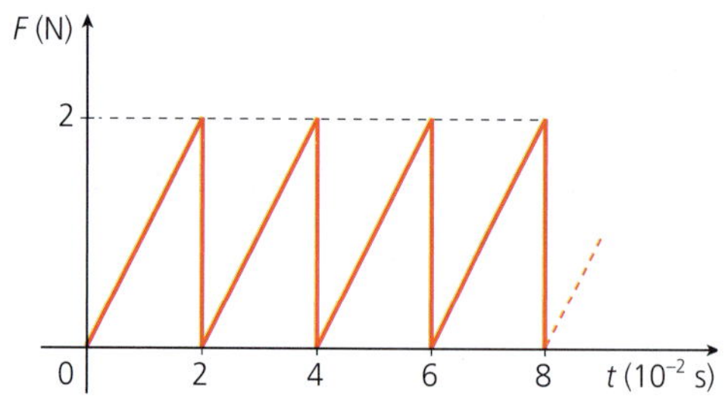

Se, ao fazer um furo, essa máquina demanda um tempo de 20 s, o impulso radial total transferido para a parede é, em N · s, de:

a) 20
b) 40
c) 200
d) 400
e) 800

2. (Unifesp) Uma menina deixa cair uma bolinha de massa de modelar que se choca verticalmente com o chão e para; a bolinha tem massa 10 g e atinge o chão com velocidade de 3,0 m/s. Pode-se afirmar que o impulso exercido pelo chão sobre essa bolinha é vertical e tem sentido para:

a) cima e módulo $3{,}0 \cdot 10^{-2}$ N · s.
b) baixo e módulo $3{,}0 \cdot 10^{-2}$ N · s.
c) cima e módulo $6{,}0 \cdot 10^{-2}$ N · s.
d) baixo e módulo $6{,}0 \cdot 10^{-2}$ N · s.
e) cima e módulo igual a zero.

3. (Uespi) Quando um ovo cai, de uma certa altura, em um piso de cerâmica vitrificada, ele quebra, mas, quando cai da mesma altura em um tapete macio e espesso, ele não quebra. Assinale a alternativa que dá a explicação correta para esse fato.

a) O tempo de interação do choque é maior quando o ovo cai no piso de cerâmica vitrificada.
b) O tempo de interação do choque é maior quando o ovo cai no tapete macio e espesso.
c) A força média sobre o ovo é a mesma nos dois choques.
d) A variação da quantidade de movimento do ovo é maior quando ele cai no piso de cerâmica vitrificada.
e) A variação da quantidade de movimento do ovo é maior quando ele cai no tapete macio e espesso.

Ficha-resumo 2

Princípio da conservação da quantidade de movimento: a quantidade de movimento de um sistema de partículas isolado de forças externas é constante.

$$\vec{Q}_0 = \vec{Q} \text{ ou } \vec{Q}_{antes} = \vec{Q}_{depois}$$

4. (Uespi) Considere a situação em que um homem e uma caixa repousam frente a frente sobre uma superfície horizontal sem atrito. A resistência do ar no local é desprezível. Sabe-se que a massa do homem é de 100 kg, enquanto a massa da caixa é de 50 kg.

Num dado instante, o homem empurra a caixa, que passa a se mover em linha reta com velocidade escalar igual a 8 m/s. Nessas circunstâncias, qual é o módulo da velocidade de recuo do homem após empurrar a caixa?

a) 4 m/s
b) 5 m/s
c) 8 m/s
d) 10 m/s
e) 12 m/s

5. (Unifap) Uma patinadora de 50 kg e um patinador de 75 kg estão em repouso sobre a pista de patinação, na qual o atrito é desprezível. O patinador empurra a patinadora e se desloca para trás com velocidade de 0,3 m/s em relação ao gelo. Após 5 s, qual será a separação entre eles, supondo que suas velocidades permaneçam praticamente constantes?

a) 3,0 m
b) 4,0 m
c) 1,5 m
d) 4,5 m
e) 3,75 m

6. (Fuvest-SP) Um gavião avista abaixo dele um melro e, para apanhá-lo, passa a voar verticalmente, conseguindo agarrá-lo. Imediatamente antes do instante em que o gavião, de massa $M_G = 300$ g, agarra o melro, de massa $M_M = 100$ g, as velocidades do gavião e do melro são, respectivamente, $v_G = 80$ km/h na direção vertical, para baixo, e $v_M = 24$ km/h na direção horizontal, para a direita, como ilustra a figura a seguir.

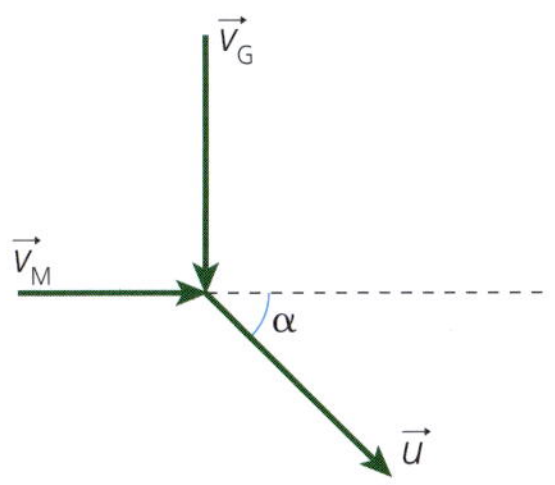

Imediatamente após a caça, o vetor velocidade $\vec{u}$ do gavião, que voa segurando o melro, forma um ângulo α com o plano horizontal tal que tg α é aproximadamente igual a:

a) 20 b) 10 c) 3 d) 0,3 e) 0,1

Ficha-resumo 3

O coeficiente de restituição é dado por:

$$e = \frac{v_{af}}{v_{ap}}$$

Se e = 1, o choque é perfeitamente elástico.

Se e = 0, o choque é perfeitamente inelástico.

Se 0 < e < 1, o choque é parcialmente elástico.

7. (UFMG) Em julho de 1994, um grande cometa denominado Shoemaker-Levi 9 atingiu Júpiter, em uma colisão frontal e inelástica. De uma nave no espaço, em repouso em relação ao planeta, observou-se que a velocidade do cometa era de $6{,}0 \cdot 10^4$ m/s antes da colisão. Considere que a massa do cometa é $3{,}0 \cdot 10^{14}$ kg e que a massa de Júpiter é $1{,}8 \cdot 10^{27}$ kg. Com base nessas informações, calcule:

a) a velocidade, em relação à nave, com que Júpiter se deslocou no espaço, após a colisão;
b) a energia mecânica total dissipada na colisão do cometa com Júpiter.

8. (UFPA) A fotografia mostrada abaixo expõe o resultado de uma imprudência. Um carro de massa igual a uma tonelada, ao tentar ultrapassar um caminhão, acabou colidindo de frente com outro carro de massa 800 kg, que estava parado no acostamento.

REUTERS/LATINSTOCK

Em virtude de a estrada estar muito lisa, após a colisão, os carros se moveram juntos em linha reta, com uma velocidade de 54 km/h. Admitindo-se que a força que deformou os veículos atuou durante um tempo de 0,1 s, são feitas as seguintes afirmações para a situação descrita:

I. O choque é completamente inelástico e, por isso, não há conservação da quantidade de movimento.
II. A velocidade do carro de uma tonelada antes da colisão era de 97,2 km/h.
III. A intensidade do impulso atuante na colisão foi de $1{,}2 \cdot 10^4$ N · s.
IV. A intensidade da força média que deformou os veículos foi de $1{,}2 \cdot 10^3$ N.

Estão corretas somente:

a) I e II.
b) II e III.
c) III e IV.
d) I, II e III.
e) II, III e IV.

9. (UFS-SE) Uma esfera A, de massa 300 g, encontra-se inicialmente em repouso sobre uma superfície horizontal lisa. Outra esfera B, de massa 200 g, colide frontalmente com A, com velocidade de 5,0 m/s. A colisão entre os corpos é totalmente inelástica.

Analise as afirmações a seguir e assinale V, para verdadeiro, ou F, para falso.

( ) Após a colisão, o conjunto passa a se mover com velocidade de 2,0 m/s.
( ) Nessa colisão, ocorre perda de 40% da energia cinética inicial.
( ) O impulso sofrido pela esfera A tem módulo 0,60 N · s.
( ) O impulso total na colisão tem valor 1,2 N · s.
( ) Se a duração do choque for 0,10 s, a força média atuante nas esferas é de 60 N.

10. (Unifesp) Uma pequena pedra de 10 g é lançada por um dispositivo com velocidade horizontal de módulo igual a 600 m/s, incide sobre um pêndulo em repouso e nele se engasta, caracterizando uma colisão totalmente inelástica. O pêndulo tem 6,0 kg de massa e está pendurado por uma corda de massa desprezível e inextensível, de 1,0 m de comprimento. Ele pode girar sem atrito no plano vertical, em torno da extremidade fixa da corda, de modo que a energia mecânica seja conservada após a colisão.

Considerando $g = 10{,}0\ m/s^2$, calcule:

a) a velocidade do pêndulo com a pedra engastada, imediatamente após a colisão;

b) a altura máxima atingida pelo pêndulo com a pedra engastada e a tensão T na corda nesse instante.

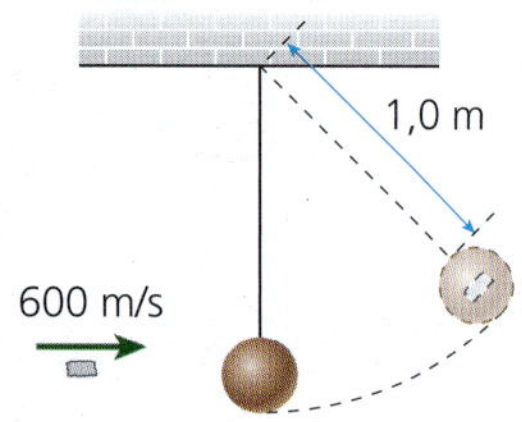

11. (UFF-RJ) Dois carrinhos podem deslizar sem atrito sobre um trilho de ar horizontal. A colisão entre eles foi registrada, utilizando sensores de movimento, e as respectivas velocidades, durante o processo, estão ilustradas no gráfico. O carrinho de massa m_2 estava inicialmente em repouso.

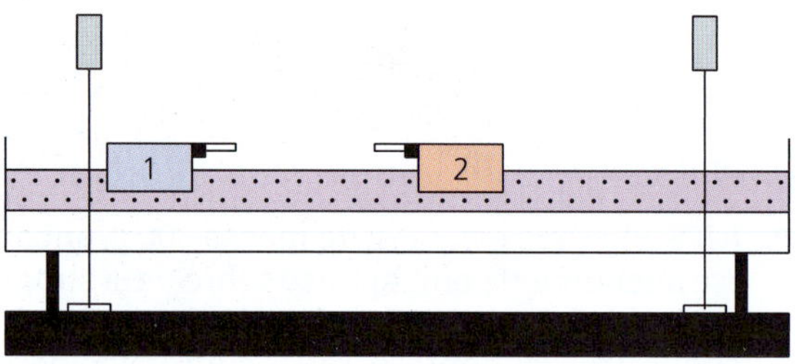

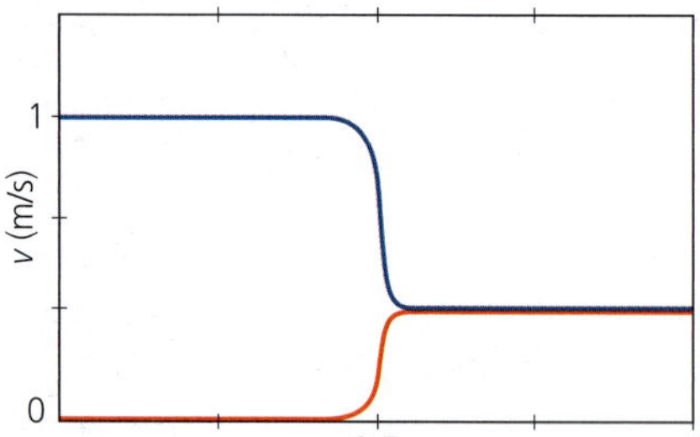

Assinale a opção que identifica corretamente as relações entre as massas m_1 e m_2 dos dois carrinhos e entre as energias cinéticas totais do sistema antes, $E_{c(antes)}$, e depois, $E_{c(depois)}$, da colisão.

a) $m_2 = \frac{2m_1}{3}$; $E_{c(depois)} = \frac{E_{c(antes)}}{2}$

b) $m_2 = \frac{m_1}{2}$; $E_{c(depois)} = \frac{2E_{c(antes)}}{3}$

c) $m_2 = m_1$; $E_{c(antes)} = E_{c(depois)}$

d) $m_2 = \frac{m_1}{3}$; $E_{c(antes)} = E_{c(depois)}$

e) $m_2 = 2m_1$; $E_{c(depois)} = \frac{E_{c(antes)}}{3}$

12. (UFSC) Um pêndulo balístico é um aparato experimental que permite determinar a velocidade de um projétil. Na figura I, estão representados o projétil de massa m e velocidade inicial V_i, bem como um bloco de massa M, inicialmente em repouso. Após o impacto, o projétil se aloja no bloco e este se eleva a uma altura máxima y, conforme representação na figura II.

Figura I

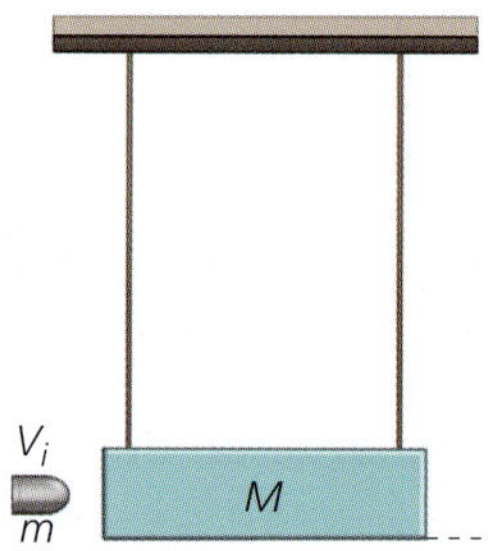

Figura II

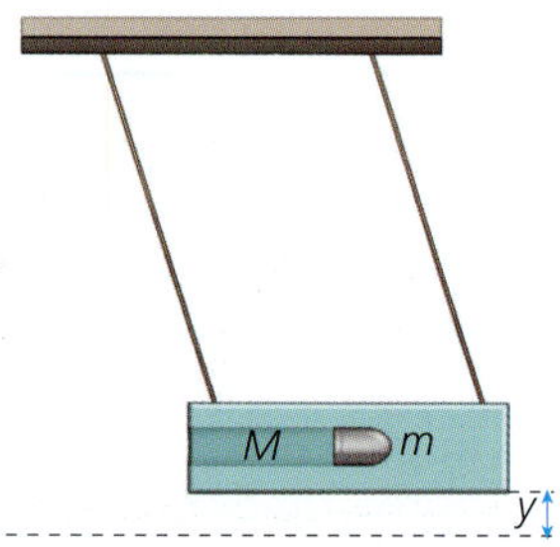

Assinale a(s) proposição(ões) **correta(s)**.

01) O projétil, logo após se alojar no interior do bloco, perde toda a sua energia cinética e toda a sua quantidade de movimento.

02) O sistema formado pelo projétil mais o bloco atingirá uma altura máxima, à direita, a qual dependerá da velocidade inicial do projétil.

04) Sendo a colisão característica desse processo perfeitamente inelástica, haverá perda de energia cinética.

08) É impossível aplicar a lei de conservação da quantidade de movimento ao processo acima.

16) Utilizando-se o princípio de conservação da energia mecânica, pode-se calcular a altura máxima atingida pelo bloco de massa M.

32) A energia cinética inicial é igual à metade da energia cinética final para o processo dado.

64) O sistema formado pelo projétil mais o bloco atingirá uma altura máxima, à direita, que dependerá das massas M e m.

Dê como resposta a soma dos números que precedem as proposições corretas.

Capítulo 14

Gravitação universal

Objetivos do capítulo:

- Apresentar e situar historicamente os modelos astronômicos de Aristóteles, Ptolomeu, Copérnico e Kepler.
- Apresentar as leis de Kepler e aplicá-las aos movimentos dos corpos em torno de outros, como planetas e satélites, reconhecendo sua universalidade.
- Apresentar a teoria da gravitação de Isaac Newton e aplicá-la aos movimentos dos corpos em torno do Sol, reconhecendo seu caráter universal.
- Estudar os movimentos orbitais aplicando os conceitos de energia cinética e energia potencial gravitacional.

Os movimentos dos corpos celestes já chamavam a atenção e despertavam a curiosidade e o fascínio dos povos antigos. Observações astronômicas foram essenciais para o desenvolvimento de calendários, serviram de orientação aos primeiros navegadores, possibilitaram a validação de algumas das leis fundamentais da Física, entre outras coisas. Mas como podemos estudar os movimentos de corpos tão distantes de nós? Neste capítulo, veremos um pouco da história da Astronomia e estudaremos as leis que regem os movimentos dos corpos celestes.

1 Introdução

Gráficos Força
Conteúdo multimídia

A Astronomia é uma das mais antigas ciências da humanidade. Culturas pré-históricas deixaram vestígios do que teriam sido práticas e rituais regidos pelos astros, como o Sol e a Lua.

Povos da Antiguidade tinham verdadeiro fascínio pelos corpos celestes. A observação do céu era uma experiência importante para o dia a dia de povos como os babilônios, egípcios, chineses, maias e gregos, fornecendo informações sobre as estações do ano, os períodos de chuva e das secas, entre outras. No século IV a.C., o filósofo grego Aristóteles (384 a.C.-322 a.C.) propôs um modelo do Cosmo, ou Universo, em que todos os corpos celestes se moviam ao redor da Terra. Era o sistema **geocêntrico** de Aristóteles **(fig. 1)**. O que mudou desde essa época até os dias atuais?

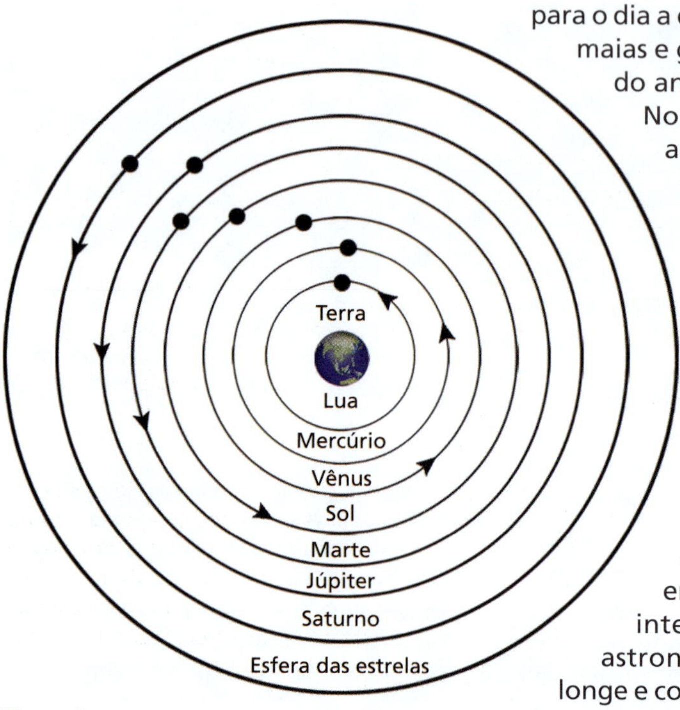

Figura 1. Universo geocêntrico de Aristóteles.

Desde a invenção, do uso e do aprimoramento do telescópio, entre 1608 e 1668, passando pela descoberta do planeta Netuno (1846), pela constatação da expansão do Universo (1929) e chegando até 2012, com a identificação de cerca de 770 planetas extrassolares, planetas localizados fora do sistema solar, nosso deslumbramento pelo Cosmo só tem aumentado, embora tenhamos diversificado bastante os nossos interesses. As novas tecnologias para observações astronômicas permitem que enxerguemos bem mais longe e com muito mais precisão que os antigos astrônomos. A formação e a dinâmica das galáxias, a existência dos buracos negros, o *Big Bang* – a grande explosão que teria dado origem ao Universo – e suas consequências, a matéria escura, a energia escura e o destino final do Universo, talvez sejam atualmente algumas das nossas maiores preocupações na tentativa de desvendar o inebriante e desafiador enigma do Cosmo.

Hubble
Conteúdo multimídia

Uma das grandes descobertas da humanidade está relacionada ao fato de que a força que provoca a queda de um corpo aqui na Terra é de mesma natureza daquela que mantém a Lua em órbita; é a força da gravidade que aglutina pequenas partículas de poeira interestelar e forma gigantescos corpos que dão origem a imensos sistemas planetários. Em escala ainda maior, a gravidade é fundamental na formação das galáxias e nas colossais colisões entre galáxias. Assim, podemos dizer que a gravidade, embora não seja a única, é a principal força que rege o Universo.

A formulação da lei da gravitação universal, por Isaac Newton (1643-1727), foi um marco na história da humanidade. Apresentada ao mundo em 1687, pela Royal Society de Londres, a teoria da gravitação de Newton foi a primeira teoria científica com enorme potencial de aplicação, previsão e explanação e até hoje fornece resultados com excelente precisão.

Neste capítulo, estudaremos as leis que regem os movimentos dos planetas, dos satélites e, de modo geral, todos os movimentos gravitacionais.

2 A evolução dos sistemas planetários e cosmológicos

Copérnico
Conteúdo multimídia

Ao olhar para o céu, temos a impressão de que todos os corpos celestes giram em torno de nós, na Terra. Dizemos que "o Sol nasceu às tantas horas da manhã" e que "vai se pôr às tantas horas da tarde". Dizemos que as constelações, como o Cruzeiro do Sul, "aparecem" em posições diferentes em épocas do ano distintas. Essa falsa impressão de que a Terra é estática e os corpos celestes giram em torno dela prevaleceu como modelo cosmológico por mais de 1.700 anos. Era o **modelo geocêntrico** do Cosmo que, na Grécia antiga, havia sido defendido por Aristóteles (384 a.C.-322 a.C.) na sua obra *Physica* e, no século II d.C., foi novamente proposto por Claudio Ptolomeu (c. 90 d.C.-c. 168 d.C.) no grande tratado astronômico *Composição matemática*, mais conhecido pelo seu nome árabe, *Almagesto* **(fig. 2)**.

Embora Ptolomeu afirmasse que seu sistema estava geometricamente embasado em seletas observações de astrônomos que o precederam ao longo de 800 anos, astrônomos e cientistas, como Galileu, Newton e outros, ao longo dos séculos posteriores, sempre suspeitaram de que os parâmetros do modelo de Ptolomeu tinham sido adotados independentemente de registros astronômicos.

O modelo geocêntrico colocava a Terra e, indiretamente, o homem – a obra-prima da criação divina – no centro do Universo. Como esse modelo agradava muito à Igreja Católica, o *Almagesto* foi a obra de referência em Astronomia até a Idade Média e seu autor, aclamado quase como um mito, era chamado de "Ptolomeu, o rei de Alexandria", colônia grega no Egito onde viveu e morreu.

Entretanto, na antiga Grécia, Aristarco de Samos (310 a.C.-230 a.C.), em seu trabalho *Sobre os tamanhos e as distâncias do Sol e da Lua*, havia proposto o primeiro **modelo heliocêntrico** do Cosmo, com o Sol no centro do Universo observável e os planetas conhecidos ordenados de acordo com suas distâncias em relação ao Sol.

O sistema heliocêntrico de Aristarco foi sistematicamente refutado, por mais de 1.700 anos, em favor dos sistemas geocêntricos de Aristóteles e de Ptolomeu. A credibilidade desses sistemas durou até 1543, ano da publicação da obra *De revolutionibus orbium cœlestium* (*Sobre a revolução das esferas celestes*), de Nicolau Copérnico (1473-1543). Considerado o marco zero da Astronomia moderna, o trabalho de Copérnico provocou uma verdadeira revolução na ciência da época e estimulou outros trabalhos científicos, tornando-se uma referência na história da ciência.

O modelo de Copérnico colocava o Sol no centro dos movimentos dos planetas e a Lua girando em torno da Terra **(fig. 3)**.

No século XVII, os estudos de Galileu Galilei (1564-1642) deram apoio ao modelo de Copérnico. Com base nesse modelo, Johannes Kepler (1571-1630), usando os dados astronômicos compilados por Tycho Brahe (1546-1601), enunciou três leis para descrever os movimentos dos corpos celestes.

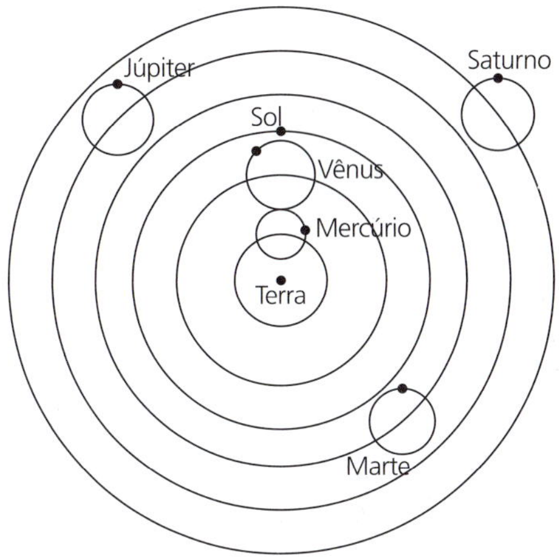

SHEILA TERRY/SCIENCE PHOTO LIBRARY/LATINSTOCK

Figura 2. Sistema geocêntrico de Ptolomeu. O Sol descreve uma circunferência em torno da Terra, enquanto os planetas descrevem uma circunferência em torno de um ponto imaginário, que, por sua vez, move-se em torno da Terra descrevendo outra circunferência, denominada *deferente*.

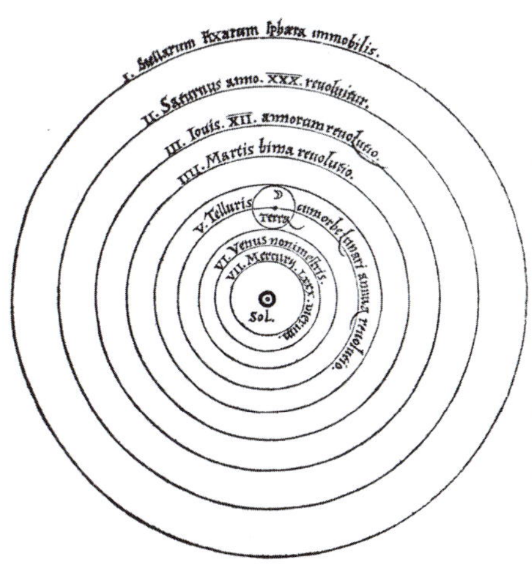

ROYAL ASTRONOMICAL SOCIETY/SCIENCE PHOTO LIBRARY/LATINSTOCK

Figura 3. Sistema heliocêntrico de Copérnico. Nele estão representadas as órbitas da Terra, da Lua, dos outros cinco planetas do sistema solar conhecidos até então e a esfera das "estrelas fixas".

3 Leis de Kepler do movimento planetário

Kepler
Conteúdo multimídia

As **leis de Kepler** descrevem os movimentos dos planetas ao redor do Sol. Embora elas tenham sido enunciadas para os planetas do sistema solar, sabemos, a partir da teoria da gravitação universal de Isaac Newton, que essas leis valem para qualquer corpo que gravite em torno de outro.

Primeira lei de Kepler: lei das órbitas

- Os planetas do sistema solar descrevem órbitas elípticas, com o Sol em um dos focos **(fig. 4)**.

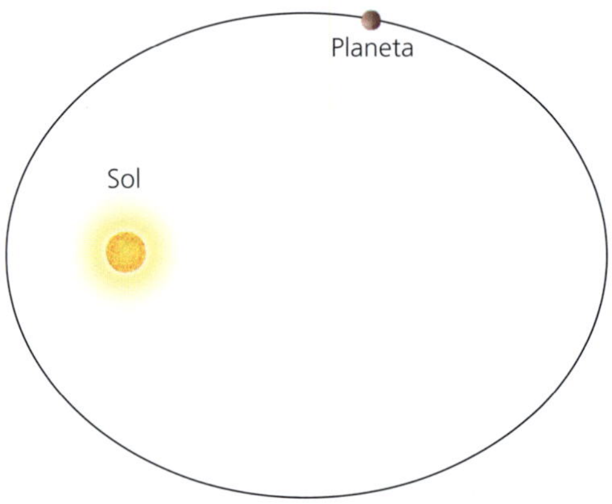

Figura 4. Órbita elíptica. O Sol ocupa um dos focos.

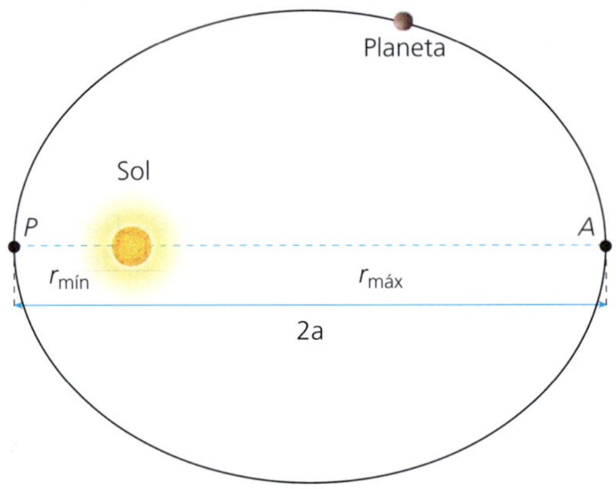

Figura 5. *P* é o ponto da órbita mais próximo do Sol e é denominado periélio; *A* é o ponto mais distante do Sol e é denominado afélio.

O ponto da órbita mais próximo do Sol chama-se **periélio**; o ponto da órbita mais afastado do Sol chama-se **afélio (fig. 5)**. Como podemos ver, $r_{máx}$ é a distância máxima do planeta ao Sol e $r_{mín}$ é a distância mínima do planeta ao Sol. A soma das distâncias $r_{máx}$ e $r_{mín}$ é a medida do eixo maior da elipse (2*a*). Portanto:

14.1
Biblioteca do estudante

$$2a = r_{máx} + r_{mín} \quad \text{ou} \quad a = \frac{r_{máx} + r_{mín}}{2}$$

A medida *a* é o **semieixo maior** da elipse ou **raio médio da órbita**, que representaremos por *R*. Para uma órbita circular, temos:

$$r_{máx} = r_{mín} = R \text{ (raio da órbita)}$$

Segunda lei de Kepler: lei das áreas

- O segmento orientado, com origem no centro do Sol e extremidade no centro do planeta, que une o planeta ao Sol (vetor posição ou raio-vetor), varre áreas proporcionais aos intervalos de tempo correspondentes.

A **figura 6** mostra um mesmo planeta descrevendo dois trechos da sua órbita, nos intervalos de tempo Δt_1 e Δt_2. Assim, para a situação mostrada, podemos escrever:

$$\frac{A_1}{\Delta t_1} = \frac{A_2}{\Delta t_2} = \cdots = \text{constante}$$

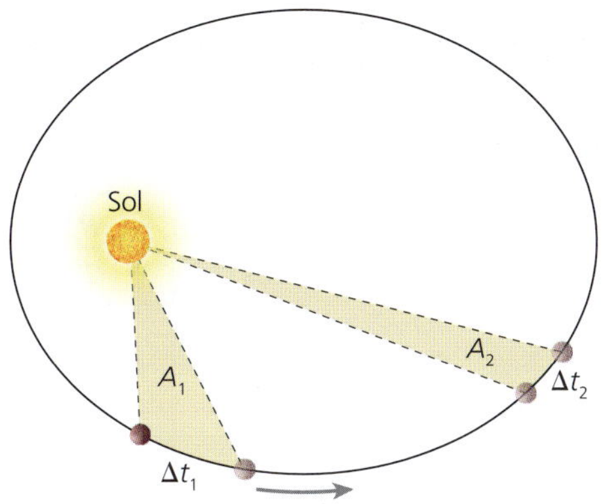

Figura 6. Áreas proporcionais aos intervalos de tempo.

Uma consequência da segunda lei de Kepler é:

- O segmento que une o planeta ao Sol varre áreas iguais em intervalos de tempo iguais.

Assim, se tivermos $\Delta t_1 = \Delta t_2$, teremos $A_1 = A_2$.

A razão entre as áreas varridas e os intervalos de tempo correspondentes é denominada **velocidade areolar** do planeta e é uma constante do seu movimento.

Como consequência da segunda lei de Kepler, podemos demonstrar que para o afélio, para o periélio e para um ponto qualquer da órbita valem as seguintes igualdades:

$$v_A \cdot r_{máx} = v_P \cdot r_{mín} = v_y \cdot r$$

sendo v_y a componente da velocidade orbital $\vec{v}$ perpendicular ao segmento que liga o planeta ao Sol.

Da primeira igualdade, temos:

$$\frac{v_A}{v_P} = \frac{r_{mín}}{r_{máx}}$$

Essa razão mostra que $v_A < v_P$, isto é, no afélio, a velocidade do planeta é mínima e, no periélio, ela é máxima **(fig. 7)**.

Quando consideramos uma órbita circular, temos $r_{máx} = r_{mín}$ e, portanto, temos $v_P = v_A$.

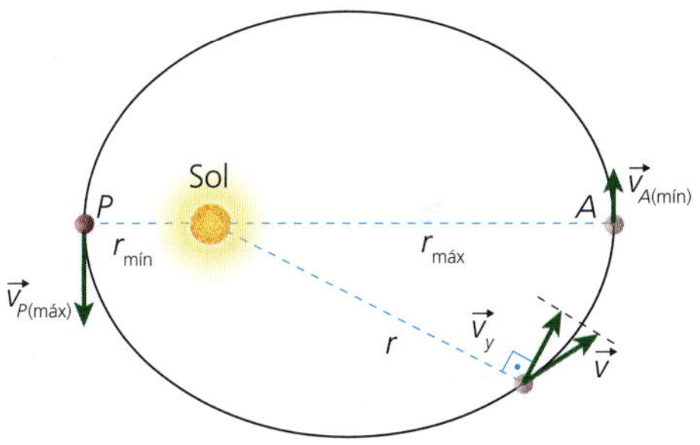

Figura 7. No periélio, ponto *P*, a velocidade orbital do planeta é máxima. No afélio, ponto *A*, a velocidade orbital do planeta é mínima. Numa órbita circular, ambas têm o mesmo valor.

Terceira lei de Kepler: lei dos períodos

- O quadrado do período de translação do planeta, ou período orbital, é proporcional ao cubo do raio médio da sua órbita, ou semieixo maior.

Assim, temos:

$$T^2 = kR^3 \quad \text{ou} \quad \frac{T_1^2}{R_1^3} = \frac{T_2^2}{R_2^3} = \dots = k$$

A igualdade das razões só é válida entre corpos que giram em torno de um mesmo corpo. Por exemplo, para todos os planetas do sistema solar, o valor da constante *k* é o mesmo, pois todos giram em torno do Sol. Para a Lua e os satélites artificiais da Terra, a constante *k* tem um mesmo valor, porém diferente daquele para os planetas em órbita ao redor do Sol.

A tabela a seguir mostra os valores do período orbital (T) e do raio médio da órbita (R) usados por Kepler, para alguns corpos do sistema solar.

Tabela 1. Dados usados por Kepler (1618)

Planeta	Raio médio (R) (UA)	Período (T) (anos terrestres)	$\frac{R^3}{T^2}\left[\frac{(\text{ua})^3}{(\text{anos})^2}\right]$
Mercúrio	0,389	0,240	1,0219
Vênus	0,724	0,615	1,0034
Terra	1,000	1,000	1,0000
Marte	1,524	1,881	1,0004
Júpiter	5,200	11,862	0,9993
Saturno	9,510	29,457	0,9912

A **unidade astronômica (ua)** é, por definição, a distância média da Terra ao Sol. Assim, 1 ua = 149.597.870,7 km $\simeq$ 149,6 · 10^6 km, valor que costuma ser aproximado para 150 milhões de quilômetros ou 1,50 · 10^8 km.

Sobre suas conclusões acerca dos planetas, Kepler escreveu com base nos dados da tabela acima: "Primeiro pensei que eu estava sonhando, mas é absolutamente certo que a razão entre os períodos dos movimentos é igual à potência $\frac{3}{2}$ da razão entre as distâncias médias".

Ou seja: $\frac{T_1}{T_2} = \left(\frac{R_1}{R_2}\right)^{\frac{3}{2}}$

Essa última forma é equivalente às duas apresentadas anteriormente para a terceira lei de Kepler, porém menos prática.

Aplicando a teoria

1. **O planeta Z, representado na figura descreve uma órbita elíptica em relação à estrela E, considerada estacionária. Os pontos A e P são, respectivamente, o afélio e o periélio de Z. Discutir o tipo de movimento do planeta no deslocamento de A para P e de P para A, identificando onde sua velocidade escalar orbital é maior e onde é menor.**

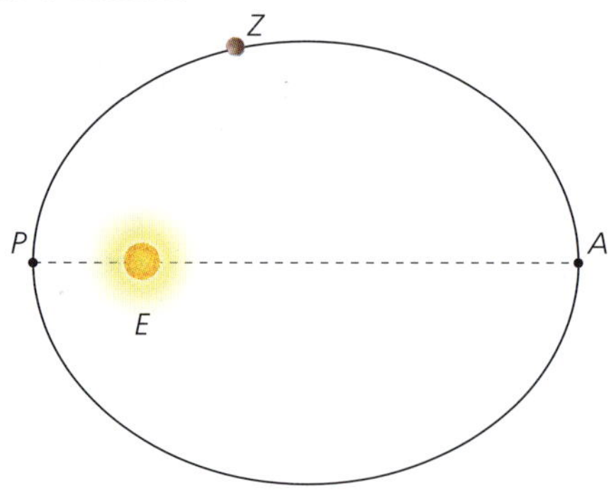

➤ Solução

No sentido de A para P, o movimento de Z é acelerado; ao passar por P, sua velocidade escalar é máxima. No sentido de P para A, o movimento de Z é retardado; ao passar por A, sua velocidade escalar é mínima.

2. **Para uma órbita elíptica, como a representada a seguir, sendo d a distância mínima do planeta ao Sol e D a distância máxima do planeta ao Sol, determinar:**

a) a medida do semieixo maior (a);

b) a medida da distância entre os focos da elipse ($2c$);

c) a excentricidade da elipse (e).

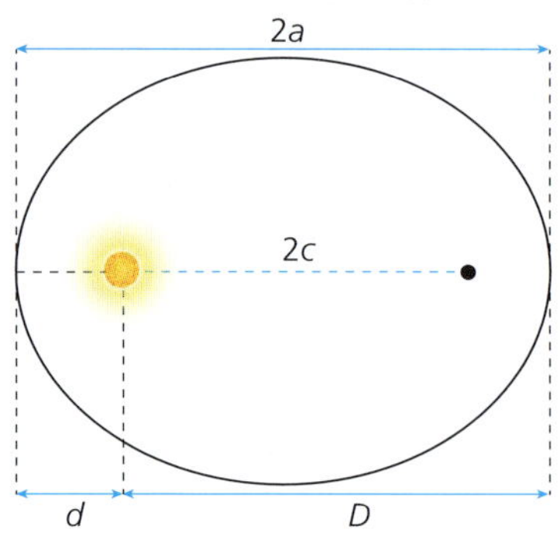

➤ Solução

a) Da figura, temos: $2a = d + D \Rightarrow \boxed{a = \frac{d + D}{2}}$

b) Novamente, da figura, temos:

$$2c + d = D \Rightarrow \boxed{2c = D - d}$$

c) Pela definição de excentricidade, razão entre a distância do foco ao centro da elipse e o semieixo maior pode ser assim representada:

$$e = \frac{c}{a} = \frac{2c}{2a} \Rightarrow \boxed{e = \frac{D-d}{D+d}}$$

3. Na órbita elíptica representada a seguir, o módulo r do vetor posição do planeta P, em função do ângulo θ, é dado pela expressão: $r = \frac{6 \cdot 10^8}{2 - \cos\theta}$, com $0° \leqslant \theta \leqslant 360°$ e r medido em quilômetro.

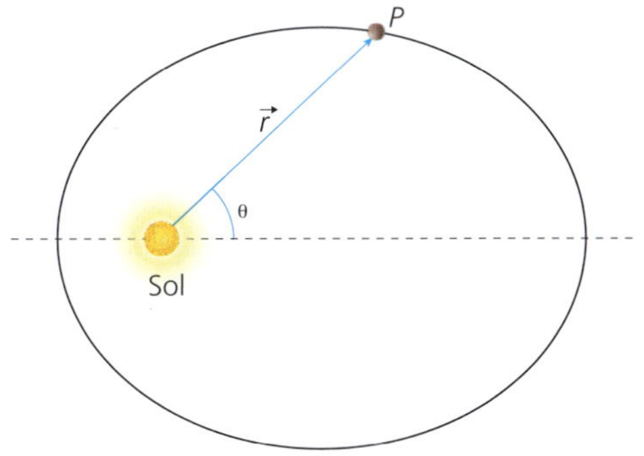

Determinar, para essa órbita:

a) as distâncias máxima ($r_{máx}$) e mínima ($r_{mín}$) do planeta ao Sol;

b) a medida a do semieixo maior;

c) sua excentricidade e.

➤ Solução

a) O valor de $r_{máx}$ é obtido fazendo-se $\theta = 0°$. Assim:

$$r = \frac{6 \cdot 10^8}{2 - \cos 0°} \Rightarrow r = \frac{6 \cdot 10^8}{2 - 1} \Rightarrow$$

$$\Rightarrow \boxed{r_{máx} = 6 \cdot 10^8 \text{ km}}$$

O valor de $r_{mín}$ é obtido fazendo-se $\theta = 180°$. Assim:

$$r = \frac{6 \cdot 10^8}{2 - \cos 180°} \Rightarrow r = \frac{6 \cdot 10^8}{2 - (-1)} \Rightarrow$$

$$\Rightarrow \boxed{r_{mín} = 2 \cdot 10^8 \text{ km}}$$

b) A medida do eixo maior ($2a$) é a soma das medidas de $r_{máx}$ e $r_{mín}$. Assim:

$$2a = r_{máx} + r_{mín} \Rightarrow 2a = 6 \cdot 10^8 + 2 \cdot 10^8 \Rightarrow$$

$$\Rightarrow 2a = 8 \cdot 10^8 \Rightarrow$$

$$\Rightarrow \boxed{a = 4 \cdot 10^8 \text{ km}}$$

c) Para o cálculo da excentricidade, podemos usar a expressão obtida no item **c** do exercício 2, com $d = r_{mín}$ e $D = r_{máx}$:

$$e = \frac{r_{máx} - r_{mín}}{r_{máx} + r_{mín}} = \frac{6 \cdot 10^8 - 2 \cdot 10^8}{6 \cdot 10^8 + 2 \cdot 10^8} \Rightarrow$$

$$\Rightarrow \boxed{e = \frac{1}{2} = 0{,}5}$$

4. Considerar que o raio médio da órbita da Lua em torno da Terra seja de aproximadamente 60 raios terrestres ($60R_{Terra}$) e seu período orbital, de 651 horas (27,12 dias). Com esses dados, determinar o período de translação T_S de um satélite artificial da Terra em órbita circular rasante de raio 6.400 km, isto é, aproximadamente igual a $1R_{Terra}$.

(Dado: $\sqrt{2.160} \simeq 46{,}5$)

➤ Solução

Vamos aplicar a terceira lei de Kepler aos dois satélites da Terra, a Lua e o satélite artificial:

$$\frac{T^2_{Lua}}{r^3_{Lua}} = \frac{T^2_S}{r^3_S} \Rightarrow \left(\frac{T_S}{T_{Lua}}\right)^2 = \left(\frac{r_S}{r_{Lua}}\right)^3 \Rightarrow T^2_S = T^2_{Lua} \cdot \left(\frac{r_S}{r_{Lua}}\right)^3 \Rightarrow$$

$$\Rightarrow T^2_S = 651^2 \cdot \left(\frac{1R_{Terra}}{60R_{Terra}}\right)^3 \Rightarrow T_S = 651 \cdot \sqrt{\left(\frac{1}{60}\right)^3} \Rightarrow$$

$$\Rightarrow T_S = 651 \cdot \sqrt{\frac{1}{216.000}} \Rightarrow T_S \simeq \frac{651}{465} \text{ h}$$

Portanto: $\boxed{T_S \simeq 1{,}40 \text{ h}}$ ou $\boxed{T_S \simeq 1 \text{ h } 24 \text{ min}}$

Se considerarmos uma órbita com 6.750 km de raio, o satélite estará fora da atmosfera terrestre, ou seja, livre da influência do ar, e seu período orbital será de aproximadamente 1,5 h (ou 1 h 31 min 58 s). Podemos, portanto, considerar essa órbita rasante.

5. Um satélite artificial da Terra tem período T_S = 24 h e move-se no mesmo sentido de rotação da Terra em órbita circular (satélite geoestacionário). Considerando o raio da órbita da Lua aproximadamente 60 raios terrestres ($60R_{Terra}$) e seu período orbital 27 dias terrestres, determinar o raio R_S da órbita desse satélite.

(Dado: R_{Terra} = 6.378 km)

➤ Solução

Vamos aplicar a terceira lei de Kepler ao satélite artificial e à Lua, considerando que um dia terrestre tem 24 horas:

$$\frac{R^3_S}{T^2_S} = \frac{R^3_{Lua}}{T^2_{Lua}} \Rightarrow \frac{R^3_S}{1^2} = \frac{(60R_{Terra})^3}{27^2} \Rightarrow$$

$$\Rightarrow R_S = \frac{60R_{Terra}}{\sqrt[3]{27^2}} \Rightarrow R_S = \frac{60R_{Terra}}{(\sqrt[3]{27})^2} = \frac{60R_{Terra}}{9} \Rightarrow$$

$$\Rightarrow \boxed{R_S \simeq 42.520 \text{ km}}$$

Nesse exercício consideramos o raio médio do planeta Terra igual a 6.378 km e valores aproximados para T_S, R_{Lua} e T_{Lua}.

Avaliando o aprendizado

1. A tabela ao lado mostra dados aproximados relacionados aos movimentos dos planetas Terra e Marte, em órbita do Sol. Considerando as órbitas circulares, podemos afirmar que a razão entre as velocidades areolares da Terra e de Marte vale:

	Raio da órbita	Período
Terra	R	T
Marte	$1,5R$	$2T$

a) $\frac{2}{3}$ b) $\frac{3}{4}$ c) $\frac{8}{9}$ d) $\frac{4}{3}$ e) $\frac{3}{2}$

2. Um asteroide, em órbita elíptica, dista $36 \cdot 10^8$ km do Sol no afélio e $14 \cdot 10^8$ km no periélio. Com esses dados, podemos afirmar que a excentricidade da sua órbita vale:

a) aproximadamente 0,39.
b) exatamente 0,39.
c) aproximadamente 0,44.
d) exatamente 0,44.
e) aproximadamente 2,56.

3. Para o asteroide do exercício anterior, é correto afirmar que os módulos de suas velocidades orbitais no periélio e no afélio estão na razão:

a) 1 : 2 c) 11 : 25 e) 7 : 18
b) 25 : 11 d) 18 : 7

4. Um cometa do nosso sistema solar tem o periélio a $3,0 \cdot 10^8$ km e o afélio a $2,7 \cdot 10^9$ km do Sol. Considere $1,5 \cdot 10^8$ km o raio médio da órbita da Terra e determine para esse cometa:

a) a excentricidade e da sua órbita;
b) a razão $\frac{v_P}{v_A}$ entre as velocidades orbitais do cometa no periélio e no afélio;
c) o período T_S do seu movimento orbital em anos terrestres.

5. Dois satélites naturais de um mesmo planeta, isto é, suas luas, têm períodos orbitais $T_1 = 12$ dias e $T_2 = 96$ dias. Se o raio médio da órbita do primeiro satélite, o de período T_1, vale $R_1 = R$, o raio médio da órbita do segundo vale:

a) $R_2 = 2R$ c) $R_2 = 8R$ e) $R_2 = 64R$
b) $R_2 = 4R$ d) $R_2 = 16R$

6. Dois satélites artificiais da Terra, A e B, descrevem órbitas circulares tais que R é o raio da órbita de A e T é o período orbital de A. Portanto, se o raio da órbita de B vale $9R$, seu período orbital é igual a:

a) $3T$ c) $27T$ e) $729T$
b) $9T$ d) $81T$

7. Considerando T o período orbital e R o raio médio das órbitas dos planetas do nosso sistema solar, analise as afirmações abaixo e assinale a resposta correta.

I. O quociente $\frac{T^2}{R^3}$, para um dado planeta, tem valor tanto menor quanto mais afastado do Sol estiver esse planeta.

II. O quociente $\frac{T^2}{R^2}$ é o mesmo para todos os planetas.

III. O quociente $\frac{T}{R}$, para um dado planeta, tem valor tanto maior quanto mais afastado do Sol estiver esse planeta.

a) Todas estão corretas.
b) Todas estão erradas.
c) Estão corretas as afirmações I e III.
d) Está correta somente a afirmação I.
e) Está correta somente a afirmação III.

Newton
Conteúdo multimídia

4 Lei da gravitação universal

Vejamos a seguir uma citação de Isaac Newton a respeito da gravitação:

"If it universally appears, by experiments and astronomical observations, that all bodies about the earth gravitate towards the earth, and that in proportion to the quantity of matter which they severally contain, that the moon likewise [...] gravitates towards the earth [...] and all the planets one towards another, and the comets in like manner towards the sun, we must, in consequence of this rule, universally allow that all bodies whatsoever are endowed with a principle of mutual gravitation. [...]"

NEWTON, Isaac. *The mathematical principles of natural philosophy.* Trad. Andrew Motte. 1729.

Nesse trecho, Newton diz: "Se de modo geral parece, por experiências e observações astronômicas, que todos os corpos ao redor da Terra gravitam em direção à Terra na proporção da quantidade de matéria que eles individualmente contêm, que da mesma forma a Lua [...] gravita em direção à Terra [...] e todos os planetas gravitam uns em direção aos outros, e os cometas, de maneira semelhante, em direção ao Sol, devemos, em consequência dessa regra, universalmente aceitar que todos os corpos de quaisquer natureza são dotados de um princípio de gravitação mútua. [...]"

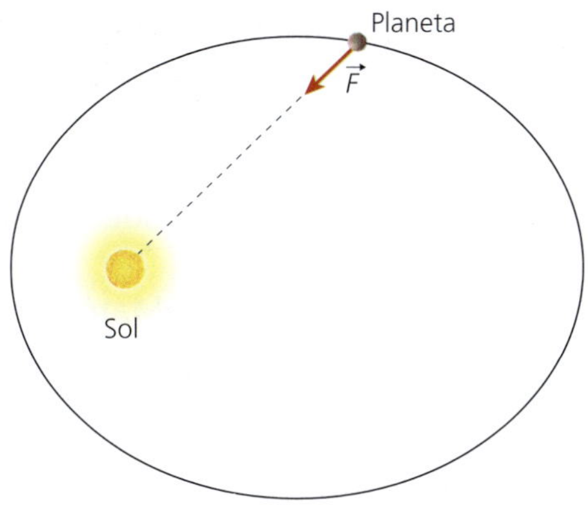

Figura 8. Força radial com direção que passa pelo Sol.

Com base nas leis dos movimentos dos corpos, Newton provou que o Sol era o "local" que concentrava as forças que provocavam as alterações nos movimentos dos planetas **(fig. 8)**. O fato de o vetor posição do planeta varrer áreas iguais em intervalos de tempo iguais (segunda lei de Kepler) é uma consequência direta de ser **radial** a força que governa o movimento dos planetas.

No final do século XVII, como já se sabia que Júpiter tinha luas ao seu redor, Newton se sentiu seguro para afirmar que todos os planetas mantinham suas luas em órbita por meio de algum tipo de força. Sendo um homem de aguçado sentido dedutivo, Newton propôs que essa força seria universal, do mesmo tipo daquela que nos mantém sobre a superfície da Terra, e que cada corpo atrai todos os demais com forças dessa mesma natureza. Estava assim lançada a lei da gravitação universal de Newton.

Newton já havia demonstrado que a aceleração da Lua, em uma órbita supostamente circular, deveria ser centrípeta, isto é, a aceleração deveria "puxar" a Lua para o centro da Terra.

Considerando R o raio da órbita da Lua e T seu período orbital, temos:

$$a_{cp} = \frac{v^2}{R} \text{ e } v = \frac{2\pi R}{T}$$

Substituindo v, obtemos:

$$a_{cp} = \frac{\left(\frac{2\pi R}{T}\right)^2}{R} \Rightarrow a_{cp} = \frac{4\pi^2 R}{T^2}$$

De acordo com a segunda lei de Newton, a intensidade da força de atração gravitacional que a Terra exerce sobre a Lua pode ser escrita como:

$$F_{Lua} = m_{Lua} \cdot a_{cp} \Rightarrow F_{Lua} = 4\pi^2 m_{Lua} \cdot \frac{R}{T^2}$$

Da terceira lei de Kepler, $T^2 = kR^3$, então:

$$F_{Lua} = 4\pi^2 m_{Lua} \cdot \frac{R}{kR^3} \Rightarrow F_{Lua} = \frac{4\pi}{k} \cdot \frac{m_{Lua}}{R^2} \Rightarrow F_{Lua} = K \cdot \frac{m_{Lua}}{R^2}$$

Quanto à constante $K = \frac{4\pi^2}{k}$ na última expressão, Newton concluiu que seu valor deveria ser proporcional à massa da Terra, de acordo com o princípio da ação e reação: $K = G \cdot M_{Terra}$.

Assim, a expressão acima pode ser escrita da seguinte forma:

$$F_{Lua} = G \cdot \frac{M_{Terra} \cdot m_{Lua}}{R^2}$$

Ficava assim demonstrada a **lei da atração das massas**, também conhecida como **lei do inverso do quadrado da distância**, para as interações gravitacionais.

Portanto, para duas massas m_1 e m_2, consideradas pontos materiais e separadas por uma distância r entre si **(fig. 9)**, temos:

$$F = G \cdot \frac{m_1 m_2}{r^2}$$

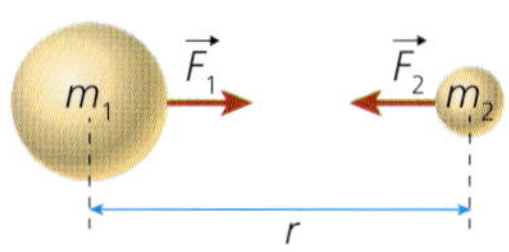

Figura 9. $|\vec{F}_1| = |\vec{F}_2| = F$

A constante G da expressão anterior, denominada **constante universal de gravitação,** só foi determinada experimentalmente no ano de 1728 pelo físico britânico Henry Cavendish. Atualmente, adota-se:

$$G = 6,67428 \cdot 10^{-11}\ N \cdot m^2/kg^2$$

Podemos enunciar a **lei da gravitação universal** da seguinte forma:

> Matéria atrai matéria na razão direta das massas e na razão inversa do quadrado da distância que separa essas massas.

Aplicando a teoria

6. A partir da lei da atração das massas de Newton, obter a relação entre o período de translação T da Lua ao redor da Terra e o raio R da sua órbita, considerada circular, em função da constante universal de gravitação G e da massa M_{Terra} da Terra.

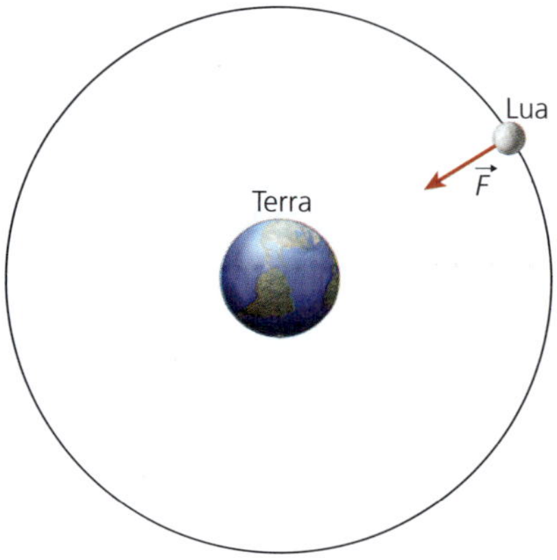

➤ Solução

A força de atração gravitacional é a resultante centrípeta do movimento circular da Lua. Assim:

$$F = F_{cp} \Rightarrow G \cdot \frac{M_{Terra} \cdot m_{Lua}}{R^2} = m_{Lua} \cdot \frac{4\pi^2 R}{T^2} \Rightarrow$$

$$\Rightarrow G \cdot \frac{M_{Terra}}{R^2} = \frac{4\pi^2 R}{T^2}$$

Portanto: $\boxed{\frac{T^2}{R^3} = \frac{4\pi^2}{GM_{Terra}}}$ ou $\boxed{\frac{R^3}{T^2} = \frac{GM_{Terra}}{4\pi^2}}$

O quociente $\frac{4\pi^2}{GM_{Terra}}$ é a constante k da terceira lei de Kepler, para o sistema Terra-Lua.

7. Em relação à lei da gravitação universal, faça o que se pede.

a) Determinar, em função da constante G, da massa M_{Terra} e do raio R_{Terra} da Terra, a aceleração da gravidade (g_0) para pontos próximos da superfície da Terra, considerada estacionária.

b) Determinar a velocidade escalar orbital v de um satélite de massa m, que gravita em órbita circular de raio r em torno de um planeta de massa M, suposto estacionário. Considerar conhecida a constante universal de gravitação G.

c) Escrever o resultado do item **b** em função de g_0 e R_{Terra}, para um corpo em órbita rasante em torno da Terra.

d) Considerando $g_0 = 10\ m/s^2$ e $R_{Terra} = 6.400$ km, estimar a velocidade escalar de um satélite em órbita rasante à superfície da Terra, denominada primeira velocidade orbital ou primeira velocidade cósmica.

➤ Solução

a) Nas proximidades da superfície da Terra, o peso mg_0 de um corpo deve ter a mesma intensidade da força de atração gravitacional que a Terra exerce sobre ele. Assim:

$$mg_0 = G \cdot \frac{M_{Terra} \cdot m}{R^2_{Terra}} \Rightarrow \boxed{g_0 = G \cdot \frac{M_{Terra}}{R^2_{Terra}}}$$

Se substituirmos M_{Terra} por $5,974 \cdot 10^{24}$ kg, R_{Terra} por $6,378 \cdot 10^6$ m e G por $6,674 \cdot 10^{-11}/kg^2$, obteremos $g_0 \simeq 9,801\ m/s^2$.

b) A força de atração gravitacional que o planeta exerce sobre o satélite é a resultante centrípeta do movimento circular do satélite. Assim:

$$F = F_{cp} \Rightarrow G \cdot \frac{Mm}{r^2} = \frac{mv^2}{r} \Rightarrow \boxed{v = \sqrt{\frac{GM}{r}}}$$

Como podemos ver, o valor dessa velocidade decresce à medida que r aumenta.

c) Vamos reescrever o resultado anterior para um corpo em órbita rasante em torno da Terra. Fazendo $M = M_{Terra}$ e $r = R_{Terra}$, obtemos:

$$v = \sqrt{\frac{GM_{Terra}}{R_{Terra}} \cdot \frac{R_{Terra}}{R_{Terra}}} \Rightarrow v = \sqrt{\frac{GM_{Terra}}{R^2_{Terra}} \cdot R_{Terra}}$$

Como $g_0 = \frac{GM_{Terra}}{R^2_{Terra}}$, então: $\boxed{v = \sqrt{g_0 R_{Terra}}}$

d) Substituindo na expressão do item **c** os valores adotados para g_0 e R_{Terra}, obtemos para a primeira velocidade orbital o valor $v = 8 \cdot 10^3$ m/s = = 8 km/s = 28.800 km/h.

Com valores mais precisos para g_0 e R_{Terra}, obtemos $v \simeq 7,91$ km/s.

Avaliando o aprendizado

8. Considerando a massa do planeta Saturno cerca de 95 vezes a massa da Terra e sua distância média ao Sol cerca de 9,5 vezes a da Terra, a razão entre as intensidades das forças gravitacionais exercidas pelo Sol sobre a Terra e sobre Saturno tem valor:

a) pouco menor que 1,0.
b) aproximadamente igual a 9,5.
c) aproximadamente igual a 100.
d) exatamente igual a 10.
e) exatamente igual a 95.

9. A massa da Terra é cerca de 81 vezes a massa da Lua. Ao longo do segmento de reta que liga os centros da Terra e da Lua, há um ponto neutro, onde as forças gravitacionais da Terra e da Lua, que agem sobre um mesmo corpo, se equilibram. Esse ponto divide a distância D entre Terra e Lua em duas partes que estão na proporção:

a) 1 : 1
b) 1 : 2
c) 1 : 9
d) 1 : 10
e) 80 : 81

10. Um satélite artificial da Terra, de massa m, é colocado em órbita circular de raio $16R_T$, sendo R_T o raio da Terra. Assim, a velocidade escalar orbital v_S desse satélite é:

a) igual a 4 vezes a velocidade escalar orbital para uma órbita rasante.
b) igual a $\frac{1}{4}$ da velocidade escalar orbital para uma órbita rasante.
c) igual à metade da velocidade escalar orbital para uma órbita rasante.
d) igual a $\frac{1}{16}$ da velocidade escalar orbital para uma órbita rasante.
e) igual a 16 vezes o valor da velocidade escalar orbital para uma órbita rasante.

11. Considere M a massa da Terra e m a massa de um satélite artificial da Terra em órbita circular de raio r. Assim, a velocidade angular ω do movimento do satélite vale:

a) $\omega = \sqrt{GMr}$
b) $\omega = \sqrt{GMr^3}$
c) $\omega = \sqrt{\frac{GM}{r}}$
d) $\omega = \sqrt{\frac{GM}{r^3}}$
e) $\omega = \sqrt{\frac{r}{GM}}$

14.2 Biblioteca do estudante

12. Para um corpo que gravita em torno da Terra em uma órbita circular rasante, o período do seu movimento vale aproximadamente:

a) 24 horas
b) 12 horas
c) 4,5 horas
d) 3,0 horas
e) 1,5 hora

5 Energias mecânicas orbitais

De modo geral, os sistemas gravitacionais são mantidos apenas pela força de atração gravitacional (uma força conservativa) entre os corpos que fazem parte do sistema. Portanto, nesses sistemas, a soma das energias cinética (E_c) e potencial gravitacional (E_{pgrav}) é constante, isto é, a energia mecânica total do sistema (E_{mec}) se conserva.

A energia potencial gravitacional E_{pgrav} de um sistema de dois corpos de massas M e m, separados pela distância r, é dada por:

$$E_{pgrav} = -G \cdot \frac{Mm}{r}$$

A velocidade escalar orbital de um corpo de massa m que gravita em órbita circular de raio r em torno de outro de massa M é $v = \sqrt{\frac{GM}{r}}$. Portanto, a energia cinética E_c do corpo em órbita será:

$$E_c = \frac{mv^2}{2} \Rightarrow E_c = \frac{m}{2} \cdot \left(\sqrt{\frac{GM}{r}}\right)^2 \Rightarrow \boxed{E_c = G \cdot \frac{Mm}{2r}}$$

Assim, a energia mecânica total no movimento orbital será:

$$E_{mec} = -G \cdot \frac{Mm}{r} + G \cdot \frac{Mm}{2r} \Rightarrow \boxed{E_{mec} = -G \cdot \frac{Mm}{2r}}$$

No SI, as energias mecânicas orbitais são dadas em joule (J).

Aplicando a teoria

8. **A partir da superfície de um planeta esférico de raio R e massa *M*, lança-se um corpo de massa *m* com velocidade inicial v_0, suficiente para que ele atinja uma distância máxima *D*, em relação ao centro do planeta.**

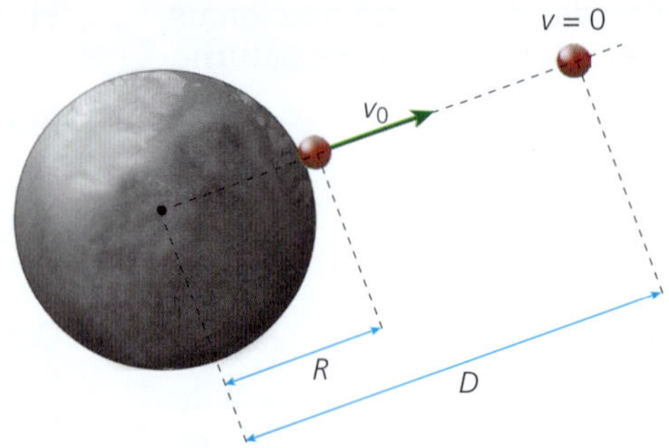

a) Determinar v_0.

b) Usando o resultado do item **a**, determinar a velocidade de escape, v_e, na superfície desse planeta.

➤ Solução

a) Da conservação da energia mecânica, temos:

$$E_{c(inicial)} + E_{pgrav(inicial)} = E_{c(final)} + E_{pgrav(final)}$$

$$\frac{mv_0^2}{2} - G \cdot \frac{Mm}{R} = 0 - G \cdot \frac{Mm}{D} \Rightarrow \boxed{v_0 = \sqrt{2GM \cdot \left(\frac{1}{R} - \frac{1}{D}\right)}}$$

b) Chama-se velocidade de escape v_e, ou segunda velocidade cósmica, à menor velocidade inicial de lançamento necessária para que um corpo se afaste indefinidamente da superfície do planeta, isto é, para que a distância *D* seja infinitamente grande comparada com R ($D \to \infty$). Quando $D \to \infty$, temos $\frac{1}{D} \to 0$. Assim, utilizando o resultado do item anterior, temos:

$$v_e = \sqrt{2GM \cdot \left(\frac{1}{R} - 0\right)} \Rightarrow \boxed{v_e = \sqrt{\frac{2GM}{R}}}$$

Avaliando o aprendizado

13. Considere v_1 o módulo da primeira velocidade cósmica e v_2 o módulo da velocidade de escape na superfície de um planeta de massa *M* e raio R.

a) Determine a razão $\frac{v_2}{v_1}$.

b) Determine, em função de v_1, o módulo da velocidade inicial v_0 necessária para que um corpo de massa *m*, lançado verticalmente da superfície do planeta, atinja uma altura igual ao raio desse planeta, acima da sua superfície.

14. Sendo G a constante universal de gravitação e M_{Terra} e M_{Lua} as massas da Terra e da Lua, respectivamente, são dados os produtos:

$G \cdot M_{Terra} \simeq 4{,}0 \cdot 10^{14}\ m^3s^{-2}$ e $G \cdot M_{Lua} \simeq 5{,}0 \cdot 10^{12}\ m^3s^{-2}$

a) Estime quantas vezes a massa da Terra é maior que a massa da Lua.

b) Determine a velocidade de escape na superfície da Terra, em km/s, considerando $6{,}4 \cdot 10^6$ m a medida do seu raio.

c) Sendo aproximadamente 2,4 km/s a velocidade de escape na superfície da Lua, estime quantas vezes o raio da Terra R_{Terra} é maior que o raio lunar R_{Lua}.

14.1 Conteúdo multimídia

Revisando o conteúdo

Ficha-resumo 1

Primeira lei de Kepler

As órbitas planetárias são elípticas, com o Sol em um dos focos da elipse.

Segunda lei de Kepler

O vetor posição (ou raio-vetor) varre áreas proporcionais aos intervalos de tempo correspondentes.

Terceira lei de Kepler

$$T^2 = kR^3,$$

em que T é o período de translação, R é o raio médio da órbita e k é a constante planetária de Kepler que depende da massa do Sol.

1. Uma das consequências da segunda lei de Kepler é o planeta ter velocidade escalar orbital maior quanto mais próximo ele estiver do seu periélio. Considere um planeta cuja órbita é descrita na figura a seguir.

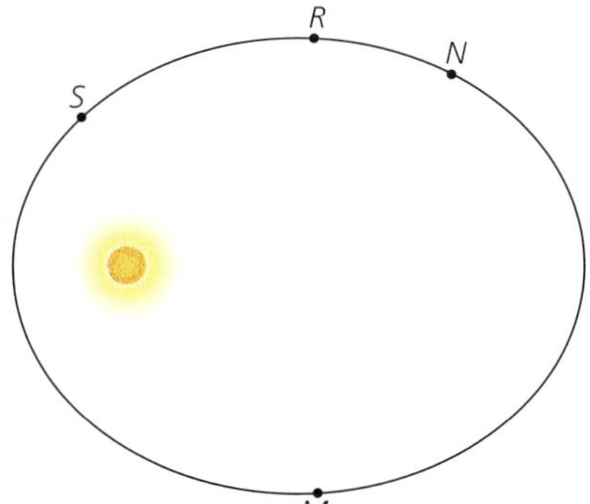

Sabendo que os pontos M e R são equidistantes do periélio, se colocarmos em ordem crescente as velocidades escalares orbitais do planeta nos pontos M, N, R e S, representados na figura, teremos:

a) $v_N > v_R = v_M > v_S$
b) $v_N = v_S < v_M = v_R$
c) $v_N < v_R = v_M < v_S$
d) $v_N = v_S > v_M = v_R$
e) $v_N < v_R < v_M < v_S$

2. (Enem) A tabela a seguir resume alguns dados importantes sobre os satélites de Júpiter.

Nome	Diâmetro (km)	Distância média ao centro de Júpiter (km)	Período orbital (dias terrestres)
Io	3.642	421.800	1,8
Europa	3.138	670.900	3,6
Ganimedes	5.262	1.070.000	7,2
Calisto	4.800	1.880.000	16,7

Ao observar os satélites de Júpiter pela primeira vez, Galileu Galilei fez diversas anotações e tirou importantes conclusões sobre a estrutura de nosso universo. A figura abaixo reproduz uma anotação de Galileu referente a Júpiter e seus satélites.

De acordo com essa representação e com os dados da tabela, os pontos indicados por 1, 2, 3 e 4 correspondem, respectivamente, a:

a) Io, Europa, Ganimedes e Calisto.
b) Ganimedes, Io, Europa e Calisto.
c) Europa, Calisto, Ganimedes e Io.
d) Calisto, Ganimedes, Io e Europa.
e) Calisto, Io, Europa e Ganimedes.

3. A distância média da Terra ao Sol, aproximadamente $1{,}5 \cdot 10^8$ km, é denominada unidade astronômica (ua); o período orbital terrestre, aproximadamente $3{,}2 \cdot 10^7$ s, é chamado ano terrestre (AT).

a) Considerando que a distância média de Júpiter ao Sol é $D_J \simeq 5{,}0$ ua, determine o período orbital desse planeta (T_J), em AT.

b) Considerando que o período orbital de Marte é $T_M \simeq 2{,}0$ AT, determine a distância média de Marte ao Sol (D_M), em ua.

4. (PUC-SP) A sonda Galileo terminou sua tarefa de capturar imagens do planeta Júpiter quando, em 29 de setembro deste ano [2003], foi lançada contra a superfície do planeta depois de orbitá-lo por 8 anos terrestres. Considerando que Júpiter está 5 vezes mais distante do Sol que a Terra, é correto afirmar que, nesse intervalo de tempo, Júpiter executou em torno do Sol:

a) cerca de 1,6 volta.
b) menos de meia volta.
c) aproximadamentede 8 voltas.
d) aproximadamente 11 voltas.
e) aproximadamente $\frac{3}{4}$ de volta.

5. (Mackenzie-SP) Dois satélites de um planeta têm períodos de revolução de 32 dias e 256 dias, respectivamente. Se o raio da órbita do primeiro satélite vale 1 unidade, então o raio da órbita do segundo será de:

a) 4 unidades.
b) 8 unidades.
c) 16 unidades.
d) 64 unidades.
e) 128 unidades.

6. (Uece) O ano terrestre é, por definição, o tempo de que a Terra precisa para fazer, no seu movimento circular, uma volta completa em torno do Sol. Imagine um planeta P, descrevendo também uma órbita circular em torno do Sol, em um tempo igual a 8 anos terrestres. Considerando r_{ST} a distância do centro do Sol ao centro da Terra e r_{SP} a distância do centro do Sol ao centro do planeta P, a razão $\frac{r_{SP}}{r_{ST}}$ é igual a:

a) 2 b) 4 c) 8 d) 16

Ficha-resumo 2

Lei da gravitação universal ou lei da atração das massas

$$F = G \cdot \frac{m_1 m_2}{r^2}$$

Em função da constante *G*, a aceleração da gravidade na superfície de um planeta esférico de massa *M* e raio *R* é dada por:

$$g_0 = G \cdot \frac{M}{R^2}$$

7. Considere g_0 o valor da aceleração da gravidade na superfície de um planeta esférico de raio R e massa M.

a) Determine o valor g da aceleração da gravidade em um ponto a uma altura h acima da superfície desse planeta.

b) Determine, em função de R, a altura h para que o módulo da aceleração da gravidade nessa posição seja um quarto do valor na superfície do planeta.

8. (Uniube-MG) Um satélite de massa m gira com velocidade angular ω constante, em torno da Terra, cuja massa é M, em órbita circular de raio R. Considerando G a constante de gravitação universal, a velocidade ω do satélite é:

a) $\frac{1}{R}\sqrt{\frac{GM}{R}}$

b) $\sqrt{\frac{2GM}{R}}$

c) $\frac{GMm}{R}$

d) $\frac{GMm}{R^2}$

e) $\frac{GM}{R^2}$

9. (Vunesp) Ao se colocar um satélite em órbita circular em torno da Terra, a escolha de sua velocidade v não pode ser feita independentemente do raio R da órbita. Se M é a massa da Terra e G a constante universal de gravitação, v e R devem satisfazer a condição:

a) $v^2R = GM$

b) $vR^2 = GM$

c) $\frac{v}{R^2} = GM$

d) $\frac{v^2}{R} = GM$

e) $vR = GM$

10. (Uesb-BA) Um planeta X tem massa três vezes maior que a massa da Terra e raio cinco vezes maior que o raio da Terra. Uma pessoa de massa 50 kg deve pesar, na superfície do planeta X aproximadamente:

a) 40 N b) 60 N c) 50 N d) 70 N e) 80 N

11. (Fuvest-SP) O gráfico da figura representa a aceleração da gravidade g da Terra em função da distância d ao seu centro.

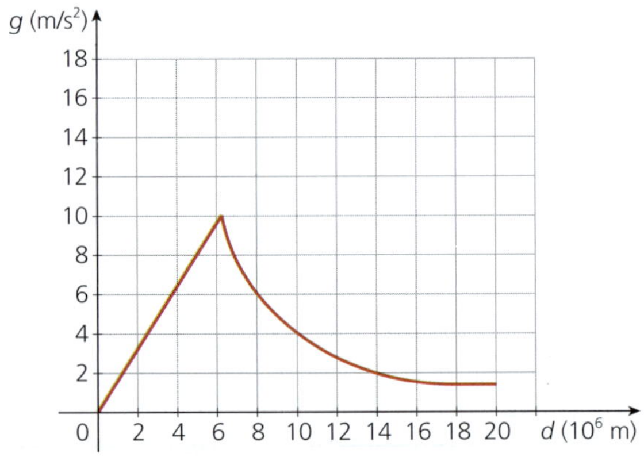

Considere uma situação hipotética em que o valor do raio R_T da Terra seja diminuído para R', sendo $R' = 0{,}8R_T$, e em que seja mantida (uniformemente) sua massa total. Nessas condições, os valores aproximados das acelerações da gravidade g_1 à distância R' e g_2 a uma distância igual a R_T do centro da "Terra Hipotética" são, respectivamente:

	g_1 (m/s²)	g_2 (m/s²)
a)	10	10
b)	8	6,4
c)	6,4	4,1
d)	12,5	10
e)	15,6	10

12. A nave Apolo 11 circundou a Lua em julho de 1969, em uma órbita circular de raio r. Considere a massa da nave igual a m e seu período orbital T. Admitindo a Lua como uma esfera perfeita, determine:

a) a velocidade orbital v da nave;

b) a massa da Lua.

Ficha-resumo 3

Em um sistema de dois corpos de massas M e m, separados pela distância r, as energias mecânicas orbitais são:

Energia potencial gravitacional

$$E_{pgrav} = -G \cdot \frac{Mm}{r}$$

Energia cinética orbital

$$E_c = \frac{mv^2}{2} = G \cdot \frac{Mm}{2r}$$

Energia mecânica total

$$E_{mec} = E_{pgrav} + E_c$$

A **velocidade de escape** é dada por:

$$v_e = \sqrt{\frac{2GM}{R}}$$

13. (Uesb-BA) Um satélite de massa m realiza um movimento uniforme em órbita circular de raio r, em torno da Terra, considerada uma esfera de massa M e raio R. Sendo G a constante universal de gravitação, a energia cinética do satélite, nessa órbita, é igual a:

a) $\frac{GM}{R}$

b) $\frac{Gm}{r}$

c) $\frac{GmM}{r}$

d) $\frac{GmM}{2R}$

e) $\frac{GmM}{2r}$

14. Um satélite de massa m está em órbita circular em torno de um planeta esférico de raio R e massa M, a uma altitude $h = 3R$.

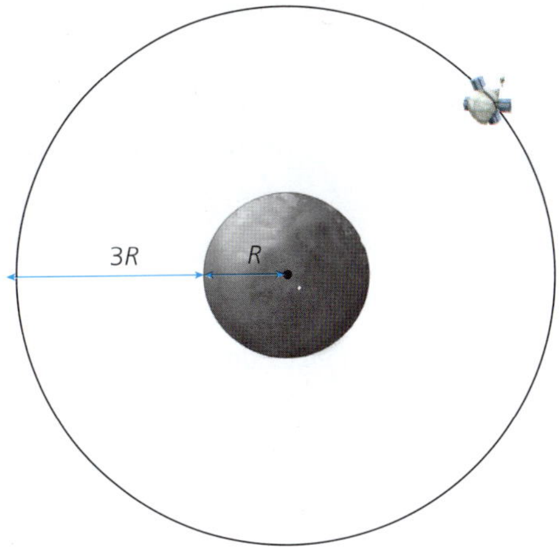

Determine para esse satélite nessa órbita:

a) sua velocidade orbital v;

b) sua energia cinética E_c;

c) sua energia potencial gravitacional E_{pgrav};

d) sua energia mecânica total E_{mec}.

15. Um satélite de massa m está em órbita circular ao redor da Terra, de massa M, a uma altitude igual ao raio da Terra, R.

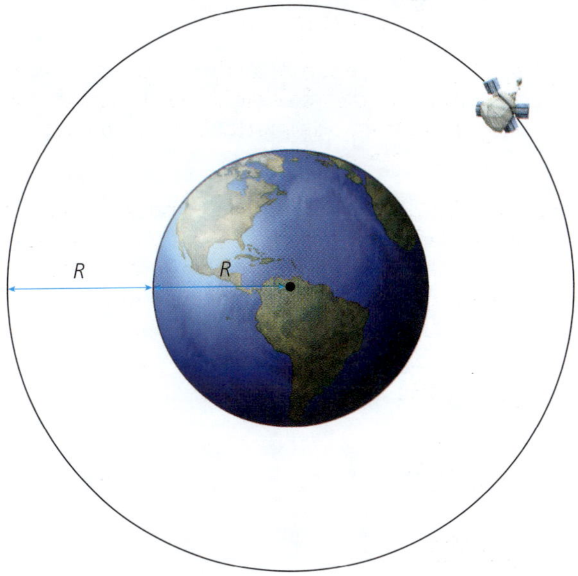

Determine para esse satélite nessa órbita:

a) sua velocidade orbital v;

b) sua energia mecânica total E_{mec}.

Capítulo 15

Estática do ponto material e do corpo extenso

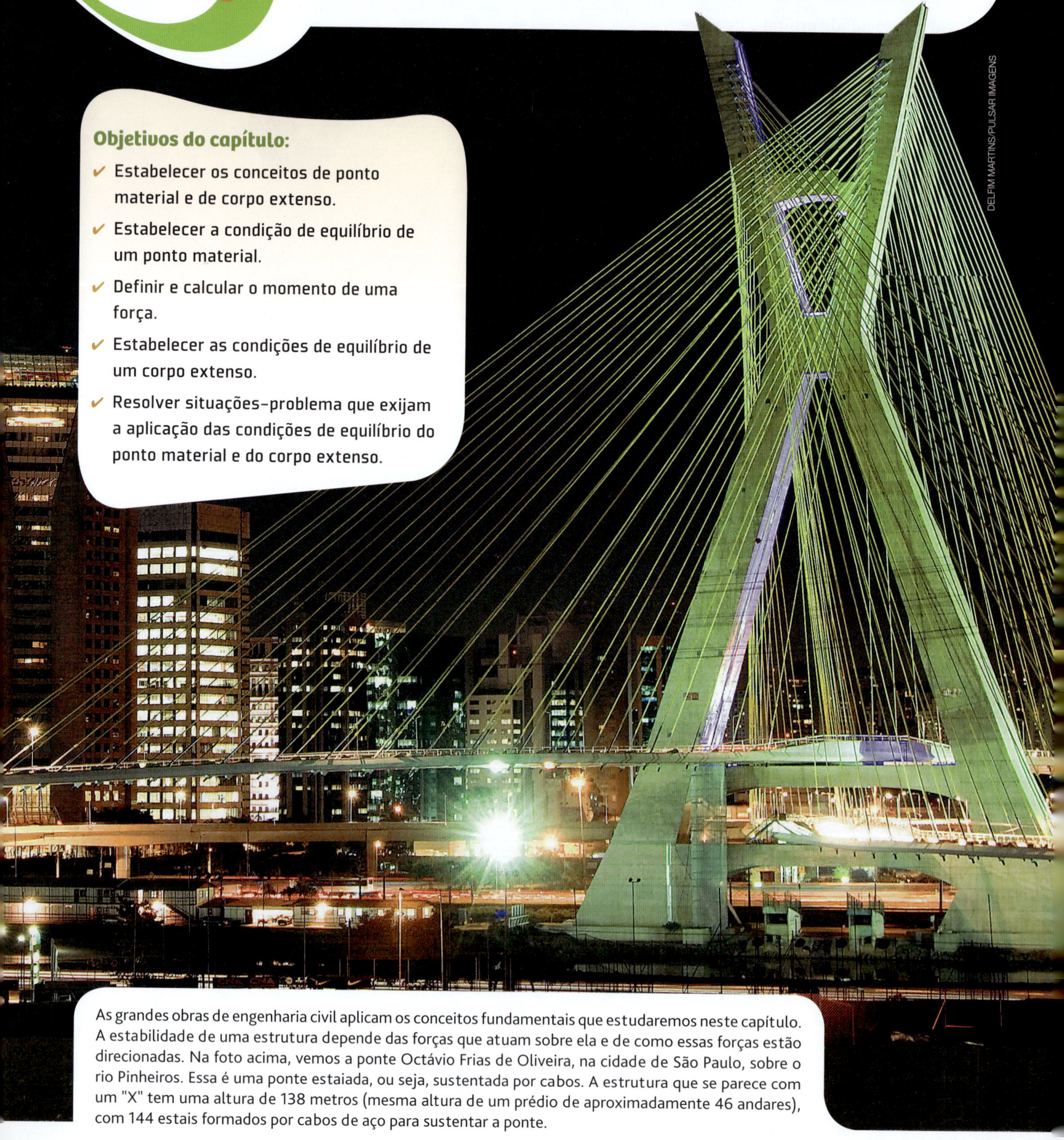

DELFIM MARTINS/PULSAR IMAGENS

Objetivos do capítulo:

- ✔ Estabelecer os conceitos de ponto material e de corpo extenso.
- ✔ Estabelecer a condição de equilíbrio de um ponto material.
- ✔ Definir e calcular o momento de uma força.
- ✔ Estabelecer as condições de equilíbrio de um corpo extenso.
- ✔ Resolver situações-problema que exijam a aplicação das condições de equilíbrio do ponto material e do corpo extenso.

As grandes obras de engenharia civil aplicam os conceitos fundamentais que estudaremos neste capítulo. A estabilidade de uma estrutura depende das forças que atuam sobre ela e de como essas forças estão direcionadas. Na foto acima, vemos a ponte Octávio Frias de Oliveira, na cidade de São Paulo, sobre o rio Pinheiros. Essa é uma ponte estaiada, ou seja, sustentada por cabos. A estrutura que se parece com um "X" tem uma altura de 138 metros (mesma altura de um prédio de aproximadamente 46 andares), com 144 estais formados por cabos de aço para sustentar a ponte.

1 Introdução

Neste capítulo, vamos estudar Estática, área da Física que investiga as condições de equilíbrio do ponto material e do corpo extenso. Essa teoria é aplicada especialmente nas áreas de Engenharia Civil e de Engenharia Mecânica, nas quais os projetos de edifícios, pontes, viadutos **(fig. 1)** e de muitas peças de maquinário exigem a estabilidade das estruturas, empregando-se para isso as condições de equilíbrio.

ZHU DIFENG/SHUTTERSTOCK

Figura 1. Os engenheiros civis aplicam em seus projetos os conceitos da Estática. Esses viadutos obedecem às condições de equilíbrio.

2 Ponto material e corpo extenso

Considere que queremos estudar os movimentos de um grande navio cargueiro que parte de um porto brasileiro e se dirige, pelo Oceano Atlântico, para um porto europeu. As dimensões desse navio, como a largura, o comprimento e o calado (altura do barco abaixo da linha-d'água), devem necessariamente ser levadas em conta durante as manobras que ele realiza para zarpar e, mais tarde, atracar no porto europeu. Mas, durante a travessia do oceano, tais dimensões praticamente não interessam ao estudo do movimento.

Na Física, chamamos de **ponto material** todo corpo que pode ter suas dimensões desprezadas, desde que isso não interfira na análise do problema. Nesse caso, toda a massa do corpo é concentrada em um único ponto: o ponto material. No exemplo visto, durante a travessia do Oceano Atlântico, o navio pode ser considerado um ponto material, para efeito de estudo do seu movimento.

Já se as dimensões de um corpo influem na análise do problema e esse corpo não sofre deformação quando está sob a ação de forças, então ele será considerado um **corpo extenso** ou **rígido**. Por exemplo, durante a partida e a atracação, aquele mesmo navio, antes considerado um ponto material, agora deve ser considerado um corpo extenso.

3 Baricentro ou centro de gravidade (*CG*)

No estudo do equilíbrio de um corpo extenso é importante que saibamos localizar o ponto de aplicação da força peso do corpo. Na realidade, para um corpo extenso, seu peso é a resultante de um grande número de forças, pois cada partícula que constitui o corpo está sob o efeito de uma força gravitacional. O ponto de aplicação da força gravitacional resultante, equivalente ao peso do corpo, é denominado **centro de gravidade** ou **baricentro**.

Na **figura 2**, podemos observar a posição do centro de gravidade de alguns corpos planos, de espessura desprezível e massa homogeneamente distribuída.

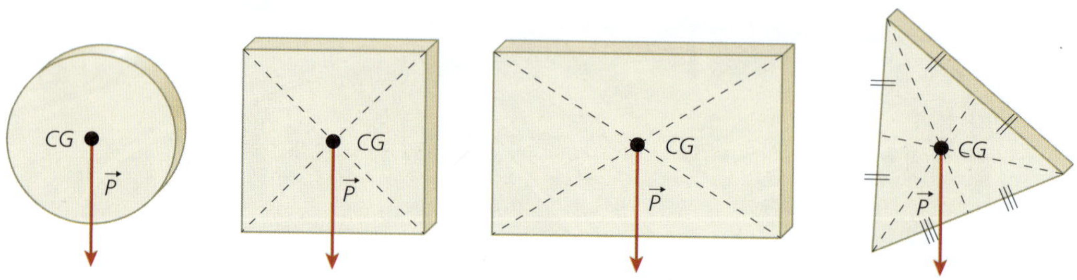

Figura 2. O centro de gravidade, *CG*, é o ponto de aplicação da força peso do corpo. Nos corpos triangulares, o centro de gravidade é o ponto de intersecção das três medianas.

4 Movimento de translação e movimento de rotação

Quando falamos em movimento de um corpo rígido, devemos ficar atentos para as trajetórias descritas pelos diferentes pontos do corpo.

Dizemos que um corpo rígido sofre um movimento de **translação** quando todos os pontos do corpo seguem trajetórias paralelas **(fig. 3)**.

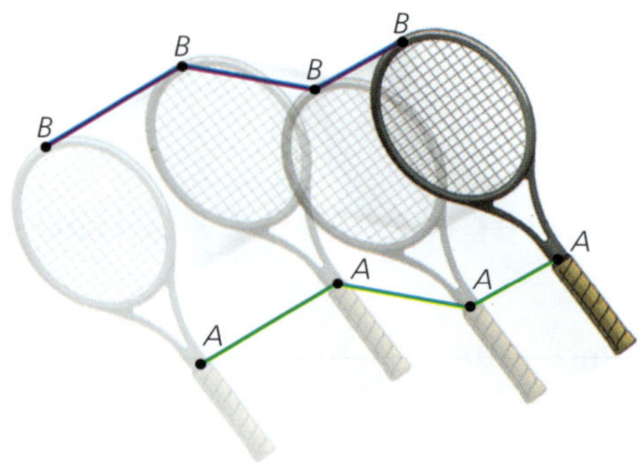

Figura 3. No movimento de translação, todos os pontos do corpo têm, num dado instante, velocidade numa mesma direção.

No movimento de **rotação** de um corpo rígido, todos os pontos do corpo descrevem um movimento circular em torno de um mesmo ponto *O* **(fig 4)**.

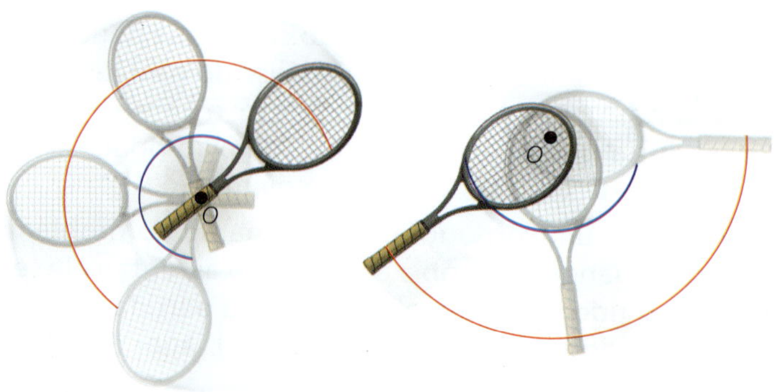

Figura 4. No movimento de rotação, todos os pontos do corpo descrevem um movimento circular ao redor de um mesmo ponto.

5 Equilíbrio do ponto material

Consideremos um ponto material em repouso e sujeito a um sistema de forças $\vec{F}_1, \vec{F}_2, \vec{F}_3, \ldots, \vec{F}_n$ **(fig. 5)**.

De acordo com a primeira lei de Newton, ou princípio da inércia, a condição necessária e suficiente para que esse ponto permaneça em **equilíbrio estático**, isto é, para que sua velocidade se mantenha constante e nula, é que a resultante desse sistema de forças seja nula.

Assim, para que ocorra o equilíbrio estático de um ponto material, basta impor a condição:

$$\vec{F}_1 + \vec{F}_2 + \vec{F}_3 + \ldots + \vec{F}_n = \vec{0} \quad \text{ou} \quad \vec{F}_R = \vec{0}$$

Condição de equilíbrio do ponto material

Tal condição impede que o corpo sofra um movimento de translação.

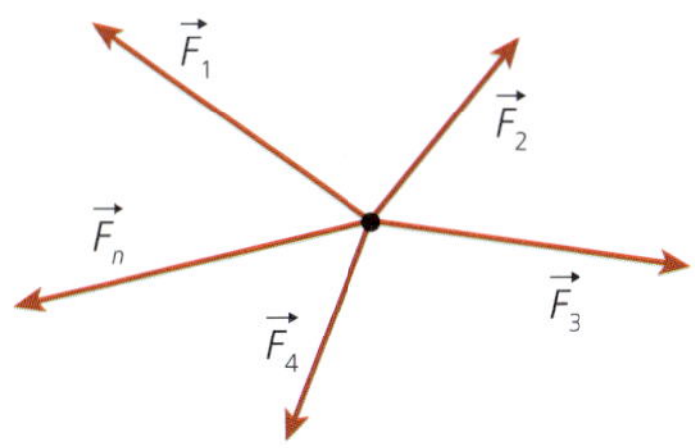

Figura 5. Ponto material sujeito a um sistema de forças.

Aplicando a teoria

1. Um corpo de 50 kg é sustentado por três cordas, unidas conforme a figura a seguir, permanecendo o sistema em equilíbrio.

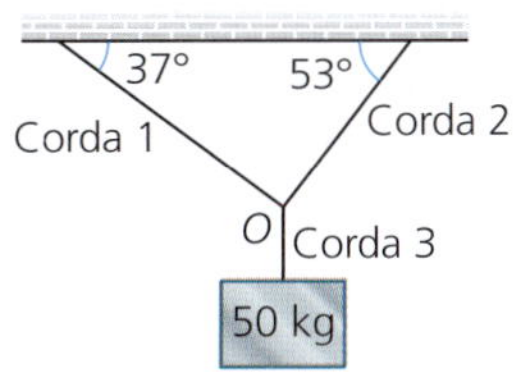

Sabendo que sen 37° = cos 53° = 0,60, sen 53° = = cos 37° = 0,80 e que a tração na corda 1 é de 300 N, determinar a tração na corda 2. (Considerar: $g = 10\ m/s^2$)

➤ **Solução**

Vamos calcular o módulo do peso do corpo suspenso pela corda 3:

$$P = mg \Rightarrow P = 50 \cdot 10 \Rightarrow P = 500\ N$$

Como o corpo está em equilíbrio, a tração exercida pela corda 3 equilibra o peso do corpo. Então:

$$T_3 = P \Rightarrow T_3 = 500\ N$$

As forças que atuam no ponto O, ponto de união das três cordas, são mostradas a seguir. Note que o ângulo entre as cordas 1 e 2 é de 90°.

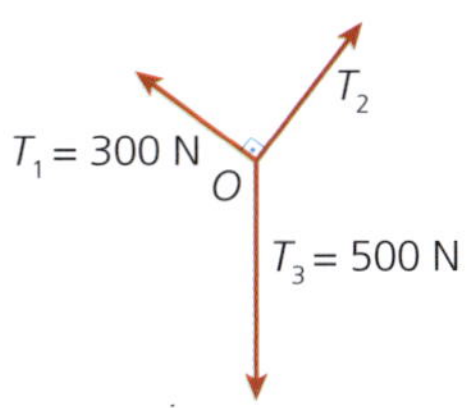

Como o ponto O está em equilíbrio, a resultante dessas três forças é nula.

Graficamente, podemos obter essa resultante pelo método do polígono. As forças devem formar um polígono fechado (nesse caso, um triângulo).

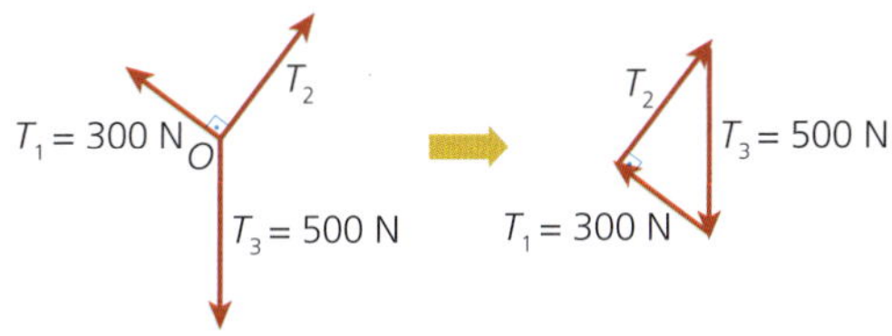

Observe que o triângulo obtido é um triângulo retângulo. Então, pelo teorema de Pitágoras:

$$T_3^2 = T_1^2 + T_2^2 \Rightarrow 500^2 = 300^2 + T_2^2 \Rightarrow$$

$$\Rightarrow \boxed{T_2 = 400\ N}$$

Poderíamos ter resolvido o problema de outra maneira, colocando as forças que agem em O em um sistema de eixos ortogonais x e y e impondo, a seguir, a condição de equilíbrio, ou seja, impondo que suas projeções nas direções dos eixos x e y devem se anular.

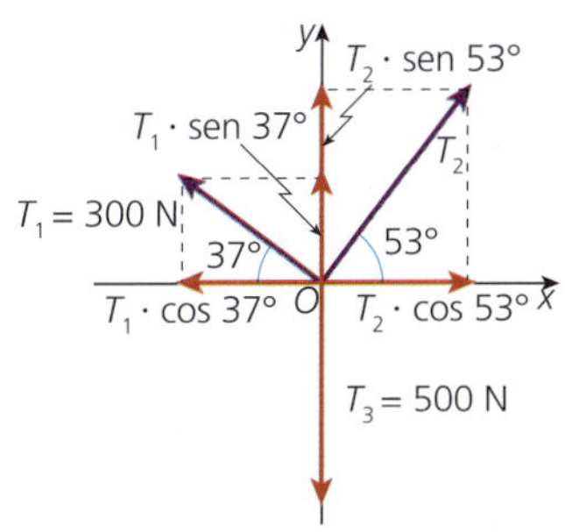

Na direção do eixo x:

$$T_2 \cdot \cos 53° = T_1 \cdot \cos 37° \Rightarrow T_2 \cdot 0{,}60 = 300 \cdot 0{,}80 \Rightarrow$$

$$\Rightarrow \boxed{T_2 = 400\ N}$$

2. **Uma esfera homogênea de peso 300 N está em equilíbrio, conforme mostra a figura.**

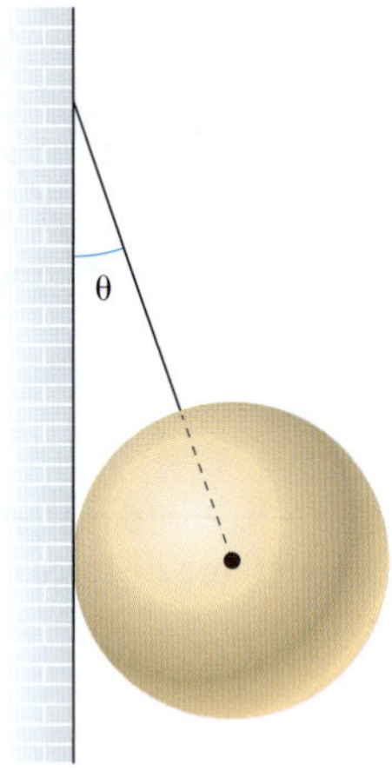

Desprezando o atrito e adotando sen θ = 0,6 e cos θ = 0,8, determinar:

a) a tração no fio;

b) a força que a parede aplica na esfera.

➤ **Solução**

a) Na esfera atuam três forças: o peso P, a tração T do fio e a força N aplicada pela parede (reação normal do apoio).

Como a esfera está em equilíbrio, tais forças devem apresentar uma resultante nula e o polígono de forças será, portanto, um triângulo.

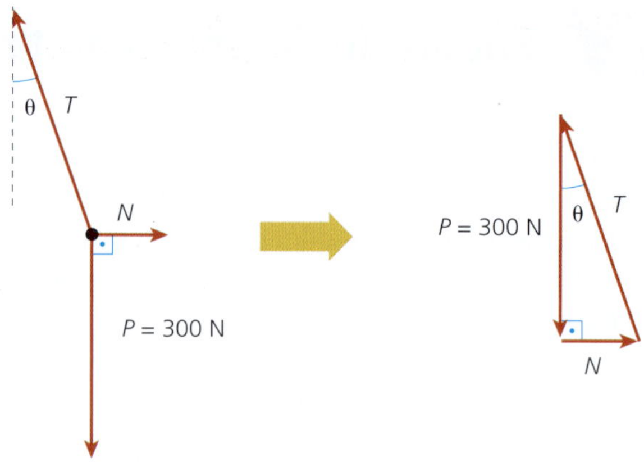

Observe que, neste caso, a esfera se comporta como um ponto material.

Aplicando a relação trigonométrica do cosseno no triângulo retângulo, temos:

$$\cos\theta = \frac{P}{T} \Rightarrow 0{,}8 = \frac{300}{T} \Rightarrow \boxed{T = 375\ \text{N}}$$

b) A força N, de reação normal do apoio, aplicada pela parede, pode ser obtida usando-se a relação trigonométrica do seno naquele triângulo retângulo.

Temos:

$$\text{sen}\,\theta = \frac{N}{T} \Rightarrow 0{,}6 = \frac{N}{375} \Rightarrow \boxed{N = 225\ \text{N}}$$

Observe que poderíamos, como no problema anterior, ter resolvido o exercício pela decomposição das forças em dois eixos ortogonais x e y.

Avaliando o aprendizado

1. Um ponto material P está em equilíbrio sob a ação de um sistema de forças coplanares, como indica a figura abaixo.

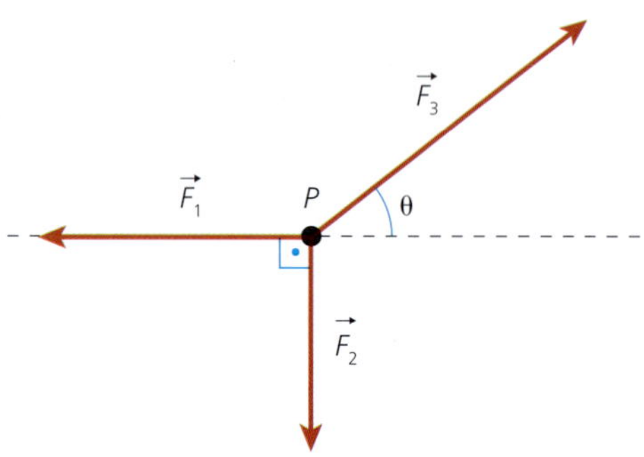

Se $F_1 = 8$ N e $F_2 = 6$ N, determine a intensidade da força $\vec{F}_3$ e o ângulo θ.

2. Na figura abaixo, os fios são ideais e o corpo C tem peso 300 N. Determine a intensidade das trações nos fios 1, 2 e 3. (Dados: sen θ = 0,6 e cos θ = 0,8.)

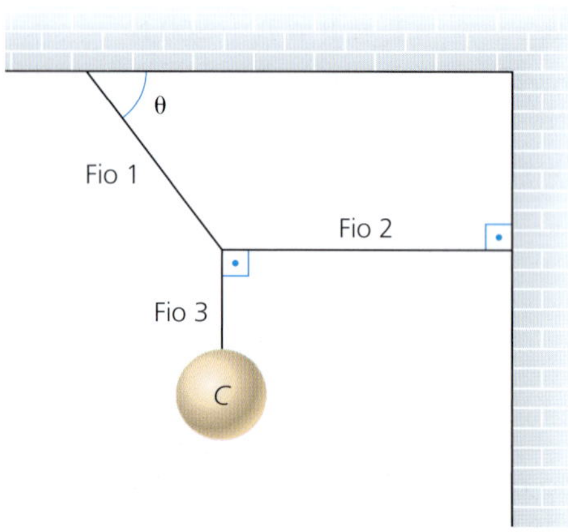

3. O sistema mostrado abaixo está em equilíbrio e o corpo P, apoiado na superfície horizontal, está prestes a se movimentar. As massas de P e Q valem, respectivamente, 20 kg e 10 kg.

Adotando $g = 10 \text{ m/s}^2$, determine a intensidade da tração nos fios e o coeficiente de atrito entre o corpo P e a superfície de apoio.

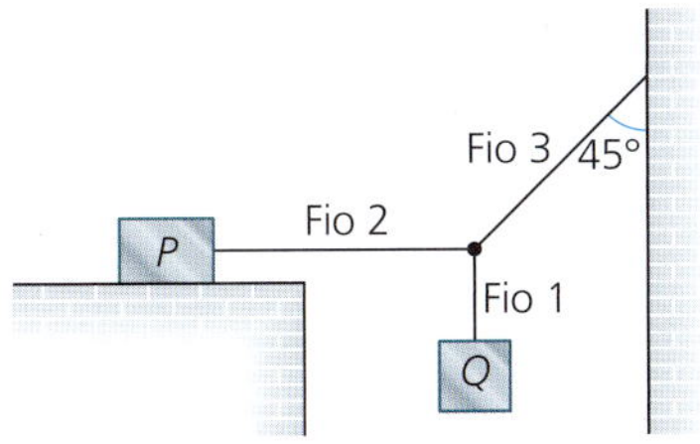

4. A esfera mostrada na figura a seguir tem peso P = 100 N. Desprezando os atritos, determine a tração no fio ideal e a intensidade da força que a parede aplica na bola.

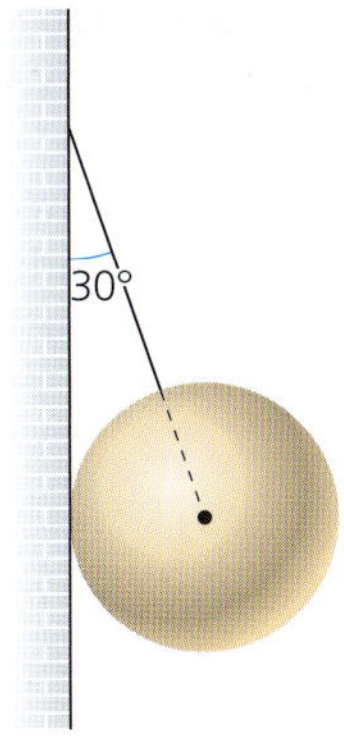

(*Dados:* $\cos 30° = \frac{\sqrt{3}}{2}$, $\text{sen } 30° = \frac{1}{2}$ e $\text{tg } 30° = \frac{\sqrt{3}}{3}$)

6 Momento de uma força

Antes de iniciar o estudo das condições de equilíbrio de um corpo extenso, precisamos introduzir o conceito de uma nova grandeza física, necessária a este estudo: a grandeza vetorial **momento de uma força**.

O momento de uma força aplicada a um corpo extenso, em relação a um ponto, é a grandeza vetorial que nos dá uma ideia da tendência de aquela força provocar a rotação do corpo em torno daquele ponto.

Consideremos, por exemplo, uma placa de madeira presa a uma parede por um prego em *O* e sujeita a uma força externa $\vec{F}$ **(fig. 6)**.

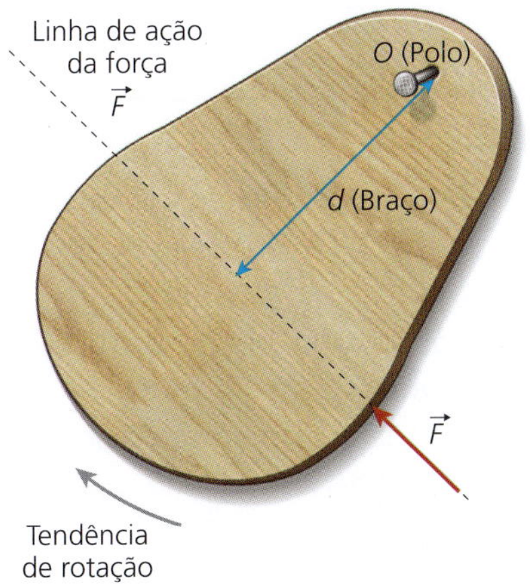

Figura 6. O ponto *O*, em relação ao qual calculamos o momento da força, é denominado **polo**. A distância da linha de ação da força ao polo, *d*, é denominada **braço**.

O momento $\vec{M_F}$ da força $\vec{F}$, em relação ao polo *O*, tem intensidade dada por:

$$M_F = \pm Fd$$

No SI, o módulo *F* da força é medido em newton (N) e o braço *d* é medido em metro (m). Portanto, no SI, a unidade de medida do momento de uma força é o newton · metro (N · m).

O vetor $\vec{M_F}$ tem direção perpendicular ao plano definido pela linha de ação da força e o polo.

O sinal positivo ou negativo do momento leva em conta o sentido da tendência de rotação e é dado de acordo com uma convenção arbitrária preestabelecida: por exemplo, podemos dizer que a tendência de rotação no sentido anti-horário terá momento positivo, e a tendência de rotação no sentido horário terá momento negativo.

Aplicando a teoria

3. **A placa de madeira abaixo, de peso 50 N, está colocada em uma parede vertical, suspensa pelo prego em O e sujeita às forças indicadas na figura.**

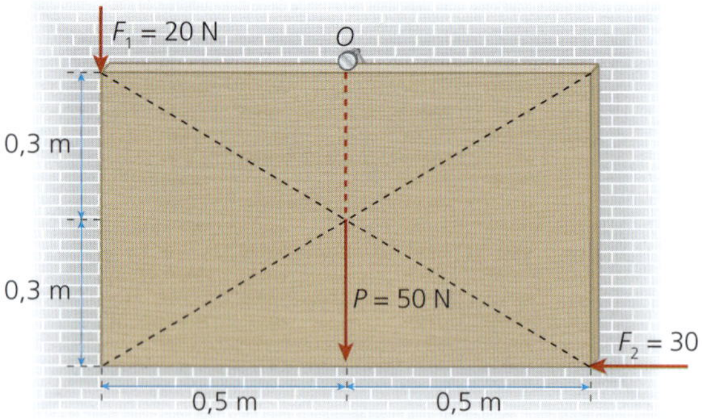

a) Determinar o momento de cada uma das forças indicadas em relação ao ponto O.

b) A placa de madeira gira em torno de O no sentido horário ou no sentido anti-horário? Justificar.

➤ **Solução**

a) O momento de uma força, em relação a um dado ponto, é dado por: $M_F = \pm Fd$, em que *d* é a distância da linha de ação da força até o ponto considerado.

Vamos considerar que o momento da força seja positivo caso a força revele a tendência de girar a placa em torno de O no sentido anti-horário.

Para a força $P = 50$ N, temos:

$M_P = \pm 50 \cdot 0 \Rightarrow \boxed{M_P = 0}$

Para a força $F_1 = 20$ N, temos:

$M_{F_1} = +20 \cdot 0{,}5 \Rightarrow \boxed{M_{F_1} = +10 \text{ N} \cdot \text{m}}$

Para a força $F_2 = 30$ N, temos:

$M_{F_2} = -30 \cdot 0{,}6 \Rightarrow \boxed{M_{F_2} = -18 \text{ N} \cdot \text{m}}$

b) Calculemos agora o momento resultante:

$$M_R = M_P + M_{F_1} + M_{F_2}$$

Então:

$$M_R = 0 + 10 - 18 \Rightarrow M_R = -8 \text{ N} \cdot \text{m}$$

Como o momento resultante é negativo, pela nossa convenção de sinais, a placa gira em torno de O no sentido horário.

Avaliando o aprendizado

5. Uma chave fixa é submetida ao sistema de forças mostrado na figura abaixo.

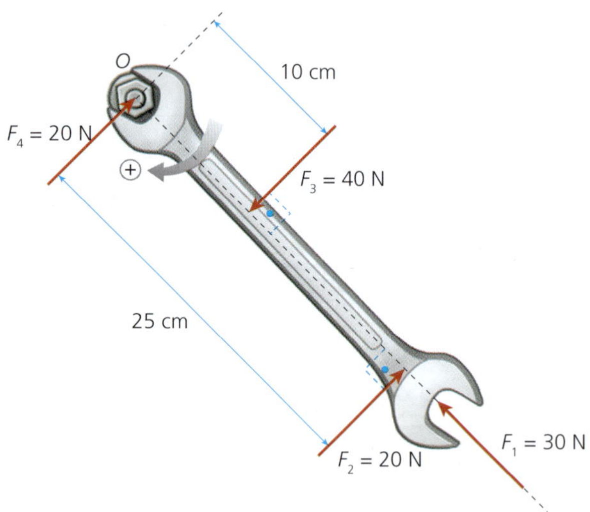

a) Considerando a convenção de sinais indicada na figura, determine o módulo do momento de cada força aplicada à chave, em relação ao ponto O.

b) A chave irá girar em torno de O no sentido horário ou no sentido anti-horário? Justifique.

6. Sobre uma barra, esquematizada na figura a seguir, atuam as forças $\vec{F}_1$ e $\vec{F}_2$, de mesma intensidade F e mesma direção, porém de sentidos opostos.

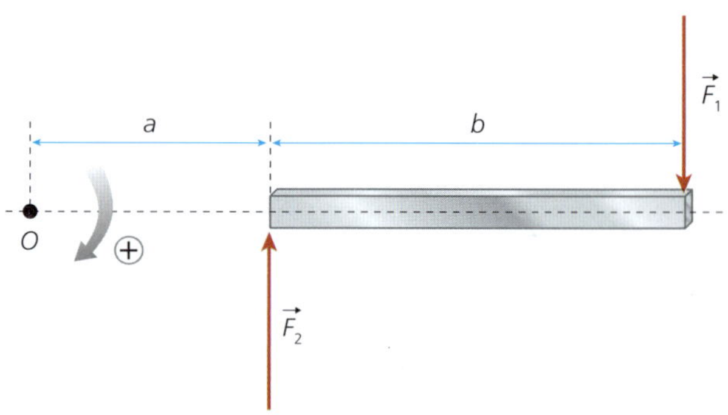

Determine o módulo do momento resultante em relação ao ponto O.

7 Equilíbrio do corpo extenso

Ao considerar um corpo extenso sujeito a um sistema de forças ($\vec{F}_1, \vec{F}_2, \vec{F}_3, \ldots, \vec{F}_n$) e em equilíbrio estático, devemos impor duas condições:

I. A primeira condição deve garantir que o corpo não sofra movimento de translação. Para isso, assim como fizemos para o ponto material, devemos impor que a resultante do sistema de forças seja nula.

II. A segunda condição deve garantir que o corpo não sofra movimento de rotação. Para isso, o momento resultante de todas as forças coplanares que agem no corpo deve ser nulo em relação a qualquer ponto do plano que contém as forças.

Assim, para o equilíbrio de um corpo extenso, temos:

$$\left.\begin{array}{c}\boxed{\vec{F}_1+\vec{F}_2+\vec{F}_3+\ldots+\vec{F}_n=\vec{0}}\\ \text{ou}\\ \boxed{\vec{F}_R=\vec{0}}\end{array}\right\}\text{Condição que impede o movimento de translação}$$

$$\left.\begin{array}{c}\boxed{\vec{M}_{F_1}+\vec{M}_{F_2}+\vec{M}_{F_3}+\ldots+\vec{M}_{F_n}=\vec{0}}\\ \text{ou}\\ \boxed{\vec{M}_R=\vec{0}}\end{array}\right\}\text{Condição que impede o movimento de rotação}$$

Aplicando a teoria

4. **Um garoto, com massa de 30 kg, está parado a 2 m da extremidade A de uma tábua AB de 3 m de comprimento e massa desprezível, disposta na horizontal e sustentada por apoios em suas extremidades.**

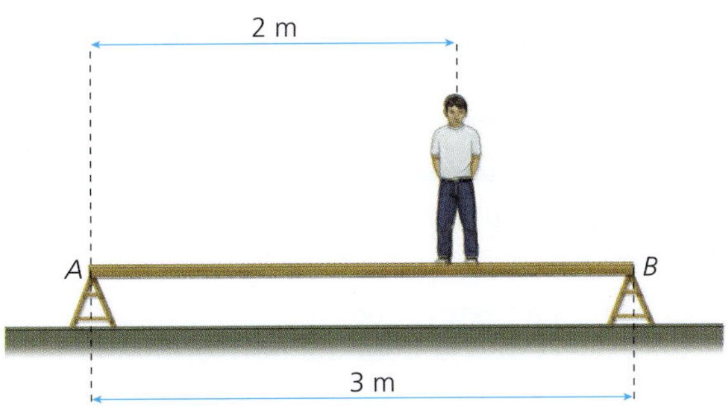

Determinar as intensidades das forças de reação normal do apoio em A e em B. (Considerar: $g = 10\ m/s^2$.)

➤ Solução

As forças que atuam no menino são seu peso P = 300 N e a força de reação normal do apoio N, força que é aplicada pela tábua ao corpo do menino. Como o menino está em equilíbrio, a resultante sobre ele deve ser nula. Então: N = P = 300 N. A força N está aplicada na tábua a uma distância de 2 m da extremidade A.

A figura abaixo mostra as forças que atuam no menino e na tábua.

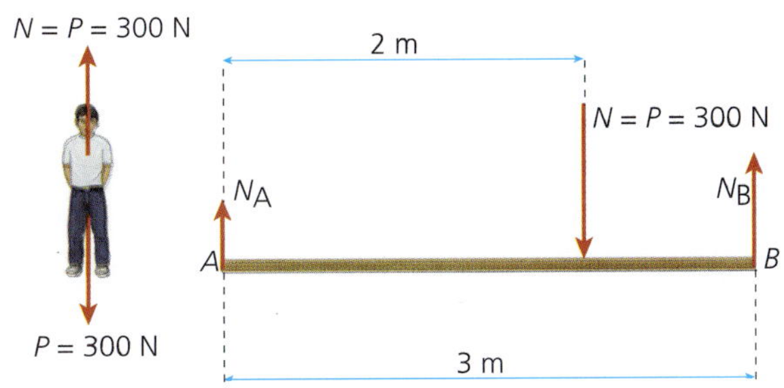

Para garantir o equilíbrio da tábua, devemos impor as duas condições de equilíbrio.

Da primeira condição de equilíbrio, $\vec{F}_R = \vec{0}$, temos:

$$N_A + N_B = N \Rightarrow N_A + N_B = 300 \quad ①$$

Da segunda condição de equilíbrio, $\vec{M}_R = \vec{0}$, e adotando como polo o ponto A, temos:

$$300 \cdot 2 = N_B \cdot 3 \quad ②$$

Da equação ②, obtemos: $\boxed{N_B = 200\ N}$

Substituindo N_B, na equação ①: $\boxed{N_A = 100\ N}$

5. No sistema esquematizado a seguir, os fios e a polia são ideais e a massa da barra rígida AB é desprezível. Adotar $g = 10\ m/s^2$ e considerar que o conjunto está em equilíbrio, com a barra AB na horizontal.

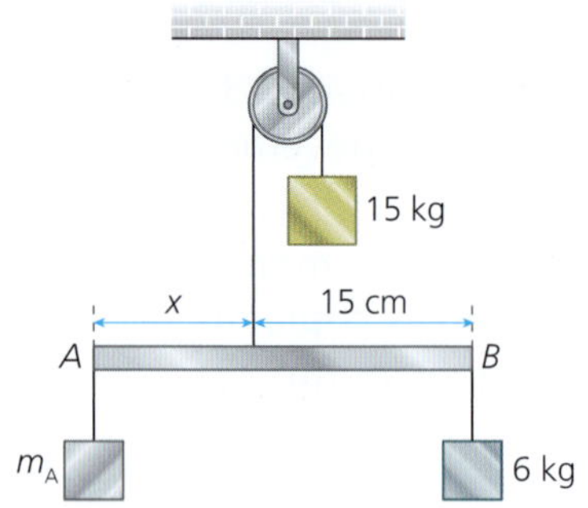

a) Qual é o valor da massa m_A?

b) Qual é o valor da distância x?

➤ Solução

a) A massa m_A pode ser obtida simplesmente observando que as massas, em cada extremidade do fio que passa pela polia, devem ser iguais. Então:

$$m_A + 6 = 15 \Rightarrow \boxed{m_A = 9\ kg}$$

b) A figura abaixo mostra as forças que atuam na barra AB.

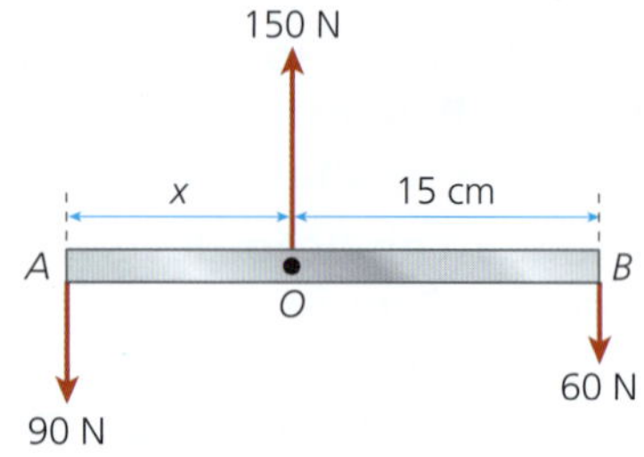

Podemos determinar o valor da distância x impondo a segunda condição de equilíbrio da barra, $\vec{M}_R = \vec{0}$, considerando como polo o ponto O.

Temos, então:

$$90 \cdot x = 60 \cdot 15 \Rightarrow \boxed{x = 10\ cm}$$

Avaliando o aprendizado

7. A barra da figura a seguir tem peso de 500 N, comprimento de 4 m e está em equilíbrio na posição horizontal.

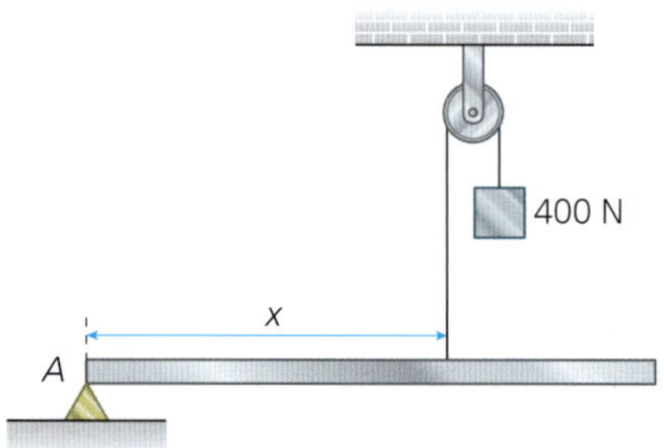

Determine:

a) o módulo da força de reação normal do apoio em A;

b) o valor da distância x.

8. A barra da figura a seguir tem peso de 100 N e comprimento de 4 m e está apoiada nos extremos A e B. O corpo C tem peso 400 N e está apoiado sobre a barra, a 1 m do extremo A.

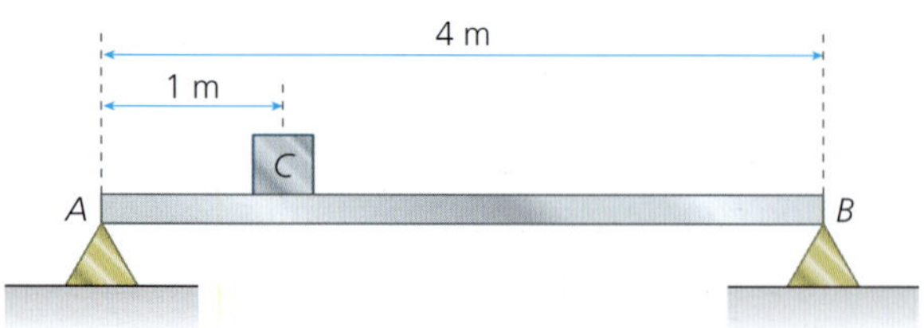

Determine a intensidade das forças de reação normal do apoio em A e em B.

9. Duas crianças, com massas diferentes, brincam numa gangorra homogênea, AB, de 3 m de comprimento e 10 kg de massa, que está apoiada no centro. A criança de massa menor, com 30 kg, está sentada a 20 cm da extremidade A e a outra criança, para manter a gangorra em equilíbrio na horizontal, está sentada a 50 cm da extremidade de B, como esquematizado a seguir.

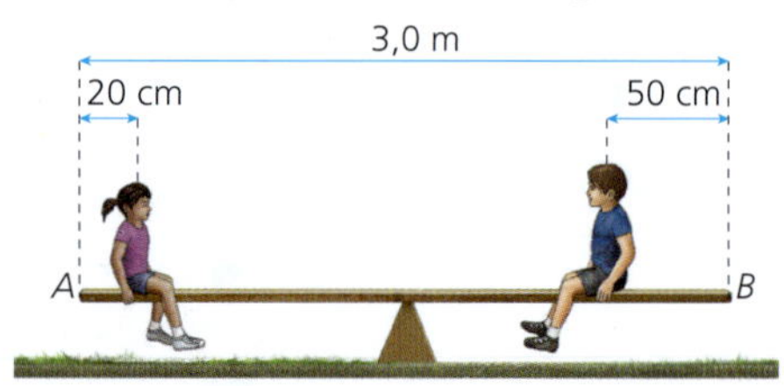

(Dado: $g = 10\ m/s^2$)

Qual é a massa da criança maior?

10. A figura a seguir mostra uma barra de peso desprezível em equilíbrio na horizontal.

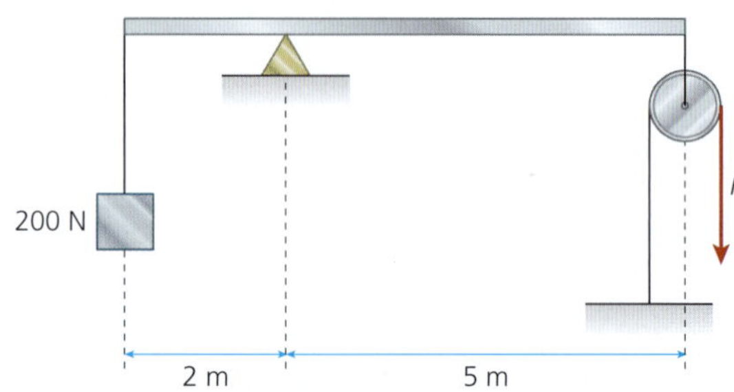

Considerando que a polia também tem peso desprezível, determine o módulo da força F que equilibra o conjunto.

Revisando o conteúdo

Ficha-resumo 1

Equilíbrio de um ponto material

$$\vec{F}_1 + \vec{F}_2 + \vec{F}_3 + \ldots + \vec{F}_n = \vec{0}$$

ou

$$\vec{F}_R = \vec{0}$$

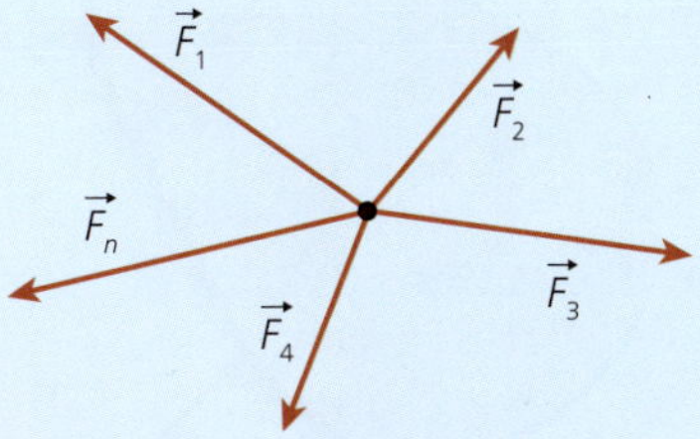

Tal condição impede a translação do ponto material.

1. (Fuvest-SP) A figura representa uma esfera de peso P, apoiada sobre uma superfície horizontal e presa à parede vertical por meio de um fio inextensível e de massa desprezível.

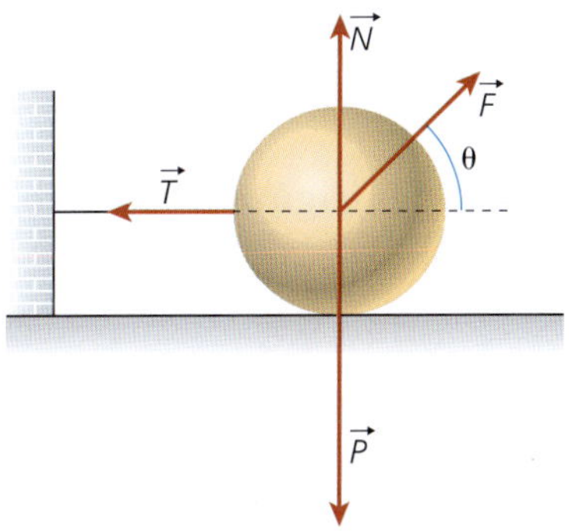

Tem-se:

a) T = F
b) T = F · sen θ
c) N = P
d) N = P − F · sen θ
e) N = F · sen θ

2. (EsPCEx-SP) Um bloco em equilíbrio, de peso $\vec{P}$, é sustentado por fios ideais, como indica a figura.

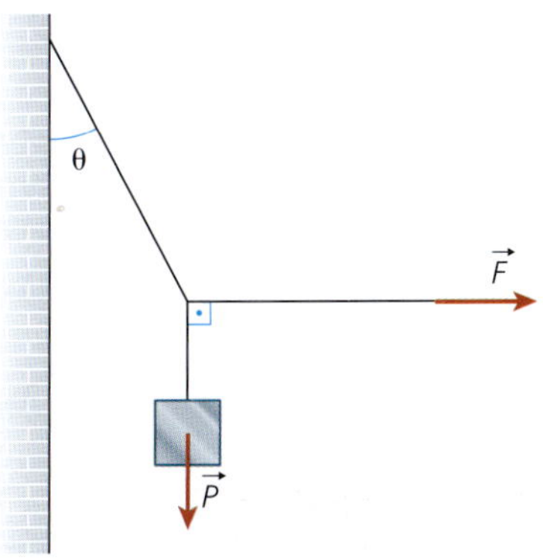

O módulo da força horizontal $\vec{F}$ vale:

a) P · sen θ
b) P · tg θ
c) P · sen θ · cos θ
d) P · cotg θ
e) P · cos θ

3. (Mackenzie-SP) Um quadro, pesando 36,0 N, é suspenso por um fio ideal preso às suas extremidades. Esse fio se apoia em um prego fixo à parede, como mostra a figura.

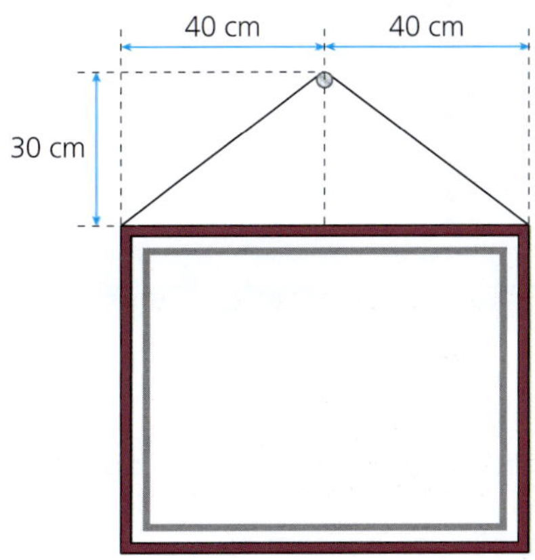

Desprezados os atritos, a força de tração no fio tem intensidade de:

a) 20,0 N
b) 22,5 N
c) 25,0 N
d) 27,5 N
e) 30,0 N

4. (Faap-SP) Uma esfera homogênea de peso P = 100 N está apoiada em dois planos formando um V com ângulo de 60°, conforme indica a figura.

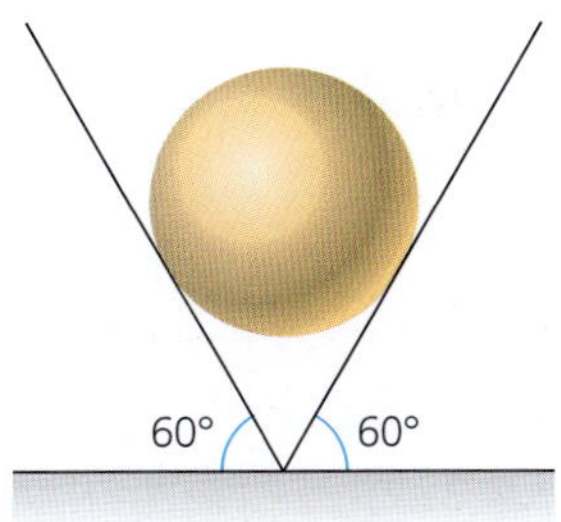

As forças que os planos exercem na esfera têm intensidades:

a) 50 N e 50 N
b) 50 N e 100 N
c) 100 N e 100 N
d) $5\sqrt{3}$ N e 100 N
e) $50\sqrt{3}$ N e $50\sqrt{3}$ N

5. (Mackenzie-SP) Um homem está pendurado no ponto médio de uma corda ideal, como mostra a figura.

Sabendo que a tensão em cada ramo da corda tem intensidade de 800 N, podemos afirmar que o peso desse homem é:

a) 780 N
b) 800 N
c) 820 N
d) 850 N
e) 900 N

6. (Fuvest-SP) Para vencer o atrito e deslocar um grande contêiner C, na direção indicada, é necessário uma força F = 500 N. Na tentativa de movê-lo, blocos de massa M = 15 kg são pendurados em um fio, que é esticado entre o contêiner e o ponto P na parede, como na figura.

(Dados: sen 45° = cos 45° ≃ 0,7 e tg 45° = 1)

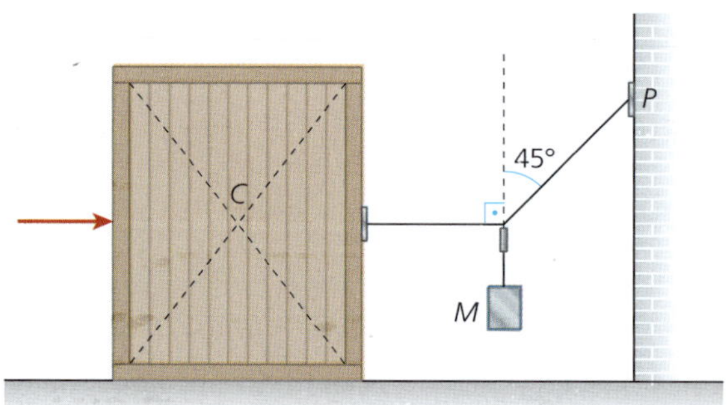

Para movimentar o contêiner, é preciso pendurar no fio, no mínimo:

a) 1 bloco
b) 2 blocos
c) 3 blocos
d) 4 blocos
e) 5 blocos

Ficha-resumo 2

Momento de uma força

$$M_F = \pm Fd$$

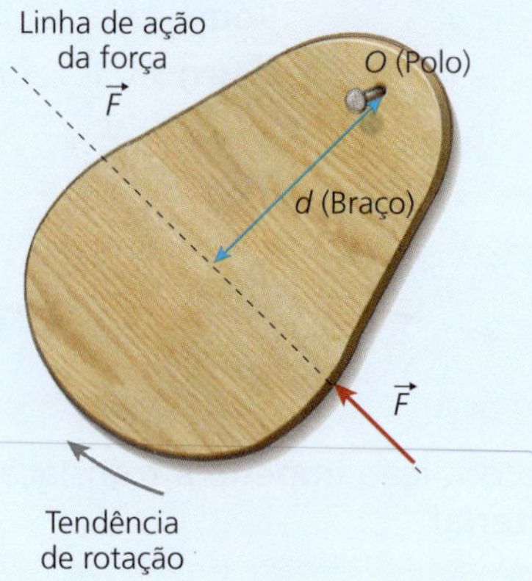

Equilíbrio de um corpo extenso rígido

$\vec{F}_R = \vec{0}$ (impede a translação do corpo)

e

$\vec{M}_R = \vec{0}$ (impede a rotação do corpo)

7. (Acafe-SC) Na figura abaixo, o módulo do momento da força $\vec{F}$ em relação ao ponto C é igual a M.

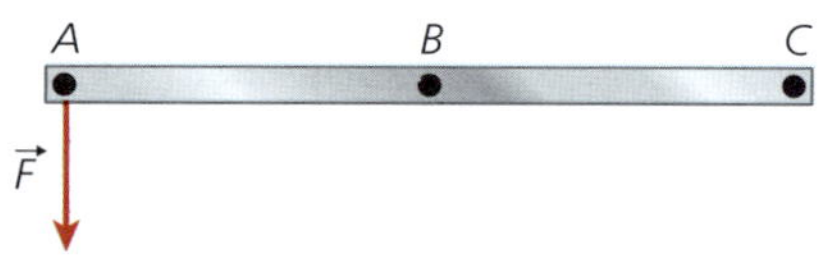

Se a força $\vec{F}$ for aplicada no ponto médio da barra, B, com o dobro da intensidade e sem alteração do sentido, o módulo do momento dessa força em relação ao ponto C será igual a:

a) M
b) 2M
c) 4M
d) $\frac{M}{2}$
e) 3M

8. (UFSC) A figura abaixo mostra as forças de módulos Q = 10 N, R = 70 N, S = 20 N e T = 40 N, que atuam sobre uma barra homogênea, com peso de módulo 30 N e com 2 m de comprimento, que tende a girar em torno do ponto O.

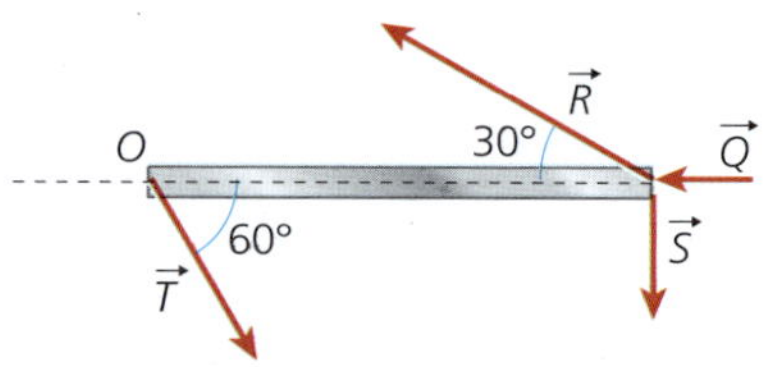

Dê como resposta a soma dos números que precedem as proposições corretas.

01) O momento da força $\vec{T}$ em relação ao ponto O é igual a zero.

02) O momento da força $\vec{S}$ em relação ao ponto O é igual ao momento da força $\vec{R}$ em relação ao ponto O.

04) O momento da força $\vec{Q}$ em relação ao ponto O tem módulo igual a 20 N · m.

08) O momento do peso da barra em relação ao ponto O é igual ao momento da força $\vec{R}$ em relação ao ponto O.

16) A barra está em equilíbrio de rotação.

32) O momento resultante em relação ao ponto O é nulo.

9. (Mackenzie-SP) Em uma experiência, a barra homogênea, de secção reta constante e peso 100 N, é suspensa pelo seu ponto C, por um fio ideal, e mantida em equilíbrio como mostra a figura.

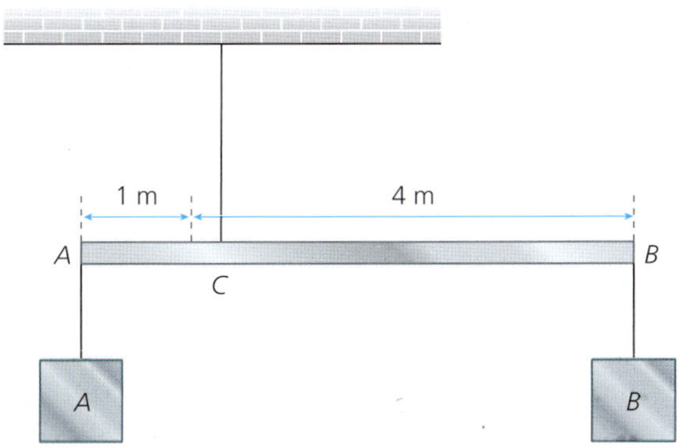

Nas extremidades da barra, são colocados os corpos A e B. Sabe-se que o peso do corpo B é 80 N. A tração no fio que sustenta essa barra tem intensidade:

a) 650 N
b) 550 N
c) 500 N
d) 420 N
e) 320 N

10. (EsPCEx-SP) Uma haste *AD* homogênea e rígida encontra-se em equilíbrio estático, na posição horizontal, sustentada pela corda ideal *OB*. No ponto C, que dista 5 m do ponto A, está pendurado um peso P, conforme o desenho a seguir.

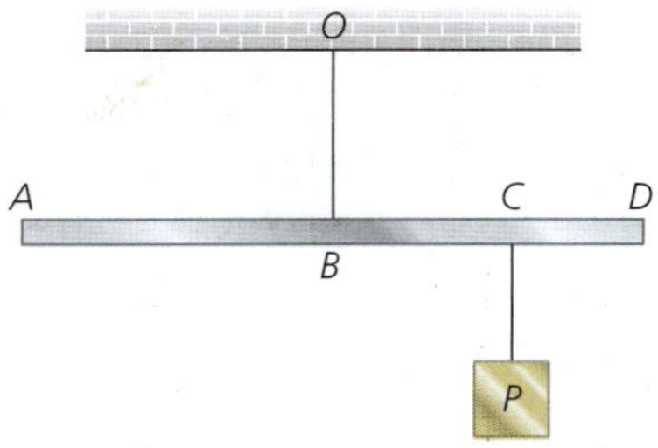

Observação: desenho fora de escala.

Sabendo que o peso da haste é igual a 4P, que o seu comprimento é igual a 6 m e que o sistema está no vácuo, podemos afirmar que a distância do ponto A ao ponto B vale:

a) 2,4 m
b) 2,5 m
c) 3,2 m
d) 3,4 m
e) 4,2 m

11. (UFSC) Duas crianças de massas 45 kg e 30 kg usam uma tábua de 2,5 m de comprimento como gangorra. Desprezando a massa da tábua, determine a que distância da criança de 30 kg deve ser colocado o ponto de apoio, para que elas fiquem em equilíbrio, na horizontal, quando sentadas em cada uma das extremidades da tábua.

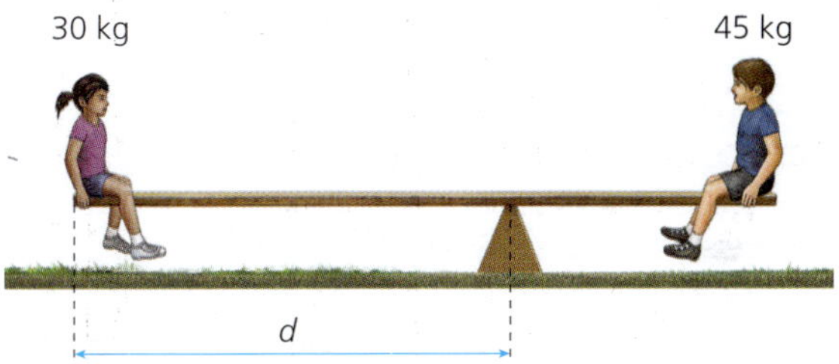

Assinale a alternativa correta.

a) 1,1 m
b) 0,7 m
c) 1,0 m
d) 1,4 m
e) 1,5 m

12. (Ufal) Num parque, uma gangorra de 4,0 m de comprimento, articulada no centro de gravidade, que coincide com o centro geométrico, permanece na posição horizontal.

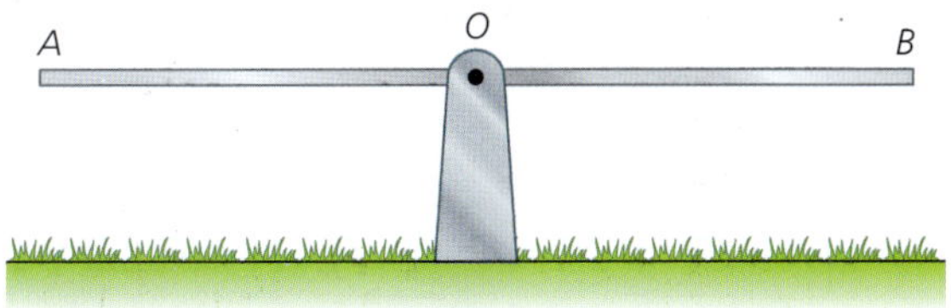

Ana, de massa 10 kg, Beatriz, de massa 15 kg, e Célia, de massa 25 kg, vão ao parque brincar na gangorra. Ana se coloca na extremidade A e Beatriz, a 1,0 m de Ana.

Adote $g = 10 \text{ m/s}^2$, analise as afirmações e indique a(s) que está(ão) correta(s).

0 - Se a gangorra for mantida na horizontal, o momento do peso de Ana em relação ao ponto O terá módulo 200 N · m.

1 - Se a gangorra for mantida na horizontal, o momento do peso de Beatriz em relação ao ponto O terá módulo 300 N · m.

2 - Para que a gangorra fique em equilíbrio na posição horizontal, com as três meninas, Célia deve se posicionar a 1,4 m do ponto O.

3 - Se Ana e Beatriz trocarem entre si de lugar, ainda existe uma posição de Célia para o equilíbrio da gangorra.

4 - Se Beatriz e Célia ficarem ambas de um mesmo lado da gangorra, Ana nunca poderá equilibrá-la em posição horizontal.

13. (Mackenzie-SP) A figura mostra um móbile constituído por duas barras de massas desprezíveis que sustentam os corpos A, B e C por fios ideais.

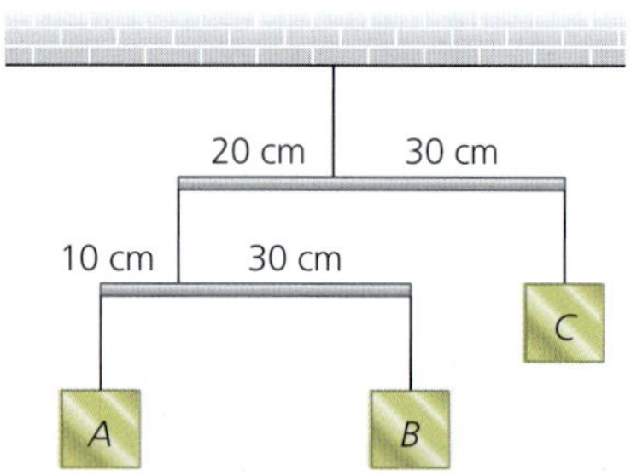

Sendo 45 g a massa do corpo A, a massa do corpo C, que mantém o conjunto em equilíbrio na posição indicada, deve ser igual a:

a) 10 g
b) 20 g
c) 30 g
d) 40 g
e) 50 g

14. (Unifesp-SP) A figura representa um cilindro de massa m, que rola para a direita sobre uma prancha homogênea e horizontal de massa $2m$, assentada livremente em dois apoios verticais, sobre os quais não desliza.

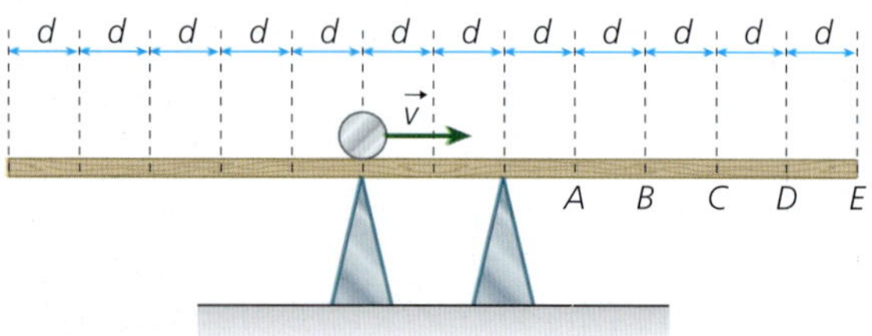

Pode-se afirmar que a prancha começa a tombar quando o cilindro passa pelo ponto:

a) A
b) B
c) C
d) D
e) E

15. (UFTM-MG) No suporte para vasos da figura, a distância entre os pontos A e B é de 30 cm, enquanto a distância entre A e C é de 50 cm. Cada ponto do suporte cumpre uma função específica. Em A, está apoiado um vaso de massa de 1,2 kg; em B, o suporte se fixa sobre a parede, travando-se em um prego; em C, o suporte apenas toca a parede.

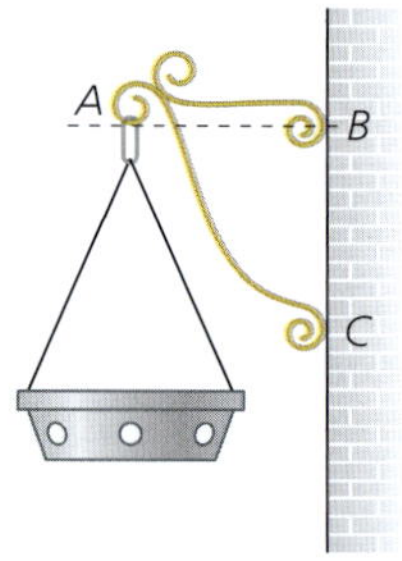

Sendo $g = 10 \text{ m/s}^2$, a força aplicada sobre a parede pelo ponto C do suporte é, em N:

a) 3
b) 9
c) 12
d) 48
e) 50

16. (UFSM-RS) Suponha que, do eixo das articulações dos maxilares até os dentes da frente (incisivos), a distância seja de 8 cm e que o músculo responsável pela mastigação, que liga o maxilar à mandíbula, esteja a 2 cm do eixo, conforme o esquema.

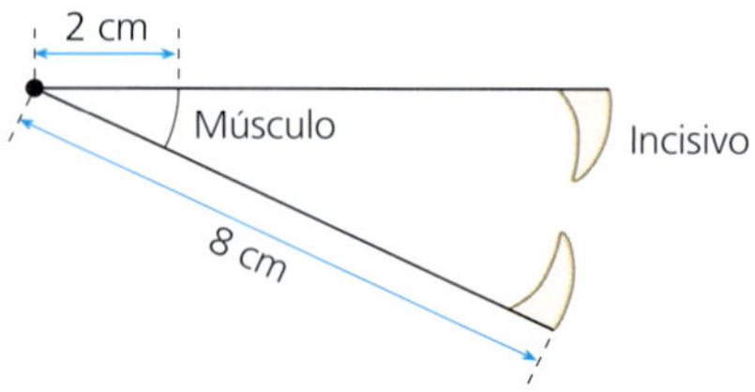

Se a força máxima que o músculo exerce sobre a mandíbula for de 1.200 N, o módulo da força exercida pelos dentes da frente, uns contra os outros, em N, é de:

a) 200
b) 300
c) 400
d) 800
e) 1.000

Capítulo 16

Hidrostática

MCCLATCHY-TRIBUNE/GETTY IMAGES

Objetivos do capítulo:

- ✔ Estabelecer o conceito de fluido.
- ✔ Estabelecer e diferenciar os conceitos de massa específica e densidade.
- ✔ Definir o conceito de pressão e aplicá-lo aos líquidos.
- ✔ Apresentar o princípio de Pascal e suas aplicações práticas.
- ✔ Apresentar e aplicar o princípio de Arquimedes.

O navio da foto é o *Allure of the Seas*, um dos maiores navios de cruzeiros do mundo. Com capacidade para transportar e acomodar mais de 5 mil turistas em suas 2.700 cabines de passageiros, seus motores desenvolvem potência suficiente para mover suas 225.000 toneladas de massa a uma velocidade de aproximadamente 41 km/h. Mas como um navio tão grande pode flutuar? Que forças devem agir sobre um corpo para que ele não afunde ao ser colocado em um líquido?

Neste capítulo, estudaremos as leis e os princípios que permitem o equilíbrio dos corpos em meio líquido e veremos as condições necessárias para que um corpo não afunde.

1 Introdução

Força
Conteúdo multimídia

Gráficos
Conteúdo multimídia

Neste capítulo, iniciamos o estudo da Hidrostática, área da Física que estuda as leis e as propriedades do equilíbrio dos líquidos e dos corpos em meio líquido.

Mas o que é um líquido? Antes de definir o que é um líquido, vamos entender o conceito de fluido.

Um **fluido** é uma substância que tem a capacidade de fluir, isto é, de se deslocar por algum duto (tubulação ou canal), assumindo a forma desse duto em cada ponto do caminho. Devido a essa capacidade, os fluidos oferecem pouca resistência às mudanças na sua forma.

De acordo com esse conceito, podemos dizer que **os líquidos e os gases são fluidos**.

Os gases são fluidos muito compressíveis, portanto não conservam seu volume e assumem facilmente a forma do recipiente que os contém, ocupando todo o seu volume, como representado na **figura 1**. O estudo das propriedades mecânicas dos gases em equilíbrio denomina-se Aerostática (ou Pneumostática, no caso do ar). Neste capítulo, o ar estará presente nas situações que envolvem a pressão atmosférica.

Os líquidos são fluidos que conservam seu volume, isto é, são praticamente incompressíveis, mas assumem facilmente a forma do recipiente que os contém, como representado na **figura 2**.

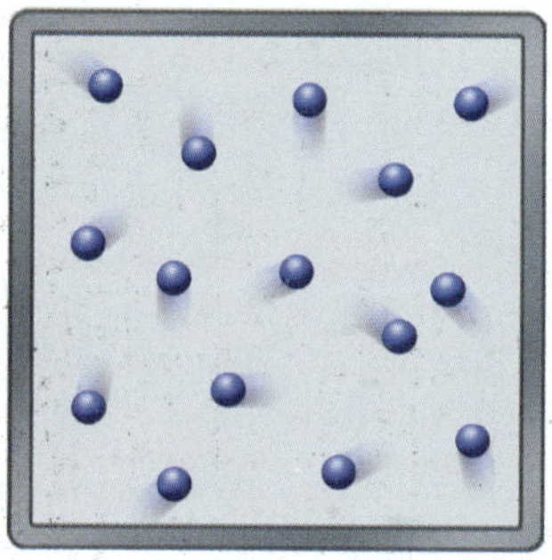

Figura 1. Em um gás, as moléculas colidem umas contra as outras e contra as paredes do recipiente. Moléculas muito distantes entre si tornam os gases muito compressíveis.

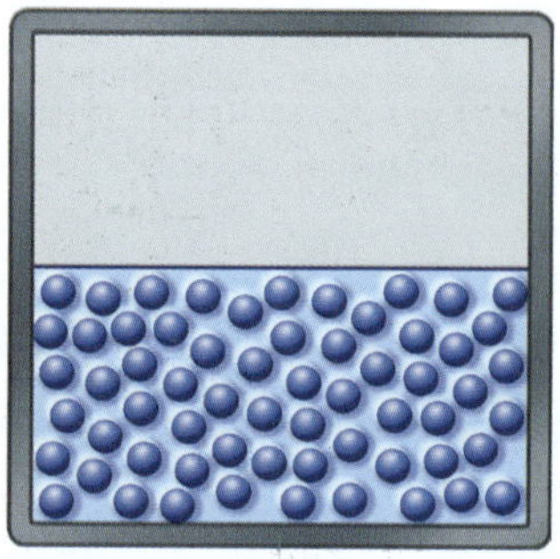

Figura 2. Por ter uma superfície bem definida e moléculas que deslizam umas entre as outras, o líquido pode assumir a forma do recipiente. Moléculas muito próximas entre si tornam os líquidos pouco compressíveis.

De modo geral, os fluidos têm enorme importância na nossa vida. O ar que respiramos, a água que bebemos, os combustíveis que movem as máquinas e a economia mundial e até mesmo os gases que alteram as condições da nossa biosfera são fluidos.

2 Massa específica e densidade volumétrica de massa

Um dos parâmetros que caracterizam um sistema físico é seu volume (V), que define a quantidade de espaço ocupado pelo sistema. Outro parâmetro é a massa (m), que é proporcional à quantidade de matéria contida no sistema.

Verifica-se experimentalmente que, para uma substância pura homogênea, a razão $\frac{m}{V}$ é constante, desde que sejam mantidas as condições de temperatura e pressão. Essa razão é denominada **massa específica** e costuma ser representada pela letra grega minúscula μ (lê-se: mi). A massa específica é uma das características que identificam uma substância e não depende da quantidade de sua massa m ou de seu volume V.

Assim, se tivermos um volume V de uma substância X, teremos uma massa m dessa substância proporcional a V. Se considerarmos um volume $2V$ da mesma substância X, nas mesmas condições de temperatura e pressão, teremos uma massa $2m$ de tal substância. Para um volume $n \cdot V$ de X, nas mesmas condições de temperatura e pressão, teremos uma massa $n \cdot m$ dessa substância. Portanto:

- A massa específica μ de uma substância pura homogênea é dada pela razão entre a massa da substância e o volume ocupado por essa massa.

$$\mu = \frac{m}{V}$$

No SI, a massa específica é medida em kg/m³. Entretanto, as unidades g/cm³ e kg/L são muito usadas e práticas.

A **tabela 1** mostra os valores das massas específicas de algumas substância puras homogêneas a 0 °C e 1,0 atm.

Tabela 1. Massa específica de algumas substâncias puras homogêneas

Substância (a 0 °C e 1,0 atm)	Massa específica (g/cm³)
Água (líquida)	0,99984 ($\simeq$ 1,000)
Gelo	0,917
Alumínio	2,70
Cobre	8,94
Chumbo	11,34
Ferro	7,87
Mercúrio	13,55
Óleo mineral	0,75-0,85
Ouro	19,32
Prata	10,50
Platina	21,45

Quando a substância que constitui o corpo não está uniformemente distribuída no seu volume, o valor do quociente $\frac{m_{corpo}}{V_{corpo}}$ pode variar e diferir do valor da massa específica da substância que constitui o corpo. Nesses casos, a razão $\frac{m_{corpo}}{V_{corpo}}$ é denominada **densidade** do corpo e costuma ser representada pela letra d. Portanto:

$$d_{corpo} = \frac{m_{corpo}}{V_{corpo}}$$

A densidade de um **corpo homogêneo** é, no máximo, igual à massa específica da substância que o constitui, isto é, $d_{corpo} \leqslant \mu_{substância}$.

Se o corpo é constituído de diversas substâncias, como a embarcação na **figura 3**, o quociente $\frac{m_{corpo}}{V_{corpo}}$ é denominado **densidade média** do corpo (d_m).

Figura 3. A densidade média da embarcação é muito menor que a massa específica do aço do qual ela é feita.

A **tabela 2** apresenta algumas densidades médias úteis e interessantes.

Tabela 2. Densidades médias

Substância	Densidade (g/cm^3)
Ar (a 0 °C, 1,0 atm e ao nível do mar)	$1{,}293 \cdot 10^{-3}$
Água do mar (a 0 °C e 1,0 atm)	1,020-1,050
Corpo humano	0,977-1,029
Terra (valor médio/núcleo)	5,52/11,92
Madeira (seca/verde)	0,430-0,750/1,010-1,320
Núcleo atômico	$\simeq 2{,}30 \cdot 10^{14}$
Buraco negro (1 massa solar)	$\simeq 1{,}90 \cdot 10^{16}$

Aplicando a teoria

1. Converter:

a) $1{,}0\ g/cm^3$ em kg/m^3

b) $1{,}0\ g/cm^3$ em kg/L

➤ Solução

a) $1{,}0\,\dfrac{g}{cm^3} = 1{,}0 \cdot \dfrac{10^{-3}\ kg}{(10^{-2}\ m)^3} \Rightarrow \boxed{1{,}0\ g/cm^3 = 10^3\ kg/m^3}$

b) $1{,}0\,\dfrac{g}{cm^3} = 1{,}0 \cdot \dfrac{10^{-3}\ kg}{(10^{-1}\ L)^3} \Rightarrow \boxed{1{,}0\ g/cm^3 = 1{,}0\ kg/L}$

2. **Qual é a massa do ar contido em uma sala de 4,0 m × 6,0 m no piso e 2,5 m de altura? Considerar a densidade do ar, nas condições do ambiente, igual a 1,28 g/L.**

➤ Solução

O volume do ar contido na sala é: $V_{ar} = 4{,}0\ m \cdot 6{,}0\ m \cdot 2{,}5\ m = 60\ m^3$. Assim:

$m_{ar} = d_{ar}V_{ar} \Rightarrow m_{ar} = 1{,}28\ kg/m^3 \cdot 60\ m^3 \Rightarrow \boxed{m_{ar} = 76{,}8\ kg}$

3. **Um bloco feito de alumínio puro tem massa de 270 g e volume 135 cm³. A massa específica do alumínio é $\mu_{A\ell} = 2{,}7\ g/cm^3$. Determinar para esse bloco:**

a) sua densidade;

b) o volume da cavidade interna a ele.

➤ Solução

a) $d_{bloco} = \dfrac{m_{bloco}}{V_{bloco}} = \dfrac{270\ g}{135\ cm^3} \Rightarrow \boxed{d_{bloco} = 2{,}0\ g/cm^3}$

b) Cálculo do volume de alumínio que constitui o bloco:

$m_{bloco} = \mu_{A\ell}V_{A\ell} \Rightarrow 270\ g = 2{,}7\,\dfrac{g}{cm^3} \cdot V_{A\ell} \Rightarrow V_{A\ell} = 100\ cm^3$

Cálculo do volume da cavidade:

$V_{cavidade} = V_{bloco} - V_{A\ell} \Rightarrow V_{cavidade} = 135\ cm^3 - 100\ m^3 \Rightarrow \boxed{V_{cavidade} = 35\ cm^3}$

4. **Misturam-se 200 cm³ de um líquido A, de massa específica 0,90 g/cm³, com 300 cm³ de um líquido B, de massa específica 0,50 g/cm³. Determinar:**

a) a densidade média da mistura dos dois líquidos;

b) o volume de líquido A que deve ser misturado com 300 cm³ de líquido B para que a densidade da mistura seja exatamente igual a 0,60 g/cm³.

Solução

a) Cálculo das massas de A e B, na mistura:

$$m_A = \mu_A V_A = 0{,}90\ g/cm^3 \cdot 200\ cm^3 = 180\ g$$

$$m_B = \mu_B V_B = 0{,}50\ g/cm^3 \cdot 300\ cm^3 = 150\ g$$

$$d_{mistura} = \frac{m_{mistura}}{V_{mistura}} = \frac{m_A + m_B}{V_A + V_B} = \frac{180\ g + 150\ g}{200\ cm^3 + 300\ cm^3} \Rightarrow \boxed{d_{mistura} = 0{,}66\ g/cm^3}$$

b) Cálculo das massas de A e B na mistura, considerando $V_A = x$:

$$m_A = \mu_A V_A = 0{,}90\ g/cm^3 \cdot x\ cm^3 = 0{,}90x\ g$$

$$m_B = \mu_B V_B = 0{,}50\ g/cm^3 \cdot 300\ cm^3 = 150\ g$$

$$d_{mistura} = \frac{m_{mistura}}{V_{mistura}} \Rightarrow d_{mistura} = \frac{m_A + m_B}{V_A + V_B}$$

$$0{,}60 = \frac{0{,}90x + 150}{x + 300} \Rightarrow 0{,}60x + 180 = 0{,}90x + 150 \Rightarrow \boxed{x = 100\ cm^3}$$

Avaliando o aprendizado

1. Considere $\mu_{água} = 1{,}0\ g/cm^3$ e $\mu_{álcool} = 0{,}80\ g/cm^3$. Determine a densidade média da mistura de:

a) 50 g de água com 40 g de álcool;

b) 50 cm³ de água com 150 cm³ de álcool.

2. A densidade do gelo (água no estado sólido) é 0,92 g/cm³ a 0 °C. Nessa mesma temperatura, a água líquida tem densidade 1,00 g/cm³. Ao solidificar 230 g de água a 0 °C, teremos um bloco de gelo de volume:

a) 500 cm³
b) 460 cm³
c) 365 cm³
d) 250 cm³
e) 230 cm³

3. A massa específica do ouro puro, chamado ouro 24 quilates, é aproximadamente 19 g/cm³ no estado sólido e 17 g/cm³ no estado líquido. Assim, para um bloco compacto de ouro puro, de volume 85 cm³, determine:

a) sua massa, em grama;

b) o volume de ouro líquido obtido, após a fusão total desse bloco.

4. Um paralelepípedo de arestas 4,0 cm, 6,0 cm e 15 cm, ortogonais entre si, tem 1,8 kg de massa. Determine:

a) a densidade desse paralelepípedo, em g/cm³;

b) a massa, em grama, de um paralelepípedo de alumínio ($\mu_{A\ell} = 2{,}7\ g/cm^3$), de mesmo volume.

5. Leia as afirmações a seguir e determine o que se pede.

I. A massa do Sol vale aproximadamente $2{,}0 \cdot 10^{30}$ kg.

II. A massa da Terra vale aproximadamente $6{,}0 \cdot 10^{24}$ kg.

III. O volume da Terra vale aproximadamente $1{,}08 \cdot 10^{21}$ m³.

O Sol é o gigante gasoso que domina nosso sistema planetário. Sua densidade média é de apenas 1,41 g/cm³, isto é, o Sol é um pouco mais denso que a água. Assim, podemos estimar que "dentro" do Sol caberiam aproximadamente:

a) 1.300 "Terras".
b) 1.300.000 "Terras".
c) 13 milhões de "Terras".
d) 130 milhões de "Terras".
e) 13 bilhões de "Terras".

3 Pressão

Experimente sustentar um pacote de açúcar de 1 kg sobre a palma de sua mão e depois sobre a ponta de um único dedo. Parece que, na segunda situação, fazemos maior "esforço", não é?

Na verdade, a força exercida para sustentar o pacote tem a mesma intensidade nos dois casos, mas a superfície do pacote sofre maior deformação quando apoiada sobre a ponta do dedo do que quando apoiada sobre a palma da mão. Portanto, essa maior deformação não é consequência da força aplicada, mas da concentração dessa força em uma área menor na segunda experiência. A grandeza física que mede a concentração da força sobre uma superfície chama-se **pressão**.

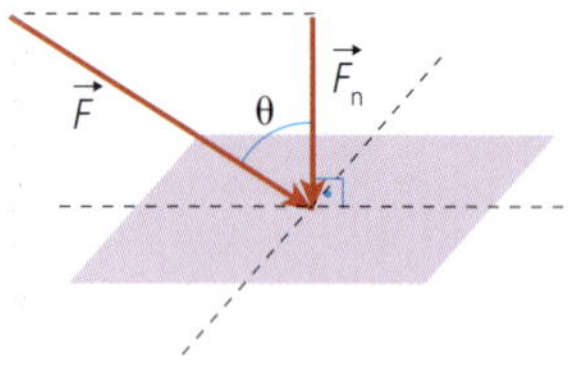

Figura 4. Força normal a uma superfície.

Considere uma força $\vec{F}$ aplicada sobre uma superfície. Chamando de $\vec{F}_n$ a componente de $\vec{F}$ normal à superfície **(fig. 4)**, definimos a pressão p de uma força $\vec{F}$ aplicada sobre uma superfície de área A pela razão entre o módulo da componente normal da força aplicada à superfície e a área na qual essa força é aplicada.

$$p = \frac{|\vec{F}_n|}{A}$$

Observe que a pressão é uma **grandeza escalar**. Não tem significado físico falar em "pressão de cima para baixo" ou "pressão da esquerda para a direita". A pressão age em todas as direções. Esse aspecto ficará mais claro quando estudarmos a pressão exercida pelos fluidos.

Na **figura 5**, o prego perfura a madeira, pois a força está concentrada na área de sua ponta, que é muito pequena. Na **figura 6**, entretanto, mesmo comprimido contra as pontas de vários pregos com relativa força, o balão resiste e não estoura, pois a força está distribuída sobre uma área de contato muito maior.

FABIO MATSUURA

Figura 5. A força exercida pela ponta do prego sobre a minúscula área de contato entre ela e a superfície de madeira é suficiente para perfurá-la.

SÉRGIO DOTTA JR./CID

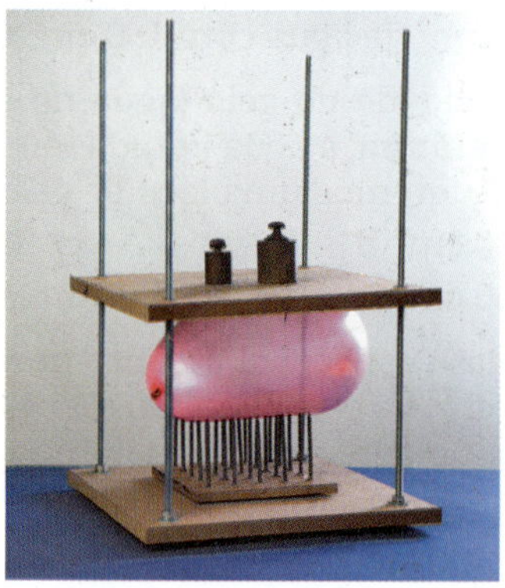

Figura 6. O peso do balão e o peso da carga em cima dele são distribuídos sobre as pontas de vários pregos. A pressão exercida em cada ponto de contato não é suficiente para perfurar a superfície do balão.

No SI, a pressão é medida em N/m^2, unidade denominada **pascal** (Pa). Existem outras unidades muito utilizadas na Engenharia, na Meteorologia ou mesmo na Medicina. As mais comuns são: **atmosfera normal** (atm), que vale $1{,}01325 \cdot 10^5$ Pa e é frequentemente aproximada para $1{,}0 \cdot 10^5$ Pa, **milímetro de mercúrio** (mmHg), **torricelli** (torr), e **psi** (*pound per square inch*, que significa libra por polegada quadrada). Relacionando essas unidades, temos:

$$1{,}0 \text{ atm} \simeq 1{,}0 \cdot 10^5 \text{ Pa} \simeq 760 \text{ mmHg} \simeq 760 \text{ torr} \simeq 14{,}7 \text{ psi}$$

Assim, quando "calibramos" o pneu do nosso carro com "30 libras", por exemplo, o ar interno está exercendo uma pressão de, aproximadamente, duas atmosferas, já que $2{,}0 \text{ atm} \simeq 29{,}4$ psi.

Aplicando a teoria

5. Uma força de intensidade 10 N, isto é, aproximadamente o peso de um corpo de massa 1,0 kg, é aplicada sobre uma superfície plana de área 1,0 cm². Determinar a pressão sobre essa superfície quando:

a) a direção da força é normal a ela;

b) a direção da força forma 60° com a normal à superfície;

c) a direção da força forma 90° com a normal à superfície.

(Dar as respostas em Pa e atm e considerar 1 atm = $1{,}0 \cdot 10^5$ Pa.)

➤ Solução

a) Se a força é normal à superfície, a pressão será:

$$p = \frac{|\vec{F}_n|}{A} \Rightarrow p = \frac{10\ \text{N}}{1{,}0\ \text{cm}^2} = \frac{10\ \text{N}}{10^{-4}\ \text{m}^2} \Rightarrow \boxed{p = 1{,}0 \cdot 10^5\ \text{Pa} = 1{,}0\ \text{atm}}$$

Observação: esse é o valor aproximado da pressão exercida por um corpo de 1 kg sobre a ponta do dedo.

b) Na figura ao lado, $\vec{F}_n$ é o cateto adjacente a θ.

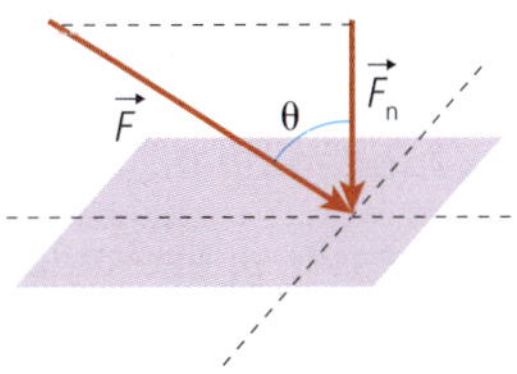

Portanto:

$$F_n = F \cdot \cos\theta \Rightarrow F_n = 10\ \text{N} \cdot \cos 60° \Rightarrow$$

$$\Rightarrow F_n = 10\ \text{N} \cdot \frac{1}{2} \Rightarrow F_n = 5{,}0\ \text{N}$$

Assim, a pressão de $\vec{F}_n$ sobre a superfície vale:

$$p = \frac{|\vec{F}_n|}{A} = \frac{5{,}0\ \text{N}}{10^{-4}\ \text{m}^2} \Rightarrow p = 5{,}0 \cdot 10^4\ \text{Pa} \Rightarrow \boxed{p = 0{,}5\ \text{atm}}$$

c) Neste caso, como a direção de $\vec{F}$ forma 90° com a normal, $\vec{F}$ está no plano que contém a superfície, sendo, portanto, tangencial a ela. Assim:

$$F_n = F \cdot \cos\theta \Rightarrow F_n = 10\ \text{N} \cdot \cos 90° = 10\ \text{N} \cdot 0 = 0$$

A pressão de $\vec{F}$ sobre a superfície será: $p = \dfrac{|\vec{F}_n|}{A} = \dfrac{0\ \text{N}}{10^{-4}\ \text{m}^2} \Rightarrow \boxed{p = 0}$

Assim, podemos concluir que a **força tangencial** a uma superfície **não exerce pressão** sobre ela.

6. Um cubo de aresta 2,0 cm apoia uma de suas faces sobre uma superfície plana e horizontal. O material do cubo tem densidade d_c = 8,0 g/cm³. Considerando o módulo da aceleração da gravidade local igual a 10 m/s², determinar:

a) a massa do cubo, em grama;

b) a pressão exercida pelo cubo sobre a face de apoio, em N/m².

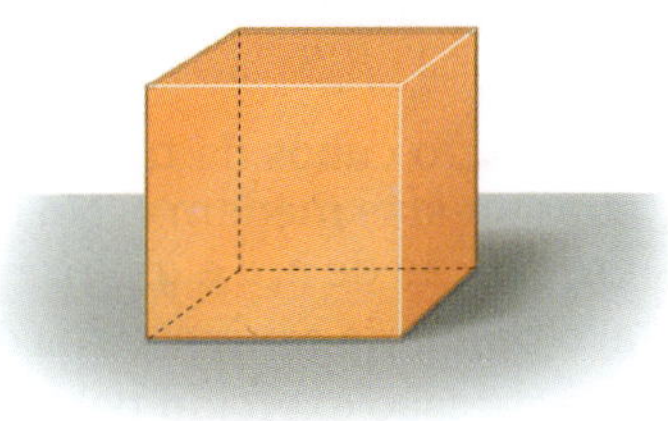

➤ Solução

a) Cálculo do volume do cubo:
$V_c = (2{,}0\ \text{cm})^3 = 8{,}0\ \text{cm}^3$

Cálculo da massa do cubo:

$$m_c = d_c V_c \Rightarrow m_c = 8{,}0 \cdot 8{,}0 \Rightarrow \boxed{m_c = 64\ \text{g}}$$

b) Cálculo da área da face de apoio: $A = (2{,}0\ \text{cm})^2 = 4{,}0\ \text{cm}^2 = 4{,}0 \cdot 10^{-4}\ \text{m}^2$

Nesse caso, a força normal à face de apoio é o peso do cubo.

Cálculo do peso do cubo: $P_c = mg \Rightarrow P_c = 64 \cdot 10^{-3}\ \text{kg} \cdot 10\ \text{m/s}^2 = 0{,}64\ \text{N}$

$$\text{Assim: } p = \frac{|\vec{F}_n|}{A} = \frac{P_c}{A} \Rightarrow p = \frac{0{,}64\ \text{N}}{4{,}0 \cdot 10^{-4}\ \text{m}^2} \Rightarrow p = 1.600\ \text{N/m}^2$$

Avaliando o aprendizado

6. Um estudante segura um lápis como se mostra na figura ao lado. Sejam F_1 e F_2 as intensidades das forças que as extremidades 1 e 2 do lápis exercem sobre as pontas dos dedos do estudante. Sejam p_1 e p_2 as pressões exercidas pelas forças F_1 e F_2. Assim, podemos dizer que:

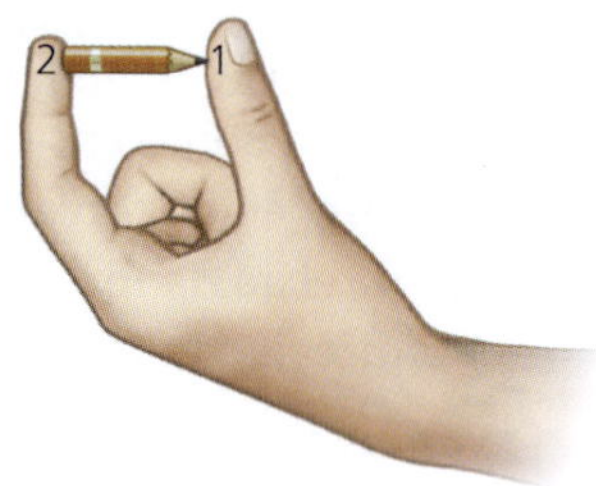

a) $F_1 = F_2$ e $p_1 = p_2$
b) $F_1 > F_2$ e $p_1 > p_2$
c) $F_1 < F_2$ e $p_1 < p_2$
d) $F_1 = F_2$ e $p_1 > p_2$
e) $F_1 = F_2$ e $p_1 < p_2$

7. Ao escrever, um estudante aperta o lápis contra o papel exercendo uma força de intensidade média 3,6 N, perpendicular ao plano da escrita. A ponta do lápis tem uma área de 0,30 mm². Determine a pressão exercida sobre o papel, em atmosfera. Adote 1 atm = $1{,}0 \cdot 10^5$ Pa.

8. Considere esta situação inicial: uma pessoa está parada em uma fila, em pé, distribuindo igualmente seu peso sobre seus dois pés que se apoiam no solo plano e horizontal. Considere agora esta situação final: em dado instante, essa pessoa levanta um dos pés, ficando apoiada apenas sobre o outro. Os pés dessa pessoa mantêm iguais áreas de contato com o solo. Seja p a pressão exercida pela pessoa sobre a área de contato com o solo, na situação inicial. Determine, em função de p:

a) a pressão p_1 exercida sobre cada um dos pés, na situação inicial;
b) a pressão p_2 exercida sobre o pé de apoio, na situação final.

9. O tijolo da figura a seguir tem arestas a, b e c tais que $b = \frac{a}{2}$ e $c = \frac{a}{3}$.

Seja p_1 a pressão exercida pelo tijolo sobre uma das faces de arestas a e b. Quando o tijolo se apoia sobre uma das faces de arestas a e c, a pressão é p_2. Quando ele se apoia sobre uma das faces de arestas b e c, a pressão é p_3. Assim, a relação correta entre p_1, p_2 e p_3 é:

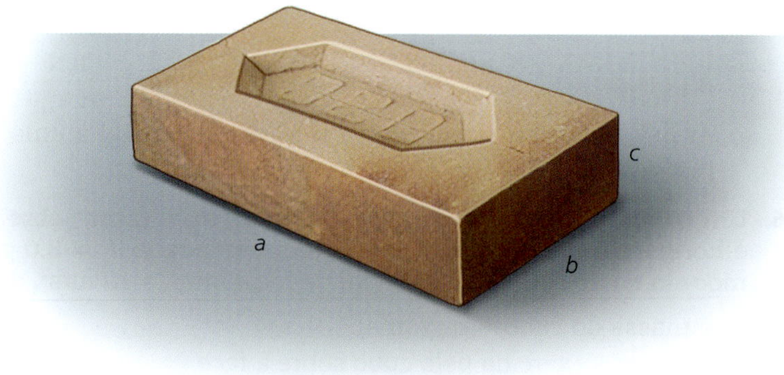

a) $\frac{p_1}{2} = \frac{p_2}{3} = \frac{p_3}{6}$

b) $\frac{p_1}{6} = \frac{p_2}{3} = \frac{p_3}{2}$

c) $\frac{p_1}{2} = \frac{p_2}{6} = \frac{p_3}{3}$

d) $2p_1 = 3p_2 = 6p_3$

e) $\frac{p_1}{6} = \frac{p_2}{2} = \frac{p_3}{3}$

10. Os quatro cubos da figura a seguir são feitos de um material cuja densidade é d e suas arestas medem a. No local, a aceleração da gravidade tem valor g. Determine, em função de a, d e g:

a) o peso P do conjunto dos quatro blocos;
b) a pressão exercida pelos blocos sobre a face que os apoia.

4 Pressão em fluidos

Como já vimos na introdução, os gases e os líquidos são fluidos. A principal diferença no comportamento macroscópico desses fluidos é a **compressibilidade**. Gases são facilmente compressíveis. Líquidos oferecem extrema resistência a esse tipo de esforço, isto é, são praticamente incompressíveis.

A **figura 7** mostra a representação de um modelo microscópico da origem da pressão exercida por um gás, que se deve às colisões das moléculas do gás contra as paredes do recipiente.

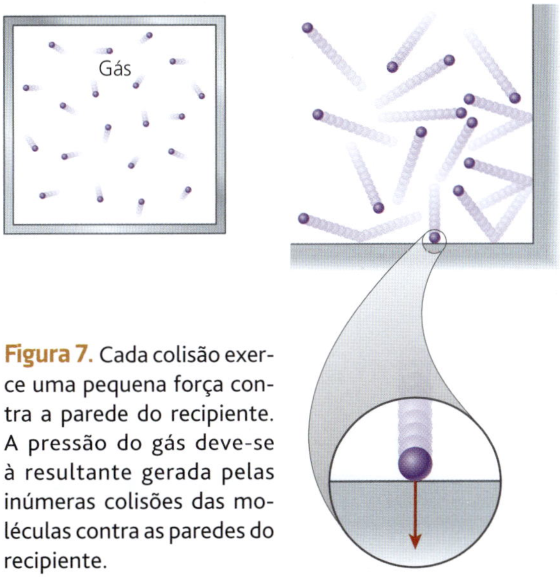

Figura 7. Cada colisão exerce uma pequena força contra a parede do recipiente. A pressão do gás deve-se à resultante gerada pelas inúmeras colisões das moléculas contra as paredes do recipiente.

Na **figura 8**, devido à ação da gravidade e das forças de coesão molecular, o líquido concentra-se nas partes mais baixas do recipiente, exercendo pressão no fundo e nas paredes laterais com as quais está em contato. Portanto, o líquido não exerce pressão onde ele não encosta.

Figura 8. O líquido só exerce pressão nas superfícies com as quais tem contato.

Assim, há duas contribuições para a pressão exercida pelos fluidos: a térmica e a gravitacional.

A **contribuição térmica** é devida ao movimento de agitação molecular causado pela temperatura. Essa parcela é muito mais significativa nos gases.

A **contribuição gravitacional**, associada às forças de coesão, mantém as moléculas aglutinadas no fundo do recipiente. Essa parcela é muito mais significativa nos líquidos.

5 Pressão atmosférica

Em um recipiente usado em experiências de laboratório, ou mesmo dentro de uma ampla sala, o peso do ar tem pouca influência na pressão por ele exercida. No exercício resolvido 2 da seção "Aplicando a teoria", se dividirmos o peso do ar da sala (768 N) pela área do piso (24 m^2), teremos uma pressão de apenas 32 Pa, equivalente à pressão exercida por uma laranja equilibrada sobre a ponta do seu dedo. Esse valor é insignificante quando comparado aos 10^5 Pa da atmosfera terrestre.

Por outro lado, a atmosfera terrestre é um "recipiente" tão alto (cerca de 500 km de altura) que a contribuição gravitacional à pressão torna-se extremamente importante.

Se desenharmos no chão, no nível do mar, um quadrado de 10 cm de lado, a "coluna de ar" acima dele terá massa de 100 kg. Se o quadrado tiver 1,0 m de lado, a massa de ar dentro da coluna imaginária será de 10 toneladas. A massa total da atmosfera terrestre é aproximadamente 5.300 trilhões de toneladas, ou seja, não é nada desprezível.

Devido à distribuição não uniforme do ar atmosférico, a pressão atmosférica diminui à medida que nos afastamos da superfície da Terra, conforme representado na **figura 9**.

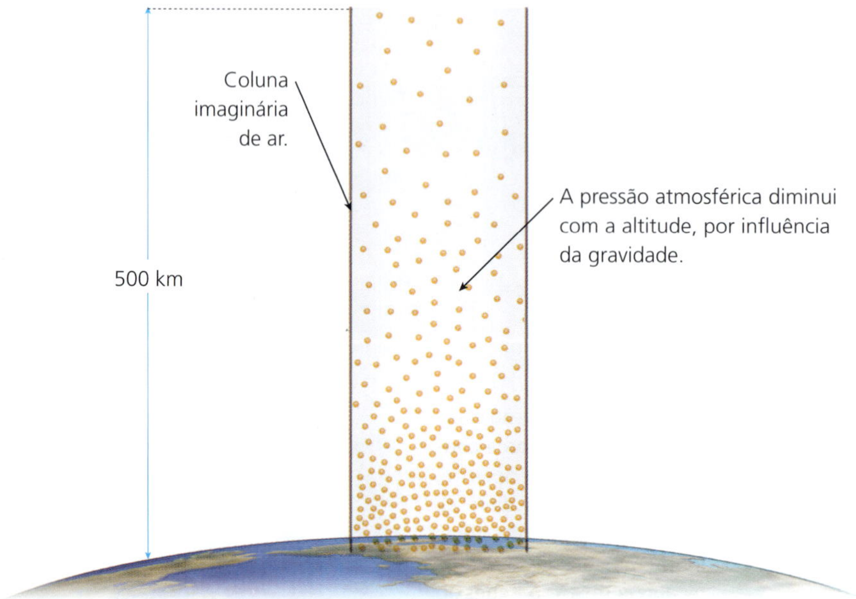

Figura 9. Variação da pressão atmosférica com a altitude.

A **tabela 3** fornece alguns valores da pressão atmosférica terrestre (*p*) em determinadas altitudes (*h*).

Tabela 3. Valores da pressão atmosférica terrestre em função da altitude

h (km)	*p* (atm)
0	1,00
5	0,53
10	0,26
15	0,12
50	$7,88 \cdot 10^{-2}$
100	$3,16 \cdot 10^{-7}$
200	$8,36 \cdot 10^{-9}$
300	$8,77 \cdot 10^{-11}$
500	$3,02 \cdot 10^{-12}$

Não há um limite preciso para o fim da camada atmosférica terrestre, mas acima de 500 km os valores da pressão do ar atmosférico aproximam-se dos encontrados no espaço sideral (aproximadamente 10^{-18} atm).

A pressão atmosférica na superfície da Lua varia entre $4,0 \cdot 10^{-16}$ atm e $8,0 \cdot 10^{-15}$ atm. Portanto, podemos considerar que a pressão atmosférica lunar é quase nula, isto é, praticamente vácuo.

Aplicando a teoria

7. Um bloco de massa m deve ficar pendente do teto sustentado por uma ventosa circular de 20 cm de diâmetro. Qual é o valor máximo $m_{máx}$ possível para a massa do bloco? Adotar 10 m/s² para o módulo da aceleração da gravidade local, $1,0 \cdot 10^5$ Pa para a pressão atmosférica local e $\pi = 3$.

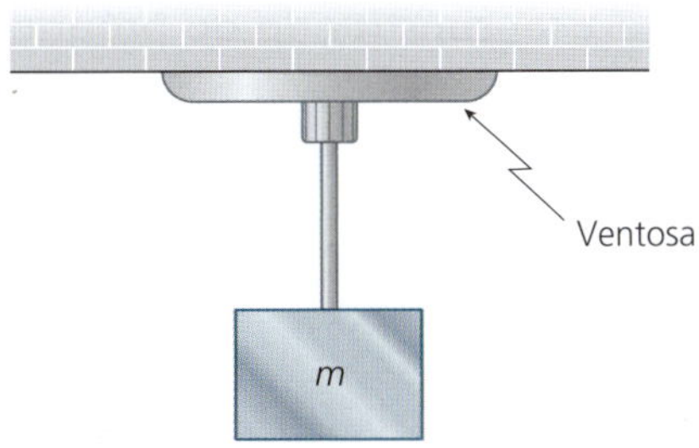

➤ Solução

Vamos admitir que, ao comprimir a ventosa contra o teto, retiramos praticamente todo o ar da região por ela coberta. Assim, a pressão interna à ventosa pode ser considerada nula. Portanto, no limite, a força F devida à pressão atmosférica, exercida contra a ventosa, deve ter intensidade igual ao peso do bloco.

Área da superfície coberta pela ventosa:

$A = \pi r^2 = 3 \cdot (10\ cm)^2 = 300\ cm^2 = 3,0 \cdot 10^{-2}\ m^2$

Força devida à pressão atmosférica:

$F = p_{atm} \cdot A \Rightarrow F = 1,0 \cdot 10^5\ (N/m^2) \cdot 3,0 \cdot 10^{-2}\ (m^2) \Rightarrow F = 3,0 \cdot 10^3\ N$

$F = P_{máx} = m_{máx} g \Rightarrow 3,0 \cdot 10^3 = m_{máx} 10 \Rightarrow \boxed{m_{máx} = 300\ kg}$

Avaliando o aprendizado

11. Uma sala tem dimensões de 3,5 m × 4,2 m no piso e 2,4 m de altura. No local, a pressão atmosférica vale $1,0 \cdot 10^5$ Pa e a aceleração da gravidade tem módulo 10 m/s². Assim, a intensidade da força devida à pressão atmosférica sobre o piso da sala equivale ao peso de uma massa de:

a) 147 kg
b) 1.470 kg
c) 14,7 t
d) 147 t
e) 1.470 t

12. A porta de um *freezer* doméstico tem dimensões de 50 cm × 40 cm. Devido à sua baixa temperatura, o ar interno exerce uma pressão de 0,98 atm. Externamente, a pressão atmosférica vale 1,0 atm ou $1,0 \cdot 10^5$ Pa. Determine, em newton:

a) a intensidade da força exercida pelo ar externo sobre a porta do *freezer*;
b) a intensidade da força exercida pelo ar interno sobre a porta do *freezer*;
c) a intensidade da força que comprime a porta do *freezer* para vedá-lo.

13. Um pequeno frasco de conserva tem uma tampa vedante de 80 cm² de área. A pressão atmosférica no local é considerada igual a 1,0 atm ($1,0 \cdot 10^5$ N/m²). Se foi necessária uma força de 480 N para abrir a tampa, podemos afirmar que a pressão do ar interno, imediatamente antes de abri-la, era igual a:

a) 0,8 atm
b) 0,6 atm
c) 0,4 atm
d) 0,2 atm
e) 0,1 atm

6 Pressão em líquidos e a lei de Stevin

Vimos que os líquidos exercem pressão contra as paredes dos recipientes que os contêm, principalmente pela ação da gravidade. Agora, vamos determinar a pressão exercida por um líquido em equilíbrio, em pontos abaixo da sua superfície livre. Consideraremos conhecidos a massa específica μ do líquido, o desnível h entre as bases 1 e 2 do cilindro vertical constituído do próprio líquido e o módulo g da aceleração da gravidade no local.

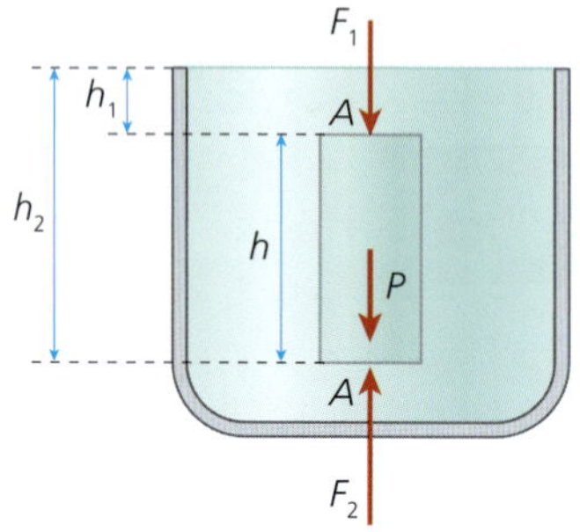

Figura 10. Coluna de líquido em equilíbrio.

Na **figura 10**, seja $V = Ah$ o volume do cilindro em equilíbrio. Portanto, na direção vertical, as forças de pressão F_1 e F_2 e o peso P do líquido contido no cilindro devem ter resultante nula. Assim, temos:

$$F_2 = F_1 + P \Rightarrow F_2 - F_1 = P$$

Sendo F_1 e F_2 forças de pressão exercidas pelo líquido, temos:

$$p_2A - p_1A = mg$$
$$p_2A - p_1A = \mu Vg$$
$$p_2A - p_1A = \mu Ahg$$

Dividindo a última igualdade por A, temos:

$$\boxed{p_2 - p_1 = \mu gh}$$

Podemos, então, enunciar a **lei de Stevin**:

> A diferença de pressões entre dois pontos de um líquido em equilíbrio é igual ao produto da diferença de níveis entre esses pontos (h) pela massa específica do líquido (μ) e pelo módulo da aceleração da gravidade no local (g).

Observações:

- A diferença de pressões entre os níveis 1 e 2 não depende da área A das bases do cilindro.
- Se considerarmos dois pontos no mesmo nível, teremos:

$$h_1 = h_2 \Rightarrow h = 0 \Rightarrow p_1 = p_2$$

Portanto: dois pontos em um mesmo nível, de uma mesma massa líquida, suportam pressões iguais.

- Caso o ponto 1 esteja na superfície do líquido, teremos: $p_1 = p_{atm}$

Portanto: $p_2 = p_{atm} + \mu gh$, em que μgh é denominada **pressão hidrostática**.

A segunda observação nos permite generalizar o resultado da lei de Stevin para dois pontos quaisquer da massa líquida, como mostra a **figura 11**.

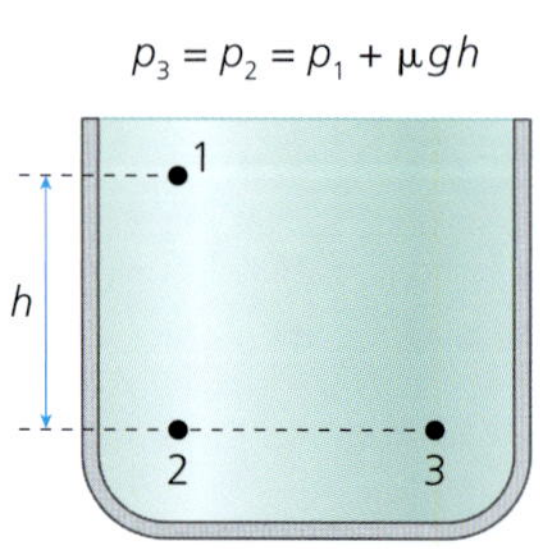

Figura 11. Lei de Stevin.

7 Experiência de Torricelli

O barômetro, utilizado para medir a pressão atmosférica, é um dos instrumentos básicos na Meteorologia. A construção do primeiro barômetro, em meados do século XVII, é atribuída ao físico e matemático italiano Evangelista Torricelli (1608--1647), da Academia Florentina de Arte. A **figura 12** mostra o arranjo experimental necessário para a realização da experiência de Torricelli.

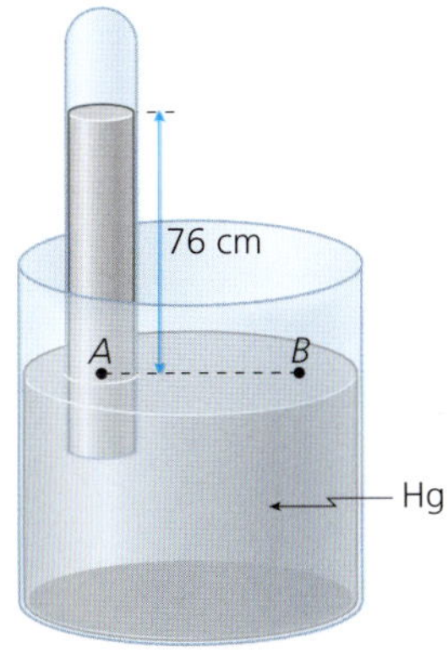

Figura 12. Barômetro de mercúrio no nível do mar.

Nesse arranjo, o tubo de vidro é totalmente preenchido com mercúrio (Hg) e emborcado em um recipiente contendo também mercúrio. Na parte superior do tubo, fica uma região denominada "vácuo torricelliano", que, na verdade, encerra um pouco do vapor do líquido. Porém a pressão exercida por esse vapor é desprezível quando comparada com a pressão atmosférica.

No nível do mar, observa-se que a coluna de mercúrio dentro do tubo eleva-se a aproximadamente 76 cm acima do nível de mercúrio do recipiente. Assim, podemos medir a pressão em "altura" de coluna de líquido.

De acordo com a lei de Stevin, a pressão na superfície do mercúrio do recipiente, ponto *B*, deve ser igual à pressão na base da coluna dentro do tubo, ponto *A*. Assim:

$$p_B = p_A \Rightarrow p_{atm} = \mu_{Hg} g h_{Hg}$$

Considerando $\mu_{Hg} = 13{,}6 \cdot 10^3$ kg/m^3, $g = 9{,}8$ m/s^2 e $h = 0{,}76$ m, temos:

$$p_{atm} = 1{,}013 \cdot 10^5 \text{ Pa}$$

Esse valor é conhecido como **atmosfera normal**. É comum e prático o uso da unidade **mmHg**, que foi oficialmente denominada **torr**, em homenagem a Evangelista Torricelli. Portanto, temos:

$$p_{atm} = 1{,}013 \cdot 10^5 \text{ Pa} = 760 \text{ mmHg} = 760 \text{ torr}$$

Aplicando a teoria

8. O recipiente na figura ao lado contém um só líquido, de densidade *d*. Supondo que o sistema esteja em equilíbrio na posição mostrada, o que se pode afirmar sobre h_1 e h_2?

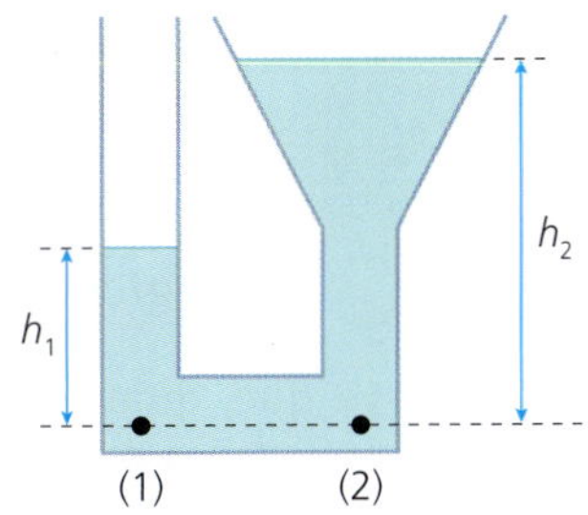

➤ Solução

Como os pontos 1 e 2 estão no mesmo nível de um mesmo líquido, as pressões sobre esses pontos devem ser iguais. Assim:

$$p_1 = p_2 \Rightarrow p_{atm} + dgh_1 = p_{atm} + dgh_2 \Rightarrow h_1 = h_2$$

Conforme vemos na figura ao lado, isso ocorre quaisquer que sejam as formas dos ramos do vaso. As superfícies livres do líquido em equilíbrio estão sempre no mesmo nível.

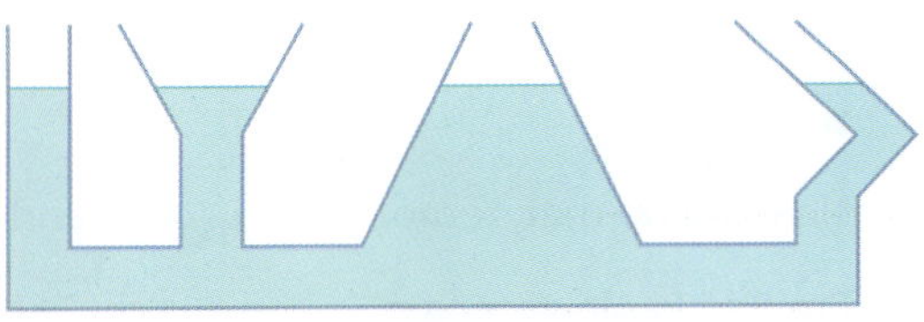

A situação descrita é conhecida como **paradoxo hidrostático**[1].

[1] A palavra **paradoxo** vem do grego *paradoxon*, que significa "contrário ao senso comum". Em Filosofia, essa palavra designa o que é aparentemente contraditório, mas que faz sentido.

9. **No tubo em "U" mostrado a seguir, temos dois líquidos homogêneos e não miscíveis A e B, de densidades d_A e d_B, sendo $d_A > d_B$. Determinar a relação entre d_A, d_B, h_A e h_B.**

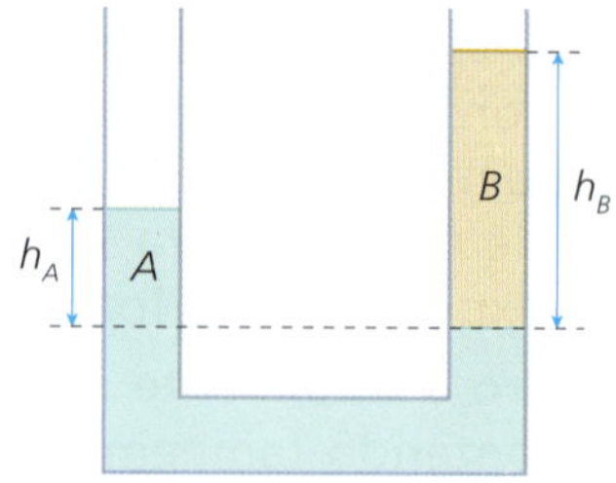

➤ Solução

Tomemos dois pontos sobre a linha horizontal que passa pela interface desses líquidos: o ponto 1 no líquido A e o ponto 2 no líquido B.

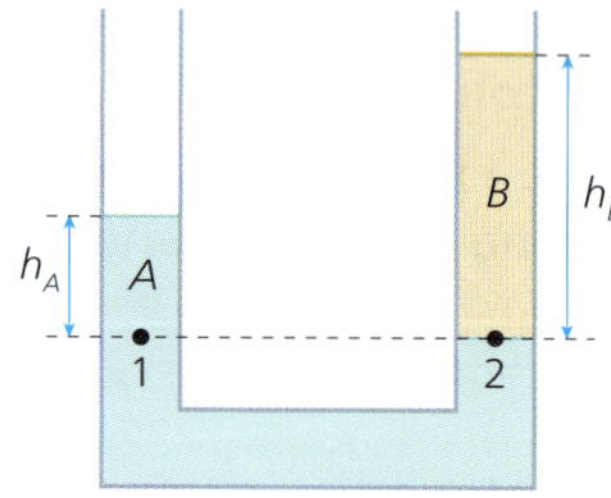

De acordo com o teorema de Stevin, devemos ter:

$$p_1 = p_2 \Rightarrow p_{atm} + d_A g h_A = p_{atm} + d_B g h_B \Rightarrow d_A h_A = d_B h_B \text{ ou } \frac{h_A}{h_B} = \frac{d_B}{d_A}$$

Isto é, as alturas dos líquidos são **inversamente proporcionais** às suas densidades.

10. **Se a experiência de Torricelli fosse realizada no nível do mar, porém utilizando-se água no lugar de mercúrio, qual seria a altura da coluna barométrica? (Dados: $\mu_{Hg} = 13,6\ g/cm^3$ e $\mu_{água} = 1,0\ g/cm^3$)**

➤ Solução

Nos dois casos, as colunas de líquido exercem, nas suas bases, pressões iguais à pressão atmosférica. Portanto:

$$p_{atm} = \mu_{Hg} \cdot g \cdot h_{Hg} = \mu_{água} \cdot g \cdot h_{água}$$

$$13,6\ g/cm^3 \cdot 0,76\ m = 1,0\ g/cm^3 \cdot h_{água} \Rightarrow \boxed{h_{água} = 10,33\ m}$$

Observe que, quanto menos denso for o líquido usado, maior será a altura da coluna. Como o mercúrio é o líquido mais denso que se conhece nas condições da experiência, a altura da sua coluna é a menor possível. Daí o seu uso nos barômetros.

11. **A cidade de São Paulo está a aproximadamente 800 m acima do nível do mar. A pressão atmosférica, a 20 °C, vale cerca de 0,92 atm. Se realizarmos a experiência de Torricelli em São Paulo, a 20 °C, qual será a altura da coluna de Hg?**

➤ Solução

No nível do mar, temos $p_0 = \mu_{Hg} g h_0$, sendo $p_0 = 1,0$ atm e $h_0 = 76$ cm

Em São Paulo, temos $p_{atm\,(SP)} = \mu_{Hg} g h_{SP}$, sendo $p_{atm\,(SP)} = 0,92$ atm

Assim: $\dfrac{p_{atm\,(SP)}}{p_o} = \dfrac{h_{SP}}{h_o} \Rightarrow \dfrac{0,92\ atm}{1,0\ atm} = \dfrac{h_{SP}}{76\ cm} \Rightarrow \boxed{h_{SP} \simeq 70\ cm}$

Avaliando o aprendizado

14. Na figura a seguir, os recipientes 1 e 2 têm áreas $A_1 = 0,4\ m^2$ e $A_2 = 0,3\ m^2$ nos respectivos fundos. O recipiente 1 contém um líquido A de densidade $d_A = 600\ kg/m^3$ e o recipiente B contém um líquido de densidade $d_B = 800\ kg/m^3$, ambos até uma altura de 50 cm. Considere 10 m/s² o módulo da aceleração da gravidade local e determine:

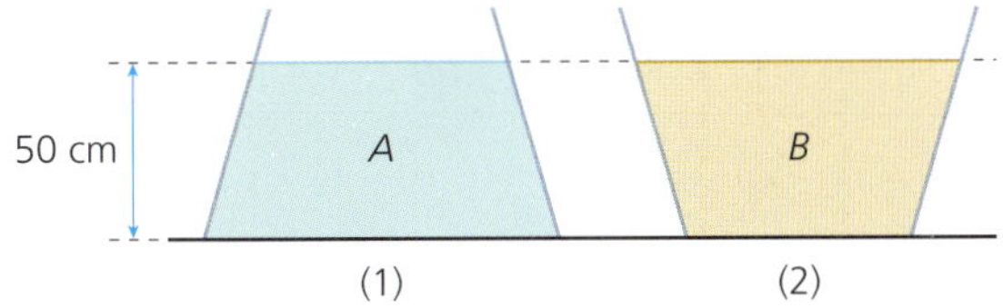

a) as pressões p_1 e p_2 exercidas pelos líquidos nos fundos dos recipientes;

b) as intensidades F_1 e F_2 das forças de pressão exercidas pelos líquidos nos fundos dos recipientes.

15. Mercúrio (Hg) e água (H_2O) não se misturam. Se colocamos mercúrio em um tubo em forma de "U" e em um dos ramos vertemos água, os dois líquidos se dispõem como mostra a figura. Considerando que, em relação à superfície de separação dos dois líquidos, a coluna de mercúrio tem 1 cm:

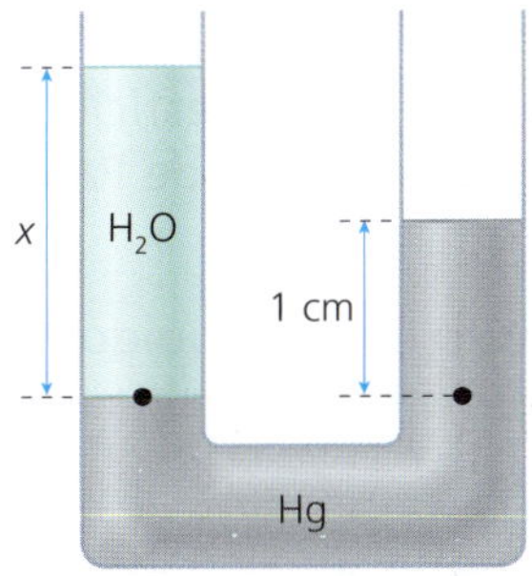

a) Qual é a altura da coluna de água em relação ao mesmo nível?

b) Se a coluna de mercúrio tivesse 0,50 m, qual seria a altura da coluna de água?
(Dados: densidade do mercúrio = 13,6 g/cm³; densidade da água = 1,0 g/cm³)

16. Um cubo de certo material, com aresta de 20 cm, flutua em água de densidade 1,0 g/cm³. A face superior do cubo coincide exatamente com a superfície livre da água.

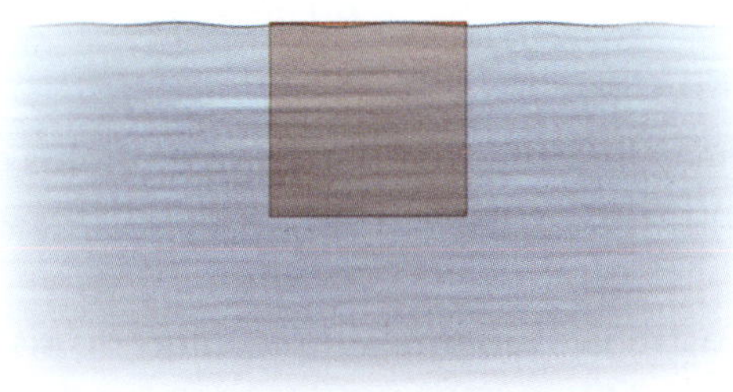

Adote $g = 10\ m/s^2$ e determine:

a) a pressão hidrostática na face inferior do cubo;

b) a intensidade da "força hidrostática" na face inferior do cubo;

c) a massa do cubo;

d) a densidade do cubo.

17. Um balão contendo ar está conectado a um barômetro em forma de um tubo em "U", contendo mercúrio.

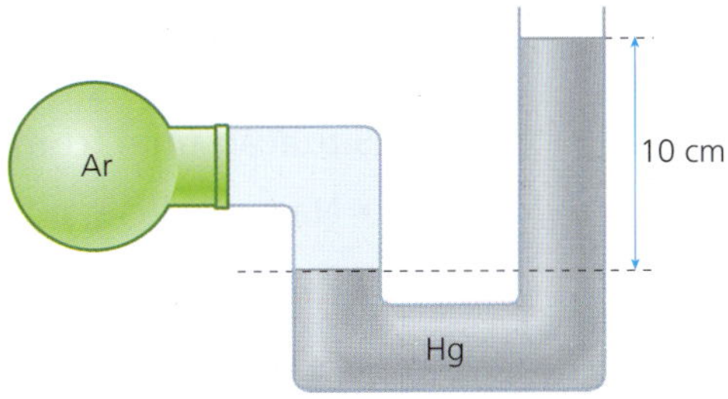

Se a pressão atmosférica local vale 690 mmHg, a pressão do ar interno ao balão tem valor:

a) 10 mmHg maior que a pressão atmosférica normal.

b) 30 mmHg maior que a pressão atmosférica normal.

c) 10 mmHg menor que a pressão atmosférica normal.

d) 30 mmHg menor que a pressão atmosférica normal.

e) 890 mmHg

18. Um manômetro de mercúrio é utilizado para medir a pressão p do gás contido em um balão, como se mostra na figura a seguir. No local, a pressão atmosférica vale 0,95 atm. Considerando 1 atm = 760 mmHg, o valor de p será igual a:

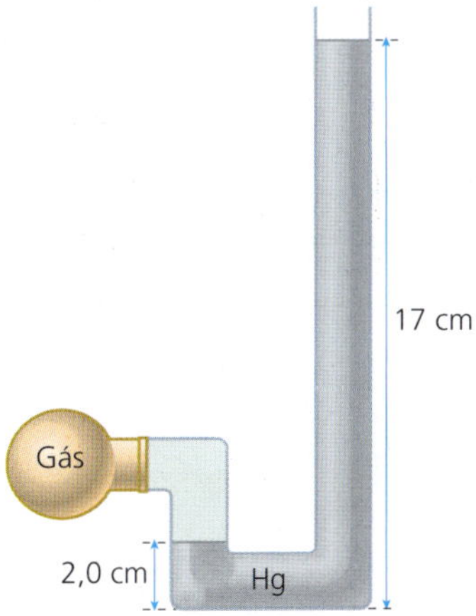

a) 737 mmHg
b) 775 mmHg
c) 872 mmHg
d) 892 mmHg
e) 965 mmHg

8 Princípio de Pascal

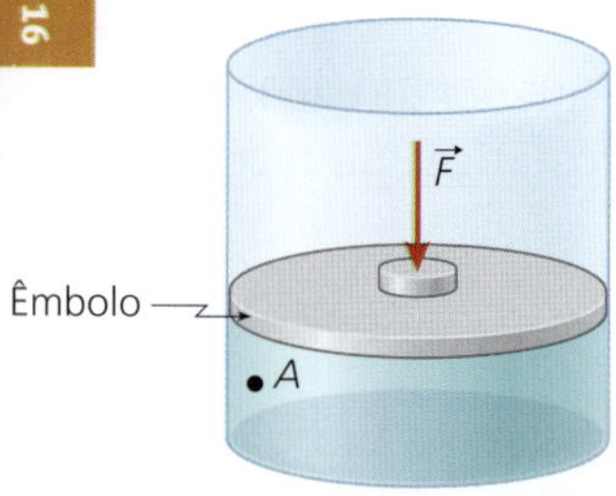

Figura 13. O aumento de pressão na superfície do líquido é transmitido para todos os seus pontos.

Ao fechar bruscamente a porta do carro em que estamos, com as janelas laterais fechadas, sentimos que o ar interno pressiona nossos ouvidos. O aumento de pressão provocado no ar que está na região da porta é transmitido para todo o ar do interior do carro, atingindo nossos ouvidos.

Na **figura 13,** a superfície do líquido sofre um aumento de pressão devido ao êmbolo. Esse aumento é transmitido igualmente para o ponto *A*, que está a uma profundidade *h*. Vamos mostrar como isso ocorre.

Situação inicial (sem o êmbolo):

- Na superfície: $p_{sup} = p_{atm}$
- No ponto *A*: $p_A = p_{sup} + \mu_{líq}gh \Rightarrow p_A = p_{atm} + \mu_{líq}gh$

Situação final (com o êmbolo):

- Na superfície: $p'_{sup} = p_{atm} + \Delta p_{êmbolo}$
- No ponto *A*: $p'_A = p'_{sup} + \mu_{líq}gh \Rightarrow p'_A = p'_{atm} + \Delta p_{êmbolo} + \mu_{líq}gh$

Como a pressão atmosférica nas situações inicial e final é a mesma, subtraindo as duas equações para a pressão na superfície, temos:

$$\Delta p_{sup} = \Delta p_{êmbolo}$$

Da mesma forma, subtraindo as equações para a pressão atmosférica no ponto *A* nas situações inicial e final, temos:

$$\Delta p_A = \Delta p_{êmbolo}$$

Portanto, a variação de pressão nos pontos da superfície do líquido e no ponto *A* é a mesma. Podemos, então, enunciar o **princípio de Pascal**:

> Qualquer variação de pressão em um ponto de um líquido é transmitida integralmente para todos os pontos da mesma massa fluida.

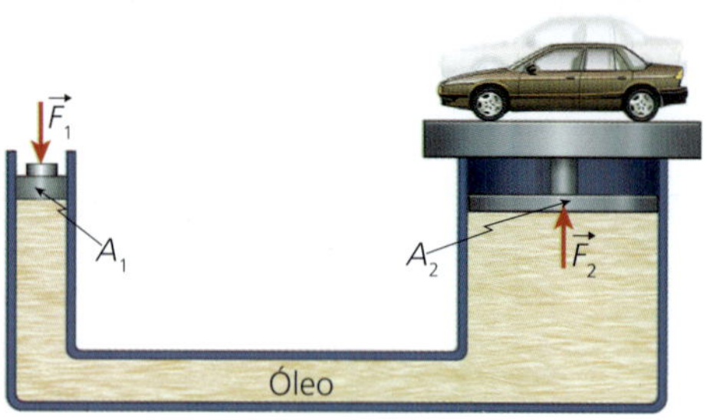

Figura 14. Elevador hidráulico.

Essa variação de pressão que se propaga pela massa líquida pode ser aproveitada na forma de trabalho. Um exemplo disso é o elevador hidráulico.

A **figura 14** mostra um esquema simplificado de um elevador hidráulico, desses usados nos postos de serviços automotivos.

De acordo com o princípio de Pascal, o aumento de pressão Δp_1, exercida pela força F_1 sobre o êmbolo de área A_1, é igual ao aumento de pressão Δp_2, exercida pela força F_2 na base do êmbolo de área A_2. Assim:

$$\Delta p_1 = \Delta p_2 \Rightarrow \frac{F_1}{A_1} = \frac{F_2}{A_2} \text{ ou } \frac{F_1}{F_2} = \frac{A_1}{A_2}$$

A relação acima vale somente quando os êmbolos estão no mesmo nível. Quando há desnível, devemos considerar a pressão da coluna de líquido.

A **figura 15** mostra o esquema simplificado do sistema de um **freio a disco** automotivo, cuja operação se fundamenta no princípio de Pascal.

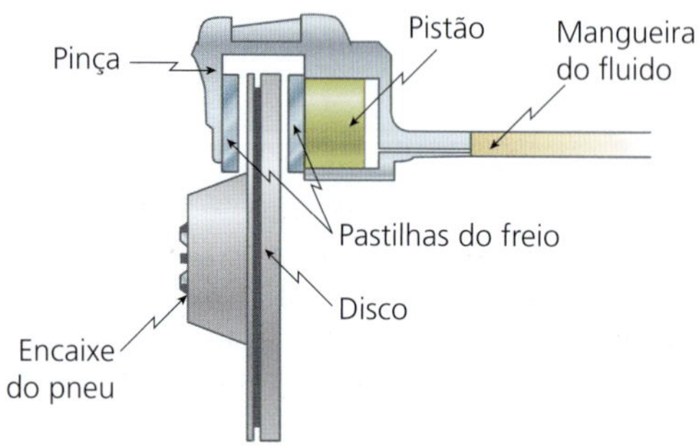

Figura 15. Sistema de freio a disco.

Aplicando a teoria

12. **Estabeleça uma relação de igualdade ou de desigualdade entre as intensidades das forças F_a, F_b e F_c, considerando iguais as áreas dos êmbolos mais estreitos, o mesmo ocorrendo com os mais largos. As massas estão em quilograma.**

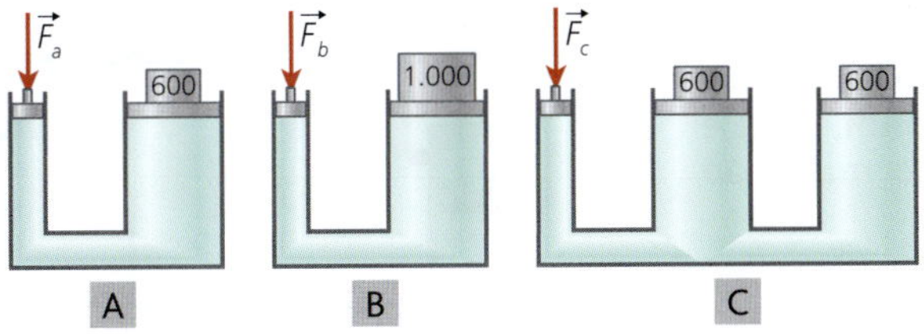

➤ Solução

Vamos chamar de S a área dos êmbolos estreitos e de A a área dos êmbolos largos. Assim:

Na **figura a**: $\dfrac{F_a}{S} = \dfrac{6.000}{A} \Rightarrow F_a = \dfrac{S}{A} \cdot 6.000$

Na **figura b**: $\dfrac{F_b}{S} = \dfrac{10.000}{A} \Rightarrow F_b = \dfrac{S}{A} \cdot 10.000$

Na **figura c**: como o acréscimo de pressão é o mesmo nos três ramos, temos:

$$\frac{F_c}{S} = \frac{6.000}{A} \Rightarrow F_c = \frac{S}{A} \cdot 6.000$$

Assim, temos: $F_b > F_a = F_c$

13. **O sistema hidráulico representado na figura abaixo está em equilíbrio. Se provocarmos um deslocamento d_1 no êmbolo de área A_1, qual será o deslocamento d_2 do êmbolo de área A_2? Ambos os ramos dos êmbolos são cilíndricos.**

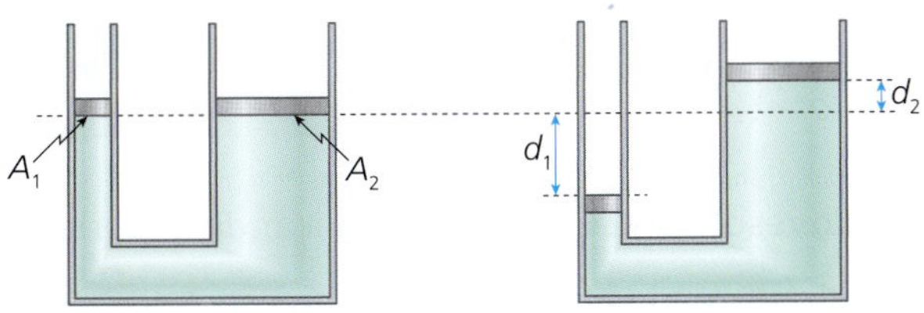

➤ Solução

Ao deslocar o êmbolo menor para baixo, expulsamos um volume V_1 de líquido igual a $V_1 = A_1d_1$. Devido à incompressibilidade do líquido, esse volume deve ser igual ao volume $V_2 = A_2d_2$ que entra no ramo do êmbolo maior. Assim:

$$A_1d_1 = A_2d_2 \Rightarrow \frac{A_1}{A_2} = \frac{d_2}{d_1} \Rightarrow \boxed{d_2 = \frac{A_1}{A_2} \cdot d_1}$$

Observações:

- Podemos completar o resultado obtido no final desta seção:

$$\frac{F_1}{A_1} = \frac{F_2}{A_2} \Rightarrow \boxed{\frac{F_1}{F_2} = \frac{A_1}{A_2} = \frac{d_2}{d_1}}$$

- Se $\dfrac{F_1}{F_2} = \dfrac{d_2}{d_1}$, então $F_1d_1 = F_2d_2$, isto é, os trabalhos das forças F_1 e F_2 são iguais.

14. **O elevador hidráulico esquematizado na figura a seguir está em equilíbrio. Determinar a intensidade da força F_1, em função do peso P do carro, das áreas A_1 e A_2 dos êmbolos, da densidade d do líquido, do módulo g da aceleração da gravidade local e do desnível h. Considerar $P = 10.000$ N, $A_1 = 100$ cm², $A_2 = 50A_1$, $d = 0,80$ g/cm³, $g = 10$ m/s² e $h = 1,5$ m.**

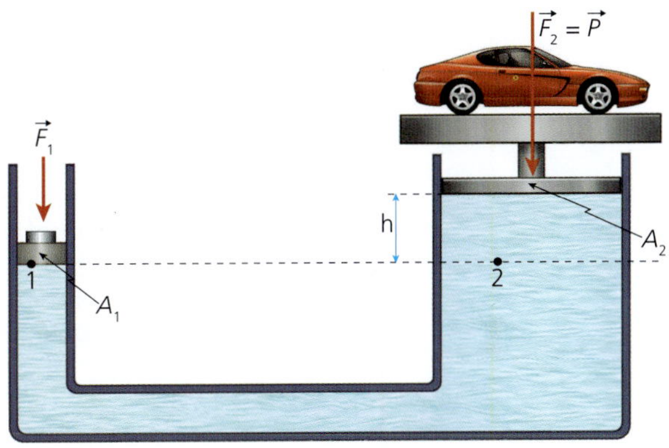

➤ Solução:

Os pontos 1 e 2 do líquido estão no mesmo nível. Portanto, pelo teorema de Stevin, temos:

$$p_1 = p_2 \Rightarrow p_{atm} + \frac{F_1}{A_1} = p_{atm} + \frac{F_2}{A_2} + dgh \Rightarrow$$

$$\Rightarrow \frac{F_1}{A_1} = \frac{P}{A_2} + dgh$$

Substituindo os valores, obtemos $F_1 = 320$ N. Esse resultado nos diz que um corpo de massa aproximadamente igual a 32 kg equilibraria o carro de uma tonelada. Se não houvesse desnível ($h = 0$), teríamos $F_1 = 200$ N, isto é, uma massa de apenas 20 kg seria suficiente para equilibrar o carro.

Avaliando o aprendizado

19. A figura a seguir apresenta uma prensa hidráulica rudimentar de uma pequena empresa, usada para compactar fardos de algodão. Por meio de uma alavanca, o operador transfere uma força de intensidade igual a 100 N ao êmbolo menor da máquina, cuja área é de 400 cm^2. Cada fardo é prensado pelo êmbolo maior, de área igual a seis vezes a área do primeiro.

a) Qual é a intensidade da força exercida sobre o fardo na sua prensagem?

b) Se o operador provoca um deslocamento de 30 cm no êmbolo menor, qual é o deslocamento do êmbolo maior ao prensar o fardo?

c) Qual é o volume de fluido hidráulico transferido de um êmbolo para o outro, em litro?

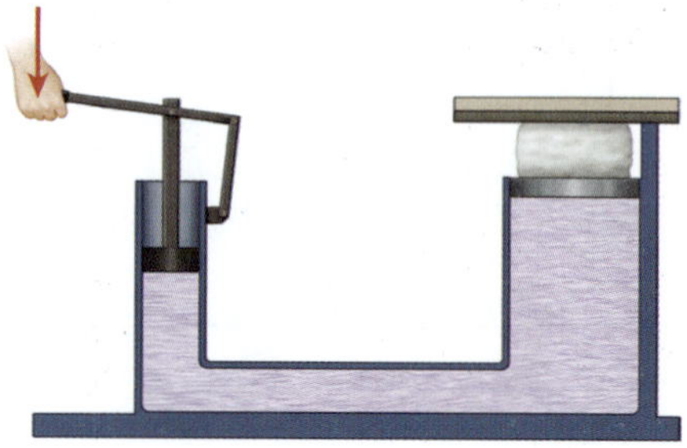

20. O sistema hidráulico da figura a seguir está em equilíbrio. Os êmbolos 1 e 2 têm áreas $A = 80\ cm^2$ e $a = 16\ cm^2$, respectivamente. Os pesos dos êmbolos e os atritos no sistema são desprezíveis. Se $M = 12$ kg, então o valor de m, em quilograma, deve ser igual a:

a) 2,0
b) 2,4
c) 4,0
d) 8,0
e) 60

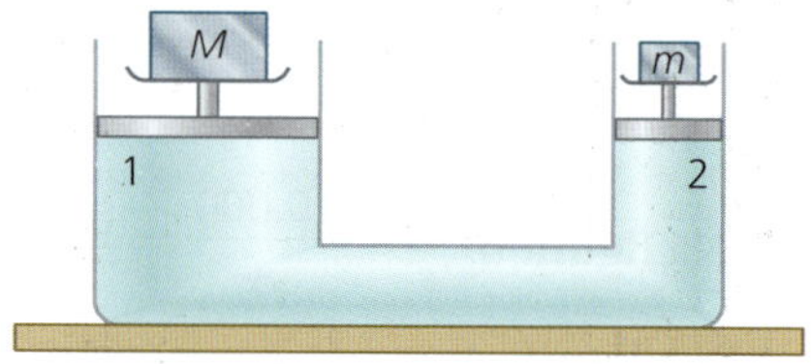

21. O esquema a seguir representa uma prensa hidráulica composta de dois reservatórios cilíndricos cujos diâmetros valem D_1, o menor, e D_2, o maior. Os êmbolos dessa prensa são extremamente leves e podem mover-se praticamente sem atrito e perfeitamente ajustados aos seus respectivos cilindros. O fluido que preenche os reservatórios da prensa é de baixa densidade e pode ser considerado incompressível. Para que haja equilíbrio, a intensidade da força F_2 aplicada sobre o êmbolo maior deve ser 50 vezes a intensidade da força F_1 aplicada ao êmbolo menor. Portanto, a razão $\frac{D_2}{D_1}$ tem valor aproximadamente igual a:

a) 5
b) 7
c) 50
d) 1.000
e) 2.500

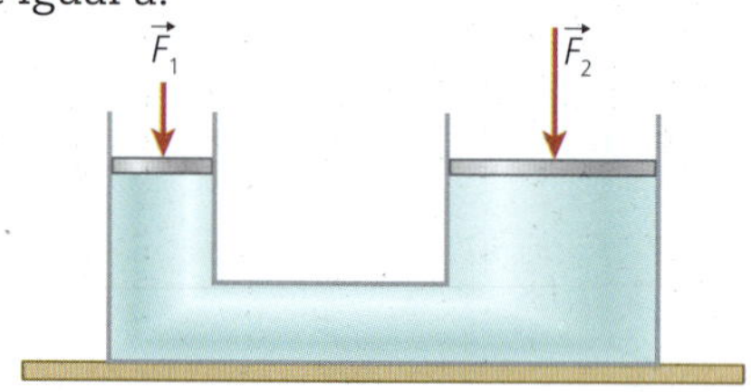

22. Como foi demonstrado no exercício resolvido 14 da seção "Aplicando a teoria", na posição de equilíbrio do sistema hidráulico mostrado a seguir, temos: $\frac{F_1}{a} = \frac{F_2}{A} + dgh$. Supondo que a intensidade de F_2 seja constante e igual a F e que a, A, d e g sejam conhecidos, determine:

a) a intensidade f da força F_1, para manter o equilíbrio do sistema com os êmbolos nivelados;

b) o acréscimo Δf na intensidade da força F_1, necessário para manter o equilíbrio do sistema desnivelado, isto é, para $h \neq 0$.

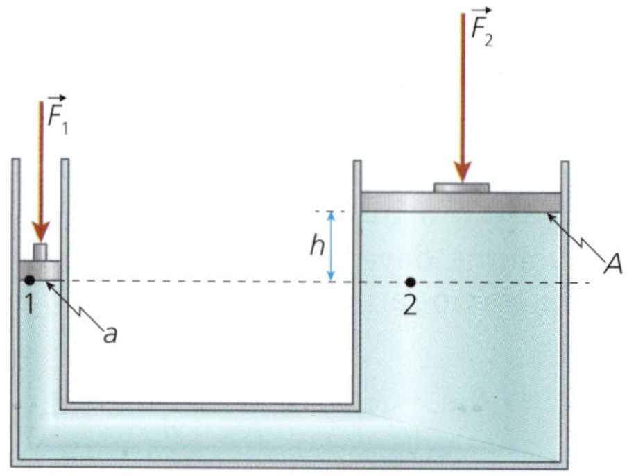

9 Princípio de Arquimedes

Figura 16. A alta salinidade da água do Mar Morto permite que uma pessoa flutue facilmente.

Talvez você já tenha feito a si próprio perguntas semelhantes a essas:

- Por que uma pequena moeda de metal afunda na água, enquanto um transatlântico, feito quase totalmente em aço, consegue flutuar?
- Por que um balão de borracha, desses usados em festas infantis, sobe quando cheio de gás hélio?
- Por que a pessoa na **figura 16** não afunda?

Questões como essas foram respondidas, há muitos séculos, pelo matemático, astrônomo e engenheiro grego Arquimedes de Siracusa (c. 287 a.C.-c. 212 a.C.).

A resposta está no **princípio de Arquimedes:**

> Um corpo, total ou parcialmente mergulhado em um fluido em equilíbrio, recebe deste uma força de direção vertical e sentido para cima, cuja intensidade é igual à do peso do fluido deslocado pela parte imersa do corpo.

A **figura 17** mostra a origem da força de empuxo.

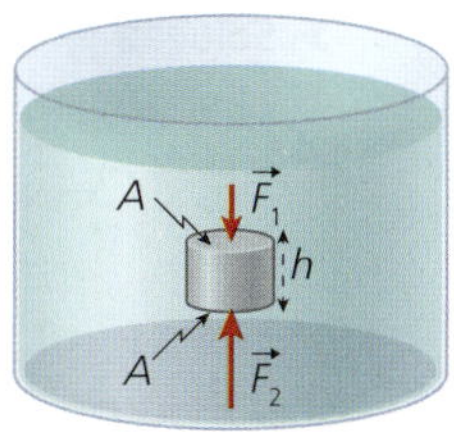

Figura 17. A força de empuxo é a resultante das forças de pressão nas bases do corpo.

Vamos considerar um corpo de forma cilíndrica com bases de áreas iguais a A e que distam h, entre si, totalmente imerso no fluido. A força denominada **empuxo** (E) é a resultante das forças de pressão $\vec{F}_1$ e $\vec{F}_2$ que atuam nas bases superior e inferior do cilindro. Assim:

$$E = F_2 - F_1$$
$$E = p_2A - p_1A$$
$$E = A \cdot (p_2 - p_1)$$

Mas, pela Lei de Stevin, $p_2 - p_1 = \mu_{fluido} \cdot g \cdot h$. Então:

$$E = \mu_{fluido} \cdot g \cdot A \cdot h \text{, em que } A \cdot h \text{ é o volume do corpo imerso}$$
$$E = \mu_{fluido} \cdot g \cdot V_{corpo}$$

De modo geral, podemos escrever:

$$\boxed{E = d_{fluido} \cdot g \cdot V_{imerso}}$$

Na expressão anterior, V_{imerso} é o volume de fluido deslocado pela parte imersa do corpo.

Observe, na **figura 18**, que se um corpo ocupar o mesmo volume do "corpo de fluido", ele receberá do fluido uma força de empuxo $\vec{E}$ de intensidade igual ao peso do "corpo de fluido", independentemente do seu peso. Por isso, a intensidade do empuxo é igual à do peso de fluido deslocado.

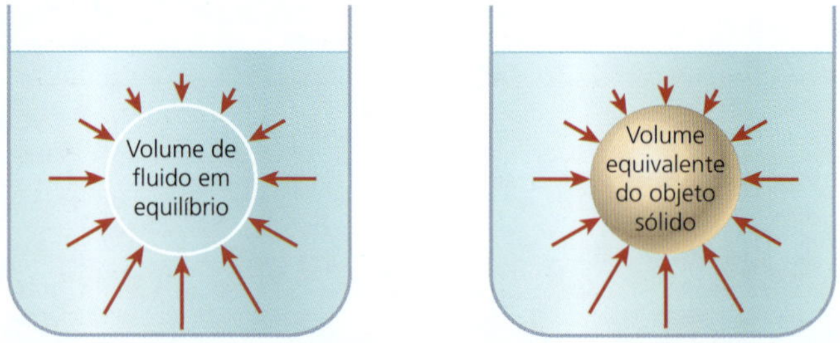

Figura 18. O empuxo é a força resultante das forças de pressão exercidas pelo fluido sobre a superfície do corpo imerso.

Os corpos representados na **figura 19** estão totalmente imersos em um mesmo fluido e têm volumes iguais. Portanto, eles recebem do fluido forças de empuxo $\vec{E}$ de mesma intensidade. Cada corpo tem peso $\vec{P}$ diferente dos outros.

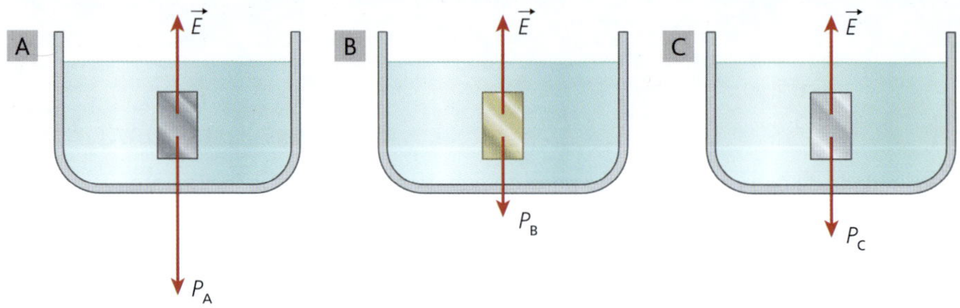

Figura 19. (A) $P_A > E$; (B) $P_B < E$; (C) $P_C = E$.

Na situação da **figura 19A**, o corpo afunda, pois $P_A > E$. Na situação da **figura 19B**, o corpo desloca-se para a superfície, pois $P_B < E$. Na situação da **figura 19C**, o corpo fica em equilíbrio hidrostático, em qualquer profundidade, pois $P_C = E$. As causas para essas possíveis situações serão discutidas a seguir, no exercício resolvido 15 da seção "Aplicando a teoria".

16.1 Conteúdo multimídia

Aplicando a teoria

15. Discutir a flutuabilidade de um corpo totalmente imerso em um mesmo fluido, comparando as intensidades da força peso $\vec{P}$ e do empuxo $\vec{E}$, para os casos P > E, P < E e P = E.

➤ Solução

1º caso: P > E (o corpo afunda)

$P > E \Rightarrow m_{corpo} \cdot g > d_{fluido} \cdot g \cdot V_{imerso} \Rightarrow$
$\Rightarrow d_{corpo} \cdot V_{corpo} > d_{fluido} \cdot V_{corpo} \Rightarrow d_{corpo} > d_{fluido}$

2º caso: P < E (o corpo emerge)

$P < E \Rightarrow m_{corpo} \cdot g < d_{fluido} \cdot g \cdot V_{imerso} \Rightarrow$
$\Rightarrow d_{corpo} \cdot V_{corpo} < d_{fluido} \cdot V_{corpo} \Rightarrow d_{corpo} < d_{fluido}$

3º caso: P = E (o corpo fica em repouso)

$P = E \Rightarrow m_{corpo} \cdot g = d_{fluido} \cdot g \cdot V_{imerso} \Rightarrow$
$\Rightarrow d_{corpo} \cdot V_{corpo} = d_{fluido} \cdot V_{corpo} \Rightarrow d_{corpo} = d_{fluido}$

Observação:

Os dois primeiros casos respondem a duas perguntas feitas, respectivamente, no início desta seção e no início deste capítulo.

Por que uma pequena moeda afunda quando jogada na água?

Porque a densidade da moeda é **maior** que a densidade da água.

Por que um enorme navio flutua?

Porque a densidade média do navio é **menor** que a densidade da água.

16. Define-se peso aparente (P_{ap}), para um corpo totalmente mergulhado em um fluido, como a diferença entre as intensidades do peso do corpo e do empuxo recebido. Calcular o peso aparente de um corpo de volume V, totalmente submerso, em função das densidades do corpo d_c e do fluido d_f, e discutir sua flutuabilidade.

➤ Solução

$P_{ap} = P - E$
$P_{ap} = m_{corpo} \cdot g - d_{fluido} \cdot g \cdot V_{corpo}$
$P_{ap} = d_{corpo} \cdot V_{corpo} \cdot g - d_{fluido} \cdot g \cdot V_{corpo}$
$P_{ap} = (d_{corpo} - d_{fluido}) \cdot g \cdot V_{corpo}$

Assim:

Se $P > E \Rightarrow P_{ap} > 0 \Rightarrow d_c > d_f$
Se $P < E \Rightarrow P_{ap} < 0 \Rightarrow d_c < d_f$
Se $P = E \Rightarrow P_{ap} = 0 \Rightarrow d_c = d_f$

Avaliando o aprendizado

23. Uma bola flutua na água com $\frac{1}{4}$ do seu volume submerso. Adotando 1,0 g/cm^3 para a densidade da água, determine a densidade da bola.

24. Um bloco de volume V, feito de um composto de densidade d_c, está em equilíbrio com dois terços do seu volume mergulhados em um líquido A de densidade, $d_A = 1,80\ g/cm^3$, e o outro terço mergulhado em um líquido B de densidade $d_B = 0,90\ g/cm^3$. Determine d_c.

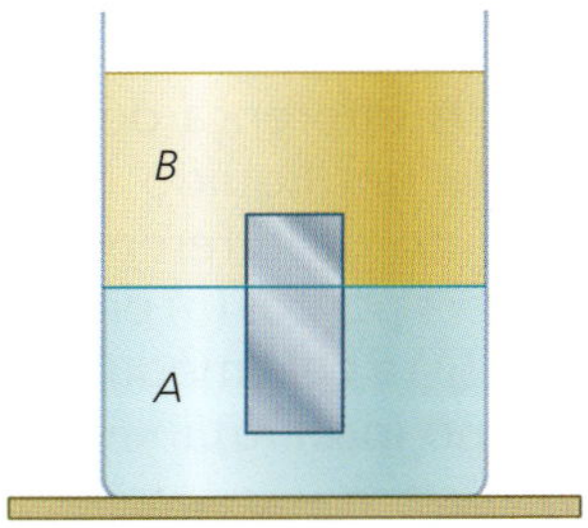

25. Considere as seguintes afirmações:

I. Devido à sua altíssima salinidade, as águas do Mar Morto têm uma densidade média $d_{MM} = 1,250$ kg/L.

II. As águas do Oceano Atlântico têm densidade média $d_{OA} = 1,025$ kg/L.

III. A densidade média aproximada do corpo humano é $d_{CH} = 1,050$ kg/L.

Agora, responda às questões.

a) Uma mesma pessoa mergulha totalmente nas águas do Mar Morto e depois nas águas do Oceano Atlântico. Em qual situação a pessoa recebe maior empuxo do líquido? Por quê?

b) Uma pessoa está "boiando" tranquilamente nas águas do Mar Morto. Determine a porcentagem do volume do seu corpo que está submersa.

26. Nas figuras abaixo temos três recipientes idênticos com água até a borda. Os patinhos de brinquedo A e B, idênticos na aparência, flutuam nos recipientes 2 e 3, sem tocar os seus respectivos fundos.

(1) (2) (3)

a) Pela observação das figuras, o que você pode afirmar sobre as densidades dos patinhos, comparadas entre si e comparadas com a densidade da água?

b) Se P_1, P_2 e P_3 são os pesos dos conjuntos 1, 2 e 3 como estão na figura, escreva as relações de igualdade ou de desigualdade entre essas forças.

c) Refaça o item **b** considerando que os patinhos tenham sido cuidadosamente retirados da água.

27. Na figura vemos a representação da seção transversal de um barco flutuando na água de um tanque, tendo no seu interior um bloco B menos denso que a água. Nessa situação, o barco mantém uma "altura" submersa h, denominada calado, e o nível da água no tanque tem altura H. Qual das opções abaixo descreve o que ocorre quando B é retirado do interior do barco e abandonado cuidadosamente na superfície da água?

16.1 Visão do especialista

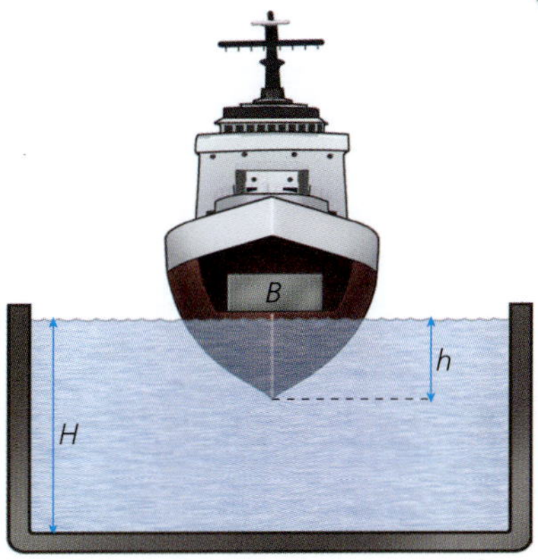

a) h aumenta e H diminui.

b) h e H aumentam.

c) h diminui e H aumenta.

d) h e H diminuem.

e) h diminui e H fica igual.

28. Supondo que o bloco B do exercício anterior fosse mais denso que a água, qual seria a opção correta, dentre as apresentadas?

16.2 Visão do especialista

29. Um corpo de massa 10 kg, feito de uma liga metálica de densidade 4,0 g/cm^3, é totalmente mergulhado em álcool, cuja densidade vale 0,8 g/cm^3. Considerando $g = 10\ m/s^2$, calcule para esse bloco:

a) a intensidade E do empuxo exercido pelo álcool sobre ele;

b) seu peso aparente P_{ap} dentro do álcool;

c) o módulo a da sua aceleração, após ser abandonado no interior do líquido.

Revisando o conteúdo

Ficha-resumo 1

A **massa específica** de uma substância pura é dada por:

$$\mu = \frac{m_{substância}}{V_{substância}}$$

A **densidade média** de um corpo é dada por:

$$d_m = \frac{m_{corpo}}{V_{corpo}}$$

1. (Vunesp) Geralmente, acoplado às bombas de abastecimento, existe um indicador da densidade do álcool combustível, constituído de duas esferas, de densidades ligeiramente diferentes (d_1 e d_2), mantidas no interior de uma câmara cilíndrica de vidro em posição vertical e sempre repleta de álcool. O álcool está dentro das especificações quando sua densidade d se situa entre d_1 e d_2. Analisando as três possíveis configurações das esferas dentro da câmara, mostradas nas figuras A, B e C, um usuário chegou às seguintes conclusões:

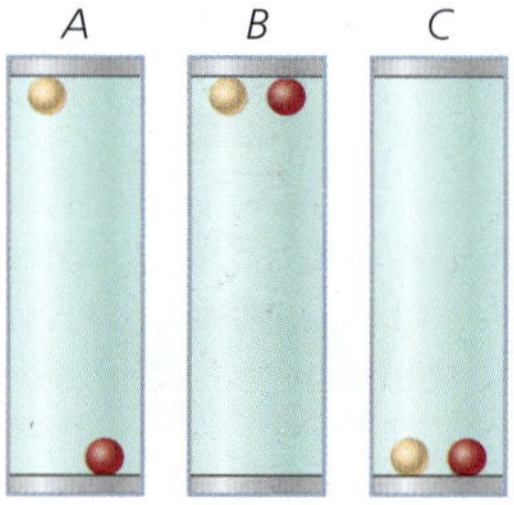

I. Quando as esferas se apresentam como na figura A, o álcool está de acordo com as especificações.

II. Quando as esferas se apresentam como na figura B, o álcool tem densidade menor do que a especificada.

III. Quando as esferas se apresentam como na figura C, o álcool tem densidade maior do que a especificada.

Dentre as conclusões apresentadas:

a) somente I está correta.
b) somente I e II estão corretas.
c) somente I e III estão corretas.
d) somente II e III estão corretas.
e) I, II e III estão corretas.

2. (Fesp-SP) Um cubo oco de alumínio tem 100 g de massa e 50 cm^3 de volume. O volume da parte vazia é 10 cm^3. Determine a densidade do cubo e a massa específica do alumínio.

3. (Fuvest-SP) Uma chapa de cobre de 2 m^2, utilizada em um coletor de energia solar, é pintada com tinta preta, cuja densidade, após a secagem, é 1,7 g/cm^3. A espessura da camada de tinta é da ordem de 5 μm (cinco micrômetros). Qual é a massa de tinta seca existente sobre a chapa?

4. Suponhamos que o ourives da corte, na famosa história de Arquimedes, tivesse apresentado ao rei uma vistosa coroa de volume 62,5 cm^3 e massa 1,0 kg. Considerando ser igual a 20,0 g/cm^3 a densidade do ouro e 10,0 g/cm^3 a densidade da prata, responda:

a) Nessa versão da história, houve ou não fraude do ourives? Por quê?
b) Qual é a massa de ouro presente na coroa?

Ficha-resumo 2

A **pressão** p de uma força $\vec{F}$ aplicada sobre uma superfície de área A é dada pela razão $p = \frac{|\vec{F}_n|}{A}$, sendo $\vec{F}_n$ a componente de $\vec{F}$ normal à superfície.

Pressão atmosférica:

$$p_{atm} = 760 \text{ mmHg} \simeq 1{,}0 \cdot 10^5 \text{ Pa}$$

Lei de Stevin: A diferença de pressões entre dois pontos de um líquido em equilíbrio é igual ao produto da diferença de níveis de altura entre esses pontos (h) pela massa específica do líquido (μ) e pelo módulo da aceleração da gravidade no local (g).

$$p_2 - p_1 = \mu g h$$

Princípio de Pascal: Qualquer variação de pressão em um ponto de um líquido é transmitida integralmente para todos os pontos da massa líquida.

$$\Delta p_1 = \Delta p_2 \Rightarrow \frac{F_1}{F_2} = \frac{A_1}{A_2} = \frac{d_2}{d_1}$$

5. (Unifor-CE) Um bloco maciço de metal, em forma de cubo, tem massa de 800 kg e está apoiado sobre uma superfície horizontal por uma de suas faces. A pressão que ele exerce tem intensidade de 5,0 · 10^4 Pa. Nessas condições, a medida da aresta desse cubo, em centímetro, vale:

a) 20
b) 30
c) 40
d) 50
e) 60

6. (Unifei-SP) Um cubo regular de lado L apoia-se sobre uma mesa. Se um cubo de lado $2L$ e mesmo material estiver sobre a mesa, a pressão exercida pelo cubo maior será:

a) a mesma.
b) metade.
c) duas vezes maior.
d) três vezes maior.
e) quatro vezes maior.

7. (Fuvest-SP) Um motorista para em um posto e pede ao frentista para regular a pressão dos pneus de seu carro em 25 "libras" (abreviação da unidade libra-força por polegada quadrada ou psi). Essa unidade corresponde à pressão exercida por uma força igual ao peso da massa de 1 libra, distribuída sobre uma área de 1 polegada quadrada. Uma libra corresponde a 0,5 kg e 1 polegada a $25 \cdot 10^{-3}$ m, aproximadamente. Como 1 atm corresponde a cerca de $1 \cdot 10^5$ Pa no SI (e 1 Pa = 1 N/m^2), aquelas 25 "libras" pedidas pelo motorista equivalem aproximadamente a:

a) 2 atm
b) 1 atm
c) 0,5 atm
d) 0,2 atm
e) 0,01 atm

8. (Puccamp-SP) Estudando a pressão em fluidos, vê-se que a variação da pressão nas águas do mar é proporcional à profundidade *h*. No entanto, a variação da pressão atmosférica, quando se sobe a montanhas elevadas, não é exatamente proporcional à altura. Isso se deve ao fato de:

a) a aceleração gravitacional variar mais na água do que no ar.
b) a aceleração gravitacional variar mais no ar do que na água.
c) o ar possuir baixa densidade.
d) a densidade do ar não ser uniforme.
e) o ar ser compressível.

9. O gráfico a seguir representa como varia a pressão em função da profundidade *h* em um líquido homogêneo contido em um tanque. (Adote: $g = 10$ m/s^2)
Determine:

a) a densidade do líquido:
b) a pressão total exercida em um ponto a 10 m de profundidade.

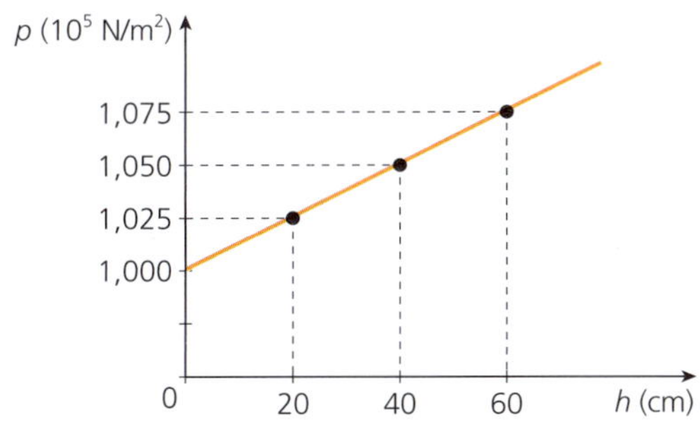

10. (UCDB-MS) Três recipientes foram preenchidos com volumes diferentes de água: V_1, $V_2 = 2\ V_1$ e $V_3 = 1{,}5\ V_1$. A altura da água em todos eles é a mesma.

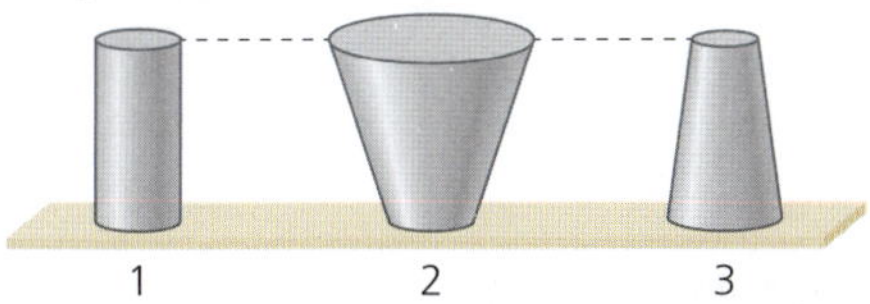

A relação entre as respectivas pressões p_1, p_2 e p_3, exercidas pela água no fundo de cada recipiente, é:

a) $p_2 = 2p_1 = \dfrac{4p_3}{3}$
b) $p_2 = \dfrac{p_1}{2} = \dfrac{3p_3}{4}$
c) $p_1 = 4p_2 = 3p_3$
d) $p_1 = p_2 = p_3$
e) $p_1 = \dfrac{p_2}{4} = \dfrac{p_3}{3}$

11. (Vunesp) A figura mostra dois líquidos, A e B, incompressíveis e não miscíveis, em equilíbrio num tubo em forma de U, de seção constante, aberto nas extremidades.

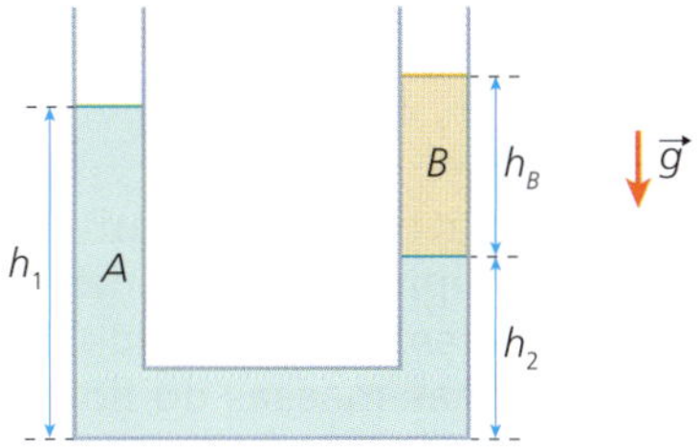

Se a densidade do líquido A for duas vezes maior que a do líquido B, a altura h_2 indicada na figura, será:

a) $h_1 - \dfrac{h_B}{2}$
b) $h_1 - h_B$
c) $h_1 - 2h_B$
d) $2h_1 - h_B$
e) $\dfrac{h_1}{2} - h_B$

12. (FEI-SP) Um oceanógrafo construiu um aparelho para medir profundidades no mar. Sabe-se que o aparelho suporta uma pressão até $2 \cdot 10^6$ N/m^2. Qual a máxima profundidade que o aparelho pode medir? São dados a pressão atmosférica de 10^5 N/m^2, a massa específica da água do mar, que vale 1.030 kg/m^3, e a aceleração da gravidade de 10 m/s^2.

13. (Mackenzie-SP) Quando um mergulhador se encontra a 25,0 m de profundidade na água do mar, a pressão que ele suporta é de:

a) $3{,}55 \cdot 10^5$ Pa
b) $2{,}85 \cdot 10^5$ Pa
c) $2{,}35 \cdot 10^5$ Pa
d) $2{,}00 \cdot 10^5$ Pa
e) $1{,}85 \cdot 10^5$ Pa

(Dados: g = 10 m/s^2; densidade da água do mar = 1,02 g/cm^3; $P_{atm} = 1{,}00 \cdot 10^5$ Pa)

14. (PUC-MG) A figura mostra um frasco contendo ar, conectado a um manômetro (medidor de pressão) constituído por um tubo em U contendo mercúrio. O desnível indicado vale 8 cm. A pressão atmosférica é 69 cmHg. A pressão do ar dentro do frasco, em cmHg, é:

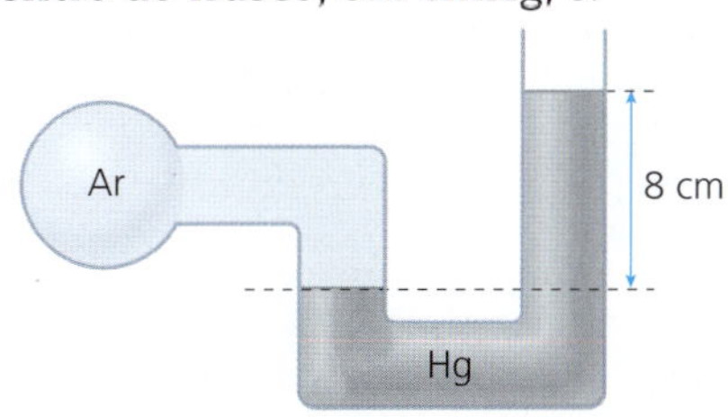

a) 61
b) 69
c) 76
d) 77
e) 85

Ficha-resumo 3

O **empuxo** $\vec{E}$ é a força resultante das forças de pressão exercidas pelo fluido sobre a superfície do corpo imerso.

$$E = \text{peso do fluido deslocado} = d_{\text{fluido}} \cdot g \cdot V_{\text{imerso}}$$

O **peso aparente** P_{ap} de um corpo totalmente submerso é a diferença entre as intensidades do peso do corpo e do empuxo recebido.

$$P_{ap} = P - E = (d_{\text{corpo}} - d_{\text{fluido}}) \cdot gV_{\text{corpo}}$$

15. (Univest-SP) Na figura a seguir, um balão de aniversário A é preso por um fio a um bloco B totalmente imerso em um líquido. O sistema está em equilíbrio, e as massas do fio e do balão são consideradas desprezíveis.

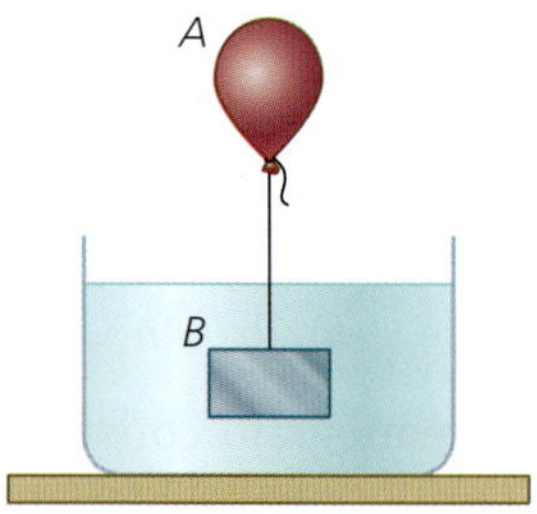

Sendo E_A e E_B os módulos dos empuxos sobre o balão e o bloco, respectivamente, e P o módulo do peso do bloco, pode-se afirmar para o sistema A + B que:

a) $E_A > E_B$
b) $E_A < E_B$
c) $E_A = E_B + P$
d) $E_A + E_B = P$
e) $E_A + P = E_B$

16. (Vunesp) A massa específica de certa espécie de madeira vale 0,80 g/cm³. Jogando-se um bloco dessa madeira na água ($\mu_{\text{água}}$ = 1,0 g/cm³), a fração do volume do bloco que emergirá da água, após o equilíbrio, será de:

a) 20%
b) 25%
c) 42%
d) 75%
e) 80%

17. (UFPE) Uma esfera maciça é colocada dentro de um recipiente contendo água. A densidade da esfera é 0,8 g/cm³. Qual das figuras abaixo melhor representa a posição de equilíbrio?

a) 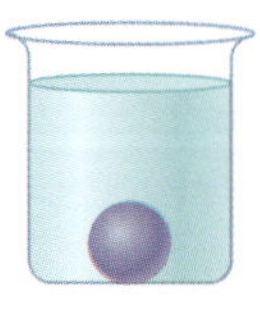

c) 

e) 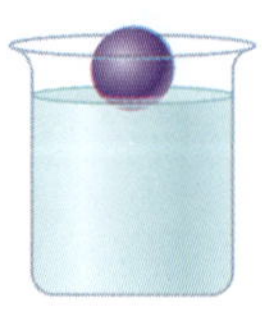

b) 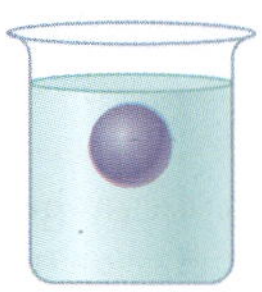

d) 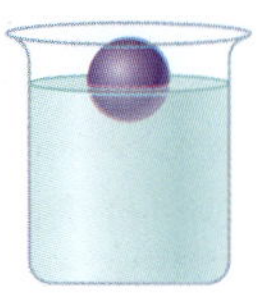

18. (UFMA) Uma esfera homogênea, quando flutua em água, fica com um hemisfério submerso. Quando flutua no óleo, fica com $\frac{3}{4}$ do seu volume submerso. Assim, a razão entre as densidades da água e do óleo, nessa ordem, é:

a) $\frac{2}{3}$
b) $\frac{3}{4}$
c) 1
d) $\frac{4}{3}$
e) $\frac{3}{2}$

19. (Fuvest-SP) As esferas maciças A e B têm volumes iguais, foram coladas entre si e estão em equilíbrio imersas em água. Quando a cola que as une se desfaz, a esfera A sobe e passa a flutuar, com metade do seu volume fora da água. Determine:

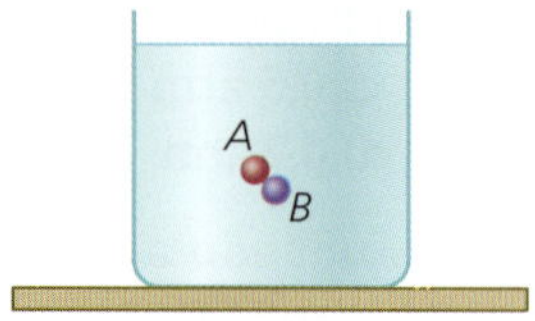

a) a densidade da esfera A;
b) a densidade da esfera B.
Considere a densidade da água igual a 1,0 g/cm³.

20. (Uerj) As figuras abaixo mostram três etapas da retirada de um bloco de granito P do fundo de uma piscina.

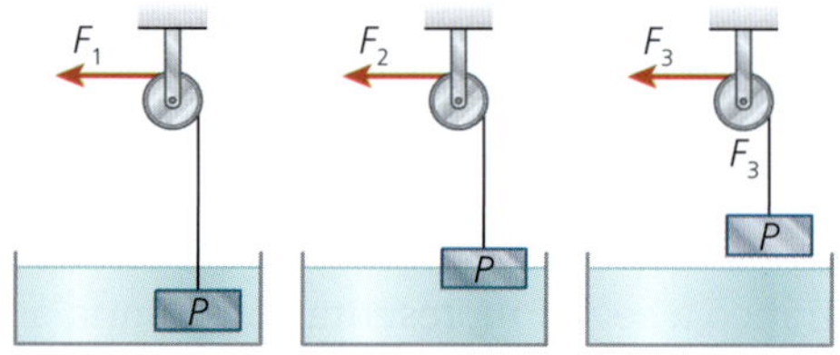

Considerando que F_1, F_2 e F_3 são os valores das forças que mantêm o bloco em equilíbrio, a relação entre elas é expressa por:

a) $F_1 = F_2 < F_3$
b) $F_1 < F_2 < F_3$
c) $F_1 > F_2 = F_3$
d) $F_1 > F_2 > F_3$

21. (UFMG) A **figura I** mostra uma vasilha, cheia de água até a borda, sobre uma balança. Nessa situação, a balança registra um peso P_1. Um objeto de peso P_2 é colocado nessa vasilha e flutua, ficando parcialmente submerso, como mostra a **figura II**. Um volume de água igual ao volume da parte submersa do objeto cai para fora da vasilha. Com base nessas informações, é correto afirmar que, na **figura II**, a leitura da balança é:

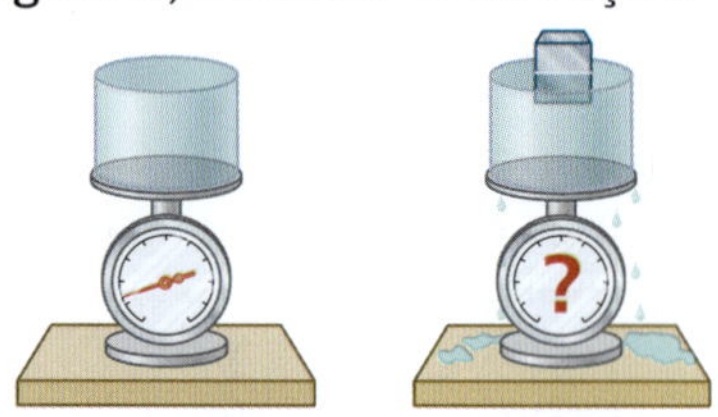

Figura I **Figura II**

a) igual a P_1.
b) igual a $P_1 + P_2$.
c) maior que P_1 e menor que $P_1 + P_2$.
d) menor que P_1.

Capítulo 17

Termometria

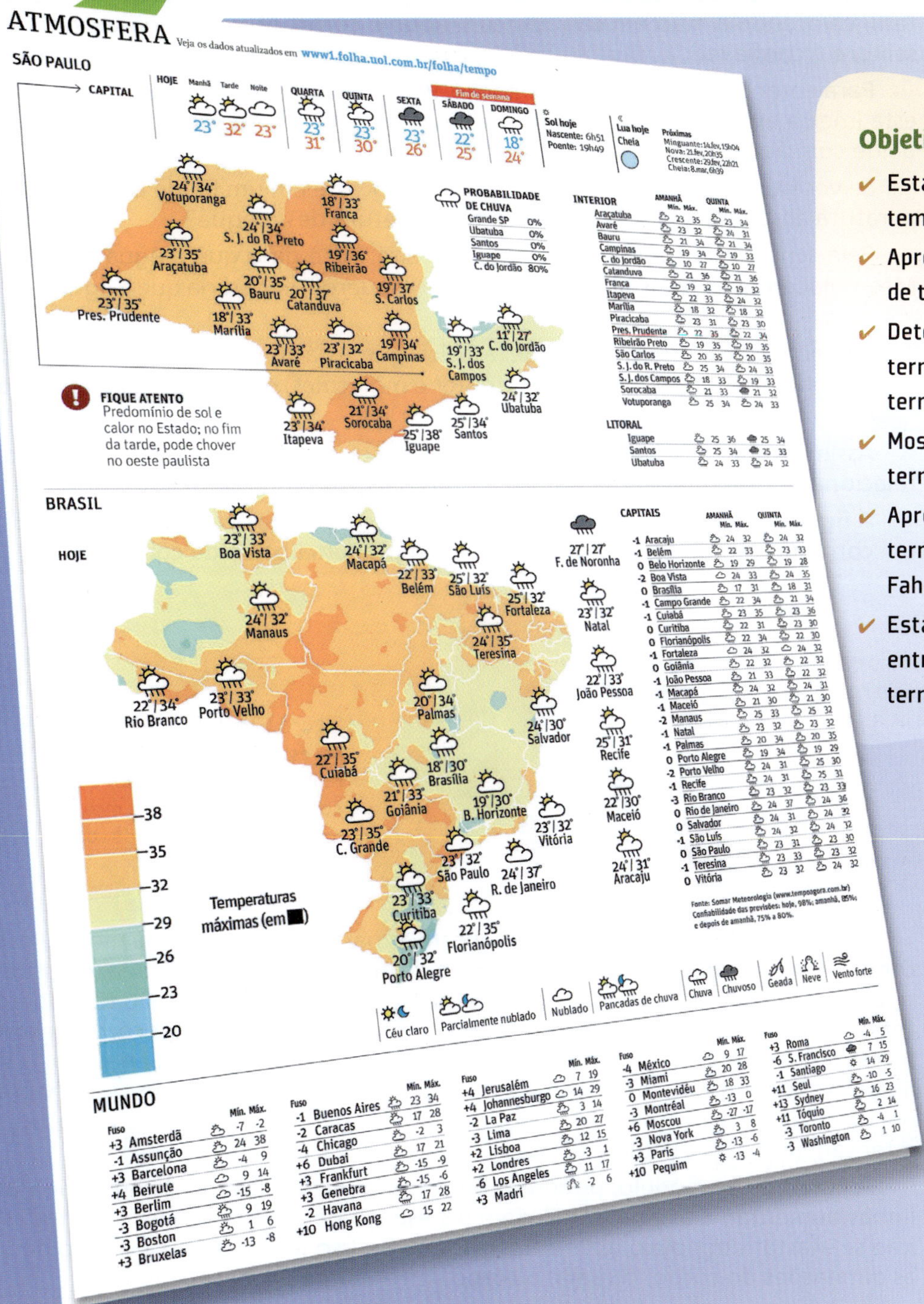

FOLHAPRESS

Objetivos do capítulo:

- Estabelecer o conceito de temperatura.
- Apresentar diferentes tipos de termômetros.
- Determinar a função termométrica de um dado termômetro.
- Mostrar a calibração de um termômetro.
- Apresentar as escalas termométricas Celsius, Fahrenheit e Kelvin.
- Estabelecer as relações entre as principais escalas termométricas.

Os fenômenos relacionados à Física Térmica fazem parte de nosso cotidiano. Os meios de comunicação discutem problemas ambientais decorrentes da formação de ilhas de calor, doenças associadas às inversões térmicas nas grandes cidades e, diariamente, divulgam as previsões do tempo dos meteorologistas, como a temperatura máxima e a temperatura mínima esperadas para determinado lugar. A foto desta página, obtida no *site* do jornal *Folha de S.Paulo*, mostra as temperaturas máximas e mínimas esperadas para o Brasil no dia 6 de março de 2011. Você seria capaz de dizer qual é a escala termométrica usada na legenda das fotos?

1 Temperatura

Neste capítulo, iniciamos o estudo da Física Térmica, também conhecida como Termologia, uma área da Física em que se investigam os fenômenos relacionados especificamente com a energia térmica.

No dia a dia estamos familiarizados com a grandeza física **temperatura**. Para avaliar se um corpo está quente ou frio, muitas vezes nos valemos de uma sensação tátil, colocando a mão em contato com aquele corpo. Mas essa sensação tátil nem sempre é confiável.

Para entender melhor essa afirmação, imagine, por exemplo, que sua mão direita está imersa em um balde com água e gelo e sua mão esquerda está imersa em um balde com água quente.

Se você tirasse as mãos dos baldes e as colocasse em um balde com água à temperatura ambiente, como avaliaria a temperatura dessa água?

Pela sensação recebida de sua mão direita, você diria que a água está quente. Mas, pela sensação transmitida por sua mão esquerda, você diria que a água está fria.

- A temperatura é uma grandeza física que está relacionada com a energia cinética média das partículas (átomos e moléculas) que constituem os corpos.

Assim, de maneira informal, podemos dizer que a temperatura de um corpo está relacionada com o "grau de agitação" das partículas que o constituem.

A **figura 1** mostra um modelo usado para representar as partículas que constituem um corpo no estado sólido, como, por exemplo, uma barra de cobre.

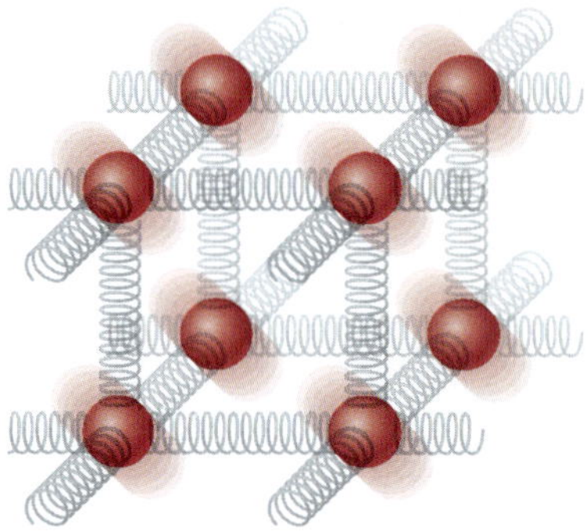

Figura 1. Modelo de um corpo no estado sólido. As bolinhas representam as partículas que constituem o corpo. As molas representam as forças de coesão entre as partículas.

Nesse modelo, as bolinhas representam as partículas (átomos ou moléculas) que constituem o corpo, distribuídas no espaço de maneira bem organizada (constituindo o retículo cristalino do sólido). Para indicar que essas partículas não têm liberdade total de movimentação, como ocorreria com as partículas de um corpo gasoso, as forças de coesão entre as partículas estão representadas por pequenas molas interligando as bolinhas. Essas bolinhas estão em constante estado de agitação, vibrando em torno de uma posição de equilíbrio. Quanto maior a temperatura do corpo, mais intensamente as partículas vibrarão.

A partir desse modelo, podemos perceber que, se o estado de agitação das bolinhas aumentar, elas precisarão de mais espaço para vibrar e, por isso, todas elas irão se afastar um pouco mais umas das outras. Isso levará a um aumento de todas as dimensões do corpo, ou seja, o corpo sofrerá uma expansão.

Se o estado de agitação das bolinhas aumentar ainda mais, será atingido um ponto em que a energia fornecida ao corpo será usada para "romper as molas". Desse modo, as bolinhas terão maior liberdade de movimentação e o corpo passará do estado sólido para o estado líquido.

Apesar de simples, esse modelo ajuda a compreender alguns dos fenômenos estudados em Termologia, como a dilatação dos corpos e as mudanças de estado físico.

2 Termômetros

Termômetro é o aparelho usado para medir, de maneira indireta, a temperatura de um corpo. Por que "de maneira indireta"?

De acordo com a definição dada para a grandeza temperatura, fica claro que não podemos medir diretamente o valor da velocidade de cada átomo ou molécula de um corpo para obter a energia cinética média das partículas, isto é, não podemos medir o "grau de agitação" das partículas que constituem um corpo.

Entretanto, quando o "grau de agitação" das partículas de um corpo é alterado, outras grandezas físicas se alteram, e muitas delas podem ser medidas.

Ao se variar a temperatura de um líquido, por exemplo, seu volume varia. A luminosidade emitida pelo filamento de uma lâmpada incandescente varia quando alteramos a temperatura do filamento. Uma grandeza física que varia com a temperatura e que é utilizada para medi-la é denominada **grandeza termométrica**.

Todo termômetro usa uma grandeza termométrica para medir a temperatura de um corpo.

Vejamos como isso é feito tomando como exemplo o termômetro de tubo de vidro mostrado na **figura 2**.

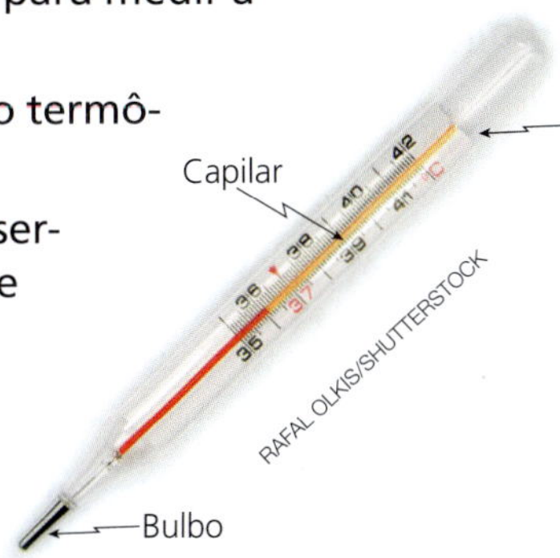

Figura 2. Termômetro de tubo de vidro.

Observe que esse tipo de termômetro possui um reservatório (o bulbo) preenchido com um líquido, geralmente mercúrio (Hg) ou álcool, ao qual se adiciona corante para melhorar a visualização, e um tubo fechado de vidro, com diâmetro interno de espessura da ordem da espessura de um fio de cabelo (o tubo capilar), do qual foi retirado o ar.

Para medir a temperatura de um corpo com esse termômetro, devemos colocar o bulbo em contato com o corpo.

Para facilitar o entendimento, vamos supor que o corpo esteja "mais quente" que o termômetro. Nesse caso, parte da energia de agitação das partículas do corpo é transferida para o bulbo de vidro e para o líquido nele contido. Assim, a temperatura do vidro e a temperatura do líquido aumentam.

A consequência desse aumento de temperatura é que tanto o bulbo como o líquido sofrem uma dilatação e se expandem. Mas, como os líquidos se dilatam mais que os sólidos, o resultado final é que o líquido sobe pelo tubo capilar de vidro. Assim, quanto maior a temperatura do corpo, maior será a altura da coluna de líquido no tubo capilar.

Quando o termômetro e o corpo atingem a mesma temperatura, ou seja, entram em equilíbrio térmico, a altura da coluna estabiliza e podemos, em uma escala previamente calibrada, fazer a leitura da temperatura correspondente. Nesse tipo de termômetro, a grandeza termométrica é a altura da coluna de líquido no tubo capilar.

3 Função termométrica

Denomina-se **função termométrica** de um termômetro à função do 1º grau que relaciona cada valor de uma grandeza termométrica ao correspondente valor de temperatura.

Assim, para um termômetro de tubo de vidro, podemos associar cada valor da altura *h* da coluna de líquido a uma temperatura θ correspondente. A função termométrica, para esse termômetro, seria do tipo $\theta = f(h)$.

Vamos considerar um termômetro que registra uma temperatura θ_1 para uma coluna de altura h_1 e uma temperatura θ_2 para uma coluna de altura h_2 **(fig. 3)**. Qual seria a temperatura θ correspondente a uma altura h?

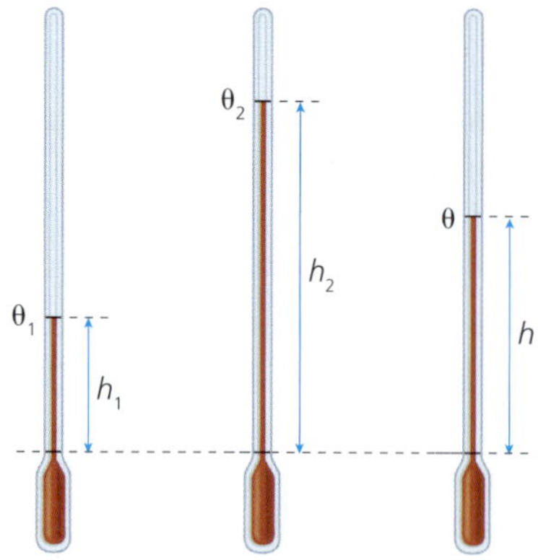

Figura 3. A cada valor da altura h corresponde uma temperatura θ.

Vamos obter a função termométrica desse termômetro relacionando a escala de temperaturas com a escala de alturas correspondentes, como mostrado na **figura 4**.

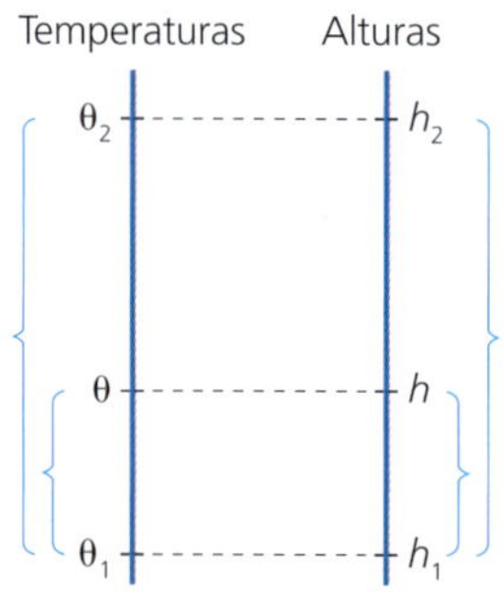

Figura 4. Relação entre a escala de temperaturas θ e a escala de alturas h.

Observe que existe uma relação de proporcionalidade entre os segmentos das duas escalas. Podemos escrever, por exemplo:

$$\frac{\theta - \theta_1}{\theta_2 - \theta_1} = \frac{h - h_1}{h_2 - h_1}$$

Aplicando a teoria

1. Roberto construiu um termômetro de tubo de vidro e considerou que, para uma coluna de 5 mm de altura, o termômetro indicaria uma temperatura de 20 °R, ou seja, 20 graus Roberto, e indicaria 70 °R quando a altura da coluna fosse de 30 mm.

a) Determinar a função termométrica desse termômetro.

b) Qual é a temperatura indicada pelo termômetro quando a altura da coluna é de 18 mm?

c) Para uma temperatura de 50 °R, qual é a altura da coluna?

➤ Solução

a) Vamos comparar a escala de temperaturas, em °R, e a escala de alturas, em mm.

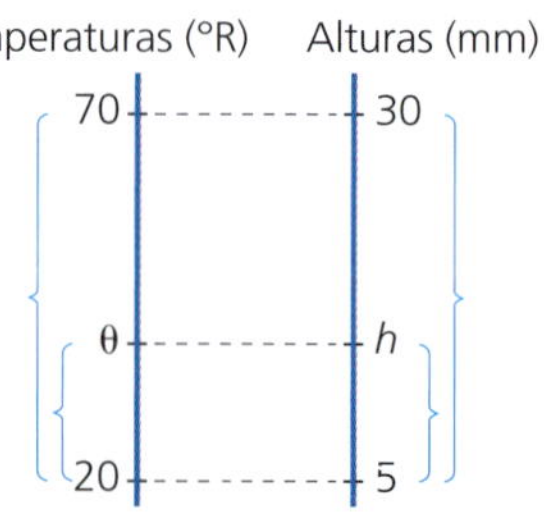

Analisando as duas escalas, obtemos a seguinte relação:

$$\frac{\theta - 20}{70 - 20} = \frac{h - 5}{30 - 5} \Rightarrow \frac{\theta - 20}{50} = \frac{h - 5}{25} \Rightarrow$$

$$\Rightarrow \frac{\theta - 20}{2} = \frac{h - 5}{1} \Rightarrow \boxed{\theta = 2h + 10}$$

Essa função termométrica é válida quando a altura h é medida em mm e a temperatura θ em °R.

b) Para $h = 18$ mm, temos:

$$\theta = 2 \cdot 18 + 10 \Rightarrow \theta = 36 + 10 \Rightarrow \boxed{\theta = 46\ °R}$$

c) Para $\theta = 50$ °R, temos:

$$50 = 2h + 10 \Rightarrow 40 = 2h \Rightarrow \boxed{h = 20 \text{ mm}}$$

2. O diagrama abaixo mostra a relação entre o volume V de um gás, em um termômetro a gás de pressão constante, e a correspondente temperatura θ em uma escala arbitrária X, calibrada em °X.

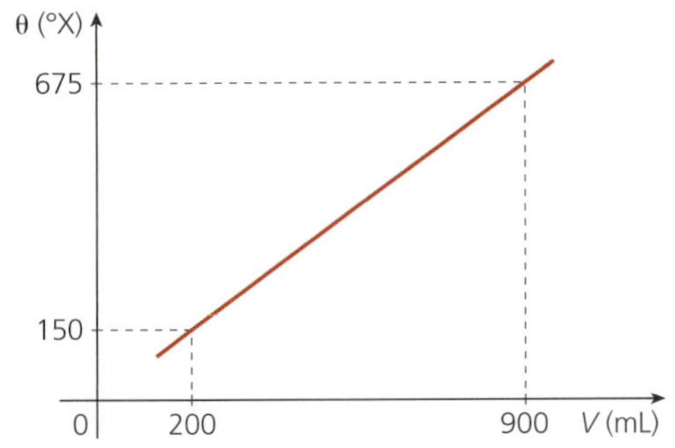

a) Qual é a função termométrica para esse termômetro?

b) Qual é a temperatura indicada pelo termômetro, em °X, quando o volume do gás é de 480 mL?

c) Para uma temperatura de 450 °X, qual é o volume do gás?

➤ Solução

a) Façamos a comparação entre a escala de temperaturas, em °X, e a escala de volumes, em mL.

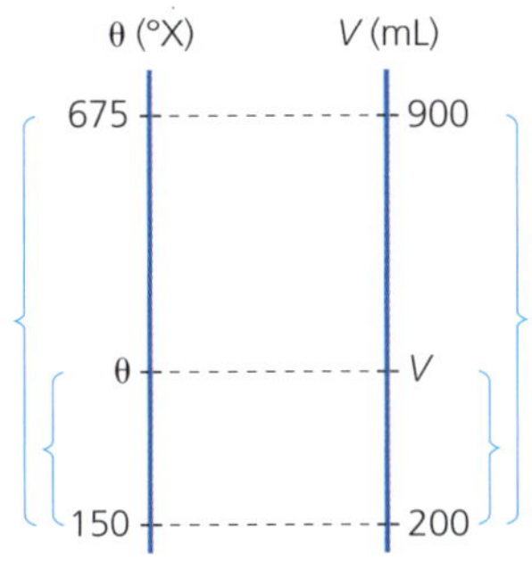

Podemos, então, obter a relação:

$$\frac{\theta - 150}{675 - 150} = \frac{V - 200}{900 - 200} \Rightarrow \frac{\theta - 150}{525} = \frac{V - 200}{700}$$

Dividindo os denominadores por 175, obtemos:

$$\frac{\theta - 150}{3} = \frac{V - 200}{4} \Rightarrow$$

$$\Rightarrow 4\theta - 600 = 3V - 600 \Rightarrow \boxed{\theta = \frac{3V}{4}}$$

b) Usando a função termométrica para V = 480 mL, obtemos:

$$\theta = \frac{3 \cdot 480}{4} \Rightarrow \theta = 3 \cdot 120 \Rightarrow \boxed{\theta = 360\ °X}$$

c) Usando a função termométrica para θ = 450 °X, obtemos:

$$450 = \frac{3V}{4} \Rightarrow 150 = \frac{V}{4} \Rightarrow \boxed{V = 600 \text{ mL}}$$

Avaliando o aprendizado

1. Um termômetro a gás de volume constante utiliza como grandeza termométrica a pressão do gás contido em um recipiente. Considerando um termômetro a gás de volume constante que adota a temperatura de 200 °X quando a pressão do gás é de 300 mmHg e a temperatura de 400 °X para a pressão de 800 mmHg, determine:

a) a função termométrica deste termômetro;

b) a temperatura correspondente a uma pressão de 600 mmHg;

c) a pressão do gás para uma temperatura de 250 °X.

2. O gráfico a seguir mostra a relação entre a temperatura θ em uma escala termométrica arbitrária, medida em °W, e a altura h da coluna de mercúrio, em mm.

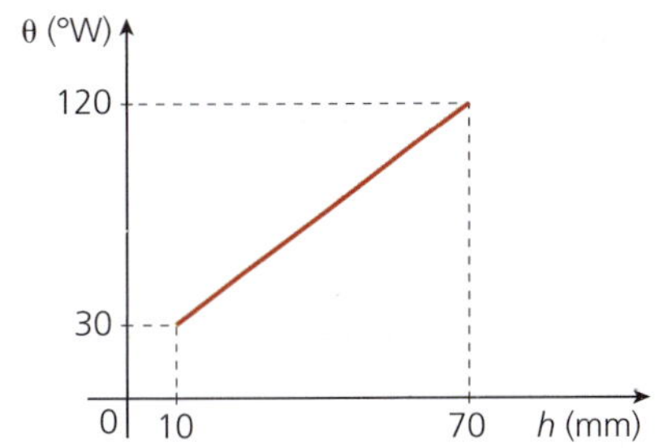

Para esse termômetro, determine:

a) sua função termométrica;

b) a temperatura θ, em °W, correspondente a uma coluna de 60 mm;

c) a altura h da coluna, em mm, para uma temperatura de 60 °W.

4 Escalas termométricas Celsius e Fahrenheit

Antes de poder ser usado para medir temperaturas, o termômetro deve ser devidamente calibrado.

Para calibrar um termômetro, devemos utilizar dois estados térmicos com temperaturas bem definidas. Tais estados térmicos são denominados **pontos fixos**.

Dentre os diferentes pontos fixos usados na calibração de diferentes tipos de termômetro, citaremos apenas os que costumam ser empregados na calibração dos termômetros de tubo de vidro. São eles: o **ponto do gelo** e o **ponto do vapor**.

O ponto do gelo corresponde ao estado térmico de fusão (derretimento) do gelo sob pressão normal. O ponto do vapor corresponde ao estado térmico de ebulição (fervura) da água sob pressão normal.

Ao calibrar um termômetro de tubo de vidro, inicialmente sem a indicação da escala termométrica, devemos colocá-lo em equilíbrio com gelo em fusão e depois em equilíbrio com água em ebulição, ambos sob pressão normal. Para cada um desses estados térmicos, adotamos uma temperatura correspondente: θ_{PG} para a temperatura do ponto do gelo e θ_{PV} para a temperatura do ponto do vapor **(fig 5)**.

Figura 5. Ao criar uma escala termométrica, devemos adotar, arbitrariamente, as temperaturas dos pontos fixos θ_{PG} e θ_{PV}.

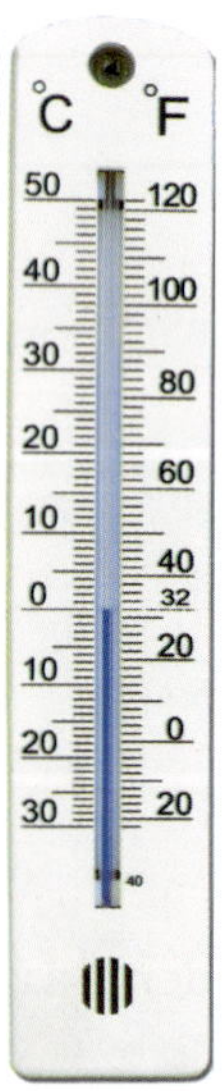

JOHN R. SMITH/SHUTTERSTOCK

Figura 6. Termômetro calibrado nas escalas Celsius e Fahrenheit.

A partir desse procedimento, podemos criar infinitas escalas termométricas para determinado termômetro.

Dentre as muitas e diferentes escalas criadas e usadas ao longo do tempo, duas se destacam e são utilizadas até hoje: a **escala Celsius** e a **escala Fahrenheit (fig. 6)**.

Vejamos as características dessas duas escalas termométricas.

Escala Celsius

A escala termométrica Celsius foi proposta, em 1742, pelo astrônomo sueco Anders Celsius (1701-1744).

Celsius adotou para o ponto do gelo a temperatura de 0 °C (zero grau Celsius) e para o ponto do vapor a temperatura de 100 °C.

Durante muito tempo, essa escala foi chamada de escala centígrada, pois entre essas duas temperaturas a escala é dividida em 100 partes. Em 1948, a 9ª Conferência Geral de Pesos e Medidas modificou seu nome para escala termométrica Celsius, em reconhecimento a Anders Celsius e para evitar confusão com o prefixo *centi* (10^{-2}). Essa escala é utilizada hoje na maioria dos países.

Escala Fahrenheit

Fahrenheit
Conteúdo multimídia

A escala termométrica Fahrenheit foi proposta pelo físico alemão Daniel Gabriel Fahrenheit (1686-1736) em 1724. Nessa escala, adotou-se para o ponto do gelo a temperatura de 32 °F (trinta e dois graus Fahrenheit) e para o ponto do vapor a temperatura de 212 °F.

Apesar de essa escala ter sido amplamente utilizada nos países colonizados pelos britânicos, seu uso hoje em dia se restringe a alguns poucos países de língua inglesa, como os Estados Unidos, a Austrália e Belize.

Relação de conversão de temperaturas entre as escalas Celsius e Fahrenheit

Consideremos um termômetro calibrado, ao mesmo tempo, nas escalas Celsius e Fahrenheit, como mostra a **figura 7**.

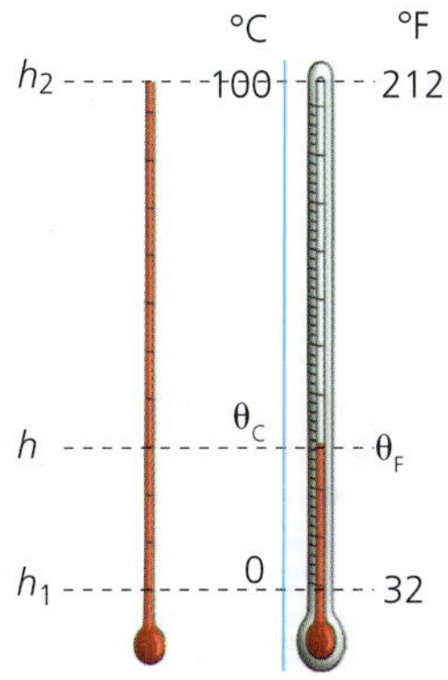

Figura 7. Termômetro calibrado em °C e °F.

Vamos encontrar as funções termométricas para esse termômetro, relacionando cada uma das escalas com a escala de alturas correspondente.

Para a escala Celsius, temos: $$\frac{\theta_C - 0}{100 - 0} = \frac{h - h_1}{h_2 - h_1} \quad ①$$

Para a escala Fahrenheit, temos: $$\frac{\theta_F - 32}{212 - 32} = \frac{h - h_1}{h_2 - h_1} \quad ②$$

Das equações ① e ②, obtemos:

$$\frac{\theta_C - 0}{100 - 0} = \frac{\theta_F - 32}{212 - 32} \Rightarrow \frac{\theta_C}{100} = \frac{\theta_F - 32}{180} \Rightarrow \boxed{\frac{\theta_C}{5} = \frac{\theta_F - 32}{9}}$$

Essa expressão representa a relação de conversão de temperaturas entre as escalas Celsius e Fahrenheit.

Note que, da mesma forma que procedemos para obter essa relação de conversão entre as escalas Celsius e Fahrenheit, podemos obter a relação de conversão de temperaturas entre duas escalas quaisquer.

Aplicando a teoria

3. Um termômetro indica que a temperatura de uma porção de água é 10 °C. Se fosse usado um termômetro graduado na escala Fahrenheit, qual seria a temperatura indicada?

➤ Solução

Dado que θ_C = 10 °C, podemos usar a relação de conversão de temperaturas entre as escalas Celsius e Fahrenheit e obter a correspondente temperatura θ_F.

$$\frac{10}{5} = \frac{\theta_F - 32}{9} \Rightarrow 2 = \frac{\theta_F - 32}{9} \Rightarrow$$

$$\Rightarrow 18 = \theta_F - 32 \Rightarrow \boxed{\theta_F = 50\ °F}$$

4. Uma temperatura é indicada na escala Fahrenheit pelo quádruplo de sua correspondente indicação na escala Celsius. Determinar essa temperatura na escala Celsius.

➤ Solução

O enunciado impõe a condição de que $\theta_F = 4\theta_C$. Substituindo na relação de conversão entre as escalas, obtemos:

$$\frac{\theta_C}{5} = \frac{4\theta_C - 32}{9} \Rightarrow 9\theta_C = 20\theta_C - 160 \Rightarrow$$

$$\Rightarrow \theta_C = \frac{160}{11} \Rightarrow \boxed{\theta_C \simeq 14{,}5\ °C}$$

5. Uma escala termométrica arbitrária X adota para o ponto do gelo o valor 20 °X e para o ponto do vapor o valor 140 °X. Determinar:

a) a relação de conversão de temperaturas entre a escala X e a escala Celsius;

b) a temperatura, em °C, correspondente a 80 °X.

➤ Solução

a) Do enunciado, temos a seguinte correspondência de temperaturas entre as escalas Celsius e X:

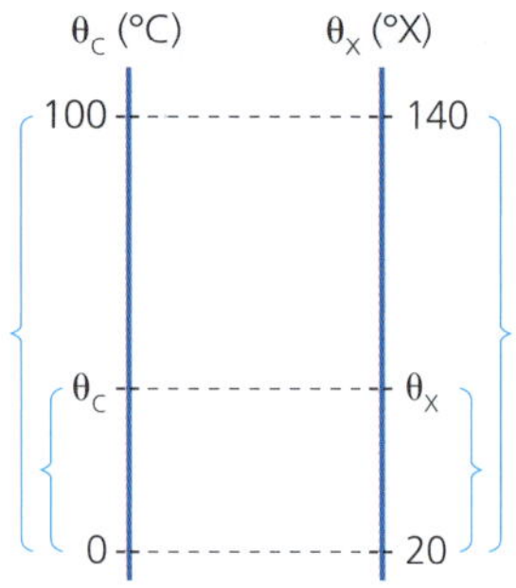

Podemos, então, estabelecer a relação de proporcionalidade:

$$\frac{\theta_C - 0}{100 - 0} = \frac{\theta_X - 20}{140 - 20} \Rightarrow \frac{\theta_C}{100} = \frac{\theta_X - 20}{120} \Rightarrow$$

$$\Rightarrow \boxed{\theta_C = \frac{5 \cdot (\theta_X - 20)}{6}}$$

b) Para $\theta_X = 80$ °X, temos:

$$\theta_C = \frac{5 \cdot (80 - 20)}{6} \Rightarrow \theta_C = \frac{5 \cdot 60}{6} \Rightarrow \boxed{\theta_C = 50\ °C}$$

Avaliando o aprendizado

3. Um termômetro indica uma temperatura ambiente de 25 °C. Nas mesmas condições, qual é a temperatura indicada por um termômetro graduado na escala Fahrenheit?

4. No ser humano, a temperatura corpórea pode variar no intervalo de 35 °C a 42 °C. Quais seriam esses limites na escala Fahrenheit?

5. Em alguns desertos, próximos à linha do Equador, as temperaturas são as mais altas encontradas na superfície da Terra, podendo atingir até 130 °F. Qual é o valor dessa temperatura quando expressa em grau Celsius?

6. Em uma escala arbitrária A, adota-se o valor de 30° A para o ponto do gelo e 190 °A para o ponto do vapor.

a) Qual é a relação de conversão de temperaturas entre as escalas A e Celsius?

b) Determine, em °A, a temperatura correspondente a 40 °C.

7. Um termômetro mal construído indica +2 °C no ponto do gelo e +98 °C no ponto do vapor.

a) Determine a função de correção desse termômetro.

b) Qual é a temperatura correta quando a indicação do termômetro defeituoso é 40 °C?

c) Existe alguma temperatura que o termômetro mal construído indica corretamente? Em caso afirmativo, qual seria essa temperatura?

8. Uma escala arbitrária X relaciona-se com a escala Celsius de acordo com o diagrama abaixo.

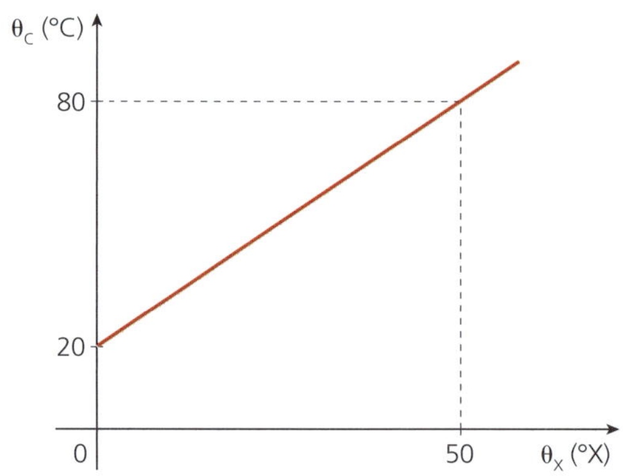

Qual é a temperatura na escala X correspondente à temperatura de ebulição da água?

9. Duas escalas termométricas A e B relacionam-se de acordo com a função $\theta_A = 2\theta_B + 120$. Sabendo que a escala A adota o valor 20 °A para o ponto do gelo e a escala B adota o valor 50 °B para o ponto do vapor, determine:

a) o valor adotado no ponto do vapor para a escala A;

b) o valor adotado no ponto do gelo para a escala B;

c) as temperaturas, em °A e em °B, correspondentes a 25 °C.

5 Escala Kelvin

Kelvin
Conteúdo multimídia

William Thomson (1824-1907) foi um físico, matemático e engenheiro britânico, nascido na Irlanda, que contribuiu muito nas análises matemáticas da eletricidade e da termodinâmica. Por seus trabalhos, foi agraciado com o título de Lord Kelvin.

Ao realizar medições de temperaturas com um termômetro a gás de volume constante, Kelvin observou que, ao se diminuir a temperatura do gás de 0 °C para −1 °C, a pressão do gás diminuía em $\frac{1}{273}$ da pressão inicial; ao se resfriar o gás de 0 °C para −2 °C, a pressão diminuía em $\frac{2}{273}$ da pressão inicial e assim por diante.

Como a pressão de um gás se deve aos choques das moléculas contra as paredes do recipiente em que está contido, Kelvin concluiu que a diminuição da pressão era decorrente de uma diminuição da velocidade das moléculas do gás. Extrapolando os resultados das medidas experimentais, ele sugeriu que à temperatura de −273 °C a pressão do gás se anularia, ou seja, as moléculas teriam uma energia cinética nula. A essa temperatura, Kelvin atribuiu o valor 0, denominado **zero absoluto**, por ser a temperatura na qual a energia cinética de translação das partículas é nula. Assim, na escala Kelvin, o zero absoluto tem valor 0 K.

Por definição, entre o ponto do gelo e o zero absoluto teremos um mesmo número de divisões na escala Celsius e na escala proposta por Kelvin.

Assim, podemos relacionar as temperaturas nessas duas escalas: −273 °C e 0 K (no zero absoluto), 0 °C e 273 K (no ponto do gelo) e 100 °C e 373 K (no ponto do vapor).

Observe que, ao expressar uma temperatura na escala Kelvin, omitimos o símbolo do grau (°), escrevendo, por exemplo, 273 K ou 273 kelvins.

Da comparação entre as escalas Celsius e Kelvin **(fig. 8)**, podemos obter a relação de conversão de temperaturas entre elas.

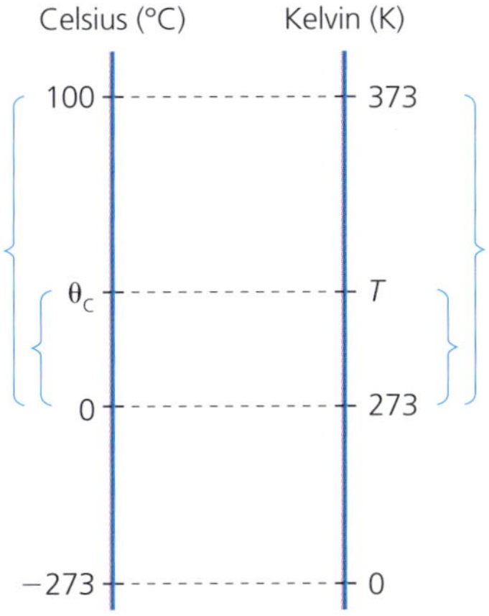

Figura 8. Relação entre a escala Celsius e a escala Kelvin.

Temos, então:

$$\frac{\theta_C - 0}{100 - 0} = \frac{T - 273}{373 - 273} \Rightarrow \frac{\theta_C}{100} = \frac{T - 273}{100} \Rightarrow \boxed{T = \theta_C + 273}$$

Da mesma forma, podemos comparar as escalas Fahrenheit e Kelvin **(fig. 9)** e obter uma relação de conversão de temperaturas entre elas.

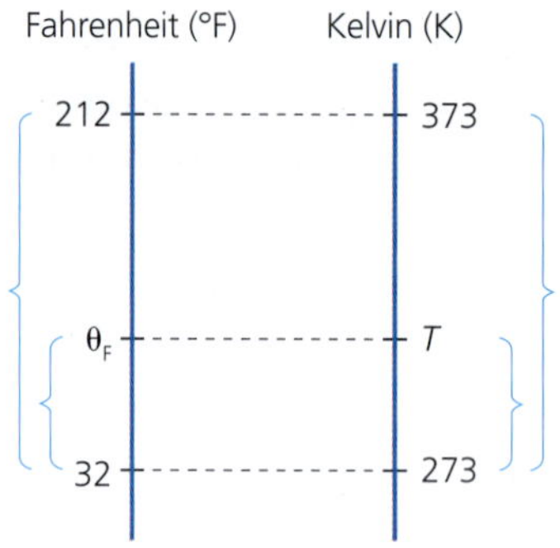

Figura 9. Relação entre a escala Fahrenheit e a escala Kelvin.

Assim, temos:

$$\frac{\theta_F - 32}{212 - 32} = \frac{T - 273}{373 - 273} \Rightarrow \frac{\theta_F - 32}{180} = \frac{T - 273}{100} \Rightarrow \boxed{\frac{\theta_F - 32}{9} = \frac{T - 273}{5}}$$

Aplicando a teoria

6. O tungstênio é um metal muito usado na fabricação dos filamentos das lâmpadas incandescentes. A temperatura de fusão desse metal é de 3.414 °C e a de vaporização é de 5.555 °C. Converter essas temperaturas para a escala Kelvin.

➤ **Solução**

Vamos usar a relação de conversão: $T = \theta_C + 273$.

Para a temperatura de fusão:

$$T_{\text{fusão}} = 3.414 + 273 \Rightarrow \boxed{T_{\text{fusão}} = 3.687 \text{ K}}$$

Para a temperatura de vaporização:

$$T_{\text{vaporização}} = 5.555 + 273 \Rightarrow \boxed{T_{\text{vaporização}} = 5.828 \text{ K}}$$

Avaliando o aprendizado

10. A temperatura de solidificação do gás hidrogênio é próxima de −259 °C. Expresse essa temperatura na escala Kelvin.

11. Converta as temperaturas a seguir.

a) 600 K em °C e °F;

b) 104 °F em °C e K;

c) −40 °C em °F e K.

17.1 Conteúdo multimídia

Revisando o conteúdo

Ficha-resumo 1

Temperatura é uma grandeza relacionada ao "grau de agitação" das partículas constituintes de um corpo.

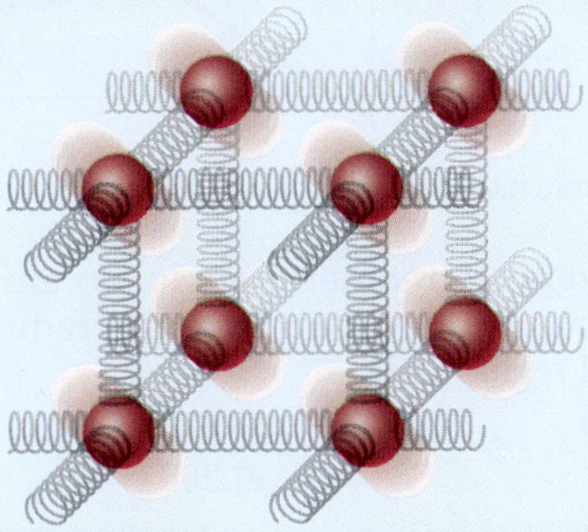

Função termométrica

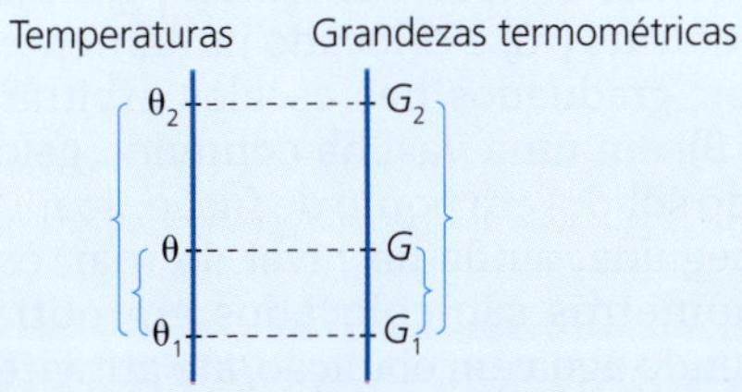

$$\frac{\theta - \theta_1}{\theta_2 - \theta_1} = \frac{G - G_1}{G_2 - G_1}$$

Relação entre as escalas Celsius e Fahrenheit

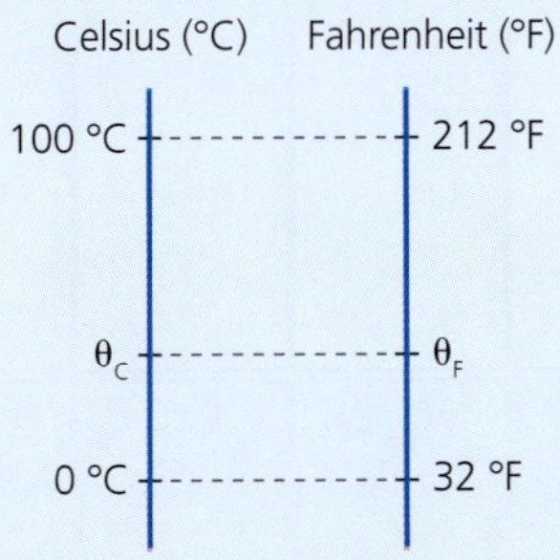

$$\frac{\theta_C}{5} = \frac{\theta_F - 32}{9}$$

1. (Acafe-SC) A tabela apresenta as substâncias com suas respectivas temperaturas de fusão, θ_F, e ebulição, θ_E, nas CNTP (Condições Normais de Temperatura e Pressão).

Substância	θ_F (°C)	θ_E (°C)
Nitrogênio (N_2)	−210	−196
Éter	−114	34
Mercúrio	−39	357
Água	0	100
Álcool etílico	−115	78

Na construção de um termômetro para medir temperaturas entre −60 °C e +60 °C, deve-se utilizar como substância termométrica:

a) mercúrio
b) álcool etílico
c) éter
d) água
e) nitrogênio

2. (Unimep-SP) Numa das regiões mais frias do mundo, o termômetro indica −76 °F. Qual é o valor dessa temperatura na escala Celsius?

a) −60
b) −76
c) −50,4
d) −103
e) +76

3. (Mackenzie-SP) Um turista, ao descer no aeroporto de Londres, observa que o valor da temperatura indicada por um termômetro graduado na escala Fahrenheit supera em 40 o valor da indicação de outro termômetro graduado na escala Celsius. A temperatura em Londres era de:

a) 10 °C
b) 14 °C
c) 20 °C
d) 24 °C
e) 28 °C

4. (Estácio-RJ) Mediu-se a temperatura de um corpo, utilizando-se dois termômetros, um calibrado na escala Celsius e outro calibrado na escala Fahrenheit. Para surpresa nossa, verificou-se que os dois termômetros marcavam numericamente a mesma temperatura, após a medida. Qual das opções abaixo é a correta?

a) Os termômetros marcavam −30°.
b) Os termômetros marcavam +32°.
c) Os termômetros marcavam +40°.
d) Os termômetros marcavam −40°.
e) Os termômetros só podiam estar estragados, uma vez que a situação descrita no texto é fisicamente impossível.

5. (Ufac) A temperatura de um corpo é medida simultaneamente nas escalas Celsius e Fahrenheit. Como resultado, a temperatura na escala Celsius é o dobro da outra. Qual o valor aproximado da temperatura do corpo na escala Fahrenheit?

6. (PUC-PR) Dois termômetros graduados em Celsius e Fahrenheit medem simultaneamente a temperatura de um vaso com água quente. Se os termômetros acusam uma diferença de 50° na leitura, qual a temperatura, em °C, da água?

a) 20 °C
b) 22,5 °C
c) 25 °C
d) 27,5 °C
e) 30 °C

7. (Fatec-SP) Certo dia, um viajante verificou que a temperatura local acusava X °F. Se a escala utilizada tivesse sido a Celsius, a leitura seria 52 unidades mais baixa. Essa temperatura é:

a) agradável
b) 50 °C
c) 84 °C
d) 100 °C
e) acima de 100 °C

8. (Mackenzie-SP) A partir da década de 1960, a escala termométrica Réamur passa a ser pouco utilizada. Nessa escala, sob pressão normal, atribuía-se, para a água, 0 °Ré para a temperatura de fusão e 80 °Ré para a temperatura de ebulição. A temperatura normal do corpo humano (36,5 °C) seria dada na escala Réamur por:

a) 58,6 °Ré
b) 47,9 °Ré
c) 39,4 °Ré
d) 33,7 °Ré
e) 29,2 °Ré

9. (EsPCEx-SP) Em uma escala termométrica genérica X, o ponto de ebulição da água vale 217 °X e o ponto de fusão do gelo vale 17 °X. A equação termométrica que relaciona a temperatura T_C na escala Celsius com a temperatura T_X na escala X é:

a) $T_C = \frac{T_X - 17}{2}$
b) $T_C = 2T_X - 34$
c) $T_C = T_X + 17$
d) $T_C = \frac{T_X}{2} - 17$
e) $T_C = \frac{2T_X + 17}{2}$

10. (UEFS-BA) Um termômetro construído com escala X mede −20 °X para a temperatura de fusão do gelo ao nível do mar e 40 °X para uma temperatura ambiente de 25 °C. Considerando essa informação, é correto afirmar que a temperatura de vaporização da água, em °X, ao nível do mar é:

a) 60
b) 80
c) 120
d) 180
e) 220

11. (EsPCEx-SP) Comparando-se a escala Z com a escala C (Celsius) de dois termômetros, obteve-se o gráfico a seguir que mostra a correspondência entre essas duas escalas.

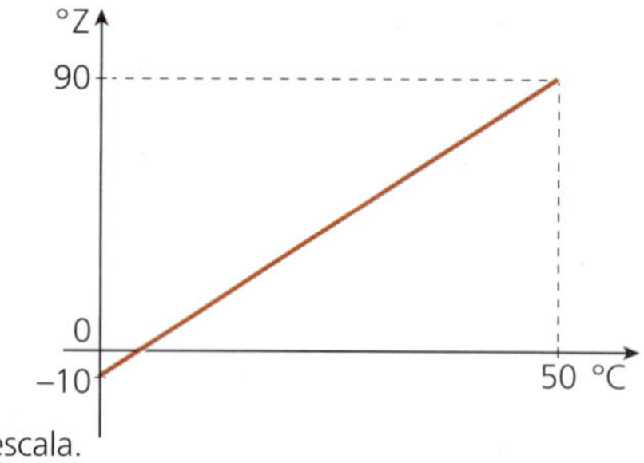

Gráfico fora de escala.

Quando o termômetro graduado em °C estiver registrando 90, o termômetro graduado em °Z estará registrando:

a) 100
b) 120
c) 150
d) 170
e) 200

12. (Mackenzie-SP) Um termômetro graduado na escala Celsius (°C) é colocado juntamente com dois outros, graduados nas escalas arbitrárias A (°A) e B (°B), em uma vasilha contendo gelo (água no estado sólido) em ponto de fusão, ao nível do mar. Em seguida, ainda ao nível do mar, os mesmos termômetros são colocados em outra vasilha, contendo água em ebulição, até atingirem o equilíbrio térmico. As medidas das temperaturas, em cada uma das experiências, estão indicadas nas figuras I e II, respectivamente.

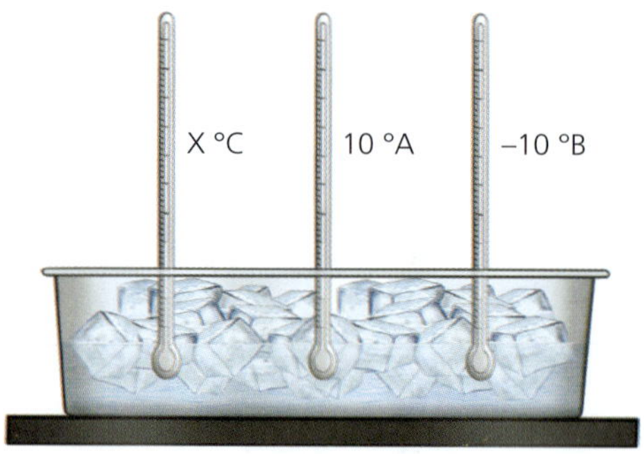

Figura I

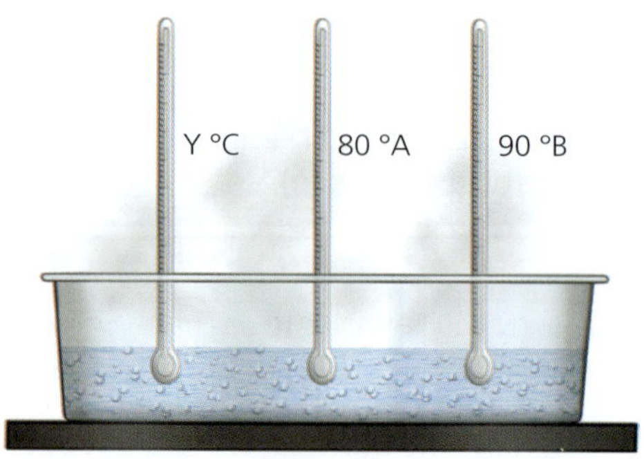

Figura II

Para outra situação, na qual o termômetro graduado na escala A indica 17 °A, o termômetro graduado na escala B e o graduado na escala Celsius indicarão, respectivamente:

a) 0 °B e 7 °C
b) 0 °B e 10 °C
c) 10 °B e 17 °C
d) 10 °B e 27 °C
e) 17 °B e 10 °C

13. (UEM-PR) Suponha que você descubra velhas anotações científicas que descrevem uma escala de temperatura chamada X. Em tal escala, o ponto de ebulição da água é 0,0 °X e o ponto de congelamento da água é −120 °X. A que variação de temperatura ΔT, na escala X, corresponde uma variação de 5 °C?

Ficha-resumo 2

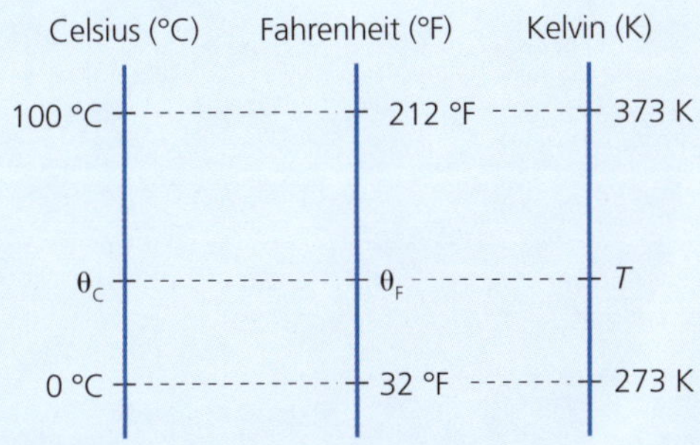

Relação entre as escalas Celsius (°C) e Fahrenheit (°F)

$$\frac{\theta_C}{5} = \frac{\theta_F - 32}{9}$$

Relação entre as escalas Celsius (°C) e Kelvin (K)

$$T = \theta_C + 273$$

Relação entre as escalas Kelvin (K) e Fahrenheit (°F)

$$\frac{T - 273}{5} = \frac{\theta_F - 32}{9}$$

14. (Fatec-SP) Lord Kelvin (título de nobreza dado ao célebre físico William Thomson, 1824-1907) estabeleceu uma associação entre a energia de agitação das moléculas de um sistema e a sua temperatura. Deduziu que a uma temperatura de −273,15 °C, também chamada de zero absoluto, a agitação térmica das moléculas deveria cessar. Considere um recipiente com gás, fechado e de variação de volume desprezível nas condições do problema e, por comodidade, que o zero absoluto corresponda a −273 °C.

É correto afirmar:

a) O estado de agitação é o mesmo para as temperaturas de 100 °C e 100 K.
b) À temperatura de 0 °C o estado de agitação das moléculas é o mesmo que a 273 K.
c) As moléculas estão mais agitadas a −173 °C do que a −127 °C.
d) A −32 °C as moléculas estão menos agitadas que a 241 K.
e) A 273 K as moléculas estão mais agitadas que a 100 °C.

15. (Fatec-SP) Um cientista coloca um termômetro em um béquer contendo água no estado líquido. Supondo que o béquer esteja num local ao nível do mar, a única leitura que pode ter sido feita pelo cientista é:

a) −30 K
b) 36 K
c) 130 °C
d) 250 K
e) 350 K

16. (Vunesp) Sêmen bovino para inseminação artificial é conservado em nitrogênio líquido que, à pressão normal, tem temperatura de 78 K. Calcule essa temperatura em:

a) grau Celsius (°C);
b) grau Fahrenheit (°F).

17. (Mackenzie-SP) As escalas termométricas constituem um modelo pelo qual se traduz quantitativamente a temperatura de um corpo. Atualmente, além da escala adotada pelo SI, ou seja, a escala Kelvin, popularmente são muito utilizadas a escala Celsius e a Fahrenheit. A temperatura, cuja indicação na escala Kelvin é igual à da escala Fahrenheit, corresponde na escala Celsius a:

a) −40 °C
b) 233 °C
c) 313 °C
d) 301,25 °C
e) 574,25 °C

Capítulo 18

Dilatação dos sólidos e dos líquidos

Objetivos do capítulo:

- Explicar a causa da dilatação dos corpos.
- Apresentar os diferentes tipos de dilatação dos sólidos.
- Mostrar como a dilatação é mensurada.
- Apresentar a dilatação dos líquidos.
- Apresentar o caso da dilatação anômala da água.

O fenômeno observado na foto desta página mostra o que aconteceu com os trilhos de uma ferrovia em um dia muito quente em Jersey, nos Estados Unidos. É o mesmo fenômeno observado quando um copo de vidro quebra ao se colocar em seu interior um líquido muito quente. Neste capítulo estudaremos os conceitos e as leis relacionados à dilatação dos sólidos e líquidos e veremos como esses fenômenos, tão frequentes em nosso dia a dia, têm aplicações úteis e são fundamentais em projetos de Engenharia.

Gráficos
Conteúdo multimídia

1 Agitação térmica

Como vimos no capítulo anterior, a temperatura de um corpo está relacionada à "agitação das partículas" que o constituem: quanto maior a temperatura de um corpo, maior será a agitação de suas partículas em torno de uma posição de equilíbrio.

Vamos considerar um corpo sólido inicialmente a uma temperatura θ_0. Se a temperatura desse corpo aumentar para um novo valor θ, a agitação térmica de suas partículas aumentará e, consequentemente, a distância média entre elas deverá aumentar, pois as partículas passarão a vibrar com maior amplitude **(fig. 1)**.

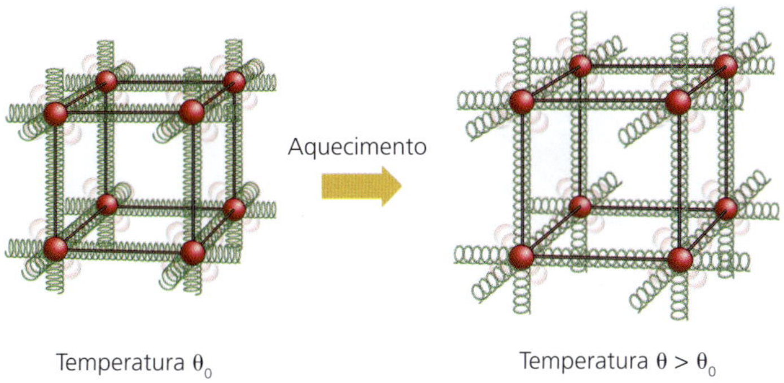

Figura 1. O aquecimento provoca dilatação térmica.

Assim, o **aquecimento** faz com que todas as dimensões do corpo (comprimento, largura e altura) aumentem. Nesse caso, dizemos que o corpo sofreu uma **dilatação térmica**.

Por outro lado, o **resfriamento** provoca a diminuição da agitação das partículas e, consequentemente, a diminuição nas dimensões do corpo. Dizemos, então, que o corpo sofreu uma **contração térmica**.

Tomemos, por exemplo, um corpo metálico de formato cúbico inicialmente a uma temperatura θ_0 e vamos aquecê-lo até uma temperatura final θ.

Com esse aquecimento, as dimensões do corpo se alteram **(fig. 2)**: suas arestas passam de um valor inicial L_0 para um valor final L; as áreas de suas faces passam de um valor inicial A_0 para um valor final A; e, finalmente, seu volume inicial V_0 altera-se para um valor final V.

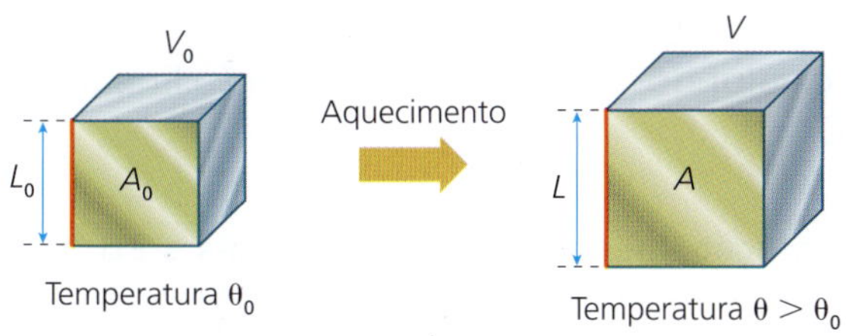

Figura 2. Quando um corpo é aquecido, todas as suas dimensões se alteram.

Podemos classificar a dilatação térmica de um corpo, quando sua temperatura aumenta, em três tipos:

- **Dilatação térmica linear** — é o aumento em qualquer medida de comprimento; por exemplo, $\Delta L = L - L_0$;
- **Dilatação térmica superficial** — é o aumento em qualquer medida de área de superfície; por exemplo, $\Delta A = A - A_0$;
- **Dilatação térmica volumétrica** — é o aumento na medida de qualquer elemento de volume; por exemplo, $\Delta V = V - V_0$.

As três formas de dilatação — a linear, a superficial e a volumétrica — ocorrem simultaneamente. Entretanto, para fins didáticos, vamos analisá-las separadamente.

2 Dilatação térmica linear dos sólidos

Vamos considerar uma viga metálica de comprimento inicial L_0 a uma temperatura θ_0 e que passa por um aquecimento até alcançar uma temperatura final θ, como mostra a **figura 3**.

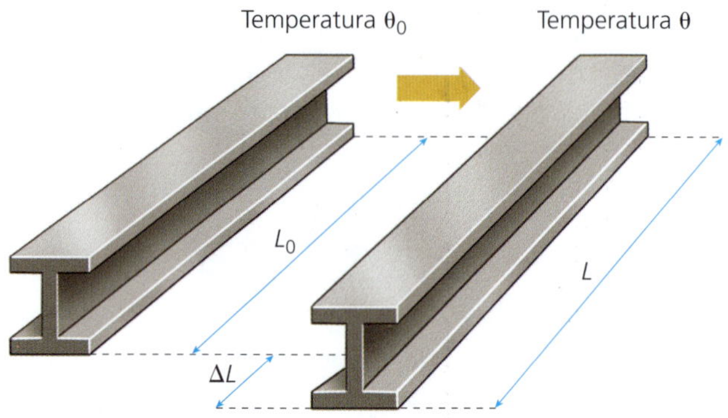

Figura 3. Com o aumento de sua temperatura, a viga sofre uma dilatação linear $\Delta L = L - L_0$.

Alguns experimentos de laboratório ajudam a entender melhor a dilatação térmica linear dessa viga. Eles nos levam a concluir que a dilatação térmica linear, ΔL:

- **é diretamente proporcional à variação de temperatura** $\Delta\theta = \theta - \theta_0$, ou seja, quanto maior a variação de temperatura, maior a dilatação térmica linear ($\Delta L \propto \Delta\theta$);
- **é diretamente proporcional ao comprimento inicial** L_0 do corpo, ou seja, quanto maior o comprimento inicial, maior a dilatação térmica linear ($\Delta L \propto L_0$);
- **depende do material** de que é feito o corpo.

Assim, podemos estabelecer uma lei geral que rege a **dilatação térmica linear** de um sólido:

$$\Delta L = L_0 \alpha \Delta\theta$$

Nessa expressão, a constante de proporcionalidade α é chamada de **coeficiente de dilatação linear** e seu valor muda de acordo com o material de que é feito o corpo. Esse coeficiente geralmente é medido em $°C^{-1}$.

A **tabela 18.1** a seguir mostra o valor do coeficiente de dilatação linear de alguns materiais à temperatura de 20 °C.

Tabela 18.1. Coeficiente de dilatação linear de alguns materiais a 20 °C

Material	Coeficiente de dilatação linear (10^{-6} $°C^{-1}$)
Chumbo	28,3
Alumínio	22,9
Estanho	21,4
Bronze	17,5
Ferro forjado	11,9
Aço carbono	11,1-12,6
Aço inoxidável	9,6-16,0
Alvenaria de tijolo	5,5
Porcelana	3,0

Fonte: KOCHKIN, N. I.; CHIRKÉVITCH, M. G. *Prontuário de Física elementar*. Moscou: Mir, 1986.

Os projetos de grandes estruturas da Engenharia Civil — como pontes e viadutos — devem considerar a dilatação que essas obras podem sofrer entre dias frios e dias quentes. As pontes possuem juntas de dilatação **(fig. 4)** que permitem a alteração de seus comprimentos sem prejudicar a estrutura.

Ao se instalar as linhas de transmissão de energia elétrica, os cabos não devem ficar muito esticados, pois eles se contraem em dias frios e podem se romper.

EVOKEN/SHUTTERSTOCK

Figura 4. Juntas de dilatação permitem que a ponte se dilate, ou se contraia, evitando danos.

Aplicando a teoria

1. Uma linha de transmissão de energia elétrica utiliza cabos de alumínio ($\alpha = 23 \cdot 10^{-6}\ °C^{-1}$) para interligar suas torres. Considere uma linha com um total de 50 km de cabos a 0 °C. Determinar o aumento total no comprimento desses cabos à temperatura de 40 °C.

➤ **Solução**

Do enunciado, temos: $L_0 = 50\ km = 5 \cdot 10^4\ m$, $\alpha = 23 \cdot 10^{-6}\ °C^{-1}$ e $\Delta\theta = 40\ °C$.

Aplicando a lei da dilatação térmica linear, obtemos:

$$\Delta L = L_0 \alpha \Delta\theta \Rightarrow \Delta L = 5 \cdot 10^4 \cdot 23 \cdot 10^{-6} \cdot 40 \Rightarrow$$

$$\Rightarrow \boxed{\Delta L = 46\ m}$$

2. Uma barra constituída por material com coeficiente de dilatação linear $5 \cdot 10^{-6}\ °C^{-1}$ tem comprimento L_0 a 20 °C. Determinar a que temperatura essa barra deve ser aquecida para seu comprimento aumentar 0,1%.

➤ **Solução**

O aumento do comprimento da barra, de acordo com o enunciado, deverá ser 0,1% de seu comprimento a 20 °C. Portanto:

$$\Delta L = \frac{0{,}1}{100} \cdot L_0 = 0{,}001 \cdot L_0 = 10^{-3} \cdot L_0$$

Aplicando a lei da dilatação térmica linear, obtemos:

$$10^{-3} \cdot L_0 = L_0 \cdot 5 \cdot 10^{-6} \cdot \Delta\theta \Rightarrow \Delta\theta = \frac{10^{-3}}{5 \cdot 10^{-6}} \Rightarrow$$

$$\Rightarrow \boxed{\Delta\theta = 200\ °C}$$

Então, a temperatura deverá variar 200 °C.

Mas:

$$\Delta\theta = \theta - \theta_0 \Rightarrow 200 = \theta - 20 \Rightarrow \boxed{\theta = 220\ °C}$$

Logo, a barra deverá ser aquecida até 220 °C para que seu comprimento aumente em 0,1%.

Avaliando o aprendizado

1. Uma barra de cobre tem comprimento de 100,00 m a 30 °C. Calcule o comprimento dessa barra a 230 °C. Use o valor de $17 \cdot 10^{-6}\ °C^{-1}$ para o coeficiente de dilatação linear do cobre.

2. O gráfico abaixo mostra como varia o comprimento de uma barra metálica em função de sua temperatura.

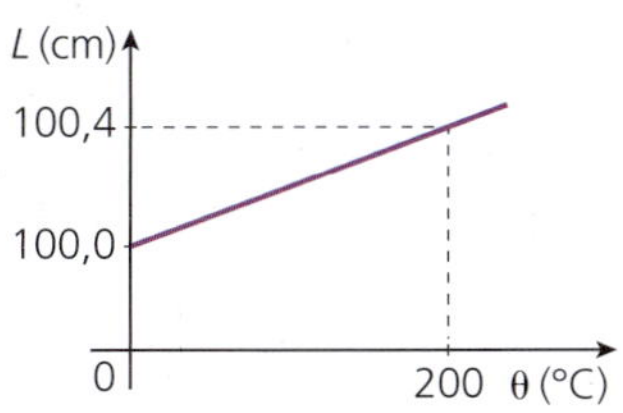

Determine:

a) o coeficiente de dilatação linear do material que constitui a barra;

b) o comprimento, a 100 °C, de uma barra constituída pelo mesmo material cujo comprimento a 0 °C é 300,0 m.

3. Duas barras com comprimentos L_1 e L_2, feitas de materiais com coeficientes de dilatação linear α_1 e α_2, respectivamente, são soldadas de modo a formar uma barra composta de comprimento total $L_1 + L_2$. Determine o coeficiente de dilatação linear médio da barra composta assim obtida.

4. No sistema representado a seguir, a barra sobre a qual se equilibra uma bola é mantida na horizontal, sustentada por dois fios verticais de comprimentos L_1 e L_2.

Determine a relação $\frac{\alpha_1}{\alpha_2}$, entre os coeficientes de dilatação linear dos materiais dos fios 1 e 2, para que a bola permaneça em equilíbrio sobre a barra em qualquer temperatura.

3 Dilatação térmica superficial dos sólidos

Consideremos uma placa, com área inicial A_0 à temperatura inicial θ_0, e que, a uma temperatura θ, mais alta, sofre um aumento ΔA em sua área de superfície **(fig. 5)**.

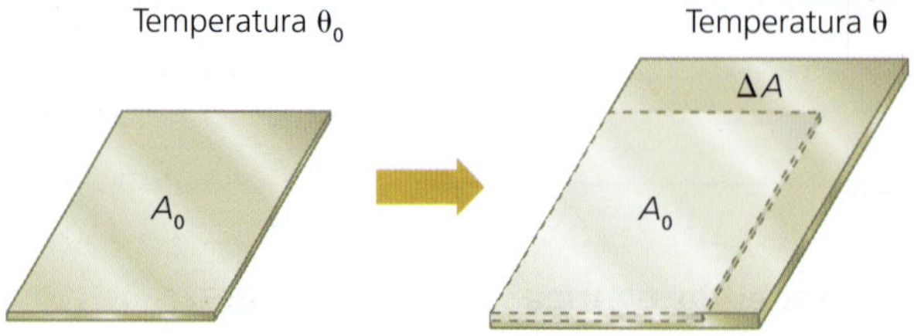

Figura 5. A placa apresenta uma dilatação térmica superficial ΔA ao se variar em $\Delta\theta$ sua temperatura.

A partir da lei da dilatação térmica linear dos sólidos, $\Delta L = L_0\alpha\Delta\theta$, podemos demonstrar que a **dilatação térmica superficial** dos sólidos é regida pela lei:

$$\Delta A = A_0\beta\Delta\theta$$

Nessa expressão, β é o **coeficiente de dilatação superficial** do material, também medido em $°C^{-1}$ e está relacionado ao valor do coeficiente de dilatação linear desse material da seguinte maneira:

$$\beta = 2\alpha$$

Aplicando a teoria

3. A 0 °C, uma placa de alumínio, cujo coeficiente de dilatação linear vale $22 \cdot 10^{-6}$ °C^{-1}, tem área igual a 10,000 m^2. Qual será a área dessa placa quando aquecida a 200 °C?

➤ Solução

Devemos aplicar a lei da dilatação superficial e lembrar que $\beta = 2\alpha$.

Então, com $A_0 = 10{,}000$ m^2, $\beta = 44 \cdot 10^{-6}$ °C^{-1} e $\Delta\theta = 200$ °C, obtemos:

$$\Delta A = A_0\beta\Delta\theta \Rightarrow \Delta A = 10{,}000 \cdot 2 \cdot 22 \cdot 10^{-6} \cdot 200 \Rightarrow \Delta A = 0{,}088 \text{ m}^2$$

Como $\Delta A = A - A_0$, teremos:

$$0{,}088 = A - 10{,}000 \Rightarrow \boxed{A = 10{,}088 \text{ m}^2}$$

4. O gráfico abaixo mostra a variação do comprimento de uma barra metálica em função de sua temperatura.

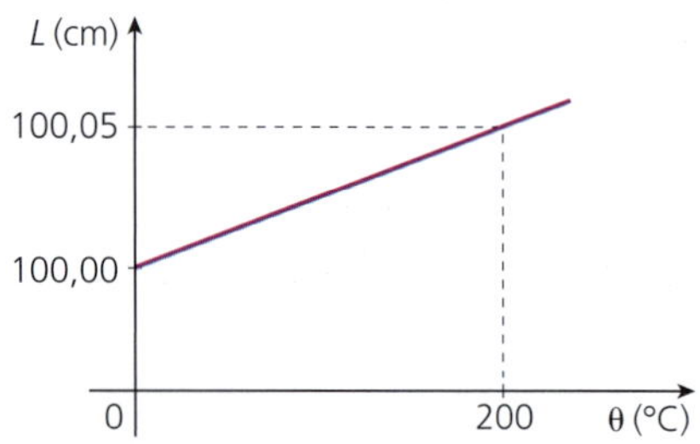

Deseja-se que um disco circular, inicialmente a 0 °C, constituído do mesmo material da barra, dilate o correspondente a 0,05% de sua área ao ser aquecido. Qual é a variação de temperatura que esse disco deve sofrer?

➤ Solução

A partir dos dados do gráfico e da lei da dilatação linear, podemos obter o coeficiente de dilatação linear α e, com ele, o coeficiente de dilatação superficial $\beta = 2\alpha$. Temos, então:

$$\Delta L = L_0\alpha\Delta\theta \Rightarrow 0{,}05 = 100 \cdot \alpha \cdot 200 \Rightarrow$$

$$\Rightarrow \alpha = 2{,}5 \cdot 10^{-6} \text{ °C}^{-1}$$

Logo:

$$\beta = 2\alpha \Rightarrow \beta = 2 \cdot 2{,}5 \cdot 10^{-6} \Rightarrow \beta = 5 \cdot 10^{-6} \text{ °C}^{-1}$$

Para o disco:

$$\Delta A = 0{,}05\%\, A_0 \Rightarrow \Delta A = \frac{0{,}05}{100} \cdot A_0 \Rightarrow \Delta A = 5 \cdot 10^{-4} \cdot A_0$$

Com a lei da dilatação superficial, obtemos:

$$\Delta A = A_0\beta\Delta\theta \Rightarrow 5 \cdot 10^{-4} \cdot A_0 = A_0 \cdot 5 \cdot 10^{-6} \cdot \Delta\theta \Rightarrow$$

$$\Rightarrow \boxed{\Delta\theta = 100 \text{ °C}}$$

Avaliando o aprendizado

5. Em um dia de inverno, à temperatura de 5 °C, a cobertura metálica de um galpão industrial tem área de 600,0 m². Sabendo que o material da cobertura tem coeficiente de dilatação linear igual a $20 \cdot 10^{-6}$ °C^{-1}, determine sua área em um dia de verão com temperatura de 30 °C.

6. Um espelho de vidro de 2 m² de superfície sofre um aumento de temperatura de 50 °C. Calcule sua dilatação superficial, em cm², considerando que $\beta_{vidro} = 16 \cdot 10^{-6}$ °C^{-1}.

4 Dilatação térmica volumétrica dos sólidos

Vamos considerar, por comodidade, um cubo, com volume inicial V_0 à temperatura inicial θ_0, e que, em uma temperatura θ, mais alta, sofre um aumento ΔV em seu volume **(fig. 6)**.

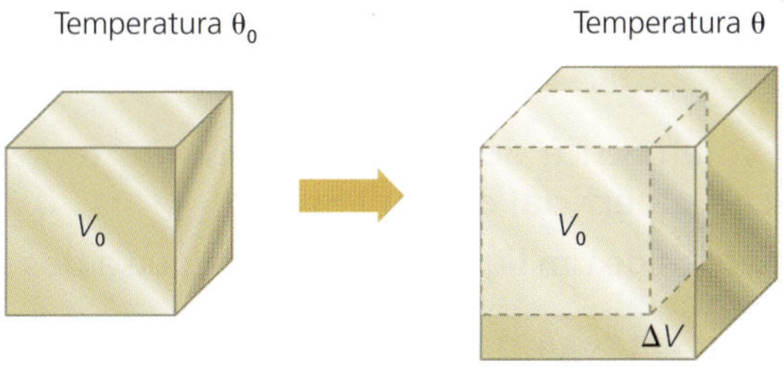

Figura 6. O sólido apresenta uma dilatação térmica volumétrica ΔV ao se variar em $\Delta\theta$ sua temperatura.

Mais uma vez, a partir da lei da dilatação térmica linear dos sólidos, $\Delta L = L_0\alpha\Delta\theta$, podemos demonstrar que a **dilatação térmica volumétrica** dos sólidos é regida pela lei:

$$\Delta V = V_0\gamma\Delta\theta$$

Nessa expressão, γ é o **coeficiente de dilatação volumétrica** do material, também medido em °C^{-1}.

O coeficiente de dilatação volumétrica de um material, assim como o coeficiente de dilatação superficial, também pode ser escrito em função do coeficiente de dilatação linear desse material. Nesse caso:

$$\gamma = 3\alpha$$

Aplicando a teoria

5. Um tambor metálico tem capacidade de 200,000 L a 0 °C e é feito de um material com coeficiente de dilatação volumétrica $\gamma = 72 \cdot 10^{-6}$ °C^{-1}. Determinar sua capacidade quando a 30 °C.

➤ Solução

Vamos aplicar a lei da dilatação volumétrica:

$$\Delta V = V_0\gamma\Delta\theta \Rightarrow \Delta V = 200{,}000 \cdot 72 \cdot 10^{-6} \cdot 30 \Rightarrow \Delta V = 0{,}432 \text{ L}$$

Portanto: $\Delta V = V - V_0 \Rightarrow 0{,}432 = V - 200{,}000 \Rightarrow \boxed{V = 200{,}432 \text{ L}}$

Avaliando o aprendizado

7. Um paralelepípedo, constituído por um material com coeficiente de dilatação linear $5 \cdot 10^{-6}$ °C^{-1}, tem dimensões 10 cm × 20 cm × 40 cm, a 30 °C. Determine o acréscimo de volume, em cm^3, sofrido por ele ao ser aquecido até 130 °C.

8. A 20 °C, um obelisco tem base quadrada de lado 1 m e altura de 5 m. Sabendo que esse obelisco é feito de bronze ($\alpha = 17{,}5 \cdot 10^{-6}$ °C^{-1}), determine a variação de seu volume, em litros, quando a temperatura aumenta para 40 °C.

9. O gráfico a seguir mostra a variação do comprimento de uma barra metálica em função da temperatura.

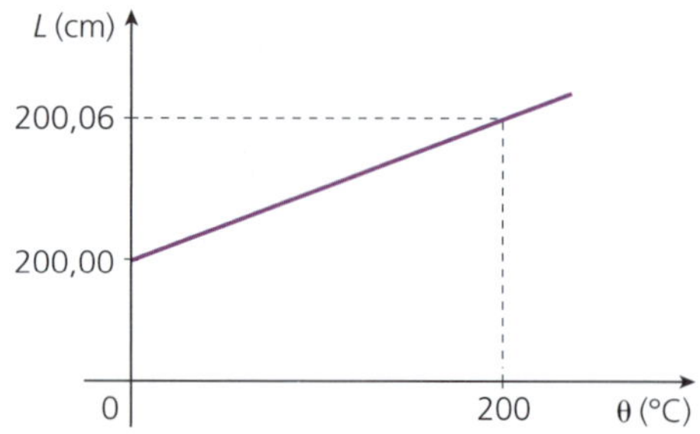

Uma panela feita com o mesmo material da barra tem uma capacidade de 1.000,00 mL, a 0 °C. Calcule a capacidade dessa panela a 100 °C.

5 Dilatação térmica dos líquidos

Estudamos apenas a dilatação volumétrica dos líquidos, pois não tem sentido falar em dilatação linear ou dilatação superficial de um líquido.

A lei que rege a **dilatação volumétrica de um líquido** é a mesma que a dos sólidos:

$$\Delta V = V_0 \gamma \Delta\theta$$

Nesse caso, a constante γ é o **coeficiente de dilatação volumétrica real** do líquido, medido em °C^{-1}.

Observamos também que um líquido geralmente se dilata muito mais que um sólido, o que pode ser facilmente explicado pela maior distância entre as partículas que o constituem quando comparadas às distâncias entre as partículas da mesma substância no estado sólido.

Devemos ressaltar, finalmente, que é impossível aquecer um líquido sem aquecer também o recipiente em que ele está contido.

Por esse motivo, quando um líquido preenche completamente um recipiente de vidro ou de metal e o conjunto é aquecido, parte do líquido transborda ao se dilatar mais que o recipiente **(fig. 7)**.

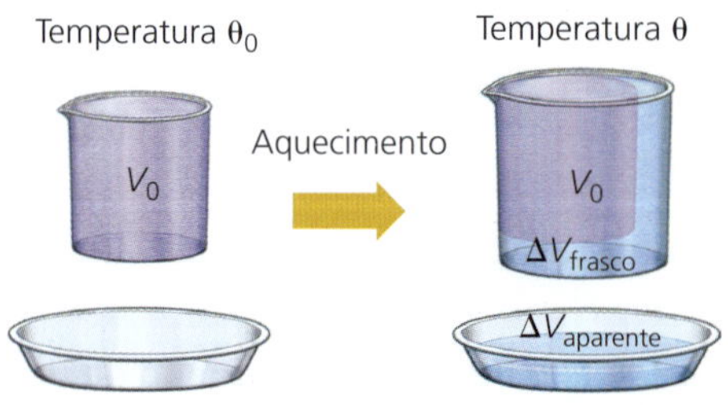

Figura 7. O volume de líquido que transborda é chamado dilatação aparente.

Observe que a dilatação real (total) do líquido, ΔV_{real}, é dada pela soma do volume de líquido que transbordou, $\Delta V_{aparente}$, com a dilatação do volume do recipiente, ΔV_{frasco}. Assim, teremos:

$$\Delta V_{real} = \Delta V_{aparente} + \Delta V_{frasco}$$

Usando a lei da dilatação volumétrica, podemos concluir que para um líquido:

$$\gamma_{real} = \gamma_{aparente} + \gamma_{frasco}$$

Aplicando a teoria

6. Um revendedor de combustível compra 15.000 L de álcool ($\gamma = 11 \cdot 10^{-4}\ °C^{-1}$) em um dia em que a temperatura é 18 °C. Qual será o volume de álcool disponível para venda, se esta for feita em um dia em que a temperatura é 28 °C?

➤ **Solução**

Aplicando a lei da dilatação volumétrica, obtemos:

$$\Delta V = V_0 \gamma \Delta\theta \Rightarrow \Delta V = 15.000 \cdot 11 \cdot 10^{-4} \cdot 10 \Rightarrow \Delta V = 165\ L$$

Portanto:

$$\Delta V = V - V_0 \Rightarrow 165 = V - 15.000 \Rightarrow \boxed{V = 15.165\ L}$$

7. Um líquido cujo coeficiente de dilatação é $20 \cdot 10^{-4}\ °C^{-1}$, a 0 °C, preenche completamente um frasco cuja capacidade é 1.000 mL. Se o material com que o frasco é fabricado tem coeficiente de dilatação linear igual a $20 \cdot 10^{-6}\ °C^{-1}$, qual será o volume de líquido que transborda quando o conjunto é aquecido a 50 °C?

➤ **Solução**

Vamos calcular o volume final do líquido e o volume final do frasco.

Para o líquido:

$\Delta V = V_0 \gamma \Delta\theta \Rightarrow \Delta V = 1.000 \cdot 20 \cdot 10^{-4} \cdot 50 \Rightarrow \Delta V = 100\ mL$

Então:

$\Delta V = V - V_0 \Rightarrow 100 = V_{líquido} - 1.000 \Rightarrow V_{líquido} = 1.100\ mL$

E, para o frasco:

$\Delta V = V_0 3\alpha \Delta\theta \Rightarrow \Delta V = 1.000 \cdot 3 \cdot 20 \cdot 10^{-6} \cdot 50 \Rightarrow \Delta V = 3\ mL$

Portanto:

$\Delta V = V - V_0 \Rightarrow 3 = V_{frasco} - 1.000 \Rightarrow V_{frasco} = 1.003\ mL$

Podemos concluir, então, que o volume de líquido que transbordará do frasco será:

$\Delta V_{aparente} = 1.100 - 1.003 \Rightarrow \boxed{\Delta V_{aparente} = 97\ mL}$

Avaliando o aprendizado

10. Se os líquidos se dilatassem menos que os sólidos, como deveria ser a escala termométrica em um termômetro de tubo de vidro?

11. Sabendo que a gasolina tem coeficiente de dilatação volumétrica de $12 \cdot 10^{-4}\ °C^{-1}$, determine a variação percentual do volume de determinada quantidade de gasolina quando esta sofre uma variação de temperatura de 20 °C.

12. Em um laboratório, um cientista possui um recipiente de vidro de capacidade $2{,}5 \cdot 10^3\ cm^3$ que está completamente cheio de mercúrio, a 0 °C. Sabendo que os coeficientes de dilatação volumétrica do vidro e do mercúrio são, respectivamente, $4{,}0 \cdot 10^{-5}\ °C^{-1}$ e $1{,}8 \cdot 10^{-4}\ °C^{-1}$. Determine o volume de mercúrio, em cm^3, que extravasará do recipiente quando o conjunto for aquecido a 100 °C.

6 A dilatação anômala da água

A água é o líquido mais comum da Terra e cobre aproximadamente três quartos de nosso planeta. Entretanto, em termos de dilatação térmica, seu comportamento é uma exceção.

Sabemos que uma garrafa de vidro cheia de água, e fechada, quebra-se ao ser mantida no *freezer* ou no congelador. Isso ocorre porque ao passar do estado líquido para o estado sólido a água aumenta seu volume. Naturalmente, ao se fundir, o volume daquela massa de gelo diminui.

Entretanto, caso se eleve continuamente a temperatura da água resultante da fusão, inicialmente a 0 °C, seu volume continua a diminuir e só aumenta a partir de 4 °C.

A **figura 8** traz os diagramas volume (V) × temperatura (θ) e densidade (d) × temperatura (θ) para a água líquida.

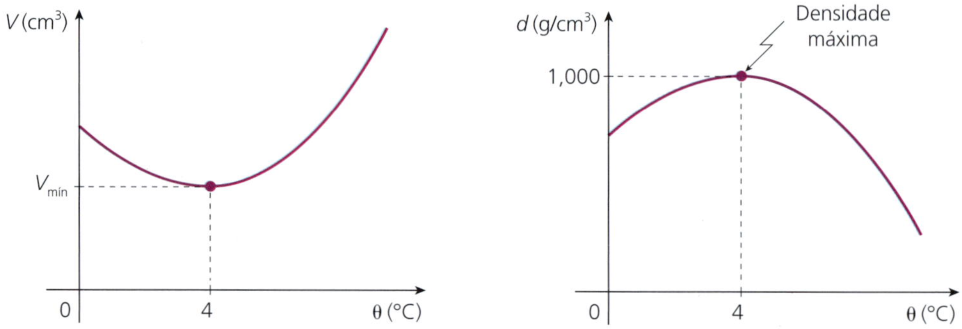

Figura 8. Na faixa de 0 °C a 4 °C, a água apresenta comportamento diferente do esperado: ao ser aquecida, seu volume diminui e sua densidade aumenta.

Esse comportamento é fundamental para as condições climáticas e para a sobrevivência das espécies aquáticas que habitam as regiões frias do nosso planeta **(fig. 9)** e pode ser explicado pela forma como as moléculas de água interagem, formando pontes de hidrogênio.

DENIS PEPIN/SHUTTERSTOCK

Figura 9. Nas regiões de clima frio, a água no fundo dos lagos congelados mantém-se a 4 °C, no estado líquido, permitindo a sobrevivência de muitas espécies.

Revisando o conteúdo

Ficha-resumo 1

Dilatação térmica linear

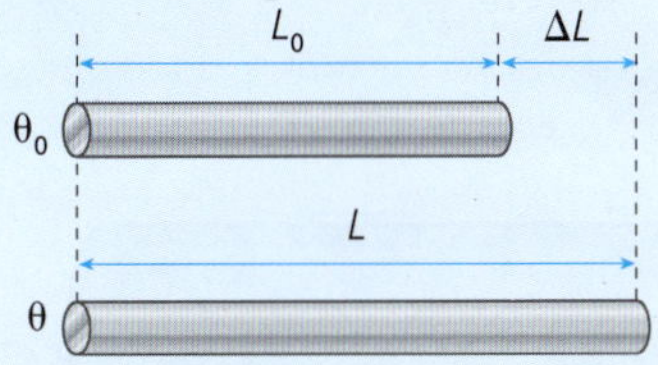

$\Delta L = L - L_0$

$\Delta L = L_0 \alpha \Delta\theta$

α: coeficiente de dilatação linear do material

1. (Vunesp) A dilatação térmica dos sólidos é um fenômeno importante em diversas aplicações de Engenharia, como construções de pontes, prédios e estradas de ferro. Considere o caso dos trilhos de trem serem de aço, cujo coeficiente de dilatação é $\alpha = 11 \cdot 10^{-6}$ °C^{-1}. Se a 10 °C o comprimento de um trilho é de 30 m, de quanto aumentaria o seu comprimento se a temperatura aumentasse para 40 °C?

a) $11 \cdot 10^{-4}$ m
b) $33 \cdot 10^{-4}$ m
c) $99 \cdot 10^{-4}$ m
d) $132 \cdot 10^{-4}$ m
e) $165 \cdot 10^{-4}$ m

2. (UFPE) O gráfico abaixo representa a variação, em milímetro, do comprimento de uma barra metálica, de tamanho inicial igual a 1.000 m, aquecida em um forno industrial.

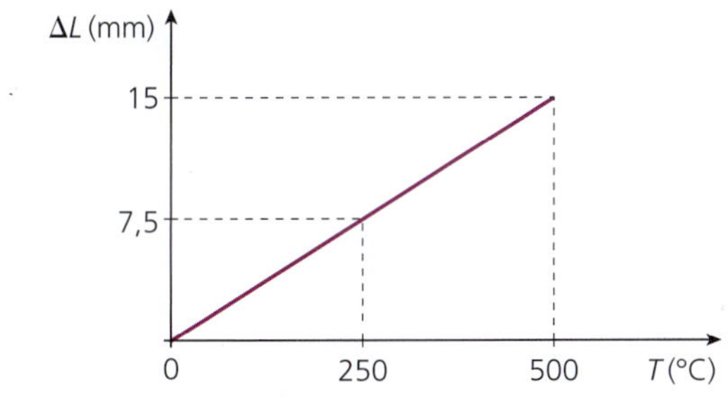

Qual é o valor do coeficiente de dilatação térmica linear do material de que é feita a barra, em unidades de 10^{-6} °C^{-1}.

3. (Vunesp) Duas lâminas metálicas, a primeira de latão e a segunda de aço, de mesmo comprimento à temperatura ambiente são soldadas rigidamente uma à outra, formando uma lâmina bimetálica, conforme a figura a seguir.

Latão

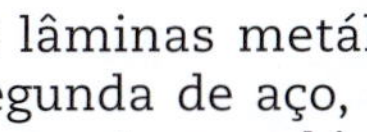

Aço

O coeficiente de dilatação térmica linear do latão é maior que o do aço. A lâmina bimetálica é aquecida a uma temperatura acima da ambiente e depois resfriada até uma temperatura abaixo da ambiente. A figura que melhor representa as formas assumidas pela lâmina bimetálica, quando aquecida (forma à esquerda) e quando resfriada (forma à direita), é:

a) 

b) 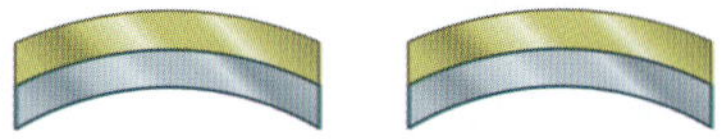

c) 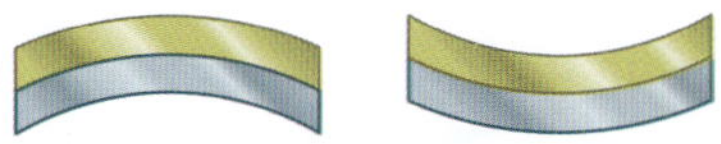

d) 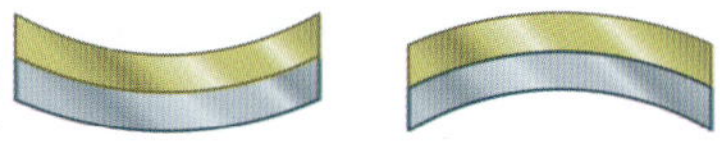

e) 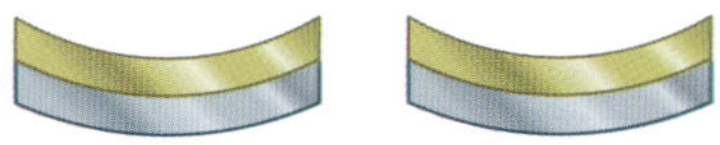

4. (ITA-SP) O vidro "pirex" apresenta maior resistência ao choque térmico porque:

a) possui alto coeficiente de rigidez.
b) tem baixo coeficiente de dilatação térmica.
c) tem alto coeficiente de dilatação térmica.
d) tem alto calor específico.
e) é mais maleável que o vidro comum.

5. (PUC-MG) Um anel metálico tem um diâmetro de 49,8 mm a 20 °C. Deseja-se introduzir nesse anel um cilindro rígido com diâmetro de 5 cm. Considerando o coeficiente de dilatação linear do metal do anel como $2 \cdot 10^{-5}$ °C^{-1}, assinale a menor temperatura em que o anel deve ser aquecido para permitir essa operação.

a) 130 °C
b) 250 °C
c) 220 °C
d) 200 °C

6. (Mackenzie-SP) A 20 °C, o comprimento de uma haste A é 99% do comprimento de outra haste B, à mesma temperatura. Os materiais das hastes A e B têm alto ponto de fusão e coeficientes de dilatação linear, respectivamente, iguais a $\alpha_A = 10 \cdot 10^{-5}$ °C^{-1} e $\alpha_B = 9{,}1 \cdot 10^{-5}$ °C^{-1}.
A temperatura em que as hastes terão o mesmo comprimento será:

a) 970 °C
b) 1.120 °C
c) 1.270 °C
d) 1.770 °C
e) 1.830 °C

7. (UFRGS-RS) Uma barra de aço e uma barra de vidro têm o mesmo comprimento à temperatura de 0 °C, mas, a 100 °C, seus comprimentos diferem 0,1 cm. Considere os coeficientes de dilatação linear do aço e do vidro, respectivamente, iguais a $12 \cdot 10^{-6}\ °C^{-1}$ e $8 \cdot 10^{-6}\ °C^{-1}$.

Qual é o comprimento das duas barras à temperatura de 0 °C?

a) 50 cm
b) 83 cm
c) 125 cm
d) 250 cm
e) 400 cm

8. (UFPE) A figura mostra um balanço *AB* suspenso por fios, presos ao teto.

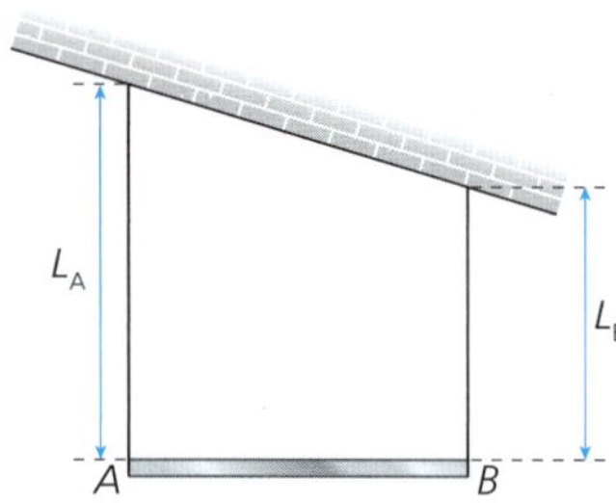

Os fios têm coeficientes de dilatação linear $\alpha_A = 1{,}5 \cdot 10^{-5}\ K^{-1}$ e $\alpha_B = 2{,}0 \cdot 10^{-5}\ K^{-1}$ e comprimentos L_A e L_B, respectivamente, na temperatura T_0. Considere $L_B = 72$ cm e determine o comprimento L_A, em cm, para que o balanço permaneça sempre na horizontal (paralelo ao solo), em qualquer temperatura.

Ficha-resumo 2

Dilatação térmica superficial

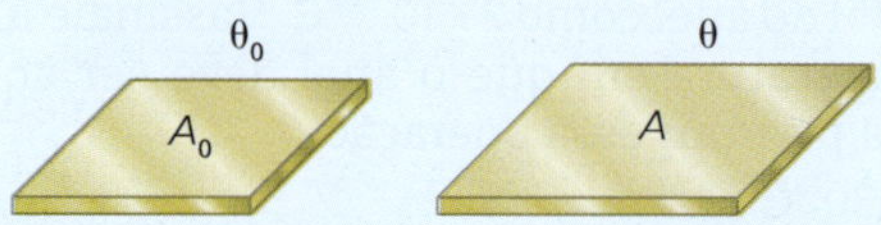

$\Delta A = A - A_0$

$\Delta A = A_0 \beta \Delta\theta$

$\beta = 2\alpha$

β: coeficiente de dilatação superficial do material

9. (Uece) Uma placa metálica retangular, com um orifício circular no centro, tem sua temperatura elevada de 30 °C a 60 °C. O diâmetro do orifício:

a) permanecerá o mesmo.
b) aumentará.
c) diminuirá.
d) poderá aumentar ou diminuir, dependendo do coeficiente de dilatação superficial do metal.

10. (UFMG) João, chefe de uma oficina mecânica, precisa encaixar um eixo de aço em um anel de latão, como mostrado nesta figura:

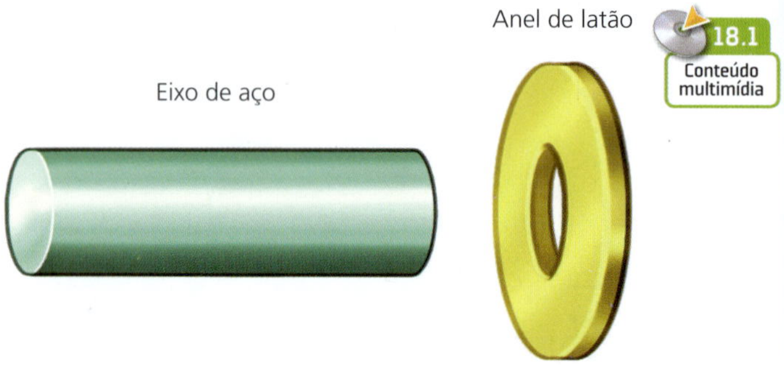

À temperatura ambiente, o diâmetro do eixo é maior que o do orifício do anel. Sabe-se que o coeficiente de dilatação térmica do latão é maior que o do aço. Diante disso, são sugeridos a João alguns procedimentos, descritos nas alternativas a seguir, para encaixar o eixo no anel.

Assinale a alternativa que apresenta um procedimento que **não** permite esse encaixe.

a) Resfriar apenas o eixo.
b) Aquecer apenas o anel.
c) Resfriar o eixo e o anel.
d) Aquecer o eixo e o anel.

11. (UFSC) Um aluno de Ensino Médio está projetando um experimento sobre a dilatação dos sólidos. Ele utiliza um rebite de material A e uma placa de material B, de coeficientes de dilatação térmica, respectivamente, iguais a α_A e α_B. A placa contém um orifício em seu centro, conforme indicado na figura. O raio R_A do rebite é menor que o raio R_B do orifício e ambos os corpos se encontram em equilíbrio térmico com o meio.

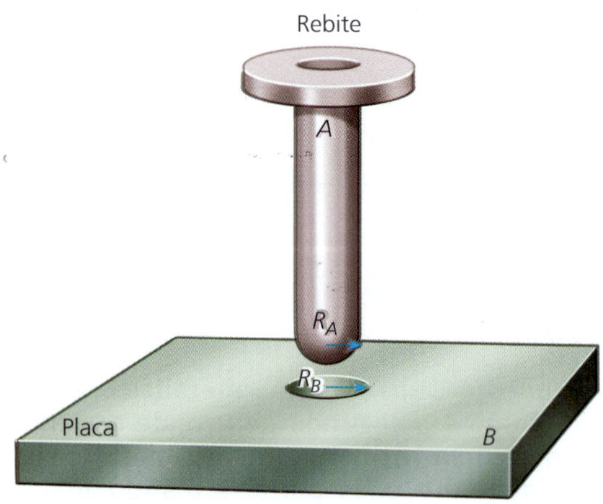

Analise as proposições a seguir e dê como resposta a soma dos números que precedem as proposições corretas.

01) Se $\alpha_A > \alpha_B$, a folga irá aumentar se ambos forem igualmente resfriados.

02) Se $\alpha_A > \alpha_B$, a folga ficará inalterada se ambos forem igualmente aquecidos.

04) Se $\alpha_A = \alpha_B$ e aquecermos somente a placa, a folga aumentará.

08) Se $\alpha_A = \alpha_B$, a folga ficará inalterada se ambos forem igualmente aquecidos.

16) Se $\alpha_A < \alpha_B$ e aquecermos apenas o rebite, a folga aumentará.

32) Se $\alpha_A > \alpha_B$, a folga aumentará se apenas a placa for aquecida.

12. (UFMS) Uma chapa homogênea tem sua área aumentada de 0,17%, quando sua temperatura aumenta em 100 °C. Analise as proposições a seguir e dê como resposta a soma dos números que precedem as proposições corretas.

01) A temperatura da chapa variou de 373,15 K.

02) A temperatura da chapa variou 0,17%.

04) A temperatura da chapa variou de 9 °F.

08) O coeficiente de dilatação superficial da chapa é $1{,}7 \cdot 10^{-5}$ °C^{-1}.

16) O coeficiente de dilatação superficial da chapa é $1{,}7 \cdot 10^{-5}$ K^{-1}.

13. (Mackenzie-SP) Uma placa de alumínio (coeficiente de dilatação linear do alumínio $\alpha = 2 \cdot 10^{-5}$ °C^{-1}), com 2,4 m^2 de área à temperatura de -20 °C, foi aquecido a 176 °F. O aumento de área da placa foi de:

a) 24 cm^2
b) 48 cm^2
c) 96 cm^2
d) 120 cm^2
e) 144 cm^2

Ficha-resumo 3

Dilatação térmica volumétrica

$\Delta V = V - V_0$

$\Delta V = V_0 \gamma \Delta\theta$

$\gamma = 3\alpha$

γ: coeficiente de dilatação volumétrica do material

14. (Uece) O coeficiente de dilatação superficial do ferro é $2{,}4 \cdot 10^{-5}$ °C^{-1}. O valor do coeficiente de dilatação cúbica é:

a) $1{,}2 \cdot 10^{-5}$ °C^{-1}
b) $3{,}6 \cdot 10^{-5}$ °C^{-1}
c) $4{,}8 \cdot 10^{-5}$ °C^{-1}
d) $7{,}2 \cdot 10^{-5}$ °C^{-1}

15. (UFRGS-RS) Em certo instante, um termômetro de mercúrio com paredes de vidro, que se encontra à temperatura ambiente, é imerso em um vaso que contém água a 100 °C. Observa-se que, no início, o nível da coluna de mercúrio cai um pouco e, depois, se eleva muito acima do nível inicial. Qual das alternativas apresenta uma explicação correta para esse fato?

a) A dilatação do vidro das paredes do termômetro se inicia antes da dilatação do mercúrio.

b) O coeficiente de dilatação volumétrica do vidro das paredes do termômetro é maior que o do mercúrio.

c) A tensão superficial do mercúrio aumenta em razão do aumento da temperatura.

d) À temperatura ambiente, o mercúrio apresenta um coeficiente de dilatação volumétrica negativo, tal como a água entre 0 °C e 4 °C.

e) O calor específico do vidro das paredes do termômetro é menor que o do mercúrio.

16. (EsPCEX-SP) Um posto recebeu 5.000 L de gasolina a 35 °C. Com a chegada de uma frente fria, a temperatura baixou e a gasolina foi totalmente vendida a 20 °C. Sabendo-se que o coeficiente de dilatação volumétrica da gasolina é de $1{,}1 \cdot 10^{-3}$ °C^{-1}, e considerando desprezível a sua evaporação, podemos afirmar que o prejuízo sofrido pelo dono do posto, em litros de gasolina, foi de:

a) 55
b) 82,5
c) 100
d) 110
e) 192,5

17. (FGV-SP) O dono de um posto de gasolina recebeu 4.000 L de combustível por volta das 12 horas, quando a temperatura era de 35 °C. Ao cair da tarde, uma massa polar vinda do Sul baixou a temperatura para 15 °C e permaneceu até que toda a gasolina fosse totalmente vendida. Qual foi o prejuízo, em litros de combustível, que o dono do posto sofreu?

(*Dado*: coeficiente de dilatação do combustível é de $1{,}0 \cdot 10^{-3}$ °C^{-1}.)

a) 4 L
b) 80 L
c) 40 L
d) 140 L
e) 60 L

18. (UFU-MG) Um frasco de capacidade para 10 L está completamente cheio de glicerina e encontra-se à temperatura de 10 °C. Aquecendo-se o frasco com a glicerina até atingir 90 °C, observa-se que 352 mL de glicerina transbordam do frasco. Sabendo-se que o coeficiente de dilatação volumétrica da glicerina é $5{,}0 \cdot 10^{-4}$ °C^{-1}, o coeficiente de dilatação linear do frasco é, em °C^{-1}:

a) $6{,}0 \cdot 10^{-5}$
b) $2{,}0 \cdot 10^{-5}$
c) $4{,}4 \cdot 10^{-4}$
d) $1{,}5 \cdot 10^{-4}$

Capítulo 19

Calorimetria

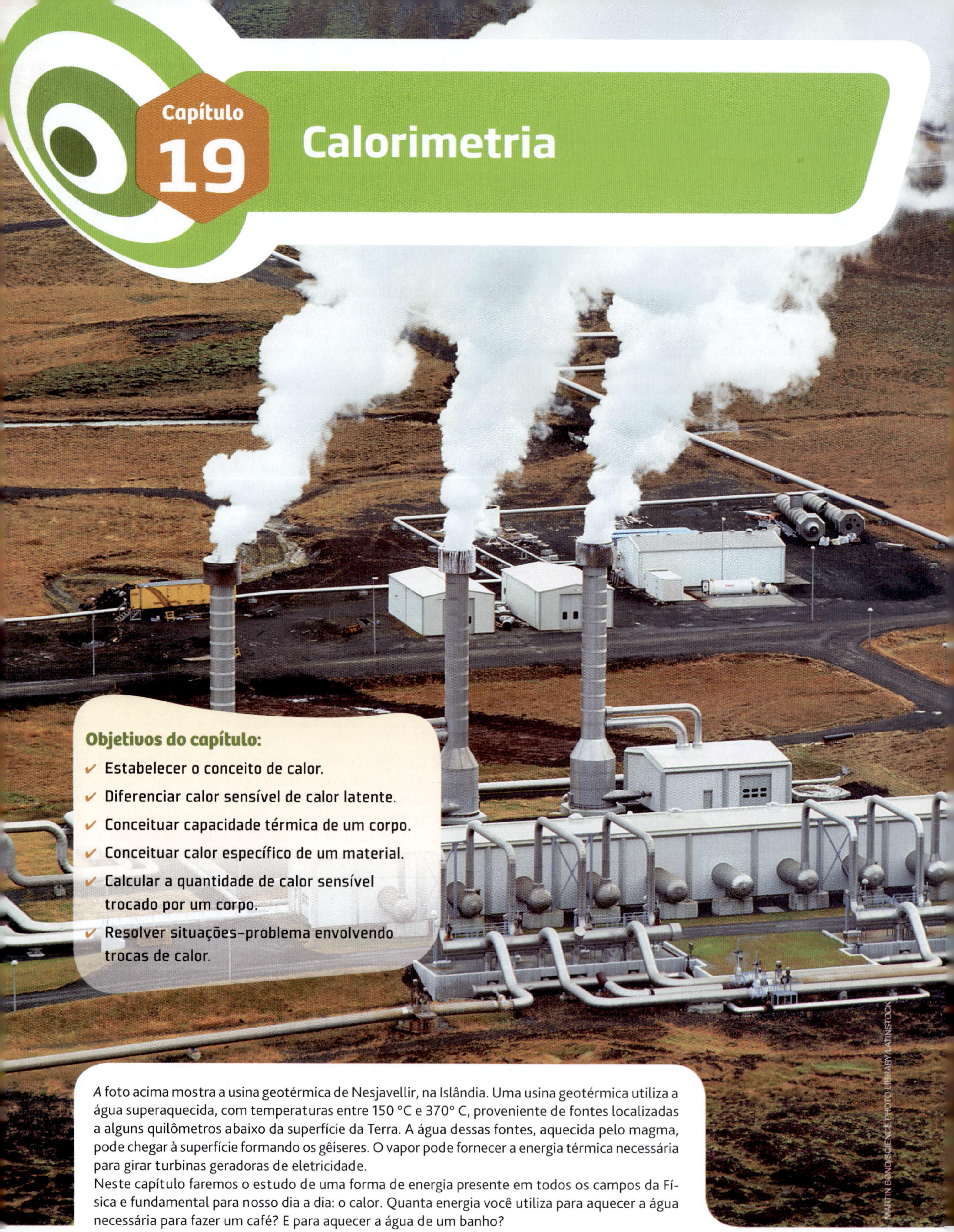

MARTIN BOND/SCIENCE PHOTO LIBRARY/LATINSTOCK

Objetivos do capítulo:

- Estabelecer o conceito de calor.
- Diferenciar calor sensível de calor latente.
- Conceituar capacidade térmica de um corpo.
- Conceituar calor específico de um material.
- Calcular a quantidade de calor sensível trocado por um corpo.
- Resolver situações-problema envolvendo trocas de calor.

A foto acima mostra a usina geotérmica de Nesjavellir, na Islândia. Uma usina geotérmica utiliza a água superaquecida, com temperaturas entre 150 °C e 370° C, proveniente de fontes localizadas a alguns quilômetros abaixo da superfície da Terra. A água dessas fontes, aquecida pelo magma, pode chegar à superfície formando os gêiseres. O vapor pode fornecer a energia térmica necessária para girar turbinas geradoras de eletricidade.

Neste capítulo faremos o estudo de uma forma de energia presente em todos os campos da Física e fundamental para nosso dia a dia: o calor. Quanta energia você utiliza para aquecer a água necessária para fazer um café? E para aquecer a água de um banho?

1 O conceito de calor

Energia
Conteúdo multimídia

Os físicos dos séculos XVII e XVIII explicavam o efeito do calor sobre a temperatura dos corpos postulando a existência de um fluido invisível e sem peso a que chamavam **calórico**. De acordo com essa teoria, um corpo a uma alta temperatura conteria mais calórico do que outro corpo à baixa temperatura e, com esse raciocínio, se um corpo quente perdesse calórico, sua temperatura diminuiria.

Essa teoria foi contestada por Benjamin Thompson (1753-1814), americano que lutou ao lado dos ingleses durante a Guerra da Independência dos Estados Unidos **(fig. 1)**. Após a guerra, Thompson mudou-se para a Europa e passou a servir como militar para o príncipe Maximiliano da Baviera, que lhe deu o título de conde de Rumford. Uma de suas tarefas era supervisionar a fabricação de canhões para o exército.

Rumford observou que, durante a perfuração dos canos dos canhões por brocas, muito calor era gerado. Para resfriar os canos, jogava-se sobre eles grande quantidade de água.

Dizia-se na época que a broca usada na perfuração liberava o calórico contido no metal do cano ao retirar pedaços dele.

Rumford não aceitava essa explicação, pois a broca conseguia produzir quantidades virtualmente ilimitadas de calor, mesmo depois de perder o corte e deixar de retirar material dos canos. A seu ver, devia existir uma relação entre o trabalho realizado pela broca e a quantidade de calor gerado. Portanto, o calor devia estar associado ao movimento da broca.

Depois de muitos experimentos, Rumford relatou suas conclusões à Royal Society de Londres, em 1798, mas suas descobertas foram rejeitadas e a teoria do calórico persistiu ainda por quase cinquenta anos.

Apenas em 1843 o físico britânico James Prescott Joule (1818-1889) derrubou a teoria do calórico, demonstrando que calor é uma forma de **energia em trânsito**.

De fato, já sabemos que as partículas que constituem um corpo (átomos e moléculas) estão em constante estado de agitação. A essa agitação das partículas associamos uma energia, que denominamos **energia térmica**.

Quando dois corpos, *A* e *B*, a temperaturas diferentes θ_A e θ_B, com $\theta_A > \theta_B$, são colocados em contato **(fig. 2A)**, observamos que parte da energia térmica das partículas de *A* é transferida para as partículas de *B* até que ambos os corpos atinjam uma mesma temperatura final. Esse estado, no qual os corpos têm uma mesma temperatura, é denominado **equilíbrio térmico (fig. 2B)**.

Essa energia térmica transferida espontaneamente do corpo de maior temperatura para o corpo de menor temperatura recebe o nome de **calor**.

> Calor é energia térmica em trânsito entre corpos a temperaturas diferentes.

Para avaliar o calor transferido entre os corpos, usaremos, a partir de agora, a grandeza denominada **quantidade de calor**, representada por *Q*.

THE GRANGER COLLECTION/OTHER IMAGES

Figura 1. Benjamin Thompson, conde de Rumford.

A

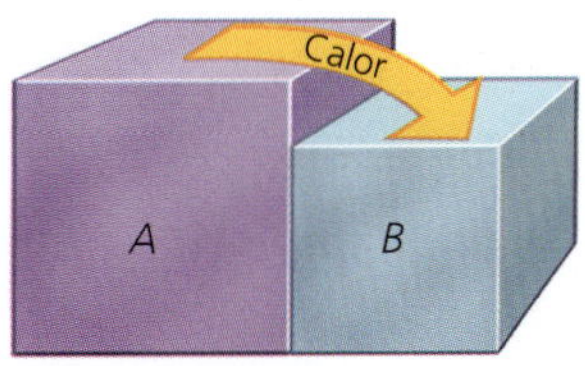

$\theta_A > \theta_B$

B

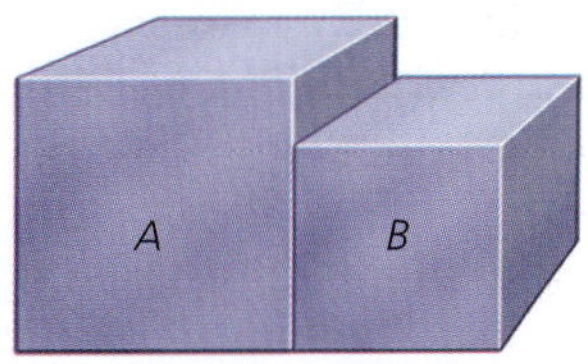

Equilíbrio térmico

$\theta_A = \theta_B$

Figura 2. (A) Calor é transferido do corpo de maior temperatura para o corpo de menor temperatura; (B) no equilíbrio térmico, as temperaturas se igualam e cessa o fluxo de energia entre os corpos.

Por ser uma forma de energia, a quantidade de calor tem como unidade de medida, no SI, o **joule (J)**. Entretanto, por razões históricas, as unidades mais utilizadas para se medir a quantidade de calor são a **caloria (cal)** e a **quilocaloria (kcal)**.

- Uma caloria (1 cal), por definição, é a quantidade de calor que, ao ser recebida por um grama de água, provoca uma variação de temperatura de 1 °C (de 14,5 °C para 15,5 °C), sob pressão normal (1 atm).

1 cal = 4,186 J
1 kcal = 1.000 cal

2 Calor sensível e calor latente

Ao definir calor, admitimos que a troca de energia térmica entre os corpos *A* e *B*, provocou neles apenas variações de temperatura. Contudo, há situações em que a troca de calor não acarreta necessariamente mudança de temperatura.

Considere, por exemplo, um recipiente com determinada quantidade de água inicialmente a 30 °C sob pressão normal. Se colocamos esse recipiente com água sobre a chama de um fogão a gás, verificamos que a temperatura da água aumenta gradativamente até atingir 100 °C. Nessa temperatura, a água começa a ferver e a passar do estado líquido para o estado gasoso, em dado instante *t*, como indicado no gráfico **(fig. 3)**.

A partir do instante *t*, se mantemos o aquecimento, verificamos que a água continua a ferver e a mudar de estado físico, mas sua temperatura permanece inalterada em 100 °C até que toda a água passe para o estado gasoso.

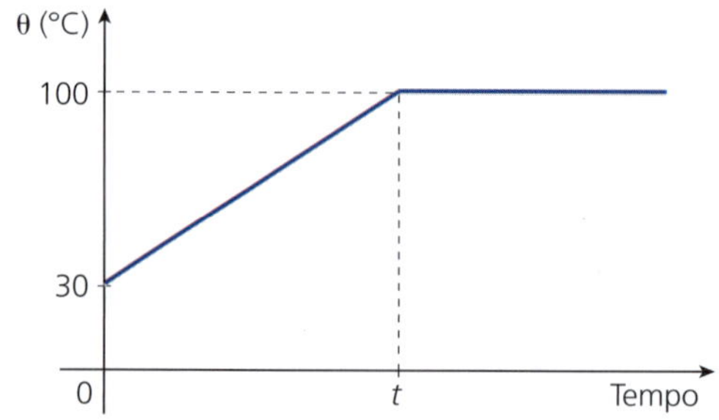

Figura 3. Durante a mudança de estado físico o calor fornecido ao corpo não altera sua temperatura.

O calor que, recebido ou cedido por um corpo, provoca somente uma variação de temperatura do corpo é denominado **calor sensível**.

Por outro lado, o calor que, recebido ou cedido por um corpo, provoca somente uma mudança no estado físico do corpo é denominado **calor latente**.

Esses efeitos, variação de temperatura e mudança de estado físico, **nunca ocorrem simultaneamente no caso de substâncias puras**. Assim, se uma substância pura troca calor, ou sua temperatura varia ou essa substância muda de estado físico.

Neste capítulo vamos estudar apenas as trocas de calor que acarretam variações de temperatura dos corpos, ou seja, apenas o calor sensível. No próximo capítulo abordaremos situações que envolvem calor latente.

3 Capacidade térmica

Vamos considerar um dado corpo ao qual fornecemos quantidades diferentes de calor: Q_1, Q_2, ..., Q_n. Admitindo que o corpo não sofra mudança de estado físico, a cada quantidade de calor fornecida a ele teremos correspondentes variações de temperaturas: $\Delta\theta_1$, $\Delta\theta_2$, ..., $\Delta\theta_n$ **(fig. 4)**.

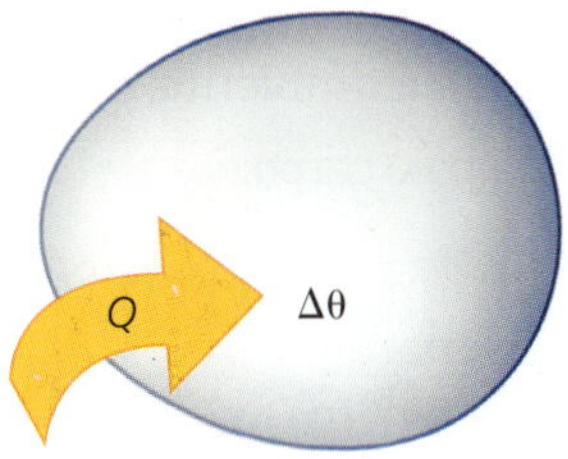

Figura 4. Cada quantidade de calor *Q* fornecida ao corpo provoca uma variação de temperatura $\Delta\theta$ correspondente.

A razão entre a quantidade de calor *Q* fornecida ao corpo e a correspondente variação de temperatura $\Delta\theta$ é constante para um dado corpo. Essa relação define a **capacidade térmica** do corpo, representada por *C*.

$$C = \frac{Q}{\Delta\theta}$$

Como, em geral, a quantidade de calor *Q* é medida em caloria e a variação de temperatura $\Delta\theta$ é medida em grau Celsius, a capacidade térmica *C* do corpo é medida em cal/°C.

Desse modo, se a capacidade térmica de um corpo é, por exemplo, de 20 cal/°C, esse corpo precisa receber 20 cal para que sua temperatura aumente 1 °C. Naturalmente, se o corpo perder 20 cal, sua temperatura diminuirá 1 °C.

A capacidade térmica *C* é uma característica do corpo. Portanto, para um dado corpo, quanto maior a quantidade de calor (*Q*) fornecida, maior será a variação de sua temperatura ($\Delta\theta$).

Aplicando a teoria

1. Determinar a capacidade térmica de um bloco de ferro que, ao receber 200 cal, tem sua temperatura aumentada de −10 °C para 30 °C.

➤ Solução

Por definição, a capacidade térmica C do corpo é dada por: $C = \frac{Q}{\Delta\theta}$

Para calcular a variação de temperatura $\Delta\theta$ do bloco de ferro, temos:

$\Delta\theta = \theta - \theta_0 \Rightarrow \Delta\theta = 30 - (-10) \Rightarrow \Delta\theta = 40\ °C$

Então, para esse bloco de ferro:

$C = \frac{200}{40} \Rightarrow \boxed{C = 5\ cal/°C}$

2. Uma fonte de calor fornece 50 cal a cada minuto. Certa quantidade de líquido é aquecida por essa fonte de calor durante 20 min e sua temperatura aumenta 80 °C. Qual é a capacidade térmica dessa quantidade de líquido?

➤ Solução

Vamos calcular, inicialmente, a quantidade de calor fornecida pela fonte:

$Q = 50\ cal/min \cdot 20\ min \Rightarrow Q = 1.000\ cal$

Da definição da capacidade térmica, temos:

$C = \frac{Q}{\Delta\theta} \Rightarrow C = \frac{1.000}{80} \Rightarrow \boxed{C = 12,5\ cal/°C}$

Avaliando o aprendizado

1. Um corpo sólido está inicialmente a 20 °C e é aquecido até 50 °C, sem que ocorra mudança em seu estado físico. Supondo que nesse processo o corpo tenha recebido 900 cal, determine sua capacidade térmica para o intervalo de temperaturas considerado.

2. Uma fonte térmica fornece calor à razão de 10 cal/min. Um corpo é aquecido nessa fonte durante meia hora e sua temperatura, então, sobe de 10 °C para 60 °C. Desprezando as perdas de calor para o ambiente, determine:

a) a quantidade de calor recebida pelo corpo;

b) sua capacidade térmica.

3. Dois corpos são aquecidos, separadamente, pela mesma fonte de calor, que fornece 120 cal/min.

Analisando o gráfico ao lado, determine a relação entre a capacidade térmica do corpo A (C_A) e a capacidade térmica do corpo B (C_B).

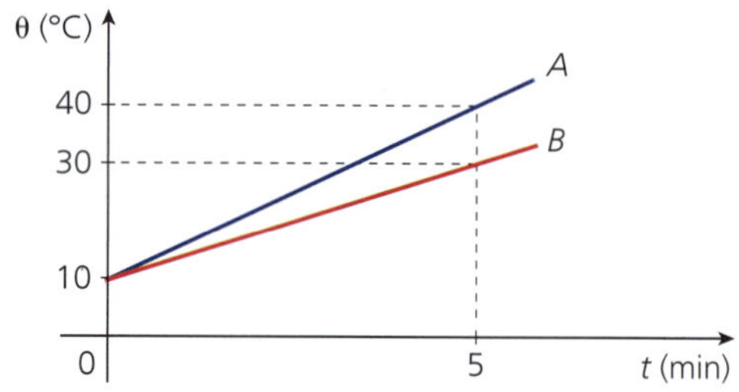

4. A capacidade térmica de um corpo A é o triplo da capacidade térmica de um corpo B. Fornecendo uma mesma quantidade de calor aos dois corpos, observa-se que a temperatura do corpo A varia 30 °C. Qual é a variação de temperatura do corpo B?

4 Calor específico

A capacidade térmica de um corpo é uma grandeza que depende da massa do corpo.

Para investigar como a massa de um corpo afeta sua capacidade térmica, poderíamos aquecer corpos de massas diferentes, porém todos feitos de um mesmo material.

Tomemos como exemplo um corpo feito de ferro com massa 100 g. Vamos admitir que a capacidade térmica desse corpo seja de 10 cal/°C. Isso significa que a cada 10 cal fornecidas a esse corpo sua temperatura deverá aumentar 1 °C.

Entretanto, outro corpo, também feito de ferro, mas com massa de 200 g, deverá receber mais do que 10 cal para sua temperatura aumentar 1 °C. Na verdade, para ter esse aumento de temperatura, esse corpo deveria receber 20 cal.

Assim, quanto maior a massa do corpo, maior sua capacidade térmica.

A partir de experimentos como esse, podemos concluir que, para corpos de um mesmo material, a capacidade térmica é diretamente proporcional à massa do corpo. Matematicamente, podemos escrever: $C \propto m$.

Para aplicar essa relação de proporcionalidade a corpos de diferentes materiais, devemos introduzir um coeficiente de proporcionalidade que leva em conta o material de que o corpo é feito.

Esse coeficiente de proporcionalidade, que representaremos por c, é denominado **calor específico** do material.

Então:

$$C = cm \text{ ou } \boxed{C = m \cdot c}$$

Como a capacidade térmica C é medida em cal/°C e a massa m é medida em g, o calor específico de um material será medido em cal/(g · °C).

O calor específico é uma característica que depende do material, do estado físico em que este se encontra e também de sua temperatura. Entretanto, em termos práticos, a variação do calor específico com a temperatura é pequena. Por esse motivo, consideramos que **o calor específico depende apenas do material e do estado físico em que ele se encontra**.

Da definição de caloria, concluímos que o calor específico da água líquida vale 1,0 cal/(g · °C).

$$c_{\text{água líquida}} = 1{,}0\ \text{cal}/(\text{g} \cdot {}^\circ\text{C}) \simeq 4{,}2\ \text{J}/(\text{g} \cdot {}^\circ\text{C})$$

A **tabela 1** a seguir mostra o valor do calor específico médio de alguns materiais comuns no dia a dia.

Tabela 1. Calor específico médio de alguns materiais

Material	*c* [cal/(g · °C)]
Água	1,000
Gelo	0,489
Vapor-d'água	0,447
Alumínio	0,217
Latão	0,091
Cobre	0,092
Vidro	0,200
Ferro	0,108
Chumbo	0,031
Mercúrio	0,033
Prata	0,056

Fonte: LIDE, David R., CRC Handbook, 90th ed.; CRC Press: Florida, USA, 2010.

A partir dos valores da tabela, podemos notar que o calor específico da água líquida é muito maior que o dos outros materiais.

O calor específico da água é um dos maiores encontrados na natureza e isso confere a essa substância a capacidade de atuar como um grande regulador climático.

Você também já deve ter observado que, em uma manhã ensolarada na praia, a areia se aquece mais rapidamente que a água do mar e, à noite, a areia se resfria mais rapidamente que a água. Isso acontece porque o calor específico da areia é cerca de cinco vezes menor que o da água.

Aplicando a teoria

3. Um corpo de massa 3 kg é colocado na presença de uma fonte térmica que fornece 60 cal/s e sofre, em 5 min, um aumento de temperatura de 30 °C. Determinar:

a) a capacidade térmica do corpo;

b) o calor específico do material de que o corpo é feito.

➤ Solução

a) A quantidade de calor recebida pelo corpo é dada por:

$Q = 60\ \text{cal/s} \cdot 5\ \text{min} \Rightarrow Q = 60\ \text{cal/s} \cdot 300\ \text{s} \Rightarrow Q = 18.000\ \text{cal}$

Então:

$$C = \frac{Q}{\Delta\theta} \Rightarrow C = \frac{18.000}{30} \Rightarrow \boxed{C = 600 \text{ cal/°C}}$$

b) Para o calor específico do material, temos:

$$C = mc \Rightarrow 600 = 3.000 \cdot c \Rightarrow \frac{600}{3.000} \Rightarrow$$

$$\Rightarrow \boxed{c = 0{,}2 \text{ cal/(g} \cdot \text{°C)}}$$

4. O gráfico abaixo mostra a variação da temperatura de um corpo, com massa 500 g, durante seu aquecimento por uma fonte de calor que fornece 10 cal/s.

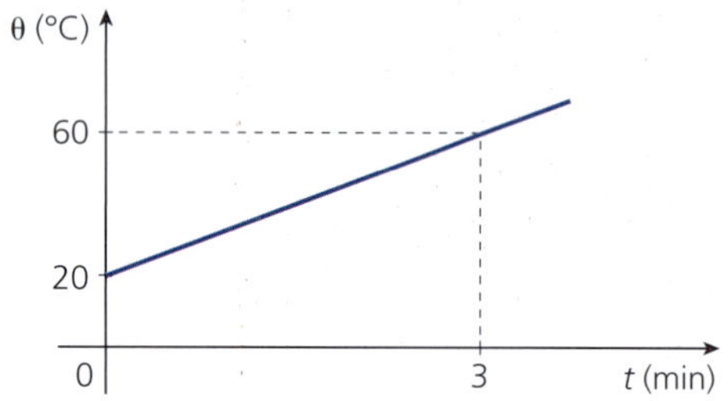

Determinar:

a) a capacidade térmica do corpo;

b) o calor específico do material que o constitui.

➤ Solução

a) Analisando o gráfico, podemos concluir que o corpo sofre uma variação de temperatura de 40 °C (passando de 20 °C para 60 °C) em um intervalo de tempo de 3 min.

A quantidade de calor recebida pelo corpo, nesse intervalo de tempo, foi:

$$Q = 10 \text{ cal/s} \cdot 3 \text{ min} \Rightarrow Q = 10 \text{ cal/s} \cdot 180 \text{ s} \Rightarrow$$

$$\Rightarrow Q = 1.800 \text{ cal}$$

Então:

$$C = \frac{Q}{\Delta\theta} \Rightarrow C = \frac{1.800}{40} \Rightarrow \boxed{C = 45 \text{ cal/°C}}$$

b) Para o calor específico do material, temos:

$$C = mc \Rightarrow 45 = 500 \cdot c \Rightarrow c = \frac{45}{500} \Rightarrow$$

$$\Rightarrow \boxed{c = 0{,}09 \text{ cal/(g} \cdot \text{°C)}}$$

Avaliando o aprendizado

5. Em um dia de verão, uma pessoa bebe 250 g de água gelada, cujo calor específico é igual a 1,0 cal/(g · °C), a 10 °C. Sabendo que a temperatura do corpo dessa pessoa é praticamente constante e vale 36,5 °C, determine a quantidade de calor Q absorvida pela água.

6. Durante 10 min, um corpo permanece em contato com uma fonte que fornece 20 cal/s. Sua temperatura sobe então de 10 °C para 60 °C. Se houve uma perda para o ambiente de 20% da energia fornecida e sendo de 300 g a massa do corpo, determine:

a) a quantidade de calor recebida pelo corpo;

b) a capacidade térmica do corpo;

c) o calor específico da substância de que é feito o corpo.

5 Equação fundamental da calorimetria

Até este ponto do nosso estudo sobre calor, definimos duas grandezas importantes: a capacidade térmica *C* de um corpo e o calor específico *c* de um material. Vimos também que calor sensível é o calor que, recebido ou cedido por um corpo, provoca apenas uma variação de temperatura.

Vamos agora unir esses conceitos e obter uma expressão para calcular a quantidade de calor que provoca uma variação de temperatura em um corpo.

Sabemos que a capacidade térmica de um corpo é dada por:

$$C = \frac{Q}{\Delta\theta} \Rightarrow Q = C\Delta\theta \qquad ①$$

O calor específico de um material é dado por:

$$c = \frac{C}{m} \qquad ②$$

Combinadas as relações ② e ①, eliminado-se C, temos:

$$Q = mc\Delta\theta$$

Essa expressão permite calcular a quantidade de calor (sensível) que provoca certa variação de temperatura em um corpo e é conhecida como **equação fundamental da calorimetria**.

Note que, nessa expressão, a massa m e o calor específico c são grandezas sempre positivas. Assim, o sinal da quantidade de calor Q depende apenas do sinal da variação de temperatura $\Delta\theta$.

- Se $\Delta\theta > 0$ (aumento de temperatura), $Q > 0$ (calor recebido).
  Se $\Delta\theta < 0$ (diminuição de temperatura), $Q < 0$ (calor cedido).

Aplicando a teoria

5. O gráfico ao lado mostra a variação da temperatura de um corpo sólido em função da quantidade de calor por ele absorvida.

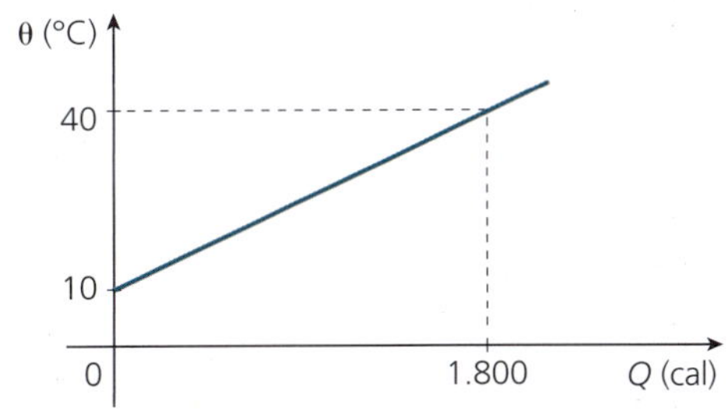

Determinar:

a) a capacidade térmica do corpo;

b) o calor específico do material que constitui esse corpo, sabendo que sua massa é de 150 g.

➤ **Solução**

a) De acordo com o gráfico, o corpo sofre uma variação de temperatura de 30 °C (passa de 10 °C para 40 °C) ao receber uma quantidade de calor de 1.800 cal. Então, sua capacidade térmica é dada por:

$$C = \frac{Q}{\Delta\theta} \Rightarrow C = \frac{1.800}{30} \Rightarrow \boxed{C = 60 \text{ cal/°C}}$$

b) Conhecendo a capacidade térmica do corpo e sua massa, podemos calcular o calor específico do material que o constitui.

$$C = mc \Rightarrow 60 = 150 \cdot c \Rightarrow c = \frac{60}{150} \Rightarrow \boxed{c = 0{,}4 \text{ cal/(g} \cdot \text{°C)}}$$

6. Uma mesma quantidade de calor Q é fornecida a dois corpos, A e B. Sabe-se que a massa do corpo A é o dobro da de B e que o calor específico da substância que constitui o corpo B é o triplo da do corpo A. Determinar a relação entre as variações de temperatura, $\frac{\Delta\theta_A}{\Delta\theta_B}$, sofridas pelos corpos A e B.

➤ **Solução**

A figura a seguir resume os dados fornecidos no enunciado.

Para o corpo A, temos: $Q = 2mc\Delta\theta_A$

E, para o corpo B: $Q = m \cdot 3c\Delta\theta_B$

Então:

$$2mc\Delta\theta_A = m \cdot 3c\Delta\theta_B \Rightarrow \boxed{\frac{\Delta\theta_A}{\Delta\theta_B} = \frac{3}{2}}$$

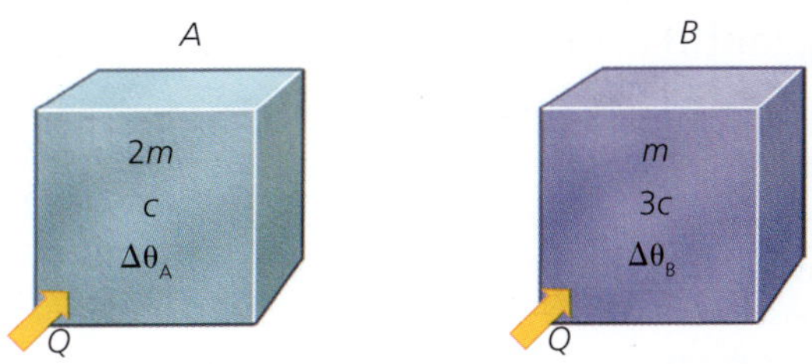

Avaliando o aprendizado

7. Um corpo metálico com massa 200 g, constituído por uma substância cujo calor específico vale 0,3 cal/(g · °C), inicialmente a 15 °C, é aquecido por uma fonte de calor que fornece 50 cal/s. Determine:

a) a temperatura do corpo após um aquecimento por 2 min;

b) o tempo de aquecimento necessário para o corpo metálico atingir a temperatura de 165 °C.

8. Usando uma fonte de calor que fornece 25 cal/min, aquecem-se 100 g de um líquido durante 20 min. Nesse intervalo de tempo, o líquido sofre uma variação de temperatura de 50 °C, sem que se verifique mudança de estado. Calcule o calor específico c do líquido.

9. Para determinar o calor específico de um líquido faz-se a seguinte experiência.

Usando uma fonte de calor de potência constante, aquecem-se 200 g de água de 20 °C a 50 °C em um tempo de 5 min. Em seguida, usando a mesma fonte de calor, 500 g do líquido são aquecidos de 30 °C a 60 °C em um tempo de 2 min.

Considerando que o calor específico da água é 1,0 cal/(g · °C), determine o calor específico desse líquido desconhecido.

10. Dois corpos, A e B, têm volumes iguais; a densidade do corpo A é o dobro da densidade de B e o calor específico de A vale $\frac{3}{2}$ do calor específico de B. Sendo fornecidas quantidades de calor iguais aos dois corpos, determine o valor da relação entre as variações de temperatura de A ($\Delta\theta_A$) e de B ($\Delta\theta_B$), $\frac{\Delta\theta_A}{\Delta\theta_B}$.

6 Princípio geral das trocas de calor

De acordo com o que vimos anteriormente, calor é uma forma de energia que espontaneamente se transfere de um corpo a outro devido a uma diferença de temperaturas entre eles.

Pelo princípio da conservação da energia, sabemos que a energia não pode ser criada nem destruída, mas apenas convertida de um tipo em outro.

Vamos considerar, então, um sistema termicamente isolado constituído por dois corpos, *A* e *B*, a temperaturas diferentes.

Entende-se por **sistema termicamente isolado** ou **sistema adiabático** aquele sistema que não pode receber calor externo e tampouco perder calor para o exterior. Nesse caso, podemos considerar que os corpos *A* e *B* estão, por exemplo, no interior de uma caixa de isopor cujas paredes podem ser consideradas adiabáticas **(fig. 5)**.

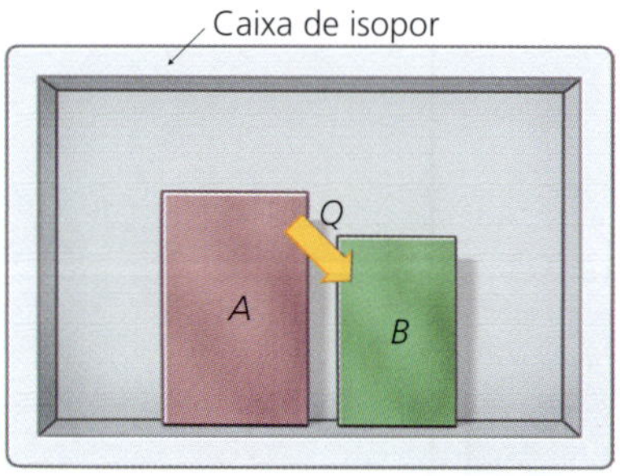

Figura 5. Em um sistema termicamente isolado, os corpos que o constituem não trocam calor com corpos externos a ele.

Nesse caso, todo o calor recebido por *B* ($Q_B > 0$) só pode ter sido cedido por *A* ($Q_A < 0$). Então: $Q_A + Q_B = 0$

O que consideramos para os corpos *A* e *B* vale, logicamente, para dois ou mais corpos trocando calor e constitui o **princípio geral das trocas de calor**.

Quando dois ou mais corpos trocam calor entre si, em um sistema termicamente isolado, até ser atingido o equilíbrio térmico, a soma algébrica das quantidades de calor trocadas é nula.

$$Q_1 + Q_2 + Q_3 + Q_4 + \ldots + Q_n = 0$$

Aplicando a teoria

7. **Um cilindro de ferro com massa 1.000 g e calor específico 0,1 cal/(g · °C) a 80 °C é mergulhado em 200 g de água inicialmente a 10 °C. Admitindo que ocorra troca de calor apenas entre a água e o ferro, determinar a temperatura de equilíbrio térmico do sistema θ_{eq}. [Dado: $c_{água}$ = 1,0 cal/(g · °C)]**

➤ **Solução**

O diagrama abaixo mostra a variação de temperatura da água e do ferro em função do tempo.

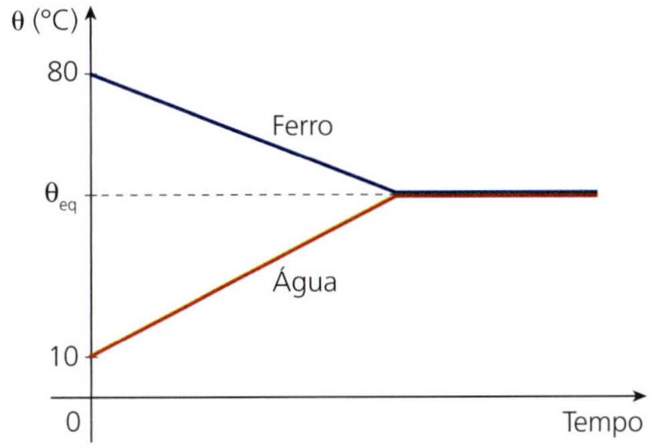

Aplicando o princípio geral das trocas de calor, temos:

$Q_{ferro} + Q_{água} = 0 \Rightarrow$

$\Rightarrow m_{ferro} \cdot c_{ferro} \cdot \Delta\theta_{ferro} + m_{água} \cdot c_{água} \cdot \Delta\theta_{água} = 0$

Com os valores fornecidos no enunciado, obtemos:

$1.000 \cdot 0,1 \cdot (\theta_{eq} - 80) + 200 \cdot 1,0 \cdot (\theta_{eq} - 10) = 0 \Rightarrow$

$\Rightarrow 1 \cdot (\theta_{eq} - 80) + 2 \cdot (\theta_{eq} - 10) = 0 \Rightarrow$

$\Rightarrow \theta_{eq} - 80 + 2\theta_{eq} - 20 = 0 \Rightarrow \boxed{\theta_{eq} \simeq 33,3\ °C}$

8. **Um bloco de cobre de massa 100 g é retirado de dentro de um forno e rapidamente colocado em uma garrafa térmica que contém 500 g de álcool etílico. A temperatura do álcool etílico, aumenta de 30 °C para 40 °C. Se o calor específico do cobre é 0,1 cal/(g · °C), e o do álcool etílico 0,6 cal/(g · °C), determinar a temperatura do forno.**

➤ **Solução**

Mais uma vez, mostramos a variação de temperatura dos corpos em função do tempo:

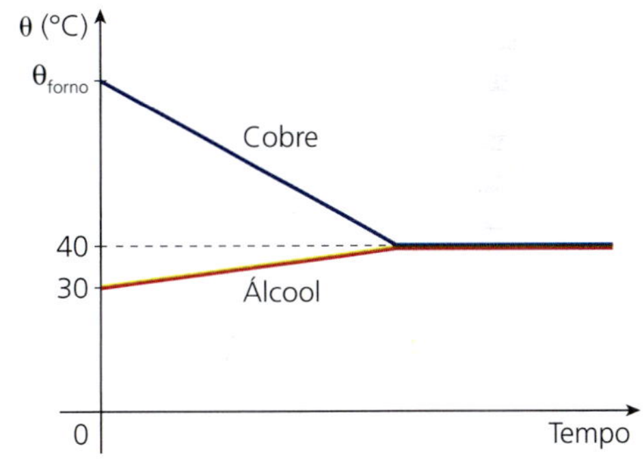

Aplicando o princípio geral das trocas de calor, temos:

$Q_{cobre} + Q_{álcool} = 0 \Rightarrow$

$\Rightarrow m_{cobre} \cdot c_{cobre} \cdot \Delta\theta_{cobre} + m_{álcool} \cdot c_{álcool} \cdot \Delta\theta_{álcool} = 0$

Com os valores fornecidos no enunciado, obtemos:

$100 \cdot 0,1 \cdot (40 - \theta_{forno}) + 500 \cdot 0,6 \cdot (40 - 30) = 0 \Rightarrow$

$\Rightarrow 10 \cdot (40 - \theta_{forno}) + 3.000 = 0 \Rightarrow$

$\Rightarrow 40 - \theta_{forno} = -300 \Rightarrow \boxed{\theta_{forno} = 340\ °C}$

Avaliando o aprendizado

11. Misturam-se 2 kg de água a 10 °C com 3 kg de água a 60 °C. Qual é a temperatura final da mistura?

12. Um calorímetro, de capacidade térmica desprezível, contém 600 g de água [$c_{água}$ = 1 cal/(g · °C)] a 80 °C. Colocam-se nesse calorímetro 300 g de óleo [$c_{óleo}$ = 0,5 cal/(g · °C)] e a temperatura de equilíbrio térmico é estabelecida em 75 °C. Qual era a temperatura inicial do óleo?

13. Um corpo metálico a 270 °C é colocado em um recipiente adiabático que contém água a 50 °C. Admitindo que as trocas de calor ocorrem apenas entre o corpo e a água, determine o calor específico do metal, sabendo que as massas de água e de metal são iguais e que a temperatura final de equilíbrio é de 70 °C. [Dado: $c_{água}$ = 1,0 cal/(g · °C)]

Revisando o conteúdo

Ficha-resumo 1

Calor é energia térmica em trânsito entre corpos a diferentes temperaturas.

Trocas de calor podem provocar variação de temperatura (**calor sensível**) ou mudança de estado físico (**calor latente**).

No SI, o calor é medido em joule (J), mas a unidade caloria (cal) também é muito usada.

Capacidade térmica de um corpo (C):

$$C = \frac{Q}{\Delta\theta} \text{ (cal/°C)}$$

Calor específico de uma substância (c):

$$c = \frac{C}{m} \text{ [cal/(g · °C)]}$$

Calor sensível (equação fundamental da calorimetria):

$$Q = mc\Delta\theta$$

1. (Unifesp) O SI (Sistema Internacional de Unidades) adota como unidade de calor o joule, pois calor é energia. No entanto, só tem sentido falar em calor como energia em trânsito, ou seja, energia que se transfere de um corpo a outro em decorrência da diferença de temperaturas entre eles. Assinale a afirmação em que o conceito de calor está empregado corretamente.

a) A temperatura de um corpo diminui quando ele perde parte do calor que nele estava armazenado.

b) A temperatura de um corpo aumenta quando ele armazena calor.

c) A temperatura de um corpo diminui quando ele cede calor para o meio ambiente.

d) O aumento da temperatura de um corpo é um indicador de que esse corpo armazenou calor.

e) Um corpo só pode atingir o zero absoluto se for esvaziado de todo o calor nele contido.

2. (UFSC) Assinale a(s) proposição(ões) **correta(s)** em relação a alguns fenômenos que envolvem os conceitos de temperatura, calor, mudança de estado e dilatação térmica.

01) A temperatura de um corpo é uma grandeza física relacionada à densidade do corpo.

02) Uma substância pura ao receber calor ficará submetida a variações de temperatura durante a fusão e a ebulição.

04) A dilatação térmica é um fenômeno específico dos líquidos, não ocorrendo com os sólidos.

08) Calor é uma forma de energia.

16) O calor se propaga no vácuo.

Dê como resposta a soma dos números que precedem as proposições corretas.

3. (UFSC) Com relação aos conceitos de calor, temperatura e energia interna, assinale a(s) proposição(ões) **correta(s)**.

01) Associa-se a existência de calor a qualquer corpo, pois todo corpo possui calor.

02) Quando as extremidades de uma barra metálica estão a temperaturas diferentes, a extremidade submetida à temperatura maior contém mais calor do que a outra.

04) Calor é a energia contida em um corpo.

08) Para se admitir a existência de calor são necessários, pelo menos, dois sistemas.

16) Duas esferas de mesmo material e de massas diferentes, após ficarem durante muito tempo em um forno a 160 °C, são retiradas deste e imediatamente colocadas em contato. Logo em seguida, pode-se afirmar, o calor contido na esfera de maior massa passa para a de menor massa.

32) Se colocarmos um termômetro, em um dia em que a temperatura está a 25 °C, em água a uma temperatura mais elevada, a energia interna do termômetro aumentará.

Dê como resposta a soma dos números que precedem as proposições corretas.

4. (UFPel-RS) Considere um sistema isolado composto por dois corpos, C_1 e C_2, com temperaturas T_1 e T_2, respectivamente, sendo $T_1 > T_2$. Na busca pelo equilíbrio térmico, observa-se que:

I. O corpo C_1 possui mais calor que o corpo C_2 transferindo, portanto, calor para o corpo C_2.

II. A energia interna do corpo C_1 diminui e a do corpo C_2 aumenta.

III. A temperatura do corpo C_1 diminui e a do corpo C_2 aumenta.

IV. Ambos os corpos possuem a mesma quantidade de calor, independentemente de suas massas.

De acordo com seus conhecimentos e com as informações dadas, estão corretas, apenas, as afirmativas:

a) II e III
b) I, III e IV
c) I e II
d) I, II e III
e) II e IV

5. (Vunesp) O gráfico representa a temperatura em função do tempo de um líquido aquecido em um calorímetro.

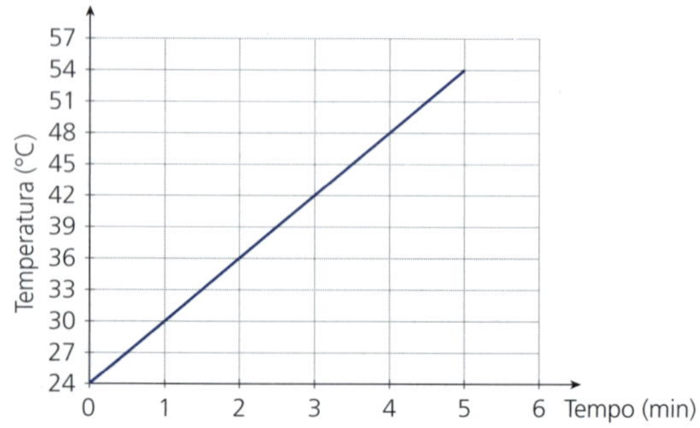

Considerando-se desprezível a capacidade térmica do calorímetro e que o aquecimento foi obtido através de uma resistência elétrica, dissipando energia à taxa constante de 120 W, a capacidade térmica do líquido vale:

a) 12 J/°C
b) 20 J/°C
c) 120 J/°C
d) 600 J/°C
e) 1.200 J/°C

6. (UFSC) O gráfico abaixo representa a quantidade de calor absorvida por dois objetos A e B ao serem aquecidos, em função de suas temperaturas.

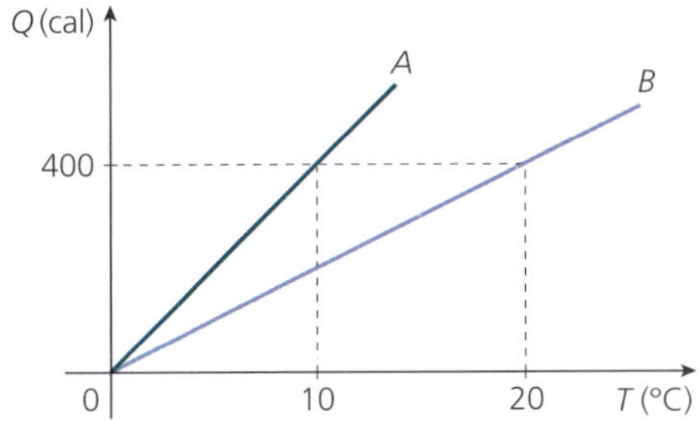

Observe o gráfico e assinale a(s) proposição(ões) **correta(s)**.

01) A capacidade térmica do objeto A é maior que a do objeto B.

02) A partir do gráfico é possível determinar as capacidades térmicas dos objetos A e B.

04) Pode-se afirmar que o calor específico do objeto A é maior que o do objeto B.

08) A variação de temperatura do objeto B, por caloria absorvida, é maior que a variação de temperatura do objeto A, por caloria absorvida.

16) Se a massa do objeto A for de 200 g, seu calor específico será 0,2 cal/(g · °C).

Dê como resposta a soma dos números que precedem as proposições corretas.

7. (PUC-RS) A temperatura de um corpo de 500 g varia conforme ilustra o gráfico.

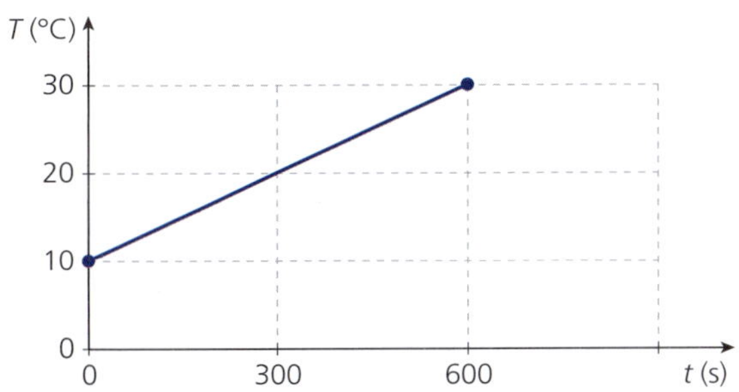

Sabendo-se que o corpo absorve calor a uma potência constante de 10,0 cal/s, conclui-se que o calor específico do material que constitui o corpo é:

a) 0,40 cal/(g · °C)
b) 0,50 cal/(g · °C)
c) 0,60 cal/(g · °C)
d) 0,70 cal/(g · °C)
e) 0,80 cal/(g · °C)

8. (Fuvest-SP) Nas condições ambientes, ao inspirar, puxamos para nossos pulmões, aproximadamente, 0,5 L de ar, então aquecido da temperatura ambiente (25 °C) até a temperatura do corpo (36 °C). Fazemos isso cerca de $16 \cdot 10^3$ vezes em 24 h. Se, nesse tempo, recebermos, por meio da alimentação, $1{,}0 \cdot 10^7$ J de energia, a porcentagem aproximada dessa energia, que será gasta para aquecer o ar inspirado, será de:

a) 0,1%
b) 0,5%
c) 1%
d) 2%
e) 5%

(Dados: densidade do ar atmosférico nas condições ambientes = 1,2 g/L; calor específico do ar atmosférico nas condições ambientes = $1{,}0\ J\,g^{-1}\,°C^{-1}$)

9. (Vunesp) Uma garrafa térmica possui em seu interior 1,0 kg de água a 80 °C. Meia hora depois, a temperatura da água caiu para 50 °C. Nessas condições, e lembrando que o calor específico da água é 1,0 cal/(g · °C), o fluxo de calor perdido pela água foi em média de:

a) 1,0 cal/min
b) 100 cal/min
c) 500 cal/min
d) 1.000 cal/min
e) 4.180 cal/min

10. (Vunesp) Em um dia ensolarado, a potência média de um coletor solar para aquecimento de água é de 3 kW. Considerando a taxa de aquecimento constante e o calor específico da água igual a 4.200 J/(kg · °C), o tempo gasto para aquecer 30 kg de água de 25 °C para 60 °C será, em minuto, de:

a) 12,5
b) 15
c) 18
d) 24,5
e) 26

11. (Fuvest-SP) Energia térmica, obtida a partir da conversão de energia solar, pode ser armazenada em grandes recipientes isolados, contendo sais fundidos em altas temperaturas. Para isso, pode-se utilizar o sal nitrato de sódio ($NaNO_3$), aumentando sua temperatura de 300 °C para 550 °C, fazendo-se assim uma reserva para períodos sem insolação. Essa energia armazenada poderá ser recuperada, com a temperatura do sal retornando a 300 °C. Para armazenar a mesma quantidade de energia que seria obtida com a queima de 1 L de gasolina, necessita-se de uma massa de $NaNO_3$ igual a:

a) 4,32 kg
b) 120 kg
c) 240 kg
d) $3 \cdot 10^4$ kg
e) $3{,}6 \cdot 10^4$ kg

[Dados: poder calorífico da gasolina = $3{,}6 \cdot 10^7$ J/L; calor específico do $NaNO_3$ = $1{,}2 \cdot 10^3$ J/(kg · °C)]

12. (Fuvest-SP) Um fogão, alimentado por um botijão de gás, com as características descritas no quadro abaixo, tem em uma de suas bocas um recipiente com um litro de água que leva 10 min para passar de 20 °C a 100 °C.

Caracteristicas do botijão de gás	
Gás	GLP
Massa total	13 kg
Calor de combustão	40.000 kJ/kg

Para estimar o tempo de duração de um botijão, um fator relevante é a massa de gás consumida por hora. Mantida a taxa de geração de calor das condições acima, e desconsideradas as perdas de calor, a massa de gás consumida por hora, em uma boca de gás desse fogão, é aproximadamente:

a) 8 g
b) 12 g
c) 48 g
d) 320 g
e) 1.920 g

(Adote: 1 cal = 4 J)

Ficha-resumo 2

Princípio geral das trocas de calor: quando dois ou mais corpos trocam calor entre si, em um sistema termicamente isolado, até ser atingido o equilíbrio térmico, a soma algébrica das quantidades de calor trocadas é nula.

$$Q_1 + Q_2 + Q_3 + \ldots + Q_n = 0$$

13. (Fuvest-SP) Um trocador de calor consiste em uma serpentina, pela qual circulam 18 litros de água por minuto. A água entra na serpentina à temperatura ambiente (20 °C) e sai mais quente. Com isso, resfria-se o líquido que passa por uma tubulação principal, na qual a serpentina está enrolada. Em uma fábrica, o líquido a ser resfriado na tubulação principal é também água, a 85 °C, mantida a uma vazão de 12 litros por minuto.

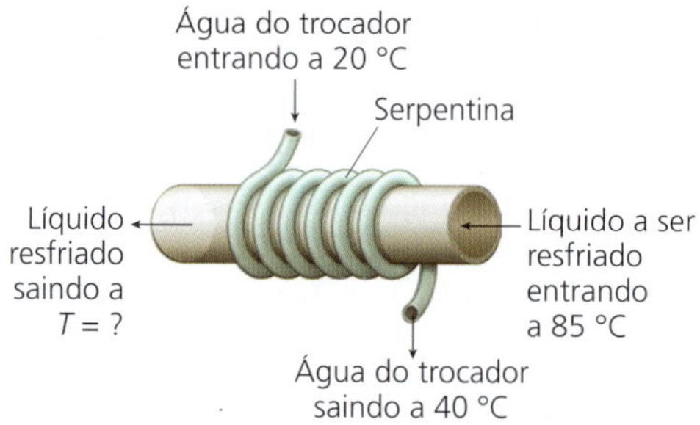

Quando a temperatura de saída da água da serpentina for 40 °C, será possível estimar que a água da tubulação principal esteja saindo a uma temperatura T de, aproximadamente:

a) 75 °C b) 65 °C c) 55 °C d) 45 °C e) 35 °C

14. (Mackenzie-SP) Numa manhã fria do inverno paulistano, registrou-se, num ambiente, a temperatura de 10 °C. Uma garrafa térmica, inicialmente a esta temperatura, foi utilizada para acondicionar 180 g de café a 60 °C. Porém, após um certo tempo (até o equilíbrio térmico), verificou-se que o café, na garrafa, havia esfriado um pouco e estava a 55 °C. Esta mesma garrafa foi utilizada para acondicionar suco de frutas num dia de verão, em que a temperatura ambiente era 30 °C. Colocou-se então a massa de 180 g deste suco, inicialmente a 2 °C, na garrafa que estava à temperatura ambiente. Considerou-se que as trocas de calor se davam apenas entre os líquidos e a garrafa e que o calor específico do suco é igual ao do café. Depois de atingido o equilíbrio térmico, a temperatura do suco passou a ser:

a) 0 °C
b) 1,2 °C
c) 3,0 °C
d) 4,8 °C
e) 6,0°C

15. (Fuvest-SP) Dois recipientes iguais *A* e *B*, contendo dois líquidos diferentes, inicialmente a 20 °C, são colocados sobre uma placa térmica, da qual recebem aproximadamente a mesma quantidade de calor. Com isso, o líquido em *A* atinge 40 °C, enquanto o líquido em *B*, 80 °C.

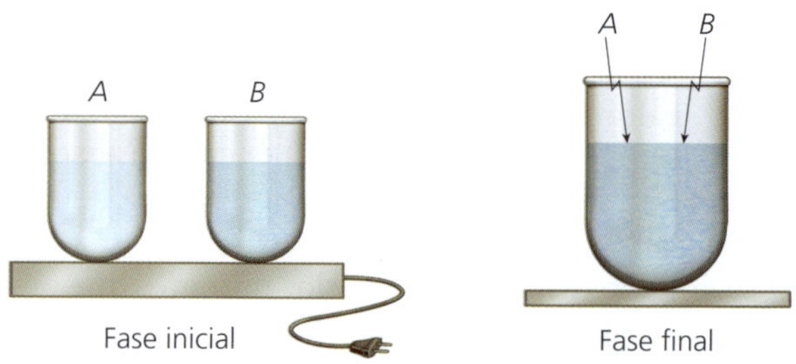

Se os recipientes forem retirados da placa e seus líquidos misturados, a temperatura final da mistura ficará em torno de:

a) 45 °C
b) 50 °C
c) 55 °C
d) 60 °C
e) 65 °C

16. (Mackenzie-SP) Um calorímetro de capacidade térmica 6 cal/°C contém 80 g de água a 20 °C. Ao se colocar um bloco metálico de capacidade térmica 60 cal/°C, a 100 °C, no interior desse calorímetro, verificou-se que a temperatura final de equilíbrio térmico é 50 °C.

Dado: calor específico da água = 1 cal/(g · °C)

A quantidade de calor perdida para o ambiente, nesse processo, foi de:

a) 420 cal
b) 370 cal
c) 320 cal
d) 270 cal
e) 220 cal

Capítulo 20

Mudanças de estado

ALI/AFP/GETTY IMAGES

Objetivos do capítulo:

- ✔ Apresentar os estados físicos e as mudanças de estado físico da matéria.
- ✔ Definir calor latente de uma substância.
- ✔ Resolver situações-problema que envolvem calor sensível e calor latente.
- ✔ Apresentar o diagrama de fases de uma substância.
- ✔ Fazer a distinção entre gás e vapor.
- ✔ Definir pressão máxima de vapor de uma substância.

Em uma siderúrgica, grandes quantidades de energia são usadas para elevar a temperatura do ferro até o ponto de fusão e torná-lo líquido, como mostra a foto.

Muitas vezes, as mudanças de estado físico das substâncias ocorrem naturalmente, mas também podem ser provocadas pelo ser humano.

Neste capítulo, estudaremos as mudanças de estado físico de uma substância, analisando as condições de temperatura e pressão em que elas acontecem, e calcularemos a quantidade de calor, a ser recebida ou cedida pela substância, necessária para que essas mudanças de estado ocorram.

Gráficos Energia
Conteúdo multimídia

1 Estados físicos da matéria

As substâncias podem se apresentar na natureza em, basicamente, três **estados de agregação** diferentes: sólido, líquido e gasoso. Os estados de agregação também são denominados **estados físicos da matéria** ou **fases da matéria**.

No **estado sólido**, as partículas (átomos e/ou moléculas) que constituem a substância estão distribuídas no espaço em um padrão bem organizado, ocupando posições bem definidas, em função da grande força de atração entre elas. Por esse motivo, um corpo no estado sólido tem forma e volume bem definidos.

No **estado líquido**, as partículas (átomos e/ou moléculas) que constituem a substância não estão fortemente ligadas como no estado sólido. Assim, um corpo no estado líquido, apesar de ter um volume bem definido, não tem forma própria, pois assume a forma do recipiente em que está contido, em razão da movimentação dos átomos e/ou das moléculas.

No **estado gasoso**, as partículas (átomos e/ou moléculas) que constituem a substância apresentam uma grande liberdade de movimentação e praticamente não exercem forças umas sobre as outras. Portanto, um corpo no estado gasoso não apresenta forma ou volume próprios, assumindo a forma e o volume total do recipiente em que está contido.

Para cada substância, o estado de agregação é determinado pela pressão e pela temperatura a que ela está submetida. Portanto, existem diversos valores de pressão e de temperatura que determinam se uma substância está no estado sólido; outros que determinam se uma substância está no estado líquido; e outros valores que determinam se está no estado gasoso.

Assim, uma alteração de temperatura ou de pressão pode provocar na substância uma alteração no estado de agregação. A **figura 1** a seguir mostra os nomes característicos de cada uma das mudanças de estado físico.

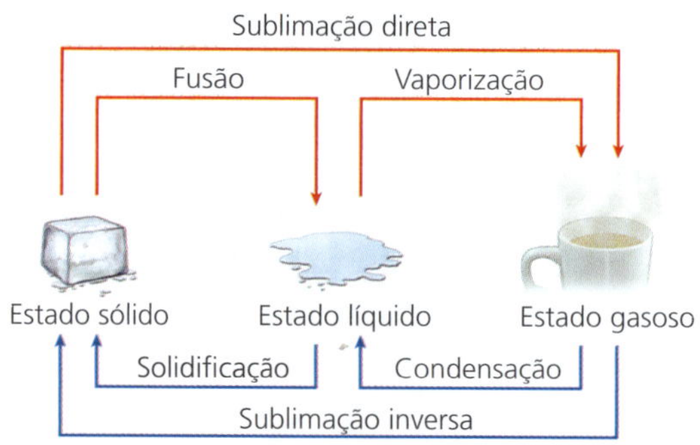

Figura 1. Mudanças de estado físico de uma substância.

A fusão, a vaporização e a sublimação direta são mudanças de estado que ocorrem com absorção de calor (**processo endotérmico**); a solidificação, a condensação e a sublimação inversa são processos que ocorrem com liberação de calor (**processo exotérmico**).

2 Curvas de aquecimento e resfriamento de uma substância pura

Agora, vamos analisar as mudanças de estado físico de substâncias puras.

Denominamos **substância pura** aquela que é constituída de partículas quimicamente idênticas. Ou seja, se a substância for constituída de átomos, eles devem ser todos idênticos; se for constituída de moléculas, elas também devem ser todas idênticas. Água destilada, por exemplo, constituída apenas de moléculas de H_2O, é uma substância pura, mas água do mar (ou qualquer água não destilada) é uma mistura na qual existem sais e outras substâncias dissolvidas ou em suspensão.

Observa-se experimentalmente que, para uma dada pressão, a temperatura na qual uma substância pura muda de estado físico é constante.

Para entender melhor essa afirmação, vamos considerar uma porção de água sob pressão normal e a −20 °C. Em tais condições, essa porção de água está no estado sólido (gelo).

Se fornecermos calor continuamente a essa porção de água, observaremos que:

I. Inicialmente, a temperatura do bloco sólido de gelo aumenta até atingir 0 °C, quando o gelo começa a se fundir (derreter).

II. A partir desse instante, o fornecimento de calor provoca o derretimento (fusão) do gelo, porém sua temperatura permanece estável em 0 °C.

III. Após a fusão de todo o gelo, a temperatura da água líquida aumenta até 100 °C, quando começa a ferver e a vaporizar.

IV. A partir do início da fervura da água, o fornecimento de calor provoca sua vaporização, mas a temperatura permanece estável em 100 °C.

V. Após a vaporização de toda a água, se continuarmos fornecendo calor, a temperatura do vapor de água aumenta.

Essas cinco etapas podem ser visualizadas em um diagrama que mostra a temperatura da água em função da quantidade de calor recebido (**fig. 2**). Esse diagrama é conhecido como **curva de aquecimento** da substância pura, no nosso caso, a água, sob pressão normal.

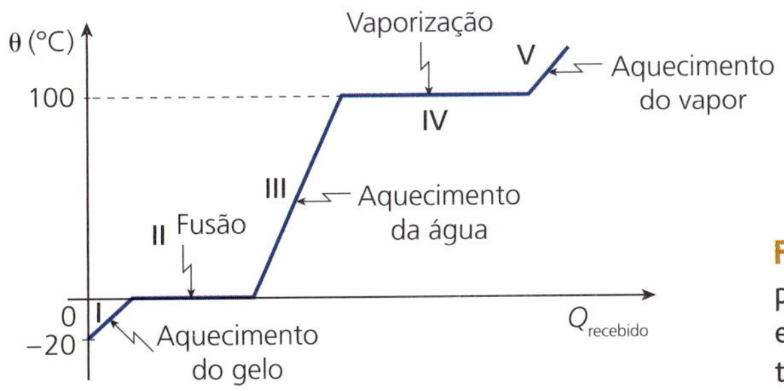

Figura 2. Nas curvas de aquecimento,os patamares representam as mudanças de estado da substância. Diagrama representado fora de escala.

O processo físico de aquecimento é reversível, ou seja, se retirarmos calor continuamente de uma porção de vapor, inicialmente a 120 °C, por exemplo, obteremos uma **curva de resfriamento** da água sob pressão normal (**fig. 3**).

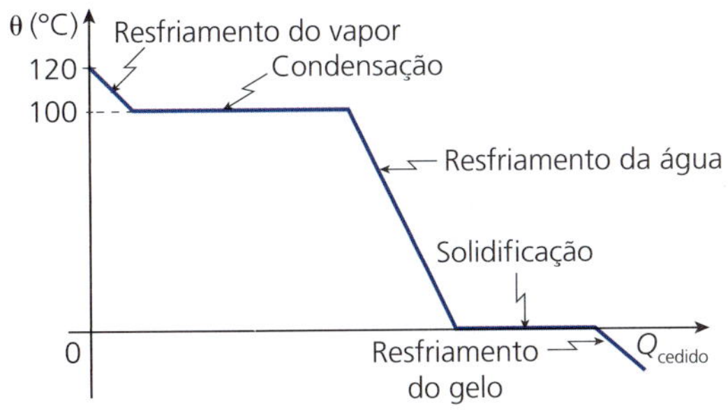

Figura 3. Curva de resfriamento da água sob pressão normal. Diagrama representado fora de escala.

20.1 Conteúdo multimídia

3 Calor latente

Como acabamos de ver, ao receber ou ceder calor, uma substância pura sob pressão constante pode sofrer uma variação de temperatura ou uma mudança de estado físico.

20.2 Conteúdo multimídia

- O calor que, recebido ou cedido por uma substância, provoca somente uma mudança no estado físico da substância é denominado **calor latente**.

20.3
20.4
Conteúdo multimídia

Experimentalmente, observa-se que a quantidade de calor Q que provoca a mudança de estado físico da substância é diretamente proporcional à massa m da substância que sofre a mudança de estado, isto é, $Q \propto m$.

Assim, a quantidade de calor que, recebida ou cedida, provoca uma mudança de estado em uma substância é dada por:

$$Q = mL$$

Na expressão acima, L é um coeficiente de proporcionalidade relacionado à quantidade de calor necessária para uma mudança de estado de uma unidade de massa de uma substância. Esse coeficiente é denominado calor latente de mudança de estado da substância.

Para a água, o calor latente de fusão do gelo é de 80 cal/g e o calor latente de vaporização da água é de 540 cal/g.

Isso significa que, para derreter 1 g de gelo, a 0 °C, é necessário fornecer-lhe 80 cal; de forma análoga, para vaporizar 1g de água, a 100 °C, é necessário fornecer-lhe 540 cal.

Aplicando a teoria

1. Determinar a quantidade de calor necessária para fundir totalmente um bloco de gelo de 500 g a 0 °C. (Dado: $L_{f(gelo)}$ = 80 cal/g)

➤ Solução

Como o bloco de gelo já está na temperatura de fusão, podemos afirmar quea quantidade de calor necessária para fundir totalmente o bloco é dada apenas pela quantidade de calor latente.

Assim:

$$Q = mL \Rightarrow Q = 500 \cdot 80 \Rightarrow Q = 40.000 \text{ cal} =$$
$$= 40 \text{ kcal}$$

2. Determinar a quantidade de calor que deve ser fornecida a uma massa de 500 g de água, inicialmente a 30 °C, para convertê-la em vapor a 160 °C.
[Dados: $c_{água}$ = 1,0 cal/(g · °C); c_{vapor} = 0,5 cal/(g · °C) e $L_{v(água)}$ = 540 cal/g]

➤ Solução

Observe que, nesse caso, o processo físico para transformar 500 g de água, a 30 °C, em vapor a 160 °C envolve três etapas:

I. a água, inicialmente a 30 °C, deverá ser aquecida até atingir a temperatura de 100 °C (calor sensível);

II. na próxima etapa, a massa de 500 g de água, a 100 °C, deverá ser totalmente vaporizada (calor latente);

III. finalmente, na última etapa, toda a massa de 500 g de vapor deverá ser aquecida de 100 °C até 160 °C (calor sensível).

Assim:

$$Q = \underbrace{m_{água} \cdot c_{água} \cdot \Delta\theta_{água}}_{(I)} + \underbrace{m_{água} \cdot L_{v(água)}}_{(II)} +$$
$$+ \underbrace{m_{vapor} \cdot c_{vapor} \cdot \Delta\theta_{vapor}}_{(III)} \Rightarrow$$

$$\Rightarrow Q = 500 \cdot 1{,}0 \cdot 70 + 500 \cdot 540 + 500 \cdot 0{,}5 \cdot 60 \Rightarrow$$
$$\Rightarrow Q = 35.000 + 270.000 + 15.000 \Rightarrow$$
$$\Rightarrow Q = 320.000 \text{ cal} = 320 \text{ kcal}$$

Avaliando o aprendizado

1. Um bloco de chumbo, cujo calor latente de fusão vale 94,5 cal/g, é aquecido por uma fonte de calor que fornece 100,0 cal/min. Ao ser atingida a temperatura de fusão, 327,0 °C, o bloco demora 5,0 minutos para se fundir completamente. Determine a massa desse bloco de chumbo.

2. Uma garrafa térmica contém, em equilíbrio e sob pressão de 1 atm, 0,5 litro de água e 400 g de gelo. Sabendo que entra calor na garrafa a uma taxa de 0,2 kcal por minuto, determine, em minuto, o tempo necessário para que o gelo derreta totalmente. (Dado: $L_{f(gelo)}$ = 80 cal/g)

3. Se fornecermos calor à taxa constante de 100 cal/s ao interior de um recipiente contendo inicialmente 100 g de gelo puro a −10 °C, depois de quanto tempo teremos 100 g de água a 40 °C?
[Dados: $L_{f(gelo)} = 80$ cal/g; $c_{gelo} = 0{,}5$ cal/(g · °C) e $c_{água} = 1$ cal/(g · °C)]

4. Deseja-se transformar 200 g de gelo a −20 °C em água a 40 °C.

a) Qual é a quantidade total de calor Q utilizada nesse processo?

b) Esboce a curva de temperatura do sistema em função da quantidade de calor fornecida.

[Dados: $c_{gelo} = 0{,}5$ cal/(g · °C); $c_{água} = 1$ cal/(g · °C) e $L_{f(gelo)} = 80$ cal/g]

4 Trocas de calor com mudanças de estado físico

No capítulo anterior, ao estabelecer uma troca de calor entre dois corpos, *A* e *B*, admitimos que essa troca de energia térmica provocou apenas variações de temperatura. Pelo princípio geral das trocas de calor: $Q_A + Q_B = 0$.

O princípio geral das trocas de calor vale quando o calor total trocado pelos corpos envolver não só calor sensível, mas também calor latente.

Em outras palavras, esse princípio pode ser aplicado também para as trocas de calor que provoquem mudanças de estado físico em uma ou mais substâncias.

Aplicando a teoria

20.5 Conteúdo multimídia

3. Em um recipiente contendo água a 100 °C, coloca-se um bloco metálico de 200 g a 300 °C. Considerando 0,2 cal/(g · °C) o calor específico do metal que constitui o bloco e 540 cal/g o calor latente de vaporização da água, determinar a quantidade de vapor que se forma até ser atingida a temperatura de equilíbrio térmico do sistema, sabendo que ainda restará água líquida no recipiente.

➤ Solução

Como sabemos que ainda restará água líquida no recipiente, concluímos que a temperatura de equilíbrio térmico do sistema será 100 °C. Assim, o bloco metálico irá resfriar e sua temperatura passará de 300 °C para 100 °C, enquanto parte da água a 100 °C irá vaporizar. O diagrama a seguir mostra as temperaturas das substâncias em função do tempo até o instante em que o equilíbrio térmico é atingido.

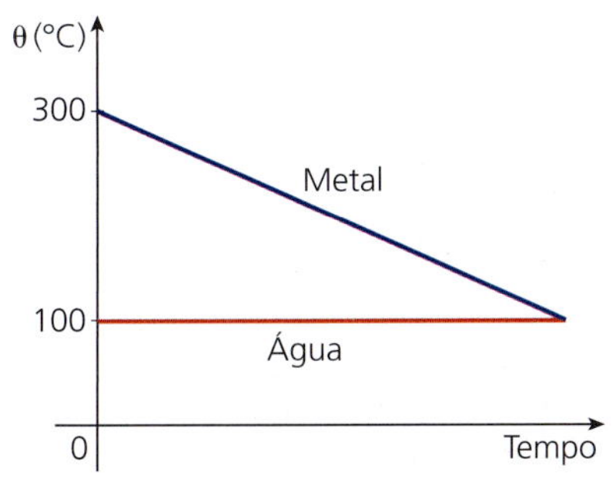

Aplicando o princípio geral das trocas de calor, temos:

$Q_{água} + Q_{metal} = 0 \Rightarrow$

$\Rightarrow m_{vapor} \cdot L_{v(água)} + m_{metal} \cdot c_{metal} \cdot \Delta\theta_{metal} = 0 \Rightarrow$

$\Rightarrow m_{vapor} \cdot 540 + 200 \cdot 0{,}2 \cdot (100 - 300) = 0 \Rightarrow$

$\Rightarrow m_{vapor} \cdot 540 = 8.000 \Rightarrow \boxed{m_{vapor} \simeq 14{,}8 \text{ g}}$

4. Um recipiente termicamente isolado e de capacidade térmica desprezível contém 500 g de água a 80 °C. Nele, é colocado um bloco de gelo a 0 °C. Se o equilíbrio térmico da mistura é alcançado a 20 °C, qual é a massa *m* do bloco de gelo? (Dados: $c_{água} = 1$ cal/(g · °C) e $L_{f(gelo)} = 80$ cal/g)

➤ Solução

Devemos observar que o bloco de gelo sofrerá fusão completa e a água resultante da fusão será aquecida até 20 °C (temperatura final de equilíbrio). Então, do princípio geral das trocas de calor, temos:

$Q_{água} + Q_{gelo} = 0 \Rightarrow$

$\Rightarrow 500 \cdot 1 \cdot (20 - 80) + m \cdot 80 +$

$+ m \cdot 1 \cdot (20 - 0) = 0 \Rightarrow$

$\Rightarrow 100\,m = 500 \cdot 60 \Rightarrow \boxed{m = 300 \text{ g}}$

Avaliando o aprendizado

5. Numa cavidade aberta em um grande bloco de gelo a 0 °C, é colocado um pedaço de 100 g de cobre à temperatura de 200 °C. Calcule a massa de gelo que será fundida.
[Dados: $c_{gelo} = 0{,}5$ cal/(g · °C); $c_{cobre} = 0{,}09$ cal/(g · °C) e $L_{f(gelo)} = 80$ cal/g]

6. Um recipiente, de massa desprezível, contém 500 g de água à temperatura de 80 °C. Quantos gramas de gelo à temperatura de −40 °C devem ser adicionados à água para que a temperatura final da mistura seja de 50 °C?
[Dados: $c_{gelo} = 0{,}5$ cal/(g · °C); $c_{água} = 1$ cal/(g · °C) e $L_{f(gelo)} = 80$ cal/g]

20.1 Visão do especialista

7. Em um calorímetro de capacidade térmica desprezível, misturam-se 100 g de água a 80 °C e 200 g de gelo fundente à temperatura de 0 °C. Considerando $c_{água} = 1$ cal/(g · °C) e $L_{f(gelo)} = 80$ cal/g, qual é a fração de gelo que se funde ao ser atingido o equilíbrio térmico?

8. Uma massa de 100 g de água à temperatura de θ °C e uma massa de 180 g de gelo à temperatura de 0 °C são misturadas em um calorímetro ideal. Determine o valor da temperatura θ da água de modo que, no equilíbrio térmico a 0 °C, haja massas iguais de água e gelo. [Dados: $c_{água} = 1$ cal/(g · °C) e $L_{f(gelo)} = 80$ cal/g]

5 Diagrama de fases

O estado físico ou fase de uma substância depende da temperatura e da pressão a que está submetida.

Assim, existem infinitos pares de valores de temperatura θ e de pressão *p* que determinam se a substância está no estado sólido; outros infinitos pares (θ, *p*) que determinam se ela está no estado líquido; e, ainda, mais infinitos pares (θ, *p*) que determinam se está no estado gasoso.

É importante ressaltar que a temperatura mínima deve ser 0 K e a pressão mínima deve ser 0 atm.

Para uma dada substância, o gráfico temperatura × pressão, que mostra os diferentes estados físicos, é denominado **diagrama de fases** ou **diagrama de estado**.

A **figura 4** mostra o aspecto geral de um diagrama de fases.

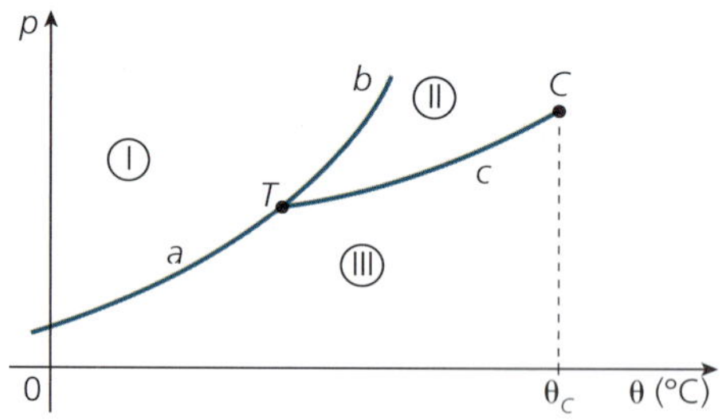

Figura 4.

Os diagramas de fases sempre apresentam três curvas, que se unem num mesmo ponto *T*, chamado **ponto triplo**, e dividem o plano (θ, *p*) em três regiões: I. região da substância no estado sólido; II. região da substância no estado líquido; III. região da substância no estado gasoso **(fig. 4)**. As três curvas, *a*, *b* e *c*, indicam as condições de temperatura e de pressão em que existem, em equilíbrio, dois estados da mesma substância no mesmo ambiente:

- *a* é a **curva de sublimação** (equilíbrio sólido-gasoso);
- *b* é a **curva de fusão** (equilíbrio sólido-líquido);
- *c* é a **curva de vaporização** (equilíbrio líquido-gasoso).

O ponto triplo indica as condições de temperatura e pressão em que existem, em equilíbrio, os três estados da mesma substância no mesmo ambiente.

O ponto *C*, extremo da curva de vaporização, é denominado **ponto crítico**.

A **figura 5** mostra o diagrama de fases típico para a maioria das substâncias puras (diagrama 1) e o diagrama de fases para algumas exceções (diagrama 2), como a água, o ferro, o bismuto e o antimônio.

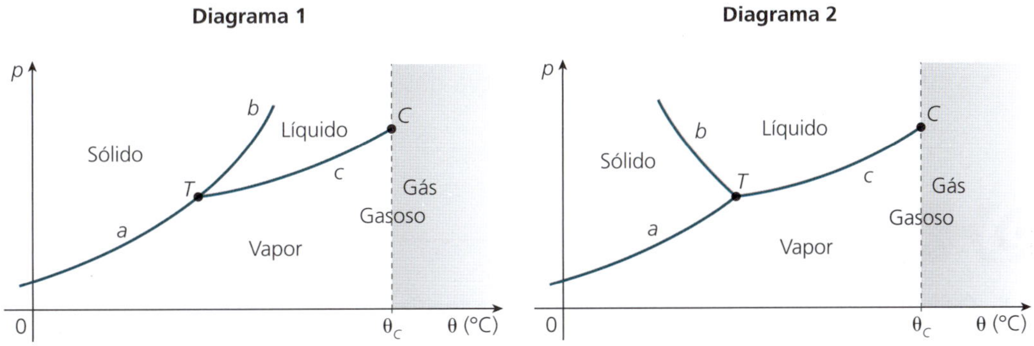

Figura 5.

Conforme havíamos visto, para uma dada pressão, a temperatura da mudança de estado é constante. Entretanto, quando a pressão varia, a temperatura da mudança de estado também varia.

Observe no diagrama 1 **(fig. 5)** que um aumento da pressão exercida sobre a substância implica um aumento da temperatura de mudança de estado físico.

No diagrama 2 **(fig.5)**, note que um aumento da pressão acarreta uma diminuição da temperatura de fusão da substância. Isso acontece porque substâncias como essa, ao contrário da maioria das substâncias encontradas na natureza, contraem-se ao sofrer fusão. Como o aumento da pressão contribui para que ocorra essa contração, a temperatura necessária para atingir o ponto de fusão diminui.

Note ainda que, para cada substância, o ponto crítico *C* determina uma temperatura θ_C, denominada **temperatura crítica**, acima da qual a substância no estado gasoso é denominada **gás**. Abaixo da temperatura crítica, a substância no estado gasoso é chamada **vapor**.

Observe que, diferentemente de um gás, o vapor de uma substância pode ser convertido em líquido apenas aumentando a pressão exercida sobre ele.

Para entender essa afirmação, vamos considerar as situações a seguir. Um recipiente, provido de um êmbolo, contém apenas vapor de uma substância a determinada temperatura **(fig. 6A)**. Nessa situação, o vapor é dito **vapor seco**.

A partir dessa situação inicial, diminuindo o volume do vapor, a pressão aumenta até que as primeiras porções de líquido começam a se formar **(fig. 6B)**. O vapor, quando na presença de seu líquido, é denominado **vapor saturado** ou **vapor saturante**.

Figura 6. (A) Apenas vapor (vapor seco); (B) vapor e líquido (vapor saturado); (C) apenas líquido.

Depois desse instante, a diminuição do volume do vapor intensifica a formação de líquido e a pressão permanece constante. Essa pressão é denominada **pressão máxima de vapor**, naquela temperatura.

Assim, a quantidade de vapor diminui e a de líquido aumenta. Após a condensação de todo o vapor **(fig. 6C)**, para ocorrer uma pequena diminuição do volume do líquido, deve haver um grande aumento da pressão exercida sobre ele.

É importante destacar que:

- a pressão máxima de vapor, para uma dada substância, depende apenas da temperatura;
- a curva de vaporização é também a curva das pressões máximas de vapor.

Aplicando a teoria

5. O diagrama de fases representado na figura a seguir refere-se a uma substância pura.

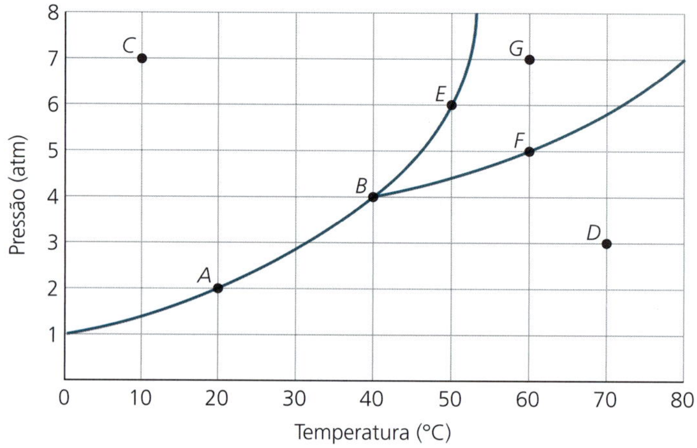

a) Essa substância, ao sofrer fusão, dilata-se ou contrai-se? Justificar.

b) Baseando-se nos dados do diagrama de fases dessa substância, criar uma tabela listando a temperatura (em °C), a pressão (em atm) e o estado físico da substância nos pontos *A*, *B*, *C*, *D*, *E*, *F* e *G*.

➤ Solução

a) Pela curva de fusão da substância, podemos perceber que um aumento da pressão implica um aumento na temperatura de fusão do material. Em outras palavras, o aumento da pressão dificulta a fusão do material. Podemos, então, concluir que a substância, ao se fundir, dilata-se, como ocorre com a maioria das substâncias.

b) Para criar a tabela, obtemos os dados diretamente do diagrama. Assim:

Ponto	Temperatura (°C)	Pressão (atm)	Estado físico
A	20	2	sólido + vapor
B	40	4	sólido + líquido + vapor
C	10	7	sólido
D	70	3	vapor
E	50	6	sólido + líquido
F	60	5	líquido + vapor
G	60	7	líquido

6. Considerando o diagrama anterior:

a) qual é o nome da mudança de estado de *C* para *G*, considerando a pressão constante?

b) se, a partir do ponto *D*, provocarmos na substância uma compressão, mantendo a temperatura constante, o que poderá ocorrer?

➤ Solução

a) No ponto *C*, a substância está na fase sólida e, em *G*, na fase líquida. Portanto, a mudança de estado de *C* para *G* é uma fusão.

b) No ponto *D* a substância está a 70 °C e sob pressão de 3 atm na forma de vapor. Aumentando a pressão sobre ela, mas mantendo a temperatura constante (compressão isotérmica), a substância poderá, ao atingir a pressão de aproximadamente 5,8 atm, passar para a fase líquida, ou seja, poderá sofrer condensação.

Avaliando o aprendizado

9. A figura abaixo mostra o diagrama de fases de uma substância.

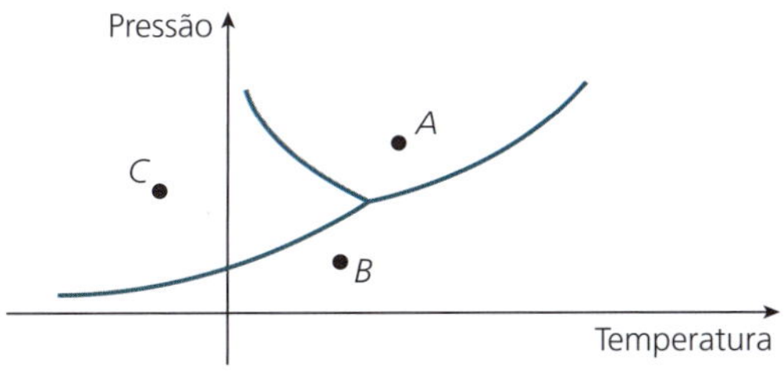

a) Durante a fusão, essa substância se dilata ou se contrai? Justifique.

b) Em que estado de agregação a substância está nas situações *A*, *B* e *C*?

c) Qual é o nome da mudança de fase do estado *A* para o estado *C*, considerando a pressão constante?

d) Se a partir do estado *B* a substância sofrer um resfriamento isobárico, que mudança de fase poderá ocorrer?

10. A figura abaixo mostra o diagrama de fases de uma substância.

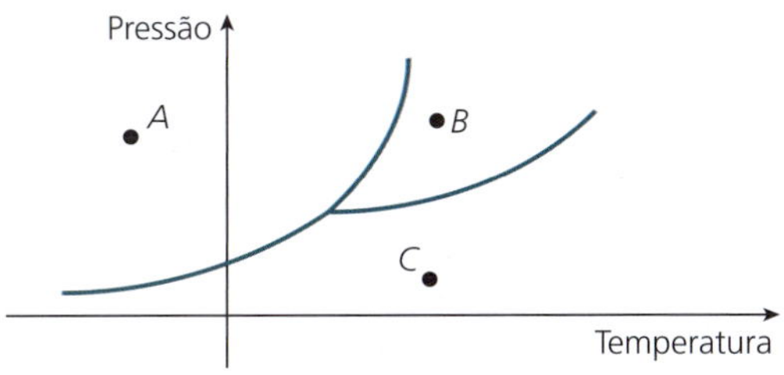

a) Durante a fusão, essa substância se dilata ou se contrai? Justifique.

b) Em que estado de agregação a substância está nos pontos *A*, *B* e *C*?

c) Qual é o nome da mudança de fase do ponto *A* para o ponto *C*?

d) Se a partir do ponto *B* a substância sofrer um aquecimento sob pressão constante, que mudança de fase poderá ocorrer?

11. Dois recipientes com água à mesma temperatura estão, no mesmo instante, nas cidades *A* e *B*. A água contida no recipiente na cidade *A* está fervendo, enquanto a água do recipiente na cidade *B*, não. É possível que isso aconteça? Justifique.

Revisando o conteúdo

Ficha-resumo 1

Durante a mudança de estado de uma substância pura, para uma dada pressão, a temperatura θ permanece constante.

Curva de aquecimento de uma substância pura:

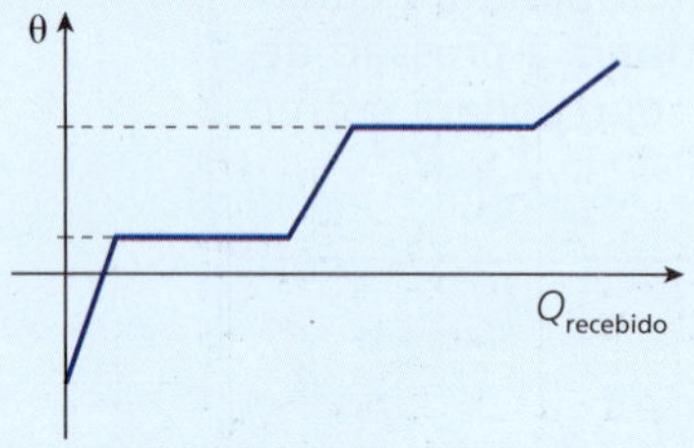

Curva de resfriamento de uma substância pura:

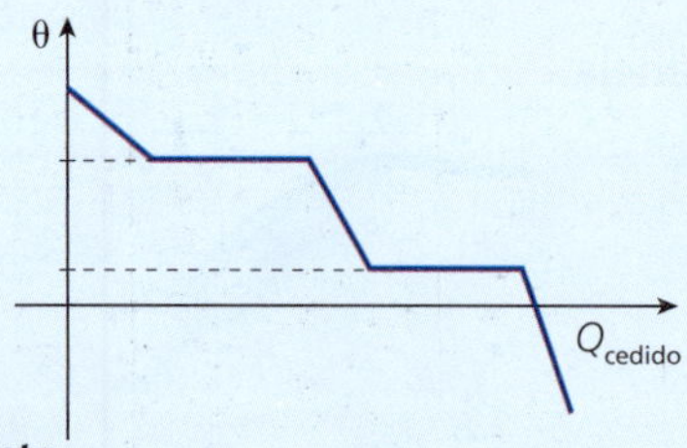

Calor latente

$$Q = mL$$

Em que m é a massa de substância que muda de estado físico.

1. (Fuvest-SP) Nos dias frios, quando uma pessoa expele ar pela boca, forma-se uma espécie de fumaça junto ao rosto. Isso ocorre porque a pessoa:

a) expele o ar quente que condensa o vapor-d'água existente na atmosfera.

b) expele o ar quente e úmido que se esfria, ocorrendo a condensação dos vapores expelidos.

c) expele o ar frio que provoca a condensação do vapor-d'água na atmosfera.

d) provoca a liquefação do ar, com seu calor.

e) provoca a evaporação da água existente na atmosfera.

2. (Enem) Se, por economia, abaixarmos o fogo sob uma panela de pressão logo que se inicia a saída de vapor pela válvula, de forma simplesmente a manter a fervura, o tempo de cozimento:

a) será maior porque a panela "esfria".

b) será menor, pois diminui a perda de água.

c) será maior, pois a pressão diminui.

d) será maior, pois a evaporação diminui.

e) não será alterado, pois a temperatura não varia.

3. (UEPG-PR) O diagrama abaixo representa a curva de aquecimento de 20 gramas de uma substância inicialmente no estado líquido.

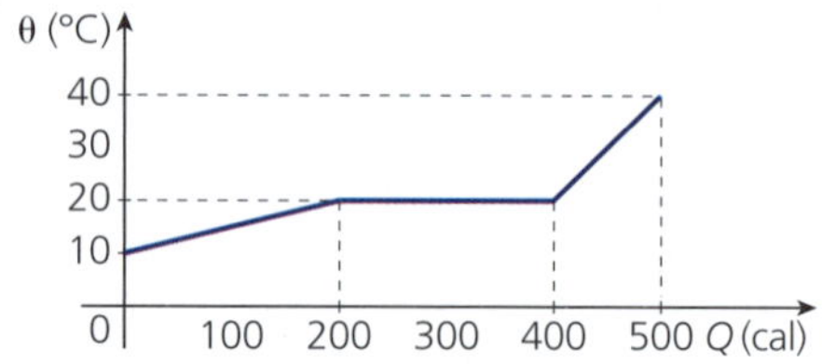

O calor latente de vaporização da substância é:

a) 10 cal/g
b) 20 cal/g
c) 25 cal/g
d) 30 cal/g
e) 40 cal/g

4. (Esal-MG) O gráfico representa a temperatura θ de uma substância de massa 20 g, inicialmente sólida, em função da quantidade de calor recebido Q.

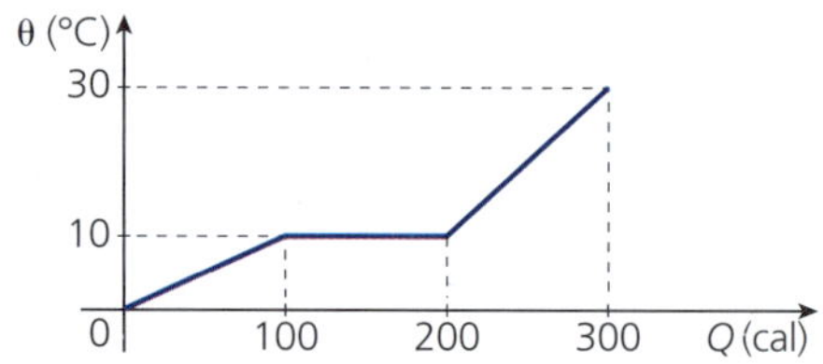

Podemos afirmar que a capacidade térmica no estado sólido, o calor latente de fusão e o calor específico no estado líquido dessa substância valem, respectivamente:

a) 5 cal/°C; 10 cal/g; 0,5 cal/(g · °C)

b) 10 cal/°C; 5 cal/g; 1 cal/(g · °C)

c) 4 cal/°C; 2 cal/g; 5 cal/(g · °C)

d) 5 cal/°C; 0,5 cal/g; 10 cal/(g · °C)

e) 10 cal/°C; 5 cal/g; 0,25 cal/(g · °C)

5. (Uneb-BA) Dispõem-se de 200 g de gelo a −10 °C que recebem calor continuamente de uma fonte. Sendo a temperatura final da amostra igual a 10 °C e dados $c_{gelo} = 0{,}5$ cal/(g · °C); $L_f = 80$ cal/g e $c_{água} = 1$ cal/(g · °C), pode-se afirmar que a quantidade de calor total recebida é igual a:

a) 20.000 cal
b) 16.000 cal
c) 4.000 cal
d) 19.000 cal
e) 2.000 cal

6. (Uece) Uma garrafa térmica, de capacidade térmica desprezível, contém 980 g de água à temperatura de 28 °C. Para refrigerar a água, são introduzidos na garrafa cubos de gelo de 25 g cada, a 0 °C, e a seguir a tampa é fechada. O calor latente de fusão do gelo é 80 cal/g e o calor específico da água é 1,0 cal/(g · °C). Quantos cubos de gelo devem ser introduzidos na garrafa para se obter água a 18 °C?

a) 5
b) 4
c) 3
d) 2

7. (Mackenzie-SP) Para certo procedimento industrial, necessita-se de água a 20 °C, mas só se dispõe de água no estado sólido a 0 °C (gelo) e água fervente a 100 °C. A relação entre a massa de gelo e a massa de água fervendo que se deve misturar em um recipiente adiabático, para a obtenção do desejado, é:

a) $\frac{4}{5}$ b) $\frac{3}{4}$ c) $\frac{2}{3}$ d) $\frac{1}{2}$ e) $\frac{1}{3}$

[Dados: $L_{f(água)} = 80$ cal/g; $c_{água} = 1$ cal/(g · °C)]

Ficha-resumo 2

Diagramas de fases

Substâncias puras (caso geral)

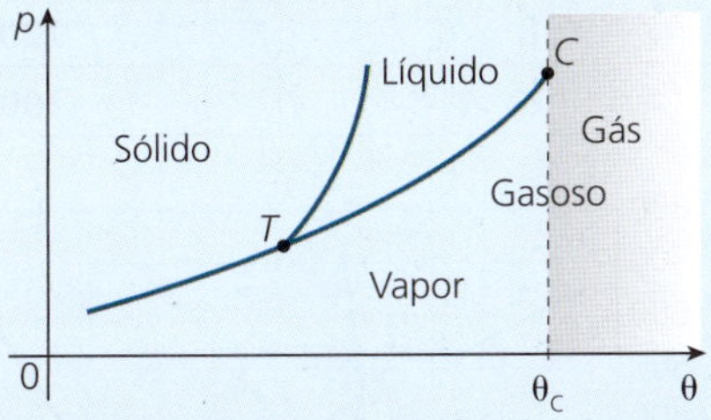

Substâncias que se dilatam durante a fusão

Substâncias puras (exceções)

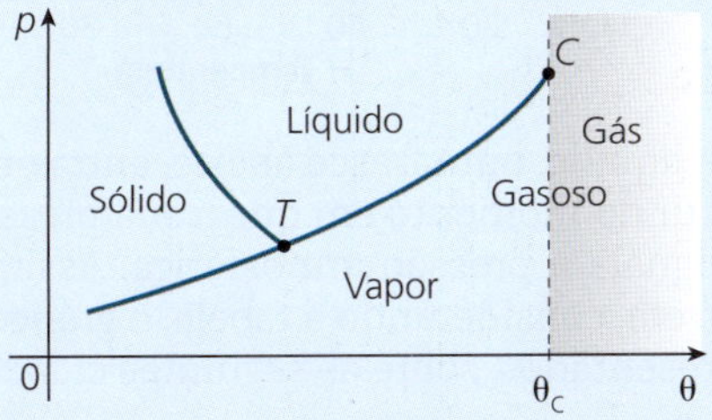

Substâncias que se contraem durante a fusão

8. (UFF-RJ) Marque a opção que apresenta a afirmativa falsa:

a) Uma substância não existe na fase líquida quando submetida a pressões abaixo daquela do seu ponto triplo.
b) A sublimação de uma substância é possível se esta estiver submetida a pressões mais baixas que a de seu ponto triplo.
c) Uma substância só pode existir na fase líquida se a temperatura a que estiver submetida for mais elevada que sua temperatura crítica.
d) Uma substância não sofre condensação a temperaturas mais elevadas que sua temperatura crítica.
e) Na Lua, um bloco de gelo pode passar diretamente para a fase gasosa.

9. (UEL-PR) O gráfico abaixo representa o diagrama de fases da água. A linha A corresponde à pressão na cidade de Paranaguá, no litoral paranaense. A linha B, na cidade de Londrina, e a linha C, no pico Paraná (ponto culminante do estado do Paraná).

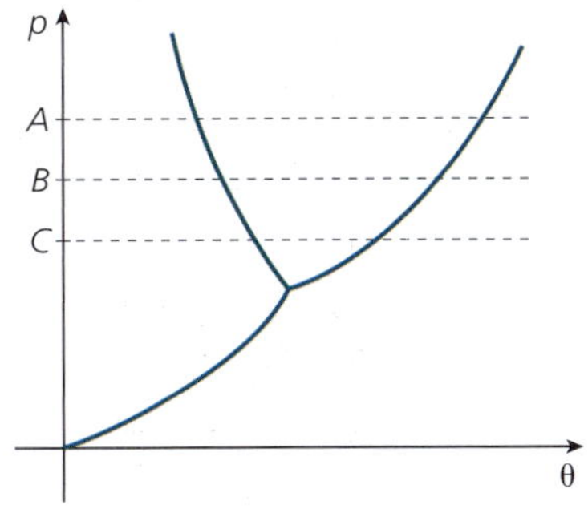

Com base nesse gráfico, são feitas as seguintes afirmativas:

I. Utilizando-se sistemas de aquecimento idênticos para aquecer massas iguais de água, com as mesmas temperaturas iniciais, até o ponto de vapor, gasta-se mais energia na cidade de Londrina que no pico Paraná.
II. Nas três localidades, o gasto de energia para aquecer quantidades iguais de água, do ponto de gelo até o ponto de vapor, é o mesmo.
III. A temperatura do ponto de gelo em Paranaguá é maior que a temperatura do ponto de gelo em Londrina.

Assinale a alternativa correta:

a) Apenas a afirmativa I é correta.
b) Apenas a afirmativa II é correta.
c) Apenas as afirmativas I e III são corretas.
d) Todas as afirmativas são corretas.
e) Apenas as afirmativas II e III são corretas.

10. (PUC-MG) A água entra em ebulição à temperatura de 100 °C, quando submetida a uma pressão de 1 atm. Um antigo livro de Física diz que "é possível que a água entre em ebulição à temperatura ambiente". Sobre esse enunciado, podemos seguramente afirmar que:

a) É verdadeiro, somente se a pressão sobre a água for muito menor que 1 atm.
b) É falso, não havendo possibilidade de a água entrar em ebulição à temperatura ambiente.
c) É verdadeiro, somente se a pressão sobre a água for muito maior que 1 atm.
d) É verdadeiro, somente se a temperatura ambiente for muito elevada, como ocorre em clima desértico.
e) É verdadeiro somente para a "água pesada", tipo de água em que cada átomo de hidrogênio é substituído pelo seu isótopo conhecido como deutério.

11. (Uesc-BA) Leia com atenção e analise as afirmativas abaixo relacionadas.

I. Você percebe que a água da panela em que você está cozinhando começou a ferver. Uma providência correta é baixar a chama do fogão, porque durante a ebulição a temperatura da água não se elevará mais até que todo o líquido tenha se vaporizado e é desperdício fornecer mais calor, mantendo a chama alta.

II. O ponto de ebulição da água é sempre igual a 100 °C, em qualquer ponto da superfície terrestre, não importando a altitude, porque a pressão atmosférica não exerce influência na sua temperatura de ebulição.

III. Uma panela de pressão pode representar economia, porque, quando fechada, a pressão no interior dela é maior do que a pressão atmosférica e a água atingirá temperaturas maiores do que 100 °C, fazendo com que os alimentos cozinhem mais rapidamente.

Identifique a alternativa correta:

a) Somente a afirmativa III é verdadeira.
b) Somente a afirmativa II é verdadeira.
c) Somente as afirmativas I e III são verdadeiras.
d) Todas as afirmativas são verdadeiras.
e) Todas as afirmativas são falsas.

12. (Esal-MG) A figura mostra o diagrama de fases de uma substância hipotética.

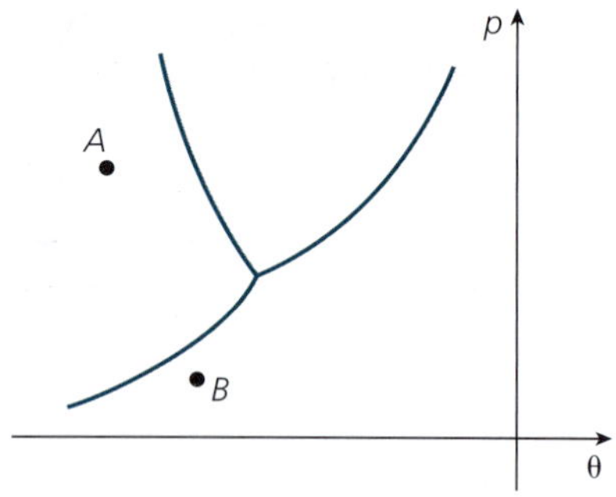

Apresentamos a seguir três proposições.

I. O diagrama representa uma substância que diminui de volume na fusão.

II. Partindo do ponto A, se a temperatura é aumentada isobaricamente, ocorrerá mudança da fase sólida para a fase líquida e, posteriormente, da fase líquida para a fase de vapor.

III. Partindo do ponto B, se a pressão é aumentada isotermicamente, ocorrerá mudança da fase de vapor para a fase sólida e, posteriormente, da fase sólida para a fase líquida.

Identifique a alternativa correta:

a) Apenas a proposição I é verdadeira.
b) Apenas as proposições I e II são verdadeiras.
c) Apenas as proposições I e III são verdadeiras.
d) Apenas as proposições II e III são verdadeiras.
e) As proposições I, II e III são verdadeiras.

13. (Enem) A tabela a seguir registra a pressão atmosférica em diferentes altitudes, e o gráfico relaciona a pressão de vapor da água em função da temperatura.

Altitude (km)	Pressão atmosférica (mmHg)
0	760
1	600
2	480
4	300
6	170
8	120
10	100

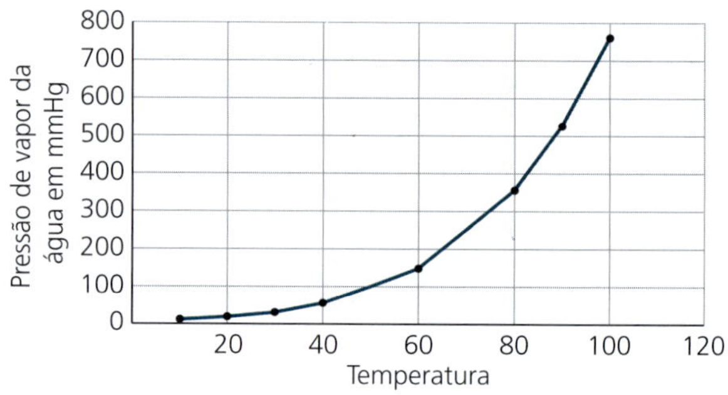

Um líquido, num frasco aberto, entra em ebulição a partir do momento em que a sua pressão de vapor se iguala à pressão atmosférica. Assinale a opção correta, considerando a tabela, o gráfico e os dados apresentados, sobre as seguintes cidades:

Natal (RN)	nível do mar
Campos do jordão (SP)	altitude 1.628 m
Pico da Neblina (RR)	altitude 3.014 m

A temperatura de ebulição será:

a) maior em Campos do Jordão.
b) menor em Natal.
c) menor no Pico da Neblina.
d) igual em Campos do Jordão e Natal.
e) não dependerá da altitude.

14. (UFBA) Se a temperatura crítica da água é 647 K, pode-se considerar que a água está sob a forma de:

a) vapor, a 500 °C.
b) vapor, acima de 500 °C.
c) gás, a 400 °C.
d) gás, a 273 °C.
e) gás, abaixo de 273 °C.

Capítulo 21

Transmissão de calor

JAMES FORTE/TURNER FORTE PHOTOGRAPHY/GETTY IMAGES

Objetivos do capítulo:

- ✔ Apresentar e caracterizar os processos de transmissão de calor.
- ✔ Diferenciar os mecanismos de transmissão de calor.
- ✔ Identificar o principal processo de transmissão de calor envolvido em situações cotidianas.

O conhecimento dos conceitos relacionados à transmissão de calor é fundamental para entender como funcionam muitos equipamentos e procedimentos presentes no dia a dia.

Uma estufa de plantas, por exemplo, pode mostrar, em pequena escala, como nosso planeta se mantém aquecido.

Na foto vemos o interior de uma estufa, cuja temperatura é maior que a temperatura externa. Essa diferença de temperatura acontece porque o teto de vidro é transparente para as radiações emitidas pelo Sol, mas é opaco para o calor reemitido pelos corpos que estão na estufa. Assim, a quantidade de calor recebida por ela é maior que a quantidade de calor perdida para o meio externo, ocorrendo um aumento da temperatura interna.

Neste capítulo, estudaremos os mecanismos e os processos pelos quais a energia térmica se transfere de um corpo para outro.

Energia
Conteúdo multimídia

1 Transmissão de calor

Vimos anteriormente que calor é a energia térmica em trânsito entre corpos ou sistemas a diferentes temperaturas.

Vimos também os efeitos que o calor pode provocar em um corpo: variação de temperatura e, consequentemente, de dimensões (a dilatação ou a contração térmica) ou mudança de estado físico.

Entretanto, até agora, não explicamos como a energia térmica se transfere de um sistema ou corpo para outro.

O calor pode ser transmitido de um corpo para outro, ou de um sistema para outro, por três processos distintos: **condução, convecção** e **irradiação**.

A transmissão de calor geralmente se dá por dois ou até mesmo três processos simultaneamente. Contudo, sempre há a predominância de um deles.

Ao final deste capítulo, teremos condições de identificar o principal processo pelo qual o calor é transmitido em diferentes situações cotidianas.

2 Condução de calor

Imagine-se segurando a extremidade de um pedaço reto de arame que tem a outra ponta em contato com a chama de uma vela, como mostrado na **figura 1**. O que você espera que aconteça?

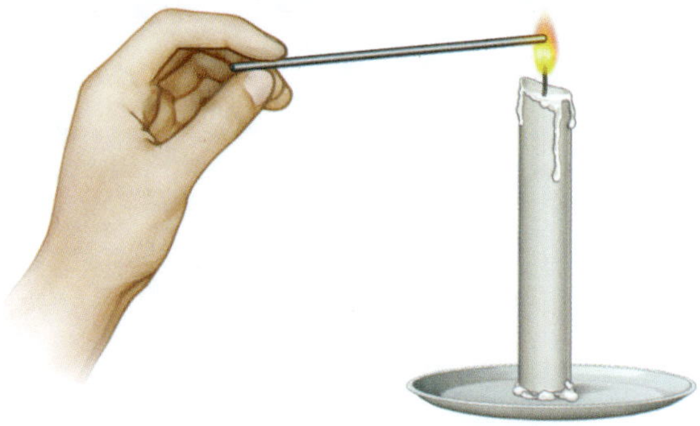

Figura 1. A temperatura da extremidade do arame em contato com a mão aumenta gradativamente.

Não é preciso realizar esse experimento para concluir que a temperatura do arame aumenta gradativamente da extremidade em contato com a chama até a extremidade em contato com sua mão e que você corre o risco de queimar as pontas dos dedos se não estiver usando uma luva protetora.

Você poderia se perguntar como o calor da chama, distante de sua mão, chegou até as pontas de seus dedos. A resposta é que o calor foi transmitido da chama até seus dedos através do arame, mas como isso aconteceu?

O arame é constituído de partículas (átomos) que, como sabemos, estão em constante estado de agitação. Quanto mais intensa a agitação dessas partículas, maior a temperatura do arame.

As partículas da extremidade do arame em contato direto com a chama da vela recebem energia térmica e, consequentemente, seu estado de agitação aumenta, ou seja, sua temperatura se eleva. Como o fluxo de energia é constante, as partículas da extremidade do arame continuam a receber energia, aumentam seu estado de agitação e passam a colidir mais intensamente com as partículas vizinhas. Estas, por sua vez, também passam a se agitar mais intensamente, sofrendo um aumento de temperatura.

O processo se repete e, assim, a energia da chama é transmitida ao longo do arame, transferindo-se de uma partícula para outra, resultando em um aumento de temperatura de todo o arame.

A **figura 2** mostra uma ampliação da extremidade do arame em contato com a chama da vela.

No processo de transmissão de calor por **condução**, a energia térmica é transmitida diretamente de uma partícula (átomo, molécula ou íon) para outra através do material que constitui o corpo.

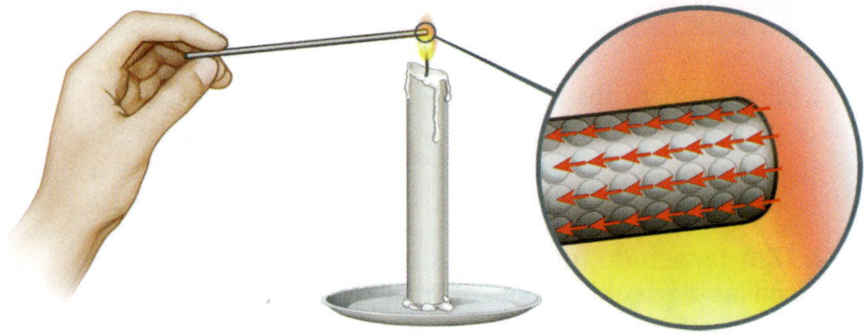

Figura 2. A energia da chama é transmitida de uma partícula para outra ao longo do arame.

A quantidade de calor transmitida por condução depende das ligações das partículas que formam o corpo.

Alguns sólidos, por exemplo, são formados por átomos que possuem elétrons livres em sua estrutura, ou seja, elétrons cuja ligação com o núcleo do átomo é mais fraca. Esses elétrons livres podem transmitir mais facilmente a energia por meio de colisões.

Os metais possuem muitos elétrons livres e por isso são bons condutores de calor e de eletricidade. Dentre os metais, a prata é o melhor condutor de calor, seguida do cobre, do alumínio e do ferro.

Por outro lado, os materiais com poucos elétrons livres ou cujas partículas estão relativamente distantes umas das outras conduzem mal o calor. Os materiais maus condutores de calor também são chamados **isolantes**.

Os gases são formados por partículas relativamente distantes umas das outras e são, portanto, maus condutores de calor. O ar seco é melhor isolante térmico que o ar úmido porque este último contém partículas de água, que conduz melhor o calor que os gases do ar seco. Além dos gases, também podemos citar como exemplos de isolantes térmicos a madeira, o vidro, o isopor, os plásticos, o gelo e a lã.

Aplicando a teoria

1. Por que a serragem (material composto de pó e resíduos que se desprendem da madeira serrada) é melhor isolante térmico que a madeira compacta da qual foi retirada?

➤ Solução

Entre suas partículas, a serragem armazena ar, que é um ótimo isolante térmico. Assim, a combinação madeira e ar é um isolante térmico melhor que apenas madeira.

2. Um menino está descalço em uma sala com um dos pés apoiado em um piso cerâmico e o outro em um piso de madeira, ambos a uma mesma temperatura, mais baixa que a de seus pés. Apesar de os dois pisos estarem a uma mesma temperatura, por que o menino tem a impressão de que o piso cerâmico está mais frio que o piso de madeira?

➤ Solução

Considerando que ambos os pisos estão a uma temperatura menor que a dos pés do menino, o calor fluirá dos pés para os pisos. O piso cerâmico conduz o calor melhor que o de madeira (isolante), por isso o pé em contato com ele perderá mais calor que o pé em contato com o piso de madeira. Assim, o piso cerâmico parecerá mais frio que o de madeira.

Da mesma forma, se ambos os pisos estivessem a uma temperatura maior que a dos pés do menino, o piso cerâmico pareceria mais quente que o de madeira.

Avaliando o aprendizado

1. Em uma noite fria, ao tocar objetos expostos ao tempo, temos a impressão de que a maçaneta de uma porta, por exemplo, está mais fria que a própria porta de madeira. Como isso se explica?

2. Em países de inverno rigoroso, é difícil manter as casas aquecidas, pois grande quantidade de calor é transferida para o exterior da casa através das janelas de vidro. Para reduzir as perdas de calor para o exterior, costuma-se usar janelas de vidraças duplas com ar entre elas. Explique qual é o principal fator que provoca a redução nas perdas de calor para o exterior da casa com o uso dessas janelas.

Esquadria para janela com vidro duplo.

3. Numa noite de inverno, usamos cobertores para nos proteger do frio. No entanto, antes de nos deitar, mesmo que haja vários cobertores sobre a cama, o colchão continua frio, e somente depois de algum tempo nos aquecemos sob os cobertores. Como isso pode ser explicado?

4. As panelas geralmente possuem cabos revestidos de madeira ou de baquelite, um tipo de resina sintética estável e resistente ao calor. Após o preparo dos alimentos, com a panela ainda a uma temperatura elevada, podemos segurá-la pelo cabo sem o risco de nos queimar.

   Qual é a propriedade física da madeira ou da baquelite que torna apropriado seu uso em cabos de panela?

MAZZZUR/SHUTTERSTOCK

Frigideira com cabo de baquelite.

3 Convecção de calor

Para entender o processo de transmissão de calor por convecção, vamos analisar como acontece o aquecimento da água contida em uma panela de alumínio colocada sobre a chama de um fogão a gás (**fig. 3**).

Como podemos explicar o aquecimento da massa de água dentro da panela?

O calor da chama é transmitido através do fundo da panela, de um átomo de alumínio para outro, pelo processo de condução.

Inicialmente, a água no fundo da panela começa a se aquecer pelo processo de condução, recebendo a energia diretamente dos átomos de alumínio com os quais está em contato. A partir daí, a transmissão de calor por condução, embora ainda exista, é pouco eficiente, visto que nos líquidos as moléculas estão relativamente afastadas umas das outras.

O que ocorre a seguir é que a água em contato com o fundo da panela, ao se aquecer, sofre uma dilatação térmica e, ao se expandir, torna-se menos densa que o restante da água no recipiente. Então, essa água aquecida sobe, cedendo lugar para porções mais frias de água, que estavam na parte superior do recipiente e agora descem para o fundo da panela.

Figura 3. A água dentro da panela é aquecida pela chama.

Enquanto a chama estiver acesa, porções mais quentes de água continuarão a subir e porções mais frias de água continuarão a descer. Essas correntes de água quente subindo e de água fria descendo, originadas pela diferença de densidades, são chamadas **correntes de convecção (fig. 4)**.

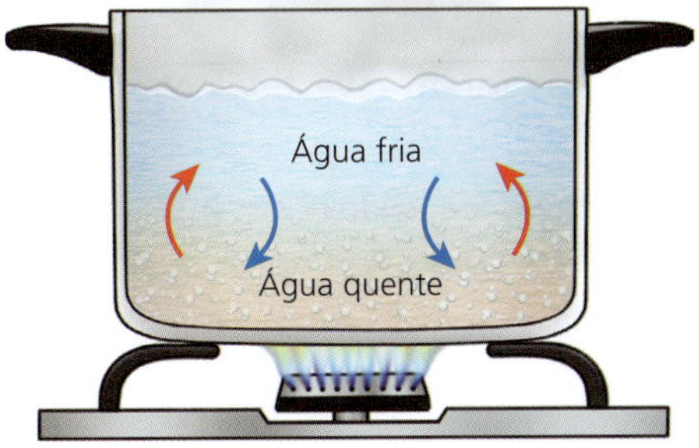

Figura 4. A diferença de densidades entre a água quente e a água fria dá origem às correntes de convecção.

Assim, na **convecção**, o calor é transmitido juntamente com porções do material aquecido. Por esse motivo, a convecção é um processo de transmissão de calor que ocorre exclusivamente nos fluidos (líquidos, gases e vapores), nunca nos sólidos.

De modo geral, podemos dizer que, em um aquecimento por convecção, é preciso aquecer a massa fluida das regiões inferiores, favorecendo, assim, a subida do material aquecido. Por outro lado, um resfriamento deve ser feito resfriando-se a massa fluida das regiões superiores, o que favorece a descida do material frio (**fig. 5**).

DINODIA PHOTOS/ALAMY/OTHER IMAGES

Figura 5. Nas geladeiras antigas, o congelador era sempre posicionado na parte de cima para favorecer a descida do ar frio. As grades sobre as quais são colocados os alimentos permitem a livre circulação das correntes de convecção do ar no interior da geladeira.

Aplicando a teoria

3. Nos supermercados e mercearias, os produtos perecíveis ficam em *freezers* horizontais expostos ao ambiente. Apesar disso, mantêm-se em baixa temperatura e, assim, conservam-se por mais tempo. Explicar por que não ocorre o aquecimento desses produtos.

➤ **Solução**

Os alimentos não se aquecem porque o ar frio que os envolve tem densidade maior que o ar à temperatura ambiente e, por esse motivo, o ar frio tende a ficar na parte inferior do *freezer*. Observe o esquema abaixo.

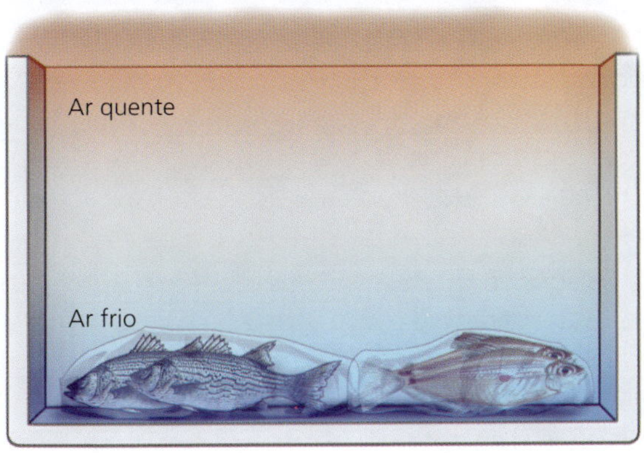

4. Em certos dias, sobretudo nas grandes cidades, ocorre um fenômeno denominado inversão térmica, que dificulta a dispersão dos poluentes atmosféricos. O que provoca a inversão térmica?

➤ **Solução**

Em condições normais, os poluentes atmosféricos, como os produzidos pelos veículos automotores e pelas indústrias, são dispersados na atmosfera por correntes de convecção. O ar poluído, próximo ao solo, está mais quente que o ar das camadas atmosféricas superiores e por isso tende a subir, sendo substituído pelo ar puro mais frio, que é mais denso e por isso desce. Entretanto, no inverno, é comum a ocorrência do fenômeno denominado **inversão térmica**. Nesse caso, o ar poluído, próximo ao solo, fica mais frio que o ar puro das camadas superiores e deixa de haver convecção. Em decorrência disso, a poluição atmosférica aumenta consideravelmente, trazendo sérios problemas respiratórios para a população, sobretudo para as crianças, as pessoas idosas e os portadores de afecções pulmonares. A falta de chuvas e de ventos pode agravar o problema, pois dificulta ainda mais a dispersão dos poluentes.

Avaliando o aprendizado

5. Você dispõe de um galão de água, à temperatura ambiente, e de uma barra de gelo. Para refrigerar a água, você colocaria o galão sobre a barra ou a barra sobre o galão? Justifique.

6. Os ventos são correntes de convecção do ar atmosférico. Explique fisicamente a formação dos ventos.

7. Após a limpeza de uma geladeira, suas prateleiras foram revestidas com papel-alumínio. Quais são as consequências desse procedimento?

21.1 Visão do especialista

8. No interior de uma casa, um aparelho de refrigeração de ar deve ser instalado em local alto ou baixo? E um aquecedor de ar? Justifique.

4 Irradiação de calor

Para entender o mecanismo da transmissão de calor por irradiação, imagine-se sentado próximo a uma fogueira em uma noite fria e de frente para ela **(fig. 6)**.

Naturalmente, você sentirá o calor da fogueira transmitido até você e perceberá que a parte do seu corpo que está voltada para a fogueira se aquece mais que o resto. Mas como esse calor chega até você?

A quantidade de calor transmitida até você por condução pelo ar é desprezível, visto que o ar é um bom isolante térmico. Também é desprezível a quantidade de calor recebida por convecção, visto que o ar aquecido irá subir.

Podemos afirmar que o calor da fogueira chegará até você por um processo diferente da condução e da convecção. Esse processo é denominado irradiação.

Na **irradiação**, a energia é transmitida por ondas eletromagnéticas (como as ondas de rádio, luz visível, raios ultravioleta, entre outras). Quando essas ondas são raios infravermelhos, também chamadas de ondas de calor ou calor radiante, falamos em **irradiação térmica**.

ALEXANDER ISHCHENKO/SHUTTERSTOCK

Figura 6. Como o calor da fogueira é transmitido até as pessoas?

De modo geral, qualquer corpo emite radiação eletromagnética, dependendo apenas de sua temperatura. Quanto mais alta a temperatura do corpo, maior a quantidade de calor transmitido por irradiação.

As ondas eletromagnéticas, como a luz e os raios infravermelhos, podem se propagar no vácuo e, por esse motivo, ao contrário da condução e da convecção, que só ocorrem através de meios materiais, a irradiação também pode ocorrer no vácuo.

A irradiação é o principal processo de transmissão de calor. É por meio desse processo que o calor do Sol, por exemplo, chega até a Terra, possibilitando a existência de vida em nosso planeta.

As ondas de calor não se propagam igualmente em todos os meios. O vácuo tem transparência total para a propagação dos raios infravermelhos; os metais e o concreto são praticamente opacos para esse tipo de radiação (absorvem a maior parte da radiação incidente) e certos materiais, como o vidro, o ar e a água são semitransparentes.

Em um material semitransparente, uma parte dos raios infravermelhos incidentes sofre reflexão, uma parte o atravessa e outra parte é absorvida pelo material. O aquecimento de um corpo deve-se à parte da radiação que é absorvida **(fig. 7)**.

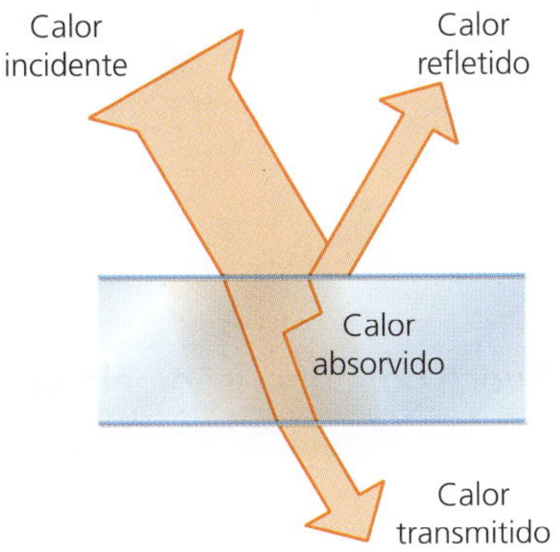

Figura 7. O calor incidente é a soma dos calores refletido, absorvido e transmitido.

Devemos ressaltar, ainda, que as superfícies escuras absorvem mais calor radiante que as superfícies claras, e as superfícies polidas ou espelhadas refletem mais calor radiante que as superfícies foscas.

Aplicando a teoria

5. Uma garrafa térmica é construída de modo a minimizar as trocas de calor entre seu conteúdo e o meio externo. Suas paredes duplas, entre as quais é criado um "vácuo" (ar muito rarefeito), são de vidro espelhado e sua tampa é feita de material isolante.

Como esses recursos minimizam as trocas de calor?

➤ Solução

A tampa de material isolante impede a formação de correntes de convecção no ar acima do conteúdo da garrafa e também dificulta as trocas de calor com o meio externo por condução.

As paredes de vidro, que é um bom isolante térmico, e o ar rarefeito entre elas também dificultam as trocas de calor por condução.

O espelhamento das paredes de vidro minimiza as trocas de calor por irradiação.

6. As estufas, estruturas com paredes e teto de vidro ou de plástico transparente, são muito utilizadas para o cultivo de plantas fora da estação.

Na maior parte do tempo, o interior da estufa mantém-se a uma temperatura mais alta que a do exterior. Como isso é possível?

➤ Solução

O interior da estufa se mantém a uma temperatura mais alta que a do exterior devido à propagação do calor por irradiação.

Como sabemos, todo corpo emite alguma quantidade de calor radiante, que depende de sua temperatura. O calor que aquece o planeta é irradiado pelo Sol e parte desse calor consegue penetrar o interior da estufa e aquecê-la, pois o teto e as paredes de vidro ou de plástico são totalmente transparentes para algumas radiações. Entretanto, os corpos que estão na estufa reemitem parte do calor em uma faixa de frequência diferente, para a qual as paredes e o teto da estufa não são totalmente transparentes. Assim, a quantidade de calor perdida pela estufa é menor que a quantidade de calor recebida, o que provoca o aumento da temperatura em seu interior.

Algo semelhante acontece quando deixamos um carro, com as janelas fechadas, estacionado ao sol. Depois de algum tempo, o interior do carro estará a uma temperatura bem mais alta que a do exterior.

Em escala global temos o efeito estufa, um processo natural que mantém o planeta em equilíbrio térmico, já que a quantidade de calor radiante recebida pela Terra é maior que a quantidade de calor radiante reemitida para o espaço.

O aumento na concentração de certos gases — dióxido de carbono (CO_2), metano (CH_4), óxido nitroso (N_2O) e CFCs (CF_xCl_x) —, devido à atividade humana, torna a atmosfera do nosso planeta menos transparente para a radiação reemitida pela Terra, acentuando o efeito estufa e contribuindo para o aquecimento do planeta.

ROBERT ESTALL PHOTO AGENCY/ALAMY/OTHER IMAGES

Avaliando o aprendizado

9. Profissionais da área da saúde recomendam o uso de roupas claras para a prática de exercícios físicos, como caminhar ou correr, principalmente no verão. Justifique essa recomendação.

10. Levando em conta os efeitos provocados pelo calor, responda:

a) Por que sentimos frio quando aproximamos nossas mãos de um bloco de gelo?

b) Por que sentimos calor quando aproximamos nossas mãos de um forno ligado?

11. No Brasil, um país de clima quente, é muito comum a presença de grandes edifícios totalmente envidraçados. A climatização desses edifícios exige a utilização de muitos aparelhos de ar-condicionado. Por quê?

12. Analise as afirmativas a seguir e assinale a alternativa com a afirmativa **incorreta**.

a) O calor do Sol chega até nós por irradiação.

b) Uma moeda bem polida fica menos quente que uma moeda revestida de tinta preta, quando ambas são expostas ao sol.

c) Para uma barra metálica aquecida em uma extremidade, a propagação do calor até a extremidade oposta se dá por condução.

d) Os raios infravermelhos incidentes em um corpo semitransparente são totalmente absorvidos pelo corpo.

Revisando o conteúdo

Ficha-resumo 1

Transmissão de calor por condução

- O calor é transmitido ao longo do corpo, transferindo-se de uma partícula para outra (átomo, molécula ou íon).
- A condução exige a presença de um meio material e, portanto, não ocorre no vácuo.

1. (Acafe-SC) Uma pessoa retira da geladeira uma garrafa plástica e um recipiente de alumínio, ambos contendo água, após ficarem o mesmo tempo em seu interior, tendo a sensação de que o alumínio está mais frio do que o plástico.

A temperatura do recipiente de alumínio é ___________ à temperatura da garrafa plástica e as sensações térmicas são diferentes porque o alumínio ____________________ que o plástico.

A alternativa que completa as lacunas acima, em sequência, é:

a) igual – tem maior calor específico
b) maior – é pior condutor de calor
c) menor – é pior condutor de calor
d) igual – é melhor condutor de calor
e) menor – tem menor calor específico

2. (Acafe-SC) Materiais não inflamáveis e com baixa condutividade térmica são usados para confeccionar roupas especiais "à prova de fogo", como as roupas dos bombeiros ou pilotos de corrida de automóveis. Esses tecidos, devido à baixa condutividade térmica, diminuem a quantidade de calor que chega ao corpo, mesmo quando expostos a altas temperaturas.
Com base no exposto acima e nos conhecimentos de Termologia, é **correto** afirmar:

a) Calor e temperatura são sinônimos.
b) Um corpo tem calor.
c) Um corpo não tem calor.
d) Metais são bons isolantes térmicos.
e) O calor só se propaga por condução.

3. (Enem) Uma garrafa de vidro e uma lata de alumínio, cada uma contendo 330 mL de refrigerante, são mantidas em um refrigerador pelo mesmo longo período de tempo. Ao retirá-las do refrigerador com as mãos desprotegidas, tem-se a sensação de que a lata está mais fria que a garrafa.

É correto afirmar que:

a) a lata está realmente mais fria, pois a capacidade calorífica da garrafa é maior que a da lata.
b) a lata está de fato menos fria que a garrafa, pois o vidro possui condutividade menor que a do alumínio.
c) a garrafa e a lata estão à mesma temperatura, possuem a mesma condutividade térmica, e a sensação deve-se à diferença nos calores específicos.
d) a garrafa e a lata estão à mesma temperatura e a sensação é devida ao fato de a condutividade térmica do alumínio ser maior que a do vidro.
e) a garrafa e a lata estão à mesma temperatura e a sensação é devida ao fato de a condutividade térmica do vidro ser maior que a do alumínio.

4. (PUC-PR) Analise as afirmações referentes à transferência de calor:

I. As roupas de lã dificultam a perda de calor do corpo humano para o meio ambiente devido ao fato de o ar existente entre suas fibras ser um bom isolante térmico.
II. Devido à condução térmica, uma barra de ferro mantém-se a uma temperatura inferior a um pedaço de madeira mantida no mesmo ambiente.
III. O vácuo entre duas paredes de um recipiente serve para evitar a "perda de calor" por irradiação.

Marque a alternativa correta.

a) Apenas I está correta.
b) Apenas II está correta.
c) Apenas III está correta.
d) I, II e III estão corretas.
e) I, II e III estão erradas.

5. (PUC-PR) Para produzir uma panela de cozinha que esquenta rápida e uniformemente, o fabricante deve escolher, como matéria-prima, um metal que tenha:

a) baixo calor específico e alta condutividade térmica.
b) alto calor específico e baixa condutividade térmica.
c) alto calor específico e alta condutividade térmica.
d) baixo calor específico e baixa condutividade térmica.
e) a característica desejada não é relacionada ao calor específico nem à condutividade térmica.

Ficha-resumo 2

Transmissão de calor por convecção

- O calor é transmitido juntamente com porções do material aquecido, pelas correntes de convecção.
- As correntes de convecção são originadas pela diferença de densidades entre o material mais quente e o material mais frio.
- A convecção ocorre apenas com os fluidos (líquidos, gases e vapores) e nunca com os materiais sólidos.
- A convecção exige a presença de um meio material e, portanto, não ocorre no vácuo.

6. (Acafe-SC) Deve-se evitar encher demais uma geladeira, para não prejudicar seu desempenho. A razão para isto é que o excesso de alimentos _____________.

A alternativa que completa o enunciado acima é:

a) provoca a troca de calor entre eles, aquecendo-os.
b) inverte a circulação do ar no interior da geladeira.
c) impede a circulação do ar no interior da geladeira.
d) impede que o ar quente desça para a parte inferior da geladeira.
e) impede que o ar frio se desloque para a parte superior da geladeira.

7. (Enem) Numa área de praia, a brisa marítima é uma consequência da diferença no tempo de aquecimento do solo e da água, apesar de ambos estarem submetidos às mesmas condições de irradiação solar. No local que se aquece mais rapidamente (solo), o ar fica mais quente e sobe, deixando uma área de baixa pressão, provocando o deslocamento do ar da superfície que está mais fria (mar).

À noite, ocorre um processo inverso ao que se verifica durante o dia.

Como a água leva mais tempo para esquentar (de dia), mas também leva mais tempo para esfriar (à noite), o fenômeno noturno (brisa terrestre) pode ser explicado da seguinte maneira:

a) O ar que está sobre a água se aquece mais; ao subir, deixa uma área de baixa pressão, causando um deslocamento de ar do continente para o mar.
b) O ar mais quente desce e se desloca do continente para a água, a qual não conseguiu reter calor durante o dia.
c) O ar que está sobre o mar se esfria e dissolve-se na água; forma-se, assim, um centro de baixa pressão, que atrai o ar quente do continente.
d) O ar que está sobre a água se esfria, criando um centro de alta pressão que atrai massas de ar continental.
e) O ar sobre o solo, mais quente, é deslocado para o mar, equilibrando a baixa temperatura do ar que está sobre o mar.

8. (Enem) A refrigeração e o congelamento de alimentos são responsáveis por uma parte significativa do consumo de energia elétrica numa residência típica.

Para diminuir as perdas térmicas de uma geladeira, podem ser tomados alguns cuidados operacionais:

I. Distribuir os alimentos nas prateleiras deixando espaços vazios entre eles, para que ocorra a circulação do ar frio para baixo e do ar quente para cima.
II. Manter as paredes do congelador com camada bem espessa de gelo, para que o aumento da massa de gelo aumente a troca de calor no congelador.
III. Limpar o radiador ("grade" na parte de trás) periodicamente, para que a gordura e a poeira que nele se depositam não reduzam a transferência de calor para o ambiente.

Para uma geladeira tradicional é correto indicar, apenas:

a) a operação I.
b) a operação II.
c) as operações I e II.
d) as operações I e III.
e) as operações II e III.

9. (Mackenzie-SP) Uma das razões que faz a água, próxima à superfície livre de alguns lagos, congelar no inverno, em regiões de baixas temperaturas, é o fato de que ao ser resfriada, no intervalo aproximado de 4 °C a 0 °C, ela sofre um processo de dilatação. Com isso, seu volume __________ e sua densidade __________. Desprezando os efeitos da irradiação térmica, durante esse resfriamento a água do fundo do lago não consegue atingir a superfície livre, pois não ocorre mais a __________ e sua temperatura diminuirá, devido ao processo de ____________.

As informações que preenchem corretamente as lacunas, na ordem de leitura são, respectivamente:

a) aumenta, diminui, convecção térmica e condução térmica.

b) diminui, aumenta, convecção térmica e condução térmica.

c) aumenta, diminui, condução térmica e convecção térmica.

d) diminui, aumenta, condução térmica e convecção térmica.

e) aumenta, aumenta, condução térmica e convecção térmica.

10. (Unicamp-SP)

a) Na figura 1, pode-se ver como varia o volume *V* de 1 kg de água quando sua temperatura varia de 0 °C a 10 °C. Esboce o gráfico da densidade da água, em função da temperatura, nesse intervalo.

b) Na figura 2, mostram-se dois recipientes, *A* e *B*, preenchidos com iguais massas de água inicialmente a 4 °C. Os recipientes *A* e *B* estão isolados termicamente, com exceção da tampa de *A* e da base de *B*, que são condutoras e mantidas permanentemente a 0 °C. Em qual dos dois recipientes a temperatura uniforme de 0 °C será atingida primeiro? Por quê?

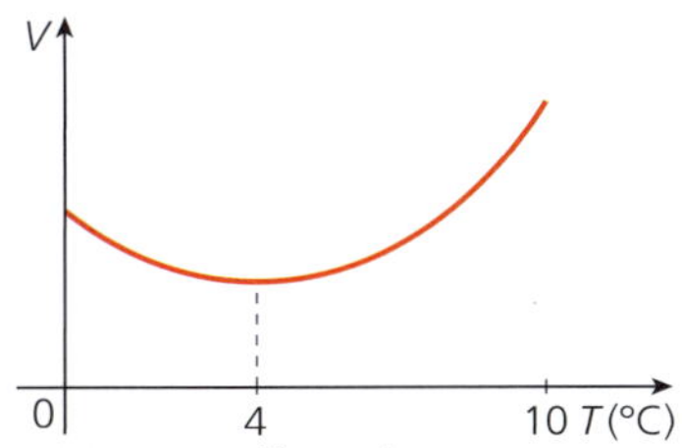

Figura 1

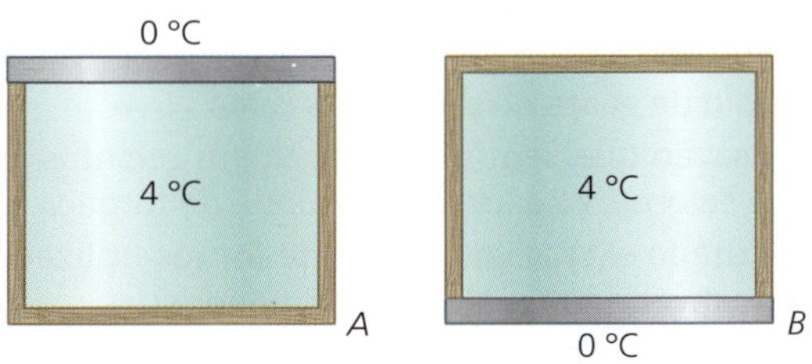

Figura 2

11. (PUC-RS) Numa cozinha, é fácil constatar que a temperatura é mais elevada próximo ao teto do que próximo ao chão, quando há fogo no fogão. Isso é devido ao fato de o:

a) calor não se propagar para baixo.

b) calor não se propagar horizontalmente.

c) ar quente subir, por ser menos denso do que o ar frio.

d) ar quente subir, por ser mais denso do que o ar frio.

e) ar frio descer, por ser menos denso do que o ar quente.

Ficha-resumo 3

Transmissão de calor por irradiação

- O calor é transmitido por ondas eletromagnéticas, principalmente por raios infravermelhos.
- Todos os corpos emitem alguma quantidade de calor por irradiação, que depende de sua temperatura. Quanto mais alta a temperatura do corpo, maior a quantidade de calor emitida por irradiação.
- A irradiação não necessita de um meio material e, portanto, pode ocorrer no vácuo.
- A energia radiante que incide em um corpo pode ser absorvida, refletida e transmitida, dependendo das características do material que constitui o corpo.

12. (Acafe-SC) O efeito estufa é essencial à manutenção do equilíbrio térmico do nosso planeta porque sem ele a temperatura da Terra seria de aproximadamente −20 °C. Um dos gases mais importantes nesse processo é o gás carbônico. No entanto, um aumento de 10% na sua concentração faria a temperatura média do planeta aumentar aproximadamente 3 °C, trazendo graves consequências para o nível dos oceanos e para o clima. Essa participação do gás carbônico se dá porque ele é _______ às radiações visíveis e _______ às radiações infravermelhas.

A alternativa que completa o enunciado acima, em sequência, é:

a) opaco – opaco

b) opaco – transparente

c) transparente – transparente

d) transparente – opaco

e) absorvente – transparente

13. (Acafe-SC) O fenômeno "ilhas de calor" consiste em temperaturas médias mais elevadas nas áreas urbanas com muitas construções que nas áreas vizinhas, contendo menos edificações. Com relação a esse fenômeno, é **incorreto** afirmar que:

a) a presença de grandes massas de água nas cidades diminui a intensidade do fenômeno.
b) uma das suas causas é a destruição da cobertura vegetal.
c) a criação de áreas verdes ajuda a amenizar os seus efeitos.
d) a concentração de poluentes na atmosfera não tem relação com o fenômeno.
e) durante o dia as construções absorvem muito calor, que é liberado à noite, mantendo a temperatura do ar mais elevada.

14. (Enem) O uso mais popular de energia solar está associado ao fornecimento de água quente para fins domésticos. Na figura a seguir, é ilustrado um aquecedor de água constituído de dois tanques pretos, os quais absorvem energia solar, dentro de uma caixa termicamente isolada e com cobertura de vidro.

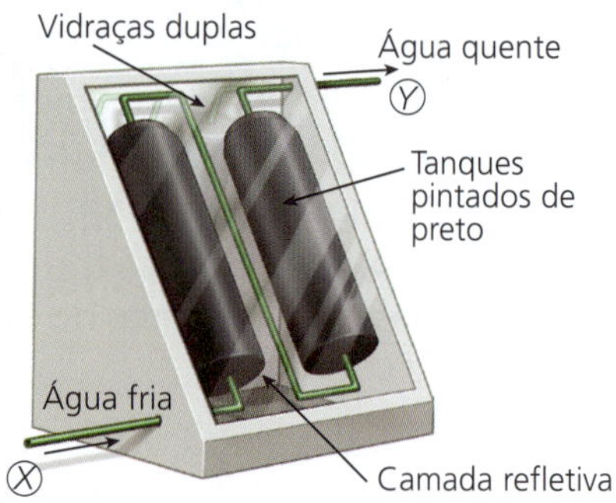

Nesse sistema de aquecimento:

a) os tanques, por serem de cor preta, são maus absorvedores de calor e reduzem as perdas de energia.
b) a cobertura de vidro deixa passar a energia luminosa e reduz a perda de energia térmica utilizada para o aquecimento.
c) a água circula devido à variação de energia luminosa existente entre os pontos X e Y.
d) a camada refletiva tem como função armazenar energia luminosa.
e) o vidro, por ser bom condutor de calor, permite que se mantenha constante a temperatura no interior da caixa.

15. (Enem) O resultado da conversão direta de energia solar é uma das várias formas de energia alternativa de que se dispõe. O aquecimento solar é obtido por uma placa escura coberta por vidro, pela qual passa um tubo contendo água. A água circula conforme mostra o esquema a seguir.

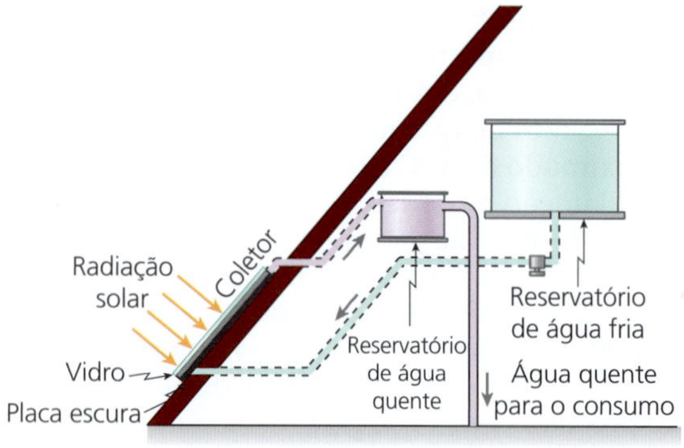

São feitas as seguintes afirmações quanto aos materiais utilizados no aquecedor solar:

I. O reservatório de água quente deve ser metálico para conduzir melhor o calor.
II. A cobertura de vidro tem como função reter melhor o calor, de forma semelhante ao que ocorre em uma estufa.
III. A placa utilizada é escura para absorver melhor a energia radiante do Sol, aquecendo a água com maior eficiência.

Dentre as afirmações acima, pode-se dizer que está(ão) correta(s) apenas:

a) I
b) I e II
c) II
d) I e II
e) II e III

16. (Mackenzie-SP) Leia o texto e assinale a alternativa correta.

Você sabia que com pouco esforço é possível ajudar o planeta e o seu bolso? Ao usarmos a energia elétrica para aparelhos eletrônicos e lâmpadas, também emitimos gás carbônico, um dos principais gases do efeito estufa. Atitudes simples, como trocar lâmpadas incandescentes pelas fluorescentes e puxar da tomada os aparelhos que não estão em uso, reduzirão a sua conta de luz e as nossas emissões de CO_2 na atmosfera.

Planeta sustentável: conhecimento por um mundo melhor.

No texto, a expressão efeito estufa refere-se à:

a) perda de oxigênio, ocasionada pelo uso de aparelhos para aquecimento em ambientes fechados.
b) retenção de calor na Terra causada pela concentração de gases de diferentes tipos.
c) sensação que sentimos apenas em recintos em que se observa excesso de calor e de fumaça.
d) resultado exclusivo da ação de fornos utilizados industrialmente para produzir energia.
e) poluição em espaços fechados onde a temperatura do ar é elevada artificialmente.

Capítulo 22 Comportamento térmico dos gases

GOOGLE EARTH IMAGES

Objetivos do capítulo:

- Apresentar o modelo do gás perfeito.
- Apresentar a equação de estado do gás perfeito.
- Analisar diferentes transformações gasosas.
- Identificar as transformações isobáricas, isotérmicas e isocóricas.

O gás natural é um combustível fóssil formado há milhões de anos a partir do acúmulo e posterior transformação da matéria orgânica sob a superfície terrestre. É um combustível menos poluente que os obtidos a partir do petróleo e mais seguro, pois, por ser menos denso que o ar, espalha-se rapidamente na atmosfera em caso de vazamentos. Entretanto, não deixa de ser perigoso, pois é altamente inflamável e pode causar asfixia.

A foto acima mostra o traçado do gasoduto Bolívia-Brasil. Esse gasoduto transporta o gás proveniente da Bolívia e, ao cruzar a fronteira, atravessa cinco estados do Brasil (Mato Grosso do Sul, São Paulo, Paraná, Santa Catarina e Rio Grande do Sul), passando por um total de 137 municípios brasileiros.

Neste capítulo, estudaremos o modelo do gás perfeito, usado para analisar de maneira simplificada o comportamento de um gás real.

Gráficos
Conteúdo multimídia

1 Modelo do gás perfeito ou gás ideal

O **gás perfeito** ou **gás ideal** é um **modelo teórico** que permite estudar, de maneira simplificada, o comportamento dos gases reais. O gás ideal não existe na prática.

No modelo do gás ideal:

- as moléculas têm massa, mas o volume de cada uma delas é desprezível;
- as moléculas estão em constante estado de movimentação desordenada e aleatória e, entre um choque com outra molécula ou com as paredes do recipiente, deslocam-se em movimento retilíneo e uniforme;
- as moléculas interagem umas com as outras apenas durante as colisões;
- todas as colisões, entre duas moléculas ou entre uma molécula e a parede do recipiente, são perfeitamente elásticas e têm duração desprezível;
- o volume total das moléculas é desprezível quando comparado ao volume do recipiente em que o gás está contido.

A altas temperaturas e a baixas pressões, os gases reais, sobretudo os gases monoatômicos, comportam-se aproximadamente como gases ideais.

Antes de iniciar o estudo dos gases, precisamos conhecer alguns conceitos que usaremos adiante.

Lei de Avogadro

Em 1811, o químico e físico italiano Amedeo Avogadro **(fig. 1)** enunciou uma hipótese que atualmente é conhecida como a lei de Avogadro:

- Iguais volumes de quaisquer gases encerram o mesmo número de moléculas, quando medidos nas mesmas condições de temperatura e pressão.

SCIENCE PHOTO LIBRARY/LATINSTOCK

Figura 1. Amedeo Avogadro (1776-1856)

Uma confirmação da lei de Avogadro vem expressa na seguinte propriedade experimental:

- 1 mol de qualquer gás ($n = 1$ mol) à temperatura de 0 °C e à pressão de 1 atm ocupa um volume de 22,4 L.

Número de Avogadro

A quantidade de matéria equivalente a 1 mol de um gás é o conjunto constituído por $6{,}02 \cdot 10^{23}$ moléculas desse gás. Esse número, geralmente representado por N_0, é denominado **número de Avogadro**.

$$N_0 = 6{,}02 \cdot 10^{23}$$

O **número de mols** n de um gás é dado pelo quociente entre a massa m do gás e sua massa molar M ou pelo quociente entre o número de moléculas N do gás e o número de Avogadro N_0. Assim:

$$n = \frac{m}{M} \quad \text{ou} \quad n = \frac{N}{N_0}$$

2 Equação de estado do gás perfeito

O comportamento e o estado de um gás ideal **(fig. 2)** podem ser descritos de forma simplificada a partir de três variáveis, denominadas **variáveis de estado**.

Essas três variáveis de estado são:

- a **pressão *p*** (associada ao choque das moléculas contra as paredes do recipiente em que o gás está contido);
- o **volume *V*** (volume do gás equivalente ao volume do recipiente em que o gás está contido);
- a **temperatura absoluta *T*** (associada ao grau de agitação térmica das moléculas ou átomos do gás, sempre medida na escala Kelvin).

É importante relembrar que a temperatura absoluta T é relacionada com a temperatura Celsius θ_c através da seguinte expressão:

$$T = \theta_c + 273$$

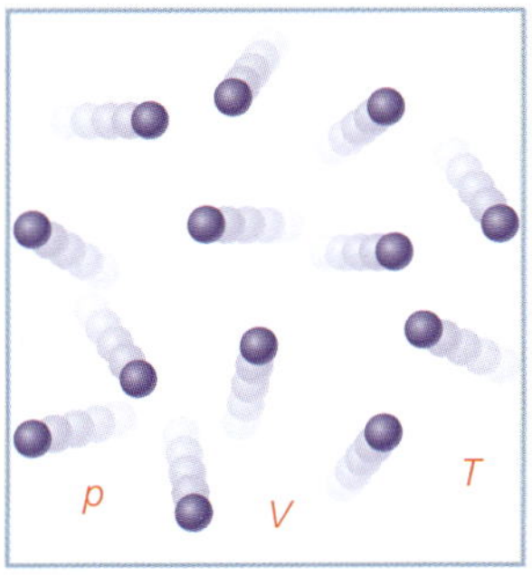

Figura 2. Uma dada quantidade de gás ideal mantida em um recipiente.

Em 1834, reunindo as leis de Boyle-Mariotte, Charles e Gay-Lussac, que veremos adiante, e a lei de Avogadro, o físico e engenheiro francês Émile Clapeyron **(fig. 3)** concluiu que a relação $\frac{pV}{T}$ é diretamente proporcional ao número de mols n do gás.

Assim, matematicamente podemos escrever: $\frac{pV}{T} = \text{constante} \cdot n$

A constante de proporcionalidade, geralmente representada por R, não depende das condições, da massa ou do tipo de gás e assume o mesmo valor para todos os gases.

Temos, então, a equação que rege o comportamento dos gases ideais:

$$\frac{pV}{T} = Rn \Rightarrow \boxed{pV = nRT}$$

SCIENCE PHOTO LIBRARY/LATINSTOCK

Figura 3. Benoît Paul Émile Clapeyron (1799-1864)

Essa equação é denominada **equação de estado do gás perfeito** ou, mais comumente, **equação de Clapeyron**.

A constante R é denominada **constante universal dos gases perfeitos** e seu valor numérico depende das unidades de medida da pressão e do volume do gás.

Considerando que 1 mol de qualquer gás à temperatura de 0 °C (equivalente a 273 K) e à pressão de 1 atm ocupa um volume de 22,4 L, podemos calcular o valor da constante R:

$$1 \text{ atm} \cdot 22{,}4 \text{ L} = 1 \text{ mol} \cdot R \cdot 273 \text{ K} \Rightarrow R = \frac{1 \cdot 22{,}4}{1 \cdot 273} \frac{\text{atm} \cdot \text{L}}{\text{mol} \cdot \text{K}}$$

Portanto:

$$\boxed{R = 0{,}082 \text{ atm} \cdot \text{L/(mol} \cdot \text{K)}} \text{ ou no SI } \boxed{R = 8{,}31 \text{ J/(mol} \cdot \text{K)}}$$

Aplicando a teoria

1. **Um recipiente contém $9 \cdot 10^{23}$ moléculas de certo gás. Considerando o número de Avogadro $N_0 = 6 \cdot 10^{23}$, determinar o número de mols do gás contido no recipiente.**

➤ Solução

Como conhecemos o número N de moléculas do gás no recipiente e o número de Avogadro N_0, que indica o número de moléculas em 1 mol de gás, temos:

$$n = \frac{N}{N_0} \Rightarrow n = \frac{9 \cdot 10^{23}}{6 \cdot 10^{23}} \Rightarrow n = \frac{9}{6} \Rightarrow n = \frac{3}{2} \Rightarrow \boxed{n = 1{,}5 \text{ mol}}$$

2. **Tem-se $18 \cdot 10^{23}$ moléculas de um gás ideal em um recipiente de volume 30 L à temperatura de 27 °C. Sendo a constante universal dos gases perfeitos igual a 0,082 atm · L/(mol · K) e adotando o número de Avogadro $N_0 = 6 \cdot 10^{23}$, determinar:**

a) o número de mols do gás contido nesse recipiente;

b) a pressão exercida pelo gás nas condições do enunciado;

c) a pressão que o gás passará a exercer se a temperatura for aumentada para 127 °C e o volume do recipiente reduzido para 15 L.

➤ Solução

a) Sabendo que $N = 18 \cdot 10^{23}$ é o número de moléculas do gás, podemos determinar o número n de mols de gás:

$$n = \frac{N}{N_0} \Rightarrow n = \frac{18 \cdot 10^{23}}{6 \cdot 10^{23}} \Rightarrow \boxed{n = 3 \text{ mol}}$$

b) As variáveis de estado do gás são: V = 30 L; T = 300 K e pressão p. Pela equação de estado do gás perfeito (equação de Clapeyron), teremos:

$$pV = nRT \Rightarrow p \cdot 30 = 3 \cdot 0{,}082 \cdot 300 \Rightarrow$$

$$\Rightarrow p = \frac{3 \cdot 0{,}082 \cdot 300}{30} \Rightarrow \boxed{p = 2{,}46 \text{ atm}}$$

c) Na nova situação, as variáveis de estado serão: V = 15 L e T = 400 K. Então, pela equação de Clapeyron:

$$pV = nRT = p \cdot 15 = 3 \cdot 0{,}082 \cdot 400 \Rightarrow$$

$$\Rightarrow p = \frac{3 \cdot 0{,}082 \cdot 400}{15} \Rightarrow \boxed{p = 6{,}56 \text{ atm}}$$

Avaliando o aprendizado

1. Um recipiente que contém gás perfeito sob pressão de 5,00 atm é momentaneamente aberto, deixando sair $\frac{1}{5}$ da massa gasosa contida em seu interior, sem variar sua temperatura. Nessas condições, determine o valor da pressão que o gás passa a exercer no recipiente.

2. Um recipiente contém 100 L de um gás sob pressão de 10 atm à temperatura de 227 °C. Sabendo que a massa molar desse gás vale 2 g e considerando R = 0,082 atm · L/(mol · K), determine:

a) a massa do gás existente no recipiente;

b) o número de moléculas do gás existente no recipiente;

c) o volume que esse gás passará a ocupar, se for totalmente transferido para outro recipiente onde exercerá pressão de 1 atm a 0 °C.

3. Dois recipientes, A e B, contêm um mesmo gás. No recipiente A, o gás ocupa volume V, exerce pressão p e está à temperatura T. No recipiente B, o gás ocupa volume 3V, exerce pressão $2p$ e está à temperatura $\frac{T}{2}$. Determine a relação $\frac{n_B}{n_A}$ entre o número de mols do gás existente no recipiente B e o número de mols do gás existente no recipiente A.

4. Um recipiente cilíndrico provido de êmbolo contém n mols de um gás ocupando o volume V à temperatura T. Determine o número de mols do gás que deve deixar o recipiente de forma a manter a pressão constante, se o gás for aquecido à temperatura $2T$ e o volume reduzido a $\frac{V}{3}$.

3 Lei geral dos gases perfeitos

Consideremos determinada quantidade de gás inicialmente no estado 1 (definido pela pressão p_1, volume V_1 e temperatura T_1).

Ao sofrer uma transformação sem variação de massa, esse gás passa para o estado 2 (definido pela pressão p_2, volume V_2 e temperatura T_2), conforme mostrado na **figura 4**.

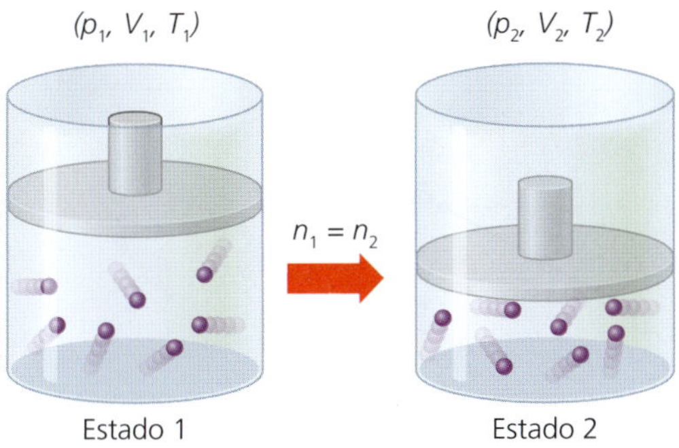

Figura 4. Após uma transformação, o gás ideal passa do estado 1 para o estado 2.

Da equação de Clapeyron, temos:

$$\frac{p_1V_1}{T_1} = n_1R \textbf{ (estado 1) e } \frac{p_2V_2}{T_2} = n_2R \textbf{ (estado 2)}$$

Como a quantidade de gás não variou na transformação ($n_1 = n_2$), podemos igualar o quociente $\frac{pV}{T}$ dos dois estados e obter a **lei geral dos gases perfeitos**. Assim:

$$\boxed{\frac{p_1V_1}{T_1} = \frac{p_2V_2}{T_2}}$$

Aplicando a teoria

3. Um cilindro provido de êmbolo contém determinada quantidade de gás exercendo pressão p à temperatura T. Determinar a pressão que este gás passará a exercer se a temperatura absoluta for triplicada e o volume reduzido a um quinto do inicial.

➤ Solução

No estado inicial, temos: $T_1 = T$, $p_1 = p$ e $V_1 = V$

e no estado final: $T_2 = 3T$ e $V_2 = \frac{V}{5}$

Para determinar a pressão final p_2, usaremos a lei geral dos gases perfeitos. Assim:

$$\frac{p_1V_1}{T_1} = \frac{p_2V_2}{T_2} \Rightarrow \frac{pV}{T} = \frac{p_2\frac{V}{5}}{3T} \Rightarrow p = \frac{p_2}{5 \cdot 3} \Rightarrow$$

$$\Rightarrow \boxed{p_2 = 15p}$$

4. Um gás ideal, contido em um recipiente de volume V_1, exerce uma pressão p_1 à temperatura de 27 °C. O gás sofre, então, uma transformação tal que sua temperatura atinge 127 °C e seu volume passa a ser $V_2 = 2V_1$. Determinar a pressão final p_2 do gás.

➤ Solução

No estado inicial, temos: $T_1 = 27\ °C = 300\ K$, p_1 e V_1

e no estado final: $T_2 = 127\ °C = 400\ K$, $V_2 = 2V_1$

Para determinar a pressão final p_2, usaremos mais uma vez a lei geral dos gases perfeitos:

$$\frac{p_1V_1}{T_1} = \frac{p_2V_2}{T_2} \Rightarrow \frac{p_1V_1}{300} = \frac{p_22V_1}{400} \Rightarrow \frac{p_1}{3} = \frac{p_2}{2} \Rightarrow$$

$$\Rightarrow \boxed{p_2 = \frac{2}{3}p_1}$$

Avaliando o aprendizado

5. Um gás perfeito, contido em um recipiente de volume 8,0 L, exerce uma pressão de 4,0 atm à temperatura de 7 °C. Reduzindo-se o volume para 6,0 L e aquecendo-se o gás, a pressão exercida passa a valer 10 atm. A que temperatura o gás foi aquecido?

6. Um gás, à temperatura de 100 K, ocupa um recipiente de volume 3 L e exerce pressão de 700 mmHg. O gás é totalmente transferido para outro recipiente de volume 10 L e aquecido a 300 K. Qual é a pressão que o gás passa a exercer sobre as paredes do novo recipiente?

7. Uma determinada massa gasosa sofre uma transformação, de um estado inicial *A* para um estado final *B*, e sua pressão varia, em função do volume, de acordo com o diagrama abaixo.

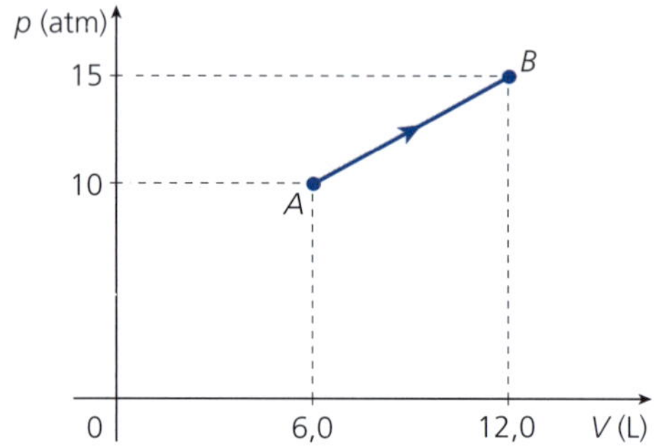

Considerando R = 0,082 atm · L/(mol · K) e sabendo que o gás se encontrava inicialmente a 100 K, determine:

a) o número de mols do gás, considerado um gás ideal;

b) a temperatura final do gás.

22.1 Visão do especialista

8. Um cilindro, cuja área de secção transversal reta vale S, é provido de um êmbolo móvel, podendo-se variar, assim, o volume de um gás ideal contido em seu interior. Quando o êmbolo está na marca 0,40 como mostra a figura, a temperatura do gás é de 300 K e a pressão é *p*. Levando o êmbolo até a marca 0,10 e aumentando a temperatura para 400 K, qual será a nova pressão do gás? Dê a resposta em função de *p*.

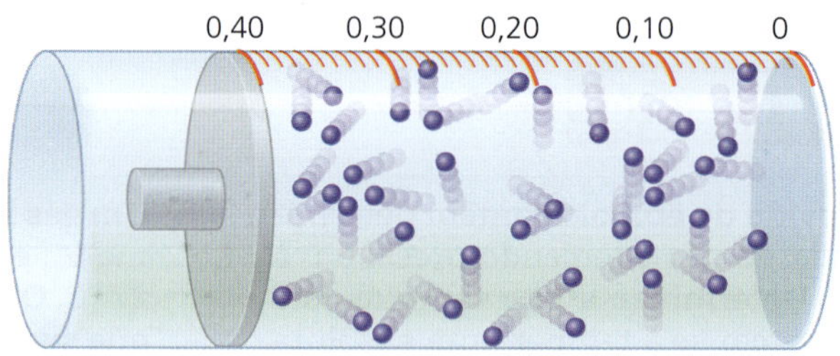

4 Transformações gasosas particulares

Como vimos, Clapeyron obteve uma relação entre as variáveis de estado do gás (*p*, *V* e *T*) e a quantidade de gás (*n*) ao analisar as leis experimentais de Boyle-Mariotte, de Charles e de Gay-Lussac. Essas leis correspondem a transformações particulares de um gás.

Lei de Boyle-Mariotte

Uma transformação na qual a temperatura permanece constante é chamada **transformação isotérmica**.

A lei de Boyle-Mariotte, enunciada em 1662 pelo cientista inglês Robert Boyle (1627-1691) e pelo cientista e padre francês Edme Mariotte (1620-1684), estabelece que:

- Sob temperatura absoluta constante, a pressão e o volume de uma dada massa de gás ideal são grandezas inversamente proporcionais: $P \propto \frac{1}{V}$.

Lei de Charles

Uma transformação na qual a pressão permanece constante é chamada **transformação isobárica**.

A lei de Charles, enunciada em 1787 pelo físico francês Jacques Charles (1746-1823), estabelece que:

- Sob pressão constante, o volume e a temperatura absoluta de uma dada massa de gás ideal são grandezas diretamente proporcionais: $V \propto T$.

Lei de Gay-Lussac

Uma transformação na qual o volume permanece constante é chamada **transformação isocórica** (ou isométrica ou, ainda, isovolumétrica).

A lei de Gay-Lussac, enunciada em 1809 pelo físico francês Joseph Gay-Lussac (1778-1850), estabelece que:

- Sob volume constante, a pressão e a temperatura absoluta de uma dada massa de gás ideal são grandezas diretamente proporcionais: $p \propto T$.

Observe que essas três leis podem ser obtidas a partir da lei geral dos gases:

$$\frac{p_1V_1}{T_1} = \frac{p_2V_2}{T_2} \begin{cases} \text{Se } T = \text{constante} \Rightarrow p_1V_1 = p_2V_2 \textbf{ (lei de Boyle-Mariotte)} \\ \text{Se } p = \text{constante} \Rightarrow \dfrac{V_1}{T_1} = \dfrac{V_2}{T_2} \textbf{ (lei de Charles)} \\ \text{Se } V = \text{constante} \Rightarrow \dfrac{p_1}{T_1} = \dfrac{p_2}{T_2} \textbf{ (lei de Gay-Lussac)} \end{cases}$$

Essas transformações gasosas particulares podem ser representadas em diagramas cartesianos. Os diagramas mais comuns são: pressão × volume, (também chamado de **diagrama de Clapeyron**), pressão × temperatura e volume × temperatura. A **figura 5** mostra cada uma das transformações particulares nos três diagramas mais comuns.

22.1 Conteúdo multimídia

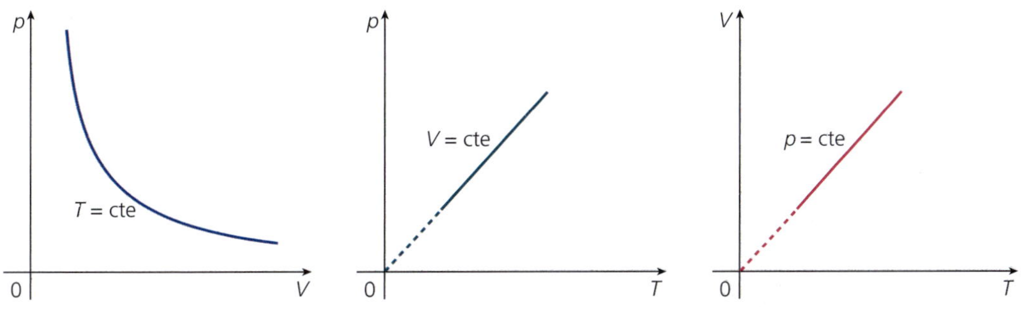

Figura 5. Diagramas $p \times V$, $p \times T$ e $V \times T$ das transformações gasosas particulares.

Aplicando a teoria

5. Dois recipientes se comunicam por meio de uma válvula inicialmente fechada. Um dos recipientes contém 15,0 L, de um gás sob pressão de 1,0 atm e o outro, com capacidade de 10,0 L, está completamente vazio. Suponha que a temperatura se mantenha constante, qual será a pressão do gás, nos dois recipientes, após a abertura da válvula?

➤ Solução

A transformação sofrida pelo gás é isotérmica, pois a temperatura se mantém constante. Pela lei geral dos gases perfeitos, com $T_1 = T_2$, temos:

$$\frac{p_1V_1}{T_1} = \frac{p_2V_2}{T_2} \Rightarrow p_1V_1 = p_2V_2$$

Do enunciado: $V_1 = 15$ L, $p_1 = 1{,}0$ atm e $V_2 = 15\text{ L} + 10\text{ L} = 25$ L. Então: $p_1V_1 = p_2V_2 \Rightarrow$

$$\Rightarrow 1{,}0 \cdot 15 = p_2 25 \Rightarrow p_2 = \frac{15}{25} \Rightarrow \boxed{p_2 = 0{,}6\text{ atm}}$$

6. Um recipiente cilíndrico, fechado por um êmbolo móvel, contém 10 mol de um gás ideal sob pressão de 1 atm à temperatura de 127 °C. O gás é, então, aquecido isobaricamente até que sua temperatura absoluta triplique. A constante universal dos gases perfeitos vale 0,082 atm · L/(mol · K). Determinar:

a) o volume inicial ocupado pelo gás;

b) o volume final do gás.

➤ Solução

a) Na situação inicial temos: $n = 10$ mol, $T_1 = 400$ K e $p_1 = 1$ atm. Pela equação de Clapeyron:

$$p_1V_1 = nRT_1 \Rightarrow 1V_1 = 10 \cdot 0{,}082 \cdot 400 \Rightarrow$$

$$\Rightarrow \boxed{V_1 = 328\text{ L}}$$

b) A transformação sofrida pelo gás é isobárica (a pressão se mantém constante). Pela lei geral dos gases perfeitos, com $p_1 = p_2$, temos:

$$\frac{p_1V_1}{T_1} = \frac{p_2V_2}{T_2} \Rightarrow \frac{V_1}{T_1} = \frac{V_2}{T_2}$$

Do enunciado: $T_1 = 400$ K e $T_2 = 1.200$ K. Então, com o valor $V_1 = 328$ L calculado, obtemos:

$$\frac{V_1}{T_1} = \frac{V_2}{T_2} \Rightarrow \frac{328}{400} = \frac{V_2}{1.200} \Rightarrow \boxed{V_2 = 984\text{ L}}$$

7. Um *freezer* foi fechado e ligado quando a temperatura ambiente estava a 27 °C. Considerando que o ar se comporta como um gás ideal e que a vedação da porta é perfeita, determinar a pressão no interior do *freezer* quando for atingida a temperatura de −19 °C.

➤ Solução

A quantidade de ar dentro do *freezer* não varia, pois a vedação da porta é perfeita. Além disso, a transformação sofrida por esse ar é isocórica, pois a variação do volume interno do *freezer* é desprezível. Pela lei geral dos gases perfeitos, com $V_1 = V_2$, temos: $\frac{p_1V_1}{T_1} = \frac{p_2V_2}{T_2} \Rightarrow \frac{p_1}{T_1} = \frac{p_2}{T_2}$

Do enunciado: $p_1 = 1{,}0$ atm, $T_1 = 300$ K e $T_2 = 254$ K.

Então: $\frac{p_1}{T_1} = \frac{p_2}{T_2} \Rightarrow \frac{1}{300} = \frac{p_2}{254} \Rightarrow \boxed{p_2 \simeq 0{,}85\text{ atm}}$

Avaliando o aprendizado

9. Um gás perfeito, inicialmente a uma pressão p, sofre uma transformação isotérmica na qual seu volume é reduzido à terça parte do valor inicial. Determine a pressão final do gás.

10. O diagrama pressão × volume mostrado abaixo representa uma transformação isotérmica sofrida por uma dada massa de gás perfeito.

Determine:

a) o volume V_2;

b) a pressão p_3.

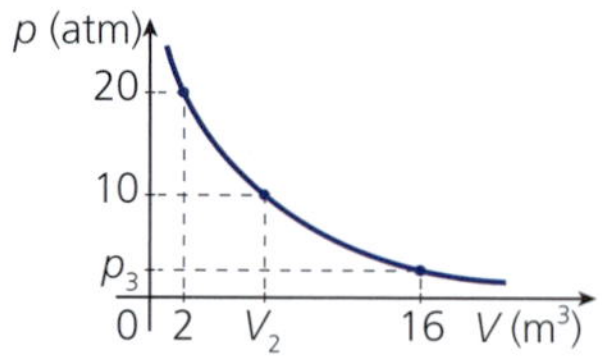

11. Um gás ideal, inicialmente ocupando um volume de 20 L, é resfriado de modo que sua temperatura absoluta se reduza à metade da inicial, sem que sua pressão varie. Determine o volume final ocupado pelo gás.

12. Um gás ideal sob pressão de 1 atm e ocupando um volume de 10 L é aquecido isobaricamente de 27 °C a 327 °C.

a) Determine o volume final ocupado pelo gás.

b) Esboce o diagrama pressão × volume para essa transformação.

13. Um recipiente que resiste até uma pressão de $3{,}0 \cdot 10^5$ Pa contém gás perfeito sob pressão de $1{,}0 \cdot 10^5$ Pa à temperatura de 27 °C. Desprezando a dilatação térmica do recipiente, calcule a máxima temperatura a que o gás pode ser aquecido.

14. Uma garrafa aberta contém ar à temperatura ambiente de 27 °C. A garrafa é, então, hermeticamente vedada e, posteriormente, aquecida. Considerando o ar como gás ideal e desprezando a variação de volume da garrafa, determine a que temperatura o conjunto deve ser aquecido para que a pressão exercida pelo ar aumente em 20%. A pressão atmosférica local vale 1 atm.

Revisando o conteúdo

Ficha-resumo 1

Lei de Avogadro

1 mol de qualquer gás, à temperatura de 0 °C e sob pressão de 1 atm, ocupa um volume de 22,4 L.

Número de Avogadro

$N_0 = 6{,}02 \cdot 10^{23}$ moléculas = 1 mol de moléculas

Número de mols (*n*)

$$n = \frac{m}{M} = \frac{N}{N_0}$$

Equação de Clapeyron (equação de estado do gás perfeito)

$$pV = nRT$$

Em que $R = 0{,}082$ atm·L/(mol·K) =

= 8,31 J/(mol·K)

é a constante universal dos gases perfeitos

1. (UCMG) O volume ocupado por 2,0 mol de moléculas de um gás ideal à pressão de $2{,}0 \cdot 10^5$ N/m² e a 27 °C é, em m³:

a) $4{,}4 \cdot 10^{-3}$
b) $2{,}2 \cdot 10^{-3}$
c) $2{,}5 \cdot 10^{-2}$
d) $2{,}2 \cdot 10^{1}$
e) $2{,}5 \cdot 10^{-8}$

(Dado: R = 8,31 J/(mol · K))

2. (Fuvest-SP) Um extintor de incêndio cilíndrico, contendo CO_2, possui um medidor de pressão interna que, inicialmente, indica 200 atm. Com o tempo, parte do gás escapa, o extintor perde pressão e precisa ser recarregado. Quando a pressão interna for igual a 160 atm, a porcentagem da massa inicial de gás que terá escapado corresponderá a:

a) 10%
b) 20%
c) 40%
d) 60%
e) 75%

(Considere que a temperatura permanece constante e o CO_2, nessas condições, comporta-se como um gás perfeito; 1 atm = 10^5 N/m²)

3. (Fuvest-SP) Um cilindro contém uma certa massa M_0 de um gás a T_0 = 7 °C (280 K) e pressão P_0. Ele possui uma válvula de segurança que impede a pressão interna de alcançar valores superiores a P_0. Se essa pressão ultrapassar P_0, parte do gás é liberada para o ambiente. Ao ser aquecido até T = 77 °C (350 K), a válvula do cilindro libera parte do gás, mantendo a pressão interna no valor P_0. No final do aquecimento, a massa de gás que permanece no cilindro é, aproximadamente:

a) $1{,}0 \cdot M_0$
b) $0{,}8 \cdot M_0$
c) $0{,}7 \cdot M_0$
d) $0{,}5 \cdot M_0$
e) $0{,}1 \cdot M_0$

4. (Fuvest-SP) Um laboratório químico descartou um frasco de éter sem perceber que, em seu interior, ainda havia um resíduo de 7,4 g de éter, parte no estado líquido, parte no estado gasoso. Esse frasco, de 0,8 L de volume, fechado hermeticamente, foi deixado sob o sol e, após certo tempo, atingiu a temperatura de equilíbrio T = 37 °C, valor acima da temperatura de ebulição do éter. Se todo o éter no estado líquido tivesse evaporado, a pressão dentro do frasco seria:

a) 0,37 atm
b) 1,0 atm
c) 2,5 atm
d) 3,1 atm
e) 5,9 atm.

[Note e adote: No interior do frasco descartado havia apenas éter. Massa molar do éter = 74 g; K = °C + 273; R = 0,08 atm · L/(mol·K)]

5. (PUC-SP) Um recipiente rígido contém 2 g de oxigênio à pressão de 20 atm e temperatura de 47 °C. Sabendo que a massa molecular do oxigênio é 32 e que R = 0,082 atm · L/(mol · K), o volume do recipiente é, em litro:

a) 0,082
b) 0,820
c) 0,078
d) 0,780
e) 0,069

6. (Vunesp) Duas amostras de um gás perfeito submetidas a uma mesma pressão ocupam volumes iguais quando a temperatura da primeira é 10 °C e da segunda 100 °C. A relação entre os números de mols é:

a) 1 : 1,32
b) 1 : 0,76
c) 1 : 10
d) 1 : 0,1
e) 1 : 0,33

7. (PUC-SP) Um recipiente rígido contém gás perfeito sob pressão de 3 atm. Sem deixar variar a temperatura, são retirados 4 mol do gás, fazendo com que a pressão se reduza a 1 atm. O número de mols existente inicialmente no recipiente era:

a) 6
b) 8
c) 10
d) 12
e) 16

Ficha-resumo 2

Lei geral dos gases perfeitos

$$\frac{p_1V_1}{T_1} = \frac{p_2V_2}{T_2}$$

Obs.: A temperatura T deve ser, obrigatoriamente, medida na escala Kelvin:

$$T = \theta_C + 273$$

O número de mols, n, deve permanecer constante.

8. (Mackenzie-SP) Um gás perfeito tem volume de 300 cm^3 a certa pressão e temperatura. Duplicando simultaneamente a pressão e a temperatura absoluta do gás, o seu volume é de:

a) 300 cm^3
b) 450 cm^3
c) 600 cm^3
d) 900 cm^3
e) 1.200 cm^3

9. (Unip-SP) Uma dada massa de um gás perfeito está a uma temperatura de 300 K, ocupando um volume V e exercendo uma pressão p.

Se o gás for aquecido e passar a ocupar um volume $2V$ e exercer uma pressão $1{,}5p$, sua nova temperatura será:

a) 100 K
b) 300 K
c) 450 K
d) 600 K
e) 900 K

10. (PUC-SP) Um gás perfeito é mantido em um cilindro fechado por um pistão. Em um estado A, as suas variáveis são: $p_A = 2{,}0$ atm; $V_A = 0{,}90$ L; $T_A = 27$ °C. Em outro estado B, a temperatura é $T_B = 127$ °C e a pressão é $p_B = 1{,}5$ atm. Nessas condições, o volume V_B, em litro, deve ser:

a) 0,90
b) 1,2
c) 1,6
d) 2,0
e) 2,4

Ficha-resumo 3

Transformações particulares

$$\frac{p_1V_1}{T_1} = \frac{p_2V_2}{T_2}$$

- Se T = constante $\Rightarrow p_1V_1 = p_2V_2$ **(lei de Boyle-Moriotte)**
- Se p = constante $\Rightarrow \frac{V_1}{T_1} = \frac{V_2}{T_2}$ **(lei de Charles)**
- Se V = constante $\Rightarrow \frac{p_1}{T_1} = \frac{p_2}{T_2}$ **(lei de Gay-Lussac)**

11. (PUC-PR) Observe o gráfico abaixo.

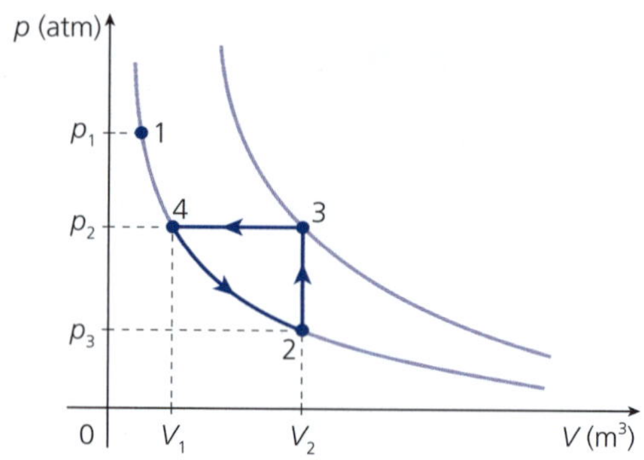

Nele, estão mostradas as transformações sofridas por um gás ideal quando se varia a temperatura, pressão ou volume.

A partir destas informações, pode-se afirmar que o gás evolui:

a) isobaricamente de 3 a 4.
b) isometricamente de 3 a 4.
c) isotermicamente de 2 a 3.
d) isometricamente de 4 a 2.
e) isobaricamente de 1 a 2.

12. (Mackenzie-SP) Uma massa gasosa, inicialmente num estado A, sofre duas transformações sucessivas e passa para um estado C. A partir do estado A, esse gás sofre uma transformação isobárica e passa para o estado B. A partir do estado B, ele sofre uma transformação isotérmica e passa ao estado C. O diagrama que melhor expressa essas transformações é:

a)
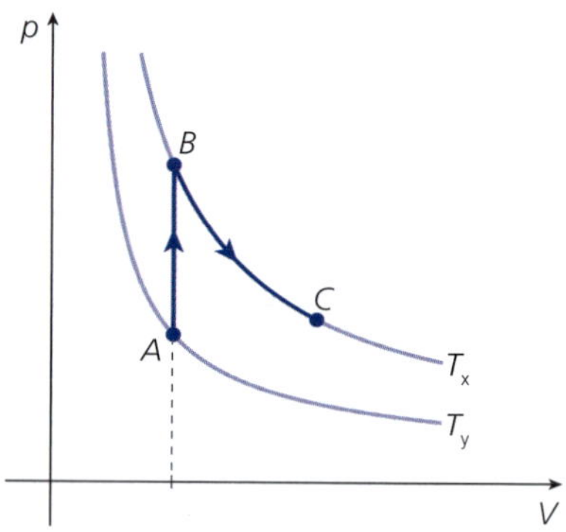

b)
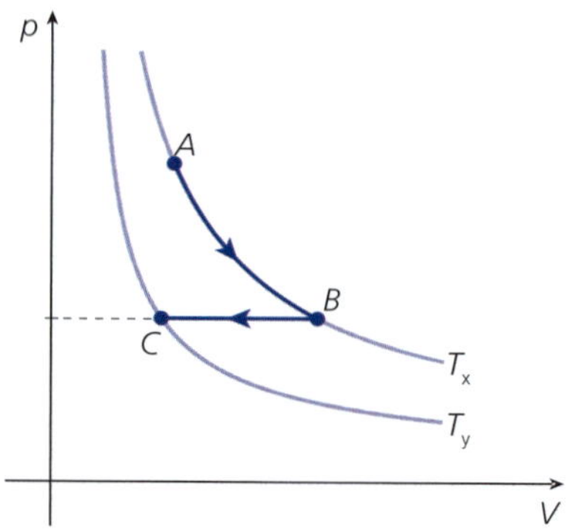

c)

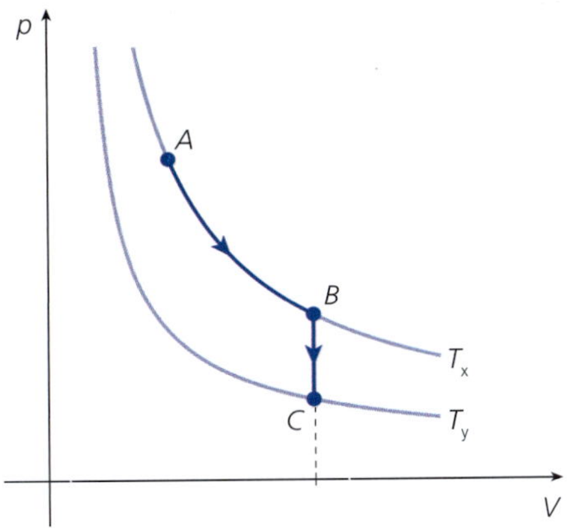

d)

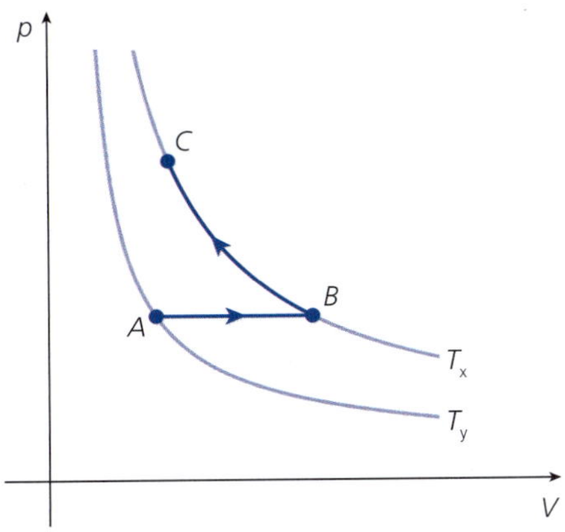

e)

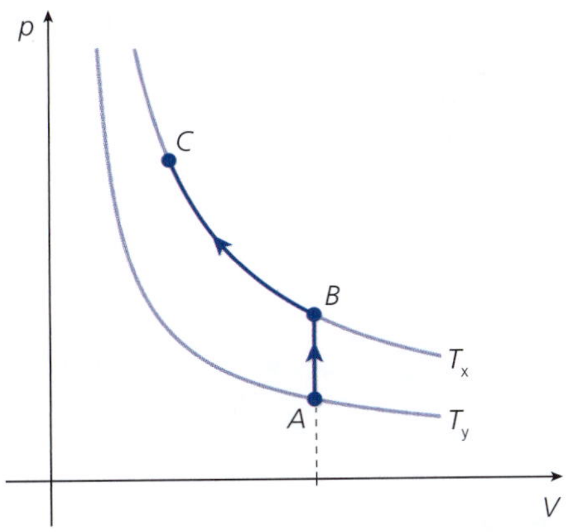

13. (Fuvest-SP) Em algumas situações de resgate, bombeiros utilizam cilindros de ar comprimido para garantir condições normais de respiração em ambientes com gases tóxicos. Esses cilindros, cujas características estão indicadas na tabela, alimentam máscaras que se acoplam ao nariz. Quando acionados, os cilindros fornecem para a respiração, a cada minuto, cerca de 40 litros de ar, à pressão atmosférica e temperatura ambiente. Nesse caso, a duração do ar de um desses cilindros seria de aproximadamente:

a) 20 min.
b) 30 min.
c) 45 min.
d) 60 min.
e) 90 min.

Cilindro para respiração	
Gás	ar comprimido
Volume	9 L
Pressão interna	200 atm
Pressão atmosférica local = 1 atm A temperatura durante todo o processo permanece constante.	

14. (Ufac) Assinale a que temperatura temos de elevar 400 mL de um gás a 15 °C para que seu volume atinja 500 mL, sob pressão constante.

a) 25 °C
b) 49 °C
c) 69 °C
d) 87 °C
e) 110 °C

15. (Mackenzie-SP) Uma massa de gás supostamente ideal, inicialmente a 47 °C, sofre uma variação de temperatura de 80 °C durante uma transformação isobárica. O volume dessa massa gasosa, após esse aquecimento, sofreu um aumento, em relação ao seu volume inicial, de:

a) 2,5%
b) 4,0%
c) 25%
d) 40%
e) 80%

16. (UFSC) Um congelador doméstico encontra-se, inicialmente, desligado, vazio (sem nenhum alimento ou objeto dentro dele), totalmente aberto e à temperatura ambiente de 27 °C, quando, então, tem sua porta fechada e é ligado. Após algumas horas de funcionamento, ainda vazio, sua temperatura interna atinge −18 °C. O congelador possui perfeita vedação com a porta mantida fechada.

Considerando que o ar se comporta como um gás ideal, assinale a(s) proposição(ões) **correta(s)**.

01) Após o fechamento do congelador, a pressão do ar no seu interior aumenta, à medida que a temperatura baixa.
02) Imediatamente após a porta do congelador ser fechada, a pressão do ar no seu interior é igual à pressão atmosférica local.
04) Não há troca de calor com o meio ambiente; por isso, a energia interna do sistema constituído pela massa de ar dentro do congelador não diminui nem aumenta.
08) Com a diminuição da temperatura, a pressão do ar no interior do congelador diminui também.
16) Enquanto a porta foi mantida fechada, a pressão e a temperatura da massa de ar no interior do congelador mantiveram-se diretamente proporcionais.
32) A pressão no interior do congelador, quando a massa de ar atinge a temperatura de −18 °C, é igual a 85% da pressão atmosférica local.

Dê como resposta a soma dos números que precedem as proposições corretas.

Capítulo 23

Termodinâmica

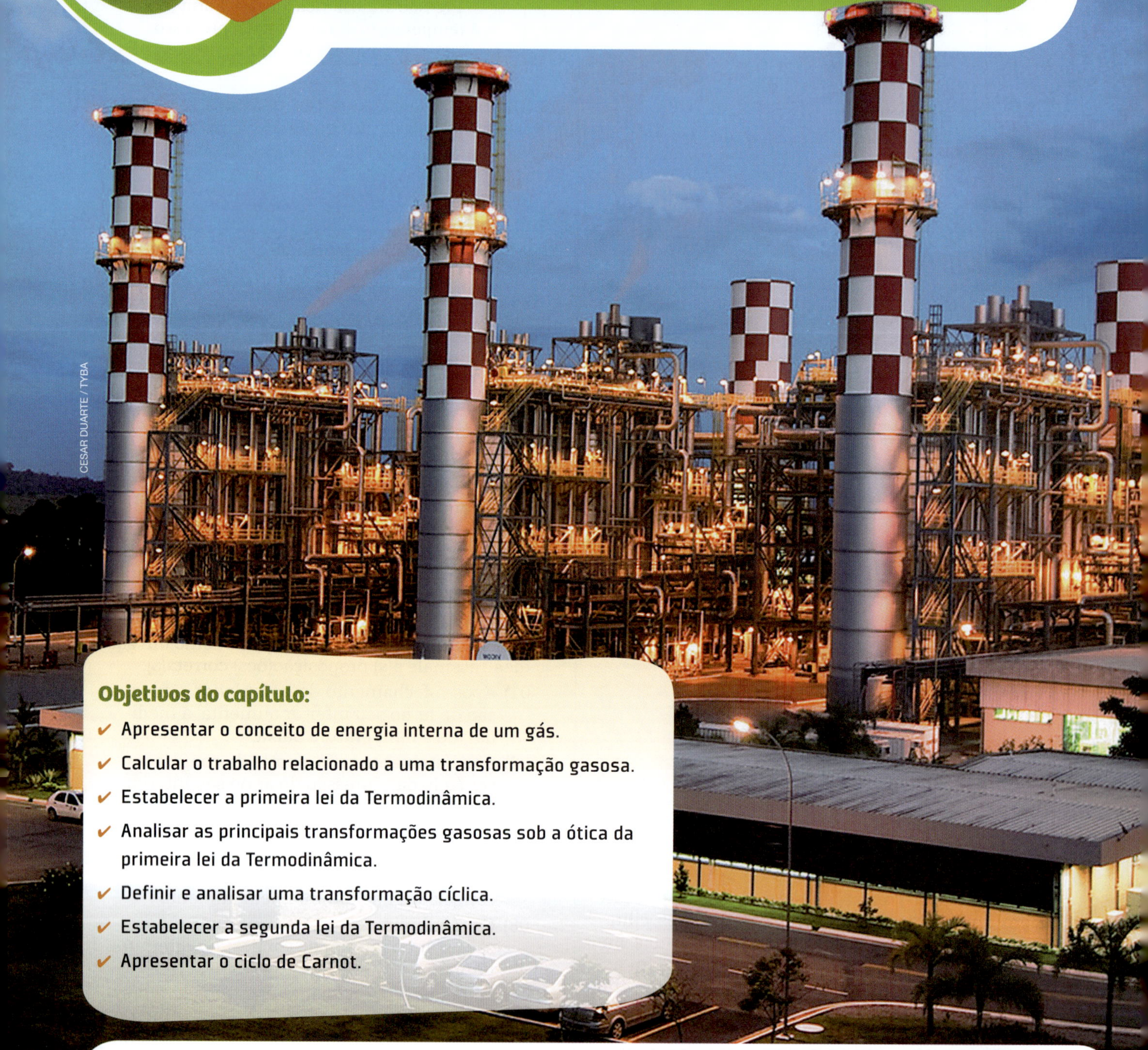

CESAR DUARTE / TYBA

Objetivos do capítulo:

- ✔ Apresentar o conceito de energia interna de um gás.
- ✔ Calcular o trabalho relacionado a uma transformação gasosa.
- ✔ Estabelecer a primeira lei da Termodinâmica.
- ✔ Analisar as principais transformações gasosas sob a ótica da primeira lei da Termodinâmica.
- ✔ Definir e analisar uma transformação cíclica.
- ✔ Estabelecer a segunda lei da Termodinâmica.
- ✔ Apresentar o ciclo de Carnot.

A Revolução Industrial, iniciada na Inglaterra na segunda metade do século XVIII, encerrou a transição entre o feudalismo e o capitalismo. A máquina a vapor, aperfeiçoada e patenteada por James Watt em 1769, mudou o modo de produção das indústrias, substituindo as ferramentas manuais pelas máquinas automáticas, trocando a energia humana pela energia motriz do vapor e o modo de produção caseiro pelo fabril, possibilitando a Revolução Industrial.

As máquinas térmicas continuam a movimentar nosso mundo. Você conseguiria imaginar como ele seria hoje sem carros, caminhões, aviões ou mesmo sem energia elétrica?

Numa usina termelétrica, como a mostrada na foto, localizada em Macaé, estado do Rio de Janeiro, as turbinas são movimentadas pelo vapor de água produzido a partir da queima de combustíveis fósseis.

1 Introdução

Gráficos
Conteúdo multimídia

Termodinâmica, palavra de origem grega que significa "movimento de calor", é a área da Física que investiga os processos que permitem a conversão de calor em trabalho ou vice-versa. Em nossos estudos da Termodinâmica, relacionaremos as propriedades macroscópicas de um gás (pressão, volume e temperatura) com a energia trocada entre esse gás e outros sistemas.

As leis da Termodinâmica, elaboradas no século XIX depois de exaustivas experimentações, explicam a natureza dos processos termodinâmicos, reconhecem a existência de limites e são de fundamental importância em todos os ramos da Física e da Engenharia.

23.2
Conteúdo Multimídia

2 Energia interna de um gás

Considere uma determinada quantidade de gás contida em um recipiente, como esquematizado na **figura 1.**

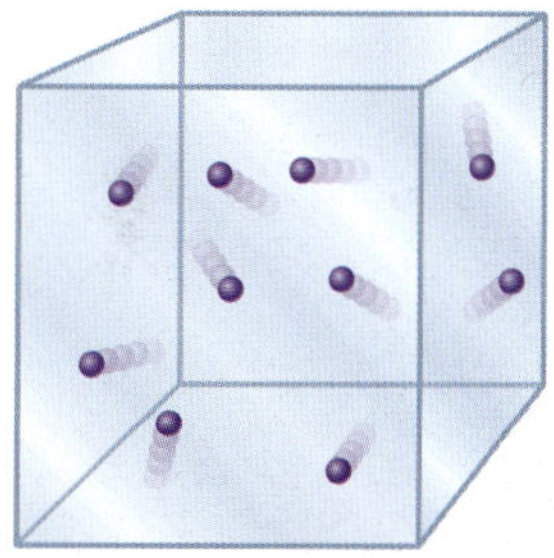

Figura 1. As moléculas de um gás estão em constante movimentação.

As moléculas de um gás, como já sabemos, estão em constante movimentação, desordenada. Sabemos ainda que essa movimentação depende da temperatura do gás: quanto mais alta for a temperatura do gás, maior será a agitação de suas moléculas, maiores serão as velocidades e, consequentemente, as energias cinéticas dessas moléculas.

A **energia interna** de uma dada massa de gás, que passaremos a representar por *U*, corresponde à soma de várias parcelas, entre as quais podemos citar a energia cinética média de translação das moléculas, a energia potencial de configuração, relacionada às forças intermoleculares, e a energia cinética de rotação das moléculas.

Com o auxílio das leis da Mecânica e da equação de Clapeyron, é possível demonstrar que a energia interna *U* de uma dada massa de gás perfeito monoatômico pode ser calculada por:

$$U = \frac{3}{2}nRT$$

Nessa expressão, *U* é a energia interna do gás, correspondente à energia cinética média de translação de suas moléculas, *n* é o número de mols do gás, *T* sua temperatura absoluta (em kelvin) e *R* a constante universal dos gases perfeitos.

A partir da expressão anterior, podemos enunciar uma lei, conhecida como **lei de Joule**, para os gases perfeitos:

> A energia interna de uma dada massa de gás perfeito depende exclusivamente de sua temperatura absoluta *T*.

Portanto, para um gás perfeito, a energia interna *U* é diretamente proporcional à temperatura absoluta *T* do gás.

Entretanto, na Termodinâmica não se costuma fazer a quantificação direta da energia interna do gás, mas sim de sua variação ΔU. Assim:

- se a temperatura do gás aumentar, *U* aumentará e teremos $\Delta U > 0$;
- se a temperatura do gás diminuir, *U* diminuirá e teremos $\Delta U < 0$;
- se a temperatura do gás não variar (**transformação isotérmica**) ou se a temperatura final for igual à temperatura inicial, *U* não variará e teremos $\Delta U = 0$.

Aplicando a teoria

1. **Tem-se 5 mols de um gás perfeito monoatômico inicialmente a 200 K. Com um aquecimento isobárico esse gás é levado à temperatura de 500 K. Sendo R = 8,31 J/(mol · K), determinar a variação da energia interna dessa massa gasosa durante a transformação.**

➤ **Solução**

Vamos usar a expressão para o cálculo da energia interna do gás, $U = \frac{3}{2}nRT$, em cada uma das situações.

Na situação inicial: $U_1 = \frac{3}{2}nRT_1$

Na situação final: $U_2 = \frac{3}{2}nRT_2$

Portanto: $\Delta U = U_2 - U_1 \Rightarrow \Delta U = \frac{3}{2}nR(T_2 - T_1) \Rightarrow \Delta U = \frac{3}{2}nR\Delta T$

Temos, então:

$$\Delta U = \frac{3}{2}nR\Delta T \Rightarrow \Delta U = \frac{3}{2} \cdot 5 \cdot 8{,}31 \cdot (500 - 200) \Rightarrow \boxed{\Delta U \simeq 18.697\ \text{J}}$$

2. **Um gás perfeito monoatômico encontra-se inicialmente sob pressão de $2{,}0 \cdot 10^5$ N/m² e ocupa um volume de 2,0 m³. Esse gás é levado a uma nova situação na qual fica sob pressão de $5{,}0 \cdot 10^5$ N/m² e passa a ocupar um volume de 1,0 m³. Qual é a variação da energia interna do gás nessa transformação?**

➤ **Solução**

A partir da equação de Clapeyron, $pV = nRT$, podemos calcular a energia interna de um gás em função da pressão e do volume da massa gasosa.

Teremos: $U = \frac{3}{2}nRT \Rightarrow U = \frac{3}{2}pV$

Na situação inicial: $U_1 = \frac{3}{2}p_1V_1$

Na situação final: $U_2 = \frac{3}{2}p_2V_2$

Portanto: $\Delta U = U_2 - U_1 \Rightarrow \Delta U = \frac{3}{2} \cdot (p_2V_2 - p_1V_1)$

Com os valores fornecidos no enunciado, obtemos:

$$\Delta U = \frac{3}{2} \cdot (5{,}0 \cdot 10^5 \cdot 1{,}0 - 2{,}0 \cdot 10^5 \cdot 2{,}0) \Rightarrow \Delta U = \frac{3}{2} \cdot 1{,}0 \cdot 10^5 \Rightarrow \boxed{\Delta U = +1{,}5 \cdot 10^5\ \text{J}}$$

Portanto, a temperatura do gás aumentou.

Avaliando o aprendizado

1. A energia interna de determinada quantidade de gás é U.

a) Qual será a energia interna do gás se duplicarmos sua quantidade?

b) Qual será a energia interna do gás se duplicarmos sua quantidade e triplicarmos sua temperatura absoluta?

2. Com um resfriamento isobárico, 10 mols de um gás ideal monoatômico sofrem uma compressão e o volume ocupado por ele passa de 2 m³ para 1 m³. Sabendo que no início do processo o gás estava a 500 K e sendo R = 8,31J/(mol · K), determine:

a) a pressão exercida p pelo gás sobre as paredes do recipiente onde está contido;

b) a temperatura final do gás, T_2;

c) a variação de sua energia interna, ΔU.

3. Uma massa de gás ideal monoatômico sofre uma expansão isobárica, sob pressão de 5 atm, e seu volume passa de 10 L para 18 L. Qual é a variação da energia interna do gás?

3 Trabalho em uma transformação gasosa

Quando, durante uma transformação termodinâmica, o volume V de um gás sofrer uma variação ΔV, haverá realização de um trabalho τ e, consequentemente, troca de energia mecânica com o meio externo. A realização de trabalho durante a transformação gasosa pode, então, ser interpretada como uma medida da energia trocada pelo sistema gasoso com o meio externo.

Consideremos determinada quantidade de gás contida em um cilindro provido de êmbolo que pode deslizar sem atrito **(fig. 2A)**.

Os choques das moléculas do gás contra o êmbolo resultam numa força $\vec{F}$ e, se o gás sofrer uma expansão, o êmbolo se deslocará no mesmo sentido da força **(fig. 2B)**. Portanto, o trabalho τ é positivo e dizemos que **o gás realizou trabalho**.

Se o gás sofrer uma contração de volume, o êmbolo se deslocará no sentido oposto ao da força **(fig. 2C)**. Nesse caso, o trabalho τ é negativo e dizemos que **o gás recebeu trabalho**.

Vamos agora obter uma expressão para calcular o trabalho τ em uma transformação gasosa. Para simplificar, consideraremos uma **expansão isobárica** do gás, ou seja, um **aumento de volume sob pressão constante**.

Nesse caso, a força $\vec{F}$ é constante, pois $p = \frac{F}{S}$ e, portanto, $F = pS$, em que S é a área do êmbolo, que também é um valor constante.

Como vimos anteriormente, para uma força $\vec{F}$ constante e na direção do deslocamento, o trabalho τ é dado por: $\tau = Fd$

Então: $\tau = Fd \Rightarrow \tau = pSd$

Entretanto, o produto Sd na expressão acima corresponde à variação de volume ΔV do gás.

Portanto, numa transformação isobárica de um gás perfeito:

$$\tau = p\Delta V$$

A representação de uma transformação gasosa em um diagrama Pressão $\times$ Volume recebe o nome de **diagrama de Clapeyron** ou **diagrama de trabalho**.

Observe que o sinal do trabalho τ depende do sinal da variação de volume ΔV do gás:

- se $\Delta V > 0$, V aumenta e $\tau > 0$, o gás realiza trabalho;
- se $\Delta V < 0$, V diminui e $\tau < 0$, o gás recebe trabalho;
- se $\Delta V = 0$, V não varia e $\tau = 0$; temos uma **transformação isocórica**.

No caso de uma transformação isobárica, o diagrama de Clapeyron é uma reta paralela ao eixo dos volumes e o trabalho na transformação, $\tau = p\Delta V$, corresponde, numericamente, à área do retângulo destacado na **figura 3**.

Essa propriedade pode ser generalizada e é válida mesmo que a pressão p exercida pelo gás durante a transformação varie.

Então, em qualquer transformação gasosa:

$$|\tau| \overset{N}{=} \text{Área sob a curva no diagrama de Clapeyron}$$

Na expansão, $\tau > 0$ e o gás realiza trabalho. Na contração, $\tau < 0$ e o gás recebe trabalho.

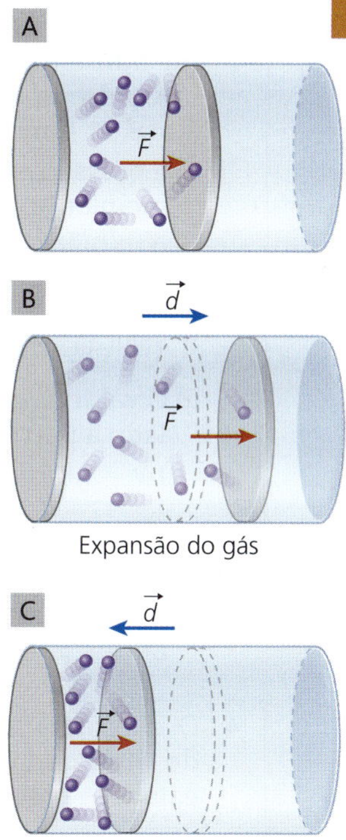

Figura 2. Durante uma variação de volume do gás, trabalho é realizado ou recebido pelo gás. A força $\vec{F}$ é a força exercida pelo gás sobre o êmbolo.

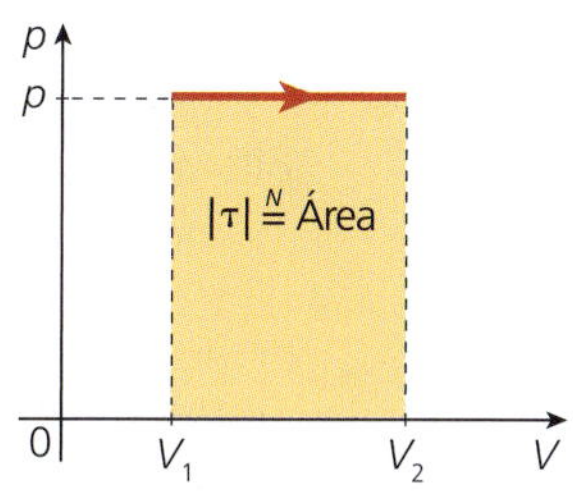

Figura 3. O trabalho na transformação isobárica é, numericamente, dado pela área do retângulo destacado no gráfico.

Aplicando a teoria

3. **Com um resfriamento isobárico, 10 mols de um gás ideal passam por uma expansão e seu volume aumenta de 2 m^3 para 3 m^3. Sabendo que no início do processo o gás estava a 500 K e sendo $R = 8{,}31$ J/(mol · K), determinar:**

a) a pressão exercida pelo gás sobre as paredes do recipiente onde está contido;

b) o trabalho realizado pelo gás durante a transformação.

➤ Solução

a) O valor da pressão inicial do gás pode ser calculado a partir da equação de Clapeyron:

$pV = nRT \Rightarrow p \cdot 2 = 10 \cdot 8{,}31 \cdot 500$

$\Rightarrow \boxed{p = 20.775 \text{ N/m}^2}$

b) Numa transformação isobárica: $\tau = p\Delta V$

Então: $\tau = 20.775 \cdot (3 - 2) \Rightarrow \boxed{\tau = 20.775 \text{ J}}$

4. **O diagrama abaixo representa a transformação de uma dada massa de gás ideal ao passar do estado *A* para o estado *B*.**

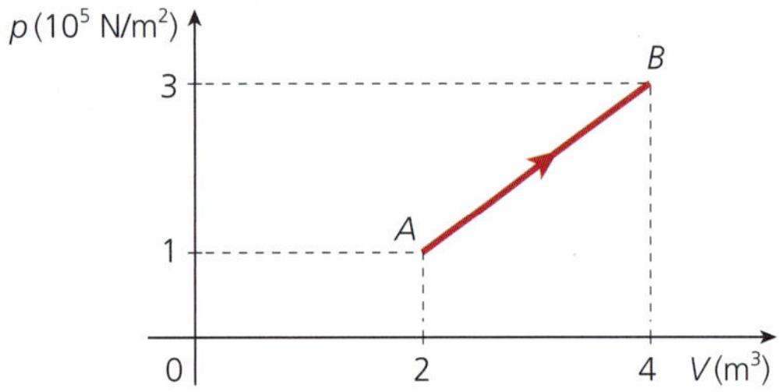

Determinar o trabalho realizado pelo gás na transformação $A \rightarrow B$.

➤ Solução

O módulo do trabalho na transformação *AB* é dado pela área sob a curva; nesse caso, a área de um trapézio. Lembre que a área S de um trapézio é dada por:

$$S = \frac{(\text{base maior} + \text{base menor})}{2} \cdot \text{altura}$$

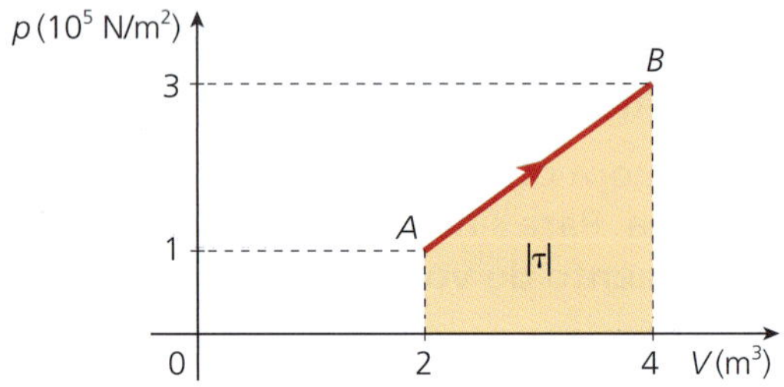

Então: $|\tau| = \dfrac{3 \cdot 10^5 + 1 \cdot 10^5}{2} \cdot 2 \Rightarrow |\tau| = 4 \cdot 10^5$ J

Na transformação *AB*, o gás sofreu uma expansão (seu volume passou de 2 m^3 para 4 m^3) e realizou trabalho. Portanto, o trabalho é positivo.

Assim, o trabalho na transformação é:

$$\boxed{\tau = +4 \cdot 10^5 \text{ J}}$$

Avaliando o aprendizado

4. Em um processo à pressão constante de $2{,}0 \cdot 10^5$ N/m^2, um gás aumenta seu volume de $8 \cdot 10^{-3}$ m^3 para $12 \cdot 10^{-3}$ m^3. Determine o trabalho realizado pelo gás, em joule, durante essa expansão.

5. Um gás ideal sofre a transformação mostrada a seguir no diagrama de Clapeyron.

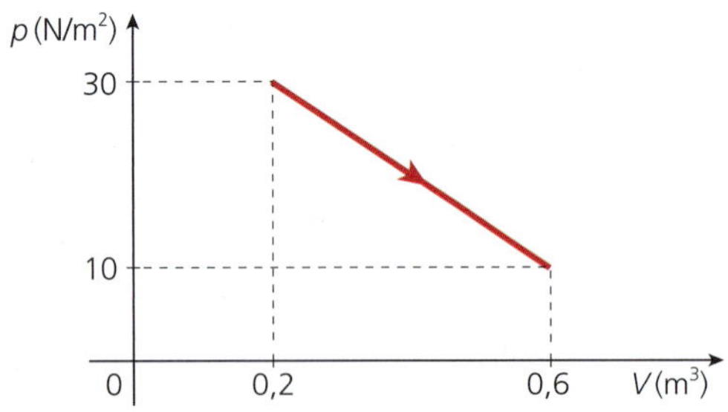

Qual é o trabalho, em joule, realizado pelo gás durante a transformação?

6. Uma determinada quantidade de gás, inicialmente a 100 K, passa pela transformação mostrada a seguir.

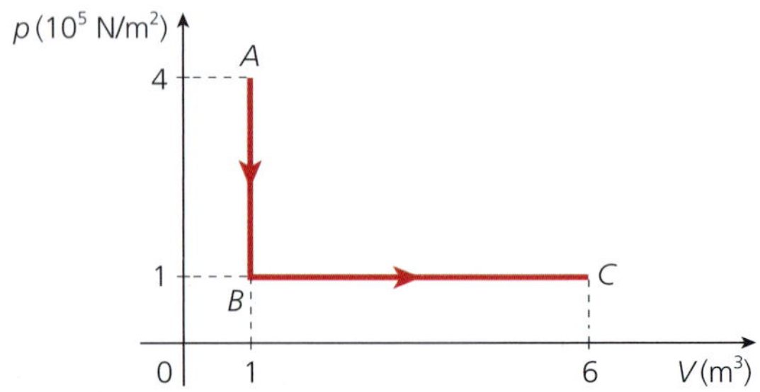

a) Qual é a temperatura final do gás?

b) Qual é o trabalho realizado pelo gás?

4 Primeira lei da Termodinâmica

Em qualquer processo termodinâmico, a energia pode ser transferida de um sistema para outro sob duas formas: sob a forma de calor Q ou sob a forma de trabalho τ.

Como a energia não pode ser criada ou destruída, a quantidade de calor Q transferida de um sistema para outro e o trabalho τ estão relacionados com a variação da energia interna ΔU do sistema.

A variação da energia interna ΔU de um sistema termodinâmico é, portanto, o resultado de um balanço energético entre o calor Q trocado e o trabalho τ envolvido na transformação **(fig. 4)**.

A **primeira lei da Termodinâmica** estabelece que, em qualquer transformação:

$$\Delta U = Q - \tau$$

Essa lei de conservação de energia pode ser assim enunciada:

> A variação da energia interna ΔU do sistema é igual à diferença entre o calor Q trocado pelo sistema e o trabalho τ envolvido na transformação.

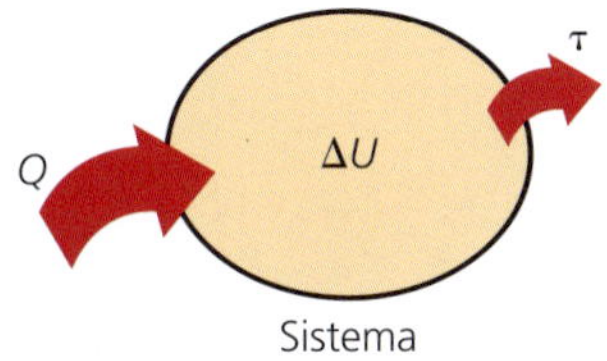

Figura 4. Numa transformação, a variação da energia interna ΔU do sistema depende do calor Q trocado e do trabalho τ.

O sinal da quantidade de calor Q é dado, de acordo com o estabelecido no capítulo 19, por:

- $Q > 0$, quando é recebido pelo gás;
- $Q < 0$, quando é cedido pelo gás;
- $Q = 0$, quando o gás não troca calor; nesse caso temos uma **transformação adiabática**.

Aplicando a teoria

5. **Um gás passa por uma transformação durante a qual recebe do meio externo 200 J de calor enquanto se expande e realiza um trabalho de 300 J. Determinar a variação de energia interna sofrida por esse gás.**

➤ **Solução**

São dados: $Q = +200$ J (calor recebido pelo gás) e $\tau = +300$ J (trabalho realizado pelo gás).

Pela primeira lei da Termodinâmica, $\Delta U = Q - \tau$, obtemos:

$\Delta U = (+200) - (+300) \Rightarrow \Delta U = 200 - 300$

$\Rightarrow \boxed{\Delta U = -100 \text{ J}}$ (diminuição)

Podemos resumir os resultados em uma figura:

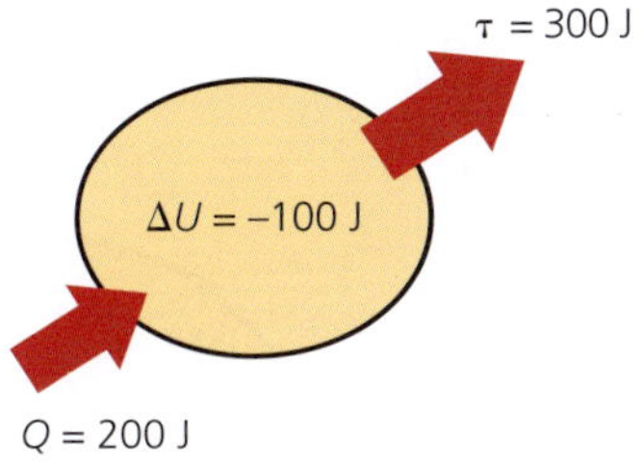

6. **Ao ser aquecido, um gás se expande realizando um trabalho de 42 J, enquanto sua energia interna aumenta de 5 cal. Determinar, em caloria, a quantidade de calor fornecida ao gás. Considerar 1 cal = 4,2 J.**

➤ **Solução**

De acordo com o enunciado:

$\tau = +42$ J (trabalho realizado pelo gás) e $\Delta U = +5 \text{ cal} = +5 \cdot 4{,}2 \text{ J} = 21 \text{ J}$

Portanto, de acordo com a primeira lei da Termodinâmica $\Delta U = Q - \tau$, teremos:

$+21 = Q - (+42) \Rightarrow Q = +21 + 42 \Rightarrow Q = +63 \text{ J}$

Convertendo essa quantidade de calor para calorias, teremos:

$Q = +\frac{63}{4{,}2} \text{ cal} \Rightarrow \boxed{Q = +15 \text{ cal}}$ (calor recebido pelo gás)

Podemos, mais uma vez, resumir os resultados em uma figura:

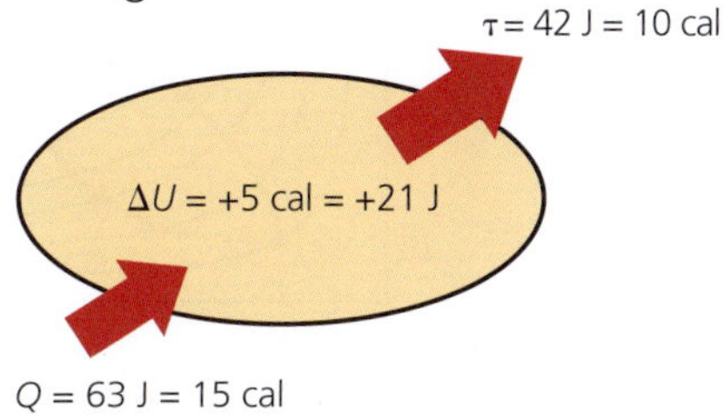

Avaliando o aprendizado

7. Um gás ideal sofre um aquecimento isocórico durante o qual recebe 1.000 J de calor de uma fonte térmica. Determine, para essa transformação:

a) o trabalho realizado pelo gás;

b) a variação de energia interna experimentada pelo gás.

8. O diagrama ao lado mostra como varia a pressão de uma dada massa de gás perfeito monoatômico, em função do volume por ela ocupado, durante uma transformação. Durante o processo, o gás recebeu 600 J de calor de uma fonte térmica.

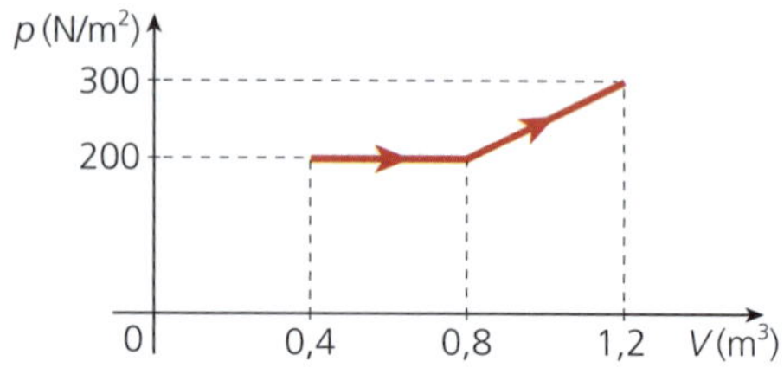

Determine:

a) o trabalho na transformação;

b) a variação de energia interna do gás durante o processo.

9. Uma determinada massa de gás perfeito é aquecida durante 30 min por uma fonte de calor de potência constante e igual a 100 W. Durante esse aquecimento, o gás expande-se e realiza um trabalho de $1,2 \cdot 10^5$ J. Determine a variação de energia interna do gás durante esse aquecimento.

5 Transformações cíclicas

Uma transformação gasosa é chamada de **transformação cíclica** ou **ciclo** quando o estado final do gás coincide com o estado inicial, isto é, no estado final, os valores de pressão, temperatura e volume do gás coincidem com os valores iniciais.

A energia interna do gás varia durante as transformações, se a temperatura do gás está continuamente variando. Entretanto, como o estado final coincide com o estado inicial, a energia interna final é igual à energia interna inicial e, consequentemente, a variação da energia interna na realização de um ciclo completo é sempre nula.

Portanto, durante qualquer ciclo: $\Delta U = 0$

A **figura 5** mostra uma transformação cíclica sofrida por determinada massa de gás ideal que passa de um estado inicial *A* para um estado intermediário *B* através do processo 1 e, em seguida, é levado de volta ao estado inicial *A* pelo processo 2.

Durante a realização de um ciclo, o trabalho τ realizado pelo gás corresponde à soma algébrica dos trabalhos envolvidos em todas as etapas. No exemplo anterior, teríamos: $\tau = \tau_1 + \tau_2$.

No diagrama de Clapeyron, podemos calcular o módulo do trabalho em cada etapa do ciclo pela área sob a curva. Como o trabalho é positivo na expansão do gás e negativo na contração, podemos concluir que, na transformação cíclica, o módulo do trabalho é numericamente igual à área interna do ciclo **(fig. 6)**.

Observe na **figura 6** que o trabalho realizado pelo gás no processo 1 é maior que o trabalho (em módulo) recebido pelo gás no processo 2.

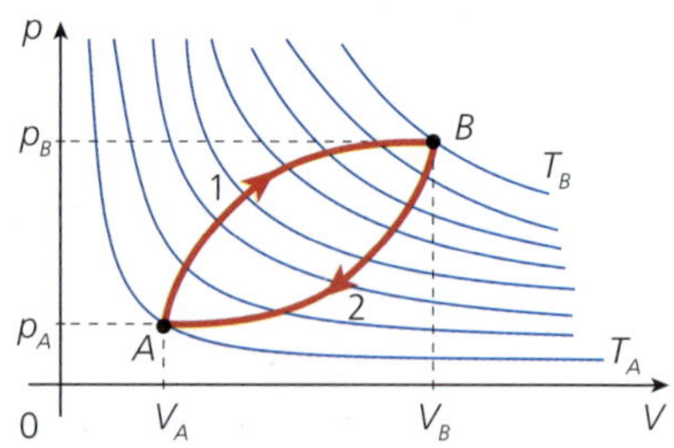

Figura 5. No processo 1 a temperatura do gás aumenta e no processo 2 a temperatura diminui.

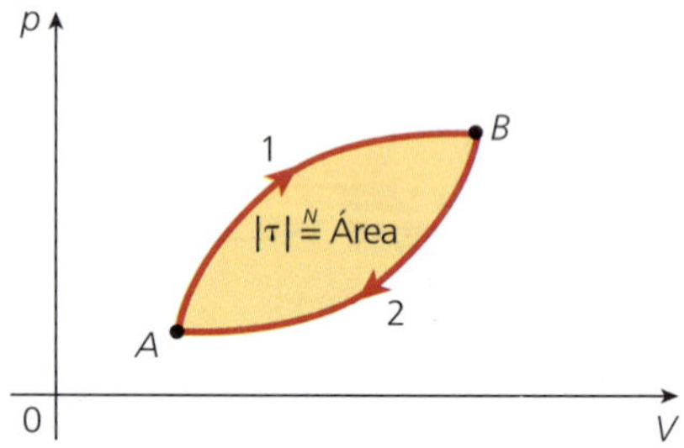

Figura 6. O módulo do trabalho no ciclo é numericamente igual à área interna do ciclo.

Assim, o saldo líquido de trabalho no ciclo da figura é positivo e o gás realiza trabalho (ciclo de sentido horário). Portanto, em um ciclo de sentido horário, calor é convertido em trabalho.

Isso acontece nas **máquinas térmicas**, das quais um motor de automóvel é o melhor exemplo.

Se o sentido das transformações for invertido, o saldo líquido de trabalho será negativo e o gás receberá trabalho (ciclo de sentido anti-horário). Então, em um ciclo de sentido anti-horário, trabalho é convertido em calor, ou seja, ocorre a retirada de calor por meio do trabalho realizado **sobre** o gás. Isso acontece, por exemplo, em uma geladeira, que é uma **máquina frigorífica**.

Como em uma transformação cíclica a variação da energia interna é nula, de acordo com a primeira lei da Termodinâmica, teremos:

$$\Delta U = Q - \tau \Rightarrow 0 = Q - \tau \Rightarrow \boxed{\tau = Q}$$

Portanto, em uma transformação cíclica existe uma equivalência entre o calor total Q trocado pelo gás e o trabalho total τ, como mostrado na **fig. 7**.

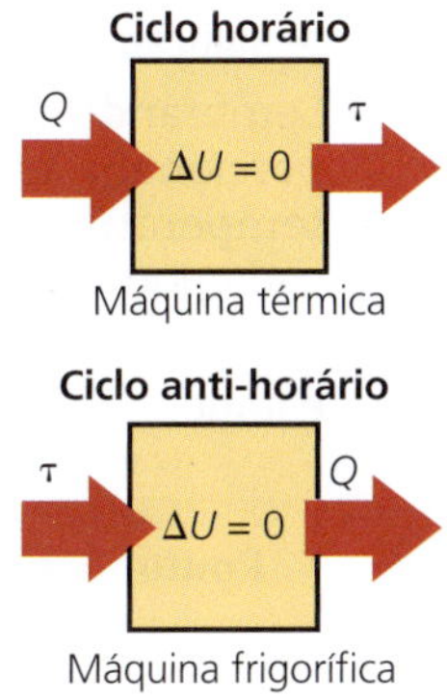

Figura 7. Nas máquinas térmicas, calor é convertido em trabalho e, nas máquinas frigoríficas (ou bombas de calor), trabalho é convertido em calor.

23.1 Conteúdo multimídia

Aplicando a teoria

7. Uma determinada quantidade de gás ideal sofre a transformação cíclica *ABCDA* mostrada no diagrama $p \times V$ abaixo. No estado *A*, a temperatura do gás é 100 K.

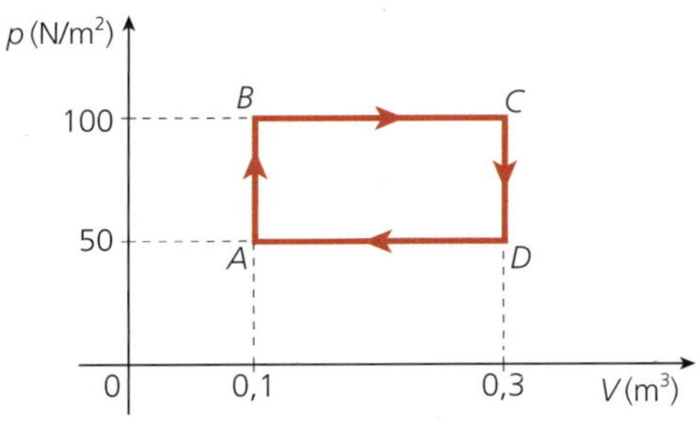

a) Determinar a temperatura do gás nos estados *B*, *C* e *D*.

b) Qual é o trabalho realizado pelo gás em cada ciclo?

➤ Solução

a) Poderíamos calcular a temperatura em cada ponto do ciclo usando a lei geral dos gases perfeitos: $\frac{p_1V_1}{T_1} = \frac{p_2V_2}{T_2}$.

Entretanto, é mais fácil obter a temperatura com a equação de Clapeyron. Observe que, como a quantidade de gás permanece constante durante todo o ciclo, podemos concluir que o produto da pressão pelo volume do gás é diretamente proporcional à sua temperatura, pois:

$$pV = nRT \Rightarrow pV = kT \Rightarrow \boxed{pV \propto T}$$

No ponto *A*:

$p_AV_A = 50 \cdot 0,1 = 5\text{J}$ e $T_A = 100\text{K}$

No ponto *B*:

$p_BV_B = 100 \cdot 0,1 = 10\text{J}$. Logo, $T_B = 2T_A \Rightarrow T_B = 200$ K

No ponto *C*:

$p_CV_C = 100 \cdot 0,3 = 30\text{J}$. Logo, $T_C = 6T_A \Rightarrow T_C = 600$ K

No ponto *D*:

$p_DV_D = 50 \cdot 0,3 = 15\text{J}$. Logo, $T_D = 3T_A \Rightarrow T_D = 300$ K

b) O módulo do trabalho no ciclo é dado, numericamente, pela área interna ao ciclo (um retângulo de base igual a 0,2 m³ e altura 50 N/m²). Então:

$$|\tau| = 0,2 \cdot 50 \Rightarrow |\tau| = 10 \text{ J}$$

Como o ciclo é de sentido horário, concluímos que, nesse ciclo, o gás realiza trabalho ($\tau > 0$).

Então: $\boxed{\tau = +10 \text{ J}}$

8. Um gás ideal, inicialmente no estado A, sob pressão de 6 atm, à temperatura de 300 K e ocupando um volume de 4 L, passa a executar um ciclo termodinâmico constituído por quatro transformações:

A → B: aquecimento isobárico até 900 K;

B → C: resfriamento isocórico até 300 K;

C → D: resfriamento isobárico até 100 K;

D → A: aquecimento isocórico até 300 K.

Representar a transformação cíclica em um diagrama de Clapeyron e determinar o trabalho realizado pelo gás.

➤ Solução

Lembrando que o produto pV é diretamente proporcional à temperatura T, podemos, a partir da temperatura, obter a pressão ou o volume em cada ponto do ciclo.

A tabela abaixo facilita o cálculo das variáveis de estado.

Ponto	p (atm)	V (L)	pV (atm · L)	T (K)
A	6	4	24	300
B	6	12	72	900
C	2	12	24	300
D	2	4	8	100

O diagrama de Clapeyron correspondente é mostrado a seguir.

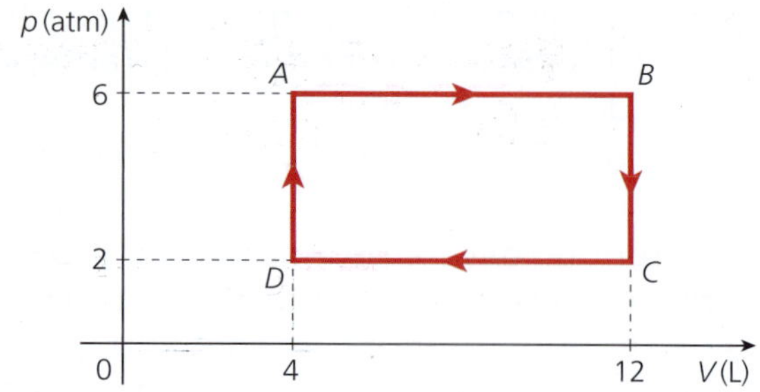

O trabalho na transformação é dado, numericamente, pela área interna do ciclo (um retângulo de base igual a 8 L e altura 4 atm). Então:

$|\tau| = 8 \cdot 4 \Rightarrow |\tau| = 32 \text{ atm} \cdot \text{L}$

Como o ciclo é de sentido horário, o gás realiza trabalho ($\tau > 0$), ou seja, há conversão de calor em trabalho. Então:

$\boxed{\tau = +32 \text{ atm} \cdot \text{L}}$

Avaliando o aprendizado

10. Um gás ideal descreve o ciclo representado abaixo.

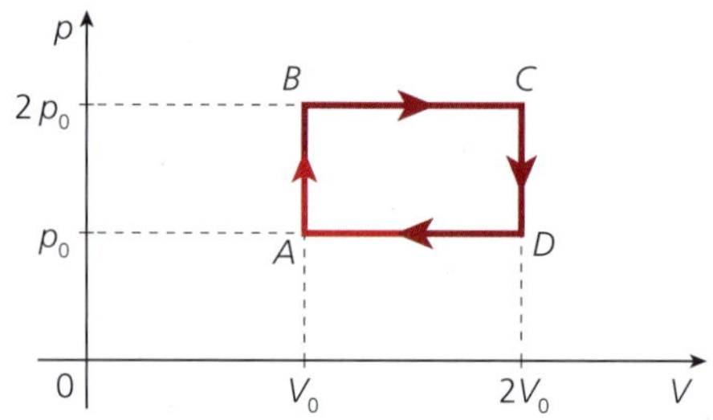

a) Em que ponto do ciclo a temperatura é mínima e em que ponto ela é máxima? Justifique.

b) Nesse ciclo, o gás realiza ou recebe trabalho? Justifique.

c) Nesse ciclo, o gás recebe ou cede calor para o ambiente? Justifique.

d) Determine o trabalho do gás e a quantidade de calor trocada durante um ciclo.

11. Determine o trabalho realizado pelo gás no ciclo mostrado abaixo.

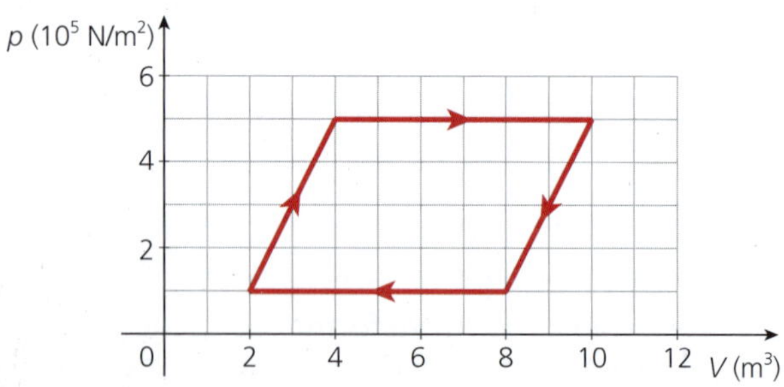

12. Certa quantidade de gás ideal realiza o ciclo $ABCDA$ representado na figura abaixo.

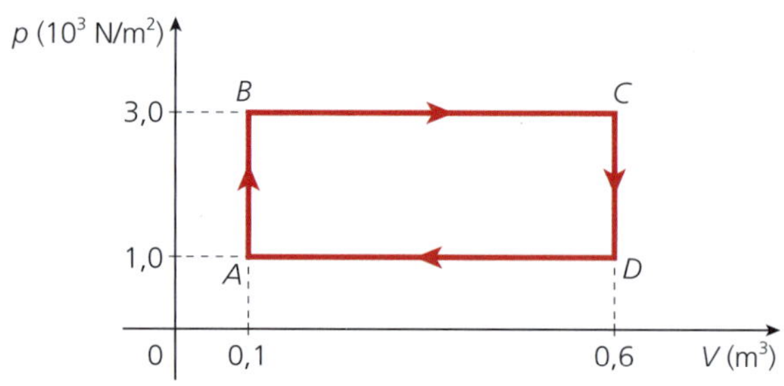

Analise as proposições a seguir e anote V para as verdadeiras e F para as falsas.

( ) No percurso AB, o trabalho realizado pelo gás é nulo.

( ) No percurso BC, o trabalho realizado é $1{,}0 \cdot 10^3$ J.

( ) No percurso CD, ocorre aumento de energia interna.

( ) No percurso DA, ocorre diminuição da temperatura do gás.

( ) Ao completar cada ciclo, há conversão de calor em trabalho.

( ) O trabalho em cada ciclo tem módulo igual a $1{,}0 \cdot 10^3$ J.

6 Segunda lei da Termodinâmica e ciclo de Carnot

O princípio da conservação da energia estabelece que as conversões de energia de uma forma em outra devem ocorrer de modo que a energia total permaneça constante.

A primeira lei da Termodinâmica é uma reafirmação desse princípio de conservação e, portanto, deve sempre ser obedecida. Entretanto, ela não prevê a possibilidade da realização de determinado processo, ou seja, nem todos os processos que obedecem à primeira lei da Termodinâmica podem ser realizados na prática.

Uma xícara de café quente, por exemplo, deixada sobre uma mesa esfria até atingir a temperatura ambiente. Esse processo está de acordo com a primeira lei da Termodinâmica. Contudo, se deixarmos uma xícara com café à temperatura ambiente sobre uma mesa, é muito pouco provável que ela espontaneamente se aqueça, apesar de este processo inverso também obedecer à primeira lei da Termodinâmica.

A segunda lei da Termodinâmica tem um caráter estatístico e estabelece um sentido preferencial de ocorrência dos processos naturais.

De acordo com o físico e matemático alemão Rudolf Clausius (1822-1888):

- Calor não flui espontaneamente de um corpo com menor temperatura para um corpo com maior temperatura.

Se levarmos em conta que calor é uma forma de energia e que sua conversão em energia mecânica, por exemplo, não é integral como estabelecido pela primeira lei da Termodinâmica, podemos enunciar a segunda lei da Termodinâmica em outros termos:

- É impossível a uma máquina térmica operando em ciclos converter integralmente calor em trabalho.

Esse enunciado é conhecido como enunciado de Kelvin-Planck.

De acordo com a segunda lei da Termodinâmica, uma máquina térmica funcionando em ciclos deve operar entre duas temperaturas constantes. A máquina recebe uma quantidade de calor Q_1 de uma **fonte quente**, à temperatura mais alta T_1, converte parte deste calor em trabalho útil τ e rejeita uma quantidade de calor Q_2 para uma **fonte fria**, à temperatura mais baixa T_2 **(fig. 8)**.

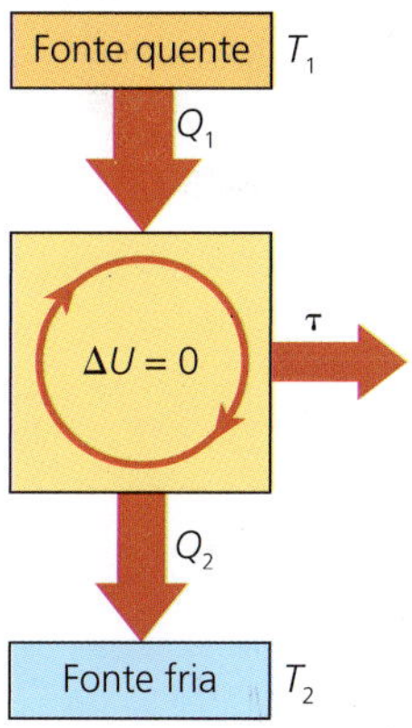

Figura 8. Uma máquina térmica não pode converter em trabalho todo o calor recebido.

Dessa maneira, pelo princípio de conservação de energia e da primeira lei da Termodinâmica, o trabalho útil τ é dado por:

$$\tau = Q_1 - Q_2$$

Como nem toda energia recebida é convertida em trabalho, o ciclo térmico apresenta um **rendimento** η definido como:

$$\eta = \frac{\tau}{Q_1}$$

Como o trabalho útil τ é sempre menor que a quantidade de calor Q_1, podemos enunciar a segunda lei da Termodinâmica em outros termos:

- Todas as máquinas térmicas cíclicas reais têm rendimento menor que 100%.

Ciclo de Carnot

O ciclo de Carnot é um **ciclo teórico** proposto pelo físico, matemático e engenheiro francês Nicolas Léonard Sadi Carnot (1796-1832).

Esse ciclo é importante porque, ao operar entre as temperaturas T_1 (fonte quente) e T_2 (fonte fria), apresenta rendimento maior que o de qualquer outro ciclo.

O ciclo de Carnot é constituido por duas transformações adiabáticas alternadas com duas transformações isotérmicas (**fig. 9**).

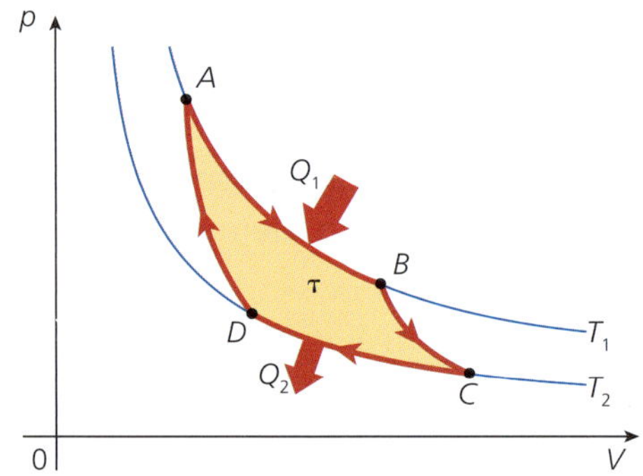

Figura 9. Ciclo de Carnot.

$A \rightarrow B$ é uma **expansão isotérmica** durante a qual o gás recebe a quantidade de calor Q_1 da fonte quente.

$B \rightarrow C$ é uma **expansão *adiabática*** durante a qual gás sofre resfriamento e sua temperatura varia de T_1 (temperatura da fonte quente) para T_2 (temperatura da fonte fria).

$C \rightarrow D$ é uma **compressão isotérmica** durante a qual o gás rejeita a quantidade de calor Q_2 para a fonte fria.

$D \rightarrow A$ é uma **compressão adiabática** durante a qual o gás sofre aquecimento e sua temperatura varia de T_2 (temperatura da fonte fria) para T_1 (temperatura da fonte quente).

O rendimento de uma máquina térmica, como visto anteriormente, é dado por:

$$\eta = \frac{\tau}{Q_1} \Rightarrow \eta = \frac{Q_1 - Q_2}{Q_1} \Rightarrow \boxed{\eta = 1 - \frac{Q_2}{Q_1}}$$

Para um ciclo de Carnot, pode-se demonstrar que a quantidade de calor trocada pelo gás é diretamente proporcional à temperatura da fonte: $Q \propto T$.

Assim, o rendimento de uma máquina de Carnot é dado por:

$$\eta = 1 - \frac{Q_2}{Q_1} \Rightarrow \eta_{\text{Carnot}} = 1 - \frac{kT_2}{kT_1} \Rightarrow \boxed{\eta_{\text{Carnot}} = 1 - \frac{T_2}{T_1}}$$

É importante ressaltar que o rendimento de um ciclo de Carnot é máximo quando operando entre duas dadas fontes a temperaturas T_1 e T_2, mas nunca é igual a 100%.

Aplicando a teoria

9. Uma máquina térmica tem rendimento de 40% e realiza um trabalho de 800 J a cada ciclo.

a) Qual é a quantidade de calor que a máquina recebe da fonte quente a cada ciclo?

b) Qual é a quantidade de calor que a máquina rejeita para a fonte fria a cada ciclo?

➤ Solução

a) A partir da definição do rendimento, temos:

$$\eta = \frac{\tau}{Q_1} \Rightarrow 0{,}40 = \frac{800}{Q_1} \Rightarrow Q_1 = \frac{800}{0{,}4} \Rightarrow \boxed{Q_1 = 2.000\text{ J}}$$

b) Numa máquina térmica, pela conservação da energia:

$$\tau = Q_1 - Q_2 \Rightarrow 800 = 2000 - Q_2 \Rightarrow \boxed{Q_2 = 1.200\text{ J}}$$

10. Uma máquina térmica opera entre −73 °C e 227 °C, segundo um ciclo de Carnot, recebendo da fonte quente 1.000 J a cada ciclo. Determinar:

a) o rendimento da máquina;

b) o trabalho útil a cada ciclo;

c) o calor rejeitado para a fonte fria a cada ciclo.

➤ Solução

a) As temperaturas das fontes são:

$T_1 = 227\text{ °C} = 500\text{ K}$ e $T_2 = -73\text{ °C} = 200\text{ K}$

No ciclo de Carnot, temos:

$$\eta_{Carnot} = 1 - \frac{T_2}{T_1} \Rightarrow \eta_{Carnot} = 1 - \frac{200}{500} \Rightarrow$$

$$\Rightarrow \boxed{\eta_{Carnot} = 0{,}6 = 60\%}$$

b) A partir da definição do rendimento, temos:

$$\eta = \frac{\tau}{Q_1} \Rightarrow 0{,}60 = \frac{\tau}{1000} \Rightarrow \tau = 0{,}60 \cdot 1.000 \Rightarrow$$

$$\Rightarrow \boxed{\tau = 600\text{ J}}$$

c) Numa máquina térmica, pela conservação da energia:

$$\tau = Q_1 - Q_2 \Rightarrow 600 = 1.000 - Q_2 \Rightarrow$$

$$\Rightarrow \boxed{Q_2 = 400\text{ J}}$$

Avaliando o aprendizado

13. Uma máquina térmica, ao realizar um ciclo, retira 2 kcal de uma fonte quente e libera 1,8 kcal para uma fonte fria. Qual é o rendimento dessa máquina térmica?

14. Um gás ideal realiza o ciclo descrito no diagrama de Clapeyron mostrado a seguir. Em cada ciclo, o gás recebe de uma fonte térmica 100 J de calor.

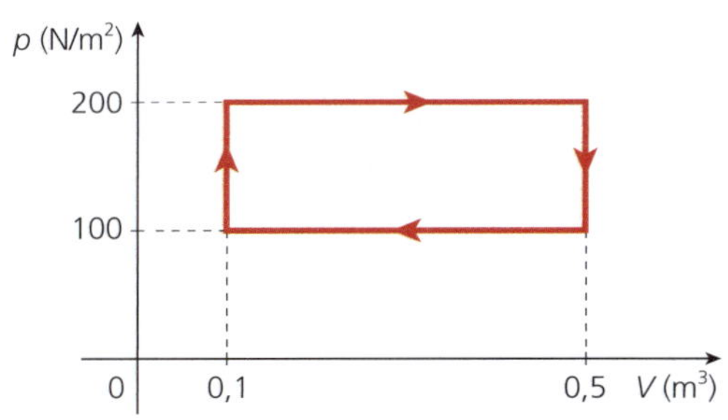

Determine:

a) o trabalho realizado pelo gás em cada ciclo;

b) o calor rejeitado para a fonte fria em cada ciclo;

c) o rendimento desta máquina térmica.

15. Uma máquina térmica, operando em um ciclo de Carnot, trabalha entre as temperaturas 0 °C e 100 °C. Em cada ciclo, a máquina recebe da fonte quente uma quantidade de calor igual a 500 J. Determine:

a) o rendimento desta máquina térmica;

b) o trabalho realizado pelo fluido de trabalho em cada ciclo;

c) o calor rejeitado, por ciclo, para a fonte fria.

23.3 Conteúdo multimídia

Revisando o conteúdo

Ficha-resumo 1

Energia interna de um gás

Para um gás ideal monoatômico:

$$U = \frac{3}{2}nRT = \frac{3}{2}pV$$

- se T aumenta, U aumenta e $\Delta U > 0$
- se T = constante, U = constante e $\Delta U = 0$
- se T diminui, U diminui e $\Delta U < 0$

Trabalho de um gás

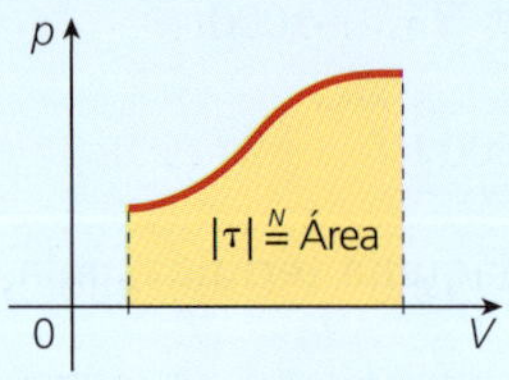

Se p é constante, $\tau = p\Delta V$

- se V aumenta, $\Delta V > 0$ e $\tau > 0$
- se V = constante, $\Delta V = 0$ e $\tau = 0$
- se V diminui, $\Delta V < 0$ e $\tau < 0$

1. (FCMSCSP) A teoria cinética dos gases propõe um modelo para os gases, no qual:

a) a pressão do gás não depende da velocidade das moléculas.

b) as moléculas são consideradas como partículas que podem colidir inelasticamente entre si.

c) a temperatura do gás está diretamente relacionada com a energia cinética das moléculas.

d) a pressão do gás depende somente do número de moléculas por unidade de volume.

e) a temperatura do gás depende somente do número de moléculas por unidade de volume.

2. (Udesc) O gráfico abaixo apresenta dois processos termodinâmicos distintos, utilizados para levar uma massa de gás ideal de uma temperatura inicial T_0 até uma temperatura T_x. O primeiro (A) é um processo isobárico e o segundo (B) é um processo isocórico.

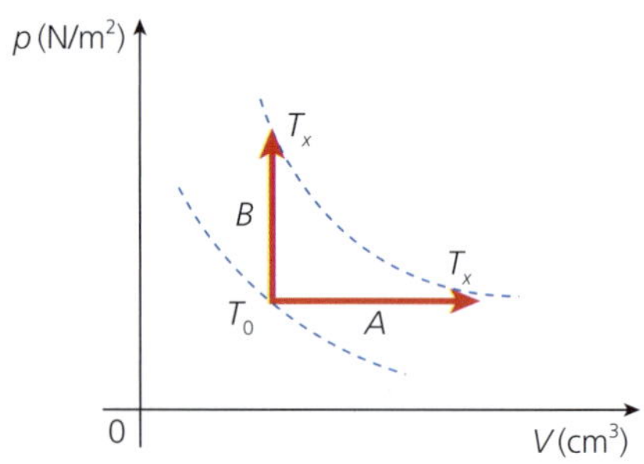

Analise as afirmativas abaixo, relacionadas aos processos termodinâmicos descritos no gráfico.

I. A variação de energia interna do gás foi a mesma nos dois processos.

II. A quantidade de calor fornecida ao gás foi a mesma nos dois processos.

III. A temperatura T_x é maior do que a temperatura T_0.

Assinale a alternativa **correta**.

a) Somente a afirmativa III é verdadeira.

b) Somente as afirmativas I e II são verdadeiras.

c) Somente as afirmativas I e III são verdadeiras.

d) Somente a afirmativa II é verdadeira.

e) Todas as afirmativas são verdadeiras.

3. (UFSC) Os gráficos a seguir indicam quatro transformações gasosas distintas, com a pressão expressa em pascal, o volume em metro cúbico e a temperatura em kelvin. Todas as transformações ocorreram no sentido de A para B.

I.

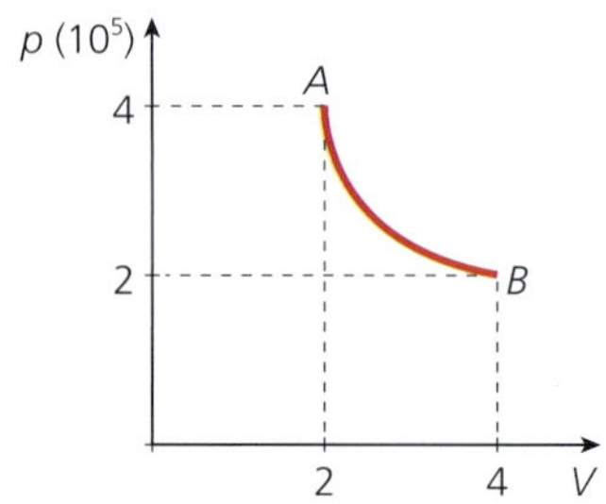

II.

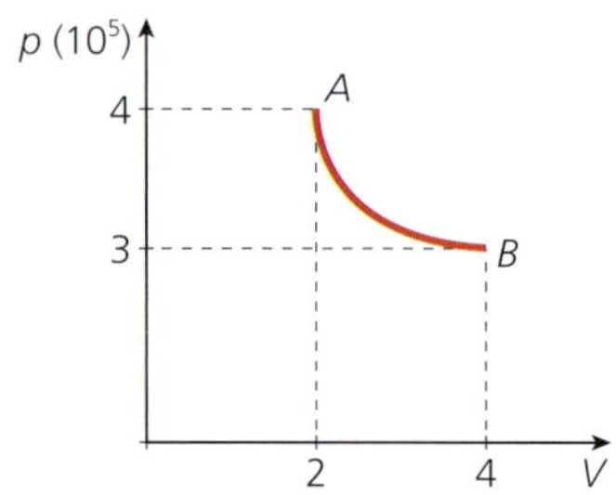

III.

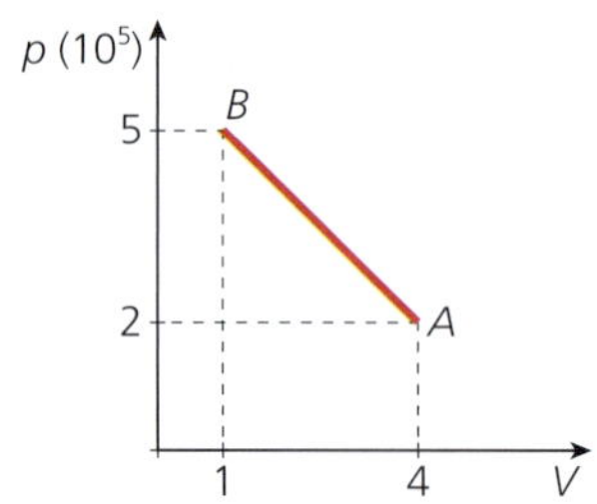

IV.

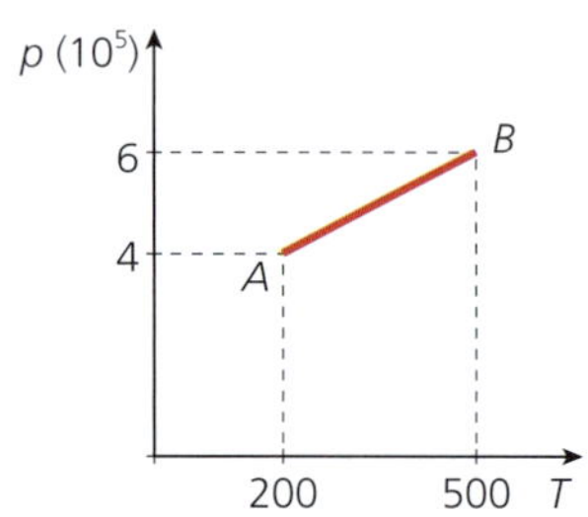

Considere $R = 0,080$ (atm · L)/(mol · K) e assinale a(s) proposição(ões) correta(s).

01) O gráfico II indica uma transformação isotérmica e o gráfico IV indica uma transformação isocórica.

02) Nos gráficos I e III, a curva representa a grandeza física "temperatura" e a área abaixo da curva é numericamente igual ao trabalho associado à transformação gasosa.

04) Admitindo que a temperatura do gás no gráfico I é de 400 K, podemos afirmar que, nesta porção de gás, temos aproximadamente $2,5 \cdot 10^4$ mol.

08) No gráfico III, o trabalho associado à transformação gasosa vale $4,5 \cdot 10^5$ J.

16) O gráfico IV indica uma transformação isocórica e o trabalho associado a esta transformação é zero, ou seja, não houve troca de energia com a vizinhança na forma de calor.

32) No gráfico III, a temperatura do gás diminuiu, pois ele perdeu mais energia na forma de calor do que recebeu na forma de trabalho.

64) Em todas as transformações podemos considerar o gás real como ideal se o gás estiver sendo submetido a altas temperatura e pressão.

Dê como resposta a soma dos números que precedem as proposições corretas.

Ficha-resumo 2

Primeira lei da Termodinâmica

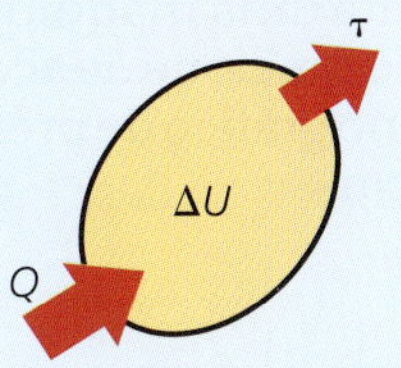

$$\Delta U = Q - \tau$$

- se $\Delta U > 0$, T aumenta;
- se $\Delta U = 0$, T é constante (**transformação isotérmica**) ou $T_{inicial} = T_{final}$;
- se $\Delta U < 0$, T diminui.

- se $Q > 0$, calor é recebido pelo gás;
- se $Q = 0$, a transformação é adiabática;
- se $Q < 0$, calor é cedido pelo gás.

- se $\tau > 0$, V aumenta;
- se $\tau = 0$, V é constante (transformação isocórica);
- se $\tau < 0$, V diminui.

4. (UFPel–RS) Durante a expansão adiabática de um gás,

a) sua pressão aumenta.
b) sua temperatura diminui.
c) sua energia interna aumenta.
d) sua densidade aumenta.
e) seu volume diminui.

5. (UFRN) Uma massa gasosa sofre uma transformação, na qual estão envolvidas transferências de calor Q, realização de trabalho τ e variação de energia interna ΔU. Assinale a alternativa correta.

a) $Q < \tau$, se a transformação for isotérmica.
b) $Q > \tau$, se a transformação for uma expansão isobárica.
c) $\Delta U = 0$, se a transformação for adiabática
d) $\Delta U = \tau$, se a transformação for isovolumétrica.
e) $Q = 0$, se a transformação for isotérmica.

6. (Udesc) O gráfico abaixo mostra a evolução de um gás ideal sob pressão constante de 10 N/m², desde o estado inicial A, até o estado final B.

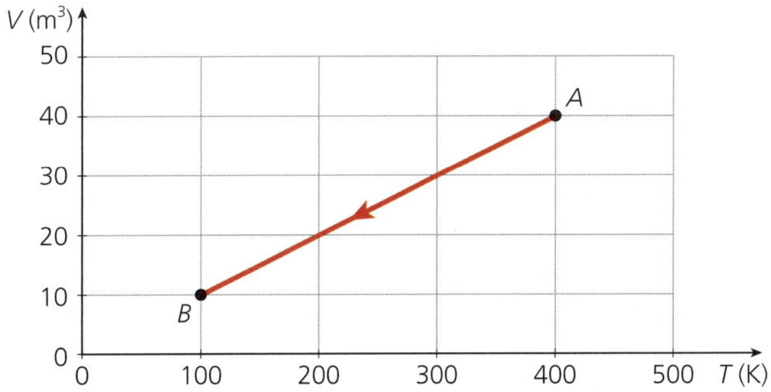

Durante esse processo, o gás cede 1,0 kJ de calor para o ambiente. Assinale a alternativa que representa corretamente o trabalho realizado sobre o gás, e a variação de sua energia interna.

a) $7,5 \cdot 10^3$ J e $8,5 \cdot 10^3$ J
b) $-7,5 \cdot 10^3$ J e $6,5 \cdot 10^3$ J
c) $4,5 \cdot 10^3$ J e $-3,5 \cdot 10^3$ J
d) $-3,0 \cdot 10^2$ J e $7,0 \cdot 10^3$ J
e) $-3,0 \cdot 10^2$ J e $-7,0 \cdot 10^2$ J

7. (UFSC) Uma amostra de 2 moles de um gás ideal sofre uma transformação ao passar de um estado i para um estado f, conforme o gráfico abaixo.

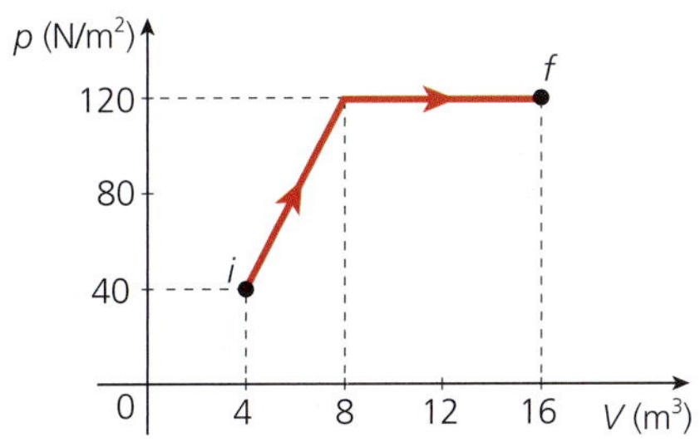

Assinale a(s) proposição(ões) correta(s).

01) Sendo de 100 J a variação da energia interna do gás do estado *i* até *f*, então o calor que fluiu na transformação foi de 1.380 J.

02) A transformação representada acima ocorre sem que nenhum trabalho seja realizado.

04) Certamente o processo ocorreu de forma isotérmica, pois a pressão e o volume variaram, mas o número de mols permaneceu constante.

08) A primeira lei da Termodinâmica nos assegura que o processo ocorreu com fluxo de calor.

16) Analisando o gráfico, conclui-se que o processo é adiabático.

Dê como resposta a soma dos números que precedem as proposições corretas.

Texto para as questões 8 e 9.

Em uma transformação isotérmica, mantida a 127 °C, o volume de certa quantidade de gás, inicialmente sob pressão de 2,0 atm, passa de 10 para 20 L. Considere a constante dos gases R igual a 0,082 atm · L/(mol · K).

8. (UFBA) Tendo em vista a transformação gasosa acima descrita, assinale o que for correto.

01) O produto *nR* varia entre 0,10 (atm · L)/K e 0,050 (atm · L)/K.

02) A pressão final do gás foi de 1,0 atm.

04) A densidade do gás permaneceu constante.

08) O produto *nR* tem um valor constante de 0,050 (atm · L)/K.

16) O produto *nR* tem um valor constante de 50 (atm · cm^3)/K.

32) A densidade final do gás foi de 50% do valor inicial.

Dê como resposta a soma dos números que precedem as proposições corretas.

9. (UFBA) Tendo em vista a transformação gasosa acima descrita, assinale o que for correto.

01) Na transformação, a densidade do gás é diretamente proporcional à pressão.

02) A energia interna permaneceu constante.

04) O sistema trocou calor com o meio ambiente.

08) Como a temperatura permaneceu constante, o sistema não trocou calor com o meio ambiente.

16) A energia interna aumentou.

32) A quantidade de calor recebida é igual ao trabalho realizado pelo gás na expansão.

64) A quantidade de calor trocado e o trabalho realizado são ambos nulos.

Dê como resposta a soma dos números que precedem as proposições corretas.

Ficha-resumo 3

Segunda lei da Termodinâmica

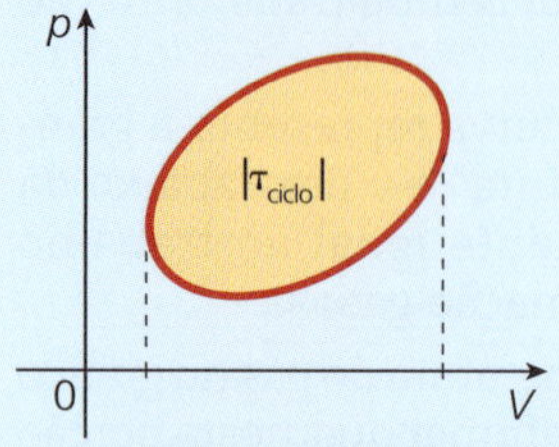

$$|\tau_{ciclo}| \overset{N}{=} Área$$

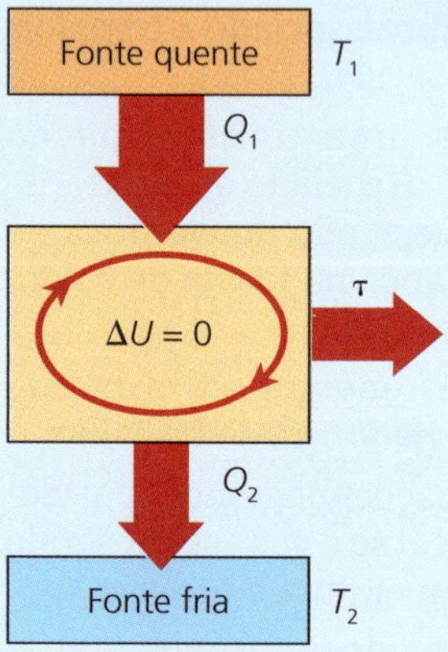

$$\tau = Q_1 - Q_2$$

$$\eta = \frac{\tau}{Q_1} = 1 - \frac{Q_2}{Q_1}$$

$$\eta_{Carnot} = \eta_{máx} = 1 - \frac{T_2}{T_1}$$

Ciclo horário: $\tau_{ciclo} > 0$, o gás realiza trabalho.

Ciclo anti-horário: $\tau_{ciclo} < 0$, o gás recebe trabalho.

10. (UFSC) Admita uma máquina térmica hipotética e ideal que funcione de acordo com o ciclo representado no gráfico de pressão *versus* volume ($p \times V$) abaixo.

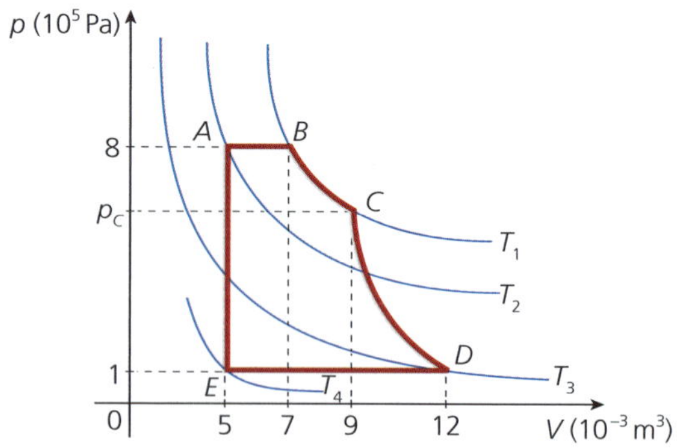

Sabendo que a transformação *CD* é adiabática, com base na primeira lei da Termodinâmica e no gráfico acima, assinale a(s) proposição(ões) correta(s).

01) A transformação *BC* é isotérmica. A energia absorvida pelo gás na forma de calor é transformada parcialmente em trabalho.

02) Na transformação AB o gás sofre uma expansão isobárica, realizando um trabalho de 1,6 kJ sobre a vizinhança.

04) Sabendo que a temperatura T_2 vale 900 K, podemos afirmar que a temperatura T_1 vale 1.260 K e a pressão no estado C vale aproximadamente $6{,}22 \cdot 10^5$ Pa.

08) Na transformação cíclica – $ABCDEA$ – apresentada, a variação da energia interna é zero, ou seja, a temperatura não varia durante todo o ciclo.

16) A transformação CD é uma compressão adiabática, na qual a temperatura do gás diminui devido ao trabalho realizado sobre a vizinhança.

32) A transformação EA é isocórica. O aumento da temperatura do sistema, e consequentemente o aumento da energia interna, se deve ao calor recebido da vizinhança.

Dê como resposta a soma dos números que precedem as proposições corretas.

11. (PUC-PR) Um gás ideal, confinado numa câmara, é submetido ao ciclo termodinâmico $ABCA$ indicado na figura abaixo. A curva BC é uma isoterma. Verifique se as proposições a seguir são corretas ou incorretas.

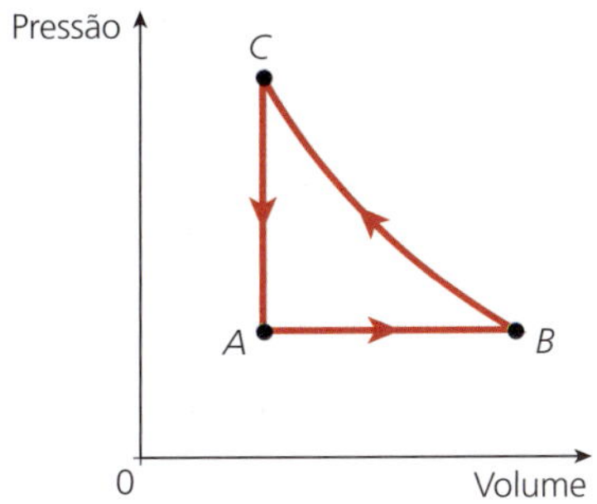

I. Na etapa BC, calor flui do gás para a vizinhança.

II. Na etapa BC, a energia interna do gás aumenta.

III. Na etapa AB, a energia interna do gás fica constante.

IV. Na etapa AB, o gás recebe calor e realiza trabalho sobre a vizinhança.

V. Num ciclo $ABCA$, a energia interna do gás aumenta e este aumento é igual à área delimitada pelo ciclo;

Marque a alternativa que contém as proposições **corretas**.

a) I e IV, apenas.
b) V, apenas.
c) II e III, apenas.
d) II e IV, apenas.
e) I, IV e V.

12. (Cefet-PR) O segundo princípio da Termodinâmica pode ser enunciado da seguinte forma: "É impossível construir uma máquina térmica operando em ciclos, cujo único efeito seja retirar calor de uma fonte e convertê-lo integralmente em trabalho." Por extensão, esse princípio nos leva a concluir que:

a) sempre se pode construir máquinas térmicas cujo rendimento seja 100%.
b) qualquer máquina térmica necessita apenas de uma fonte quente.
c) calor e trabalho não são grandezas homogêneas.
d) qualquer máquina térmica retira calor de uma fonte quente e rejeita parte desse calor para uma fonte fria.
e) somente com uma fonte fria, mantida sempre a 0 °C, seria possível a uma certa máquina térmica converter integralmente calor em trabalho.

13. (Escola Naval–RJ) Um motor térmico recebe 1.200 cal de uma fonte quente mantida a 227 °C e transfere parte dessa energia para o meio ambiente a 24 °C. Qual o trabalho máximo, em caloria, que se pode esperar desse motor?

a) 552
b) 681
c) 722
d) 987
e) n.d.a.

14. (PUC-PR) Uma máquina térmica, operando em um ciclo de Carnot, trabalha entre as temperaturas de −73 °C e 227 °C. Em cada ciclo, a máquina recebe 500 J de calor da fonte quente.

Analise as seguintes afirmativas:

I. O rendimento dessa máquina é de 40%.
II. O trabalho realizado pela máquina é de 300 J.
III. O calor rejeitado, por ciclo, para a fonte fria é de 200 J.

Está correta ou estão corretas:

a) I e II.
b) II e III.
c) I e III.
d) somente II.
e) somente III.

15. (Unama-PA) Um motor de Carnot cujo reservatório à baixa temperatura está a 7,0 °C apresenta um rendimento de 30%. A variação de temperatura, em kelvin, da fonte quente a fim de aumentarmos seu rendimento para 50%, será de:

a) 400
b) 280
c) 160
d) 560

Capítulo 24

Introdução à Óptica Geométrica

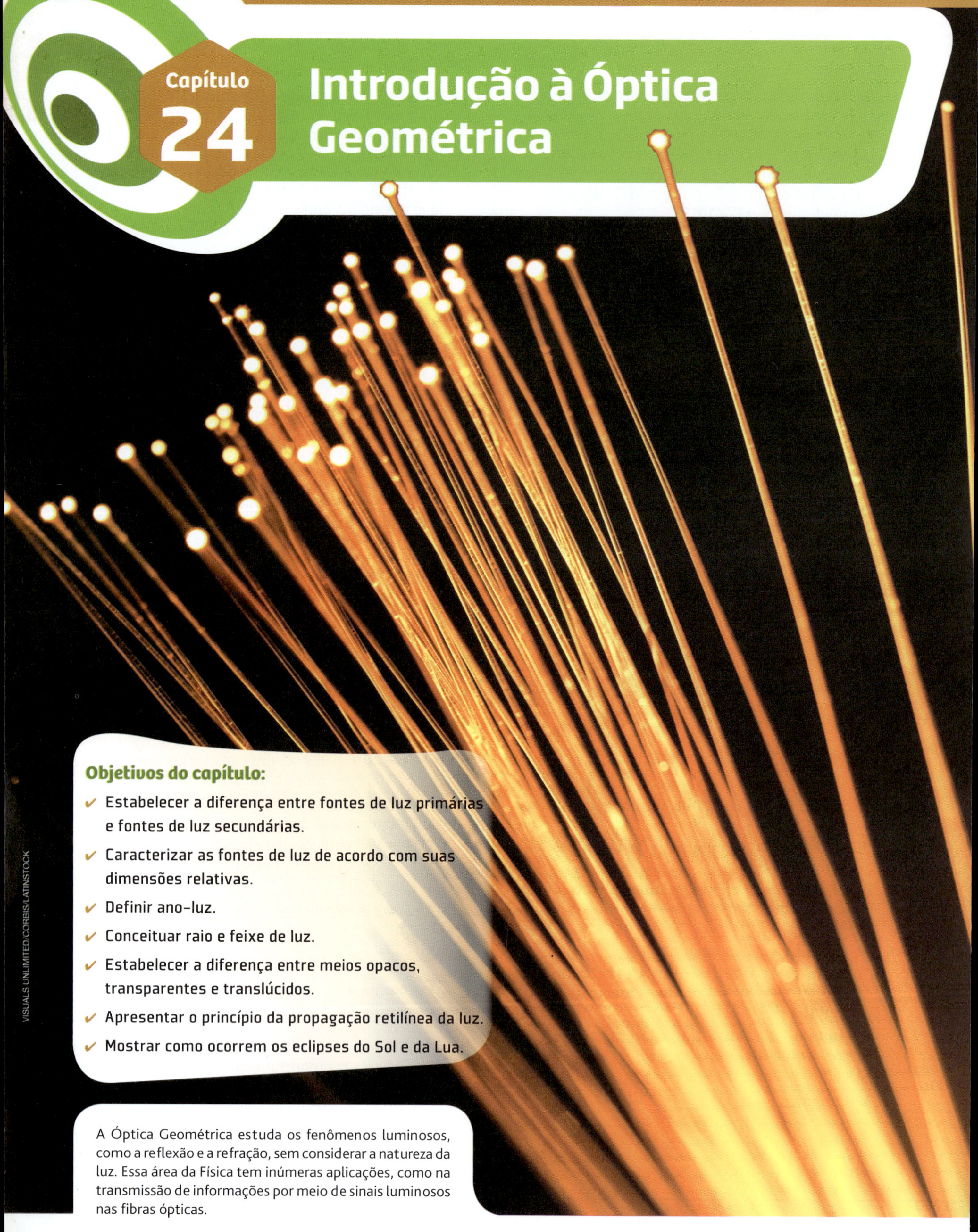

VISUALS UNLIMITED/CORBIS/LATINSTOCK

Objetivos do capítulo:

- ✔ Estabelecer a diferença entre fontes de luz primárias e fontes de luz secundárias.
- ✔ Caracterizar as fontes de luz de acordo com suas dimensões relativas.
- ✔ Definir ano-luz.
- ✔ Conceituar raio e feixe de luz.
- ✔ Estabelecer a diferença entre meios opacos, transparentes e translúcidos.
- ✔ Apresentar o princípio da propagação retilínea da luz.
- ✔ Mostrar como ocorrem os eclipses do Sol e da Lua.

A Óptica Geométrica estuda os fenômenos luminosos, como a reflexão e a refração, sem considerar a natureza da luz. Essa área da Física tem inúmeras aplicações, como na transmissão de informações por meio de sinais luminosos nas fibras ópticas.

1 Introdução

A **Óptica Geométrica** estuda os fenômenos que ocorrem devido à propagação da luz. Neste estudo, não é necessário conhecer a natureza da luz, basta considerá-la o agente físico que, ao atingir nossos olhos, determina a sensação visual.

Todos os objetos que vemos enviam luz aos nossos olhos. O Sol e a chama de uma vela **(fig. 1)** são exemplos de **corpos luminosos** ou **fontes de luz primárias**, aquelas que têm luz própria. A Lua, por outro lado, não tem luz própria, ela reenvia a luz que recebe do Sol. A Lua, as paredes de uma casa **(fig. 2)** e os objetos de uma sala são exemplos de **corpos iluminados** ou **fontes de luz secundárias**.

YVONNE BAUR/FLICKR/GETTY IMAGES

ROMAN SIGAEV/SHUTTERSTOCK

Figura 1. O Sol e a chama de uma vela são fontes de luz primárias.

HELLEM/SHUTTERSTOCK

THIAGO POMPEU/FOLHAPRESS

Figura 2. A Lua e as paredes de uma casa são fontes de luz secundárias.

Fontes de luz de dimensões desprezíveis, se comparadas às distâncias que as separam de outros corpos, são denominadas **fontes de luz puntiformes**. Quando as dimensões de uma fonte são consideráveis, ela é denominada **fonte de luz extensa**. **(fig. 3)**

Figura 3. A lâmpada *L*, que ilumina o livro que a pessoa lê, não tem dimensões desprezíveis em relação à distância que a separa do livro e da pessoa. Neste caso, *L* é uma fonte de luz extensa. Já a mesma lâmpada em relação a outra pessoa, bem distante, é considerada uma fonte de luz puntiforme.

A luz emitida por uma fonte pode ser classificada como luz **monocromática**, quando composta de uma só cor, ou luz **policromática**, quando resulta da composição de luzes de cores diferentes. A luz emitida pelo Sol, chamada luz branca, é composta de uma infinidade de luzes monocromáticas, as quais podem ser divididas em sete cores principais:

vermelho – alaranjado – amarelo – verde – azul – anil – violeta

A luz monocromática e a luz policromática propagam-se no vácuo com a mesma velocidade de, aproximadamente, $3 \cdot 10^5$ km/s.

A distância percorrida pela luz no vácuo em um ano terrestre recebe o nome de **ano-luz**.

Vamos determinar a distância equivalente a 1 ano-luz em quilômetros.

Sendo:

$v \simeq 3 \cdot 10^5$ km/s e

$\Delta t = 1$ ano terrestre $\simeq 365{,}2$ dias $\simeq 365{,}2 \cdot 24 \cdot 3.600$ s $\simeq 3{,}16 \cdot 10^7$ s, temos:

$d = v\Delta t \Rightarrow d = 3 \cdot 10^5$ km/s $\cdot\ 3{,}16 \cdot 10^7$ s

$d \simeq 9{,}5 \cdot 10^{12}$ km

1 ano-luz $\simeq$ 9.500.000.000.000 km (nove trilhões e quinhentos bilhões de quilômetros)

2 Raios de luz e feixe de luz

Raios de luz são linhas orientadas que representam graficamente a direção e o sentido de propagação da luz emitida por uma fonte.

Um conjunto de raios de luz recebe o nome de **feixe de luz**. Os feixes de luz podem ser **cilíndricos, convergentes** ou **divergentes**. **(fig. 4)**

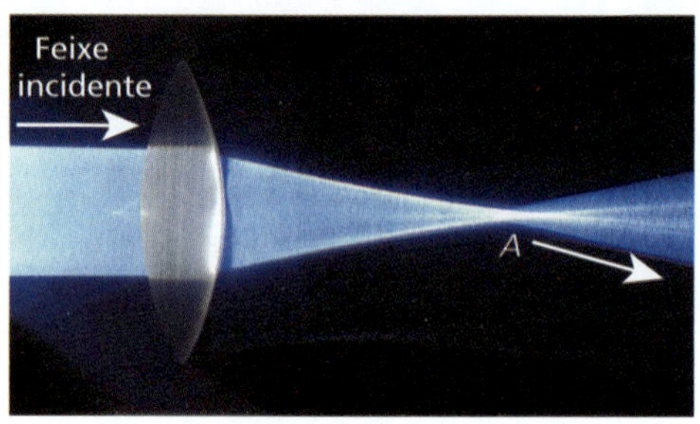

Figura 4. Um feixe cilíndrico de luz incide em uma lente e, ao emergir, dá origem a um feixe que converge para o ponto *A*; a partir desse ponto, tem-se um feixe divergente.

3 Meios opacos, transparentes e translúcidos

Os meios que não permitem a propagação da luz através deles são chamados **meios opacos**; é o caso de uma parede de tijolos. Entretanto, muitos meios permitem a propagação da luz. Através desses meios, os objetos podem ser vistos com ou sem nitidez. No primeiro caso, os meios são chamados **transparentes**, como o ar atmosférico de uma sala. No segundo caso, temos os **meios translúcidos**, como a neblina. Na **figura 5** destacamos esses três meios.

Figura 5. Meios opaco, transparente e translúcido.

4 Princípio da propagação retilínea da luz

Ao observar a luz do Sol passando por um pequeno orifício existente na parede de um quarto escuro ou por entre as árvores de uma floresta **(fig. 6)**, notamos que a luz se propaga em linha reta. Esse fato ocorre sempre que a luz se propaga num meio transparente e homogêneo, e é conhecido como **princípio da propagação retilínea**.

Ao passar de um meio para outro, do ar para a água, por exemplo, a luz pode sofrer mudança em sua direção de propagação, isto é, a luz não se propaga sempre na mesma linha reta **(fig. 7)**. Embora o ar e a água sejam meios transparentes, eles não formam um sistema homogêneo.

FLORIS SLOOFF/SHUTTERSTOCK

Figura 6. A propagação retilínea da luz pode ser observada quando a luz do Sol passa entre as árvores de uma floresta.

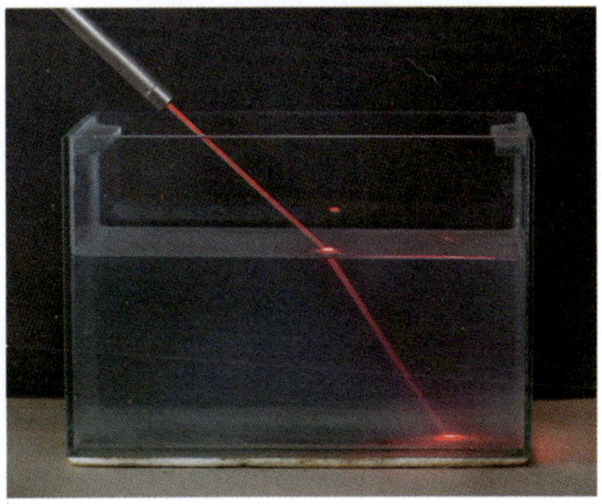
SÉRGIO DOTTA/THE NEXT

Figura 7. Mudança na direção de propagação da luz ao passar do ar para a água.

Aplicando a teoria

1. A distância da Terra ao Sol é de aproximadamente 150 milhões de quilômetros. Quanto tempo a luz do Sol leva para chegar à Terra considerando que a velocidade de propagação da luz no vácuo é de $3{,}0 \cdot 10^5$ km/s?

➤ Solução

A luz se propaga em movimento uniforme e, portanto, sua velocidade é o quociente entre a distância percorrida e o correspondente intervalo de tempo:

$$v = \frac{d}{\Delta t}$$

Sendo $v = 3 \cdot 10^5$ km/s e $d \simeq 150 \cdot 10^6$ km, temos:

$$v = \frac{d}{\Delta t} \rightarrow 3 \cdot 10^5 = \frac{150 \cdot 10^6}{\Delta t} \Rightarrow \Delta t \simeq 5 \cdot 10^2 \text{ s} \Rightarrow$$

$$\Rightarrow \boxed{\Delta t \simeq 8 \text{ min } 20 \text{ s}}$$

2. O diâmetro da nossa galáxia, a Via Láctea, é de aproximadamente 100.000 anos-luz. Qual é o diâmetro da Via Láctea em quilômetros? Comparar este diâmetro com a distância da Terra ao Sol, $150 \cdot 10^6$ km.

➤ Solução

Sabemos que 1 ano-luz é aproximadamente $9{,}5 \cdot 10^{12}$ km. Logo, 100.000 anos-luz correspondem a:

$$D = 100.000 \cdot 9{,}5 \cdot 10^{12} \text{ km} \Rightarrow D = 9{,}5 \cdot 10^{17} \text{ km}$$

Comparando o diâmetro da Via Láctea (*D*) com a distância da Terra ao Sol (*d*), temos:

$$\frac{D}{d} = \frac{9{,}5 \cdot 10^{17} \text{ km}}{150 \cdot 10^6 \text{ km}} \Rightarrow \boxed{D \simeq 6{,}3 \cdot 10^9\, d}$$

Portanto, o diâmetro da Via Láctea é cerca de 6,3 bilhões de vezes maior que a distância da Terra ao Sol.

3. Considerando as seguintes fontes de luz: o Sol, a Terra, a Lua, a chama de uma vela acesa, uma lanterna apagada, o planeta Mercúrio, as páginas deste livro e um DVD, quais dessas fontes são fontes de luz primárias?

➤ Solução

O Sol e a chama de uma vela acesa produzem a luz que emitem; são, portanto, fontes de luz primárias.

Avaliando o aprendizado

1. A distância da Terra à Lua é de aproximadamente $390 \cdot 10^3$ km. Quanto tempo a luz refletida pela Lua leva para chegar à Terra? Considere que a luz se propaga no vácuo com velocidade de $3{,}0 \cdot 10^5$ km/s.

2. A distância do Sol ao centro da Via Láctea é de aproximadamente 26.000 anos-luz. Transforme essa distância em quilômetros. Compare a distância obtida com a distância da Terra ao Sol, que é de aproximadamente $150 \cdot 10^6$ km.

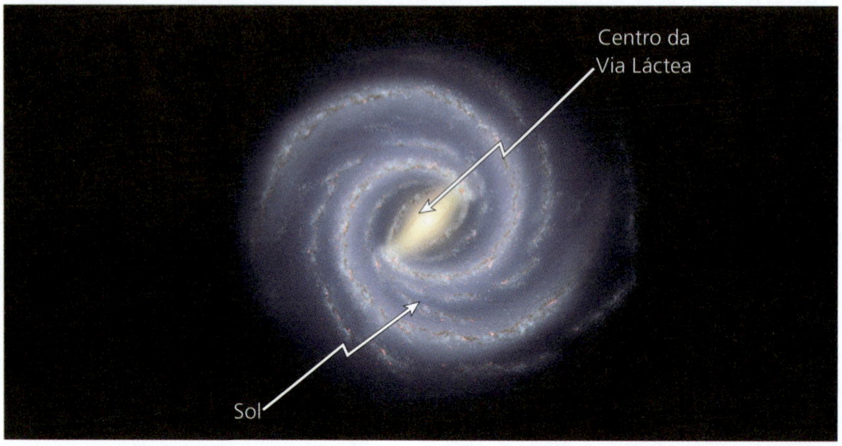

3. Considere as seguintes fontes de luz: o planeta Terra, o filamento de uma lâmpada incandescente acesa, um palito de fósforo apagado, o planeta Júpiter, os satélites de Júpiter descobertos por Galileu Galilei (Io, Europa, Ganimedes e Calisto), um cartão magnético e o sistema de estrelas *Alpha Centauri*. Classifique essas fontes de luz como fontes de luz primárias ou fontes de luz secundárias.

5 Sombras e eclipses

Uma evidência do princípio da propagação retilínea da luz é a formação de sombras. A luz emitida pela fonte puntiforme *F* se propaga em todas as direções; vamos considerar os raios que tangenciam um objeto opaco situado entre a fonte e um anteparo **(fig. 8)**. A região do anteparo não iluminada pela fonte constitui a **sombra projetada** do objeto.

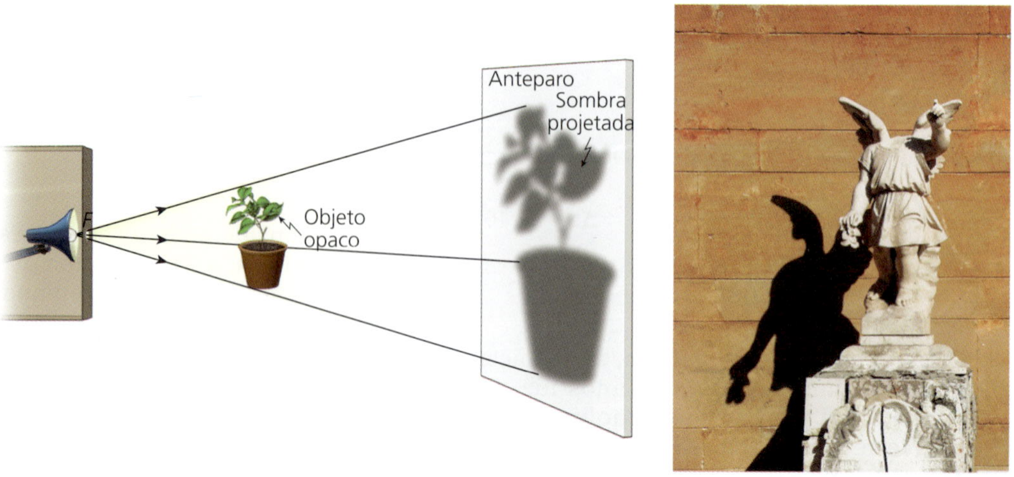

Figura 8. Sombra projetada num anteparo por um objeto opaco.

Quando o Sol for a fonte de luz, a Lua o objeto opaco e a Terra o anteparo, projeta-se sobre a Terra uma região de sombra. Como o Sol não é uma fonte puntiforme, além da sombra projetada, temos uma região parcialmente iluminada, denominada **penumbra**. Um **eclipse total do Sol** total é observado pelos habitantes da Terra situados na região de sombra e um eclipse parcial é observado por aqueles situados na região de penumbra **(fig. 9)**.

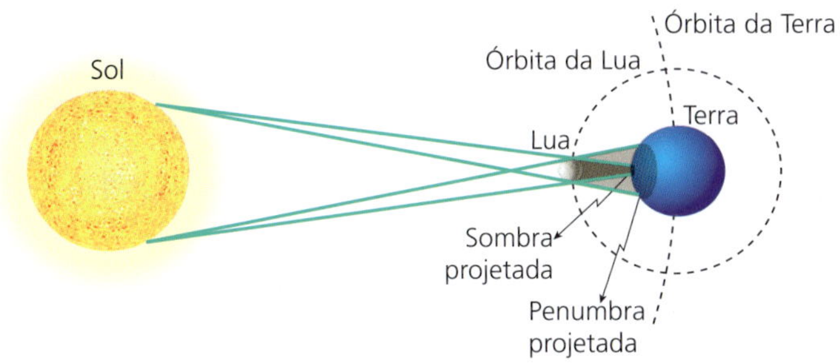

Figura 9. Eclipse do Sol. Esta ilustração não preserva a proporção entre as dimensões desses corpos celestes nem entre suas distâncias.

Quando o Sol for a fonte de luz, a Terra o objeto opaco e a Lua o anteparo, teremos um **eclipse da Lua (fig. 10)**. Quando a Lua não envia para a Terra a luz recebida do Sol, o eclipse é total (posição 1). Quando a Lua está passando da região de penumbra para a região de sombra (posição 2), o eclipse é parcial.

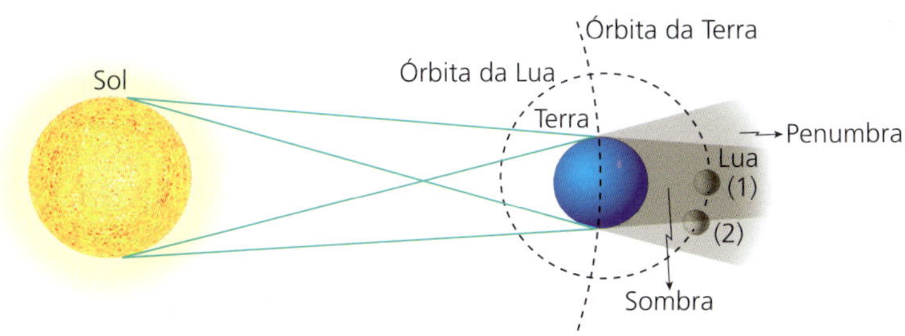

Figura 10. Eclipse da Lua. (1) Eclipse total; (2) eclipse parcial. Esta ilustração não preserva a proporção entre as dimensões desses corpos celestes nem entre suas distâncias.

24.1 Biblioteca do estudante

Aplicando a teoria

4. O professor de Óptica Geométrica propôs a seus alunos a seguinte questão: um prédio possui n andares de altura igual a 3 m cada, sendo que a altura do térreo é de 6 m. Num dia ensolarado a sombra projetada do prédio foi medida, encontrando-se o valor de 20 m. No mesmo instante, uma pessoa de 1,8 m, próxima ao prédio, projetou no solo uma sombra de 60 cm. O professor pediu que os alunos calculassem o número n de andares do prédio. Qual foi o valor correto encontrado?

➤ **Solução**

Os raios solares que atingem uma pequena região da Terra são praticamente paralelos.

Desse modo, os triângulos indicados na figura são semelhantes:

$$\frac{H}{S} = \frac{h}{s} \Rightarrow \frac{H}{20} = \frac{1,8}{0,6} \Rightarrow H = 60 \text{ m}$$

A altura do térreo é de 6 m, assim, resta para os andares a altura:

$$60 \text{ m} - 6 \text{ m} = 54 \text{ m}$$

Como a altura de cada andar é de 3 m, teremos o seguinte número de andares:

$$n = \frac{54 \text{ m}}{3 \text{ m}} \Rightarrow \boxed{n = 18}$$

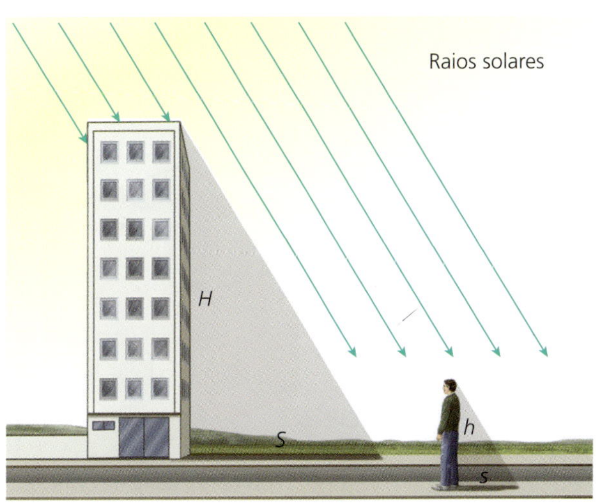

5. Num eclipse total do Sol, a posição relativa dos três astros: Sol (*S*), Terra(*T*) e Lua (*L*), é:

a)

c)

e)

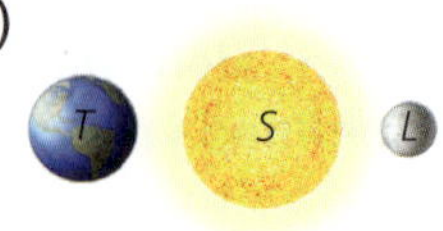

b)

d)

➤ Solução

Um eclipse total do Sol ocorre quando a Lua projeta na Terra uma região de sombra. Por isso, a posição relativa dos três astros é: Sol, Lua e Terra.

Resposta: b

Avaliando o aprendizado

4. Um aluno nota que um poste projeta no solo uma sombra. Com uma trena, ele mede o comprimento da sombra e encontra o valor de 2 m. No mesmo instante o aluno, que tem 1,7 m de altura e se encontra próximo ao poste, pede a um colega que meça o comprimento da sua sombra. O valor encontrado é de 68 cm. Com essas medidas eles calculam a altura *H* do poste. Qual é o valor encontrado?

5. Esquematize a posição relativa dos astros Sol (*S*), Terra (*T*) e Lua (*L*) durante um eclipse total da Lua. Identifique a fonte de luz, o objeto opaco e o anteparo.

6 Câmara escura de orifício

Vamos fazer um pequeno orifício *O* em uma das faces de uma caixa de paredes opacas **(fig. 11)**. Um objeto retilíneo vertical *AB*, luminoso ou iluminado, é posicionado diante da face que contém o orifício. Os raios de luz enviados pelo objeto e que passam pelo orifício *O* determinam, na face oposta àquela que contém o orifício, uma figura *A'B'* com o mesmo formato do objeto e invertida, evidenciando a propagação retilínea da luz **(fig. 12)**. Embora *A'B'* não seja uma imagem como a que vamos definir ao estudar a reflexão da luz, é comum chamar *A'B'* de imagem do objeto *AB*.

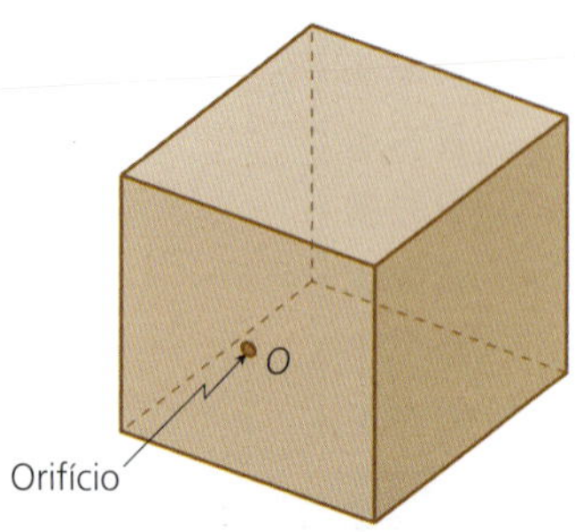

Figura 11. Câmara escura de orifício.

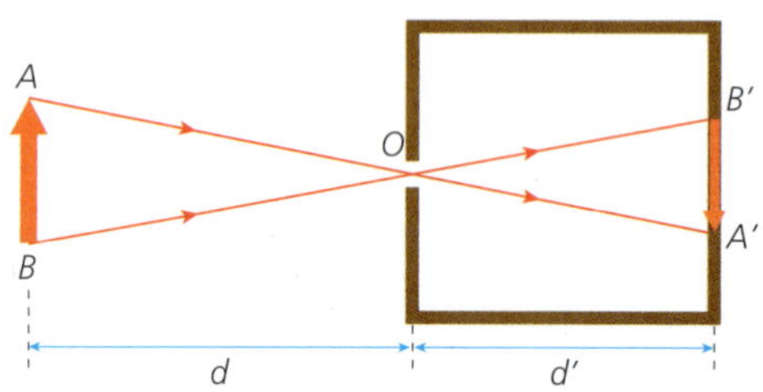

Figura 12. Os triângulos *ABO* e *A'B'O* são semelhantes.

A semelhança entre os triângulos ABO e $A'B'O$ permite relacionar as alturas do objeto e da imagem, AB e $A'B'$, com as distâncias do objeto e da imagem à face que contém o orifício, d e d'.

$$\frac{A'B'}{AB} = \frac{d'}{d}$$

Para que um observador veja a imagem, basta que a parede na qual ela é projetada seja translúcida. Note que a imagem é invertida e reversa (troca a direita pela esquerda) **(fig. 13)**.

SÉRGIO DOTTA/THE NEXT

Figura 13. A imagem obtida por meio de uma câmara escura de orifício é invertida e reversa.

Aplicando a teoria

6. Um objeto retilíneo vertical de 10 cm de altura está a 20 cm de distância de uma câmara escura de orifício de 15 cm de profundidade. Qual é a altura da imagem projetada?

➤ Solução

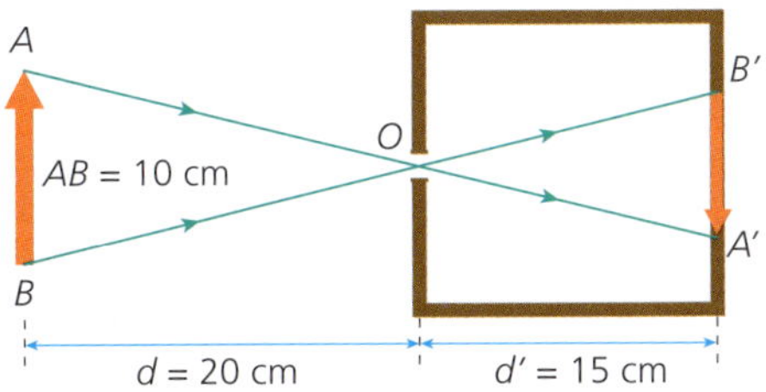

Na figura, representamos o objeto, a câmara e a imagem produzida. Da semelhança entre os triângulos ABO e $A'B'O$, temos:

$$\frac{A'B'}{AB} = \frac{d'}{d} \Rightarrow \frac{A'B'}{10} = \frac{15}{20} \Rightarrow \boxed{A'B' = 7{,}5 \text{ cm}}$$

7. Um objeto iluminado, com o formato da letra F, é colocado em frente a uma câmara escura de orifício, como mostra a figura. Como o observador O vê a imagem desse objeto? Considerar que a face na qual se forma a imagem é de vidro fosco.

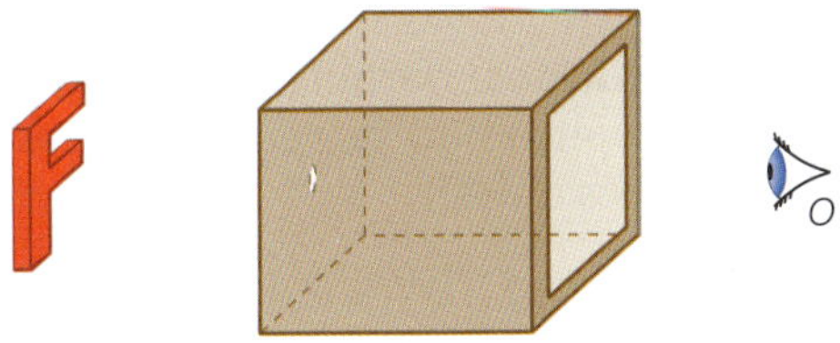

➤ Solução

A imagem fornecida pela câmara escura de orifício é invertida e reversa, portanto, a imagem vista pelo observador O é:

Avaliando o aprendizado

6. Um objeto retilíneo vertical AB de 8 cm de altura está a 40 cm de uma câmara escura de orifício de 30 cm de profundidade. A posição do objeto é alterada de modo que ele fique a 15 cm da câmara. Nessas condições, a altura da imagem aumenta ou diminui? Calcule a variação da altura da imagem.

7. O orifício de uma câmara escura está voltado para um cartão iluminado, indicado na figura abaixo.

A parede da câmara oposta ao orifício é feita de papel vegetal. Um observador, atrás da câmara, vê a imagem do cartão projetada no papel vegetal, de acordo com:

a) 

b) 

c) 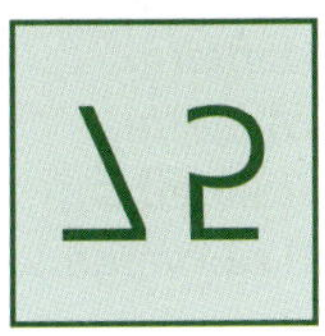

d) 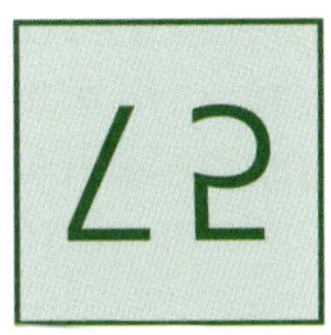

e) 

Revisando o conteúdo

Ficha-resumo 1

Corpos luminosos ou **fontes de luz primárias**: emitem luz própria.

Corpos iluminados ou **fontes de luz secundárias**: reenviam a luz que recebem de outros corpos. Não têm luz própria.

Fontes de luz puntiformes: têm dimensões desprezíveis em relação às distâncias que as separam de outros corpos.

Fontes de luz extensas: têm dimensões que não podem ser desprezadas.

Meios opacos: não permitem a propagação da luz.

Meios transparentes: permitem a propagação da luz e através deles os objetos podem ser vistos com nitidez.

Meios translúcidos: permitem a propagação da luz. Os objetos não podem ser vistos com nitidez através deles.

1. Considere as seguintes proposições:

I. A Terra é uma fonte de luz primária e a Lua é uma fonte de luz secundária.
II. Dependendo das distâncias envolvidas no estudo de determinado fenômeno, o Sol pode ser considerado uma fonte de luz puntiforme.
III. Um meio translúcido permite a propagação da luz; através dele os objetos são vistos com todos os seus detalhes.

Pode-se afirmar que:

a) apenas I é correta.
b) apenas II é correta.
c) apenas III é correta.
d) apenas I e II são corretas.
e) todas as afirmações são corretas.

2. (UEL-PR) Considere as seguintes afirmativas:

I. A água pura é um meio translúcido.
II. O vidro fosco é um meio opaco.
III. O ar de uma sala é um meio transparente.

Sobre as afirmativas acima, assinale a alternativa correta:

a) Apenas a afirmativa I é verdadeira.
b) Apenas a afirmativa II é verdadeira.
c) Apenas a afirmativa III é verdadeira.
d) Apenas as afirmativas I e a III são verdadeiras.
e) Apenas as afirmativas II e a III são verdadeiras.

Ficha-resumo 2

Ano-luz: distância que a luz percorre no vácuo em um ano terrestre.

$$1 \text{ ano-luz} \simeq 9{,}5 \cdot 10^{12} \text{ km}$$

3. (Ufes) Uma nave espacial à distância de $1.404 \cdot 10^6$ km da Terra envia fotos do planeta Saturno através de sinais que se propagam com a velocidade da luz no vácuo ($3 \cdot 10^5$ km/s). O tempo, em hora, que o sinal gasta para atingir a Terra é de:

a) 460
b) 78
c) 13
d) 7,8
e) 1,3

4. A luz emitida por uma estrela atingiu a Terra depois de 4,5 anos. Qual era a distância entre a estrela e a Terra no instante em que a luz foi emitida? Dê a resposta em anos-luz e em quilômetros.

5. (Puccamp-SP) Andrômeda é uma galáxia distante $2{,}3 \cdot 10^6$ anos-luz da Via Láctea, a nossa galáxia. A luz proveniente de Andrômeda, viajando à velocidade de $3{,}0 \cdot 10^5$ km/s, percorre a distância aproximada até a Terra, em km, igual a:

a) $4 \cdot 10^{15}$
b) $6 \cdot 10^{17}$
c) $2 \cdot 10^{19}$
d) $7 \cdot 10^{21}$
e) $9 \cdot 10^{23}$

Ficha-resumo 3

Princípio da propagação retilínea: nos meios transparentes e homogêneos, a luz se propaga em linha reta.

6. Considere as seguintes proposições:

I. A luz não se propaga no vácuo.
II. Para que a luz se propague em linha reta basta que o meio seja transparente.
III. A luz proveniente de uma estrela incide na atmosfera terrestre e, a partir daí, propaga-se, necessariamente, em linha reta até atingir a superfície da Terra.

Pode-se afirmar que:

a) apenas I é correta.
b) apenas II é correta.
c) apenas III é correta.
d) todas as afirmações são incorretas.
e) todas as afirmações são corretas.

Ficha-resumo 4

Eclipse do Sol: ocorre quando a sombra e a penumbra da Lua, determinadas pelo Sol, interceptam a superfície terrestre.

Eclipse da Lua: ocorre quando a Lua penetra na sombra da Terra, determinada pela luz do Sol ao tangenciar o planeta.

7. (UFF-RJ) Para determinar a que altura H uma fonte de luz pontual está do chão, plano e horizontal, foi realizada a seguinte experiência. Colocou-se um lápis de 0,10 m, perpendicularmente sobre o chão, em duas posições distintas: primeiro em P e depois em Q. A posição P está, exatamente, na vertical que passa pela fonte e, nessa posição, não há formação de sombra do lápis, conforme ilustra esquematicamente a figura.

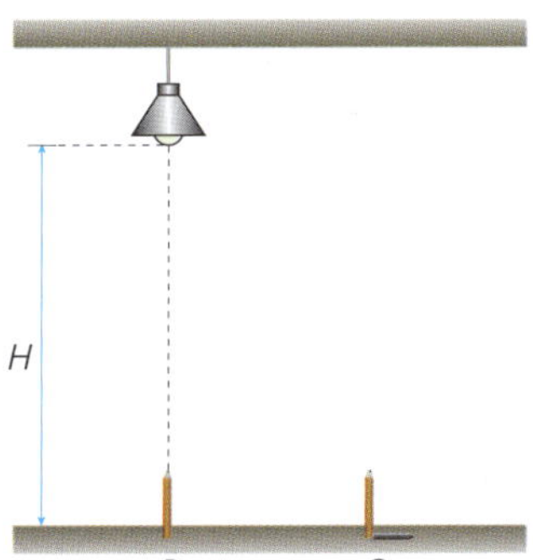

Na posição Q, a sombra do lápis tem comprimento 49 (quarenta e nove) vezes menor que a distância entre P e Q. A altura H é, aproximadamente, igual a:

a) 0,49 m
b) 1,0 m
c) 1,5 m
d) 3,0 m
e) 5,0 m

8. (UFRJ) A figura a seguir (evidentemente fora de escala) mostra o ponto O em que está o olho de um observador da Terra olhando um eclipse solar total, isto é, aquele no qual a Lua impede toda luz do Sol de chegar ao observador.

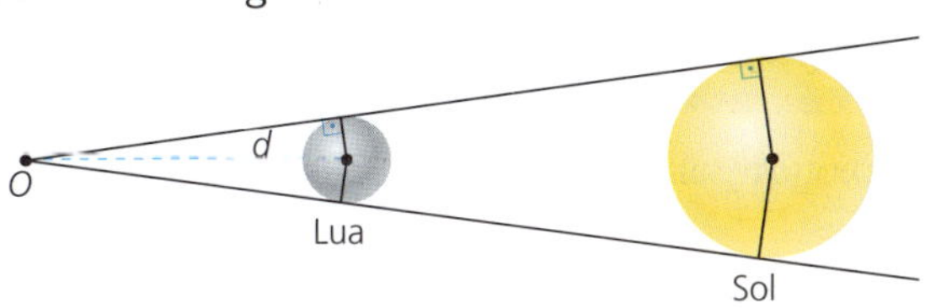

a) Para que o eclipse seja anelar, isto é, para que a Lua impeça a visão dos raios emitidos por uma parte central do Sol, mas permita a visão da luz emitida pelo restante do Sol, a Lua deve estar mais próxima ou mais afastada do observador do que na situação da figura? Justifique sua resposta com palavras ou com um desenho.

b) Sabendo que o raio do Sol é $0,70 \cdot 10^6$ km, o da Lua $1,75 \cdot 10^3$ km e que a distância entre o centro do Sol e o observador na Terra é de $150 \cdot 10^6$ km, calcule a distância d entre o observador e o centro da Lua para a qual ocorre o eclipse total indicado na figura.

9. No mesmo instante em que um poste de 6 m de altura produz uma sombra de 2 m, uma pessoa próxima ao poste mede sua sombra, de 60 cm. Qual é a altura h dessa pessoa?

Ficha-resumo 5

Câmara escura de orifício

$$\frac{A'B'}{AB} = \frac{d'}{d}$$

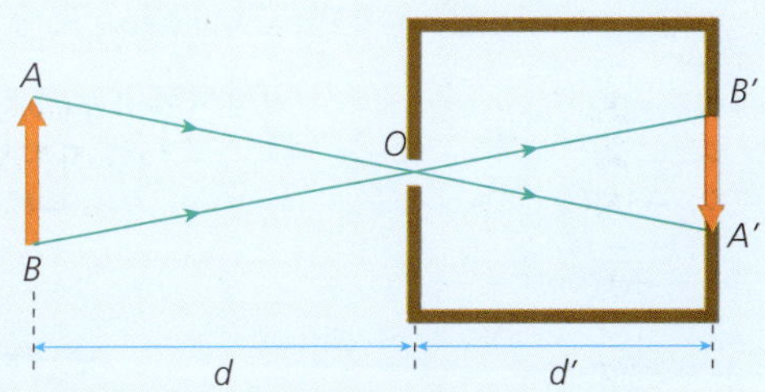

10. Um objeto se afasta de uma câmara escura de orifício. A altura de sua imagem:

a) aumenta.
b) diminui.
c) não se altera.
d) aumenta e passa de invertida para direita.
e) diminui e passa de invertida para direita.

11. A que distância de uma câmara escura de orifício de profundidade 20 cm um objeto deve ser posicionado para que a altura de sua imagem seja 2,5 vezes a altura do objeto?

12. Um objeto retilíneo vertical AB de 8 cm de altura e iluminado é colocado diante de uma câmara escura de orifício, conforme indica a figura. A câmara tem a forma de um cubo de aresta $a = 20$ cm. Qual deve ser a distância d do objeto à câmara para que a imagem formada tenha a maior altura possível?

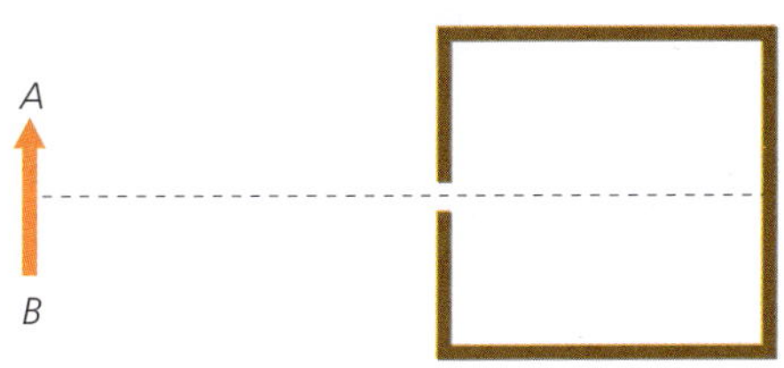

Capítulo 25

Reflexão da luz

Objetivos do capítulo:

- Apresentar as reflexões regular e difusa da luz.
- Explicar os princípios que determinam a cor de um corpo.
- Apresentar as leis da reflexão.
- Explicar a formação de imagens nos espelhos planos.
- Explicar como se determina o campo visual de um espelho plano.
- Explicar a formação de imagens em uma associação de espelhos planos.
- Explicar a formação de imagens nos espelhos côncavos e convexos.
- Apresentar a equação de Gauss e a definição de aumento linear transversal.

PAUL HARDY/CORBIS/LATINSTOCK

A reflexão é um dos fenômenos mais comuns envolvendo a propagação da luz. Diariamente usamos espelhos para diversas finalidades.

Na foto desta página, vemos as imagens fornecidas por espelhos esféricos. Por que são empregados espelhos esféricos nos retrovisores externos dos automóveis? Como o formato de um espelho influencia na formação da imagem?

Neste capítulo, estudaremos as leis e as propriedades da reflexão da luz em espelhos planos e esféricos e analisaremos as características das imagens formadas por eles.

1 Introdução

Um espelho e uma parede refletem a luz que neles incide, isto é, a luz se propaga, por exemplo, no ar, incide no espelho ou na parede e volta a se propagar no ar. Observe que a superfície do espelho é polida, o que não acontece com a superfície da parede.

As superfícies polidas refletem a luz de modo regular, ou seja, se um feixe de luz cilíndrico incide em uma superfície plana polida, o feixe de luz refletido também é cilíndrico **(fig. 1)**. As superfícies não polidas refletem a luz de forma difusa, isto é, os raios refletidos perdem o paralelismo e se espalham em todas as direções **(fig. 2)**.

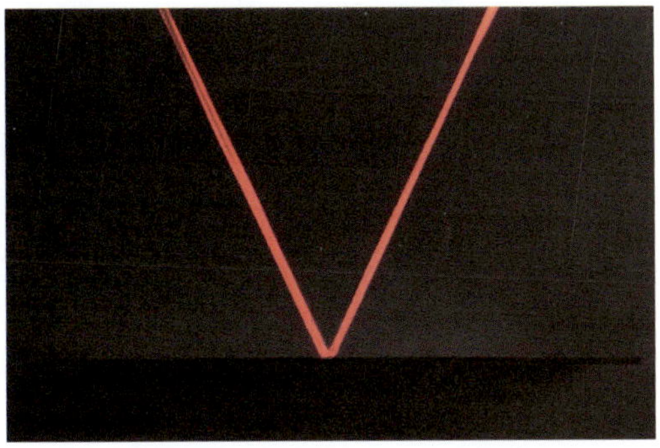

FABIO YOSHIHITO MATSUURA/MOSAICO FOTOGRAFIA

Figura 1. Feixe de laser refletido em espelho.

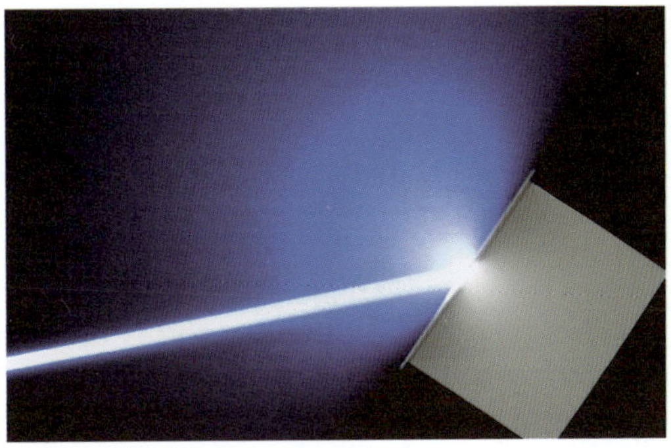

GIPHOTOSTOCK/PHOTO RESEARCHERS/LATINSTOCK

Figura 2. Reflexão difusa.

As superfícies que refletem a luz de modo regular formam imagens. É o que ocorre com as superfícies metálicas polidas, o vidro liso, a água parada **(fig. 3)**.

As superfícies que refletem a luz difusamente não formam imagens, pois a luz é refletida em várias direções. Isso ocorre com a maioria dos objetos que nos cercam. É a reflexão difusa que permite a visualização dos objetos **(fig. 4)**.

CLAUD B./SHUTTERSTOCK

Figura 3. Reflexão da luz na superfície de um lago.

DMITRIY SHIRONOSOV/SHUTTERSTOCK

Figura 4. É possível ver o livro de qualquer posição, pois a luz é refletida em todas as direções.

2 Cor de um corpo por reflexão

A cor que um corpo apresenta depende da luz monocromática ou policromática que nele incide e da luz que ele reflete difusamente.

Já estudamos que a luz solar é policromática, sendo constituída por uma infinidade de luzes monocromáticas, as quais podem ser divididas em sete cores principais: vermelho, alaranjado, amarelo, verde, azul, anil e violeta.

Assim, se um corpo iluminado pela luz do Sol apresenta-se azul, por exemplo, é porque reflete difusamente a luz azul e absorve as luzes das demais cores **(fig. 5)**.

Figura 5. Corpo azul: reflete difusamente a luz azul.

Um corpo que absorve todas as cores e não reflete nenhuma é denominado **corpo negro**. Já um corpo que, iluminado com luz branca, reflete difusamente todas as cores e não absorve nenhuma apresenta-se **branco**.

Todas as considerações feitas são ideais. Na realidade, os corpos refletem porcentagens diferentes das diversas luzes monocromáticas que compõem a luz solar. Desse modo, o corpo é visto numa cor que resulta da superposição das cores refletidas. Em nosso estudo, vamos sempre considerar as situações ideais descritas anteriormente, isto é, vamos admitir que os corpos em estudo têm **cores puras**.

Aplicando a teoria

1. Uma pessoa olha para a água parada de um tanque e vê sua imagem. A seguir, ela agita a água e sua imagem desaparece. Como se explica o que ocorreu?

➤ Solução

A água parada do tanque reflete a luz regularmente, sendo responsável pela formação da imagem. Na água agitada, a reflexão passa a ser difusa e, nesse caso, não ocorre a formação de imagens.

2. Com o recorde de 32 seleções participando da competição, a Copa do Mundo de 1998 foi a maior realizada até então. A França sediou o torneio pela segunda vez e, impulsionada por sua torcida, conquistou o seu primeiro título em 12 de julho de 1998, no Stade de France, em Saint-Denis, Paris (França).

Na final, o Brasil foi derrotado pela França. Começava a brilhar a estrela de Zinedine Zidane. O atleta fez dois gols na partida final (os únicos gols de cabeça dele naquela edição da Copa) e a França venceu por 3 a 0.

Disponível em: <http://www.brasil.gov.br/linhadotempo/epocas/1998/franca-selecao-campea-franca>. Acesso em: 17 nov. 2013.

Na foto a seguir o torcedor exibe a bandeira da França. Sob a luz solar, a bandeira apresenta as cores azul, branca e vermelha. Se levarmos essa bandeira para um ambiente iluminado com luz monocromática vermelha, que cores passaremos a enxergar? Considere os pigmentos puros.

➤ Solução

Iluminada com luz monocromática vermelha, a cor branca será vista na cor vermelha, uma vez que reflete difusamente qualquer cor nela incidente. A cor azul será vista preta, pois absorve a luz vermelha. A cor vermelha reflete difusamente a luz vermelha e absorve qualquer outra, portanto, ao ser iluminada com luz vermelha, será vista na cor vermelha.

Avaliando o aprendizado

1. Um feixe de raios paralelos incide na superfície plana de um corpo opaco. Assinale a alternativa correta.

a) Sendo a superfície polida, os raios refletidos perdem o paralelismo.

b) Sendo a superfície rugosa, os raios refletidos serão paralelos entre si.

c) Sendo a superfície rugosa, não ocorre o fenômeno da reflexão.

d) Sendo a superfície polida, não ocorre o fenômeno da reflexão.

e) Sendo a superfície rugosa, ao feixe incidente corresponde um feixe refletido em todas as direções.

2. Por que, sob a luz solar, a rosa apresenta-se vermelha e as folhas verdes? Em que cores a rosa e as folhas serão vistas em um ambiente iluminado por luz monocromática verde?

RA3M/SHUTTERSTOCK

3. O pintor modernista holandês Piet Mondrian (1872-1944) desenvolveu, desde 1917 até o início da década de 1940, um novo conceito artístico conhecido como Neoplasticismo. Mondrian propunha a abstração e a redução dos elementos da realidade a uma linguagem formal estritamente geométrica, limitada à representação de linhas horizontais e verticais e à utilização das cores básicas vermelha, azul e amarela combinadas com as cores preta, cinza e branca. Abaixo, destacamos uma de suas obras.

ERICH LESSING/ALBUM ART/ LATINSTOCK - KUNSTHAUS, ZURICH, SWITZERLAND

Piet Mondrian. Composição com Vermelho, azul e amarelo 1930 © 2012 Mondrian Holtzman Trust c/o HCR International USA.

Ao ser expostos à luz solar, os diversos elementos (quadrados e retângulos) apresentam-se nas cores branca, vermelha, amarela e azul. Em um ambiente iluminado com luz monocromática amarela, em que cores os elementos do quadro serão vistos? Considere os pigmentos puros.

3 Leis da reflexão

Um raio de luz R incide em um ponto I de uma superfície plana e sofre reflexão. Seja R' o raio de luz refletido. Vamos indicar por n uma reta normal à superfície plana, em I, isto é, perpendicular à superfície refletora e que passa pelo ponto I. Os ângulos i e r que o raio incidente e o raio refletido formam com a normal n são chamados, respectivamente, de ângulo de incidência e ângulo de reflexão **(fig. 6)**.

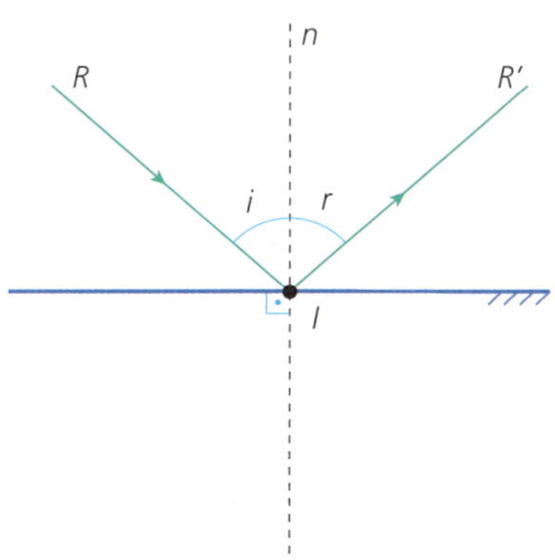

Figura 6. Os ângulos de reflexão (r) e de incidência (i) são iguais.

Primeira lei da reflexão

- O raio incidente, a reta normal e o raio refletido estão contidos no mesmo plano.

Segunda lei da reflexão

- O ângulo de reflexão e o ângulo de incidência são iguais: $r = i$

4 Imagem de um ponto em um espelho plano

Nos espelhos planos, a superfície refletora geralmente é obtida por meio do depósito de uma película de prata sobre uma das faces de uma lâmina de vidro. A finalidade do vidro é proteger a película.

Vamos determinar a posição da imagem de um ponto *P*, luminoso ou iluminado, colocado diante da face refletora de um espelho plano *E* **(fig. 7A)**.

Sejam *PI* e *PJ* dois raios de luz que incidem no espelho **(fig. 7B)**; aplicando as leis da reflexão, determinamos os raios refletidos **(fig. 7C)**. Os prolongamentos dos raios refletidos se interceptam num ponto *P'* **(fig. 7D)**.

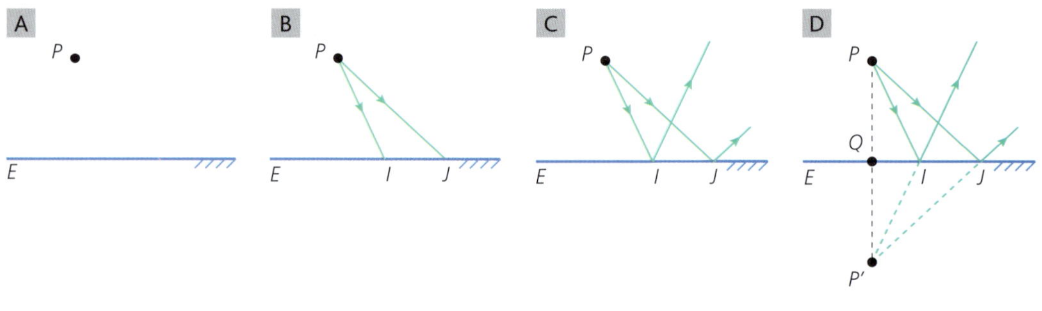

Figura 7. Imagem de um ponto *P* em um espelho plano.

O observador recebe os raios refletidos e assim vê *P'*. Para ele, é como se os raios se originassem de *P'*. O ponto *P*, vértice do feixe de luz incidente, é um **ponto objeto** em relação ao espelho. O ponto *P'*, vértice do feixe de luz emergente do espelho, é um **ponto imagem** em relação ao espelho.

Quando os raios do feixe incidente se encontram efetivamente, o ponto objeto é chamado **real**. Quando esses raios se encontram através de prolongamentos, o ponto objeto é chamado **virtual**. No caso em estudo, o ponto *P* é um ponto objeto real.

Quando os raios do feixe emergente se encontram efetivamente, o ponto imagem é chamado **real**. Quando esses raios se encontram através de prolongamentos, o ponto imagem é chamado **virtual**. No caso em estudo, o ponto *P'* é um ponto imagem virtual.

Os triângulos *PQI* e *P'QI* são congruentes. Logo, a distância *PQ* é igual à distância *P'Q* **(fig. 7D)**. Concluímos, então, que **o ponto objeto *P* e o ponto imagem *P'* são simétricos em relação à superfície refletora**.

Aplicando a teoria

3. Com um apontador *laser* incide-se um estreito feixe de luz em uma superfície metálica polida. Seja α o ângulo que o feixe forma com a superfície metálica. Determinar os ângulos de incidência e de reflexão nos casos de $\alpha = 30°$ e $\alpha = 90°$.

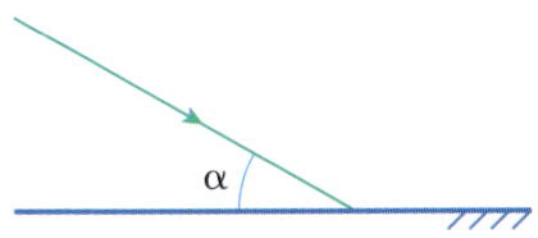

➤ Solução

O ângulo de incidência i é o ângulo que o estreito feixe incidente forma com a normal n no ponto de incidência I. No caso em que $\alpha = 30°$, o ângulo i será igual a 60° e, pela lei da reflexão, concluímos que o ângulo de reflexão r também é 60°: $i = r = 60°$

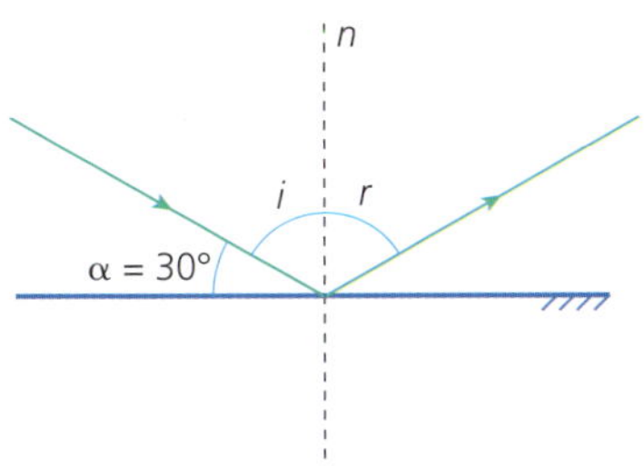

No caso de $\alpha = 90°$, o raio incide perpendicularmente à superfície metálica e, portanto, coincide com a normal n. Assim, os ângulos de incidência e de reflexão são nulos: $i = r = 0°$

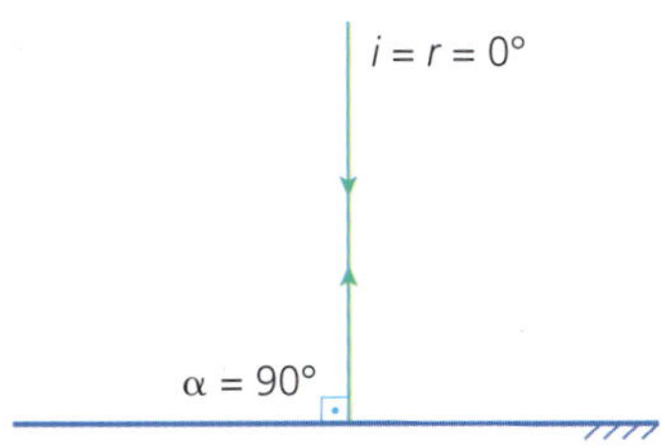

4. Um ponto objeto P está diante de um espelho plano. A distância entre o ponto P e o correspondente ponto imagem P' é de 30 cm.

a) Qual é a distância do ponto objeto P ao espelho?

b) Ao se transladar o espelho 10 cm, afastando-o do ponto objeto P que é mantido fixo, quanto se desloca o ponto imagem?

25.1 Biblioteca do estudante

➤ Solução

a) P e P' são simétricos em relação ao espelho. Se P está à distância d do espelho, o ponto imagem P' está "atrás" do espelho também à distância d.

Assim, $d + d = 30$ cm e, portanto, $d = 15$ cm.

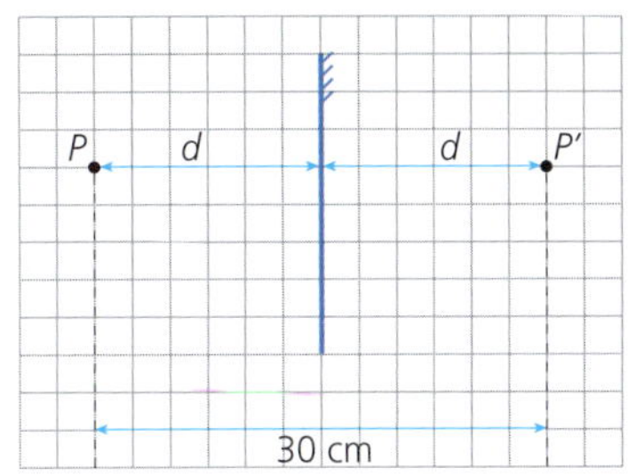

b) Se o espelho é transladado 10 cm, afastando-se do ponto objeto P, este fica a 25 cm da nova posição do espelho, acontecendo o mesmo com a nova imagem P".

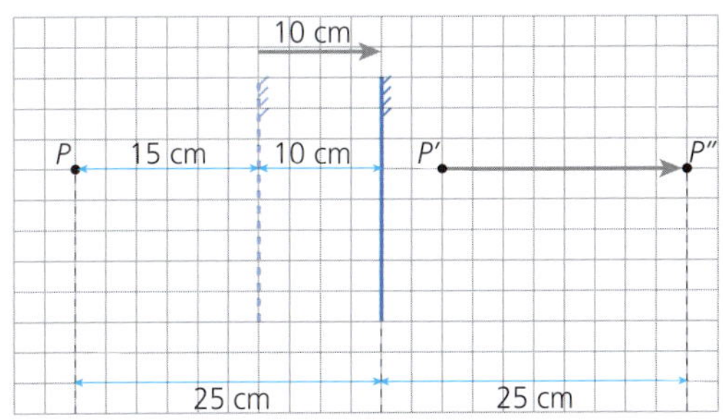

Portanto: $P'P" = PP" - PP' = 50 \text{ cm} - 30 \text{ cm} \Rightarrow$ $P'P" = 20$ cm

Observe que o espelho deslocou-se 10 cm e o ponto imagem deslocou-se, no mesmo sentido, o dobro da distância, ou seja, 20 cm.

Avaliando o aprendizado

4. O ângulo entre um raio de luz que incide em uma superfície metálica polida e o correspondente raio refletido mede 40°. Qual é o ângulo que o raio refletido forma com a superfície metálica?

5. Dois espelhos planos E_1 e E_2 formam entre si um ângulo α. Um raio de luz R incide no espelho E_1, segundo um ângulo de incidência igual a 30°. Após se refletir em E_1, incide perpendicularmente no espelho E_2. Para que isso ocorra, qual deve ser o valor de α?

6. Um ponto objeto P está a 20 cm da face refletora de um espelho plano. Translada-se o espelho de uma distância d, afastando-o do ponto objeto P que é mantido fixo. O ponto imagem sofre um deslocamento de 30 cm. Determine:

a) a distância d que se transladou o espelho;

b) as distâncias do ponto imagem à superfície do espelho antes e depois de o espelho ser transladado.

7. Um observador, no ponto O, e um ponto objeto P estão diante de um espelho plano, conforme mostra a figura. A que distância de O se forma a imagem de P? Cada quadradinho tem lado igual a 5 cm.

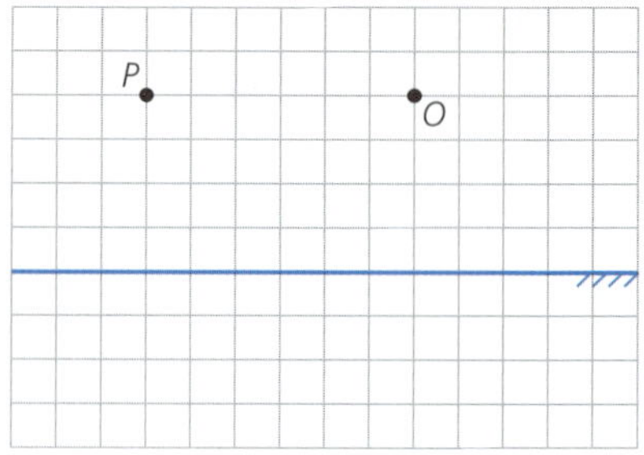

5 Imagem de um objeto extenso em um espelho plano

A imagem de um objeto extenso fornecida por um espelho plano tem as mesmas dimensões do objeto. Cada ponto da imagem é obtido aplicando-se a propriedade de simetria. Assim, objeto e imagem equidistam do espelho **(fig. 8)**.

O espelho plano não inverte a imagem, mas troca a direita pela esquerda e vice-versa **(fig. 9).** O fenômeno é chamado **reversão** e a imagem é dita revertida.

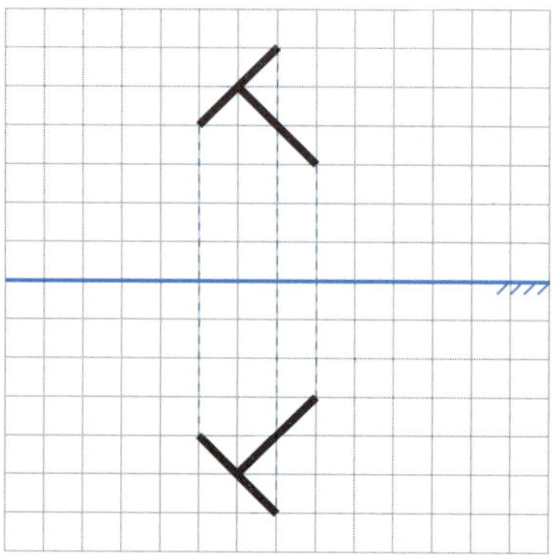

Figura 8. Imagem de um objeto extenso.

FERNANDO FAVORETTO/CID

Figura 9. O espelho plano troca a direita pela esquerda.

6 Campo visual de um espelho plano

Quando olhamos no espelho retrovisor interno de um carro **(fig. 10)**, por exemplo, vemos uma região do espaço refletida no espelho. Essa região recebe o nome de **campo visual do espelho**.

STEVE LEWIS STOCK/STONE/GETTY IMAGES

Figura 10. O espelho retrovisor interno de um carro é plano.

O campo visual depende do tamanho e da posição do espelho e da posição do olho do observador, no ponto *O* **(fig. 11)**.

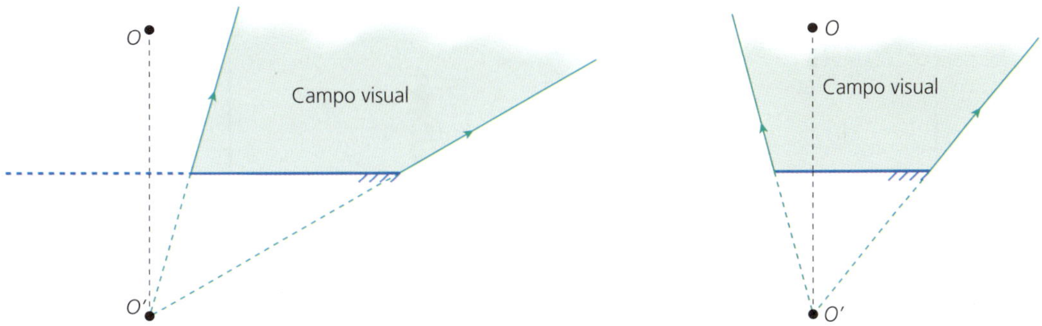

25.2 Biblioteca do estudante

Figura 11. O campo visual é obtido determinando-se a imagem *O*' de *O* e em seguida trançando-se semirretas com origem em *O*' e que passam pelas bordas do espelho.

Aplicando a teoria

5. **Um objeto é colocado diante de um espelho plano E, conforme indica a figura.**

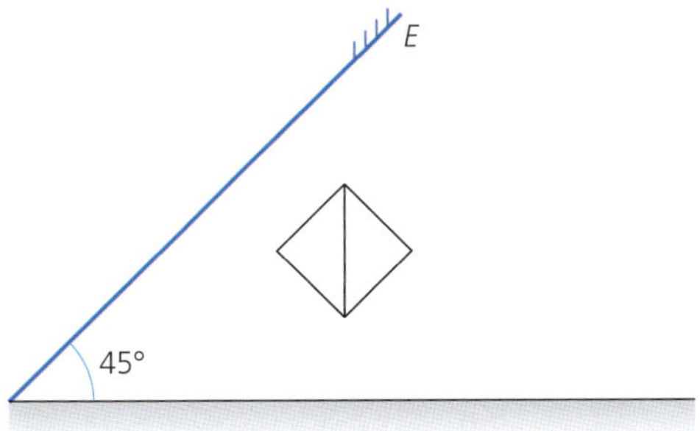

Representar graficamente a imagem do objeto formada pelo espelho.

➤ Solução

Aplicando a propriedade de simetria, encontramos as imagens dos pontos *A*, *B C* e *D* e, portanto, a imagem do objeto dado.

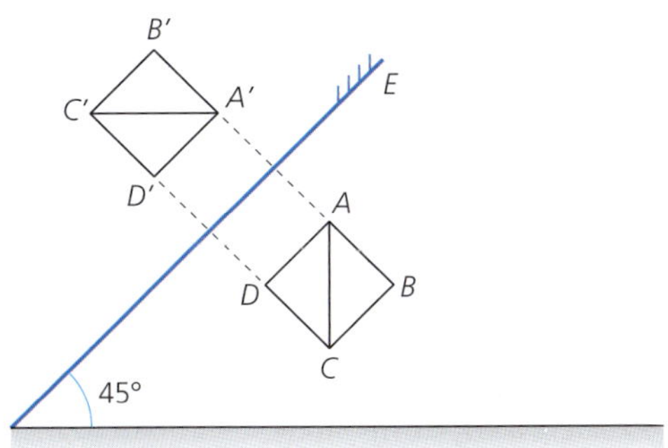

6. **Um motorista, por meio do espelho plano retrovisor de seu carro, lê a palavra EMERGÊNCIA na imagem do capô de um veículo de atendimento médico. Reproduza o que estava escrito no capô do veículo.**

➤ Solução

Sabemos que o espelho plano não inverte a imagem, mas troca a direita pela esquerda e vice-versa. Logo, no capô do veículo estava escrito:

7. **O olho de um observador está na posição O e três pequenos objetos estão nas posições A, B e C. E é um espelho plano.**

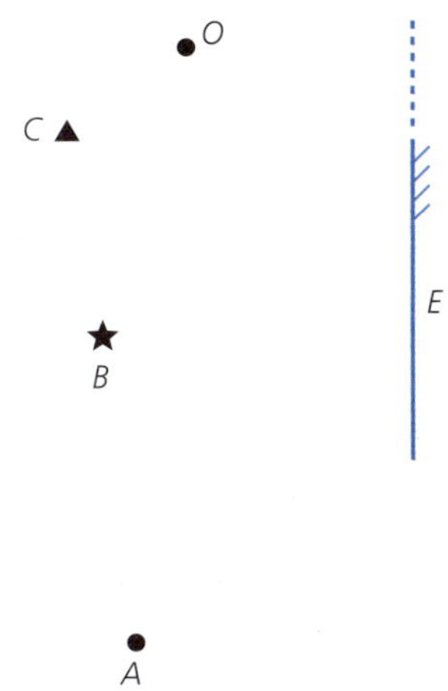

O observador vê as imagens dos objetos:

a) A, B e C.

b) A e B.

c) B e C.

d) A e C e a imagem de seu olho.

e) A e B e a imagem de seu olho.

➤ Solução

Vamos determinar o campo visual do espelho em relação ao observador:

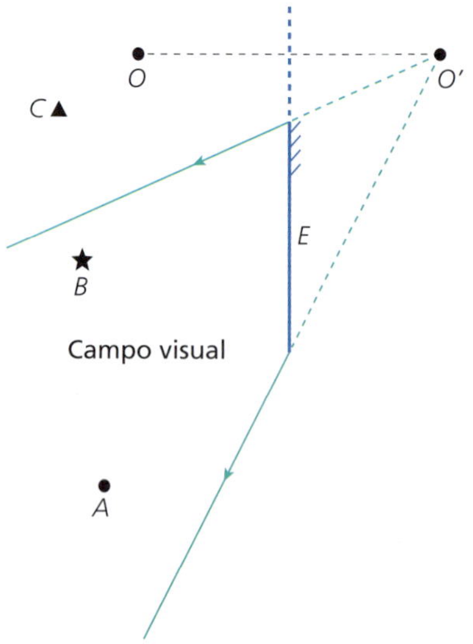

Os objetos A e B estão no campo visual. O objeto C e o olho, em O, estão fora dele. Logo, o observador vê as imagens de A e B e não vê a imagem de C e a de seu olho.

Resposta: b

8. Um raio de luz parte de um ponto objeto P, incide num espelho plano E, sofre reflexão e chega ao olho de um observador, em O. Representar o raio incidente e o correspondente raio refletido.

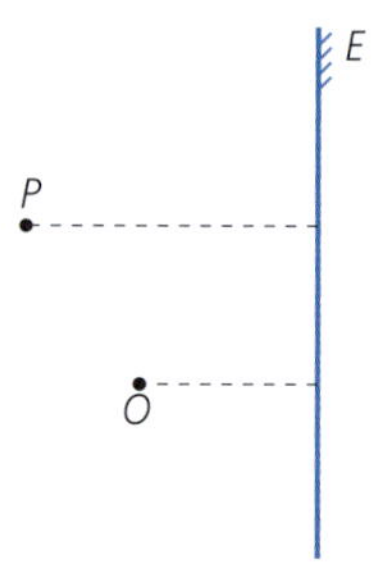

➤ Solução

Sabemos que o raio refletido deve passar pelo ponto imagem P'. Então, determinamos P' pela propriedade de simetria, unimos O com P' e localizamos o ponto de incidência I. Assim, o raio incidente é *PI* e o refletido, *IO*:

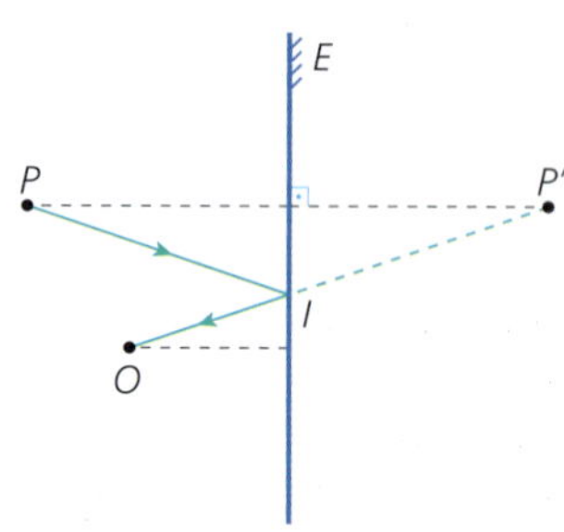

9. Uma pessoa de altura *H* está a uma distância *d* de um espelho plano vertical. Considerar *h* a altura de seus olhos (O) em relação ao chão e que a pessoa deseja se ver de corpo inteiro no espelho.

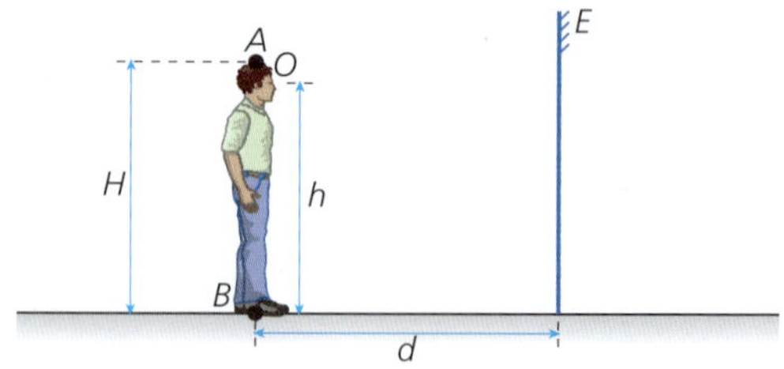

a) Desenhar os raios de luz que partem de A e de B, sofrem reflexão no espelho e atingem o olho O do observador.

b) Calcular a altura mínima, x, do espelho, com a base inferior afastada do solo, para que a pessoa possa se ver de corpo inteiro.

c) Calcular a distância y da base inferior do espelho em relação ao solo.

➤ Solução

a) Primeiro determinamos as imagens A' e B' de A e B. Em seguida, unimos O a A' e O a B' e encontramos os pontos de incidência I_1 e I_2. Assim, temos os raios incidentes AI_1 e BI_2 e os correspondentes raios refletidos I_1O e I_2O.

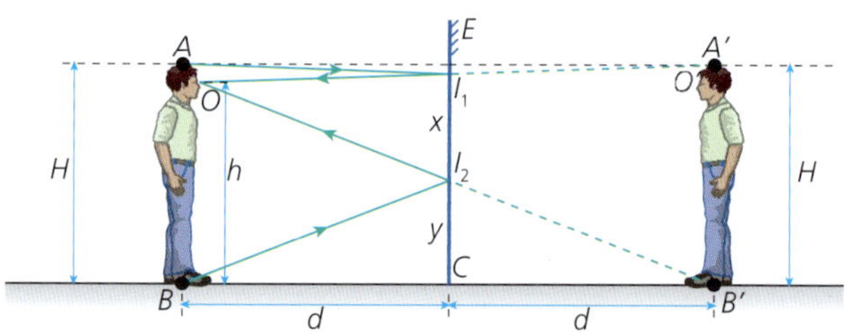

b) A altura mínima do espelho para que a pessoa possa se ver de corpo inteiro é x. Como os triângulos $OA'B'$ e OI_1I_2 são semelhantes, temos:

$$\frac{A'B'}{x} = \frac{2d}{d} \Rightarrow \frac{H}{x} = 2 \Rightarrow x = \frac{H}{2}$$

Portanto, a altura mínima do espelho é a metade da altura da pessoa.

c) A distância da base inferior do espelho em relação ao solo é y. Os triângulos $B'I_2C$ e $B'OB$ são semelhantes. Assim:

$$\frac{OB}{I_2C} = \frac{2d}{d} \Rightarrow \frac{h}{y} = 2 \Rightarrow y = \frac{h}{2}$$

Portanto, a distância da base inferior do espelho ao solo é a metade da altura dos olhos da pessoa em relação ao solo.

Avaliando o aprendizado

8. Em uma aula de Óptica Geométrica, o professor de Física fez várias experiências utilizando um espelho plano. Uma delas consistia em pedir a um dos alunos, Pedro, que se colocasse diante do espelho e, a seguir, se afastasse, mantendo-se na frente do espelho. O professor pediu aos demais alunos que construíssem o gráfico da altura h da imagem de Pedro em função do tempo t. Para facilitar, apresentou cinco possibilidades. Qual é a correta?

a) 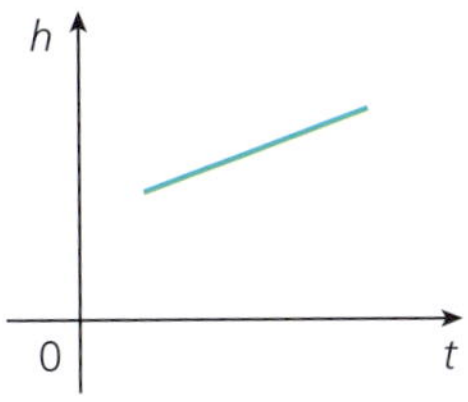

b) 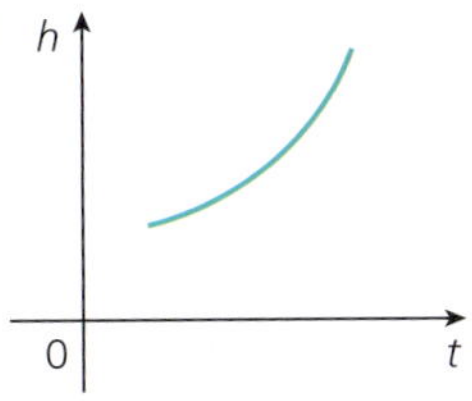

c) 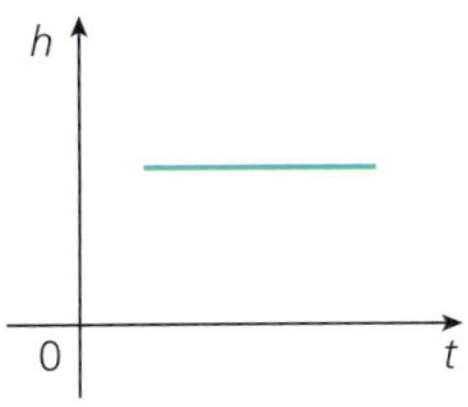

d) 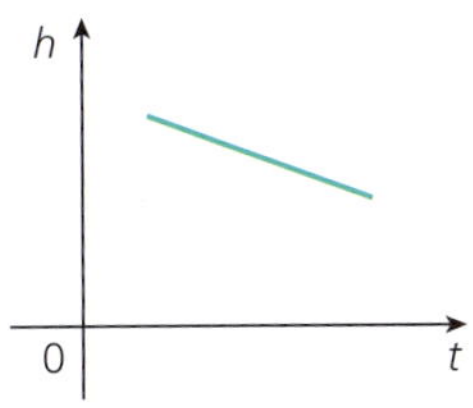

e) 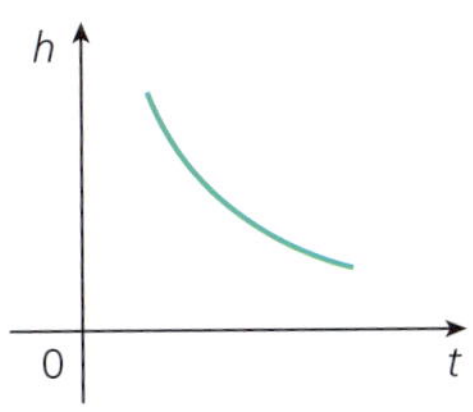

9. Como você deve escrever seu nome em uma folha de papel para que sua leitura diante de um espelho plano fique normal?

10. O olho de um observador está na posição O diante de um espelho plano E. Durante quanto tempo o observador poderá ver a imagem de uma formiga F que se desloca ao longo da reta r com velocidade de 3 cm/s, conforme indica a figura? Considere o lado de cada quadradinho igual a 1 cm.

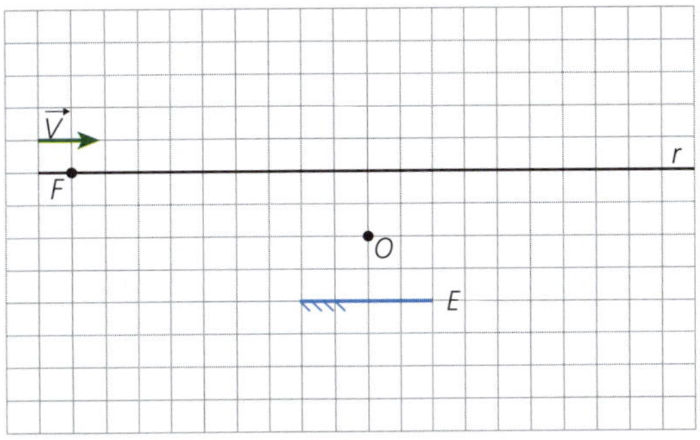

11. Na figura a seguir representamos um observador de altura AB diante de um espelho plano E. O olho do observador é representado pelo ponto O. Verifique se o observador consegue ver-se de corpo inteiro.

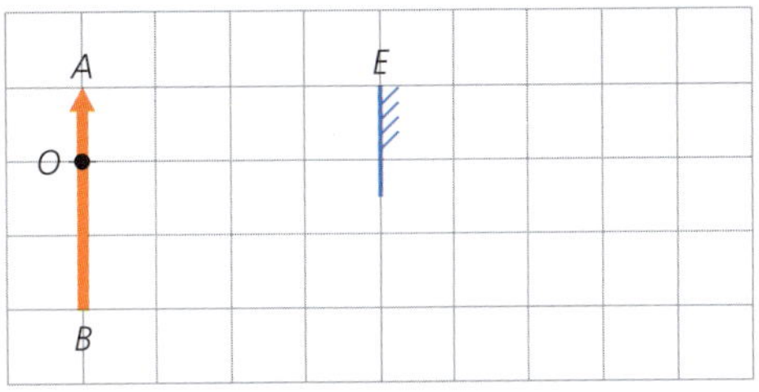

12. Considere a situação esquematizada na figura a seguir. Desenhe os raios de luz que partem dos extremos A e B do objeto, sofrem reflexão no espelho plano E e atingem o olho do observador no ponto O.

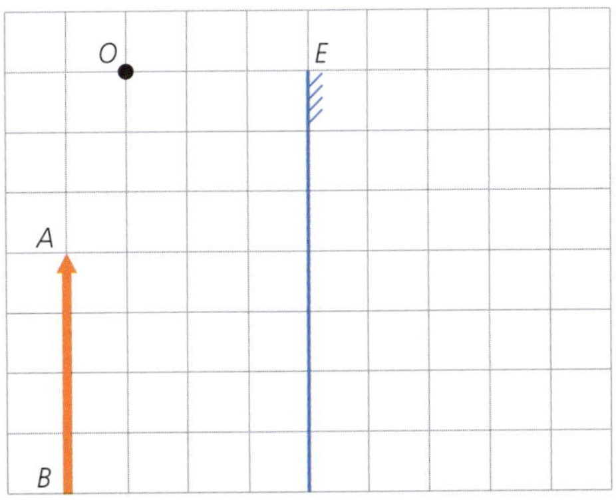

13. Um observador de 1,80 m de altura está em pé diante de um espelho plano retangular, que foi fixado em uma parede vertical. Para que o observador possa enxergar sua imagem inteira, a altura mínima do espelho:

a) deve ser igual a 1,80 m.

b) deve ser igual a 0,90 m e pode ser fixado em qualquer posição da parede vertical.

c) deve ser igual a 0,90 m e deve ser fixado em uma determinada posição da parede vertical.

d) é igual a 0,60 m e deve ser fixado em uma determinada posição da parede vertical.

e) depende da distância do observador ao espelho.

7 Associação de espelhos planos

Um objeto colocado entre dois espelhos planos que formam entre si certo ângulo α apresenta inúmeras imagens. O número de imagens aumenta à medida que se diminui o ângulo entre os espelhos (**fig. 12** e **fig. 13**).

ANDREW LAMBERT PHOTOGRAPHY/SCIENCE PHOTO LIBRARY/LATINSTOCK

Figura 12. Imagens de um objeto colocado entre dois espelhos planos que formam um ângulo de 90°.

FERNANDO FAVORETTO/CID

Figura 13. Imagens de um objeto colocado entre dois espelhos planos que formam um ângulo de 60°.

Analisando as fotos, notamos que, para o ângulo $\alpha = 90°$, temos 4 regiões. Em uma delas está o objeto e, nas outras, as três imagens. Para $\alpha = 60°$ notamos a existência de 6 regiões. Em uma delas está o objeto e, nas outras, as cinco imagens.

Para determinar o número de regiões em associações de espelhos planos, como as mostradas nas **figuras 12** e **13**, dividimos 360° pelo ângulo α. Do valor obtido tiramos o número 1, que corresponde à região do objeto, e obtemos o número N de imagens:

$$N = \frac{360°}{\alpha} - 1$$

Essa relação será válida quando a razão $\frac{360°}{\alpha}$ for um número inteiro e par.

Se $\frac{360°}{\alpha}$ for ímpar, a relação somente será válida se o objeto estiver no plano bissetor do ângulo α **(fig. 14)**.

FERNANDO FAVORETTO/CRIAR IMAGEM

Figura 14. Para $\alpha = 40°$, teremos $N = 8$ se o objeto estiver no plano bissetor do ângulo α. Tirando o objeto do plano bissetor, o número de imagens não será necessariamente 8.

Se as faces refletoras dos espelhos estiverem dispostas paralelamente **(fig. 15)**, o número de imagens de um dado objeto colocado entre elas será teoricamente infinito. Na prática, temos um número finito de imagens e com luminosidade cada vez menor devido à absorção e à difusão gradativa da luz pelos espelhos.

FERNANDO FAVORETTO/CID

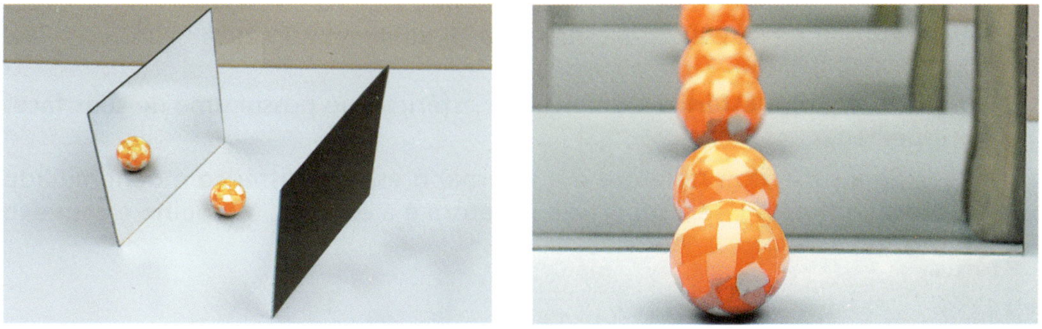

FERNANDO FAVORETTO/CID

Figura 15. Imagens de um objeto colocado entre dois espelhos planos paralelos.

Aplicando a teoria

10. Um objeto colocado entre dois espelhos planos, que formam entre si certo ângulo α, apresenta 11 imagens. Sabendo que $\frac{360°}{\alpha}$ é um número inteiro, qual é o valor de α? Para obter esse número de imagens, o objeto pode estar em qualquer posição entre os espelhos?

➤ **Solução**

Sendo $N = 11$, temos: $N = \frac{360°}{\alpha} - 1 \Rightarrow 11 = \frac{360°}{\alpha} - 1 \Rightarrow \frac{360°}{\alpha} = 12 \Rightarrow \boxed{\alpha = 30°}$

Como $\frac{360°}{\alpha}$ é inteiro e par, concluímos que o objeto pode se situar em qualquer posição entre os espelhos.

Avaliando o aprendizado

14. Dois espelhos planos formam um ângulo de 90°. Um objeto linear PQ é colocado na frente dos espelhos, conforme indica a figura. Localize as imagens de tal objeto.

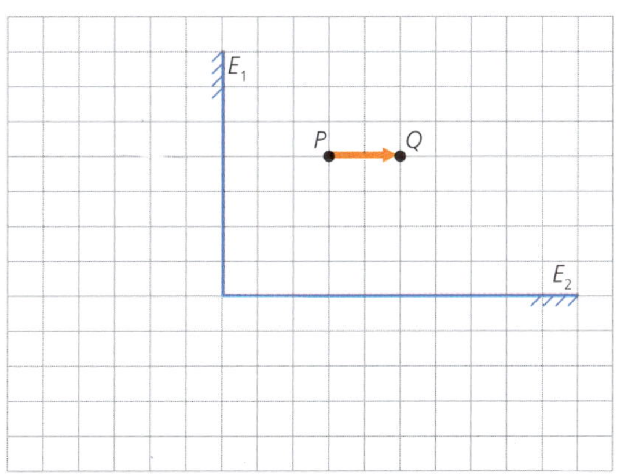

8 Espelhos esféricos

Imagine uma superfície esférica como a bolinha de uma árvore de Natal. Cortando a superfície esférica com um plano, obteremos duas partes com as formas indicadas na **figura 16**. Cada uma das partes é denominada **calota esférica**.

Vamos considerar a menor das calotas e espelhar uma de suas faces. Teremos, assim, um espelho esférico.

Portanto, **espelho esférico** é uma calota esférica que possui uma de suas faces espelhadas.

Se a superfície refletora é a interna, o espelho esférico é denominado **côncavo (fig. 17)**; se a superfície refletora é a externa, o espelho é **convexo (fig. 18)**.

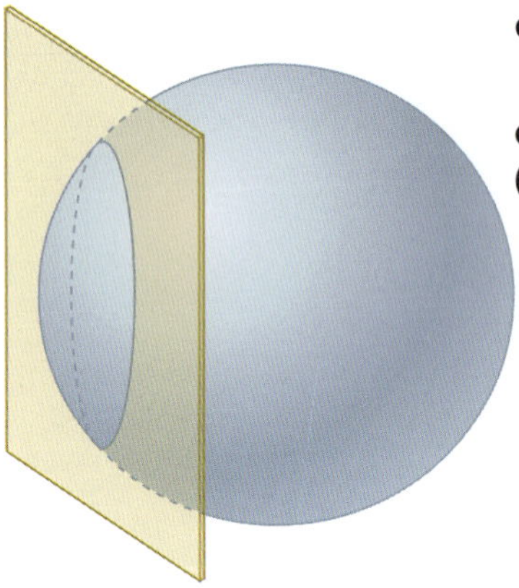

Figura 16. O plano divide a superfície esférica em duas calotas esféricas.

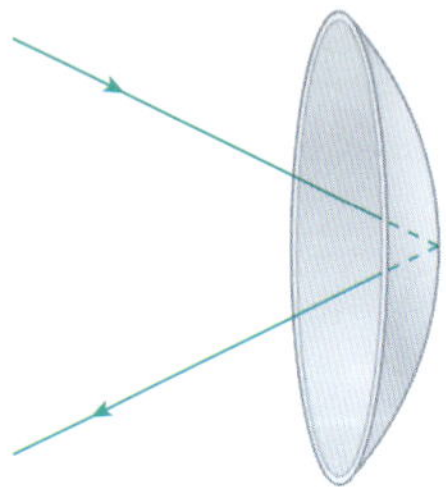

Figura 17. Espelho esférico côncavo.

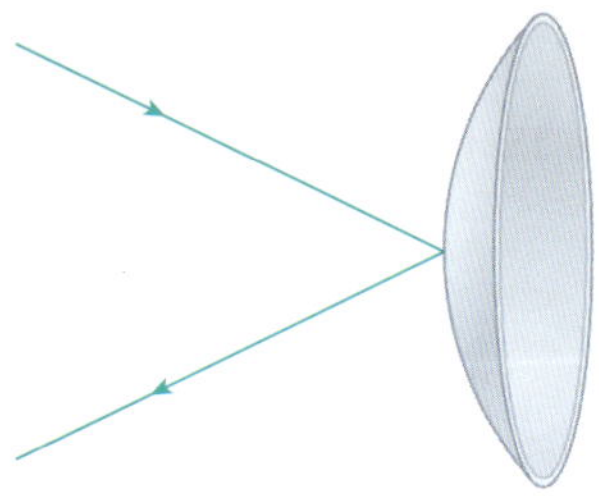

Figura 18. Espelho esférico convexo.

Os **elementos geométricos** de um espelho esférico **(fig. 19)** são:

- **centro de curvatura (*C*):** o centro da superfície esférica de onde foi retirada a calota;
- **vértice (*V*):** o polo da calota. É o ponto mais externo da calota;
- **raio de curvatura (*R*):** o raio de curvatura da superfície esférica de onde foi retirada a calota. É a distância entre *C* e *V*;
- **eixo principal:** a reta definida pelos pontos *C* e *V*;
- **ângulo de abertura do espelho:** é o ângulo $\alpha = A\widehat{C}B$. As imagens fornecidas por um espelho esférico são mais nítidas quando $\alpha < 10°$. Nessas condições, o espelho é chamado **espelho esférico de Gauss**. Todo o nosso estudo será feito para os espelhos esféricos de Gauss;
- **foco principal do espelho de Gauss (*F*):** o ponto médio entre *C* e *V*;
- **distância focal (*f*)**: a distância entre o foco *F* e o vértice *V*;
- **relação entre *f* e *R*:** $f = \frac{R}{2}$.

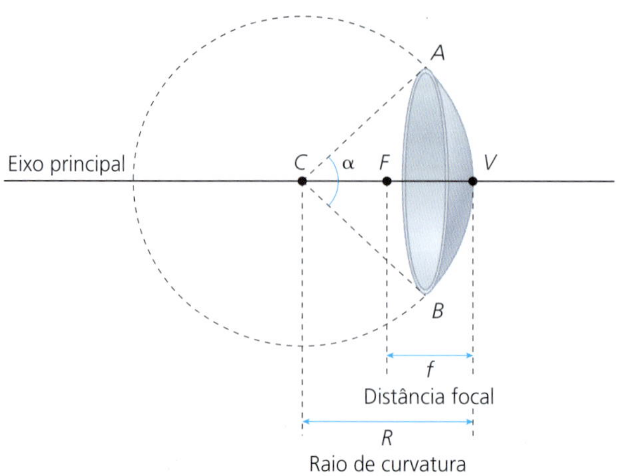

Figura 19. Elementos geométricos de um espelho esférico.

Para facilitar a representação dos espelhos esféricos côncavos e convexos, vamos utilizar os esquemas indicados na **figura 20**.

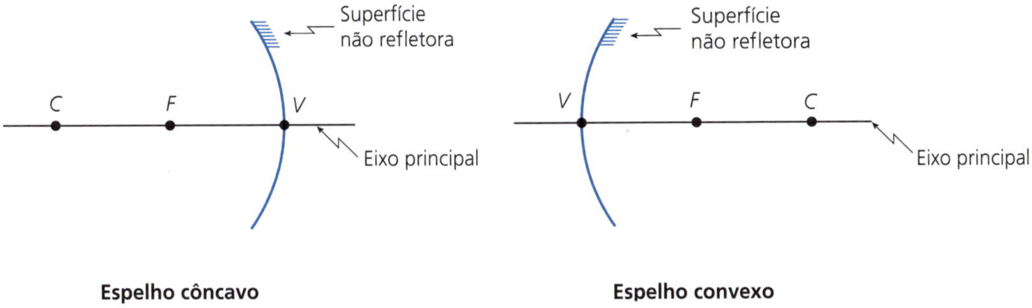

Figura 20. Representação esquemática dos espelhos esféricos.

Observe agora os esquemas abaixo. Um feixe de raios paralelos incide em um espelho esférico, paralelamente ao eixo principal. O feixe refletido é **convergente** no caso do espelho côncavo e **divergente** no caso do espelho convexo. Nos espelhos côncavos, os raios desse feixe passam efetivamente pelo foco principal *F*. No caso dos espelhos convexos, os prolongamentos dos raios refletidos passam pelo foco principal **(fig. 21)**.

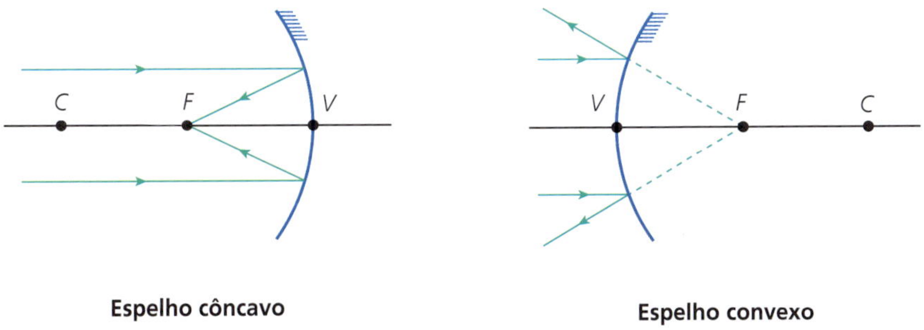

Figura 21. Raios incidentes paralelos ao eixo principal.

Assim, para os espelhos esféricos podemos enunciar a seguinte propriedade:

- Os raios de luz que incidem em um espelho esférico paralelamente ao eixo principal refletem-se passando efetivamente pelo foco principal nos espelhos côncavos e passando pelo foco principal através de prolongamentos nos espelhos convexos.

Reciprocamente, de acordo com o princípio da reversibilidade da luz:

- Os raios de luz que incidem em um espelho esférico passando pelo foco principal *F* efetivamente (no espelho côncavo) ou passando pelo foco principal através de prolongamentos (no espelho convexo) são refletidos paralelamente ao eixo principal.

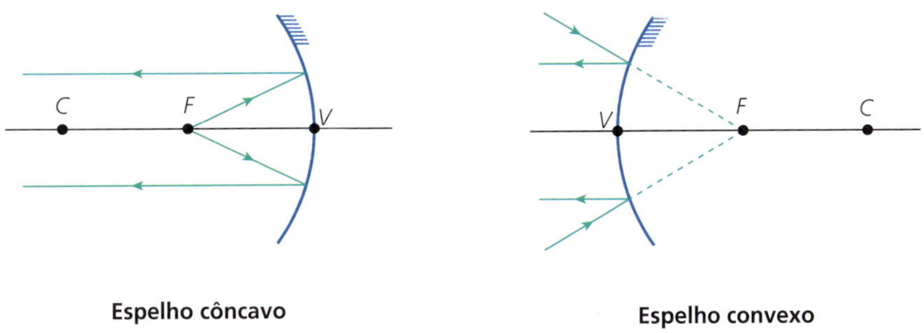

Figura 22. Raios incidentes passando pelo foco principal *F*.

Aplicando a teoria

11. **Um espelho esférico de Gauss possui raio de curvatura igual a 20 cm. Qual é a distância focal *f* desse espelho?**

➤ **Solução**

Nos espelhos esféricos de Gauss o foco principal F está situado a uma distância igual a $\frac{R}{2}$ do espelho. Logo: $f = \frac{20\text{ cm}}{2} \Rightarrow \boxed{f = 10\text{ cm}}$

12. **Um raio de luz incide num espelho esférico côncavo passando pelo centro de curvatura C, conforme indica a figura.**

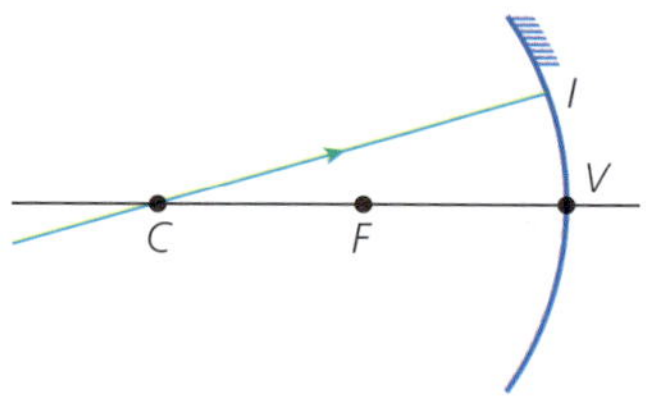

Espelho côncavo

Determinar o ângulo de incidência e o ângulo de reflexão. Em seguida representar graficamente o correspondente raio refletido.

➤ **Solução**

O raio de luz que incide passando pelo centro de curvatura C coincide com a normal *n* pelo ponto de incidência I. Logo, o ângulo de incidência é nulo ($i = 0°$). Pela segunda lei da reflexão, o ângulo de reflexão também é nulo ($r = 0°$). Portanto, o raio refletido coincide com o raio incidente.

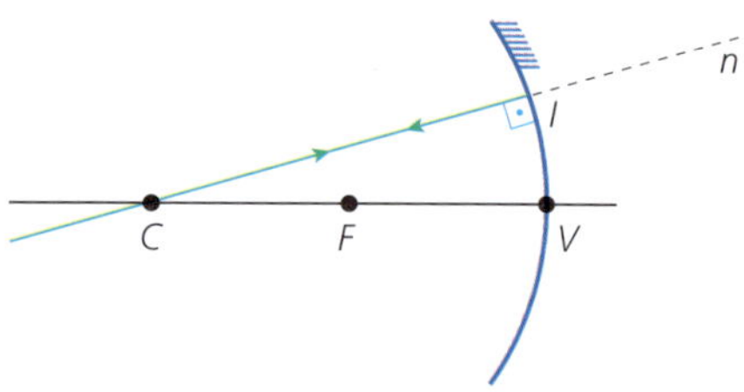

13. **Um raio de luz incide no vértice V de um espelho esférico côncavo, formando um ângulo de 30° com o eixo principal, conforme mostra a figura.**

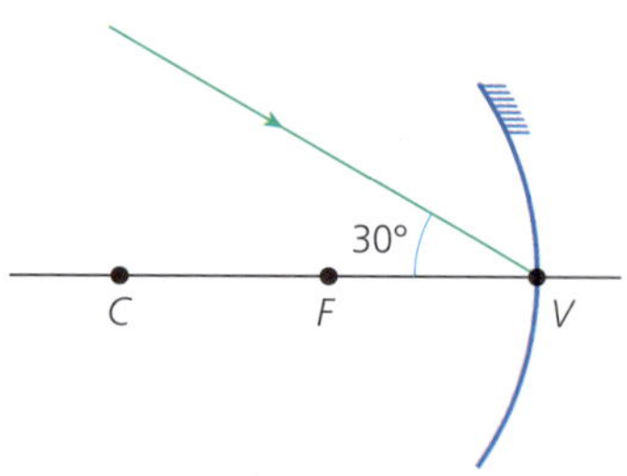

Determinar o ângulo de incidência e o ângulo de reflexão. Em seguida representar graficamente o correspondente raio refletido.

➤ **Solução**

O eixo principal coincide com a normal *n* ao espelho que passa pelo vértice V. Logo, o ângulo de incidência é $i = 30°$. Pela segunda lei da reflexão, $r = 30°$. Nessas condições, o raio refletido é simétrico ao raio incidente em relação ao eixo principal.

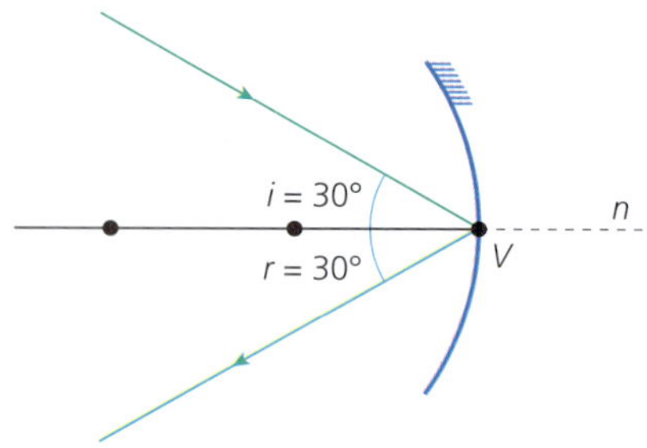

14. **As figuras abaixo representam reflexões da luz em espelhos esféricos. Seja C o centro de curvatura, F o foco principal e V o vértice do espelho. Quais são os esquemas corretos?**

I.

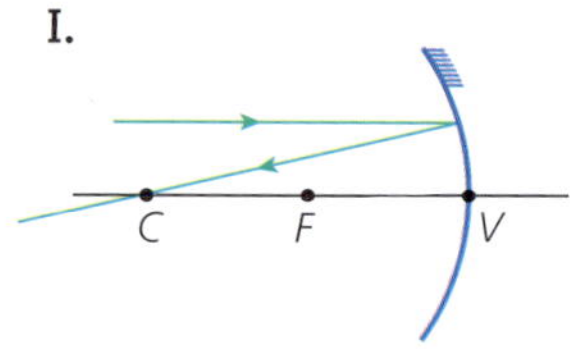

IV.

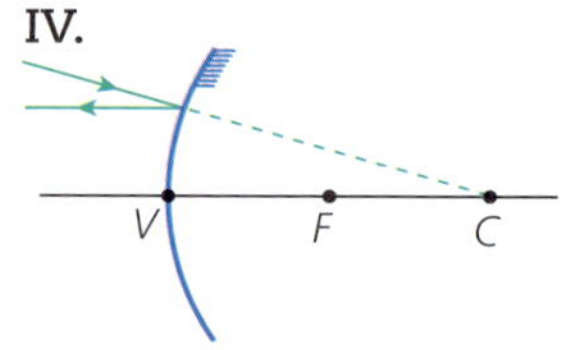

II.

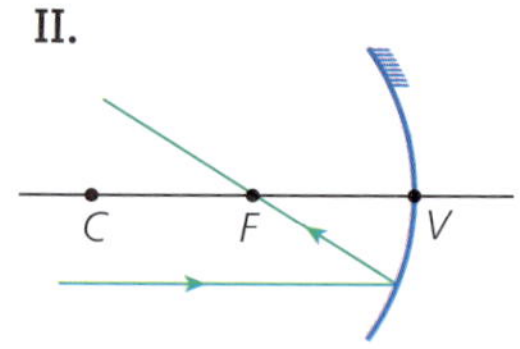

V.

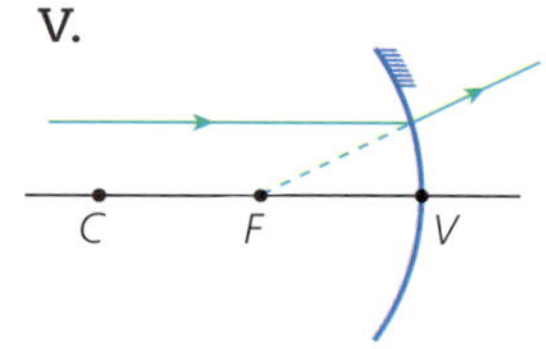

III.

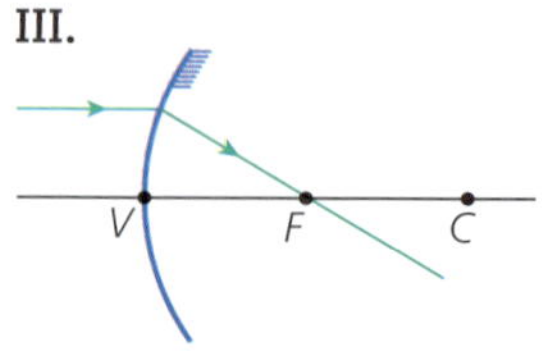

VI.

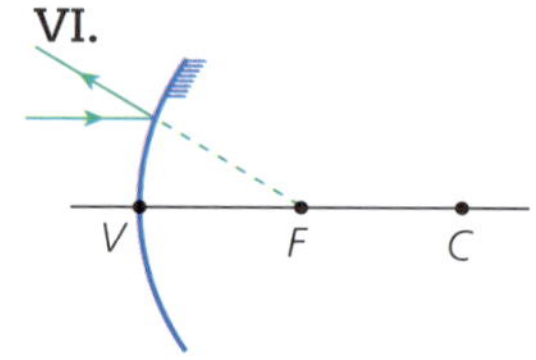

➤ **Solução**

São corretos os esquemas **II** e **VI**. Os raios que incidem paralelamente ao eixo principal refletem passando pelo foco principal F, efetivamente, no caso do espelho côncavo, e através de prolongamentos, no caso do espelho convexo.

Avaliando o aprendizado

15. Uma pequena lâmpada acesa é colocada num ponto do eixo principal de um espelho esférico côncavo de raio $R = 30$ cm. Os raios luminosos que incidem no espelho são refletidos paralelamente ao eixo principal. Qual é a distância da lâmpada ao espelho?

16. As figuras abaixo representam reflexões da luz em espelhos esféricos. Seja C o centro de curvatura, F o foco principal e V o vértice do espelho. Quais são os esquemas corretos?

I.
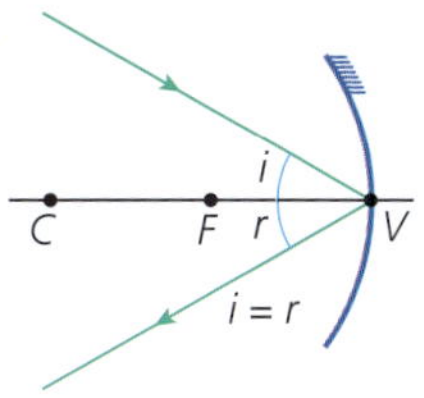

III.
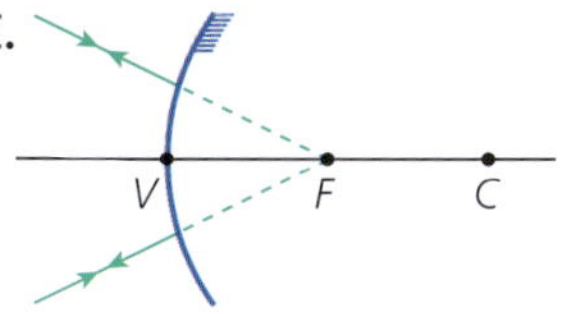

V.
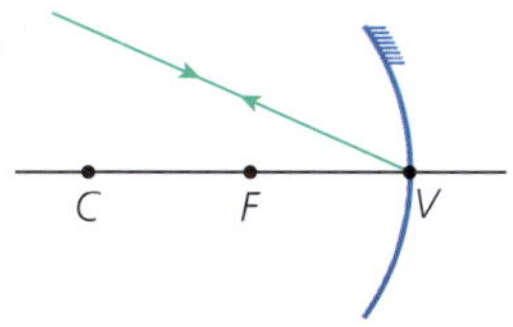

II.
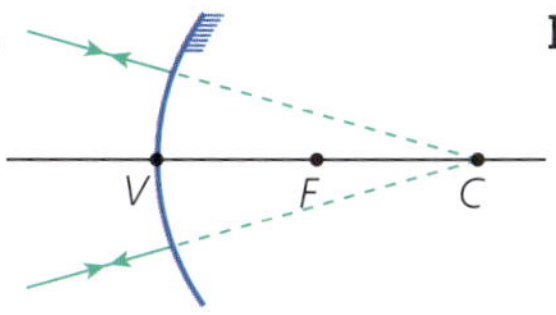

IV.
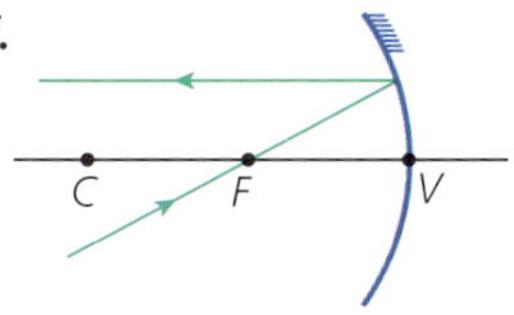

VI.
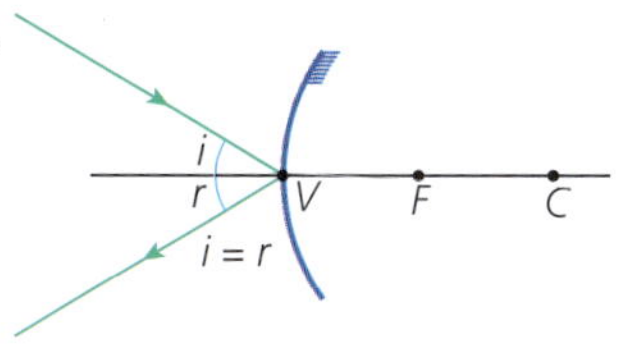

9 Imagens em espelhos esféricos

Espelho côncavo

Vamos analisar três posições de um objeto real em relação a um espelho esférico côncavo.

Para obter esquematicamente as imagens em cada caso, vamos considerar dois raios de luz incidentes que partem do extremo superior do objeto. Um raio incide paralelamente ao eixo principal e outro incide passando pelo foco principal. Desenhamos os correspondentes raios refletidos, cujo encontro define o extremo superior da imagem. O objeto, nos três casos, é posicionado em frente ao espelho.

Objeto situado antes do centro de curvatura *C*

Neste caso, a imagem é **real**, **invertida** e **menor** que o objeto. Veja o esquema da **figura 23** e a foto da **figura 24**.

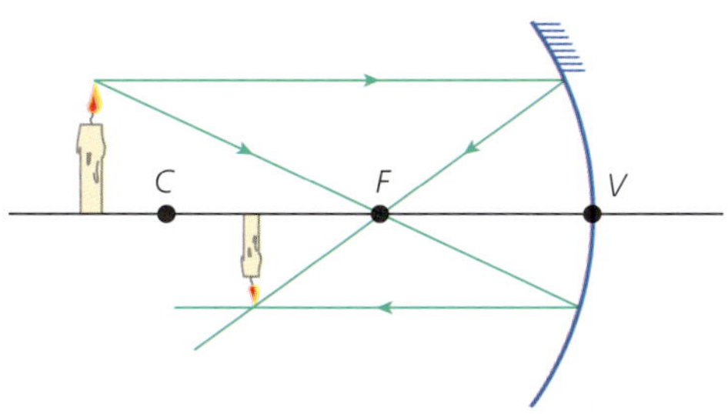

Figura 23. Objeto situado antes do centro de curvatura *C* de um espelho côncavo.

FERNANDO FAVORETTO/CID

Figura 24. Imagem invertida e menor.

Objeto situado entre o centro de curvatura *C* e o foco principal *F*

Neste caso, a imagem é **real**, **invertida** e **maior** que o objeto. Veja o esquema da **figura 25** e a foto da **figura 26**.

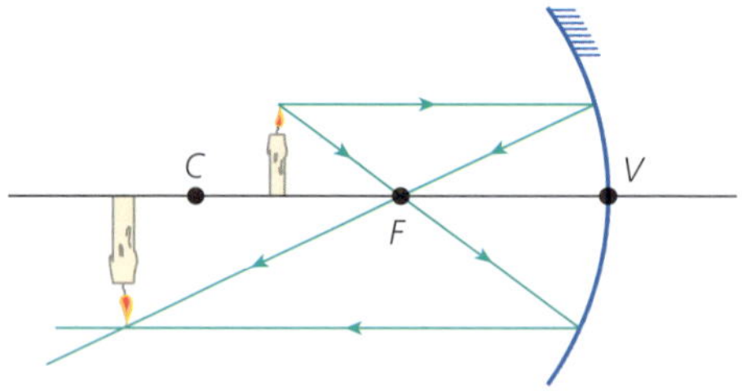

Figura 25. Objeto situado entre o centro de curvatura *C* e o foco principal *F* de um espelho côncavo.

FERNANDO FAVORETTO/CID

Figura 26. Imagem invertida e maior que o objeto.

Objeto situado entre o foco principal *F* e o vértice *V*

Neste caso, a imagem é **virtual**, **direita** e **maior** que o objeto. Veja o esquema da **figura 27** e a foto da **figura 28**.

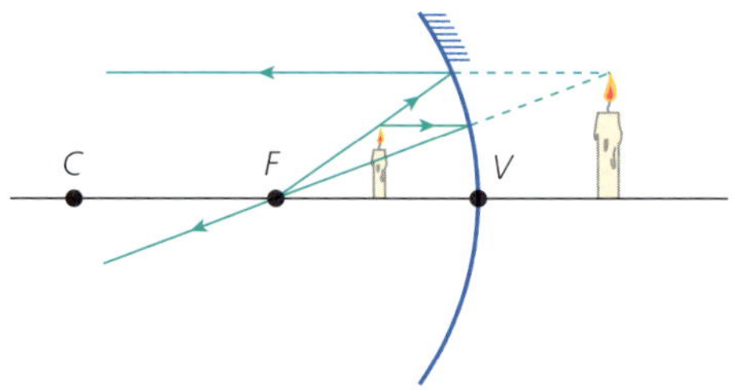

Figura 27. Objeto situado entre o foco principal *F* e o vértice *V* de um espelho côncavo.

FERNANDO FAVORETTO/CID

Figura 28. Imagem direita e maior que o objeto.

Espelho convexo

Nos espelhos convexos, para qualquer posição do objeto real, a imagem é sempre **virtual, direita e menor** que o objeto. Veja o esquema da **figura 29** e a foto da **figura 30**.

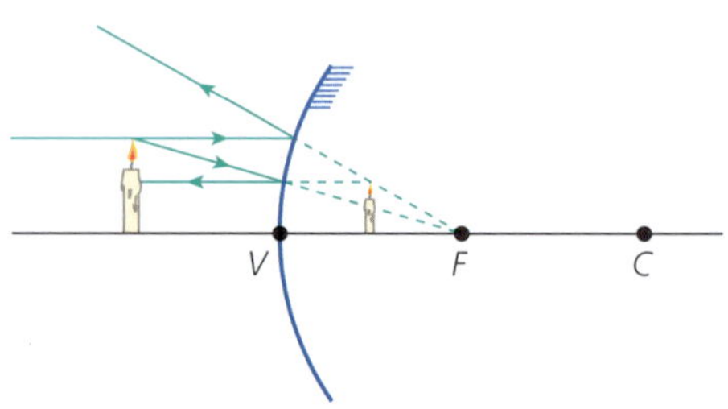

Figura 29. Objeto diante de um espelho convexo.

FERNANDO FAVORETTO/CID

Figura 30. Imagem direita e menor que o objeto.

Os espelhos convexos são utilizados como retrovisores de motos e carros e como espelhos de segurança em estabelecimentos comerciais. Isso é justificável pois o campo visual de um espelho convexo é maior que o de um espelho plano, em idênticas condições de tamanho e de posição do observador.

25.1 Conteúdo multimídia

Aplicando a teoria

15. **Um objeto é colocado na frente de um espelho esférico côncavo, nas posições indicadas na figura abaixo. C é o centro de curvatura, F, o foco principal, e V, o vértice do espelho.**

O professor de Óptica pede a seus alunos que façam comentários a respeito das características das correspondentes imagens relativas às diversas posições do objeto (I, II e III). Analisar as respostas obtidas, a seguir, e indicar a correta.

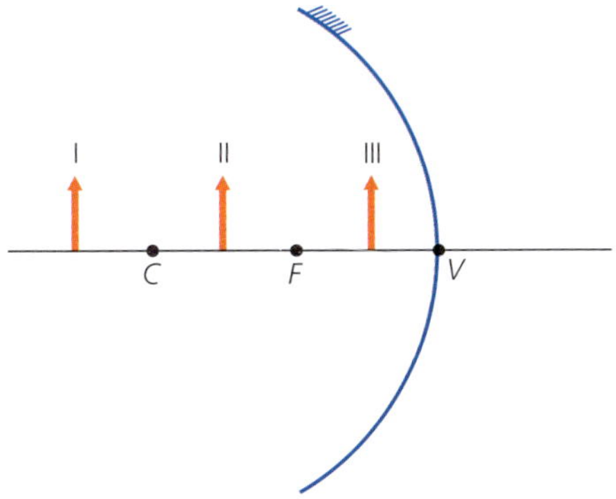

a) As três imagens são reais.

b) A imagem correspondente ao objeto na posição I é virtual.

c) Quando o objeto passa da posição I para a posição II, a imagem se afasta do espelho e se torna maior.

d) As imagens reais são direitas.

e) As imagens virtuais são invertidas.

➤ Solução

Vamos obter a imagem correspondente a cada posição do objeto.

A imagem do objeto na posição I é real, invertida e menor que o objeto. Com o objeto na posição II, a imagem é real, invertida, maior e está mais afastada do espelho que a imagem obtida com o objeto na posição I. Já na posição III, a imagem é virtual, direita e maior. Nesse caso, o espelho é denominado espelho de aumento.

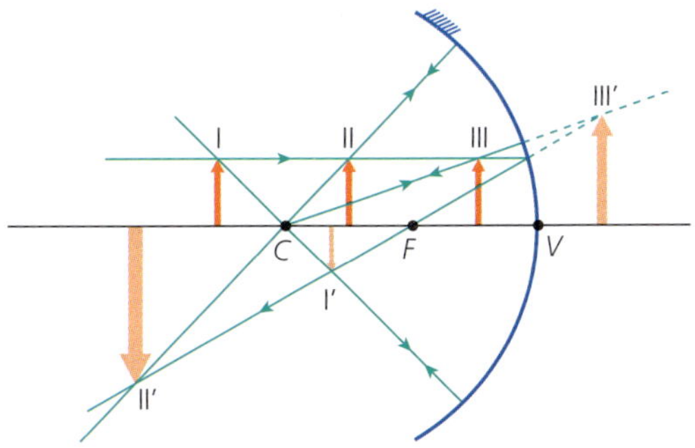

Resposta: c

16. **Quando aproximamos um objeto de um espelho esférico convexo, sua imagem aumenta ou diminui de altura?**

➤ Solução

Vamos obter as imagens de um objeto colocado diante de um espelho convexo, considerando o objeto afastado e, a seguir, mais próximo do espelho.

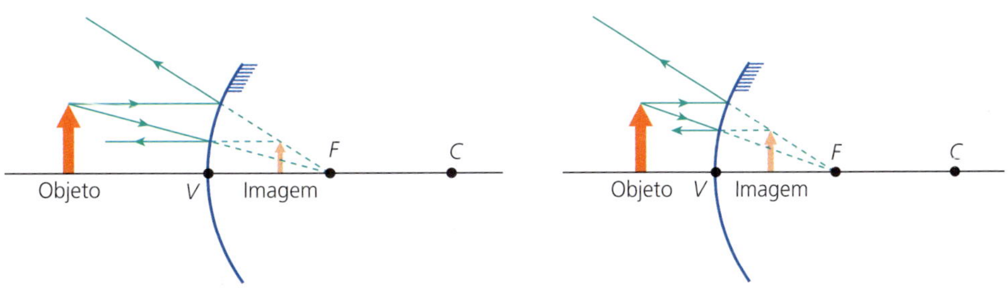

Na segunda situação, a imagem é maior. Portanto, quando aproximamos um objeto de um espelho convexo, sua imagem aumenta de altura.

Avaliando o aprendizado

17. A imagem de um objeto real, obtida com um espelho esférico, é virtual. O espelho é côncavo ou convexo?

18. Um objeto real é colocado exatamente no centro de curvatura *C* de um espelho esférico côncavo, conforme a figura. Seja *F* o foco principal e *V* o vértice do espelho. A imagem obtida é real ou virtual? Direita ou invertida? Ela é maior, menor ou tem a mesma altura do objeto? Em que ponto a imagem se forma?

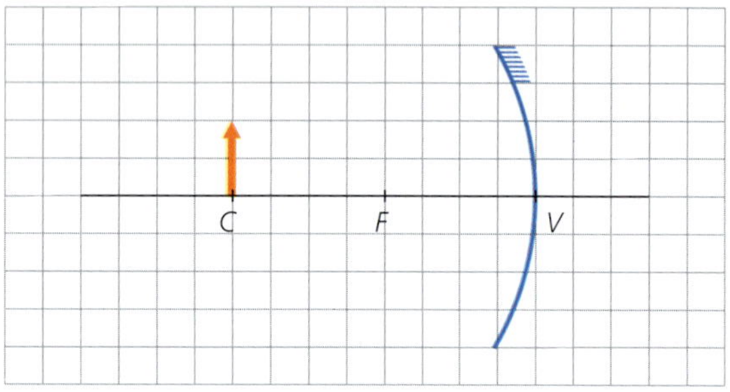

19. Um objeto real é colocado a 15 cm de um espelho esférico côncavo de distância focal 10 cm.

a) Dê as características da correspondente imagem.

b) Desloca-se o objeto de modo que ele fique a 25 cm do espelho. Quais são as características da nova imagem obtida?

20. Um objeto real de altura *AB* é colocado exatamente no foco principal *F* de um espelho esférico côncavo, conforme a figura. Seja *C* o centro de curvatura e *V* o vértice do espelho. Desenhe os raios refletidos correspondentes aos dois raios incidentes que partem do extremo *A*, indicados na figura.

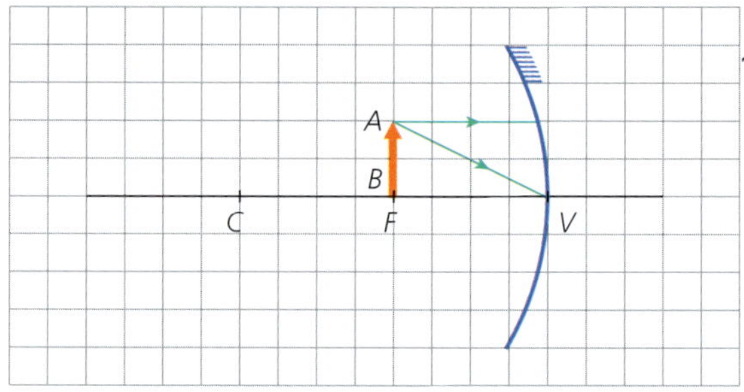

Gauss
Conteúdo multimídia

10 Equação de Gauss e aumento linear transversal

Já fizemos um estudo gráfico para a obtenção da imagem de determinado objeto, fornecida por um espelho esférico. Agora vamos fazer um estudo algébrico, isto é, dado o tipo de espelho esférico (côncavo ou convexo), sua distância focal, a posição e a altura de um objeto, vamos determinar a posição e a altura da correspondente imagem. Para determinar a posição, utilizamos a **equação de Gauss**:

$$\frac{1}{f} = \frac{1}{p} + \frac{1}{p'}$$

Nessa equação, p e p' são as distâncias ao espelho do objeto e da imagem, respectivamente. Essas distâncias são precedidas de um sinal **positivo** se a natureza do objeto ou da imagem for **real** ou de um sinal **negativo** se a natureza for **virtual**. Assim, temos:

- Objeto real: $p > 0$
- Imagem real: $p' > 0$
- Imagem virtual: $p' < 0$

Neste estudo algébrico, podemos distinguir o espelho côncavo do espelho convexo pelo sinal da distância focal. A distância focal f de um espelho côncavo é positiva e a de um espelho convexo, negativa.

- Espelho côncavo: $f > 0$ (Foco real)
- Espelho convexo: $f < 0$ (Foco virtual)

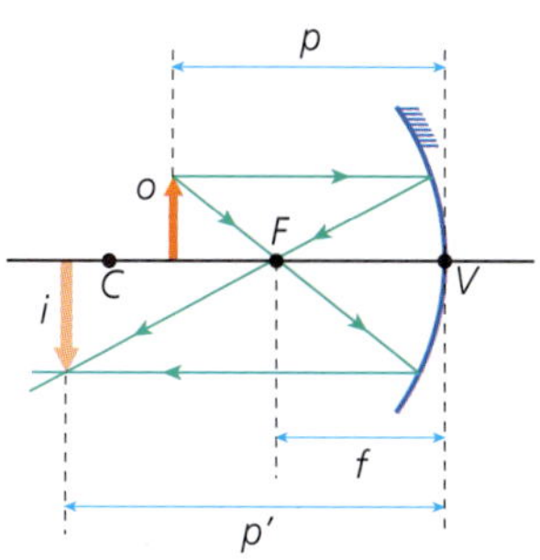

Figura 31. Imagem real formada por um espelho côncavo. Nesse caso, $p > 0, p' > 0$ e $f > 0$.

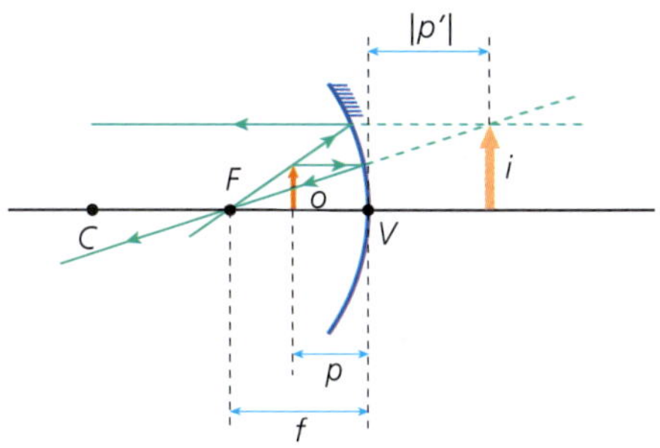

Figura 32. Imagem virtual formada por um espelho côncavo. Nesse caso, $p > 0, p' < 0$ e $f > 0$.

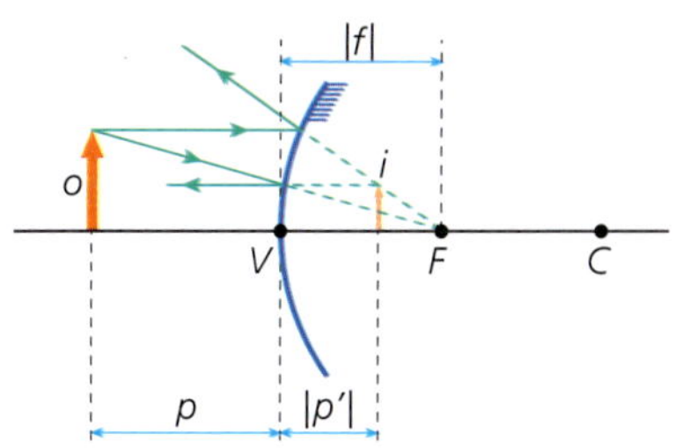

Figura 33. Imagem virtual formada por um espelho convexo. Nesse caso, $p > 0, p' < 0$ e $f < 0$.

Como é possível saber, por meio de cálculos, se a imagem é direita ou invertida? Aqui também temos uma convenção de sinais. Sejam *o* e *i* as alturas do objeto e da imagem, respectivamente; essas alturas são precedidas de um sinal: positivo, se o objeto ou a imagem estão acima do eixo principal; negativo, quando estão abaixo desse eixo.

A grandeza que permite saber se uma imagem é direita ou invertida e se é maior ou menor que um objeto é o **aumento linear transversal *A***, definido por:

$$A = \frac{i}{o}$$

Se *A* é **positivo,** *i* e *o* têm mesmo sinal e a **imagem é direita**.

Se *A* é **negativo,** *i* e *o* têm sinais opostos e a **imagem é invertida**.

Assim, vamos considerar $A = -2$. Nesse caso, a imagem é invertida e tem altura igual a duas vezes a altura do objeto. E se tivermos $A = +\frac{1}{2}$? Nesse caso, a imagem é direita e tem altura igual à metade da altura do objeto.

O aumento linear transversal também pode ser obtido se conhecermos a distância do objeto ao espelho (*p*) e a distância da imagem ao espelho(*p'*). Observe a **figura 34**.

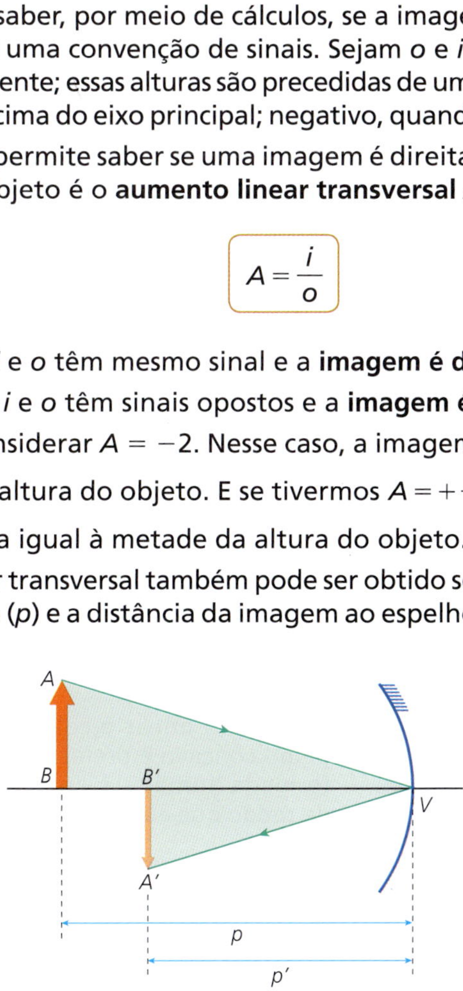

Figura 34.

Os triângulos *ABV* e *A'B'V* **(fig. 34)** são semelhantes. Assim, podemos escrever:

$$\frac{A'B'}{AB} = \frac{VB'}{VB}$$

Mas $A'B' = -i$, $AB = o$, $VB' = p'$ e $VB = p$. Então:

$$A = \frac{i}{o} = -\frac{p'}{p}$$

Aplicando a teoria

17. **Um objeto linear é colocado a 30 cm de um espelho esférico côncavo de distância focal 20 cm. Determinar:**

a) a distância da imagem ao espelho;

b) a natureza da imagem;

c) o aumento linear transversal da imagem.

Solução

a) Sendo $p = 30$ cm, $f = 20$ cm, temos, a partir da equação de Gauss:

$$\frac{1}{f} = \frac{1}{p} + \frac{1}{p'} \Rightarrow \frac{1}{20} = \frac{1}{30} + \frac{1}{p'} \Rightarrow$$

$$\Rightarrow \frac{1}{p'} = \frac{1}{20} - \frac{1}{30} \Rightarrow \frac{1}{p'} = \frac{3-2}{60} \Rightarrow \boxed{p' = 60 \text{ cm}}$$

b) Sendo $p' > 0$, concluímos que a imagem é real.

c) $A = -\frac{p'}{p} \Rightarrow A = -\frac{60}{30} \Rightarrow \boxed{A = -2}$

A altura da imagem é duas vezes a altura do objeto. Sendo $A < 0$, concluímos que a imagem é invertida.

18. **Um objeto linear é colocado a 30 cm de um espelho esférico convexo. A imagem se forma a 10 cm do espelho. Determinar:**

a) a distância focal do espelho;

b) o aumento linear transversal da imagem.

Solução

a) Sabemos que um espelho esférico convexo fornece uma imagem virtual de um objeto real. Por isso, $p' = -10$ cm. Sendo $p = 30$ cm, a partir da equação de Gauss, temos:

$$\frac{1}{f} = \frac{1}{p} + \frac{1}{p'} \Rightarrow \frac{1}{f} = \frac{1}{30} + \frac{1}{(-10)} \Rightarrow \frac{1}{f} = \frac{1-3}{30} \Rightarrow$$

$$\Rightarrow \boxed{f = -15 \text{ cm}}$$

O sinal negativo no valor encontrado para a distância focal indica que o espelho é convexo.

b) $A = -\frac{p'}{p} \Rightarrow A = -\frac{(-10)}{30} \Rightarrow \boxed{A = +\frac{1}{3}}$

A altura da imagem é um terço da altura do objeto. Sendo $A > 0$, concluímos que a imagem é direita.

Avaliando o aprendizado

21. Um objeto linear é colocado a 18 cm de um espelho esférico. A imagem formada é real e sua altura é metade da altura do objeto.

a) O espelho é côncavo ou convexo?

b) A imagem é direita ou invertida?

c) A que distância do espelho se forma a imagem?

d) Qual é a distância focal do espelho? E seu raio de curvatura?

22. Um objeto linear de 5 cm de altura encontra-se a 10 cm de um espelho esférico convexo, cuja distância focal é, em valor absoluto, igual a 10 cm. Determine:

a) a distância da imagem ao espelho;

b) a distância entre o objeto e a imagem;

c) o aumento linear transversal;

d) a altura da imagem.

23. Um objeto linear é colocado diante de um espelho côncavo e pretende-se projetar a imagem formada numa tela situada a 60 cm do espelho, de modo que ela fique ampliada cinco vezes.

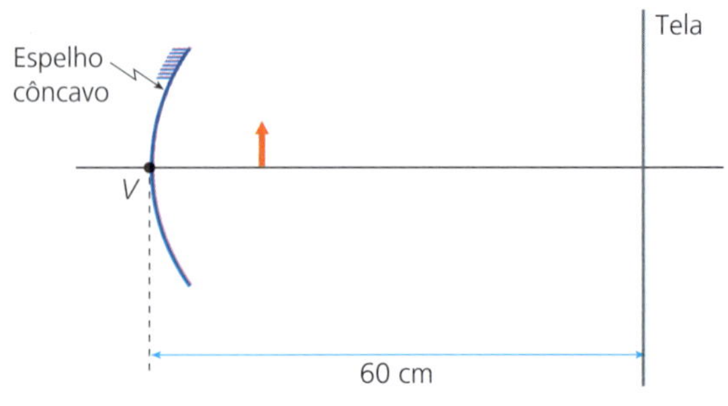

Determine:

a) a distância do objeto ao espelho;

b) a distância focal do espelho.

Revisando o conteúdo

Ficha-resumo 1

Reflexão regular: a um feixe cilíndrico de luz incidente corresponde um feixe cilíndrico refletido. A reflexão regular é responsável pela formação de imagens.

Reflexão difusa: a um feixe cilíndrico de luz incidente corresponde um feixe refletido em todas as direções. A reflexão difusa é responsável pela visualização dos objetos.

Cor de um corpo por reflexão: a cor que um corpo apresenta depende da luz monocromática ou policromática nele incidente e da luz que ele reflete difusamente.

Um corpo que absorve todas as cores é um **corpo negro**. Um corpo que, iluminado com luz branca, reflete difusamente todas as cores é um corpo branco.

1. (UFPB) As folhas de uma árvore, quando iluminadas pela luz do Sol, mostram-se verdes porque:

a) refletem difusamente a luz verde do espectro solar.
b) absorvem somente a luz verde do espectro solar.
c) refletem difusamente todas as cores do espectro solar, exceto o verde.
d) difratam unicamente a luz verde do espectro solar.
e) a visão humana é mais sensível a esta cor.

2. (Unitau-SP) Num cômodo escuro, uma bandeira do Brasil é iluminada por uma luz monocromática amarela. O retângulo, o losango, o círculo e a faixa central da bandeira apresentariam, respectivamente, as cores:

a) verde, amarela, azul, branca.
b) preta, amarela, preta, branca.
c) preta, amarela, preta, amarela.
d) verde, amarela, verde, amarela.
e) amarela, amarela, amarela, amarela.

Ficha-resumo 2

Leis da reflexão

- Primeira lei da reflexão
  O raio incidente, a reta normal e o raio refletido estão contidos no mesmo plano.
- Segunda lei da reflexão
  O ângulo de reflexão e o ângulo de incidência são iguais: $r = i$

Imagem de um ponto em um espelho plano: o ponto objeto P e o ponto imagem P' têm naturezas opostas e são simétricos em relação à superfície do espelho.

3. (UFPE) O feixe *laser* horizontal de um apontador incide em um espelho plano fixado na parede vertical de uma sala.

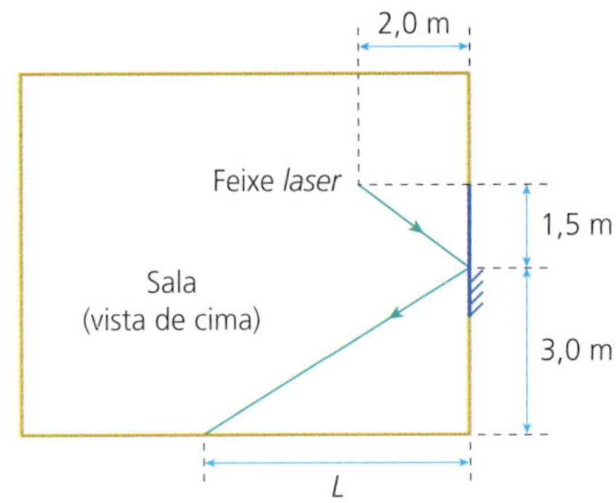

De acordo com os comprimentos mostrados na figura, o segmento L mede:

a) 2,5 m
b) 3,0 m
c) 3,5 m
d) 4,0 m
e) 4,5 m

4. (UFPI) Uma bola vai do ponto A ao ponto B sobre uma mesa horizontal, segundo a trajetória mostrada na figura a seguir. Perpendicularmente à superfície da mesa, existe um espelho plano.

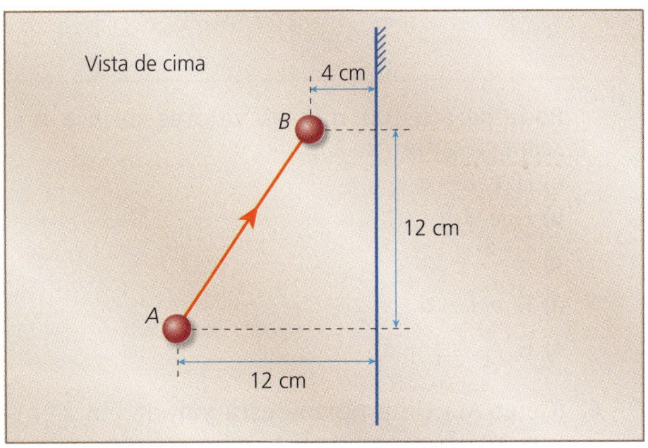

Pode-se afirmar que a distância do ponto A à imagem da bola quando ela se encontra no ponto B é igual a:

a) 8 cm
b) 12 cm
c) 16 cm
d) 20 cm
e) 32 cm

Ficha-resumo 3

Imagem de um objeto extenso em um espelho plano:

- a imagem de um objeto extenso fornecida por um espelho plano tem as mesmas dimensões do objeto;
- o objeto e a imagem equidistam do espelho;
- o espelho plano não inverte a imagem, mas troca a direita pela esquerda.

Campo visual de um espelho plano: é a região do espaço que pode ser vista por reflexão no espelho. O campo visual depende do tamanho e da posição do espelho e da posição do olho do observador.

5. (Pasusp) Uma vela, de altura H, é colocada diante de um espelho plano E. A vela encontra-se a uma distância L do espelho e produz uma imagem I_1, de mesma altura H e distância L do espelho, como mostrado na figura. Desloca-se o espelho para a direita de uma distância d. Nessas condições, a nova imagem I_2 tem uma altura h e sua nova distância, em relação ao espelho E, é x.

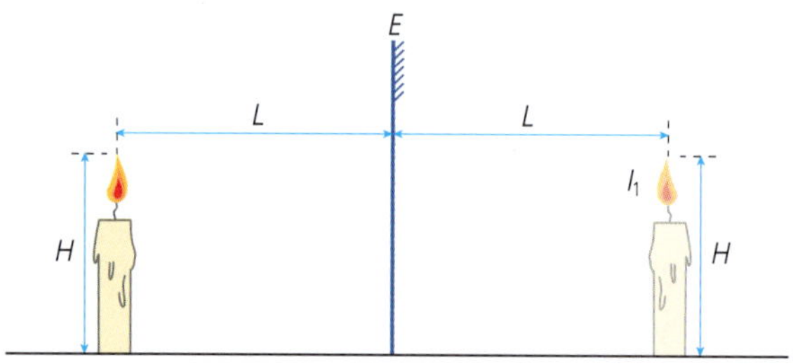

Pode-se afirmar que os valores de h e x são, respectivamente:

a) H e $L + d$

b) H e d

c) $H\dfrac{d}{L}$ e $2d$

d) H e $L - d$

e) $H\dfrac{L}{d}$ e $L + d$

6. (Cefet-AL) Uma pessoa está parada em frente a um grande espelho plano, observando a sua própria imagem, e começa a lembrar dos conceitos aprendidos no Ensino Médio, na disciplina Física. Levando-se em conta que se trata de um espelho plano, analise as afirmações a seguir.

I. A imagem tem as mesmas dimensões do objeto.

II. A imagem e o objeto estão simetricamente colocados em relação ao plano do espelho.

III. A imagem formada é real e menor que o objeto.

IV. A imagem e o objeto apresentam formas contrárias, isto é, são figuras enantiomorfas.

Estão corretas:

a) apenas I e II.

b) apenas III e IV.

c) apenas I, II e IV.

d) apenas I, II e III.

e) I, II, III e IV.

7. (Uece) Você está em pé em uma sala, parado diante de um espelho vertical no qual pode ver, apenas, dois terços de seu corpo.
Considere as ações descritas a seguir:

I. Afastar-se do espelho.

II. Aproximar-se do espelho.

III. Usar um espelho maior, cuja altura lhe permita ver seu corpo inteiro quando você está na sua posição inicial.

Você gostaria de ver seu corpo inteiro refletido no espelho. Para atingir seu objetivo, das ações listadas anteriormente, você pode escolher:

a) apenas a I.

b) apenas a II.

c) apenas a III.

d) a I ou a III, apenas.

8. (Uenp-PR) Um homem, ao olhar-se num espelho plano, retangular, fixado no plano de uma parede vertical, observa a imagem de sua face tangenciando as quatro bordas do espelho, isto é, a imagem de sua face encontra-se ajustada ao tamanho do espelho. A seguir, o homem afasta-se, perpendicularmente à parede, numa certa velocidade em relação ao espelho, continuando a observar sua imagem. Nestas condições, pode-se afirmar que essa imagem:

a) torna-se menor que o tamanho do espelho tal como visto pelo homem.

b) toma-se maior que o tamanho do espelho tal como visto pelo homem.

c) continua ajustada ao tamanho do espelho tal como visto pelo homem.

d) desloca-se, em relação ao espelho, com o dobro da velocidade do homem.

e) desloca-se com metade da velocidade do homem.

9. (UFRJ) Os quadrinhos a seguir mostram dois momentos distintos. No primeiro quadrinho, Maria está na posição A e observa sua imagem fornecida pelo espelho plano E. Ela, então, caminha para a posição B, na qual não consegue mais ver sua imagem; no entanto, Joãozinho, posicionado em

A, consegue ver a imagem de Maria na posição B, como ilustra o segundo quadrinho.

Maria na posição *A* — Maria na posição *B* e Joãozinho na posição *A*

Reproduza o esquema ilustrado abaixo e desenhe raios luminosos apropriados que mostrem como Joãozinho consegue ver a imagem de Maria.

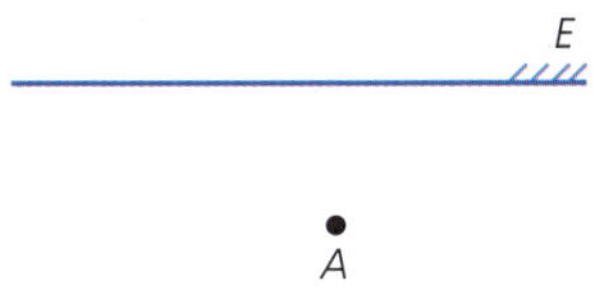

Ficha-resumo 4

O número *N* de imagens de um objeto colocado entre dois espelhos planos que formam um ângulo α entre si é dado por:

$$N = \frac{360°}{\alpha} - 1$$

Essa fórmula vale quando a relação $\frac{360°}{\alpha}$ é um número inteiro e par.

Para $\frac{360°}{\alpha}$ ímpar, a regra vale quando o objeto está no plano bissetor do ângulo α.

10. (UFPA) Um ponto luminoso é colocado entre dois espelhos planos que formam entre si um ângulo de 45°. O número de imagens desse ponto luminoso é igual a:

a) 8 b) 7 c) 10 d) 11 e) 12

11. (Fuvest-SP) Considere dois espelhos planos E_1 e E_2 que formam um ângulo reto. Um ladrilho no qual está escrita a letra F é colocado perpendicularmente aos espelhos, conforme mostra a figura.

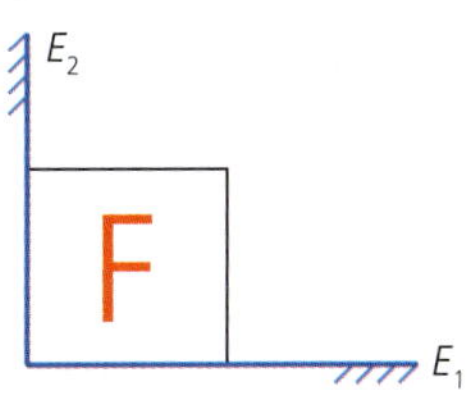

Assinale a alternativa que corresponde às três imagens formadas pelos espelhos.

a) 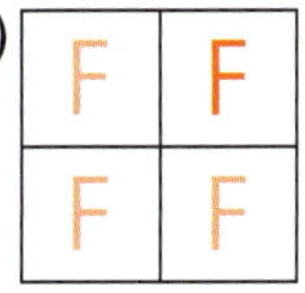

b) 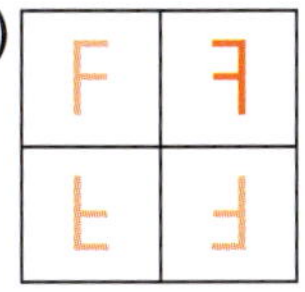

c) 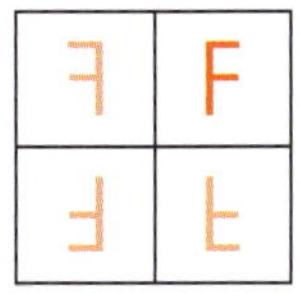

d) 

e) 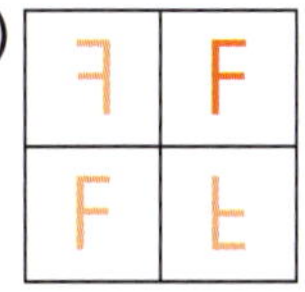

Ficha-resumo 5

Espelho esférico: é uma calota esférica que possui uma de suas faces espelhadas. Se a superfície refletora é a interna, o espelho esférico é denominado **côncavo**; se é a externa, o espelho é **convexo**.

Relação entre *f* e *R*: $f = \frac{R}{2}$

Raios notáveis:

- os raios de luz que incidem em um espelho esférico paralelamente ao eixo principal refletem-se em uma direção que passa pelo foco principal;
- os raios de luz que incidem em um espelho esférico em uma direção que passa pelo foco principal são refletidos paralelamente ao eixo principal.

12. (Ufam) Um raio de luz, i, incide paralelamente ao eixo principal de um espelho côncavo de raio de curvatura de 60 cm.

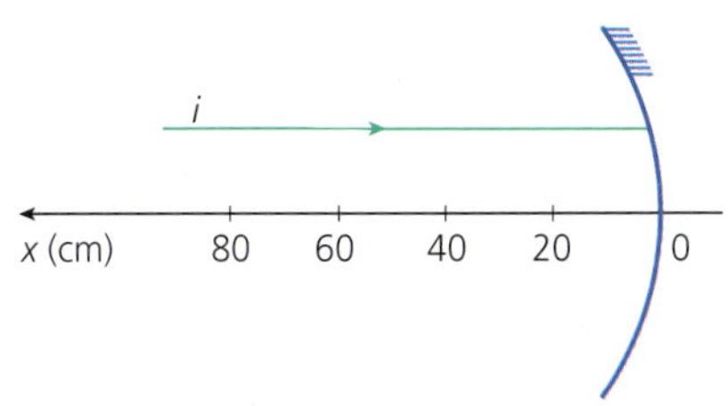

O raio refletido vai atravessar o eixo principal no ponto da abscissa, em centímetro, igual a:

a) 30 b) 10 c) 20 d) 60 e) 40

13. (Cefet-RJ) Um espelho côncavo de 20 cm de raio e um pequeno espelho plano estão frente a frente. O espelho plano está disposto perpendicularmente ao eixo principal do côncavo. Raios luminosos paralelos ao eixo principal são refletidos pelo espelho côncavo; em seguida, refletem-se também no espelho plano e tornam-se convergentes em um ponto do eixo principal, como mostra a figura (fora de escala).

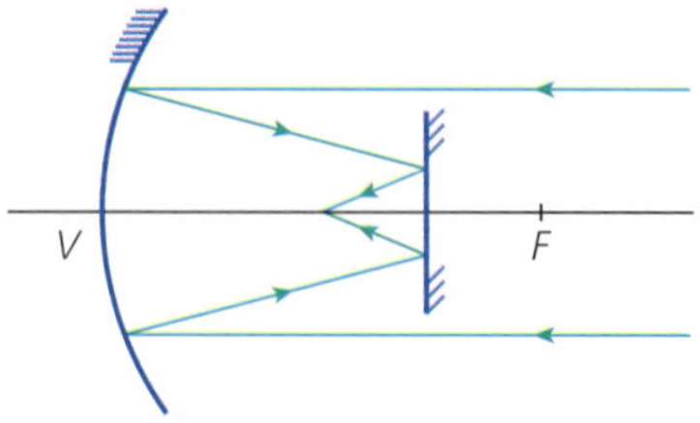

Sabendo-se que o espelho plano situa-se a uma distância de 2 cm do foco do espelho côncavo, a distância do espelho plano ao vértice V do espelho côncavo vale:

a) 10 cm
b) 6 cm
c) 2 cm
d) 8 cm

14. (UEM-PR) Em um holofote, a lâmpada é colocada no foco do espelho côncavo para que:

25.3 Biblioteca do estudante

a) o feixe transmitido pelo espelho seja constituído de raios paralelos.
b) os raios de luz refletidos pelo espelho convirjam para o alvo.
c) o feixe transmitido pelo espelho seja mais intenso.
d) o feixe refletido forme uma imagem virtual.
e) o feixe refletido seja constituído de raios paralelos.

Ficha-resumo 6

Imagem em espelhos esféricos côncavos

- **Objeto situado antes do centro de curvatura *C*:** Imagem real, invertida e menor que o objeto.
- **Objeto situado entre o centro de curvatura *C* e o foco principal *F*:** Imagem real, invertida e maior que o objeto.
- **Objeto situado entre o foco principal *F* e o vértice *V*:** Imagem virtual, direita e maior que o objeto.

Imagem em espelhos esféricos convexos

- Para qualquer posição do objeto, a imagem é sempre virtual, direita e menor.

15. (Mackenzie-SP) Um objeto real se encontra sobre o eixo principal de um espelho côncavo, de distância focal 10 cm, e a 20 cm do vértice do espelho. Sendo obedecidas as condições de Gauss, sua imagem é:

a) real e direita.
b) real e invertida.
c) virtual e direita.
d) virtual e invertida.
e) imprópria, localizada no infinito.

16. (Unesp) Um estudante compra um espelho retrovisor esférico convexo para sua bicicleta. Se ele observar a imagem de seu rosto conjugada com esse espelho, vai notar que ela é sempre:

a) direita, menor que o seu rosto e situada na superfície do espelho.
b) invertida, menor que o seu rosto e situada atrás da superfície do espelho.
c) direita, menor que o seu rosto e situada atrás da superfície do espelho.
d) invertida, maior que o seu rosto e situada atrás da superfície do espelho.
e) direita, maior que o seu rosto e situada atrás da superfície do espelho.

17. (Uespi) Quando você olha em um espelho esférico côncavo e vê seu rosto aumentado, pode-se dizer que, em relação ao espelho, o seu rosto se encontra:

a) mais afastado que o centro de curvatura do espelho.
b) exatamente no centro de curvatura do espelho.
c) entre o centro de curvatura e o foco do espelho.
d) exatamente no foco do espelho.
e) entre o foco e o espelho.

18. (Unioeste-PR) Mãe e filha visitam a "Casa dos Espelhos" de um parque de diversões. Ambas se aproximam de um grande espelho esférico côncavo. O espelho está fixo no piso de tal forma que o ponto focal F e o centro de curvatura C do espelho ficam rigorosamente no nível do chão. A criança para em pé entre o ponto focal do espelho e o vértice do mesmo.

A mãe pergunta à filha como ela está se vendo e ela responde:

a) Estou me vendo maior e em pé.
b) Não estou vendo imagem alguma.
c) Estou me vendo menor e de cabeça para baixo.
d) Estou me vendo do mesmo tamanho.
e) Estou me vendo em pé e menor.

19. (Uespi) Um palito é fixado perpendicularmente ao eixo central de um espelho esférico côncavo. Ambos, o palito e a sua imagem real, encontram-se à distância de 30 cm do espelho. Pode-se concluir que tal espelho possui distância focal de:

a) 15 cm
b) 30 cm
c) 45 cm
d) 60 cm
e) 75 cm

Ficha-resumo 7

Equação de Gauss

$$\frac{1}{f} = \frac{1}{p} + \frac{1}{p'}$$

Aumento linear transversal

$$A = \frac{i}{o} = -\frac{p'}{p}$$

20. (UEG-GO) Corforme a ilustração abaixo, um objeto de 10 cm de altura move-se no eixo de um espelho esférico côncavo com raio de curvatura R = 20 cm, aproximando-se dele. O objeto parte de uma distância de 50 cm do vértice do espelho, animado com uma velocidade constante de 5 cm/s.

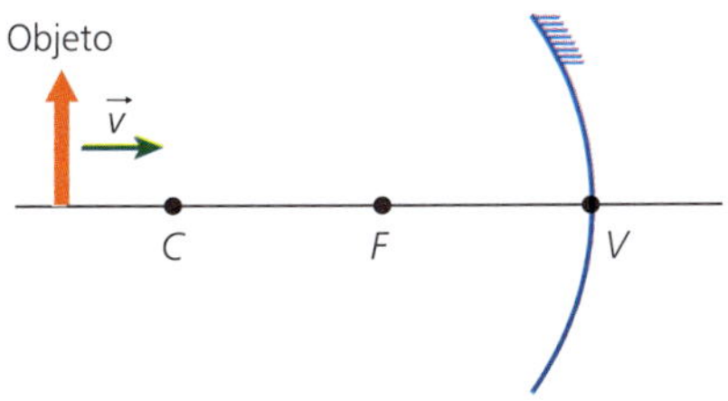

Responda ao que se pede

a) No instante t = 2 s, quais são as características da imagem formada? Justifique.
b) Em qual instante a imagem do objeto se formará no infinito? Justifique.
c) No instante t = 7 s, qual é a posição e tamanho da imagem formada? Justifique.

21. (Unifal-MG) Um objeto real, direito, situado no eixo principal de um espelho esférico côncavo, 20 cm distante do vértice do espelho, forma uma imagem real situada a 60 cm do vértice do espelho. Assinale a alternativa correta.

a) A imagem formada está entre o foco e o centro de curvatura.
b) A imagem formada é maior que o objeto e direita.
c) A distância focal do espelho é de 30 cm.
d) A imagem é menor que o objeto e invertida.
e) O objeto está situado entre o foco e o centro de curvatura do espelho.

22. (Unimontes-MG) A figura abaixo representa um espelho esférico côncavo em que a imagem tem uma altura três vezes maior que a do objeto.

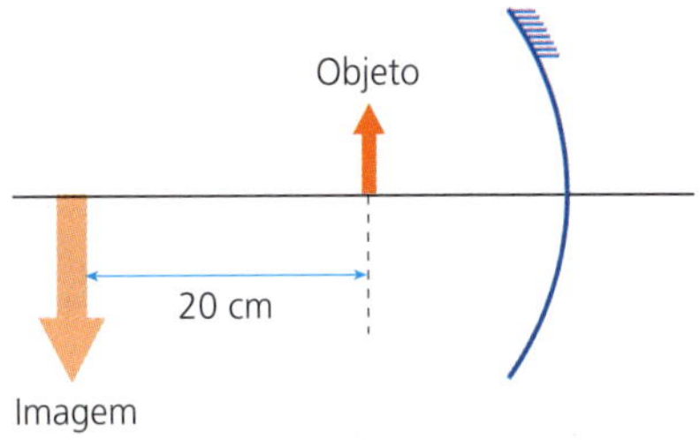

As posições do objeto e da imagem são, respectivamente:

a) 10 cm e 20 cm.
b) 20 cm e 30 cm.
c) 10 cm e 30 cm.
d) 30 cm e 40 cm.

23. (UFS-SE) Considere dois espelhos esféricos, de raios de curvatura 20 cm cada, sendo um côncavo e o outro convexo.

Analise as afirmações acerca da imagem de uma pequena vela, colocada sobre o eixo principal do espelho, e classifique-as em verdadeira (V) ou falsa (F).

Se a vela for colocada:

( ) a 20 cm de qualquer dos dois espelhos, a imagem formada tem o mesmo tamanho da vela.
( ) a 15 cm do espelho convexo, sua imagem é virtual.
( ) a 15 cm do espelho côncavo, sua imagem será real.
( ) a 25 cm do espelho côncavo, sua imagem pode ser captada num anteparo.
( ) à distância menor que 10 cm do espelho côncavo, a imagem da vela é invertida.

24. (UFRJ) Um dispositivo para a observação da imagem do Sol é constituído por dois espelhos esféricos concêntricos e uma tela, como ilustra a figura a seguir. O espelho convexo tem raio de curvatura R_1 igual a 12 cm e o espelho côncavo tem raio de curvatura R_2 igual a 30 cm.

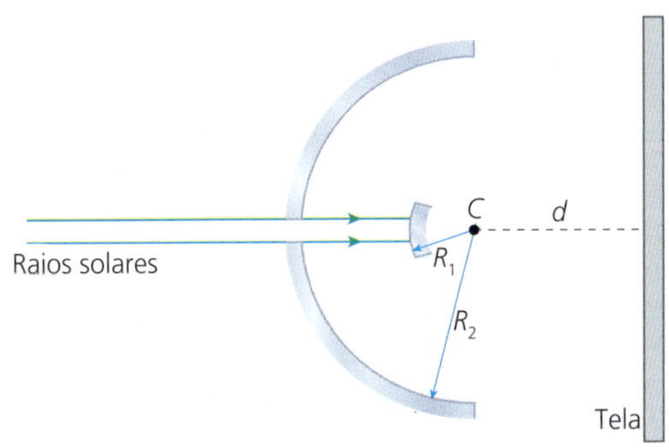

Calcule o valor da distância *d* entre a tela e o centro de curvatura C, comum aos dois espelhos, quando a imagem do Sol se forma com nitidez sobre a tela.

Capítulo 26
Refração da luz

Objetivos do capítulo:

- ✔ Definir o índice de refração absoluto de um meio.
- ✔ Enunciar a lei de Snell-Descartes.
- ✔ Apresentar o fenômeno da reflexão total.
- ✔ Verificar as características da imagem fornecida por um dioptro plano.
- ✔ Analisar a decomposição da luz policromática e a formação do arco-íris.
- ✔ Apresentar as lentes esféricas, caracterizando seus comportamentos ópticos.
- ✔ Verificar a formação de imagens nas lentes convergentes e divergentes.
- ✔ Apresentar a equação de Gauss e a definição de aumento linear transversal.

1987 KEN KAY/FUNDAMENTAL PHOTOGRAPHS, NEW YORK

Um dos fenômenos que ocorre com a luz é a refração. Observe que simultaneamente com a refração ocorre também a reflexão da luz, o que se percebe pela iluminação do fundo do tanque. Note que, com o aumento do ângulo de incidência, aumenta a porcentagem de luz refletida. A foto desta página nos mostra que, em determinadas condições, raios de luz não refratam, e sim refletem totalmente. É a reflexão total, responsável pelo funcionamento das fibras ópticas.

1 Refração da luz

A **figura 1** mostra duas fotos de uma mesma xícara contendo uma moeda no fundo, tiradas na mesma posição. Na **figura 1A**, a moeda não aparece; na **figura 1B**, a moeda aparece, depois de ser colocada água na xícara. Isso ocorre porque a luz que provém da moeda muda de direção ao passar da água para o ar, atingindo a câmara fotográfica.

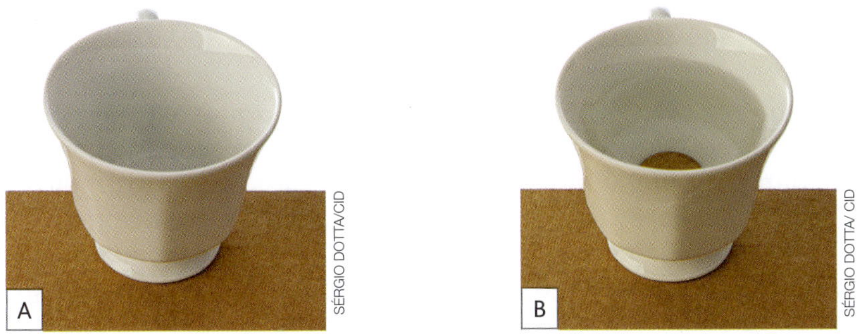

Figura 1. Duas fotos de uma xícara contendo uma moeda no fundo, tiradas na mesma posição. (A) A moeda não aparece; (B) a moeda aparece, depois de colocada a água na xícara.

A passagem da luz de um meio para outro, acompanhada de variação em sua velocidade de propagação, recebe o nome de **refração da luz**. Observe na **figura 2A**, analisando os raios 1 e 2, que a refração pode ocorrer com ou sem desvio na sua direção de propagação. Além disso, em virtude da refração, nota-se uma elevação aparente da moeda **(fig. 2B)**.

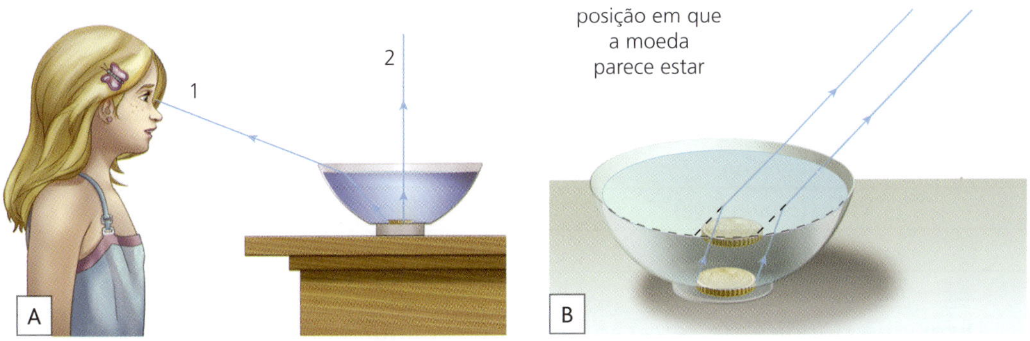

Figura 2. (A) Ao passar da água para o ar, a luz sofre refração, que pode ocorrer com ou sem desvio; (B) devido à refração, ocorre uma elevação aparente da moeda.

Devido à refração, a profundidade de uma piscina **(fig. 3A)** parece, para uma pessoa fora da água, menor do que realmente é. Um lápis mergulhado em um copo contendo água parece quebrado e dobrado para cima **(fig. 3B)**.

Figura 3. (A) A piscina parece ter uma profundidade menor do que tem de fato. (B) O lápis parece quebrado quando mergulhado em um copo com água.

2 Índice de refração absoluto de um meio

Para caracterizar a velocidade de propagação (v) de uma dada luz monocromática, em um determinado meio homogêneo e transparente, compara-se a velocidade v da luz no meio com a velocidade de propagação da luz no vácuo (c). Para isso, define-se a grandeza **índice de refração absoluto do meio para uma dada luz monocromática (n)**, pela relação entre c e v:

$$n = \frac{c}{v}$$

Observe que n é uma grandeza adimensional. É igual a 1 para o vácuo, pois no vácuo a luz de qualquer comprimento de onda se propaga com velocidade c (aproximadamente 300.000 km/s) e maior do que 1 para os meios materiais homogêneos e transparentes, pois $v < c$. Para o ar, n é praticamente igual a 1, pois a velocidade da luz no ar é muito próxima da velocidade da luz no vácuo.

Na **tabela 1**, apresentamos os índices de refração absolutos de alguns meios para a luz amarela emitida pelo sódio.

Tabela 1. Índice de refração absoluto de alguns meios materiais homogêneos e transparentes para a luz amarela emitida pelo sódio.

Meio	Índice de refração absoluto
Ar	1,00
Água (20 °C)	1,33
Álcool (20 °C)	1,35
Acrílico	1,49
Glicerina	1,90
Vidro (*crown* leve)	1,51
Diamante	2,41

Dizer que o índice de refração absoluto da água é 1,33 significa dizer que a velocidade de propagação da luz no vácuo é 1,33 vez a velocidade de propagação da luz na água, ou seja, 33% maior.

O índice de refração absoluto de um meio depende do tipo de luz monocromática que se propaga nesse meio.

A **tabela 2** apresenta o índice de refração absoluto de um cristal para as diferentes luzes monocromáticas. Observe que o menor índice de refração corresponde à luz vermelha e o maior, à luz violeta.

Tabela 2. Índices de refração absolutos de um cristal para diferentes luzes monocromáticas.

Luz monocromática	Índice de refração absoluto
Vermelha	1,26
Alaranjada	1,30
Amarela	1,35
Verde	1,44
Azul	1,60
Violeta	1,94

Aplicando a teoria

1. **A velocidade de propagação da luz amarela no vidro é $2,0 \cdot 10^5$ km/s. A velocidade de propagação da luz no vácuo é $3,0 \cdot 10^5$ km/s. Determinar qual é o índice de refração absoluto do vidro para a luz amarela.**

➤ **Solução**

O índice de refração absoluto n do vidro para a luz amarela é a relação entre a velocidade de propagação da luz no vácuo (c) pela velocidade de propagação da luz amarela no vidro (v):

$$n = \frac{c}{v} \Rightarrow n = \frac{3,0 \cdot 10^5}{2,0 \cdot 10^5} \Rightarrow \boxed{n = 1,5}$$

2. **O que significa dizer que o índice de refração absoluto do diamante, para a luz amarela, é igual a 2,41?**

➤ **Solução**

Dizer que o índice de refração absoluto do diamante para a luz amarela é 2,41 significa que a velocidade de propagação da luz no vácuo é 2,41 vezes a velocidade de propagação da luz amarela no diamante.

3. **Sejam n_1 e n_2 os índices de refração absolutos de dois meios homogêneos e transparentes, para determinada luz monocromática, que se propaga nesses meios com velocidades v_1 e v_2, respectivamente. A relação $\frac{n_1}{n_2}$ é igual a:**

a) $\frac{v_2}{v_1}$

b) $\frac{v_1}{v_2}$

c) $v_1 - v_2$

d) $v_2 - v_1$

e) $\frac{v_2 - v_1}{v_2 + v_1}$

➤ **Solução**

De $n_1 = \frac{c}{v_1}$ e $n_2 = \frac{c}{v_2}$, obtemos: $\frac{n_1}{n_2} = \frac{\frac{c}{v_1}}{\frac{c}{v_2}} \Rightarrow \boxed{\frac{n_1}{n_2} = \frac{v_2}{v_1}}$

Resposta: a

Avaliando o aprendizado

1. A velocidade de propagação da luz em um determinado meio é $\frac{2}{3}$ da velocidade de propagação da luz no vácuo. Qual é o índice de refração absoluto desse meio?

2. O índice de refração absoluto de um meio, para determinada luz monocromática, é igual a 1,2. Qual é a velocidade de propagação da luz monocromática no meio em questão? É dada a velocidade de propagação da luz no vácuo: $3,0 \cdot 10^5$ km/s.

3. A velocidade de propagação da luz em um meio (1) é $2,5 \cdot 10^5$ km/s e em outro meio (2) é $2,0 \cdot 10^5$ km/s. Qual é a relação entre os índices de refração dos meios (1) e (2)?

4. Analise as afirmações e assinale as corretas.

I. O índice de refração para a luz violeta no vácuo é maior do que o índice de refração para a luz vermelha no vácuo.

II. O índice de refração absoluto do vidro para a luz violeta é maior do que o índice de refração absoluto do vidro para a luz vermelha.

III. Quanto maior for o índice de refração absoluto de um meio, menor é a velocidade de propagação da luz nesse meio.

IV. O índice de refração absoluto de um meio homogêneo e transparente pode ser menor do que 1.

Snell Conteúdo multimídia

3 A lei de Snell-Descartes

Um raio de luz R, propagando-se em um meio 1 de índice de refração $n_1 = \frac{c}{v_1}$, incide em um ponto I da superfície plana que separa o meio 1 do meio 2, de índice de refração $n_2 = \frac{c}{v_2}$. Seja R' o raio de luz refratado e indiquemos por n uma reta normal, isto é, perpendicular à superfície de separação e que passa pelo ponto I. Os ângulos i e r que os raios, incidente e refratado, formam com a normal n são chamados, respectivamente, de **ângulo de incidência** e **ângulo de refração (fig. 4)**.

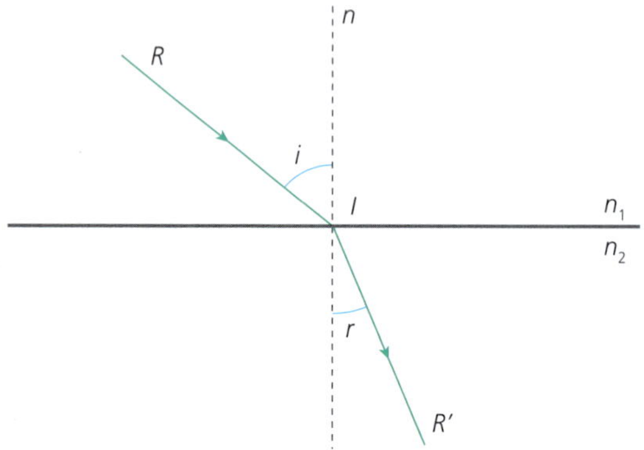

Figura 4. Os ângulos de incidência e refração relacionam-se pela lei de Snell-Descartes.

A lei de Snell-Descartes afirma:

> Na refração, para um dado raio de luz incidente e o correspondente raio de luz refratado, é constante o produto do índice de refração absoluto de um meio pelo seno do ângulo que o raio de luz forma com a normal, nesse meio.

Assim, temos:

$$n_1 \cdot \text{sen}\, i = n_2 \cdot \text{sen}\, r$$

Consequência da lei de Snell-Descartes

Considere, por exemplo, que o meio 2 tenha índice de refração absoluto maior do que o do meio 1, isto é, $n_2 > n_1$. Pela lei de Snell-Descartes decorre que sen $r <$ sen i e, portanto, $r < i$. Isso significa que no meio de maior índice de refração, denominado **meio mais refringente**, o raio de luz está mais **próximo da normal**, considerando a incidência oblíqua **(fig. 5)**.

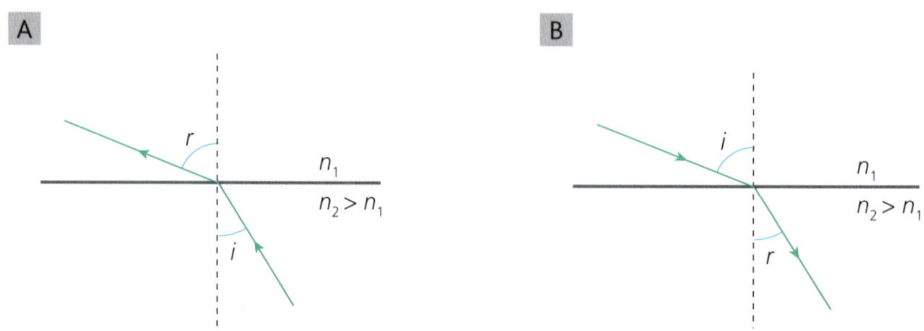

Figura 5. (A) A luz se propaga do meio mais refringente para o meio menos refringente; (B) a luz se propaga do meio menos refringente para o meio mais refringente.

Aplicando a teoria

4. **Um raio de luz monocromática propagando-se no ar, cujo índice de refração absoluto é igual a 1, passa a se propagar em um meio de índice de refração absoluto igual a $\sqrt{3}$. Determinar o ângulo de refração, sabendo que o ângulo de incidência é igual a 60°.**

(Dados: $\text{sen } 30° = \frac{1}{2}$; $\text{sen } 60° = \frac{\sqrt{3}}{2}$).

➤ **Solução**

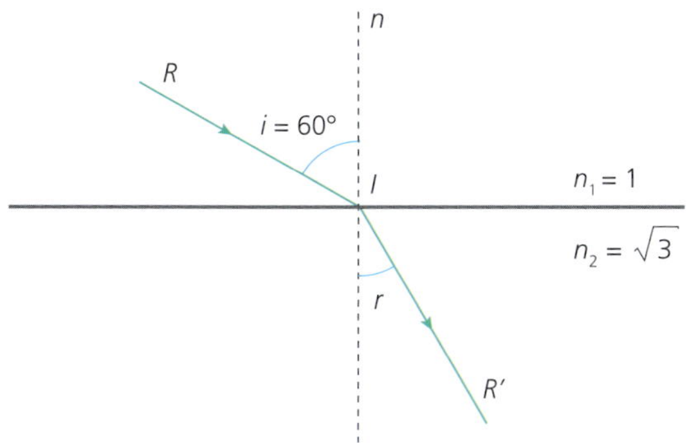

Pela lei de Snell-Descartes, temos:

$n_1 \cdot \text{sen } i = n_2 \cdot \text{sen } r \Rightarrow$

$\Rightarrow 1 \cdot \text{sen } 60° = \sqrt{3} \cdot \text{sen } r \Rightarrow$

$\Rightarrow 1 \cdot \frac{\sqrt{3}}{2} = \sqrt{3} \cdot \text{sen } r \Rightarrow$

$\Rightarrow \text{sen } r = \frac{1}{2} \Rightarrow$

$\Rightarrow \boxed{r = 30°}$

5. **Um raio de luz monocromática propagando-se em um meio, cujo índice de refração absoluto é igual a n_1, passa a se propagar em um outro meio de índice de refração igual a n_2. Determinar a relação $\frac{n_1}{n_2}$, sabendo que os ângulos de incidência e de refração são, respectivamente, iguais a 30° e 90°. Qual dos meios é mais refringente?**

(Dados: $\text{sen } 30° = \frac{1}{2}$; $\text{sen } 90° = 1$).

➤ **Solução**

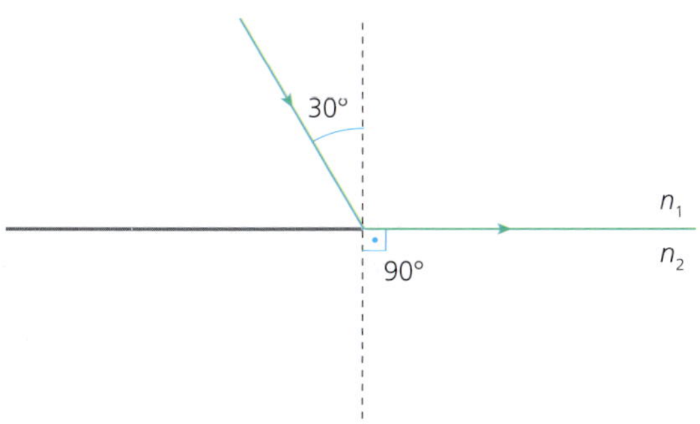

Pela lei de Snell-Descartes, temos:

$n_1 \cdot \text{sen } i = n_2 \cdot \text{sen } r \Rightarrow$

$\Rightarrow n_1 \cdot \text{sen } 30° = n_2 \cdot \text{sen } 90° \Rightarrow$

$\Rightarrow n_1 \cdot \frac{1}{2} = n_2 \cdot 1 \Rightarrow$

$\Rightarrow \boxed{\frac{n_1}{n_2} = 2}$

O índice de refração n_1 é maior do que n_2. Logo, o primeiro meio é mais refringente.

6. **Um raio de luz monocromática propagando-se no ar, cujo índice de refração absoluto é $n_1 = 1$, passa a se propagar em um meio de índice de refração igual a n_2, conforme indica a figura. Determinar n_2. O lado de cada quadradinho é igual a 1 cm.**

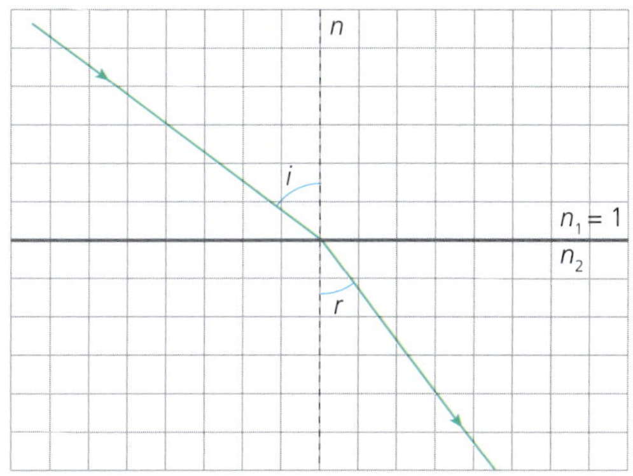

➤ **Solução**

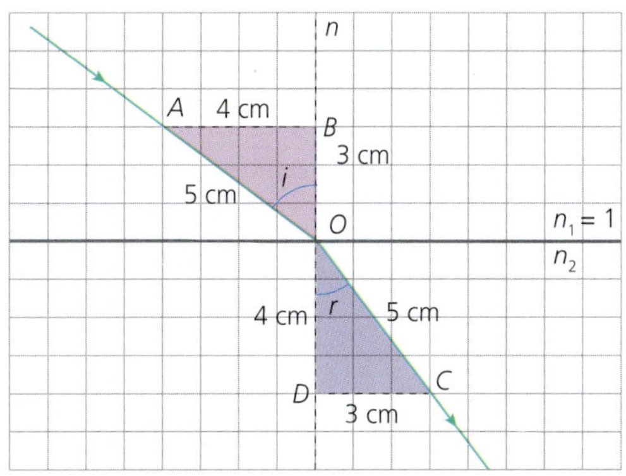

Dos triângulos *ABO* e *CDO*, temos: $\text{sen } i = \frac{4}{5}$ e $\text{sen } r = \frac{3}{5}$. Pela lei de Snell-Descartes, resulta em:

$n_1 \cdot \text{sen } i = n_2 \cdot \text{sen } r \Rightarrow$

$\Rightarrow 1 \cdot \frac{4}{5} = n_2 \cdot \frac{3}{5} \Rightarrow$

$\Rightarrow \boxed{n_2 = \frac{4}{3}}$

Avaliando o aprendizado

5. Um raio de luz monocromática propagando-se no ar, cujo índice de refração absoluto é igual a 1, passa a se propagar em um meio de índice de refração igual a 1,6. Determine o ângulo de refração, sabendo que o ângulo de incidência é igual a 53°.

(Dados: sen 37° = 0,6; sen 53° = 0,8;
$\text{sen } 30° = \frac{1}{2}$; $\text{sen } 60° = \frac{\sqrt{3}}{2}$).

6. Um raio de luz monocromática propagando-se em um meio, cujo índice de refração absoluto é igual a n_1, passa a se propagar em um outro meio de índice de refração igual a n_2. Na figura, representamos o raio de luz incidente e os correspondentes raios de luz refletido e refratado.

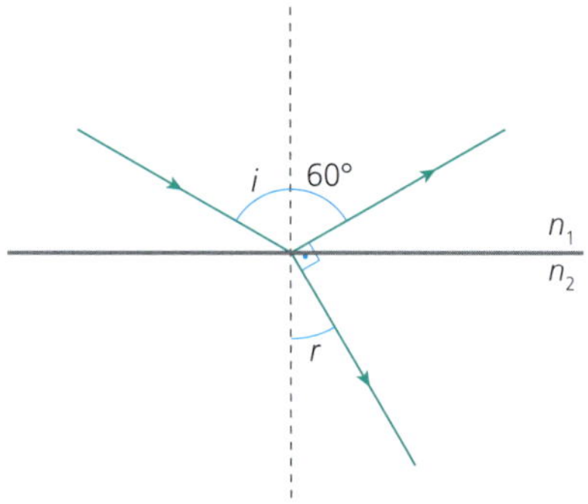

Determine:

a) os ângulos de incidência *i* e de refração *r*;

b) a relação $\frac{n_1}{n_2}$.

(Dados: $\text{sen } 30° = \frac{1}{2}$; $\text{sen } 45° = \frac{\sqrt{2}}{2}$; $\text{sen } 60° = \frac{\sqrt{3}}{2}$).

7. Um raio de luz monocromática passa de um meio *A* para outro meio *B*, homogêneos e transparentes, conforme indica a figura.

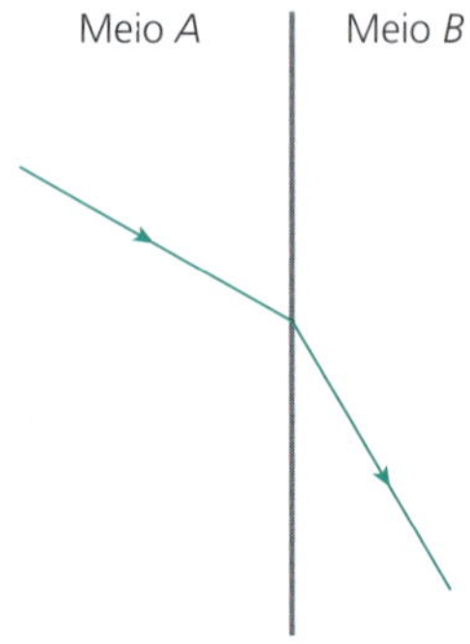

a) Qual dos meios possui maior índice de refração absoluto?

b) Em que meio a luz se propaga com maior velocidade?

4 Reflexão total

Quando a luz passa do meio mais refringente para o meio menos refringente, o raio de luz afasta-se da normal, ou seja, o ângulo de incidência (*i*) é menor do que o ângulo de refração (*r*) **(fig. 6A)**. Aumentando o ângulo *i*, pela lei de Snell-Descartes concluímos que *r* também aumenta, mas *i* continua menor que *r*. Quando $r = 90°$, ou seja, o raio emergente é rasante **(fig. 6B)**, o ângulo de incidência *i* corresponde ao maior ângulo para haver refração. Nesse caso, *i* é indicado por *L* e recebe o nome de **ângulo limite**. Se *i* é maior que *L*, não ocorre refração e toda a luz incidente sofre reflexão. Esse fenômeno recebe o nome de **reflexão total (fig. 6C)**. Até então, além da refração, a luz estava sendo parcialmente refletida.

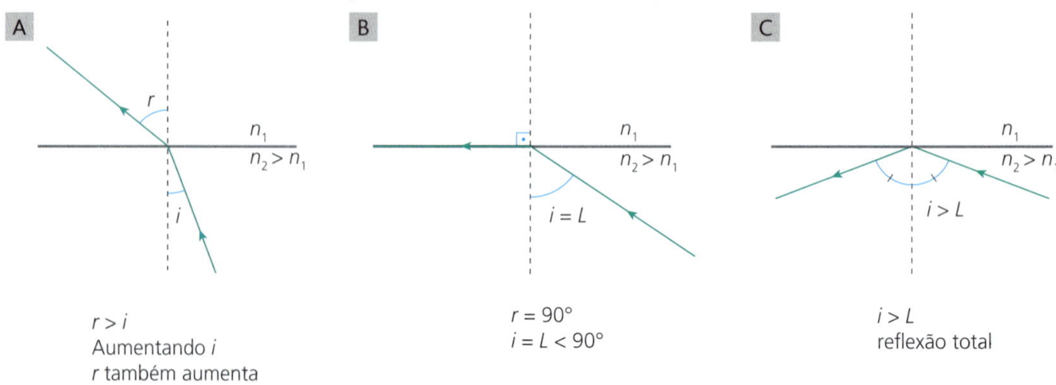

Figura 6. (A) O raio refratado forma um ângulo *r* com a normal; (B) o raio refratado sai rasante à superfície; (C) não existe raio refratado, portanto, ocorre reflexão total.

Duas condições devem ser obedecidas para ocorrer reflexão total:

- A luz deve propagar-se no sentido do meio mais refringente para o meio menos refringente.
- O ângulo de incidência deve superar o ângulo limite: $i > L$.

Cálculo do seno do ângulo limite

26.1 Biblioteca do estudante

Aplicando a lei de Snell-Descartes para a situação da **figura 6B**, obtemos:

$$n_2 \cdot \text{sen } L = n_1 \cdot \text{sen } 90° \Rightarrow \text{sen } L = \frac{n_1}{n_2} \Rightarrow \boxed{\text{sen } L = \frac{n_{menor}}{n_{maior}}}$$

Aplicando a teoria

7. **Uma fonte de luz puntiforme F encontra-se imersa em um líquido de índice de refração absoluto $n_2 = 2$. Na figura abaixo, representamos alguns raios de luz emitidos por F e que atingem a superfície S, que separa o líquido do ar (índice de refração absoluto $n_1 = 1$). Dos raios indicados, quais sofrerão reflexão total?**

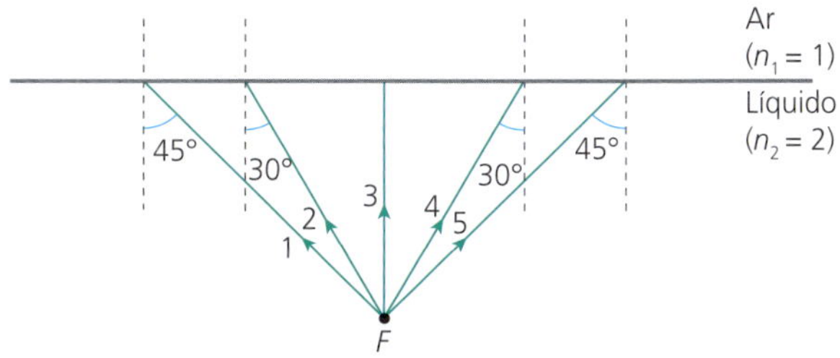

➤ Solução

Vamos inicialmente calcular o ângulo limite L:

$$\text{sen L} = \frac{n_1}{n_2} \Rightarrow \text{sen L} = \frac{n_{menor}}{n_{maior}} \Rightarrow \text{sen L} = \frac{1}{2} \Rightarrow \text{L} = 30°$$

Desse modo, concluímos que os raios 1 e 5 sofrem reflexão total. Os raios 2 e 4 emergem rasantes e o raio 3 sofre refração sem desvio:

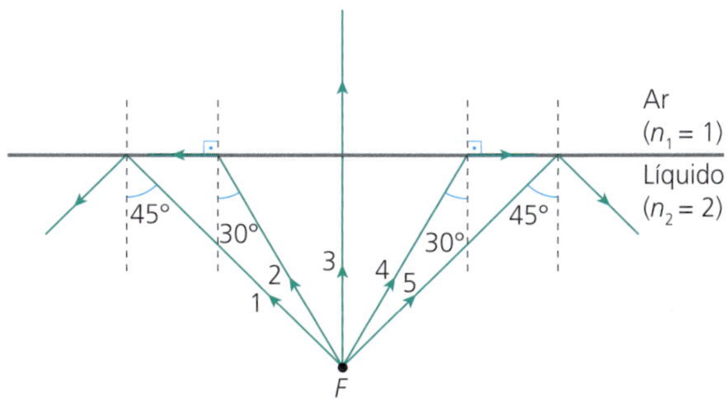

8. **Considerar dois meios homogêneos e transparentes, A e B, de índices de refração 2 e $\sqrt{3}$, respectivamente, separados por uma superfície plana S. Um raio de luz monocromática propagando-se no meio A incide na superfície S, segundo um ângulo de 53°. Verificar se esse raio de luz refrata ou reflete totalmente.**

➤ Solução

Vamos inicialmente calcular o ângulo limite L:

$$\text{sen L} = \frac{n_1}{n_2} \Rightarrow \text{sen L} = \frac{n_{menor}}{n_{maior}} \Rightarrow \text{sen L} = \frac{\sqrt{3}}{2} \Rightarrow \text{L} = 60°$$

Sendo $i = 53° < L = 60°$, concluímos que o raio sofre refração.

Avaliando o aprendizado

8. Um raio de luz monocromática se propaga em um meio de índice de refração absoluto n_2 e incide na superfície de separação com outro meio de índice de refração absoluto n_1. Seja i o ângulo de incidência. Nessas condições, para ocorrer reflexão total, devemos ter:

a) $n_2 > n_1$ e $i > L$, com $\text{sen } L = \frac{n_2}{n_1}$

b) $n_2 > n_1$ e $i > L$, com $\text{sen } L = \frac{n_1}{n_2}$

c) $n_1 > n_2$ e $i > L$, com $\text{sen } L = \frac{n_2}{n_1}$

d) $n_1 > n_2$ e $i > L$, com $\text{sen } L = \frac{n_1}{n_2}$

e) $n_2 > n_1$ e $i < L$, com $\text{sen } L = \frac{n_1}{n_2}$

9. Uma fonte de luz puntiforme F está no fundo de um recipiente de 20 cm de profundidade, contendo um líquido de índice de refração absoluto $n_2 = \sqrt{2}$. Na superfície do líquido, forma-se um círculo luminoso, por onde emergem para o ar os raios de luz provenientes de F. O índice de refração absoluto do ar é igual a 1. Qual é o raio desse círculo luminoso?

10. É dado um bloco de vidro, cuja seção reta é um retângulo de lados L e $L\sqrt{3}$. Um raio de luz monocromática incide no bloco, conforme indica a figura. Complete a trajetória do raio de luz até emergir do bloco. O índice de refração absoluto do material que constitui o bloco é $\sqrt{2}$ e do ar que o envolve é igual a 1.

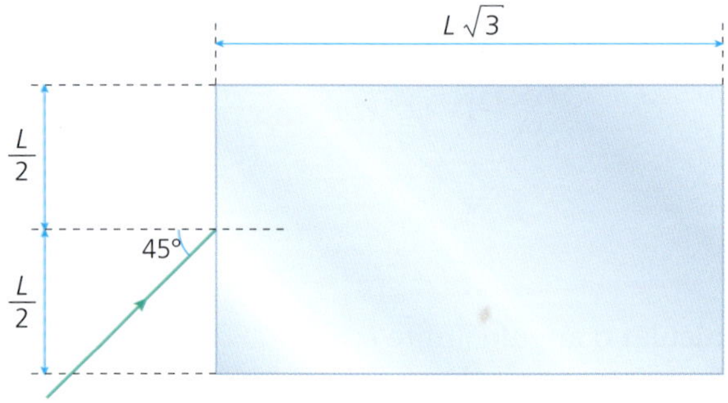

5 Dioptro plano

É o sistema constituído por dois meios homogêneos e transparentes separados por uma superfície plana. É, por exemplo, o dioptro plano ar-água. Para esse dioptro plano, vamos determinar a imagem de um ponto objeto real *P* situado na água **(fig. 7A)** e, depois, no ar **(fig. 7B)**.

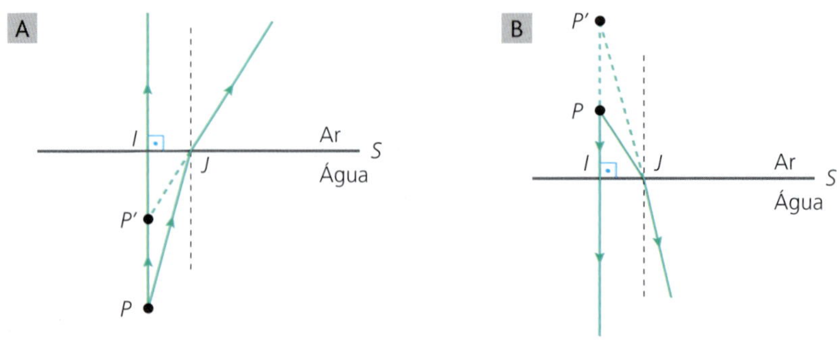

Figura 7. (A) Objeto *P* na água. A imagem *P'* é virtual e está mais próxima de *S*; (B) objeto *P* no ar. A imagem *P'* é virtual e está mais afastada de *S*.

Em ambos os casos, o ponto imagem *P'* situa-se no mesmo meio do objeto e é virtual. Na primeira situação, o ponto imagem está mais próximo da superfície de separação *S* dos meios; na segunda situação, está mais afastado de *S*.

Equação de Gauss para dioptros planos

Sejam p e p' as distâncias do ponto objeto P e do ponto imagem P' à superfície S, respectivamente. Indiquemos por n o índice de refração absoluto do meio em que está o ponto objeto P e n' o índice de refração absoluto do meio para o qual a luz emerge. Para raios de luz incidentes próximos à reta normal à superfície S que passa por P, tem-se a seguinte relação, denominada **equação de Gauss para os dioptros planos**:

$$\frac{n}{p} = \frac{n'}{p'}$$

Aplicando a teoria

9. **Um inseto P encontra-se apoiado em uma face de um bloco de vidro, conforme indica a figura. Uma pessoa olhando pela outra face vê a imagem P' do inseto. Essa imagem P' é real ou virtual? Ela está mais próxima ou mais afastada da pessoa do que o objeto P?**

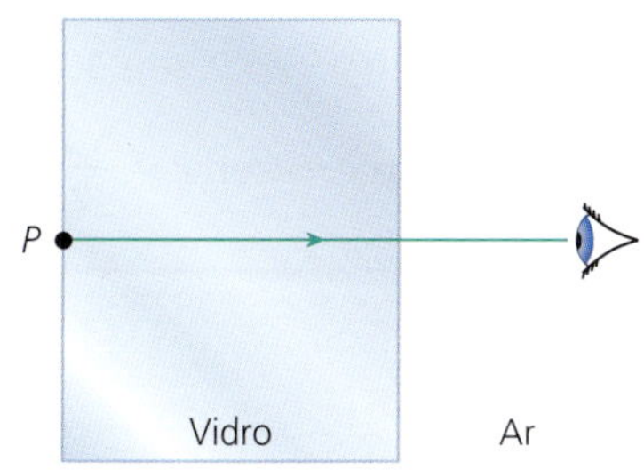

➤ **Solução**

A imagem P' obtida é virtual e está mais próxima da pessoa do que o objeto P:

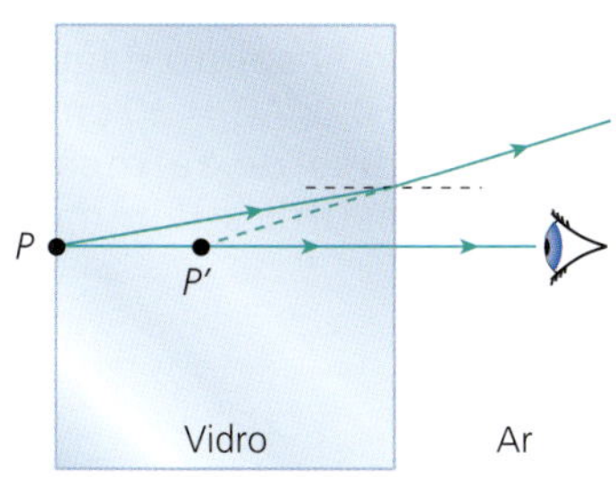

10. **Um peixe está situado a 1,0 m da superfície S de um lago de águas límpidas. O índice de refração absoluto da água é $\frac{4}{3}$ e o do ar é 1,0. Um pescador posiciona-se no ar, praticamente na mesma vertical em que se situa o peixe. A que profundidade aparente o pescador vê o peixe?**

➤ **Solução**

Dado que a distância do peixe P à superfície é igual a 1,0 m (p = 1,0 m), o índice de refração absoluto da água (meio em que se encontra o objeto) é de $\frac{4}{3}$ ($n = \frac{4}{3}$) e o índice de refração absoluto do meio para o qual a luz emerge (o ar) é igual a 1 ($n' = 1$), podemos descobrir a profundidade aparente (p') aplicando a equação de Gauss para os dioptros planos:

$$\frac{n}{p} = \frac{n'}{p'} \Rightarrow \frac{\frac{4}{3}}{1,0} = \frac{1,0}{p'} \Rightarrow \boxed{p' = 0,75 \text{ m}}$$

11. **A trajetória de um raio de luz monocromática que atravessa uma lâmina de faces paralelas está esquematizada na figura. Sendo i = 60° o ângulo de incidência, determine os ângulos r, r' e i'.**

O que se pode dizer a respeito dos raios incidente (R) e emergente (R')? A lâmina é constituída de um material de índice de refração absoluto $\sqrt{3}$ e está imersa no ar, cujo índice de refração absoluto é igual a 1.

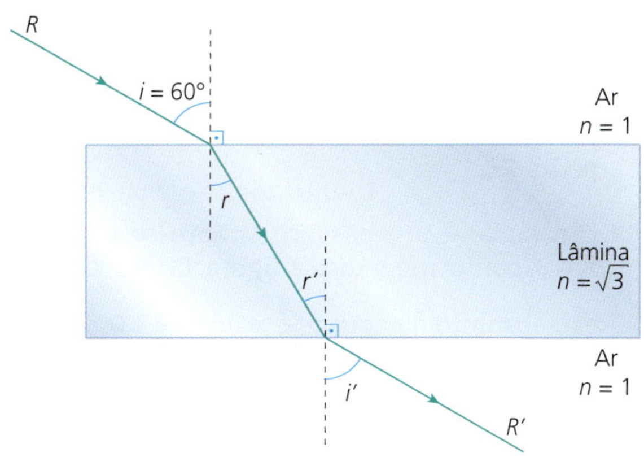

➤ **Solução**

Pela lei de Snell-Descartes, aplicada à face superior, obtemos:

$$n_1 \cdot \text{sen } i = n_2 \cdot \text{sen } r \Rightarrow 1 \cdot \text{sen } 60° = \sqrt{3} \cdot \text{sen } r \Rightarrow$$

$$\Rightarrow 1 \cdot \frac{\sqrt{3}}{2} = \sqrt{3} \cdot \text{sen } r \Rightarrow \text{sen } r = \frac{1}{2} \Rightarrow \boxed{r = 30°}$$

$r' = r = 30°$ (ângulos alternos internos)

A lei de Snell-Descartes, aplicada à face inferior, fornece:

$n_2 \cdot \text{sen } r' = n_1 \cdot \text{sen } i' \Rightarrow \sqrt{3} \cdot \text{sen } 30° = 1 \cdot \text{sen } i' \Rightarrow$

$\Rightarrow \sqrt{3} \cdot \dfrac{1}{2} = 1 \cdot \text{sen } i' \Rightarrow \text{sen } i' = \dfrac{\sqrt{3}}{2} \Rightarrow \boxed{i' = 60°}$

Os raios incidente (R) e emergente (R′) são paralelos.

12. **A trajetória de um raio de luz monocromática que atravessa um prisma de ângulo de abertura A = 60° está esquematizada na figura a seguir. Sendo i = 45° o ângulo de incidência, determinar os ângulos *r*, *r'* e *i'*. O prisma é constituído de um material de índice de refração absoluto $\sqrt{2}$ e está imerso no ar, cujo índice de refração absoluto é igual a 1.**

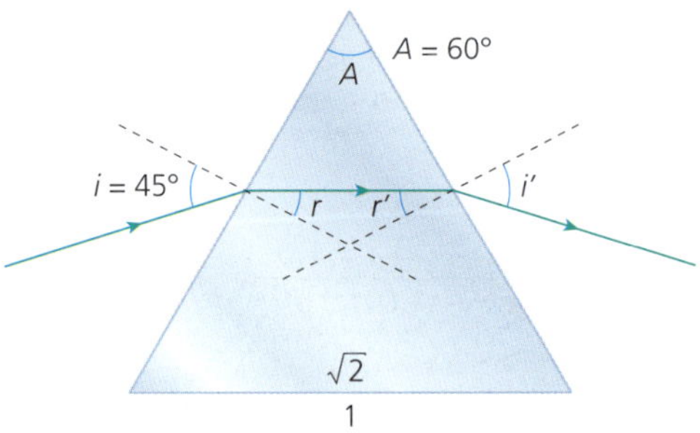

➤ Solução

Pela lei de Snell-Descartes, aplicada à face de incidência, resulta em:

$n_1 \cdot \text{sen } i = n_2 \cdot \text{sen } r \Rightarrow 1 \cdot \text{sen } 45° = \sqrt{2} \text{ sen } r \Rightarrow$

$\Rightarrow 1 \cdot \dfrac{\sqrt{2}}{2} = \sqrt{2} \cdot \text{sen } r \Rightarrow \text{sen } r = \dfrac{1}{2} \Rightarrow \boxed{r' = 30°}$

No triângulo indicado abaixo, temos:

$90° - r + 90° - r' + 60° = 180°$. Portanto, $r + r' = 60°$,

$30° + r' = 60° \Rightarrow \boxed{r = 30°}$

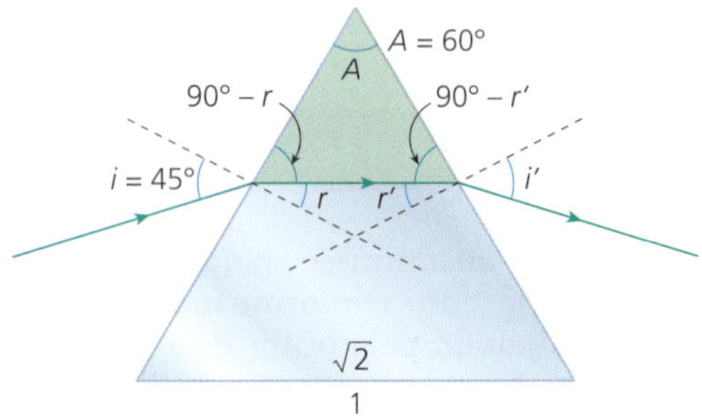

A lei de Snell-Descartes, aplicada à face de emergência da luz, fornece:

$n_2 \cdot \text{sen } r' = n_1 \cdot \text{sen } i' \Rightarrow \sqrt{2} \text{ sen } 30° = 1 \cdot \text{sen } i' \Rightarrow$

$\Rightarrow \sqrt{2} \cdot \dfrac{1}{2} = 1 \cdot \text{sen } i' \Rightarrow \text{sen } i' = \dfrac{\sqrt{2}}{2} \Rightarrow \boxed{i' = 45°}$

26.1 Conteúdo multimídia

Avaliando o aprendizado

11. Uma pequena pedra *P* está situada no fundo de um tanque vazio. Um observador posiciona-se na vertical que passa pela pedra. Enche-se o tanque com água. O observador vê a imagem *P'* da pedra. Essa imagem *P'* é real ou virtual? Ela está mais próxima ou mais afastada da pessoa do que a pedra *P*?

12. Um peixe e um pássaro situam-se nos pontos *A* e *B*, conforme indica a figura. O índice de refração absoluto da água é $\dfrac{4}{3}$ e do ar é 1,0.

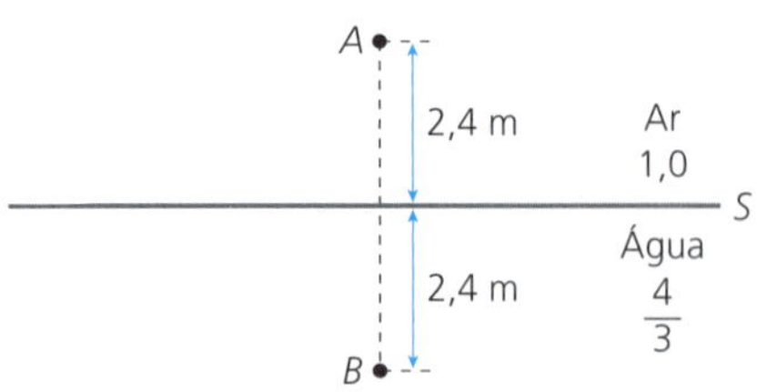

a) A que altura aparente medida da superfície de separação S o peixe vê o pássaro?

b) A que profundidade aparente medida da superfície de separação S o pássaro vê o peixe?

13. Na figura abaixo representamos a trajetória de um raio de luz monocromática que atravessa uma lâmina de faces paralelas e imersa no ar, cujo índice de refração absoluto é igual a 1,0. Sendo i = 53°; sen 53° = 0,8; AC = 10 cm e CB = 7,5 cm, determine o índice de refração absoluto do material que constitui a lâmina e o ângulo de emergência *i'*.

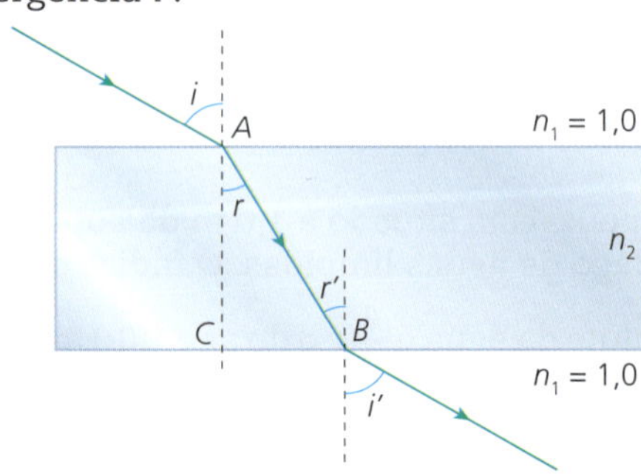

14. Um raio de luz monocromática incide perpendicularmente a uma face de um prisma e emerge da outra rasante. O ângulo de abertura do prisma é A = 60° e ele está imerso no ar, cujo índice de refração absoluto é igual a 1,0. Qual é o índice de refração absoluto do material que constitui o prisma?

6 Decomposição da luz solar

Vimos, no início do estudo da Óptica Geométrica, que a luz que resulta da composição de luzes de cores diferentes é denominada luz policromática. A luz emitida pelo Sol, chamada luz branca, é constituída por uma infinidade de luzes monocromáticas, as quais podem ser divididas em sete cores principais:

vermelho – alaranjado – amarelo – verde – azul – anil – violeta

Newton
Conteúdo multimídia

Sabemos que o índice de refração absoluto de um meio depende do tipo de luz monocromática que se propaga nesse meio e que, para determinado meio homogêneo e transparente, a luz vermelha é a que possui menor índice de refração. Para as demais luzes, o índice de refração cresce na ordem indicada acima, correspondendo à luz violeta o maior índice de refração.

Quando um feixe de luz solar incide em uma face de um prisma de vidro, cada luz monocromática, que constitui a luz solar, sofre refração e passa a se propagar em direções diferentes, de acordo com seus índices de refração. A luz vermelha é a que sofre menor desvio e a luz violeta, o maior. Entre elas, temos as cores intermediárias. Esse fenômeno é conhecido como **decomposição da luz**. Utilizamos um prisma para descrever o fenômeno, pois na segunda face ocorre novo desvio, o que nos permite visualizar mais acentuadamente a decomposição **(fig. 8)**.

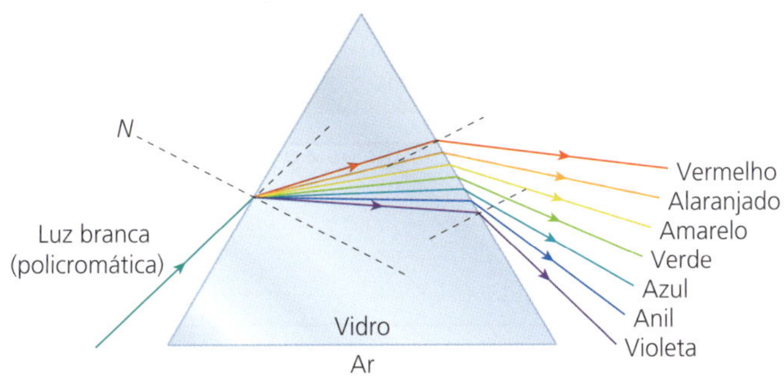

MATTHIAS KULKA/CORBIS/LATINSTOCK

Figura 8. Decomposição da luz solar em um prisma.

7 O arco-íris

A decomposição da luz solar que ocorre nas gotas de água em suspensão no ar é responsável pela formação do **arco-íris**.

Ao incidir na gota de água, a luz solar sofre refração e, consequentemente, decomposição. A seguir, reflete-se no fundo da gota e novamente se refrata, voltando para o ar **(fig. 9)**.

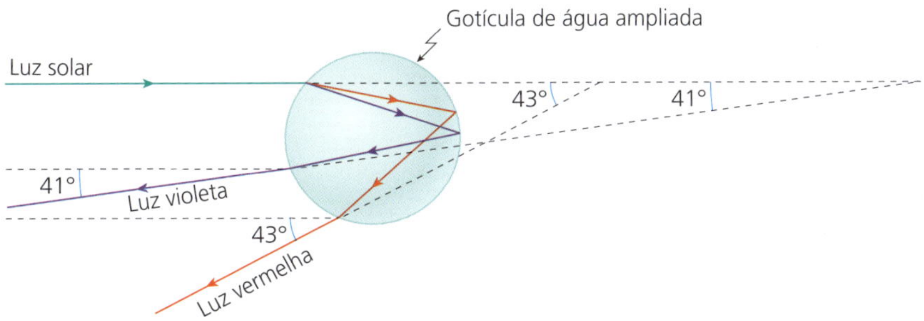

Figura 9. Decomposição da luz solar em uma gota de água. A luz violeta emergente forma, com a direção da luz incidente, um ângulo de aproximadamente 41° e a luz vermelha, de 43°.

Muitas gotas de água estão decompondo a luz solar simultaneamente. Entretanto, de cada gota, apenas a luz de determinada cor atinge nossos olhos. As luzes de outras cores tomam direções diferentes **(fig. 10)**.

Das gotas superiores, o observador recebe a luz vermelha; das gotas inferiores, a luz violeta. Por isso, o arco externo do arco-íris é vermelho e o interno, violeta. Entre eles, há as cores intermediárias **(fig. 11)**.

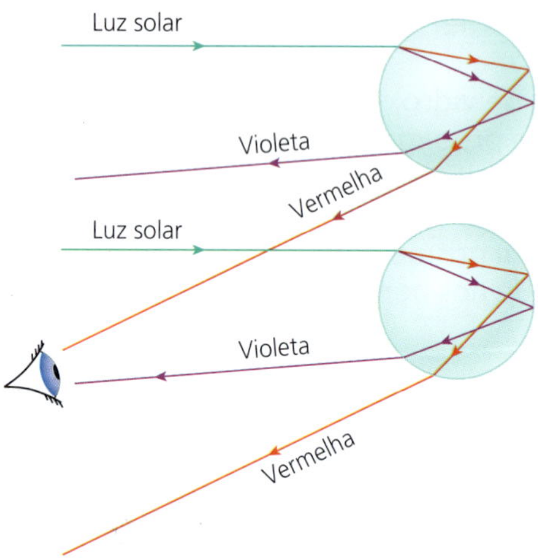

Figura 10. De cada gota, o observador recebe luz de determinada cor.

ALEKS.K/SHUTTERSTOCK

Figura 11. O arco externo do arco-íris é vermelho e o interno, violeta.

Aplicando a teoria

13. Explicar por que um feixe de luz policromática sofre decomposição ao atravessar um prisma de vidro.

➤ **Solução**

O índice de refração absoluto do material que constitui o prisma tem valores diferentes para as diferentes luzes monocromáticas que formam a luz policromática incidente. Assim, cada feixe de luz monocromática sofre determinado desvio e a luz policromática se decompõe.

14. Analisar as afirmações, a respeito da formação do arco-íris, e indicar as corretas.

I. O arco-íris se forma devido somente à reflexão da luz solar nas gotas de água.

II. Após incidir nas gotas de água suspensas no ar, a luz solar sofre refração, com consequente decomposição. Em seguida, reflete-se no fundo das gotas e volta ao ar, sofrendo nova refração.

III. O arco mais externo de um arco-íris é o vermelho e o mais interno, o violeta.

➤ **Solução**

I. Incorreta. A formação do arco-íris não é devida somente à reflexão da luz solar nas gotas de água. Após incidir nas gotas de água suspensas no ar, a luz solar sofre refração, com consequente decomposição. Em seguida, reflete-se no fundo das gotas e volta ao ar, sofrendo nova refração.

II. Correta, conforme descrito acima.

III. Correta. A luz emergente vermelha forma, com a direção de incidência, um ângulo maior do que a luz emergente violeta. Por esse motivo, das gotas superiores, o observador recebe a luz vermelha e, das gotas inferiores, a luz violeta. Por isso, o arco externo do arco-íris é vermelho e o interno, violeta.

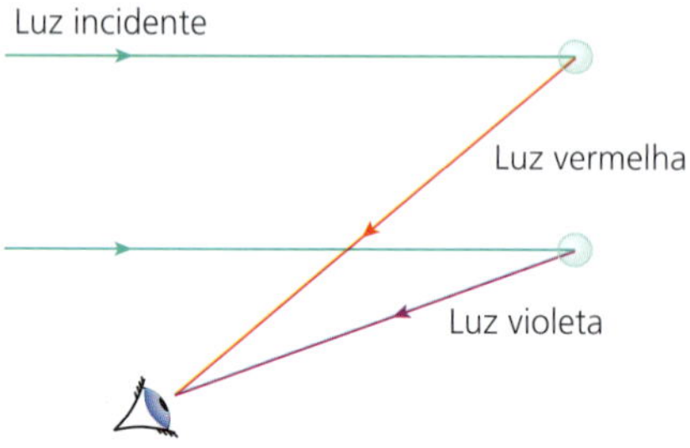

Avaliando o aprendizado

15. Um feixe cilíndrico de luz policromática, resultante da superposição das luzes amarela, azul e verde, atravessa um prisma de vidro e sofre decomposição. Dos três raios de luz emergentes, qual é o de cor amarela?

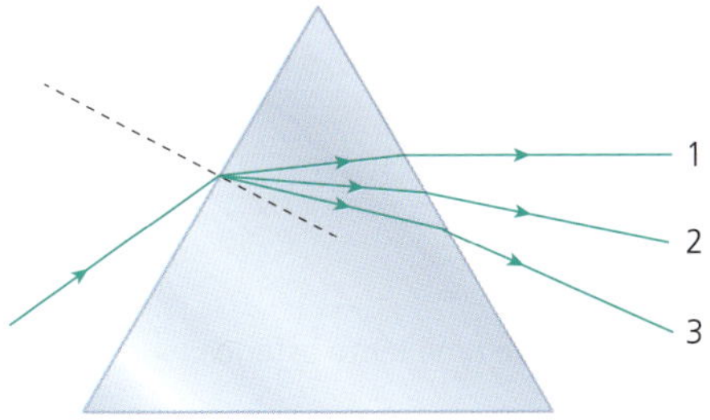

16. Uma pessoa observa um arco-íris. O Sol deve estar próximo da linha do horizonte, __________ da pessoa, e devem existir ____________ em suspensão no ar. O arco mais externo do arco-íris é __________ e o mais interno, ____________. Entre eles temos as cores intermediárias.

As palavras que preenchem as lacunas apresentadas no texto são, respectivamente:

a) na frente; gotas de água; violeta; vermelho.
b) atrás; gotas de água; azul; vermelho.
c) à direita; gotas de água; azul; vermelho
d) atrás; gotas de água; vermelho; violeta.
e) à esquerda; gotas de água; azul; vermelho.

8 Lentes esféricas

As lentes são componentes fundamentais de diversos dispositivos que conhecemos, como câmaras fotográficas, óculos, projetores, lunetas e microscópios.

As lentes mais comuns são geralmente de vidro ou de acrílico e apresentam duas faces esféricas ou uma esférica e outra plana.

Nomeamos uma lente dizendo quais faces estão voltadas para o meio exterior. Elas podem ser côncavas, convexas ou planas. Se as duas faces são diferentes, dizemos em primeiro lugar aquela de maior raio de curvatura. Se são ambas convexas ou ambas côncavas, usamos o prefixo bi. Na **figura 12** representamos as seis lentes esféricas possíveis. As da primeira fileira são denominadas **lentes de bordas finas** e as da segunda fileira, **lentes de bordas espessas**.

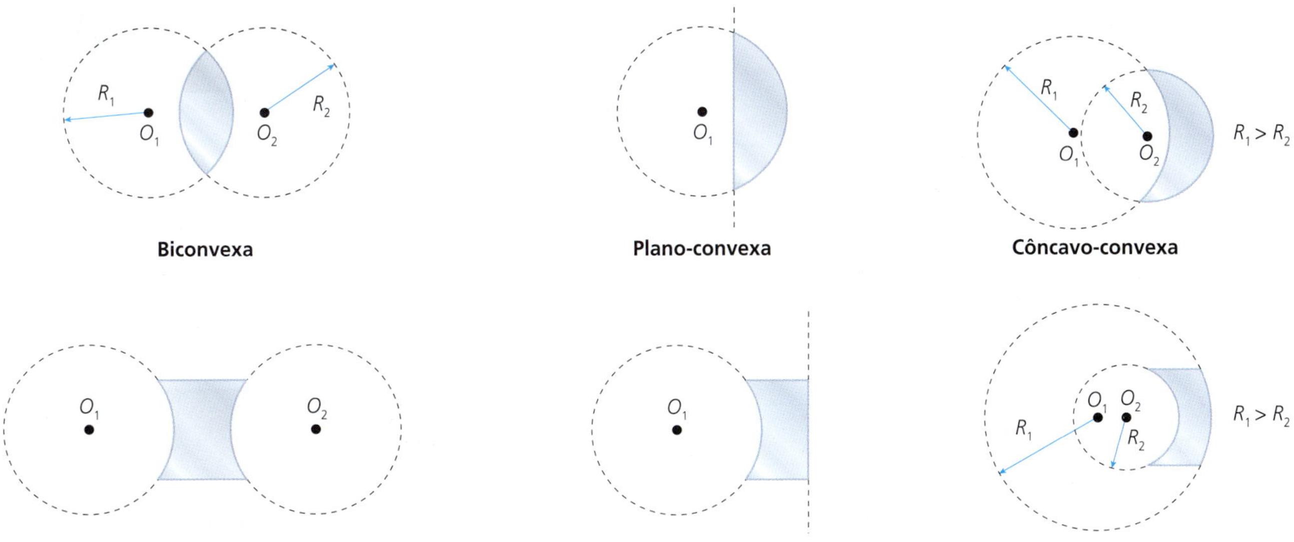

Figura 12. As seis lentes esféricas possíveis.

Os **elementos ópticos** de uma lente são: o índice de refração absoluto n_2, do corpo transparente (vidro ou acrílico, por exemplo), e n_1, do meio onde ela está imersa (ar, água, por exemplo).

Os elementos geométricos de uma lente esférica **(fig. 13)** são:

- **os centros de curvatura O_1 e O_2** das faces das lentes, cujos raios são R_1 e R_2;
- **a espessura *e***, que é a distância entre os vértices das faces;
- **o eixo principal,** que é a reta definida pelos centros de curvatura O_1 e O_2.

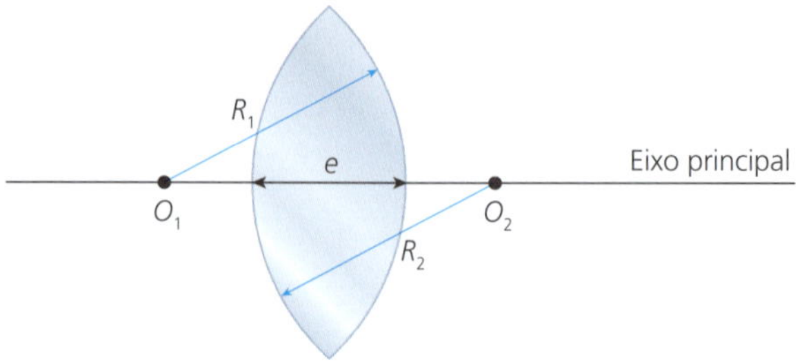

Figura 13. Elementos geométricos de uma lente esférica.

9 Lentes convergentes e lentes divergentes

Um feixe de raios de luz monocromática, paralelos ao eixo principal, incide em uma lente biconvexa de vidro imersa no ar (neste caso, $n_2 > n_1$). Observe que a lente faz convergir para um ponto os raios paralelos que nela incidem **(fig. 14)**. Esse ponto é indicado por F' e recebe o nome de **foco principal imagem**. Este ponto tem natureza real.

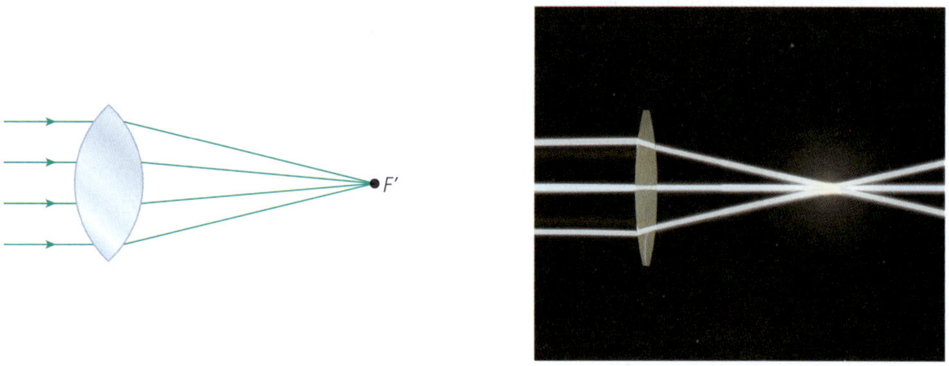

DAVID PARKER/SCIENCE PHOTO LIBRARY/LATINSTOCK

Figura 14. Lente convergente. F' é o foco principal imagem (real).

Todas as lentes de bordas finas, para $n_2 > n_1$, são **convergentes**.

Considere, agora, uma lente bicôncava de vidro e imersa no ar. Também nesse caso temos $n_2 > n_1$. Um feixe de raios de luz monocromática, paralelos ao eixo principal, incide na lente. O feixe emergente é **divergente** e os prolongamentos desses raios passam pelo foco principal imagem F', que agora tem natureza virtual **(fig. 15)**.

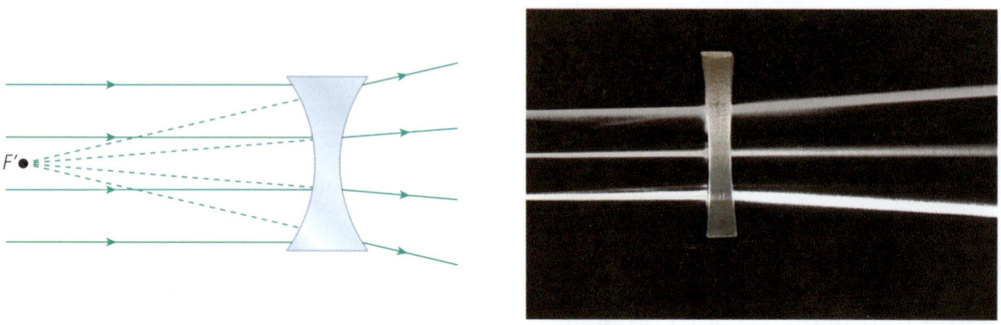

DAVID PARKER/SCIENCE PHOTO LIBRARY/LATINSTOCK

Figura 15. Lente divergente. F' é o foco principal imagem (virtual).

Todas as lentes de bordas espessas, para $n_2 > n_1$, são **divergentes**.

Resumindo as considerações feitas, vimos que, para $n_2 > n_1$ (isto é, o índice de refração absoluto do material que constitui o corpo transparente é maior que o do meio em que está imerso), as **lentes de bordas finas** (biconvexa, côncavo-convexa e plano-convexa) são **convergentes** e as **lentes de bordas espessas** (bicôncava, convexo-côncava e plano-côncava) são **divergentes**.

E se $n_2 < n_1$? Nesse caso, os comportamentos se invertem: as **lentes de bordas finas** passam a ser **divergentes** e as **lentes de bordas espessas, convergentes**.

Aplicando a teoria

15. **São dadas duas lentes esféricas de vidro, uma plano-convexa e outra plano--côncava, de mesmo índice de refração absoluto e igual a 1,5. Essas lentes são convergentes ou divergentes? Analisar os casos:**

a) As lentes estão imersas no ar cujo índice de refração absoluto é 1,0.

b) As lentes estão imersas em um líquido de índice de refração absoluto igual a 1,7.

➤ **Solução**

a) A lente plano-convexa é de bordas finas. Sendo $n_2 = 1,5$ e $n_1 = 1,0$, concluímos que a lente é convergente ($n_2 > n_1$). Já a lente plano-côncava é de bordas espessas e, nesse caso ($n_2 > n_1$), ela é divergente.

b) Nesse caso, temos $n_2 = 1,5$ e $n_1 = 1,7$, e, portanto, os comportamentos ópticos se invertem: a lente plano-convexa é divergente e a plano-côncava, convergente.

Avaliando o aprendizado

17. Assinale a alternativa correta:

a) uma lente de borda fina cujo índice de refração absoluto é maior que o do meio onde está imersa é uma lente convergente.

b) uma lente de borda fina cujo índice de refração absoluto é maior que o do meio onde está imersa é uma lente divergente.

c) uma lente de borda espessa cujo índice de refração absoluto é maior que o do meio onde está imersa é uma lente convergente.

d) uma lente de borda espessa cujo índice de refração absoluto é menor que o do meio onde está imersa é uma lente divergente.

e) uma lente de borda fina cujo índice de refração absoluto é menor que o do meio onde está imersa é uma lente convergente.

10 Lentes delgadas

Qualquer uma das seis lentes estudadas pode ser considerada uma lente delgada. Isso ocorre quando a espessura da lente for muito menor do que os raios R_1 e R_2 de suas faces.

As lentes delgadas convergentes e divergentes são representadas na **figura 16**, na qual também indicamos, além do foco principal imagem *F'*, outros quatro pontos importantes:

A

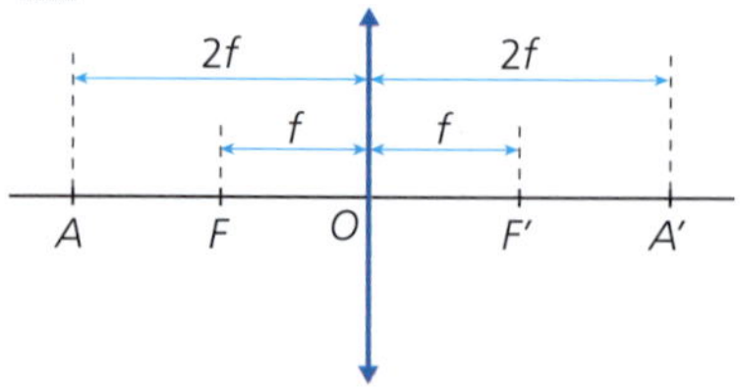

B

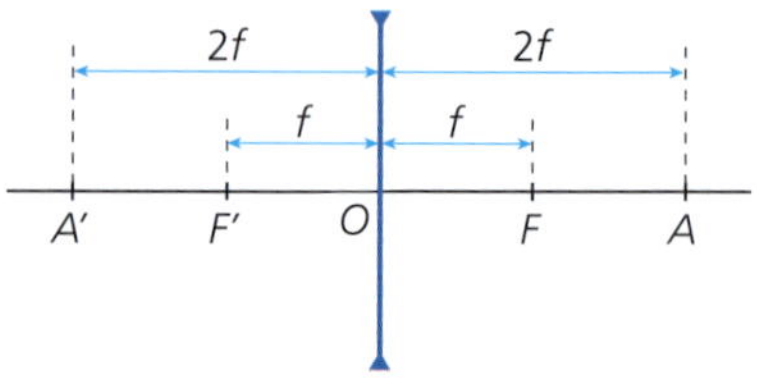

Figura 16. Representação esquemática das lentes esféricas delgadas. (A) Lente delgada convergente; (B) lente delgada divergente.

- ***O*: centro óptico da lente**, é a intersecção da lente com o seu eixo principal.
- ***F*: foco principal objeto**, está localizado do lado oposto da lente, em relação a *F'*. As distâncias de *F* e de *F'* à lente são iguais, indicadas por *f*, que recebe o nome de **distância focal**.
- ***A*: ponto antiprincipal objeto.**
- ***A'*: ponto antiprincipal imagem.**

As distâncias de *A* e *A'* à lente são iguais a 2*f*.

Esses pontos, também denominados **pontos notáveis**, são importantes para caracterizar algumas propriedades das lentes esféricas.

Nas **figuras 17A e B** representamos dois feixes de raios paralelos que incidem, respectivamente, em uma lente delgada convergente e em outra divergente, paralelamente ao eixo principal. Os raios dos feixes emergentes passam efetivamente pelo foco principal imagem *F'*, no caso da lente convergente, e por meio de seus prolongamentos, nas lentes divergentes.

A

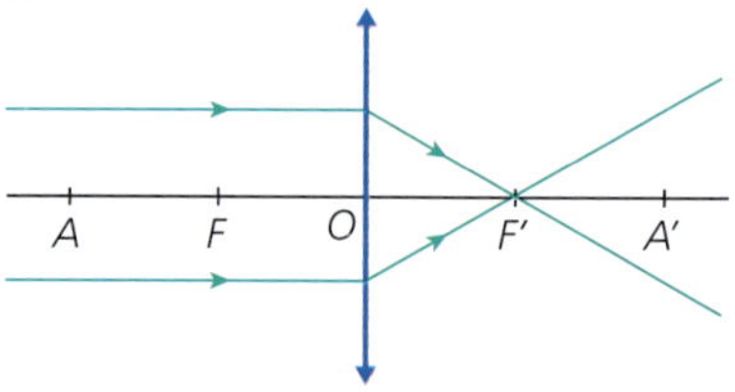

B

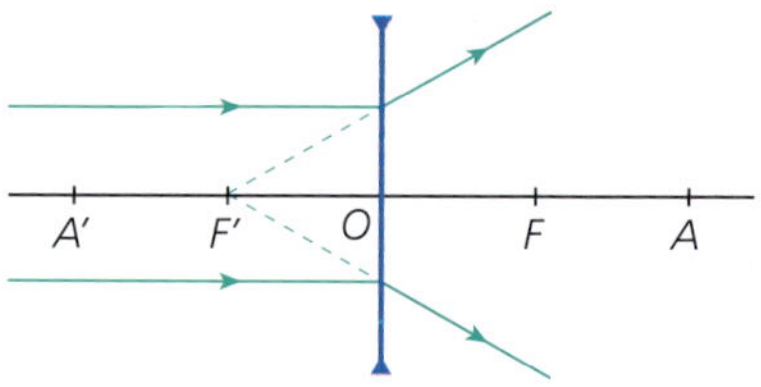

Figura 17. Feixes cilíndricos incidindo em lentes delgadas. (A) Lente delgada convergente; (B) lente delgada divergente.

Podemos enunciar a seguinte propriedade:

> Os raios de luz que incidem em uma lente delgada, paralelamente ao eixo principal, emergem passando efetivamente pelo foco principal imagem *F'*, nas lentes convergentes e, por meio de prolongamentos, nas lentes divergentes.

Quando o raio incidente passar pelo foco principal objeto *F*, teremos a seguinte propriedade **(fig. 18)**:

> Os raios de luz que incidem em uma lente delgada passando pelo foco principal objeto *F* efetivamente (na lente convergente) ou por meio de prolongamentos (na lente divergente) terão os correspondentes raios emergentes paralelos ao eixo principal.

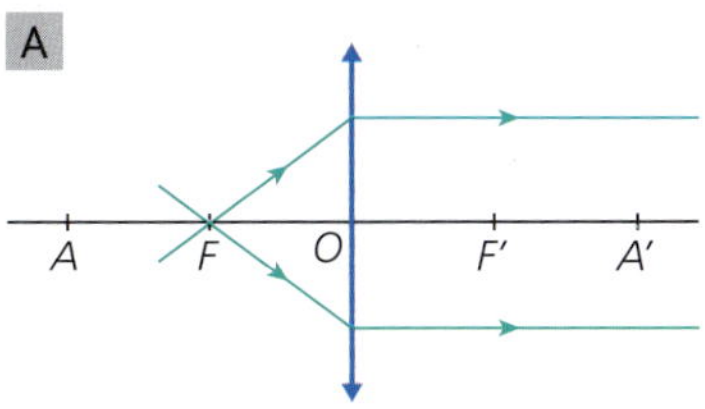

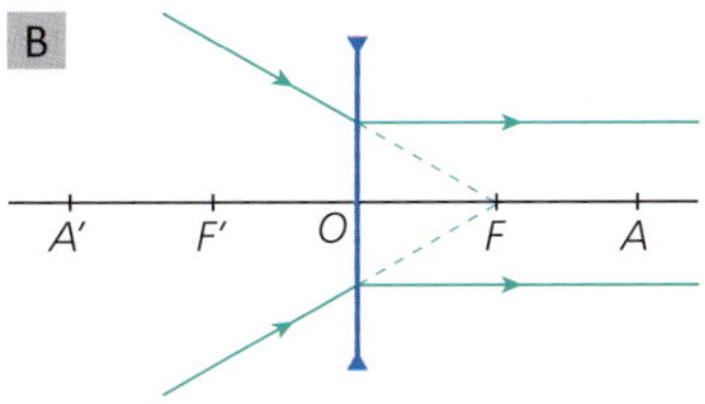

Figura 18. (A) Lente delgada convergente; (B) lente delgada divergente.

Outra propriedade diz respeito aos raios de luz incidente que atravessam o centro óptico de uma lente delgada **(fig. 19)**:

- Todo raio de luz que incide passando pelo centro óptico *O* atravessa a lente delgada sem sofrer desvio.

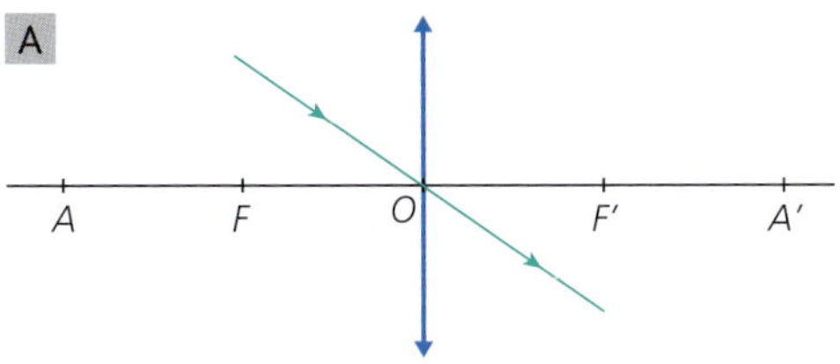

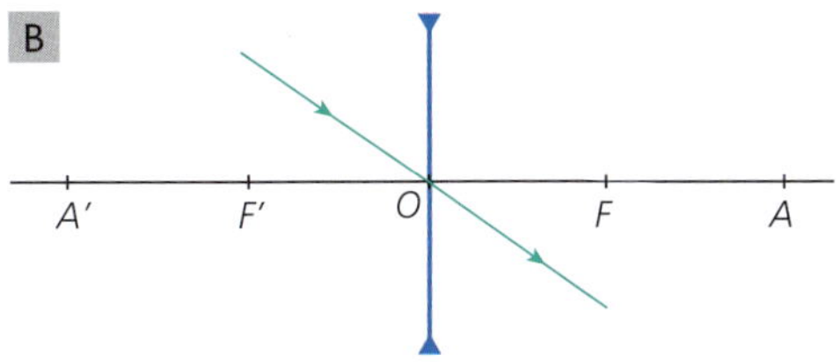

Figura 19. Raio de luz incidindo no centro óptico *O*. (A) Lente convergente; (B) lente divergente.

11 Imagens em lentes esféricas

Lente convergente

Vamos analisar três posições de um objeto real em relação a uma lente convergente:

1) Objeto situado antes do ponto antiprincipal objeto (*A*)

Para obter esquematicamente a imagem, vamos considerar dois raios de luz que partem do extremo superior do objeto (ponto *C*). Um raio incide paralelamente ao eixo principal e o outro incide passando palo centro óptico *O* **(fig. 20)**. Desenhamos os correspondentes raios emergentes, cujo encontro define o extremo superior da imagem (*C'*). O objeto *CD* é frontal à lente, o mesmo acontecendo com a imagem *C'D'*.

Nesse caso a imagem é **real** (encontro efetivo dos raios emergentes), **invertida** e **menor** do que o objeto **(fig. 21)**. Esse tipo de imagem se forma em máquinas fotográficas e filmadoras, sendo projetada sobre o filme.

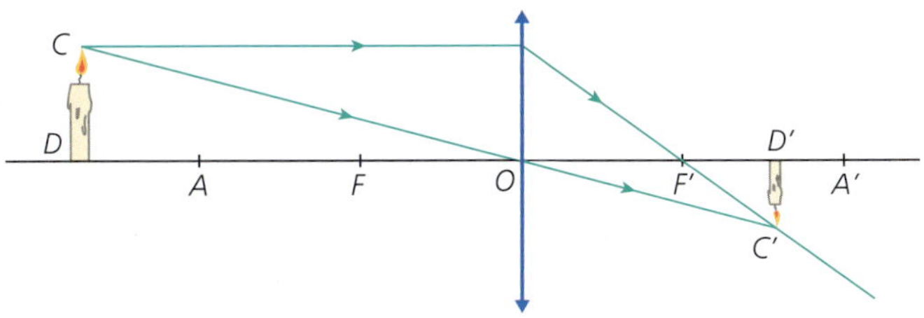

Figura 20. Objeto situado antes do ponto antiprincipal objeto *A*.

SÉRGIO DOTTA/CID

Figura 21. Imagem real, invertida e menor que o objeto.

2) Objeto situado entre o ponto antiprincipal objeto *A* e o foco principal objeto *F*

Esquematizando novamente o raio paralelo ao eixo principal e o raio que passa pelo centro óptico **(fig. 22)**, encontramos uma imagem **real**, **invertida** e **maior** do que o objeto **(fig. 23)**. Esse tipo de imagem se forma em projetores de filmes e de *slides*.

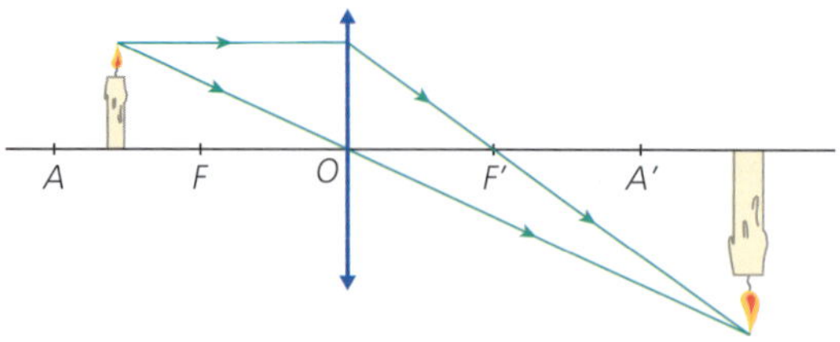

Figura 22. Objeto situado entre o ponto antiprincipal objeto *A* e o foco principal objeto *F*.

SERGIO DOTTA JR/CID

Figura 23. Imagem real, invertida e maior que o objeto.

3) Objeto situado entre o foco principal objeto *F* e o centro óptico *O*

Com o auxílio dos raios principais e fazendo o prolongamento destes, encontramos uma imagem **virtual**, **direita** e **maior** do que o objeto **(fig. 24)**. Esse tipo de imagem se forma em lupas (lentes de aumento) **(fig. 25)**. Observe que essa imagem é virtual e, portanto, não pode ser projetada.

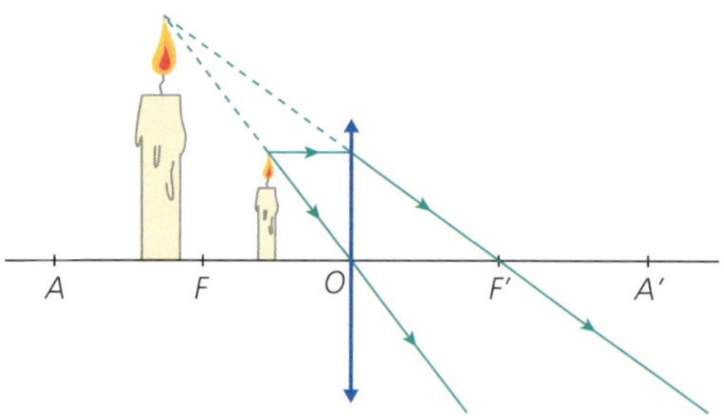

Figura 24. Objeto situado entre o foco principal objeto *F* e o centro óptico O.

SÉRGIO DOTTA/CID

Figura 25. Imagem virtual, direita e maior que o objeto.

26.2 Conteúdo multimídia

Lente divergente

Por meio do prolongamento dos raios principais **(fig. 26)**, verifica-se que, em relação à lente divergente, seja qual for a posição do objeto, a imagem é sempre **virtual, direita** e **menor** do que o objeto **(fig. 27)**. Como se trata de uma imagem virtual, ela não pode ser projetada.

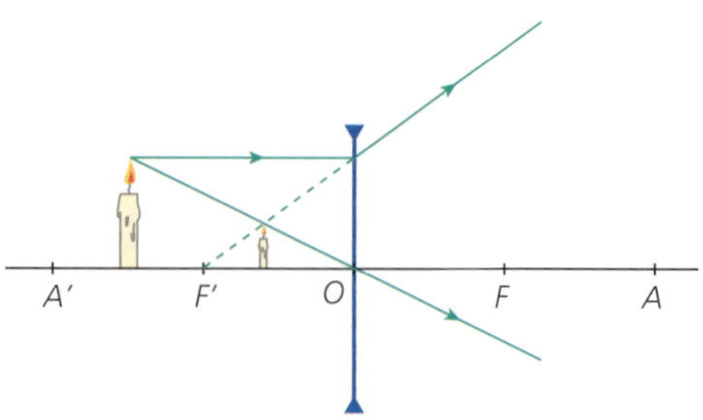

Figura 26. Objeto diante de uma lente divergente.

JEROME WEXLER/PHOTORESEARCHERS/LATINSTOCK

Figura 27. Imagem virtual, direita e menor que o objeto.

Aplicando a teoria

16. Um objeto é colocado na frente de uma lente esférica delgada convergente, nas posições indicadas na figura abaixo. A e A' são os pontos antiprincipais, O é o centro óptico, F e F' são os focos principais objeto e imagem, respectivamente.

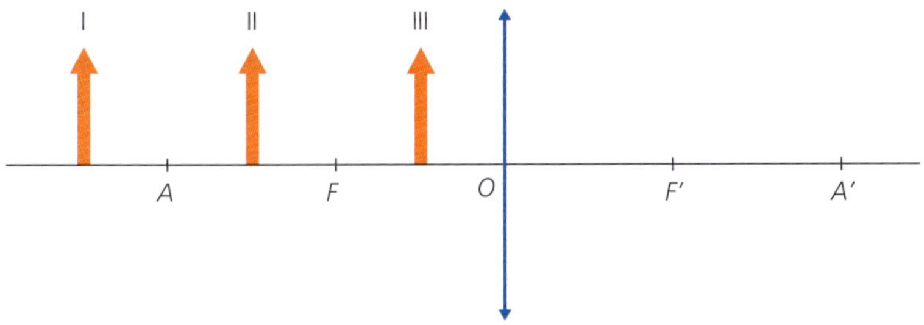

Pode-se afirmar que:

a) As três imagens são reais.

b) As três imagens são virtuais.

c) As imagens dos objetos I, II e III se formam respectivamente em câmaras fotográficas, projetores de filmes e lupas.

d) A imagem do objeto I é real e não pode ser projetada em uma tela.

e) A imagem do objeto III é virtual e pode ser projetada em uma tela.

➤ Solução

A imagem do objeto na posição I é real, invertida e menor do que o objeto. Esse tipo de imagem se forma nas câmaras fotográficas. Com o objeto na posição II, a imagem é real, invertida e maior do que o objeto. Esse tipo de imagem se forma nos projetores de filmes. Estando o objeto na posição III, a imagem é virtual, direita e maior. Nesse caso, temos a imagem fornecida por uma lupa. Lembre-se de que somente as imagens reais podem ser projetadas em telas.

Resposta: c

17. Quando aproximamos um objeto de uma lente esférica delgada divergente, sua imagem aumenta ou diminui de altura?

➤ Solução

Observe as imagens obtidas de um objeto colocado diante de uma lente divergente, considerando primeiramente o objeto afastado e, em seguida, mais próximo da lente.

Verifica-se que na segunda situação a imagem possui altura maior.

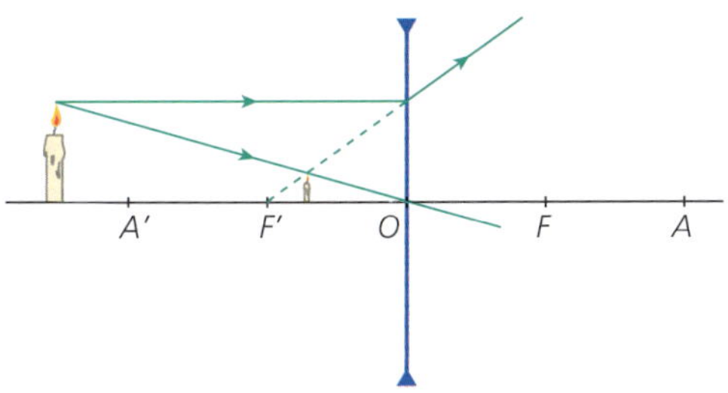

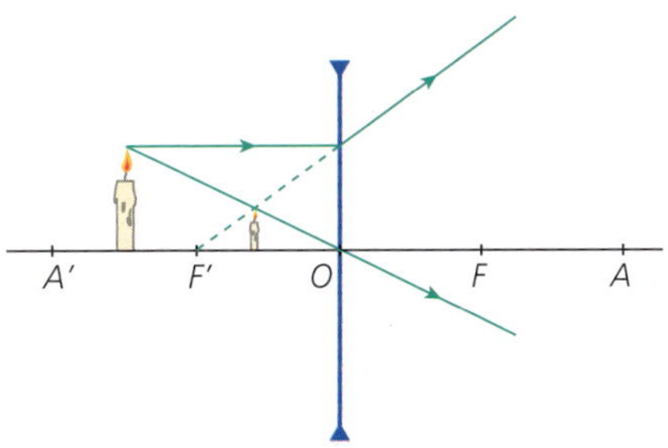

Avaliando o aprendizado

18. A imagem de um objeto real, obtida com uma lente esférica delgada, é virtual. A lente é convergente ou divergente?

19. Um objeto real é colocado a 15 cm de uma lente esférica delgada convergente de distância focal 10 cm.

a) Dê as características da imagem correspondente.

b) Desloca-se o objeto de modo que ele fique a 25 cm da lente. Quais são as características da nova imagem obtida?

20. Um objeto real é colocado exatamente no ponto antiprincipal objeto *A* de uma lente delgada convergente, conforme mostra a figura. Seja *A'* o ponto antiprincipal imagem, *F* o foco principal objeto, *F'* o foco principal imagem e *O* o centro óptico da lente. A imagem obtida é real ou virtual? Direita ou invertida? E quanto à altura da imagem, é maior, menor ou tem a mesma altura do objeto? Em que ponto se forma a imagem?

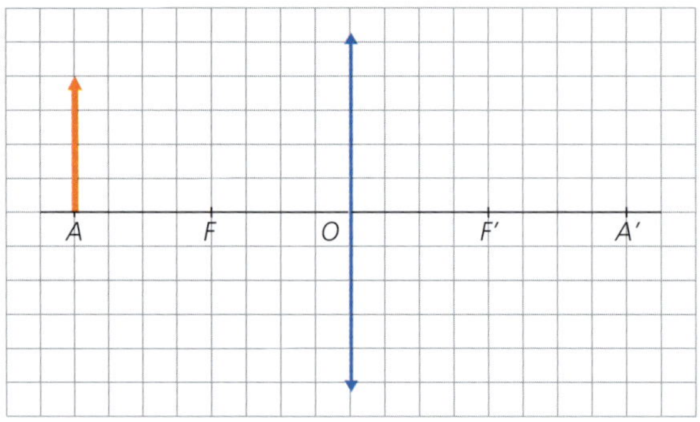

21. Um objeto real *CD* é colocado exatamente no foco principal objeto *F* de uma lente delgada convergente, conforme mostra a figura. Sejam *A* e *A'* os pontos antiprincipais, *F'* o foco principal imagem e *O* o centro óptico da lente. Considere os dois raios de luz que partem do extremo *C* e incidem na lente, como mostra a figura. Desenhe os correspondentes raios que emergem da lente.

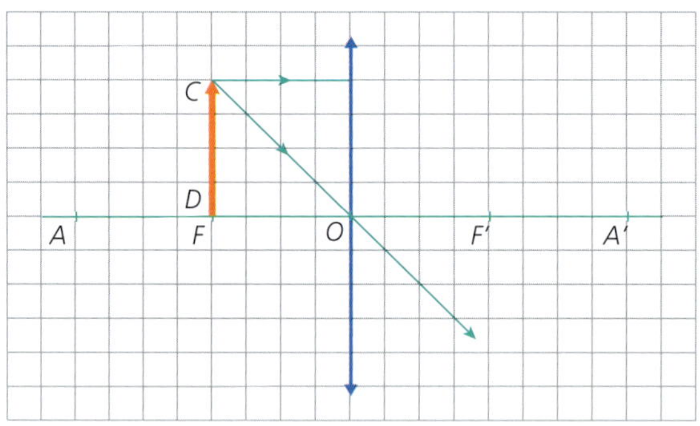

12 Equação de Gauss e aumento linear transversal

Já fizemos um estudo gráfico para a obtenção da imagem de um dado objeto, fornecido por uma lente esférica. Analogamente aos espelhos esféricos, essa análise pode ser feita algebricamente, isto é, dados o tipo de lente esférica (convergente ou divergente), sua distância focal, a posição e a altura de um objeto, pode-se determinar a posição e a altura da correspondente imagem. Para determinar a posição, utilizamos a **equação de Gauss**:

$$\frac{1}{f} = \frac{1}{p} + \frac{1}{p'}$$

Nessa equação, p e p' são as distâncias, à lente, do objeto e da imagem. Essas distâncias são precedidas de um sinal: **positivo**, quando a natureza do objeto ou da imagem é **real**; **negativo**, quando é **virtual**. Assim, temos:

- Objeto real: $p > 0$
- Imagem real: $p' > 0$
- Imagem virtual: $p' < 0$

Neste estudo algébrico, podemos distinguir a lente convergente da lente divergente pelo sinal da distância focal. A distância focal f de uma lente convergente é positiva e de uma lente divergente, negativa:

- Lente convergente: $f > 0$ (foco real)
- Lente divergente: $f < 0$ (foco virtual)

Como podemos saber, por meio de cálculos, se a imagem é direita ou invertida? Aqui também temos uma convenção de sinais. Sejam $\boldsymbol{o}$ e $\boldsymbol{i}$ as alturas do objeto e da imagem, respectivamente. Essas alturas são precedidas de um sinal: **positivo**, quando o objeto ou a imagem estão acima do eixo principal; **negativo**, quando estão abaixo.

A grandeza que permite saber se uma imagem é direita ou invertida e se é maior ou menor do que um objeto é o **aumento linear transversal** $\boldsymbol{A}$, definido por:

$$A = \frac{i}{o}$$

Se A é positivo, i e o têm mesmo sinal e a imagem é direita. Se A é negativo, i e o têm sinais opostos e a imagem é invertida.

Assim, por exemplo, considere $A = -2$: a imagem é invertida e tem altura igual a duas vezes a altura do objeto. E se tivermos $A = +\frac{1}{2}$? A imagem é direita e tem altura igual à metade da altura do objeto.

Os triângulos CDO e $C'D'O$ **(fig. 28)** são semelhantes.

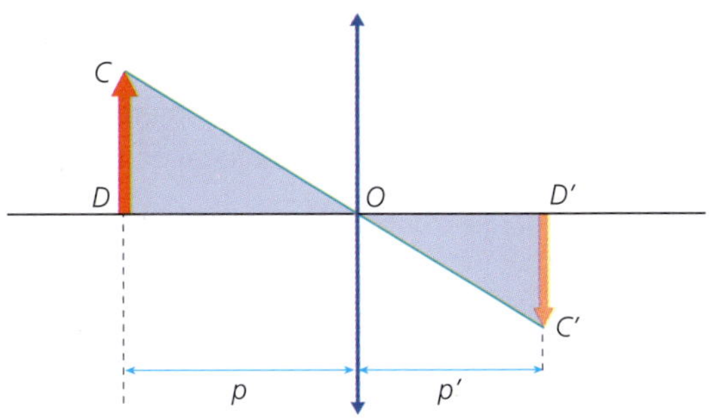

Figura 28. Os triângulos CDO e $C'D'O$ são semelhantes.

26.3 Conteúdo multimídia

Podemos escrever:

$$\frac{C'D'}{CD} = \frac{OD'}{OD}$$

Mas $C'D' = -i$, $CD = o$, $OD' = p'$ e $OD = p$, então:

$$\frac{i}{o} = -\frac{p'}{p} \quad \text{ou} \quad A = -\frac{p'}{p}$$

Aplicando a teoria

18. **Um objeto linear é colocado a 40 cm de uma lente delgada convergente de distância focal 30 cm. Determinar:**

a) a distância da imagem à lente;

b) a natureza da imagem;

c) o aumento linear transversal da imagem.

➤ Solução

a) Sendo $p = 40$ cm, $f = 30$ cm, a partir da equação de Gauss, obtemos:

$$\frac{1}{f} = \frac{1}{p} + \frac{1}{p'} \Rightarrow \frac{1}{30} = \frac{1}{40} + \frac{1}{p'} \Rightarrow$$

$$\Rightarrow \frac{1}{p'} = \frac{1}{30} - \frac{1}{40} \Rightarrow \frac{1}{p'} = \frac{4-3}{120} \Rightarrow \boxed{p' = 120 \text{ cm}}$$

b) Sendo $p' > 0$, concluímos que a imagem é real.

c) $A = -\frac{p'}{p} \Rightarrow A = -\frac{120}{40} \Rightarrow \boxed{A = -3}$

A altura da imagem é três vezes a altura do objeto. Sendo $A < 0$, concluímos que a imagem é invertida.

19. **Um objeto linear é colocado a 20 cm de uma lente divergente. A imagem se forma a 10 cm da lente. Determinar:**

a) a distância focal da lente;

b) o aumento linear transversal da imagem.

➤ Solução

a) Sabemos que uma lente divergente fornece uma imagem virtual de um objeto real. Por isso, $p' = -10$ cm. Sendo $p = 20$ cm, a partir da equação de Gauss, temos:

$$\frac{1}{f} = \frac{1}{p} + \frac{1}{p'} \Rightarrow \frac{1}{f} = \frac{1}{20} + \frac{1}{(-10)} \Rightarrow \frac{1}{f} = \frac{1-2}{20} \Rightarrow$$

$$\Rightarrow \boxed{f = -20 \text{ cm}}$$

O sinal negativo no valor encontrado para a distância focal significa que a lente é divergente.

b) $A = -\frac{p'}{p} \Rightarrow A = -\frac{(-10)}{20} \Rightarrow \boxed{A = +\frac{1}{2}}$

A altura da imagem é a metade da altura do objeto. Sendo $A > 0$, concluímos que a imagem é direita.

Avaliando o aprendizado

22. Um objeto linear é colocado a 18 cm de uma lente esférica. A imagem formada é real e sua altura é metade da altura do objeto.

a) A lente é convergente ou divergente?

b) A imagem é direita ou invertida?

c) A que distância da lente se forma a imagem?

d) Qual é a distância focal da lente?

23. Um objeto linear de 5 cm de altura encontra-se a 10 cm de uma lente divergente, cuja distância focal é, em valor absoluto, igual a 10 cm. Determine:

a) a que distância da lente se forma a imagem;

b) a distância entre o objeto e a imagem;

c) o aumento linear transversal;

d) a altura da imagem.

24. Um objeto linear é colocado diante de uma lente convergente. Pretende-se projetar a imagem formada em uma tela situada a 60 cm da lente, de modo que a imagem fique ampliada cinco vezes. Determine:

a) a distância do objeto à lente;

b) a distância focal da lente.

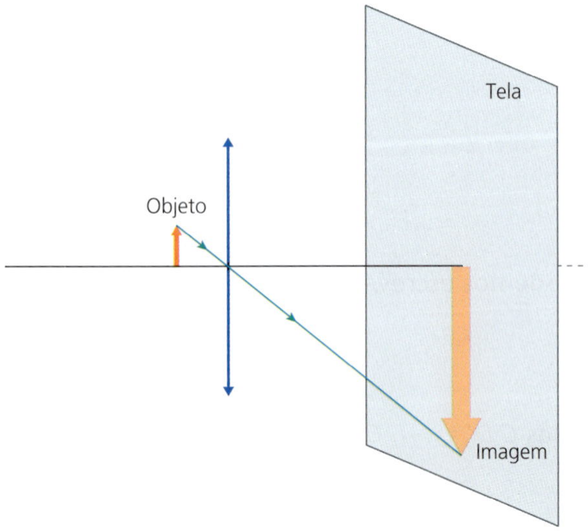

Revisando o conteúdo

Ficha-resumo 1

Refração da luz

Passagem da luz de um meio para outro, acompanhada de variação em sua velocidade de propagação. A refração pode ocorrer com ou sem desvio na direção de propagação.

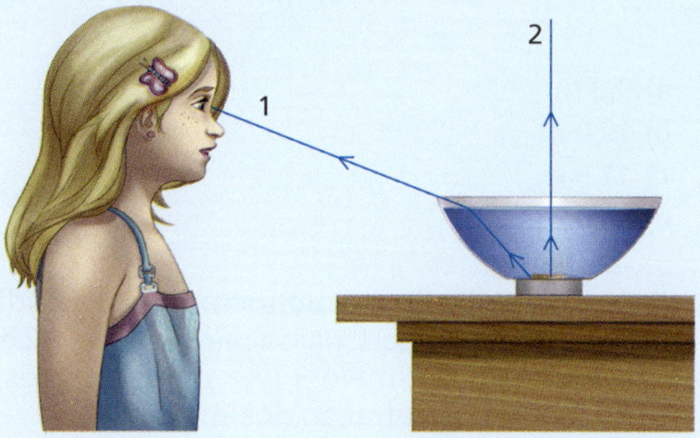

Índice de refração absoluto de um meio para uma dada luz monocromática:

$$n = \frac{c}{v}$$

Ficha-resumo 2

A lei de Snell-Descartes

$$n_1 \cdot \text{sen } i = n_2 \cdot \text{sen } r$$

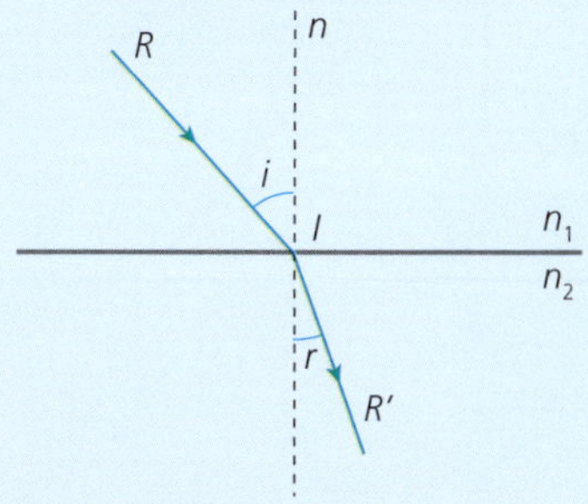

Uma consequência da lei de Snell-Descartes é que, para incidência oblíqua, no meio mais refringente, o raio de luz está mais próximo da normal.

1. (UFPA) A luz se propaga em um meio A com metade da velocidade de sua propagação no vácuo e em um meio B, com um terço. Assim, o índice de refração do meio A em relação ao meio B $\left(\frac{n_A}{n_B}\right)$ vale:

a) 6

b) $\frac{5}{2}$

c) $\frac{3}{2}$

d) $\frac{4}{3}$

e) $\frac{2}{3}$

2. (Mackenzie-SP) Um raio luminoso monocromático, ao passar do ar (índice de refração = 1,0) para a água, reduz sua velocidade de 25%. O índice de refração absoluto da água para esse raio luminoso é de aproximadamente:

a) 1,2
b) 1,3
c) 1,4
d) 1,5
e) 1,6

3. (UFVJM-MG) Um raio de luz refrata-se ao incidir em uma interface de separação entre dois meios com diferentes índices de refração. A velocidade de propagação da luz no meio de refração é 40% da velocidade no meio de incidência.

Calcule a direção do raio refratado, na situação em que a direção de incidência seja igual a 30° em relação à normal.

(Dados: sen 30,00° = 0,50; sen 20,45° ≅ 0,35; sen 11,54° ≅ 0,20).

4. (UFPB) Um feixe de luz contínuo e monocromático incide do ar para um líquido transparente, conforme o diagrama a seguir, onde as distâncias estão dadas em metro.

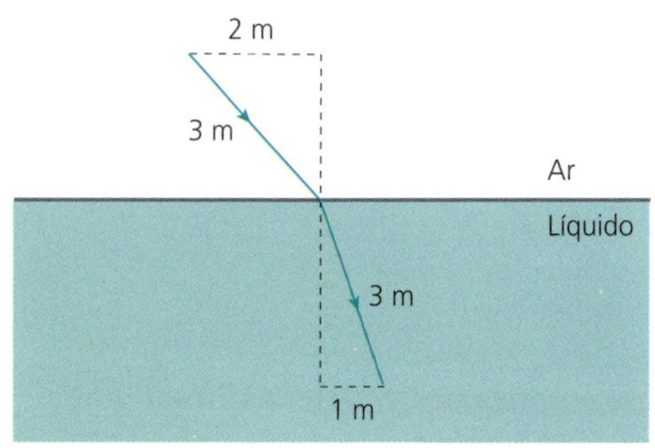

Sendo a velocidade da luz no ar igual a $3{,}0 \cdot 10^8$ m/s, conclui-se que a velocidade da luz, no líquido, será:

a) $2{,}0 \cdot 10^8$ m/s
b) $1{,}5 \cdot 10^8$ m/s
c) $3{,}0 \cdot 10^8$ m/s
d) $0{,}5 \cdot 10^8$ m/s
e) $2{,}5 \cdot 10^8$ m/s

5. (Ufla-MG) O índice de refração n da luz em qualquer meio, exceto no vácuo, depende do comprimento de onda da luz. A figura abaixo representa dois raios de luz paralelos, um vermelho e outro azul, que incidem sobre uma superfície plana de um bloco de uma substância transparente.

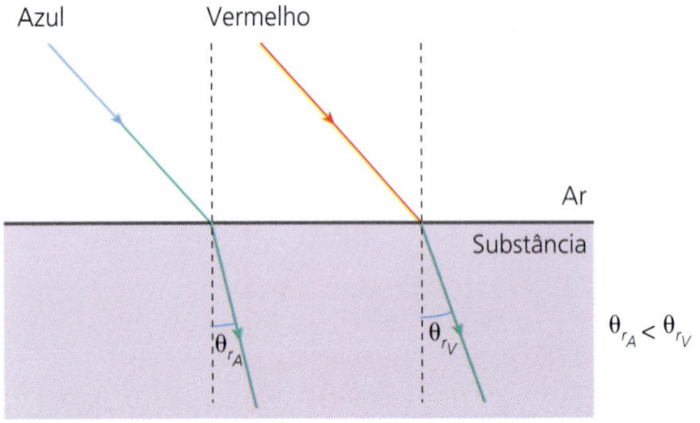

Considerando n_A e n_V os índices de refração para os raios de luz azul e vermelha e v_A e v_V suas velocidades, pode-se afirmar que nessa substância transparente:

a) $n_A > n_V$ e $v_A > v_V$
b) $n_A > n_V$ e $v_A < v_V$
c) $n_A < n_V$ e $v_A < v_V$
d) $n_A < n_V$ e $v_A > v_V$

6. (Uece) Um raio luminoso monocromático propaga-se através de quatro meios materiais com índices de refração n_0, n_1, n_2 e n_3, conforme mostra a figura a seguir.

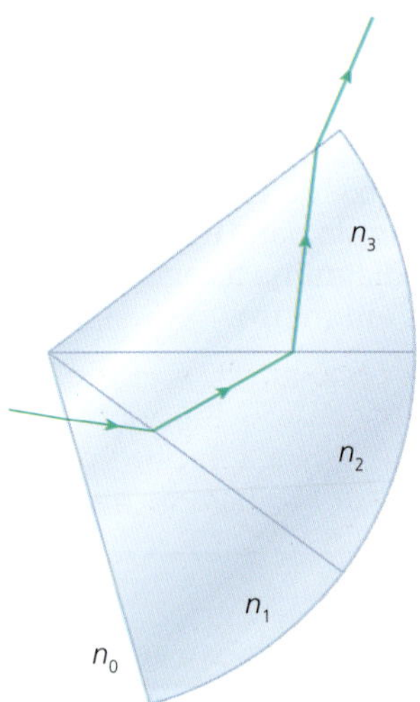

Nessas condições, é correto afirmar que:

a) $n_0 > n_1 > n_2 > n_3$
b) $n_0 = n_1 > n_2 > n_3$
c) $n_0 = n_1 < n_2 < n_3$
d) $n_0 < n_1 < n_2 < n_3$

7. (Cefet-RJ) Um tanque cilíndrico, com o topo aberto, tem o diâmetro de 4,0 m e está completamente cheio de água (índice de refração $n = 1,3$). Quando o Sol atinge um ângulo de 60° acima do horizonte, a luz solar deixa de atingir o fundo do tanque. Nessas condições, a profundidade do tanque vale:

Dados:

θ	sen θ	tg θ
18°	0,30	0,32
20°	0,34	0,36
22°	0,38	0,40
24°	0,40	0,44

a) 9,0 m
b) 10,0 m
c) 12,5 m
d) 11,0 m

8. (Uespi) Um raio de luz monocromática, incidindo a partir de um meio 1, passa para um meio 2 e, em seguida, para um meio 3 (ver figura). Os respectivos índices de refração dos meios satisfazem a desigualdade $n_1 < n_2 < n_3$. As interfaces de separação entre os meios são paralelas.

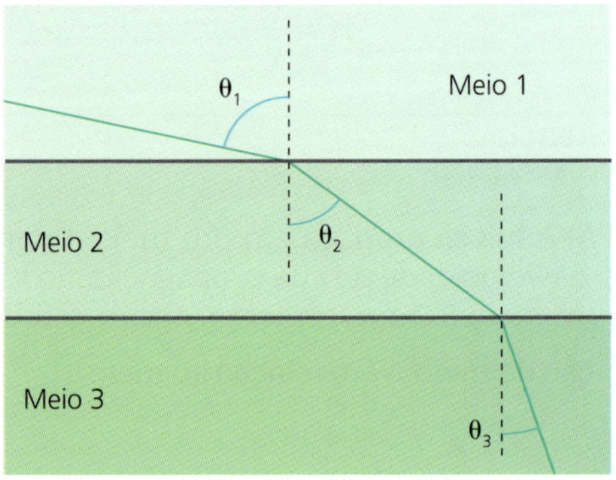

A razão $\frac{n_3}{n_1}$ é dada por:

a) $\frac{\text{sen}(\theta_1)}{\text{sen}(\theta_3)}$

b) $\frac{\text{sen}(\theta_3)}{\text{sen}(\theta_1)}$

c) $\frac{\text{sen}(\theta_3)[\text{sen}(\theta_2)]^2}{\text{sen}(\theta_1)}$

d) $\frac{\text{sen}(\theta_3)}{\{[\text{sen}(\theta_2)]^2\text{sen}(\theta_1)\}}$

e) $\frac{[\text{sen}(\theta_2)]^2}{[\text{sen}(\theta_1)\text{sen}(\theta_3)]}$

9. (UFRR) A figura mostra um material, em formato de quadrado, com índice de refração desconhecido. No canto direito, inferior, do quadrado, emerge um feixe de luz. A luz atravessa a diagonal do quadrado e sai pelo seu canto esquerdo, superior, de modo que a direção de propagação da luz no ar (cujo índice de refração é aproximadamente igual a 1) seja paralela ao lado superior do quadrado.

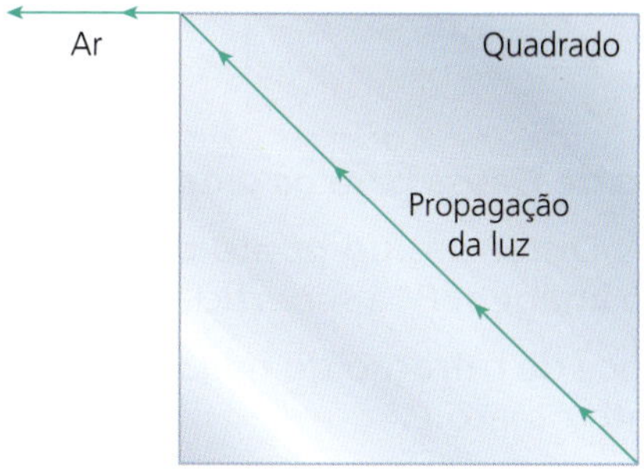

Nestas condições:

a) o índice de refração do material é 0,707.

b) o índice de refração do material é $\frac{\sqrt{2}}{2}$.

c) o índice de refração do material é $\sqrt{2}$.

d) o índice de refração do material é 0,5.

e) o índice de refração do material é 2.

10. (Mackenzie-SP) Um estudante observa que um raio luminoso, propagando-se no ar (índice de refração = 1), ao atingir a superfície de separação de um meio transparente, sob o ângulo de incidência *i*, tem o seu raio refletido perpendicular ao seu respectivo raio refratado. Após algumas considerações, esse estudante concluiu, corretamente, que o índice de refração desse meio é igual a:

a) i

b) tg i

c) sen i

d) cos i

e) sec i

Ficha-resumo 3

Condições para ocorrência da reflexão total:

- A luz deve se propagar no sentido do meio mais refringente para o meio menos refringente.
- O ângulo de incidência deve superar o ângulo limite: $i > L$

Seno do ângulo limite:

$$\text{sen}\, L = \frac{n_{menor}}{n_{maior}}$$

11. (Ufam) Um raio luminoso parte de um meio de índice de refração n e penetra no ar. A expressão que determina o ângulo limite (L) acima do qual ocorre reflexão interna total no meio de índice de refração n é:

a) sen $(L) = n$

b) sen $(L) = \frac{1}{n}$

c) sen $(L) = n^2$

d) cos $(L) = \frac{1}{n}$

e) tg $(L) = \frac{1}{n}$

12. (UFPE) Quatro placas horizontais P_1, P_2, P_3 e P_4, feitas de substâncias com índices de refração $n_1 = 1{,}3$, $n_2 = 1{,}5$, $n_3 = 1{,}4$ e $n_4 = 1{,}6$, encontram-se imersas no ar. Raios de luz incidem na extremidade esquerda das placas, como mostrado na figura. Em quais placas existe a possibilidade de que a luz fique confinada de tal forma que, após várias reflexões, chegue à extremidade direita sem escapar das placas no seu percurso?

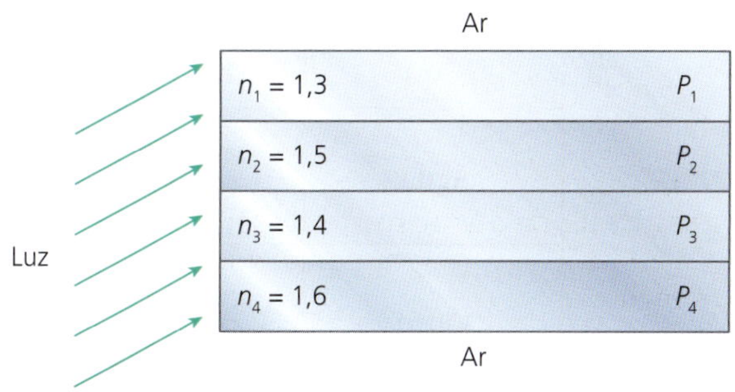

a) Placas P_1 e P_2

b) Placas P_2 e P_3

c) Placas P_1 e P_3

d) Placas P_1 e P_4

e) Placas P_2 e P_4

13. (UEM-PR) Um raio luminoso propagando-se no ar incide sobre a superfície de um vidro formando um ângulo de 30° em relação à normal, conforme a figura a seguir. Considere o índice de refração do ar $n_{ar} = 1$ e do vidro $n_{vidro} = 1{,}5$.

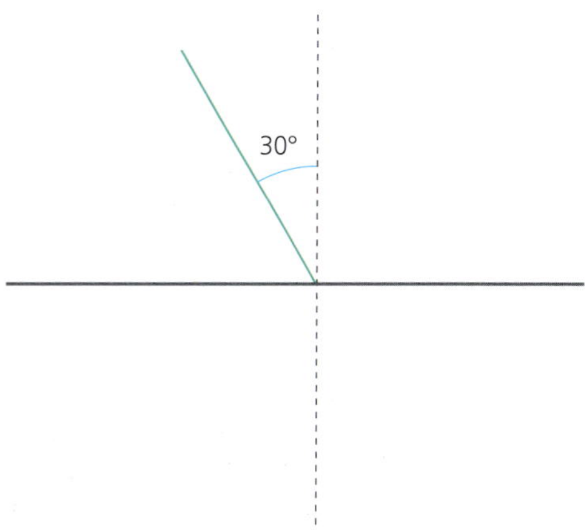

Analise as afirmativas a seguir e dê como resposta a soma das que estiverem corretas.

01) O raio de luz, ao atravessar a interface ar/vidro, é refratado, aproximando-se da normal.

02) O seno do ângulo do raio refratado é 0,33.

04) A velocidade da luz não depende do índice de refração do meio.

08) A velocidade da luz, ao penetrar no vidro, aumenta devido à variação do índice de refração.

16) Se o raio de luz se propagar do vidro para o ar, poderá haver uma reflexão interna total.

14. (Unioeste-PR) Na tabela abaixo, são mostrados os índices de refração absolutos (n) de algumas substâncias. A partir destes valores e dos princípios da propagação da luz em meios materiais, é correto afirmar que:

Substância	n
Ar	1
Água	$\frac{4}{3}$
Vidro	$\frac{3}{2}$
Zircônio	2

a) A razão entre o valor da velocidade da luz se propagando no vidro e o valor da velocidade da luz se propagando na água é de $\frac{17}{6}$.

b) Quanto maior for a velocidade da luz num meio material, maior será o valor do índice de refração absoluto desse material.

c) Um feixe de luz, inicialmente no ar, incide com ângulo θ (diferente de zero) sobre uma superfície plana de água, sendo refratado. Um segundo feixe de luz, também inicialmente no ar, incide com o mesmo ângulo θ sobre uma superfície plana de zircônio, sendo refratado. O ângulo de refração será menor na água do que no zircônio.

d) Um feixe de luz que passa do ar para o vidro através de uma interface plana entre os dois materiais terá um ângulo de refração maior que o ângulo de incidência, exceto para ângulos de incidência iguais a zero.

e) Não existe ângulo limite de refração para um feixe de luz que atravessa uma interface plana, passando da água para o zircônio.

Ficha-resumo 4

Dioptro plano

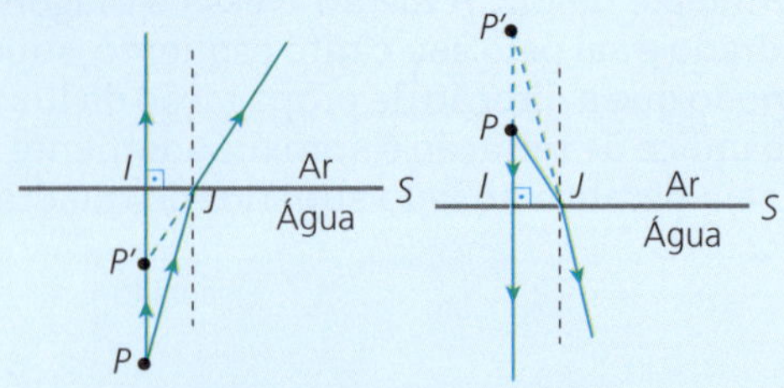

Equação de Gauss para os dioptros planos

p e ***p'***: Distâncias do ponto objeto P e do ponto imagem P' à superfície S.

n: Índice de refração do meio em que está o ponto objeto P.

n': Índice de refração do meio para o qual a luz emerge.

$$\frac{n}{p} = \frac{n'}{p'}$$

15. (Fuvest-SP) Dois sistemas ópticos, D_1 e D_2, são utilizados para analisar uma lâmina de tecido biológico a partir de direções diferentes. Em uma análise, a luz fluorescente, emitida por um indicador incorporado a uma pequena estrutura, presente no tecido, é captada, simultaneamente, pelos dois sistemas, ao longo das direções tracejadas. Levando-se em conta o desvio da luz pela refração, dentre as posições indicadas, aquela que poderia corresponder à localização real dessa estrutura no tecido é:

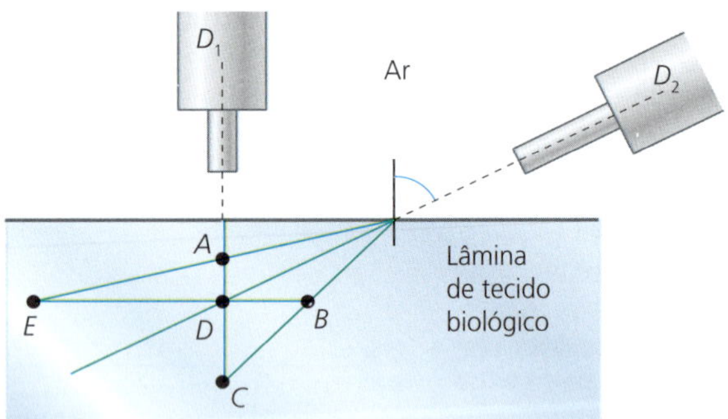

a) A
b) B
c) C
d) D
e) E

16. (UFGD-MS) Um ponto luminoso encontra-se imerso na água em uma piscina totalmente limpa. Quando visto por um observador que esteja fora da piscina (no ar) e que olha com uma inclinação de 45° em relação ao eixo normal da superfície da água, é correto afirmar que:

a) O ponto luminoso parecerá mais afastado da superfície da água do que realmente está.
b) O ponto luminoso parecerá mais próximo da superfície da água do que realmente está.
c) O fato de a luz estar mudando de meio não interfere na percepção visual do observador.
d) A luz não irá conseguir passar da água para o ar.
e) O ponto luminoso não será percebido pelo observador.

17. (Uece) Um raio de luz propagando-se no ar incide, com um ângulo de incidência igual a 45°, em uma das faces de uma lâmina feita com um material transparente de índice de refração n, como mostra a figura.

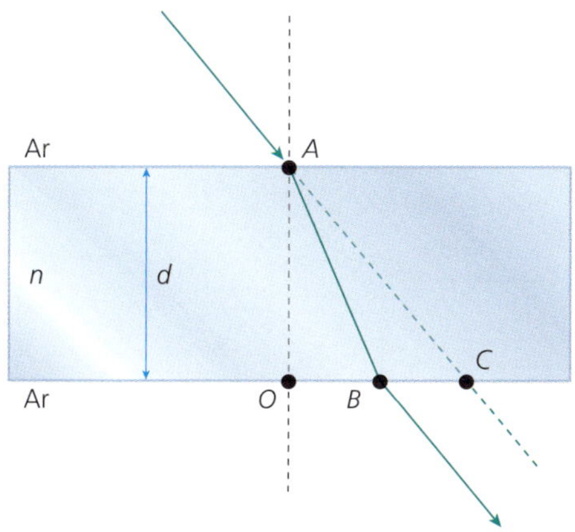

Sabendo-se que a linha AC é o prolongamento do raio incidente, $d = 4$ cm e $BC = 1$ cm, assinale a alternativa que contém o valor de n.

a) $2\sqrt{3}$
b) $\frac{5\sqrt{2}}{6}$
c) $\frac{3\sqrt{3}}{2}$
d) 1,5

18. (UFPB) Em um laboratório de Óptica, um estudante faz incidir, sobre uma placa retangular de vidro de espessura d, um raio de luz monocromático. Sabendo que essa placa encontra-se em uma câmara de vácuo e que o ângulo formado entre o raio de luz e a normal à placa é de 30°, identifique as afirmativas corretas.

I. O ângulo entre o raio refletido e a normal à placa é maior do que 30°.
II. A velocidade da luz no interior da placa será a mesma que no vácuo.
III. O ângulo de refração do raio independe da cor da luz incidente.
IV. O ângulo que o raio de luz faz com a normal, no interior da placa, é menor do que 30°.
V. O raio de luz, após atravessar a placa, seguirá uma trajetória paralela à direção de incidência.

Ficha-resumo 5

Decomposição da luz solar em um prisma

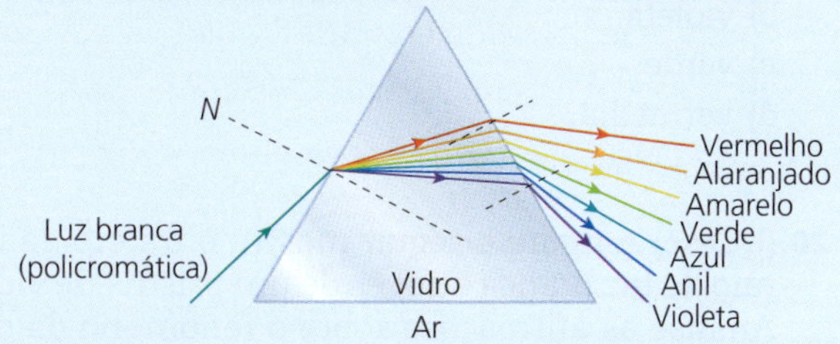

Arco-íris

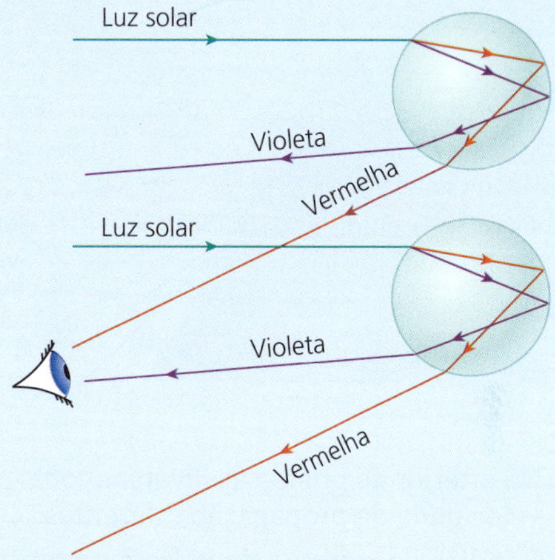

19. (UFU-MG) A figura abaixo apresenta um feixe de luz branca viajando no ar e incidindo sobre um pedaço de vidro *crown*. A tabela apresenta os índices de refração (n) para algumas cores nesse vidro.

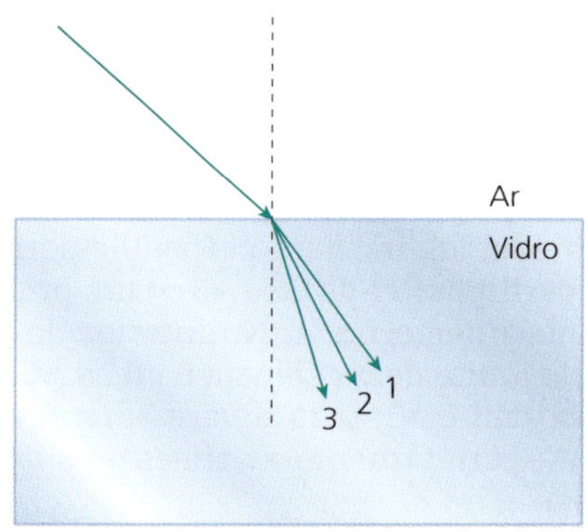

Índice de refração do vidro *crown* para algumas cores	
Cor	***n***
Vermelha	1,51
Verde	1,52
Violeta	1,53

Nesse esquema, o feixe refratado 3 corresponde à cor:

a) branca.
b) violeta.
c) verde.
d) vermelha.

20. (Udesc) A figura a seguir mostra o trajeto de um raio de luz branca através de um prisma de vidro. Analise as afirmações sobre o fenômeno da dispersão da luz, mostrado na figura.

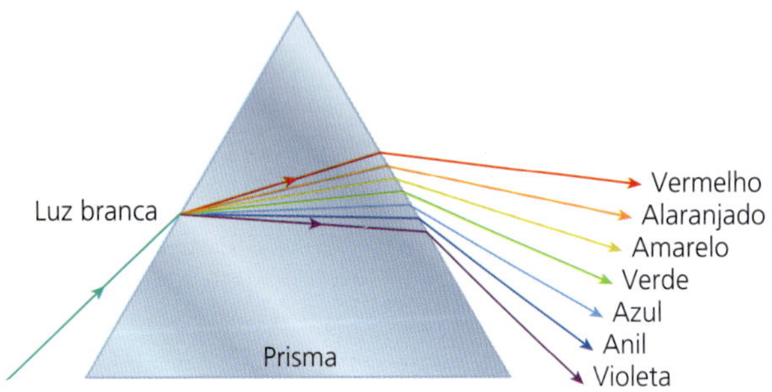

I. No interior do prisma as diversas cores possuem velocidade de propagação diferentes.
II. O índice de refração do vidro é menor do que o índice de refração do ar.
III. A luz branca é refratada ao entrar no prisma, e as cores também são refratadas ao deixar o prisma.

Assinale a alternativa correta.

a) Somente as afirmativas II e III são verdadeiras.
b) Somente as afirmativas I e III são verdadeiras.
c) Somente as afirmativas I e II são verdadeiras.
d) Somente a afirmativa II é verdadeira.
e) Somente a afirmativa III é verdadeira.

21. (Unifesp) Dois raios de luz, um vermelho (v) e outro azul (a), incidem perpendicularmente em pontos diferentes da face AB de um prisma transparente imerso no ar. No interior do prisma, o ângulo limite de incidência na face AC é 44° para o raio azul e 46° para o vermelho. A figura que mostra corretamente as trajetórias desses dois raios é:

a)
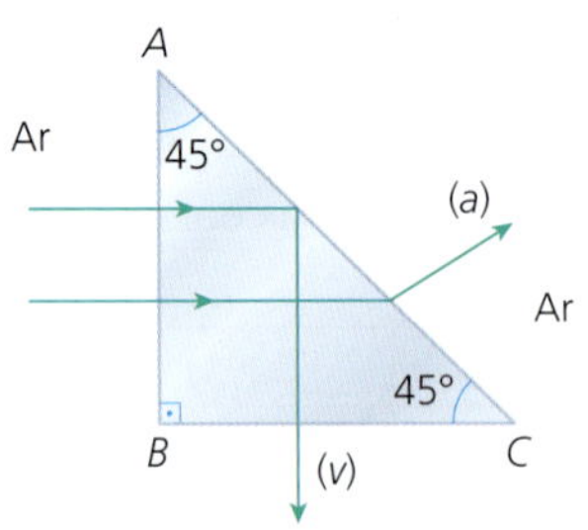

b)
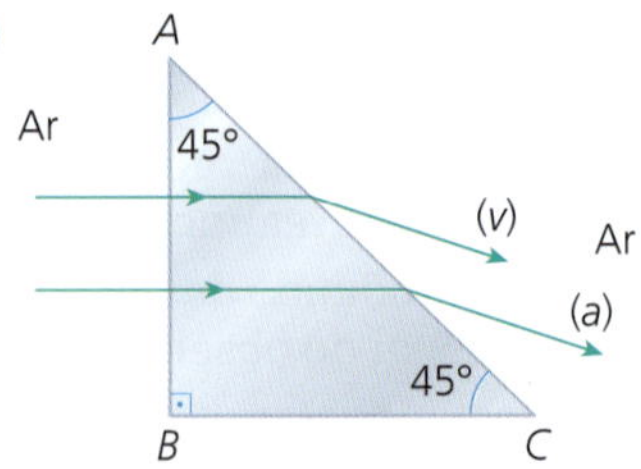

c)
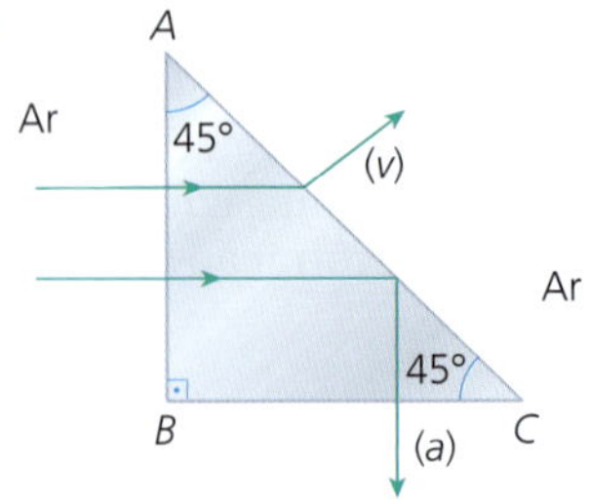

d)
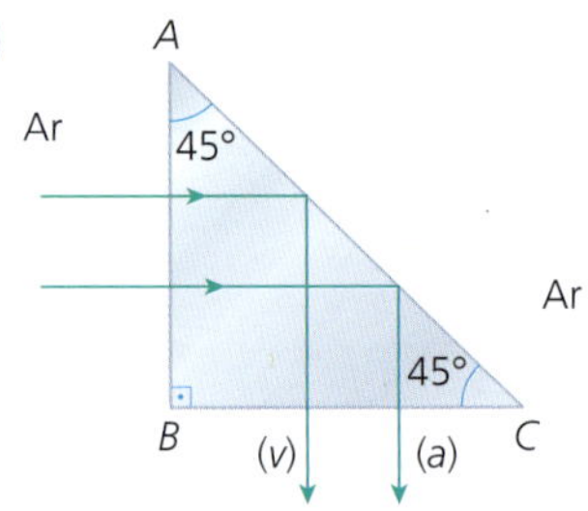

e)
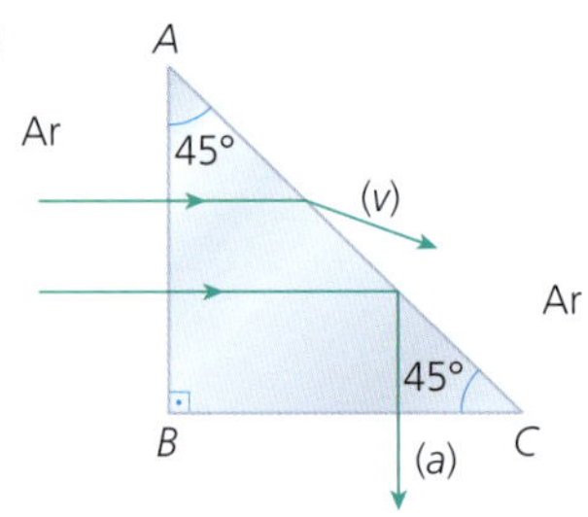

22. (UFSC) A aparência do arco-íris é causada pela dispersão da luz do Sol, a qual sofre refração pelas gotas de chuva. A luz sofre uma refração inicial quando penetra na superfície da gota de chuva; dentro da gota ela é refletida e sofre nova refração ao sair da gota.

Disponível em: http://pt.wikipedia.org/wiki/Arco-%C3%Adris. Acesso em: 25 jul. 2006.

Com o intuito de explicar o fenômeno, um aluno desenhou as possibilidades de caminhos ópticos de um feixe de luz monocromática em uma gota de água, de forma esférica e de centro geométrico O, representados nas figuras A, B, C, D e E.

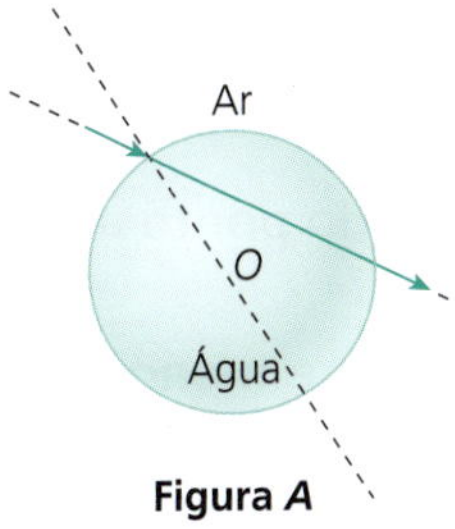

Figura *A*

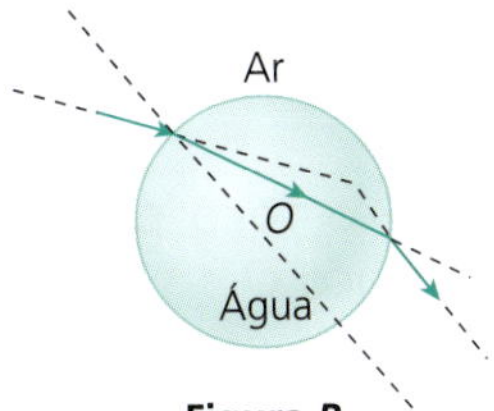

Figura *B*

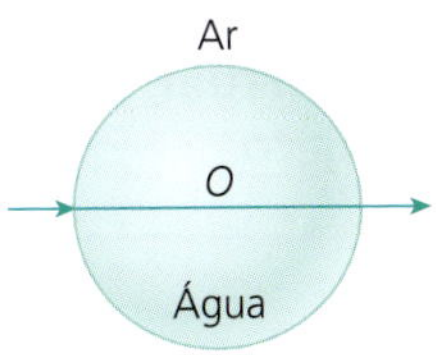

Figura *C*

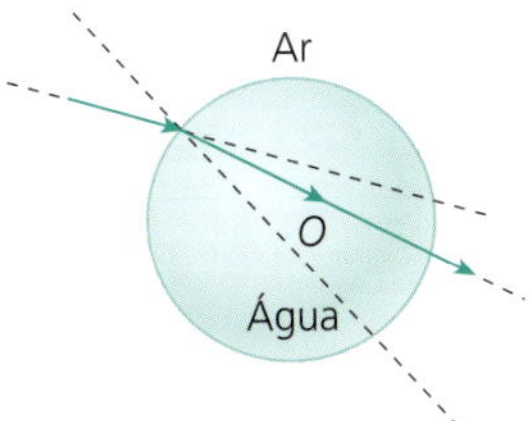

Figura *D*

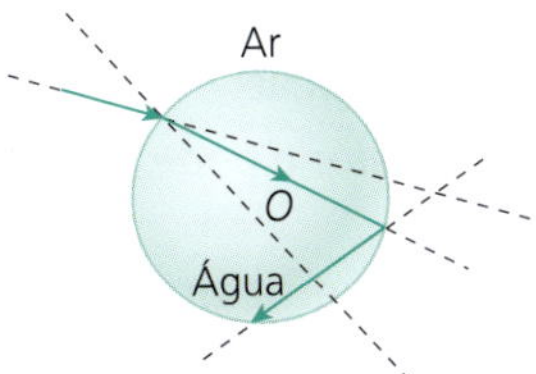

Figura *E*

Admitindo-se que o índice de refração do ar (n_{ar}) seja menor que o índice de refração da água ($n_{água}$), assinale a(s) proposição(ões) correta(s).

01) A velocidade da luz no ar é maior do que na água.

02) A e D são caminhos ópticos aceitáveis.

04) B e C são caminhos ópticos aceitáveis.

08) D e E são caminhos ópticos aceitáveis.

16) A e C são caminhos ópticos aceitáveis.

32) B e E são caminhos ópticos aceitáveis.

- Dê como resposta a soma dos números que antecedem as alternativas corretas.

Ficha-resumo 6

Lentes esféricas

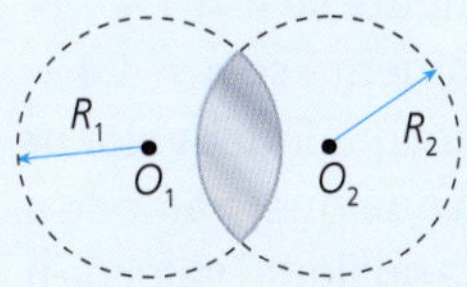

Biconvexa

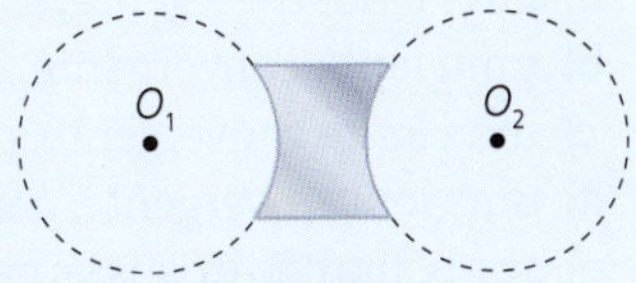

Bicôncava

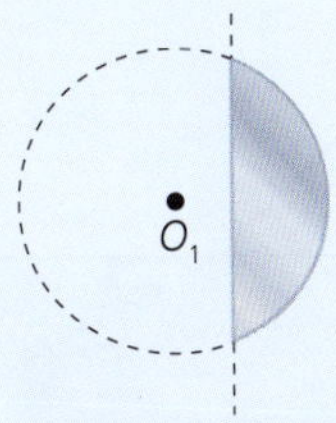

Plano-convexa

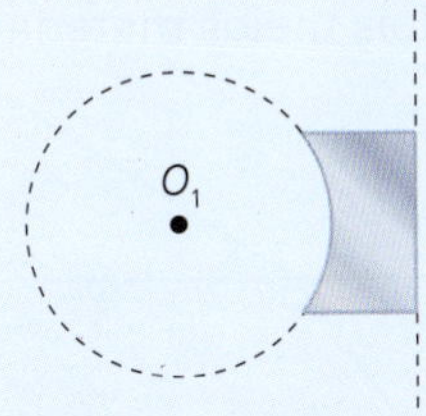

Plano-côncava

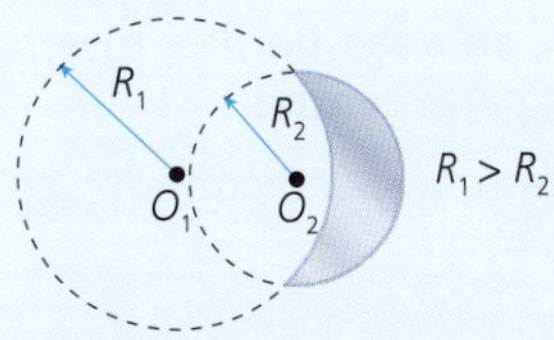

Côncavo-convexa

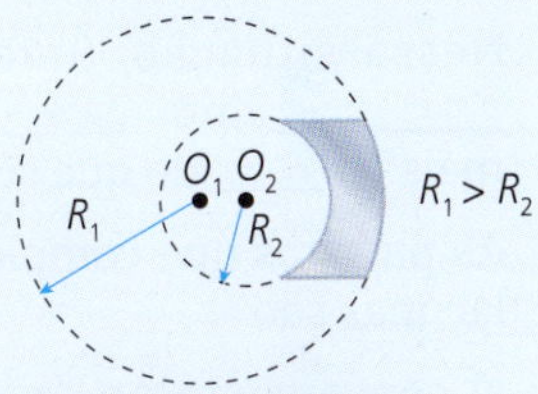

Convexo-côncava

Bordas finas: $n_2 > n_1 \rightarrow$ convergentes
$n_2 < n_1 \rightarrow$ divergentes

Bordas espessas: $n_2 > n_1 \rightarrow$ divergentes
$n_2 < n_1 \rightarrow$ convergentes

23. (Fuvest-SP) Um objeto decorativo consiste em um bloco de vidro transparente, de índice de refração igual a 1,4, com a forma de um paralelepípedo, que tem, em seu interior, uma bolha, aproximadamente esférica, preenchida com um líquido, também transparente, de índice de refração *n*. A figura abaixo mostra um perfil do objeto.

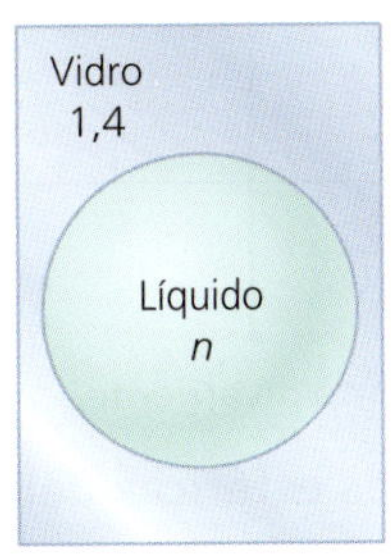

Nessas condições, quando a luz visível incide perpendicularmente em uma das faces do bloco e atravessa a bolha, o objeto se comporta, aproximadamente, como:

a) uma lente divergente, somente se $n > 1,4$.
b) uma lente convergente, somente se $n > 1,4$.
c) uma lente convergente, para qualquer valor de n.
d) uma lente divergente, para qualquer valor de n.
e) se a bolha não existisse, para qualquer valor de n.

24. (Cefet-MG) As figuras 1 e 2 representam um raio de luz monocromática propagando-se entre dois meios materiais.

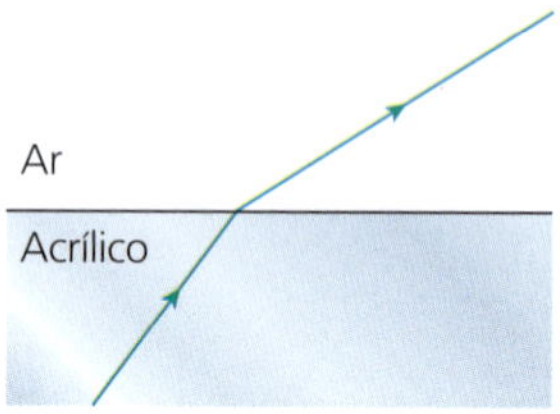

Figura 1

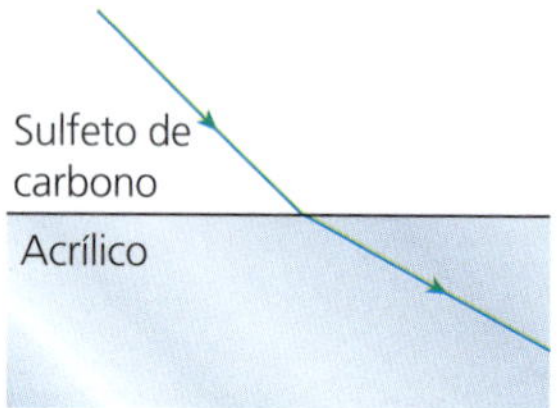

Figura 2

Nessa situação, uma lente de acrílico será __________ no ________, se suas bordas forem mais ________ do que sua parte central.

As palavras que completam, respectivamente, as lacunas são:

a) convergente, ar, largas.
b) divergente, ar, estreitas.
c) divergente, sulfeto de carbono, largas.
d) divergente, sulfeto de carbono, estreitas.

Ficha-resumo 7

Lentes delgadas

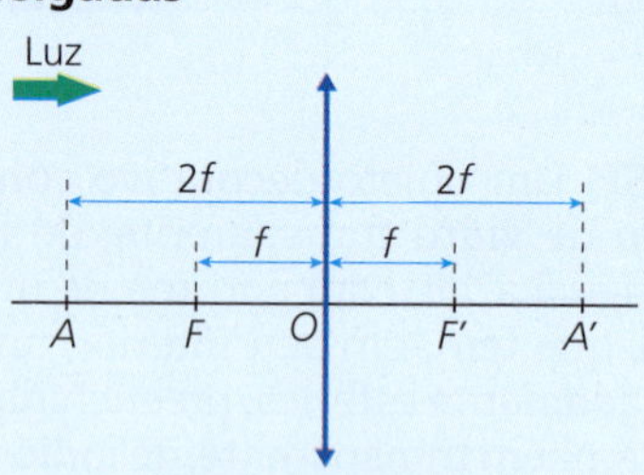

Lente convergente

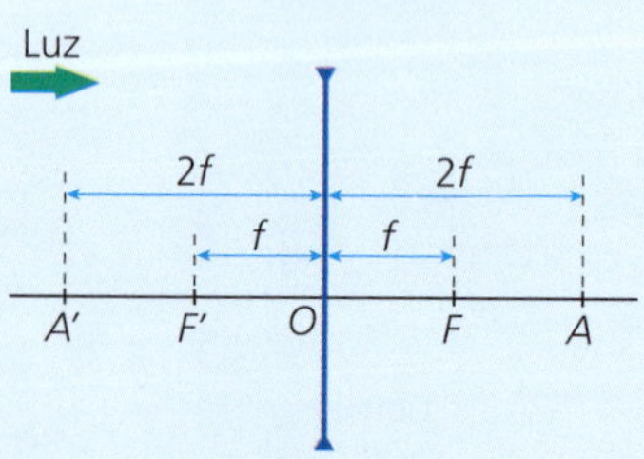

Lente divergente

Imagens em lentes esféricas delgadas

a) Lentes convergentes:

1) Objeto situado antes do ponto antiprincipal objeto (*A*):

Imagem **real, invertida** e **menor** do que a do objeto.

2) Objeto situado entre o ponto antiprincipal objeto *A* e o foco principal objeto *F*:

Imagem **real, invertida** e **maior** do que a do objeto.

3) Objeto situado entre o foco principal objeto *F* e o centro óptico *O*.

Imagem **virtual, direita** e **maior** do que a do objeto.

b) Lentes divergentes:

A imagem é sempre **virtual, direita** e **menor** do que a do objeto.

25. (UTFPR) Um objeto é colocado em frente ao sistema óptico representado abaixo. Esboce a imagem formada.

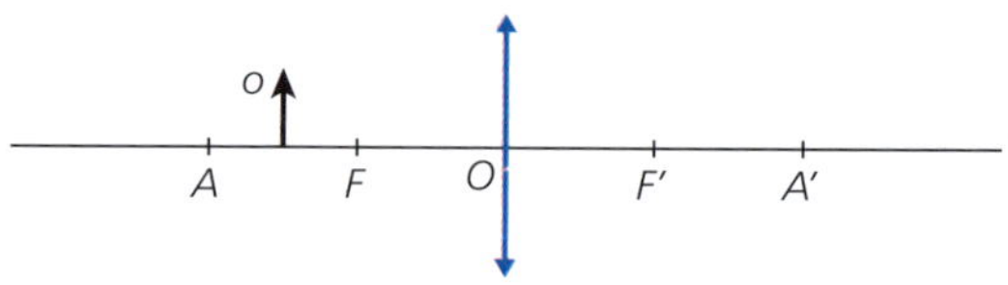

Assinale as afirmativas abaixo com V se verdadeira ou F se falsa.

( ) A formação da imagem esquematizada é comum nas câmaras fotográficas.
( ) A imagem é invertida, maior e pode ser projetada em um anteparo.
( ) A imagem forma-se geometricamente entre o foco imagem e o ponto antiprincipal.

A sequência correta será:

a) V, F, V
b) V, F, F
c) F, V, F
d) F, F, F
e) V, V, F

26. Um objeto real é colocado perpendicularmente ao eixo principal de uma lente esférica delgada e convergente. A imagem obtida é real e de altura menor do que a do objeto. Conclui-se que o objeto foi colocado:

a) antes do ponto antiprincipal objeto da lente.
b) entre o ponto antiprincipal e o foco principal objeto da lente.

c) entre o foco principal objeto e o centro óptico da lente.

d) no ponto antiprincipal objeto da lente.

e) no foco principal objeto da lente.

Ficha-resumo 8

Equação de Gauss

$$\frac{1}{f} = \frac{1}{p} + \frac{1}{p'}$$

Aumento linear transversal

$$A = \frac{i}{o} \qquad A = -\frac{p'}{p}$$

27. (UFU-MG) Em um experimento de óptica, um grupo de estudantes tem como tarefa determinar a distância focal de uma lente delgada de bordas finas, feita de um material transparente, com índice de refração igual a 1,5. Para isso, eles colocam o objeto em diversas posições (p) ao longo do eixo principal da lente e determinam a posição p' da imagem em relação à lente.

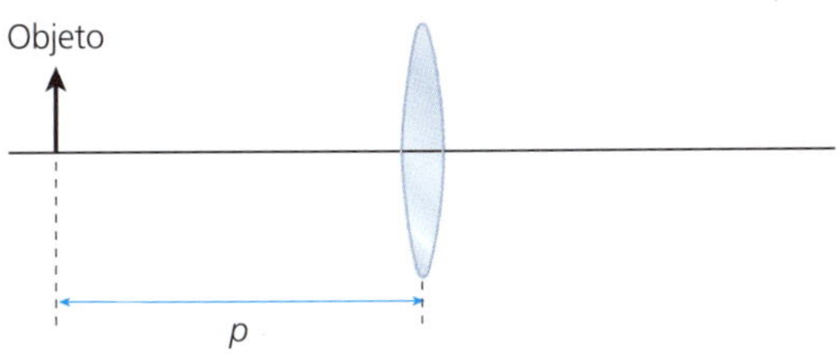

A tabela indica os módulos dos valores medidos (em centímetro) e a figura representa um esquema do aparato experimental.

p	p'
15	30
20	20
30	15

Com base nas informações dadas, marque para as alternativas abaixo (V) Verdadeira, (F) Falsa ou (SO) Sem Opção.

1) ( ) Para as posições do objeto (p) à esquerda da lente, indicadas na tabela, a imagem irá se formar em um anteparo à direita da lente, pois se trata de uma imagem real.

2) ( ) A distância focal obtida pelo grupo de alunos é igual a 20 cm.

3) ( ) Ao se colocar o objeto em uma posição (p) menor do que 10 cm, a imagem desse objeto deixará de se formar em um anteparo.

4) ( ) Se o experimento fosse realizado dentro da água ($n_{água} = 1,3$) para o mesmo conjunto de posições do objeto (p), as posições das imagens (p') seriam maiores, resultando em um maior valor da distância focal para a mesma lente.

28. (Unifesp) Dentro de um aquário sem água são colocados uma lente delgada convergente e um parafuso, posicionado frontalmente à lente, ambos presos a suportes, conforme a figura.

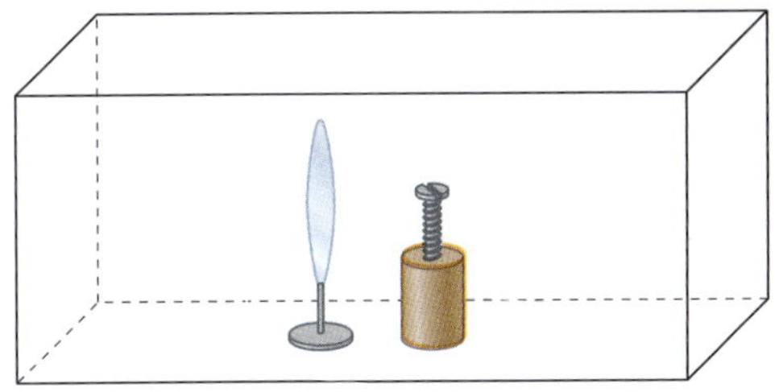

Nessas condições, a imagem conjugada pela lente é direita e tem o dobro do tamanho do objeto.

a) Calcule a razão $\frac{f}{p}$ entre a distância focal da lente e a distância do objeto ao centro óptico da lente.

b) Preenchido totalmente o aquário com água, a distância focal da lente aumenta para 2,5 vezes a distância focal na situação anterior e a lente mantém o comportamento óptico convergente. Para as mesmas posições da lente e do objeto, calcule o aumento linear transversal para a nova imagem conjugada pela lente.

29. (UFPE) Um objeto de altura $h = 2,5$ cm está localizado a 4,0 cm de uma lente delgada de distância focal $f = +8,0$ cm. Determine a altura desse objeto, em centímetro, quando observado através da lente.

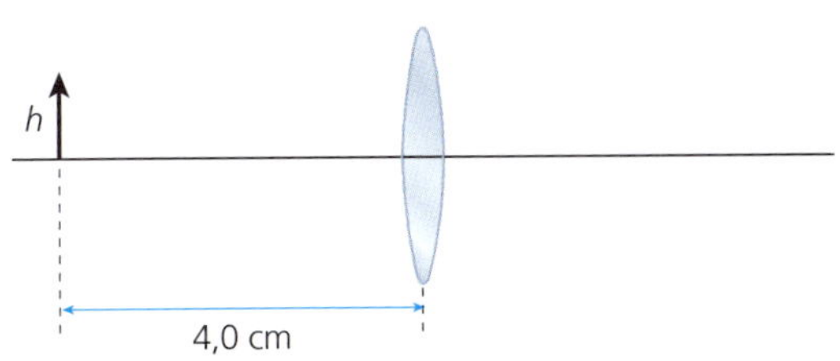

a) 3,0

b) 4,5

c) 5,0

d) 6,5

e) 2,5

Capítulo 27

Óptica da visão

Objetivos do capítulo:

- ✔ Descrever os principais componentes do olho humano.
- ✔ Esquematizar o modelo reduzido do olho humano e conceituar ponto remoto e ponto próximo.
- ✔ Analisar o olho normal e apresentar os problemas da visão: miopia, hipermetropia, presbiopia e astigmatismo.

Na obra *Olho*, de 1946, o artista gráfico Maurits C. Escher (1898-1972) reproduziu a imagem de seu próprio olho usando um espelho côncavo. No fundo da pupila, o artista representou o que seria o destino do ser humano.

1 O olho humano

Na **figura 1**, esquematizamos os vários componentes do olho humano.

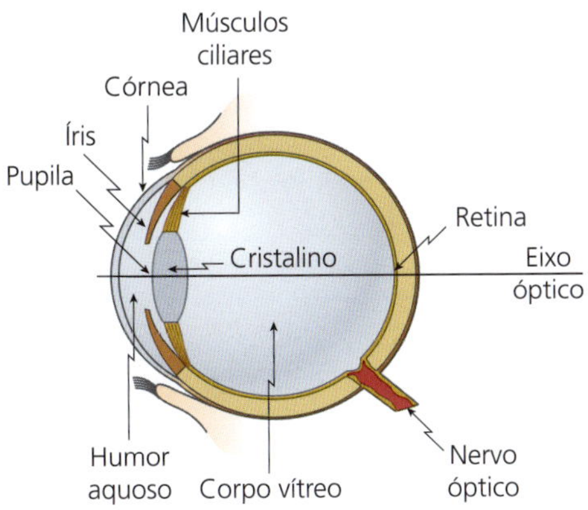

Figura 1. Representação esquemática do olho humano.

Na parte anterior do olho estão localizadas a **córnea**, uma membrana transparente, o **humor aquoso**, um líquido transparente, e o **cristalino**, formado por substâncias gelatinosas transparentes, que funciona como uma lente biconvexa. O fundo do olho é recoberto por outra membrana transparente, a **retina**; nela são projetadas as imagens dos objetos observados. A retina é constituída de células sensíveis à luz (cones e bastonetes), que, por meio do **nervo óptico**, transmitem ao cérebro as sensações visuais.

27.1 Biblioteca do estudante

Os **músculos ciliares** sustentam o cristalino, podendo comprimi-lo ou distendê-lo, mudando seu formato e, consequentemente, variando sua distância focal, o que permite a focalização da imagem sobre a retina quando o objeto muda de posição; é a chamada **acomodação visual (fig. 2)**.

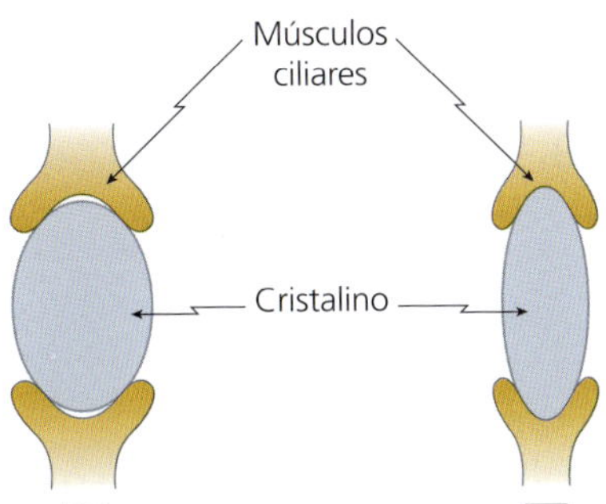

Figura 2. Acomodação visual. (A) Objeto próximo, músculos ciliares contraídos; (B) objeto distante, músculos ciliares relaxados.

A **íris**, na câmara anterior, é a membrana circular que dá coloração ao olho; em seu centro fica a **pupila**, uma abertura circular cujo diâmetro varia para regular a quantidade de luz que entra no olho, promovendo a **adaptação visual**.

Na câmara posterior do olho, entre o cristalino e a retina, existe uma substância gelatinosa transparente denominada **corpo vítreo**.

Os meios transparentes, córnea, humor aquoso, cristalino e corpo vítreo formam um sistema convergente que pode ser representado por uma lente delgada *L*, posicionada a 5 mm da córnea e a 15 mm da retina. Essa simplificação do olho humano recebe o nome de **olho reduzido (fig. 3)**.

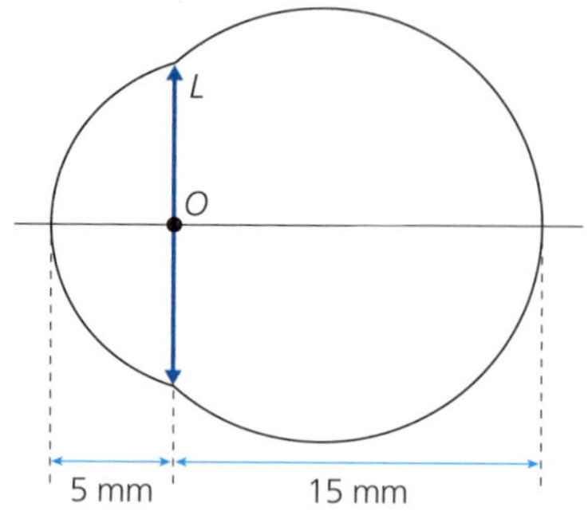

Figura 3. Olho reduzido.

Ponto remoto (*PR*) e ponto próximo (*PP*)

O ponto mais distante que um olho vê nitidamente, estando os músculos ciliares relaxados, recebe o nome de **ponto remoto**. A distância do ponto remoto ao olho é denominada **distância máxima de visão distinta**, indicada pela letra *D*.

O ponto mais próximo que um olho vê nitidamente, estando os músculos ciliares com a máxima contração, recebe o nome de **ponto próximo**. A distância do ponto próximo ao olho é denominada **distância mínima de visão distinta**, indicada pela letra *d*.

Para um olho de visão normal, o ponto remoto está no infinito ($D \to \infty$). Isso significa que uma pessoa com visão normal enxerga muito bem de longe **(fig. 4)**.

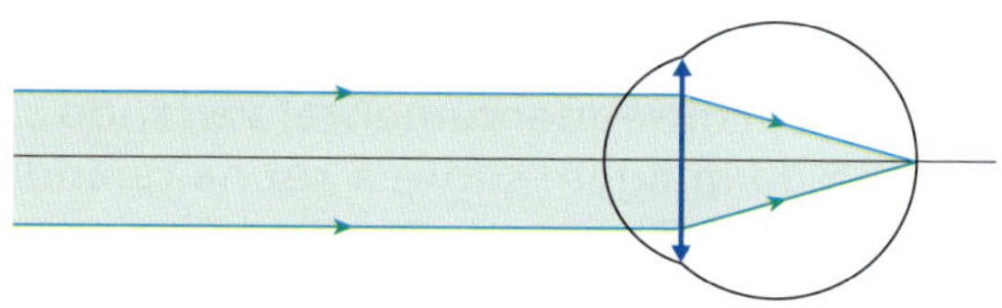

Figura 4. Modelo de um olho normal: para um objeto muito afastado (objeto no infinito): a imagem se forma sobre a retina.

O ponto próximo, para o caso do olho normal, está a uma distância convencional de 25 cm ($d = 25$ cm).

Problemas da visão

Miopia

As pessoas míopes têm o olho mais alongado que o normal. Por esse motivo, para um olho míope, a imagem de um objeto no infinito se forma antes da retina **(fig. 5)**.

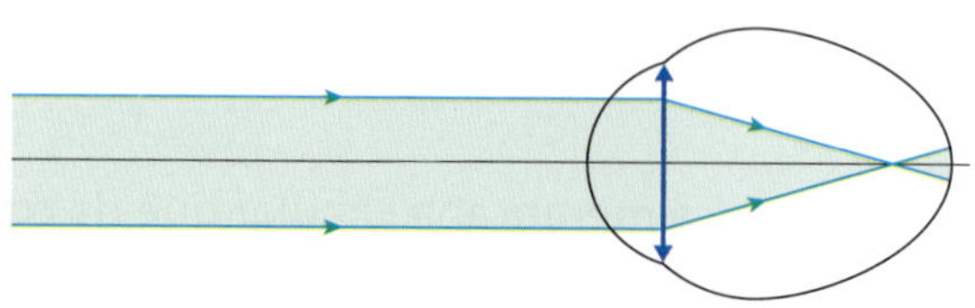

Figura 5. Modelo de um olho míope: para um objeto muito afastado (objeto no infinito), a imagem se forma antes da retina.

Portanto, uma pessoa míope não enxerga bem de longe. Isso significa que o ponto remoto do míope (*PRM*) está a uma distância finita do olho **(fig. 6)**.

O grau de miopia depende da distância do ponto remoto do míope ao olho, isto é, da distância máxima de visão distinta.

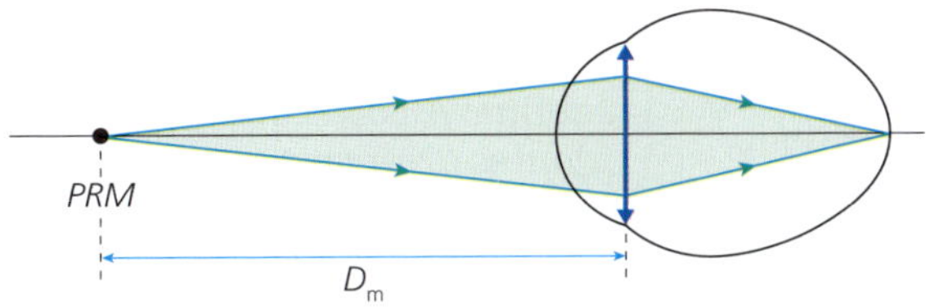

Figura 6. Para um objeto situado no ponto remoto do míope (*PRM*), o olho forma uma imagem nítida sobre a retina; nessa situação, os músculos ciliares estão relaxados.

A correção da miopia é feita por meio de **lentes divergentes**, que diminuem a convergência dos raios de luz.

A lente divergente corretiva, para um objeto situado no infinito, forma a imagem exatamente no ponto remoto do míope. Essa imagem funciona como objeto real em relação ao olho. Assim, a imagem final passa a ser formada sobre a retina **(fig. 7)**.

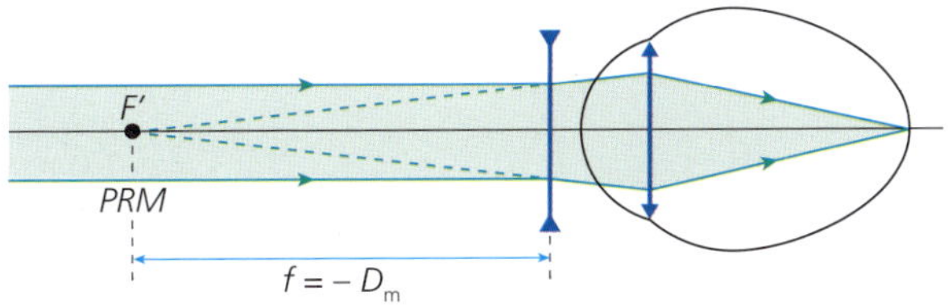

Figura 7. O míope utiliza lentes corretivas divergentes.

O foco principal imagem *F'* da lente divergente situa-se exatamente no ponto remoto do míope. Assim, sendo *f* a distância focal da lente corretiva e D_m a distância do ponto remoto do míope ao olho, podemos escrever:

$$f = -D_m$$

Usa-se o sinal negativo para indicar que a lente é divergente. Nas considerações feitas, a distância da lente corretiva ao olho não é considerada.

O inverso da distância focal de uma lente é denominado **vergência**, indicada por *V*:

$$V = \frac{1}{f}$$

No Sistema Internacional, a unidade de vergência é o inverso do metro (m^{-1}) e recebe o nome de **dioptria (di)**.

Observações:

- O sinal de *V* é o mesmo de *f*. Assim, a vergência das lentes dos óculos de um míope é negativa.
- Muitas vezes, dizemos: "as lentes dos meus óculos têm 2 graus". Isso significa que a vergência das lentes dos óculos é igual a 2 dioptrias.

Aplicando a teoria

1. A imagem de um objeto, formada pelo globo ocular, é projetada na retina. A imagem retiniana é real ou virtual, direita ou invertida?

➤ Solução

Como a imagem é projetada sobre a retina, concluímos que ela é real e, portanto, invertida.

Ao chegar à retina, as informações são transmitidas ao cérebro pelo nervo óptico. A imagem é vista direita por uma ação do cérebro.

2. As lentes corretivas dos óculos de pessoas míopes são:

a) divergentes, pois o olho é mais alongado que o normal e os raios de luz provenientes de um objeto distante convergem para pontos antes da retina.

b) divergentes, pois o olho é mais alongado que o normal e os raios de luz provenientes de um objeto distante convergem para pontos depois da retina.

c) convergentes, pois o olho é mais curto que o normal e os raios de luz provenientes de um objeto distante convergem para pontos antes da retina.

d) convergentes, pois o olho é mais alongado que o normal e os raios de luz provenientes de um objeto distante convergem para pontos depois da retina.

e) divergentes, pois o olho é mais alongado que o normal e os raios de luz provenientes de um objeto distante convergem para pontos exatamente sobre a retina.

➤ Solução

As pessoas míopes têm o olho mais alongado que o normal. A imagem de um objeto distante observado por uma pessoa míope forma-se antes da retina. A correção da miopia é feita por meio de lentes divergentes que diminuem a convergência dos raios de luz, fazendo com que a imagem passe a ser formada sobre a retina.

Resposta: a

3. Uma determinada pessoa míope só consegue ver nitidamente objetos situados até a distância máxima de 1,0 m. Qual deve ser a distância focal e a vergência das lentes dos óculos dessa pessoa para que ela possa ver nitidamente objetos mais distantes?

➤ Solução

A distância focal das lentes corretivas é dada por $f = -D_m$, em que D_m é a distância máxima de visão distinta do míope, $D_m = 1{,}0$ m.

Assim, temos:

$$\boxed{f = -1{,}0 \text{ m}}$$

$$V = \frac{1}{f} = \frac{1}{-1{,}0} \Rightarrow \boxed{V = -1{,}0 \text{ di}}$$

Em linguagem cotidiana, diríamos que esse míope usa lentes de "1 grau".

Avaliando o aprendizado

1. A miopia é um problema da visão em que a imagem de um objeto distante se forma antes da retina. Das lentes abaixo, qual é a indicada para a correção desse problema?

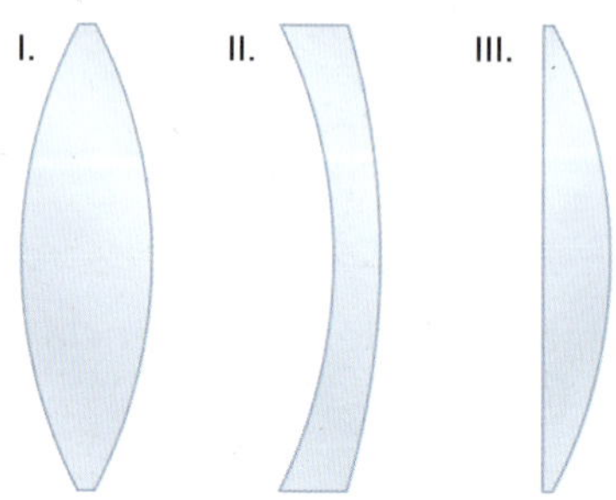

2. Considere três pessoas míopes, *A*, *B* e *C*, que usam lentes corretivas distintas. Conhecendo a vergência de suas lentes corretivas, $V_A = -2{,}00$ di, $V_B = -4{,}00$ di e $V_C = -10{,}00$ di, calcule, em metro, a distância focal dessas lentes e a distância máxima de visão distinta para cada uma das pessoas.

Hipermetropia

As pessoas hipermetropes possuem o olho mais curto que o normal. Por isso, para um olho hipermetrope, a imagem de um objeto no infinito se forma depois da retina **(fig. 8)**.

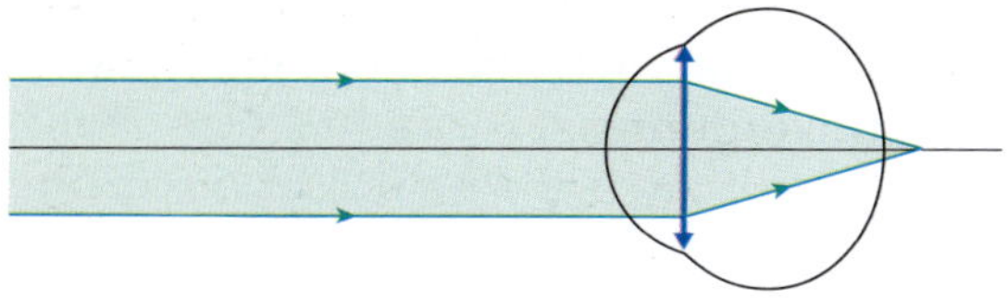

Figura 8. Modelo de um olho hipermetrope: para um objeto muito afastado (objeto no infinito), a imagem se forma depois da retina.

Para que um olho hipermetrope enxergue bem de longe ele deve realizar esforço de acomodação. Os músculos ciliares de um olho hipermetrope não estão relaxados como os de um olho normal para a visão de um objeto distante; como consequência, a contração máxima dos músculos ciliares acontece antes, se comparada a de um olho normal, ou seja, o ponto próximo do hipermetrope (*PPH*) está mais afastado que o de um olho normal. Assim, indicando por d_h a distância mínima de visão distinta do hipermetrope, temos $d_h > 25$ cm **(fig. 9)**.

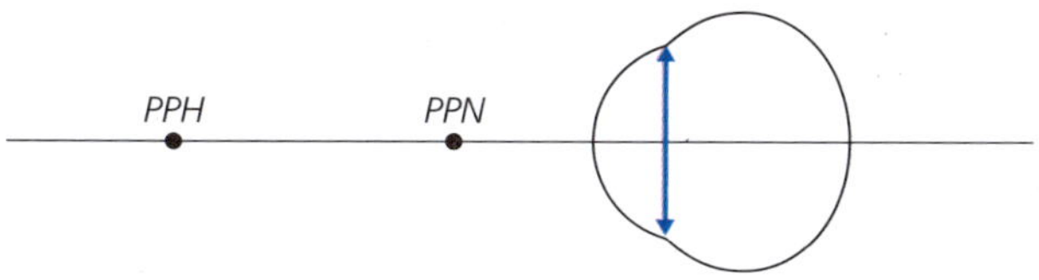

Figura 9. O ponto próximo do hipermetrope (*PPH*) está mais distante do olho do que o ponto próximo de um olho normal (*PPN*).

A correção da hipermetropia é feita por meio de **lentes convergentes**, que aumentam a convergência dos raios de luz.

A lente convergente corretiva forma uma imagem virtual exatamente no ponto próximo do hipermetrope, para um objeto situado no ponto próximo de um olho normal. Em relação ao olho, a imagem formada pela lente corretiva funciona como objeto real. A imagem final forma-se, então, sobre a retina **(fig. 10)**.

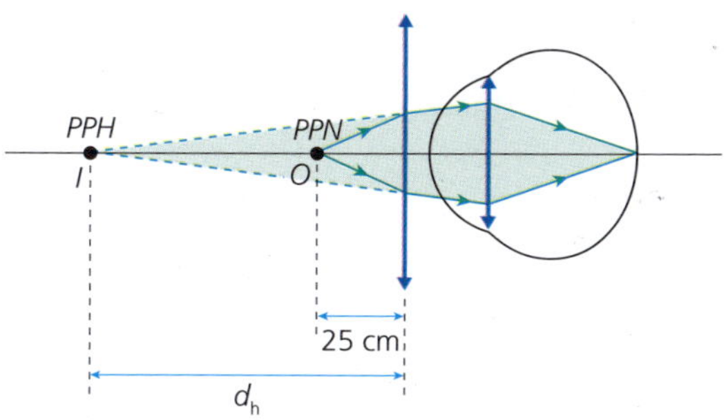

Figura 10. O hipermetrope utiliza lentes convergentes.

Para o cálculo da distância focal *f* da lente corretiva, vamos aplicar a equação de Gauss; considerando que $p = 25$ cm $= 0{,}25$ m e $p' = -d_h$. O sinal negativo no valor de p' resulta do fato de a imagem ser virtual.

Portanto, de $\frac{1}{f} = \frac{1}{p} + \frac{1}{p'}$, vem: $\boxed{\frac{1}{f} = \frac{1}{0{,}25} - \frac{1}{d_h}}$ ou $\boxed{V = \frac{1}{0{,}25} - \frac{1}{d_h}}$

Como o sinal de *V* é o mesmo de *f*, concluímos que a vergência das lentes dos óculos de um hipermetrope é positiva.

27.1 Conteúdo multimídia

Presbiopia

Com o envelhecimento, o cristalino do olho humano perde gradativamente sua capacidade de acomodação. Nessas condições, uma pessoa não enxerga com nitidez objetos próximos. Esse problema da visão se chama **presbiopia**, também conhecido como "**vista cansada**". Assim como o hipermetrope, o presbiope usa óculos cujas lentes são convergentes.

Astigmatismo

O astigmatismo consiste em uma anomalia do olho, em particular da córnea, que apresenta raio de curvatura variável conforme a seção considerada. Assim, a luz sofre refrações diferentes nas diversas seções. Como consequência, os raios luminosos não convergem para o mesmo ponto e a imagem formada na retina não é nítida. Nesse caso, as lentes corretivas são cilíndricas, visando compensar as imperfeições do olho.

Aplicando a teoria

4. Os esquemas A, B e C abaixo representam a formação de imagens em olhos:

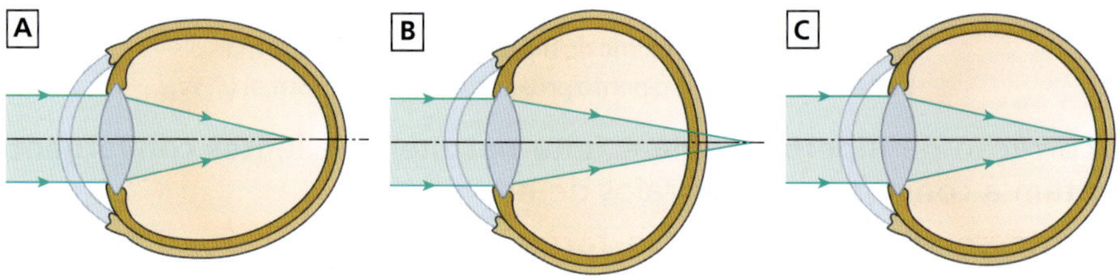

a) normais, míopes e hipermetropes.
b) normais, hipermetropes e míopes.
c) míopes, normais e hipermetropes.
d) hipermetropes, normais e míopes.
e) míopes, hipermetropes e normais.

➤ Solução

No olho míope, a imagem se forma antes da retina; no hipermetrope, depois da retina; no olho normal, exatamente sobre a retina.

Resposta: e

5. As lentes corretivas dos óculos de pessoas hipermetropes são:

a) divergentes, pois o olho é mais alongado que o normal e os raios de luz provenientes de um objeto distante convergem para pontos antes da retina.
b) divergentes, pois o olho é mais alongado que o normal e os raios de luz provenientes de um objeto distante convergem para pontos depois da retina.
c) convergentes, pois o olho é mais curto que o normal e os raios de luz provenientes de um objeto distante convergem para pontos antes da retina.
d) convergentes, pois o olho é mais curto que o normal e os raios de luz provenientes de um objeto distante convergem para pontos depois da retina.
e) divergentes, pois o olho é mais alongado que o normal e os raios de luz provenientes de um objeto distante convergem para pontos exatamente sobre a retina.

➤ Solução

As pessoas hipermetropes possuem o olho mais curto que o normal, portanto a imagem de um objeto distante se forma depois da retina.

A correção da hipermetropia é feita por meio de lentes convergentes, que aumentam a convergência dos raios de luz, e a imagem passa a ser formada na retina.

Resposta: d

6. Uma determinada pessoa hipermetrope vê com nitidez objetos situados a distâncias maiores ou iguais a 1,0 m. Qual deve ser a distância focal e a vergência das lentes dos óculos que proporcionarão à pessoa visão nítida a partir de 0,25 m?

➤ Solução

A distância focal da lente corretiva é dada por:

$$\frac{1}{f} = \frac{1}{0{,}25} - \frac{1}{d_h}$$

$d_h = 1{,}0$ m é a distância mínima de visão distinta do hipermetrope.

Assim, temos:

$$\frac{1}{f} = \frac{1}{0{,}25} - \frac{1}{d_h} \Rightarrow \frac{1}{f} = \frac{1}{0{,}25} - \frac{1}{1{,}0} = \frac{4-1}{1{,}0} \Rightarrow \boxed{f = \frac{1}{3}\ \text{m} \simeq 0{,}33\ \text{m}}$$

$$V = \frac{1}{f} = \frac{1}{\frac{1}{3}} \Rightarrow \boxed{V = 3\ di}$$

Avaliando o aprendizado

3. Dois jovens alunos, Pedro e Raphael, usam óculos. O professor de Física mostra à turma que com as lentes dos óculos de Pedro as imagens dos objetos são aumentadas e com as lentes dos óculos de Raphael as imagens dos objetos são diminuídas. Quais são os problemas visuais dos dois jovens?

4. Três pessoas, *A*, *B* e *C*, são hipermetropes. Sabe-se que essas pessoas, usando seus óculos, têm visão nítida a partir de 0,25 m. Conhecendo a vergência de suas lentes corretivas, $V_A = 1{,}00$ di, $V_B = 2{,}00$ di e $V_C = 3{,}00$ di, calcule, em metro, a distância focal dessas lentes e a distância mínima de visão distinta para cada uma das pessoas.

5. Uma pessoa tem presbiopia, isto é, "vista cansada", e só consegue ler o jornal se ele estiver a mais de 40 cm de seus olhos. O oftalmologista lhe prescreve uma receita de modo que, utilizando os óculos, ela terá uma visão nítida a partir de 25 cm. Qual é a vergência das lentes receitadas pelo médico?

6. Parte da receita dos óculos de um jovem, prescrita pelo oftalmologista, pode ser observada a seguir. OD e OE são as abreviaturas de olho direito e olho esquerdo, respectivamente. Com base na receita, quais são os problemas visuais que o jovem possui?

		Esférica	**Cilíndrica**
Para longe	OD		
	OE		
Para perto	OD	+ 1,25	+ 0,75
	OE	+ 1,50	+ 0,50

Revisando o conteúdo

Ficha-resumo 1

Olho normal: para um objeto muito afastado (objeto no infinito), a imagem se forma sobre a retina.

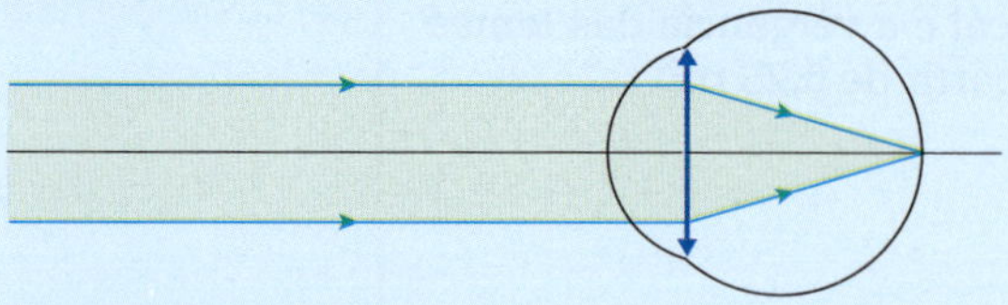

Olho míope: para um objeto muito afastado (objeto no infinito), a imagem se forma antes da retina.

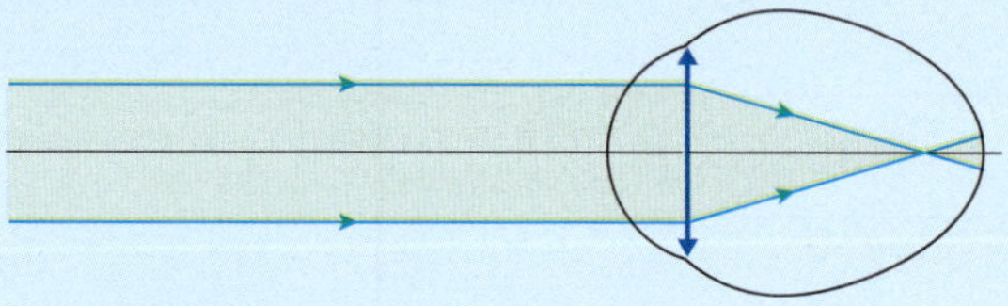

A correção da miopia é feita por meio de **lentes divergentes**, cuja distância focal é dada por:

$f = -D_m$, em que D_m é a distância máxima de visão distinta para o míope.

A **vergência *V*** é o inverso da distância focal:

$$V = \frac{1}{f}$$

1. (Fuvest-SP) O ponto remoto corresponde à maior distância que pode ser focalizada na retina. Para um olho míope, o ponto remoto, que normalmente está no infinito, fica bem próximo dos olhos.

a) Que tipo de lente o míope deve usar para corrigir o defeito?

b) Qual é a distância focal de uma lente para corrigir a miopia de uma pessoa cujo ponto remoto se encontra a 20 cm do olho?

2. (UFSCar-SP)

... Pince-nez é coisa que usei por largos anos, sem desdouro. Um dia, porém, queixando-me do enfraquecimento da vista, alguém me disse que talvez o mal viesse da fábrica...

Machado de Assis. *Bons Dias*, 1888.

Machado de Assis via-se obrigado a utilizar lentes corretivas que, em sua época, apoiavam-se em armações conhecidas como *pince-nez* ou *lorgnon*, que se mantinham fixas ao rosto pela ação de uma débil força elástica sobre o nariz.

Supondo que Machado, míope, só conseguisse ver nitidamente objetos à sua frente desde que estes se encontrassem a até 2 m de seus olhos, e que ambos os olhos tivessem o mesmo grau de miopia, as lentes corretivas de seu *pince-nez* deveriam ser de vergência, em dioptrias:

a) +2,0.
b) −0,5.
c) −1,0.
d) −1,5.
e) −2,0.

Ficha-resumo 2

Olho normal: para um objeto muito afastado (objeto no infinito), a imagem se forma sobre a retina.

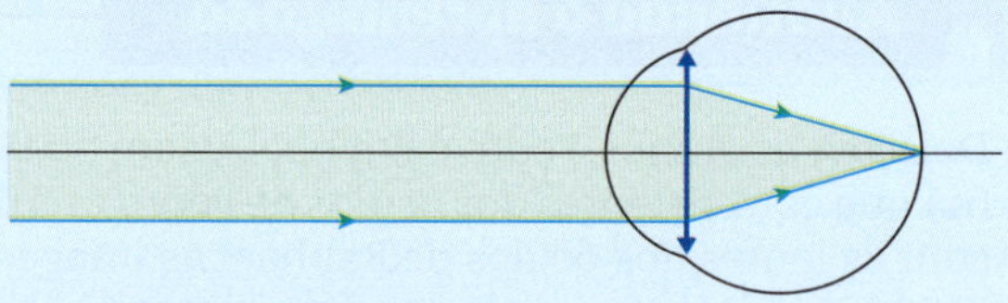

Olho hipermetrope: para um objeto muito afastado (objeto no infinito), a imagem se forma depois da retina.

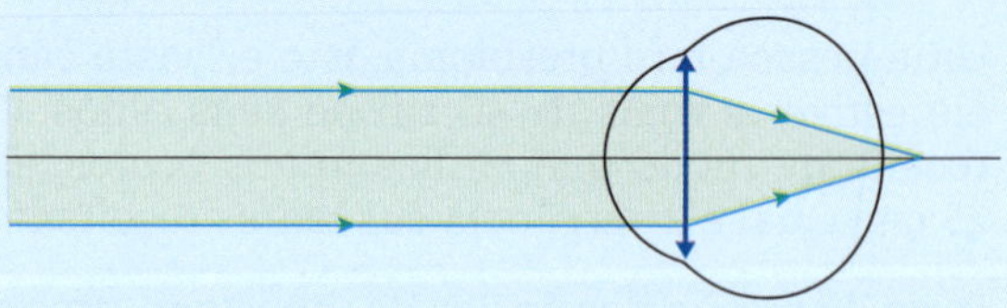

A correção da hipermetropia é feita por meio de **lentes convergentes**, cuja distância focal é dada por:

$$\frac{1}{f} = \frac{1}{0,25} - \frac{1}{d_h}$$

em que d_h é a distância mínima de visão distinta para o hipermetrope.

3. (Vunesp) Uma pessoa apresenta deficiência visual, conseguindo ler um livro somente se o livro estiver a uma distância de 75 cm. Qual deve ser a distância focal dos óculos apropriados para que ela consiga ler com o livro colocado a 25 cm de distância? Esquematize em uma figura o traçado de raios.

4. (UFPA) Um oftalmologista, antes de examinar um paciente, explica-lhe dois defeitos da visão usando os esquemas abaixo:

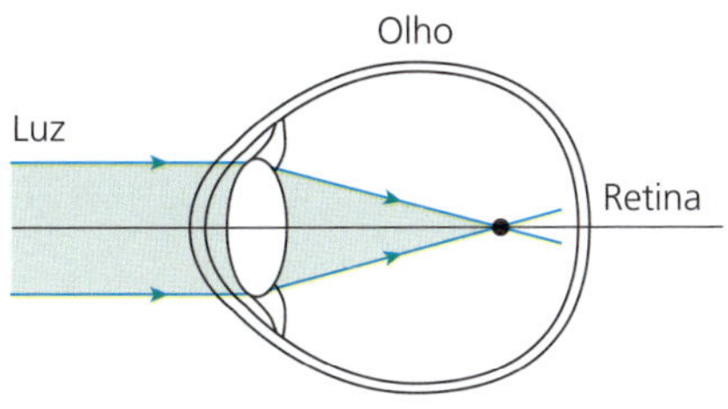

Defeito A

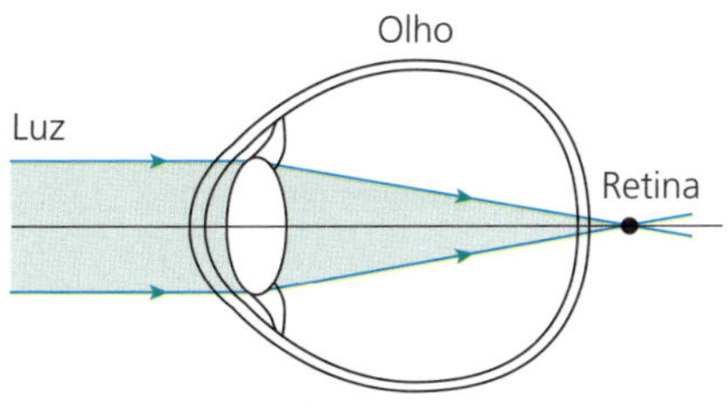

Defeito B

Em seguida, mostra-lhe as lentes representadas abaixo, cuja função é corrigir esses defeitos.

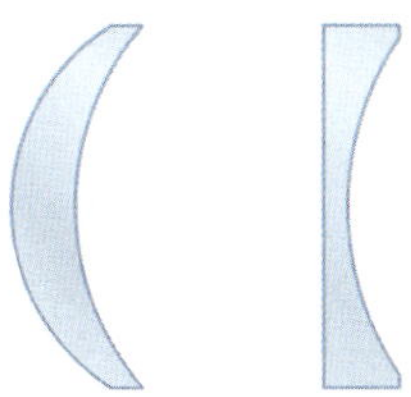

Lente 1 **Lente 2**

a) Qual é o nome de cada defeito e qual é a lente (1 ou 2) que corrige cada um?

b) Após exame, o médico constata que o olho do paciente apresenta o defeito **A**, sendo sua *máxima distância de visão distinta* igual a 50 cm. Calcule quantas dioptrias deve ter a lente receitada pelo médico para corrigir tal defeito.

5. (Unifesp) Um estudante observa que, com uma das duas lentes iguais de seus óculos, consegue projetar sobre o tampo da sua carteira a imagem de uma lâmpada fluorescente localizada acima da lente, no teto da sala. Sabe-se que a distância da lâmpada à lente é de 1,8 m e desta ao tampo da carteira é de 0,36 m.

a) Qual a distância focal dessa lente?

b) Qual o provável defeito de visão desse estudante? Justifique.

Ficha-resumo 3

Presbiopia: com o envelhecimento, o cristalino do olho humano perde gradativamente sua capacidade de acomodação e objetos próximos não são mais vistos com nitidez.

A presbiopia é também conhecida como "vista cansada". O presbiope usa óculos cujas lentes são convergentes.

Astigmatismo: o astigmatismo consiste numa anomalia do olho, que apresenta raio de curvatura variável conforme a seção considerada. A luz sofre refrações diferentes nas diversas seções e a imagem que se forma na retina não é nítida. As lentes corretivas são cilíndricas, visando compensar as imperfeições do olho.

6. (Unicamp-SP) O olho humano só é capaz de focalizar a imagem de um objeto (fazer com que ela se forme na retina) se a distância entre o objeto e o cristalino do olho for maior que a de um ponto conhecido como ponto próximo, P_p (ver figura abaixo).

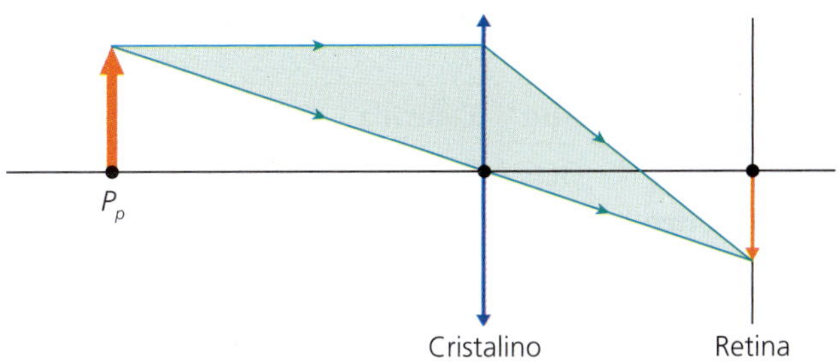

A posição do ponto próximo normalmente varia com a idade. Uma pessoa, aos 25 anos, descobriu, com auxílio do seu oculista, que o seu ponto próximo ficava a 20 cm do cristalino. Repetiu o exame aos 65 anos e constatou que só conseguia visualizar com nitidez objetos que ficavam a uma distância mínima de 50 cm. Considere que para essa pessoa a retina está sempre a 2,5 cm do cristalino, sendo que este funciona como uma lente convergente de distância focal variável.

a) Calcule as distâncias focais mínimas do cristalino dessa pessoa aos 25 e aos 65 anos.

b) Se essa pessoa, aos 65 anos, tentar focalizar um objeto a 20 cm do olho, a que distância da retina se formará a imagem?

7. (UTF-PR) Sobre os defeitos de visão do olho humano, considere as seguintes afirmações:

I. No olho míope, a imagem nítida forma-se antes da retina.

II. A presbiopia é um distúrbio visual causado pela perda progressiva de acomodação do cristalino nas diferentes distâncias em que se encontram os objetos.

III. A correção da miopia é feita com lentes divergentes.

IV. O astigmatismo é um defeito de visão que decorre de irregularidades na curvatura da coroide.

Dessas afirmações, estão corretas:

a) I e II apenas.
b) II e III apenas.
c) III e IV apenas.
d) I, II e III apenas.
e) I, II, III e IV.

8. (PUC-SP) José fez exame de vista e o médico oftalmologista preencheu a receita abaixo.

	Olho	Esférica	Cilíndrica	eixo
Para longe	OD	−0,50	−2,00	140°
	OE	−0,76		
Para perto	OD	2,00	−2,00	140°
	OE	1,00		

Pela receita, conclui-se que o olho:

a) direito apresenta miopia, astigmatismo e "vista cansada".
b) direito apresenta apenas miopia e astigmatismo.
c) direito apresenta apenas astigmatismo e "vista cansada".
d) esquerdo apresenta apenas hipermetropia.
e) esquerdo apresenta apenas "vista cansada".

9. (PUC-SP) Certo professor de Física deseja ensinar a identificar três tipos de defeitos visuais apenas observando a imagem formada através dos óculos de seus alunos, que estão na fase da adolescência. Ao observar um objeto através do primeiro par de óculos, a imagem aparece diminuída. O mesmo objeto observado pelo segundo par de óculos parece aumentado e apenas o terceiro par de óculos distorce as linhas quando girado. Através da análise das imagens produzidas por esses óculos podemos concluir que seus donos possuem, respectivamente:

Primeiro par de óculos: imagem diminuída.

Segundo par de óculos: imagem aumentada.

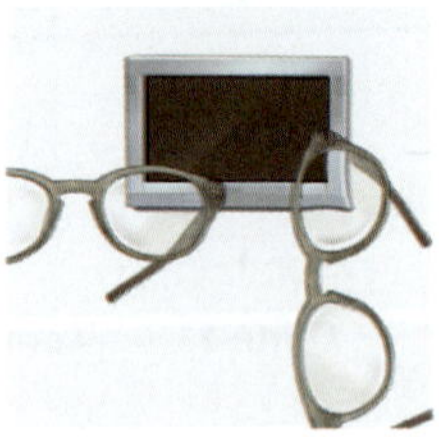
Terceiro par de óculos, quando movimentado: imagem distorcida.

a) miopia, astigmatismo e hipermetropia.
b) astigmatismo, miopia e hipermetropia.
c) hipermetropia, miopia e astigmatismo.
d) hipermetropia, astigmatismo e miopia.
e) miopia, hipermetropia e astigmatismo.

Capítulo 28 Estudo das ondas

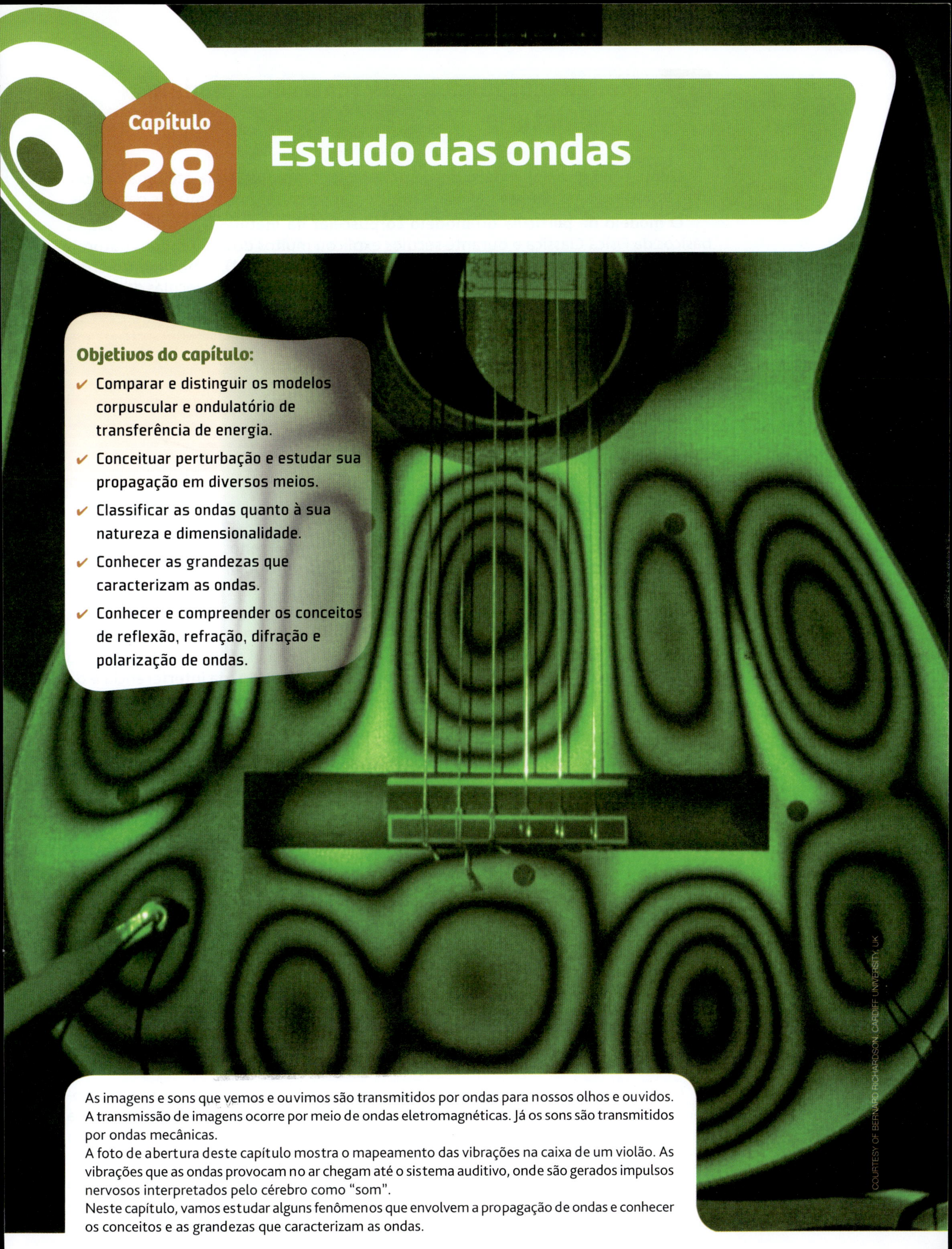

COURTESY OF BERNARD RICHARDSON, CARDIFF UNIVERSITY, UK

Objetivos do capítulo:

- ✔ Comparar e distinguir os modelos corpuscular e ondulatório de transferência de energia.
- ✔ Conceituar perturbação e estudar sua propagação em diversos meios.
- ✔ Classificar as ondas quanto à sua natureza e dimensionalidade.
- ✔ Conhecer as grandezas que caracterizam as ondas.
- ✔ Conhecer e compreender os conceitos de reflexão, refração, difração e polarização de ondas.

As imagens e sons que vemos e ouvimos são transmitidos por ondas para nossos olhos e ouvidos. A transmissão de imagens ocorre por meio de ondas eletromagnéticas. Já os sons são transmitidos por ondas mecânicas.

A foto de abertura deste capítulo mostra o mapeamento das vibrações na caixa de um violão. As vibrações que as ondas provocam no ar chegam até o sistema auditivo, onde são gerados impulsos nervosos interpretados pelo cérebro como “som”.

Neste capítulo, vamos estudar alguns fenômenos que envolvem a propagação de ondas e conhecer os conceitos e as grandezas que caracterizam as ondas.

1 Modelo corpuscular da matéria e modelo ondulatório

Quase tudo que nos rodeia, desde um pequeno grão de areia até uma pessoa, um edifício ou uma imensa galáxia, são sistemas constituídos de muitas partículas.

O **modelo de partícula** ou **modelo corpuscular da matéria** é um dos modelos básicos da Física Clássica e durante séculos explicou muitos dos fenômenos naturais observados. A simples colisão entre duas bolas de bilhar **(fig. 1)**, o movimento ordenado dos planetas ao redor do Sol ou o movimento caótico das moléculas de um gás são exemplos de situações nas quais o modelo corpuscular se mostrou extremamente bem-sucedido na descrição dos fenômenos.

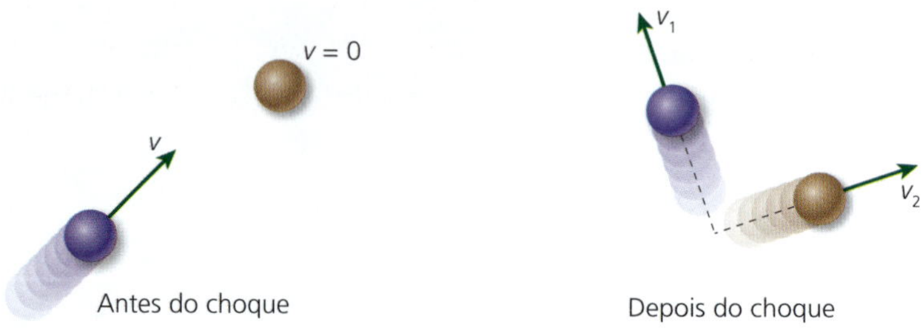

Figura 1. Modelo corpuscular de transferência de energia.

No entanto, esse modelo não explicava todos os fenômenos naturais, sobretudo os relativos à natureza da luz. Assim, era necessário formular outro modelo, não para substituir o corpuscular, mas para complementá-lo.

Huygens
Conteúdo multimídia

Esse novo modelo foi proposto em 1690 pelo físico holandês Christiaan Huygens (1629-1695) e recebeu o nome de **teoria ondulatória da luz**. Posteriormente complementado pelo físico e engenheiro francês Augustin Fresnel (1788-1827), o modelo ondulatório explicava plenamente os fenômenos da difração, da interferência e da polarização da luz, que não podiam ser explicados pelo modelo corpuscular proposto por Newton. Até fins do século XIX e início do século XX, esse modelo foi chamado de **modelo ondulatório de Huygens-Fresnel**. A **figura 2** mostra uma transferência de energia entre pontos de um meio, explicada pelo modelo ondulatório de Huygens.

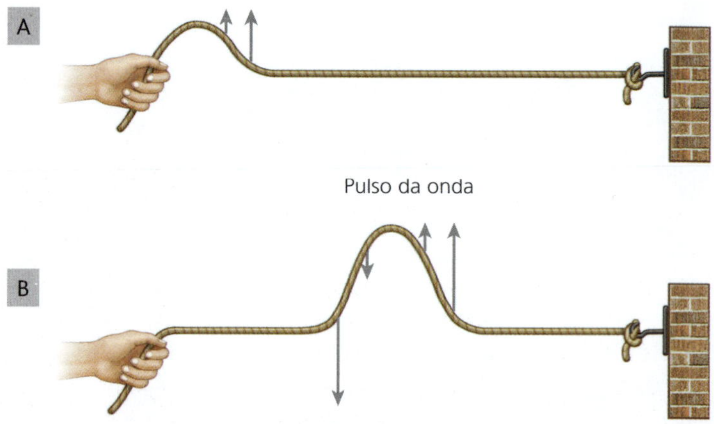

Figura 2. Modelo ondulatório de transferência de energia.

Os pontos mais próximos da mão da pessoa recebem dela energia que se propaga para outros pontos do meio. Cada ponto do meio comporta-se como uma fonte secundária de ondas. Essa perturbação que se propaga ao longo da corda denomina-se **pulso de onda**.

Assim, até o início do século XX, os fenômenos físicos estavam divididos em fenômenos que eram explicados pelo modelo corpuscular e fenômenos que eram explicados pelo modelo ondulatório. Essas teorias não se mesclavam.

Modelo corpuscular × modelo ondulatório

Por volta de 1912, lançando feixes de raios X sobre cristais de níquel, o físico alemão Max von Laue (1879-1960) obteve padrões de interferência por difração. Na época, esses padrões foram considerados a prova definitiva de que os raios X não eram constituídos de partículas, como se suspeitava, e sim de manifestações ondulatórias semelhantes à luz.

Por outro lado, em 1927, com experimentos semelhantes aos realizados por Von Laue, o físico inglês George Paget Thomson (1892-1975) e os físicos estadunidenses Clinton Joseph Davisson (1881-1958) e Lester Halbert Germer (1896-1971) observaram figuras de difração lançando feixes de elétrons contra lâminas metálicas muito finas. Os experimentos de Thomson, Davisson e Germer confirmaram o comportamento ondulatório das partículas conhecido como **princípio da dualidade onda-partícula**. Até então, a difração era considerada um fenômeno exclusivamente ondulatório.

Em 1928, o físico dinamarquês Niels Bohr (1885-1962) praticamente encerrou o "duelo" partículas × ondas enunciando o **princípio da complementaridade**:

- Sob certas condições, partículas exibem comportamento típico de ondas e ondas exibem comportamento típico de partículas.

Assim, em vez de serem contraditórios entre si, esses comportamentos **se complementam**. Então, podemos dizer que a luz se comporta como um fluxo contínuo de partículas em situações como a reflexão, por exemplo, ao passo que, em situações como a difração e a interferência, ela se comporta como onda. Da mesma forma, podemos dizer que, no nível macroscópico, o elétron se comporta como uma partícula, ao passo que, no nível quântico, seu comportamento é modelado por funções matemáticas denominadas funções de onda.

Esses conceitos serão aprofundados no capítulo dedicado à Física Moderna, em que serão abordadas algumas noções de Mecânica Ondulatória, hoje denominada Mecânica Quântica.

Neste capítulo, vamos estudar as características comuns aos diferentes tipos de ondas, presentes nos diversos fenômenos ondulatórios.

2 Perturbações e ondas

Qualquer alteração em qualquer propriedade física em um ponto de um meio denomina-se **perturbação**.

A chama de uma vela em uma sala **(fig. 3)**, por exemplo, causa aumento na temperatura do ar próximo, que posteriormente será percebido em outros pontos desse ambiente. A própria visão da chama, a partir de um ponto distante dela, deve-se à propagação de outro tipo de perturbação que chega até nossos olhos. Essa perturbação é denominada **luz**.

THE INTERIOR ARCHIVE/LIVING4MEDIA EDITORIAL/LATINSTOCK

Figura 3. Uma chama de uma vela produz ondas de calor e ondas luminosas que se propagam pelo ambiente.

Ao cair sobre a superfície tranquila das águas de um lago, uma pedra provoca oscilações dos pontos na região do impacto, que se propagam para outros pontos da superfície **(fig. 4)**.

THE INTERIOR ARCHUVE/LIVING4MEDIA EDITORIAL/LATINSTOCK

Figura 4. A queda de uma pedra provoca na superfície da água oscilações que se propagam para outros pontos desse meio.

Os ruídos produzidos pelo impacto da baqueta contra os instrumentos de uma bateria **(fig. 5)**, por exemplo, chegam até nosso sistema auditivo por vibrações provocadas no ar. Essas vibrações se espalham em todas as direções e recebem o nome de **som**.

DWPHOTOS/SHUTTERSTOCK

Figura 5. O impacto das baquetas contra os instrumentos da bateria produz vibrações que se propagam pelo ar, chegam aos nossos ouvidos e são interpretadas como sons.

As situações apresentadas anteriormente são exemplos de perturbações que alteraram alguma propriedade do meio e, mais tarde, atingiram outros pontos desse meio. Perturbações que se propagam pelos pontos do meio em que são geradas são denominadas **ondas**. Assim, podemos dizer que, na **figura 3**, foram geradas ondas térmicas e ondas luminosas. Na **figura 4**, gerou-se uma onda de deslocamento, semelhante à que vemos nos estádios esportivos com o nome de "ola". Na **figura 5**, a vibração dos pontos da região atingida pelas baquetas faz o ar próximo vibrar, gerando uma onda de pressão que atinge nossos tímpanos, permitindo assim que escutemos o som da bateria.

Podemos conceituar onda da seguinte maneira:

- Onda é uma perturbação que se propaga pelos pontos do meio onde foi gerada.

A principal propriedade física da propagação ondulatória pode ser assim enunciada:

- Onda transporta energia e transfere impulso. **Onda não transporta matéria.**

3 Classificação das ondas quanto à sua natureza

Com exceção das ondas de matéria, que veremos no final do Ensino Médio as ondas podem ser classificadas em duas grandes categorias: **ondas mecânicas** e **ondas eletromagnéticas**.

Ondas mecânicas

Para se propagar, as ondas mecânicas **necessitam de um meio material elástico**, seja ele sólido, líquido ou gasoso. Portanto, elas não se propagam no vácuo. A elasticidade de um meio material é a capacidade de os pontos desse meio retornarem à posição de equilibrio, cessada a perturbação que provocou a oscilação dos pontos.

Um meio elástico apresenta deformações reversíveis. Entretanto, ultrapassando-se certo limite, chamado de limite de elasticidade, o meio sofre deformações irreversíveis. Quando se perturba o equilíbrio dos pontos de uma região de determinado meio, em geral, afastando esses pontos da posição de equilíbrio, geram-se oscilações que são transmitidas ponto a ponto através desse meio, fazendo com que outros pontos também oscilem, como se pode observar na **figura 6**.

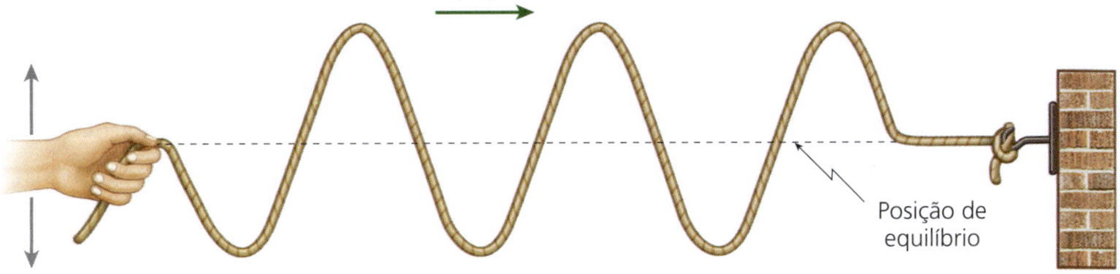

Figura 6. Ondas produzidas em uma corda tensa. A mão da pessoa é a fonte das ondas.

São exemplos de ondas mecânicas:

- ondas em cordas, como as geradas nas cordas do violão da **figura 7**;
- ondas na superfície da água, ao ser perturbada pelo vento ou pela queda de algum objeto, como na **figura 4**;
- ondas de pressão no ar, provocadas por algum movimento vibratório que, quando atingem nossos tímpanos, são interpretadas como sons, a exemplo do que acontece na **figura 5**.

PETER GUDELLA/PANTHERSTOCK/GLOWIMAGES

Figura 7. Ondas geradas nas cordas de um violão, quando alguns pontos da corda são afastados de sua posição de equilíbrio.

Ondas eletromagnéticas

As ondas eletromagnéticas **não necessitam de um meio material** para se propagar e, portanto, podem propagar-se tanto no vácuo quanto em meios materiais. São oscilações de campos elétricos e magnéticos, variáveis com o tempo, que viajam pelo espaço transmitindo energia.

A **figura 8** mostra o modelo que ilustra a propagação de uma onda eletromagnética, gerada pela oscilação de duas cargas elétricas, uma positiva, $+q$, e outra negativa, $-q$. Os vetores vermelhos representam a variação da intensidade do campo elétrico $\vec{E}$. Os vetores azuis, por sua vez, representam a variação da intensidade do campo magnético $\vec{B}$. O vetor $\vec{v}$ representa a direção e o sentido da propagação.

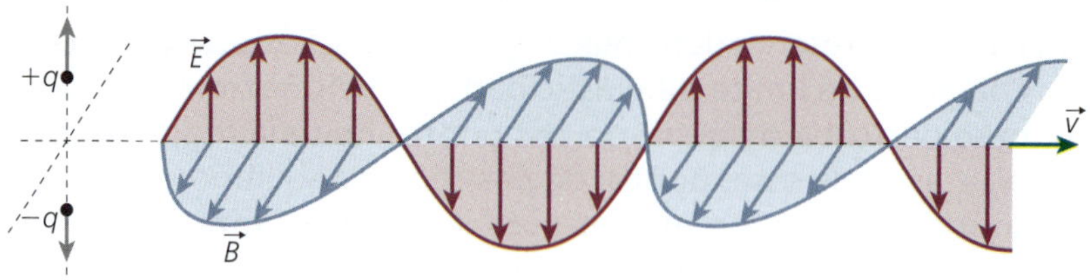

Figura 8. Modelo de propagação de uma onda eletromagnética.

São exemplos de ondas eletromagnéticas:

- a **luz**, estudada em detalhes no capítulo dedicado à Óptica;
- as **ondas de rádio**, nome dado às ondas empregadas em telecomunicações;
- as **micro-ondas**, utilizadas em telefonia e em algumas aplicações domésticas;
- as radiações **de infravermelho**, também conhecidas como radiações térmicas;
- as radiações **de ultravioleta**, que têm muita influência sobre tecidos vivos;
- os **raios X**, utilizados na Medicina em diagnósticos por imagem;
- os **raios gama** (γ), radiações de altíssima energia, em geral produzidas na desintegração de núcleos atômicos. São as radiações eletromagnéticas mais energéticas que conhecemos.

4 Classificação das ondas quanto aos modos de vibração

Ondas transversais

Os pontos do meio de propagação oscilam perpendicularmente à direção de propagação da onda. Ondas em cordas tensas e todas as ondas eletromagnéticas são ondas transversais **(fig. 9)**.

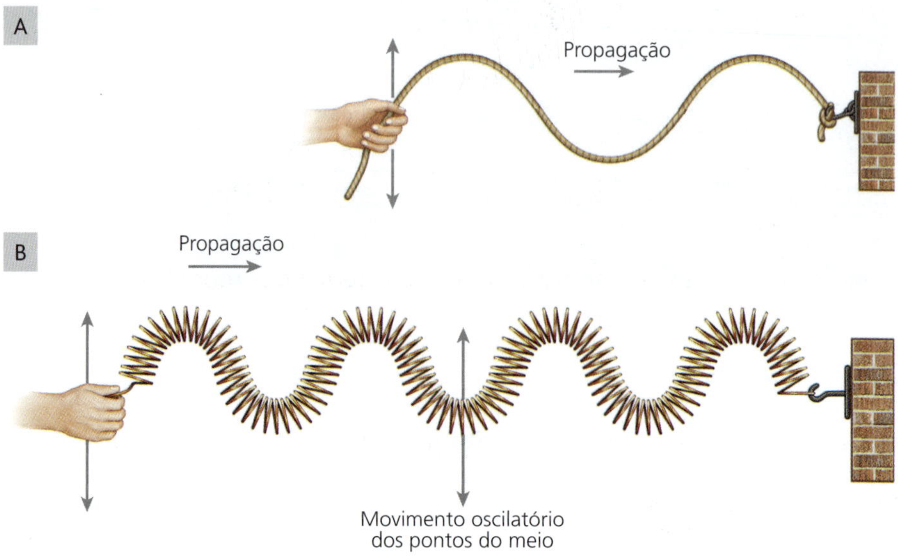

Figura 9. Modelos de ondas transversais. (A) Onda transversal em uma corda; (B) ondas transversais em uma mola helicoidal.

Ondas longitudinais

Os pontos do meio de propagação oscilam paralelamente à direção de propagação da onda. As ondas sonoras no ar e as ondas de compressão e distensão em uma mola helicoidal são longitudinais **(fig. 10)**.

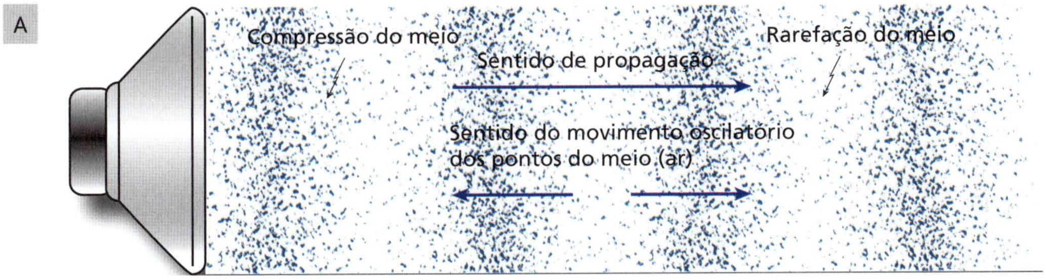

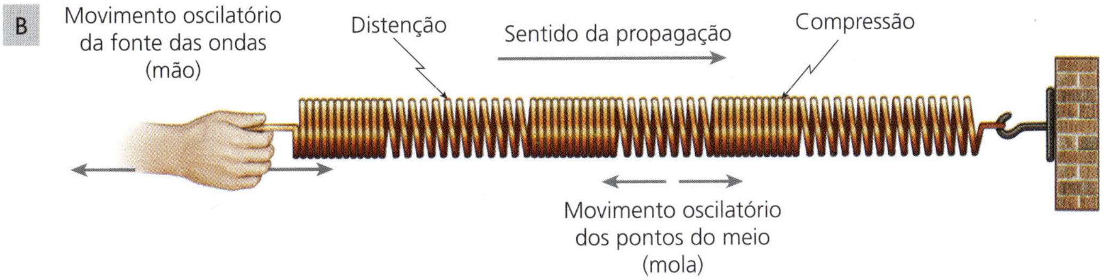

Figura 10. Modelos de ondas longitudinais. (A) Onda sonora no ar; (B) onda longitudinal em mola helicoidal.

Ondas mistas

Como o nome diz, são ondas que produzem nos pontos do meio de propagação oscilações simultaneamente transversais e longitudinais. Ondas que se propagam na superfície de águas profundas são mistas **(fig. 11)**.

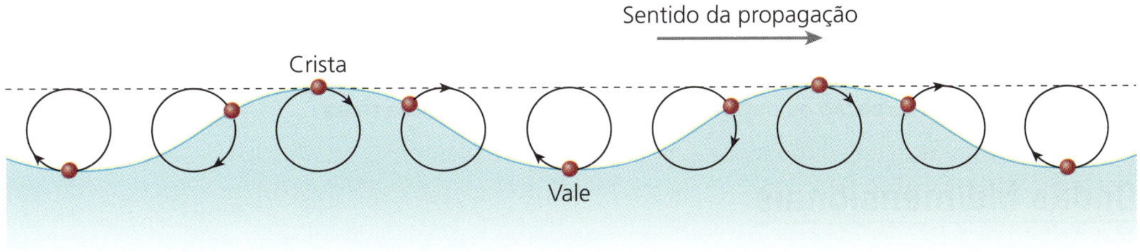

Figura 11. Ondas mistas na superfície da água.

5 Classificação das ondas quanto à sua dimensionalidade

Dependendo do meio e do modo como se propagam, podemos classificar as ondas em **unidimensionais, bidimensionais** ou **tridimensionais**. Mas antes de classificar uma onda vamos conhecer o conceito de **frente de onda**.

- Frente de onda é o lugar geométrico dos pontos do meio atingidos pela perturbação em um dado instante.

Para cada tipo de onda temos uma frente de onda correspondente. Observe os exemplos da **figura 12**, nos quais aplicamos o **princípio de Huygens**: cada ponto atingido por uma frente de onda torna-se uma fonte secundária e passa a emitir ondas com as mesmas características que as ondas emitidas pela fonte. Num instante posterior, a nova frente de onda tangencia as ondas secundárias.

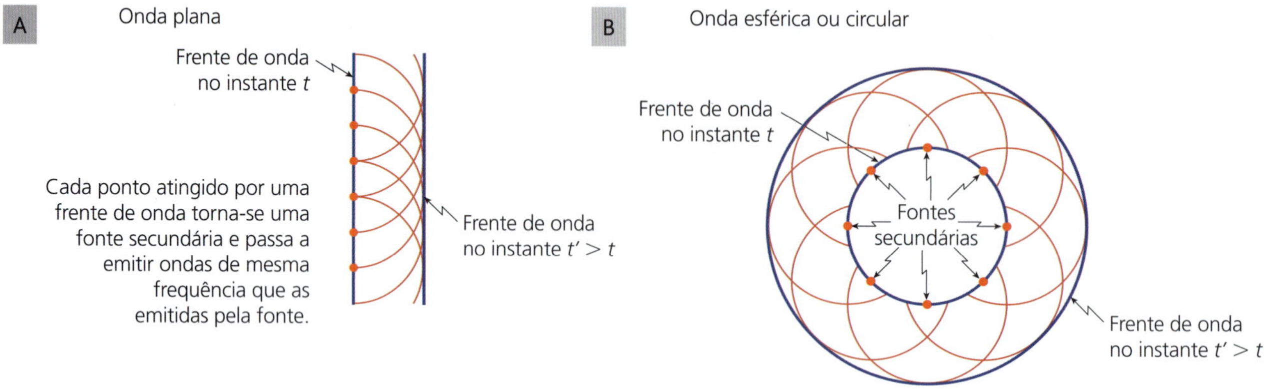

Figura 12. Frentes de ondas e o princípio de Huygens. (A) Onda plana ou reta; (B) onda esférica ou circular.

Ondas unidimensionais

Propagam-se ao longo de um meio linear, isto é, em apenas uma dimensão. Por exemplo, ondas em uma corda tensa ou em uma mola tracionada são unidimensionais **(fig. 13)**.

As frentes de ondas unidimensionais são um ponto.

Figura 13. Perturbação ou pulso unidimensional em uma corda tensa.

Ondas bidimensionais

Propagam-se em superfícies, isto é, em duas dimensões. Por exemplo, ondas na superfície da água ou ondas em membranas vibrantes (películas de percussão ou placas) são bidimensionais **(fig. 14)**.

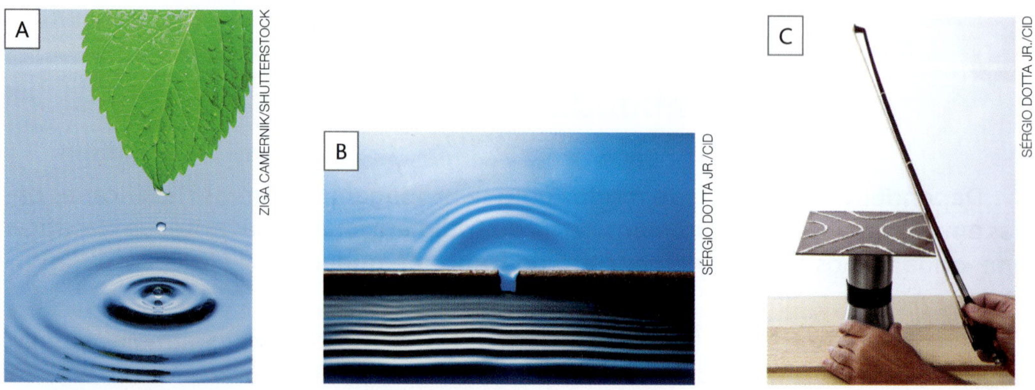

Figura 14. Ondas bidimensionais. (A) Ondas circulares na superfície da água; (B) ondas retas na superfície da água. Ao passar pela abertura, as ondas se tornam circulares; (C) vibrações de uma superfície metálica plana, produzidas por um arco de violino. O padrão da vibração é visualizado pela areia fina distribuída sobre a superfície.

As frentes de ondas bidimensionais são linhas geométricas planas, como retas e circunferências.

Ondas tridimensionais

Propagam-se no espaço, isto é, em todas as direções. Por exemplo, as ondas sonoras no ar e as ondas luminosas geradas por uma fonte puntiforme (ou pontual) são tridimensionais **(fig. 15)**.

As frentes de ondas tridimensionais são superfícies geométricas espaciais, como as superfícies esféricas.

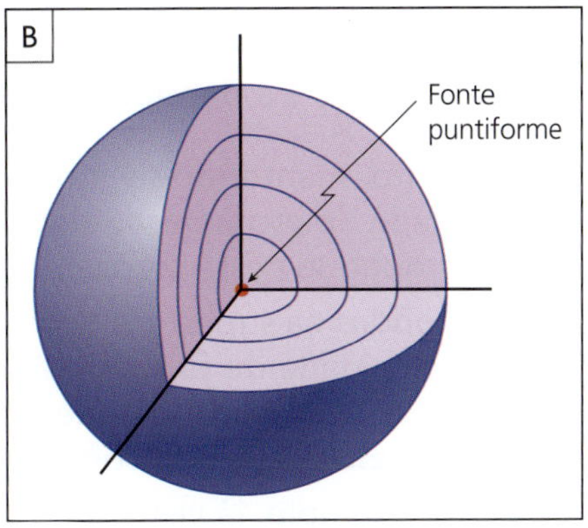

Figura 15. Ondas tridimensionais. (A) Ondas sonoras esféricas produzidas pelo disparo de um tiro; (B) ondas luminosas esféricas produzidas por uma fonte muito pequena.

6 Características físicas gerais das ondas

A descrição dos fenômenos ondulatórios requer o conhecimento de algumas grandezas físicas que caracterizam as ondas e o meio de propagação. Para isso vamos utilizar a representação esquemática de ondas "senoidais" em uma corda tensa, que é a onda mais simples de se obter. A **figura 16** mostra um instante na propagação das ondas na corda, na qual podemos visualizar duas dessas grandezas: a **amplitude** e o **comprimento de onda**.

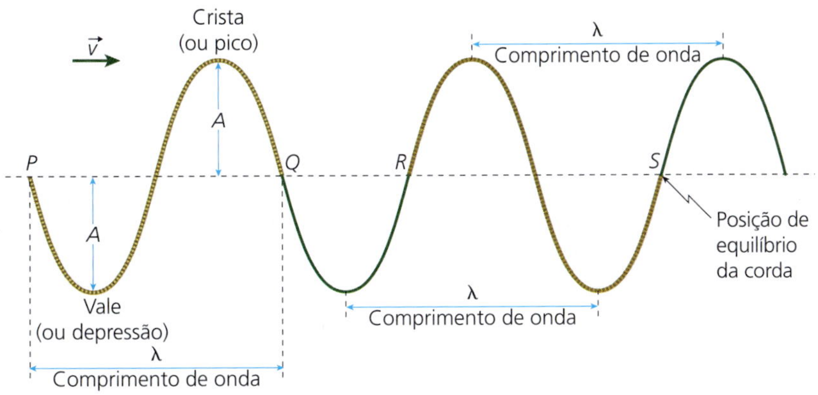

Figura 16. Amplitude A e comprimento de onda λ.

A amplitude (A) é a máxima distância que um ponto da corda se afasta da posição de equilíbrio, acima ou abaixo dela. Quando ele está acima da posição de equilíbrio, dizemos que está em uma **crista** (ou **pico**); quando está abaixo dessa posição, dizemos que está em um **vale** (ou **depressão**).

O comprimento de onda, representado pela letra grega minúscula lambda (λ), é a distância entre duas cristas consecutivas ou entre dois vales consecutivos. Também pode ser a distância correspondente a uma onda completa. Na **figura 16**, vemos três cristas, três vales e uma onda completa nos trechos entre os pontos P e Q e R e S.

Outra grandeza importante que caracteriza a propagação de uma onda em um meio é a **velocidade de propagação das perturbações (v)**. A velocidade de propagação de uma onda depende apenas do tipo de onda gerada e das condições físicas do meio de propagação. Em nosso estudo vamos considerar apenas os casos nos quais a velocidade de propagação da onda, em um dado meio, é constante e não depende das características da fonte que a gerou.

Por exemplo, a velocidade de propagação de um pulso transversal em uma corda de massa m, comprimento L e tracionada com força de intensidade F é dada por:

$$v = \sqrt{\frac{F}{\mu}},$$

onde $\mu = \frac{m}{L}$ é a densidade linear de massa da corda.

Portanto, mantendo-se constante a intensidade F da força de tração na corda, a velocidade de propagação dos pulsos transversais será igual para qualquer onda que se propague nessa corda.

Para ondas na superfície da água contida em um pequeno tanque (cuba de ondas), a velocidade de propagação é dada por $v = \sqrt{g \cdot h}$, onde g é a aceleração da gravidade e h é a profundidade do tanque. Assim, em regiões onde a profundidade é maior, a velocidade de propagação das ondas superficiais também é maior.

Outro exemplo, já visto em Óptica, é a velocidade de propagação da luz (ou de qualquer outra radiação eletromagnética), dada por $v = \frac{c}{n}$, onde c é a velocidade de propagação da luz no vácuo e n é o índice de refração do meio no qual a onda se propaga. Mantidas as condições físicas do meio, a velocidade de propagação da radiação será constante.

A geração de ondas periódicas em uma corda, ou em outros meios, requer um movimento oscilatório e periódico da fonte. Na **figura 17**, a pessoa gera perturbações periódicas na corda como consequência do movimento vertical, oscilatório e periódico de sua mão, que é a fonte das ondas.

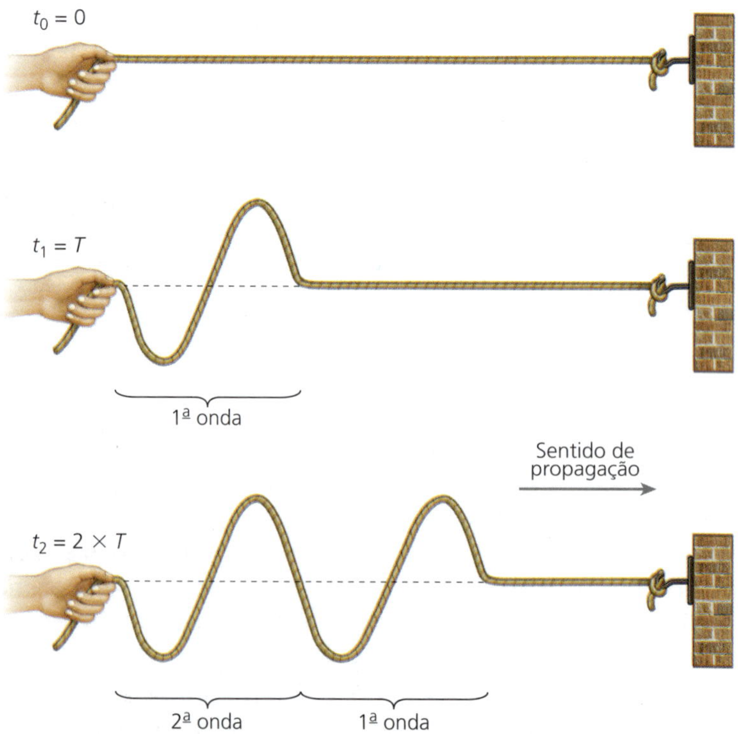

Figura 17. A geração de uma onda completa ocorre durante uma oscilação completa da mão da pessoa, isto é, durante um período.

A cada oscilação completa, a mão da pessoa (fonte) gera uma onda. O intervalo de tempo decorrido para gerar uma onda chama-se **período (T)**.

Na **figura 17**, vemos que, até o instante $t_1 = T$, a fonte das ondas (mão da pessoa) gerou uma onda e, até o instante $t_2 = 2T$, gerou duas ondas. Assim, se contarmos até o instante de tempo $t_n = nT$, a fonte terá gerado *n* ondas. Esses resultados nos levam à conclusão de que o quociente entre o número de oscilações completas da fonte, ou número de ondas geradas, e o intervalo de tempo decorrido é constante:

$$\frac{1}{T} = \frac{2}{2T} = \dots = \frac{n}{nT}$$

Esse quociente é a **frequência** (*f*), outra importante grandeza física que identifica uma onda.

Assim: $f = \frac{n}{\Delta t}$, sendo *n* o número de oscilações completas executadas pela fonte no intervalo de tempo Δt. Se considerarmos $n = 1$, isto é, uma oscilação ou uma onda completa, teremos $\Delta t = T$ e:

$$\boxed{f = \frac{1}{T}} \quad \text{ou} \quad \boxed{T = \frac{1}{f}}.$$

Dizemos, então, que a frequência é o inverso do período ou que o período é o inverso da frequência. No SI, o período *T* é medido em segundo; portanto, a frequência *f* será medida em $\frac{1}{s}$ ou s^{-1}, unidade denominada **hertz** e simbolizada por **Hz**.

O período e a frequência das oscilações dos pontos de um meio têm valores iguais aos da fonte das ondas.

Observando mais uma vez a situação representada na **figura 17**, vemos que, a cada período *T*, a perturbação percorre uma distância equivalente a uma onda completa, isto é, um comprimento de onda λ.

Portanto, sendo constante a velocidade *v* de propagação das ondas na corda e considerando um intervalo de tempo igual a um período, temos:

$$v = \frac{\Delta s}{\Delta t} = \frac{\lambda}{T} \Rightarrow \boxed{\lambda = v \cdot T} \text{ ou } \boxed{v = \lambda \cdot f}$$

As duas relações acima obtidas são denominadas **equação fundamental da propagação ondulatória**.

Se considerarmos constante a velocidade de propagação das ondas, teremos λ e *f* inversamente proporcionais entre si.

A **figura 18** mostra essa relação entre λ e *f*, para ondas em uma mesma corda. Na primeira situação temos $v = \lambda \cdot f$. Na segunda, temos:

$$v' = \frac{\lambda}{2} \cdot 2f = \lambda \cdot f \Rightarrow v' = v$$

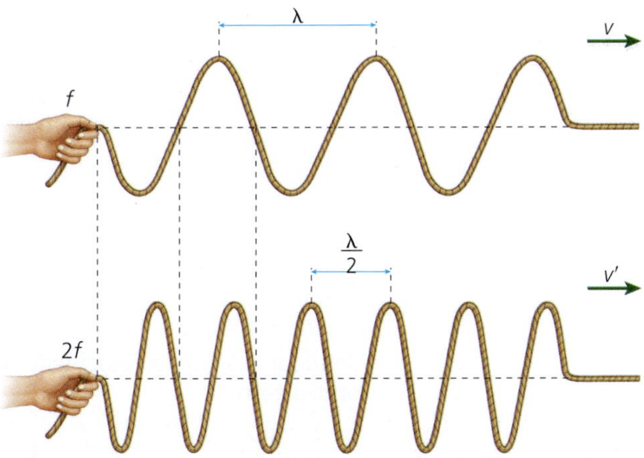

Figura 18. Mantidas as condições físicas do meio, a frequência e o comprimento de onda variarão na proporção inversa de seus valores.

Essa proporcionalidade inversa, entre f e λ, só é verdadeira quando se considera que a velocidade de propagação das ondas seja constante.

Essa mesma dependência funcional entre λ e f também ocorre com as ondas eletromagnéticas, cuja velocidade de propagação no vácuo é constante e vale $c = 299.792.548$ m/s. Esse valor é frequentemente aproximado para $3{,}0 \cdot 10^8$ m/s ou 300.000 km/s.

A **figura 19** mostra as radiações que compõem todo o **espectro eletromagnético**.

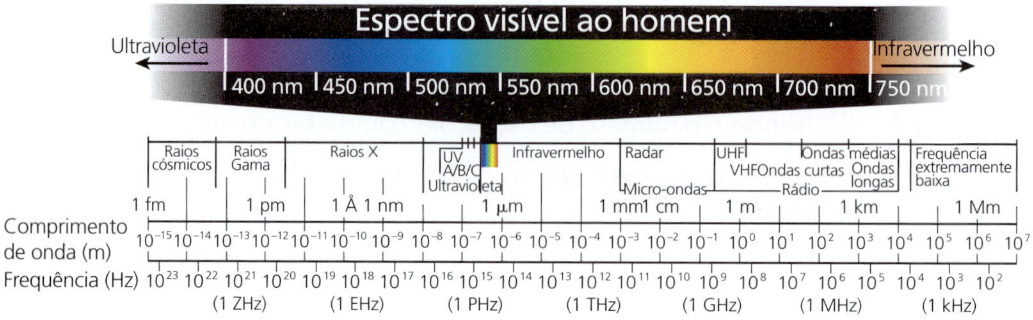

Figura 19. Espectro eletromagnético.

Aplicando a teoria

1. **Um fio de aço de massa 50 g tem 2,0 m de comprimento e está tracionado com uma força de intensidade 10 N. Determinar para esse fio:**

a) a densidade linear de massa, μ, em kg/m;

b) a velocidade de propagação v dos pulsos de onda transversais, em m/s.

➤ Solução

a) $\mu = \dfrac{m}{L} = \dfrac{50 \cdot 10^{-3}\ \text{kg}}{2{,}0\ \text{m}} \Rightarrow \boxed{\mu = 2{,}5 \cdot 10^{-2}\ \text{kg/m}}$

b) $v = \sqrt{\dfrac{F}{\mu}} = \sqrt{\dfrac{10\ \text{N}}{2{,}5 \cdot 10^{-2}\ \text{kg/m}}} \Rightarrow \boxed{v = 20\ \text{m/s}}$

2. **Um fio cilíndrico tem seção transversal de área A e é tracionado por uma força de intensidade F. O quociente entre F e A chama-se tensão e é representado por τ, isto é, $\tau = \dfrac{F}{A}$. Se d é a densidade volumétrica de massa do material do fio, determinar em função de t, d e A:**

a) a densidade linear de massa μ do fio;

b) a velocidade de propagação v das ondas transversais nesse fio, ambas em função de τ, d e A.

➤ Solução

a) $\mu = \dfrac{m}{L} = \dfrac{d \cdot V}{L} = \dfrac{d \cdot A \cdot L}{L} \Rightarrow \boxed{\mu = d \cdot A}$

b) Se $\tau = \dfrac{F}{A} \Rightarrow F = \tau \cdot A$. Assim:

$$v = \sqrt{\frac{F}{\mu}} = \sqrt{\frac{\tau \cdot A}{d \cdot A}} \Rightarrow \boxed{v = \sqrt{\frac{\tau}{d}}}$$

3. **Uma haste vibra em contato com a superfície da água contida em um tanque. As cristas circulares das ondas que surgem na água distam entre si 4 cm. A velocidade de propagação dessas ondas é de 2 m/s.**

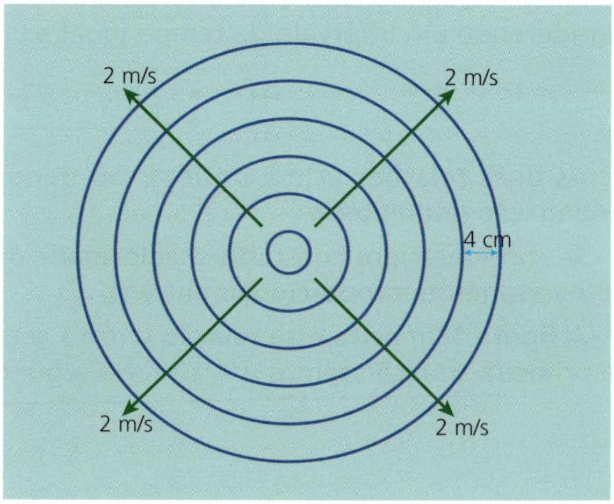

a) Qual é a frequência de vibração da haste?

b) Se aumentarmos apenas a amplitude de vibração da haste, o que ocorrerá com a frequência, com o comprimento de onda e com a velocidade de propagação das ondas?

➤ Solução

a) A distância entre cristas consecutivas é o comprimento de onda das ondas.
Assim: $\lambda = 4\ \text{cm} = 4 \cdot 10^{-2}$ m.
Sendo $v = 2$ m/s a velocidade de propagação das ondas, temos:
$v = \lambda \cdot f \Rightarrow 2 = 4 \cdot 10^{-2} \cdot f \Rightarrow f = \dfrac{2}{4 \cdot 10^{-2}} \Rightarrow \boxed{f = 50\ \text{Hz}}$

b) A frequência das ondas não se altera, pois a haste continua a gerar 50 ondas a cada segundo ($f = 50$ Hz). A velocidade das ondas também permanece a mesma, pois as condições do meio não foram alteradas.

Como v e f permanecem constantes, podemos concluir que o comprimento de onda λ também não se altera.

Ao aumentar a amplitude das vibrações, a haste produz as ondas com mais energia; portanto, com maior amplitude. A figura abaixo mostra as ondas antes e depois da alteração na amplitude de vibração da haste.

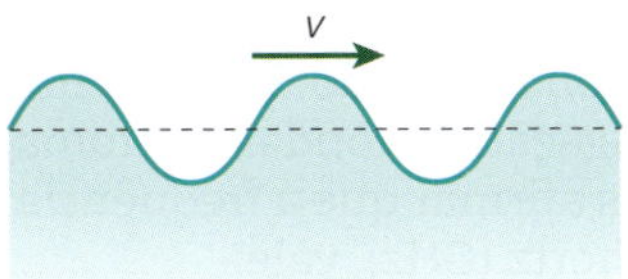

Antes

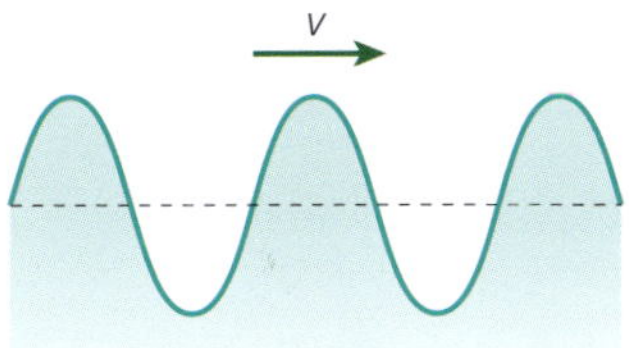

Depois

4. A figura a seguir mostra um trecho de uma onda que se propaga em uma corda tensa. A fonte que gera a onda oscila com frequência de 30 Hz. Determinar:

a) a amplitude A das ondas;

b) o comprimento de onda λ das ondas;

c) a velocidade de propagação v das ondas na corda.

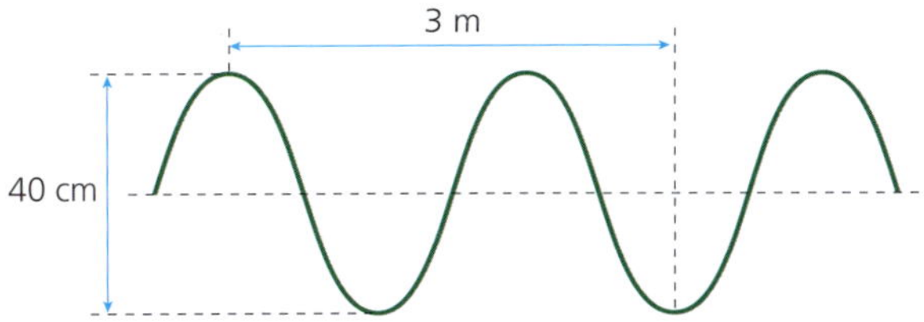

➤ Solução

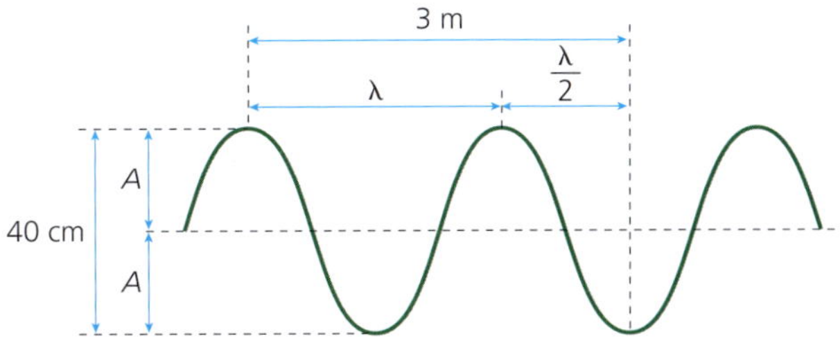

a) Da figura temos:

$2 \cdot A = 40 \text{ cm} \Rightarrow \boxed{A = 20 \text{ cm}}$

b) O comprimento de onda também pode ser obtido a partir da figura. O trecho de comprimento 3 m na figura corresponde ao comprimento de uma onda mais meia onda. Então:

$$\lambda + \frac{\lambda}{2} = 3 \text{ m} \Rightarrow \frac{3 \cdot \lambda}{2} = 3 \text{ m} \Rightarrow \boxed{\lambda = 2 \text{ m}}$$

c) A velocidade de propagação da onda na corda pode ser obtida a partir da relação $v = \lambda \cdot f$. Portanto, temos:

$v = \lambda \cdot f \Rightarrow v = 2 \cdot 30 \Rightarrow \boxed{v = 60 \text{ m/s}}$

Avaliando o aprendizado

1. Um fio de forma cilíndrica é feito de uma liga metálica cuja densidade volumétrica de massa vale $d = 9{,}0$ g/cm^3 e tem seção transversal de área $A = 2{,}0$ mm^2. Determine:

a) a densidade linear de massa μ do fio, em g/m;

b) a intensidade F da força de tração necessária para que a velocidade de propagação das ondas transversais nessa corda seja igual a 100 m/s.

2. O fabricante de um piano recomenda que, por segurança, as cordas de aço sejam tracionadas com uma tensão máxima $\tau_{máx} = 7{,}2 \cdot 10^4$ N/cm^2. Considere a densidade do aço $d = 8{,}0$ g/cm^3 e determine a velocidade de propagação das ondas transversais nessas cordas.

3. A figura a seguir representa um trecho de uma onda que se propaga, em certo meio material com velocidade de 450 m/s. Determine para essa onda:

a) o número de ondas completas representadas na figura;

b) o valor do seu comprimento de onda;

c) o valor da sua frequência.

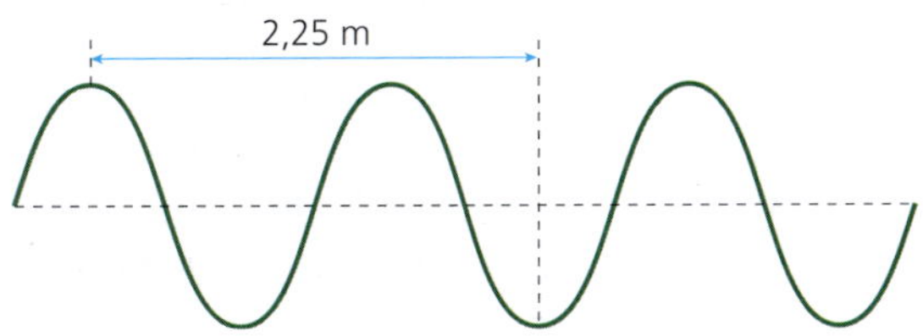

4. A figura mostra uma onda que percorre uma corda, tendo uma frequência de 5,0 Hz.

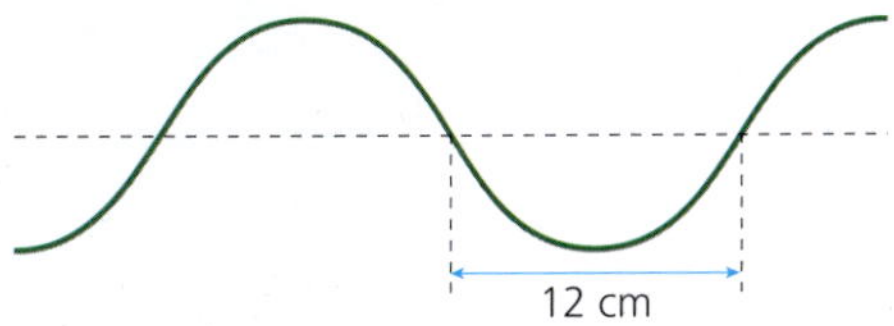

Sua velocidade de propagação e comprimento de onda são, respectivamente, iguais a:

a) 12 cm/s e 6 cm.
b) 120 cm/s e 24 cm.
c) 120 cm/s e 6 cm.
d) 60 cm/s e 12 cm.
e) 60 cm/s e 24 cm.

5. A figura abaixo representa uma corda homogênea na qual se propaga uma onda com velocidade de 16 cm/s. Cada quadrinho da figura tem 1 cm de lado. Assim, podemos afirmar que o comprimento de onda e o período das oscilações dos pontos da corda valem:

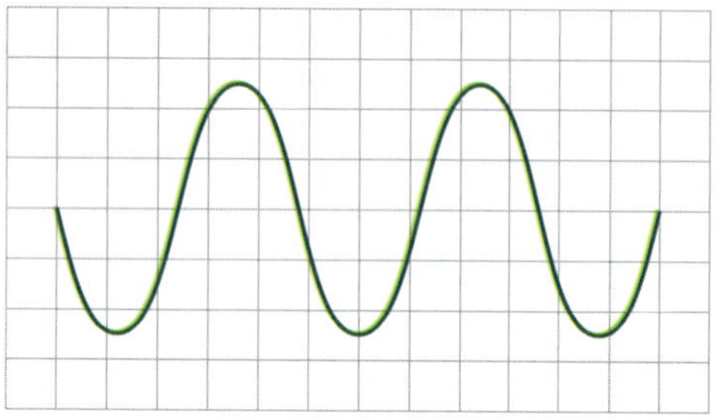

a) 1,2 cm e 0,3 s.
b) 2,4 cm e 0,6 s.
c) 2,4 cm e 0,6 s.
d) 4,8 cm e 0,3 s.
e) 4,8 cm e 0,6 s.

6. A corda de um piano emite uma nota de frequência 440 Hz. No ar ambiente o som se propaga com velocidade de 330 m/s. Portanto, o comprimento da onda sonora no ar, em centímetro, vale:

a) 0,75
b) 7,5
c) 75
d) 133
e) 150

7. Os fornos de micro-ondas domésticos operam com ondas de comprimento da ordem de 12 cm. Considerando $3{,}0 \cdot 10^8$ m/s a velocidade de propagação das ondas eletromagnéticas no ar, podemos afirmar que a frequência dessas ondas, em gigahertz (GHz), vale:

a) 0,025
b) 2,5
c) 4,0
d) 5,0
e) 25

7 Reflexão, refração, difração e polarização de ondas

Alguns fenômenos ondulatórios são comuns a todos os tipos de ondas, sejam elas mecânicas, eletromagnéticas, transversais ou longitudinais. A reflexão, a refração, a difração e a interferência são alguns desses fenômenos. A reflexão e a refração já foram estudadas com boa profundidade na Óptica Geométrica, porém apenas para as ondas luminosas. Aqui vamos generalizá-las para outros tipos de ondas. A difração, a polarização e a interferência serão tratadas de modo mais simplificado, devido à complexidade matemática requerida para um estudo minucioso. A interferência será estudada no próximo capítulo.

Reflexão de ondas

A reflexão não é um fenômeno que ocorre exclusivamente com ondas. Bolas de bilhar sofrem reflexão quando colidem contra as laterais de uma mesa. Essa é a origem do modelo corpuscular da luz, proposto por Newton, discutido no início deste capítulo. A **figura 20** exemplifica esse caso.

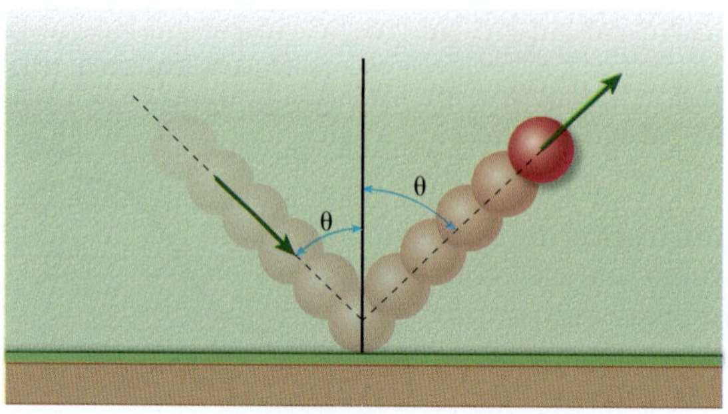

Figura 20. A reflexão de uma bola de bilhar obedece às mesmas leis da reflexão ondulatória.

Ao encontrar um obstáculo ou a fronteira entre dois meios, a onda sofre reflexão, retornando total ou parcialmente ao meio no qual se propagava **(fig. 21)**. Portanto, **na reflexão, a velocidade de propagação, a frequência e o comprimento de onda não variam**.

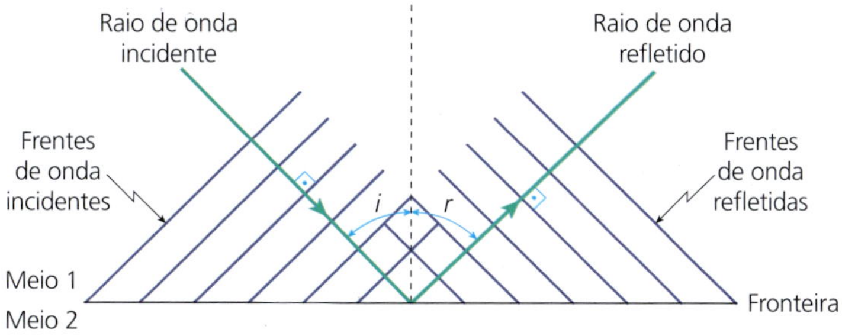

Figura 21. Frentes de ondas retas refletindo em uma superfície plana. Os ângulos *i* e *r* são iguais.

Existem dois tipos de reflexão de ondas. Na **figura 22**, o pulso incide na parede pela região acima da corda, tendo uma extremidade fixa, e reflete pela região abaixo dela. Essa reflexão é chamada de **reflexão com inversão de fase**. Na **figura 23**, o pulso incidente, na região acima da corda, atinge a extremidade da corda que está ligada a uma haste por um anel móvel e reflete pela região acima da corda. Essa reflexão é chamada de **reflexão sem inversão de fase**.

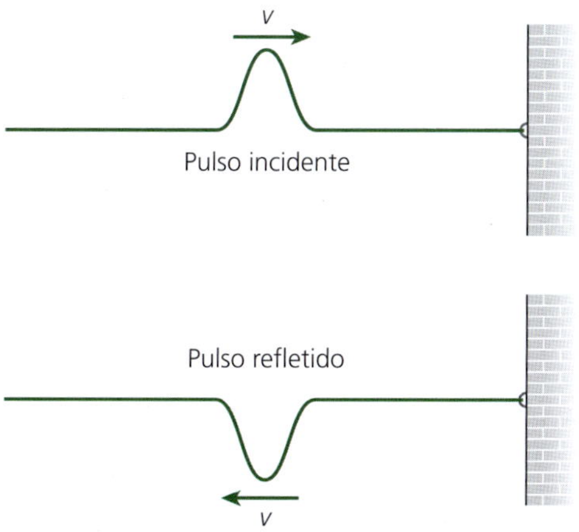

Figura 22. Extremidade fixa. Reflexão com inversão de fase.

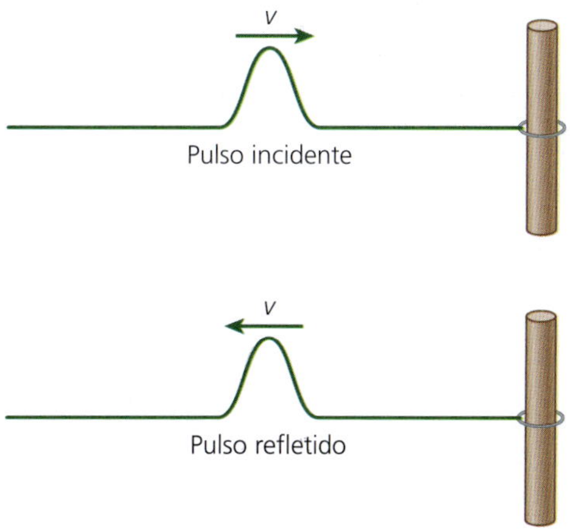

Figura 23. Extremidade livre. Reflexão sem inversão de fase.

Uma onda eletromagnética sofre reflexão com inversão de fase quando incide na fronteira entre o meio no qual ela está se propagando e o meio em que seu índice de refração é maior (mais refringente). Se a onda se propaga em um meio mais refringente que o outro no qual incide, a reflexão será sem inversão de fase. Observe as **figuras 24** e **25**.

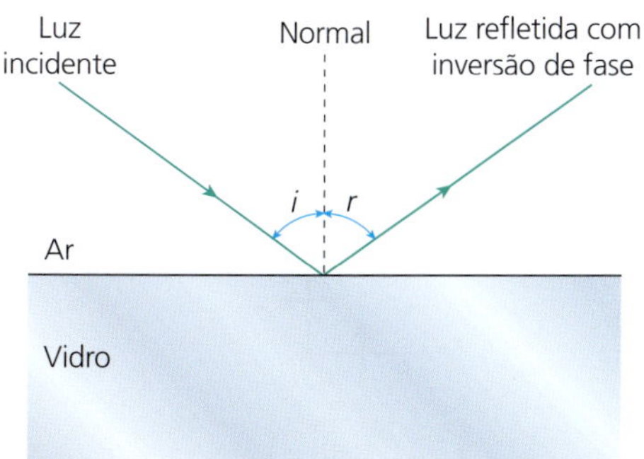

Figura 24. Reflexão de uma onda eletromagnética com inversão de fase.

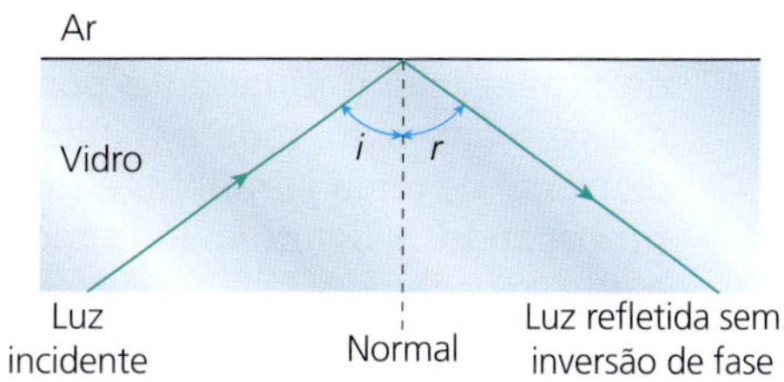

Figura 25. Reflexão de uma onda eletromagnética sem inversão de fase.

Aplicando a teoria

5. **As frentes de ondas retas mostradas na figura propagam-se na superfície da água de um tanque e atingem um anteparo plano fixo e inclinado de 45°. Desenhar o raio de onda incidente, o raio de onda refletido e as frentes de onda refletidas para esse "trem de ondas".**

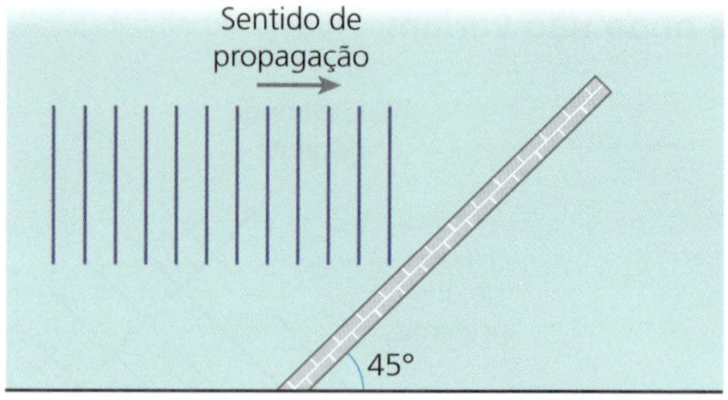

➤ Solução

O raio de onda incidente forma 45° com a reta normal; portanto, o raio de onda refletido também forma 45° com a reta normal, como se vê na **figura A**.

As frentes de onda são sempre perpendiculares aos respectivos raios de onda.

Assim, na **figura B**, temos a resposta final.

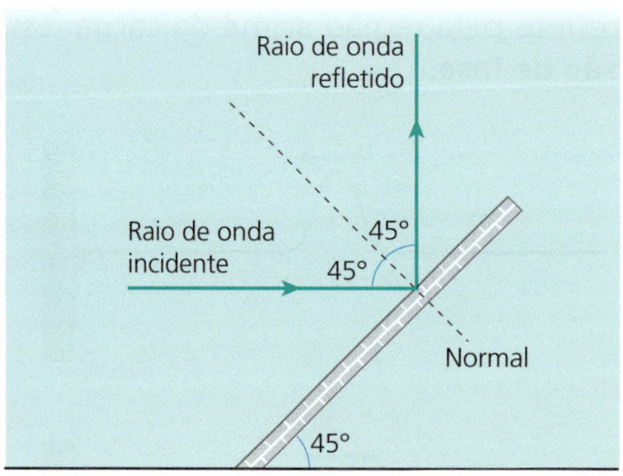

A

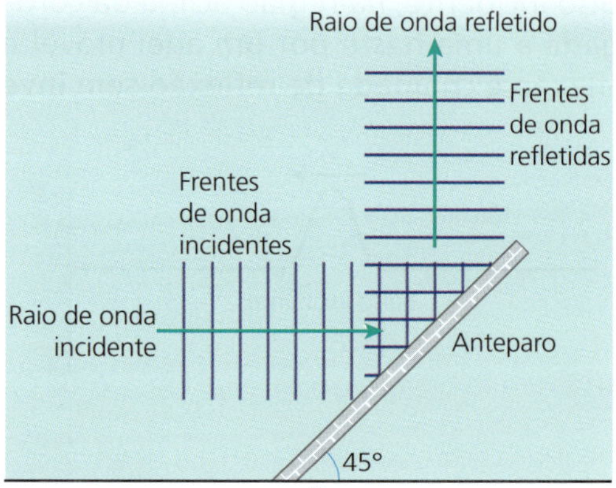

B

Observe que as distâncias entre as frentes de onda permaneceram iguais, isto é, o comprimento de onda não se alterou com a reflexão.

6. **Representar a frente de onda incidente *AB*, mostrada na figura a seguir, no instante em que seu ponto médio *P* chega ao anteparo *Q*.**

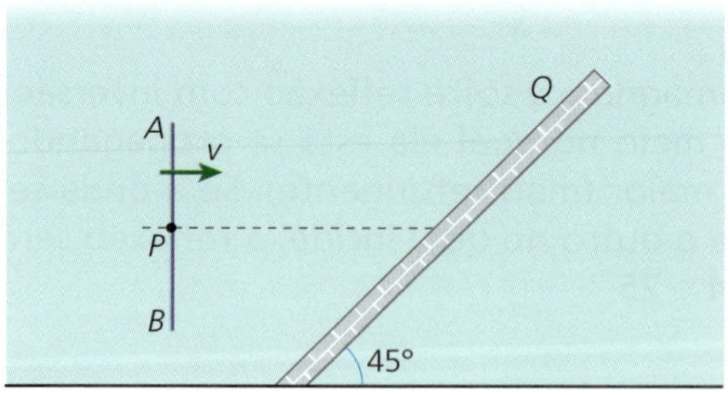

➤ Solução

O raio de onda da frente de onda incidente *AB* é paralelo à velocidade de propagação v. Quando o ponto *P* atinge o anteparo, toda a metade *BP* da frente de onda já refletiu e está se propagando. A figura ao lado mostra o que se pede.

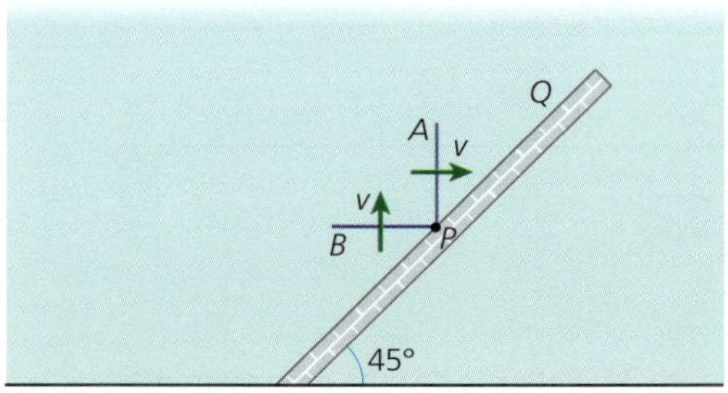

Avaliando o aprendizado

8. A figura a seguir representa a superfície da água contida em um recipiente quadrado e um pulso de onda reto *P* que se propaga em direção ao obstáculo refletor *R*. A seta indica o sentido de propagação do pulso *P*. Marque a opção que melhor indica a posição do pulso de onda após sua reflexão no obstáculo *R*.

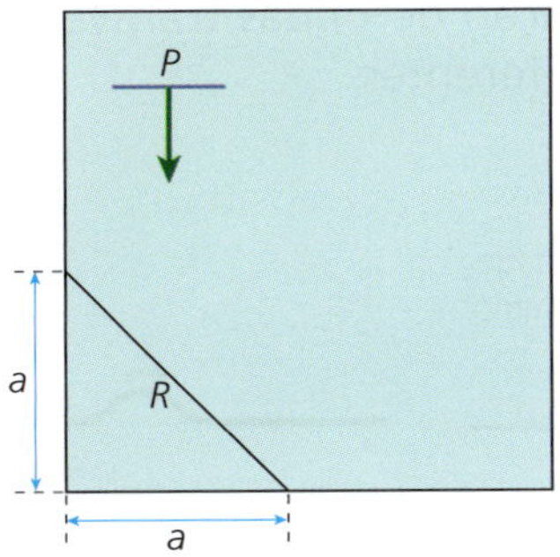

a) 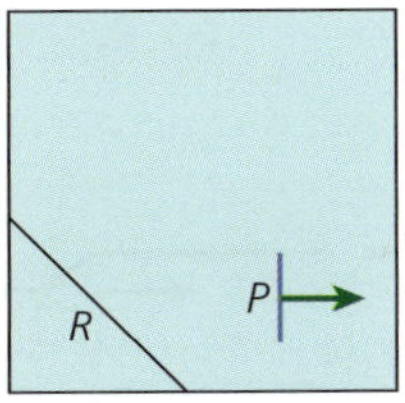

b) 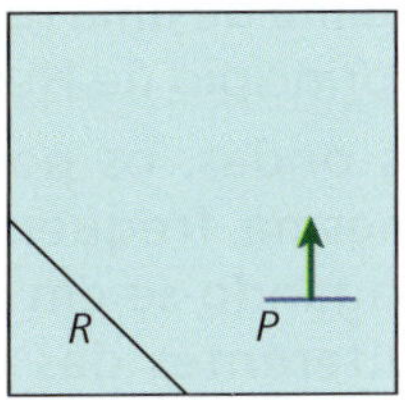

c) 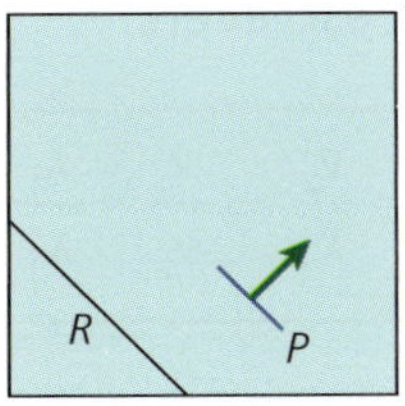

d) 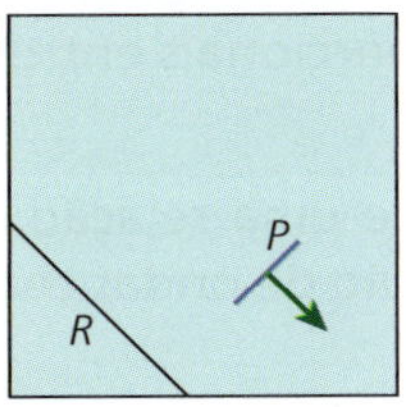

e) 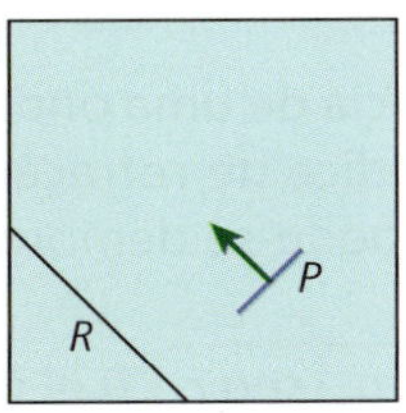

9. Um pulso de onda circular é gerado no ponto *P*, centro da superfície da água contida em um recipiente quadrado de lado 2 m, no instante $t = 0$. Considerando que a velocidade de propagação do pulso é de 1,2 m/s, represente a forma desse pulso no instante $t = 1$ s.

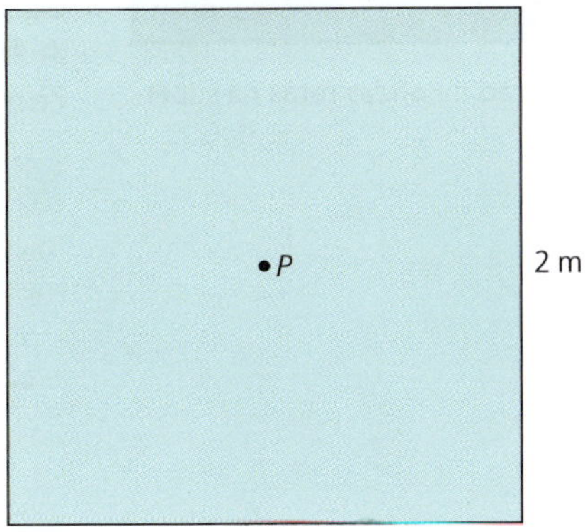

10. Um trem de ondas retas propaga-se pela superfície da água de um tanque, no sentido indicado pela seta da velocidade v, e encontra uma barreira rígida e fixa, em forma de "V", como se mostra na figura.

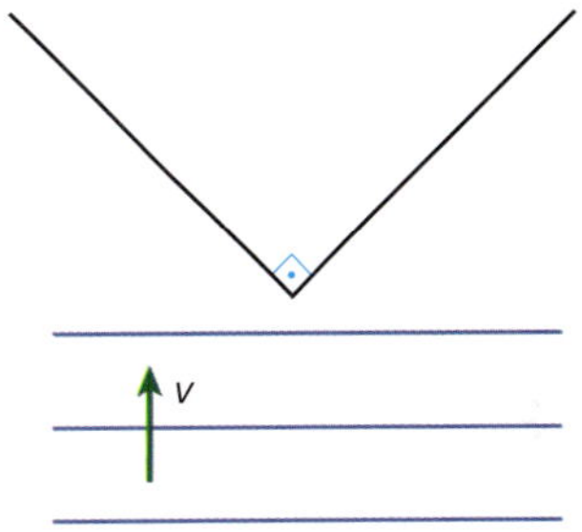

a) A reflexão das ondas ocorre com ou sem inversão de fase?

b) Desenhe as frentes de onda após a reflexão de todas elas na barreira.

11. Um pulso de onda completo, isto é, um comprimento de onda, propaga-se por uma corda horizontal e homogênea e atinge a extremidade *P* da corda, como mostra a figura a seguir. Desenhe o pulso após sua total reflexão na extremidade *P* da corda, nos casos em que:

a) *P* é um ponto fixo em uma parede;

b) *P* é um anel que pode se mover verticalmente ao longo de uma haste.

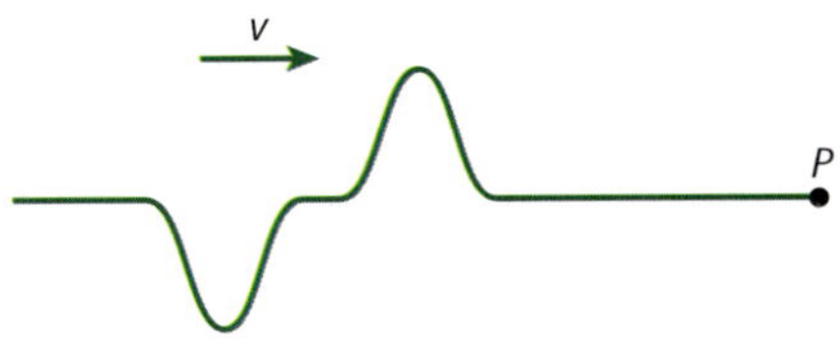

Pulso incidente

SÉRGIO DOTTA JR./CID

Figura 26. Refração de ondas retas na superfície da água.

Refração ou transmissão de ondas

Quando ondas atingem a fronteira entre dois meios, sempre há reflexão, ainda que parcial. Se a onda pode se propagar no outro meio, em geral uma parte da energia incidente passa a se propagar nesse outro meio. A parte da energia que atravessa a fronteira é chamada de **onda refratada**.

A **figura 26** mostra a refração de ondas retas na superfície da água em um tanque com uma região mais funda e outra mais rasa. A **figura 27** mostra a refração de ondas transversais em cordas com densidades lineares diferentes.

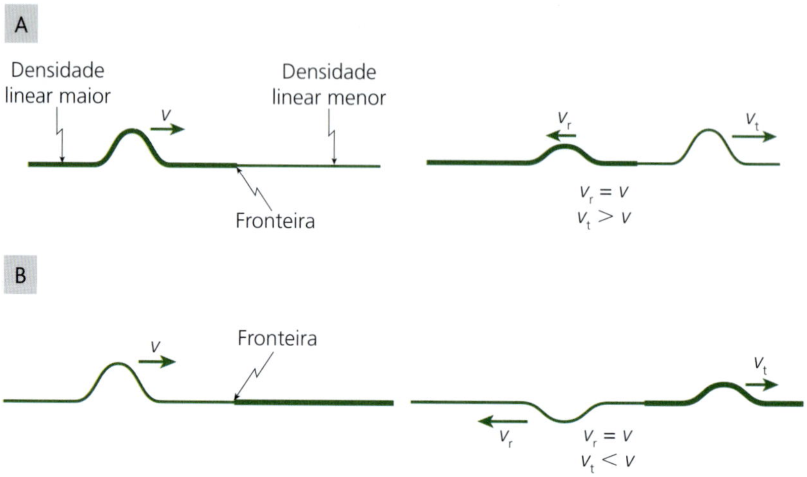

Figura 27. Nas duas situações, (A) e (B), o **pulso refratado** é transmitido **sem inversão** de fase.

A **figura 28** mostra um esquema de uma refração semelhante à da **figura 26**, explicada pelo princípio de Huygens.

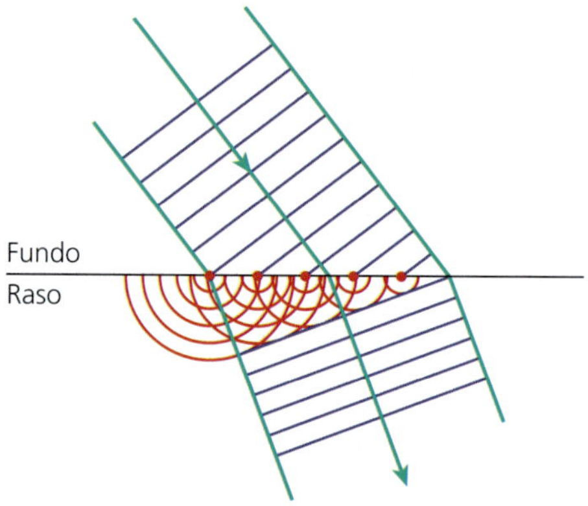

Figura 28. A refração explicada pelo princípio de Huygens. Cada ponto do meio comporta-se como uma fonte secundária de ondas.

Ao serem atingidos pelas ondas, os pontos da fronteira passam a emitir ondas de mesma frequência que as ondas incidentes. Essas ondas, propagando-se em outro meio, terão velocidade de propagação diferentes das ondas incidentes. Isso altera o comprimento de onda e, em geral, a direção de propagação. Então, podemos escrever:

$$f_1 = f_2 \Rightarrow \frac{v_1}{\lambda_1} = \frac{v_2}{\lambda_2} \Rightarrow \frac{v_1}{v_2} = \frac{\lambda_1}{\lambda_2}$$

Portanto, na refração, a frequência, o período e a fase das ondas não variam e a velocidade de propagação e o comprimento de onda são diretamente proporcionais entre si.

- **Lei de Snell-Descartes**

A expressão que estabelece uma relação entre o ângulo de incidência e o ângulo de refração de ondas chama-se **lei de Snell--Descartes**.

A **figura 29** ilustra as frentes de onda e os raios de onda na refração de uma onda reta.

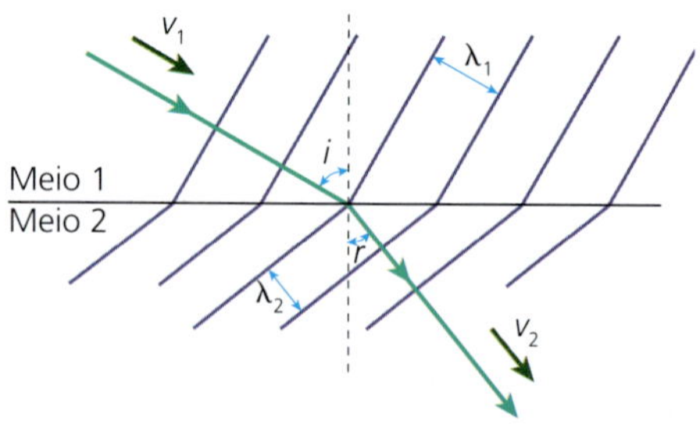

Figura 29. Frentes de onda e raios de onda na refração.

Sejam *i* o ângulo de incidência de uma onda eletromagnética, *r* o ângulo de refração, n_1 o índice de refração do meio 1 e n_2 o índice de refração do meio 2, pode-se demonstrar que:

$$\frac{\text{sen}\, i}{\text{sen}\, r} = \frac{v_1}{v_2} = \frac{n_2}{n_1} \Rightarrow \boxed{n_1 \cdot \text{sen}\, i = n_2 \cdot \text{sen}\, r} \text{ (Lei de Snell-Descartes)}$$

Aplicando a teoria

7. **Um pulso de onda propaga-se pela corda 1, de densidade linear de massa μ_1, com velocidade v_1 e atinge o ponto *J*, que é a junção da corda 1 com a corda 2, de densidade linear de massa $\mu_2 > \mu_1$. Nesse ponto, são gerados um pulso refletido *R* e um pulso refratado ou transmitido *T*.**

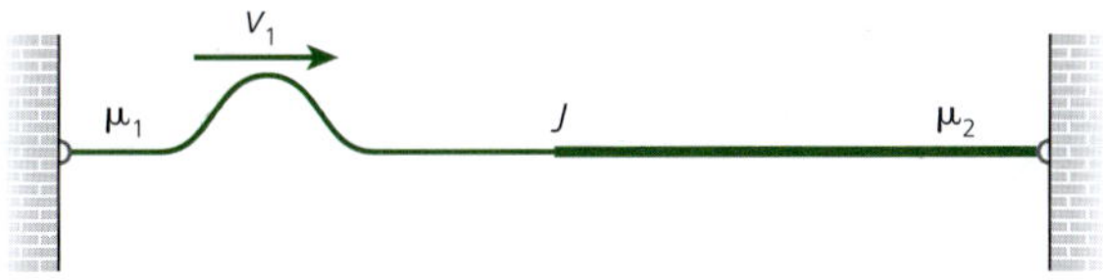

a) Qual é a relação de igualdade ou de desigualdade existente entre as velocidades v_1 e v_2?

b) Desenhar os pulsos gerados na junção, observando suas posições corretas.

➤ Solução

a) A velocidade de propagação das ondas transversais em uma corda é dada por $v = \sqrt{\frac{F}{\mu}}$.

Como as cordas estão ligadas pelo comprimento, ambas estão tracionadas com forças de iguais intensidades, $F_1 = F_2 = F$. Sendo $\mu_2 > \mu_1$, temos $v_2 < v_1$. Isto é, na corda mais densa os pulsos têm velocidade de propagação menor.

b) O pulso *T* sofre refração na junção *J*, portanto é transmitido **sem inversão** de fase. O pulso *R* sofre reflexão na junção com um meio mais denso que aquele pelo qual incidiu e, portanto, reflete **com inversão** de fase. A figura mostra as posições dos pulsos pouco depois de ser gerados. Sendo $v_1 > v_2$, o pulso *R* deve ser representado mais distante da junção que o pulso *T*.

8. **A figura mostra ondas circulares na superfície da água, geradas pela fonte pontual F, que atingem a fronteira entre as regiões 1 e 2. O raio das ondas incidentes forma ângulo θ com a reta normal N, tal que $\text{sen}\,\theta = 0{,}8$. O raio das ondas refratadas forma ângulo φ com a reta normal N, tal que $\text{sen}\,\varphi = 0{,}6$. Determinar:**

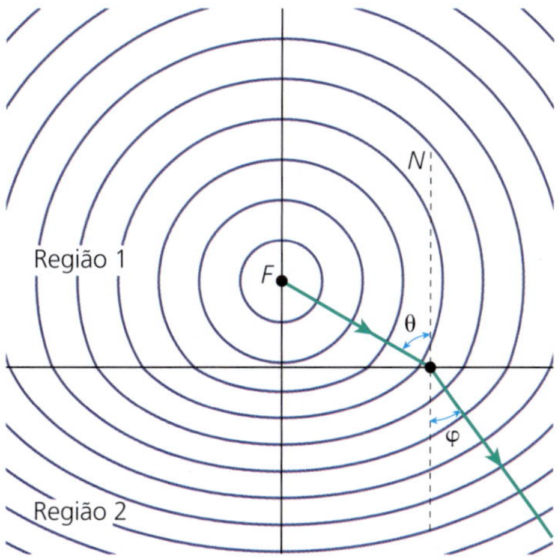

a) a razão $\frac{v_2}{v_1}$ entre as velocidades de propagação das ondas nas regiões 2 e 1;

b) o comprimento λ_2 das ondas refratadas, sendo $\lambda_1 = 8{,}0$ cm o comprimento das ondas incidentes.

➤ Solução

a) $\frac{v_2}{v_1} = \frac{\text{sen}\,\varphi}{\text{sen}\,\theta} = \frac{0{,}6}{0{,}8} \Rightarrow \frac{v_2}{v_1} = \frac{3}{4}$

b) $\frac{\lambda_2}{\lambda_1} = \frac{v_2}{v_1} \Rightarrow \frac{\lambda_2}{8{,}0\text{ cm}} = \frac{3}{4} \Rightarrow \lambda_2 = 6{,}0\text{ cm}$

Observação:

A figura poderia também representar ondas esféricas luminosas passando do ar para a água.

Avaliando o aprendizado

12. Um pulso de onda propaga-se por uma corda de densidade linear de massa μ_1 e atinge o ponto J de junção com outra corda de densidade linear de massa $\mu_2 > \mu_1$, gerando um pulso refletido R e um pulso refratado T. Represente os pulsos R e T, após a total formação de ambos.

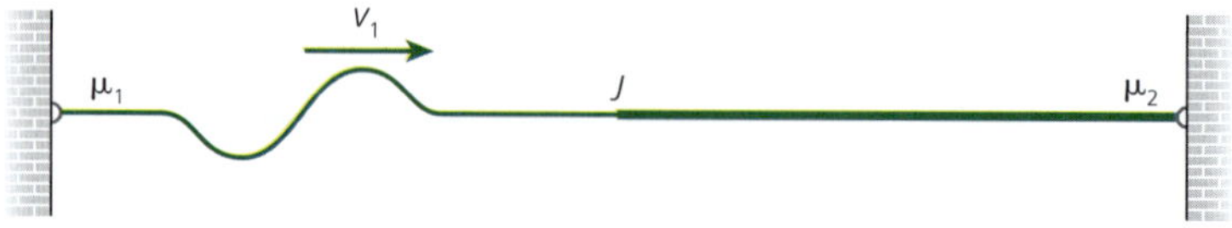

13. Uma radiação eletromagnética atravessa três meios materiais, a, b e c, a ela transparentes. A figura a seguir mostra o que ocorre com o comprimento de onda da radiação em cada um dos meios. Escreva em ordem crescente:

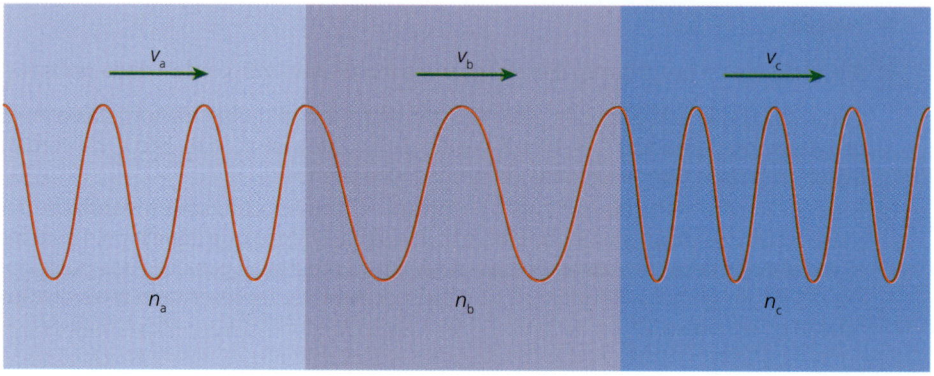

a) a sequência dos valores das velocidades de propagação, v_a, v_b e v_c, dessa radiação nos três meios;

b) a sequência dos valores dos índices de refração, n_a, n_b e n_c, dos três meios.

14. Considere um trem de ondas periódicas que se propaga em um meio 1 com velocidade de 2,0 m/s e comprimento de onda de 0,5 m. Essas ondas incidem na fronteira que separa o meio 1 do meio 2 e, nesse novo meio, as ondas passam a se propagar com velocidade de 1,6 m/s. Determine:

a) a frequência das ondas nos meios 1 e 2, em Hz;

b) o comprimento de onda dessas ondas no meio 2.

15. A figura a seguir mostra frentes de ondas retas e paralelas propagando-se na superfície da água de um tanque experimental e atravessando a fronteira entre duas regiões I e II. Sejam v_1 e v_2 as velocidades de propagação das ondas e λ_1 e λ_2 os comprimentos de onda das ondas nas regiões I e II. São dados: $\lambda_1 = 2,0$ cm, $v_1 = 4,0$ cm/s, sen $\theta = 0,8$ e sen $x = 0,6$. Assim, podemos afirmar que:

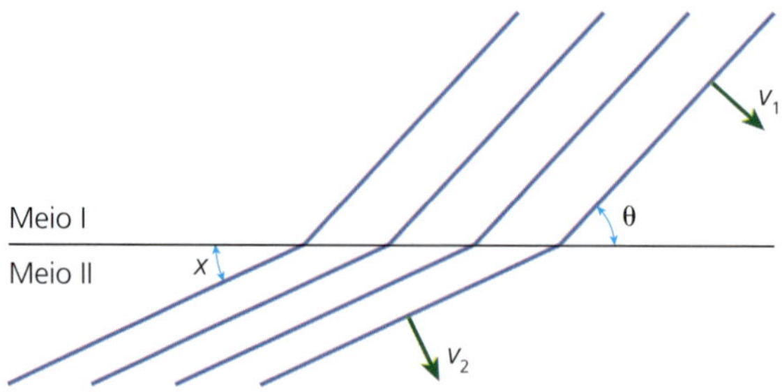

a) a frequência das ondas na região I é maior que na região II.

b) a frequência das ondas na região I é menor que na região II.

c) a frequência das ondas é igual nas duas regiões e vale 0,5 Hz.

d) a frequência das ondas é igual nas duas regiões e vale 2,0 Hz.

e) a frequência das ondas é igual nas duas regiões e vale 8,0 Hz.

16. Em relação à situação mostrada no exercício anterior, também podemos dizer que:

a) $v_2 = 1,0$ cm/s e $\lambda_2 = 2,0$ cm.
b) $v_2 = 1,5$ cm/s e $\lambda_2 = 3,0$ cm.
c) $v_2 = 2,0$ cm/s e $\lambda_2 = 1,0$ cm.
d) $v_2 = 3,0$ cm/s e $\lambda_2 = 1,5$ cm.
e) v_2 e λ_2 não podem ser determinados.

17. Frentes de ondas retas e paralelas propagam-se na superfície da água de uma cuba de ondas, do meio 1 para o meio 2, como mostra a figura a seguir. A cada segundo, duas frentes de onda cruzam a fronteira entre essas regiões, sendo $v_1 = 20$ cm/s a velocidade de propagação das ondas no meio 1. Sabe-se que, para pequenas profundidades h, a velocidade de propagação de ondas superficiais na água pode ser calculada por $v = \sqrt{g \cdot h}$, sendo g a aceleração da gravidade.
Adote sen 30° = 0,5, sen 45° = 0,7 e determine:

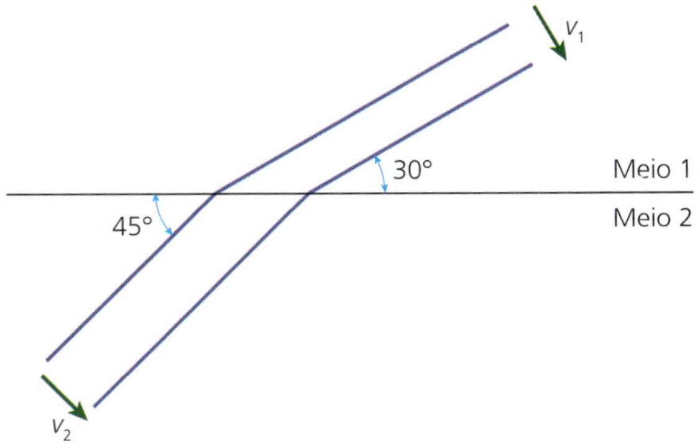

a) o comprimento de onda λ_1 das ondas no meio 1;
b) a velocidade de propagação das ondas no meio 2;
c) o comprimento de onda λ_2 no meio 2;
d) a profundidade h_2 do meio 2, sendo $h_1 = 2,5$ cm a profundidade do meio 1.

Difração de ondas

A **figura 30** mostra uma situação muito comum no nosso dia a dia. Muitas vezes ouvimos sons provenientes de fontes que não conseguimos ver. O som contorna certos obstáculos praticamente intransponíveis para a luz. A essa capacidade de as ondas contornarem obstáculos damos o nome de **difração**.

Figura 30. O rapaz pode ouvir o som do rádio, mas não consegue ver o aparelho.

SÉRGIO DOTTA JR./CID

Figura 31. Ondas retas na superfície da água difratam na abertura e passam a se propagar como ondas circulares.

As ondas na superfície da água também sofrem difração, isto é, podem chegar a pontos que, pela nossa intuição, não deveriam ser atingidos. É o caso dos pontos *A* e *B* da **figura 31**. Como se vê, a porção das frentes de onda que passa pela abertura entre as barreiras propaga-se além dela, mas não como ondas retas. Devido ao fenômeno da difração, elas se deformam e conseguem atingir regiões onde deveríamos ter "sombra".

O modelo da propagação ondulatória de Huygens explica a ocorrência da difração. A **figura 32** mostra a aplicação do princípio de Huygens para explicar a difração de ondas retas atingindo uma abertura. Os pontos da abertura atingidos pelas frentes de ondas retas passam a emitir ondas semelhantes às da fonte, gerando novas frentes de onda que progridem além da barreira.

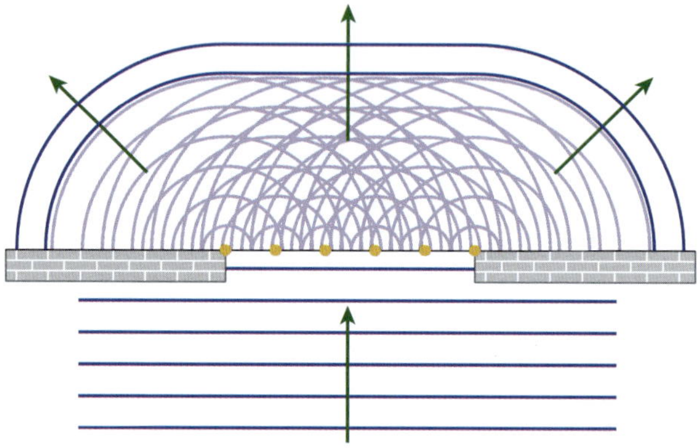

Figura 32. Esquema que explica a difração pelo princípio das fontes secundárias de Huygens.

FOTOS: SÉRGIO DOTTA/CID

Figura 33. À medida que a largura da abertura se aproxima do valor do comprimento das ondas, a difração fica mais acentuada.

Para que uma onda possa sofrer difração, as dimensões do objeto devem ser da mesma ordem de grandeza do comprimento de onda. É exatamente essa condição que limita a difração da luz e facilita a difração do som. Os comprimentos de onda das radiações visíveis estão entre 400 nanômetros (nm) e 750 nm, valores bem menores que a maioria dos objetos à nossa volta. Para o som, os comprimentos de onda estão na faixa de 16 mm a 16 m, valores compatíveis com a grande maioria dos objetos que nos cerca.

A experiência mostrada na **figura 33**, realizada com ondas na superfície da água, revela claramente que, à medida que a largura da fenda diminui, as frentes de ondas que transpõem a barreira ficam mais acentuadamente circulares, isto é, a difração aumenta.

Uma experiência semelhante pode ser realizada com luz. A **figura 34** mostra a difração que ocorre com uma luz que ilumina uma arruela de metal. Se não ocorresse a difração da luz, as bordas do anel estariam bem definidas na foto.

GIPHOTOSTOCK/PHOTORESEARCHERS/LATINSTOCK

Figura 34. Difração da luz nas bordas de um anel.

Polarização de ondas

Vamos imaginar uma experiência simples que envolve ondas produzidas em uma corda, como mostra a **figura 35**.

A extremidade da corda é agitada para cima e para baixo e para a direita e para a esquerda. Em ambos os casos, dizemos que as ondas são **plano-polarizadas**, verticalmente **(fig. 35A)** e horizontalmente **(fig. 35B)**. Assim, **polarizar uma onda significa selecionar o plano de vibração** dos pontos do meio de propagação das ondas.

Observe que essa experiência não poderia ser realizada se as ondas fossem longitudinais. Portanto, a polarização é um fenômeno característico de **ondas transversais**. Assim, a luz pode ser polarizada, mas o som, não.

Na **figura 36** vemos uma representação esquemática de ondas eletromagnéticas plano-polarizadas, vertical e horizontalmente, geradas pelas oscilações de elétrons em uma antena.

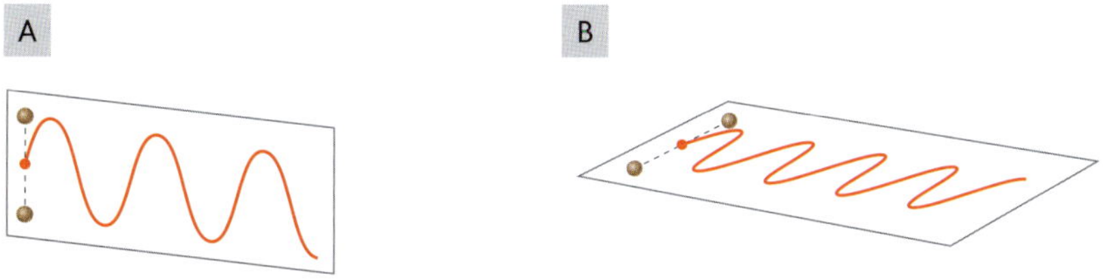

Figura 36. (A) Ondas eletromagnéticas plano-polarizadas verticalmente; (B) ondas eletromagnéticas plano-polarizadas horizontalmente.

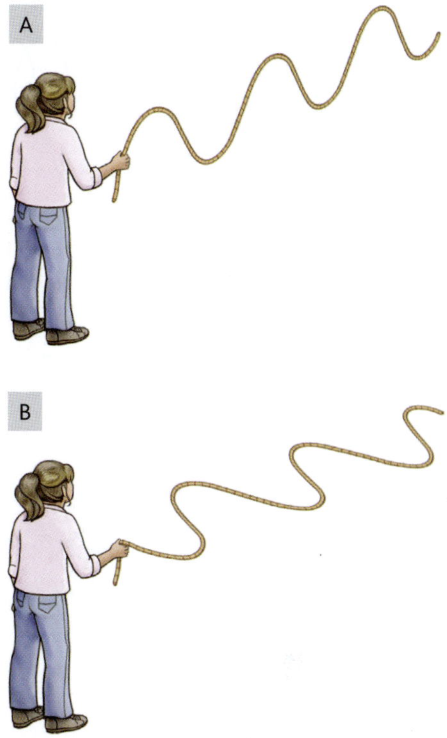

Figura 35. Ondas plano-polarizadas. (A) A corda é agitada para cima e para baixo; (B) a corda é agitada para a direita e para a esquerda.

Em uma fonte de luz comum, como uma pequena lâmpada ou a chama de uma vela, os elétrons oscilam em todas as direções do espaço, gerando perturbações em todos os planos. Nesse caso, dizemos que a fonte emite **luz não polarizada**, que pode ser representada simplificadamente como mostra a **figura 37.**

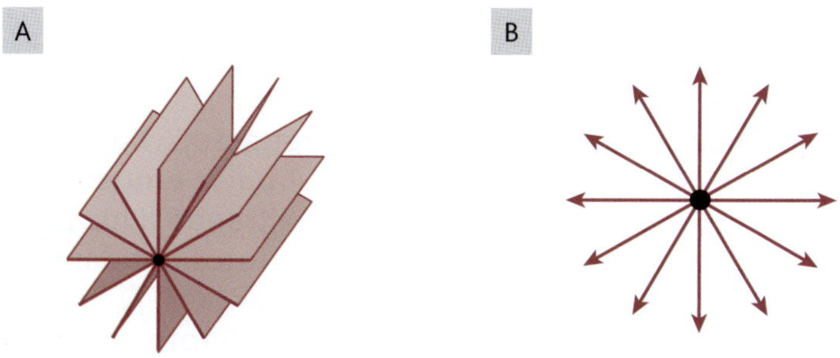

Figura 37. Representação esquemática de uma onda eletromagnética não polarizada. (A) Representação dos planos de oscilação; (B) oscilações em todas as direções.

Agora, vamos introduzir um elemento novo em nossa experiência: o **polarizador**, também conhecido como **polaroide**. Um polaroide é um selecionador de planos de vibração. Na **figura 38A**, na página seguinte, a corda é agitada em todas as direções, mas a grade (polaroide) deixa passar apenas as vibrações no plano vertical, no caso o plano de polarização. Na **figura 38B**, um segundo polaroide, chamado de analisador, foi colocado para selecionar o plano horizontal de polarização. No entanto, a onda já está polarizada verticalmente e, portanto, não pode ser transmitida além da segunda grade. Nesse caso, os efeitos combinados dos polaroides impedem a passagem da onda.

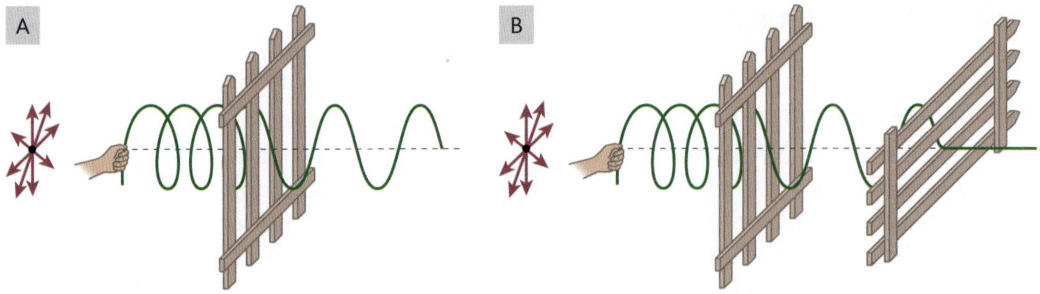

Figura 38. Polaroides mecânicos. As grades selecionam os planos de vibração. (A) O primeiro polaroide seleciona o plano vertical de **oscilação;** (B) o segundo polaroide impede a passagem das ondas.

A **figura 39** mostra como essa experiência pode ser feita com ondas luminosas.

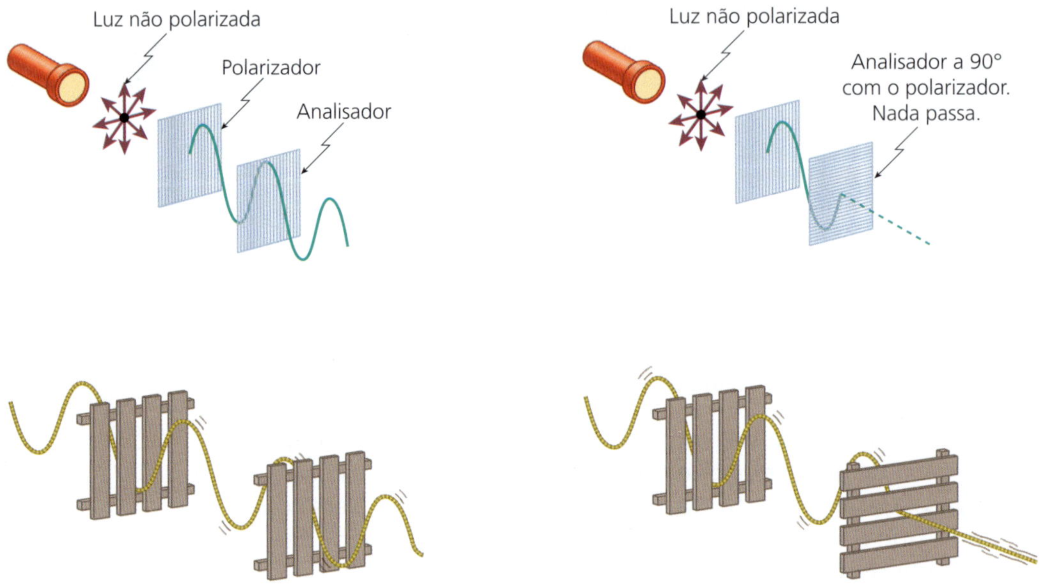

Figura 39. Analogia entre a experiência com a corda e as grades e a mesma experiência feita com luz e materiais polarizadores.

28.1 Conteúdo multimídia

A polarização da luz também pode ocorrer por reflexão e por refração. A **figura 40A** mostra a mesma foto obtida sem e com filtros polarizadores. A parte esquerda da foto foi obtida sem filtro, enquanto a parte direita foi obtida filtrando a luz polarizada pela reflexão na superfície da água. A **figura 40B** mostra fotos obtidas com luz polarizada por refração, isto é, luz transmitida pelos polarizadores. A foto da esquerda foi obtida com polarizador (*P*) e analisador (*A*) alinhados. A foto da direita foi obtida com polarizador (*P*) e analisador (*A*) cruzados.

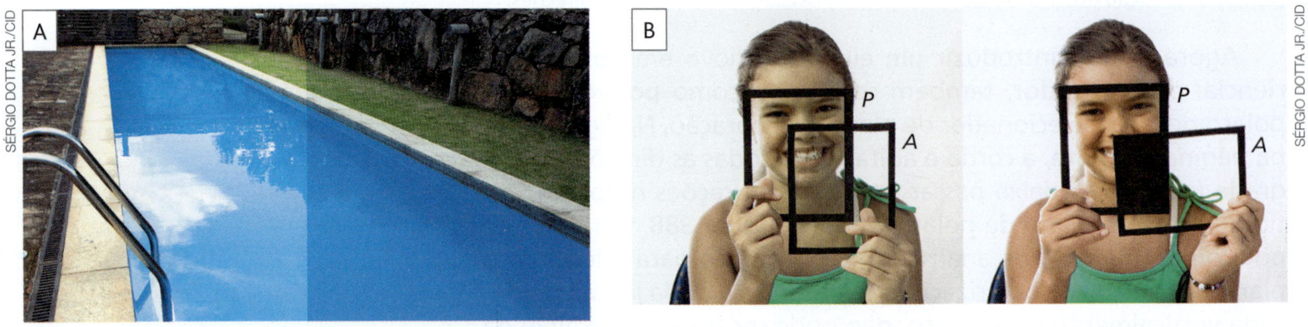

Figura 40. (A) Foto obtida sem e com filtros polarizadores; (B) foto obtida com polarizador e analisador alinhados (esquerda) e com polarizador e analisador cruzados (direita).

Aplicando a teoria

9. **Qual das seguintes afirmações sobre a luz revela seu caráter ondulatório?**

a) A luz obedece às leis da reflexão.

b) A luz obedece às leis da refração.

c) A velocidade de propagação da luz no vácuo é máxima.

d) A luz sofre difração.

e) A luz pode ser polarizada.

➤ Solução

a) A afirmação é correta, mas a reflexão também ocorre com bolas de bilhar, por exemplo.

b) A afirmação é correta, mas a refração também ocorre com objetos materiais, como o carrinho da figura ao lado, por exemplo.

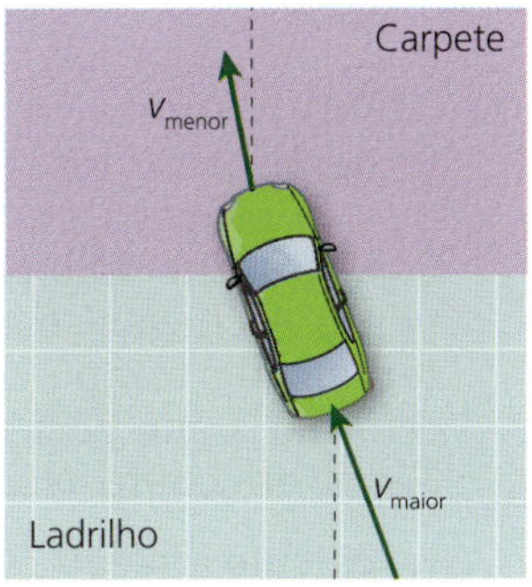

c) A afirmação é correta, mas não explica o caráter ondulatório da luz.

d) A afirmação é correta, mas elétrons também difratam em cristais, como vimos na introdução deste capítulo.

e) A afirmação é correta e explica o que se pede: só ondas (transversais) podem ser polarizadas.

Resposta: e

10. **Observe as fotos a seguir obtidas sucessivamente. Considerando que a luz refletida no para-brisa do carro é polarizada, explicar por que na foto inferior é mais fácil enxergar o interior do automóvel que na foto superior.**

FOTOS: SERGIO DOTTA JR./CID

➤ Solução

A foto inferior foi obtida com um filtro polaroide colocado na frente da objetiva da máquina fotográfica. Como a luz refletida no para-brisa do carro é polarizada, o filtro impede que ela chegue ao interior da máquina, permitindo que somente a luz refratada, vinda do interior do carro, atinja o sistema que registra a imagem.

Avaliando o aprendizado

18. Difração é um fenômeno ondulatório que:

a) não ocorre com a luz.

b) não ocorre com o som.

c) só ocorre com ondas longitudinais.

d) só ocorre com ondas transversais.

e) ocorre mais comumente com o som do que com a luz.

19. As ondas sonoras audíveis para o ser humano têm frequências no intervalo de 17 Hz a 20 kHz e velocidade de propagação no ar de 340 m/s. Assim, os objetos capazes de difratarem essas ondas no ar devem ter dimensões entre:

a) 17 m e 20 km.

b) 20 mm e 17 m.

c) 17 mm e 20 m.

d) 20 m e 17 km.

e) 34 mm e 34 m.

20. Dos fenômenos ondulatórios citados abaixo, aquele que não pode ocorrer com o som é a:

a) reflexão.

b) refração.

c) transmissão.

d) polarização.

e) difração.

21. O modelo representativo da propagação das ondas eletromagnéticas é mostrado abaixo.

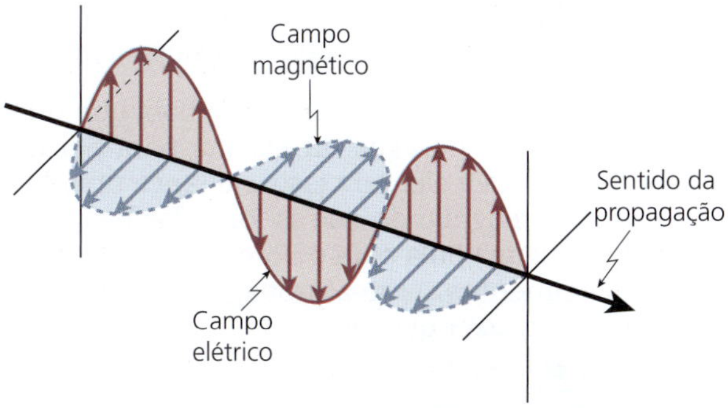

As ondas senoidais mostram as variações das intensidades dos campos elétricos e magnéticos. Esse modelo tem base no fato de essas ondas poderem ser:

a) refratadas.

b) refletidas.

c) difratadas.

d) polarizadas.

e) absorvidas.

Revisando o conteúdo

Ficha-resumo 1

Classificação das ondas

- Natureza: mecânicas ou eletromagnéticas
- Modo de vibração: transversais, longitudinais ou mistas
- Dimensionalidade: unidimensionais, bidimensionais ou tridimensionais

Velocidade de propagação

- Velocidade de ondas transversais em cordas tensas: $v = \sqrt{\frac{F}{\mu}}$
- Velocidade de ondas superficiais em águas rasas: $v = \sqrt{g \cdot h}$
- Velocidade da luz em meios materiais: $v = \frac{c}{n}$

Equação fundamental da propagação ondulatória: $v = \lambda \cdot f$

1. Das ondas citadas a seguir, a única que **não** se propaga no vácuo é a da alternativa:
a) ultrassom
b) ondas de rádio
c) raios X
d) ultravioleta
e) micro-ondas

2. A luz emitida por uma pequena lâmpada pode ser classificada como uma onda:
a) eletromagnética, longitudinal, tridimensional, plana.
b) eletromagnética, transversal, tridimensional, esférica.
c) eletromagnética, transversal, tridimensional, reta.
d) mecânica, transversal, unidimensional.
e) mecânica, longitudinal, bidimensional, circular.

3. Na figura, o rapaz tenta mover a bola que flutua na superfície da água da piscina para perto da borda oposta a ele. Para isso, ele lança um objeto na água, imaginando que as "ondulações" produzidas levem a bola para a borda. A partir de seus conhecimentos sobre a propagação ondulatória, você pode dizer que ele:

a) conseguirá seu intento, pois as oscilações transferem energia cinética para a bola que, certamente, chegará à borda oposta.
b) não conseguirá seu intento, pois ondas não transportam matéria.
c) conseguirá o que quer se o objeto lançado provocar pequenas ondulações.
d) conseguirá o que quer se forem jogados vários objetos sucessivamente.
e) conseguirá o que quer se o objeto lançado for outra bola.

4. (UFRJ) A figura representa um instantâneo fotográfico de um pulso de onda assimétrico que se propaga para a direita em uma corda. Seja t_A o intervalo de tempo necessário para o ponto A chegar ao topo do pulso; seja t_B o intervalo de tempo necessário para o ponto B retornar à sua posição horizontal de equilíbrio. Tendo em conta as distâncias indicadas na figura, calcule a razão $\frac{t_A}{t_B}$.

28.1 Visão do especialista

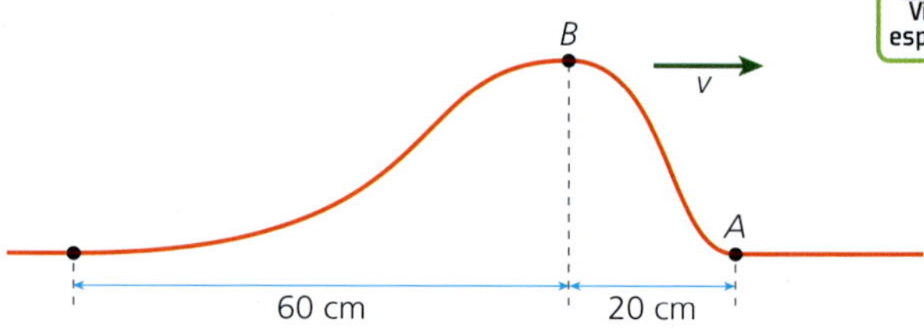

5. Duas cordas, de mesmo comprimento e densidades lineares na razão $\frac{\mu_1}{\mu_2} = 4$, são montadas em um suporte conforme a figura. Determine a razão $\frac{v_1}{v_2}$ entre as velocidades de pulsos transversais que se propagam nas duas cordas.

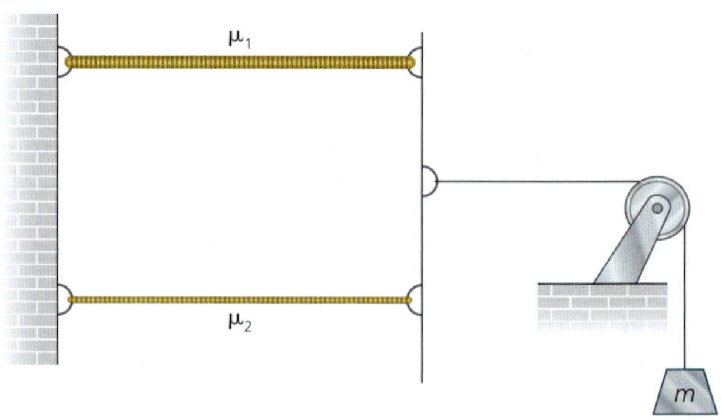

6. (Fuvest-SP) A figura representa, nos instantes t = 0 s e t = 2,0 s, configurações de uma corda sob tensão constante, na qual se propaga um pulso cuja forma não varia.

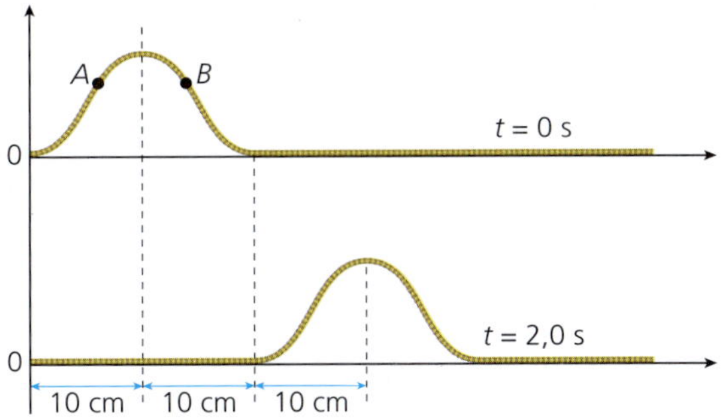

a) Qual é a velocidade de propagação do pulso?

b) Indique em uma figura a direção e o sentido das velocidades dos pontos materiais A e B da corda no instante t = 0 s.

7. (UFPR) A figura abaixo representa parte de uma onda propagando-se numa corda ao longo do eixo x. A curva cheia é a forma da corda no instante $t_1 = 0{,}3$ s, e a curva tracejada, a forma em $t_2 = 0{,}5$ s.

a) Qual é a amplitude dessa onda?

b) Qual é o seu comprimento de onda?

c) Determine a velocidade da onda.

d) Calcule a sua frequência.

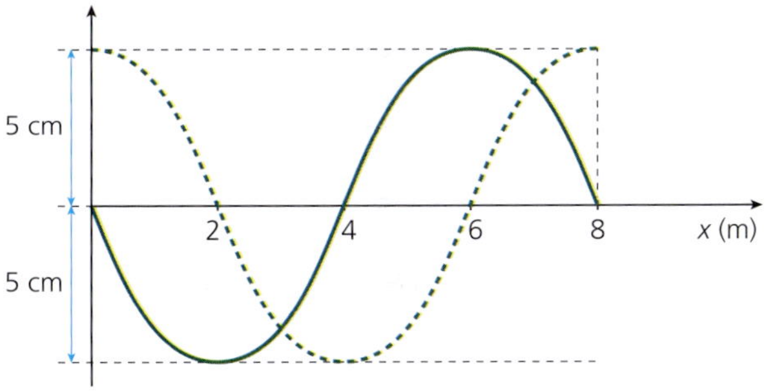

8. (Vunesp) A figura reproduz duas fotografias instantâneas de uma onda que se deslocou para a direita numa corda.

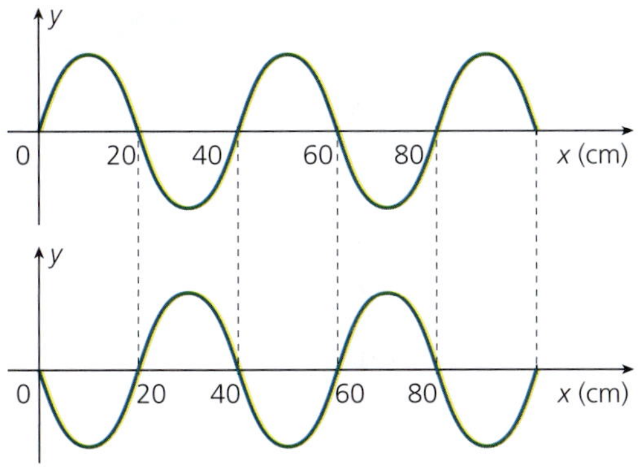

a) Qual é o comprimento de onda dessa onda?

b) Sabendo-se que, no intervalo de tempo entre as duas fotos, $\frac{1}{10}$ s, a onda se deslocou menos que um comprimento de onda, determine a velocidade de propagação e a frequência dessa onda.

Ficha-resumo 2

Reflexão de ondas

- As ondas retornam ao meio de incidência.
- A velocidade de propagação, a frequência e o comprimento de onda não variam.
- Os ângulos de incidência e de reflexão têm valores iguais ($i = r$).

9. A figura 1 representa uma frente de onda reta AB propagando-se na superfície da água de um tanque quadrado. O sentido de propagação da onda está indicado pela seta. Represente na figura 2 o restante dessa mesma frente de onda após reflexão nas paredes do tanque, indicando com setas o sentido de propagação de cada segmento dela.

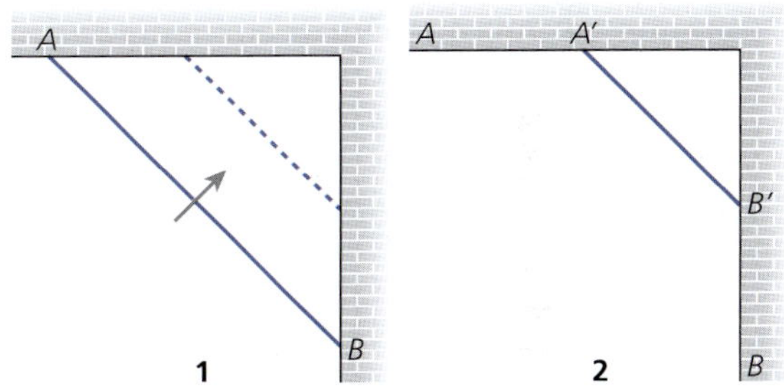

10. Uma pessoa, parada diante de uma parede vertical, bate palmas de maneira cadenciada. Ela ajusta o ritmo das palmadas de modo que, ao bater 40 palmadas por minuto, ela deixa de ouvir o eco, pois o som refletido na parede chega aos seus ouvidos juntamente com o som produzido pelas suas mãos naquele mesmo instante. Considerando a velocidade de propagação do som no ar local igual a 320 m/s, determine:

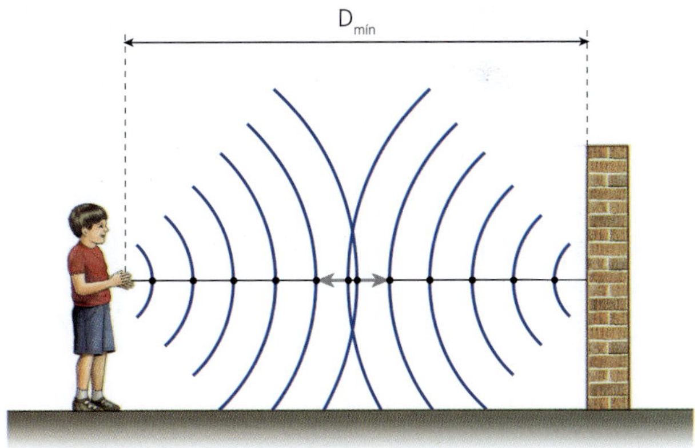

a) o intervalo de tempo decorrido entre duas palmadas sucessivas;

b) a distância mínima entre essa pessoa e a parede.

11. A figura mostra ondas circulares geradas pela fonte pontual F e que se propagam com velocidade de $v = 50$ cm/s na superfície da água de um grande tanque experimental.

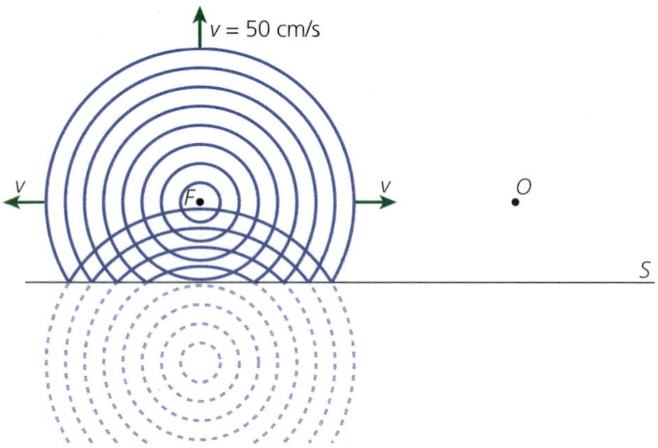

Uma pequena boia colocada no ponto O recebe as frentes de onda que vêm diretamente da fonte F e também as que são refletidas no anteparo plano e horizontal S. O segmento FO é paralelo a S e mede 4,0 m. A distância entre a fonte F e o anteparo S é 1,5 m. Na figura, também estão representados, em linhas tracejadas, os prolongamentos das frentes de onda refletidas. Determine:

a) o intervalo de tempo necessário para que uma frente de onda percorra o segmento FO;

b) o intervalo de tempo necessário para que uma frente de onda chegue ao ponto O, após ter sido refletida em S.

12. (Fuvest-SP) Ondas retas propagam-se na superfície da água com velocidade de módulo igual a 1,4 m/s são refletidas por uma parede plana vertical, na qual incidem sob o ângulo de 45°. No instante $t_0 = 0$, uma crista *AB* ocupa a posição indicada na figura.

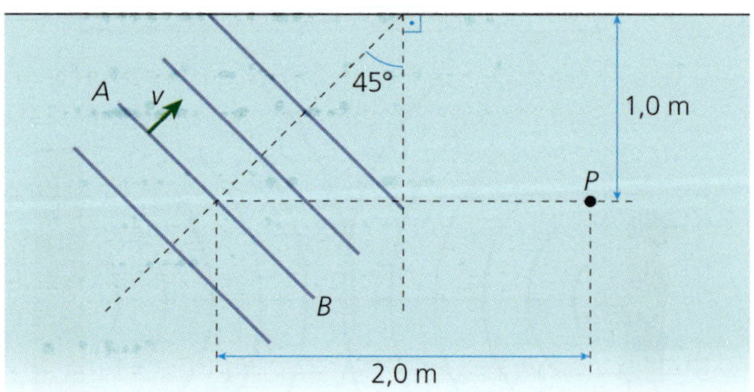

a) Depois de quanto tempo essa crista atingirá o ponto P, após ser refletida na parede?

b) Esboce a configuração dessa crista quando passa por P.

Obs.: considere sen 45° = 0,7.

Ficha-resumo 3

Refração de ondas

- A frequência, o período e a fase das ondas não variam.
- A velocidade de propagação e os comprimentos de onda são diretamente proporcionais entre si: $\frac{v_1}{v_2} = \frac{\lambda_1}{\lambda_2}$

Lei de Snell-Descartes: $n_1 \cdot \text{sen}\, i = n_2 \cdot \text{sen}\, r$

13. Uma onda sonora com frequência de 100 Hz propagando-se no ar, com velocidade de 340 m/s, refrata-se e passa a se propagar na água com velocidade de 1.530 m/s.

a) Qual é o comprimento de onda desse som no ar?

b) Determine, para essa onda, o índice da refração do ar em relação à água?

c) Qual é o comprimento de onda desse som na água?

14. (UFC-CE) A figura abaixo representa a evolução temporal de um pulso em uma corda composta de duas partes, uma de densidade linear d_1 e outra de densidade linear d_2, sujeitas a uma mesma tensão *T*. L_1 e L_2 são as distâncias percorridas pelos pulsos refletido e transmitido, respectivamente, a partir da junção entre as partes da corda. Podemos, então, afirmar que a razão d_1/d_2 em termos de L_1 e L_2 é igual a:

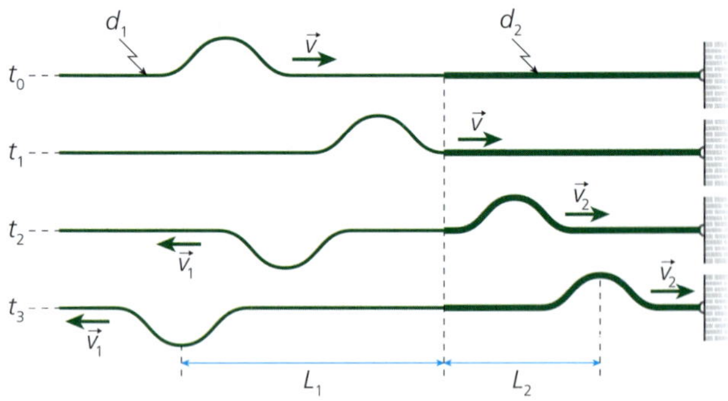

a) L_2/L_1

b) L_2/L_1

c) $(L_2/L_1)^2$

d) $L_2/(L_1 + L_2)$

e) $[L_2/(L_1 + L_2)]^2$

15. (IME-RJ) Ao passar do vácuo, de índice de refração é $n_v = 1$, para um meio de índice de refração $n_m = 1{,}6$, o comprimento de onda de uma onda eletromagnética variou de 300 nm. Quanto vale o comprimento de onda dessa onda no vácuo?

16. (Vunesp) Uma onda plana de frequência $f = 20$ Hz, propagando-se com velocidade $v_1 = 340$ m/s no meio 1, refrata-se ao incidir na superfície de separação entre o meio 1 e o meio 2, como indicado no figura.

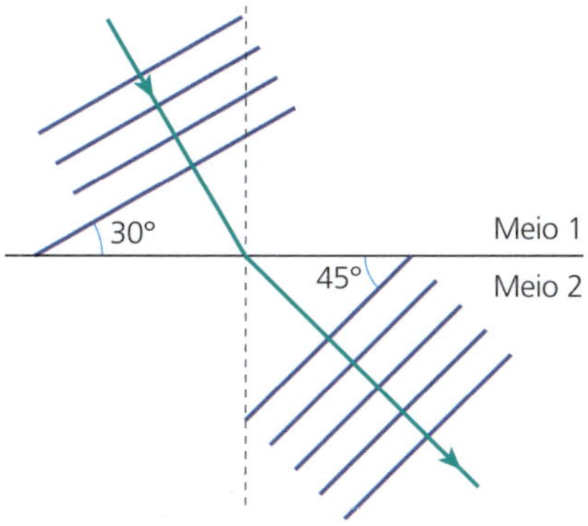

Sabendo-se que as frentes de onda plana incidente e refratada formam, com a superfície de separação, ângulos de 30° e 45°, respectivamente, determine, utilizando a tabela seguinte:

θ	sen θ	cos θ
30°	0,50	0,87
45°	0,70	0,70
60°	0,87	0,50

a) a velocidade v_2 da onda refratada no meio 2;

b) o comprimento de onda λ_2 da onda refratada no meio 2.

Ficha-resumo 4

Difração e polarização de ondas

- **Difração:** Capacidade de as ondas contornarem obstáculos. Para que uma onda possa sofrer difração, as dimensões do objeto devem ser da mesma ordem de grandeza do comprimento de onda.
- **Polarização:** Seleção do plano de vibração dos pontos do meio de propagação de uma onda. A polarização só ocorre com ondas transversais.

17. (UFC-CE) Usando seus conhecimentos sobre ondas longitudinais e transversais, indique a alternativa correta.

a) Ondas longitudinais são aquelas para as quais as vibrações ocorrem em uma direção que é ortogonal à direção de propagação da onda.

b) Ondas transversais são aquelas para as quais as oscilações coincidem com a direção da propagação.

c) Ondas luminosas e ondas de rádio são exemplos de ondas longitudinais.

d) Apenas ondas transversais podem ser polarizadas.

e) Apenas ondas longitudinais se propagam no vácuo.

18. A lei de Malus da polarização relaciona a intensidade I_0 da luz polarizada incidente e a intensidade I da luz transmitida pelo filtro polarizador, de acordo com a expressão: $I = I_0 \cdot \cos^2(\theta)$, sendo θ o ângulo entre o eixo do polarizador e o plano de vibração da luz incidente. Assim, para reduzir a um quarto a intensidade da luz polarizada incidente, devemos ter:

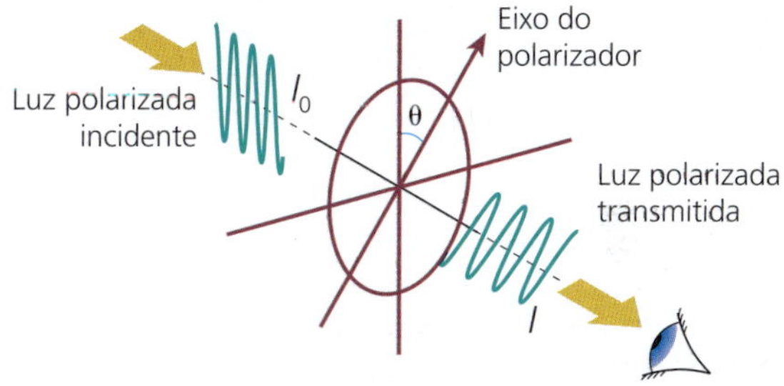

a) $\theta = 0°$

b) $\theta = 30°$

c) $\theta = 45°$

d) $\theta = 60°$

e) $\theta = 90°$

19. Mesmo não vendo as imagens momentaneamente, Pedrinho pode ouvir a narração do jogo na TV. Isso é possível pois:

a) o som atravessa a parede que separa os dois ambientes, chegando até Pedrinho. Esse fenômeno é denominado difração de ondas.

b) o som provoca vibrações na parede que separa os dois ambientes, chegando até Pedrinho. Esse fenômeno é denominado polarização de ondas.

c) o som contorna a parede que separa os dois ambientes, chegando até Pedrinho. Esse fenômeno é denominado difração de ondas.

d) a antena da TV emite ondas sonoras de alta potência que chegam até Pedrinho.

e) a geladeira está funcionando como uma antena receptora para as ondas sonoras.

Capítulo 29

Acústica

Matthew Imaging/WireImage/Getty Images

Objetivos do capítulo:

- Entender a natureza mecânica das ondas sonoras.
- Distinguir som, infrassom e ultrassom.
- Estudar a propagação do som nos diversos meios.
- Conhecer e distinguir as qualidades fisiológicas do som.
- Identificar e resolver situações nas quais ocorre o efeito Doppler acústico.
- Compreender a interferência de ondas e a formação de ondas estacionárias.
- Estudar as fontes primárias de ondas sonoras: cordas vibrantes e tubos sonoros.

O maestro tem um papel muito importante numa orquestra. É ele quem cuida da harmonia sonora, conduz o ritmo e indica aos músicos os sons mais fracos e os mais fortes, assegurando que todos os sons dos instrumentos sejam perceptíveis.

Neste capítulo apresentam-se alguns conceitos de Acústica essenciais para uma compreensão mais aprofundada sobre a natureza do som, o que pode efetivamente ser usado para melhor entender a arte da música.

Como podemos aumentar a altura do som de um instrumento de corda? Por que um trompete apresenta válvulas que regulam a altura da coluna de ar e uma corneta não? Qual é a diferença entre altura, intensidade sonora e timbre? Essa e outras questões serão respondidas no estudo deste capítulo.

1 Introdução

Neste capítulo estudaremos algumas qualidades e propriedades específicas das **ondas sonoras**. Também serão abordadas as fontes que geram essas ondas, bem como os fenômenos ondulatórios relevantes aos quais elas dão origem.

Antes de estudar as fontes sonoras primárias, cordas vibrantes e tubos sonoros, vamos investigar a **interferência** ou **superposição** de ondas e a formação de **ondas estacionárias**, que são a base para o estudo dos sons emitidos por essas fontes.

Embora o som possa se propagar em qualquer meio material, nosso estudo será dirigido quase exclusivamente para a propagação do som no **ar**. A propagação do som nos sólidos e nos líquidos terá um tratamento qualitativo mais simplificado, devido à complexidade matemática necessária para um estudo mais aprofundado desse tema.

2 Som, infrassom e ultrassom

De modo geral, **sons** são perturbações de pressão que se propagam em determinados meios, produzindo, nas partículas que os constituem, oscilações que podem excitar nosso sistema auditivo por meio das vibrações percebidas pelo tímpano, a membrana receptora dessas ondas. Nossa ênfase, com já dissemos, será para a propagação de ondas sonoras no ar, embora elas possam se propagar também em líquidos e sólidos.

Nos gases, mais comumente no ar, as frentes de onda sonora são regiões de compressão e rarefação produzidas pelas oscilações de algum tipo de fonte vibratória. Na **figura 1**, as compressões e rarefações do ar têm como origem as vibrações da membrana do alto-falante. Nas regiões de compressão a pressão do ar fica um pouco acima do nível normal da pressão do ar ambiente. Nas de rarefação, a pressão do ar fica um pouco abaixo do nível normal da pressão do ar ambiente. A distância entre duas regiões de compressão ou de rarefação é o **comprimento de onda** do som.

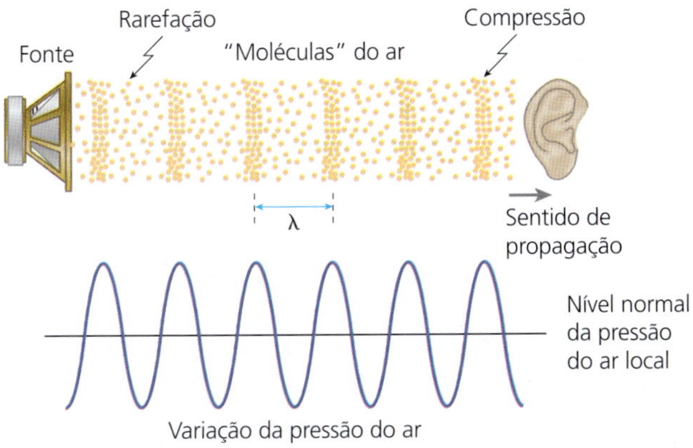

Figura 1. Modelo de propagação de ondas sonoras no ar.

Nos líquidos, o som também se propaga por ondas longitudinais. A situação é mais complexa nos sólidos. Neles, as perturbações propagam-se longitudinal e transversalmente, e com velocidades de propagação diferentes. Os terremotos são exemplos desse tipo de propagação.

Nosso sistema auditivo é sensível às vibrações de natureza sonora cujas frequências estejam entre **20 Hz** e **20 kHz**, aproximadamente. Ondas dessa natureza, com frequências nessa faixa de valores, são denominadas **sons audíveis**.

Uma onda sonora com frequência inferior a 20 Hz é denominada **infrassom** e uma com frequência superior a 20 kHz é denominada **ultrassom**. Essas ondas são **inaudíveis** ao ser humano.

Esses valores podem variar um pouco de uma pessoa para outra e, para uma mesma pessoa, ao longo da vida. A **figura 2** mostra os domínios das ondas sonoras audíveis (sons) e inaudíveis (infrassons e ultrassons).

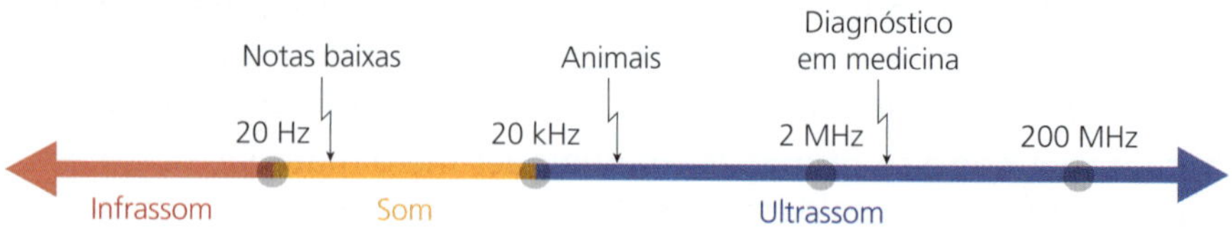

Figura 2. Espectro acústico audível e inaudível.

O estudo das ondas sonoras com frequências entre 1 mHz e 15 Hz, denominado infrassônica, tem aplicações no monitoramento de terremotos e de populações marinhas, entre outras. Os infrassons podem cobrir grandes distâncias, contornando obstáculos com pouca dissipação de energia.

As ondas ultrassônicas também têm inúmeras aplicações. Em geral, elas penetram determinado meio e são refletidas, permitindo o registro de detalhes da estrutura interna daquele meio. Esse é o processo usado no diagnóstico por imagem ultrassônica em Medicina, o conhecido "exame de ultrassom". A desintegração ultrassônica de células, inclusive bactérias, é outra aplicação médica. A ecolocalização subaquática dos submarinos se dá por emissão e recepção de pulsos ultrassônicos em aparelhos denominados **sonares** (SONAR é uma sigla inglesa: *SOund NAvigation and Ranging*, que significa *navegação e prospecção por som*). Há muitas outras aplicações das ondas ultrassônicas na Engenharia e na indústria.

Animais como morcegos, corujas, baleias, golfinhos, peixes e até insetos são dotados de um tipo de *biossonar* e se utilizam de processos ultrassônicos para definir sua própria localização, para localizar suas presas e para se comunicar. A **figura 3** mostra um esquema da ecolocalização de um morcego, em que ele se orienta para evitar o choque com um obstáculo.

29.1 Biblioteca do estudante

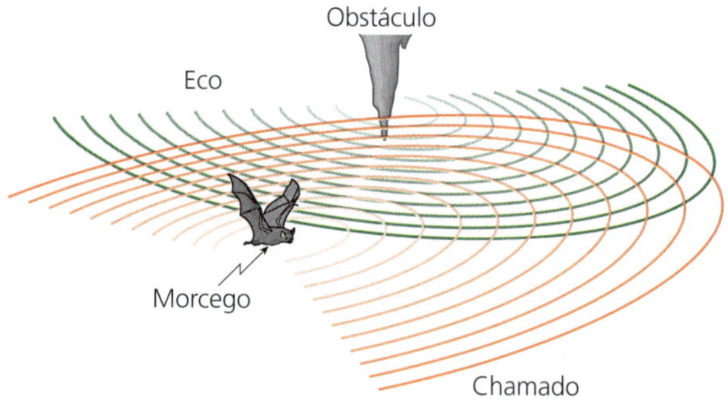

Figura 3. Ecolocalização de um morcego.

Como ocorre com qualquer outro tipo de onda, a frequência de uma onda sonora é igual à frequência de oscilação da fonte que lhe deu origem. Desse modo, o som que ouvimos ao dedilhar a corda de um violão ou tocar uma tecla de um piano tem a mesma frequência de vibração da corda desses instrumentos. O mesmo ocorre com o som que ouvimos ao percutir a membrana de um tambor.

Entretanto, a velocidade de propagação e o comprimento de onda dependem das condições do meio de propagação. A velocidade de propagação do som no ar que envolve a corda do violão que o gerou não é igual à velocidade de propagação das ondas que percorrem a corda do instrumento. O comprimento de onda do som que chega até nós pelo ar não é igual ao comprimento de onda na corda do instrumento que o originou.

- A frequência de um som é igual à frequência da fonte que o emitiu.

A velocidade de propagação das ondas sonoras depende de certas propriedades físicas do meio, tais como temperatura, densidade e características associadas à sua elasticidade.

A velocidade de propagação do som num gás de massa molar M e que está a uma temperatura absoluta T é dada por $v = \sqrt{\gamma \cdot \frac{R \cdot T}{M}}$, sendo R a constante universal dos gases perfeitos e γ um coeficiente adimensional que depende da natureza do gás e de sua temperatura. Portanto, mantida constante a temperatura do gás, a velocidade das ondas sonoras nessa massa gasosa será constante, seja qual for a frequência da onda. A variação da velocidade de propagação do som no ar por influência da temperatura será explorada nos exercícios. A **tabela 1** mostra valores típicos da velocidade de propagação do som em alguns sólidos, líquidos e gases.

Tabela 1. Valores típicos da velocidade de propagação do som em alguns sólidos, líquidos e gases.

Sólidos		Líquidos		Gases	
Material	**(m/s)**	**Material**	**(m/s)**	**Material**	**(m/s)**
Aço	6.100	Ácido acético	1.584	Ar (0 °C, 1 atm)	331,6
Ferro	5.130	Água (0 °C)	1.402	Ar (20 °C, 1 atm)	343,5
Vidro	3.960	Água (20 °C)	1.493	Nitrogênio (20 °C, 1 atm)	349,0
Vidro pirex	5.640	Água do mar	1.533	Hidrogênio (20 °C)	1.308
Concreto	3.400	Mercúrio	1.450	Vapor de água (100 °C)	405,2
Madeira	3.600	Álcool	1.210	Hélio (20 °C)	1.007

Disponível em: <http://www.engineeringtoolbox.com/>. Acesso em: jun. 2012.

Aplicando a teoria

1. As frequências mínima e máxima audíveis ao ser humano são da ordem de 20 Hz e 20 kHz, respectivamente. Supor que a velocidade de propagação do som no ar local seja igual a 320 m/s. Determinar os comprimentos de onda máximo ($\lambda_{máx}$) e mínimo ($\lambda_{mín}$) para essas ondas sonoras, nesse local.

➤ Solução

A velocidade de propagação do som é a mesma para as duas frequências. Portanto, f e λ são inversamente proporcionais. Assim:

$v = \lambda_{mín} \cdot f_{máx} \Rightarrow 320 \text{ m/s} = \lambda_{mín} \cdot 20 \cdot 10^3 \text{ Hz} \Rightarrow$

$\Rightarrow \lambda_{mín} = 16 \cdot 10^{-3} \text{ m} \Rightarrow \boxed{\lambda_{mín} = 16 \text{ mm}}$

$v = \lambda_{máx} \cdot f_{mín} \Rightarrow 320 \text{ m/s} = \lambda_{máx} \cdot 20 \text{ Hz} \Rightarrow$

$\Rightarrow \boxed{\lambda_{máx} = 16 \text{ m}}$

2. Nos gases em geral, em condições de pressão e temperatura tais que possam ser considerados gases perfeitos, a velocidade de propagação do som em função da temperatura T, em kelvin, desse meio pode ser calculada, com excelente precisão, por uma relação do tipo $v_{som} = \sqrt{k \cdot T}$, sendo k uma constante que depende do gás.

a) Qual é a unidade da constante k, no SI?

b) Usando os dados da **tabela 1**, determinar o valor de k para o ar, considerando 0 °C = 273 K.

➤ Solução

a) No SI, as unidades das grandezas são: $[v]$ = m/s e $[T]$ = kelvin (K). Assim:

$v^2 = k \cdot T \Rightarrow (\text{m/s})^2 = [k]_{SI} \cdot \text{K} \Rightarrow$

$\Rightarrow \boxed{[k]_{SI} = \text{m}^2 \cdot \text{s}^{-2} \cdot \text{K}^{-1}}$ ou $\boxed{[k]_{SI} = \text{m}^2/(\text{s}^2 \cdot \text{K})}$

b) Da tabela, temos, para o ar, v = 331,6 m/s quando T = 0 °C = 273 K.

Assim: $(331{,}6)^2 = k \cdot 273 \Rightarrow$

$\Rightarrow \boxed{k \simeq 402{,}8 \text{ m}^2 \cdot \text{s}^{-2} \cdot \text{K}^{-1}}$

Avaliando o aprendizado

1. Considere 336 m/s e 1.428 m/s a velocidade de propagação do som no ar e na água, respectivamente, sob certas condições. Sendo $\lambda_{ar} = 1,2$ m o comprimento de onda da onda sonora no ar, o comprimento de onda dessa onda sonora na água será igual a:

a) 2,8 m
b) 5,1 m
c) 8,2 m
d) 12,0 m
e) 33,6 m

2. Da borda de um penhasco de 45,0 m de altura, um garoto deixa cair um objeto que, ao colidir contra o solo, emite um forte ruído que chega a ele Δt segundos após o objeto ter sido solto. Considerando 10,0 m/s² o módulo da aceleração da gravidade no local e 360 m/s a velocidade de propagação do som no ar local, determine Δt.

3. Dois engenheiros de uma ferrovia, em hora de folga, resolvem medir a velocidade de propagação do som no aço, utilizando, para isso, um dos trilhos com 84 m de comprimento. Com aparelhagem apropriada, medem os intervalos de tempo que o som gasta para ir, pelo ar e pelo aço, de uma extremidade a outra do trilho, após uma delas ser golpeada com um pesado martelo. Foi medida uma diferença de 236 ms entre a chegada dos dois sons. Sendo 336 m/s a velocidade de propagação do som no ar local, determine a velocidade de propagação do som no aço.

4. Considerando c a velocidade de propagação das ondas eletromagnéticas no ar, e v a velocidade de propagação do som no ar, para que uma onda sonora tenha comprimento de onda igual ao de uma radiação eletromagnética, a razão entre as frequências do som e da radiação deve ser igual a:

a) $v \cdot c$
b) $\frac{c}{v}$
c) $\frac{v}{c}$
d) c^v
e) v^c

3 Qualidades fisiológicas do som

Nosso sofisticado sistema auditivo é capaz de perceber certas características das ondas sonoras que nos permitem distinguir sons entre si. Em geral, sabemos se é uma mulher ou um homem que está falando, ou se uma nota musical foi emitida por um piano ou por um violão, ou ainda se o "volume" do som da TV está ou não em um nível elevado, dada a sensível e complexa fisiologia do nosso sistema auditivo, como podemos ver na **figura 4**.

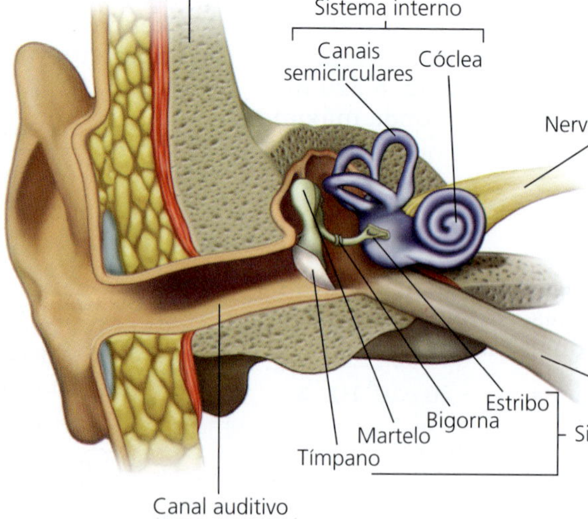

Figura 4. O complexo e sensível sistema auditivo humano.

Por estarem diretamente ligadas à sensibilidade auditiva de cada pessoa, certas características das ondas sonoras são, de certo modo, subjetivas e por isso denominadas qualidades fisiológicas do som. São três as qualidades fisiológicas do som: a **altura**, o **timbre** e a **intensidade**.

Altura

Essa qualidade do som está associada à **frequência** da onda sonora. A altura nos permite classificar os sons como **agudos** ou **altos**, e **graves** ou **baixos**.

A **figura 5** mostra esquematicamente que, no mesmo intervalo de tempo, foram geradas três ondas completas na representação da **figura 5A** e seis na representação da **figura 5B**. Portanto, o som *A* tem frequência menor que o som *B*. Dizemos então que *A* é mais grave ou mais baixo que *B*, ou que *B* é mais agudo ou mais alto que *A*.

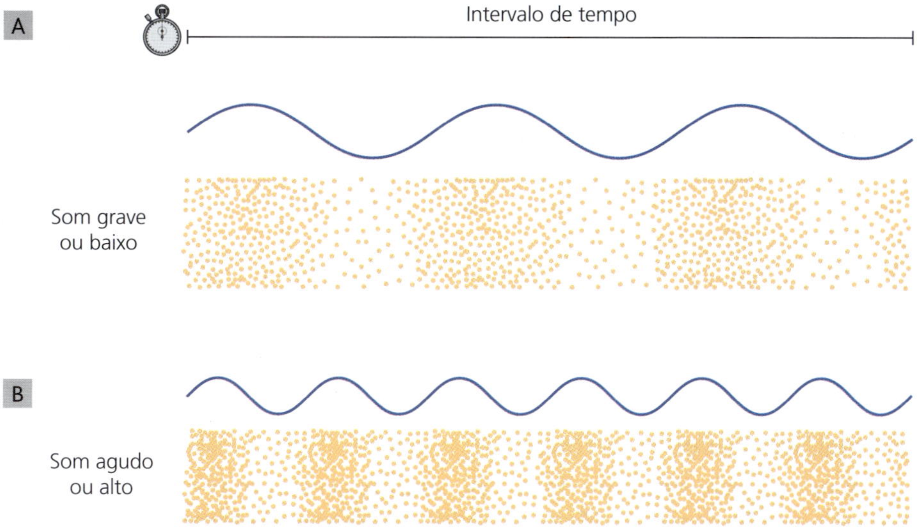

Figura 5. Representação esquemática da altura sonora. (A) Frequência menor; (B) frequência maior.

Timbre

Quando ouvimos uma nota musical emitida por algum instrumento, o som que ouvimos é, na verdade, uma combinação de várias frequências geradas simultaneamente pela fonte sonora. O som de menor frequência é chamado de **som fundamental** ou **primeiro harmônico**, e os demais sons emitidos são chamados de **segundo** harmônico, **terceiro** harmônico, **quarto** harmônico etc., ou **sobretons**. Estes têm frequências cujos valores são múltiplos da frequência fundamental, ou seja, a frequência associada ao primeiro harmônico. Assim, se o som fundamental tem frequência *f*, o segundo harmônico terá frequência 2*f*, o terceiro harmônico terá frequência 3*f*, e assim por diante.

Nas **figuras 6A** e **6B**, um osciloscópio é utilizado para permitir a visualização eletrônica de uma mesma nota musical emitida por fontes diferentes. A frequência e o período do som composto, emitido pelo instrumento musical, são iguais ao período e à frequência do som puro, emitido pelo diapasão.

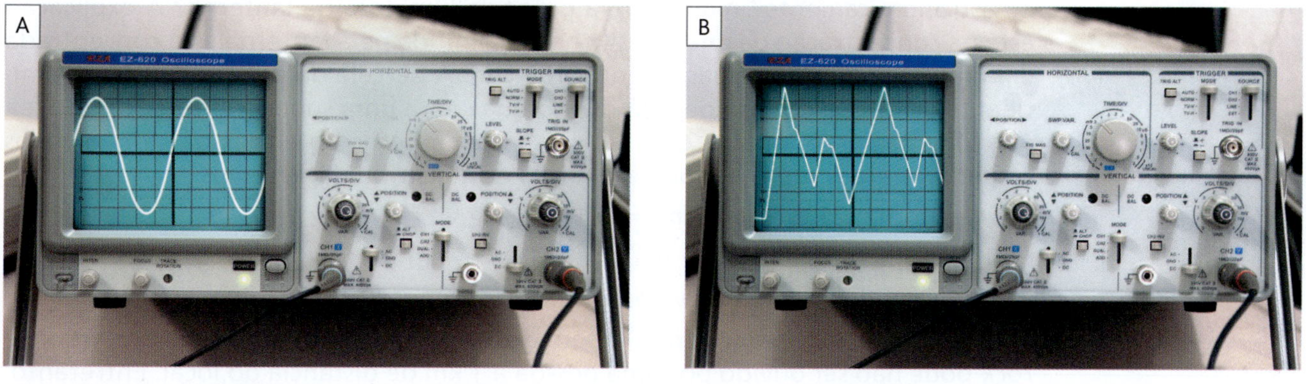

FOTOS: SÉRGIO DOTTA/THE NEXT

Figura 6. Um osciloscópio mostrando a mesma nota musical emitida por: (A) um diapasão (som puro); (B) instrumento musical (som composto).

O conjunto de harmônicos emitidos simultaneamente com o som fundamental em uma nota musical varia de um instrumento para outro. É essa diversidade de frequências combinadas que nos permite distinguir uma mesma nota emitida por instrumentos distintos. A frequência fundamental é a mesma, porém os harmônicos sobrepostos são diferentes. O conjunto dos harmônicos presentes em um som complexo caracteriza o **timbre** sonoro.

As cordas ou pregas vocais de pessoas com vozes "muito parecidas" emitem conjuntos de harmônicos semelhantes. Dizemos que essas pessoas têm o timbre vocal muito semelhante. O timbre é a qualidade sonora que nos permite identificar o tipo de fonte que emitiu o som.

Intensidade

Sabemos que as ondas transmitem energia aos pontos do meio por ela atingidos. Durante a propagação de uma onda sonora, essa energia vai se distribuindo sobre uma região cada vez maior e, desse modo, a quantidade de energia que atinge pontos mais afastados diminui.

Um alto-falante que emite sons com uma potência de 1 W transfere energia às partículas do ar próximo a ele à razão de 1 J/s. Essas partículas, por sua vez, passam a oscilar transmitindo essa energia a outras partículas do meio, propagando assim a onda sonora. À medida que nos aproximamos da fonte, ouvimos um som com maior "volume", como se diz na linguagem corrente. O correto é dizer que o som se torna mais **intenso** ou mais **forte**.

Uma lâmpada incandescente de 100 W, quando acesa, emite cerca de 5 J/s de energia luminosa, sendo os outros 95 J/s emitidos como energia térmica (infravermelho). Entretanto, temos 100 J/s de energia eletromagnética propagando-se pelo meio. Se aproximarmos a lâmpada de uma folha de papel, a "luminosidade" na superfície da folha será maior, isto é, a iluminação sobre a superfície da folha será mais intensa.

Embora sejam muito usadas no cotidiano, as expressões "volume sonoro" e "luminosidade" tecnicamente são substituídas por **intensidade sonora** e **intensidade luminosa**.

A qualidade denominada intensidade sonora permite classificar o som como **forte**, se for de grande intensidade, ou **fraco**, se for de pequena intensidade.

Nas duas situações acima, constatamos que tanto a distância da fonte sonora ao observador como a distância da lâmpada à superfície iluminada influem na intensidade da onda recebida. Quanto menor a distância relativa à fonte, mais intensa a onda recebida, para uma mesma potência emitida.

Se, com uma potente lanterna, fizermos incidir sobre uma tela 25 W de energia luminosa em um círculo de 16 cm de diâmetro, teremos uma intensidade luminosa "praticamente igual" à intensidade da luz solar sobre a superfície da Terra. Como isso é possível, se a potência da radiação luminosa emitida pelo Sol ($\simeq 4{,}2 \cdot 10^{26}$ W) é "astronomicamente" maior que a potência luminosa da lanterna? A explicação está na concentração da energia. A energia emitida pela lanterna está concentrada em uma área de, aproximadamente, 180 cm^2. A parcela da energia luminosa emitida pelo Sol que nos atinge está distribuída sobre uma superfície esférica de área aproximadamente igual a $2{,}8 \cdot 10^{27}$ cm^2. Dividindo as potências das fontes pelas respectivas áreas sobre as quais a energia está distribuída, teremos:

- lanterna: $25\ W \div 180\ cm^2 \simeq 0{,}14\ W/cm^2$;
- Sol: $4{,}2 \cdot 10^{26}\ W \div 2{,}8 \cdot 10^{27}\ cm^2 \simeq 0{,}15\ W/cm^2$.

Como podemos ver, são valores muito próximos.

O mesmo ocorre com o som. O som dos potentes alto-falantes em um *show* de *rock* pode não ser ouvido por uma pessoa a 1 km de distância do local. Entretanto, um pequeno "fone de ouvido" pode causar uma forte sensação auditiva por estar muito próximo do sistema auditivo da pessoa.

Portanto, a sensação de som mais intenso ou de maior iluminação deve-se à concentração da energia transmitida pela onda. A concentração de energia da onda incidente sobre uma dada superfície denomina-se **intensidade** da onda, definida pela razão entre a potência P emitida por uma fonte de ondas e a área S da superfície sobre a qual a energia transmitida pelas ondas se distribui.

$$I = \frac{P}{S}$$

No SI, a intensidade é medida em watt por metro quadrado (W/m^2).

Para fontes de onda pontuais, por exemplo, uma pequena lâmpada ou um pequeno alto-falante, as frentes de onda são tridimensionais e esféricas, isto é, a energia emitida pela fonte distribui-se esfericamente à medida que a onda se propaga.

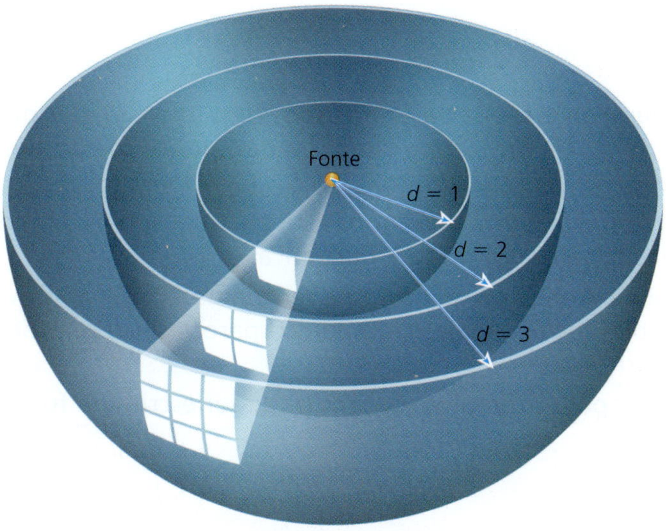

Figura 7. Frentes de onda esféricas emitidas por uma fonte puntiforme. A energia emitida se distribui sobre uma área cada vez maior à medida que a onda se propaga.

Da Geometria sabemos que a área de uma superfície esférica de raio R é $4\pi R^2$. No caso que estamos analisando, o raio da superfície esférica é a distância d entre a fonte e os pontos atingidos pela frente de onda num dado instante, como se vê na **figura 7**.

Portanto, para as ondas esféricas temos:

$$I = \frac{P}{S} = \frac{P}{4\pi d^2}$$

Na igualdade acima, vemos que a intensidade das ondas esféricas é inversamente proporcional ao quadrado da distância entre os pontos considerados e a fonte. Dizemos que a propagação de ondas esféricas obedece à **lei do inverso do quadrado da distância**. A **figura 8** ilustra esse fato.

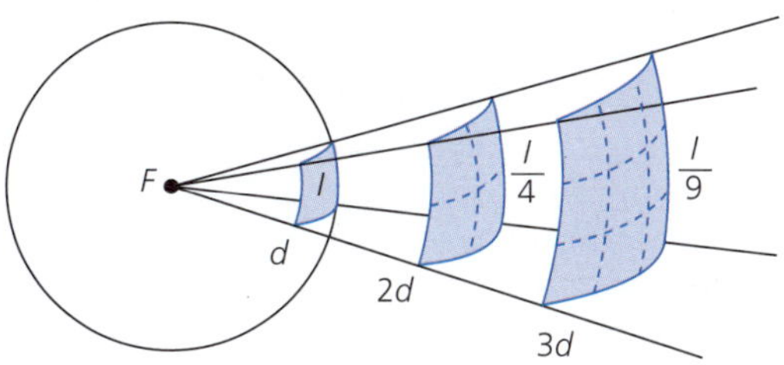

Figura 8. A intensidade de uma onda esférica é inversamente proporcional ao quadrado da distância entre a fonte e o ponto atingido pela frente de onda.

Demonstra-se que as intensidades de ondas senoidais, em geral, são proporcionais ao quadrado da amplitude *A* das ondas. Portanto:

$$I = k \cdot A^2$$

A **figura 9** mostra esquematicamente duas ondas sonoras, *A* e *B*, de mesma frequência, mas com amplitudes diferentes. Como o som *B* tem amplitude maior que a amplitude do som *A*, dizemos que *B* é mais intenso, ou mais forte, que *A*.

Figura 9. Os sons *A* e *B* têm a mesma altura, isto é, a mesma frequência, mas *B* tem maior amplitude e, portanto, maior intensidade. *B* é mais forte que *A*.

A audição humana é capaz de captar sons com intensidades que vão do **limiar auditivo**, cerca de 10^{-12} W/m², até o **limiar da dor**, pouco maior que 1 W/m².

Em 1825, o fisiologista alemão Ernst H. Weber (1795-1878) propôs uma escala para "medir" a resposta humana a vários estímulos sensoriais. Ele constatou que as respostas obedeciam a uma função logarítmica.

Embora a **lei de Weber**, como passou a ser chamada, seja aplicável a uma ampla variedade de estímulos fisiológicos, a audição parece ser o sentido que melhor se adapta à lei logarítmica.

A lei de Weber para estímulos sonoros pode ser escrita na forma:

$$\Delta N = N_2 - N_1 = 10 \cdot \log\left(\frac{I_2}{I_1}\right)$$

ΔN é a variação do nível sonoro percebido quando a intensidade do som ouvido passa de I_1 para I_2. O nível sonoro é medido em decibel (dB).

O físico alemão Gustav T. Fechner (1801-1887) difundiu a lei de Weber na comunidade científica da época, que passou a ser denominada Lei de Weber-Fechner. A **figura 10** mostra um diagrama que relaciona a escala de intensidades audíveis e a escala de Weber para as frequências audíveis ao ser humano.

29.2 Biblioteca do estudante

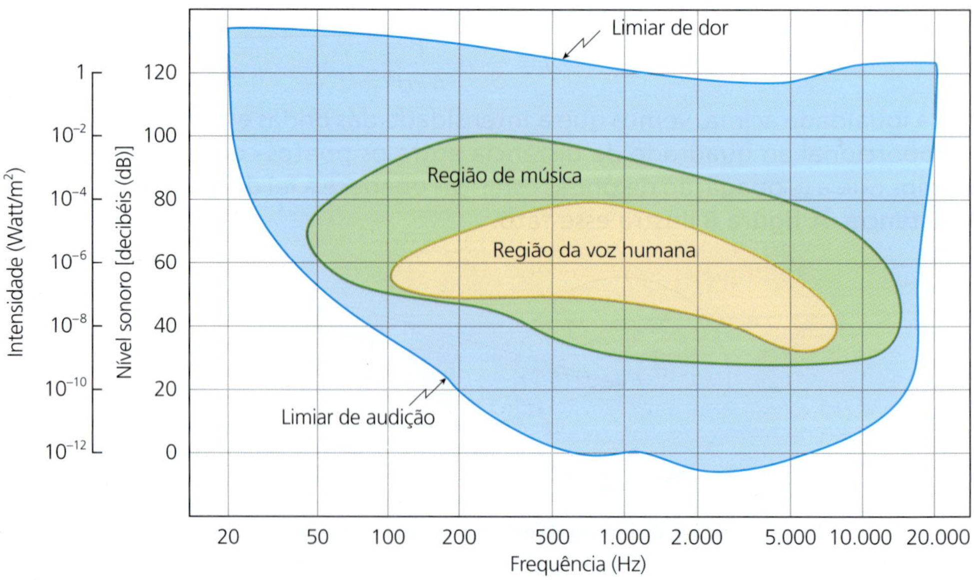

Figura 10. Escala de intensidades sonoras e escala de Weber, para o espectro de frequências audíveis.

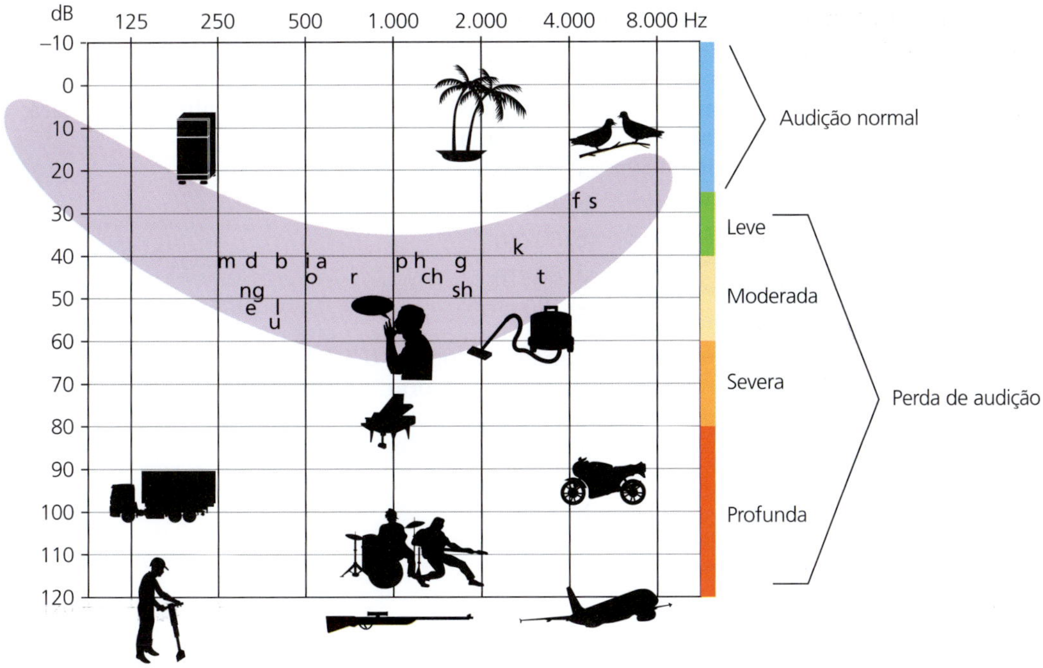

Fonte: Centro auditivo Phonak

Figura 11. Níveis sonoros associados a diversos ambientes e situações e faixas e classificações quanto à perda de audição. A região colorida do gráfico corresponde às diferentes vogais e consoantes da fala humana, pronunciadas com níveis diferentes de intensidade e frequência.

29.1
29.2
29.3
Conteúdo multimídia

Aplicando a teoria

3. Um *laser*, desses usados em leitoras de códigos de barras, emite um feixe de 1,0 mm de diâmetro com potência de 1,0 mW. Qual é a intensidade luminosa desse feixe quando colocado bem próximo de uma superfície plana?

➤ Solução

A energia emitida pelo feixe concentra-se em um círculo cujo diâmetro é igual ao do feixe. Assim, da definição de intensidade temos:

$$I = \frac{P}{S} = \frac{P}{\pi \cdot r^2} = \frac{1{,}0 \cdot 10^{-3}\ \text{W}}{\pi \cdot (0{,}5 \cdot 10^{-3}\ \text{m})^2} \Rightarrow$$

$$\Rightarrow \boxed{I \simeq 1.273{,}9\ \text{W/m}^2}$$

Obs.: Essa intensidade luminosa é bem próxima da intensidade da radiação solar na superfície da Terra. A distância compensa a enorme diferença na quantidade de energia emitida.

4. Um liquidificador de uma lanchonete, quando ligado, emite um forte ruído com nível sonoro de 90 dB, medido a 1 m dele. Considerar a intensidade do limiar auditivo igual a $1{,}0 \cdot 10^{-12}$ W/m² e determinar:

a) a intensidade sonora percebida por uma pessoa a 1 m do aparelho;

b) o novo valor do nível sonoro para essa pessoa, se outro aparelho idêntico for ligado simultaneamente e lado a lado com o primeiro.

➤ Solução

a) Na solução deste item precisamos usar a propriedade fundamental dos logaritmos: se $\log_b a = c \Rightarrow b^c = a$ e saber que $\log 2 \simeq 0{,}3$. Assim:

$$N_2 - N_1 = 10 \cdot \log\left(\frac{I_2}{I_1}\right) \Rightarrow$$

$$\Rightarrow 90 - 0 = 10 \cdot \log\left(\frac{I_2}{1{,}0 \cdot 10^{-12}}\right) \Rightarrow$$

$$\Rightarrow \frac{I_2}{1{,}0 \cdot 10^{-12}} = 10^9 \Rightarrow \boxed{I_2 = 1{,}0 \cdot 10^{-3}\ \text{W/m}^2}$$

b) Os dois aparelhos idênticos, ligados lado a lado, funcionam como se fossem uma única fonte com o dobro da potência e, portanto, com o dobro da intensidade. Assim:

$$N_2 - N_1 = 10 \cdot \log\left(\frac{I_2}{I_1}\right) \Rightarrow$$

$$\Rightarrow N_2 - 90 = 10 \cdot \log\left(\frac{2I_1}{I_1}\right) \Rightarrow$$

$$\Rightarrow N_2 - 90 = 10 \cdot 0{,}3 \Rightarrow$$

$$\Rightarrow N_2 - 90 \simeq 3 \Rightarrow \boxed{N_2 \simeq 93\ \text{dB}}$$

Avaliando o aprendizado

5. Observe a figura abaixo, que mostra uma fonte de luz pontual. As regiões quadriculadas são virtuais e não interferem na propagação da luz. Julgue as afirmações que são feitas sobre a situação mostrada e assinale a resposta correta.

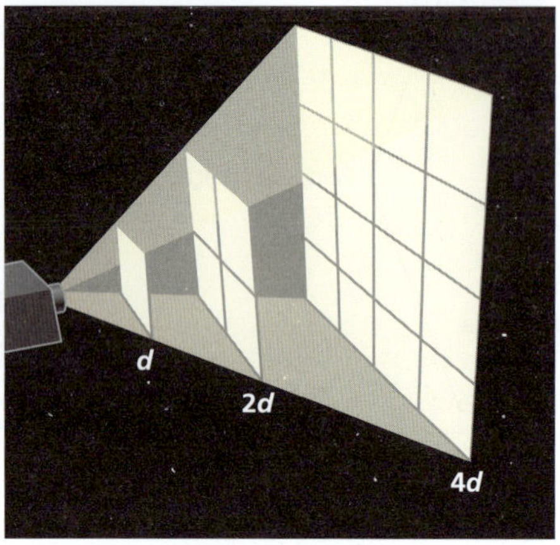

I. A luz propaga-se em linha reta.

II. A luz está se propagando obedecendo à lei do inverso do quadrado da distância.

III. Se a quantidade de energia que incide sobre a região menor é E, sobre a região do meio a quantidade de energia incidente será $\frac{1}{4}E$.

IV. A intensidade luminosa sobre a região maior é $\frac{1}{4}$ da intensidade luminosa sobre a região menor.

a) Todas estão corretas.
b) Todas estão erradas.
c) Estão corretas apenas I e II.
d) Estão corretas apenas II e III.
e) Estão corretas apenas I, III e IV.

O enunciado a seguir refere-se aos testes 6 e 7.

Pedrinho brinca com a novíssima e potente lanterna de caça que ganhou de seu avô. A 20 cm de uma parede vertical e com a lanterna perpendicular a ela, Pedrinho ilumina uma região circular de diâmetro 30 cm, com intensidade I.

6. Se Pedrinho se posicionar a 40 cm da parede, mantendo a lanterna perpendicular à superfície, a intensidade luminosa no novo círculo formado será:

a) $\frac{1}{8}I$
b) $\frac{1}{4}I$
c) $\frac{1}{2}I$
d) $2I$
e) $4I$

7. Nessa nova posição o círculo iluminado terá raio igual a:

a) 30 cm
b) 40 cm
c) 60 cm
d) 80 cm
e) 120 cm

8. Considere $\log 2 \simeq 0{,}3$. Se a potência de uma fonte sonora dobrar de intensidade, o acréscimo ΔN no nível sonoro percebido por qualquer observador será de:

a) 2 dB
b) 3 dB
c) 10 dB
d) 20 dB
e) 100 dB

A uma distância d de um pequeno alto-falante, uma pessoa ouve um som com intensidade I e nível sonoro $N = 80$ dB. Com essas informações, responda aos testes 9 e 10.

9. Se a pessoa ficar a uma distância $\frac{d}{2}$ dessa fonte, a nova intensidade sonora I' será:

a) $I' = \frac{1}{4}I$
b) $I' = \frac{1}{2}I$
c) $I' = I$
d) $I' = 2I$
e) $I' = 4I$

10. Se adotarmos $\log 4 \simeq 0{,}6$, na nova posição da pessoa em relação à fonte, o nível sonoro N' passará a ser:

a) $N' \simeq 320$ dB
b) $N' \simeq 160$ dB
c) $N' \simeq 86$ dB
d) $N' \simeq 83$ dB
e) $N' \simeq 40$ dB

11. Um motor elétrico é ligado em velocidade máxima em um teste na fábrica. Nessa situação, medem-se 70 dB para o ruído por ele emitido, a um metro de distância. Se ligarmos outros nove desses motores, em condições idênticas ao primeiro, ficando os dez motores a um metro de um decibelímetro (medidor de nível sonoro), esse medidor indicará:

a) 700 dB
b) 630 dB
c) 140 dB
d) 80 dB
e) 79 dB

(Dado: $\log 10 = 1$)

4 Efeito Doppler-Fizeau

Vamos estudar agora um importante fenômeno ondulatório que pode ocorrer com ondas de qualquer natureza. Para os nossos sentidos, porém, esse fenômeno é mais facilmente notado quando ocorre com ondas sonoras. Chama-se **efeito Doppler-Fizeau**.

O efeito Doppler-Fizeau é uma alteração na frequência das ondas recebidas por um observador, quando há **movimento relativo** de afastamento ou de aproximação entre ele e a fonte.

Em Cardiologia, o efeito Doppler-Fizeau é utilizado para examinar o fluxo sanguíneo no coração e nas artérias coronarianas, por meio de "imagens" ultrassônicas. Esse estudo se chama ecocardiografia Doppler.

Em Astronomia, as velocidades de afastamento e de aproximação de estrelas e galáxias, relativamente à Terra, são medidas a partir do efeito Doppler que se observa na luz emitida por esses corpos.

Hubble
Conteúdo multimídia

Nas rodovias ou nas ruas e avenidas de uma cidade, o controle de velocidade dos veículos é feito por radares, que operam por efeito Doppler (RADAR é uma sigla inglesa: *RAdio Detection And Ranging*, que significa *detecção e rastreamento por rádio*).

Nosso estudo será focado principalmente no efeito Doppler longitudinal, isto é, observador e fonte se deslocando com velocidades na mesma direção, como se vê na **figura 12**.

Figura 12. Efeito Doppler longitudinal. Observador e fonte alinhados.

Esses casos podem ser reduzidos a três situações:

I. O observador aproxima-se ou afasta-se de uma fonte de ondas em repouso.

II. A fonte de ondas aproxima-se ou afasta-se de um observador em repouso.

III. Observador e fonte aproximam-se ou afastam-se entre si, ambos em movimento.

Para qualquer desses casos observa-se que:

- quando observador e fonte se aproximam, a frequência observada, ou frequência aparente, é maior que a frequência da fonte das ondas:

$$f_{\text{observada}} > f_{\text{fonte}}$$

- quando observador e fonte se afastam, a frequência observada, ou frequência aparente, é menor que a frequência da fonte das ondas:

$$f_{\text{observada}} < f_{\text{fonte}}$$

A frequência observada (f_O) e a frequência da fonte das ondas (f_F) estão relacionadas pela expressão:

$$\frac{f_O}{v \pm v_O} = \frac{f_F}{v \pm v_F}$$

Nessa expressão, v é a velocidade de propagação das ondas, v_O é a velocidade do observador e v_F é a velocidade da fonte. Os sinais (+) e (−) são atribuídos às velocidades do observador e da fonte adotando-se o sentido positivo sempre **do observador para a fonte**, como se vê na **figura 13**.

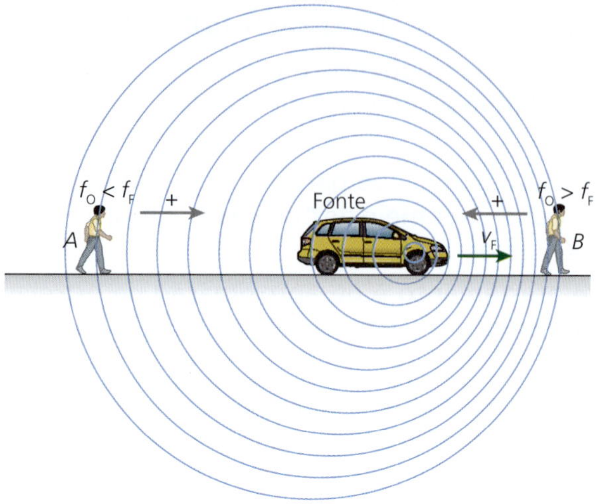

Figura 13. O observador *A* percebe um som de menor frequência e maior comprimento de onda que aquele emitido pela fonte. O observador *B* percebe um som de maior frequência e menor comprimento de onda que aquele emitido pela fonte. Sempre consideraremos positivo o sentido que vai do observador para a fonte.

O efeito Doppler com ondas eletromagnéticas, como a luz, será estudado no capítulo 40, como uma das consequências da teoria especial da relatividade.

Aplicando a teoria

5. A sirene de uma pedreira emite um som com frequência de 510 Hz para avisar que ocorrerá uma detonação. Considerando que a velocidade do som no ar seja igual a 340 m/s, determinar a frequência do som recebido por um observador que se aproxima da sirene, correndo com velocidade de 10 m/s, estando sempre alinhado com a fonte sonora.

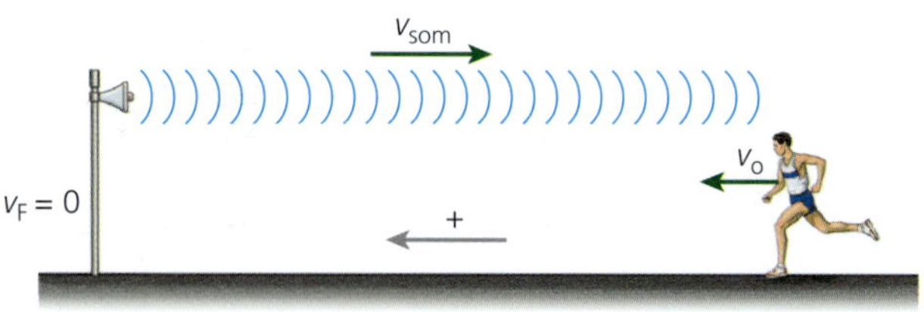

➤ Solução

Com os valores fornecidos e o referencial adotado, temos:

$$\frac{f_O}{v \pm v_O} = \frac{f_F}{v \pm v_F} \Rightarrow \frac{f_O}{(340 + 10)} = \frac{510}{340 \pm 0} \Rightarrow$$

$$\Rightarrow \boxed{f_O = 525 \text{ Hz}}$$

6. Qual será a frequência percebida pelo observador do exercício anterior se ele se afastar da fonte com a mesma velocidade de 10 m/s?

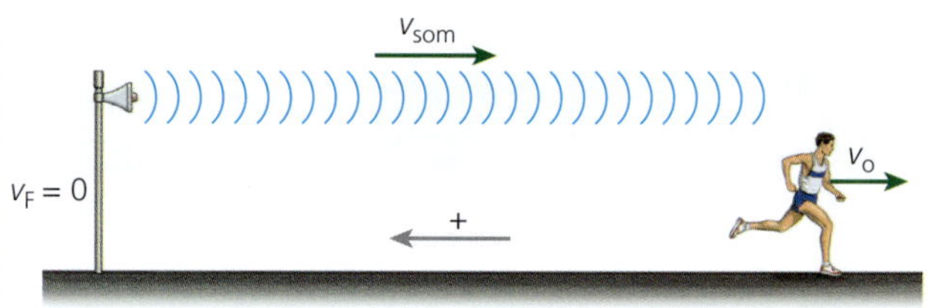

➤ Solução

Neste caso, teremos:

$$\frac{f_O}{v \pm v_O} = \frac{f_F}{v \pm v_F} \Rightarrow \frac{f_O}{(340 - 10)} = \frac{510}{340 \pm 0} \Rightarrow$$

$$\Rightarrow \boxed{f_O = 495 \text{ Hz}}$$

7. O que são número de Mach e ângulo de Mach e qual a relação entre eles?

➤ Solução

O **número de Mach** (*Ma*) é a razão entre a velocidade de deslocamento de um corpo através do ar e a velocidade de propagação do som no ar, nas mesmas condições.

Portanto:

$$\boxed{Ma = \frac{v_{corpo}}{v_{som}}}$$

O **ângulo de Mach** (μ) — veja a figura a seguir — é o ângulo entre a direção do deslocamento *AD* do corpo (um avião, por exemplo) e a direção da tangente *DE* às frentes de onda geradas no ar durante o movimento.

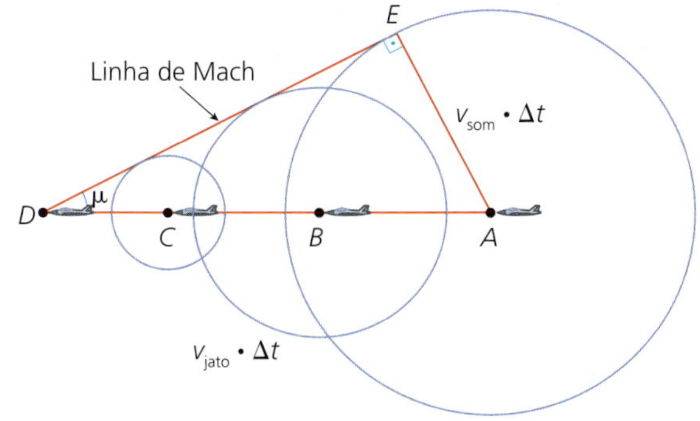

No mesmo intervalo de tempo Δt, o som percorreu o segmento AE e o avião percorreu o segmento AD. Assim:

$$sen\,\mu = \frac{AE}{AD} = \frac{v_{som} \cdot \Delta t}{v_{jato} \cdot \Delta t} \Rightarrow sen\,\mu = \frac{v_{som}}{v_{jato}} = \frac{1}{Ma}$$

O seno do ângulo de Mach é o inverso do número de Mach. Portanto:

$v_{jato} = Ma \cdot v_{som}$

Como $Ma \geq 1 \Rightarrow$ $\boxed{v_{jato} \geq v_{som}}$

Da relação obtida, deduzimos que, quando $Ma = 1$, temos $\mu = 90°$ e o segmento DE é perpendicular ao segmento AD. A configuração das frentes de onda será como se mostra na figura abaixo.

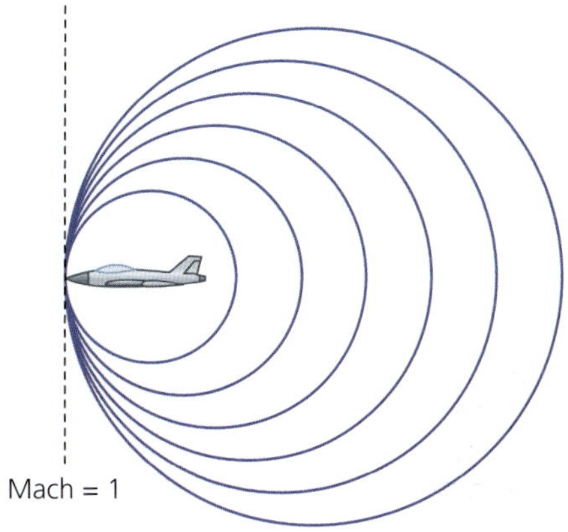

Avaliando o aprendizado

Este enunciado é para os exercícios 12 e 13.

Na superfície da água de um tanque experimental geram-se frentes de onda circulares que se propagam com velocidade de 2,0 m/s. Uma boia parada na superfície da água recebe duas frentes de onda por segundo, com a fonte em repouso.

12. Quando a boia move-se ao encontro da fonte, segundo a reta que passa por ela e a fonte, ela encontra três frentes de ondas por segundo. Nessas condições podemos afirmar que a velocidade de deslocamento da boia em relação à fonte vale, em m/s:

a) 0,5
b) 1,0
c) 1,5
d) 2,0
e) 3,0

13. Considere agora que a fonte se aproxime da boia em repouso, com velocidade 1,0 m/s. Nessa nova condição, a boia receberá *n* frentes de onda por segundo. Assim, podemos afirmar que *n* vale:

a) 1
b) 2
c) 3
d) 4
e) 5

14. Uma pessoa parada sobre a calçada de uma grande avenida vê uma ambulância se aproximar dela, passar por ela e se afastar, com velocidade constante de 126 km/h, com sua sirene emitindo um som de 495 Hz. Adotando como 350 m/s a velocidade de propagação do som no ar, determine a frequência aparente do som percebido pela pessoa:

a) na aproximação;
b) no afastamento.

15. Uma fonte sonora fixa emite som com frequência constante f. Uma pessoa, ao se aproximar da fonte, percebe um som com frequência f_1 e, ao se afastar dela, percebe um som com frequência f_2. Nas duas situações, a velocidade da pessoa é igual a v e, no local, a velocidade de propagação das ondas sonoras é igual a 330 m/s. Para que f_1 e f_2 estejam entre si na razão 8 : 7, a velocidade v da pessoa deve ser igual a:

a) 11 m/s
b) 22 m/s
c) 33 m/s
d) 44 m/s
e) 55 m/s

16. Um jato voa com número de Mach $Ma = 1,25$. Determine o valor do ângulo de Mach (μ), consultando a tabela abaixo.

μ	37°	42°	45°	53°	60°
sen μ	0,60	0,67	0,71	0,80	0,87

17. Observe as figuras A e B a seguir.

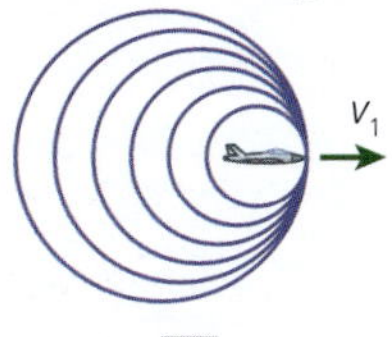

A

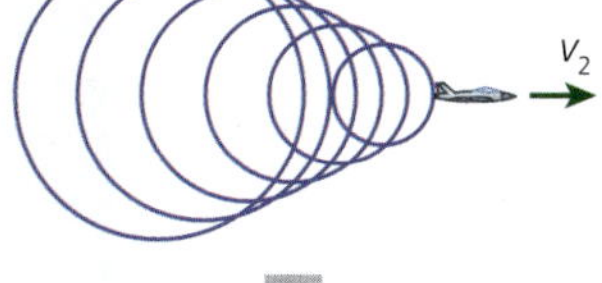

B

Podemos dizer que as velocidades v_1 e v_2 dos aviões e v_{som} do som no ar obedecem à seguinte relação:

a) $v_1 = v_2 = v_{som}$
b) $v_1 = v_{som} < v_2$
c) $v_1 < v_{som} < v_2$
d) $v_1 < v_2 < v_{som}$
e) $v_1 = v_{som} > v_2$

5 Interferência de ondas

Vivemos mergulhados em um "mar" de ondas de todos os tipos. Portanto, é muito comum que os caminhos dessas ondas se cruzem pelo espaço afora.

Quando duas ondas de mesma natureza se sobrepõem em um mesmo ponto do meio de propagação, ocorre o fenômeno denominado **interferência** entre ondas.

Quando as ondas se sobrepõem em concordância de fases **(fig. 14A)**, elas se reforçam, dando como resultante uma onda de maior amplitude. Neste caso, dizemos que ocorreu uma **interferência construtiva**.

Quando as ondas se sobrepõem em oposição de fases, elas se atenuam, dando como resultante uma onda de menor amplitude. Se as ondas interferentes têm amplitudes diferentes, dizemos que a interferência é **parcialmente destrutiva (fig. 14B)**. Se as ondas interferentes têm amplitudes iguais dizemos que a interferência é **totalmente destrutiva (fig. 14C)**.

Após a sobreposição, os pulsos continuam a se propagar com as mesmas características que tinham antes da sobreposição. Esse é o princípio da independência da propagação ondulatória.

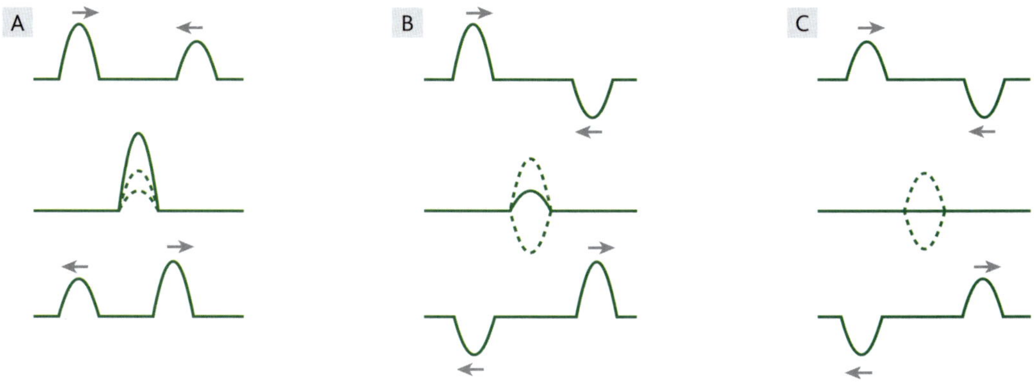

Figura 14. (A) Sobreposição de ondas em concordância de fase: interferência construtiva; (B) sobreposição de ondas em oposição de fases: interferência parcialmente destrutiva; (C) sobreposição de ondas em oposição de fases: interferência totalmente destrutiva.

A interferência pode ocorrer com ondas de qualquer natureza. A **figura 15** mostra interferência de ondas na superfície da água **(fig. 15A)** e em uma bolha de sabão iluminada por luz solar **(fig. 15B)**.

Figura 15. (A) Interferência de ondas na superfície da água; (B) interferência de ondas luminosas na superfície de uma bolha de sabão.

Para determinar o tipo de interferência que vai ocorrer em dado ponto do meio, vamos estabelecer três condições:

I. As fontes das ondas interferentes são apenas duas e emitem ondas de **mesma natureza**, mesma frequência e em fase, isto é, são fontes **coerentes**.

II. O módulo da diferença das distâncias percorridas pelas ondas deve ser múltiplo inteiro de meios comprimentos de onda: $\Delta d = |d_2 - d_1| = n \cdot \frac{1}{2}\lambda$, com n inteiro.

III. Para fontes em **concordância** de fases, ou fontes **em fase**:

- se ***n*** é **par**, temos uma interferência construtiva (IC);
- se ***n*** é **ímpar**, temos uma interferência destrutiva (ID).

Para fontes em **oposição de fases**, invertem-se as condições do item III.

Aplicando a teoria

8. Duas caixas amplificadoras, A e B, emitem, em fase, sons de frequências 425 Hz. Os pontos P e Q estão alinhados com as caixas emissoras. No ar, a velocidade de propagação do som vale 340 m/s.

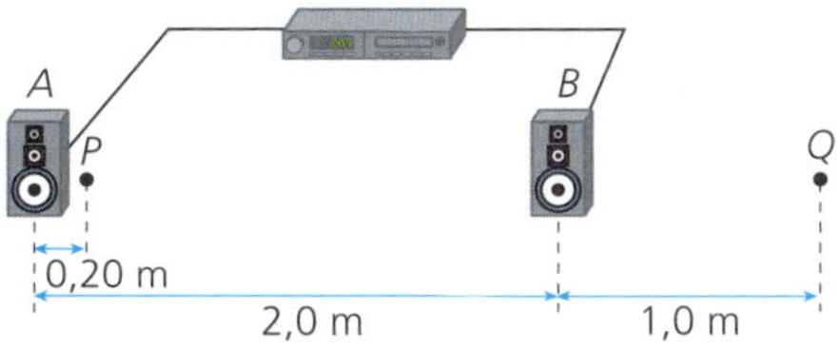

a) Verificar se no ponto P teremos interferência construtiva ou interferência destrutiva.

b) Verificar qual tipo de interferência ocorre no ponto Q.

➤ Solução

Para responder aos dois itens, precisaremos do comprimento de onda do som emitido. Assim:

$v = \lambda \cdot f \Rightarrow 340 = \lambda \cdot 425 \Rightarrow \lambda = 0{,}80$ m

a) A onda sonora emitida por A percorre $d_A = 0{,}20$ m até chegar a P. A onda sonora emitida por B percorre $d_B = 1{,}80$ m até chegar ao mesmo ponto. Assim, a diferença das distâncias percorridas pelas ondas será: $\Delta d = d_B - d_A = 1{,}60$ m.

Portanto: $\Delta d = n \cdot \frac{1}{2}\lambda \Rightarrow 1{,}60 = n \cdot 0{,}40 \Rightarrow$

$\Rightarrow \boxed{n = 4}$, que é par. Desse modo teremos em P **interferência construtiva**, pois as fontes estão em fase.

b) A onda sonora emitida por A percorre $d_A = 3{,}0$ m até chegar a Q. A onda sonora emitida por B percorre $d_B = 1{,}0$ m até chegar ao mesmo ponto. Assim, a diferença das distâncias percorridas pelas ondas será:

$$\Delta d = d_A - d_B = 2{,}0 \text{ m}$$

Portanto, temos: $\Delta d = n \cdot \frac{1}{2}\lambda \Rightarrow 2{,}0 = n \cdot 0{,}40 \text{ m} \Rightarrow$

$\Rightarrow \boxed{n = 5}$, que é **ímpar**. Assim, teremos em Q **interferência destrutiva**, pois as fontes estão em fase.

9. Dois alto-falantes, F_1 e F_2, emitem, em fase, sons de frequências iguais a f. A distância entre eles é de 3 m. Uma pessoa parada no ponto O, a 4 m de F_1, recebe os sons dessas fontes. Sendo 340 m/s a velocidade de propagação do som no ar local, discutir os valores de f para os quais a pessoa recebe as ondas com intensidade máxima (interferência construtiva) e intensidade mínima (interferência destrutiva).

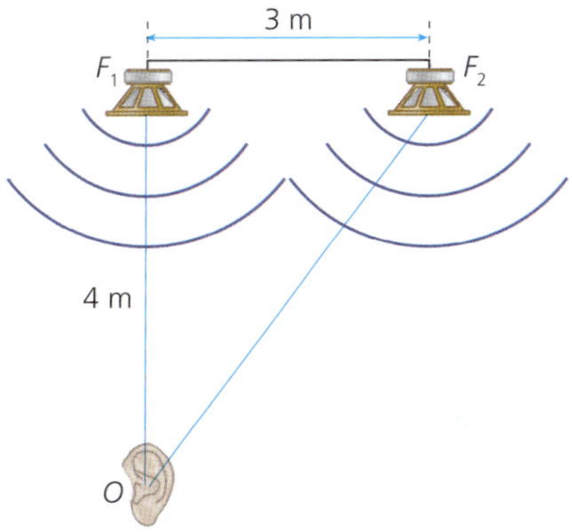

➤ Solução

Como $v = \lambda \cdot f$, temos: $\lambda = \frac{340}{f}$.

Do teorema de Pitágoras, encontramos:

$(OF_2)^2 = (OF_1)^2 + (F_1F_2)^2 \Rightarrow$

$\Rightarrow (OF_2)^2 = (4 \text{ m})^2 + (3 \text{ m})^2 \Rightarrow \boxed{OF_2 = 5 \text{ m}}$

Assim: $\Delta d = n \cdot \frac{1}{2}\lambda \Rightarrow OF_2 - OF_1 = n \cdot \frac{1}{2} \cdot \frac{340}{f} \Rightarrow$

$\Rightarrow 1 = n \cdot \frac{170}{f} \Rightarrow \boxed{f = 170 \cdot n}$

Com as fontes em fase, na interferência construtiva (IC) devemos ter: $n = 0, 2, 4, ...$

Portanto, as frequências possíveis são: 340 Hz, 680 Hz, 1.020 Hz, ...

Já na interferência destrutiva (ID) devemos ter: $n = 1, 3, 5, ...$

Portanto, as frequências possíveis são: 170 Hz, 510 Hz, 850 Hz, ...

Avaliando o aprendizado

18. O osciloscópio é um aparelho muito usado em Eletrônica no estudo das oscilações em geral. Na figura abaixo, a tela de um osciloscópio mostra a sobreposição de duas ondas de mesma natureza, propagando-se em um mesmo meio. Assinale a opção que contém a sequência correta dos pontos onde ocorrem interferência construtiva, interferência destrutiva ou nenhuma delas.

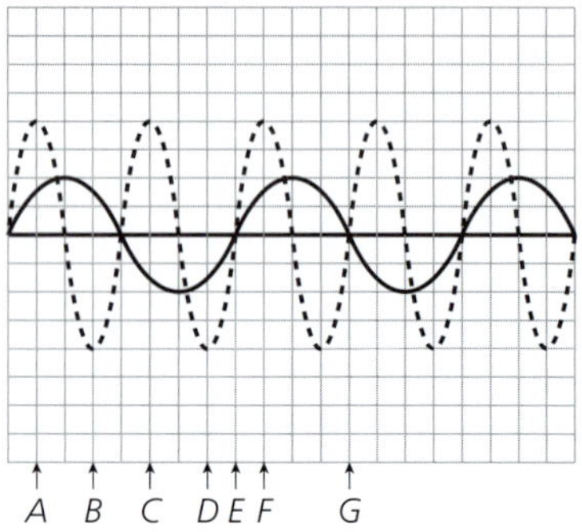

	Interferência construtiva	Interferência destrutiva	Nenhuma delas
a)	*A, C, F*	*B, D*	*E, G*
b)	*A, D*	*B, C*	*E, F, G*
c)	*A, D, F*	*B, C, E, F, G*	Nenhum
d)	*A, C, D, F*	*B, E, G*	Nenhum
e)	*A, D, F*	*B, C*	*E, G*

19. O casal de besouros-de-água Ceci e Peri, muito conhecido dos estudantes brasileiros, está parado sobre a superfície das águas tranquilas de um lago, comunicando-se animadamente por vibrações abdominais, produzindo frentes de ondas circulares que se sobrepõem gerando pontos de interferência construtiva e pontos de interferência destrutiva. Na figura, as linhas mais grossas representam cristas de onda e as linhas mais finas representam vales.

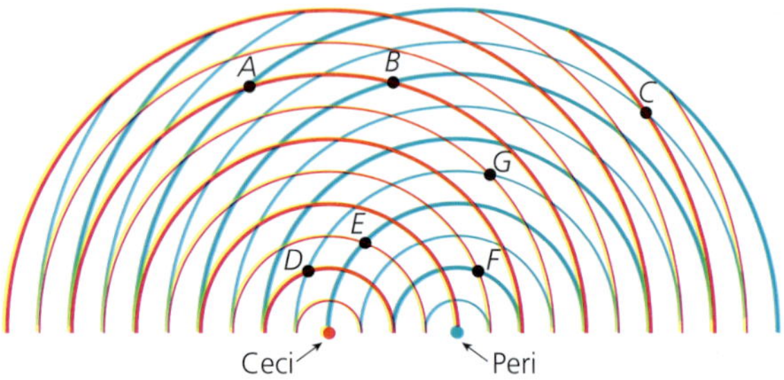

Assinale a opção que contém, respectivamente, a sequência de pontos onde ocorrem interferência construtiva e destrutiva.

a) A, B, G e C, D, E, F
b) A, B e C, D, E, F, G
c) C, D, E, F, G e A, B
d) C, D, E, F, G e A, B
e) A, B, C, G e D, E, F

20. Dois pulsos gerados em uma mesma corda aproximam-se com velocidades iguais a 1 m/s. Qual será a forma do pulso resultante da sobreposição deles no instante $t = 6$ s?

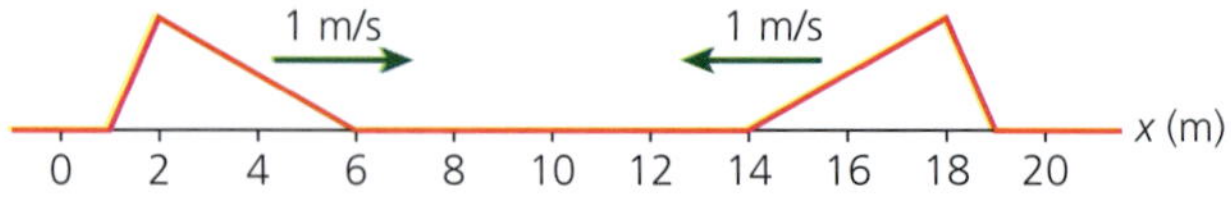

Ondas em aproximação no instante $t = 0$

a)

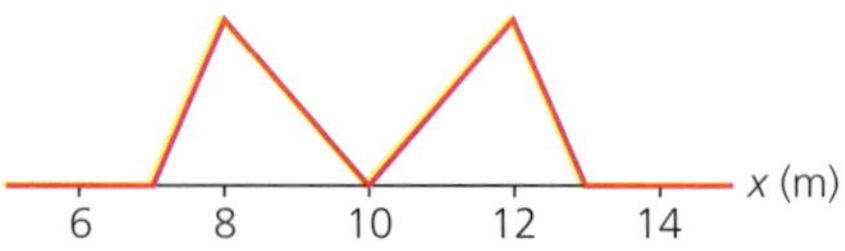

b)

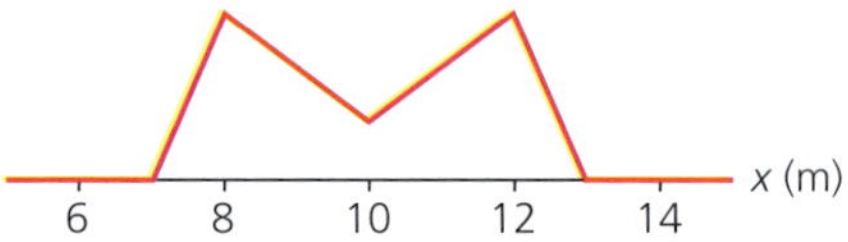

c)

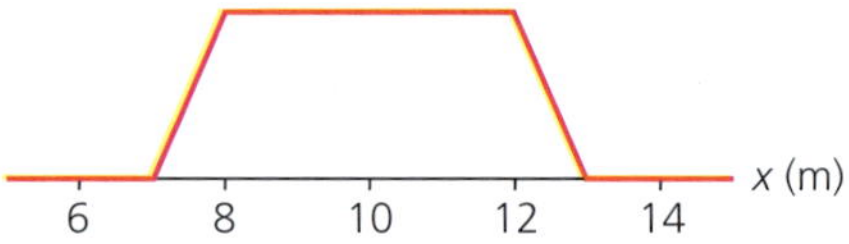

d)

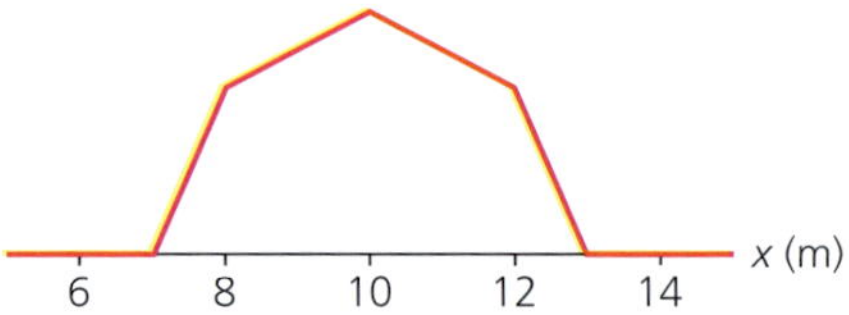

21. Você está parado em um ponto equidistante de dois alto-falantes idênticos que emitem, lado a lado, sons de mesma frequência *f*. Nessa posição, a intensidade sonora que você percebe é nula (**fig. A**). Aproximando-se um dos alto-falantes 75 cm, você passa a ouvir o som com intensidade máxima (**fig. B**). No ar local, a velocidade de propagação do som é igual a 330 m/s.

A

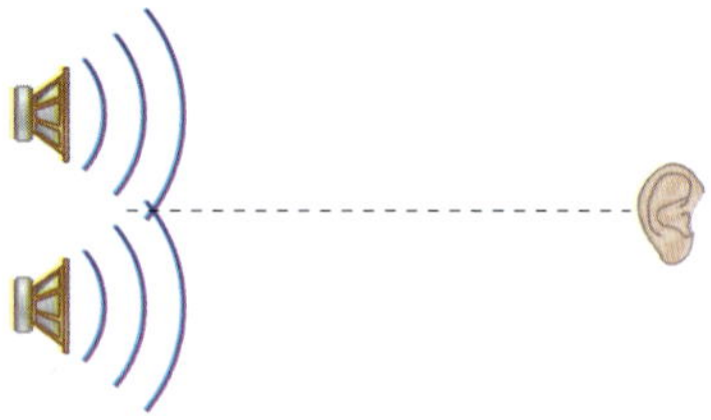

B

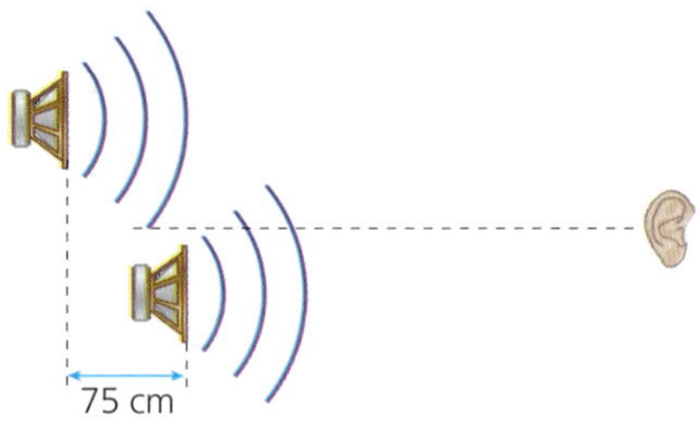

Determine:

a) o comprimento de onda do som emitido pelas fontes;
b) a frequência das fontes sonoras.

22. Os alto-falantes *A* e *B* na figura estão emitindo sons com comprimentos de onda λ. No ponto onde está parado, o observador ouve o som das fontes com intensidade máxima. Desloca-se então o alto-falante *A* para uma posição que fica a uma distância $x > 2\lambda$ do observador, como se mostra na figura. O alto-falante *B* não é movido.

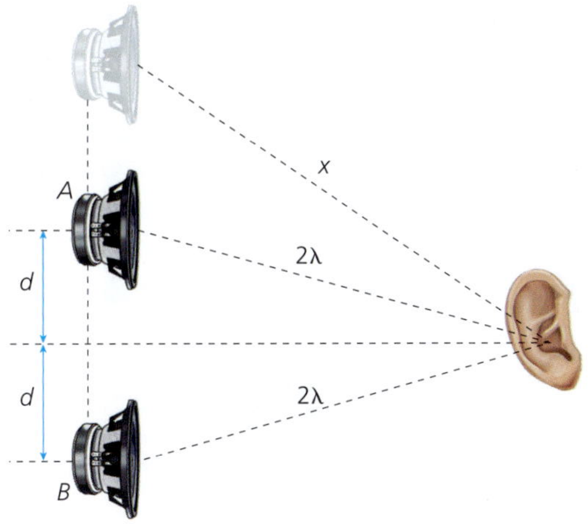

a) Qual deve ser o menor valor de *x* para que a pessoa deixe de ouvir o som das fontes?

b) Qual deve ser o novo comprimento de onda λ' do som emitido pelas fontes para que, na sua nova posição, o som do alto-falante *A* interfira construtivamente com o som do alto-falante *B*, no ponto onde está o observador?

6 Ondas estacionárias

Quando ondas idênticas se sobrepõem, propagando-se em sentidos opostos em um mesmo meio, os pontos do meio entram em um estado de vibração no qual **não há propagação de energia** através do meio. Esse estado de vibração costuma ser denominado **modo estacionário** de vibração ou **onda estacionária**. A onda resultante terá comprimento de onda igual ao das ondas interferentes, com amplitude igual ao dobro das ondas componentes e velocidade de propagação **nula**.

Em um modo estacionário de vibração, alguns pontos do meio ficam permanentemente em repouso, isto é, nesses pontos a interferência é sempre destrutiva. Esses pontos são denominados **nós** ou **nodos** de vibração. Outros pontos do meio vibram permanentemente com amplitude máxima, isto é, nesses pontos a interferência é sempre construtiva. Esses pontos são denominados **ventres de vibração** ou **antinodos**. A **figura 16** mostra uma corda vibrando estacionariamente. A distância entre nós consecutivos é $\frac{\lambda}{2}$. A distância entre ventres em fase é λ. A distância entre um ventre e um nó consecutivos é $\frac{\lambda}{4}$.

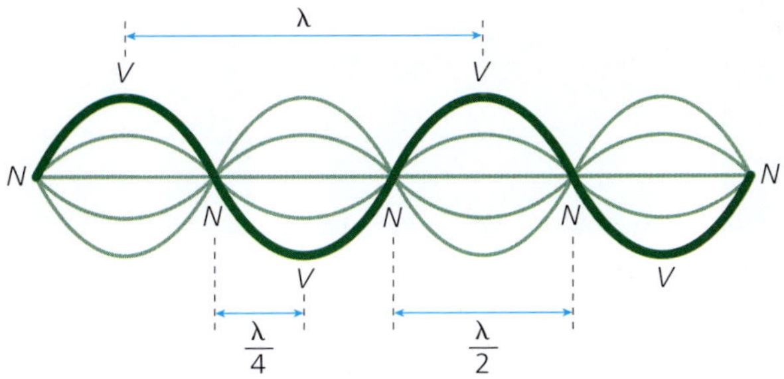

Figura 16. Ondas estacionárias em um trecho de uma corda. *N*: nós; *V*: ventres.

Ondas estacionárias podem ser geradas em qualquer tipo de meio, sólido, líquido ou gás, com qualquer tipo de ondas. As ondas eletromagnéticas também podem gerar modos estacionários de oscilação. Dentro de um forno de micro-ondas, devido às múltiplas reflexões nas paredes, formam-se ondas estacionárias.

A **figura 17** mostra alguns dos modos estacionários de vibração da membrana de um tambor de orquestra sinfônica, denominado tímpano, sobre o qual se espalhou serragem.

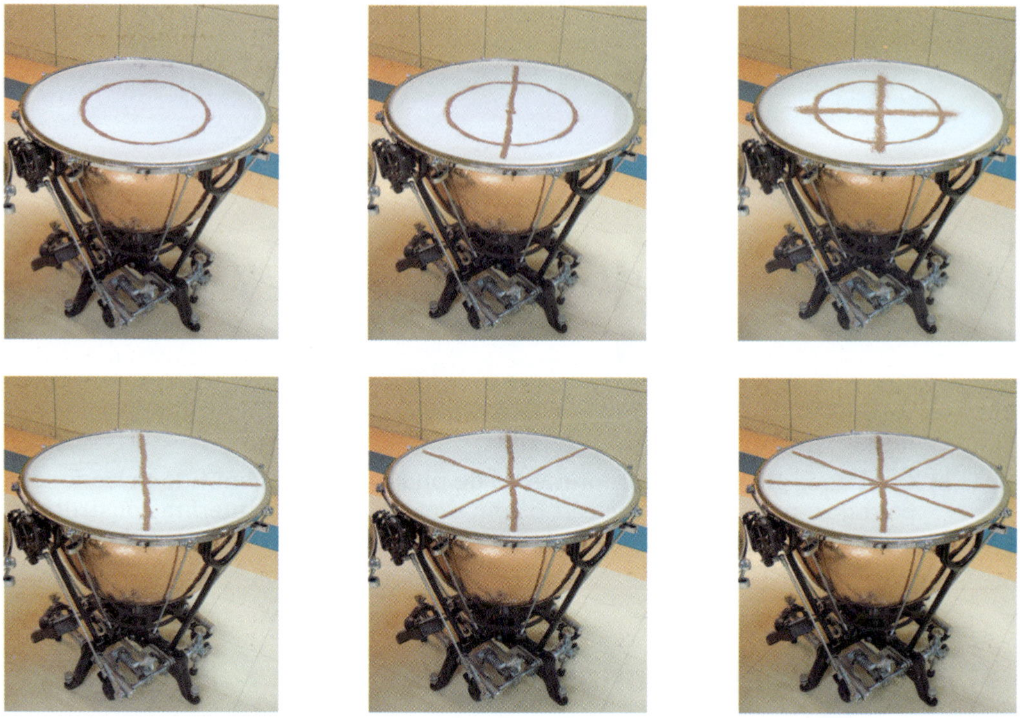

FOTOS: SÉRGIO DOTTA/THE NEXT

Figura 17. Ondas estacionárias em uma membrana. As linhas escuras são as linhas nodais, isto é, são os pontos de interferência destrutiva.

O estudo das ondas estacionárias é particularmente importante nas cordas vibrantes e nos tubos sonoros.

7 Estudo das cordas vibrantes

Uma corda presa nas suas extremidades, como se vê na **figura 18**, pode vibrar estacionariamente de diversos modos. Tudo depende da frequência. Esses modos de vibração são chamados **harmônicos** da corda.

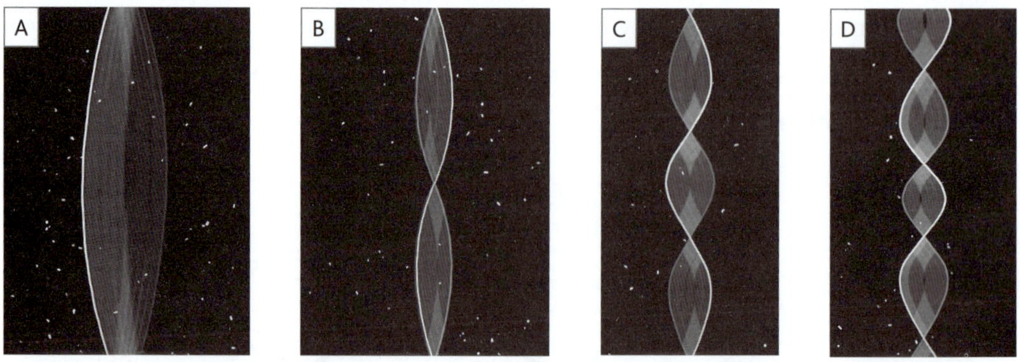

FOTOS: SÉRGIO DOTTA/THE NEXT

Figura 18. Harmônicos de vibração de uma corda. (A) Primeiro harmônico ou modo fundamental de vibração; (B) segundo harmônico; (C) terceiro harmônico; (D) quarto harmônico.

O modo mais simples **(fig. 18A)** é denominado **modo fundamental** ou **harmônico fundamental** e corresponde à menor frequência de vibração da corda. Os outros modos de vibração têm frequências múltiplas do harmônico fundamental, como veremos a seguir.

A **figura 19** representa o harmônico fundamental de uma corda presa nas suas extremidades. Como a distância entre nós consecutivos é $\frac{1}{2}\lambda$, temos $L = 1 \cdot \frac{\lambda_1}{2}$. Da relação $v = \lambda_1 \cdot f_1$, temos: $v = 2L \cdot f_1 \Rightarrow f_1 = \frac{v}{2L}$

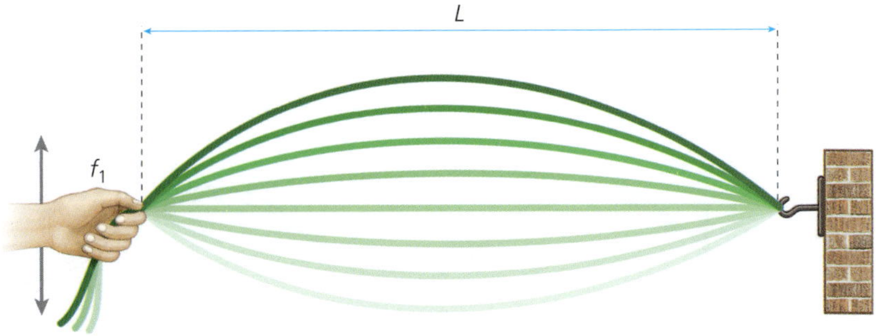

Figura 19. Harmônico fundamental. O comprimento L da corda corresponde a meio comprimento de onda, isto é, $L = \frac{\lambda_1}{2}$.

A **figura 20** representa o segundo harmônico dessa corda. Nesse caso, o comprimento L da corda corresponde a dois meios comprimento de onda, isto é, $L = 2 \cdot \frac{\lambda_2}{2}$ ou $\lambda_2 = L$. Assim:

$$v = \lambda_2 \cdot f_2 \Rightarrow v = 2 \cdot \frac{L}{2} \cdot f_2 \Rightarrow f_2 = 2 \cdot \frac{v}{2L} \quad \text{ou} \quad f_2 = 2 \cdot f_1$$

Figura 20. Segundo harmônico de uma corda. O comprimento L da corda corresponde a dois meios comprimentos de onda, ou um comprimento de onda, isto é, $L = 2\,\frac{\lambda_2}{2}$.

A **figura 21** representa o terceiro harmônico da corda. Aqui, o comprimento L corresponde a **três** meios comprimentos de onda: $L = 3 \cdot \frac{\lambda_3}{2}$ ou $\lambda_3 = \frac{2L}{3}$. Portanto:

$$v = \lambda_3 \cdot f_3 \Rightarrow v = \frac{2L}{3} \cdot f_3 \Rightarrow f_3 = 3 \cdot \frac{v}{2L} \quad \text{ou} \quad f_3 = 3 \cdot f_1$$

Figura 21. Terceiro harmônico. O comprimento L da corda corresponde a três meios comprimentos de onda, isto é, $L = 3\,\frac{\lambda_3}{2}$.

Dessa sequência deduzimos que as frequências dos harmônicos superiores são múltiplos da frequência do harmônico fundamental. Portanto, **a** frequência do *n*-ésimo harmônico é:

$$\boxed{f_n = n \cdot \frac{v}{2L}} \quad \text{ou} \quad \boxed{f_n = n \cdot f_1}$$

Aplicando a teoria

10. **Uma corda de 1,20 m de comprimento tem uma das extremidades fixa a uma parede e a outra ligada a um oscilador que gera vibrações transversais com frequência de 75 Hz. Na corda estabelece-se uma onda estacionária que apresenta quatro regiões ventrais, como se vê na figura.**

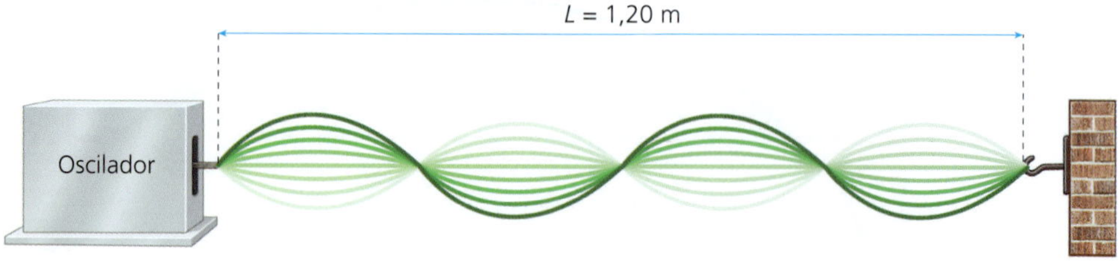

Determinar para as ondas que originaram a onda estacionária:

a) o comprimento de onda λ;

b) a velocidade de propagação na corda.

➤ **Solução**

a) Da figura, temos: $4 \cdot \frac{\lambda}{2} = 1,20 \text{ m} \Rightarrow \boxed{\lambda = 0,60 \text{ m}}$

b) Da relação $v = \lambda \cdot f$, temos: $v = 0,60 \text{ m} \cdot 75 \text{ Hz} \Rightarrow \boxed{v = 45 \text{ m/s}}$

Avaliando o aprendizado

23. Em uma corda de comprimento 60 cm, fixa nas duas extremidades, observa-se a formação de um modo estacionário de oscilação no qual são observados quatro nós entre os dois das extremidades. Assim, o comprimento de onda desse modo de vibração é igual a:

a) 24 cm
b) 30 cm
c) 36 cm
d) 40 cm
e) 60 cm

24. Uma corda vibra em regime estacionário com 25 cm de distância entre nós consecutivos. A fonte que gera as ondas que se sobrepõem tem frequência de 50 Hz. Determine para essas ondas:

a) o seu comprimento de onda λ;

b) a sua velocidade de propagação.

O enunciado abaixo se refere aos exercícios 25 e 26.

Umas das extremidades de uma corda de comprimento 1,5 m é presa a uma parede, enquanto a outra é continuamente agitada para a formação de uma onda estacionária com cinco regiões ventrais.

25. Nas condições dadas, o comprimento de onda das ondas que interferem é igual a:

a) 30 cm
b) 40 cm
c) 60 cm
d) 80 cm
e) 120 cm

26. Sendo 90 m/s a velocidade de propagação dos pulsos transversais nessa corda, podemos afirmar que a frequência de oscilação dos pontos não nodais dessa onda estacionária é igual a:

a) 60 Hz
b) 90 Hz
c) 100 Hz
d) 150 Hz
e) 300 Hz

27. Uma fonte vibratória imprime oscilações transversais a uma corda de 90 cm fixa nas suas extremidades, como se mostra na figura. A velocidade de propagação das ondas na corda é de 18 m/s. Determine:

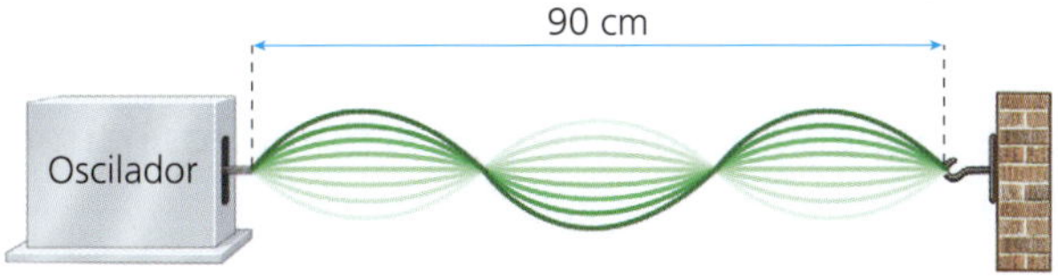

a) a frequência de oscilação dos pontos não nodais dessa corda;

b) a frequência que a fonte deveria ter para que na corda se estabelecessem apenas duas regiões ventrais, sem alterar a força que traciona a corda.

8 Estudo dos tubos sonoros

De modo semelhante ao que ocorre nas cordas, os tubos sonoros podem emitir sons de diversas frequências, isto é, eles também exibem harmônicos.

O ar soprado para dentro de um tubo gera ondas estacionárias. Esse é o princípio de funcionamento dos instrumentos musicais de sopro.

Em nosso estudo, vamos analisar dois tipos de tubos: aqueles com as **duas extremidades abertas**, que serão denominados **tubos abertos**, e aqueles com uma extremidade aberta e a outra fechada, que serão denominados **tubos fechados** (ou semiabertos).

A **figura 22** mostra esses dois tipos de tubos sonoros.

Em um órgão acústico, encontramos tubos abertos e fechados de comprimentos e diâmetros variados, obtendo assim uma grande variedade de tons e sonoridades **(fig. 23)**.

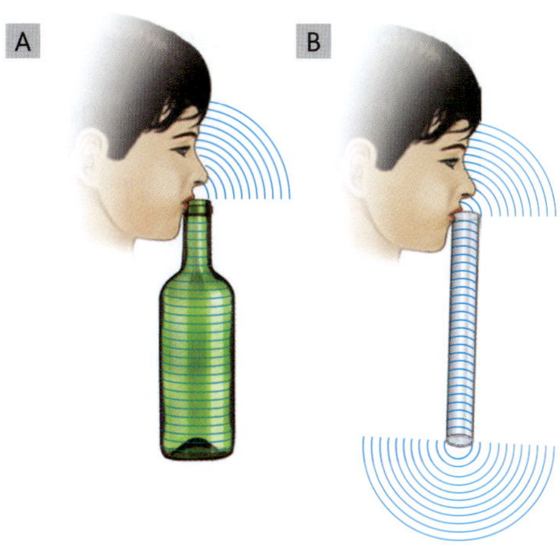

Figura 22. (A) O ar soprado para dentro de uma garrafa reflete no fundo e interfere com o ar que entra, gerando ondas estacionárias; (B) curiosamente, mesmo o ar soprado em um tubo aberto nas duas extremidades reflete ao encontrar o ar que se encontra fora da outra extremidade e interfere com o ar que entra, gerando ondas estacionárias.

ALESSANDRO VIANA/TYBA

Figura 23. Órgão monumental da Igreja Basílica de Nossa Senhora Auxiliadora, em Niterói, Rio de Janeiro.

Tubos abertos

Apesar de as ondas sonoras no ar serem longitudinais, para facilitar a visualização das ondas estacionárias dentro do tubo, usaremos uma representação simbólica, como se elas fossem ondas transversais.

A **figura 24** mostra esquematicamente os três primeiros harmônicos de um tubo aberto de comprimento L.

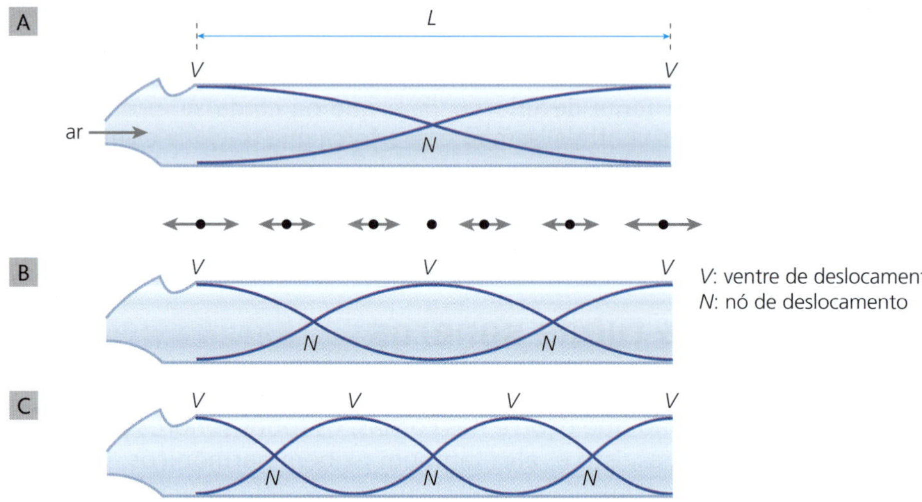

Figura 24. Harmônicos de um tubo aberto. (A) Primeiro harmônico; (B) segundo harmônico; (C) terceiro harmônico.

Nas extremidades desse tipo de tubo sempre teremos um ventre de deslocamento, uma vez que as partículas do ar têm liberdade para oscilar. Como entre dois ventres consecutivos sempre há um nó, no ponto médio entre eles teremos um nó de deslocamento.

No primeiro harmônico **(fig. 24A)**, o comprimento L do tubo corresponde a meio comprimento de onda: $L = \frac{1}{2}\lambda_1 \Rightarrow \lambda_1 = 2L$. Substituindo λ_1 na relação $v = \lambda_1 \cdot f_1$, teremos para o harmônico fundamental:

$$v = 2L \cdot f_1 \Rightarrow f_1 = \frac{v}{2L}$$

No segundo harmônico **(fig. 24B)**, o comprimento L do tubo corresponde a dois meios comprimentos de onda: $L = 2 \cdot \frac{1}{2}\lambda_2 \Rightarrow \lambda_2 = 2 \cdot \frac{1}{2}L$ ou $\lambda_2 = L$. Substituindo λ_2 na relação $v = \lambda_2 \cdot f_2$, teremos:

$$v = 2 \cdot \frac{1}{2}L \cdot f_2 \Rightarrow f_2 = 2 \cdot \left(\frac{v}{2L}\right) \text{ ou } f_2 = 2 \cdot f_1$$

No terceiro harmônico **(fig. 24C)**, o comprimento L do tubo corresponde a três meios comprimentos de onda: $L = 3 \cdot \frac{1}{2}\lambda_3 \Rightarrow \lambda_3 = \frac{2}{3}L$. Substituindo λ_3 na relação $v = \lambda_3 \cdot f_3$, teremos:

$$v = \frac{2}{3}L \cdot f_3 \Rightarrow f_3 = 3 \cdot \left(\frac{v}{2L}\right) \text{ ou } f_3 = 3 \cdot f_1$$

Assim, para a frequência de um harmônico qualquer, de ordem n, de um tubo aberto, teremos:

$$\boxed{f_n = n \cdot \frac{v}{2L} = n \cdot f_1}, \text{ com } n = 1, 2, 3, 4, \ldots$$

Tubos fechados

Como dissemos, um tubo "fechado" é, na verdade, um tubo semiaberto, isto é, aberto em uma das extremidades e fechado na outra, como se mostra na **figura 25**.

Na extremidade aberta, teremos sempre um ventre de vibração, e na extremidade fechada, teremos sempre um nó de vibração.

No primeiro harmônico **(fig. 25A)**, o comprimento L do tubo corresponde à distância entre um nó e um ventre consecutivos, isto é, $L = \frac{1}{4}\lambda_1$. Substituindo em $v = \lambda_1 \cdot f_1$, temos:

$$v = 4L \cdot f_1 \Rightarrow f_1 = \frac{v}{4L}$$

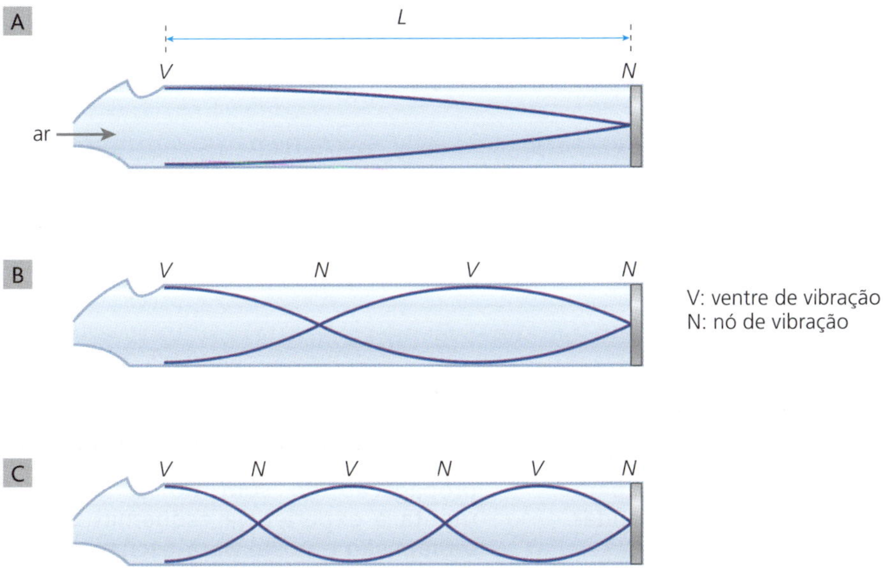

Figura 25. Harmônicos num tubo fechado. (A) Primeiro harmônico; (B) terceiro harmônico; (C) quinto harmônico.

No segundo modo de vibração **(fig. 25B)**, o comprimento L do tubo corresponde a três distâncias entre um nó e um ventre consecutivos, isto é, $L = 3 \cdot \frac{1}{4}\lambda_3$. Substituindo em $v = \lambda_3 \cdot f_3$, temos:

$$v = \frac{4L}{3} \cdot f_3 \Rightarrow f_3 = 3 \cdot \frac{v}{4L} \Rightarrow f_3 = 3 \cdot f_1$$

No terceiro modo de vibração **(fig. 25C)**, o comprimento L do tubo corresponde a cinco distâncias entre um nó e um ventre consecutivos, isto é, $L = 5 \cdot \frac{1}{4}\lambda_5$. Substituindo em $v = \lambda_5 \cdot f_5$ temos:

$$v = \frac{4L}{5} \cdot f_5 \Rightarrow f_5 = 5 \cdot \frac{v}{4L} \Rightarrow f_5 = 5 \cdot f_1$$

Como se vê, as frequências dos harmônicos são múltiplos ímpares da frequência do fundamental (f_1). Portanto, para um harmônico qualquer de um tubo fechado, teremos:

$$\boxed{f_n = n \cdot \frac{v}{4L} = n \cdot f_1}, \text{ com } n = 1, 3, 5, \ldots$$

Aplicando a teoria

11. **Um tubo sonoro aberto emite um som fundamental com frequência de 550 Hz. Considerando a velocidade do som no ar do ambiente igual a 330 m/s, determinar:**

a) o comprimento *L* do tubo;

b) a frequência do som fundamental que o tubo passará a emitir quando uma das extremidades for fechada.

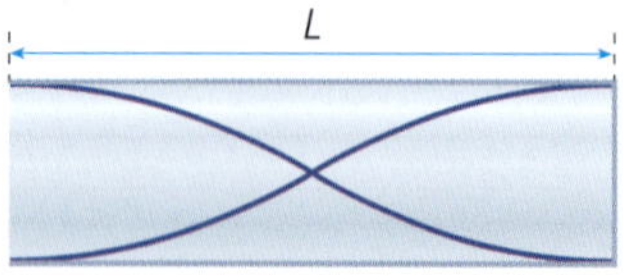

➤ Solução

a) Temos:

$v = \lambda_1 \cdot f_1 \Rightarrow 330 \text{ m/s} = \lambda_1 \cdot 550 \text{ Hz} \Rightarrow$

$\Rightarrow \lambda_1 = 0{,}60 \text{ m}$

Para o primeiro harmônico, temos:

$$L = \frac{1}{2}\lambda_1 \Rightarrow L = \frac{1}{2} \cdot 0{,}60 \text{ m} \Rightarrow \boxed{L = 0{,}30 \text{ m}}$$

b) Para o primeiro harmônico de um tubo fechado, temos:

$$L = \frac{1}{4}\lambda_1 \Rightarrow 0{,}30 \text{ m} = \frac{1}{4} \cdot \lambda_1 \Rightarrow$$

$$\Rightarrow \lambda_1 = 1{,}20 \text{ m}$$

Portanto:

$$v = \lambda_1 \cdot f_1 \Rightarrow 330 \text{ m/s} = 1{,}20 \text{ m} \cdot f_1 \Rightarrow$$

$$\Rightarrow \boxed{f_1 = 275 \text{ Hz}}$$

Esse resultado mostra que o som ficou mais grave.

Avaliando o aprendizado

28. A razão entre os comprimentos L_A e L_F de dois tubos sonoros, um aberto e outro fechado, para que eles emitam a mesma frequência fundamental, deve ser:

a) $\frac{L_A}{L_F} = \frac{1}{4}$

b) $\frac{L_A}{L_F} = \frac{1}{2}$

c) $\frac{L_A}{L_F} = 1$

d) $\frac{L_A}{L_F} = 2$

e) $\frac{L_A}{L_F} = 4$

29. Dois tubos, *A* aberto e *B* fechado, têm ambos 55 cm de comprimento. No ar ambiente, o som se propaga com velocidade de 330 m/s. Um som de frequência 1.650 Hz é ouvido nas proximidades dos tubos e não há outras fontes sonoras por perto. Podemos afirmar que:

a) o som ouvido é o 5º harmônico do tubo *A* e não pode ser do tubo *B*.

b) o som ouvido é o 6º harmônico do tubo *B* e não pode ser do tubo *A*.

c) o som ouvido é o 11º harmônico do tubo *B* e não pode ser do tubo *A*.

d) o som ouvido é o 5º harmônico do tubo *A* com o 11º harmônico do tubo *B*.

e) o som ouvido é o 10º harmônico do tubo *A* com o 6º harmônico do tubo *B*.

30. Com o objetivo de medir a velocidade de propagação do som no ar local, Pedrinho monta a experiência esquematizada. Quando o diapasão é posto para oscilar, ele vibra com frequência de 220 Hz. Ao baixar o êmbolo até $h = 37{,}5$ cm, Pedrinho verifica que o tubo passa a emitir, pela primeira vez, um som com a mesma frequência do diapasão, isto é, o tubo entra em uníssono com o diapasão. Determine:

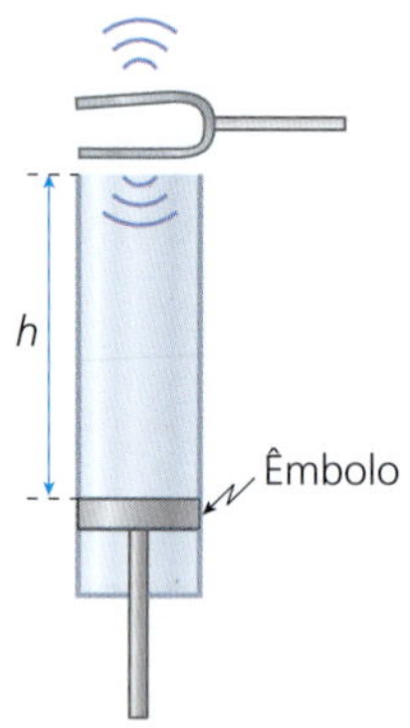

a) o comprimento de onda do som no ar ambiente;

b) a velocidade de propagação do som no ar próximo.

31. Dentro do tubo fechado representado o som se propaga com velocidade de 330 m/s, e o tubo emite um som de frequência 875 Hz. Determine:

a) a frequência do som fundamental f_1 para esse tubo;

b) o comprimento L desse tubo, em centímetro;

c) se esse tubo pode emitir um som com frequência de 3.500 Hz.

Revisando o conteúdo

Ficha-resumo 1

- **Velocidade de propagação do som:**
  $v_{gases} < v_{líquidos} < v_{sólidos}$
- **Velocidade do som em um gás:** $v_{som} = \sqrt{k \cdot T}$; em que k é uma característica do gás e T é a temperatura, em kelvin, do gás.

1. (Fatec-SP) Uma onda sonora propaga-se por um vale. A parte mais alta do vale tem temperatura mais alta que a inferior. Nas diferentes regiões do vale, devido a esse fator, a onda sofre mudança de:

a) timbre.
b) período.
c) comprimento.
d) altura.
e) frequência.

2. (FCM-MG) A figura mostra um recipiente contendo um bloco de ferro, água e ar. Uma fonte sonora F produz um som que atravessa o ar, a água e o ferro em distâncias d iguais. Denominam-se os tempos gastos pelo som para atravessá-los t_{ar}, $t_{água}$ e t_{ferro}, respectivamente.

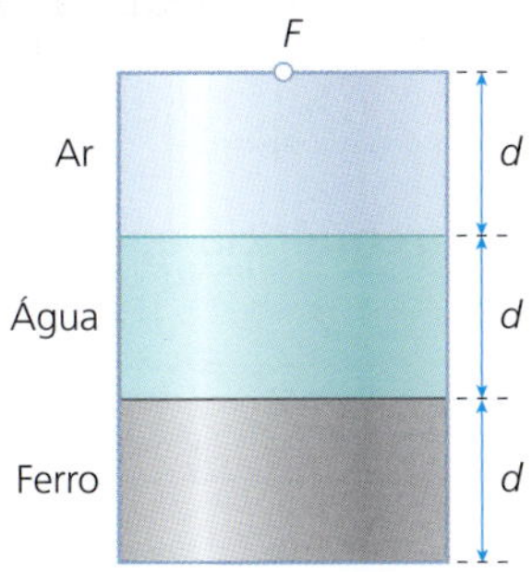

A relação entre esses tempos é:

a) $t_{água} > t_{ar} > t_{ferro}$
b) $t_{ferro} > t_{água} > t_{ar}$
c) $t_{ar} > t_{água} > t_{ferro}$
d) $t_{ar} = t_{água} = t_{ferro}$

3. (Fuvest-SP) Uma onda eletromagnética propaga-se no ar com velocidade praticamente igual à da luz no vácuo ($c = 3 \cdot 10^8$ m/s), enquanto o som propaga-se no ar com velocidade aproximada de 330 m/s. Deseja-se produzir uma onda audível que se propague no ar com o mesmo comprimento de onda daquelas utilizadas para transmissões de rádio em frequência modulada (FM) de 100 MHz ($100 \cdot 10^6$ Hz). A frequência da onda audível deverá ser aproximadamente de:

a) 110 Hz
b) 1.033 Hz
c) 11.000 Hz
d) 108 Hz
e) $9 \cdot 10^{13}$ Hz

Ficha-resumo 2

Qualidades fisiológicas do som:

- **Altura**: relaciona-se com a frequência.
  $\begin{cases} \text{Som alto} = \text{som agudo} \\ \text{Som baixo} = \text{som grave} \end{cases}$
- **Timbre**: relaciona-se com os harmônicos que acompanham o som fundamental.
- **Intensidade**: taxa de emissão de energia por unidade de área, por unidade de tempo.
  $I = \dfrac{P}{S}$; $I = k \cdot A^2$ (A é a amplitude da onda)
- **Nível de intensidade sonora**, em decibel (dB):
  $\Delta N = N_2 - N_1 = 10 \cdot \log \dfrac{I_2}{I_1}$

4. (Uespi) Sabemos que o homem sofre muito com a poluição sonora, pois ela causa, entre outros efeitos, irritação, estresse emocional e diminuição da capacidade auditiva. Para evitar a poluição sonora, devemos limitar nos sons:

a) os seus comprimentos de onda.
b) a sua altura.
c) o seu timbre.
d) a sua frequência.
e) a sua intensidade.

5. Se dobrarmos a intensidade de uma onda sonora, sua amplitude fica multiplicada por:

a) 2 b) $\sqrt{2}$ c) $\dfrac{\sqrt{2}}{2}$ d) $\dfrac{1}{2}$ e) 1

Utilize o texto abaixo para responder aos exercícios 6 e 7.

Quando o ouvido humano é submetido continuamente a ruídos de nível sonoro superior a 85 dB, sofre lesões irreversíveis. Por isso, o Ministério do Trabalho estabelece o tempo máximo diário que um trabalhador pode ficar exposto a sons muito intensos. Esses dados são apresentados na tabela abaixo.

Nível sonoro (dB)	Tempo máximo de exposição (h)
85	8
90	4
95	2
100	1

Observa-se, portanto, que, a cada aumento de 5 dB no nível sonoro, o tempo máximo de exposição cai pela metade. Sabemos ainda que, ao assistir a um *show* de *rock*, espectadores próximos às caixas de som estão expostos a um nível sonoro de 110 dB.

6. (Cesgranrio-RJ) De acordo com as informações anteriores, a duração máxima aceitável de um *show* de *rock*, para espectadores próximos às caixas de som, deveria ser de:

a) 30 min
b) 20 min
c) 15 min
d) 7 min e 30 s
e) 3 min e 45 s

7. (Cesgranrio-RJ) O nível de intensidade sonora (N) é expresso em decibel (dB) por: $N = 10 \log \frac{I}{I_0}$, onde I = intensidade sonora emitida pela caixa de som e I_0 = intensidade padrão, correspondente ao limiar da audição, para o qual N = 0.

Para o nível de intensidade N = 120 dB, a intensidade sonora, emitida pela caixa de som, deverá ser de:

a) $10^{13} \cdot I_0$
b) $10^{12} \cdot I_0$
c) $1.200 \cdot I_0$
d) $120 \cdot I_0$
e) $12 \cdot I_0$

8. (Unicamp-SP) É usual medirmos o nível de uma fonte sonora em decibéis (dB). O nível em dB é relacionado à intensidade I da fonte pela fórmula:

$$\text{Nível sonoro (dB)} = 10 \log \frac{I}{I_0}$$

onde $I_0 = 10^{-12}$ W/m² é um valor padrão de intensidade muito próximo do limite de audibilidade humana. Os níveis sonoros necessários para uma pessoa ouvir variam de indivíduo para indivíduo. No gráfico abaixo esses níveis estão representados em função da frequência do som para dois indivíduos, A e B. O nível sonoro acima do qual um ser humano começa a sentir dor é aproximadamente 120 dB, independentemente da frequência.

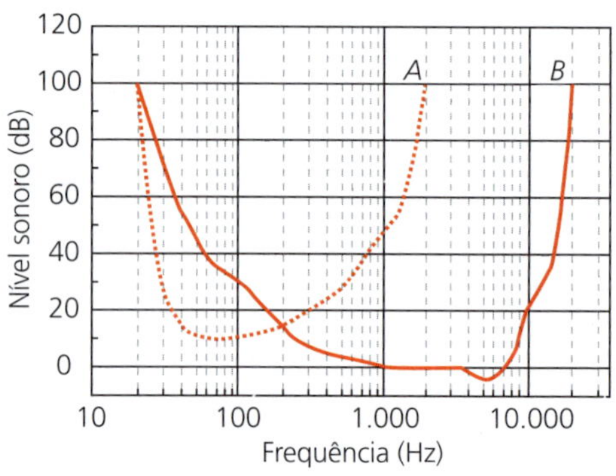

a) Que frequências o indivíduo A consegue ouvir melhor que o indivíduo B?
b) Qual a intensidade I mínima de um som (em W/m²) que causa dor em um ser humano?
c) Um beija-flor bate as asas 100 vezes por segundo, emitindo um ruído que atinge o ouvinte com um nível de 10 dB. Quanto a intensidade I desse ruído precisa ser amplificada para ser audível pelo indivíduo B?

9. A 10 m de um grande alto-falante a intensidade sonora vale $I_{10} = I$ e o nível sonoro vale $N_{10} = 52$ db. Se a distância passar a ser 20 m e adotarmos $\log \frac{1}{4} \simeq -0{,}6$, a intensidade I_{20} e o nível sonoro N_{20} passarão a valer:

a) $I_{20} = \frac{1}{2} I$ e $N_{20} = 26$ dB
b) $I_{20} = \frac{1}{4} I$ e $N_{20} = 13$ dB
c) $I_{20} = \frac{1}{4} I$ e $N_{20} = 26$ dB
d) $I_{20} = \frac{1}{2} I$ e $N_{20} = 46$ dB
e) $I_{20} = \frac{1}{4} I$ e $N_{20} = 46$ dB

Ficha-resumo 3

Efeito Doppler–Fizeau

- Aproximação relativa observador-fonte:

$$f_{\text{observada (aparente)}} > f_{\text{fonte}}$$

- Afastamento relativo observador-fonte:

$$f_{\text{observada (aparente)}} < f_{\text{fonte}}$$

- Cálculo da frequência aparente:

$$\frac{f_O}{v \pm v_O} = \frac{f_F}{v \pm v_F}$$

10. (Puccamp-SP) Um professor lê o seu jornal sentado no banco de uma praça e, atento às ondas sonoras, analisa três eventos:

I. O alarme de um carro dispara quando seu proprietário abre a tampa do porta-malas.
II. Uma ambulância se aproxima da praça com a sirene ligada.
III. Um mau motorista, impaciente, após passar pela praça, afasta-se com a buzina permanentemente ligada.

O professor percebe o efeito Doppler apenas:

a) no evento I, com frequência sonora invariável.
b) nos eventos I e II, com diminuição da frequência.
c) nos eventos I e III, com aumento da frequência.
d) nos eventos II e III, com diminuição da frequência em II e aumento em III.
e) nos eventos II e III, com aumento da frequência em II e diminuição em III.

11. Uma haste vibratória, em repouso em um ponto da orla de um lago, produz ondas que se propagam pela superfície da água. Um barco, em repouso no meio do lago, ao ser atingido pelas ondas, executa duas oscilações por segundo. O barco começa a se movimentar sobre a reta que o liga à fonte e passa a executar três oscilações por segundo. Sendo 8,0 m/s a velocidade de propagação das ondas na superfície de água, podemos afirmar que o barco está:

a) se aproximando da fonte com velocidade de 4,0 m/s.
b) se afastando da fonte com velocidade de 4,0 m/s.
c) se aproximando da fonte com velocidade de 8,0 m/s.
d) se afastando da fonte com velocidade de 12 m/s.
e) se aproximando da fonte com velocidade de 12 m/s.

12. (Faap-SP) Considere que a velocidade máxima permitida nas estradas seja de somente 80 km/h. A sirene de um posto rodoviário soa com uma frequência de 700 Hz, enquanto um veículo de passeio e um policial rodoviário se aproximam do posto emparelhados. O policial dispõe de um medidor de frequências sonoras. Dada a velocidade do som de 350 m/s, ele deverá multar o motorista do carro quando seu aparelho medir uma frequência sonora de, no mínimo:

a) 655 Hz
b) 656 Hz
c) 740 Hz
d) 745 Hz
e) 860 Hz

13. Os irmãos Acácio e Berácio movem-se ao longo de uma mesma reta com velocidades constantes de 10 m/s relativamente ao solo, um de encontro ao outro. Entre eles há uma fonte sonora que se move, relativamente ao solo, com velocidade constante de 10 m/s, no mesmo sentido de Acácio e de encontro a Berácio, emitindo um som de frequência f_F = 416 Hz.

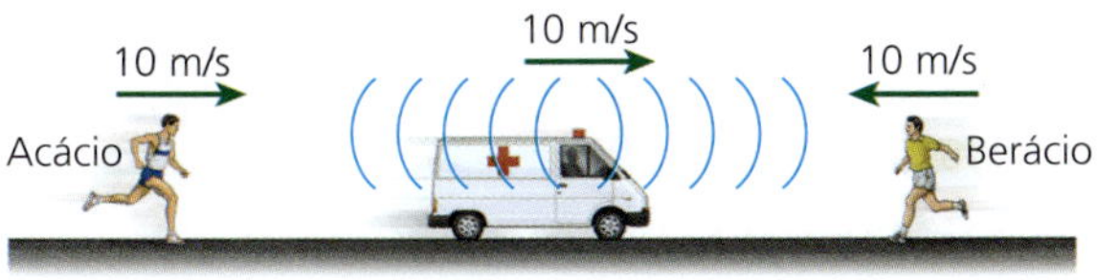

No local, a velocidade de propagação do som no ar é igual a 330 m/s. Assim, as frequências dos sons percebidos pelos irmãos f_A (Acácio) e f_B (Berácio) valem:

a) f_A = 416 Hz e f_B = 442 Hz
b) f_A = zero e f_B = 436 Hz
c) f_A = 416 Hz e f_B = 426 Hz
d) f_A = 442 Hz e f_B = 416 Hz
e) f_A = zero e f_B = 426 Hz

Ficha-resumo 4

Interferência

- A diferença entre as distâncias percorridas Δd deve ser múltiplo de meios comprimentos de onda.

$$\Delta d = |d_2 - d_1| = n \cdot \frac{1}{2} \lambda$$

- **Fontes em fase**:

$$\begin{cases} n \text{ par} \Rightarrow \text{interferência construtiva} \\ n \text{ ímpar} \Rightarrow \text{interferência destrutiva} \end{cases}$$

- **Fontes em oposição de fases**: invertem-se as condições acima.

14. (FCC-SP) Quando duas ondas interferem, a onda resultante apresenta sempre pelo menos uma mudança em relação às ondas componentes. Tal mudança se verifica em relação à(ao):

a) comprimento de onda.
b) período.
c) amplitude.
d) fase.
e) frequência.

15. (UFC-CE) A figura mostra, no instante t = 0, dois pulsos retangulares que se propagam em sentidos contrários, ao longo de uma corda horizontal esticada. A velocidade de cada pulso tem módulo igual a 2,0 cm/s. O pulso da esquerda tem 3,0 cm de largura e o da direita, 1,0 cm.

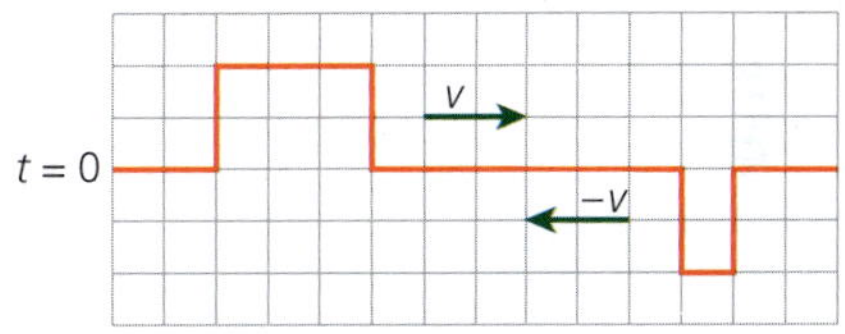

Dentre as opções seguintes, qual delas mostra o perfil da corda no instante t = 2,0 s?

a)
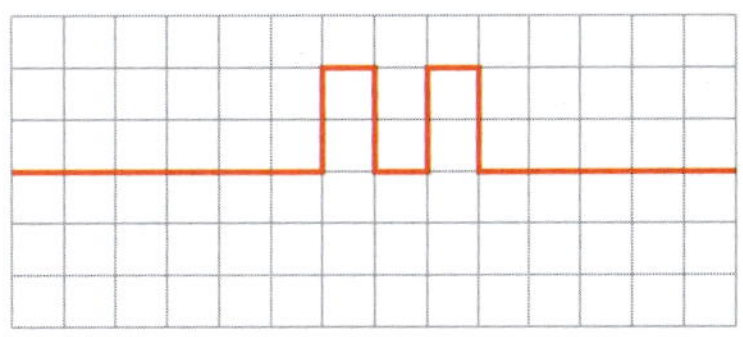

b)
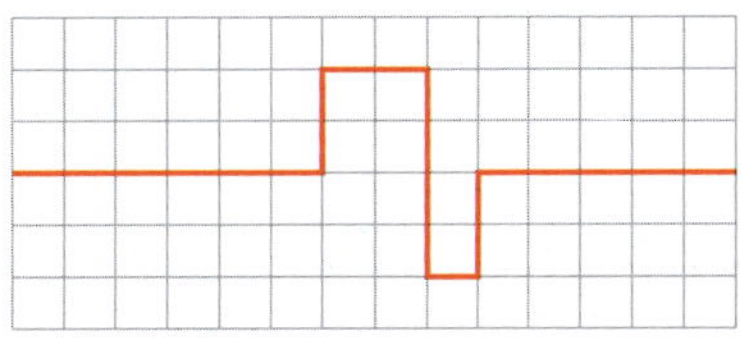

c)
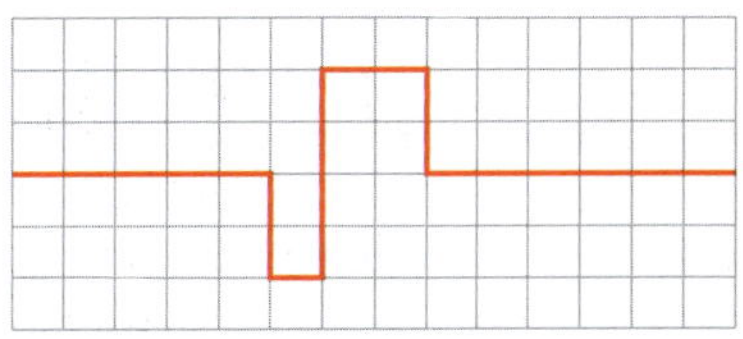

d) 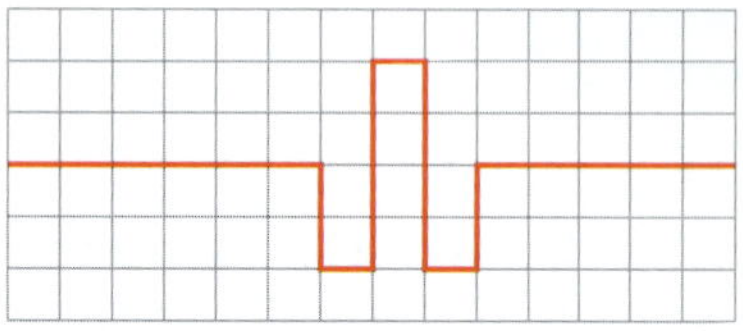

e) 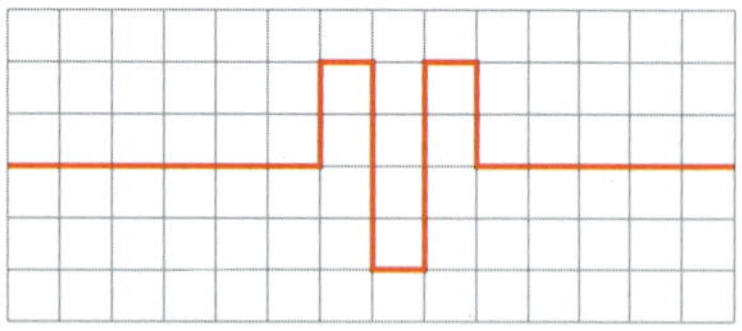

16. Duas fontes, F_1 e F_2, em oposição de fases, emitem ondas sonoras com a mesma amplitude, A, e o mesmo comprimento de onda λ. As fontes estão separadas por uma distância $d = 1,5\ \lambda$. Considere que a amplitude das ondas não varie no caminho entre as fontes e os pontos P e Q. O ponto P está alinhado com as fontes e Q é equidistante delas. Determine, justificando, o valor da amplitude resultante da sobreposição das ondas:

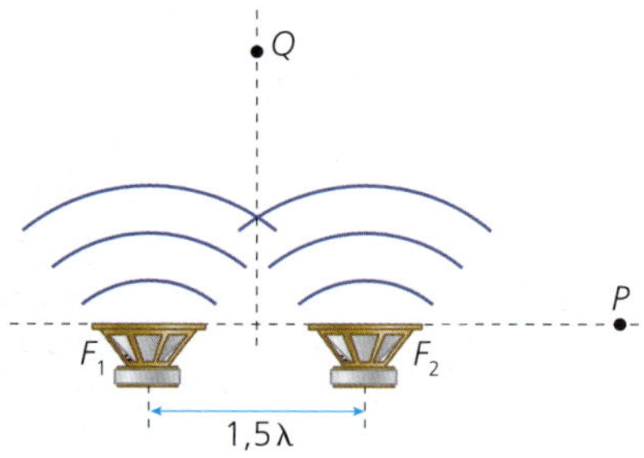

a) em P;
b) em Q.

Ficha-resumo 5

Ondas estacionárias

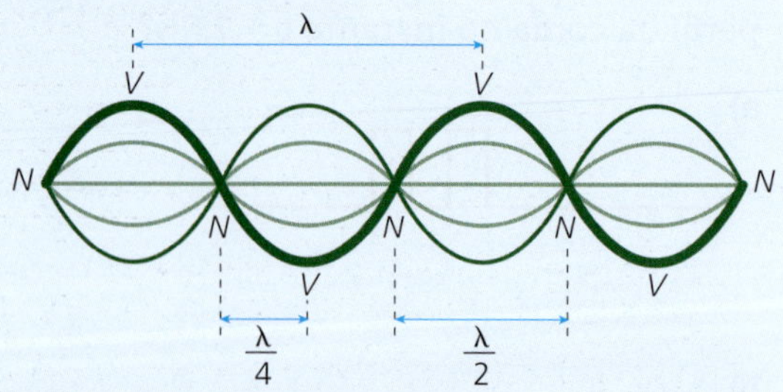

- Nós: pontos de interferência destrutiva.
- Ventres: pontos de interferência construtiva.
- Distância entre nós e ventres adjacentes: $\frac{\lambda}{4}$
- Distância entre nós adjacentes: $\frac{\lambda}{2}$
- Distância entre ventres adjacentes: $\frac{\lambda}{2}$
- Cordas vibrantes:
  $$f_n = n \cdot \frac{v_{corda}}{2L} = n \cdot f_1 \quad (n = 1, 2, 3, 4, ...)$$
- Tubos abertos:
  $$f_n = n \cdot \frac{v_{som}}{2L} = n \cdot f_1 \quad (n = 1, 2, 3, 4, ...)$$
- Tubos fechados:
  $$f_n = n \cdot \frac{v_{som}}{4L} = n \cdot f_1 \quad (n = 1, 3, 5, ...)$$

Responder às questões 17 e 18 com base no enunciado abaixo.
Uma das extremidades de uma corda é presa a uma parede, enquanto a outra é movimentada até que nela se estabeleça uma onda estacionária.

17. (PUC-RS) Os fenômenos ondulatórios responsáveis pela formação da onda estacionária são:
a) reflexão e refração.
b) difração e refração.
c) reflexão e interferência.
d) difração e reflexão.
e) polarização e interferência.

18. (PUC-RS) Se a distância entre dois nós consecutivos é de 30 cm e a frequência vale 6,0 Hz, a velocidade de propagação da onda na corda é igual a:
a) 0,6 m/s
b) 1,0 m/s
c) 1,2 m/s
d) 2,0 m/s
e) 3,6 m/s

19. (Puccamp-SP) Uma proveta graduada tem 40,0 cm de altura e está com água até o nível de 10,0 cm. Um diapasão de frequência de 855 Hz vibrando próximo à extremidade aberta da proveta gera a onda estacionária representada na figura ao lado. A velocidade do som, nessas condições, é, em m/s:

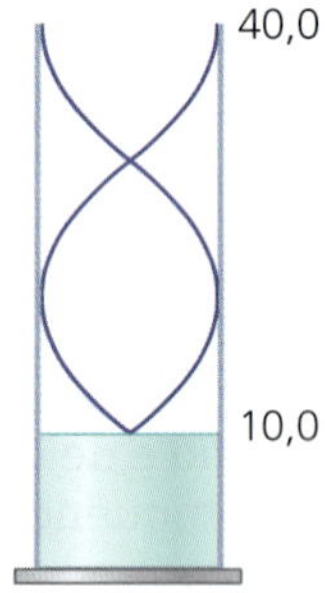

a) 326
b) 334
c) 342
d) 350
e) 358

20. (Unic-MT) Um tubo sonoro fechado, cheio de ar, emite um som fundamental de 3,4 kHz. Sabendo-se que a velocidade do som no ar é de 340 m/s, pode-se dizer que o comprimento L do tubo é igual a:

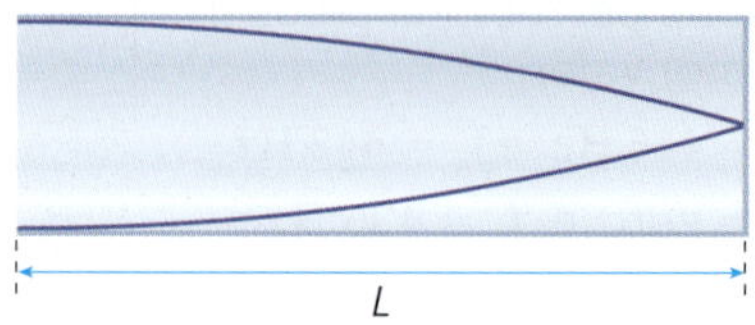

a) 3,4 m
b) 0,340 m
c) 50 cm
d) 25 cm
e) 2,5 cm

Capítulo 30

Introdução à Eletricidade

VOJTECH VIK/AGE FOTOSTOCK/EASYPIX BRASIL

Objetivos do capítulo:

- ✔ Apresentar as principais partículas constituintes do átomo.
- ✔ Conceituar corpo eletrizado.
- ✔ Estabelecer os princípios da eletrostática.
- ✔ Apresentar e analisar os processos de eletrização.
- ✔ Caracterizar a força elétrica.
- ✔ Estabelecer a lei de Coulomb.

A foto acima mostra uma grande cidade à noite. Imagine essa cidade sem os componentes elétricos necessários à iluminação pública e à iluminação das casas e edifícios, sem os sinais de trânsito e tudo o mais.
A ausência da eletricidade provocaria mudanças significativas em nossa rotina diária. Como seria viver em um mundo sem a eletricidade?

Gráficos Força
Conteúdo multimídia

1 Introdução

Neste capítulo, iniciamos o estudo de um ramo da Física com o qual temos contato diariamente, a eletricidade.

As primeiras experiências relacionadas à eletricidade de que se tem notícia ocorreram na Grécia antiga. Numa dessas experiências, um bastão de âmbar (resina vegetal fossilizada) era atritado com um pedaço de pele de animal, adquirindo, depois disso, a capacidade de atrair pequenos pedaços de palha seca. A palavra grega para âmbar, *élektron*, deu origem ao termo **eletricidade**.

Viver no mundo atual sem eletricidade não seria uma tarefa fácil. Diferentes tipos de aparelhos usados no dia a dia são alimentados pela energia elétrica que chega às nossas casas. Os equipamentos portáteis, como máquinas fotográficas digitais, aparelhos de MP3 e telefones celulares funcionam com pilhas e baterias recarregáveis.

Entender como a eletricidade funciona e como pode ser usada de modo mais seguro e eficiente é o principal objetivo dos próximos capítulos.

2 Constituição do átomo e corpos eletrizados

Toda matéria é constituída de **átomos**. Os átomos, em um modelo simplificado, são compostos fundamentalmente de **prótons**, **nêutrons** e **elétrons**.

Nesse modelo, conhecido como modelo atômico planetário, apresentado em 1911 por Ernest Rutherford (1871-1937), prótons e nêutrons estão concentrados na diminuta e massiva região central do átomo, formando o **núcleo**. Os elétrons, em constante movimentação, distribuem-se ao redor desse núcleo, numa região denominada **eletrosfera (fig. 1)**.

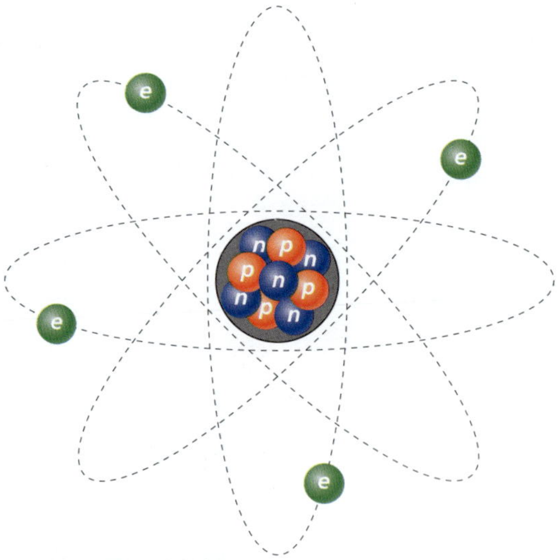

Figura 1. Representação do modelo atômico de Rutherford. O núcleo do átomo é formado por prótons e nêutrons; os elétrons distribuem-se na eletrosfera.

Os prótons e os elétrons são partículas que têm **carga elétrica**, propriedade associada às partículas fundamentais que constituem o átomo.

As cargas elétricas do próton e do elétron têm mesmo valor em módulo, mas sinais opostos. Convencionou-se que os prótons têm carga positiva e os elétrons têm carga negativa. A carga do elétron, em módulo, é a menor unidade de carga mensurável encontrada na natureza, denominada **carga elétrica fundamental** ou **carga elementar**, sendo representada por ***e***.

Os nêutrons não apresentam propriedades elétricas, por isso, considera-se que eles não têm carga elétrica.

No Sistema Internacional de Unidades (SI), a carga elétrica é medida em coulomb (símbolo C), em homenagem ao físico francês Charles Augustin de Coulomb (1736-1806). A carga elétrica fundamental é dada por:

$$e \simeq 1{,}6 \cdot 10^{-19}\ \text{C}$$

Para as partículas atômicas carregadas que estudaremos neste capítulo, temos:

	Carga elétrica	Símbolo
Próton	$+e \simeq +1{,}6 \cdot 10^{-19}$ C	p^+
Elétron	$-e \simeq -1{,}6 \cdot 10^{-19}$ C	e^-

Em eletricidade, é muito comum utilizar os submúltiplos do coulomb:

- 1 mC = 1 milicoulomb = 10^{-3} C
- 1 μC = 1 microcoulomb = 10^{-6} C
- 1 nC = 1 nanocoulomb = 10^{-9} C
- 1 pC = 1 picocoulomb = 10^{-12} C

Corpos eletrizados

Normalmente, um corpo qualquer apresenta o **número de prótons igual ao número de elétrons**; nessa situação, dizemos que o corpo está **eletricamente neutro**, ou, simplesmente, **neutro**. Nesse caso, ele terá carga elétrica total nula.

Mas se um corpo apresenta **número de prótons diferente do número de elétrons**, dizemos que ele está **eletrizado**, isto é, esse corpo tem carga elétrica total diferente de zero. Assim, eletrizar um corpo significa tornar diferente seu número de prótons do seu número de elétrons.

É importante destacar que, no processo de eletrização, podemos alterar apenas o número de elétrons do corpo, nunca o número de prótons.

Podemos ter, então:

- **corpo eletrizado negativamente**: apresenta **excesso de elétrons (fig. 2)**;

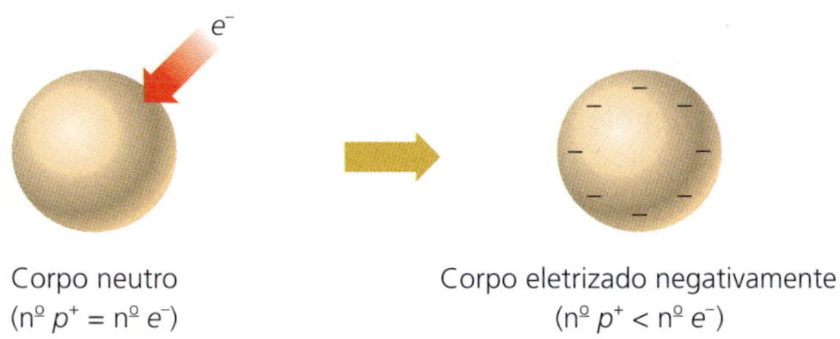

Figura 2. Um corpo eletrizado negativamente tem número de elétrons maior que o número de prótons.

- **corpo eletrizado positivamente**: apresenta **falta de elétrons (fig. 3)**.

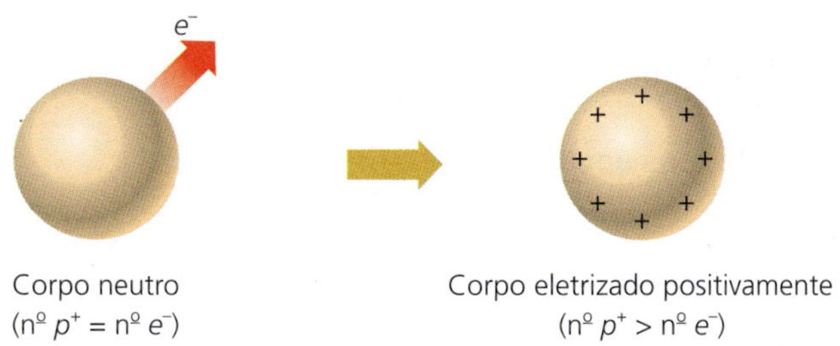

Figura 3. Um corpo eletrizado positivamente tem número de elétrons menor que o número de prótons.

Se chamarmos de n o número de elétrons em excesso ou em falta no corpo, então, a **quantidade de carga elétrica**, ou simplesmente, a **carga elétrica** desse corpo, representada por Q, será:

$$\boxed{Q = \pm n \cdot e}$$

O sinal positivo (+) é usado quando o corpo apresenta falta de elétrons, e o sinal negativo (–), quando o corpo apresenta excesso de elétrons.

A relação anterior nos mostra que a carga elétrica é uma grandeza **quantizada**, ou seja, tem apenas valores discretos. Esses valores são sempre múltiplos inteiros da carga elementar e: $\pm 1{,}6 \cdot 10^{-19}$ C (e), $\pm 3{,}2 \cdot 10^{-19}$ C ($2e$), $\pm 4{,}8 \cdot 10^{-19}$ C ($3e$), $\pm 6{,}4 \cdot 10^{-19}$ C ($4e$), ...

A palavra quantizada é derivada do latim *quantum* (plural *quanta*) e significa: quantidade mínima que pode separar dois valores discretos de uma mesma grandeza.

Corpos condutores e isolantes

Diferentes corpos podem ser constituídos de diferentes substâncias, compostas de átomos com números de prótons, elétrons e nêutrons distintos. Nos metais – como ouro, prata, cobre, alumínio e ferro – os elétrons que ocupam a camada de valência do átomo podem se desprender com relativa facilidade. Esses elétrons são chamados **elétrons livres**.

Os elétrons livres podem transitar pelo material, passando de um átomo para outro átomo vizinho. Os materiais cujos átomos possuem elétrons livres, elétrons fracamente ligados aos núcleos, são denominados **condutores de eletricidade**. Além dos metais, as soluções iônicas, os gases ionizados e o corpo humano também são condutores de eletricidade.

Alguns materiais não possuem elétrons livres ou os possuem em quantidade insuficiente para a condução de eletricidade. Esses materiais são denominados **isolantes**. O vidro, os plásticos, a borracha, a madeira seca, a lã e o ar são exemplos de materiais isolantes.

Aplicando a teoria

1. **Um corpo inicialmente neutro perde $3 \cdot 10^{13}$ elétrons. Sabendo que a carga elementar vale $e = 1{,}6 \cdot 10^{-19}$ C, determinar a carga do corpo após esse processo.**

➤ **Solução**

O corpo neutro, ao perder elétrons, eletriza-se positivamente com carga Q, tal que:
$Q = +n \cdot e$
Então: $Q = +3 \cdot 10^{13} \cdot 1{,}6 \cdot 10^{-19} \Rightarrow \boxed{Q = +4{,}8 \cdot 10^{-6}\ \text{C} = +4{,}8\ \mu\text{C}}$

2. **Um corpo eletrizado tem carga elétrica $Q = -8\ \mu$C.**

a) Esse corpo apresenta falta ou excesso de elétrons?

b) Qual é o número de elétrons em falta ou em excesso nesse corpo? (Dado: $e = 1{,}6 \cdot 10^{-19}$ C)

➤ **Solução**

a) Como o corpo está eletrizado negativamente, podemos concluir que o número de elétrons é maior do que o número de prótons. Portanto, o corpo tem excesso de elétrons.

b) O número n de elétrons em excesso no corpo é dado por:

$$Q = -n \cdot e \Rightarrow -8 \cdot 10^{-6} = -n \cdot 1{,}6 \cdot 10^{-19} \Rightarrow n = \frac{8 \cdot 10^{-6}}{1{,}6 \cdot 10^{-19}} \Rightarrow \boxed{n = 5 \cdot 10^{13}\ \text{elétrons}}$$

Avaliando o aprendizado

1. Determine o número de elétrons perdidos por um corpo eletrizado positivamente com carga de 1 C. (Dado: $e = 1{,}6 \cdot 10^{-19}$ C)

2. Um corpo, inicialmente neutro, é eletrizado e adquire carga elétrica de +8 nC. Determine o número de elétrons que o corpo perdeu com o processo de eletrização.

3. A carga elétrica de um corpo passa de $-2{,}0$ μC para $+1{,}2$ μC.

a) Qual foi a variação de carga elétrica do corpo?

b) Que tipo de partículas fundamentais foram trocadas pelo corpo? O corpo recebeu ou perdeu essas partículas?

c) Qual foi o número de partículas fundamentais trocadas pelo corpo?

3 Princípios da eletrostática

O estudo da eletricidade tem como base dois princípios: o princípio da atração e da repulsão e o princípio da conservação das cargas elétricas.

Princípio da atração e da repulsão ou lei de du Fay

Experimentalmente, o químico francês Charles du Fay (1698-1739) observou que:

- Cargas elétricas de mesmo sinal se repelem e cargas elétricas de sinais opostos se atraem.

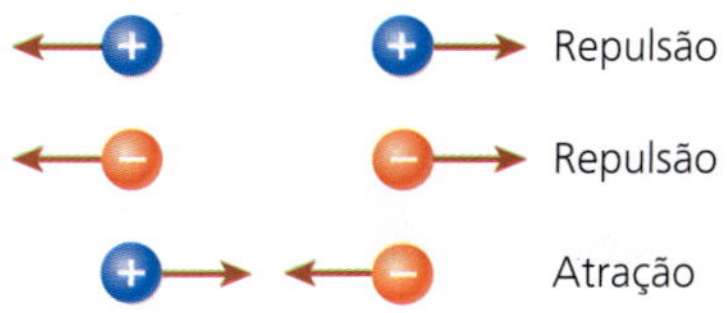

Princípio da conservação das cargas elétricas

Franklin
Conteúdo multimídia

Em capítulos anteriores, já estudamos dois princípios de conservação: o princípio da conservação da energia e o princípio da conservação da quantidade de movimento. Veremos agora um terceiro princípio de conservação de fundamental importância no estudo da eletricidade, o **princípio da conservação das cargas elétricas**.

Consideremos um sistema que não recebe nem cede cargas elétricas para o exterior. Dizemos que esse sistema é um **sistema eletricamente isolado**.

O princípio da conservação das cargas elétricas estabelece que:

- Em um sistema eletricamente isolado, a soma algébrica das cargas positivas e negativas é sempre constante.

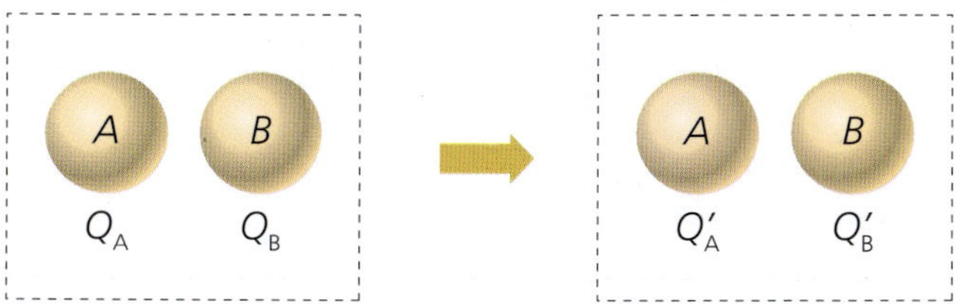

$$Q_A + Q_B = Q'_A + Q'_B$$

Aplicando a teoria

3. **Um corpo *A*, eletrizado, repele um corpo *B*. O que é possível afirmar a respeito das cargas elétricas de *A* e de *B*?**

➤ Solução

Pelo princípio da atração e da repulsão, podemos afirmar apenas que ambos os corpos estão eletrizados com cargas elétricas de mesmo sinal. Observe que não podemos determinar o sinal da carga elétrica, positiva ou negativa.

4. **Um sistema eletricamente isolado é constituído por três corpos, *A*, *B* e *C*, com cargas elétricas $Q_A = +10\ \mu C$, $Q_B = +4\ \mu C$ e $Q_C = -6\ \mu C$. Por um processo adequado, as cargas elétricas são modificadas de modo que, ao final, a carga elétrica de *C* torna-se igual ao dobro da carga de *A* e igual ao dobro da carga de *B*. Determinar as cargas elétricas finais de *A*, *B* e *C*.**

➤ Solução

Do enunciado, concluímos que as cargas finais de A e de B são iguais.

Assim: $Q'_A = Q$, $Q'_B = Q$ e $Q'_C = 2Q$

Pelo princípio da conservação das cargas elétricas: $Q_{final} = Q_{inicial}$

Então: $Q + Q + 2Q = +10 + 4 - 6 \Rightarrow 4Q = +8 \Rightarrow Q = +2\ \mu C$

Portanto: $Q'_A = +2\ \mu C$

$Q'_B = +2\ \mu C$

$Q'_C = +4\ \mu C$

Avaliando o aprendizado

4. Considerando quatro corpos, A, B, C e D, todos eletrizados, observa-se que:

I. o corpo A atrai o corpo B;
II. o corpo C repele o corpo D;
III. o corpo A está eletrizado negativamente;
IV. o corpo D está eletrizado positivamente.

Com base nessas informações, determine o sinal da carga elétrica de cada corpo. O que ocorrerá se aproximarmos o corpo B e o corpo C?

5. Um sistema é constituído por dois corpos, A e B, com cargas elétricas iniciais $Q_A = 12\ \mu C$ e $Q_B = -3\ \mu C$. Por meio de um processo de eletrização, ocorre a passagem de elétrons de um corpo para o outro e, ao final, a carga elétrica de A é igual ao dobro da carga elétrica de B.

a) Calcule a carga elétrica de cada um dos corpos no final do processo.
b) Houve passagem de elétrons de A para B, ou de B para A? Justifique sua resposta.

6. Um sistema eletricamente isolado é constituído por três corpos condutores com cargas elétricas $Q_A = +20\ \mu C$, $Q_B = +2\ \mu C$ e $Q_C = -12\ \mu C$. Os corpos B e C submetem-se a variações de carga iguais a $\Delta Q_B = +1\ \mu C$ e $\Delta Q_C = -5\ \mu C$, respectivamente.

a) Qual é a variação de carga do corpo A?
b) Qual é a carga final de cada um dos três corpos?

4 Processos de eletrização

Sabemos que eletrizar determinado corpo significa tornar diferentes o número de elétrons e o número de prótons desse corpo. Podemos eletrizar um corpo por três processos distintos: por atrito, contato e indução.

Eletrização por atrito

No início deste capítulo, vimos que um bastão de âmbar adquiria a capacidade de atrair pequenos pedaços de palha seca ao ser atritado com um pedaço de pele de animal, em uma experiência realizada na Grécia antiga. Isso ocorre porque o bastão de âmbar, ao ser atritado, é eletrizado.

Para provocar a eletrização por atrito, também chamada **triboeletrização**, basta que dois corpos de materiais diferentes, inicialmente neutros, sejam esfregados um no outro.

Durante o processo de esfregar um corpo contra outro, elétrons são retirados de um dos corpos e transferidos para o outro. Note que, pelo princípio da conservação das cargas elétricas, as cargas elétricas adquiridas pelos dois corpos terão sinais opostos, mas o mesmo valor em módulo (**fig. 4**).

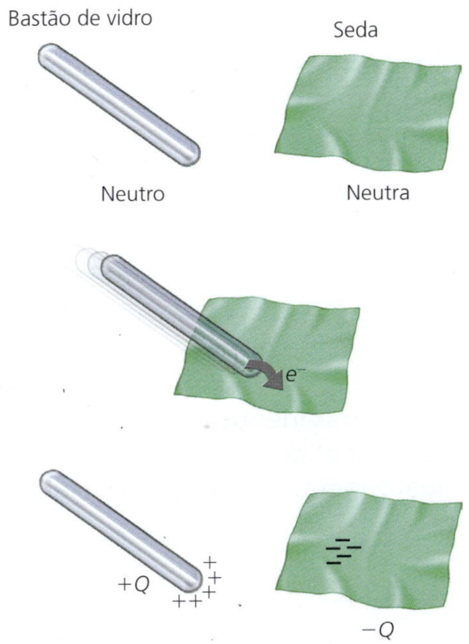

Figura 4. Na eletrização por atrito, os corpos adquirem cargas de mesmo valor, em módulo, e de sinais opostos.

Na **eletrização por atrito**, alguns materiais têm maior tendência a perder elétrons e se eletrizam positivamente, enquanto outros têm maior tendência a receber elétrons, se eletrizando negativamente.

Uma lista que indica a tendência relativa dos materiais de ceder ou receber elétrons durante o processo de eletrização por atrito recebe o nome de **série triboelétrica (fig. 5)**.

Nessa série, os materiais foram listados de tal maneira que, se atritarmos dois materiais quaisquer, o material que está mais acima na série irá se eletrizar positivamente e o material que está mais abaixo irá se eletrizar negativamente.

Figura 5. Série triboelétrica.

Eletrização por contato

Na **eletrização por contato**, a eletrização ocorre pelo simples contato de um corpo condutor neutro com um corpo condutor previamente eletrizado. O corpo neutro, após esse contato, eletriza-se com carga de mesmo sinal da carga do corpo previamente eletrizado.

Esse processo de eletrização é particularmente importante no caso de os corpos serem condutores de eletricidade.

Consideremos, por exemplo, duas esferas metálicas condutoras idênticas, *A* e *B*; *A* neutra e *B* eletrizada negativamente, portanto, com excesso de elétrons **(fig. 6A)**.

Se as esferas *A* e *B* forem postas em contato, parte dos elétrons em excesso da esfera *B* passa para a esfera *A* **(fig. 6B)**. Após a separação das esferas, ambas estarão eletrizadas negativamente **(fig. 6C)**.

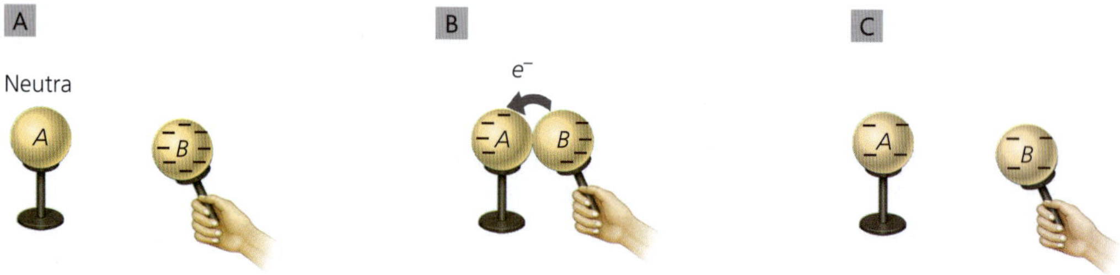

Figura 6. Eletrização por contato (A) Antes; (B) durante; (C) depois.

Em um experimento semelhante, se a esfera *B* estivesse eletrizada positivamente (com falta de elétrons), durante seu contato com a esfera *A* (neutra), elétrons passariam de *A* para *B*. Assim, após a separação das esferas, *A* acabaria eletrizada positivamente.

Pelo princípio da conservação das cargas elétricas:

$$Q_{\text{total (antes do contato)}} = Q_{\text{total (depois do contato)}}$$

Assim, como os corpos *A* e *B* são esferas condutoras idênticas, a carga inicial do sistema é distribuída igualmente entre elas e, ao final do processo de eletrização por contato, cada esfera terá carga elétrica igual à metade da carga total inicial do sistema.

Eletrização por indução

A **indução eletrostática** é o fenômeno de "separação" de cargas elétricas em um condutor quando ocorre a aproximação de um corpo eletrizado. Vamos analisar com mais detalhes esse fenômeno.

Consideremos uma esfera *A*, previamente eletrizada, e uma esfera *B*, condutora e inicialmente neutra, que sofrerá indução eletrostática. A esfera *A*, que provocará a indução na esfera *B*, é o corpo **indutor**; a esfera *B*, que sofrerá a indução eletrostática, é o corpo **induzido**.

Quando essas esferas são aproximadas uma da outra, sem que haja contato entre elas, elétrons livres da esfera neutra são atraídos ou repelidos pela esfera previamente eletrizada, dependendo da carga do indutor, ocorrendo, assim, a separação de cargas **(fig. 7)**.

Figura 7. O indutor eletrizado (esfera *A*) provoca indução eletrostática no induzido neutro (esfera *B*). Elétrons livres da esfera *B* são repelidos pela esfera *A*, negativamente eletrizada.

A esfera *B* pode ser eletrizada, após a separação de cargas e ainda na presença do indutor, se for ligada à Terra por meio de um fio condutor, chamado **fio terra**. Nessa situação, dizemos que o induzido foi **aterrado**.

A Terra pode ser considerada uma grande esfera condutora, muito maior que o induzido, e pode facilmente aceitar elétrons ou doá-los, dependendo do sinal da carga do indutor. Podemos dizer, então, que a Terra funciona como um grande reservatório de cargas elétricas.

Ao ligar a esfera *B* à Terra, após a separação de cargas e na presença do indutor, elétrons repelidos pelas cargas negativas do indutor descerão pelo fio terra **(fig. 8A)**. Em seguida, ainda na presença do indutor, é desfeita a ligação com a Terra **(fig. 8B)**. Finalmente, o indutor é afastado do induzido e suas cargas elétricas, opostas às do indutor, espalham-se pela superfície **(fig. 8C)**. O corpo *B* é eletrizado positivamente.

Figura 8. (A) Elétrons fluem do induzido para a Terra, repelidos pelo indutor; (B) a ligação à Terra é desfeita; (C) ao final, afastando-se o indutor, o induzido terá se eletrizado com carga positiva, oposta à do indutor.

Se o indutor estivesse eletrizado positivamente, elétrons subiriam para o induzido, atraídos pela carga positiva do indutor. Ao final do processo, o induzido ficaria eletrizado negativamente **(fig. 9)**.

30.1 Conteúdo multimídia

Figura 9. (A) Elétrons fluem da Terra para o induzido, atraídos pelo indutor; (B) a ligação à Terra é desfeita; (C) ao final, afastando-se o indutor, o induzido terá se eletrizado com carga negativa, oposta à do indutor.

Aplicando a teoria

5. Um bastão de vidro é atritado com um chumaço de algodão e um pedaço de isopor é atritado com um pedaço de lã. Utilizando a série triboelétrica da figura 5, determinar:

a) o sinal das cargas elétricas adquiridas pelo vidro, pelo algodão, pelo isopor e pela lã após os processos de eletrização por atrito;

b) o que ocorre se, após esse procedimento, aproximarmos o chumaço de algodão do pedaço de lã.

➤ Solução

a) Como na série triboelétrica o vidro está acima do algodão, podemos afirmar que o vidro se eletriza positivamente e o algodão negativamente. Na série triboelétrica, a lã está acima do isopor, assim ela se eletriza positivamente e o isopor negativamente.

b) Como o algodão e a lã estão eletrizados com cargas de sinais opostos, podemos afirmar que são atraídos ao serem aproximados.

6. Considerar três esferas metálicas idênticas *A*, *B* e *C*. Inicialmente, a esfera *A* tem carga elétrica de +6 μC, enquanto *B* e *C* estão neutras. A esfera *A* é colocada em contato com a esfera *B* e, em seguida, com a esfera *C*. Quais as cargas finais das esferas *A*, *B* e *C*?

➤ Solução

De acordo com o princípio da conservação das cargas elétricas, quando as esferas A e B são colocadas em contato, a carga total do sistema permanece constante, Q = +6 μC. Como as esferas são idênticas, a carga total irá se dividir igualmente entre as duas esferas. Então, após o primeiro contato, teremos:

$$Q_A = +3\ \mu C \text{ e } Q_B = +3\ \mu C$$

A esfera A é agora colocada em contato com a esfera C; mais uma vez, a carga total permanecerá constante, Q = +3 μC.

Após o segundo contato, teremos:

$Q_A = +1{,}5\ \mu C$ e $Q_C = +1{,}5\ \mu C$

Portanto, após os dois contatos sucessivos, teremos:

$Q_A = +1{,}5\ \mu C$ | $Q_B = +3\ \mu C$ | $Q_C = +1{,}5\ \mu C$

A figura a seguir ilustra todo o processo.

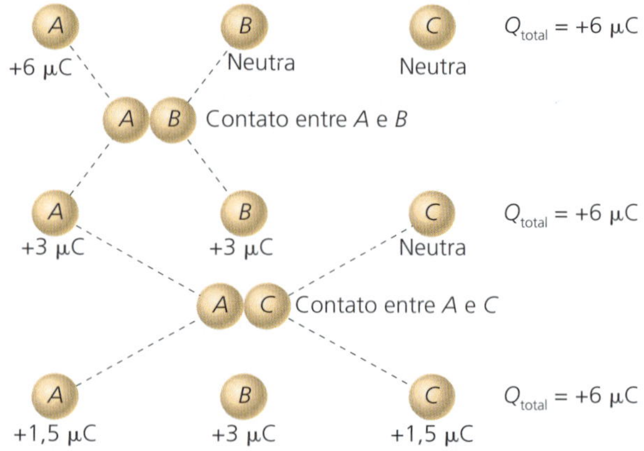

7. São dadas três esferas condutoras, *A*, *B* e *C*. A esfera *A* está eletrizada negativamente; *B* e *C* estão neutras. Sem alterar a quantidade de carga da esfera *A*, é possível, por indução eletrostática, eletrizar *B* e *C* com cargas de mesmo módulo e de sinais opostos, sem a intervenção de outros condutores ou da Terra?

➤ Solução

Sim, é possível eletrizar B e C com cargas de mesmo módulo e de sinais opostos. Para isso, primeiro colocamos as esferas B e C em contato; vamos considerar o conjunto formado pelas esferas B e C como um grande condutor. Em seguida, aproximamos a esfera A do conjunto, para que ocorra indução eletrostática; a esfera eletrizada A provoca a separação de cargas no conjunto. Agora, basta interromper o contato entre B e C, ainda na presença de A, para que as esferas B e C fiquem eletrizadas com cargas de mesmo módulo e de sinais opostos. Veja a figura a seguir.

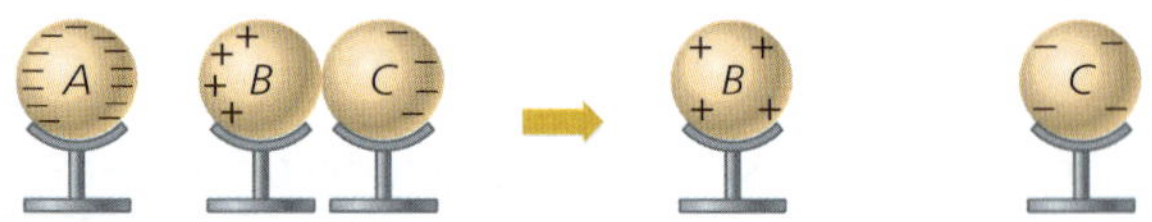

Avaliando o aprendizado

7. Um bastão de vidro, ao ser atritado por um chumaço de lã, perde $5 \cdot 10^{13}$ elétrons. Considerando a carga elementar igual a $1{,}6 \cdot 10^{-19}$ C, determine:

a) a carga elétrica final do bastão de vidro;

b) a carga elétrica final do chumaço de lã.

8. Considere três esferas metálicas condutoras idênticas, A, B e C, isoladas umas das outras. As esferas A e B estão neutras e a esfera C está eletrizada e tem carga elétrica Q. Faz-se a esfera C tocar a esfera A e, em seguida, a esfera B. No final desse procedimento, a carga elétrica da esfera B é igual a 3 μC. Qual era a carga inicial Q da esfera C?

9. Três esferas condutoras, A, B e C, estão presas a suportes isolantes. A esfera A está eletrizada positivamente e as esferas B e C, idênticas, estão inicialmente neutras. Descreva, passo a passo, um procedimento, envolvendo as três esferas, que pode ser adotado para eletrizar a esfera B positivamente e a esfera C negativamente. Utilize os processos de eletrização por indução e eletrização por contato.

5 Eletroscópios

Os eletroscópios são dispositivos que se destinam a detectar a presença de cargas elétricas em um corpo.

O funcionamento de um eletroscópio baseia-se no fenômeno da indução eletrostática, ou seja, na separação das cargas elétricas de um corpo condutor neutro, quando na presença de outro corpo eletrizado.

Os dois tipos mais comuns de eletroscópio são o pêndulo elétrico e o eletroscópio de folhas **(fig. 10)**.

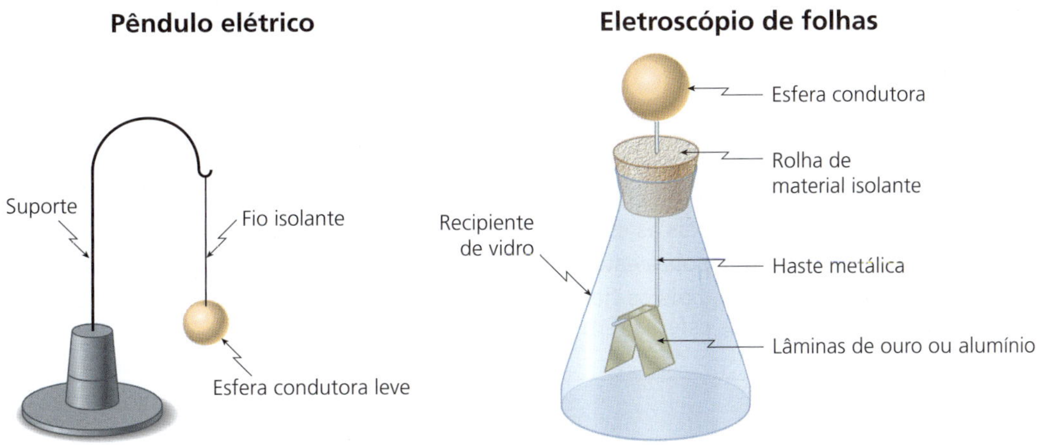

Figura 10. O pêndulo elétrico e o eletroscópio de folhas são dispositivos que permitem detectar se um dado corpo está ou não eletrizado.

Vamos aproximar um corpo eletrizado, com carga elétrica positiva, por exemplo, da esfera condutora de um eletroscópio de folhas inicialmente neutro.

Com o fenômeno da indução eletrostática, elétrons da parte metálica do eletroscópio são atraídos pelo corpo positivamente eletrizado e acabam por se concentrar na esfera **(fig. 11)**. Concomitantemente ocorre uma concentração de cargas positivas nas lâminas de ouro e elas se afastam uma da outra.

Figura 11. Na presença de um corpo eletrizado, as lâminas de um eletroscópio de folhas, neutro, se afastam uma da outra.

Se tivéssemos usado um pêndulo elétrico neutro para detectar a carga elétrica do corpo, observaríamos que a esfera, inicialmente suspensa na vertical, seria atraída pelo corpo eletrizado **(fig. 12)**. Isso acontece porque a força de atração entre as cargas de sinais opostos é mais intensa que a força de repulsão entre as cargas de mesmo sinal, já que as cargas de sinais opostos estão mais próximas.

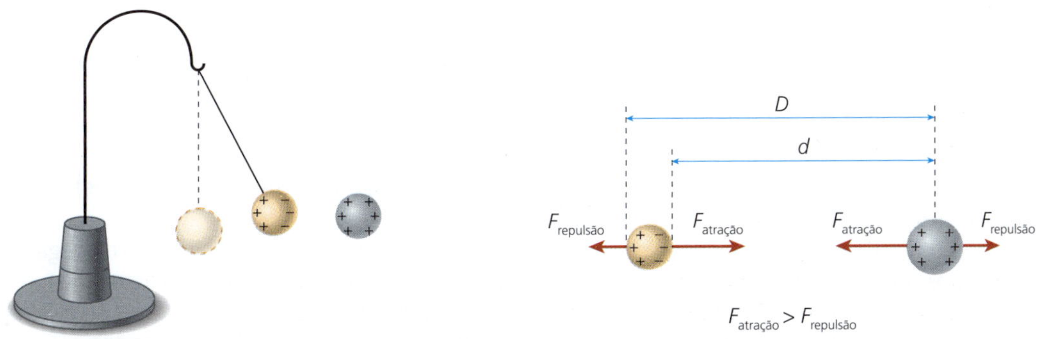

Figura 12. Ao aproximar um corpo eletrizado da esfera neutra do pêndulo elétrico, ela será atraída por ele.

Aplicando a teoria

8. (Unicamp-SP) Cada uma das figuras abaixo representa duas bolas metálicas de massas iguais, em repouso, suspensas por fios isolantes. As bolas podem estar carregadas eletricamente. O sinal da carga está indicado em cada uma delas. A ausência de sinal indica que a bola está descarregada. O ângulo do fio com a vertical depende do peso da bola e da força elétrica devida à bola vizinha. Indicar em cada caso se a figura está certa ou errada.

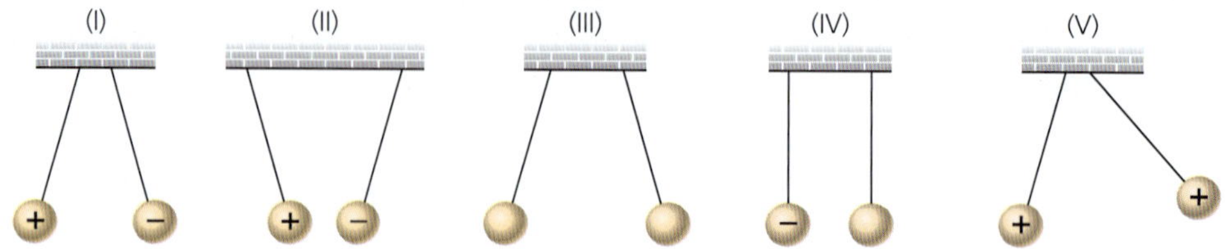

➤ Solução

I. A figura está errada, pois as esferas de sinais opostos deveriam se atrair.

II. A figura está correta. Cargas de sinais opostos se atraem.

III. A figura está errada, pois as esferas neutras não devem interagir uma com a outra.

IV. A figura está errada, pois a esfera neutra deveria ser atraída pela esfera eletrizada.

V. A figura está errada, pois os fios deveriam ter a mesma inclinação com relação à vertical, visto que as esferas têm a mesma massa.

Avaliando o aprendizado

10. Duas pequenas esferas condutoras, A e B, presas a fios isolantes e próximas uma da outra, equilibram-se como mostra a figura a seguir.

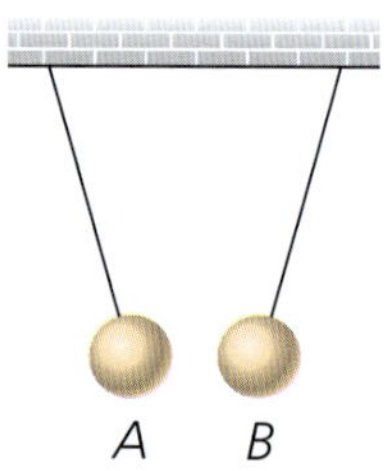

O que é possível afirmar a respeito das cargas elétricas de A e de B?

11. (UFMG) Em seu laboratório, o professor Ladeira prepara duas montagens – I e II –, distantes uma da outra, como mostrado na **figura A**.

Em cada montagem, duas pequenas esferas metálicas, idênticas, são conectadas por um fio e penduradas em um suporte isolante. Esse fio pode ser de material isolante ou condutor elétrico.

Em seguida, o professor transfere certa quantidade de carga para apenas uma das esferas de cada uma das montagens.

Ele, então, observa que, após a transferência de carga, as esferas ficam em equilíbrio, como mostrado na **figura B**.

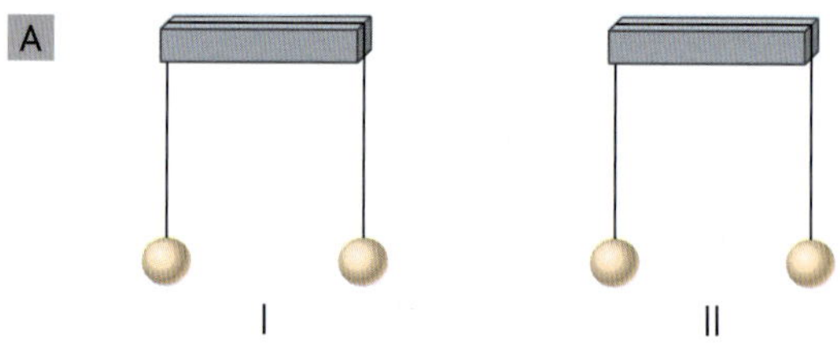

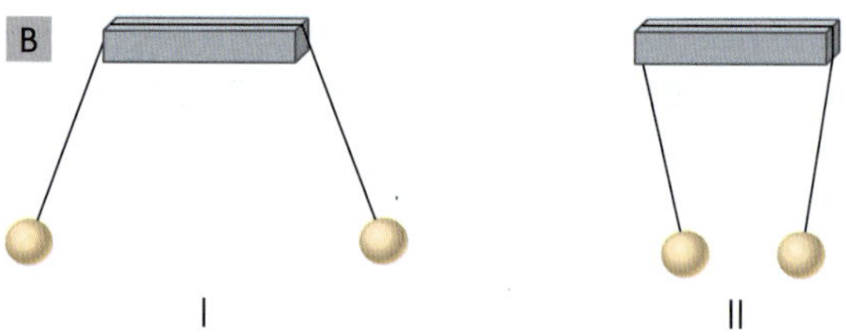

Considerando-se essas informações, é **correto** afirmar que, após a transferência de carga:

a) em cada montagem, ambas as esferas estão carregadas.

b) em cada montagem, apenas uma das esferas está carregada.

c) na montagem I, ambas as esferas estão carregadas e, na II, apenas uma delas está carregada.

d) na montagem I, apenas uma das esferas está carregada e, na II, ambas estão carregadas.

6 Força elétrica e lei de Coulomb

Um corpo eletrizado de dimensões desprezíveis é denominado **carga elétrica pontual** ou **carga elétrica puntiforme**.

As características da interação elétrica entre duas cargas elétricas puntiformes foram estabelecidas pelo físico francês Charles Augustin de Coulomb **(fig. 13)**.

Utilizando uma balança de torção, dispositivo por ele criado, Coulomb determinou, em 1785, a relação entre a intensidade da força de interação elétrica entre duas cargas pontuais, as quantidades de cargas e a distância entre elas.

A **lei de Coulomb** apresenta grande semelhança com a lei da gravitação universal de Isaac Newton, que relaciona a força gravitacional entre duas massas e a distância entre elas.

Consideremos as cargas puntiformes Q_1 e Q_2 separadas por uma distância d **(fig. 14)**.

Figura 13. Charles Augustin de Coulomb (1736–1806).

Coulomb
Conteúdo multimídia

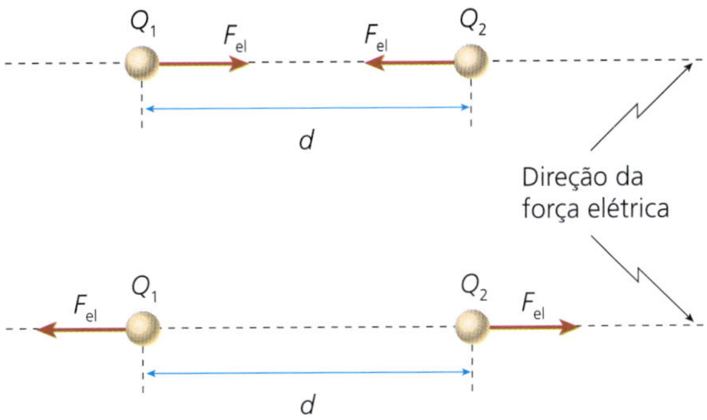

Figura 14. A direção da força elétrica entre duas cargas pontuais coincide com a direção da reta que passa pelas cargas. O sentido da força é dado pelo princípio da atração e da repulsão.

De acordo com a lei de Coulomb:

- A intensidade da força com que duas cargas elétricas pontuais interagem é diretamente proporcional ao produto das quantidades de carga, em módulo, e inversamente proporcional ao quadrado da distância entre elas.

Matematicamente, temos:

$$F_{el} = k \cdot \frac{|Q_1| \cdot |Q_2|}{d^2}$$

30.2
Conteúdo multimídia

Nessa expressão, k é uma constante característica do meio que envolve as cargas chamada **constante eletrostática do meio**.

No SI, F é medida em newton (N), $|Q_1|$ e $|Q_2|$ são medidas em coulomb (C), d é medida em metro (m) e k é medida em $N \cdot m^2/C^2$.

No vácuo:

$$k_0 \simeq 8{,}988 \cdot 10^9 \, \frac{N \cdot m^2}{C^2} \Rightarrow k = k_0 = 9 \cdot 10^9 \, \frac{N \cdot m^2}{C^2}$$

Aplicando a teoria

9. **Duas cargas puntiformes de módulos $2 \cdot 10^{-6}$ C e $3 \cdot 10^{-6}$ C, no vácuo ($k_0 = 9 \cdot 10^9$ N $\cdot$ m²/C²), estão separadas por uma distância de 30 cm. Determinar a intensidade da força elétrica de repulsão entre elas.**

➤ **Solução**

A partir da lei de Coulomb, $F = k \cdot \dfrac{|Q_1| \cdot |Q_2|}{d^2}$, obtemos:

$$F = 9 \cdot 10^9 \cdot \frac{2 \cdot 10^{-6} \cdot 3 \cdot 10^{-6}}{(0{,}30)^2} \Rightarrow F = 9 \cdot 10^9 \cdot \frac{6 \cdot 10^{-12}}{9 \cdot 10^{-2}} \Rightarrow$$

$$\Rightarrow \boxed{F = 6 \cdot 10^{-1}\ \text{N}}$$

10. **Duas pequenas esferas condutoras idênticas estão eletrizadas com cargas q e $-3q$ e se atraem com uma força elétrica de intensidade F, quando estão separadas por uma distância d. Cuidadosamente, as duas esferas são colocadas em contato e, em seguida, separadas a uma distância $2d$ uma da outra. Determinar a intensidade da nova força de interação elétrica entre as esferas em função de F.**

➤ **Solução**

A força F, de atração entre as cargas, é dada pela lei de Coulomb:

$$F = k \cdot \frac{|q| \cdot |-3q|}{d^2} \Rightarrow F = 3 \cdot k \cdot \frac{q^2}{d^2} \quad ①$$

Após o contato entre as esferas, a carga elétrica total $(-2q)$ vai se dividir igualmente entre elas. Com isso, cada esfera terá carga igual a $-q$, portanto, as esferas irão se repelir.

A nova força de interação terá intensidade F', dada, mais uma vez, pela lei de Coulomb:

$$F' = k \cdot \frac{|-q| \cdot |-q|}{d^2} \Rightarrow F' = k \cdot \frac{q^2}{d^2} \quad ②$$

De ① e ②, obtemos: $F' = \dfrac{F}{3}$

11. **No esquema representado abaixo, as cargas Q_1, Q_2 e Q_3, fixas no vácuo ($k_0 = 9 \cdot 10^9$ N $\cdot$ m²/C²), valem, respectivamente, $+2\ \mu$C, $+3\ \mu$C e $-4\ \mu$C.**

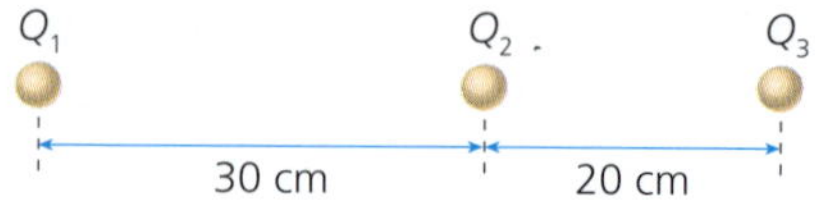

Determinar a intensidade da resultante das forças elétricas que atuam em Q_2.

➤ **Solução**

Sobre a carga Q_2 atuam duas forças elétricas: F_1 (resultado da repulsão exercida pela carga Q_1) e F_2 (resultado da atração exercida pela carga Q_3).

Calculemos a intensidade dessas forças.

Pela lei de Coulomb, $F = k \cdot \dfrac{|Q_1| \cdot |Q_2|}{d^2}$, temos:

$$F_1 = 9 \cdot 10^9 \cdot \frac{|2 \cdot 10^{-6}| \cdot |3 \cdot 10^{-6}|}{(0{,}30)^2} \Rightarrow$$

$$\Rightarrow F_1 = 9 \cdot 10^9 \cdot \frac{6 \cdot 10^{-12}}{9 \cdot 10^{-2}} \Rightarrow F_1 = 0{,}6\ \text{N}$$

$$F_2 = 9 \cdot 10^9 \cdot \frac{|3 \cdot 10^{-6}| \cdot |-4 \cdot 10^{-6}|}{(0{,}20)^2} \Rightarrow$$

$$\Rightarrow F_2 = 9 \cdot 10^9 \cdot \frac{12 \cdot 10^{-12}}{4 \cdot 10^{-2}} \Rightarrow F_2 = 2{,}7\ \text{N}$$

Como as forças que atuam na carga Q_2 têm mesmo sentido, a intensidade da resultante F_R é dada por: $F_R = F_1 + F_2$

Então: $F_R = 0{,}6 + 2{,}7 \Rightarrow F_R = 3{,}3$ N

Avaliando o aprendizado

12. Duas cargas elétricas, Q_1 e Q_2, atraem-se com uma força de intensidade 0,2 N quando separadas por uma distância d. Determine a intensidade da nova força de atração entre elas se duplicarmos o módulo da primeira carga, triplicarmos o módulo da segunda e reduzirmos a distância entre elas à metade.

13. Duas cargas puntiformes iguais e positivas, situadas no vácuo e separadas pela distância de 1 cm, repelem-se com força de intensidade de 0,9 N. Calcule o valor das cargas elétricas (Dado: $k = 9 \cdot 10^9$ N $\cdot$ m²/C²)

14. Considere três esferas metálicas condutoras, A, B e C, idênticas. As esferas A e B estão eletrizadas com cargas de 5 μC e $-2\ \mu$C, respectivamente. A esfera C, neutra, é colocada em contato com a esfera B, e, em seguida, com a esfera A. Após esse processo, observa-se o equilíbrio eletrostático da esfera B na situação indicada abaixo.

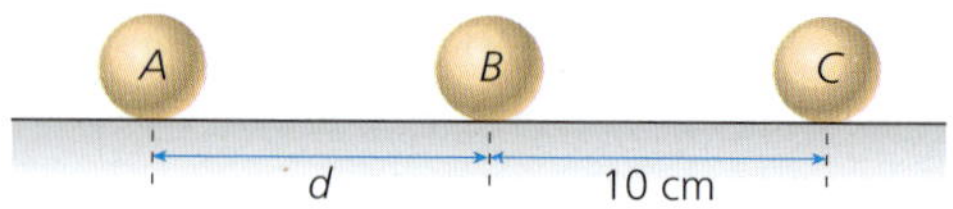

Sabendo que as esferas A e C estão fixas, determine:

a) a carga elétrica final de cada esfera após os contatos;

b) a distância d entre as esferas A e B.

Revisando o conteúdo

Ficha-resumo 1

A carga elétrica é uma grandeza física quantizada.

$$Q = \pm n \cdot e$$

e = carga elétrica fundamental $= 1{,}6 \cdot 10^{-19}$ C

Corpo eletrizado
- **positivamente:** apresenta **falta** de elétrons
- **negativamente:** apresenta **excesso** de elétrons

Princípio da atração e da repulsão

Cargas de mesmo sinal se repelem e cargas de sinais opostos se atraem.

Princípio da conservação das cargas elétricas

Em um sistema eletricamente isolado, a carga elétrica total é constante.

1. (Fuvest-SP) A lei de conservação da carga elétrica pode ser enunciada como segue:

a) A soma algébrica dos valores das cargas positivas e negativas em um sistema isolado é constante.
b) Um objeto eletrizado positivamente ganha elétrons ao ser aterrado.
c) A carga elétrica de um corpo eletrizado é igual a um número inteiro multiplicado pela carga do elétron.
d) O número de átomos existentes no universo é constante.
e) As cargas elétricas do próton e do elétron são, em módulo, iguais.

2. (UFRRJ) Três esferas condutoras, A, B e C, dotadas de alças isolantes, estão inicialmente separadas, como mostra a **figura a**, e eletrizadas com cargas respectivamente iguais a $+22$ μC, -4 μC e $+8$ μC. Usando as alças isolantes, um agente externo põe as três esferas em contato, como mostra a **figura b**, e, logo em seguida, as separa **(fig. c)**, de modo que as cargas das esferas A e B passam a ser $+9$ μC e $+7$ μC, respectivamente.

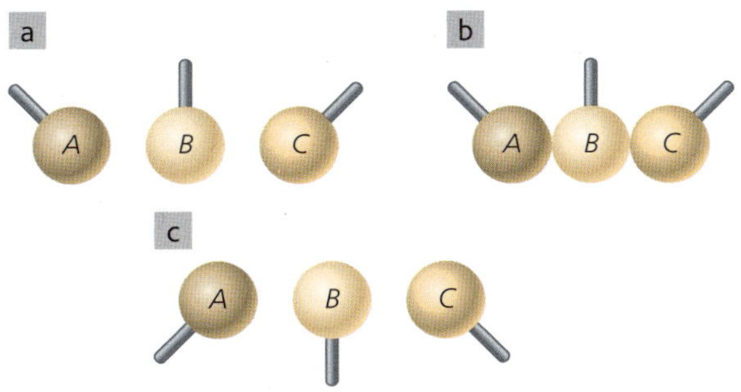

Após a separação, qual é o valor da carga da esfera C? Justifique.

3. (Cefet-PR) Duas esferas metálicas, inicialmente eletrizadas com cargas 10 μC e -2 μC, são postas em contato. Após o equilíbrio eletrostático, as esferas são separadas. Percebe-se que a primeira fica com carga de 5 μC e a outra com 3 μC. É correto afirmar que, durante o contato, a segunda esfera:

a) recebeu 3 μC de prótons.
b) perdeu 2 μC de elétrons.
c) perdeu 5 μC de elétrons.
d) recebeu 5 μC de prótons.
e) perdeu 3 μC de prótons.

Ficha-resumo 2

Eletrização
- por **atrito**: os corpos, de materiais diferentes, se eletrizam com cargas elétricas de mesmo valor, porém de sinais opostos.
- por **contato**: o corpo neutro se eletriza com carga de mesmo sinal que a do eletrizado.
- Por **indução**: o induzido se eletriza com carga de sinal oposto à do indutor.

Importante: um corpo neutro é sempre atraído por um corpo eletrizado.

4. (Mackenzie-SP) Considere as afirmações abaixo:

I. Um corpo, ao ser eletrizado, ganha ou perde elétrons.
II. É possível eletrizar uma barra metálica por atrito segurando-a com a mão, pois o corpo humano é de material semicondutor.
III. Estando inicialmente neutros, atrita-se um bastão de plástico com lã, consequentemente esses dois corpos adquirem cargas elétricas de mesmo valor e naturezas (sinais) opostas.

Escolha:

a) se somente I estiver correta.
b) se somente II estiver correta.
c) se somente III estiver correta.
d) se II e III estiverem corretas.
e) se I e III estiverem corretas.

5. (UFRGS) Duas pequenas esferas metálicas iguais, X e Y, fixadas sobre bases isolantes, estão eletricamente carregadas com cargas elétricas 6 C e -2 C, respectivamente. Quando separadas por uma distância d uma da outra, as esferas estão sujeitas a forças de atração coulombiana de módulo F_1.

As duas esferas são deslocadas pelas bases até serem colocadas em contato. A seguir, elas são novamente movidas pelas bases até retornarem à mesma distância d uma da outra.

Após o contato e posterior separação, as esferas X e Y ficaram eletrizadas, respectivamente, com cargas elétricas:

a) 2 C e −2 C.
b) 2 C e 2 C.
c) 3 C e −1 C.
d) 4 C e −4 C.
e) 4 C e 4 C.

6. (Fuvest-SP) Três esferas metálicas, M_1, M_2 e M_3, de mesmo diâmetro e montadas em suportes isolantes, estão bem afastadas entre si e longe de outros objetos.

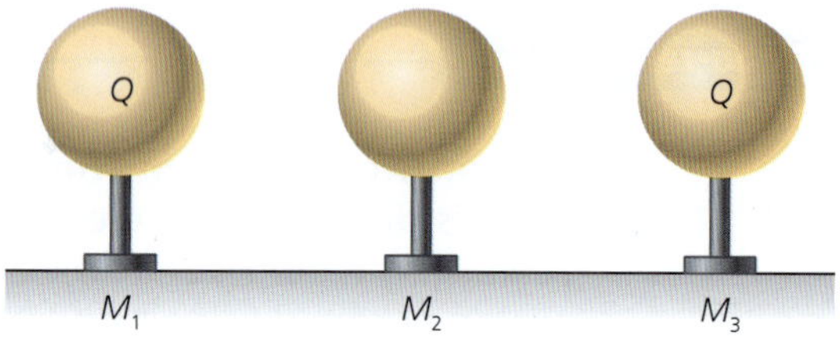

Inicialmente, M_1 e M_3 têm cargas iguais, com valor Q, e M_2 está descarregada. São realizadas duas operações, na sequência indicada:

I. A esfera M_1 é aproximada de M_2 até que ambas fiquem em contato elétrico. A seguir, M_1 é afastada até retornar à sua posição inicial.

II. A esfera M_3 é aproximada de M_2 até que ambas fiquem em contato elétrico. A seguir, M_3 é afastada até retornar à sua posição inicial.

Após essas duas operações, as cargas nas esferas serão cerca de:

	M_1	M_2	M_3
a)	Q/2	Q/4	Q/4
b)	Q/2	3Q/4	3Q/4
c)	2Q/3	2Q/3	2Q/3
d)	3Q/4	Q/2	3Q/4
e)	Q	zero	Q

7. (UFSC) Uma placa de vidro eletrizada com carga positiva é mantida próxima a uma barra metálica isolada e carregada com carga $+q$, conforme mostra a figura abaixo.

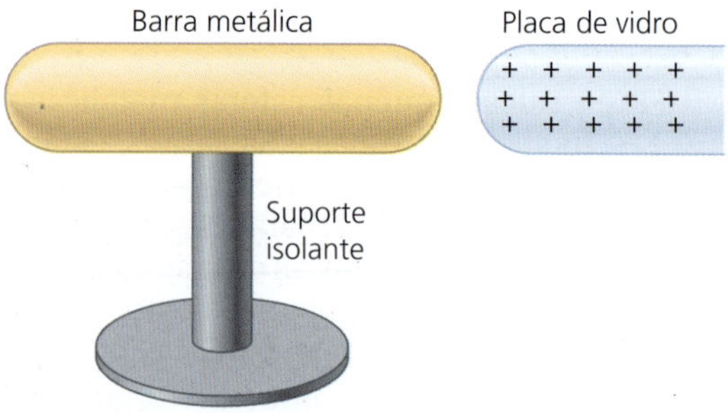

É **correto** afirmar que:

01) se a barra for conectada ao solo por um fio condutor, a placa de vidro for afastada e, a seguir, a ligação com o solo for desfeita, a barra ficará carregada negativamente.

02) se a barra for conectada ao solo por um fio condutor e, a seguir, for desconectada novamente, com a placa de vidro mantida próxima, a placa de vidro ficará neutra.

04) se a placa de vidro atrair um pequeno pedaço de cortiça suspenso por um fio isolante, pode-se concluir que a carga da cortiça é necessariamente negativa.

08) se a placa de vidro repelir um pequeno pedaço de cortiça suspenso por um fio isolante, pode-se concluir que a carga da cortiça é necessariamente positiva.

16) nas condições expressas na figura, a carga $+q$ da barra metálica distribui-se uniformemente sobre toda a superfície externa da barra.

Dê como resposta a soma dos números que precedem as proposições corretas.

8. (UEM-PR) O diagrama a seguir ilustra três esferas neutras de metal, x, y e z, em contato entre si e sobre uma superfície isolada.

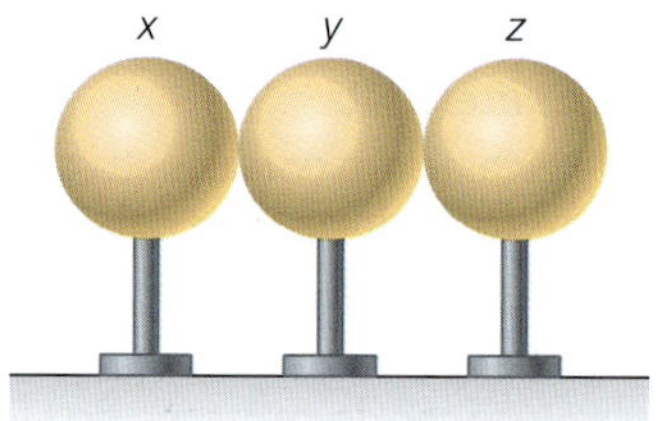

Assinale a alternativa cujo diagrama melhor representa a distribuição de cargas das esferas quando um bastão carregado positivamente é aproximado da esfera x, mas não a toca.

a)
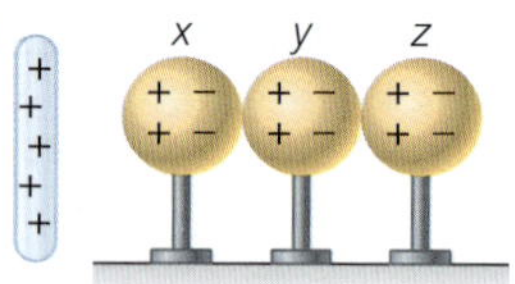

b)
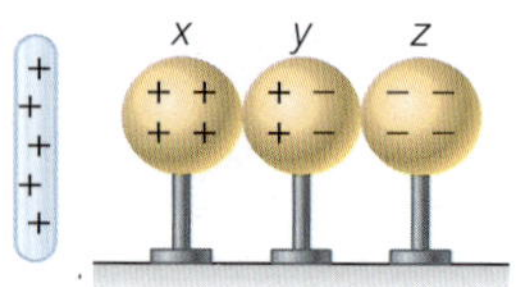

c)
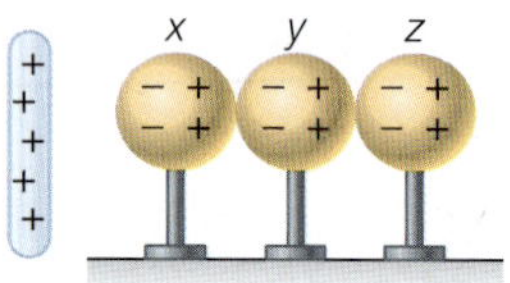

d)
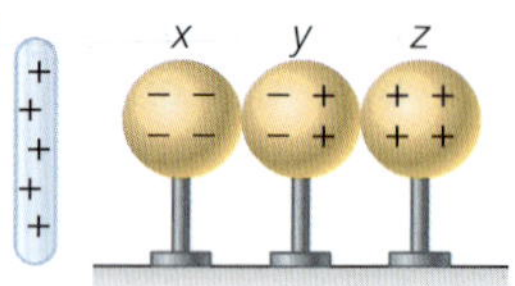

e)
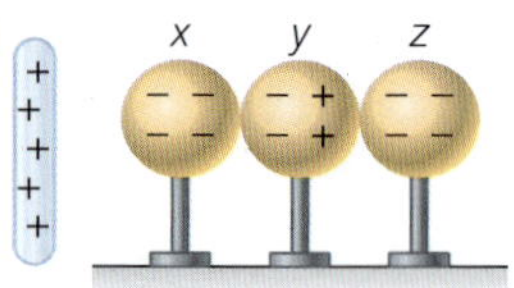

9. (UFMG) Durante uma aula de Física, o professor Carlos Heitor faz a demonstração de eletrostática que se descreve a seguir.

Inicialmente, ele aproxima duas esferas metálicas – R e S –, eletricamente neutras, de uma outra esfera isolante, eletricamente carregada com carga negativa, como representado na **figura** I. Cada uma dessas esferas está apoiada em um suporte isolante.

Em seguida, o professor toca o dedo, rapidamente, na esfera S, como representado na **figura** II.

Isso feito, ele afasta a esfera isolante das outras duas esferas, como representado na **figura** III.

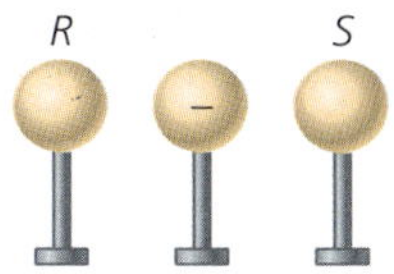

I

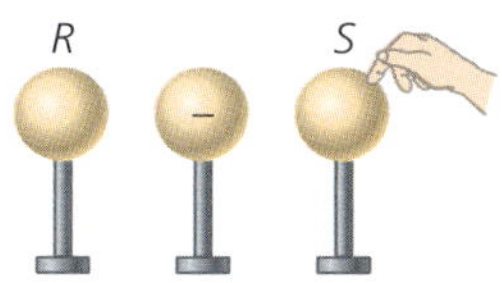

II

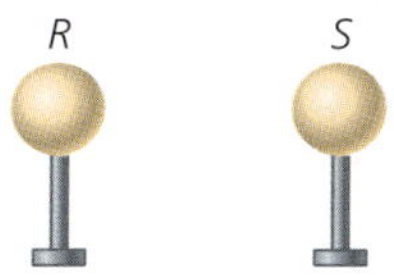

III

Considerando-se essas informações, é **correto** afirmar que, na situação representada na **figura** III:

a) a esfera R fica com carga negativa e a S permanece neutra.

b) a esfera R fica com carga positiva e a S permanece neutra.

c) a esfera R permanece neutra e a S fica com carga negativa.

d) a esfera R permanece neutra e a S fica com carga positiva.

10. (Vunesp) Um dispositivo simples capaz de detectar se um corpo está ou não eletrizado é o pêndulo eletrostático, que pode ser feito com uma pequena esfera condutora suspensa por um fio fino e isolante. Um aluno, ao aproximar um bastão eletrizado do pêndulo, observou que ele foi repelido **(etapa I)**. O aluno segurou a esfera do pêndulo com suas mãos, descarregando-a e, então, ao aproximar novamente o bastão, eletrizado com a mesma carga inicial, percebeu que o pêndulo foi atraído **(etapa II)**. Após tocar o bastão, o pêndulo voltou a sofrer repulsão **(etapa III)**. A partir dessas informações, considere as seguintes possibilidades para a carga elétrica presente na esfera do pêndulo:

Possibilidade	**Etapa I**	**Etapa II**	**Etapa III**
1	Neutra	Negativa	Neutra
2	Positiva	Neutra	Positiva
3	Negativa	Positiva	Negativa
4	Positiva	Negativa	Negativa
5	Negativa	Neutra	Negativa

Somente pode ser considerado verdadeiro o descrito nas possibilidades:

a) 1 e 3.

b) 1 e 2.

c) 2 e 4.

d) 4 e 5.

e) 2 e 5.

Ficha-resumo 3

A lei de Coulomb

"A intensidade da força de interação elétrica entre duas cargas elétricas pontuais postas em persença uma da outra é diretamente proporcional ao produto das quantidades de carga, em módulo, e inversamente proporcional ao quadrado da distância entre elas."

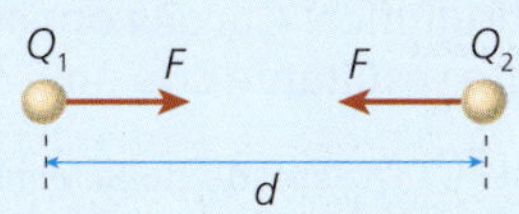

$\vec{F}$ →

- **Direção:** coincidente com a direção da reta que passa pelas cargas
- **Sentido:**
  - Atrativa para cargas de sinais opostos
  - Repulsiva para cargas de mesmo sinal
- **Módulo** (intensidade): $F = k \cdot \dfrac{|Q_1| \cdot |Q_2|}{d^2}$

11. (UFF-RJ) Numa experiência de eletrostática realizada no laboratório didático do Instituto de Física da UFF duas bolas idênticas são penduradas por fios isolantes muito finos a uma certa distância uma da outra. Elas são, então, carregadas eletricamente com quantidades diferentes de carga elétrica de mesmo sinal: a bola I recebe 8 unidades de carga e a bola II recebe 2 unidades de carga.

Escolha o diagrama que representa corretamente as forças de interação entre as bolas.

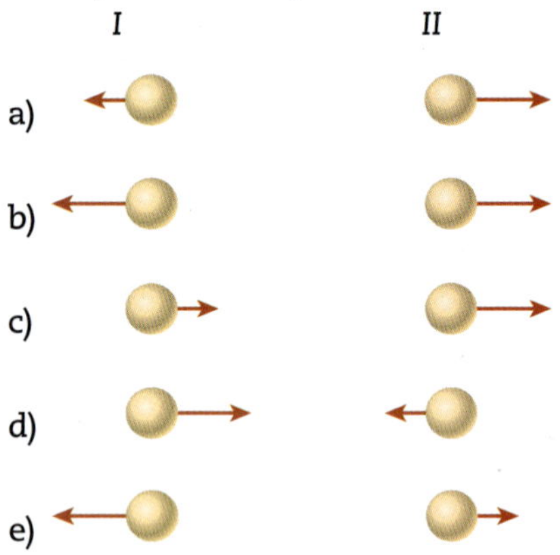

12. (Puccamp-SP)

Vários peixes, como o tubarão e a arraia, possuem órgãos que formam um par emissor e receptor – sistema parecido com o radar – para localizar alimentos e detectar inimigos. À medida que os objetos distorcem a forma do campo elétrico emitido por esses peixes, seus receptores percebem a mudança, revelando, assim, a localização dos objetos. Essa capacidade de detecção faz sentido porque todas as células no corpo funcionam como baterias. Uma bateria comum produz tensão, ou diferença de potencial elétrico, quando duas soluções salinas com cargas elétricas diferentes são separadas dentro de uma célula eletroquímica. Cargas opostas se atraem e o movimento resultante cria uma corrente elétrica.

(Adaptado de *Scientific American Brasil*. Setembro 2007. p. 36)

Duas cargas puntiformes, de sinais opostos, $Q_A = 3,0\ \mu C$ e $Q_2 = -9,0\ \mu C$, estão separadas de 9,0 cm, no vácuo. Sendo a constante eletrostática do vácuo igual a $k_0 = 9,0 \cdot 10^9$ SI, a intensidade da força elétrica da atração entre as cargas, em newton, vale:

a) $3,0 \cdot 10^{-2}$.
b) $3,0 \cdot 10^{-1}$.
c) 3,0.
d) $3,0 \cdot 10^{1}$.
e) $3,0 \cdot 10^{2}$.

13. (PUC-RJ) Duas esferas carregadas, afastadas de 1 m, se atraem com uma força de 720 N. Se uma esfera tem o dobro da carga da segunda, qual é a carga das duas esferas?

(Considere: $k = 9 \cdot 10^9\ N \cdot m^2/C^2$)

a) $1,0 \cdot 10^{-4}$ C e $2,0 \cdot 10^{-4}$ C
b) $2,0 \cdot 10^{-4}$ C e $4,0 \cdot 10^{-4}$ C
c) $3,0 \cdot 10^{-4}$ C e $6,0 \cdot 10^{-4}$ C
d) $4,0 \cdot 10^{-4}$ C e $8,0 \cdot 10^{-4}$ C
e) $5,0 \cdot 10^{-4}$ C e $10,0 \cdot 10^{-4}$ C

14. (PUC-RJ) Uma carga $Q_1 = 1,0 \cdot 10^{-6}$ C está fixa no ponto $x = 0$. No instante $t = 0$ s, em $x = 1,0$ m, se encontra uma carga $Q_2 = 2Q_1$, em repouso, porém livre para se mover. Considere que o eixo x é a linha que une as duas cargas.

Dado que a constante $k_e = 9,0 \cdot 10^9\ N \cdot m^2/C^2$, indique a força em newton na direção x que a carga Q_2 faz sobre a carga Q_1.

a) $18,0 \cdot 10^{-3}$
b) $4,5 \cdot 10^{-3}$
c) $9,0 \cdot 10^{-3}$
d) $-18,0 \cdot 10^{-3}$
e) $-9,0 \cdot 10^{-3}$

15. (Puccamp-SP) Duas pequenas esferas condutoras idênticas estão eletrizadas com cargas q e $-5q$ e se atraem com uma força elétrica de intensidade F, quando estão separadas de uma distância d. Colocando-as em contato e posicionando-as, em seguida, a uma distância $2d$ uma da outra, a intensidade da nova força de interação elétrica nas esferas será:

a) F/2
b) F/3
c) F/4
d) F/5
e) F/10

16. (Fuvest-SP) Três objetos com cargas elétricas idênticas estão alinhados como mostra a figura. O objeto C exerce sobre B uma força igual a $3,0 \cdot 10^{-6}$ N.

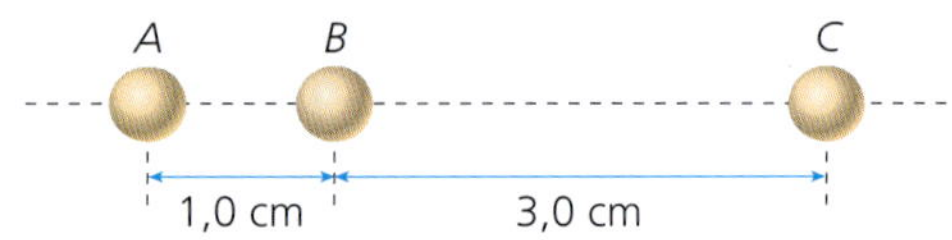

A força resultante dos efeitos de A e C sobre B tem intensidade de:

a) $2,0 \cdot 10^{-6}$ N
b) $6,0 \cdot 10^{-6}$ N
c) $12 \cdot 10^{-6}$ N
d) $24 \cdot 10^{-6}$ N
e) $30 \cdot 10^{-6}$ N

17. (Univali-SC) Três cargas elétricas pontuais de valores $+Q$, $-2 \cdot Q$ e $+4 \cdot Q$ estão em equilíbrio e dispostas conforme a figura. As cargas extremas estão fixas e sua separação é 6 cm.

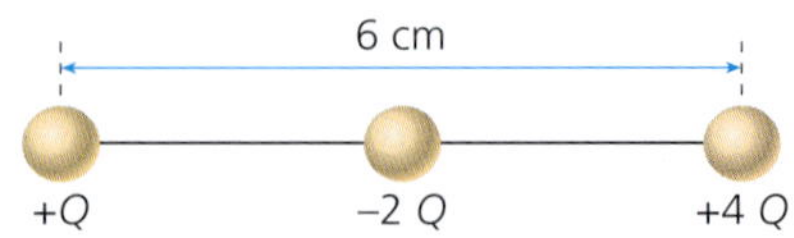

Na condição de equilíbrio, a distância entre $-2Q$ e $+Q$, em centímetro, é:

a) $\sqrt{2}$
b) $\sqrt{3}$
c) 2
d) 3
e) 4

Capítulo 31

Campo elétrico

MARTYN F. CHILLMAID/SCIENCE PHOTO LIBRARY/LATINSTOCK

Objetivos do capítulo:

- ✔ Apresentar o conceito de campo elétrico.
- ✔ Caracterizar o vetor campo elétrico.
- ✔ Apresentar o conceito de linha de força.
- ✔ Relacionar força elétrica e campo elétrico.
- ✔ Calcular o campo elétrico gerado por cargas puntiformes.

Cargas elétricas exercem forças umas sobre as outras a grandes distâncias ao longo do espaço vazio. Embora a ideia de "ação a distância" pareça difícil de aceitar, o físico inglês Michael Faraday sugeriu uma explicação para esse fenômeno: uma carga elétrica influencia o espaço que a envolve, criando em torno de si mesma um campo, que está presente mesmo sem a existência de outra carga nessa região do espaço. Assim, esse campo passa a ser o agente intermediário da interação entre esta carga e outra que venha a ser colocada em suas proximidades.

Na foto desta página, o campo elétrico do corpo eletrizado exerce força sobre o filete de água que escorre da torneira, curvando sua trajetória.

Neste capítulo, vamos aprender a calcular as características do vetor campo elétrico e sua relação com a força elétrica exercida em cargas elétricas.

Gráficos
Conteúdo multimídia

1 Introdução

Ao longo deste livro estudamos diferentes forças e suas características: a força de reação normal do apoio, a força de tração em um fio, a força aplicada por uma mola, a força de atrito e o empuxo, por exemplo. Todas essas forças têm em comum o fato de serem, macroscopicamente, **forças de contato**. Uma força de contato sempre surge quando um corpo entra em contato com outro.

Por outro lado, algumas forças podem surgir sem que haja contato entre os corpos. Essas forças são chamadas **forças de campo**, e entre elas podemos citar a força gravitacional, a força elétrica e a força magnética.

A ideia de uma força atuando a distância trouxe certa dificuldade para os pensadores antigos. Até mesmo Isaac Newton não se sentia confortável com tal ideia quando publicou sua lei da gravitação universal.

As dificuldades, entretanto, foram superadas com a introdução do conceito de **campo**. De acordo com essa ideia, criada e desenvolvida pelo cientista inglês Michael Faraday (1791-1867) —, as forças entre cargas elétricas em repouso, ou seja, forças eletrostáticas, são transmitidas por meio de um campo elétrico que se estende por todo o espaço que envolve a carga. Assim, esse campo elétrico passa a ser o "meio" de transmissão da interação entre essas cargas elétricas.

2 O campo elétrico

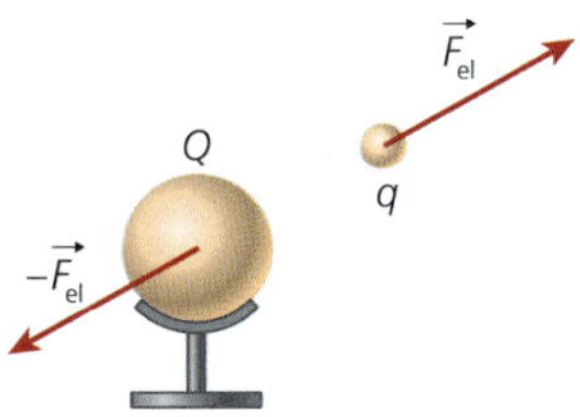

Figura 1. As cargas elétricas Q e q interagem entre si.

A principal característica de uma carga elétrica é sua capacidade de interagir com outras cargas elétricas **(fig. 1)**.

Essa capacidade, que toda carga elétrica possui, está relacionada à presença do **campo elétrico** que ela cria ao seu redor. Esse campo elétrico é uma propriedade da carga.

O campo elétrico é uma parte real, mas não material, de qualquer carga elétrica, e é impossível desvincular uma carga elétrica de seu próprio campo elétrico. Se a carga elétrica se movimenta, seu campo elétrico acompanha esse movimento.

Na **figura 1**, a força elétrica $\vec{F}_{el}$ deve-se à interação do campo elétrico da carga Q com a carga elétrica q. Da mesma maneira, a força elétrica $-\vec{F}_{el}$ deve-se à interação do campo elétrico da carga q com a carga elétrica Q.

O campo elétrico desempenha o papel de transmissor das interações entre cargas elétricas. Se houver um campo elétrico em determinada região, uma carga elétrica colocada em repouso nessa região ficará sujeita a uma força elétrica.

- A carga que usamos para testar a existência do campo elétrico nessa região é denominada **carga de prova**.

Para definir quantitativamente a grandeza campo elétrico, vamos considerar um ponto P do espaço, em uma região em que existe campo elétrico.

Colocando no ponto P, sucessivamente, cargas de prova diferentes ($q_1, q_2, q_3, ..., q_n$), constatamos que em cada carga surgem forças elétricas diferentes $\left(\vec{F}_1, \vec{F}_2, \vec{F}_3, ..., \vec{F}_n\right)$.

Além disso, observamos que todas as forças elétricas $\vec{F}_1, \vec{F}_2, \vec{F}_3, ..., \vec{F}_n$ têm mesma direção e que as forças que agem em cargas de prova q positivas têm mesmo sentido e as que agem em cargas de prova negativas têm sentido oposto ao das cargas positivas.

Uma verificação, teórica e experimental, mostra que:

$$\frac{\vec{F}_1}{q_1} = \frac{\vec{F}_2}{q_2} = \frac{\vec{F}_3}{q_3} = \ldots = \frac{\vec{F}_n}{q_n} = \text{constante}$$

Portanto, é constante a razão entre a força elétrica e a respectiva carga de prova colocada nesse ponto do espaço. Essa constante é uma grandeza vetorial denominada **vetor campo elétrico**, associada ao ponto P e indicada por $\vec{E}$.

Assim, a cada ponto do campo elétrico associamos um vetor campo elétrico $\vec{E}$ dado pela razão entre a força elétrica $\vec{F}_{el}$ e a respectiva carga de prova q. Desse modo, temos:

$$\vec{E} = \frac{\vec{F}_{el}}{q} \quad \text{ou} \quad \vec{F}_{el} = q \cdot \vec{E}$$

Nessa relação:

- q é a carga de prova, medida, no SI, em coulomb (C);
- $\vec{F}_{el}$ é a força elétrica, com intensidade, medida, no SI, em newton (N);
- $\vec{E}$ é o vetor campo elétrico, com intensidade medida em newton por coulomb (N/C).

Há uma similaridade entre a força elétrica $\left(\vec{F}_{el} = q \cdot \vec{E}\right)$ e a força gravitacional ou peso de um corpo $\left(\vec{P} = m \cdot \vec{g}\right)$, ambas forças de campo. Tanto uma como a outra são obtidas pela multiplicação de uma grandeza escalar (a carga elétrica q ou a massa m de um corpo) por uma grandeza vetorial (o campo elétrico $\vec{E}$ ou o campo gravitacional $\vec{g}$).

Na equação vetorial $\vec{F}_{el} = q \cdot \vec{E}$, o vetor $\vec{F}_{el}$ é obtido pelo produto de um número real q, que pode ser positivo ou negativo, por um vetor $\vec{E}$.

$$\vec{F}_{el} = q \cdot \vec{E},$$

que, em módulo, pode ser representada da seguinte maneira:

$$F_{el} = |q| \cdot E$$

Nessa equação vetorial:

- se $q > 0$ (carga de prova positiva), então $\vec{F}_{el}$ e $\vec{E}$ terão mesma direção e mesmo sentido;

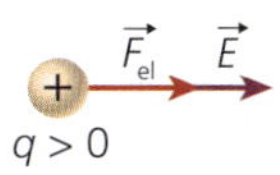

- se $q < 0$ (carga de prova negativa), então $\vec{F}_{el}$ e $\vec{E}$ terão mesma direção e sentidos opostos.

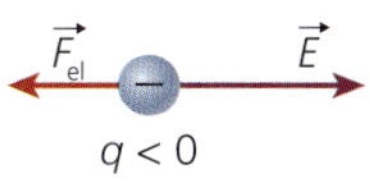

O vetor campo elétrico $\vec{E}$, associado a um ponto do campo elétrico, é único, não depende da carga de prova q usada na sua determinação e existe mesmo que não se coloque nenhuma carga de prova naquele ponto.

Conforme veremos adiante, a unidade de medida oficial do campo elétrico no SI é o volt/metro (V/m), que equivale ao newton/coulomb (N/C).

Todas as características e propriedades que estudaremos a partir de agora são válidas para um campo elétrico estacionário, isto é, em cada ponto o vetor campo elétrico não varia com o tempo (campo eletrostático).

Aplicando a teoria

1. **Uma carga de prova $q = +4\ \mu C$ é colocada em um ponto do espaço e fica sujeita a uma força elétrica de direção vertical, orientada para cima e de intensidade 0,6 N. Caracterizar o vetor campo elétrico $\vec{E}$ naquele ponto do espaço.**

➤ Solução

O vetor campo elétrico $\vec{E}$ tem direção vertical (a mesma direção da força elétrica) e está orientado para cima (como a carga de prova é positiva, a força elétrica e o vetor campo têm mesmo sentido). A intensidade E do vetor campo elétrico é obtida por:

$$F_{el} = |q| \cdot E \Rightarrow 0{,}6 = 4 \cdot 10^{-6} \cdot E \Rightarrow E = \frac{6 \cdot 10^{-1}}{4 \cdot 10^{-6}} \Rightarrow \boxed{E = 1{,}5 \cdot 10^{5}\ \text{N/C}}$$

2. **Uma partícula eletrizada com carga $q = -2\ \mu C$, colocada em um ponto P do espaço, sofre a ação de uma força elétrica que equilibra seu peso. Sabendo que a partícula tem massa igual a 4 g e considerando $g = 10\ m/s^2$, caracterizar o vetor campo elétrico $\vec{E}$ existente no ponto P.**

➤ Solução

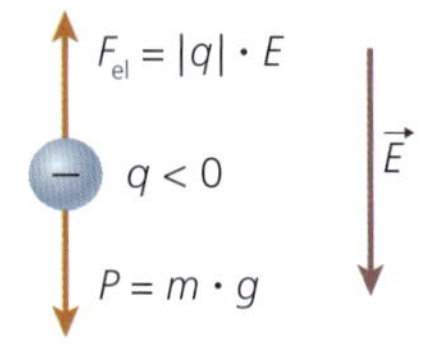

Para equilibrar o peso da partícula, a força elétrica deverá ter direção vertical e ser orientada para cima, como mostra a figura ao lado.

Portanto, o vetor campo elétrico $\vec{E}$ tem direção vertical (a mesma direção da força elétrica) e está orientado para baixo (como a carga de prova é negativa, o vetor campo elétrico $\vec{E}$ está orientado em sentido oposto ao da força elétrica).

O módulo E do vetor campo elétrico é obtido impondo-se a igualdade das intensidades da força elétrica e do peso da partícula. Então:

$$|q| \cdot E = m \cdot g \Rightarrow 2 \cdot 10^{-6} \cdot E = 4 \cdot 10^{-3} \cdot 10 \Rightarrow \boxed{E = 2 \cdot 10^{4}\ \text{N/C}}$$

Avaliando o aprendizado

1. Em certa região existe um vetor campo elétrico vertical e orientado para cima de módulo 150 N/C. Uma partícula eletrizada com carga $q = -2\ \mu C$ é colocada nessa região. Caracterize a força elétrica (módulo, direção e sentido) que age na partícula.

2. Uma partícula eletrizada com carga $q = -8\ \mu C$ é colocada em determinado ponto do espaço, ficando sujeita a uma força, de natureza elétrica, vertical, orientada para cima e de intensidade $F = 1{,}6 \cdot 10^{-3}$ N. Com base nessas informações, determine:

a) as características (módulo, direção e sentido) do vetor campo elétrico existente nesse ponto do espaço;

b) as características (módulo, direção e sentido) da força elétrica que agiria em outra partícula com carga $q' = +2\ \mu C$, colocada nesse mesmo ponto do espaço.

3. Uma partícula com massa 10 g e carga elétrica $+5\ \mu C$ é colocada em um ponto no qual existe um campo elétrico de módulo $2 \cdot 10^4$ N/C. Considerando apenas a força elétrica, qual é o módulo da aceleração instantânea adquirida pela partícula?

4. Em um laboratório, uma partícula com massa de 3 g permanece em repouso no ar quando é abandonada em uma região de campo elétrico vertical, de sentido para baixo e com intensidade de 1.500 N/C. Com base nos dados e considerando $g = 10\ m/s^2$, calcule a carga elétrica da partícula.

3 Linhas de força

Faraday
Conteúdo multimídia

A visualização de um campo elétrico $\vec{E}$ foi proposta pela primeira vez por Michael Faraday, que se utilizou do recurso das linhas de força.

A **linha de força** é uma linha imaginária que indica a direção e o sentido do vetor campo elétrico $\vec{E}$ em cada ponto do espaço.

Por definição, a linha de força, em cada ponto do espaço, tem a mesma direção e o mesmo sentido do vetor campo elétrico $\vec{E}$, ou seja, o vetor campo elétrico $\vec{E}$ é sempre tangente à linha de força e tem o mesmo sentido que ela **(fig. 2)**.

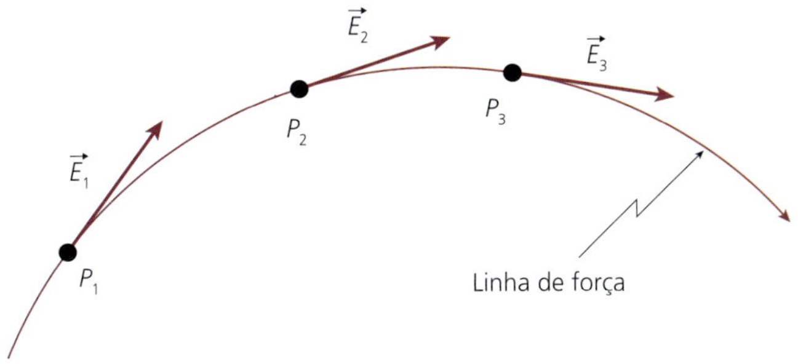

Figura 2. O vetor $\vec{E}$ é sempre tangente à linha de força e orientado no mesmo sentido que ela.

As linhas de força nos permitem ter uma ideia da intensidade E do vetor campo elétrico. Elas se tornam mais próximas em regiões onde o campo elétrico é mais intenso, e mais afastadas em regiões onde o campo elétrico é menos intenso.

Portanto, a concentração de linhas é maior em regiões de campo elétrico mais intenso **(fig. 3A)**. Se as linhas de força são retas paralelas e igualmente espaçadas, dizemos que o campo elétrico é uniforme e o vetor campo elétrico é constante **(fig. 3B)**.

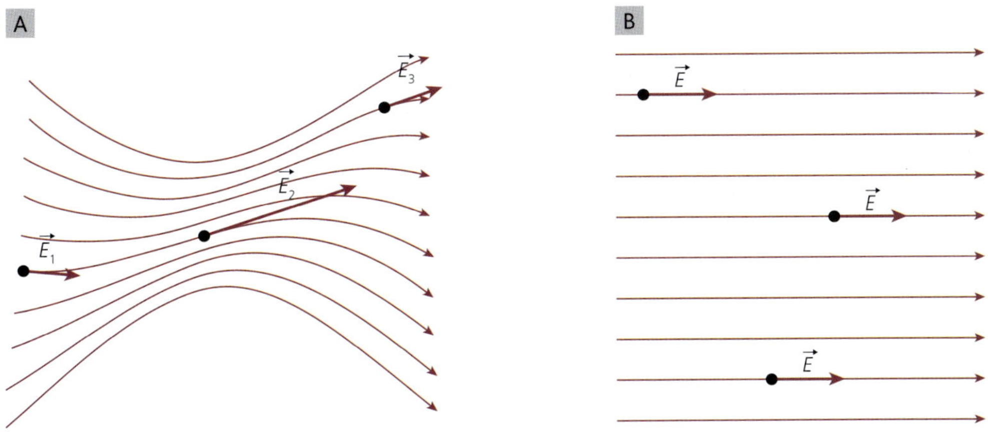

Figura 3. (A) Campo elétrico mais intenso em sua região central; (B) campo elétrico uniforme.

É importante destacar que, como consequência da própria definição, **duas linhas de força nunca se cruzam**, pois isso implicaria dois vetores campo elétrico distintos num mesmo ponto do campo. Em cada ponto do campo o vetor $\vec{E}$ é único.

Aplicando a teoria

3. A figura a seguir representa as linhas de força de um campo elétrico e dois pontos, A e B, desse campo.

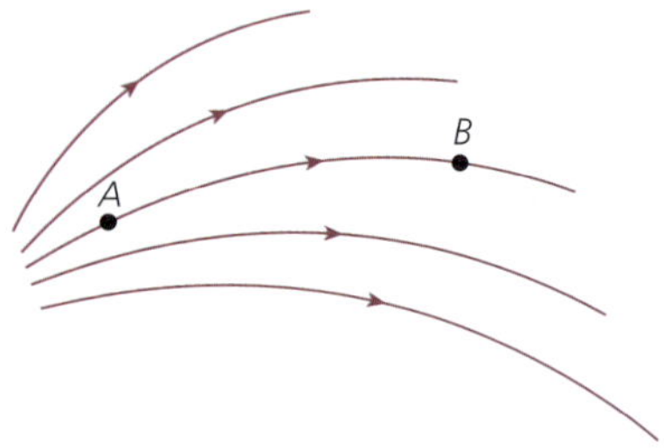

Representar:

a) o vetor campo elétrico nos pontos A e B;

b) a força elétrica que age em uma carga negativa $-q$ colocada em A e em uma carga $+q$ colocada em B.

➤ Solução

a) O vetor campo elétrico é tangente à linha de força e orientado no mesmo sentido da linha. Além disso, o módulo do vetor campo elétrico é maior na região em que as linhas estão mais próximas uma das outras. Então:

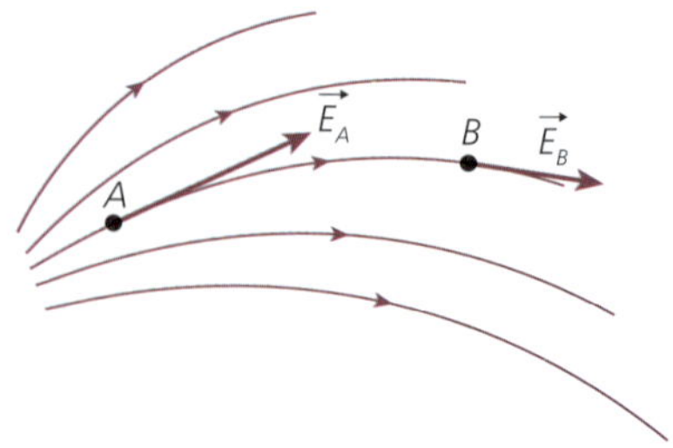

b) Como as cargas têm mesmo valor (em módulo), a intensidade da força é diretamente proporcional à intensidade do vetor campo elétrico. Na carga positiva, a força tem o mesmo sentido do vetor campo elétrico e, na carga negativa, tem sentido oposto. Então:

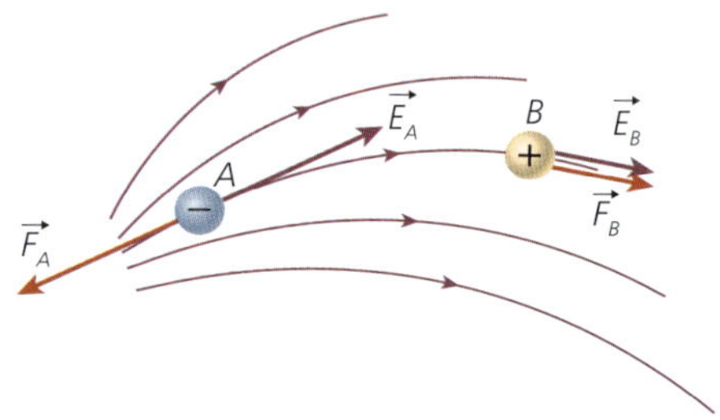

Avaliando o aprendizado

5. A figura abaixo representa as linhas de força de um campo elétrico e três pontos, A, B e C, desse campo.

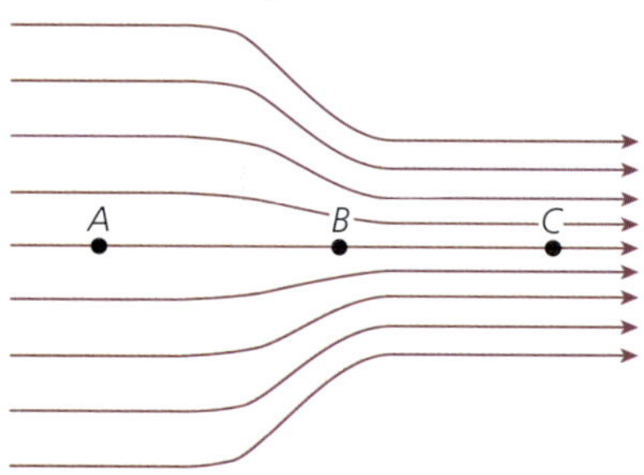

Com relação a esse campo, julgue as afirmações abaixo e marque V para as verdadeiras e F para as falsas.

I. O campo elétrico é mais intenso em B do que em C.

II. O campo elétrico é mais intenso em C do que em A.

III. Uma mesma carga elétrica colocada em A e em B ficará sujeita a uma força mais intensa quando colocada em B.

IV. Se duas partículas com cargas elétricas positivas q_1 e q_2, colocadas, respectivamente, em A e em C, ficarem sujeitas a forças de mesma intensidade, então $q_1 > q_2$.

V. Uma mesma partícula eletrizada colocada em B e em C ficará sujeita a uma aceleração maior quando colocada em B.

6. A figura a seguir mostra as linhas de força de um campo elétrico uniforme, de módulo $E = 800$ N/C, e dois pontos, A e B, desse campo.

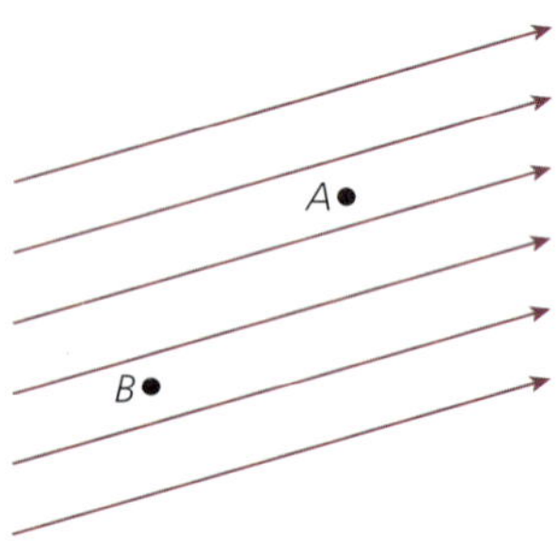

a) Represente o vetor força elétrica que age em uma carga $q = +4\ \mu C$ colocada em A. Qual é o módulo dessa força?

b) Represente o vetor força elétrica que age em uma carga $q' = -3\ \mu C$ colocada em B. Qual é o módulo dessa força?

4 Campo elétrico criado por uma carga puntiforme

Vamos determinar as características (módulo, direção e sentido) do vetor campo elétrico $\vec{E}$ criado por uma carga elétrica puntiforme Q, ou seja, cargas em um corpo cujas dimensões podem ser desprezadas em comparação com as distâncias envolvidas.

Para isso, vamos considerar uma carga puntiforme Q colocada em um ponto O e uma carga de prova q colocada no ponto P do campo elétrico de Q **(fig. 4)**.

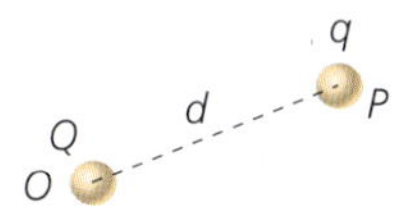

Figura 4. A carga de prova q, colocada no campo elétrico de Q, ficará sujeita a uma força elétrica.

De acordo com o que estudamos no capítulo anterior, a carga de prova q ficará sujeita a uma força elétrica cuja intensidade é dada pela lei de Coulomb.

Então: $F_{el} = k \cdot \dfrac{|Q| \cdot |q|}{d^2}$ Ⓘ

Entretanto, vimos que: $F_{el} = |q| \cdot E$ Ⓘⓘ

Comparando as equações Ⓘ e Ⓘⓘ, temos: $|q| \cdot E = k \cdot \dfrac{|Q| \cdot |q|}{d^2}$

Portanto, a **intensidade do vetor campo elétrico** $\vec{E}$ da carga puntiforme é dada por:

$$E = k \cdot \frac{|Q|}{d^2}$$

Ou seja, para uma dada carga puntiforme Q, a intensidade do vetor campo elétrico em um ponto é inversamente proporcional ao quadrado da distância da carga ao ponto considerado.

Quanto à direção, sabemos que o vetor campo elétrico $\vec{E}$ tem a mesma direção que a força elétrica $\vec{F}_{el}$, pois a carga de prova q é um número real. Portanto, a **direção do vetor campo elétrico** $\vec{E}$ coincide com a direção da reta que passa pelo ponto O e pelo ponto P considerado.

Com relação ao **sentido do vetor campo elétrico** $\vec{E}$, devemos considerar duas situações possíveis: uma em que a carga elétrica Q, que cria o campo, é positiva, e outra em que a carga elétrica Q é negativa.

A **figura 5** mostra as quatro situações possíveis quando consideramos ainda a carga de prova q positiva ou negativa.

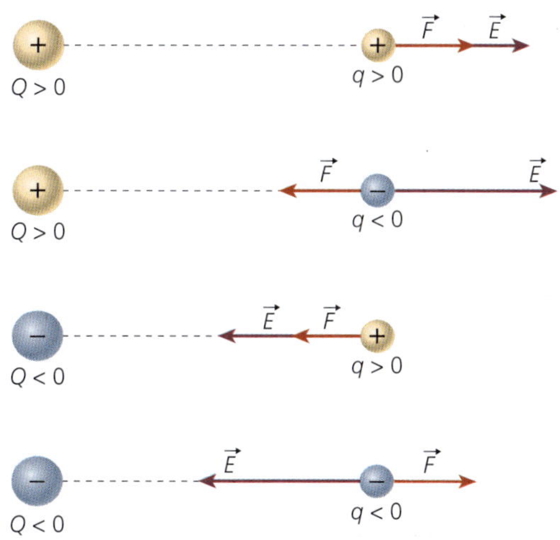

Figura 5. A carga de prova q não afeta as características do vetor $\vec{E}$. O sentido de $\vec{E}$ depende somente da carga que gera o campo (Q).

Pela observação da figura anterior, podemos concluir que o vetor campo elétrico gerado por uma **carga *Q* positiva tem sentido de afastamento** da carga, enquanto por **uma carga *Q* negativa tem sentido de aproximação (fig. 6)**.

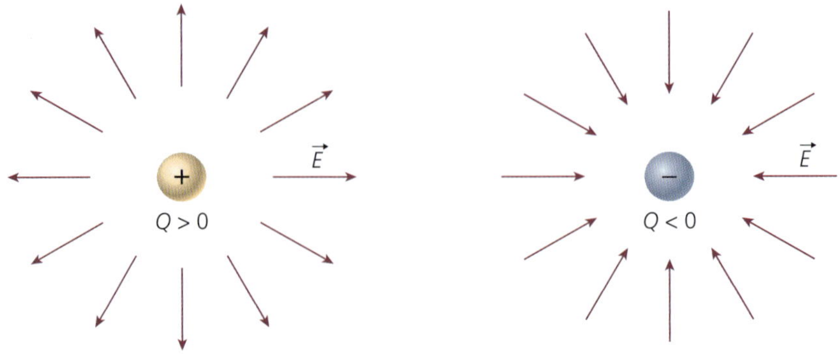

Figura 6. Carga positiva gera campo elétrico de afastamento e carga negativa gera campo elétrico de aproximação.

Com relação às linhas de força do campo elétrico criado por uma carga puntiforme, tal qual o vetor campo elétrico, elas têm direção radial e sentido de afastamento da carga positiva ou de aproximação da carga negativa **(fig. 7)**.

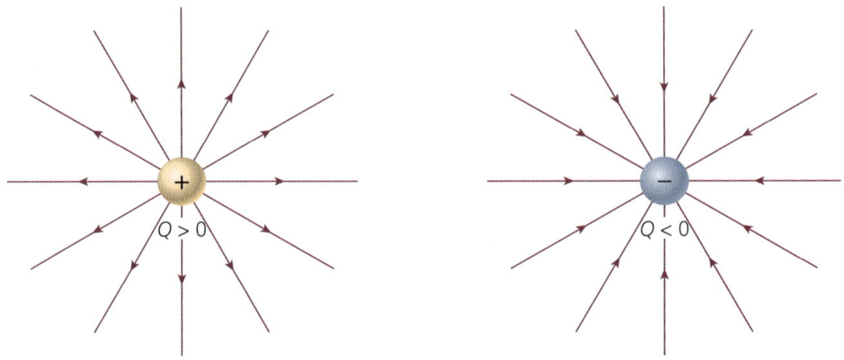

Figura 7. Linhas de força do campo elétrico de uma carga puntiforme.

Aplicando a teoria

4. Determinar o módulo do vetor campo elétrico em um ponto situado a 10 cm de uma carga puntiforme de 5 μC. Considerar $k = 9 \cdot 10^9 \ N \cdot m^2/C^2$.

➤ Solução

O módulo do vetor campo elétrico gerado por uma carga elétrica puntiforme é dado por:

$$E = k \cdot \frac{|Q|}{d^2}$$

Substituindo os valores fornecidos no enunciado, obtemos:

$$E = 9 \cdot 10^9 \cdot \frac{5 \cdot 10^{-6}}{0{,}1 0^2} \Rightarrow E = 45 \cdot \frac{10^3}{10^{-2}} \Rightarrow$$

$$\Rightarrow \boxed{E = 4{,}5 \cdot 10^6 \ N/C}$$

5. No vácuo, uma carga elétrica puntiforme Q gera um campo elétrico de módulo E em um ponto a uma distância *d*. Qual é o módulo do vetor campo elétrico gerado por outra carga 3Q em um ponto situado à distância $\frac{d}{2}$?

➤ Solução

Para a primeira carga, Q, temos: $E = k \cdot \frac{|Q|}{d^2}$

Seja E' o campo gerado pela carga 3Q. Então:

$$E' = k \cdot \frac{|3Q|}{\left(\frac{d}{2}\right)^2} \Rightarrow E' = 3k \cdot \frac{|Q|}{\frac{d^2}{4}} \Rightarrow E' = 12k \cdot \frac{|Q|}{(d)^2} \Rightarrow$$

$$\Rightarrow \boxed{E' = 12E}$$

Avaliando o aprendizado

7. A figura a seguir indica uma carga elétrica puntiforme $Q = -6{,}0\ \mu C$, fixa no vácuo, e um ponto P a uma distância de 20 cm dessa carga. Considere a constante eletrostática do vácuo $k_0 = 9 \cdot 10^9\ N \cdot m^2/C^2$.

a) Indique a direção, o sentido e o módulo do vetor campo elétrico criado pela carga Q no ponto P.

b) Indique a direção, o sentido e a intensidade da força elétrica que agirá em uma carga elétrica $q = +1{,}0\ \mu C$ quando colocada no ponto P.

8. Na figura abaixo, o campo elétrico de uma carga puntiforme em repouso tem, nos pontos A e B, as direções e os sentidos indicados pelas setas. O módulo do vetor campo elétrico no ponto A vale 100 N/C.

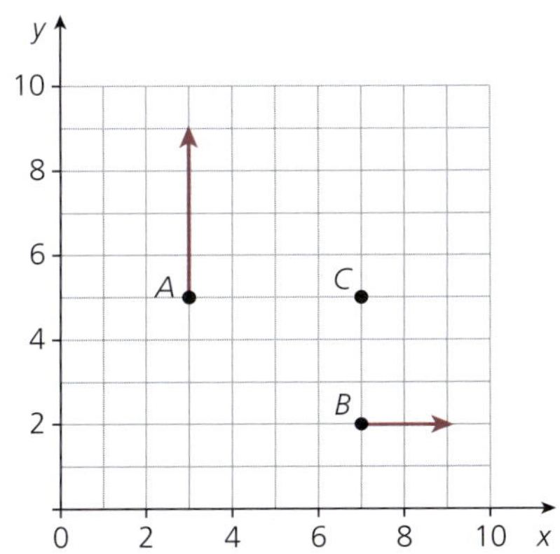

Determine:

a) as coordenadas da posição da carga elétrica puntiforme;

b) o módulo do vetor campo elétrico, em N/C, no ponto C da figura.

9. Uma carga elétrica Q, cria em um ponto à distância d, um campo elétrico de módulo E. Considerando outras cargas e outras diferentes distâncias, complete a tabela abaixo. Todas as cargas situam-se em um mesmo meio.

Carga	Distância	Módulo do vetor campo elétrico
Q	d	E
$2Q$	$2d$	
	d	$3E$
$\frac{Q}{2}$		$2E$

10. A figura abaixo indica duas situações: em uma delas, uma carga elétrica Q_1 cria, no ponto P, um campo elétrico de intensidade E; na outra, uma carga elétrica Q_2 cria, no ponto P', um campo elétrico de intensidade $\frac{2E}{3}$.

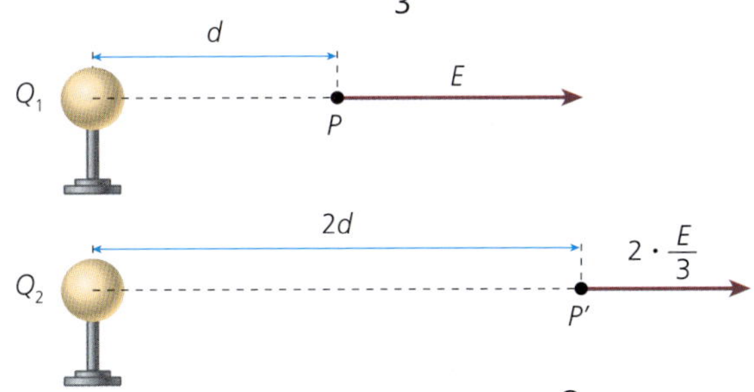

Determine o valor algébrico da razão $\frac{Q_1}{Q_2}$. Considere que o meio que envolve as cargas é o mesmo nas duas situações.

5 Campo elétrico uniforme

Em um **campo elétrico uniforme**, o vetor campo elétrico $\vec{E}$ é constante (módulo, direção e sentido). Na **figura 3B** vimos a configuração das linhas de força de um campo elétrico uniforme.

Um campo elétrico uniforme é gerado, por exemplo, na região entre duas placas planas, paralelas e eletrizadas com cargas de mesmo módulo, mas de sinais contrários.

Nesse caso, como foi mostrado anteriormente, as linhas de força serão retas paralelas igualmente espaçadas e orientadas da placa positiva para a placa negativa. O vetor campo elétrico entre as placas, assim como as linhas de força, estará orientado da placa positiva para a placa negativa **(fig. 8)**.

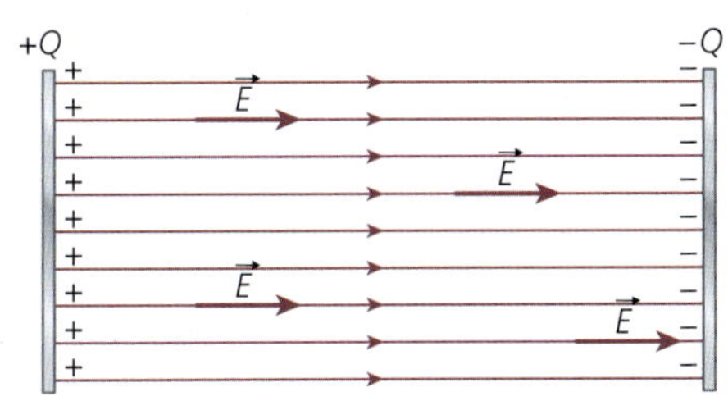

Figura 8. As linhas de força de um campo elétrico uniforme partem da placa positiva e chegam à placa negativa.

Como na região de um campo elétrico uniforme o vetor campo elétrico $\vec{E}$ é constante, podemos concluir que uma carga de prova q colocada nessa região ficará sujeita a uma força elétrica $\vec{F}_{el}$ constante (em módulo, direção e sentido), pois $\vec{F}_{el} = |q| \cdot \vec{E}$.

Aplicando a teoria

6. Uma partícula com massa 2 g e carga elétrica de 5 μC é abandonada a partir do repouso em um campo elétrico uniforme de módulo 200 N/C. Desprezando os efeitos gravitacionais, determinar o módulo da aceleração adquirida pela partícula.

➤ **Solução**

No campo elétrico uniforme, o vetor campo elétrico tem módulo constante. Portanto, a força elétrica também tem módulo constante.
Como desprezamos a força gravitacional (peso), a única força que atuará na partícula será a força elétrica, $\vec{F}_{el} = |q| \cdot E$. Logo, pela segunda lei de Newton:

$$F_R = m \cdot a \Rightarrow |q| \cdot E = m \cdot a$$

Substituindo os valores fornecidos no enunciado, obtemos:

$$5 \cdot 10^{-6} \cdot 200 = 2 \cdot 10^{-3} \cdot a \Rightarrow \boxed{a = 0{,}5 \text{ m/s}^2}$$

Avaliando o aprendizado

11. Uma partícula com massa $m = 5$ g e carga elétrica $q = +6$ μC é abandonada em uma região de campo elétrico uniforme, como mostra a figura abaixo.

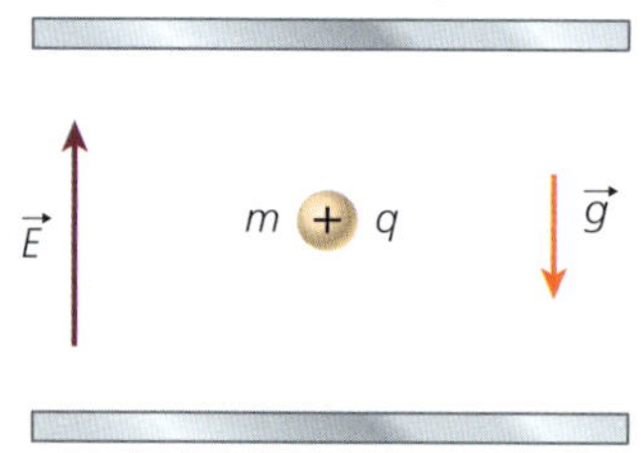

Considerando $g = 10$ m/s^2 e $E = 5.000$ N/C, julgue as proposições a seguir.

01) A partícula permanece em equilíbrio.
02) A partícula movimenta-se na vertical e para baixo.
04) A força elétrica que atua na partícula tem módulo 0,03 N.
08) A partícula adquire aceleração de 4 m/s^2.
16) A partícula adquire aceleração de 16 m/s^2.

Qual é a soma dos números que correspondem às proposições corretas?

12. Em certa região da Terra, próximo do solo, a aceleração da gravidade tem módulo 10 m/s^2 e o campo eletrostático do planeta (que possui carga negativa na região) tem intensidade 150 N/C. Determine o sinal e o valor da carga elétrica que uma bolinha de gude, de massa 30 g, deveria ter para permanecer em repouso acima do solo. Considere o campo elétrico praticamente uniforme no local e despreze qualquer outra força atuando sobre a bolinha.

6 Campo elétrico criado por um sistema de cargas elétricas puntiformes

Vimos como caracterizar o vetor campo elétrico $\vec{E}$ gerado por uma única carga elétrica puntiforme. Entretanto, um campo elétrico pode ser originado por uma distribuição qualquer de cargas elétricas, puntiformes ou não.

Agora, vamos determinar o vetor campo elétrico $\vec{E}$ criado por um sistema de cargas elétricas puntiformes.

Nesse caso, devemos considerar a contribuição de cada uma das cargas do sistema na geração do campo elétrico. Ou seja, o vetor campo elétrico resultante será a soma vetorial dos campos elétricos gerados por cada uma das cargas do sistema. Portanto, em um sistema de cargas puntiformes, temos:

$$\vec{E} = \vec{E}_1 + \vec{E}_2 + \vec{E}_3 + \ldots + \vec{E}_n$$

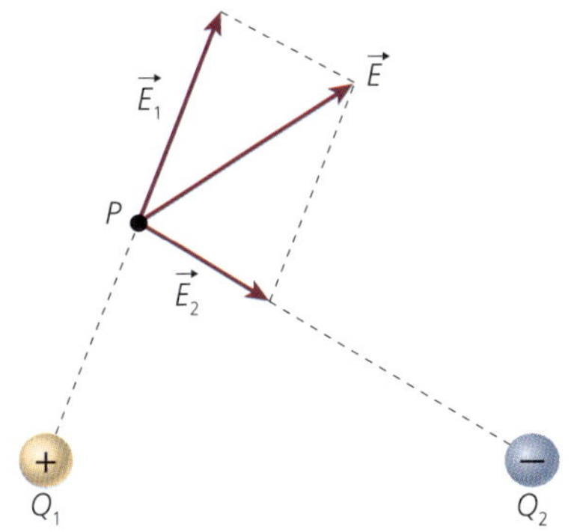

Figura 9. O vetor campo elétrico resultante $\vec{E}$ é dado pela soma vetorial dos vetores campos $\vec{E}_1$ e $\vec{E}_2$.

Para compreender melhor essa operação, observe na **figura 9** a situação para a qual determinamos o vetor campo elétrico $\vec{E}$ no ponto *P*, criado pelas cargas puntiformes Q_1 e Q_2.

As linhas de força dos sistemas de cargas elétricas puntiformes coplanares a seguir **(fig. 10)** foram geradas por um programa de computador, pois em geral as linhas de força de um sistema de cargas puntiformes são difíceis de desenhar. Os valores relativos das cargas elétricas são mostrados em cada um dos casos, mas não o sentido das linhas de força.

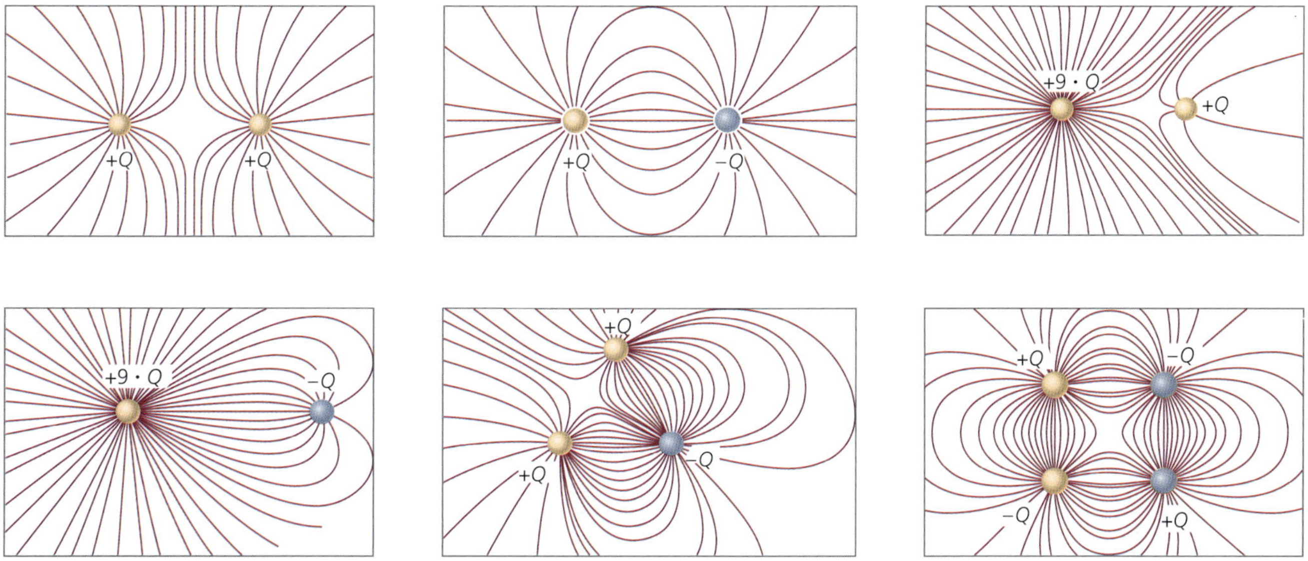

Figura 10. Linhas de força para sistemas de cargas puntiformes coplanares.

Observe que, conforme era esperado, a concentração de linhas de força é maior nas proximidades das cargas maiores, o que indica que nessas regiões o campo elétrico é mais intenso.

Aplicando a teoria

7. **No esquema a seguir, Q_1 e Q_2 são cargas elétricas puntiformes e positivas, onde $Q_1 > Q_2$. Os pontos A, B, C, D e E são pontos da reta que passa pelas cargas.**

Determinar em qual dos pontos dados o campo elétrico poderá ter intensidade nula.

➤ Solução

Como as cargas Q_1 e Q_2 são positivas, ambas geram campo elétrico no sentido de afastamento.

O campo elétrico resultante será nulo em um ponto no qual o campo elétrico $\vec{E}_1$, criado pela carga Q_1, e o campo elétrico $\vec{E}_2$, criado pela carga Q_2, tiverem mesma direção e mesma intensidade (módulo), porém sentidos opostos.

Na figura a seguir, E_1 é o módulo do campo elétrico criado pela carga Q_1 e E_2 é o módulo do campo elétrico criado pela carga Q_2 em cada um dos pontos considerados.

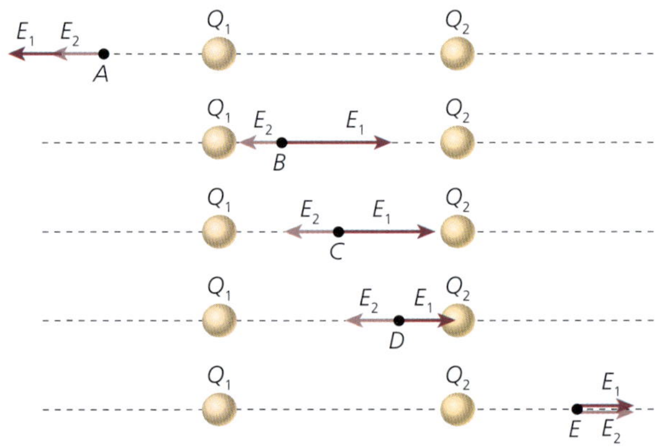

Observe que o único ponto no qual o campo elétrico resultante pode ser nulo é o ponto D, pois nesse ponto os vetores campos elétricos têm mesma direção, sentidos opostos e podem ter uma mesma intensidade.

8. **Sobre um eixo de abscissas x são fixadas duas cargas elétricas $Q_1 = +2\ \mu C$ e $Q_2 = -8\ \mu C$, respectivamente, nas posições $x_1 = 2$ m e $x_2 = 8$ m. Determinar a abscissa do ponto P do eixo no qual o campo elétrico resultante é nulo.**

➤ Solução

A figura a seguir mostra o módulo do campo elétrico E_1, criado pela carga Q_1, e o módulo do campo elétrico E_2, criado pela carga Q_2, em cada um dos três pontos considerados: à esquerda de Q_1, entre Q_1 e Q_2 e à direita de Q_2.

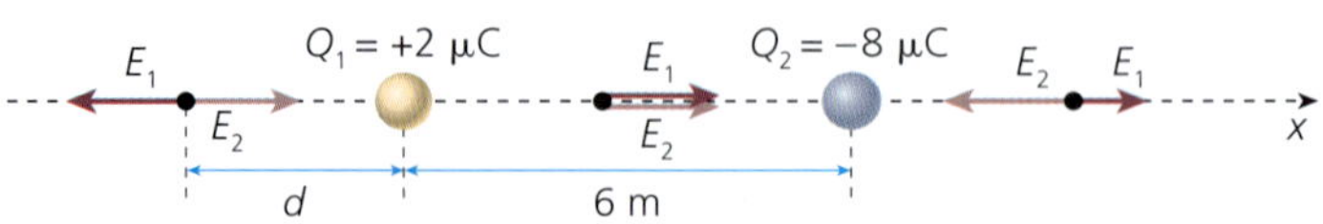

Observe que, no ponto à direita de Q_2, $E_2 > E_1$ e que apenas no ponto à esquerda de Q_1 podemos ter vetores de mesma direção, mesma intensidade e sentidos opostos. Então, naquele ponto:

$$E_1 = E_2 \Rightarrow k \cdot \frac{|Q_1|}{d_1^2} = k \cdot \frac{|Q_2|}{d_2^2} \Rightarrow \frac{|Q_1|}{d_1^2} = \frac{|Q_2|}{d_2^2}$$

Dessa forma, ficamos com: $\dfrac{2}{d^2} = \dfrac{8}{(6+d)^2} \Rightarrow \dfrac{1}{d^2} = \dfrac{4}{(6+d)^2}$

A resolução dessa equação do 2º grau nos fornece duas raízes: para uma dessas raízes, temos $E_1 = E_2$, porém os vetores têm mesmo sentido (o ponto entre Q_1 e Q_2 e que não nos convém). A outra raiz nos leva a um ponto em que $E_1 = E_2$ e com vetores de sentidos opostos (o ponto à esquerda de Q_1).

Podemos, então, simplificar a equação anterior a fim de obter diretamente a raiz procurada:

$$\sqrt{\frac{1}{d^2}} = \sqrt{\frac{4}{(6+d)^2}} \Rightarrow \frac{1}{d} = \frac{2}{(6+d)} \Rightarrow 6 + d = 2d \Rightarrow d = 6 \text{ m}$$

O ponto P procurado está, portanto, a 6 m à esquerda da carga Q_1.

Assim, a abscissa do ponto P é: $\boxed{x_P = -4 \text{ m}}$

Avaliando o aprendizado

13. O vetor campo elétrico resultante $\vec{E}$, no ponto P, acha-se corretamente representado nas situações:

01) 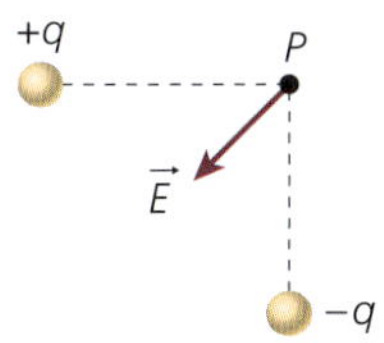

04) 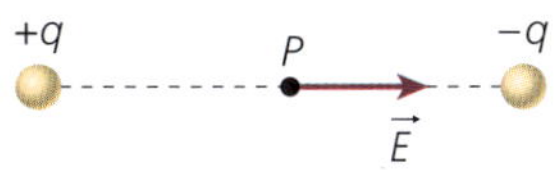

16) 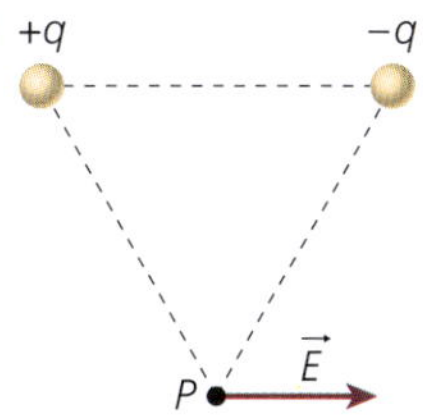

02) 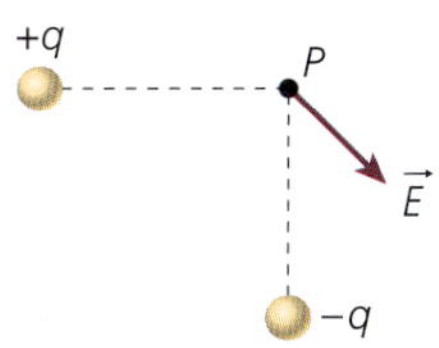

08) 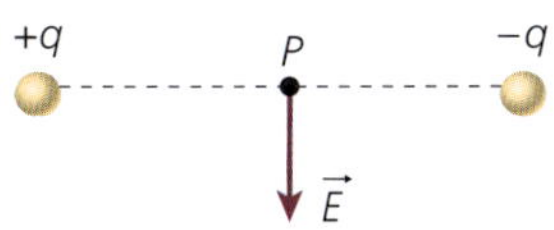

Qual é a soma dos números que correspondem às proposições corretas?

14. Em dois pontos, A e B, são colocadas cargas elétricas, respectivamente iguais a $+5\ \mu C$ e $-2\ \mu C$, como mostra a figura a seguir. Determine a intensidade do vetor campo elétrico em P, considerando $k_0 = 9 \cdot 10^9\ N \cdot m^2/C^2$.

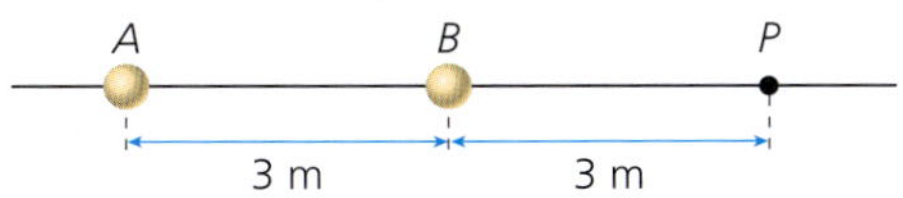

15. Em cada um dos casos a seguir, determine o valor algébrico da carga que, ao ser colocada no ponto A da reta r, torna nulo o campo resultante no ponto P. Em todos os casos, a carga elétrica colocada no ponto B vale $+8\ \mu C$ e o meio que envolve as cargas é o vácuo.

a) 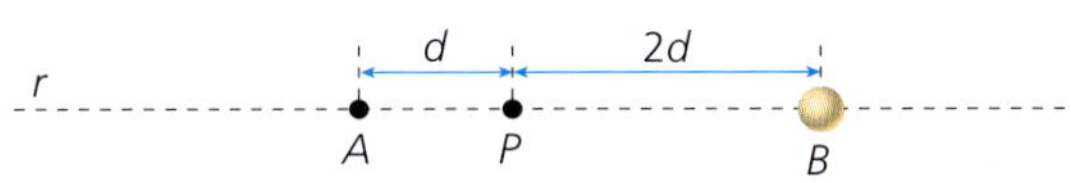

b) 

c) 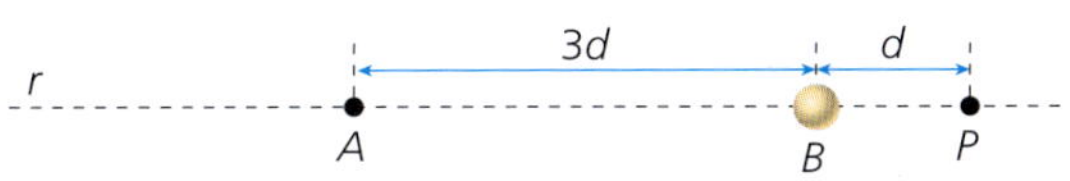

Revisando o conteúdo

Ficha-resumo 1

Campo elétrico

$\vec{E} = \dfrac{\vec{F}_{el}}{q} \Rightarrow \vec{F}_{el} = q \cdot \vec{E}$

Ou, em módulo, $F_{el} = |q| \cdot E$

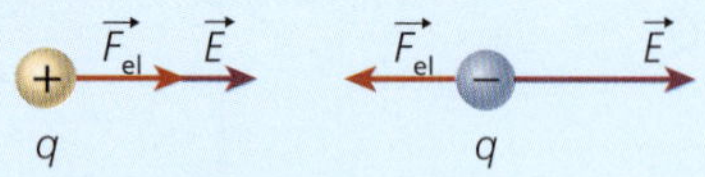

F_{el}: força elétrica (N)
q: carga elétrica (C)
E: campo elétrico (N/C ou V/m)

1. (Mackenzie-SP) Sobre uma carga elétrica de $2{,}0 \cdot 10^{-6}$ C, colocada em certo ponto do espaço, age uma força de intensidade 0,80 N. Despreze as ações gravitacionais. A intensidade do campo elétrico nesse ponto é:

a) $1{,}6 \cdot 10^{-6}$ N/C
b) $1{,}3 \cdot 10^{-5}$ N/C
c) $2{,}0 \cdot 10^{3}$ N/C
d) $1{,}6 \cdot 10^{5}$ N/C
e) $4{,}0 \cdot 10^{5}$ N/C

2. (Udesc) A carga elétrica de uma partícula com 2,0 g de massa, para que ela permaneça em repouso, quando colocada em um campo elétrico vertical, com sentido para baixo e intensidade igual a 500 N/C, é:

a) +40 nC
b) +40 μC
c) +40 mC
d) −40 μC
e) −40 mC

(Adote: $g = 10$ m/s²)

3. (Mackenzie-SP) Uma partícula de massa 5 g, eletrizada com carga elétrica de 4 μC, é abandonada em uma região do espaço na qual existe um campo elétrico uniforme, de intensidade $3 \cdot 10^3$ N/C. Desprezando-se as ações gravitacionais, a aceleração adquirida por essa carga é:

a) 2,4 m/s²
b) 2,2 m/s²
c) 2,0 m/s²
d) 1,8 m/s²
e) 1,6 m/s²

4. (UFPI) Uma partícula de massa $2{,}0 \cdot 10^{-5}$ kg, com carga $q = 6{,}0 \cdot 10^{-8}$ C, é colocada num campo elétrico uniforme, de intensidade $E = 5 \cdot 10^3$ N/C. A partícula adquire uma aceleração escalar de:

a) 2,0 m/s²
b) 5,0 m/s²
c) 10 m/s²
d) 15 m/s²
e) 30 m/s²

Ficha-resumo 2

Linhas de força

São linhas imaginárias tangentes ao vetor campo elétrico $\vec{E}$ em cada ponto do campo.

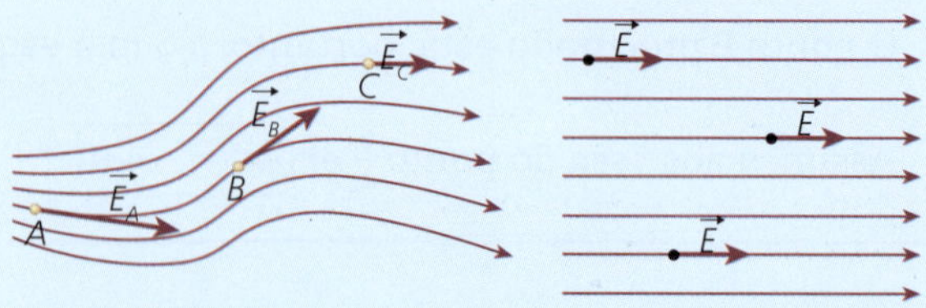

Características:

- partem de cargas positivas e chegam a cargas negativas;
- nunca se cruzam;
- o campo é mais intenso onde há maior concentração de linhas.

5. (UFPA) Com relação às linhas de força de um campo elétrico, pode-se afirmar que são linhas de força imaginárias:

a) tais que a tangente a elas em qualquer ponto tem a mesma direção do campo elétrico.
b) tais que a perpendicular a elas em qualquer ponto tem a mesma direção do campo elétrico.
c) que circulam na direção do campo elétrico.
d) que nunca coincidem com a direção do campo elétrico.
e) que sempre coincidem com a direção do campo elétrico.

Ficha-resumo 3

Campo elétrico da carga puntiforme

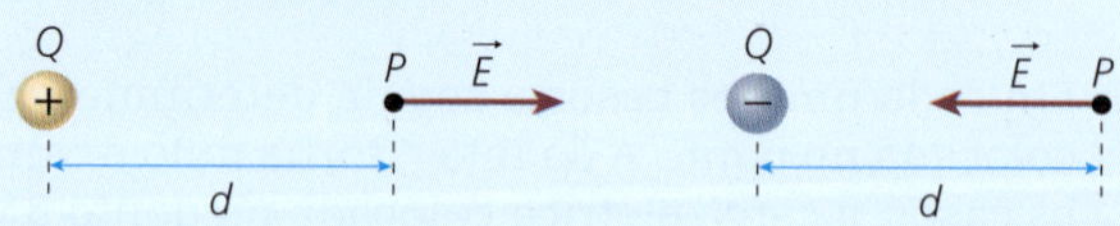

$$E = k \cdot \frac{|Q|}{d^2}$$

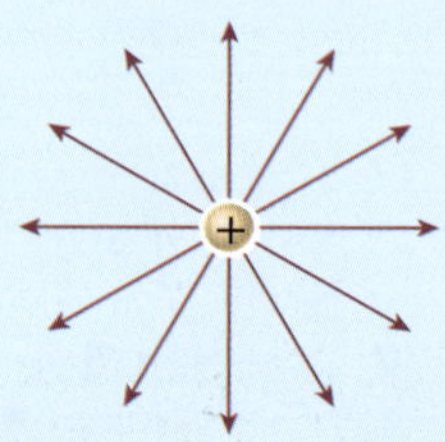

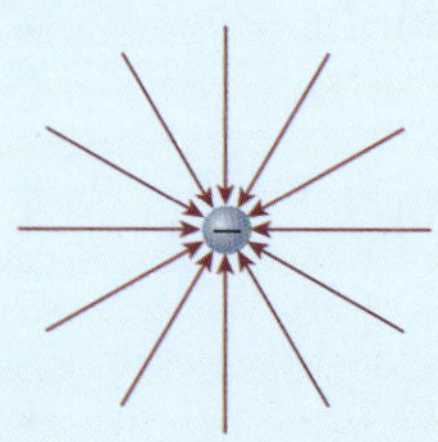

6. (FCC-SP) Uma carga pontual Q, positiva, gera no espaço um campo elétrico. Num ponto P, a 0,5 m dela, o campo tem intensidade $E = 7{,}2 \cdot 10^6$ N/C. Sendo o meio vácuo onde $k_0 = 9 \cdot 10^9$ unidades SI, determine Q.

a) $2{,}0 \cdot 10^{-4}$ C
b) $4{,}0 \cdot 10^{-4}$ C
c) $2{,}0 \cdot 10^{-6}$ C
d) $4{,}0 \cdot 10^{-6}$ C
e) $2{,}0 \cdot 10^{-2}$ C

7. (Fuvest-SP) O módulo do vetor campo elétrico gerado por uma esfera metálica de dimensões desprezíveis, eletrizada positivamente, no vácuo, varia com a distância ao seu centro, segundo o diagrama dado.

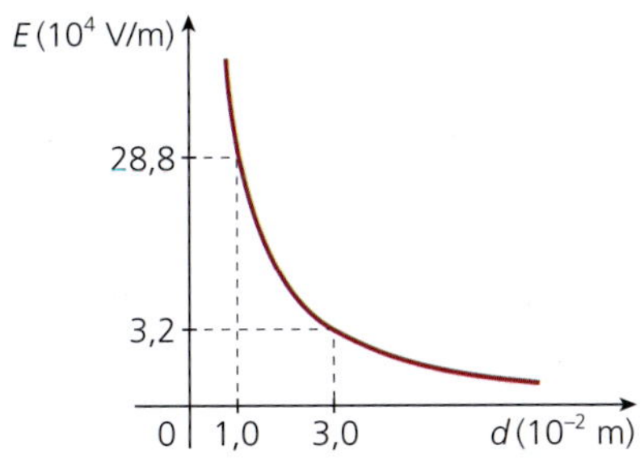

Sendo $e = 1{,}6 \cdot 10^{-19}$ C o módulo da carga elementar do elétron ou do próton, podemos afirmar que essa esfera possui:

a) um excesso de $1 \cdot 10^{10}$ elétrons em relação ao número de prótons.
b) um excesso de $2 \cdot 10^{10}$ elétrons em relação ao número de prótons.
c) um excesso de $1 \cdot 10^{10}$ prótons em relação ao número de elétrons.
d) um excesso de $2 \cdot 10^{10}$ prótons em relação ao número de elétrons.
e) igual número de elétrons e prótons.

Ficha-resumo 4

Campo elétrico uniforme

Gerado por duas placas planas e paralelas eletrizadas com cargas de mesmo módulo, porém com sinais opostos.

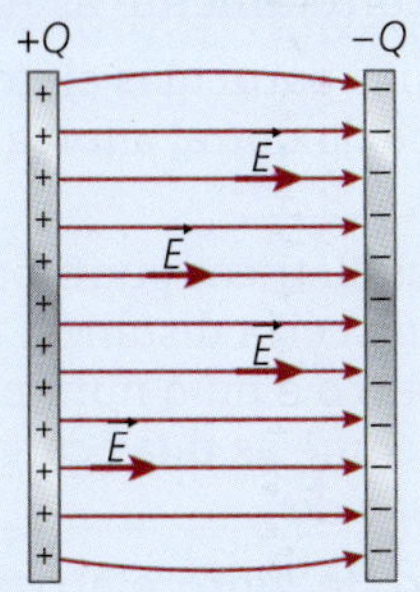

Uma carga elétrica em um campo elétrico uniforme fica sujeita a uma força elétrica constante.

8. (UFF-RJ) Entre duas placas metálicas, paralelas e distantes L uma da outra, há um campo elétrico uniforme E, conforme mostrado na figura.

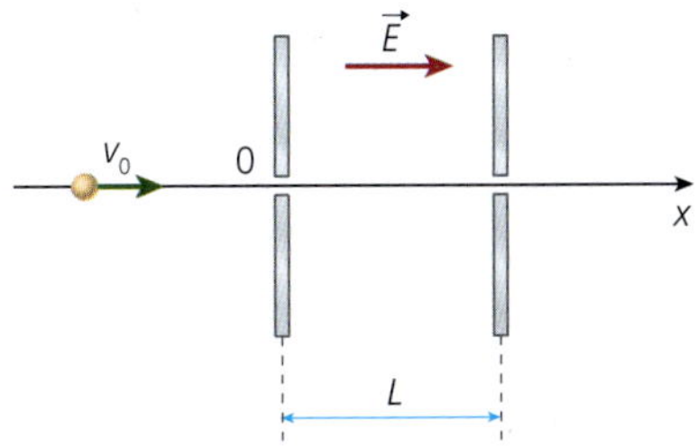

Através de dois pequenos furos, uma carga positiva atravessa o sistema, tendo velocidade inicial v_0. Assinale qual das opções a seguir melhor representa a variação da velocidade da carga em função de sua posição ao longo do eixo x.

a)
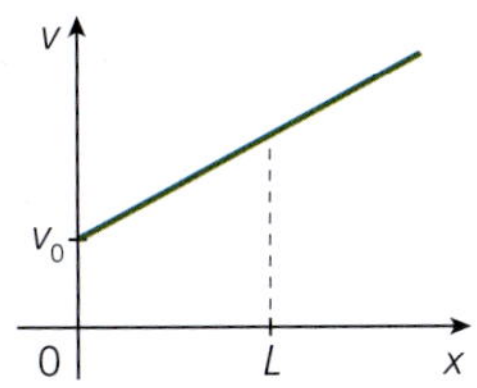

b)
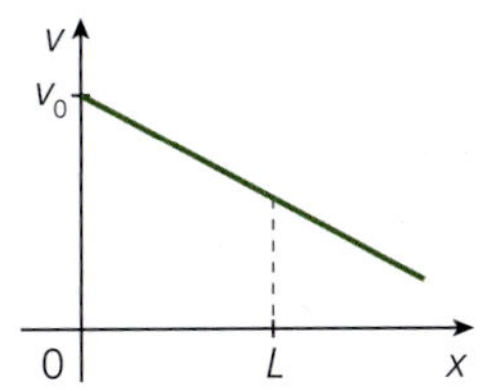

c)
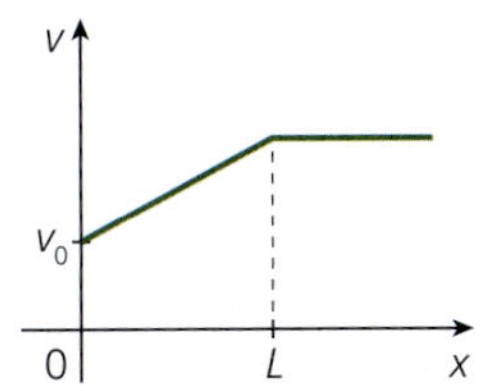

d)
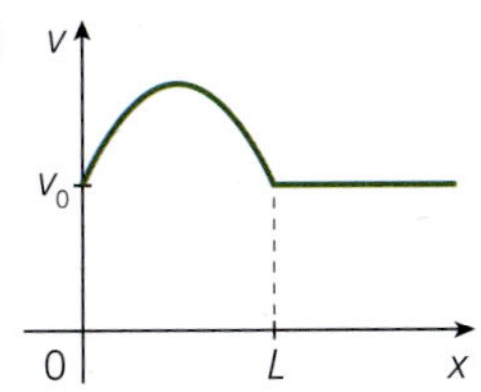

e)
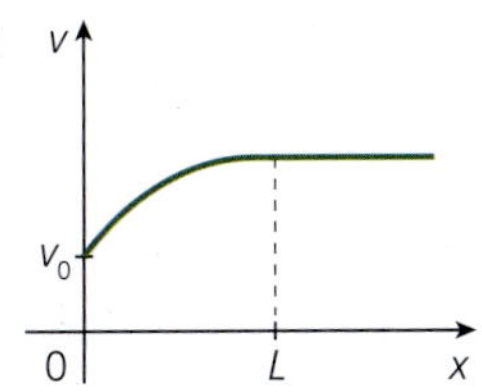

9. (Fuvest-SP) Uma fonte F emite partículas (elétrons, prótons e nêutrons) que são lançadas no interior de uma região onde existe um campo elétrico uniforme.

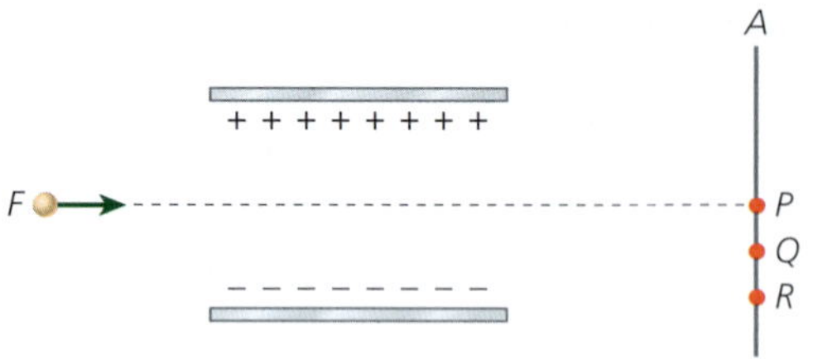

As partículas penetram perpendicularmente às linhas de força do campo. Três partículas emitidas atingem o anteparo A nos pontos P, Q e R. Podemos afirmar que essas partículas eram, respectivamente:

a) elétron, nêutron, próton.
b) próton, nêutron, elétron.
c) elétron, próton, próton.
d) nêutron, elétron, elétron.
e) nêutron, próton, próton.

10. (Vunesp) Um dispositivo para medir a carga elétrica de uma gota de óleo é constituído de um capacitor polarizado no interior de um recipiente convenientemente vedado, como ilustrado na figura.

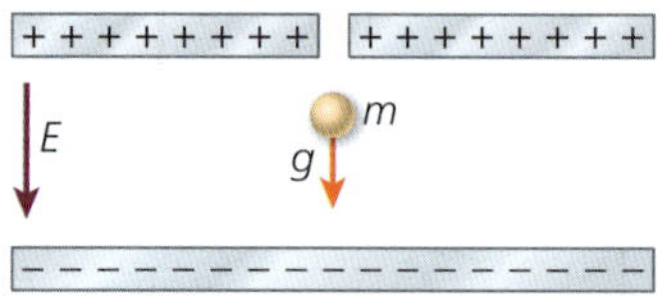

A gota de óleo, com massa m, é abandonada a partir do repouso no interior do capacitor, onde existe um campo elétrico uniforme E. Sob ação da gravidade e do campo elétrico, a gota inicia um movimento de queda com aceleração $0{,}2g$, onde g é a aceleração da gravidade. O valor absoluto (módulo) da carga pode ser calculado através da expressão:

a) $Q = \dfrac{0{,}8mg}{E}$

b) $Q = \dfrac{1{,}2E}{mg}$

c) $Q = \dfrac{1{,}2m}{gE}$

d) $Q = \dfrac{1{,}2mg}{E}$

e) $Q = \dfrac{0{,}8E}{mg}$

11. (Udesc) Um capacitor produz um campo elétrico uniforme entre as placas A e B, de módulo igual a 11.250 N/C, orientado de A para B. A distância entre as placas é igual a 50 mm. Um elétron de massa $9{,}00 \cdot 10^{-31}$ kg é lançado da placa A no sentido da placa B, paralelamente ao campo elétrico, com velocidade inicial de $2{,}0 \cdot 10^7$ m/s.

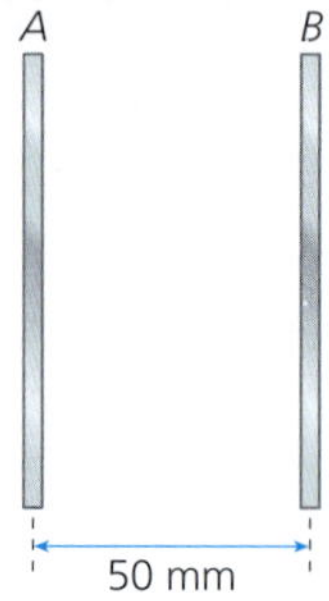

31.1 Visão do especialista

A velocidade do elétron, no instante em que atinge a placa B, é de:

a) $2 \cdot 10^7$ m/s
b) zero
c) $\sqrt{8} \cdot 10^7$ m/s
d) $\sqrt{2} \cdot 10^7$ m/s
e) O elétron não atinge a placa B.

Ficha-resumo 5

Campo elétrico de um sistema de cargas puntiformes

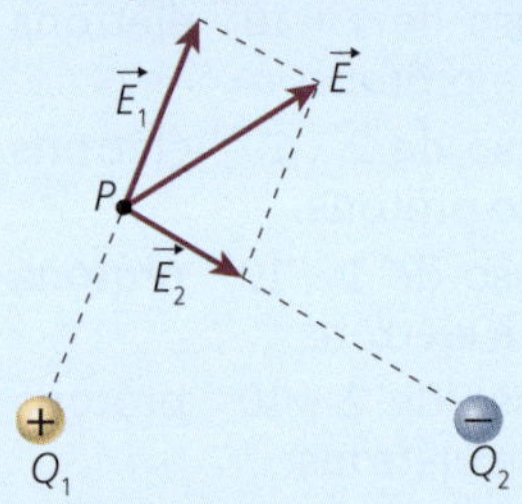

Para um sistema constituído por n cargas elétricas puntiformes:

$$\vec{E} = \vec{E}_1 + \vec{E}_2 + \vec{E}_3 + \ldots + \vec{E}_n$$

12. (PUC-PR) Marque a alternativa cujas palavras completam corretamente as frases abaixo.

I. Quando duas partículas eletrizadas são aproximadas uma da outra, a força elétrica entre elas ________________.

II. Duas cargas elétricas puntiformes estão separadas por uma certa distância. Sabendo-se que o campo elétrico é nulo num ponto do segmento de reta que une as duas cargas, conclui-se que as cargas são de ______________.

III. Um bastão de vidro eletrizado positivamente repele um objeto suspenso num pêndulo elétrico. Podemos afirmar que o objeto está carregado _______________.

a) diminui, mesmo sinal, positivamente
b) aumenta, sinal contrário, negativamente
c) diminui, mesmo sinal, negativamente
d) aumenta, mesmo sinal, positivamente
e) aumenta, sinal contrário, negativamente

13. (FMABC-SP) Duas cargas puntiformes Q_1 e Q_2, de sinais opostos, estão situadas nos pontos A e B localizados no eixo x, conforme mostra a figura abaixo.

Sabendo-se que $|Q_1| > |Q_2|$, podemos afirmar que existe um ponto do eixo x, situado a uma distância finita das cargas Q_1 e Q_2, no qual o campo elétrico resultante, produzido pelas referidas cargas, é nulo. Esse ponto:

a) está localizado entre A e B.
b) está localizado à direita de B.
c) coincide com A.
d) situa-se à esquerda de A.
e) coincide com B.

14. (PUC-MG) A figura representa duas cargas elétricas fixas, positivas, sendo $q_1 > q_2$.

Os vetores campo elétrico, devido às duas cargas, no ponto médio M da distância entre elas, estão mais bem representados em:

a) 

b) 

c) 

d) 

e) 

15. (Mackenzie-SP) Considere a figura abaixo.

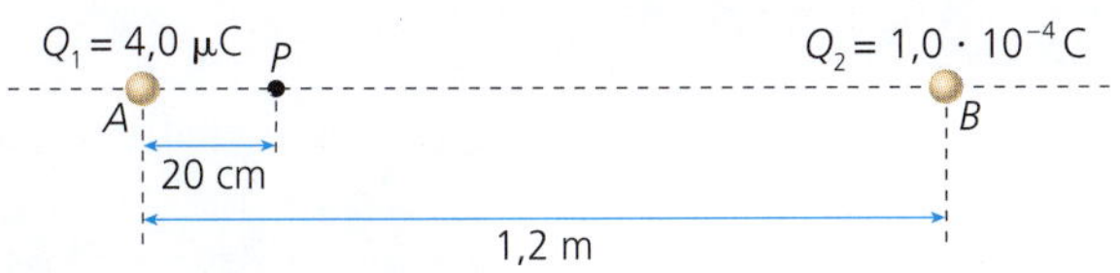

As duas cargas elétricas puntiformes Q_1 e Q_2 estão fixas, no vácuo, onde $k_0 = 9{,}0 \cdot 10^9\ N \cdot m^2/C^2$, respectivamente sobre os pontos A e B. O campo elétrico resultante no ponto P tem intensidade:

a) zero
b) $4{,}0 \cdot 10^5$ N/C
c) $5{,}0 \cdot 10^5$ N/C
d) $9{,}0 \cdot 10^5$ N/C
e) $1{,}8 \cdot 10^6$ N/C

16. (PUC-RJ) Duas esferas metálicas contendo as cargas Q e 2Q estão separadas pela distância de 1,0 m. Podemos dizer que, a meia distância entre as esferas, o campo elétrico gerado por:

a) ambas as esferas é igual.
b) uma esfera é $\frac{1}{2}$ do campo gerado pela outra esfera.
c) uma esfera é $\frac{1}{3}$ do campo gerado pela outra esfera.
d) uma esfera é $\frac{1}{4}$ do campo gerado pela outra esfera.
e) ambas as esferas é igual a zero.

17. (Ufes) As linhas de força do conjunto de cargas Q_1 e Q_2 são mostradas na figura.

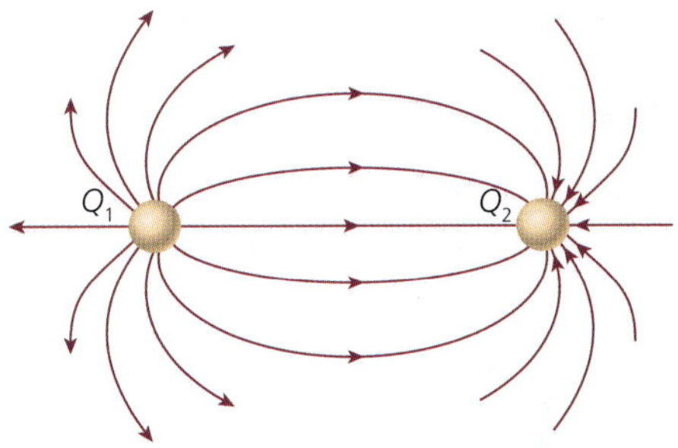

Para originar essas linhas, os sinais de Q_1 e Q_2 devem ser, respectivamente:

a) + e +
b) − e −
c) + e −
d) − e +
e) + e + ou − e −

18. (Mackenzie-SP) Em cada um dos pontos de coordenadas (d,0) e (0,d) do plano cartesiano, coloca-se uma carga elétrica puntiforme Q, e em cada um dos pontos de coordenadas (−d, 0) e (0,−d) coloca-se uma carga puntiforme −Q. Estando essas cargas no vácuo (constante dielétrica = k_0), a intensidade do vetor campo elétrico na origem do sistema cartesiano será igual a:

a) $2 \cdot \sqrt{2} \cdot \frac{k_0 Q}{d^2}$

b) $(2 + \sqrt{2}) \cdot \frac{k_0 Q}{d^2}$

c) $(2 - \sqrt{2}) \cdot \frac{k_0 Q}{d^2}$

d) $\sqrt{2} \cdot \frac{k_0 Q}{d}$

e) $\sqrt{5} \cdot \frac{k_0 Q}{d}$

Capítulo 32

Potencial elétrico e energia potencial elétrica

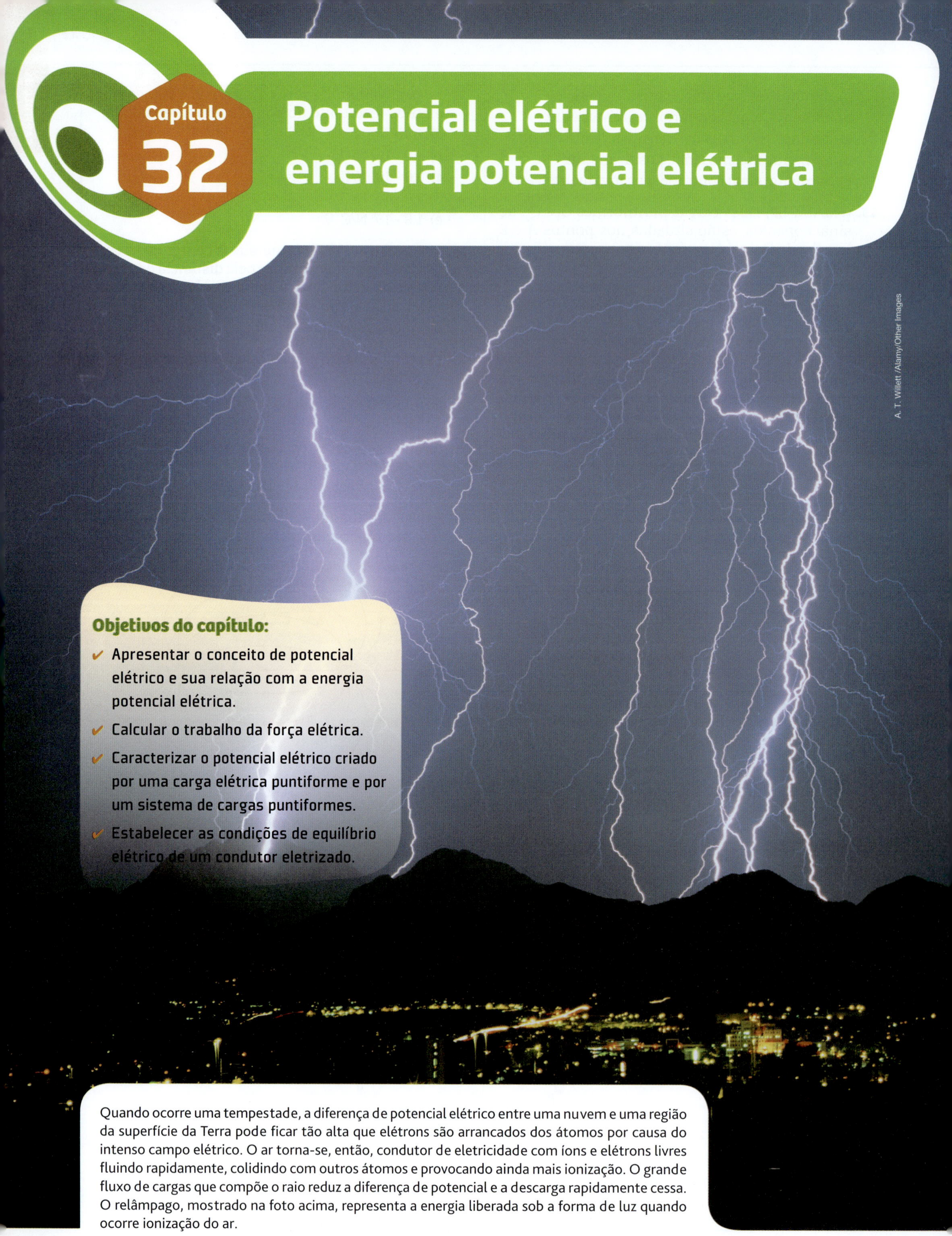

A. T. Willett /Alamy/Other Images

Objetivos do capítulo:

- Apresentar o conceito de potencial elétrico e sua relação com a energia potencial elétrica.
- Calcular o trabalho da força elétrica.
- Caracterizar o potencial elétrico criado por uma carga elétrica puntiforme e por um sistema de cargas puntiformes.
- Estabelecer as condições de equilíbrio elétrico de um condutor eletrizado.

Quando ocorre uma tempestade, a diferença de potencial elétrico entre uma nuvem e uma região da superfície da Terra pode ficar tão alta que elétrons são arrancados dos átomos por causa do intenso campo elétrico. O ar torna-se, então, condutor de eletricidade com íons e elétrons livres fluindo rapidamente, colidindo com outros átomos e provocando ainda mais ionização. O grande fluxo de cargas que compõe o raio reduz a diferença de potencial e a descarga rapidamente cessa. O relâmpago, mostrado na foto acima, representa a energia liberada sob a forma de luz quando ocorre ionização do ar.

1 Potencial elétrico

Gráficos Energia
Conteúdo multimídia

No capítulo anterior, vimos que uma carga de prova q, ao ser colocada em um ponto P de um campo elétrico $\vec{E}$, fica sujeita a uma força $\vec{F}_{el}$. Se essa carga for abandonada, ela irá se deslocar e descrever um movimento acelerado, ou seja, quando largada na região em que age o campo elétrico, a carga q irá adquirir energia cinética **(fig. 1)**. Mas qual será a origem dessa energia cinética?

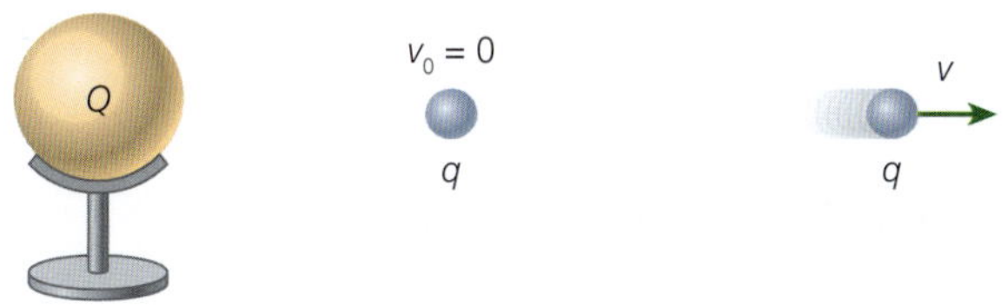

Figura 1. A carga q, ao ser abandonada em um campo elétrico.

Pelo princípio da conservação da energia, sabemos que a energia não pode ser criada nem destruída, mas apenas convertida de um tipo em outro.

A energia cinética obtida pela carga de prova é proveniente da **energia potencial elétrica**, E_{pel}, que a carga adquiriu ao ser colocada no ponto P do campo.

Se a carga de prova q for substituída por outra carga q', a energia potencial passará a ser E'_{pel}.

Experimentalmente, observamos que: $\dfrac{E_{pel}}{q} = \dfrac{E'_{pel}}{q'}$.

Esse quociente é uma constante para o ponto P do campo elétrico e não depende da carga de prova colocada no ponto. Esse quociente é, por definição, o **potencial elétrico** V_P do ponto P.

Então, por definição, o potencial elétrico V_P em um ponto P de um campo elétrico é a grandeza escalar:

$$\boxed{V_P = \frac{E_{pel}}{q}}$$

32.1 Conteúdo multimídia

No SI, o potencial elétrico é medido em joule por coulomb (J/C), que recebe o nome de volt, cujo símbolo é V.

Assim: 1 volt $= 1\,\dfrac{\text{joule}}{\text{coulomb}}$ ou, em símbolos, $1\text{ V} = 1\,\dfrac{\text{J}}{\text{C}}$.

Aplicando a teoria

1. Uma carga elétrica, $q = +4\ \mu C$, é colocada em um ponto P de um campo elétrico cujo potencial elétrico é de 500 V. Determinar a energia potencial elétrica adquirida pela carga q.

➤ Solução

Pela definição de potencial elétrico, $V_P = \dfrac{E_{pel}}{q}$, temos:

$$500 = \frac{E_{pel}}{4 \cdot 10^{-6}} \Rightarrow E_{pel} = 5 \cdot 10^2 \cdot 4 \cdot 10^{-6} \Rightarrow \boxed{E_{pel} = 2 \cdot 10^{-3}\text{ J} = 2\text{ mJ}}$$

Avaliando o aprendizado

1. Em um campo elétrico, há um ponto P cujo potencial elétrico vale $V_P = 3 \cdot 10^3$ V. Calcule a energia potencial elétrica adquirida por uma carga puntiforme, $q = 1 \cdot 10^{-7}$ C, ao ser colocada nesse ponto P do campo.

2. Uma carga elétrica, $q = +6\ \mu$C, ao ser colocada em dado ponto de um campo elétrico adquire uma energia potencial elétrica de 12 mJ. Determine o potencial elétrico no ponto onde foi colocada a carga elétrica.

2 Trabalho da força elétrica

No Capítulo 11, estudamos o teorema trabalho-energia, ou teorema da energia cinética. De acordo com esse teorema:

$$\tau_{F_{Res}} = E_{c(2)} - E_{c(1)}$$

Isso significa que o trabalho da resultante de um sistema de forças em dado deslocamento é igual à variação da energia cinética nesse deslocamento. Sabemos também que, em um sistema conservativo, a energia mecânica permanece constante. Ou seja, a soma da energia cinética com a energia potencial não varia.

Portanto, ao passar de um estado 1 para um estado 2, temos:

$$E_{c(1)} + E_{p(1)} = E_{c(2)} + E_{p(2)} \Rightarrow E_{p(1)} - E_{p(2)} = E_{c(2)} - E_{c(1)}$$

Assim, podemos calcular o trabalho da força resultante também em função da da energia potencial do sistema: $\tau_{F_{Res}} = E_{p(1)} - E_{p(2)}$.

Note que, no caso da energia potencial elétrica de uma carga q: $E_{pel} = qV$.

Consideremos, então, uma carga de prova q que se desloca em um campo elétrico, passa de um ponto A para um ponto B e está sujeita apenas à força elétrica (**fig. 2**).

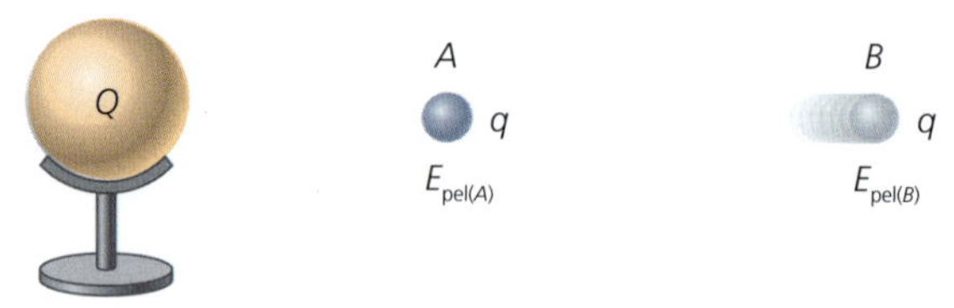

Figura 2. No deslocamento da carga de prova q do ponto A para o ponto B, a força elétrica realiza trabalho.

Tendo em vista que a força elétrica é a força resultante, o trabalho da força elétrica que atua na carga q será:

$$\tau_{F_{el}} = E_{pel(A)} - E_{pel(B)} \Rightarrow \tau_{F_{el}} = q \cdot V_A - q \cdot V_B \Rightarrow \boxed{\tau_{F_{el}} = q \cdot (V_A - V_B)}$$

A diferença $V_A - V_B$ é denominada **diferença de potencial** ou, simplesmente, **ddp** ou, ainda, de **tensão elétrica**, e vamos representá-la por U.

Assim:

$$\tau_{F_{el}} = qU$$

Aplicando a teoria

2. **Uma carga puntiforme, $q = -2\ \mu C$, abandonada em um ponto A de um campo elétrico, desloca-se para um ponto B. Sabe-se que os potenciais elétricos em A e em B valem, respectivamente, +200 V e +500 V.**

a) Determinar o trabalho da força elétrica no deslocamento de q entre A e B.

b) O deslocamento da carga foi espontâneo ou necessitou da ajuda de um operador externo?

➤ **Solução**

a) O trabalho da força elétrica é dado por: $\tau_F = q \cdot (V_A - V_B)$. Então:

$$\tau_F = -2 \cdot 10^{-6}(200 - 500) \Rightarrow \boxed{\tau_F = +6 \cdot 10^{-4}\ J}$$

b) Como a carga elétrica foi abandonada, concluímos que seu movimento é espontâneo. Neste caso, o trabalho da força elétrica é motor (positivo). A carga se deslocará para posições em que sua energia potencial elétrica será menor. Poderíamos ter chegado à mesma conclusão observando que, na passagem de A para B, a energia potencial elétrica da carga q diminuiu, passando de −0,4 mJ para −1 mJ.

3. **Uma partícula com massa $m = 200$ mg e carga elétrica $q = +9\ \mu C$ é abandonada num ponto A de um campo elétrico e se dirige ao ponto B. Sendo $U = 100$ V a diferença de potencial elétrico entre A e B, determinar a velocidade com que a partícula alcança o ponto B.**

➤ **Solução**

Sabemos que o trabalho da força elétrica é dado por: $\tau_{F_{el}} = qU$. Temos ainda que, pelo teorema da energia cinética: $\tau_{F_{Res}} = E_{c(2)} - E_{c(1)}$. Então:

$$qU = E_{c(B)} - E_{c(A)}$$

Com os valores fornecidos no enunciado, obtemos:

$$9 \cdot 10^{-6} \cdot 100 = \frac{200 \cdot 10^{-6} \cdot v_B^2}{2} - 0 \Rightarrow v_B^2 = 9 \Rightarrow \boxed{v_B = 3\ m/s}$$

Avaliando o aprendizado

3. Dados dois pontos, A e B, de um campo elétrico, cujos potenciais elétricos valem, respectivamente, 100 V e −100 V, determine o trabalho da força elétrica que age sobre uma carga $q = 2\ \mu C$ ao ser deslocada:

a) do ponto A para o ponto B;

b) do ponto B para o ponto A.

4. Uma carga de prova, $q = 2\ \mu C$, ao ser colocada em um ponto A de um campo elétrico, adquire uma energia potencial elétrica de 40 μJ. Essa mesma carga, quando colocada em um ponto B, adquire energia potencial elétrica de −120 μJ. Determine:

a) os potenciais elétricos dos pontos A e B;

b) o trabalho da força elétrica, quando uma carga $q' = -5\ \mu C$ é levada de A para B.

5. Uma partícula com carga elétrica $q = +2\ \mu C$ é deslocada em um campo elétrico entre os pontos A e B tais que $V_A = +500$ V e $V_B = +200$ V. Calcule:

a) a energia potencial da partícula nos pontos A e B;

b) o trabalho realizado pela força elétrica que age nessa partícula durante o deslocamento de A para B;

c) a energia cinética da partícula no ponto B, sabendo que em A a partícula estava em repouso.

3 Potencial elétrico de uma carga puntiforme

Vamos considerar uma carga puntiforme Q, geradora de um campo elétrico, e uma carga de prova q, posicionada em um ponto P desse campo elétrico, a uma distância d da carga geradora, conforme a **figura 3**.

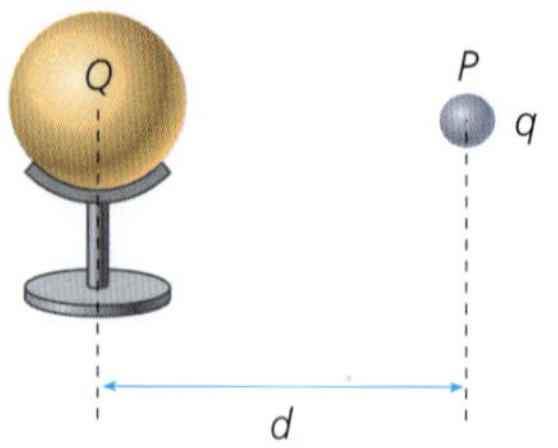

Figura 3. A carga de prova q, ao ser colocada em P, adquire energia potencial E_{pel}.

A energia potencial elétrica E_{pel} do sistema constituído por Q e q é dada por:

$$E_{pel} = k \cdot \frac{Qq}{d}$$

A dedução dessa expressão envolve conhecimentos mais avançados de Matemática. Por isso, vamos adotá-la sem demonstrar.

Nessa expressão, k é a constante eletrostática do meio, para a qual temos no vácuo o seu maior valor: $k = k_0 = 9 \cdot 10^9 \text{ N} \cdot \text{m}^2/\text{C}^2$.

Essa energia é também a energia potencial elétrica da carga Q ou a energia potencial elétrica da carga q.

Mas, conforme vimos no início deste capítulo, a energia potencial elétrica, E_{pel}, adquirida por uma carga de prova q, ao ser posicionada no campo elétrico, é dada por: $E_{pel} = qV$.

Assim, podemos escrever que:

$$qV = k \cdot \frac{Qq}{d} \Rightarrow \boxed{V = k \cdot \frac{Q}{d}}$$

Pelo fato de o potencial elétrico ser uma grandeza escalar, uma carga elétrica positiva gera potencial elétrico positivo e uma carga elétrica negativa gera potencial elétrico negativo.

Observações:

- Observe na **figura 4** que uma linha de força do campo elétrico é sempre orientada no sentido dos potenciais decrescentes.

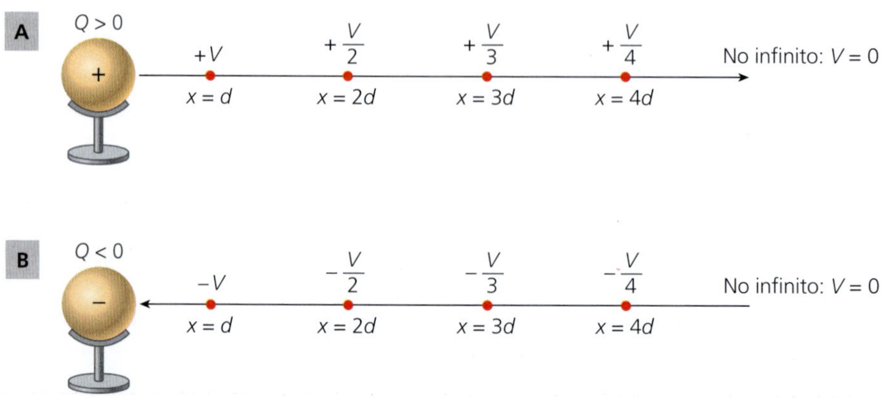

Figura 4. O potencial elétrico sempre diminui ao se percorrer uma linha de força ao longo de sua orientação.

- Uma superfície na qual todos os pontos têm um mesmo potencial elétrico é denominada superfície equipotencial (**fig. 5**).

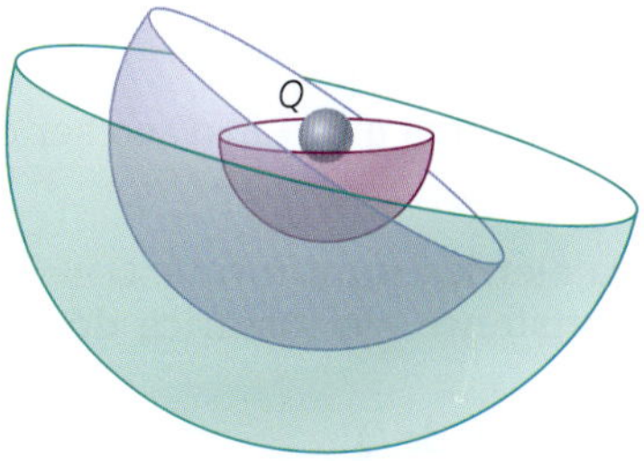

Figura 5. Para uma carga elétrica puntiforme *Q*, as superfícies equipotenciais são superfícies concêntricas na carga.

- As linhas de força do campo elétrico são perpendiculares às superfícies equipotenciais (**fig. 6**).

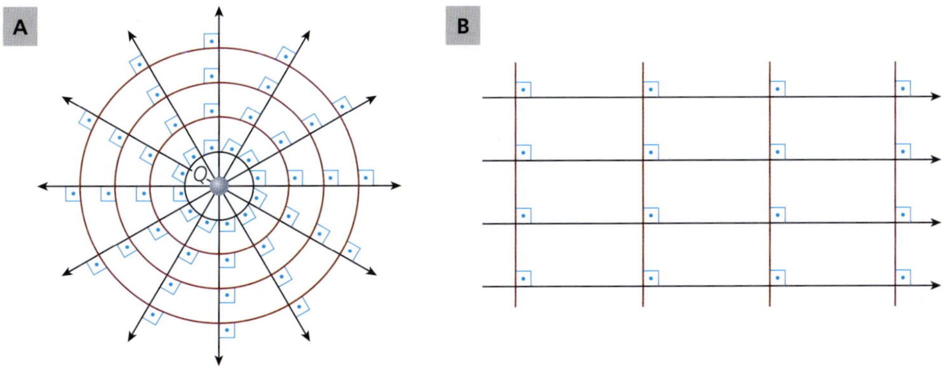

Figura 6. Linhas de força e as superfícies equipotenciais no campo elétrico (A) de uma carga puntiforme e (B) no campo elétrico uniforme.

- As fórmulas apresentadas para a energia potencial e o potencial elétrico são válidas para um ponto de referência infinitamente afastado. Nesse ponto, a energia potencial e o potencial elétrico são nulos.

Aplicando a teoria

4. **Determinar o valor do potencial elétrico criado por uma carga puntiforme, Q = +5 μC, no vácuo ($k_0 = 9 \cdot 10^9$ N · m²/C²), em um ponto P a 10 cm da carga.**

➤ **Solução**

Para uma carga puntiforme, temos: $V = k_0 \cdot \frac{Q}{d}$. Então:

$$V = 9 \cdot 10^9 \cdot \frac{5 \cdot 10^{-6}}{0{,}10} \Rightarrow V = 45 \cdot 10^4 \Rightarrow$$

$$\Rightarrow \boxed{V = 4{,}5 \cdot 10^5 \text{ V}}$$

5. **Uma carga elétrica puntiforme positiva Q gera, em um ponto P, à distância de 20 cm, um vetor campo elétrico de módulo $3 \cdot 10^5$ N/C. Determinar o valor do potencial elétrico em P.**

➤ **Solução**

O módulo do vetor campo elétrico gerado pela carga puntiforme Q em P é dado por: $E = k \cdot \frac{|Q|}{d^2}$.

Como a carga Q é positiva, então, $|Q| = Q$ e $E = k \cdot \frac{Q}{d^2}$.

Assim:

$$E = k \cdot \frac{Q}{d^2} \Rightarrow E = k \cdot \frac{Q}{d} \cdot \frac{1}{d}$$

Mas, como $k \cdot \frac{Q}{d} = V$, teremos: $E = V \cdot \frac{1}{d}$

Com os valores fornecidos no enunciado, obtemos:

$$3 \cdot 10^5 = V \cdot \frac{1}{2 \cdot 10^{-1}} \Rightarrow \boxed{V = 6 \cdot 10^4 \text{ V}}$$

Avaliando o aprendizado

6. Uma carga puntiforme, $Q = -3\ \mu C$, no vácuo ($k_0 = 9 \cdot 10^9\ N \cdot m^2/C^2$), gera, no espaço que a circunda, um campo elétrico. Determine:

a) o potencial elétrico em um ponto *P* a 10 cm de Q;

b) a energia potencial elétrica adquirida por uma carga $q = +2\ \mu C$ ao ser colocada em *P*.

7. Dado o campo elétrico gerado por uma carga elétrica puntiforme, $Q = 3 \cdot 10^{-5}$ C, colocada no vácuo, e considerando que a constante eletrostática do meio vale $9 \cdot 10^9\ N \cdot m^2/C^2$, calcule:

a) o potencial elétrico em um ponto *A* situado a 30 cm de Q;

b) o potencial elétrico em outro ponto, *B*, situado a 90 cm de Q;

c) o trabalho da força elétrica que age sobre uma carga de prova, $q = 2 \cdot 10^{-8}$ C, ao ser transportada de *A* para *B*.

8. Uma partícula com massa $m = 2$ g e carga elétrica $q = +1\ \mu C$ é abandonada em um ponto *P* a 10 cm de uma carga $Q = +8\ \mu C$. Determine a velocidade adquirida pela carga *q* ao atingir um ponto a 50 cm de Q.

4 Potencial elétrico criado por um sistema de cargas elétricas puntiformes

Consideremos o campo elétrico criado por um sistema de cargas elétricas puntiformes: $Q_1, Q_2, Q_3, ..., Q_n$.

No capítulo anterior, mostramos que o campo elétrico resultante em um dado ponto *P* é obtido pela soma vetorial dos campos elétricos criados por cada uma das cargas do sistema: $\vec{E} = \vec{E}_1 + \vec{E}_2 + \vec{E}_3 + ... + \vec{E}_n$.

De modo semelhante, podemos calcular o potencial elétrico resultante *V*, em um dado ponto do campo, pela soma algébrica dos potenciais elétricos gerados por cada uma das cargas do sistema. Ou seja:

$$V = V_1 + V_2 + V_3 + ... + V_n$$

Aplicando a teoria

6. Na figura ao lado, $Q_1 = +8\ \mu C$ e $Q_2 = -9\ \mu C$. A constante eletrostática do meio vale $k_0 = 9 \cdot 10^9\ N \cdot m^2/C^2$.
Determinar o potencial elétrico resultante no ponto P.

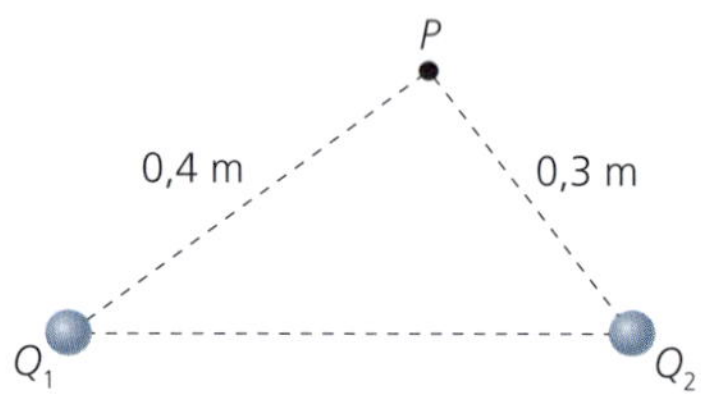

➤ Solução

O potencial elétrico em P é obtido pela soma algébrica dos potenciais criados em P por Q_1 e por Q_2.

Então: $V_P = V_1 + V_2$

Com os valores fornecidos no enunciado, teremos:

$$V_P = 9 \cdot 10^9 \cdot \frac{(+8 \cdot 10^{-6})}{0,4} + 9 \cdot 10^9 \cdot \frac{(-9 \cdot 10^{-6})}{0,3} \Rightarrow \boxed{V_P = -9 \cdot 10^4\ V}$$

7. Duas cargas elétricas puntiformes, $Q_1 = +6\ \mu C$ e $Q_2 = -2\ \mu C$, são fixadas, respectivamente, nos pontos A e B sobre a reta *r*.

Determinar os pontos sobre a reta *r* onde o potencial elétrico resultante é nulo.

➤ Solução

Para que o potencial elétrico resultante seja nulo, devemos impor que: $V_1 + V_2 = 0$
Como o potencial elétrico criado por uma carga puntiforme é inversamente proporcional à distância, $V = k \cdot \dfrac{Q}{d}$, os pontos procurados devem estar mais próximos da carga Q_2, colocada em B. Teremos duas possibilidades:

- P_1 à esquerda de B e entre A e B

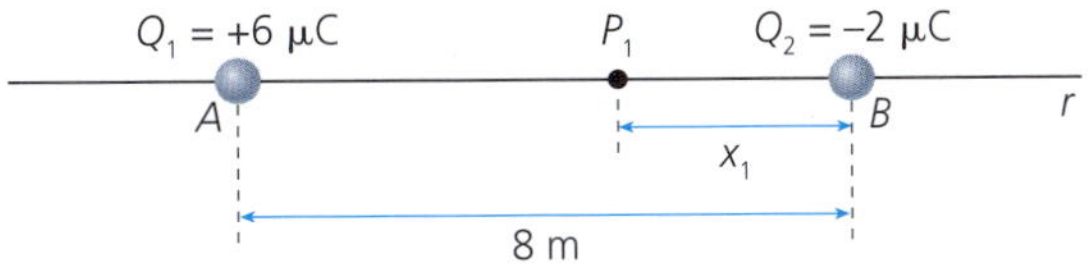

Assim:

$$k \cdot \frac{(+6)}{8 - x_1} + k \cdot \frac{(-2)}{x_1} = 0 \Rightarrow \frac{3}{8 - x_1} = \frac{1}{x_1} \Rightarrow 3 \cdot x_1 = 8 - x_1 \Rightarrow \boxed{x_1 = 2\ m}$$

- P_2 à direita de B

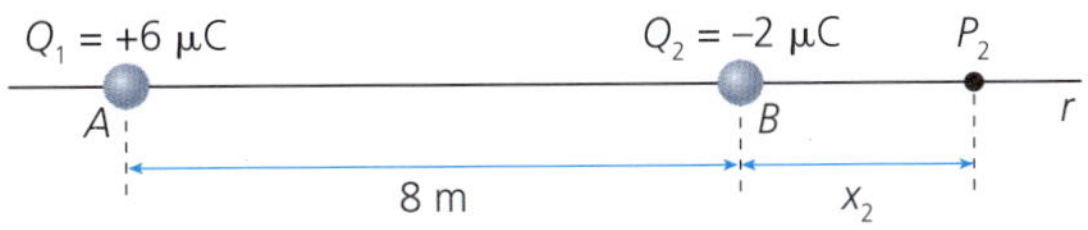

Assim:

$$k \cdot \frac{(+6)}{8 + x_2} + k \cdot \frac{(-2)}{x_2} = 0 \Rightarrow \frac{3}{8 + x_2} = \frac{1}{x_2} \Rightarrow 3 \cdot x_2 = 8 + x_2 \Rightarrow \boxed{x_2 = 4\ m}$$

Portanto, os pontos procurados são P_1, a 2 m de B e entre A e B, e P_2, 4 m à direita de B.

Avaliando o aprendizado

9. Em dois vértices de um triângulo equilátero, com lados iguais a 3 m, são colocadas cargas elétricas puntiformes, $Q_1 = +5\ \mu C$ e $Q_2 = -4\ \mu C$. Considerando $k = 9 \cdot 10^9\ N \cdot m^2/C^2$, determine o potencial elétrico resultante no terceiro vértice do triângulo.

10. Sobre uma reta *r* são dispostas duas cargas puntiformes, $Q_1 = -2\ \mu C$ e $Q_2 = +4\ \mu C$, separadas por uma distância de 6 m, conforme a figura a seguir.

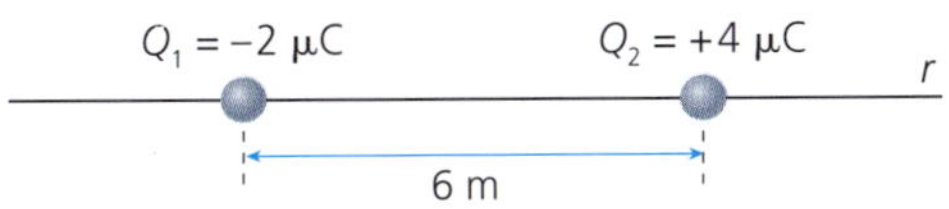

Determine as posições dos pontos da reta *r* nas quais o potencial elétrico resultante, em decorrência das cargas Q_1 e Q_2, é nulo.

11. Nos vértices A e C do retângulo de lados 3 m e 4 m são colocadas cargas elétricas puntiformes, respectivamente, $Q_A = +12\ \mu C$ e $Q_C = -12\ \mu C$, conforme mostra a figura a seguir.

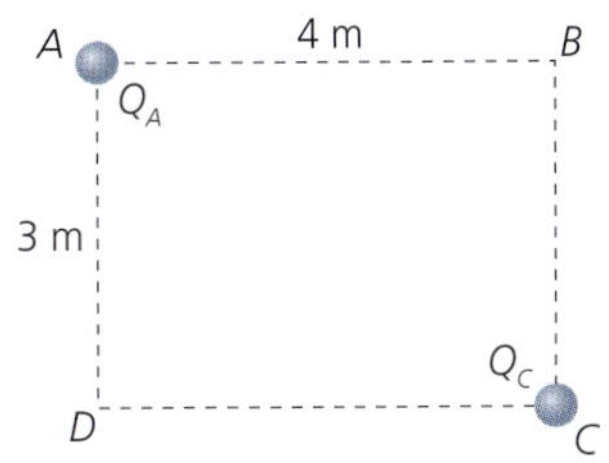

Considerando $k = 9 \cdot 10^9\ N \cdot m^2/C^2$, calcule:

a) os potenciais elétricos nos vértices B e D do retângulo;

b) o trabalho da força elétrica que atua numa carga de prova, $q = 2\ \mu C$, ao ser deslocada do vértice B para o vértice D do retângulo.

5 Potencial elétrico no campo elétrico uniforme

No capítulo anterior, estudamos o campo elétrico uniforme gerado, por exemplo, por duas placas planas paralelas e eletrizadas com cargas de mesmo módulo, porém de sinais opostos.

Vamos considerar, então, uma carga de prova q, positiva, abandonada em um ponto A de um campo elétrico uniforme, de módulo E, que se desloca até B. A **figura 7** mostra a situação descrita e as duas superfícies equipotenciais, S_A e S_B, de potenciais elétricos V_A e V_B, que passam por A e B.

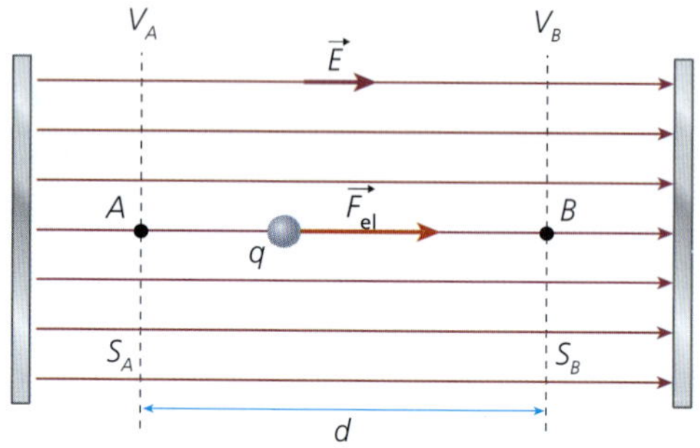

Figura 7. Na carga elétrica q, a força elétrica tem módulo constante, pois o campo elétrico é uniforme.

Já vimos que o trabalho da força elétrica, em qualquer deslocamento entre dois pontos de um campo elétrico, pode ser calculado fazendo:

$$\tau_{F_{el}} = q \cdot (V_A - V_B)$$

Sendo $V_A - V_B = U$, temos:

$$\tau_{F_{el}} = qU \qquad ①$$

Entretanto, no caso particular de o campo elétrico ser uniforme, a força elétrica será constante em módulo, direção e sentido; assim, o trabalho poderá ser calculado por: $\tau_{F_{el}} = F_{el}d \cdot \cos\theta$.

A força elétrica tem a mesma direção e o mesmo sentido do deslocamento ($\theta = 0°$), e sendo $F_{el} = qE$ podemos escrever que:

$$\tau_{F_{el}} = Fd \Rightarrow \tau_{F_{el}} = qEd \qquad ②$$

Comparando ② e ①, obtemos:

$$qEd = qU \Rightarrow \boxed{Ed = U}$$

Observações:

- Nessa expressão, U é tomada em valor absoluto.
- De $Ed = U$ e $F = qE$, concluímos que: $E = \frac{U}{d} = \frac{F}{q}$

Em unidades do SI, temos $1\,\frac{\text{volt}}{\text{metro}} = 1\,\frac{\text{newton}}{\text{coulomb}} \Rightarrow 1\,\frac{\text{V}}{\text{m}} = 1\,\frac{\text{N}}{\text{C}}$

No SI, a unidade oficial de medida de intensidade do vetor campo elétrico é o $\frac{\text{V}}{\text{m}}$.

Aplicando a teoria

8. **Uma carga elétrica, $q = 3\ \mu C$, se desloca de A para B em um campo elétrico uniforme, de módulo E = 600 N/C, conforme representado na figura a seguir.**

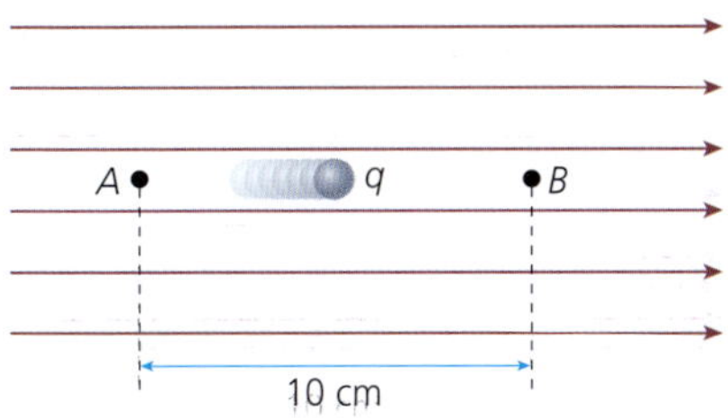

Determinar:

a) a diferença de potencial entre os pontos A e B;

b) o trabalho da força elétrica no deslocamento de q entre A e B.

➤ Solução

a) No campo elétrico uniforme, $Ed = U$; então:

$$600 \cdot 0{,}1 = U \Rightarrow \boxed{U = 60\ V}$$

b) O trabalho da força elétrica é dado por: $\tau_{F_{el}} = qU$. Então:

$$\tau_{F_{el}} = 3 \cdot 10^{-6} \cdot 60 \Rightarrow \tau_{F_{el}} = 180 \cdot 10^{-6} \Rightarrow \boxed{\tau_{F_{el}} = 1{,}8 \cdot 10^{-4}\,J}$$

Avaliando o aprendizado

12. Entre duas placas planas e paralelas, eletrizadas, conforme a figura a seguir, estabelece-se um campo elétrico uniforme $\vec{E}$.

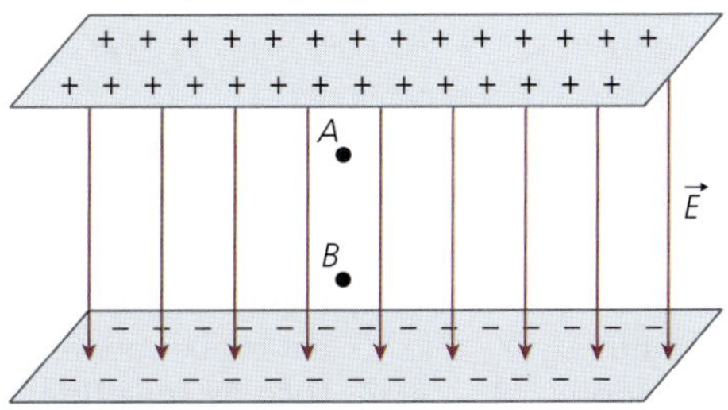

Sendo 5 cm a distância entre os pontos A e B da figura e sabendo que a tensão elétrica entre eles é de 600 V, determine o módulo do vetor campo elétrico existente entre as placas.

13. Considerando que uma partícula eletrizada com carga elétrica $q = +3\ \mu C$ é abandonada no interior de um campo elétrico uniforme de intensidade E = 100 N/C, calcule:

a) a intensidade da força elétrica que age sobre a partícula;

b) o trabalho realizado pela força elétrica enquanto a partícula sofre um deslocamento de 5 cm.

14. A figura seguinte mostra as linhas de força e as superfícies equipotenciais de um campo elétrico uniforme com intensidade E = 80 N/C.

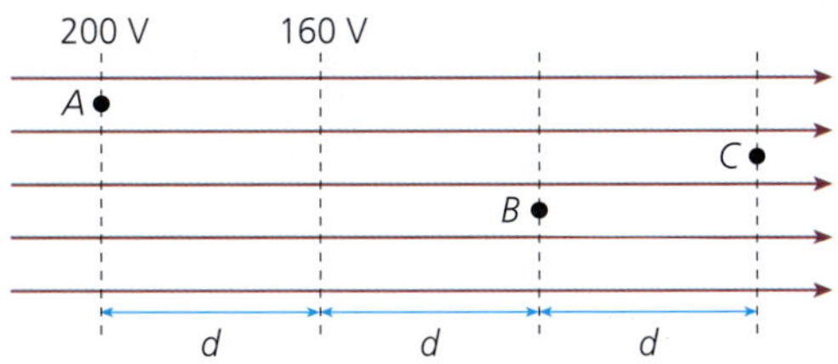

Determine:

a) a distância d e o potencial elétrico no ponto C;

b) a energia potencial elétrica que uma carga $q = -3\ \mu C$ adquire quando é colocada no ponto B;

c) o trabalho da força elétrica que atua numa carga $q' = +5\ \mu C$ ao ser deslocada de A para C.

6 Condutor eletrizado em equilíbrio

Dizemos que um corpo condutor, eletrizado ou não, está em **equilíbrio eletrostático** quando não existir movimentação ordenada de cargas elétricas nesse corpo.

Assim, para um condutor eletrizado em equilíbrio eletrostático, verificamos que:

- as cargas elétricas em excesso distribuem-se pela superfície externa do corpo;
- o campo elétrico em todos os pontos internos do corpo é nulo (**fig. 8**);
- o potencial elétrico em qualquer ponto do corpo, interno ou de sua superfície, é constante;
- a concentração de cargas na superfície do corpo é maior em regiões pontiagudas e, nessas regiões, o campo elétrico é mais intenso (**fig. 9**);
- o vetor campo elétrico em pontos da superfície é perpendicular à superfície do corpo.

Faraday
Conteúdo multimídia

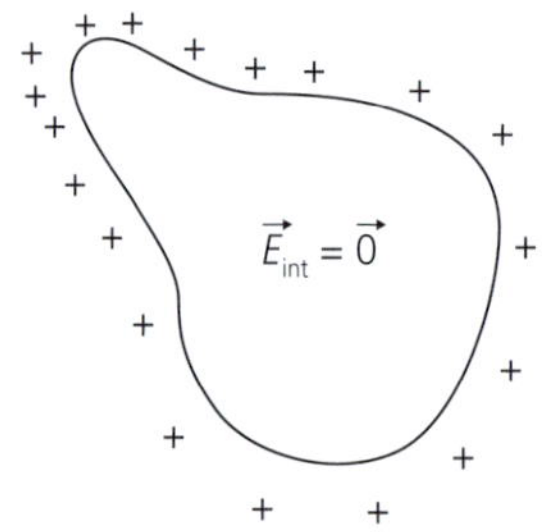

Figura 8. Em pontos internos do condutor, o vetor campo elétrico é nulo.

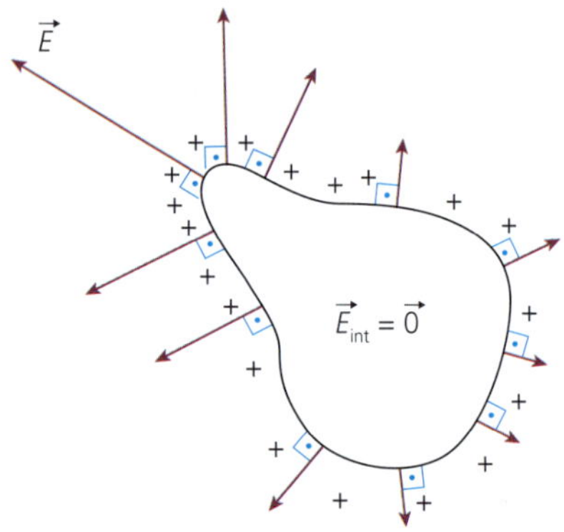

Figura 9. A concentração de cargas é maior em regiões pontiagudas. O vetor campo elétrico na superfície ou muito próximo dela é perpendicular à superfície.

Vamos analisar com mais detalhes o caso particular do **condutor esférico eletrizado**, por exemplo, com carga positiva.

A **figura 10** mostra um condutor esférico de raio *R*, eletrizado com carga elétrica positiva *Q*, e os diagramas do módulo *E* do vetor campo elétrico e do potencial elétrico *V*, em função da distância *d* ao centro *O* do condutor.

Dentro do condutor, o campo elétrico é nulo. Num ponto externo e muito próximo da superfície, o campo elétrico tem o dobro da intensidade se comparado com um ponto da superfície.

O potencial elétrico nos pontos internos e da superfície é constante e não nulo.

Para os pontos externos, o campo elétrico e o potencial são calculados como se a carga fosse puntiforme e estivesse localizada no centro.

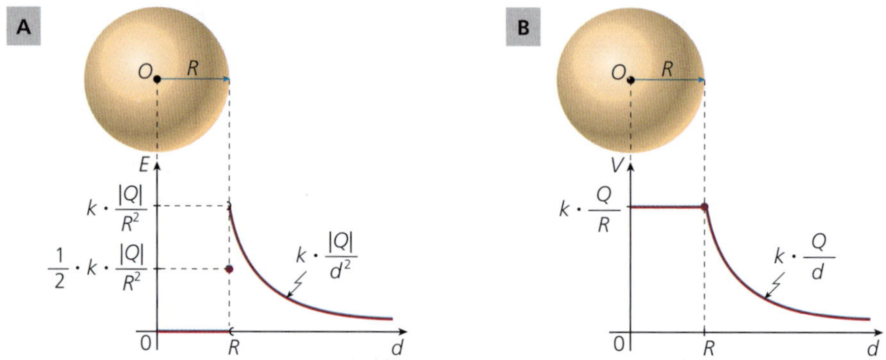

Figura 10. (A) Campo elétrico *E* e (B) potencial elétrico *V*, em função da distância *d* ao centro *O* de um condutor esférico de raio *R* eletrizado com carga positiva *Q*.

Aplicando a teoria

9. Dois condutores esféricos, A e B, de raios 10 cm e 30 cm, estão eletrizados com cargas elétricas iguais a 7,0 μC e 5,0 μC, respectivamente. É dado $k_0 = 9 \cdot 10^9$ N · m²/C².

a) Colocam-se os condutores em contato. Quais são as novas cargas elétricas dos condutores após o estabelecimento do equilíbrio eletrostático entre eles?

b) Nas condições do item **a**, calcular o potencial elétrico comum aos condutores.

➤ Solução

a) Quando em contato, as esferas passam a se comportar como um único condutor. Assim, depois de atingido o equilíbrio eletrostático entre elas, ambas devem ter um mesmo potencial elétrico: $V_A = V_B$.

Chamando de Q'_A e Q'_B as cargas das esferas em situação de equilíbrio, temos:

$$k \cdot \frac{Q'_A}{R_A} = k \cdot \frac{Q'_B}{R_B} \Rightarrow \frac{Q'_A}{0{,}1} = \frac{Q'_B}{0{,}3} \Rightarrow Q'_B = 3 \cdot Q'_A \qquad ①$$

Devemos impor, ainda, que, pelo princípio da conservação das cargas elétricas, $Q_{final} = Q_{inicial}$. Então:

$$Q'_A + Q'_B = 7{,}0 + 5{,}0 \Rightarrow Q'_A + Q'_B = 12\ \mu C \qquad ②$$

Substituindo ① em ②, obtemos: $\boxed{Q'_A = 3\ \mu C \text{ e } Q'_B = 9\ \mu C}$

b) Na situação de equilíbrio:

$$V_A = V_B = k \cdot \frac{Q'_A}{R_A} = k \cdot \frac{Q'_B}{R_B}$$

Então:

$$V_A = V_B = 9 \cdot 10^9 \cdot \frac{3 \cdot 10^{-6}}{0{,}10} \Rightarrow \boxed{V_A = V_B = 2{,}7 \cdot 10^5\ V}$$

Avaliando o aprendizado

15. Considere uma esfera metálica oca, eletricamente neutra, com uma pequena abertura em sua superfície, e apoiada em um suporte isolante.

Pela abertura, introduz-se na esfera um bastão isolante que tem, em uma das extremidades, uma pequena esfera condutora eletrizada positivamente com carga Q. Explique o que acontecerá quando as esferas se tocarem.

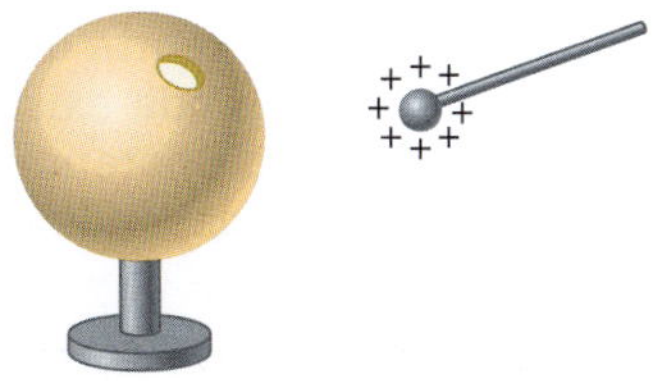

16. Considere uma esfera metálica oca, carregada positivamente com carga elétrica Q, com uma pequena abertura em sua superfície, e apoiada em um suporte isolante.

Uma pequena esfera condutora, eletricamente neutra, conectada a um bastão isolante, é colocada em contato com a esfera metálica oca. Explique o que ocorrerá se:

a) o contato for interno;

b) o contato for externo.

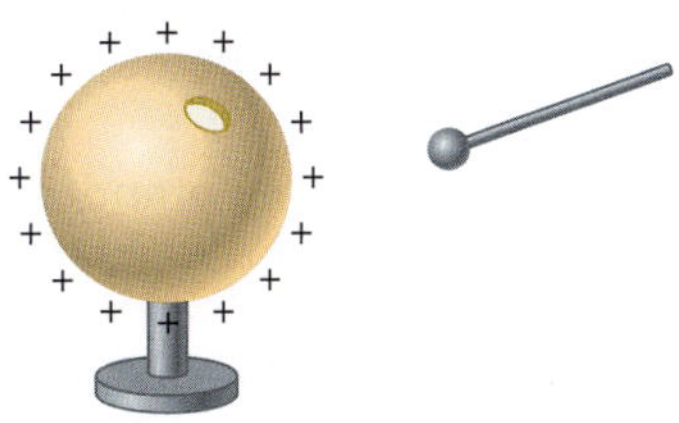

17. Uma esfera condutora metálica, isolada, e em equilíbrio eletrostático, tem carga elétrica de +20 μC. A esfera tem raio igual a 30 cm e está no vácuo, cuja constante eletrostática vale $9 \cdot 10^9$ N · m²/C². Determine a intensidade do vetor campo elétrico e o potencial elétrico em um ponto:

a) no interior da esfera;

b) na sua superfície;

c) a 10 cm da superfície.

Revisando o conteúdo

Ficha-resumo 1

Energia potencial elétrica

Para um par de cargas puntiformes Q e q:

$$E_{pel} = k \cdot \frac{Qq}{d}$$

Potencial elétrico

Por definição:

$$V = \frac{E_{pel}}{q}$$

Trabalho da força elétrica

O trabalho da força elétrica no deslocamento de uma carga q entre dois pontos, A e B, de um campo elétrico qualquer é dado por:

$$\tau_{F_{el}} = q \cdot (V_A - V_B)$$

Ficha-resumo 2

Potencial elétrico de uma carga puntiforme

Para uma carga elétrica puntiforme, o potencial elétrico V_P é:

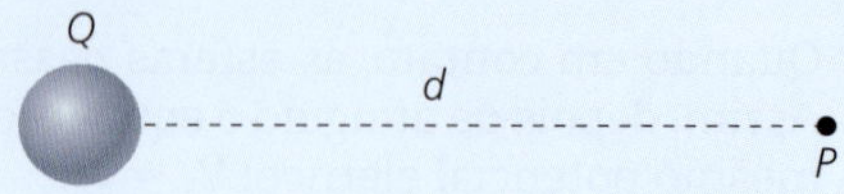

$$V_P = k \cdot \frac{Q}{d}$$

- se $Q > 0 \Rightarrow V_P > 0$
- se $Q < 0 \Rightarrow V_P < 0$

1. (UFPB) Sobre energia potencial elétrica e potencial elétrico, identifique as afirmativas corretas:

I. Ao se deslocar um objeto carregado entre dois pontos em uma região do espaço onde existe um campo elétrico, a diferença de potencial medida entre esses dois pontos independe da carga do objeto.

II. A variação da energia potencial elétrica associada a um objeto carregado, ao ser deslocado de um ponto para outro em uma região onde exista um campo elétrico, independe da trajetória seguida entre esses dois pontos.

III. A energia potencial elétrica é uma grandeza associada a um sistema constituído de objetos carregados e é medida em volt (V).

IV. Um elétron-volt, 1 eV, é a energia igual ao trabalho necessário para se deslocar uma única carga elementar, tal como elétron ou próton, através de uma diferença de potencial exatamente igual a 1 (um) volt. E a relação dessa unidade com o joule (J) é, aproximadamente, 1 eV $= 1{,}6 \cdot 10^{-19}$ J.

V. A energia potencial elétrica, associada a uma carga de teste, q_0, positiva, aumenta quando esta se move no mesmo sentido do campo elétrico.

2. (Vunesp) A figura é a intersecção de um plano com o centro C de um condutor esférico e com três superfícies equipotenciais ao redor desse condutor.

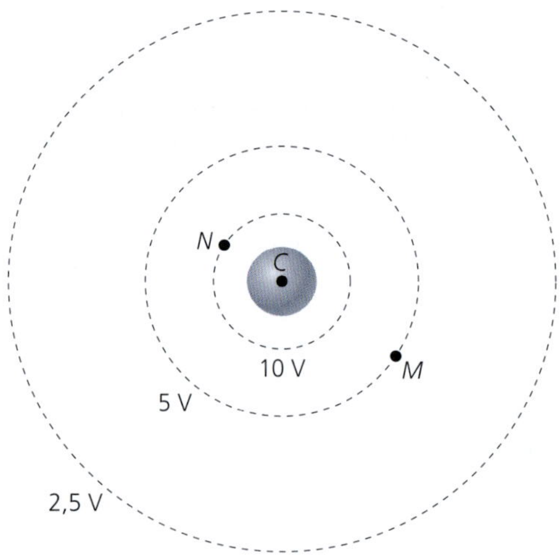

Uma carga de $1{,}6 \cdot 10^{-19}$ C é levada do ponto M ao ponto N.

O trabalho realizado para deslocar essa carga foi de:

a) $3{,}2 \cdot 10^{-20}$ J
b) $16{,}0 \cdot 10^{-19}$ J
c) $8{,}0 \cdot 10^{-19}$ J
d) $4{,}0 \cdot 10^{-19}$ J
e) $3{,}2 \cdot 10^{-18}$ J

3. (UFPE) Uma carga puntiforme $Q < 0$ encontra-se fixa no vácuo. Uma outra carga puntiforme $q < 0$ executa, com velocidade de módulo constante, cada um dos percursos enumerados de 1 a 5 na figura a seguir. Sobre a carga q atuam apenas a força elétrica e uma força conservativa F. As linhas tracejadas na figura representam circunferências com centro na carga Q.

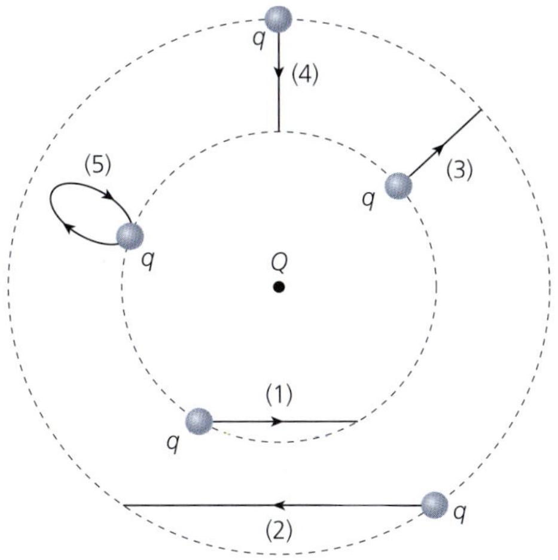

Considerando o trabalho motor como positivo e o trabalho resistente como negativo, assinale qual o percurso em que a força F realiza o maior trabalho.

a) 1
b) 2
c) 3
d) 4
e) 5

4. (UFG-GO) Uma carga puntiforme Q gera uma superfície equipotencial de 2,0 V a uma distância de 1,0 m de sua posição. Tendo em vista o exposto, calcule a distância entre as superfícies equipotenciais que diferem dessa por 1,0 V.

Ficha-resumo 3

Potencial elétrico de um sistema de cargas elétricas puntiformes

Para um sistema de n cargas elétricas puntiformes, o potencial elétrico V_P resultante no ponto P é:

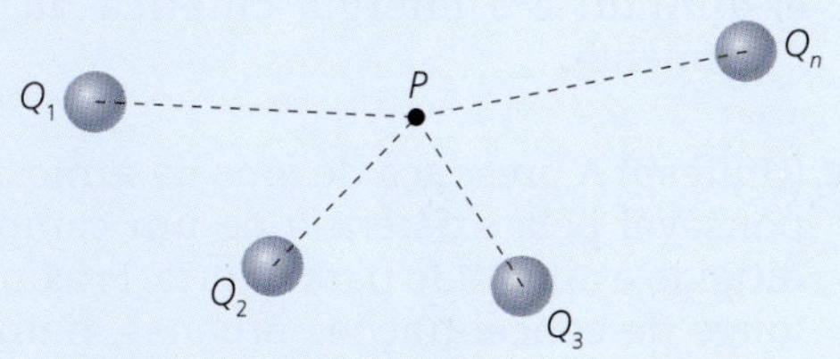

$$V_P = V_1 + V_2 + V_3 + \ldots + V_n$$

5. (Uece) N prótons, cada um de carga q, foram distribuídos aleatoriamente ao longo de um arco de círculo de 60° e raio r, conforme ilustra a figura.

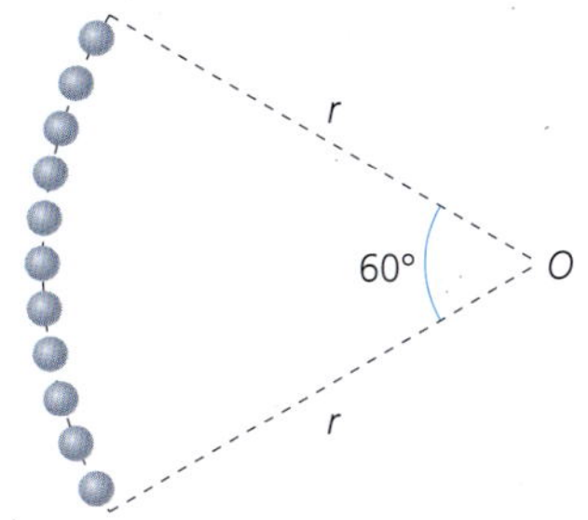

Considerando $k = \dfrac{1}{4\pi\varepsilon_0}$ e o potencial de referência no infinito igual a zero, assinale a alternativa que contém o valor do potencial elétrico no ponto O devido a esses prótons.

a) $\dfrac{kq^N}{r}$

b) $\dfrac{kNq}{r} \cdot \cos 60°$

c) $\dfrac{kNq}{r}$

d) $\dfrac{2kNq}{r} \cdot \cos 30°$

6. (Unemat-MT) Considere o esquema a seguir, em que as cargas elétricas Q_1 e Q_2 têm módulos iguais e o ponto P está equidistante das cargas.

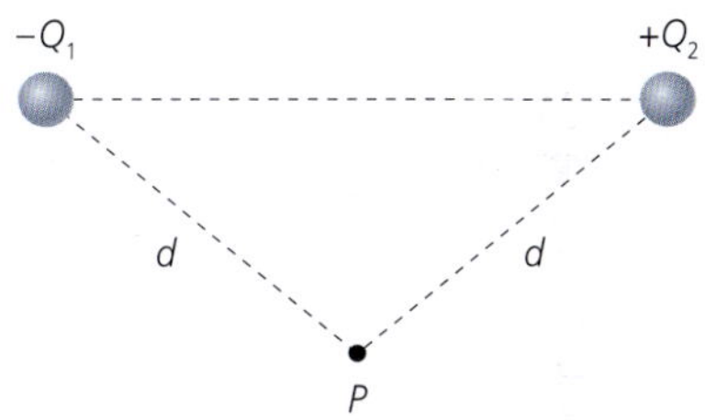

Analise os itens a seguir.

I. O campo elétrico resultante no ponto P é nulo.
II. Colocando-se no ponto P uma carga de prova $-q$, com liberdade de movimento, essa carga de prova ficará em repouso.
III. O potencial resultante no ponto P é nulo.
IV. Colocando-se no ponto P uma carga de prova $+q$, o campo elétrico resultante será diferente de zero.

Assinale a alternativa **correta**.

a) Somente os itens I e IV estão corretos.
b) Somente os itens I e III estão corretos.
c) Somente o item II está correto.
d) Somente os itens III e IV estão corretos.
e) Somente os itens II e III estão corretos.

7. (Mackenzie-SP) Duas cargas elétricas puntiformes, $q_1 = 3{,}00\ \mu C$ e $q_2 = 4{,}00\ \mu C$, encontram-se num local onde $k = 9 \cdot 10^9\ N \cdot m^2/C^2$. Suas respectivas posições são os vértices dos ângulos agudos de um triângulo retângulo isósceles, cujos catetos medem 3,00 mm cada um. Ao colocar-se outra carga puntiforme, $q_3 = 1{,}00\ \mu C$, no vértice do ângulo reto, esta adquire uma energia potencial elétrica, devido à presença de q_1 e q_2, igual a:

a) 9,0 J
b) 12,0 J
c) 21,0 J
d) 25,0 J
e) 50,0 J

8. (UEPG-PR) Duas cargas puntiformes, $q_1 = q_2 = 10^{-12}$ C, ocupam dois vértices de um triângulo equilátero de lados iguais a 30 cm. Sobre esse sistema, considerando $k = 9 \cdot 10^9\ N \cdot m^2/C^2$ e $\sqrt{3} = 1{,}73$, julgue as proposições a seguir e dê como resposta a soma dos números que antecedem as corretas.

01) Os campos elétricos gerados pelas cargas elétricas no terceiro vértice do triângulo são iguais e têm módulo igual a 10^{-1} N/C.

02) O campo elétrico medido no terceiro vértice do triângulo tem módulo igual a $1{,}73 \cdot 10^{-1}$ N/C.

04) Os potenciais elétricos gerados pelas cargas elétricas no terceiro vértice do triângulo são iguais e têm módulo igual a $3 \cdot 10^{-2}$ V.

08) O potencial elétrico medido no terceiro vértice do triângulo tem módulo igual a $6 \cdot 10^{-2}$ V.

16) A repulsão coulombiana entre as cargas tem módulo igual a 10^{-8} N.

9. (UFPE) Duas cargas elétricas puntiformes, de mesmo módulo Q e sinais opostos, são fixadas à distância de 3,0 cm entre si. Determine o potencial elétrico no ponto A, em volts, considerando que o potencial no ponto B é 60 volts.

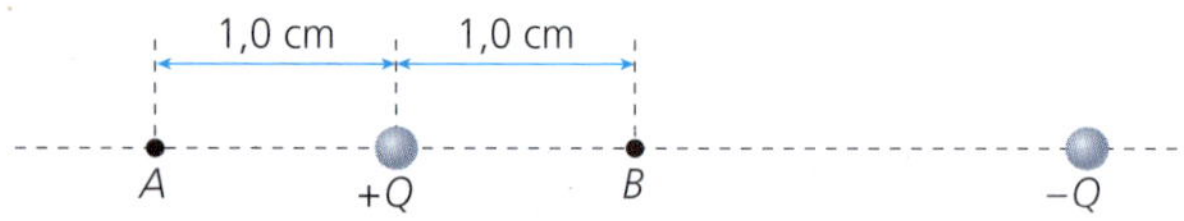

10. (PUC-RJ) Duas partículas de cargas $q_1 = 4 \cdot 10^{-5}$ C e $q_2 = 1 \cdot 10^{-5}$ C estão alinhadas no eixo x sendo a separação entre elas de 6 m. Sabendo que q_1 encontra-se na origem do sistema de coordenadas e considerando $k = 9 \cdot 10^9\ N \cdot m^2/C^2$, determine:

a) a posição x, entre as cargas, onde o campo elétrico é nulo;

b) o potencial eletrostático no ponto $x = 3$ m;

c) o módulo, a direção e o sentido da aceleração, no caso de ser colocada uma partícula de carga $q_3 = -1 \cdot 10^{-5}$ C e massa $m_3 = 1{,}0$ kg, no ponto do meio da distância entre q_1 e q_2.

Ficha-resumo 4

Potencial no campo elétrico uniforme

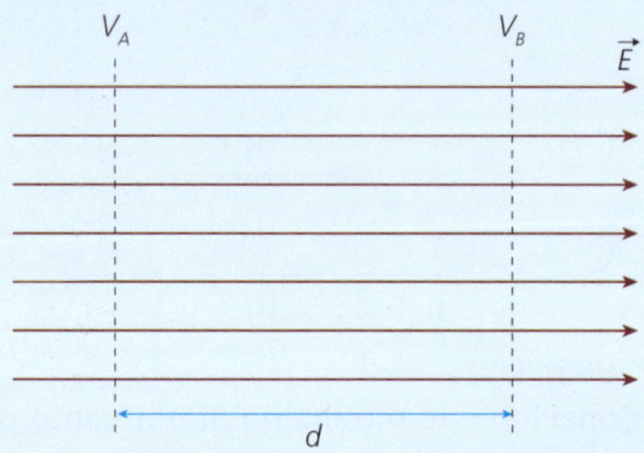

$$V_A - V_B = U$$

Em um campo elétrico uniforme:

$$Ed = U$$

11. (PUC-RJ) Uma carga positiva puntiforme é liberada a partir do repouso em uma região do espaço onde o campo elétrico é uniforme e constante.

Se a partícula se move na mesma direção e sentido do campo elétrico, a energia potencial eletrostática do sistema:

a) aumenta e a energia cinética da partícula aumenta.
b) diminui e a energia cinética da partícula diminui.
c) e a energia cinética da partícula permanecem constantes.
d) aumenta e a energia cinética da partícula diminui.
e) diminui e a energia cinética da partícula aumenta.

12. (Unifesp) A presença de íons na atmosfera é responsável pela existência de um campo elétrico dirigido e apontado para a Terra. Próximo ao solo, longe de concentrações urbanas, num dia claro e limpo, o campo elétrico é uniforme e perpendicular ao solo horizontal e sua intensidade é de 120 V/m. A figura mostra as linhas de campo e dois pontos dessa região, M e N.

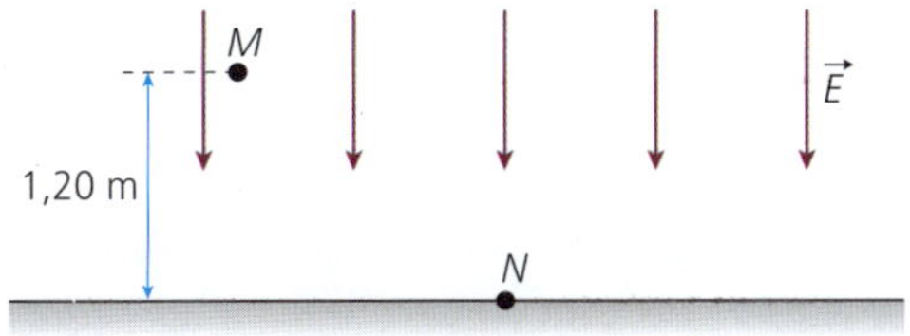

O ponto M está a 1,20 m do solo, e N está no solo. A diferença de potencial entre os pontos M e N é:

a) 100 V
b) 120 V
c) 125 V
d) 134 V
e) 144 V

32.1 Visão do especialista

13. (UPE) Um próton se desloca horizontalmente, da esquerda para a direita, a uma velocidade de $4 \cdot 10^5$ m/s. O módulo do campo elétrico mais fraco capaz de trazer o próton uniformemente para o repouso, após percorrer uma distância de 3 cm, vale em N/C:

(Dados: massa do próton = $1{,}8 \cdot 10^{-27}$ kg, carga do próton = $1{,}6 \cdot 10^{-19}$ C)

a) $4 \cdot 10^3$
b) $3 \cdot 10^5$
c) $6 \cdot 10^4$
d) $3 \cdot 10^4$
e) $7 \cdot 10^3$

Ficha-resumo 5

Condutor eletrizado em equilíbrio eletrostático

- As cargas elétricas em excesso se distribuem pela superfície externa.
- A densidade superficial de carga é maior em regiões pontiagudas.

Para uma esfera condutora de raio R eletrizada com carga Q:

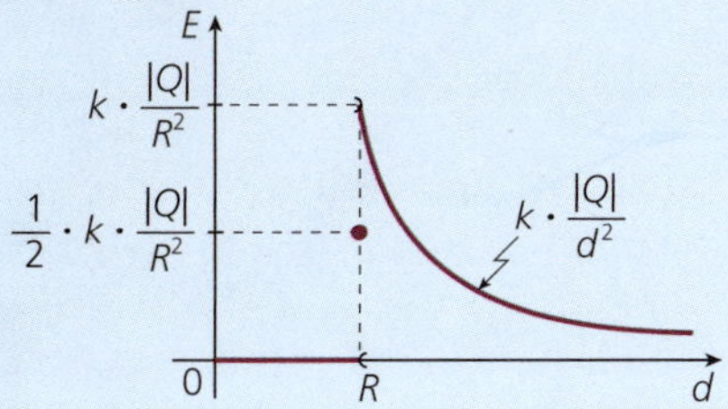

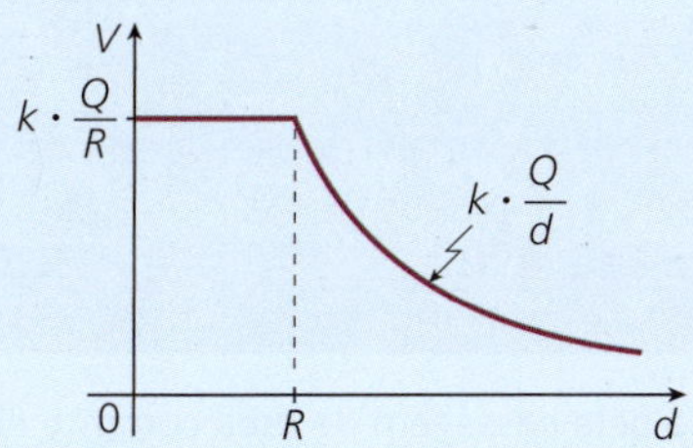

14. (Acafe-SC) A blindagem eletrostática é uma aplicação dos fenômenos eletrostáticos onde, por exemplo, qualquer aparelho ou instrumento dentro de uma esfera metálica oca eletrizada, em equilíbrio eletrostático, não sofrerá influência elétrica do meio exterior.

A explicação física para esse fenômeno é: o módulo do campo elétrico no interior da esfera metálica...

a) é nulo.
b) é constante e não nulo.
c) varia inversamente com o quadrado do raio.
d) varia com o quadrado do raio.
e) é muito intenso.

15. (UFJF-MG) A figura representa uma superfície esférica condutora, carregada positivamente e dois pontos A e B, ambos no plano da página. Nessa condição, pode-se afirmar que:

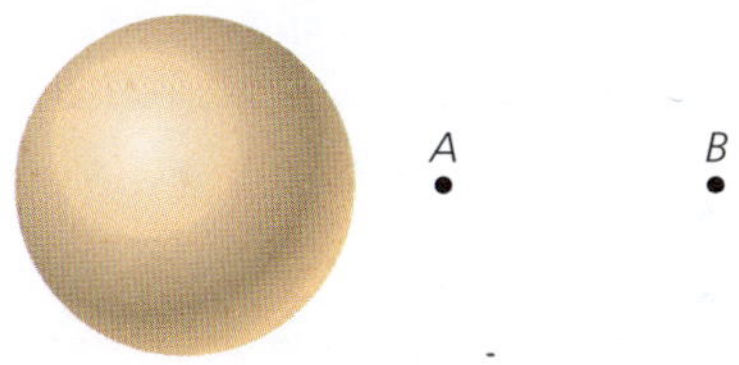

a) o potencial em B é maior que em A.
b) um elétron em B tem maior energia potencial do que em A.
c) o campo elétrico em B é mais intenso do que em A.
d) o potencial em A é igual ao potencial em B.
e) o trabalho realizado pela força elétrica para deslocar um elétron de B para A é nulo.

16. (UFRGS) Uma carga de 10^6 C está uniformemente distribuída sobre a superfície terrestre. Considerando-se que o potencial elétrico criado por essa carga é nulo a uma distância infinita, qual será aproximadamente o valor desse potencial elétrico sobre a superfície da Lua?

(Dados: $D_{\text{Terra-Lua}} \simeq 3{,}8 \cdot 10^8$ m; $k_0 = 9 \cdot 10^9$ N $\cdot$ m²/C².)

a) $-2{,}4 \cdot 10^7$ V
b) $-0{,}6 \cdot 10^{-1}$ V
c) $-2{,}4 \cdot 10^{-5}$ V
d) $-0{,}6 \cdot 10^7$ V
e) $-9{,}0 \cdot 10^6$ V

17. (UFV-MG) Sejam duas esferas metálicas 1 e 2, de raios R_1 e R_2, sendo $R_1 < R_2$. Elas estão carregadas positivamente, em contato entre si e em equilíbrio eletrostático. As esferas são, então, separadas. Sendo Q_1 e V_1, respectivamente, a carga e o potencial elétrico da esfera 1, e Q_2 e V_2 as grandezas correspondentes para a esfera 2. É correto afirmar que:

a) $Q_1 < Q_2$ e $V_1 = V_2$
b) $Q_1 = Q_2$ e $V_1 = V_2$
c) $Q_1 = Q_2$ e $V_1 < V_2$
d) $Q_1 < Q_2$ e $V_1 < V_2$

Capítulo 33 Corrente elétrica, potência, resistores e leis de Ohm

Objetivos do capítulo:

- Estabelecer o conceito de corrente elétrica.
- Determinar a potência de um bipolo elétrico.
- Apresentar os resistores e suas aplicações.
- Apresentar e aplicar as leis de Ohm para os resistores.

AFRICA STUDIO/SHUTTERSTOCK

O brilho de uma lâmpada incandescente, como a da foto acima, é provocado pela passagem de uma corrente elétrica através do seu finíssimo filamento de tungstênio. A energia elétrica é transformada em energia térmica devido às colisões entre os elétrons livres que constituem a corrente elétrica e os átomos do metal. Isso provoca um grande aquecimento no filamento, que se torna incandescente. Desse fato decorre o nome desse tipo de lâmpada.

1 Corrente elétrica

Nos capítulos anteriores, estudamos as cargas elétricas em equilíbrio estático e fizemos a distinção entre materiais condutores de eletricidade e materiais isolantes. Iniciamos agora o estudo da Eletrodinâmica, área da Física que investiga e estuda os efeitos relacionados ao movimento das cargas elétricas.

Em nosso cotidiano, estamos familiarizados com equipamentos e aparelhos que utilizam a energia elétrica. Lâmpadas, eletrodomésticos, motores elétricos e uma infinidade de aparelhos que necessitam de corrente elétrica para seu funcionamento se espalham por nossas casas.

Apesar dessa familiaridade, poucas pessoas saberiam explicar o que é corrente elétrica, como ela pode ser estabelecida e mantida em um equipamento e quais são seus efeitos.

Para entender o que é corrente elétrica, tomemos como exemplo uma pequena lâmpada incandescente de lanterna. O funcionamento de uma lâmpada incandescente tem por base o aquecimento de seu filamento metálico de tungstênio. Para isso, é necessária uma fonte de energia, como uma pilha ou uma bateria.

Imaginemos, então, que, usando fios de cobre, ligamos uma pequena lâmpada de lanterna aos terminais de uma pilha comum, como mostrado na **figura 1**.

A pilha é um dispositivo que mantém em seu terminal negativo ($-$) excesso de cargas negativas e em seu terminal positivo ($+$) falta de cargas negativas.

Assim que os fios de cobre são conectados aos terminais da pilha, um campo elétrico $\vec{E}$ é estabelecido no fio, no sentido indicado na **figura 2**, e os elétrons livres do cobre e do filamento de tungstênio passam a se movimentar de maneira mais organizada, deslocando-se do terminal negativo para o terminal positivo da pilha.

A esse movimento organizado dos elétrons livres damos o nome de **corrente elétrica**.

Em condutores líquidos, como a água do mar, a corrente elétrica está relacionada ao movimento organizado de íons (cátions e ânions). Nos gases ionizados, a corrente elétrica está relacionada ao movimento organizado de elétrons e de íons positivos.

Por convenção, o sentido da corrente elétrica é contrário ao do movimento das cargas negativas livres. Na **figura 3**, indicamos o sentido convencional da corrente elétrica no fio de ligação.

Na **figura 4**, temos um trecho de um condutor percorrido por corrente elétrica no sentido indicado. Seja n o número de cargas livres que passa pela seção O no intervalo de tempo Δt. Assim, a quantidade de carga correspondente será $\Delta q = n \cdot e$, em que $e = 1{,}6 \cdot 10^{-19}$ C. A intensidade média de corrente elétrica, i_m, na seção O do condutor será:

$$i_m = \frac{\Delta q}{\Delta t}$$

Figura 1. A lâmpada acende ao ser conectada à pilha.

Figura 2. O campo elétrico que se estabelece no fio faz com que os elétrons livres se movimentem de maneira mais organizada.

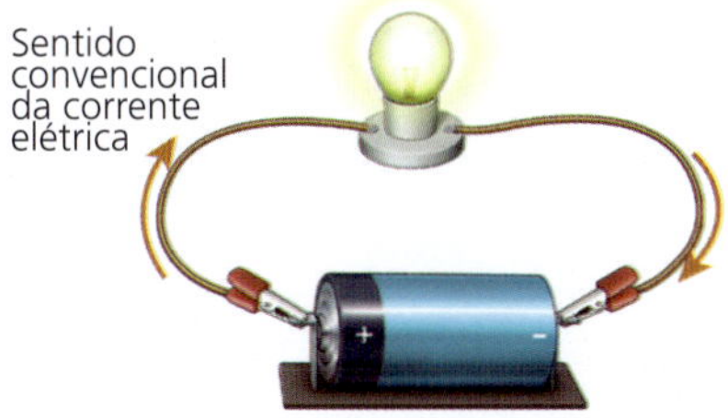

Figura 3. A corrente elétrica tem, por convenção, sentido oposto ao do movimento das cargas elétricas negativas livres.

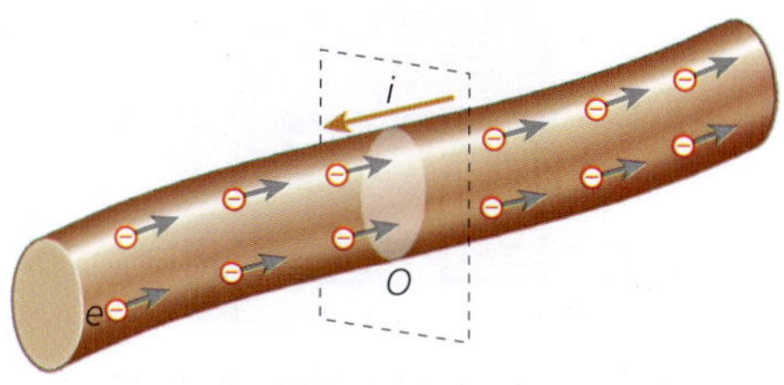

Figura 4. Fio condutor percorrido por corrente elétrica.

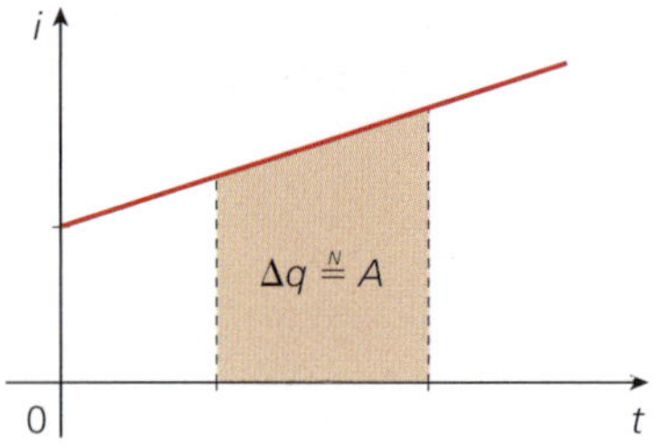

Figura 5. No diagrama $i \times t$, a quantidade de carga que atravessa uma seção do condutor, em dado intervalo de tempo, corresponde ao valor numérico da área sob a curva.

No SI, a unidade de medida da intensidade média de corrente elétrica (i_m) ou da corrente elétrica em cada instante (i) é o **ampère** (A), que equivale ao $\frac{C}{s}$. Assim:

$$1A = 1\frac{C}{s}$$

Considere o diagrama da intensidade de corrente em função do tempo mostrado na **figura 5**.

Pode-se demonstrar que a quantidade de carga que atravessa uma seção do condutor, em dado intervalo de tempo, corresponde ao valor numérico da área A sob a curva do diagrama $i \times t$.

$$\Delta q \overset{N}{=} A$$

Lei dos nós

Um conjunto de equipamentos elétricos interligados em um caminho fechado, como a lâmpada e a pilha ligadas por fios de cobre, constitui um circuito elétrico. O ponto de contato elétrico para o qual concorrem três ou mais condutores em um circuito elétrico é denominado **nó (fig. 6)**.

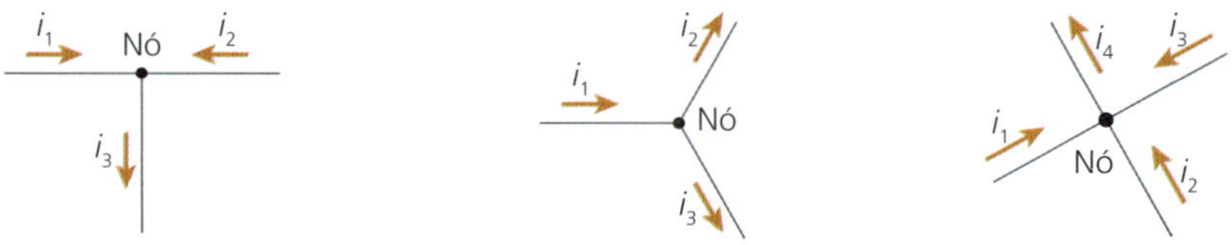

Figura 6. Em um circuito elétrico, nó é o ponto de contato elétrico entre três ou mais condutores.

A partir do princípio da conservação das cargas elétricas, estudado no capítulo 30, podemos obter uma importante propriedade das correntes elétricas, conhecida como **lei dos nós** ou **primeira lei de Kirchhoff**.

- Em qualquer nó de um circuito elétrico, a soma das intensidades das correntes elétricas que chegam a ele é igual à soma das intensidades de correntes que saem dele.

2 Efeitos da corrente elétrica

Ao se estabelecer uma corrente elétrica em um material condutor, podemos sempre identificar pelo menos um dos cinco efeitos descritos a seguir.

Efeito térmico

Também conhecido como **efeito Joule**, o efeito térmico surge em decorrência das colisões dos elétrons livres que constituem a corrente elétrica com os átomos do condutor. Devido a essas colisões, os átomos do condutor passam a vibrar mais intensamente, o que corresponde a um aumento de temperatura. O efeito Joule ocorre em equipamentos elétricos que geram calor, como aquecedores **(fig. 7)**, chuveiros, torradeiras e ferros de passar roupas.

Efeito químico

O efeito químico é a base da eletrólise e acontece quando uma solução eletrolítica é atravessada por uma corrente elétrica e sofre decomposição.

LUSOIMAGES/SHUTTERSTOCK

Figura 7. Aquecedor elétrico.

Efeito luminoso

A passagem de corrente elétrica através de um gás rarefeito pode ionizá-lo e fazê-lo emitir luz. As lâmpadas fluorescentes, as lâmpadas de plasma **(fig. 8)** e os letreiros em neon são aplicações práticas desse efeito. Nesse caso, a energia elétrica é convertida diretamente em energia luminosa.

MARCO MEROLA/LOOK AT SCIENCES/SCIENCE PHOTO LIBRARY/LATINSTOCK

Figura 8. Lâmpada de plasma.

Efeito fisiológico

Galvani
Conteúdo multimídia

O efeito fisiológico acontece quando dada corrente elétrica passa por um organismo vivo. Nesse caso, a corrente elétrica afeta o sistema nervoso e provoca contrações musculares involuntárias.

Efeito magnético

O efeito magnético, que sempre se manifesta, é caracterizado pelo surgimento de um campo magnético nas proximidades do condutor por onde passa a corrente elétrica. Esse efeito é um dos mais importantes da corrente elétrica e serve como base para a construção de motores elétricos, microfones, alto-falantes e transformadores, por exemplo.

Aplicando a teoria

1. Denomina-se corrente elétrica contínua a corrente constituída por cargas que se movimentam sempre no mesmo sentido. Um fio condutor metálico é percorrido por uma corrente elétrica contínua de intensidade constante 0,8 A. Considerando a carga elementar igual a $1{,}6 \cdot 10^{-19}$ C, determinar:

a) a quantidade de carga que passa por uma seção transversal desse condutor num intervalo de tempo de 1 min;

b) o número de elétrons que atravessam a seção transversal do condutor nas condições do item anterior.

➤ Solução

a) A partir da definição da intensidade de corrente elétrica e considerando um intervalo de tempo $\Delta t = 1$ min $= 60$ s, temos:

$$i = \frac{\Delta q}{\Delta t} \Rightarrow 0{,}8 = \frac{\Delta q}{60} \Rightarrow \Delta q = 0{,}8 \cdot 60 \Rightarrow \boxed{\Delta q = 48\ \text{C}}$$

b) Da quantização da carga elétrica, obtemos:

$$\Delta q = n \cdot e \Rightarrow 48 = n \cdot 1{,}6 \cdot 10^{-19} \Rightarrow$$

$$\Rightarrow n = \frac{48}{1{,}6 \cdot 10^{-19}} \Rightarrow \boxed{n = 3 \cdot 10^{20}\ \text{elétrons}}$$

2. O diagrama a seguir mostra a variação, em função do tempo, da intensidade de corrente elétrica que passa por uma lâmpada.

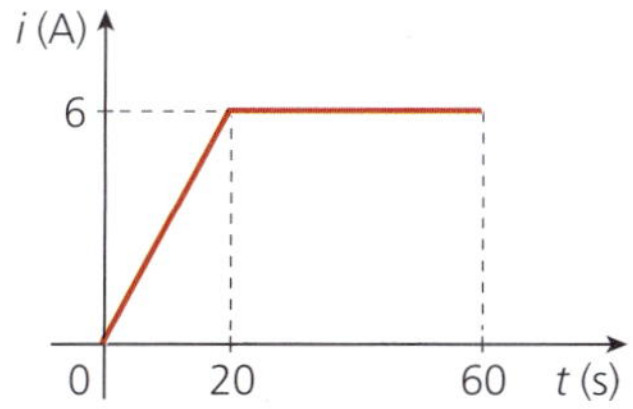

Determinar:

a) a quantidade de carga elétrica que atravessa uma seção transversal do filamento da lâmpada no intervalo de tempo representado no diagrama;

b) a intensidade média de corrente elétrica naquele intervalo de tempo.

➤ Solução

a) A quantidade de carga elétrica que atravessa uma seção transversal do filamento é obtida pela área sob a curva do gráfico (um trapézio). Então:

$$\Delta q \overset{N}{=} A \Rightarrow \Delta q = \frac{60 + 40}{2} \cdot 6 \Rightarrow \boxed{\Delta q = 300\ \text{C}}$$

b) Observamos pelo diagrama que a intensidade de corrente é variável nos primeiros 20 s e torna-se constante nos 40 s finais. A intensidade média da corrente equivale ao valor de uma corrente elétrica constante que, no mesmo intervalo de tempo considerado, permitiria a passagem da mesma quantidade de carga elétrica. Para o intervalo de tempo de 60 s, representado no diagrama, a intensidade média da corrente elétrica será, portanto:

$$i_m = \frac{\Delta q}{\Delta t} \Rightarrow i_m = \frac{300}{60} \Rightarrow \boxed{i_m = 5\ \text{A}}$$

Avaliando o aprendizado

1. A seção transversal de um condutor é atravessada por $1{,}5 \cdot 10^{22}$ elétrons, durante 1,25 min. Considerando que a carga elementar vale $1{,}6 \cdot 10^{-19}$ C, qual é a intensidade média da corrente elétrica, medida em ampère, que circula pelo condutor?

2. Um fio condutor é percorrido por uma corrente elétrica cuja intensidade varia com o tempo de acordo com o diagrama a seguir.

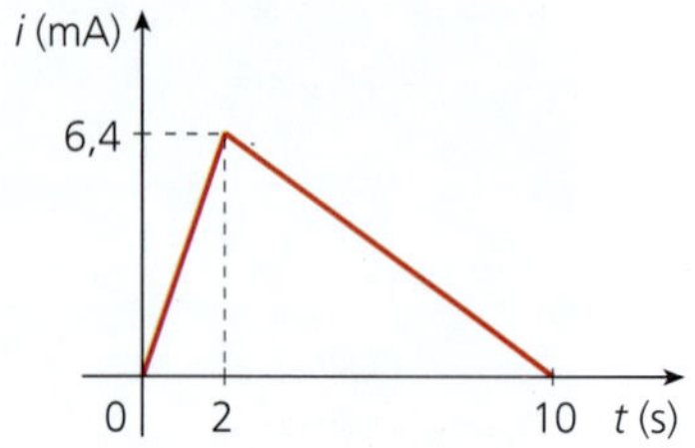

Dado que a carga elementar vale $1{,}6 \cdot 10^{-19}$ C e que $1 \text{ mA} = 1 \cdot 10^{-3}$ A, determine:

a) o número de elétrons que atravessam uma seção transversal do condutor nos 10 s representados no diagrama;

b) a intensidade média de corrente elétrica que circula pelo condutor naquele intervalo de tempo.

3. A figura abaixo representa um trecho de um circuito elétrico. Determine o sentido e a intensidade da corrente elétrica nos ramos *BE*, *EC* e *EF*.

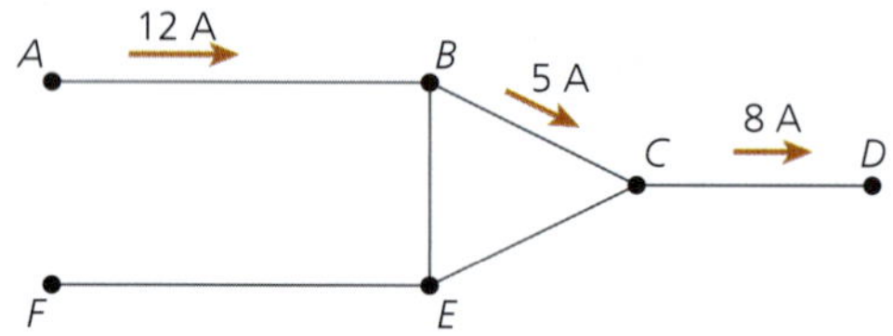

3 Potência e energia elétrica

Em capítulos anteriores deste livro já estudamos a grandeza **potência**. Vimos, então, que a potência é a grandeza física que indica a rapidez com que determinado trabalho é realizado ou a rapidez com que determinada quantidade de energia é transformada de uma forma em outra.

Portanto, a potência *P*, seja ela qual for, é dada por: $P = \dfrac{\tau}{\Delta t}$

No SI, o trabalho é medido em joule (J), o intervalo de tempo Δt é medido em segundo (s) e a potência *P* é medida em watt (W), em homenagem ao físico escocês James Watt (1736-1819). Portanto:

$$1 \text{ W} = 1 \frac{\text{J}}{\text{s}}$$

Consideremos agora um **bipolo elétrico**, isto é, um elemento de circuito com dois terminais, submetido a uma diferença de potencial *U* e percorrido por uma corrente elétrica constante de intensidade *i*, conforme mostrado na **figura 9**.

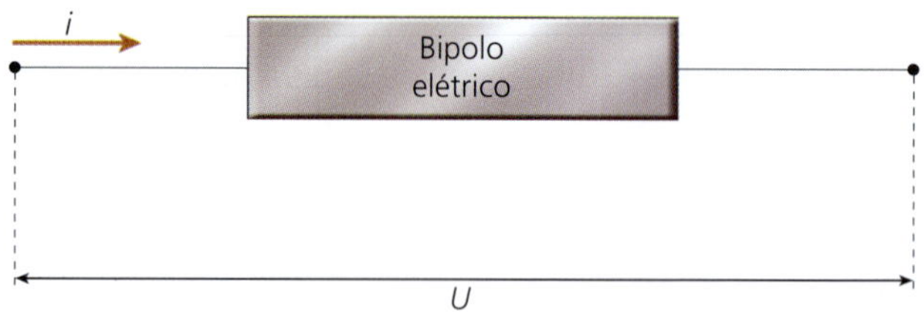

Figura 9. Em um bipolo elétrico, a energia é convertida de uma forma para outra.

Um bipolo que converte energia não elétrica em energia elétrica, como uma pilha ou uma bateria, é chamado de **gerador elétrico**. Existem bipolos que convertem energia elétrica em outra forma de energia, como os aquecedores e os motores elétricos.

Como vimos, potência é a grandeza física que indica a rapidez com que determinado trabalho é realizado. No caso do bipolo, o trabalho é realizado pela força elétrica para deslocar as cargas que constituem a corrente elétrica. Então:

$$P = \frac{\tau_{F_{el}}}{\Delta t}$$

Considerando que o trabalho da força elétrica no deslocamento de uma carga Δq entre dois pontos de diferença de potencial U é dado por $\tau_{F_{el}} = \Delta q \cdot U$, temos:

$$P = \frac{\Delta q \cdot U}{\Delta t}$$

Sendo $\frac{\Delta q}{\Delta t} = i$, a potência do bipolo elétrico é dada por:

$$\boxed{P = U\,i}$$

No SI, a potência P é medida em watt (W), a diferença de potencial U é medida em volt (V) e a intensidade i da corrente elétrica é medida em ampère (A).

A energia elétrica E_{el}, consumida ou fornecida pelo bipolo, no intervalo de tempo Δt é dada pelo trabalho das forças elétricas:

$$\tau_{F_{el}} = P\Delta t \Rightarrow \boxed{E_{el} = P\Delta t}$$

Para a maioria dos equipamentos elétricos, a quantidade de energia correspondente a 1 J é muito pequena. Por essa razão, as companhias elétricas medem a quantidade de energia elétrica consumida em uma unidade maior que o joule. Essa unidade de medida é o **quilowatt-hora (kWh)**.

Um quilowatt-hora (1 kWh) corresponde à energia elétrica consumida por um equipamento de potência 1 kW (1.000 W) durante 1 hora (3.600 s). Portanto:

$$1\text{ kWh} = 1\text{ kW} \cdot 1\text{h} \Rightarrow 1\text{ kWh} = 1.000\text{ J/s} \cdot 3.600\text{ s} \Rightarrow \boxed{1\text{ kWh} = 3{,}6 \cdot 10^6\text{ J}}$$

Aplicando a teoria

3. Uma lâmpada incandescente para uso residencial traz a inscrição: 110 V-220 W. Considerando que essa lâmpada seja instalada corretamente, determinar:

a) a intensidade de corrente elétrica que a atravessa;

b) a energia elétrica, em joule, consumida em 10 minutos de utilização.

➤ Solução

a) Dada a diferença de potencial U e a potência P, podemos obter a intensidade de corrente elétrica i com a relação:

$$P = Ui \Rightarrow 220 = 110 \cdot i \Rightarrow \boxed{i = 2A}$$

b) A energia elétrica consumida em 10 min, ou 600 s, é dada por:

$$P = \frac{E_{el}}{\Delta t} \Rightarrow 220 = \frac{E_{el}}{600} \Rightarrow E_{el} = 220 \cdot 600 \Rightarrow$$

$$\Rightarrow \boxed{E_{el} = 1{,}32 \cdot 10^5\text{ J}}$$

4. Um chuveiro elétrico traz uma plaqueta de fábrica com as especificações: 220 V-2.200 W/4.400 W. Supondo-o corretamente instalado e considerando que o custo da energia elétrica é de R$ 0,40/kWh, determinar:

a) a intensidade de corrente elétrica que atravessa esse chuveiro nas duas possíveis condições de uso;

b) o custo de um banho de meia hora com a chave seletora na posição de 4.400 W.

➤ Solução

a) Com a chave seletora na posição de 2.200 W de potência, temos:

$$P = Ui \Rightarrow 2.200 = 220 \cdot i \Rightarrow \boxed{i = 10\text{ A}}$$

Com a chave seletora na posição de 4.400 W de potência, temos:

$$P = Ui \Rightarrow 4.400 = 220 \cdot i \Rightarrow \boxed{i = 20\text{ A}}$$

b) Devemos inicialmente calcular a energia elétrica consumida, em quilowatt-hora, no intervalo de tempo de 0,5 h. Para a potência de 4,4 kW, temos:

$$P = \frac{E_{el}}{\Delta t} \Rightarrow 4{,}4 = \frac{E_{el}}{0{,}5} \Rightarrow E_{el} = 4{,}4 \cdot 0{,}5 \Rightarrow$$

$$\Rightarrow E_{el} = 2{,}2\text{ kWh}$$

Portanto, o custo do banho será:

$$2{,}2\text{ kWh} \cdot \frac{\text{R\$ }0{,}40}{\text{kWh}} = \boxed{\text{R\$ }0{,}88}$$

Avaliando o aprendizado

4. Um chuveiro elétrico instalado em uma rede de 220 V, quando em funcionamento, é percorrido por uma corrente elétrica de intensidade 20 A. Determine a energia elétrica consumida, em quilowatt-hora, durante um banho com duração de 15 min.

5. Em uma residência, uma lâmpada incandescente de 100 W, instalada em uma varanda, é mantida acesa todos os dias, das 19 h 00 min às 6 h 00 min do dia seguinte. Supondo que o quilowatt-hora custe R$ 0,40, determine o custo mensal (30 dias) do funcionamento dessa lâmpada.

6. Um chuveiro elétrico, ligado em 220 V, é percorrido por uma corrente elétrica de 10 A durante 10 min. Uma lâmpada de 40 W deve ficar ligada por quantas horas nessa rede para consumir a mesma quantidade de energia elétrica que foi consumida pelo chuveiro?

4 Resistores e resistência elétrica

Quando as cargas elétricas que constituem a corrente elétrica atravessam um condutor, a energia elétrica pode ser convertida em energia térmica, aquecendo o condutor (efeito Joule).

Isso pode ser explicado pelo fato de as cargas em movimento se chocarem continuamente com os átomos da rede cristalina do condutor. Em cada colisão, parte da energia cinética da carga é transferida para o átomo contra o qual ela colidiu, assim, os átomos do condutor passam a vibrar com uma energia maior. Com o aumento na agitação de seus átomos, a temperatura do condutor também aumenta.

O elemento de um circuito elétrico cuja função é converter energia elétrica em energia térmica ou limitar a intensidade de corrente que passa por determinados componentes do circuito é denominado **resistor**. Como exemplo de resistor, podemos citar: o filamento de tungstênio de uma lâmpada incandescente ou os fios condutores enrolados encontrados nos chuveiros elétricos, nas torneiras elétricas e nos secadores de cabelos. A **figura 10** apresenta alguns resistores e alguns aparelhos equipados com resistores encontrados no dia a dia.

SÉRGIO DOTTA/CID

SÉRGIO DOTTA/CID

IGOR KOVALCHUK/SHUTTERSTOCK

SUTSAIY/SHUTTERSTOCK

Figura 10. Os resistores podem ser encontrados em muitos equipamentos de nosso cotidiano.

A grandeza física que indica a dificuldade imposta à movimentação das cargas elétricas que constituem a corrente, no condutor, é denominada **resistência elétrica**.

Consideremos um condutor submetido a uma diferença de potencial U e percorrido por uma corrente elétrica de intensidade i (**fig. 11**).

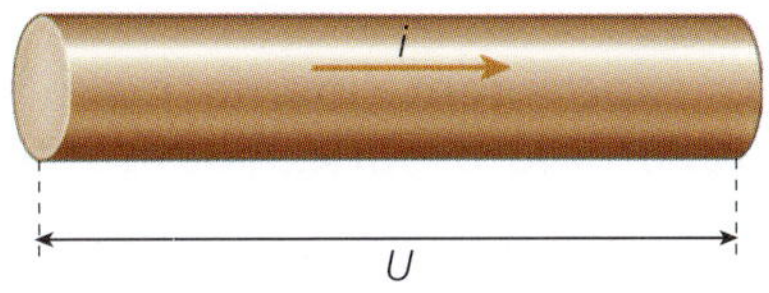

Figura 11. O condutor apresenta uma resistência à passagem da corrente elétrica.

A resistência elétrica R desse condutor é, por definição, dada pela relação:

$$R = \frac{U}{i}$$

No SI, a diferença de potencial U é medida em volt (V), a intensidade de corrente elétrica i é medida em ampère (A) e a resistência elétrica R é medida em volt/ampère (V/A), que recebeu o nome **ohm**, símbolo Ω, em homenagem ao físico alemão Georg Simon Ohm (1787-1854). Assim:

$$1\ \Omega = 1\ \frac{V}{A}$$

Nos circuitos elétricos, o resistor é representado pelos símbolos mostrados na **figura 12**.

Figura 12. Símbolos utilizados para representar os resistores.

Aplicando a teoria

5. Um aparelho tem resistência elétrica de 20 Ω e, quando em funcionamento, é atravessado por uma corrente de 5 A. Determinar:

a) o valor da ddp ao qual o aparelho está submetido;

b) a potência do aparelho durante o funcionamento.

➤ Solução

a) A partir da definição de resistência elétrica, temos:

$$R = \frac{U}{i} \Rightarrow 20 = \frac{U}{5} \Rightarrow \boxed{U = 100\ V}$$

b) A potência do aparelho é dada por:

$$P = Ui \Rightarrow P = 100 \cdot 5 \Rightarrow \boxed{P = 500\ W}$$

6. Um resistor, com resistência elétrica 10 Ω, é submetido a uma tensão de 12 V. Determinar:

a) a intensidade de corrente elétrica que o atravessa;

b) a carga que circula através de uma seção transversal desse resistor, no intervalo de tempo de 1 min, se a tensão passar a 60 V.

➤ Solução

a) A partir da definição de resistência elétrica, temos:

$$R = \frac{U}{i} \Rightarrow 10 = \frac{12}{i} \Rightarrow \boxed{i = 1{,}2\ A}$$

b) Para uma tensão de 60 V, admitindo que a resistência permaneceu constante, teremos:

$$R = \frac{U}{i} \Rightarrow 10 = \frac{60}{i} \Rightarrow i = 6\ A$$

A carga que circula pelo resistor em 1 min (60 s) é dada por:

$$i = \frac{\Delta q}{\Delta t} \Rightarrow 6 = \frac{\Delta q}{60} \Rightarrow \boxed{\Delta q = 360\ C}$$

Avaliando o aprendizado

7. Um condutor, quando submetido à tensão de 110 V, é percorrido por corrente elétrica de intensidade 5,5 A. Qual é o valor de sua resistência elétrica?

8. Determine a resistência elétrica de uma lâmpada cujos valores nominais são 60 W e 120 V.

9. Considere um condutor metálico com resistência elétrica de 10 Ω e submetido à tensão de 220 V. Determine:

a) a intensidade de corrente elétrica que o atravessa;

b) a potência por ele dissipada

Ohm
Conteúdo multimídia

5 Leis de Ohm

A partir de dados obtidos experimentalmente, o professor e físico alemão Georg Simon Ohm verificou em 1826 uma propriedade que se tornou conhecida como **primeira lei de Ohm**.

- A diferença de potencial U nos terminais de um resistor mantido a temperatura constante e percorrido por uma corrente elétrica de intensidade i é diretamente proporcional à intensidade dessa corrente.

Assim, nas condições das experiências de Ohm, quando se aumenta a ddp U aplicada aos terminais de um resistor, a intensidade i de corrente elétrica que o atravessa aumenta na mesma proporção. Portanto, a resistência elétrica R do resistor permanece constante.

Matematicamente, escrevemos:

$$\frac{U_1}{i_1} = \frac{U_2}{i_2} = \frac{U_3}{i_3} = \ldots = \frac{U_n}{i_n} = \text{constante} = R$$

Portanto, de acordo com a primeira lei de Ohm, temos: $\boxed{U = Ri}$

Os resistores cuja resistência elétrica é constante são denominados **resistores ôhmicos**.

O diagrama $U \times i$ de um dado componente de circuito elétrico é denominado **curva característica**.

Para os diversos tipos de resistores, temos as curvas características mostradas na **figura 13**.

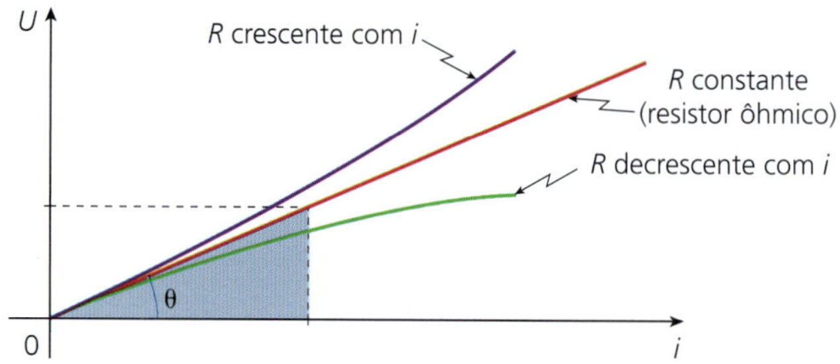

Figura 13. Diagrama $U \times i$ para diversos tipos de resistores.

Para um resistor ôhmico, vale a relação:

$$\boxed{R \overset{N}{=} \text{tg}\,\theta}$$

Como vimos, para calcular a potência de um bipolo elétrico, fazemos: $P = Ui$

Podemos, então, combinar essa expressão com a relação $U = Ri$.

- Se $U = Ri$, então: $P = Ui \Rightarrow P = (Ri)i \Rightarrow \boxed{P = Ri^2}$
- Se $U = Ri \Rightarrow i = \dfrac{U}{R}$, então: $P = Ui \Rightarrow P = U \cdot \dfrac{U}{R} \Rightarrow \boxed{P = \dfrac{U^2}{R}}$

Observação:

As duas relações obtidas para o cálculo da potência aplicam-se apenas a resistores.

A partir de dados obtidos em experimentos realizados com condutores fabricados artesanalmente, Ohm verificou uma propriedade que se tornou conhecida como **segunda lei de Ohm**.

- A resistência elétrica de um condutor homogêneo de seção transversal constante depende do material do qual ele é feito, é diretamente proporcional ao seu comprimento L e inversamente proporcional à área S da sua seção transversal.

Consideremos o condutor mostrado na **figura 14.**

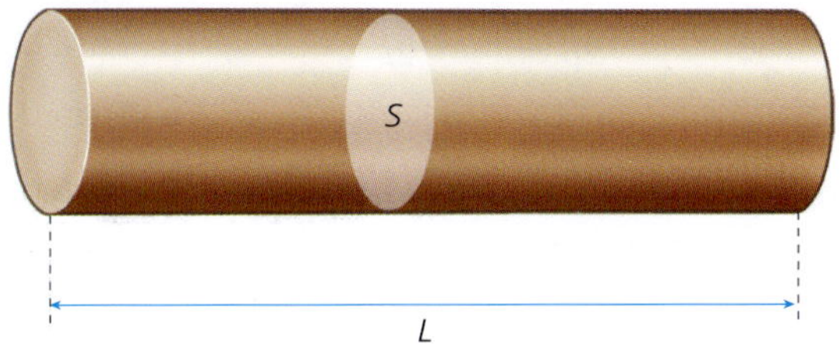

Figura 14. A resistência de um condutor depende de suas características geométricas.

Matematicamente, podemos escrever: $R = \rho \cdot \dfrac{L}{S}$

O coeficiente de proporcionalidade representado pela letra grega ρ (lê-se: rô) é denominada **resistividade elétrica**. A resistividade elétrica é uma característica do material do qual é feito o condutor e depende de sua temperatura. No SI, a resistividade é medida em $\Omega \cdot m$.

Aplicando a teoria

7. **Aplicam-se diferentes tensões (*U*) às extremidades de um fio condutor metálico, obtendo-se respectivamente correntes de intensidade *i*. As medidas obtidas para *U* e *i* são mostradas na tabela abaixo:**

***U* (V)**	0,0	1,0	2,0	3,0	4,0	5,0
***i* (A)**	0,00	0,20	0,40	0,60	0,80	1,00

Com base nos dados da tabela, responder:
O condutor metálico é um resistor ôhmico? Justificar a resposta e, em caso afirmativo, determinar a resistência elétrica do condutor.

➤ Solução

A partir dos dados da tabela, observamos que a relação $\dfrac{U}{i}$ é constante:

$$\frac{1{,}0\ V}{0{,}20\ A} = \frac{2{,}0\ V}{0{,}40\ A} = \frac{3{,}0\ V}{0{,}60\ A} = \frac{4{,}0\ V}{0{,}80\ A} = \frac{5{,}0\ V}{1{,}00\ A} = 5\ \Omega$$

Assim, concluímos que o condutor metálico comporta-se como um resistor ôhmico de 5 Ω.

8. **Um resistor ôhmico é percorrido por uma corrente elétrica de intensidade 20 mA quando submetido à tensão de 100 V. Para esse resistor, determinar:**

a) sua resistência elétrica;

b) sua curva característica, destacando as tensões correspondentes às correntes de intensidades 40 mA, 60 mA, 80 mA e 100 mA.

➤ Solução

a) Pela primeira lei de Ohm:

$U = Ri \Rightarrow 100 = R \cdot \dfrac{20}{1.000} \Rightarrow$

$\Rightarrow \boxed{R = 5.000\ \Omega = 5\ k\Omega}$

b) A curva característica de um resistor ôhmico é uma reta crescente que passa pela origem. Para as correntes fornecidas, teremos:

- $U = Ri \Rightarrow U = 5.000 \cdot \dfrac{40}{1.000} \Rightarrow \boxed{U = 200\ V}$
- $U = Ri \Rightarrow U = 5.000 \cdot \dfrac{60}{1.000} \Rightarrow \boxed{U = 300\ V}$
- $U = Ri \Rightarrow U = 5.000 \cdot \dfrac{80}{1.000} \Rightarrow \boxed{U = 400\ V}$
- $U = Ri \Rightarrow U = 5.000 \cdot \dfrac{100}{1.000} \Rightarrow \boxed{U = 500\ V}$

Ficamos, então, com a curva característica mostrada a seguir:

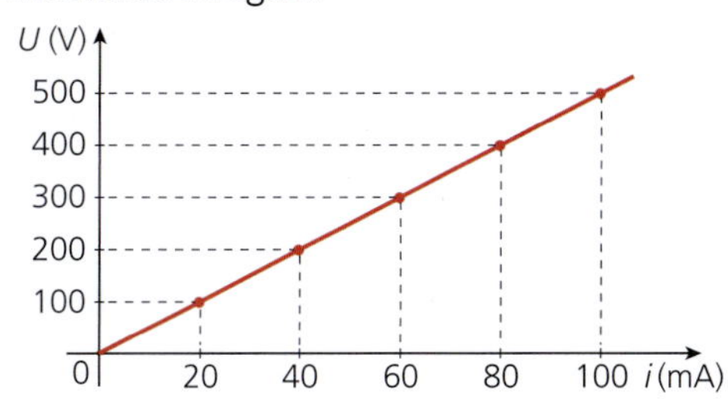

9. **A tabela abaixo mostra o comprimento, a área da seção reta e a resistividade do material de quatro condutores metálicos, A, B, C e D, assim como a intensidade de corrente elétrica através de cada um deles.**

	Comprimento	Área da seção reta	Resistividade	Corrente elétrica
A	L	S	ρ	i
B	$2L$	S	2ρ	i
C	L	$2S$	ρ	$2i$
D	$\frac{L}{2}$	$\frac{S}{2}$	2ρ	$2i$

A partir dos dados da tabela:

a) colocar em ordem crescente a resistência elétrica desses condutores;

b) colocar em ordem crescente a potência dissipada por esses condutores;

c) identificar os condutores que estão submetidos à mesma tensão.

Solução

a) Vamos aplicar a segunda lei de Ohm a cada um dos condutores.

Para o condutor A: $R_A = \rho \cdot \frac{L}{S} = R$

Para o condutor B: $R_B = 2\rho \cdot \frac{2L}{S} = 4R$

Para o condutor C: $R_C = \rho \cdot \frac{L}{2S} = \frac{R}{2}$

Para o condutor D: $R_D = 2\rho \cdot \frac{\frac{L}{2}}{\frac{S}{2}} = 2R$

Portanto: $\boxed{R_C < R_A < R_D < R_B}$

b) Podemos calcular a potência dissipada em cada condutor aplicando a relação: $P = Ri^2$

Para o condutor A: $P_A = Ri^2 = P$

Para o condutor B: $P_B = 4Ri^2 = 4P$

Para o condutor C: $P_C = \frac{R}{2} \cdot (2i)^2 = 2P$

Para o condutor D: $P_D = 2R \cdot (2i)^2 = 8P$

Assim: $\boxed{P_A < P_C < P_B < P_D}$

c) Vamos determinar a tensão em cada condutor usando a primeira lei de Ohm: $U = Ri$

Para o condutor A: $U_A = Ri = U$

Para o condutor B: $U_B = 4Ri = 4U$

Para o condutor C: $U_C = \frac{R}{2} \cdot 2i = U$

Para o condutor D: $U_D = 2R \cdot 2i = 4U$

Portanto, os condutores A e C estão submetidos à mesma tensão U e os condutores B e D estão submetidos à mesma tensão $4U$.

Avaliando o aprendizado

10. Em um experimento, um resistor, quando submetido à ddp de 1,5 V, é percorrido por uma corrente elétrica de intensidade 30 mA. Em um novo experimento, o mesmo resistor é submetido à ddp de 9 V e passa a ser percorrido por uma corrente elétrica de intensidade 90 mA. O resistor é ôhmico? Justifique.

11. Um resistor ôhmico é percorrido por uma corrente elétrica de intensidade 40 mA quando submetido à ddp de 12 V. Qual será a intensidade de corrente elétrica que o percorrerá se a ddp a que estiver submetido for alterada para 9 V?

12. Um condutor tem resistência R e é percorrido por uma corrente contínua de intensidade i. Nessas condições, a potência dissipada pelo efeito Joule é P. Determine a nova potência dissipada se a corrente tiver sua intensidade triplicada, sem que haja variação da resistência.

13. Um resistor ôhmico de resistência elétrica R, submetido à ddp U, é percorrido por uma corrente elétrica de intensidade i e dissipa uma potência elétrica P. Determine qual será a intensidade de corrente elétrica i' e a potência dissipada P' se a resistência for duplicada e a ddp for triplicada.

14. Um arame de niquelina, uma liga metálica com resistividade 0,40 $\Omega \cdot mm^2/m$, com 100 m de comprimento e área de seção transversal 0,5 mm^2, é submetido a uma tensão de 120 V. Determine:

a) a resistência elétrica do condutor;

b) a intensidade de corrente elétrica que circula nesse arame;

c) a potência dissipada nesse condutor.

15. Um fio metálico com comprimento de 20 m e seção transversal com área de 4 mm^2 é feito de um material cuja resistividade vale $2 \cdot 10^{-4}\ \Omega \cdot cm$. Determine a ddp a que este condutor estará sujeito quando percorrido por uma corrente elétrica de intensidade 5 A.

33.1 Conteúdo multimídia

Revisando o conteúdo

Ficha-resumo 1

Corrente elétrica é o nome dado ao movimento ordenado de cargas elétricas.

A intensidade média da corrente elétrica é dada por:

$$i_m = \frac{\Delta q}{\Delta t}$$

No SI, Δq é medida em coulomb (C), Δt é medida em segundo (s) e i_m é medida em ampère (A).

Corrente contínua constante é a corrente i de sentido e intensidade constantes com o tempo.

Corrente contínua constante: $i = i_m$

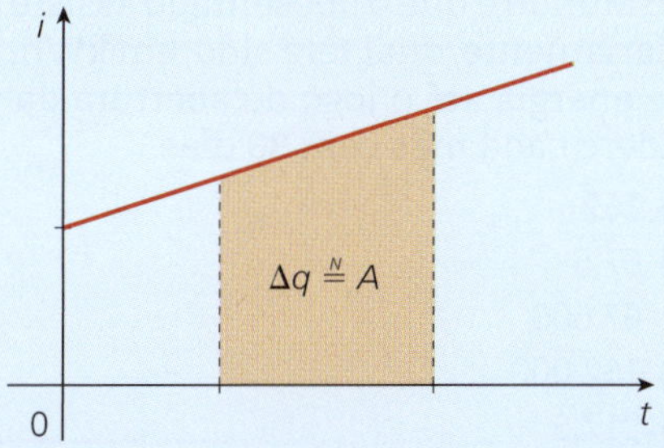

Em um diagrama $i \times t$, Δq é numericamente igual à àrea sob a curva.

1. (Puccamp-SP) Durante uma tempestade, uma descarga elétrica transporta uma carga elétrica de 10 C, correspondendo a uma corrente elétrica de 100.000 A. A ordem de grandeza da duração de uma descarga elétrica é, em segundo:

a) 10^{-2}
b) 10^{-3}
c) 10^{-4}
d) 10^{-5}
e) 10^{-6}

2. (Uece) Uma corrente elétrica de 3,0 A percorre um fio de cobre. Sabendo-se que a carga de um elétron é igual a $1{,}6 \cdot 10^{-19}$ C, o número de elétrons que atravessa, por minuto, a seção reta deste fio é, aproximadamente:

a) $1{,}1 \cdot 10^{21}$
b) $3{,}0 \cdot 10^{6}$
c) $2{,}0 \cdot 10^{10}$
d) $1{,}8 \cdot 10^{11}$

3. (UEL-PR) A capacidade de carga das pilhas e baterias é dada na unidade A · h (ampère-hora).

Se uma bateria de automóvel possui aproximadamente 44,4 A · h de capacidade de carga, qual a capacidade de carga (q) em coulomb (C) e o número de elétrons (n) que ela pode fornecer? Considere $e = 1{,}6 \cdot 10^{-19}$ C.

a) $q = 16 \cdot 10^5$ C, $n = 10 \cdot 10^{14}$ elétrons
b) $q = 160 \cdot 10^5$ C, $n = 10 \cdot 10^{24}$ elétrons
c) $q = 1{,}6 \cdot 10^5$ C, $n = 1 \cdot 10^{24}$ elétrons
d) $q = 1{,}6 \cdot 10^4$ C, $n = 1 \cdot 10^{14}$ elétrons
e) $q = 16 \cdot 10^4$ C, $n = 1 \cdot 10^{19}$ elétrons

4. (UFPB) Um estudante de Física pretende medir a corrente elétrica em três fios condutores iguais que se encontram em locais distintos de um laboratório. Para isso, ele decide medir a corrente medindo as quantidades de elétrons que atravessam a seção transversal de cada fio condutor. No primeiro fio, ele constatou que passaram $50 \cdot 10^{20}$ elétrons durante 40 s, no segundo fio, $30 \cdot 10^{20}$ elétrons durante 1 min e, no terceiro fio, $225 \cdot 10^{20}$ elétrons durante 1 h. Com base nessas medições e adotando para o módulo da carga do elétron o valor $1{,}6 \cdot 10^{-19}$ C, identifique as afirmativas corretas.

I. A corrente elétrica do primeiro condutor é de 20 A.
II. A corrente do terceiro condutor é menor que a corrente do primeiro condutor.
III. A corrente do segundo condutor é menor que a corrente do terceiro condutor.
IV. A corrente do terceiro condutor é de 12 A.
V. A corrente no segundo condutor é de 8 A.

5. (UPE) Uma corrente de 0,3 A que atravessa o peito pode produzir fibrilação (contrações excessivamente rápidas das fibrilas musculares) no coração de um ser humano, perturbando o ritmo dos batimentos cardíacos com efeitos possivelmente fatais. Considerando que a corrente dure 2,0 min, o número de elétrons que atravessam o peito do ser humano vale:

a) $5{,}35 \cdot 10^{2}$
b) $1{,}62 \cdot 10^{-19}$
c) $4{,}12 \cdot 10^{18}$
d) $2{,}45 \cdot 10^{18}$
e) $2{,}25 \cdot 10^{20}$

(Dado: carga do elétron = $1{,}6 \cdot 10^{-19}$ C)

6. (UFSCar-SP) O capacitor é um elemento de circuito muito utilizado em aparelhos eletrônicos de regimes alternados ou contínuos. Quando seus dois terminais são ligados a uma fonte, ele é capaz de armazenar cargas elétricas. Ligando-o a um elemento passivo como um resistor, por exemplo, ele se descarrega. O gráfico representa uma aproximação linear da descarga de um capacitor.

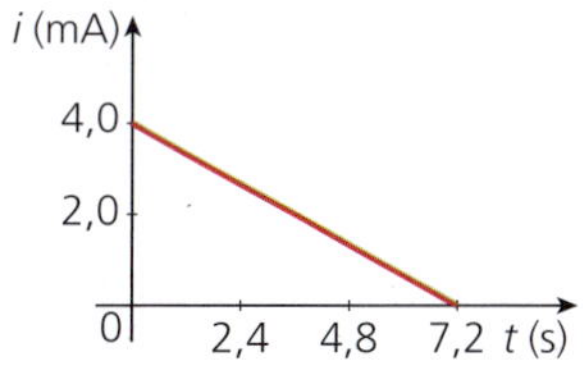

Sabendo que a carga elétrica fundamental tem valor $1{,}6 \cdot 10^{-19}$ C, o número de portadores de carga que fluíram durante essa descarga está mais próximo de:

a) 10^{17}
b) 10^{14}
c) 10^{11}
d) 10^{8}
e) 10^{5}

7. (Ufpe) O gráfico mostra a variação da corrente elétrica i, em ampère, num fio em função do tempo t, em segundo. Qual a carga elétrica, em coulomb, que passa por uma seção transversal do condutor nos primeiros 4,0 s?

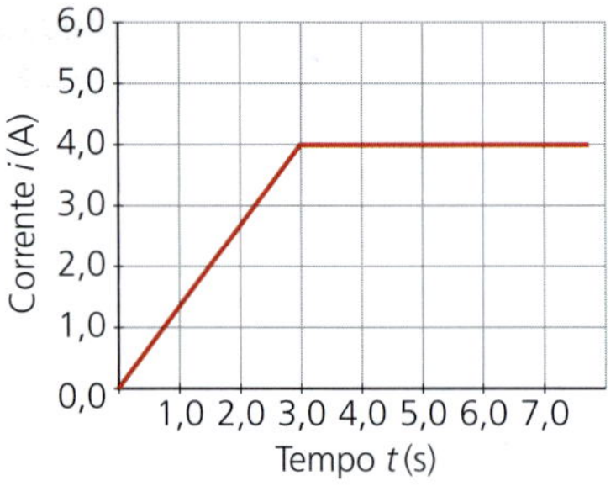

Ficha-resumo 2

Potência e energia elétrica

$$P = \frac{E_{el}}{\Delta t}$$

No SI, E_{el} é medida em joule (J), Δt é medida em segundo (s) e P é medida em watt (W).

$$1\text{W} = 1\frac{\text{J}}{\text{s}}$$

A energia elétrica consumida também pode ser medida em quilowatt-hora (kWh).

Para um bipolo elétrico temos:

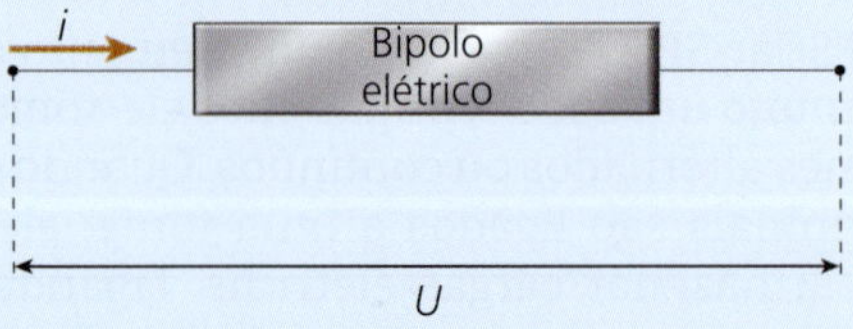

$$P = Ui$$

No SI, P é medida em watt (W), i é medida em ampère (A) e U é medida em volt (V).

8. (Ufes) Uma pilha recarregável de NiMH tem capacidade de carga de 2.000 mAh. Ela é carregada e usada para funcionamento de um dispositivo de 6 W de potência que funciona com uma ddp 12 V. É **correto** afirmar que a pilha funcionará adequadamente por um período de:

a) 1 h
b) 2 h
c) 3 h
d) 4 h
e) 5 h

9. (PUC-SP) Preocupado com o consumo de energia elétrica e preparando-se para a Copa do Mundo de 2010, um aposentado decide trocar seu aparelho de TV LCD de 40 polegadas, cujo consumo é de 190 W, por outro mais moderno, com tecnologia LED, de mesma marca e também de 40 polegadas, mas cujo consumo informado pelo fabricante é de 145 W. Considerando que faltam aproximadamente 5 meses para o início da Copa do Mundo e que o aposentado assiste a 10 h de TV diariamente, qual terá sido, em kWh, a economia de energia até o jogo de abertura da Copa? Considere cada mês com 30 dias.

a) 162
b) 67,5
c) 67.500
d) 162.000
e) 217,5

10. (PUC-PR) Considerando a tarifa aproximada de R$ 0,40 por kWh cobrada pela Copel em Curitiba, calcule o custo mensal (30 dias) dos banhos de uma família de quatro pessoas. Cada pessoa toma um banho de 20 minutos todos os dias. No chuveiro, que está instalado corretamente, há uma etiqueta com a indicação 5.000 W-127 V.
(Dado: 1 kWh = $3{,}6 \cdot 10^{6}$ J)

a) R$ 80,00
b) R$ 60,00
c) R$ 50,00
d) R$ 40,00
e) R$ 30,00

11. (UEL-PR) Alguns carros modernos usam motores de alta compressão, que exigem uma potência de partida muito grande, que só um motor elétrico pode desenvolver. Em geral, uma bateria de 12 V é usada para acionar o motor de arranque.
Supondo que esse motor consuma uma corrente de 400 A, a potência necessária para ligar o motor é:

a) $4{,}0 \cdot 10^{2}$ W
b) $4{,}0 \cdot 10^{3}$ W
c) $4{,}8 \cdot 10^{3}$ W
d) $5{,}76 \cdot 10^{4}$ W
e) $1{,}92 \cdot 10^{5}$ W

12. (PUC-SP) Na figura a seguir temos uma lâmpada e um chuveiro com suas respectivas especificações.

FABIO YOSHIHITO MATSUURA/CID

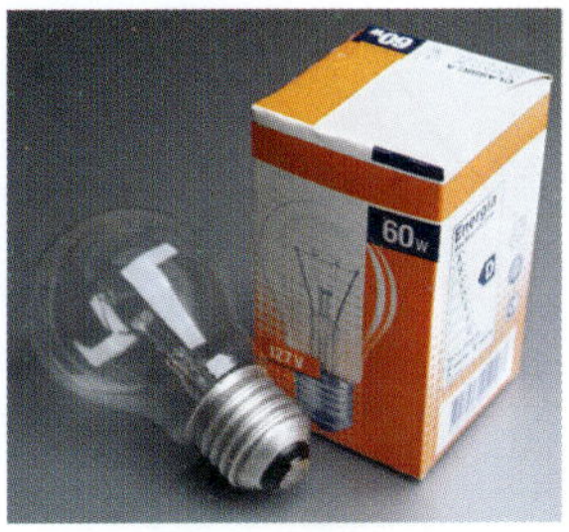

FERNANDO FAVORETTO/CRIAR IMAGEM

60 W 127 V | 6.800 W 220 V

Para que a lâmpada consuma a mesma energia que o chuveiro consome num banho de 20 min, ela deverá ficar acesa ininterruptamente, por aproximadamente:

a) 53 h
b) 113 h
c) 107 h
d) 38 h
e) 34 h

Ficha-resumo 3

Resistência elétrica

Por definição: $R = \frac{U}{i}$

No SI, R é medida em ohm Ω

$$1\,\Omega = 1\,\frac{V}{A}$$

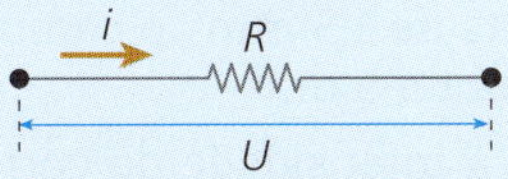

Primeira lei de Ohm

$U = Ri$ (R é constante)

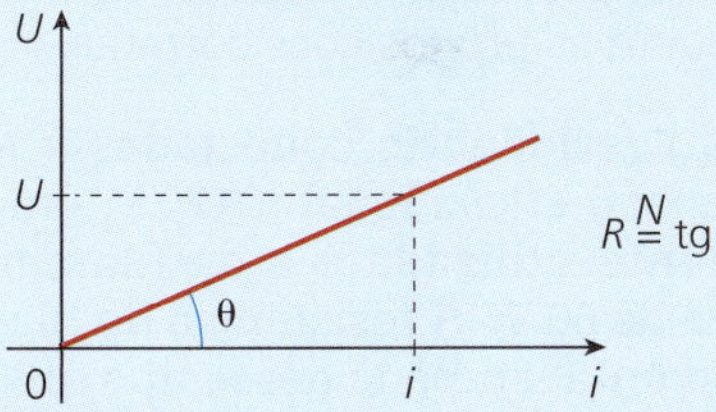

Segunda lei de Ohm

$$R = \rho \cdot \frac{L}{S}$$

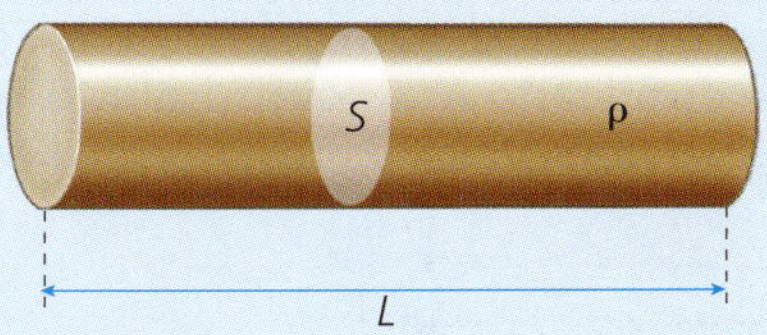

13. (UFJF-MG) Um estudante de Física observou que o ferro de passar roupa que ele havia comprado num camelô tinha somente a tensão nominal V = 220 V, impressa em seu cabo. Para saber se o ferro de passar roupa atendia suas necessidades, o estudante precisava conhecer o valor da sua potência elétrica nominal. De posse de uma fonte de tensão e um medidor de potência elétrica, disponível no laboratório de Física da sua universidade, o estudante mediu as potências elétricas produzidas quando diferentes tensões são aplicadas no ferro de passar roupa. O resultado da experiência do estudante é mostrado no gráfico a seguir, por meio de uma curva que melhor se ajusta aos dados experimentais.

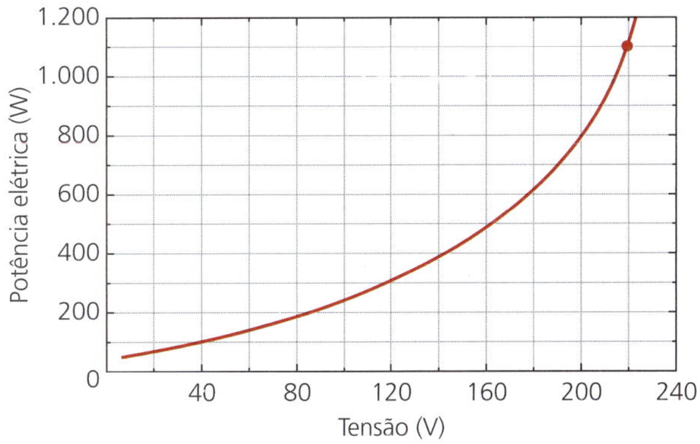

a) A partir do gráfico, determine a potência elétrica nominal do ferro de passar roupa quando ligado à tensão nominal.
b) Calcule a corrente elétrica no ferro de passar roupa para os valores nominais de potência elétrica e tensão.
c) Calcule a resistência elétrica do ferro de passar roupa quando ligado à tensão nominal.

14. (UFRGS) Um secador de cabelo é constituído, basicamente, por um resistor e um soprador (motor elétrico). O resistor tem resistência elétrica de 10 Ω. O aparelho opera na voltagem de 110 V e o soprador tem consumo de energia desprezível.

Supondo-se que o secador seja ligado por 15 min diariamente, e que o valor da tarifa de energia elétrica seja de R$ 0,40 por kWh, o valor total do consumo mensal, em reais, será de aproximadamente:

a) 0,36
b) 3,30
c) 3,60
d) 33,00
e) 360,00

15. (UEL-PR) Um condutor é caracterizado por permitir a passagem de corrente elétrica ao ser submetido a uma diferença de potencial. Se a corrente elétrica que percorre o condutor for diretamente proporcional à tensão aplicada, este é um condutor ôhmico.

Assinale a alternativa que apresenta, respectivamente, as correntes elétricas que atravessam um condutor ôhmico quando submetido a tensões não simultâneas de 10, 20, 30, 40 e 50 volts.

a) 0,5 A; 1,0 A; 2,0 A; 4,0 A; 8,0 A
b) 0,5 A; 2,5 A; 6,5 A; 10,5 A; 12,5 A
c) 1,5 A; 3,0 A; 6,0 A; 12,0 A; 18,0 A
d) 0,5 A; 1,5 A; 3,5 A; 4,5 A; 5,5 A
e) 0,5 A; 1,0 A; 1,5 A; 2,0 A; 2,5 A

16. (Fuvest-SP) O filamento de uma lâmpada incandescente, submetido a uma tensão U, é percorrido por uma corrente de intensidade i. O gráfico mostra a relação entre i e U.

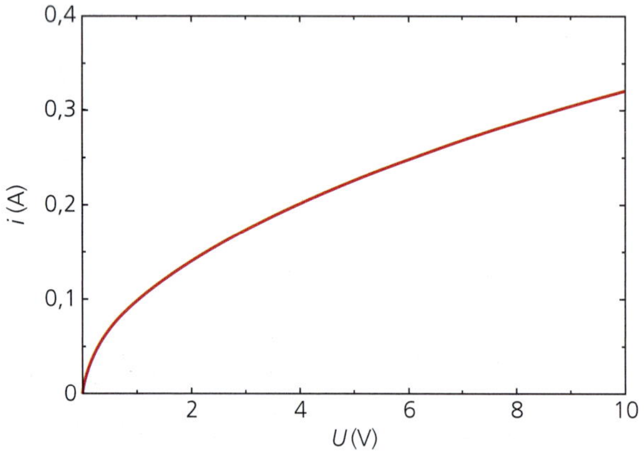

As seguintes afirmações se referem a essa lâmpada.

I. A resistência do filamento é a mesma para qualquer valor da tensão aplicada.

II. A resistência do filamento diminui com o aumento da corrente.

III. A potência dissipada no filamento aumenta com o aumento da tensão aplicada.

Dentre essas afirmações, somente.

a) I está correta.
b) II está correta.
c) III está correta.
d) I e III estão corretas.
e) II e III estão corretas.

17. (Mackenzie-SP) Certo resistor, quando submetido a uma ddp de 24 V, dissipa a potência de 20 W. A potência que esse resistor dissipará, quando for submetido a uma ddp de 12 V, será:

a) 10 W
b) 8 W
c) 7 W
d) 6 W
e) 5 W

18. (UFSC) Um técnico eletricista, para obter as características de um determinado resistor, submete o mesmo a vários valores de diferença de potencial, obtendo as intensidades de corrente elétrica correspondentes. Com os valores obtidos, o técnico constrói o gráfico $V \times i$ mostrado a seguir, concluindo que o gráfico caracteriza a maioria dos resistores reais.

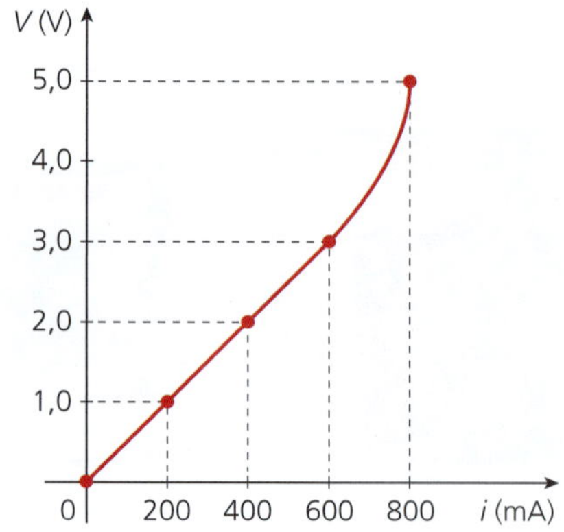

Analise o gráfico e assinale a(s) proposição(ões) correta(s).

01) A resistência desse resistor tende a aumentar com o seu aquecimento, devido ao aumento da corrente.

02) No trecho de 0 a 600 mA, o resistor é considerado ôhmico, pois o valor da resistência é constante.

04) No trecho de 600 mA até 800 mA, a relação $R = \frac{V}{i}$ não pode ser aplicada, pois o resistor não é mais ôhmico.

08) Quando passa pelo resistor uma corrente de 800 mA, a resistência elétrica do mesmo é 5 Ω.

16) Se o técnico desejar construir um resistor de resistência igual a 5 Ω, utilizando um fio de níquel-cromo ($\rho = 1{,}5 \cdot 10^{-6}\ \Omega \cdot m$) com área da seção reta de 1,5 mm^2, o comprimento deste fio deverá ter 5 m.

32) Quando a intensidade da corrente aumenta de 200 mA para 400 mA, a potência dissipada por efeito Joule no referido resistor duplica.

Dê como resposta a soma dos números que precedem as proposições corretas.

19. (Uerj) Em residências conectadas à rede elétrica de tensão eficaz igual a 120 V, uma lâmpada comumente utilizada é a de filamento incandescente de 60 W. A resistência do filamento, em ohm, em uma lâmpada desse tipo quando acesa, é da ordem de:

a) 30
b) 60
c) 120
d) 240

20. (FGV-RJ) Um fio de cobre tem um raio igual a r, uma resistência R e comprimento L. Se o raio do fio for duplicado e o comprimento reduzido à metade, o novo valor da resistência será:

a) 4R
b) $\frac{R}{4}$
c) R
d) $\frac{R}{8}$
e) 8R

33.1 Visão do especialista

Capítulo 34

Associação de resistores

Objetivos do capítulo:

- Estabelecer o conceito de resistor equivalente.
- Apresentar as características de uma associação de resistores em série e de uma associação de resistores em paralelo.
- Definir e analisar uma situação de curto-circuito.
- Apresentar diferentes instrumentos de medidas elétricas e definir medidores ideais.
- Aplicar as leis de Ohm em associações de resistores e determinar as indicações dos medidores ideais.

PAULO FRIDMAN/SAMBAPHOTO/GETTY IMAGES

As lâmpadas usadas na iluminação da ponte Hercílio Luz, cartão-postal da cidade de Florianópolis em Santa Catarina, funcionam como uma associação de resistores. O fato de, ocasionalmente, algumas lâmpadas estarem apagadas enquanto outras permanecem acesas nos permite concluir que elas estão associadas em paralelo. Nesse tipo de associação, cada lâmpada funciona independentemente das outras, como em um lustre comum com várias lâmpadas.
Neste capítulo estudaremos os dois tipos básicos de associações de resistores, associação em série e em paralelo, e suas combinações.

Gráficos
Conteúdo multimídia

1 Introdução

Ao montar um circuito elétrico comumente necessitamos, em dado trecho do circuito, de um resistor com resistência elétrica diferente da resistência de um único resistor disponível comercialmente. Nesse caso, para obter a resistência elétrica desejada, costumamos ligar, nesse trecho do circuito, dois ou mais resistores simultaneamente. O conjunto de resistores assim interligados é denominado **associação de resistores**.

O resistor único que é percorrido por uma corrente elétrica i de intensidade igual à da corrente que atravessa uma associação de resistores, submetido à mesma tensão U da associação, é chamado de **resistor equivalente**.

Vamos supor que desejamos ligar, simultaneamente, três pequenas lâmpadas incandescentes idênticas, cujos filamentos são resistores, a uma única pilha ou bateria. De quantas maneiras diferentes podemos conectar essas três lâmpadas?

As três lâmpadas podem ser conectadas a uma pilha de quatro maneiras diferentes, conforme a **figura 1**.

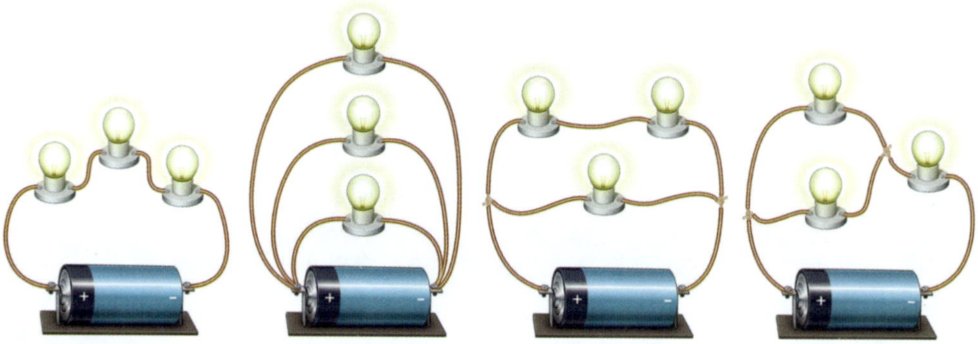

Figura 1. Associação de três resistores feita de quatro maneiras diferentes.

As quatro associações acima são combinações das duas formas básicas de associação de resistores: **associação em série** e **associação em paralelo**.

2 Associação de resistores em série

Numa **associação de resistores em série**, o terminal de saída do primeiro resistor deve ser ligado ao terminal de entrada do segundo; o terminal de saída do segundo deve ser ligado ao terminal de entrada do terceiro e assim sucessivamente, até que todos os resistores estejam conectados.

A **figura 2** mostra uma associação em série de três lâmpadas incandescentes e sua representação esquemática.

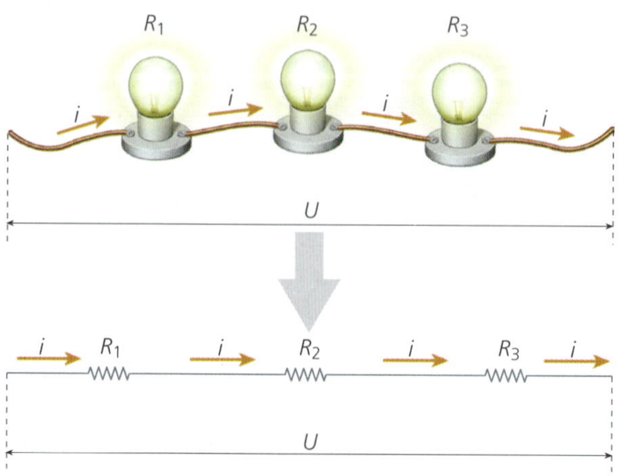

Figura 2. Associação de resistores em série.

Note que a corrente elétrica que circula nessa associação de resistores tem um único caminho a percorrer.

Assim, se forem associados n resistores em série, a intensidade da corrente elétrica em cada resistor será a mesma.

$$i_1 = i_2 = i_3 = ... = i_n = i$$

Quando as cargas elétricas que constituem a corrente elétrica i passam pelos resistores, parte da sua energia elétrica é convertida em energia térmica e eventualmente em luz; ou seja, a energia potencial elétrica dessas cargas diminui. Em outras palavras, essas cargas se deslocam para pontos de potencial elétrico mais baixo.

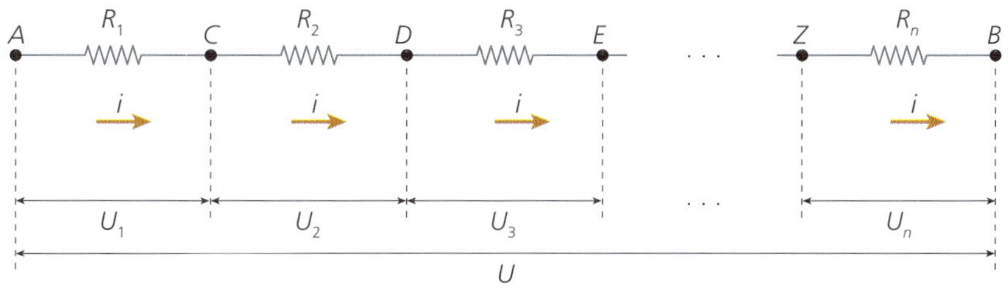

Figura 3. Ao longo de uma associação de resistores em série, o potencial elétrico V diminui.

Assim, numa associação como a da **figura 3**, temos:

$$U_1 = V_A - V_C,\ U_2 = V_C - V_D,\ U_3 = V_D - V_E,\ ...,\ U_n = V_Z - V_B$$

A ddp U entre os terminais A e B da associação de resistores é dada por:

$$U_1 + U_2 + U_3 + ... + U_n = V_A - V_B = U$$

Então, numa associação de resistores em série:

$$U = U_1 + U_2 + U_3 + ... + U_n$$

Como vimos anteriormente, o resistor equivalente da associação é o resistor único que, submetido à mesma tensão da associação, será percorrido por uma corrente elétrica de intensidade igual à intensidade da corrente que atravessa a associação.

Assim, de acordo com a primeira lei de Ohm: $U = R_{eq}i$

No caso de uma associação de resistores em série, para cada resistor da associação temos:

$$U_1 = R_1 i,\ U_2 = R_2 i,\ U_3 = R_3 i,\ ...,\ U_n = R_n i$$

Assim:

$$R_{eq} i = R_1 i + R_2 i + R_3 i + ... + R_n i$$

Portanto:

$$R_{eq} = R_1 + R_2 + R_3 + ... + R_n$$

A respeito de uma associação de resistores em série podemos, então, afirmar que:

- quando se submete uma associação de resistores em série a uma ddp U, todos os resistores são percorridos por uma corrente elétrica de mesma intensidade i;
- a diferença de potencial U nos terminais de uma associação de resistores em série é igual à soma das diferenças de potencial em cada um dos resistores da associação;
- a resistência elétrica do resistor equivalente de uma associação de resistores em série é igual à soma das resistências elétricas dos resistores associados.

Aplicando a teoria

1. Dois resistores de resistências elétricas $R_1 = 4\ \Omega$ e $R_2 = 1\ \Omega$ são associados em série e a associação é submetida a uma ddp de 60 V. Determinar:

a) a resistência equivalente da associação;

b) a intensidade da corrente elétrica que atravessa a associação;

c) a diferença de potencial nos terminais de cada um dos resistores.

➤ Solução

a) Em uma associação de resistores em série:

$$R_{eq} = R_1 + R_2$$

Então: $R_{eq} = 4 + 1 \Rightarrow \boxed{R_{eq} = 5\ \Omega}$

b) Para a associação, temos:

$$U = R_{eq} i$$

Logo: $60 = 5i \Rightarrow \boxed{i = 12\ A}$

c) Vamos aplicar a primeira lei de Ohm a cada um dos resistores.

Para o resistor R_1, temos:

$$U_1 = 4 \cdot 12 \Rightarrow \boxed{U_1 = 48\ V}$$

Para o resistor R_2, temos:

$$U_2 = 1 \cdot 12 \Rightarrow \boxed{U_2 = 12\ V}$$

2. Um resistor de resistência elétrica R é percorrido por uma corrente elétrica de intensidade 8 A quando submetido a uma tensão *U*. Associando um resistor de 3 Ω em série com o resistor de resistência R e submetendo a associação à mesma tensão *U*, verifica-se que a associação é percorrida por uma corrente de 5 A. Determinar:

a) o valor da resistência elétrica R do resistor;

b) a tensão *U* aplicada à associação.

➤ Solução

a) Aplicando a primeira lei de Ohm ao resistor de resistência elétrica R, temos:

$$U = R \cdot 8 \quad ①$$

Para a associação em série dos resistores de resistências R e 3 Ω, de acordo com a primeira lei de Ohm, temos:

$$U = (R + 3) \cdot 5 \quad ②$$

Substituindo ① em ②, obtemos:

$$8R = (R + 3) \cdot 5 \Rightarrow 8R = 5R + 15 \Rightarrow$$

$$\Rightarrow 3R = 15 \Rightarrow \boxed{R = 5\ \Omega}$$

b) Considerando a situação inicial, temos:

$$U = Ri \Rightarrow U = 5 \cdot 8 \Rightarrow \boxed{U = 40\ V}$$

Avaliando o aprendizado

1. Em cada um dos esquemas abaixo, calcule a resistência equivalente entre os pontos A e B e a intensidade da corrente elétrica na associação, considerando que $U_{AB} = 45$ V.

a) 

b) 

c) 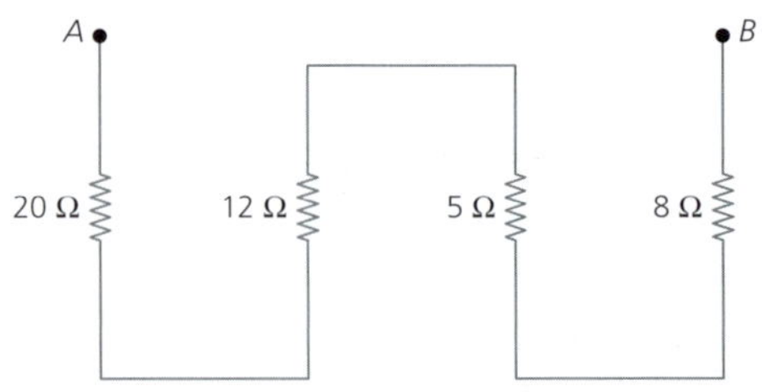

2. Mostre que, numa associação em série de *n* resistores iguais, cada um com resistência elétrica R, o resistor equivalente tem resistência elétrica igual a $n \cdot R$.

3. Um resistor R_1 é submetido a uma ddp de 12 V e a corrente que o atravessa tem intensidade igual a 3 A. Outro resistor, R_2, é submetido a essa mesma ddp e a corrente elétrica através dele tem intensidade igual a 6 A. Os resistores R_1 e R_2 são associados em série e a associação é submetida à ddp de 36 V. Determine:

a) a intensidade da corrente elétrica *i* através de cada um dos resistores da associação;

b) as tensões U_1 e U_2 nos terminais dos resistores R_1 e R_2, respectivamente, nessa associação.

3 Associação de resistores em paralelo

Numa **associação de resistores em paralelo**, os terminais de entrada de todos os resistores devem ser ligados a um ponto *A* do circuito e os terminais de saída de todos os resistores devem ser ligados a um ponto *B* do circuito. Assim, quando a associação é submetida a uma ddp *U*, a corrente elétrica tem tantos caminhos a seguir quanto o número de resistores associados.

A **figura 4** mostra uma associação em paralelo de três lâmpadas incandescentes e sua representação esquemática.

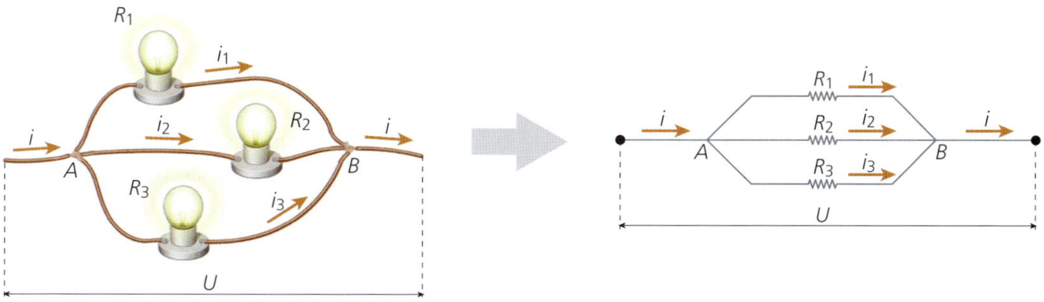

Figura 4. Associação de resistores em paralelo.

Note que, como todos os resistores da associação estão conectados aos pontos *A* e *B* do circuito, a ddp à qual cada um deles está submetido é igual à ddp *U* da associação. Então, se associarmos *n* resistores em paralelo, teremos:

$$U_1 = U_2 = U_3 = \dots = U_n = U$$

Observe também que a corrente elétrica *i* da associação deverá se dividir em correntes i_1, i_2, i_3, ..., i_n para passar por todos os resistores da associação.

De acordo com a lei dos nós, ou primeira lei de Kirchhoff, temos:

$$i = i_1 + i_2 + i_3 + \dots + i_n$$

Para o resistor equivalente da associação, da primeira lei de Ohm, temos:

$$U = R_{eq}\, i \Rightarrow i = \frac{U}{R_{eq}}$$

As correntes que percorrem cada um dos resistores da associação em paralelo são:

$$i_1 = \frac{U}{R_1},\ i_2 = \frac{U}{R_2},\ i_3 = \frac{U}{R_3},\ \dots,\ i_n = \frac{U}{R_n}$$

Assim:

$$\frac{U}{R_{eq}} = \frac{U}{R_1} + \frac{U}{R_2} + \frac{U}{R_3} + \dots + \frac{U}{R_n}$$

Portanto:

$$\frac{1}{R_{eq}} = \frac{1}{R_1} + \frac{1}{R_2} + \frac{1}{R_3} + \dots + \frac{1}{R_n}$$

A respeito de uma associação de resistores em paralelo podemos, então, afirmar que:

- quando se submete uma associação de resistores em paralelo a uma ddp *U*, todos os resistores ficam submetidos à mesma ddp *U* da associação;
- a corrente elétrica *i* que percorre uma associação de resistores em paralelo é igual à soma das correntes que percorrem cada um dos resistores da associação;

- o inverso da resistência elétrica do resistor equivalente de uma associação de resistores em paralelo é igual à soma dos inversos das resistências elétricas dos resistores associados.

Observações:

- Em uma associação em paralelo de *n* resistores iguais, cada um com resistência elétrica *R*, o resistor equivalente tem resistência elétrica R_{eq} igual a:

$$R_{eq} = \frac{R}{n}$$

- Em uma associação em paralelo de dois resistores com resistências elétricas R_1 e R_2, o resistor equivalente tem resistência elétrica R_{eq} igual a:

$$R_{eq} = \frac{R_1 \cdot R_2}{R_1 + R_2}$$

34.1 Conteúdo multimídia

É importante ressaltar que esta última relação é válida apenas quando aplicada a uma associação de dois resistores. Para três resistores, por exemplo, teríamos que aplicar a relação duas vezes para obter a resistência equivalente: primeiro para R_1 e R_2, para obter R'; depois para R' e R_3, para obter R_{eq}.

Aplicando a teoria

3. Determinar a resistência elétrica equivalente entre os pontos A e B na associação de resistores a seguir.

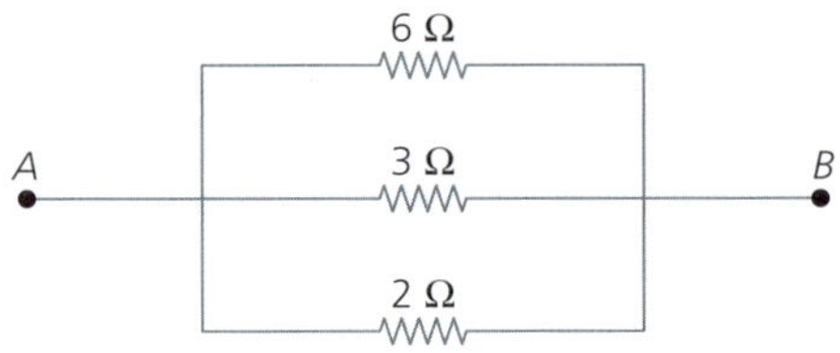

➤ Solução

Os três resistores estão associados em paralelo entre os pontos A e B. Em uma associação de resistores em paralelo, a resistência elétrica do resistor equivalente é dada por:

$$\frac{1}{R_{eq}} = \frac{1}{R_1} + \frac{1}{R_2} + \frac{1}{R_3} + \ldots + \frac{1}{R_n}$$

Então:

$$\frac{1}{R_{eq}} = \frac{1}{6} + \frac{1}{3} + \frac{1}{2} \Rightarrow \frac{1}{R_{eq}} = \frac{1+2+3}{6} \Rightarrow \boxed{R_{eq} = 1\ \Omega}$$

Observe que poderíamos ter obtido a resistência elétrica equivalente da associação aplicando o caso particular para dois resistores, $R_{eq} = \frac{R_1 \cdot R_2}{R_1 + R_2}$, duas vezes:

- Para os resistores $R_1 = 6\ \Omega$ e $R_2 = 3\ \Omega$, temos:

$$R' = \frac{6 \cdot 3}{6+3} \Rightarrow R' = \frac{18}{9} \Rightarrow R' = 2\ \Omega$$

- Para os resistores $R' = 2\ \Omega$ e $R_3 = 2\ \Omega$, temos:

$$R_{eq} = \frac{2 \cdot 2}{2+2} \Rightarrow R_{eq} = \frac{4}{4} \Rightarrow R_{eq} = 1\ \Omega$$

4. Um anel metálico, cuja resistência elétrica é igual a *R*, é submetido a uma ddp *U* entre os pontos *A* e *B*, conforme mostra a figura a seguir.

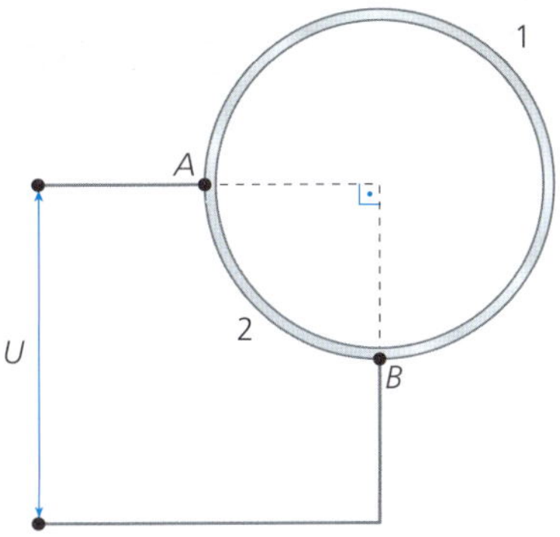

Determinar:

a) a resistência equivalente desse circuito entre A e B;

b) as intensidades da corrente elétrica nos ramos A1B e A2B do circuito.

➤ Solução

a) O anel todo tem resistência elétrica R. Observe, entretanto, que o ramo A1B corresponde a $\frac{3}{4}$ do comprimento do anel e o ramo A2B corresponde a $\frac{1}{4}$ do comprimento do anel. Portanto, de acordo com a segunda lei de Ohm, temos: $R_{A1B} = \frac{3}{4}R$ e $R_{A2B} = \frac{1}{4}R$.

A resistência elétrica equivalente desse circuito é:

$$R_{eq} = \frac{\frac{3}{4}R \cdot \frac{1}{4}R}{\frac{3}{4}R + \frac{1}{4}R} \Rightarrow R_{eq} = \frac{\frac{3}{16}R^2}{R} \Rightarrow \boxed{R_{eq} = \frac{3R}{16}}$$

b) Com a primeira lei de Ohm podemos obter a intensidade da corrente elétrica em cada ramo do circuito.

No ramo A1B: $U = \frac{3R}{4}i_1 \Rightarrow \boxed{i_1 = \frac{4U}{3R}}$

No ramo A2B: $U = \frac{R}{4}i_2 \Rightarrow \boxed{i_2 = \frac{4U}{R}}$

Avaliando o aprendizado

4. Para cada um dos esquemas abaixo, determine a resistência elétrica do resistor equivalente da associação cujos terminais são A e B.

a)

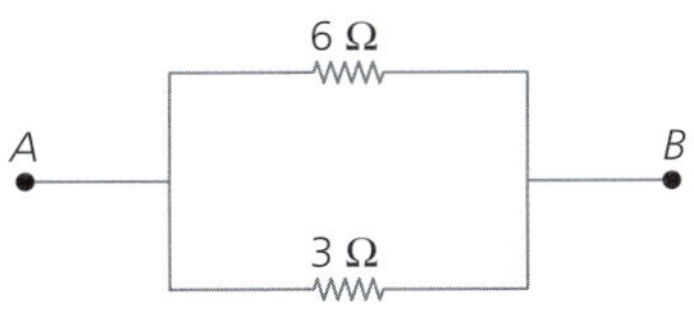

b)

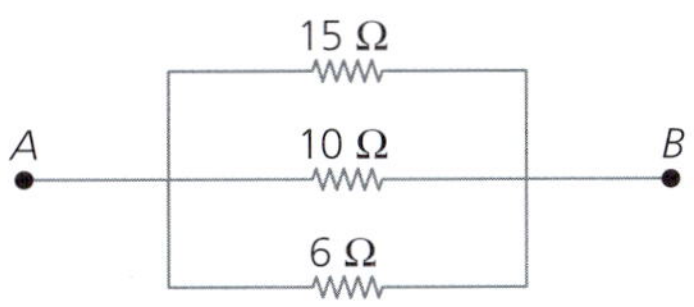

c)

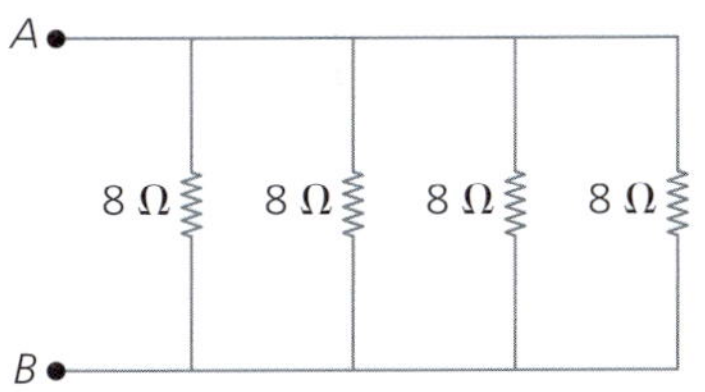

5. Dois resistores com resistências elétricas 700 Ω e 300 Ω são associados em paralelo e submetidos à tensão de 210 V. Determine:

a) a intensidade de corrente elétrica em cada resistor;

b) a intensidade de corrente elétrica da associação;

c) a resistência equivalente dessa associação.

6. Um dado resistor com resistência elétrica R é percorrido por uma corrente elétrica de intensidade 2 A quando submetido à tensão *U*. Associando-se um resistor de 4 Ω em paralelo com o resistor de resistência R e submetendo a associação à mesma tensão *U*, a intensidade de corrente elétrica da associação é igual a 8 A. Determine:

a) a tensão *U* aplicada à associação;

b) o valor da resistência elétrica R do resistor.

4 Associação mista de resistores

Dá-se o nome **associação mista de resistores** à associação que contém, simultaneamente, associações de resistores em série e em paralelo.

Na **figura 1** deste capítulo, mostramos quatro maneiras de associar três resistores. Naquela figura, a primeira é uma associação em série; a segunda, uma associação em paralelo e as duas últimas são associações mistas, apresentadas novamente na **figura 5**.

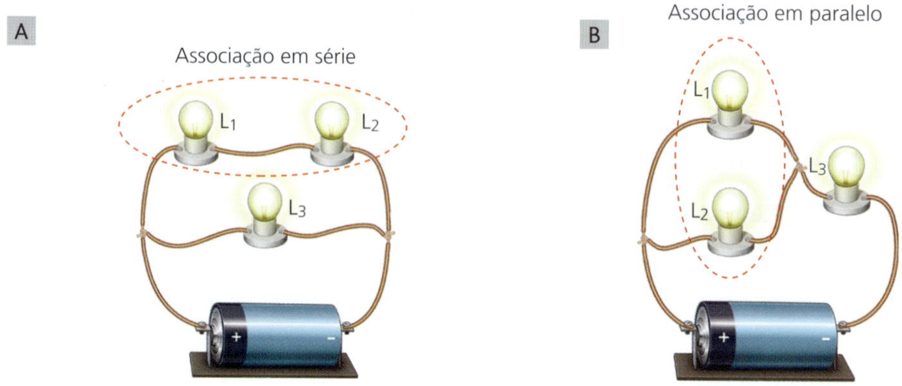

Figura 5. (A) L_1 e L_2 estão associadas em série e este conjunto está associado em paralelo a L_3; (B) L_1 e L_2 estão associadas em paralelo e este conjunto está associado em série a L_3.

Em uma associação mista, o cálculo da resistência elétrica do resistor equivalente deve ser feito a partir das associações individuais, em série e em paralelo. Para isso, devemos, pouco a pouco, simplificar o esquema da associação.

Como regra geral, identificam-se, de preferência com letras, os terminais e os nós da associação. Em seguida, verificam-se os resistores associados em paralelo (aqueles conectados a dois nós comuns) e calcula-se a resistência elétrica equivalente dessa associação. Além disso, identificam-se os resistores associados em série (aqueles percorridos pela mesma corrente) e calcula-se a resistência elétrica equivalente dessa associação. Desse modo, eliminam-se, aos poucos, os nós intermediários da associação mista.

Ao final do processo, restará entre os terminais da associação um único resistor, o resistor equivalente.

Aplicando a teoria

5. No trecho de circuito representado a seguir, a ddp entre os pontos A e B é de 24 V.

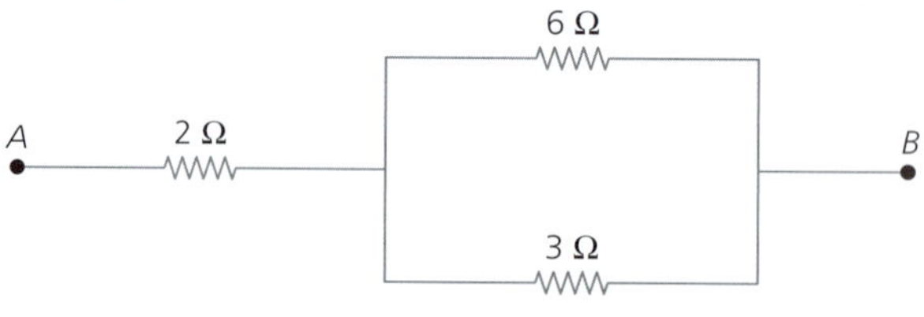

Determinar:

a) a resistência elétrica equivalente da associação;

b) a intensidade de corrente elétrica nesse trecho.

➤ **Solução**

a) Para obter a resistência equivalente desse trecho de circuito elétrico, devemos começar a simplificá-lo substituindo os dois resistores ligados em paralelo pelo seu equivalente. Para os resistores de 6 Ω e 3 Ω ligados em paralelo, temos:

$$R' = \frac{6 \cdot 3}{6 + 3} \Rightarrow R' = \frac{18}{9} \Rightarrow R' = 2\ \Omega$$

Ficamos, assim, com dois resistores de 2 Ω associados em série. Portanto, o resistor equivalente da associação terá resistência elétrica:

$$R_{eq} = 2 + 2 \Rightarrow \boxed{R_{eq} = 4\ \Omega}$$

b) A intensidade de corrente elétrica no trecho apresentado é obtida com a primeira lei de Ohm:

$$U = R_{eq}i \Rightarrow 24 = 4i \Rightarrow \boxed{i = 6\ A}$$

6. Considerando o trecho de circuito elétrico apresentado no exercício anterior, determinar a potência dissipada no resistor de 6 Ω.

➤ Solução

No exercício anterior, já calculamos a intensidade de corrente elétrica no trecho de circuito apresentado, $i = 6$ A. Logo, a ddp no resistor de 2 Ω é, pela primeira lei de Ohm, igual a 12 V.

Como a ddp total aplicada à associação é de 24 V, concluímos que o trecho de resistores associados em paralelo está submetido à ddp de 12 V.

Assim, para o resistor de 6 Ω, temos:

$$P = \frac{U^2}{R} \Rightarrow P = \frac{12^2}{6} \Rightarrow \boxed{P = 24\ W}$$

Avaliando o aprendizado

7. Para cada um dos esquemas abaixo, determine a resistência elétrica do resistor equivalente da associação cujos terminais são A e B.

a)

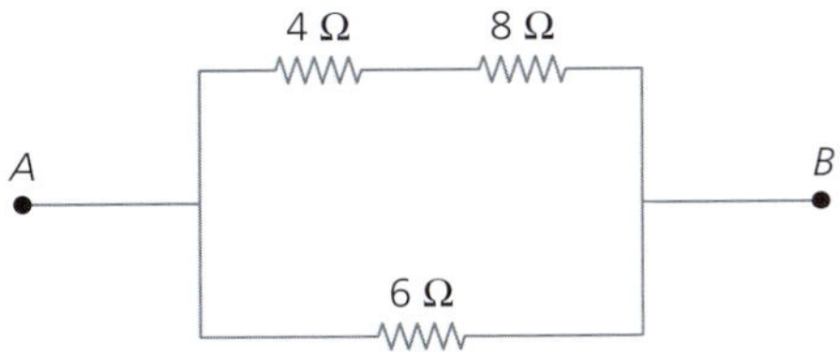

b)

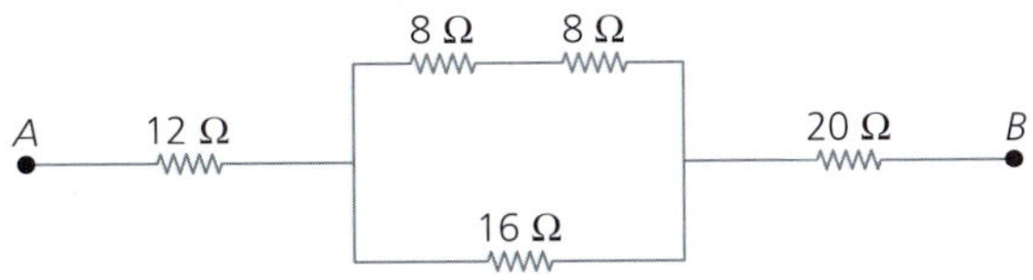

c)

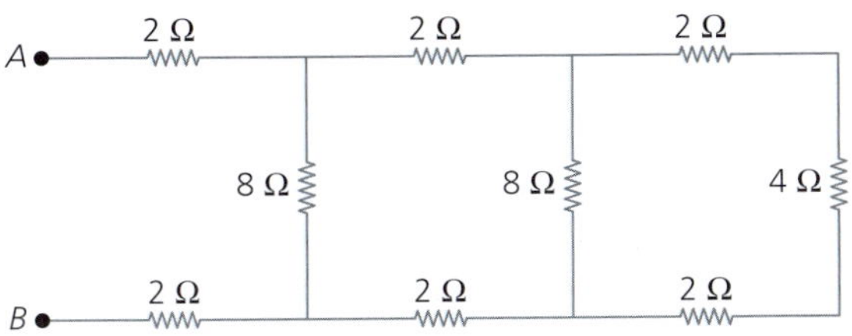

8. No trecho de circuito representado abaixo, a ddp entre os pontos A e C é de 20 V.

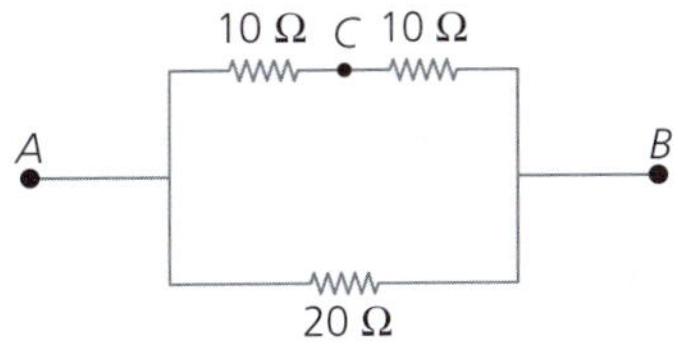

Determine, em watt, a potência dissipada nesse trecho de circuito.

9. As correntes que passam pelos resistores R_1 e R_2, no trecho de circuito indicado na figura abaixo, têm intensidades de 15,6 mA e 12,0 mA, respectivamente.

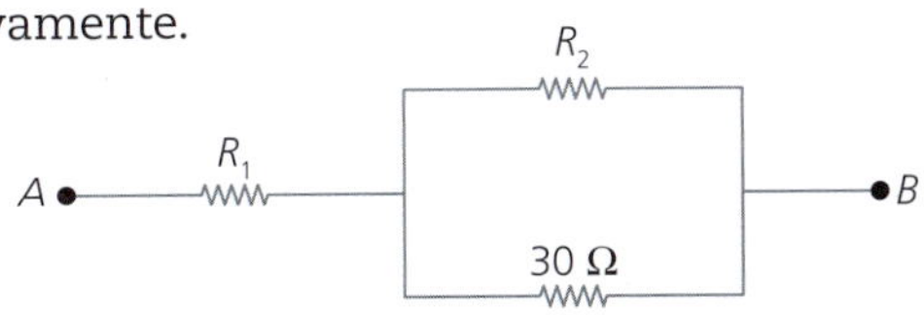

Qual é o valor da resistência elétrica do resistor R_2?

10. No trecho de circuito elétrico representado abaixo, a ddp entre os pontos A e B é de 120 V e a corrente i_1 tem intensidade de 2 A.

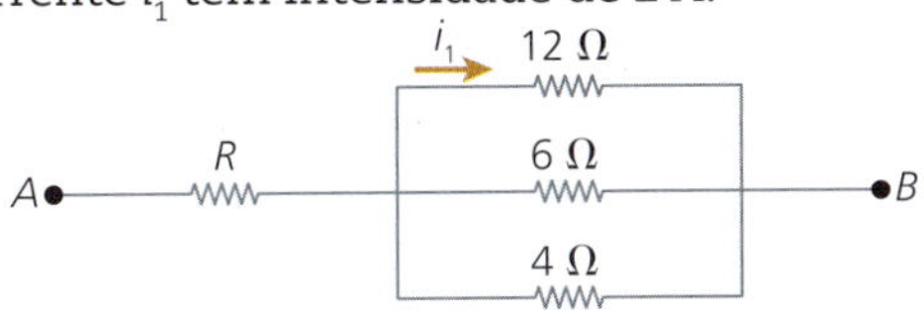

Determine o valor da resistência elétrica R.

5 Fusíveis

É bastante comum, em circuitos elétricos, o uso de um dispositivo de proteção denominado **fusível**. Os fusíveis permitem limitar a intensidade de corrente que atravessará determinado trecho de circuito que se deseja proteger. Geralmente, naquele trecho do circuito, os fusíveis são instalados em série.

A **figura 6** mostra alguns tipos comuns de fusíveis usados em carros, residências e aparelhos eletrônicos.

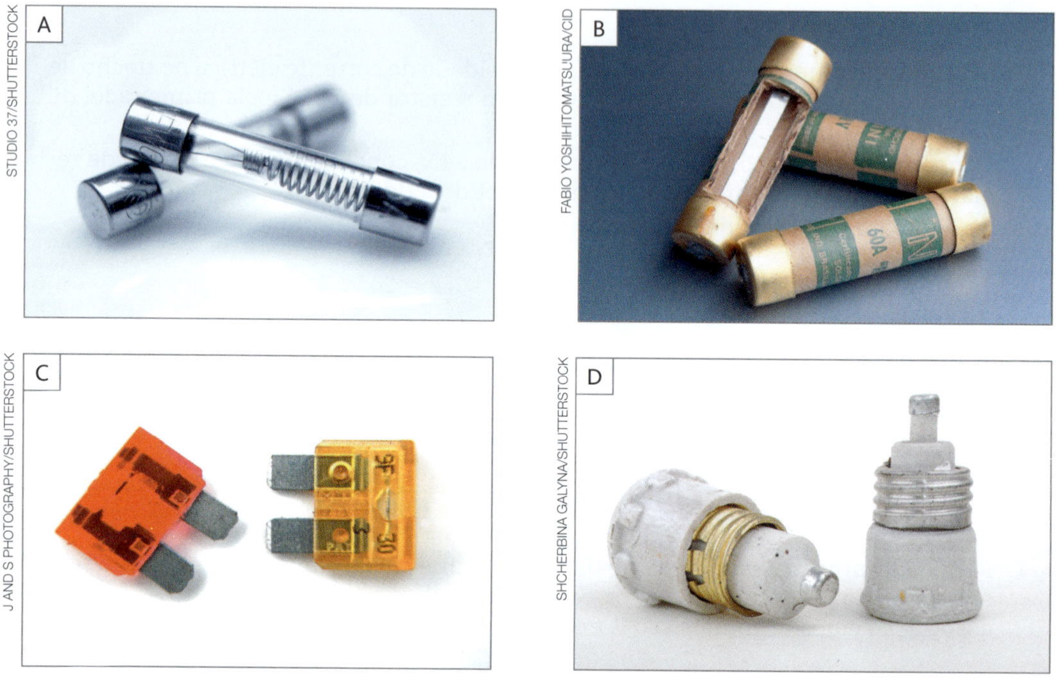

Figura 6. Tipos comuns de fusíveis: (A) Fusível de vidro; (B) de cartucho; (C) de lâmina; (D) de rosca.

O fusível é constituído basicamente por um condutor metálico (de chumbo, estanho ou uma liga metálica) com ponto de fusão menor do que o ponto de fusão do material usado nos fios do circuito. A espessura do condutor existente no interior do fusível é cuidadosamente calculada para que, a partir de um dado valor de intensidade de corrente elétrica, o calor dissipado por efeito Joule seja suficiente para fundi-lo.

Quando um fusível "queima", ou seja, se funde com a passagem de corrente de intensidade maior que a especificada para o circuito, é necessário verificar o que provocou sua "queima" e corrigir o problema antes de substituí-lo por um novo.

A **figura 7** mostra a representação de um fusível F em um trecho de circuito.

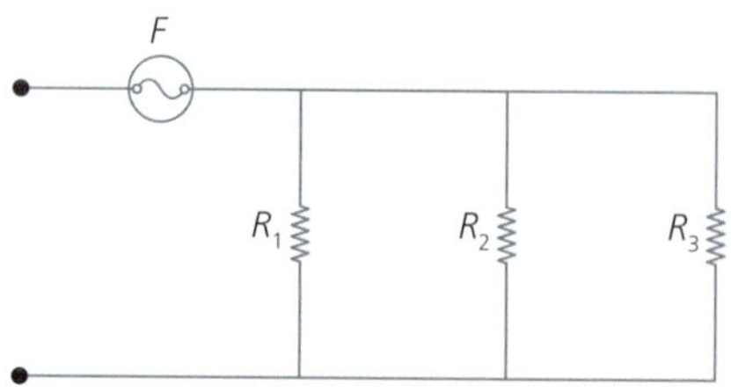

Figura 7. Representação do fusível F em um circuito elétrico.

Em instalações elétricas residenciais e industriais os fusíveis são muitas vezes substituídos por **disjuntores**. O funcionamento de um disjuntor baseia-se nos efeitos magnéticos da corrente elétrica. Quando a intensidade de corrente em um circuito atinge determinado valor, o disjuntor desliga. Corrigido o problema que originou o desligamento, o disjuntor pode ser religado sem a necessidade de substituí-lo.

6 Curto-circuito

Você já deve ter ouvido falar em incêndios provocados por um **curto-circuito** em uma instalação elétrica.

Mas o que é e o que provoca um curto-circuito?

Dizemos que um curto-circuito ocorre quando, entre dois pontos de um circuito elétrico, é conectado um condutor sem resistência elétrica. Nesse caso, os pontos que antes apresentavam uma diferença de potencial passam, então, a apresentar uma ddp nula.

34.2 Conteúdo multimídia

Vamos considerar, por exemplo, o circuito representado na **figura 8**. Esse circuito é constituído por duas lâmpadas com resistências elétricas de 4 Ω e 2 Ω associadas em série e ligadas a uma bateria que fornece uma ddp de 12 V. A corrente através de ambas as lâmpadas tem intensidade de 2 A, estando L_1 submetida a uma tensão de 8 V e L_2 sob tensão de 4 V.

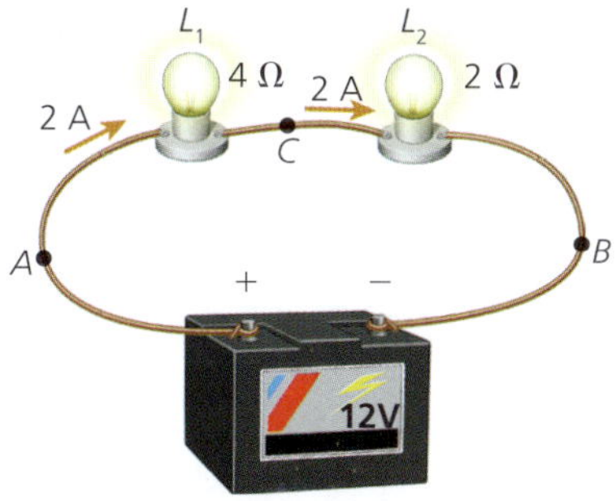

Figura 8. Lâmpadas associadas em série percorridas por corrente de intensidade 2 A; L_1 dissipa potência de 16 W e L_2 dissipa potência de 8 W.

O que ocorrerá se conectarmos os pontos A e C do circuito por meio de um condutor com resistência elétrica desprezível?

Nesse caso, a lâmpada L_1 ficará ligada em paralelo com o condutor de resistência $r = 0$.

Teremos, então: $U_{AC} = ri \Rightarrow U_{AC} = 0 \cdot i \Rightarrow U_{AC} = 0$, seja qual for o valor da resistência R_1 da lâmpada L_1.

Portanto, a lâmpada L_1 deixará de funcionar e poderá, simplesmente, ser retirada do circuito. Dizemos que essa lâmpada está em curto-circuito.

E o que acontecerá com a lâmpada L_2?

Ao retirarmos a lâmpada L_1 do circuito, a resistência equivalente da associação passará a ser de apenas 2 Ω e a corrente através da lâmpada L_2, agora sob tensão de 12 V, passará a ser de 6 A (**fig. 9**).

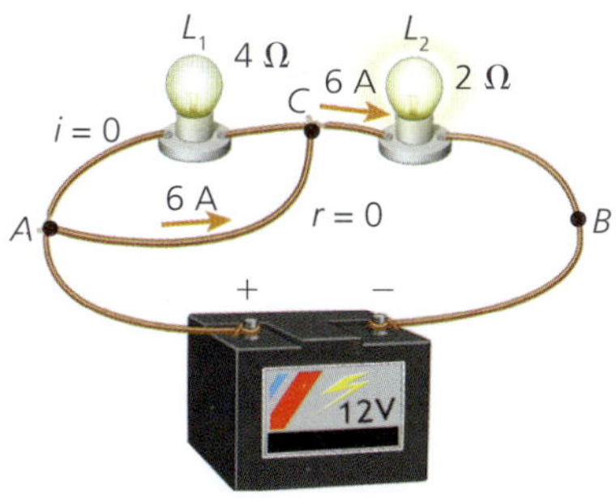

Figura 9. A lâmpada L_1, em curto-circuito, apaga-se e a lâmpada L_2 passa a dissipar potência de 72 W, correndo o risco de "queimar", se não tiver sido fabricada para dissipar tal potência.

Podemos tirar uma conclusão importante a partir do exemplo dado:

- Em qualquer trecho de circuito com resistência elétrica desprezível, a diferença de potencial é nula e todos os pontos do trecho são equivalentes.

Aplicando a teoria

7. **Em um automóvel, um fusível é utilizado para proteger a lâmpada de um dos faróis. A lâmpada utilizada no farol tem as seguintes especificações elétricas: 12 V-24 W.**

Determinar a máxima intensidade de corrente elétrica que o fusível utilizado deve permitir passar pela lâmpada para protegê-la de uma eventual sobrecarga.

➤ Solução

Conhecendo a potência dissipada e a tensão da lâmpada, podemos calcular a intensidade da corrente elétrica que a atravessa quando ligada.

$$P = Ui \Rightarrow 24 = 12i \Rightarrow \boxed{i = 2\text{ A}}$$

Portanto, a lâmpada estará sujeita a uma sobrecarga se a intensidade de corrente elétrica através dela for maior que 2 A.

Concluímos que o fusível utilizado deve suportar uma corrente máxima de 2 A.

8. **No trecho de circuito representado abaixo, determinar a resistência elétrica equivalente entre os terminais *A* e *B*.**

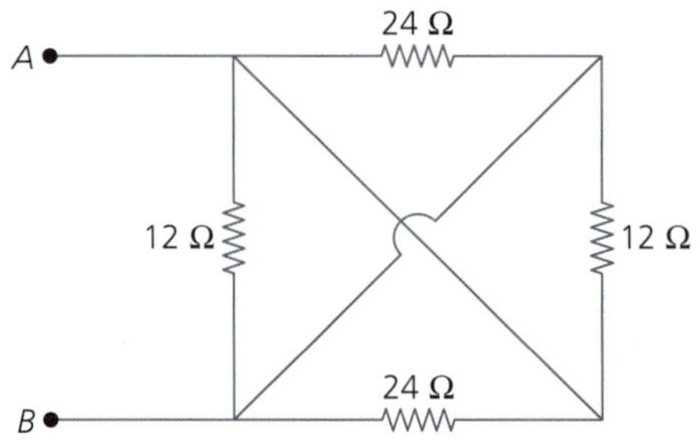

➤ Solução

Considerando que em trechos sem resistência elétrica a ddp é nula, devemos inicialmente estabelecer os pontos do circuito que estão sob um mesmo potencial.

A figura a seguir mostra-nos os pontos que estão sob um mesmo potencial que o ponto A e os pontos que estão em um mesmo potencial que o ponto B.

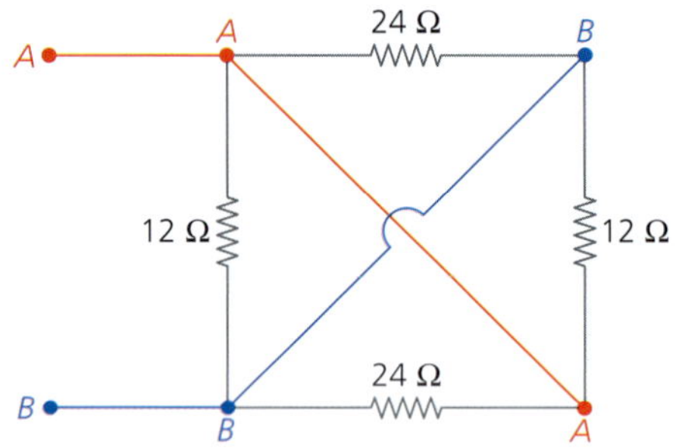

Podemos perceber que os quatro resistores da associação estão ligados entre A e B e, portanto, associados em paralelo.

Para os dois resistores de 24 Ω, o resistor equivalente será:

$$R' = \frac{24\ \Omega}{2} = 12\ \Omega$$

Ficamos, então, com uma associação de três resistores de 12 Ω associados em paralelo.

A resistência equivalente do trecho será:

$$R_{eq} = \frac{12}{3} \Rightarrow \boxed{R_{eq} = 4\ \Omega}$$

Avaliando o aprendizado

11. A instalação elétrica de uma residência é alimentada por uma tensão de 110 V e protegida por um único fusível F de 20 A. Em determinado instante, estão em funcionamento nessa residência um liquidificador (110 V-220 W), três lâmpadas iguais (110 V-110 W), uma televisão (110 V-55 W), uma geladeira (110 V-550 W) e uma torneira elétrica (110 V-700 W). Determine a máxima potência de um eletrodoméstico que pode ser ligado à instalação nesse mesmo instante sem que o fusível se queime.

12. Determine a resistência elétrica equivalente no trecho *AB* do circuito esquematizado abaixo.

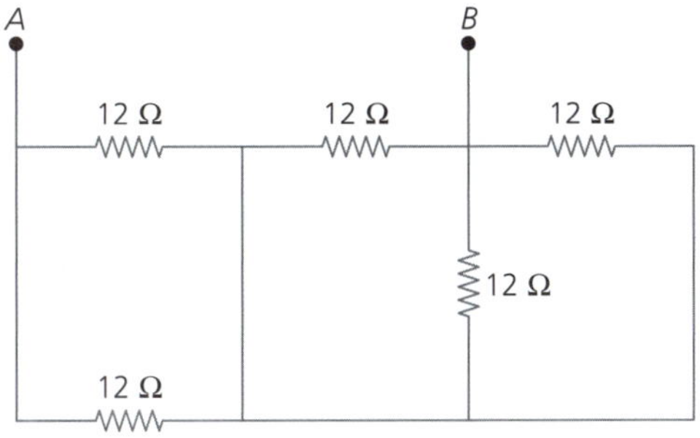

13. No circuito representado abaixo a diferença de potencial entre os pontos A e B é de 60 V. Considere que o terminal de entrada de corrente é o ponto A.

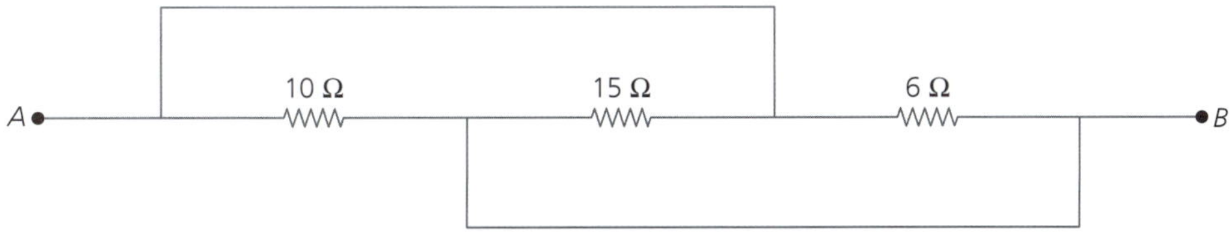

Determine a intensidade e o sentido da corrente elétrica em cada trecho do circuito.

7 Medidores elétricos ideais

Podemos obter a medida de diferentes grandezas elétricas em um circuito elétrico, ou em um trecho do circuito elétrico, utilizando um aparelho portátil denominado **multímetro (fig. 10)**.

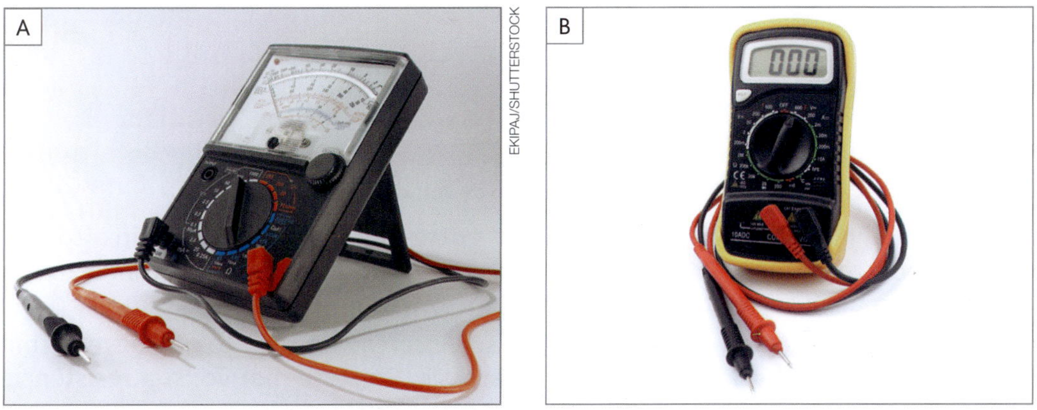

EKIPAJ/SHUTTERSTOCK
BRAGIN ALEXEY/SHUTTERSTOCK

Figura 10. (A) Multímetro analógico; (B) multímetro digital.

Em um multímetro, uma chave seletora permite escolher a grandeza física que se deseja medir: intensidade de corrente elétrica ou diferença de potencial, entre outras, dependendo do modelo. Além disso, o aparelho possui duas pontas de prova, que devem fazer contato elétrico e mecânico com dois pontos do circuito elétrico.

Analisamos aqui apenas os casos em que o multímetro funciona como um **amperímetro ideal** ou como um **voltímetro ideal**.

Dizemos que o medidor é ideal quando sua inserção no circuito não provoca alterações nas intensidades de correntes ou nas diferenças de potenciais.

Amperímetro ideal

O amperímetro é o aparelho que permite medir a intensidade de corrente elétrica *i* que passa por determinado trecho de um circuito.

Num circuito elétrico, o amperímetro (A) será representado pelo símbolo indicado na **figura 11**.

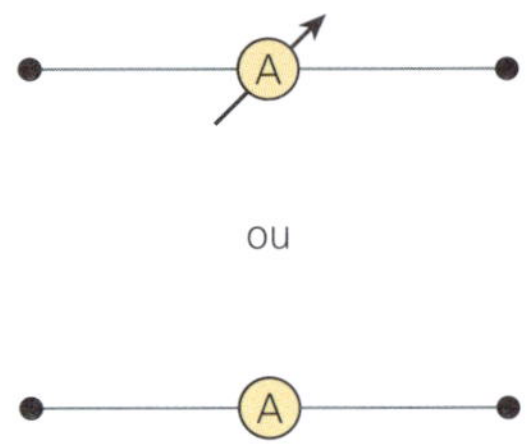

Figura 11. Símbolo de amperímetro.

O amperímetro deve ser conectado no circuito de modo que seja atravessado pela corrente elétrica cuja intensidade *i* se deseja medir. Para que isso aconteça, **o amperímetro deve ser associado em série** ao trecho.

Considerando que o amperímetro é ideal, sua inserção no circuito não deve alterar a intensidade da corrente e, para que isso ocorra, **sua resistência interna deve ser nula** ($r = 0$). Na prática, todo amperímetro possui resistência elétrica não nula.

Voltímetro ideal

O voltímetro é o aparelho que permite medir a diferença de potencial *U* entre dois pontos de um circuito.

Num circuito elétrico, o voltímetro (V) será representado pelo símbolo indicado na **figura 12**.

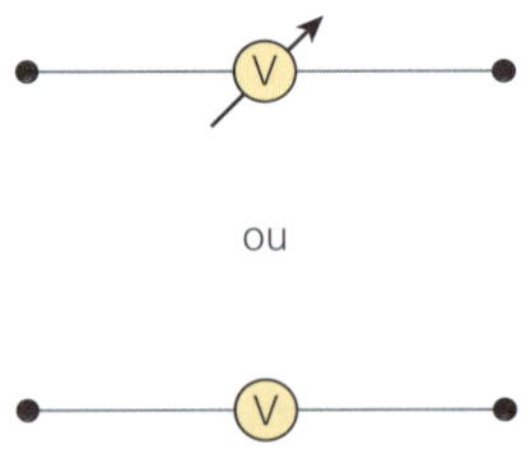

Figura 12. Símbolo de voltímetro.

Para medir a diferença de potencial *U* entre dois pontos de um circuito, devem-se conectar as pontas de prova do voltímetro àqueles dois pontos. Portanto, **o voltímetro deve ser associado em paralelo** ao trecho.

34.1 Biblioteca do estudante

Considerando que o voltímetro é ideal, sua inserção no circuito não deve permitir que a corrente elétrica seja desviada para ele. Por esse motivo, **sua resistência interna deve ser infinitamente alta** ($r \to \infty$). Na prática, todo o voltímetro possui resistência elétrica finita.

Aplicando a teoria

9. **No trecho de circuito representado abaixo, a ddp entre os terminais da associação de resistores é de 70 V e os medidores são ideais.**

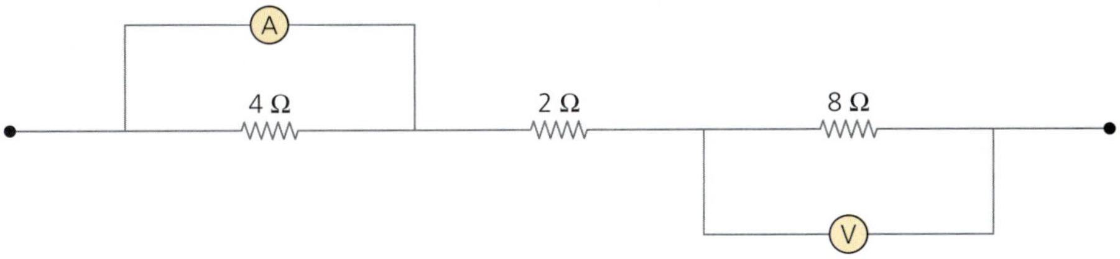

Determinar:

a) a indicação do amperímetro;

b) a indicação do voltímetro.

➤ Solução

a) Devemos inicialmente verificar se os instrumentos de medida estão ligados corretamente.

Note que o voltímetro V está ligado em paralelo com o resistor de 8 Ω (portanto, de maneira correta) e irá indicar a ddp a que este resistor está submetido. O amperímetro também está conectado em paralelo, nesse caso com o resistor de 4 Ω (portanto, de maneira incorreta); assim esse resistor está em curto-circuito e não irá funcionar, podendo ser eliminado do trecho de circuito.

A resistência equivalente do trecho será:

$$R_{eq} = 2 + 8 \Rightarrow R_{eq} = 10\ \Omega$$

Assim, a corrente elétrica da associação terá intensidade i, dada, pela primeira lei de Ohm, de:

$$U = Ri \Rightarrow 70 = 10i \Rightarrow \boxed{i = 7A}$$

O amperímetro será atravessado pela corrente da associação e, portanto, indicará 7 A.

b) Para o resistor de 8 Ω, a ddp será:

$$U = Ri \Rightarrow U = 8 \cdot 7 \Rightarrow \boxed{U = 56\ V}$$

O voltímetro, conectado em paralelo a esse resistor, indicará 56 V.

10. **No trecho de circuito abaixo, a indicação do amperímetro ideal é 4 A quando a chave *Ch* está aberta.**

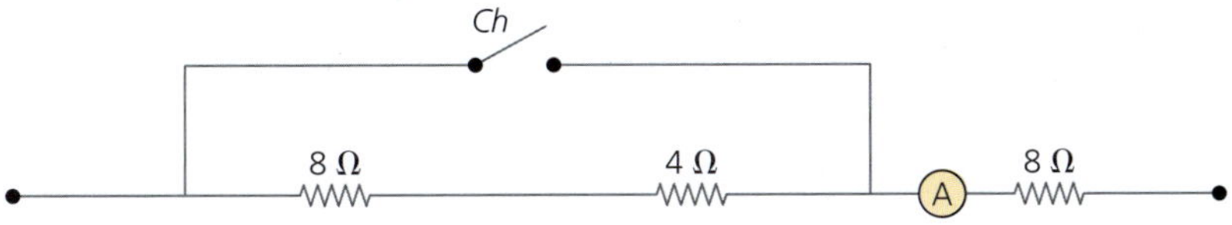

Qual será a indicação do amperímetro quando a chave *Ch* for fechada?

➤ Solução

Com a chave *Ch* aberta, temos uma associação de três resistores em série, com uma resistência equivalente de 20 Ω, percorridos por corrente elétrica de intensidade 4 A. Logo, a ddp no trecho será:

$$U = Ri \Rightarrow U = 20 \cdot 4 \Rightarrow U = 80\ V$$

Quando a chave *Ch* é fechada, observe que o primeiro e o segundo resistores ficam em paralelo com um fio sem resistência elétrica, portanto, em curto-circuito.

Dessa maneira, com a chave *Ch* fechada, a resistência elétrica do trecho cai para 8 Ω.

A nova corrente elétrica no trecho é calculada com a primeira lei de Ohm:

$$U = Ri \Rightarrow 80 = 8i \Rightarrow \boxed{i = 10\ A}$$

Assim, quando a chave *Ch* for fechada, o amperímetro passará a indicar uma corrente elétrica de intensidade 10 A.

Avaliando o aprendizado

14. No trecho de circuito a seguir, os três resistores são iguais e o amperímetro A é ideal. Cada resistor do ramo *acb* do circuito dissipa potência de 9 W quando a corrente indicada pelo amperímetro é igual a 0,9 A.

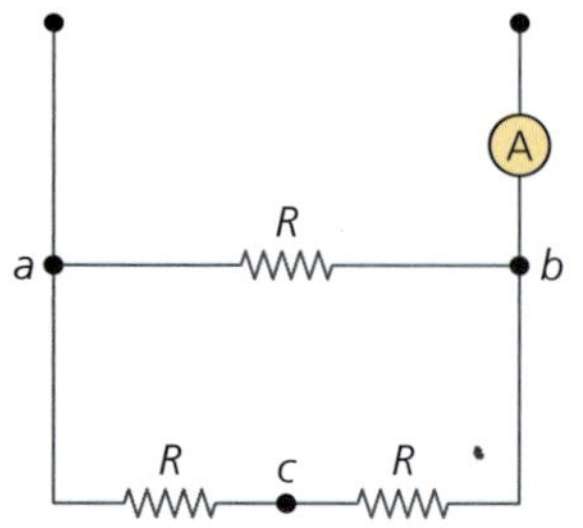

Determine a diferença de potencial entre os pontos *a* e *b*.

15. No circuito elétrico representado a seguir, a ddp entre os terminais A e B da associação é de 36 V.

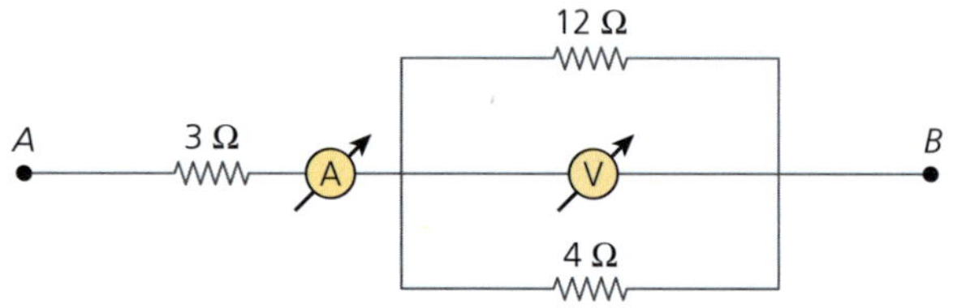

Determine:

a) a indicação do amperímetro ideal;

b) a indicação do voltímetro ideal.

16. No trecho de circuito abaixo, o amperímetro ideal A_1 indica a passagem de uma corrente elétrica de intensidade $i_1 = 0,50$ A.

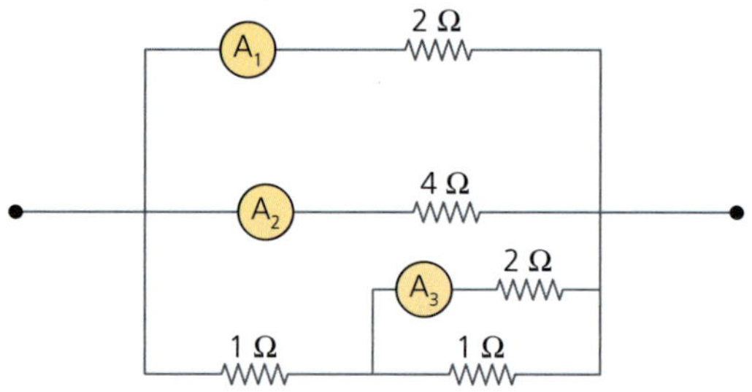

Nessa situação, determine as intensidades de corrente elétrica i_2 e i_3 que serão registradas, respectivamente, pelos amperímetros ideais A_2 e A_3.

17. Na associação abaixo, a intensidade de corrente elétrica *i* que passa pelo resistor de 14 Ω é 3 A.

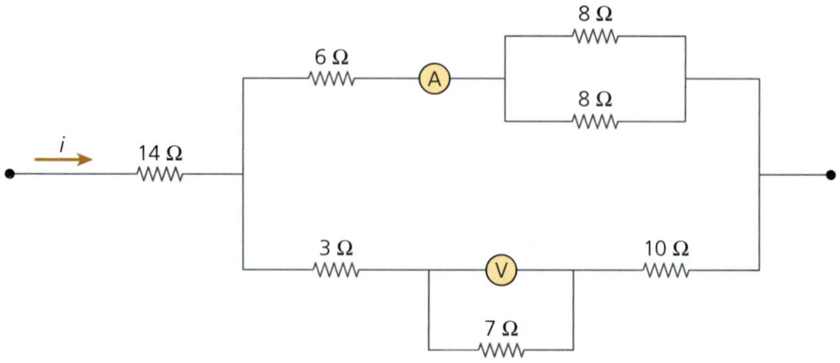

Determine:

a) a indicação do amperímetro ideal A;

b) a indicação do voltímetro ideal V.

Revisando o conteúdo

Ficha-resumo 1

Associação de resistores em série

- A corrente elétrica é a mesma em todos os resistores:

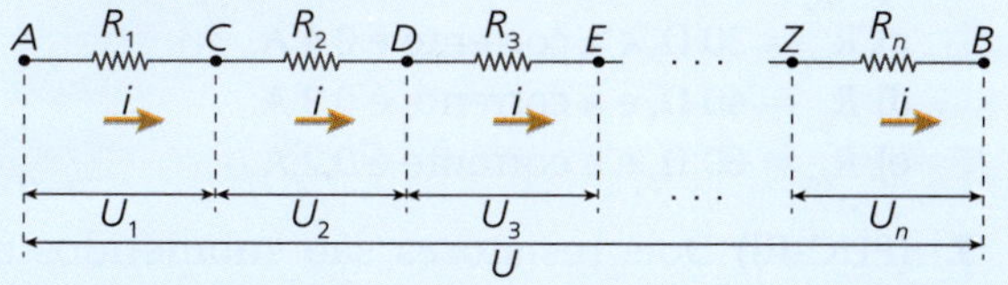

$$i = i_1 = i_2 = i_3 = \ldots = i_n$$

- A ddp total divide-se entre os resistores associados:

$$U = U_1 + U_2 + U_3 + \ldots + U_n$$

- O resistor equivalente tem resistência elétrica dada por:

$$R_{eq} = R_1 + R_2 + R_3 + \ldots + R_n$$

1. (Fuvest-SP) Uma estudante quer utilizar uma lâmpada (dessas de lanterna de pilhas) e dispõe de uma bateria de 12 V. A especificação da lâmpada indica que a tensão de operação é 4,5 V e a potência elétrica utilizada durante a operação é de 2,25 W. Para que a lâmpada possa ser ligada à bateria de 12 V, será preciso colocar uma resistência elétrica, em série, de aproximadamente:

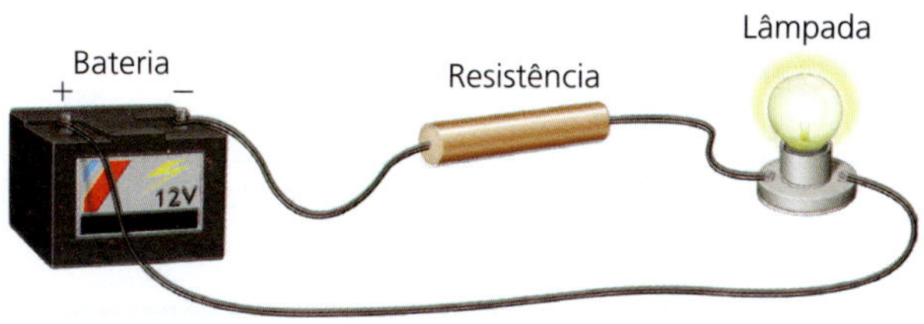

a) 0,5 Ω
b) 4,5 Ω
c) 9,0 Ω
d) 12 Ω
e) 15 Ω

2. (UEL-PR) Nas lâmpadas incandescentes, encontramos informações sobre sua tensão e potência de funcionamento. Imagine associarmos em série duas lâmpadas incandescentes, uma de 110 V e 100 W e outra de 220 V e 60 W.

Nesse caso, qual deverá ser, aproximadamente, o valor máximo da tensão de alimentação a ser aplicada neste circuito, para que nenhuma das lâmpadas tenha sua potência nominal excedida? Considere que o valor das resistências das lâmpadas seja independente da tensão aplicada.

a) 110 V
b) 127 V
c) 220 V
d) 250 V
e) 360 V

3. (Uerj) Um circuito empregado em laboratórios para estudar a condutividade elétrica de soluções aquosas é representado por este esquema:

Lâmpada de 120 V-60 W

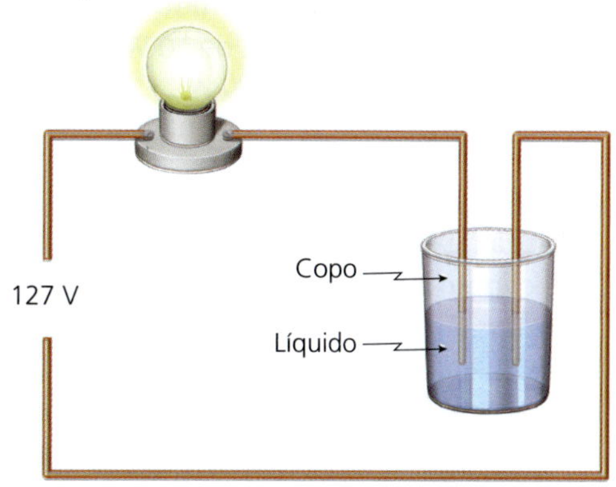

Ao se acrescentar um determinado soluto ao líquido contido no copo, a lâmpada acende, consumindo a potência elétrica de 60 W.

Nessas circunstâncias, a resistência da solução, em ohm, corresponde a cerca de:

a) 14
b) 28
c) 42
d) 56

4. (UFRGS) Um LDR (*Light Dependent Resistor*) é um dispositivo elétrico cuja resistência elétrica varia com a intensidade da luz que incide sobre ele.

No circuito esquematizado, estão representados uma fonte ideal de tensão elétrica contínua (ε), um resistor com resistência elétrica constante (R) e um LDR. Nesse LDR, a resistência elétrica é função da intensidade luminosa, diminuindo quando a intensidade da luz aumenta.

Numa determinada condição de iluminação, o circuito é percorrido por uma corrente elétrica *i*.

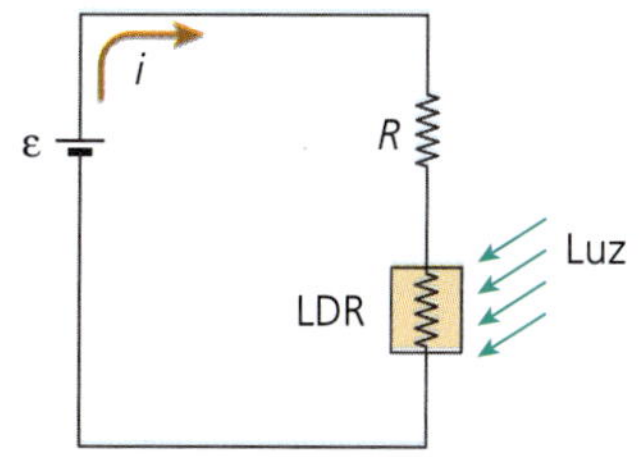

Assinale a alternativa que preenche corretamente as lacunas do texto a seguir, na ordem em que aparecem.

Se a intensidade da luz incidente sobre o LDR aumenta, a corrente elétrica no circuito .... e a diferença de potencial no resistor R ....

a) diminui – diminui
b) diminui – não se altera
c) não se altera – aumenta
d) aumenta – diminui
e) aumenta – aumenta

5. (UFV-MG) Duas lâmpadas incandescentes comuns, uma de 60 W e 120 V, e outra de 100 W e 120 V, são ligadas em série e a associação é ligada a uma ddp de 120 V. Com relação a esse circuito, considere as seguintes afirmativas:

I. A corrente na lâmpada de 60 W é igual à corrente na lâmpada de 100 W.

II. A lâmpada de 60 W brilha mais que a lâmpada de 100 W.

III. A lâmpada de 100 W brilha mais que a lâmpada de 60 W.

Está **correto** o que se afirma apenas em:

a) I e II.
b) I e III.
c) II.
d) III.

Ficha-resumo 2

Associação de resistores em paralelo

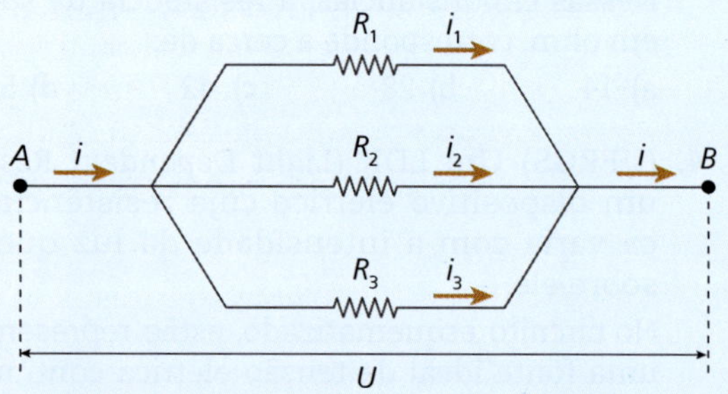

- A ddp é a mesma em todos os resistores:

$$U = U_1 = U_2 = U_3 = \ldots = U_n$$

- A corrente total divide-se entre os resistores associados:

$$i = i_1 + i_2 + i_3 + \ldots + i_n$$

- O resistor equivalente tem resistência elétrica dada por:

$$\frac{1}{R_{eq}} = \frac{1}{R_1} + \frac{1}{R_2} + \frac{1}{R_3} + \ldots + \frac{1}{R_n}$$

Casos particulares:

Para n resistores de resistências iguais a R:

$$R_{eq} = \frac{R}{n}$$

Para 2 resistores de resistências iguais a R_1 e R_2:

$$R_{eq} = \frac{R_1 \cdot R_2}{R_1 + R_2}$$

6. (PUC-RJ) Três resistores idênticos de R = 30 Ω estão ligados em paralelo com uma bateria de 12 V. Pode-se afirmar que a resistência equivalente do circuito é:

a) R_{eq} = 10 Ω, e a corrente é 1,2 A.
b) R_{eq} = 20 Ω, e a corrente é 0,6 A.
c) R_{eq} = 30 Ω, e a corrente é 0,4 A.
d) R_{eq} = 40 Ω, e a corrente é 0,3 A.
e) R_{eq} = 60 Ω, e a corrente é 0,2 A.

7. (PUC-RJ) Dois resistores são submetidos a um potencial de 12 V. Quando eles estão em série, a corrente medida é de 1,33 A = $\frac{4}{3}$ A. Quando eles estão em paralelo, a corrente medida é de 5,4 A. Os valores das resistências são:

a) 4 Ω e 5 Ω
b) 4 Ω e 2 Ω
c) 7 Ω e 2 Ω
d) 5 Ω e 1 Ω
e) 4,5 Ω e 4,5 Ω

8. (UFJF-MG) Um circuito elétrico de um enfeite de Natal é constituído de vários conjuntos de lâmpadas idênticas, sendo que cada conjunto é ligado por vez para produzir o efeito pisca-pisca. Uma fonte de tensão de 6 V com potência de 18 W alimenta o circuito. Considerando-se que cada lâmpada tem 30 Ω de resistência e deve ser submetida a uma tensão de 6 V para produzir o efeito desejado, qual o número máximo de lâmpadas em cada conjunto?

a) 3
b) 6
c) 9
d) 12
e) 15

9. (UFPA) Em cada circuito da figura a seguir, a tensão de alimentação é 10 V e todas as lâmpadas são iguais.

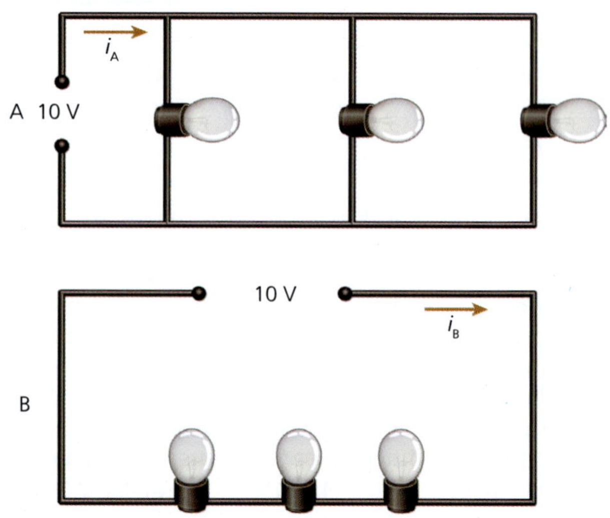

A análise desses circuitos nos permite concluir que:

a) se uma das lâmpadas em A queimar, a corrente I_A não será alterada.
b) se uma das lâmpadas em B queimar, a corrente I_B não será alterada.
c) a intensidade de corrente I_A é menor que a intensidade de corrente I_B.
d) o brilho das lâmpadas em B é maior do que o brilho das lâmpadas em A.
e) sobre qualquer lâmpada de A a ddp é maior do que sobre qualquer lâmpada de B.

10. (UFPE) Considere um conjunto A de 6 resistores de resistência $R_A = 3\ \Omega$, cada, associados em paralelo, e um conjunto B de 4 resistores de resistência R_B, cada, associados em série. Se as resistências equivalentes dos dois conjuntos são iguais, conclui-se que R_B vale:

a) 0,125 Ω
b) 0,25 Ω
c) 0,5 Ω
d) 0,75 Ω
e) 0,825 Ω

Ficha-resumo 3

Associação mista de resistores

Em uma associação mista de resistores, devemos simplificar gradativamente o circuito a partir dos trechos que apresentam resistores associados em série e em paralelo.

11. (UFF-RJ) No cuidado com o planeta, a reciclagem é uma das estratégias mais eficientes. Um técnico guardou três resistores iguais de 1 Ω.

Assinale o valor de resistência que ele não será capaz de obter, utilizando todos os três resistores.

a) $\frac{1}{3}\ \Omega$
b) $\frac{2}{3}\ \Omega$
c) 1 Ω
d) $\frac{3}{2}\ \Omega$
e) 3 Ω

12. (Uece) Duas lâmpadas, L_1 e L_2, idênticas e um resistor R estão ligados em um circuito com uma bateria e uma chave, como mostrado na figura.

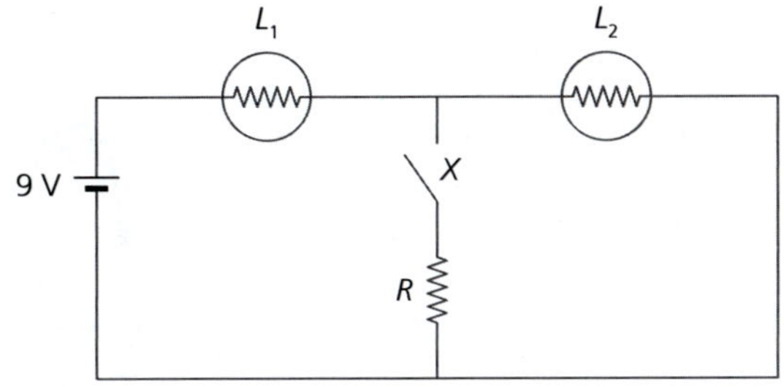

Quando a chave X é fechada,

a) o brilho da lâmpada L_2 aumenta.
b) o brilho da lâmpada L_2 diminui.
c) o brilho da lâmpada L_2 permanece o mesmo.
d) o brilho da lâmpada L_1 diminui.

13. (UFRJ) O tempo de aquecimento está relacionado à potência elétrica útil do aparelho. Suponha que você irá construir três aquecedores elétricos e terá à sua disposição nove resistores idênticos que serão associados de formas diferentes, três a três. Dispõe-se de três recipientes idênticos contendo exatamente a mesma quantidade de água. Em um mesmo instante, cada aquecedor será colocado em um recipiente e submetido à mesma diferença de potencial dos outros dois.

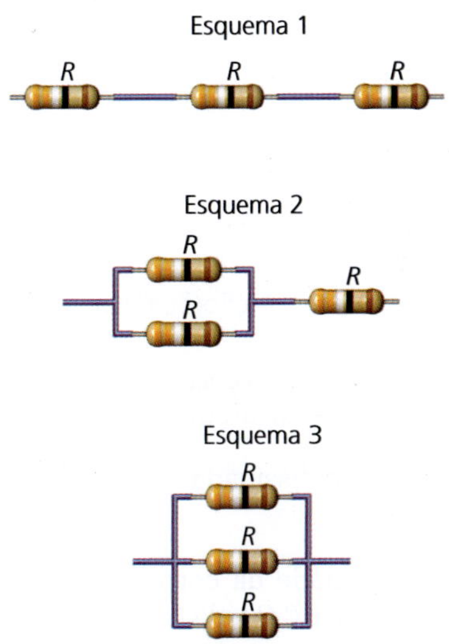

Observa-se que o tempo que a água leva para sofrer uma variação de temperatura igual a $\Delta\theta$ é diferente nos três recipientes. Sabendo que a potência elétrica é inversamente proporcional à resistência equivalente do circuito, a opção que ordena os aparelhos de acordo com o tempo de aquecimento, do maior tempo para o menor tempo de aquecimento, é:

a) 1, 2 e 3.
b) 1, 3 e 2.
c) 2, 3 e 1.
d) 3, 1 e 2.
e) 3, 2 e 1.

14. (UFG-GO) Na figura ao lado são apresentadas as resistências elétricas, em ohm, do tecido conjuntivo em cada região do corpo humano. Uma pessoa descalça apoiada sobre os dois pés na terra toca acidentalmente, com uma das mãos, um cabo elétrico de tensão 220 V em relação à Terra.

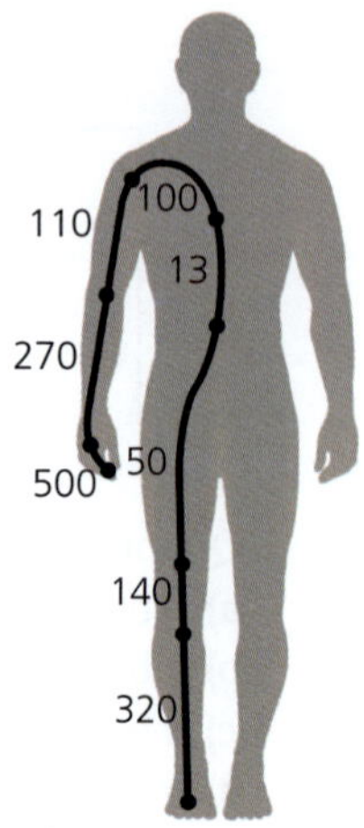

Considerando o exposto e que a corrente flui apenas pelo tecido mencionado, calcule:

a) a resistência imposta pelo corpo à passagem da corrente elétrica;

b) a corrente elétrica total.

15. (UFSC) No circuito a seguir é aplicada uma ddp V_{AB} entre os terminais A e B igual a 10 V.

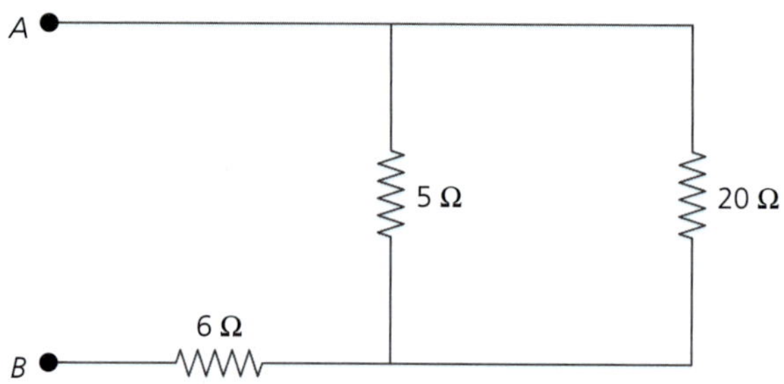

Assinale a(s) proposição(ões) **correta(s)**.

01) A intensidade da corrente elétrica do resistor equivalente do circuito é de 2,0 A.

02) A potência dissipada no resistor equivalente vale 10 W.

04) A intensidade da corrente que atravessa o resistor de 6,0 Ω vale 1,0 A.

08) A potência dissipada no resistor 6,0 Ω vale 60 W.

16) A ddp aplicada entre os pontos A e B é muito pequena para gerar efeito Joule.

32) A intensidade da corrente que atravessa o resistor de 20 Ω é 0,2 A.

64) A ddp sobre o resistor de 5,0 Ω é 8,0 V.

Dê como resposta a soma dos números que precedem as proposições corretas.

Ficha-resumo 4

Curto-circuito

Um curto-circuito ocorre quando, entre dois pontos de um circuito elétrico, é conectado um condutor sem resistência elétrica.

Em um trecho em curto-circuito, a diferença de potencial é sempre nula, seja qual for a intensidade de corrente que o atravessa.

Resistores conectados em paralelo com um curto-circuito estão submetidos a uma tensão nula e, por esse motivo, para efeitos de cálculos, podem ser retirados do circuito.

16. (UFMT) Os quatro resistores mostrados na figura a seguir têm, cada um, resistência igual a 4 Ω e a força eletromotriz da fonte (ε), considerada ideal, é 6 V.

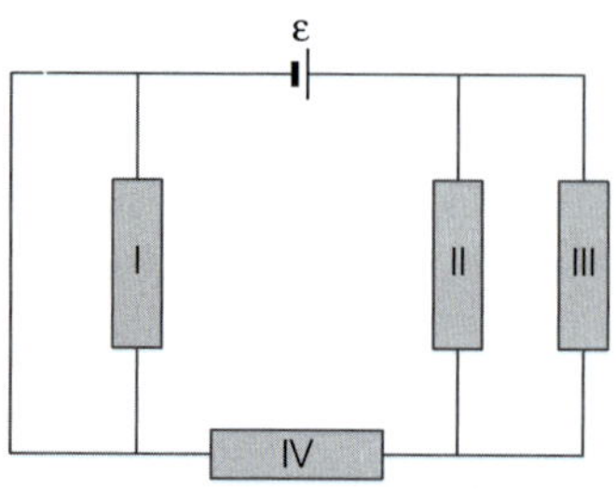

A partir dessas informações, pode-se afirmar que a corrente no resistor IV é:

a) 0,75 A
b) 0,6 A
c) 1 A
d) 0,9 A
e) 2 A

Ficha-resumo 5

Medidores elétricos ideais

Amperímetro

É um medidor de intensidade de corrente elétrica.

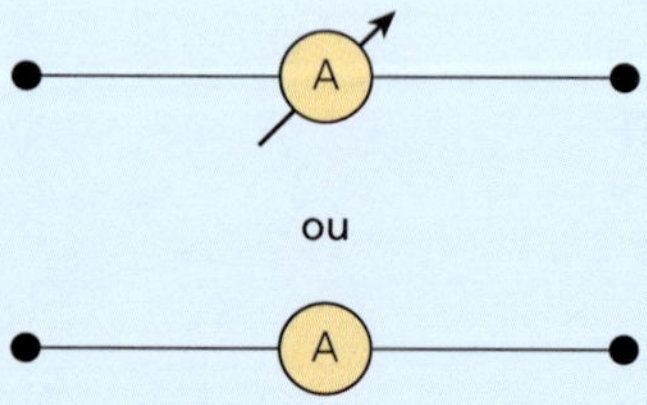

Deve ser ligado em série ao trecho em que se deseja medir a intensidade de corrente elétrica.

Quando ideal, tem **resistência interna nula** ($r = 0$).

Voltímetro

É um medidor de diferença de potencial elétrico.

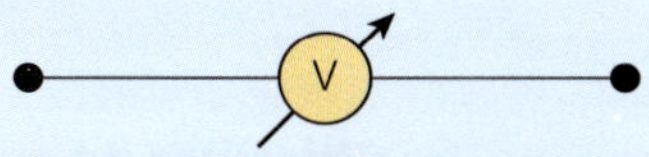

ou

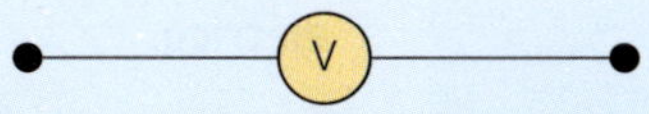

Deve ser ligado em paralelo ao trecho em que se deseja medir a diferença de potencial elétrico.

Quando ideal, tem **resistência interna infinitamente alta** ($r \to \infty$).

17. (UFPB) No circuito elétrico representado na figura, os resistores R são iguais, e S é uma chave de resistência desprezível.

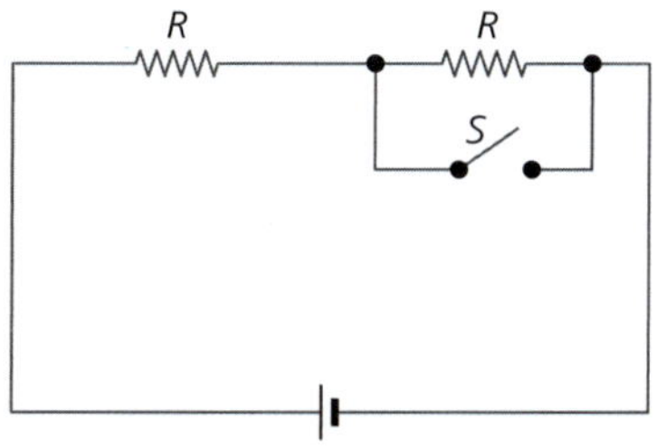

Sabendo-se que, com a chave aberta, a corrente no circuito é i, com ela fechada, a corrente será:

a) $\frac{i}{2}$

b) $2i$

c) $4i$

d) $\frac{i}{4}$

e) i

18. (UFPE) Considere o circuito abaixo alimentado por uma bateria de 1,2 V.

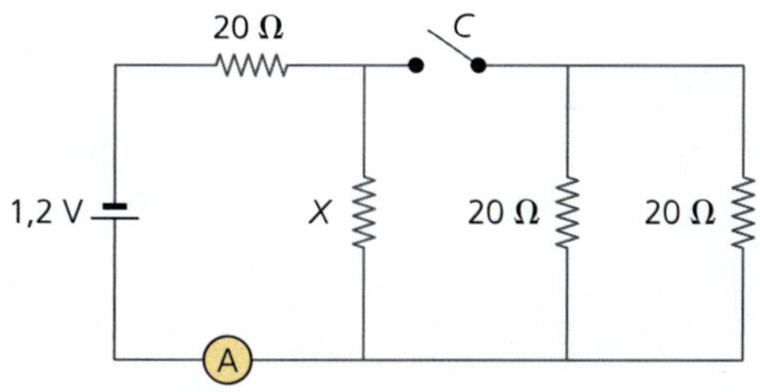

Quando a chave C está aberta, a corrente no amperímetro A vale 30 mA. O valor do resistor X não é conhecido. Determine o valor da corrente, em mA, que atravessa o amperímetro quando a chave está fechada.

19. (Unifesp) Em um enfeite de Natal alimentado com tensão de 110 V, há 5 lâmpadas idênticas ligadas em paralelo, todas acesas, e os fios de ligação apresentam resistência elétrica de 1,0 Ω. O circuito elétrico correspondente a esta situação está esquematizado na figura, na qual as lâmpadas estão representadas pela sua resistência equivalente R_{eq}.

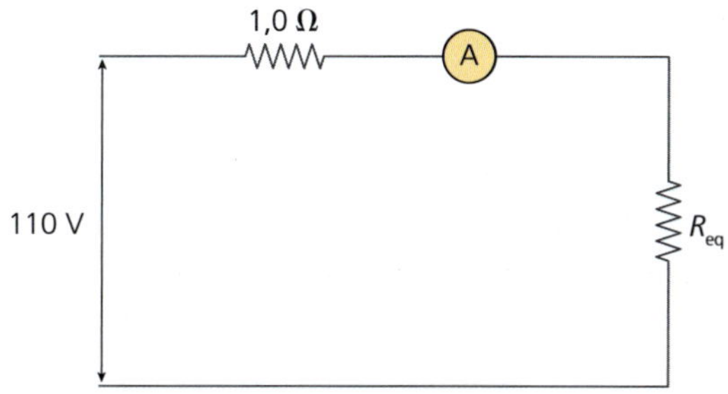

Considerando que o amperímetro ideal registra uma corrente de 2,2 A, calcule:

a) o valor da resistência elétrica de cada lâmpada;

b) a energia dissipada em 30 dias pelos fios de ligação, em Wh, se as lâmpadas ficarem acesas por 5 horas diárias.

20. (Unifesp) A montagem experimental representada na figura a seguir se destina ao estudo de um circuito elétrico simples.

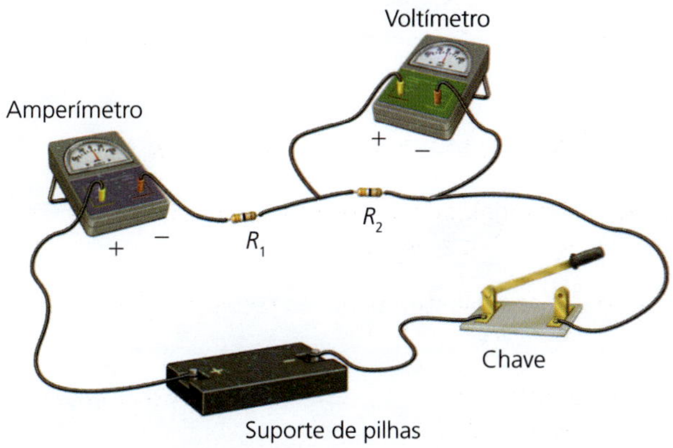

a) Usando símbolos convencionais para cada componente, represente esquematicamente esse circuito.

b) Sabendo que $R_1 = 100\ \Omega$ e $R_2 = 200\ \Omega$ e que no suporte de pilhas são colocadas duas pilhas em série, de força eletromotriz 1,5 V cada, determine as leituras no amperímetro e no voltímetro quando a chave é fechada. (Admita que as resistências internas das pilhas, dos fios de ligação e dos medidores não interferem nessas leituras.)

Capítulo 35
Geradores, receptores e capacitores

Objetivos do capítulo:

- Definir e caracterizar um gerador elétrico.
- Estabelecer a lei de Pouillet.
- Definir e caracterizar um receptor elétrico.
- Resolver circuitos com geradores, receptores e resistores.
- Definir e caracterizar um capacitor.
- Resolver circuitos com resistores e capacitores.

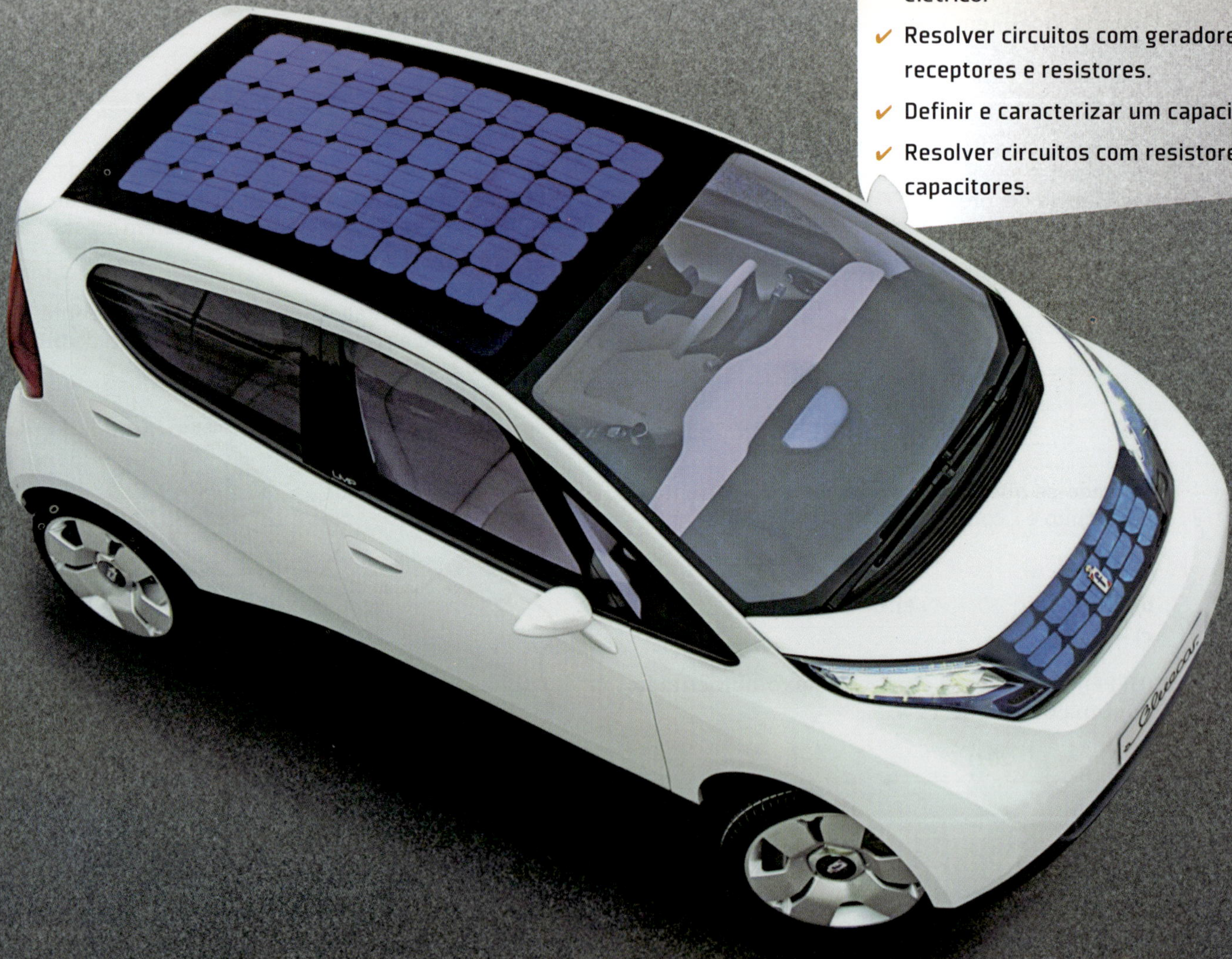

FAYOLLE PASCAL/SIPA/NEWSCOM

O *Bluecar* da foto, desenvolvido por franceses e italianos, é um carro movido a energia solar. A energia solar é convertida em energia elétrica nas células fotovoltaicas – um tipo de gerador elétrico – que recobrem o teto do veículo. A energia elétrica é convertida pelos motores elétricos – um tipo de receptor elétrico – em energia mecânica que movimenta o carro. O *Bluecar* pode atingir velocidades de até 80 km/h e não emite nenhum tipo de poluente.
Neste capítulo estudaremos alguns tipos de geradores e de receptores elétricos que fazem parte do nosso cotidiano.

Gráficos
Conteúdo multimídia

1 Introdução

Você consegue imaginar como seriam as nossas vidas sem energia elétrica? Vivemos em uma época em que dependemos o tempo todo de aparelhos e equipamentos que geram energia elétrica ou necessitam dela para funcionar. A geração de energia elétrica e seu impacto ambiental é um tema largamente discutido nos dias atuais.

Neste capítulo vamos caracterizar e analisar os principais componentes de um circuito elétrico, os geradores, e os receptores. Vamos também conhecer os capacitores, componentes capazes de armazenar carga elétrica e energia elétrica.

2 Gerador elétrico

Os **geradores elétricos** são dispositivos responsáveis por transformar energia sob a forma não elétrica em energia elétrica **(fig. 1)**.

Essa energia será fornecida às cargas elétricas que constituem a corrente elétrica do circuito.

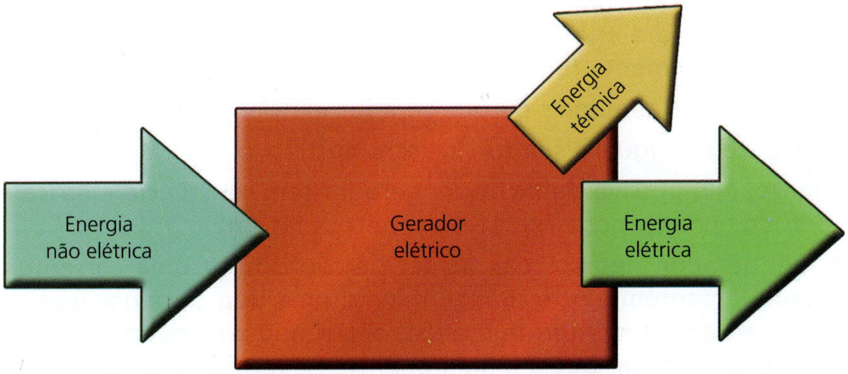

Figura 1. Um gerador converte energia não elétrica em energia elétrica.

A energia não elétrica que será convertida em energia elétrica depende do tipo de gerador:

- as pilhas e baterias comuns convertem energia química em energia elétrica;
- os dínamos e os alternadores das usinas convertem energia mecânica em energia elétrica;
- as células fotovoltaicas convertem energia luminosa em energia elétrica.

Um gerador é caracterizado por duas grandezas físicas: sua força eletromotriz e sua resistência interna.

A **força eletromotriz**, ou simplesmente *fem*, de um gerador, que passaremos a representar por ε, é medida em volt (V), equivalente ao joule/coulomb (J/C). Ela indica a quantidade de energia não elétrica que será convertida em energia elétrica por unidade de carga elétrica que atravessa esse gerador.

Dessa maneira, quando dizemos que a força eletromotriz de, por exemplo, uma bateria de automóvel é 12 V, isso significa que, a cada 1 C de carga elétrica que atravessa a bateria, 12 J de energia química serão convertidos em 12 J de energia elétrica.

Todo gerador é fabricado com materiais condutores de eletricidade e, por este motivo, apresenta certa **resistência elétrica interna**, que passaremos a representar por ***r***.

Essa resistência elétrica interna faz com que uma parte da energia elétrica disponibilizada pelo gerador seja dissipada internamente por efeito Joule.

Em um circuito elétrico, os geradores serão representados pelos símbolos mostrados na **figura 2**.

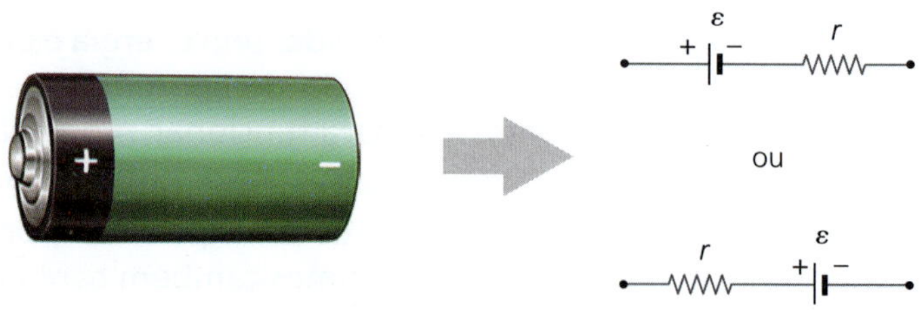

Figura 2. Símbolos para um gerador com força eletromotriz ε e resistência interna r.

No símbolo do gerador, o traço menor representa o polo negativo e o traço maior representa o polo positivo. O polo positivo corresponde ao terminal de maior potencial elétrico, enquanto o polo negativo corresponde ao terminal de menor potencial elétrico.

No interior do gerador, a corrente elétrica convencional i circula do polo negativo para o polo positivo, assim, as cargas que constituem a corrente elétrica têm sua energia potencial elétrica aumentada.

Se fosse possível construir um **gerador elétrico ideal**, ele não apresentaria resistência elétrica interna ($r = 0$). Nesse caso, não haveria dissipação de energia elétrica em seu interior e toda a energia elétrica, convertida a partir de outra forma de energia, seria integralmente fornecida ao circuito externo ao gerador.

Portanto, entre os terminais de um gerador elétrico ideal seria mantida uma diferença de potencial igual à sua força eletromotriz: $U = \varepsilon$

No entanto, é impossível fabricar um gerador sem resistência elétrica interna. Na prática, todo gerador possui resistência elétrica interna ($r \neq 0$).

Assim, um gerador elétrico real, ao ser percorrido por uma corrente elétrica de intensidade i, mantém, entre seus terminais, uma ddp U menor que sua força eletromotriz ε, pois em seu interior já estará ocorrendo uma queda de potencial U' em sua resistência interna. Dessa maneira, entre os terminais do gerador elétrico real teremos: $U = \varepsilon - U'$.

A queda de potencial U' na resistência elétrica interna do gerador pode ser calculada pela lei de Ohm: $U' = ri$.

Logo, entre os terminais de um gerador elétrico real teremos uma ddp U dada por: $U = \varepsilon - ri$

Essa expressão constitui a **equação característica** do gerador elétrico de *fem* ε e resistência elétrica interna r.

A **figura 3** mostra um circuito constituído por um resistor e uma pilha, considerada como gerador ideal **(fig. 3A)** ou como gerador real **(fig. 3B)**.

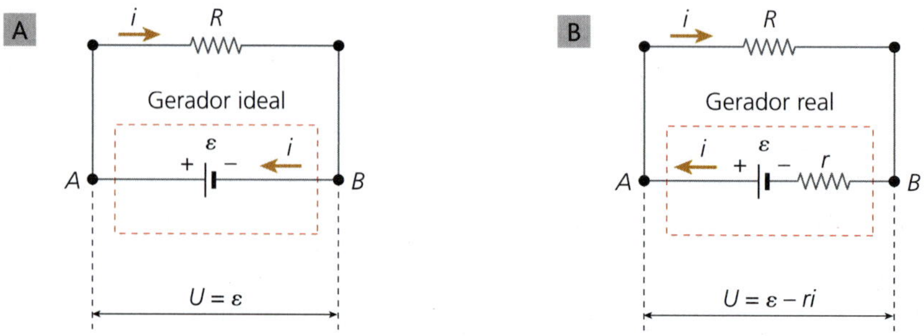

Figura 3. Um gerador mantém entre seus terminais uma ddp: (A) $U = \varepsilon$ (se for ideal); (B) $U = \varepsilon - ri$ (se for real).

Observe que, para um gerador real, quanto maior a intensidade da corrente elétrica *i* que o atravessa, menor será a ddp *U* mantida entre seus terminais.

A ddp *U* será máxima e igual à *fem* ε apenas quando o gerador não estiver ligado e, nesse caso, $i = 0$. A ddp mantida entre os terminais do gerador, nessa situação, é chamada **tensão em aberto**.

Por outro lado, a ddp entre os terminais será mínima – nula – quando a corrente através do gerador tiver seu valor máximo. Essa situação ocorrerá se ligarmos os terminais do gerador real por um fio de resistência elétrica desprezível. Teremos, então, um **gerador em curto-circuito** e essa corrente elétrica de intensidade máxima é chamada **corrente de curto-circuito** (i_{cc}).

Pela equação característica do gerador, teremos:

$$U = \varepsilon - ri \Rightarrow 0 = \varepsilon - ri_{cc} \Rightarrow ri_{cc} = \varepsilon \Rightarrow$$

$$\Rightarrow \boxed{i_{cc} = \frac{\varepsilon}{r}}$$

A curva característica de um gerador real, o gráfico $U \times i$, é mostrada na **figura 4**.

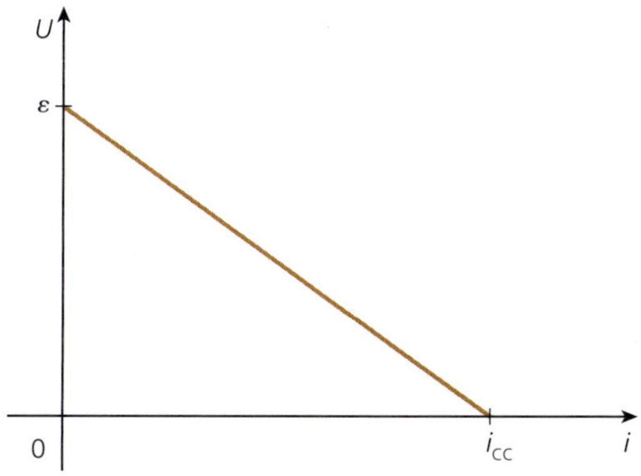

Figura 4. Curva característica de um gerador real.

Aplicando a teoria

1. **Um gerador elétrico possui *fem* ε = 60 V e resistência elétrica interna r = 3 Ω. Determinar:**

a) a tensão mantida entre os terminais desse gerador, quando atravessado por uma corrente elétrica de intensidade $i = 2$ A;

b) a intensidade de corrente elétrica que o atravessa, quando a tensão mantida em seus terminais é de $U = 45$ V.

➤ Solução

Conhecidas as características do gerador, *fem* e resistência interna, podemos escrever sua equação característica:

$$U = \varepsilon - ri \Rightarrow U = 60 - 3i$$

a) Para $i = 2$ A, teremos:

$$U = 60 - 3 \cdot 2 \Rightarrow U = 60 - 6 \Rightarrow$$

$$\Rightarrow \boxed{U = 54\text{ V}}$$

b) Para $U = 45$ V, teremos:

$$45 = 60 - 3i \Rightarrow 3i = 15 \Rightarrow$$

$$\Rightarrow \boxed{i = 5\text{ A}}$$

2. A figura abaixo mostra a curva característica de um gerador elétrico.

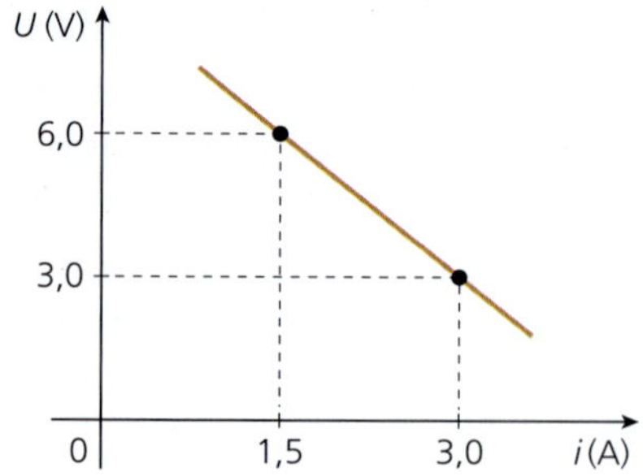

Determinar sua *fem* ε, a resistência interna *r* e a intensidade da corrente de curto-circuito i_{cc}.

➤ Solução

Conhecemos dois pontos da curva característica do gerador. Para a corrente de intensidade i = 1,5 A, a ddp é *U* = 6,0 V e para a corrente de intensidade i = 3,0 A, a ddp é *U* = 3,0 V. Então, podemos montar duas equações:

$6{,}0 = \varepsilon - 1{,}5r$ ①

$3{,}0 = \varepsilon - 3{,}0r$ ②

Resolvendo o sistema de duas equações, ① e ②, e duas incógnitas, ε e *r*, obtemos: $\boxed{r = 2{,}0\ \Omega}$ e $\boxed{\varepsilon = 9{,}0\ V}$

A corrente de curto-circuito terá intensidade:

$$i_{cc} = \frac{\varepsilon}{r} \Rightarrow i_{cc} = \frac{9{,}0}{2{,}0} \Rightarrow \boxed{i_{cc} = 4{,}5\ A}$$

Avaliando o aprendizado

1. Um gerador elétrico mantém entre seus terminais uma tensão $U_1 = 12$ V quando percorrido por corrente elétrica de intensidade $i_1 = 1{,}5$ A. Quando atravessado por uma corrente de intensidade $i_2 = 2$ A, a tensão em seus terminais passa a ser $U_2 = 11$ V. Determine, para esse gerador:

a) a força eletromotriz ε e a resistência elétrica interna *r*;

b) sua equação característica.

2. Uma bateria comum de automóvel tem força eletromotriz ε = 12 V. Um amperímetro ideal conectado diretamente aos terminais dessa bateria acusa a passagem de uma corrente elétrica de intensidade i = 30 A. Determine:

a) a resistência elétrica interna dessa bateria.

b) sua equação característica.

3. A figura abaixo mostra a curva característica de um gerador elétrico.

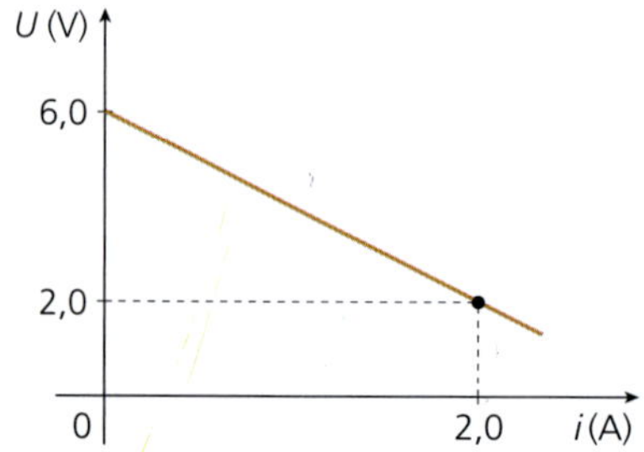

Determine sua *fem* ε, sua resistência interna *r* e a intensidade da corrente de curto-circuito i_{cc}.

3 Circuito gerador-resistor e a lei de Pouillet

Vamos considerar um circuito elétrico constituído por um resistor com resistência elétrica R conectado aos terminais de um gerador real de *fem* ε e resistência interna r (**fig. 5**).

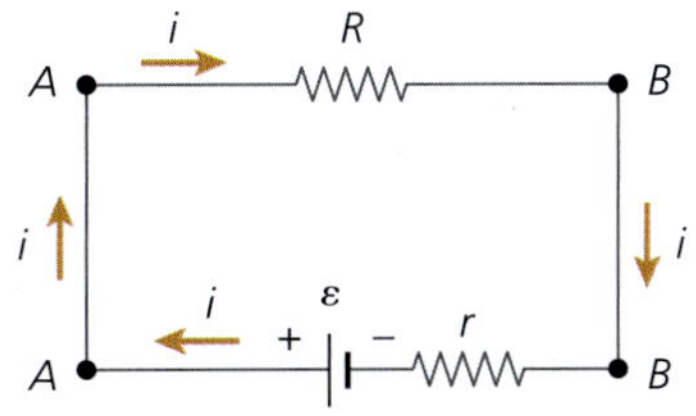

Figura 5. Circuito gerador-resistor.

Para este circuito, vamos calcular a intensidade da corrente elétrica i que atravessa o resistor e o gerador.

A ddp U_{AB} nos terminais do resistor é dada, pela lei de Ohm, por:

$$U_{AB} = Ri \quad (1)$$

A mesma ddp U_{AB}, nos terminais do gerador, é dada por:

$$U_{AB} = \varepsilon - ri \quad (2)$$

Igualando as equações (1) e (2), temos:

$$Ri = \varepsilon - ri \Rightarrow Ri + ri = \varepsilon \Rightarrow (R + r) \cdot i = \varepsilon \Rightarrow \boxed{i = \frac{\varepsilon}{R + r}}$$

Essa relação foi obtida experimentalmente pelo físico francês Claude Pouillet (1790-1868) e tornou-se conhecida como lei de Pouillet.

Observe que, na lei de Pouillet, R corresponde à resistência elétrica do circuito externo. No circuito elétrico que utilizamos para deduzir a lei de Pouillet, a resistência externa R era constituída pela resistência elétrica de um único resistor. Entretanto, no circuito externo, em vez de um único resistor, podemos ter uma associação de resistores e, nesse caso, a resistência R corresponderá à resistência elétrica do resistor equivalente.

Por outro lado, a corrente elétrica de intensidade i, dada pela lei de Pouillet, será sempre a intensidade da corrente elétrica que atravessa o gerador.

Aplicando a teoria

3. **Um resistor com resistência elétrica R = 2,5 Ω é conectado aos terminais de um gerador com *fem* ε = 12 V e resistência interna *r* = 0,5 Ω. Determinar:**

a) a intensidade da corrente elétrica que atravessa o gerador;

b) a ddp nos terminais do resistor.

➤ Solução

a) Aplicando a lei de Pouillet, teremos:

$$i = \frac{\varepsilon}{R + r} \Rightarrow i = \frac{12}{2{,}5 + 0{,}5} \Rightarrow i = \frac{12}{3{,}0} \Rightarrow \boxed{i = 4{,}0\ A}$$

b) A ddp nos terminais do resistor é calculada pela lei de Ohm:

$$U = Ri \Rightarrow U = 2{,}5 \cdot 4{,}0 \Rightarrow \boxed{U = 10\ V}$$

4. **No circuito esquematizado abaixo o amperímetro é ideal. Com a chave *k* aberta, o amperímetro indica 1,4 A; com a chave fechada, ele indica 3,0 A.**

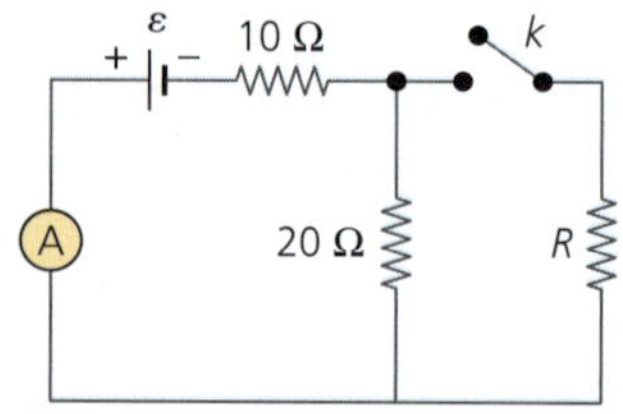

Determinar o valor da resistência R.

➤ Solução

Vamos aplicar a lei de Pouillet ao circuito obtido com a chave *k* aberta:

$$i = \frac{\varepsilon}{R + r} \Rightarrow 1{,}4 = \frac{\varepsilon}{20 + 10} \Rightarrow \varepsilon = 1{,}4 \cdot 30 \Rightarrow \varepsilon = 42\,\text{V}$$

Com a chave *k* fechada, podemos mais uma vez aplicar a lei de Pouillet e obter a resistência equivalente ao circuito externo ao gerador:

$$i = \frac{\varepsilon}{R + r} \Rightarrow 3{,}0 = \frac{42}{R_{eq} + 10} \Rightarrow R_{eq} + 10 = \frac{42}{3{,}0} \Rightarrow R_{eq} = 4\,\Omega$$

Portanto, o resistor equivalente à associação em paralelo dos resistores de resistências elétricas 20 Ω e R é igual a 4 Ω. Logo:

$$\frac{20R}{20 + R} = 4 \Rightarrow 20R = 80 + 4R \Rightarrow 16R = 80 \Rightarrow \boxed{R = 5\,\Omega}$$

Avaliando o aprendizado

4. Uma bateria de força eletromotriz 12 V e resistência interna 1 Ω é ligada aos terminais de dois resistores com resistências, R_2 e R_3, ligadas em série. Se $R_2 = 3\,\Omega$, quanto deve ser o valor de R_3 para que a corrente na resistência interna da bateria seja de 1,5 A?

5. No circuito da figura abaixo, determine a intensidade da corrente elétrica fornecida pela bateria.

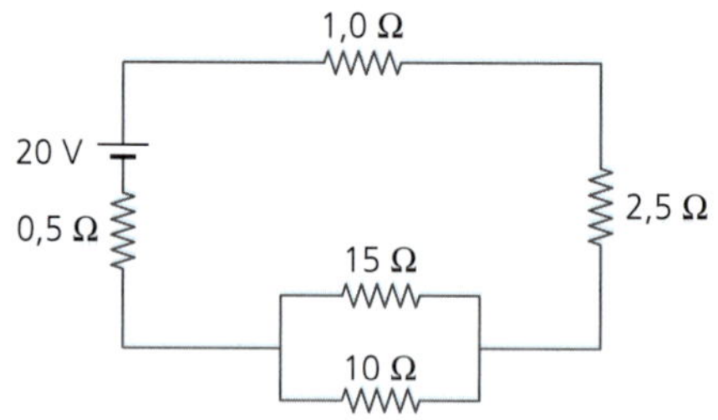

6. Para o circuito representado abaixo, calcule a intensidade da corrente elétrica que atravessa o gerador e a ddp nos terminais do resistor de 5 Ω.

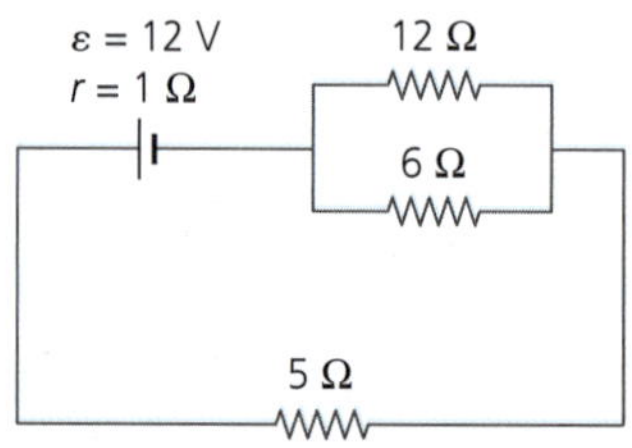

4 Associação de geradores elétricos

Em muitas situações práticas, o uso de um único gerador não é suficiente para fornecer a energia elétrica necessária a um circuito. Nesse caso, podemos interligar dois ou mais geradores entre si para fornecer a energia elétrica necessária ao circuito elétrico externo. Ou seja, podemos fazer associações de geradores.

Os geradores, assim como os resistores, podem ser associados basicamente de duas maneiras: em série ou em paralelo.

Associação de geradores em série

Ao associar dois ou mais geradores iguais (ou diferentes) em série, devemos conectar o polo positivo do primeiro gerador ao polo negativo do segundo gerador, daí interligar o polo positivo do segundo gerador ao polo negativo do terceiro gerador, e assim por diante (**fig. 6**).

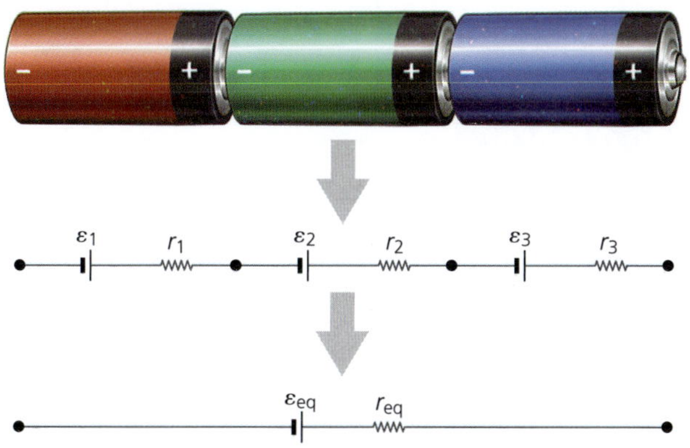

Figura 6. Geradores associados em série.

O gerador equivalente a uma associação de geradores é o gerador que, percorrido pela corrente da associação, mantém entre seus terminais uma ddp igual àquela mantida pela associação.

No caso de uma associação de geradores em série, temos:

$$\varepsilon_{eq} = \varepsilon_1 + \varepsilon_2 + \varepsilon_3 + \dots$$

e

$$r_{eq} = r_1 + r_2 + r_3 + \dots$$

Assim, se conectarmos n geradores idênticos, cada um com *fem* ε e resistência interna r, teremos:

$$\varepsilon_{eq} = n\varepsilon$$

e

$$r_{eq} = nr$$

Associação de geradores em paralelo

Em uma associação de geradores elétricos em paralelo, os polos negativos de todos os geradores devem ser conectados a um dado ponto e os polos positivos de todos os geradores conectados a um outro ponto.

Na prática, as associações de geradores em paralelo são feitas apenas com geradores idênticos, ou seja, com mesma *fem* ε e resistência interna r (**fig. 7**).

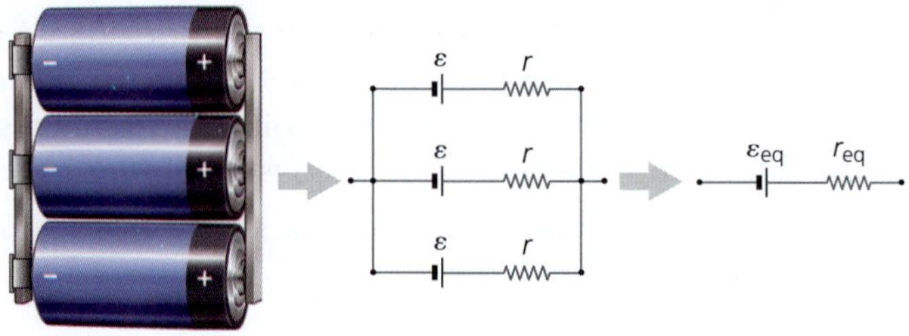

Figura 7. Associação de geradores em paralelo.

Numa associação em paralelo, se conectarmos n geradores idênticos, cada um com *fem* ε e resistência interna r, teremos:

$$\boxed{\varepsilon_{eq} = \varepsilon}$$

e

$$\boxed{r_{eq} = \frac{r}{n}}$$

Aplicando a teoria

5. Um brinquedo movido a pilhas funciona com 6 pilhas, idênticas, associadas em série. Cada pilha tem força eletromotriz 1,5 V e resistência interna 0,01 Ω. Determinar a força eletromotriz ε e a resistência elétrica interna r do gerador equivalente a essa associação de pilhas.

➤ **Solução**

Para uma associação de geradores idênticos em série, temos:

$$\varepsilon_{eq} = n\varepsilon \Rightarrow \varepsilon_{eq} = 6 \cdot 1{,}5 \Rightarrow \boxed{\varepsilon_{eq} = 9{,}0\ \text{V}}$$

$$r_{eq} = nr \Rightarrow r_{eq} = 6 \cdot 0{,}01 \Rightarrow \boxed{r_{eq} = 0{,}06\ \Omega}$$

6. Duas pilhas, cada uma com força eletromotriz 1,5 V e resistência interna 0,2 Ω, são associadas em paralelo e usadas para fornecer energia elétrica a um resistor de resistência elétrica 0,4 Ω. Determinar:

a) a intensidade da corrente elétrica que atravessa cada pilha;

b) a potência dissipada pelo resistor.

➤ **Solução**

a) Devemos, inicialmente, estabelecer as características do gerador equivalente à associação em paralelo das duas pilhas idênticas. Teremos:

$$\varepsilon_{eq} = \varepsilon \Rightarrow \varepsilon_{eq} = 1{,}5\ \text{V e } r_{eq} = \frac{r}{n} \Rightarrow r_{eq} = \frac{0{,}2}{2} \Rightarrow r_{eq} = 0{,}1\ \Omega$$

Podemos agora aplicar a lei de Pouillet ao circuito:

$$i = \frac{\varepsilon}{R + r} \Rightarrow i = \frac{1{,}5}{0{,}4 + 0{,}1} \Rightarrow i = 3{,}0\ \text{A}$$

Como essa corrente de 3,0 A é a corrente que circula pelo gerador equivalente à associação das duas pilhas, podemos concluir que cada pilha será atravessada por metade dessa corrente.

Então, em cada pilha, a intensidade da corrente elétrica será de: $\boxed{1{,}5\ \text{A}}$

b) A potência dissipada no resistor de 0,4 Ω, atravessado pela corrente de 3,0 A, é dada por: $P = Ri^2 \Rightarrow P = 0{,}4 \cdot 3^2 \Rightarrow \boxed{P = 3{,}6\ \text{W}}$

Avaliando o aprendizado

7. O diagrama abaixo mostra as curvas características de dois geradores, A e B.

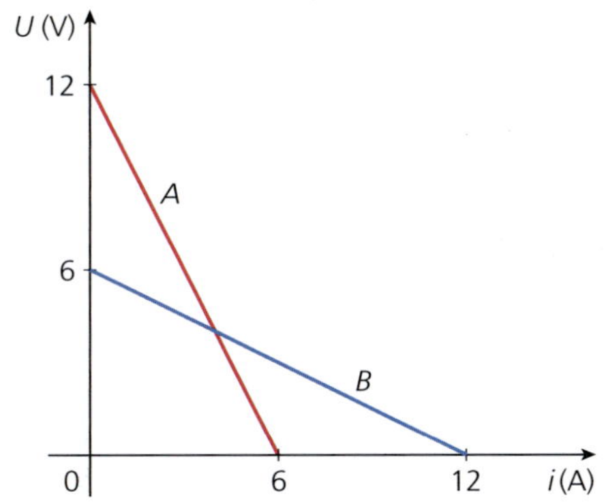

Determine:

a) a *fem* ε e a resistência elétrica interna *r* equivalente à associação em série dos geradores A e B;

b) a ddp *U* mantida nos terminais da associação, quando a intensidade de corrente elétrica através dos geradores é de 4 A.

8. No circuito esquematizado a seguir, determine a potência dissipada pela lâmpada *L*, cuja resistência elétrica vale 4 Ω.

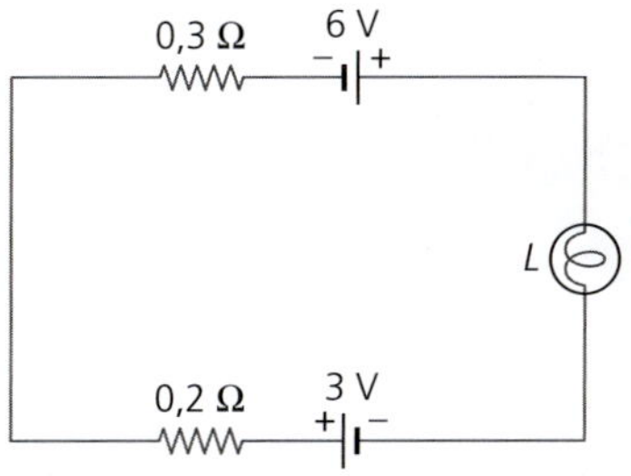

5 Receptor elétrico

Os **receptores elétricos** são dispositivos responsáveis pela conversão da energia elétrica em outra forma de energia que não exclusivamente a energia térmica **(fig. 8)**.

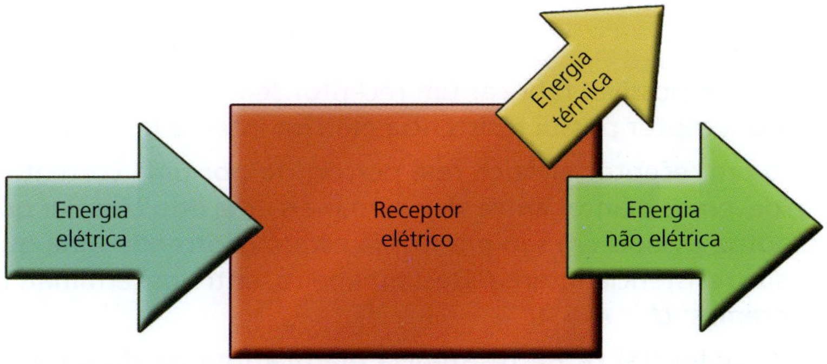

Figura 8. Um receptor converte energia elétrica em energia não elétrica.

A forma da energia não elétrica, que foi convertida a partir da energia elétrica recebida, depende do tipo de receptor:

- as baterias do tipo recarregáveis, durante o processo de carga, convertem energia elétrica em energia química;
- os motores elétricos convertem energia elétrica em energia mecânica.

Um receptor é caracterizado por duas grandezas físicas: sua força contraeletromotriz e sua resistência interna.

A **força contraeletromotriz**, ou simplesmente *fcem*, de um receptor, que passaremos a representar por ε', é medida, como no caso da *fem* de um gerador, em volt (V). A *fcem* indica a quantidade de energia elétrica que será convertida em energia não elétrica por unidade de carga elétrica que atravessa o receptor.

Dessa maneira, quando dizemos que a força contraeletromotriz de, por exemplo, um motor elétrico é 9 V, isso significa que, a cada 1 C de carga elétrica que atravessa o motor, 9 J de energia elétrica serão convertidos em 9 J de energia mecânica.

Todo receptor, assim como os geradores, é fabricado com materiais condutores de eletricidade e, por este motivo, também apresenta certa **resistência elétrica interna**, que passaremos a representar por r'.

Essa resistência elétrica interna faz com que uma parte da energia elétrica fornecida ao receptor seja dissipada internamente por efeito Joule.

Em um circuito elétrico, os receptores serão representados pelo símbolo mostrado na **figura 9**.

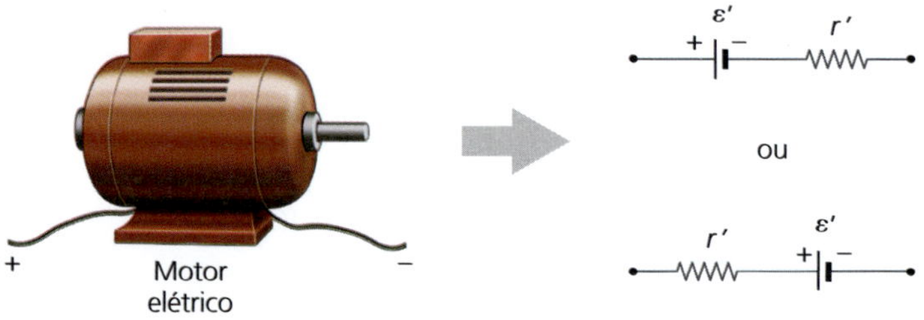

Figura 9. Símbolo para um receptor com força contraeletromotriz ε' e resistência interna r'.

Devemos salientar que, ao contrário dos geradores, nos receptores a corrente elétrica *i* circula do polo positivo para o polo negativo, assim, as cargas que constituem a corrente elétrica terão, ao atravessar o receptor, sua energia potencial elétrica diminuída.

Se fosse possível construir um **receptor elétrico ideal**, ele não apresentaria resistência elétrica interna ($r' = 0$). Nesse caso, não haveria dissipação de energia elétrica em seu interior e toda a energia elétrica recebida seria integralmente convertida em outra forma de energia.

Portanto, entre os terminais de um receptor elétrico ideal deveríamos manter uma diferença de potencial igual à sua força contraeletromotriz:

$$U = \varepsilon'$$

No entanto, é impossível fabricar um receptor sem resistência elétrica interna. Na prática, todo receptor possui resistência elétrica interna ($r' \neq 0$).

Assim, para um receptor elétrico real percorrido por uma corrente elétrica de intensidade *i*, devemos manter entre seus terminais uma ddp *U* maior que sua força contraeletromotriz ε', pois em seu interior já estará ocorrendo uma queda de potencial U' em sua resistência interna. Dessa maneira, entre os terminais do receptor elétrico real teremos: $U = \varepsilon' + U'$.

A queda de potencial U' na resistência elétrica interna do gerador pode ser calculada pela lei de Ohm: $U' = r'i$.

Portanto, entre os terminais de um receptor elétrico real, teremos uma ddp U dada por:

$$U = \varepsilon' + r'i$$

Essa expressão constitui a **equação característica** do receptor elétrico de *fcem* ε' e resistência elétrica interna r'.

A partir dessa equação característica, podemos construir o gráfico $U \times i$, a curva característica do receptor **(fig. 10)**.

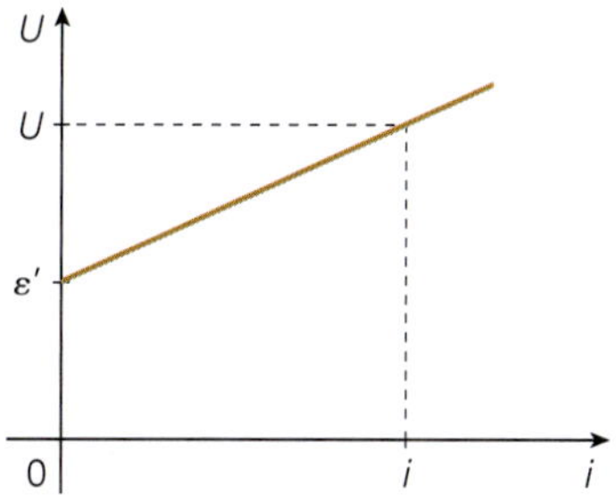

Figura 10. Curva característica de um receptor real.

Aplicando a teoria

7. Um receptor elétrico tem força contraeletromotriz 50 V e resistência interna de 5 Ω. Determinar:

a) a intensidade de corrente elétrica que o atravessa quando a ddp entre seus terminais é de 80 V;

b) a ddp a que esse receptor deve ser submetido para ser percorrido por corrente elétrica de intensidade 2 A.

➤ Solução

Conhecendo a *fcem* de 50 V e a resistência interna de 5 Ω do receptor, podemos escrever sua equação característica:

$$U + \varepsilon' + r'i \Rightarrow U = 50 + 5i$$

a) Para $U = 80$ V, teremos:

$$80 = 50 + 5i \Rightarrow 5i = 30 \Rightarrow \boxed{i = 6\ A}$$

b) Para $i = 2$ A, teremos:

$$U = 50 + 5 \cdot 2 \Rightarrow U = 50 + 10 \Rightarrow \boxed{U = 60\ V}$$

Avaliando o aprendizado

9. Um receptor elétrico possui força contraeletromotriz $\varepsilon' = 100$ V e resistência elétrica interna $r' = 5\ \Omega$.

a) Qual é a equação característica desse receptor?

b) Represente em um diagrama $U \times i$ a curva característica desse receptor.

10. Um motor elétrico é submetido a uma ddp de 12 V, sendo atravessado por uma corrente elétrica de intensidade 3 A. Mudando-se a tensão para 15 V, a corrente passa a ter intensidade 6 A. Determine a *fcem* ε' e a resistência interna r' desse motor elétrico.

6 Potência de geradores e de receptores

A partir das equações características dos geradores e dos receptores, vamos agora determinar a potência desenvolvida durante o funcionamento desses elementos de circuito elétrico.

Potência de um gerador

Para um gerador, sabemos que:

$$U = \varepsilon - ri$$

Multiplicando ambos os membros da igualdade por i, a corrente que atravessa o gerador durante o funcionamento, obtemos:

$$Ui = \varepsilon i - ri^2$$

Nessa expressão, εi é a potência total gerada pelo gerador, ri^2 é a potência dissipada internamente e Ui é a potência lançada no circuito externo ao gerador. Logo:

$$\boxed{P_{\text{lançada}} = P_{\text{gerada}} - P_{\text{dissipada}}}$$

Podemos definir o rendimento η do gerador como a relação entre a potência lançada no circuito pelo gerador e a potência total gerada. Então:

$$\eta = \frac{P_{\text{lançada}}}{P_{\text{gerada}}} \Rightarrow \eta = \frac{Ui}{\varepsilon i} \Rightarrow \boxed{\eta = \frac{U}{\varepsilon}}$$

Potência de um receptor

Para um receptor, sabemos que: $U = \varepsilon' + r'i$

Multiplicando ambos os membros da igualdade por i, a corrente que atravessa o receptor durante o funcionamento, obtemos: $Ui = \varepsilon' i + r' i^2$

Nessa expressão, Ui é a potência total recebida pelo receptor, $\varepsilon' i$ é a potência útil do receptor e ri^2 é a potência dissipada internamente no receptor. Logo:

$$\boxed{P_{\text{recebida}} = P_{\text{útil}} + P_{\text{dissipada}}}$$

Podemos definir o rendimento η do receptor como a relação entre a potência útil e a potência total recebida. Então:

$$\eta = \frac{P_{\text{útil}}}{P_{\text{recebida}}} \Rightarrow \eta = \frac{\varepsilon' i}{Ui} \Rightarrow \boxed{\eta = \frac{\varepsilon'}{U}}$$

7 Circuito série com gerador, receptor e resistor

Consideremos um circuito elétrico constituído por uma bateria, de *fem* ε e resistência interna r, um motor elétrico, com *fcem* ε' e resistência interna r', e uma lâmpada de resistência elétrica R (**fig. 11**).

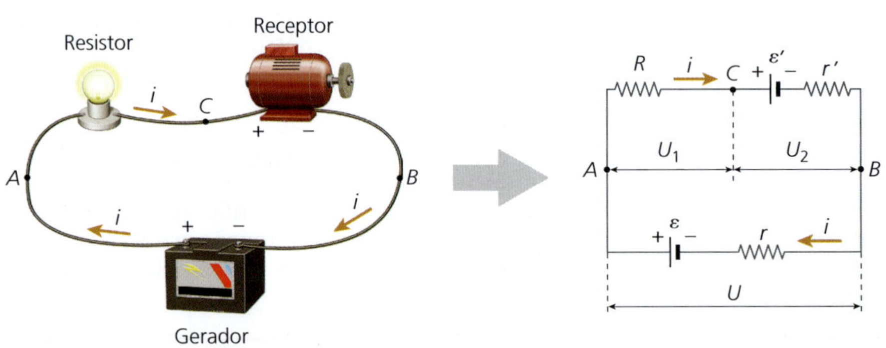

Figura 11. Circuito com gerador, receptor e resistor.

Observe que a ddp U, mantida entre os terminais do gerador, é igual à soma das ddp U_1 e U_2, mantidas, respectivamente, entre os terminais do resistor e do receptor: $U = U_1 + U_2$

Mas: $U = \varepsilon - ri$ (equação característica do gerador)

$U_1 = Ri$ (lei de Ohm)

$U_2 = \varepsilon' + r'i$ (equação característica do receptor)

Então: $\varepsilon - ri = Ri + \varepsilon' + r'i \Rightarrow \varepsilon - \varepsilon' = Ri + ri + r'i \Rightarrow \boxed{i = \dfrac{\varepsilon - \varepsilon'}{R + r + r'}}$

Essa expressão corresponde à lei de Pouillet aplicada a um circuito simples com um gerador, um resistor e um receptor. O sentido da corrente é determinado pelo gerador, cuja *fem* tem valor maior que a *fcem* do receptor.

Se o circuito simples for constituído por diversos geradores, receptores e resistores, podemos generalizar a lei de Pouillet e obter: $\boxed{i = \dfrac{\Sigma\varepsilon - \Sigma\varepsilon'}{\Sigma R}}$

Nessa expressão genérica, $\Sigma\varepsilon$ é a soma das *fem* de todos os geradores (*fem* do gerador equivalente), $\Sigma\varepsilon'$ é a soma das *fcem* de todos os receptores (*fcem* do receptor equivalente) e ΣR é a resistência equivalente do circuito.

Aplicando a teoria

8. Um gerador elétrico, com *fem* 60 V e resistência interna 3 Ω, é utilizado para colocar em funcionamento um motor elétrico de *fcem* 40 V e resistência interna 2 Ω. Nestas condições, determinar:

a) a intensidade de corrente elétrica que atravessa o gerador;

b) a ddp nos terminais do motor elétrico;

c) o rendimento do gerador e o rendimento do motor.

➤ Solução

a) Vamos aplicar a lei de Pouillet ao circuito constituído por um gerador e um receptor:

$$i = \frac{\varepsilon - \varepsilon'}{R + r + r'} \Rightarrow i = \frac{60 - 40}{0 + 3 + 2} \Rightarrow i = \frac{20}{5} \Rightarrow \boxed{i = 4\text{ A}}$$

b) A ddp nos terminais do motor (receptor) é dada a partir de sua equação característica: $U = 40 + 2i$.

Para $i = 4$ A, teremos: $U = 40 + 2 \cdot 4 \Rightarrow \boxed{U = 48\text{ V}}$

Observe que essa é também a ddp mantida nos terminais do gerador.

c) Para o gerador:

$$\eta_{gerador} = \frac{U}{\varepsilon} \Rightarrow \eta_{gerador} = \frac{48}{60} \Rightarrow \boxed{\eta_{gerador} = 0{,}8 = 80\%}$$

E, para o receptor:

$$\eta_{receptor} = \frac{\varepsilon'}{U} \Rightarrow \eta_{receptor} = \frac{40}{48} \Rightarrow$$

$$\Rightarrow \boxed{\varepsilon_{receptor} \simeq 0{,}833 \simeq 83{,}3\%}$$

9. No circuito elétrico abaixo, determine a leitura dos instrumentos de medidas, supostos ideais.

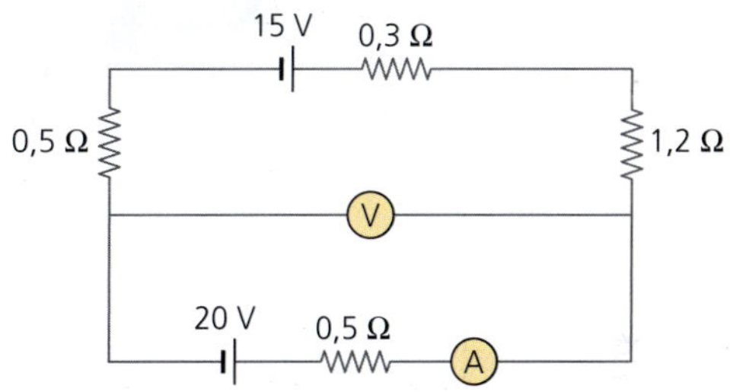

➤ Solução

Observe que, neste circuito, o gerador está localizado no ramo inferior e que a corrente circulará em sentido anti-horário. Pela lei de Pouillet, temos:

$$i = \frac{\varepsilon - \varepsilon'}{R + r + r'} \Rightarrow i = \frac{20 - 15}{1{,}7 + 0{,}5 + 0{,}3} \Rightarrow i = \frac{5}{2{,}5} \Rightarrow$$

$$\Rightarrow \boxed{i = 2\text{ A}}$$

Logo, a corrente que circulará pelo amperímetro terá intensidade 2 A.

O voltímetro está conectado aos terminais do gerador. Assim, sua leitura é dada por:

$$U = \varepsilon - ri \Rightarrow U = 20 - 0{,}5 \cdot 2 \Rightarrow \boxed{U = 19\text{ V}}$$

Note que também poderíamos considerar o voltímetro ligado aos terminais de um receptor com *fcem* de 15 V e resistência interna de 2,0 Ω (equivalente à associação em série das resistências de 0,5 Ω, 0,3 Ω e 1,2 Ω). Nesse caso:

$$U = \varepsilon' + r'i \Rightarrow U = 15 + 2{,}0 \cdot 2 \Rightarrow \boxed{U = 19\text{ V}}$$

Avaliando o aprendizado

11. A figura a seguir mostra um circuito constituído por um gerador e um receptor.

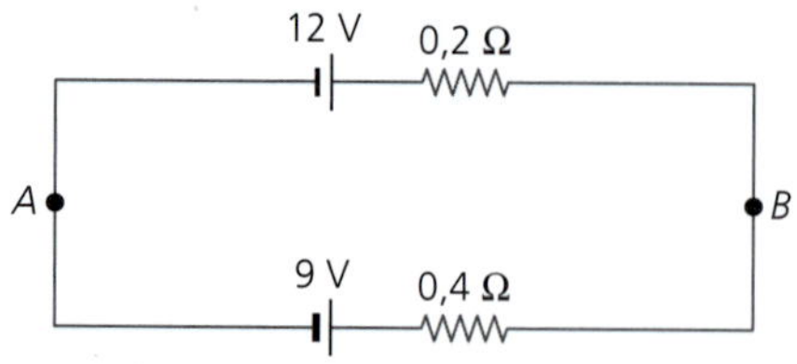

Determine:

a) a intensidade da corrente elétrica;

b) a ddp entre A e B;

c) o rendimento do gerador.

12. A figura abaixo mostra um circuito elétrico constituído por um gerador (28 V/1 Ω), um motor elétrico (20 V/2 Ω), uma lâmpada com resistência elétrica 5 Ω, um amperímetro ideal e um voltímetro ideal.

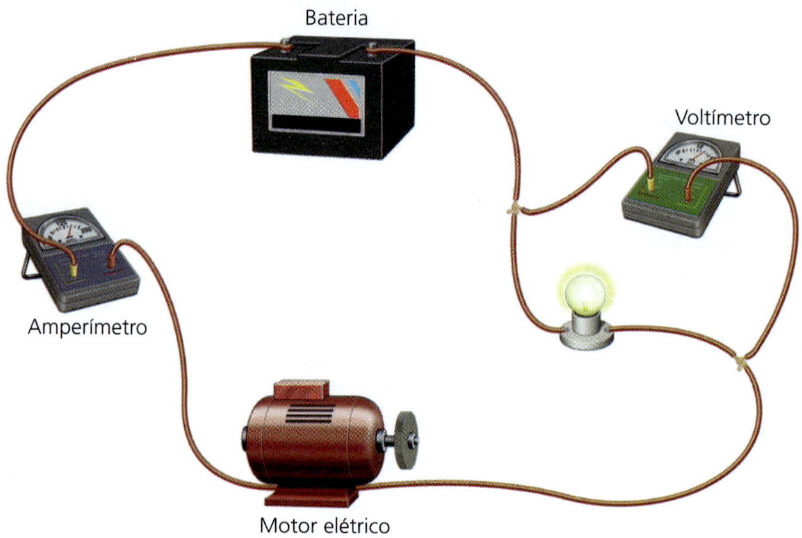

Nessas condições:

a) esboce esquematicamente este circuito elétrico utilizando os símbolos adequados;

b) determine as indicações do amperímetro e do voltímetro;

c) determine a potência elétrica dissipada na lâmpada;

d) determine o rendimento do motor.

13. No circuito mostrado a seguir, a corrente que passa pelo amperímetro ideal tem intensidade 2 A.

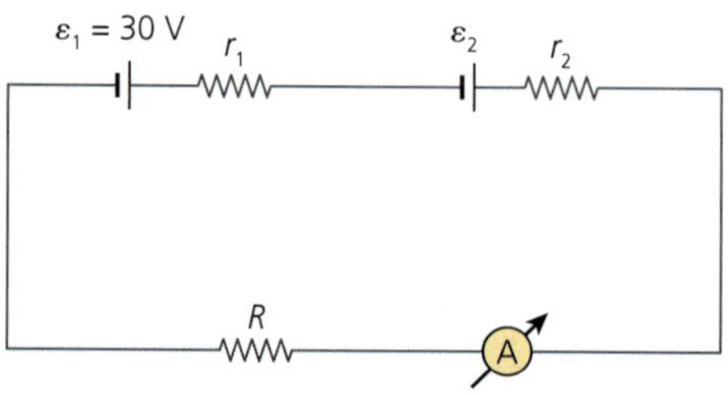

Invertendo-se a polaridade do gerador de *fem* ε_2, a corrente no amperímetro mantém seu sentido, mas passa a ter intensidade 1 A. Determine a *fem* ε_2.

8 Capacitores

Os **capacitores**, também chamados **condensadores**, são elementos de circuito elétrico cuja função é armazenar carga elétrica e energia elétrica (**fig. 12**).

MARTYN F. CHILLMAID/SCIENCE PHOTO LIBRARY/LATINSTOCK

Figura 12. Diferentes tipos de capacitores.

Os capacitores são constituídos por um par de condutores, denominados **armaduras**, entre os quais é mantido inserido um material isolante (dielétrico), como ar, óleo, papel, cerâmica etc., para não permitir o contato entre esses condutores.

Quando as armaduras de um capacitor são submetidas a uma ddp U, cada uma delas se eletriza com carga elétrica de mesmo valor Q, porém de sinais opostos. Dizemos, então, que o capacitor está carregado com carga elétrica Q.

A **capacidade**, ou **capacitância eletrostática**, **C**, do capacitor é calculada, por definição, pela relação: $\boxed{C = \dfrac{Q}{U}}$

No SI, a carga elétrica é medida em coulomb (C), a ddp é medida em volt (V) e, portanto, a capacidade é medida em C/V, unidade de medida que recebeu o nome **farad**, cujo símbolo é o **F**. Assim: $1\,\text{F} = 1\dfrac{\text{C}}{\text{V}}$.

Na prática, o farad é uma unidade de medida extremamente alta e, por este motivo, os capacitores fabricados e usados em circuitos elétricos normalmente têm capacidades da ordem do microfarad (1 μF = 10^{-6} F), do nanofarad (1 nF = 10^{-9} F) ou do picofarad (1 pF = 10^{-12} F).

Em circuitos elétricos, os capacitores são representados pelo símbolo mostrado na **figura 13**.

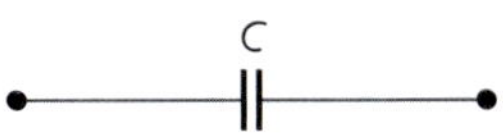

Figura 13. Símbolo usado para representar um capacitor.

Ao se eletrizar, um capacitor passa a armazenar uma energia potencial elétrica E_{pel} dada por: $\boxed{E_{pel} = \dfrac{QU}{2}}$

No SI, a carga do capacitor é medida em coulomb (C), a ddp entre as armaduras é medida em volt (V) e a energia potencial elétrica E_{pel} é medida em joule (J).

Aplicando a teoria

10. **Um capacitor com capacitância eletrostática 6 μF é conectado a dois pontos de um circuito elétrico. Determinar a carga elétrica e a energia potencial elétrica armazenadas pelo capacitor, sabendo que a ddp entre tais pontos é de 5 V.**

➤ **Solução**

A partir da definição da capacitância do capacitor, temos:

$$C = \frac{Q}{U} \Rightarrow 6 = \frac{Q}{5} \Rightarrow \boxed{Q = 30\ \mu C}$$

A energia elétrica armazenada pelo capacitor é dada por: $E_{pel} = \frac{QU}{2}$

$$\text{Então: } E_{pel} = \frac{30 \cdot 5}{2} \Rightarrow \boxed{E_{pel} = 75\ \mu J}$$

Avaliando o aprendizado

14. Um capacitor com capacidade 5 μF é conectado aos terminais de uma bateria ideal de *fem* 12 V. Determine a carga elétrica e a energia potencial elétrica armazenada pelo capacitor.

15. Um capacitor armazena uma carga elétrica de $4 \cdot 10^{-4}$ C e uma energia potencial elétrica de $8 \cdot 10^{-2}$ J. Determine a capacidade do capacitor e a ddp entre suas armaduras.

9 Circuitos RC

Até este ponto de nosso estudo temos resolvido circuitos elétricos contendo apenas geradores, receptores e resistores. Vamos agora introduzir em tais circuitos um novo elemento, os capacitores.

Na resolução de circuitos elétricos contendo capacitores, admitiremos que tais elementos já estejam completamente carregados. Assim, os fenômenos transitórios que ocorrem durante o processo de carga do capacitor deixam de interferir no circuito.

É importante ressaltar que não é possível a passagem de uma corrente elétrica contínua através de um capacitor carregado, pois o material existente entre as armaduras é isolante elétrico. Portanto, em um circuito elétrico, um capacitor carregado pode ser considerado uma chave aberta e no ramo que contém o capacitor a corrente elétrica é nula.

Para efeitos de resolução, o ramo que contém o capacitor pode ser retirado do circuito e o circuito restante resolvido como temos feito até aqui (**fig. 14**).

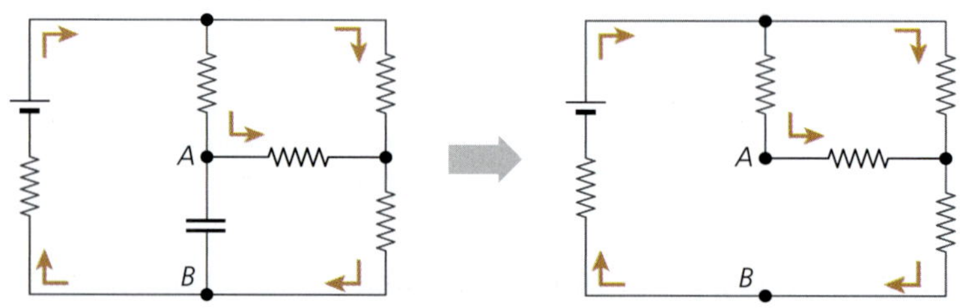

Figura 14. Para a resolução do circuito, o ramo que contém o capacitor pode ser retirado.

Resolvido o circuito, podemos determinar a ddp entre os pontos aos quais estava ligado o capacitor e, com esse valor, calcular a carga elétrica e a energia elétrica por ele armazenadas.

Aplicando a teoria

11. **No circuito elétrico esquematizado ao lado, a bateria tem *fem* ε = 6 V e resistência interna r = 0,5 Ω. A lâmpada L tem uma resistência R = 2,5 Ω. O capacitor, conectado entre os pontos A e B, tem capacitância eletrostática C = 10 μF.**

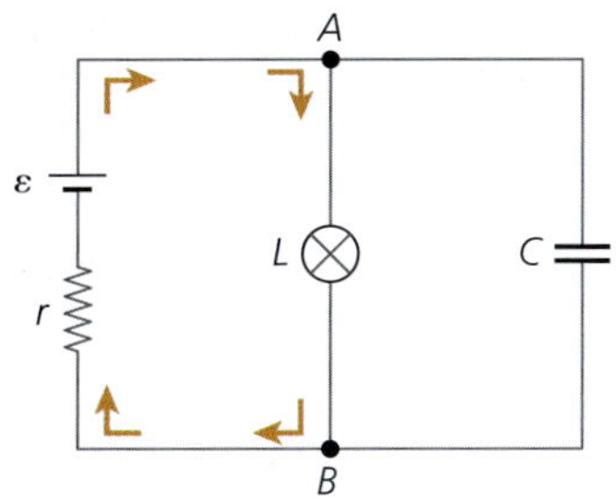

Considerando que o capacitor já está completamente carregado, determinar:

a) a intensidade de corrente elétrica que atravessa o gerador;

b) a ddp entre os pontos A e B;

c) a carga elétrica adquirida pelo capacitor.

➤ **Solução**

a) Pela lei de Pouillet, temos:

$$i = \frac{\varepsilon}{R + r} \Rightarrow i = \frac{6}{2{,}5 + 0{,}5} \Rightarrow i = \frac{6}{3} \Rightarrow \boxed{i = 2\,A}$$

b) A ddp entre os pontos A e B corresponde à ddp nos terminais da lâmpada.

Pela lei de Ohm:

$$U = Ri \Rightarrow U = 2{,}5 \cdot 2 \Rightarrow \boxed{U = 5\,V}$$

c) A partir da definição da capacitância do capacitor, teremos:

$$C = \frac{Q}{U} \Rightarrow 10 = \frac{Q}{5} \Rightarrow \boxed{Q = 50\,\mu C}$$

12. **No circuito ao lado, com a chave *Ch* fechada o capacitor C apresenta carga elétrica Q_1 = 60 μC.**

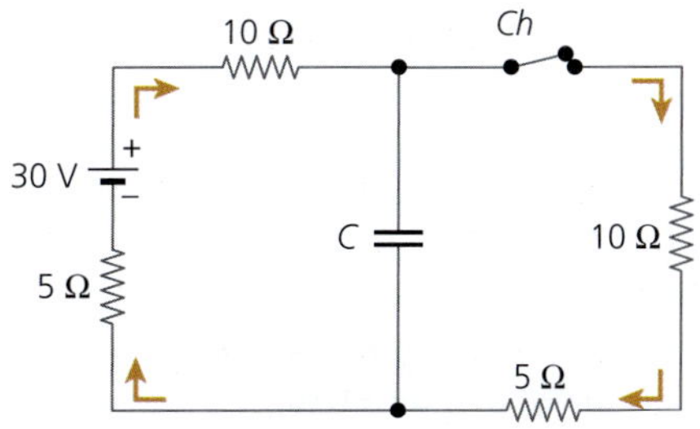

a) Qual a capacitância eletrostática do capacitor?

b) Qual será a nova carga elétrica armazenada pelo capacitor ao se abrir a chave *Ch*?

➤ **Solução**

a) Para determinar a capacitância do capacitor, visto que conhecemos a carga elétrica que ele armazena quando a chave *Ch* está fechada, devemos determinar a ddp entre suas armaduras com a chave *Ch* nessa situação.

Com a chave *Ch* fechada, a corrente no circuito pode ser calculada pela lei de Pouillet:

$$i = \frac{\varepsilon}{R + r} \Rightarrow i = \frac{30}{25 + 5} \Rightarrow i = \frac{30}{30} \Rightarrow i = 1\,A$$

A ddp nos terminais do capacitor é a mesma que nos terminais do resistor de 15 Ω do ramo da direita. Pela lei de Ohm:

$$U = Ri \Rightarrow U = 15 \cdot 1 \Rightarrow U = 15\,V.$$

Portanto, a partir da definição da capacitância do capacitor, obtemos:

$$C = \frac{Q}{U} \Rightarrow C = \frac{60}{15} \Rightarrow \boxed{C = 4\,\mu F}$$

b) Com a chave *Ch* aberta, não haverá corrente circulando pelo circuito e, nessa situação, a ddp nos terminais do capacitor será igual à *fem* do gerador, 30 V. Então, mais uma vez, pela definição de capacitância, obtemos:

$$C = \frac{Q}{U} \Rightarrow 4 = \frac{Q}{30} \Rightarrow \boxed{Q = 120\,\mu C}$$

Avaliando o aprendizado

16. No circuito mostrado a seguir, o capacitor encontra-se eletrizado com uma carga elétrica de 400 μC.

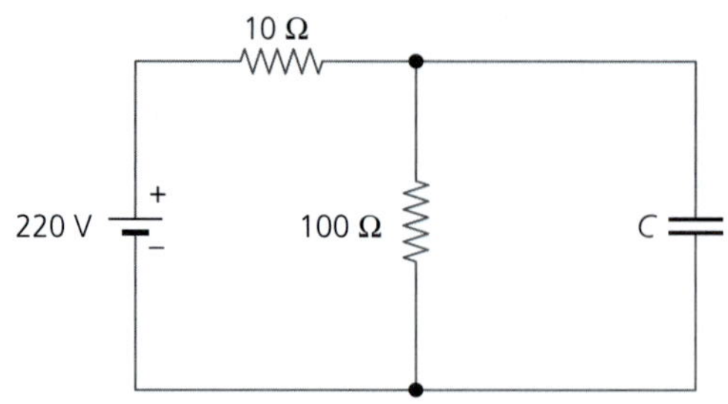

Determine:

a) a capacitância eletrostática do capacitor;

b) a energia potencial elétrica por ele armazenada.

17. No circuito esquematizado, a força eletromotriz da bateria é $\varepsilon = 10$ V e sua resistência interna é $r = 1{,}0\ \Omega$.

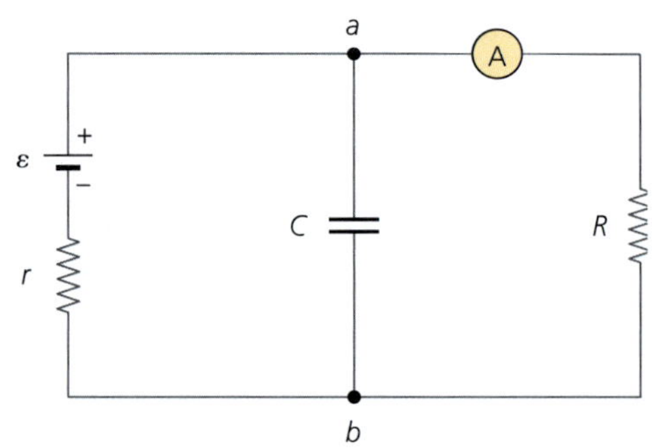

Sabendo que R = 4,0 Ω e C = 2,0 μF, e que o capacitor já se encontra totalmente carregado, determine:

a) a indicação do amperímetro ideal;

b) a tensão entre os pontos *a* e *b*;

c) a carga elétrica armazenada no capacitor.

18. No circuito da figura abaixo, o capacitor armazena 4 mJ de energia com a chave *Ch* na posição A.

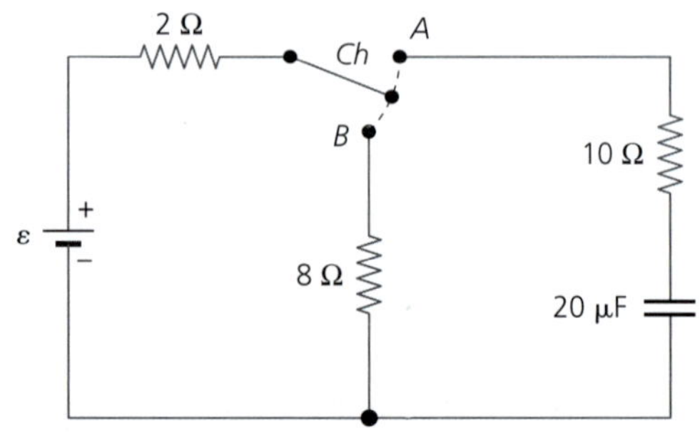

Levando a chave *Ch* para a posição B, determine a intensidade da corrente elétrica que passará pelo gerador.

Revisando o conteúdo

Ficha-resumo 1

Gerador elétrico

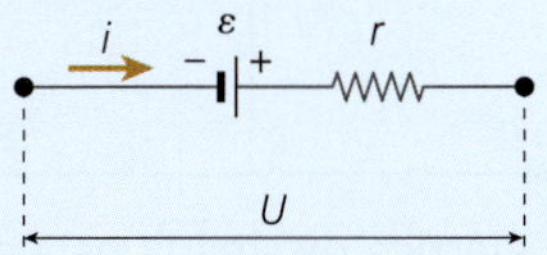

Gerador real: $U = \varepsilon - ri$

Gerador ideal ($r = 0$): $U = \varepsilon$

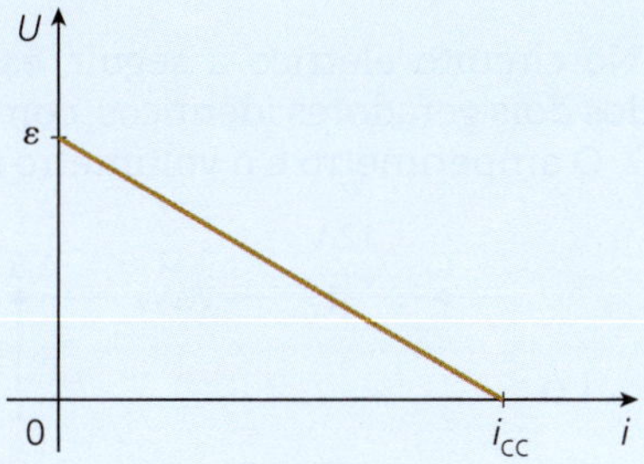

Corrente de curto-circuito: $i_{cc} = \dfrac{\varepsilon}{r}$

Rendimento do gerador: $\eta = \dfrac{U}{\varepsilon}$

Para um circuito com gerador e resistor, podemos usar a lei de Pouillet:

$$i = \frac{\varepsilon}{R + r}$$

1. (UEM-PR) O gráfico a seguir representa a curva característica de um gerador elétrico. Assinale a alternativa que apresenta corretamente a equação do gerador.

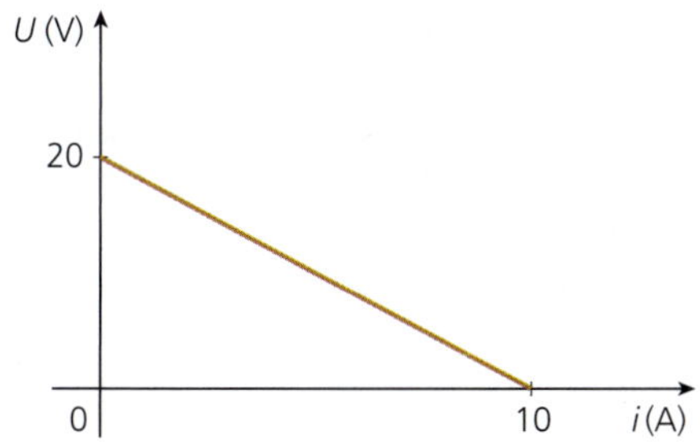

a) $U = 20 - 2i$
b) $U = 10 - 5i$
c) $U = 10 - 20i$
d) $U = 20 + 10i$
e) $U = 10 - 2i$

2. (UFJF-MG) Nos dois circuitos a seguir, as quatro baterias são idênticas, assim como as duas lâmpadas. Comparando o brilho das lâmpadas nos dois circuitos, assinale a alternativa **correta** sobre qual delas brilha mais.

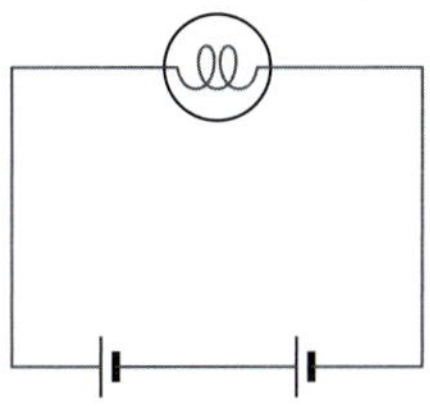

Circuito 1

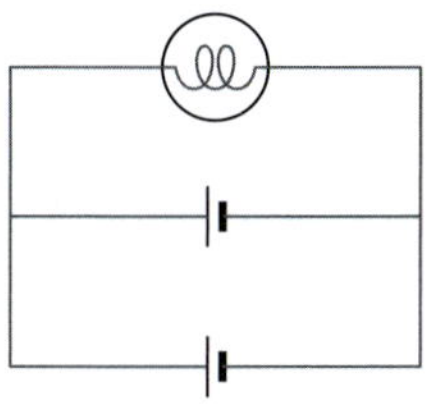

Circuito 2

a) A lâmpada do circuito 1, porque as duas baterias em série fornecem voltagem menor que uma única bateria.
b) A lâmpada do circuito 1, porque as duas baterias em série fornecem voltagem maior que uma única bateria.
c) A lâmpada do circuito 2, porque as duas baterias em paralelo fornecem voltagem menor que uma única bateria.
d) A lâmpada do circuito 2, porque as duas baterias em paralelo fornecem voltagem maior que uma única bateria.
e) Ambas brilham igualmente.

3. (UEM-PR) Se a bateria de automóveis é uma associação de seis pilhas de chumbo, cada uma com um potencial de 2,0 V, as seis pilhas ligadas em série fornecerão uma voltagem de:

a) 6,0 V
b) 24,0 V
c) 12,0 V
d) 3,0 V
e) 2,0 V

4. (UFPB) Uma bateria de força eletromotriz 14 V e resistência interna 2 Ω é conectada a um resistor com resistência igual a 5 Ω, formando um circuito elétrico de uma única malha, conforme representação a seguir.

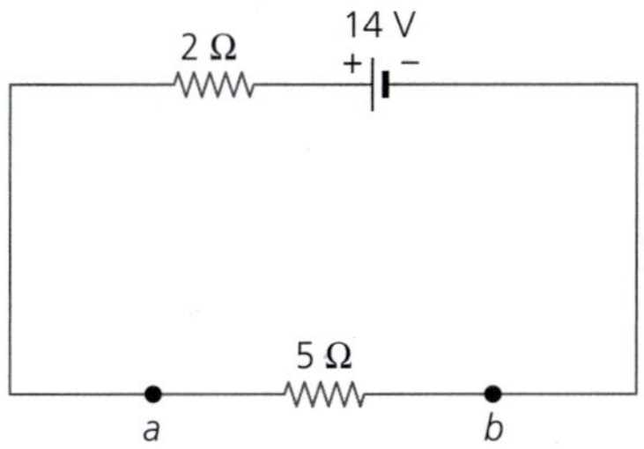

Nesse contexto, quando o voltímetro é ligado aos pontos *a* e *b* do circuito, a leitura correta desse voltímetro é:

a) 10 V
b) 15 V
c) 20 V
d) 25 V
e) 30 V

5. (Unifesp) Uma das mais promissoras novidades tecnológicas atuais em iluminação é um diodo emissor de luz (LED) de alto brilho, comercialmente conhecido como *luxeon*. Apesar de ter uma área de emissão de luz de 1 mm^2 e consumir uma potência de apenas 1,0 W, aproximadamente, um desses diodos produz uma iluminação equivalente à de uma lâmpada incandescente comum de 25 W. Para que esse LED opere dentro de suas especificações, o circuito da figura é um dos sugeridos pelo fabricante: a bateria tem *fem* $\varepsilon = 6{,}0$ V (resistência interna desprezível) e a intensidade da corrente elétrica deve ser de 330 mA.

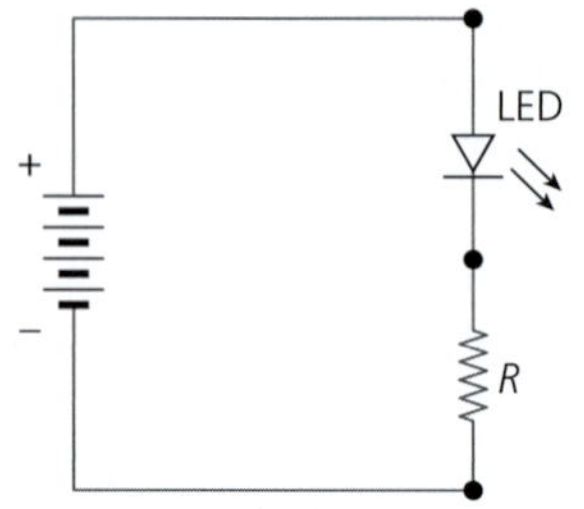

Nessas condições, pode-se concluir que a resistência do resistor R deve ser, em ohm, aproximadamente de:

a) 2,0
b) 4,5
c) 9,0
d) 12
e) 20

6. (UPE) No circuito elétrico a seguir, considere o gerador com $\varepsilon = 10$ V e $r = 1\ \Omega$.

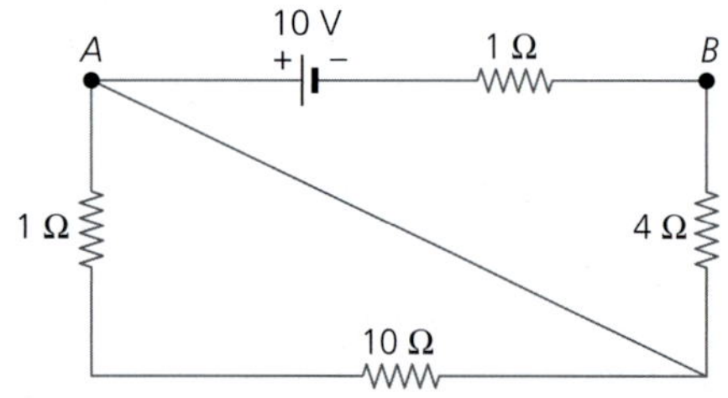

Analise as afirmativas abaixo.

(1) A corrente elétrica no circuito vale 2 A.

(3) A potência dissipada pelo resistor de 10 Ω é de 10 W.

(5) O rendimento do gerador é de 80%.

(7) A diferença de potencial entre os pontos A e B vale 8 V.

A soma dos números entre parênteses que corresponde às proposições corretas é igual a:

a) 16 b) 15 c) 1 d) 8 e) 13

7. (Puccamp-SP) Uma bateria é constituída por cinco elementos, cada um com *fem* $\varepsilon = 1{,}0$ V e resistência interna $r = 0{,}10\ \Omega$, associados em série. Aos terminais dessa bateria é ligada uma associação de resistores, como mostra o esquema.

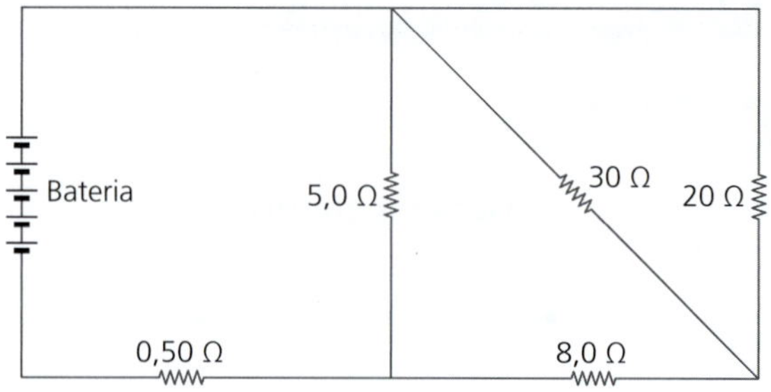

A potência elétrica dissipada pela associação de resistores, em watt, vale:

a) 30
b) 20
c) 12
d) 8,0
e) 4,5

8. (UPE) No circuito elétrico a seguir, estão representados dois geradores idênticos, com $\varepsilon = 12$ V e $r = 1\ \Omega$. O amperímetro e o voltímetro são ideais.

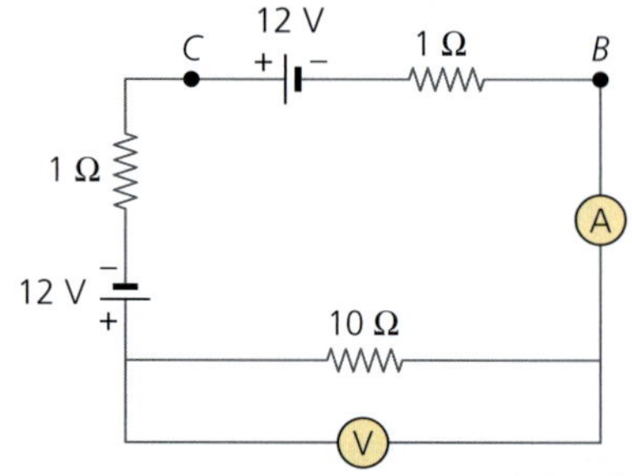

Analise as proposições a seguir e julgue-as como verdadeiras (V) ou falsas (F).

( ) A leitura do amperímetro é de 2 A.

( ) A leitura do voltímetro é de 10 V.

( ) A resistência equivalente do circuito é de 12 Ω.

( ) A potência dissipada no resistor de 10 Ω é de 40 W.

( ) O rendimento do gerador entre os pontos C e B é de aproximadamente 83,33%.

9. (UEM-PR) Duas pilhas, cada uma com força eletromotriz 3,0 V e com resistência interna 1,0 Ω, são conectadas para acender uma lâmpada com valores nominais de 4,8 V e 0,6 A. Considere que valores menores que os nominais não acendem a lâmpada e maiores que esses vão queimá-la.

Dê como resposta a soma dos números que precedem as proposições corretas.

01) Para que a lâmpada acenda, as pilhas devem ser associadas em série, conforme esquema do circuito elétrico abaixo.

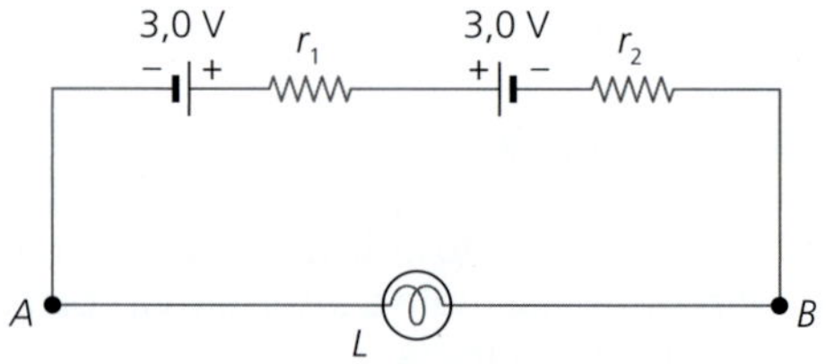

02) O gráfico abaixo representa as variações do potencial em um circuito elétrico projetado para fazer a lâmpada acender.

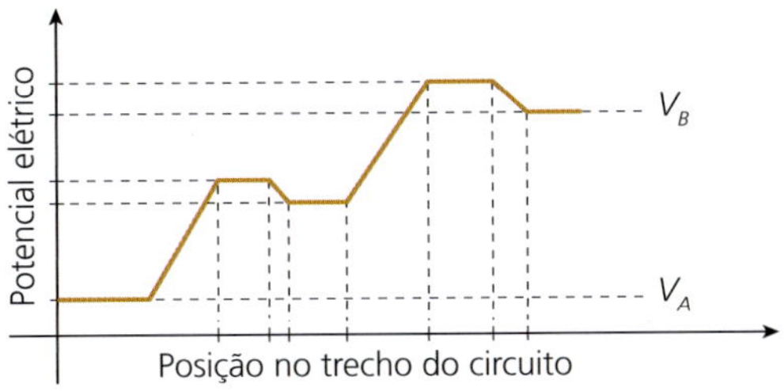

04) A potência dissipada na lâmpada é 2,88 W.

08) A força eletromotriz equivalente do circuito adequado para acender a lâmpada é 1,2 V.

16) Para que a lâmpada acenda, as pilhas devem ser conectadas em paralelo.

10. (UFRJ) Uma bateria ideal de força eletromotriz ε está ligada a um circuito como ilustra a figura a seguir.

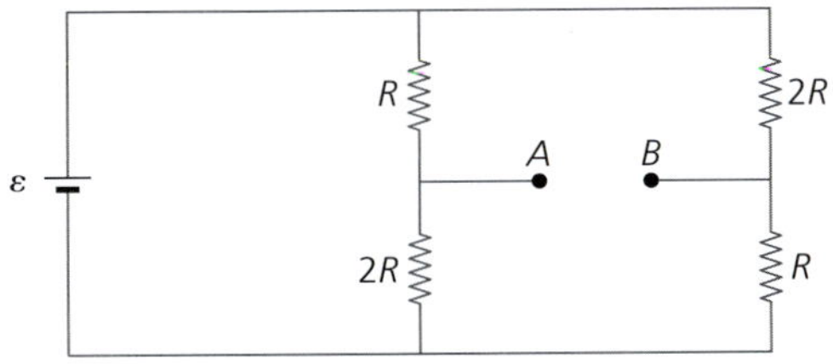

Calcule a diferença de potencial $V_A - V_B$ entre os pontos terminais A e B em função de ε.

Ficha-resumo 2

Receptor elétrico

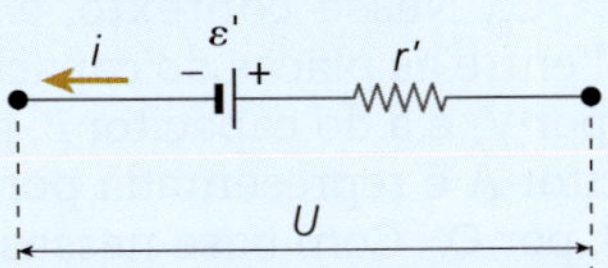

Receptor real ($r' = 0$): $U = \varepsilon' + r'i$

Receptor ideal: $U = \varepsilon'$

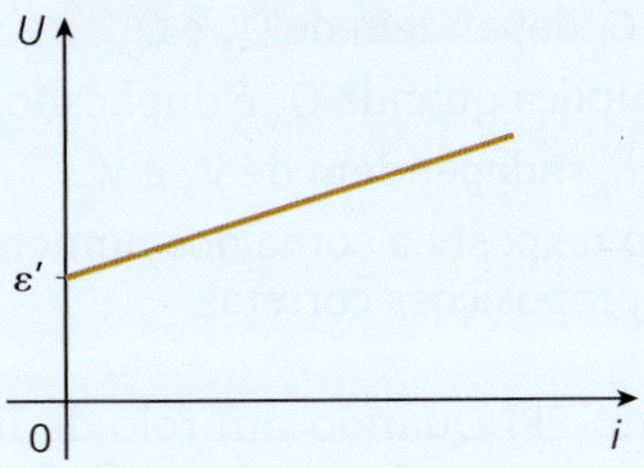

Rendimento do receptor: $\eta = \dfrac{\varepsilon'}{U}$

Para um circuito com gerador, receptor e resistor temos, pela lei de Pouillet: $i = \dfrac{\varepsilon - \varepsilon'}{R + r + r'}$

11. (Puccamp-SP) Hoje, ninguém consegue imaginar uma residência sem eletrodomésticos (aparelho de TV, aparelho de som, geladeira, máquina de lavar roupa, máquina de lavar louça etc.).

Uma enceradeira possui força contraeletromotriz de 100 V. Quando ligada a uma tomada de 120 V, ela dissipa uma potência total de 40 W. Nestas condições, a resistência interna da enceradeira, em ohm, vale:

a) 2,0 b) 3,0 c) 5,0 d) 10 e) 20

12. (Uece) No circuito da figura a seguir, $\varepsilon_1 = 12$ V, $\varepsilon_2 = 24$ V, $r_1 = r_2 = 3\ \Omega$ e $R = 6\ \Omega$.

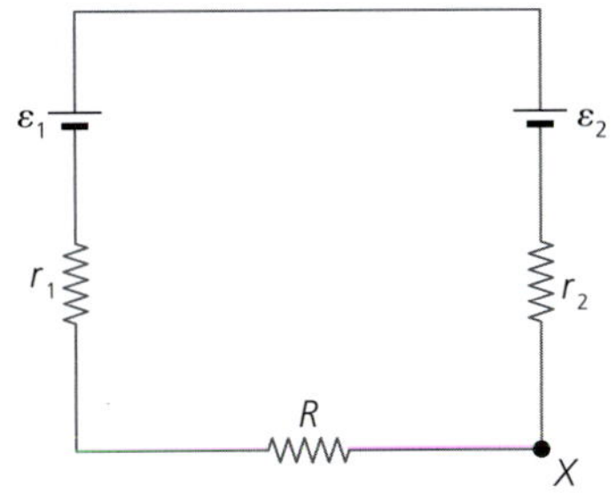

O potencial elétrico, em volt, no ponto X é:

a) superior a 1 V e inferior a 3 V.

b) superior a 3 V e inferior a 12 V.

c) indeterminado.

d) superior a 12 V

13. (UFSC) Uma determinada lanterna funciona com quatro pilhas ideais de 1,5 V, ligadas em série, que alimentam uma lâmpada de resistência constante. Numa primeira situação, quando as pilhas estão ligadas corretamente, passa através da lâmpada uma corrente elétrica de intensidade 1,0 A. Numa segunda situação, uma das pilhas é invertida, mantendo o contato entre os polos.

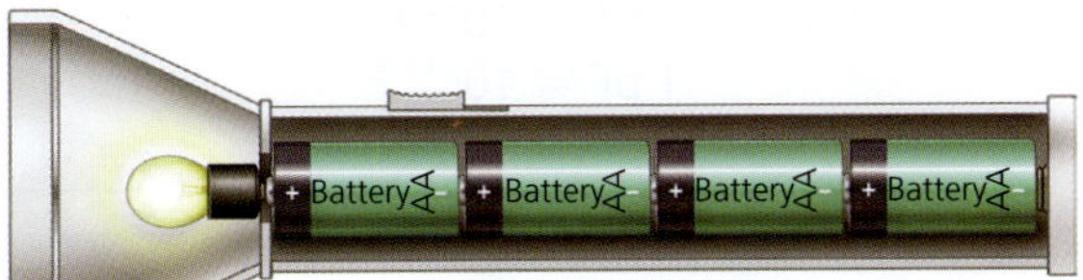

Primeira situação

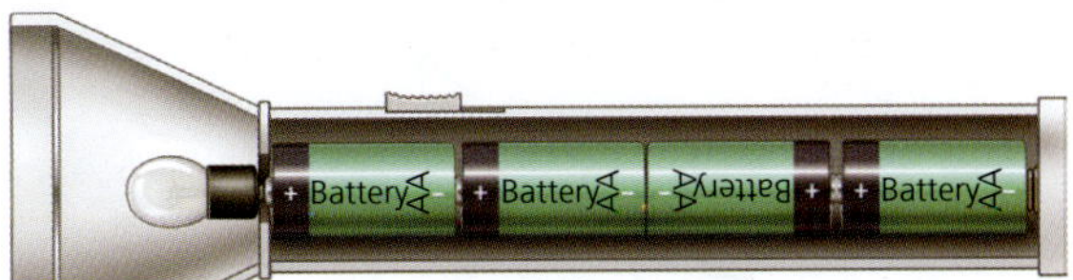

Segunda situação

Em relação às situações apresentadas, assinale a(s) proposição(ões) correta(s).

01) A diferença de potencial na lâmpada, na segunda situação, é a metade da primeira.

02) A lanterna não irá funcionar na segunda situação, pois não haverá passagem de corrente elétrica.

04) A resistência elétrica do filamento da lâmpada é de 6 Ω.

08) A potência elétrica dissipada na segunda situação é quatro vezes menor do que na primeira.

16) A lanterna irá entrar em curto-circuito na segunda situação.

32) Na primeira situação, as pilhas estão ligadas em série, logo a corrente elétrica é a mesma em todo o circuito, ao contrário da segunda situação, onde a corrente é diferente em cada pilha.

Dê como resposta a soma dos números que precedem as proposições corretas.

Ficha-resumo 3

Capacitor ou condensador

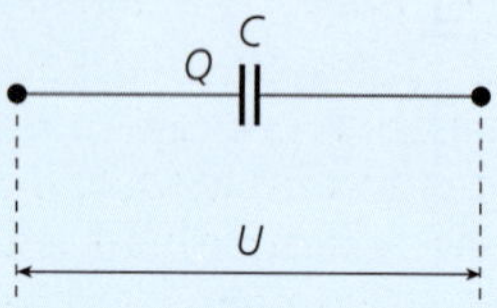

Capacitância ou capacidade:

$$C = \frac{Q}{U}$$

Q → coulomb (C); U → volt (V); C/V = farad (F)

Energia potencial elétrica armazenada:

$$E_{pel} = \frac{Q \cdot U}{2}$$

Q → coulomb (C); U → volt (V); E_{pel} → joule (J)

Observação: $1\ \mu F = 10^{-6}\ F$
$1\ nF = 10^{-9}\ F$
$1\ pF = 10^{-12}\ F$

14. (Uece) A figura a seguir mostra um circuito elétrico formado por um capacitor, uma bateria e uma chave.

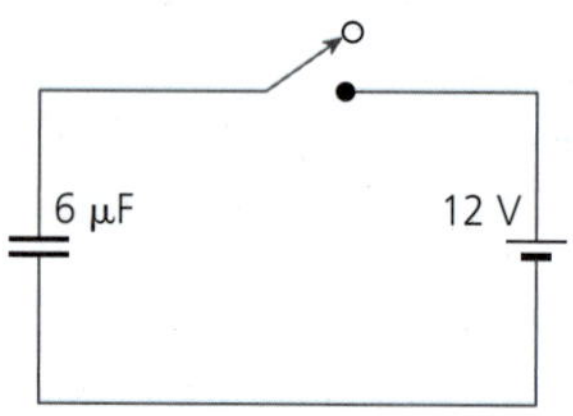

Após a chave ter ficado ligada por um longo período de tempo, a carga no capacitor, em μC, é aproximadamente:

a) 0,5
b) 2,0
c) 72,0
d) 12,0

15. (UFPE) Um capacitor, em equilíbrio eletrostático sob uma tensão de 12 V entre as suas placas, armazena uma quantidade de energia potencial eletrostática igual a $3{,}6 \cdot 10^{-4}$ J. Pode-se afirmar que a capacitância de tal capacitor vale:

a) $2 \cdot 10^{-6}$ F
b) $3 \cdot 10^{-6}$ F
c) $4 \cdot 10^{-6}$ F
d) $5 \cdot 10^{-6}$ F
e) $3 \cdot 10^{-6}$ F

16. (UFPR) Capacitores são dispositivos que podem armazenar energia quando há um campo elétrico em seu interior, o qual é produzido por cargas elétricas depositadas em suas placas. O circuito a seguir é formado por um capacitor C de capacitância 2 μF e por duas fontes de *fem*, consideradas ideais, com $\varepsilon_1 = 10$ V e $\varepsilon_2 = 15$ V.

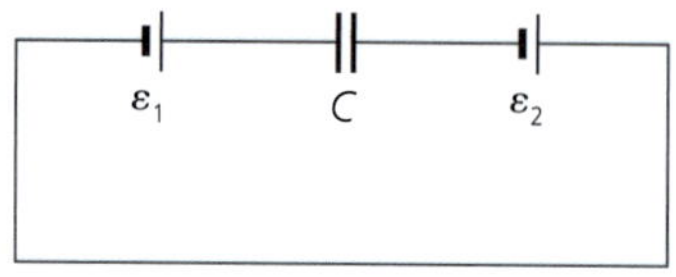

Assinale a alternativa correta para a energia elétrica armazenada no capacitor C.

a) $625 \cdot 10^{-6}$ J
b) $225 \cdot 10^{-6}$ J
c) $25 \cdot 10^{-6}$ J
d) $50 \cdot 10^{-6}$ J
e) $75 \cdot 10^{-6}$ J

17. (UFPB) Considere dois capacitores (A e B) isolados, com capacitâncias C_A e C_B, respectivamente, com $C_A > C_B$. Nesse contexto, a diferença de potencial entre as placas do capacitor A é representada por V_A e a do capacitor B, por V_B; a carga do capacitor A é representada por Q_A e a do capacitor B, por Q_B. Com base nessas informações, identifique as proposições verdadeiras:

01) $V_A > V_B$ quando $Q_A = Q_B$.
02) $Q_A > Q_B$ quando $V_A = V_B$.
04) C_A e C_B dependem de Q_A e Q_B.
08) V_A duplica quando Q_A é duplicado.
16) C_A e C_B independem de V_A e V_B.

Dê como resposta a soma dos números que precedem as proposições corretas.

18. (Unicamp-SP) Quando um rolo de fita adesiva é desenrolado, ocorre uma transferência de cargas negativas da fita para o rolo, conforme ilustrado na figura. Quando o campo elétrico criado pela distribuição de cargas é maior que o campo elétrico de ruptura do meio, ocorre uma descarga elétrica. Foi demonstrado recentemente que essa descarga pode ser utilizada como uma fonte econômica de raios X.

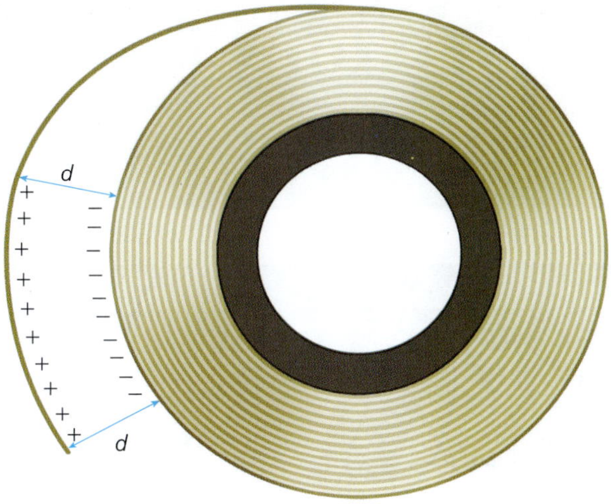

Para um pedaço da fita de área $A = 5{,}0 \cdot 10^{-4}\ m^2$ mantido a uma distância constante $d = 2{,}0$ mm do rolo, a quantidade de cargas acumuladas é igual a $Q = C \cdot V$, sendo V a diferença de potencial entre a fita desenrolada e o rolo e $C = \varepsilon_0 \cdot \frac{A}{d}$, em que $\varepsilon_0 \simeq 9{,}0 \cdot 10^{-12}$ C/(Vm). Nesse caso, a diferença de potencial entre a fita e o rolo para $Q = 4{,}5 \cdot 10^{-9}$ C é de:

a) $1{,}2 \cdot 10^{2}$ V
b) $5{,}0 \cdot 10^{-4}$ V
c) $2{,}0 \cdot 10^{3}$ V
d) $1{,}0 \cdot 10^{-20}$ V

19. (Unama-PA) Uma das aplicações de um capacitor é o fornecimento de energia elétrica para uma lâmpada, chamada *flash*, anexada nas máquinas fotográficas. Considere que o circuito de uma máquina seja o apresentado a seguir, onde temos uma pilha para carregar o capacitor C, uma chave (*ch*) que pode fazer contato com os pontos A e B, e um ponto neutro N. A linha curva pontilhada é apenas para indicar que o percurso da chave é giratório.

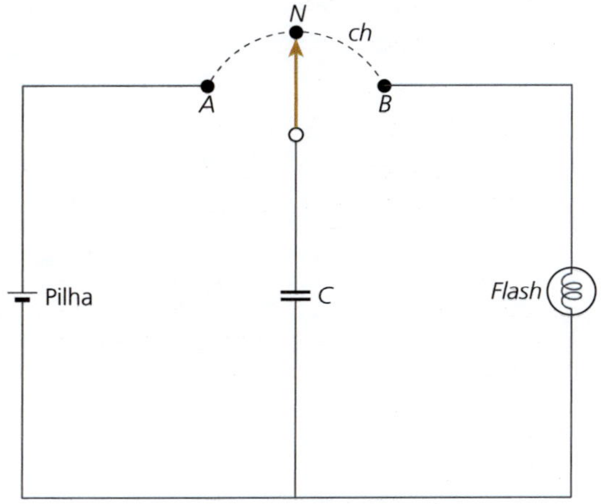

Observando e analisando o circuito podemos afirmar que:

a) quando a chave *ch* está conectada na posição A, e o capacitor já está carregado, a corrente no circuito é a máxima possível fornecida pela pilha.
b) para carregar o capacitor a chave deve estar na posição B.
c) a lâmpada *flash* acende quando a chave é colocada na posição A.
d) a lâmpada *flash* acende quando a chave é colocada na posição B.

20. (UFPA) A maioria dos equipamentos elétricos ou eletrônicos possui em seus circuitos capacitores de forma isolada ou em associações com diversas finalidades. Na montagem a seguir, efetuada em laboratório, foram ligadas, na forma indicada no circuito, três lâmpadas incandescentes iguais, de valores nominais 6 V/12 W, um capacitor de capacitância $5 \cdot 10^{-6}$ F e uma bateria de 12 V, com resistência interna desprezível, e com interligações feitas por duas chaves K_1 e K_2.

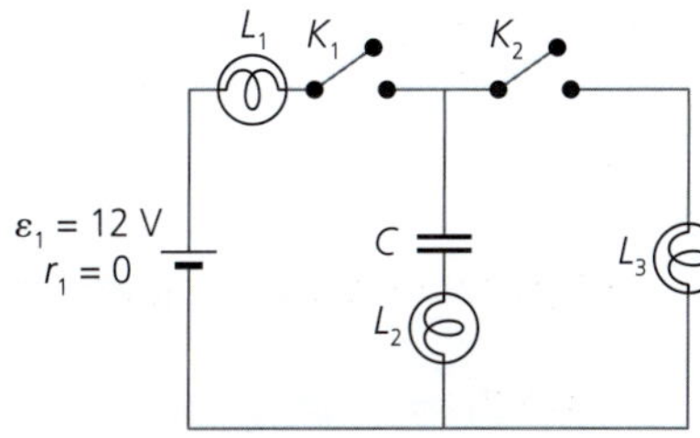

Considerando que o capacitor sempre está inicialmente descarregado e que todas as operações descritas na montagem são independentes e iniciam no instante $t = 0$, analise as afirmativas a seguir.

I. Fechando K_1 e mantendo K_2 aberta, L_1 e L_2 acendem momentaneamente e apagam a seguir.
II. Fechando K_2 e mantendo K_1 aberta, L_1, L_2 e L_3 não acendem e apenas o capacitor é carregado.
III. Sendo fechadas ao mesmo tempo as chaves K_1 e K_2, o capacitor será carregado com carga igual a $3 \cdot 10^{-5}$ C.
IV. Com as duas chaves fechadas, após alguns instantes circulará uma corrente de 2 A nas lâmpadas L_1 e L_3.

De acordo com os dados fornecidos e com o circuito apresentado, estão corretas as afirmativas:

a) III e IV.
b) II e IV.
c) II, III e IV.
d) I, II e III.
e) I, III e IV.

Capítulo 36

Magnetismo e fontes de campo magnético

Objetivos do capítulo:

- ✔ Descrever as propriedades características dos ímãs.
- ✔ Apresentar o magnetismo terrestre e o uso das bússolas como instrumentos de orientação.
- ✔ Conceituar campo magnético e linhas de indução.
- ✔ Explicar como uma barra de ferro pode ser magnetizada.
- ✔ Descrever a experiência de Oersted.
- ✔ Apresentar as características do campo magnético gerado por uma corrente elétrica que percorre um condutor retilíneo, uma espira circular e um solenoide.

SPENCER GRANT/AGE FOTOSTOCK/EASYPIX BRASIL

Na foto acima, vemos um eletroímã industrial utilizado para o transporte de sucata de ferro. O eletroímã é constituído de um núcleo de ferro ao redor do qual é enrolada uma bobina. Quando há passagem de corrente elétrica pela bobina, o núcleo de ferro se magnetiza por ação do campo magnético gerado pela corrente elétrica e atrai o material a ser transportado. Após levar o material ao local pretendido, a corrente elétrica é desligada, o núcleo de ferro se desmagnetiza e o material transportado se desprende.

Neste capítulo, veremos as propriedades características dos ímãs, aprenderemos o conceito de campo magnético e descreveremos a experiência de Oersted que estabeleceu a conexão entre os fenômenos elétricos e magnéticos.

1 Ímãs

Os ímãs têm a propriedade de atrair objetos de ferro. Segundo conta a lenda, esse fato foi observado pela primeira vez com um minério de ferro (Fe_3O_4) em uma região da Grécia antiga chamada Magnésia. O minério recebeu o nome de magnetita, e o ramo da Física que estuda os fenômenos relacionados à interação de corpos magnetizados foi chamado de Magnetismo.

A magnetita e os demais minerais com propriedades magnéticas encontrados na natureza são chamados de **ímãs naturais**. Já os ímãs fabricados pelo homem, geralmente feitos de ferro, cobalto, níquel ou de ligas especiais, são chamados de **ímãs artificiais**.

Os ímãs apresentam inúmeras aplicações práticas, algumas das quais veremos neste capítulo.

2 Polos de um ímã

Considere, por exemplo, um ímã em forma de barra em contato com fragmentos de ferro (limalha de ferro). Os fragmentos de ferro aderem ao ímã mais acentuadamente nas regiões extremas, chamadas **polos do ímã (fig. 1)**.

SCIENCEPHOTOS/ALAMY/OTHER IMAGES

Figura 1. Os fragmentos de ferro aderem às regiões extremas.

Por que os polos do ímã são chamados "polo norte" e "polo sul"? Ao suspender um ímã pelo seu centro de gravidade, de modo que possa girar livremente, observamos que ele se orienta aproximadamente na direção norte-sul geográfica. O polo voltado para o Norte geográfico recebe o nome de **polo norte** do ímã; o polo voltado para o Sul geográfico é o **polo sul** do ímã **(fig. 2)**.

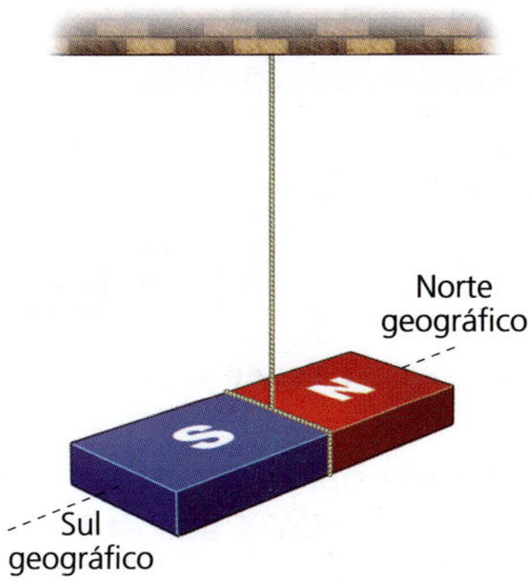

Figura 2. O ímã se orienta aproximadamente na direção norte-sul geográfica.

3 Atração e repulsão

Quando aproximamos o polo norte de um ímã do polo norte de outro ímã, ocorre **repulsão** entre eles. O mesmo ocorre quando aproximamos dois polos sul **(fig. 3)**.

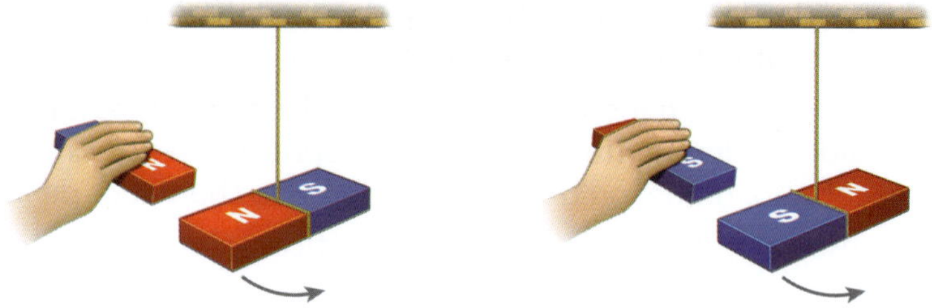

Figura 3. Polos iguais se repelem.

Quando aproximamos o polo norte de um ímã do polo sul de outro ímã, ocorre **atração** entre eles **(fig. 4)**.

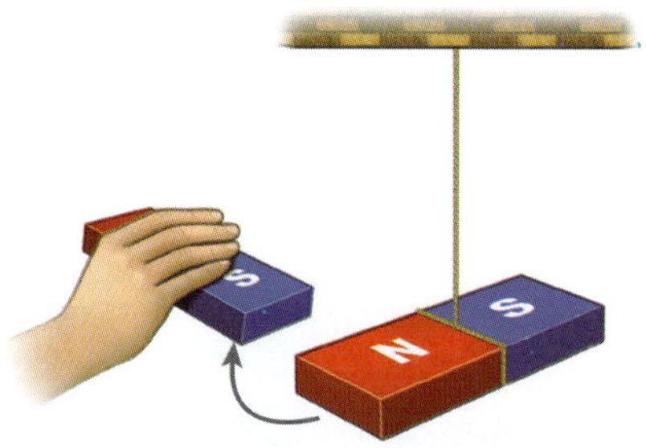

Figura 4. Polos distintos se atraem.

Assim, podemos dizer que **polos de mesmo nome se repelem** e **polos de nomes distintos** se atraem.

4 Inseparabilidade dos polos de um ímã

Partindo-se um ímã ao meio, teremos duas partes iguais com polos distintos em suas respectivas extremidades. Portanto, cada parte obtida constitui um novo ímã. Então, ao partir um ímã, é impossível obter partes com um único polo. Essa propriedade é denominada **inseparabilidade dos polos de um ímã (fig. 5)**.

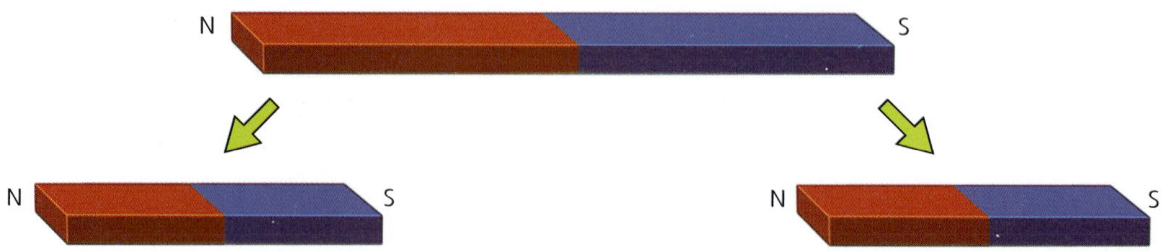

Figura 5. Inseparabilidade dos polos de um ímã.

Se dividirmos as partes obtidas, teremos partes menores que ainda são ímãs completos. Procedendo dessa maneira, chegaremos aos átomos, que funcionam como pequenos ímãs, chamados **ímãs elementares**.

5 Magnetismo terrestre

Vimos que um ímã, quando suspenso pelo seu centro de gravidade, se orienta aproximadamente na direção norte-sul geográfica. O fato de o polo norte do ímã se voltar para o Norte geográfico e o polo sul do ímã se voltar para o Sul geográfico sugere que a Terra se comporta como um enorme ímã, com o polo magnético sul localizado nas imediações do Norte geográfico e o polo magnético norte localizado nas imediações do Sul geográfico **(fig. 6)**.

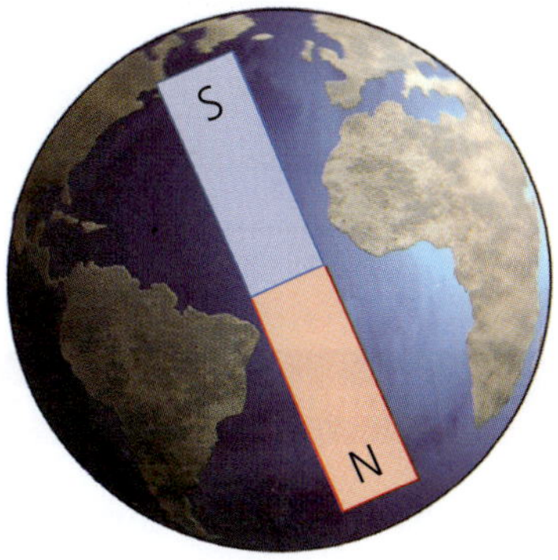

Figura 6. A Terra se comporta como um grande ímã.

6 A bússola

A bússola é um instrumento usado para orientação. Ela é constituída de um ímã, denominado **agulha magnética**, montado sobre um painel dotado de pontos cardeais **(fig. 7)**. A agulha magnética fica apoiada em um pino, podendo girar livremente em torno dele.

O ângulo que o eixo longitudinal da agulha magnética forma com a direção norte-sul geográfica é denominado **declinação magnética** do lugar.

Figura 7. A agulha da bússola é um ímã.

Aplicando a teoria

1. Assinalar as afirmativas corretas.

I. Um ímã é suspenso pelo seu centro de gravidade, de modo que possa girar livremente. O extremo do ímã que se orienta na direção do Norte geográfico é o polo sul do ímã.

II. A Terra se comporta como um enorme ímã. O polo sul magnético da Terra se localiza nas imediações do Sul geográfico.

III. A Terra se comporta como um enorme ímã. O polo norte magnético da Terra se localiza nas imediações do Sul geográfico.

IV. Partindo-se um ímã ao meio é possível obter partes com um polo somente.

➤ Solução

I. Incorreta. O extremo do ímã que se orienta na direção do Norte geográfico é o polo norte do ímã.

II. Incorreta. Como o polo norte de um ímã se orienta na direção do Norte geográfico, significa que o polo sul magnético da Terra se localiza nas imediações do Norte geográfico.

III. Correta. Como o polo sul de um ímã se orienta na direção do Sul geográfico, significa que o polo norte magnético da Terra se localiza nas imediações do Sul geográfico.

IV. Incorreta. Partindo-se um ímã ao meio obtemos sempre partes que são ímãs completos.

2. O polo A de um ímã *AB* atrai o polo C de um ímã *CD* e repele o polo E de um ímã *EF*. Sabe-se que *D* é um polo norte. Identificar os polos A, B, C, E e F.

➤ Solução

Se *D* é um polo norte, concluímos que C é um polo sul.

A atrai C; logo, *A* é um polo norte.

A repele *E*; logo, *E* é também um polo norte. Consequentemente, *F* é um polo sul.

3. Um ímã é cortado em três partes, conforme indica a figura.

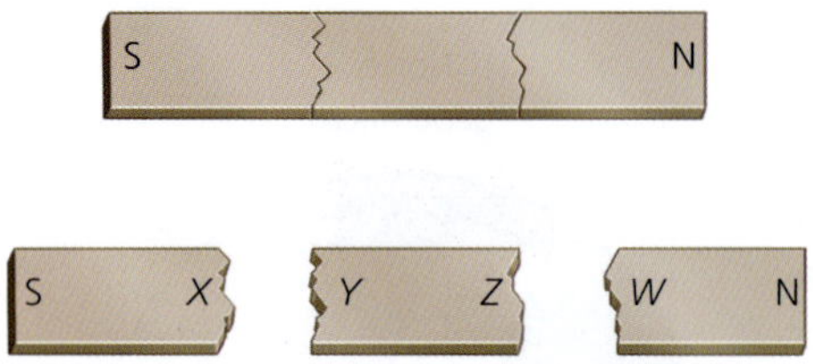

Aproximam-se as extremidades X e Z e, a seguir, X e W. Em uma das situações descritas, constata-se atração. Em qual delas?

➤ Solução

Cada parte é um ímã completo. Assim, X é um polo norte, Y é um polo sul, Z é um polo norte e W é um polo sul. Assim, entre X e W ocorre atração e entre X e Z ocorre repulsão.

Avaliando o aprendizado

1. Assinale as afirmativas corretas.

I. A magnetita é um ímã natural.

II. Fragmentos de ferro aderem acentuadamente às regiões extremas de um ímã em forma de barra.

III. A Terra se comporta como se fosse um enorme ímã. O eixo desse ímã não coincide com o eixo de rotação da Terra.

IV. Se ocorre repulsão entre dois polos de dois ímãs, pode-se afirmar que esses polos são dois polos norte.

2. Uma pessoa deixa cair um ímã em forma de barra e, com a colisão, ele se parte transversalmente em dois pedaços, como mostra a figura a seguir.

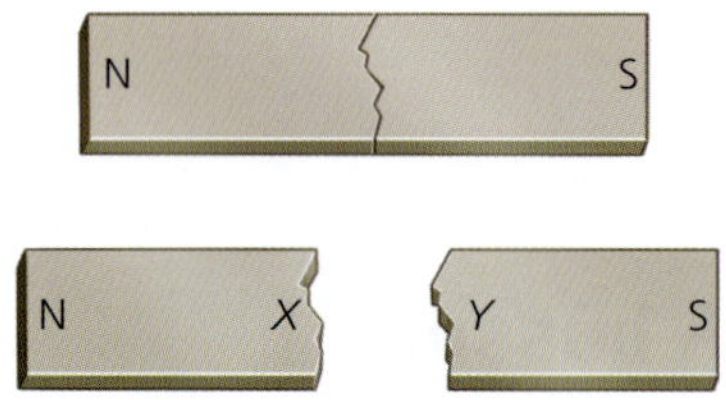

Ao tentar aproximar os pedaços, a pessoa nota que eles se repelem. Assinale os itens que apresentam os possíveis extremos que foram aproximados.

I. N e Y

II. S e X

III. X e Y

IV. N e S

3. Considere dois ímãs, *AB* e *CD*. Observa-se que o extremo *A* do ímã *AB* atrai o extremo *D* do ímã *CD*. Sendo *C* um polo sul, identifique os polos *A*, *B* e *D*.

7 Campo magnético e linhas de indução

Ao ser colocada nas proximidades de um ímã, a agulha magnética de uma bússola orienta-se em uma direção que varia com a posição da bússola em relação ao ímã **(fig. 8)**. Isso significa que o ímã influencia o espaço que o envolve por meio da criação de um campo de forças em torno de si mesmo. Esse campo, denominado **campo magnético**, existe com ou sem a presença de uma agulha magnética nesse espaço.

Figura 8. A agulha magnética se orienta sob a ação do campo magnético do ímã.

Para medir a ação do ímã, a cada ponto *P* do campo magnético associamos uma grandeza vetorial denominada **vetor indução magnética** ou, simplesmente, **vetor campo magnético**, indicado por $\vec{B}$ **(fig. 9)**. O vetor campo magnético tem as seguintes características:

- A **direção** de $\vec{B}$ em *P* é aquela na qual se dispõe a agulha magnética.
- O **sentido** de $\vec{B}$ é aquele para o qual o polo norte da agulha aponta.

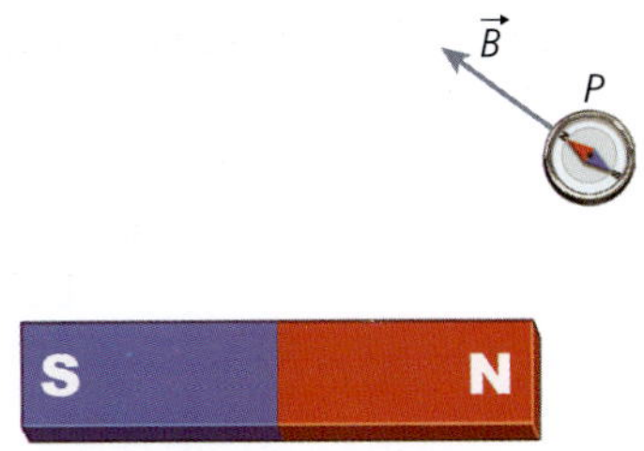

Figura 9. O campo magnético $\vec{B}$ tem a mesma direção em que se dispõe a agulha magnética e o sentido para o qual o polo norte da agulha aponta.

Podemos representar graficamente um campo magnético usando o recurso das linhas de indução.

A **linha de indução** é uma linha imaginária que indica a direção e o sentido do vetor campo magnético em cada ponto do campo. Em outras palavras, o vetor campo magnético é sempre tangente à linha de indução e tem o mesmo sentido que ela **(fig. 10)**.

Observe que as linhas de indução partem do polo norte do ímã e chegam ao polo sul. Analogamente às linhas de força de um campo elétrico, as linhas de indução não se cruzam; nas regiões onde estão mais próximas, o campo magnético é mais intenso.

Um campo magnético em que o vetor $\vec{B}$ tem as mesmas características em todos os pontos é chamado **campo magnético uniforme**. As linhas de indução de um campo magnético uniforme são retas paralelas igualmente espaçadas.

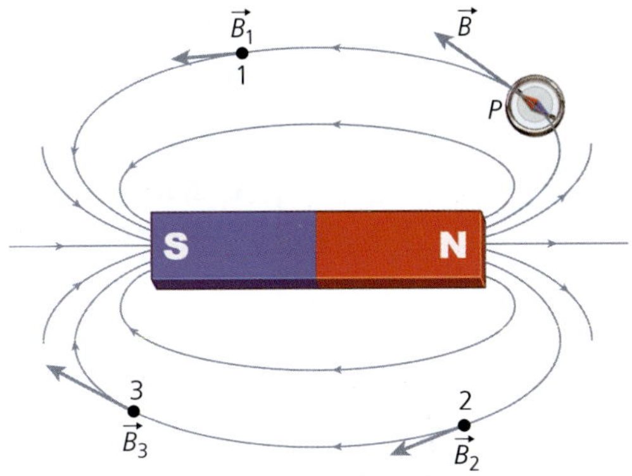

Figura 10. Linhas de indução do campo magnético originado por um ímã em forma de barra.

8 Imantação de uma barra de ferro

Quando uma barra de ferro é aproximada de um ímã, os ímãs elementares que a constituem se orientam pela ação do campo magnético do ímã e a barra se magnetiza **(fig. 11)**. Esse processo de magnetização é chamado **indução magnética**.

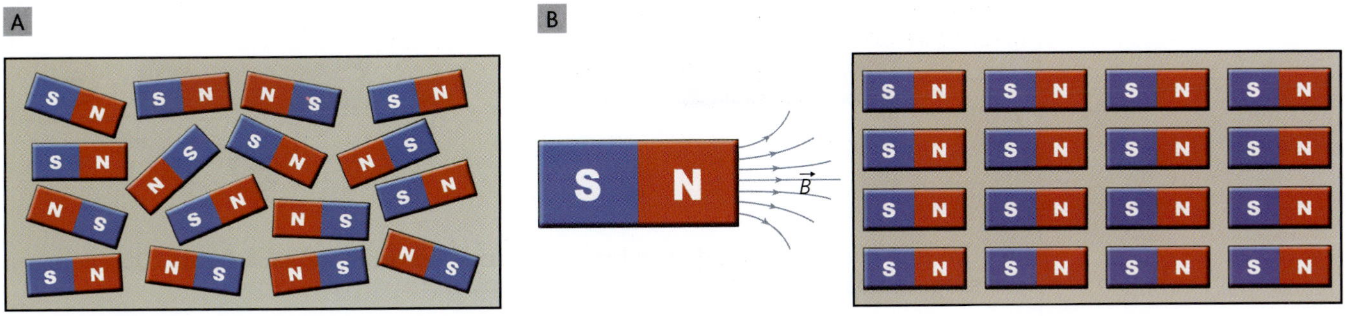

Figura 11. (A) Ímãs elementares desordenados; (B) ímãs elementares ordenados pela ação do campo magnético do ímã.

Se a barra de ferro se desmagnetiza com o afastamento do ímã, dizemos que a imantação é temporária; se a imantação se mantém, dizemos que é permanente. O ferro, o cobalto, o níquel e certas ligas metálicas, que podem ser fortemente imantadas, são denominados **substâncias ferromagnéticas**.

Aplicando a teoria

4. **Considerar $\vec{B}$ o vetor campo magnético em um ponto P de um campo magnético. Uma pequena agulha magnética é colocada em P. Fazer uma figura representando, em P, a posição de equilíbrio da agulha sob ação exclusiva do campo magnético.**

➤ **Solução**

A agulha magnética se orienta na direção de $\vec{B}$ com o polo norte no mesmo sentido de $\vec{B}$.

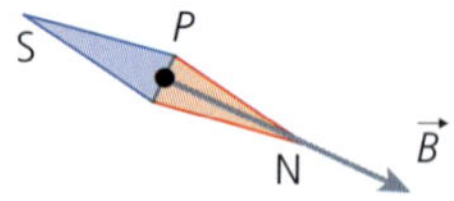

5. **A figura a seguir mostra algumas linhas de indução do campo magnético originado por um ímã em forma de barra.**

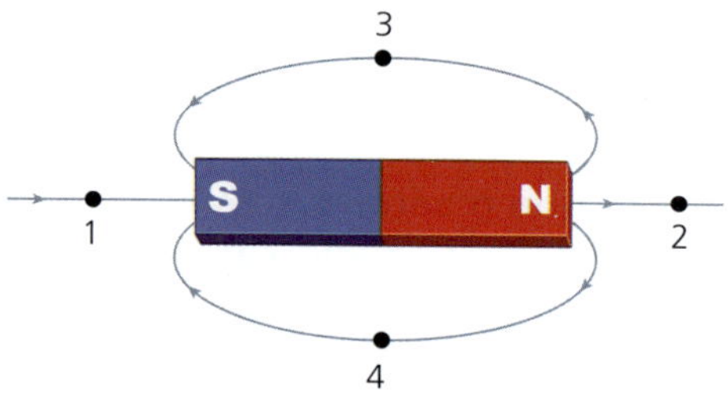

Representar o vetor campo magnético nos pontos 1, 2, 3 e 4 indicados. Como seria a disposição de pequenas agulhas magnéticas quando colocadas nesses pontos?

➤ **Solução**

Em cada ponto, o vetor campo magnético é tangente à linha de indução e seu sentido é o mesmo da linha.

As agulhas magnéticas se dispõem na direção do campo magnético com o polo norte apontando no sentido do campo.

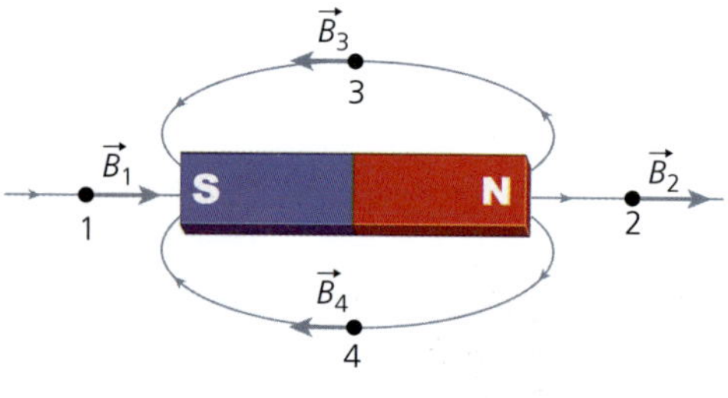

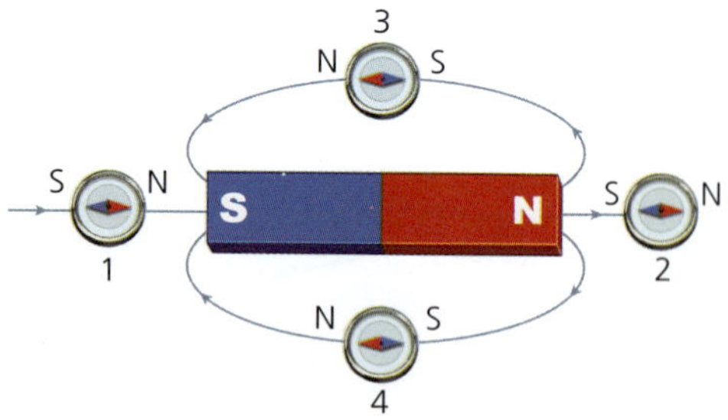

6. **Um ímã é aproximado de um prego de ferro conforme indica a figura. Que polos surgem nos extremos 1 e 2 do prego?**

➤ **Solução**

Por indução magnética, o prego de ferro se imanta e é atraído pelo ímã.

Logo, o extremo 1 é um polo sul e o extremo 2, um polo norte.

Avaliando o aprendizado

4. Ao ser colocada em um ponto P de um campo magnético, uma pequena agulha magnética se dispõe como mostra a figura. Represente o vetor campo magnético $\vec{B}$ em P.

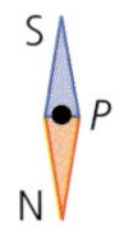

5. Para os casos indicados abaixo, represente o vetor campo magnético $\vec{B}$ no ponto P.

a)

b)

c)

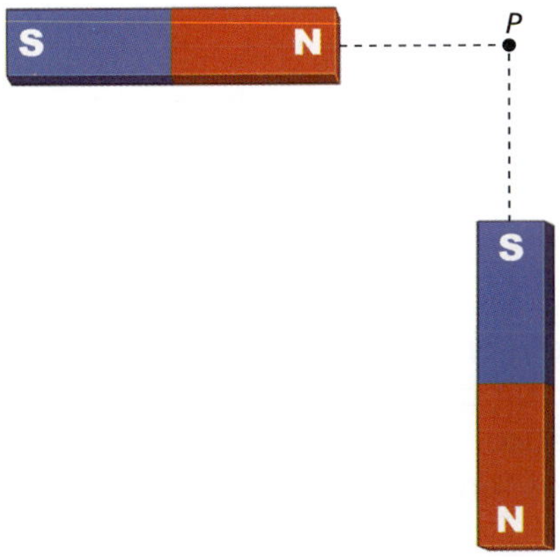

6. Um professor de Eletricidade realizou em sala de aula o seguinte experimento: colocou um ímã sobre uma mesa e em cima do ímã colocou uma folha de papel vegetal, sobre a qual espalhou limalha de ferro. Então, ele deu pequenas batidas no papel e a limalha se dispôs segundo determinadas linhas.

O professor explicou que cada limalha de ferro se magnetizou e passou a se comportar como uma pequena agulha magnética e pediu aos alunos que explicassem o que representam as linhas obtidas. O que você responderia?

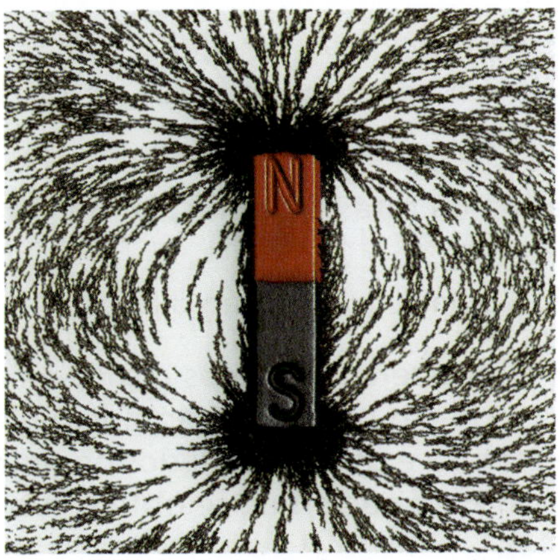

ALCHEMY/ALAMY/OTHER IMAGES

36.1 Conteúdo multimídia

Oersted Conteúdo multimídia

9 Experiência de Oersted

Os fenômenos magnéticos envolvendo os ímãs foram estudados independentemente dos fenômenos elétricos. Mas, em 1820, o físico dinamarquês Hans Christian Oersted (1777-1851) observou que a agulha magnética de uma bússola sofria uma deflexão ao se aproximar de um fio condutor percorrido por corrente elétrica, como se um ímã se aproximasse da agulha **(fig. 12)**.

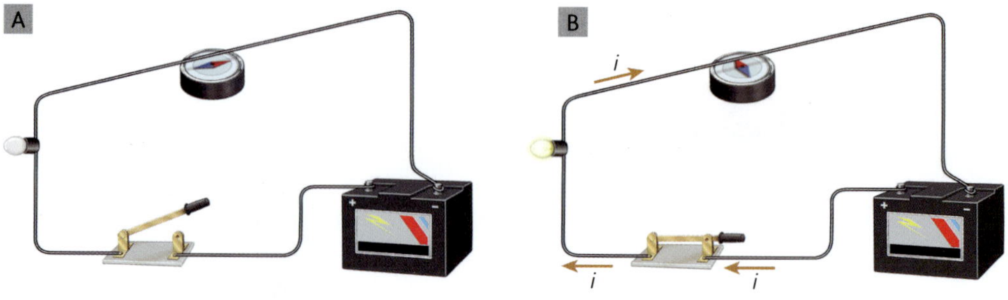

Figura 12. (A) Com a chave do circuito aberta, não há passagem de corrente e a agulha magnética da bússola se alinha com o campo magnético terrestre, apontando aproximadamente para o Norte geográfico; (B) com a chave fechada, o fio sobre a bússola é percorrido por uma corrente elétrica que cria um campo magnético ao seu redor, mudando a orientação da agulha magnética da bússola.

Já vimos que um ímã cria no espaço que o envolve um campo magnético. Podemos, então, estender esse conceito e concluir que **toda corrente elétrica origina no espaço que a envolve um campo magnético**. Assim, teve origem o Eletromagnetismo, que é o ramo da Física que estuda os fenômenos magnéticos ocasionados por correntes elétricas.

Ampère Conteúdo multimídia

10 Campo magnético gerado por corrente elétrica

Campo magnético gerado por uma corrente elétrica que percorre um condutor retilíneo

Vamos analisar as características do vetor campo magnético $\vec{B}$ em um ponto P, situado a uma distância r de um condutor retilíneo percorrido por uma corrente elétrica de intensidade i.

- A **direção** de $\vec{B}$ é a mesma da reta perpendicular ao plano definido pelo ponto P e pelo condutor.
- O **sentido** de $\vec{B}$ é obtido pela regra da mão direita.

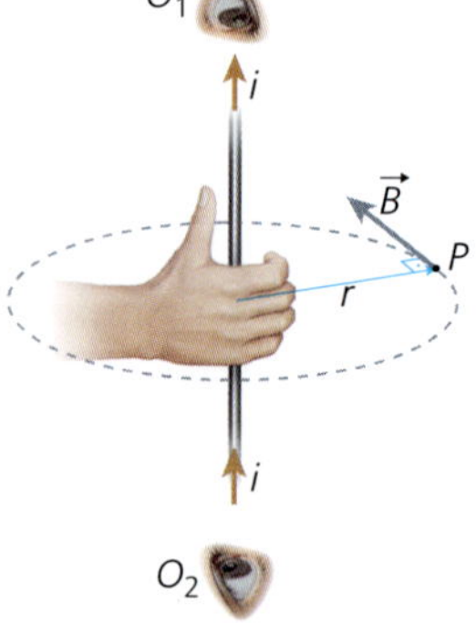

Figura 13. Regra da mão direita.

Para aplicar a **regra da mão direita**, devemos dispor a mão direita espalmada com os quatro dedos lado a lado e o polegar levantado. Então, colocamos o polegar no sentido da corrente elétrica e os demais dedos no sentido do condutor para o ponto P. O sentido de $\vec{B}$ em P é aquele que se obtém curvando ligeiramente os dedos da mão direita **(fig. 13)**.

O observador O_1 veria a corrente elétrica *i* aproximando-se de seus olhos. Nesse caso, representamos a corrente pelo símbolo ⊙. Em relação a O_1, a corrente elétrica e o vetor campo magnético estariam dispostos como na **figura 14**.

O observador O_2 veria a corrente elétrica *i* afastando-se de seus olhos. Nesse caso, representamos a corrente pelo símbolo ⊗. Em relação a O_2, a corrente elétrica e o vetor campo magnético estariam dispostos como na **figura 15**.

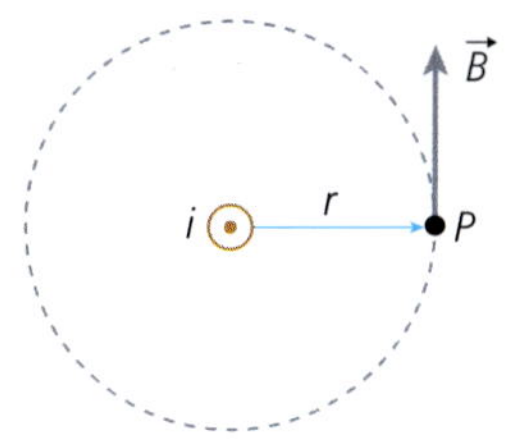

Figura 14. Vista em relação ao observador O_1.

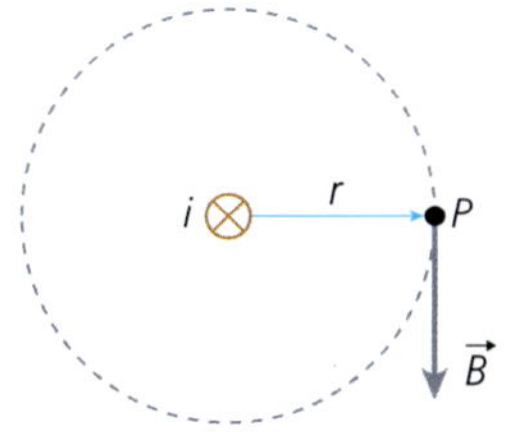

Figura 15. Vista em relação ao observador O_2.

- A **intensidade** de $\vec{B}$ depende do meio em que o condutor se encontra e é diretamente proporcional à intensidade da corrente *i* e inversamente proporcional à distância *r* do ponto *P* ao condutor. O meio é caracterizado pela grandeza denominada **permeabilidade magnética**, indicada por μ_0 para o vácuo.

Assim, no vácuo, temos: $B = \dfrac{\mu_0}{2\pi} \cdot \dfrac{i}{r}$

No SI, a intensidade do vetor campo magnético $\vec{B}$ é medida em tesla (T), a intensidade da corrente elétrica *i* é medida em ampère (A), a distância *r* do ponto *P* ao condutor é medida em metro (m) e a permeabilidade magnética do vácuo μ_0 é medida em $\dfrac{T \cdot m}{A}$.

A unidade **tesla** tem esse nome em homenagem ao engenheiro servo-croata Nikola Tesla (1856-1943).

A permeabilidade magnética do vácuo vale:

$$\mu_0 = 4\pi \cdot 10^{-7} \frac{T \cdot m}{A}$$

O vetor campo magnético em pontos situados à mesma distância do condutor têm a mesma intensidade. Assim, os pontos situados a uma distância r_1 têm a mesma intensidade B_1. Os pontos situados à distância $r_2 > r_1$ têm intensidade $B_2 < B_1$. Observe que as linhas de indução (linhas tangentes ao vetor $\vec{B}$ e orientadas no sentido de $\vec{B}$) são circunferências concêntricas com o condutor **(fig. 16)**.

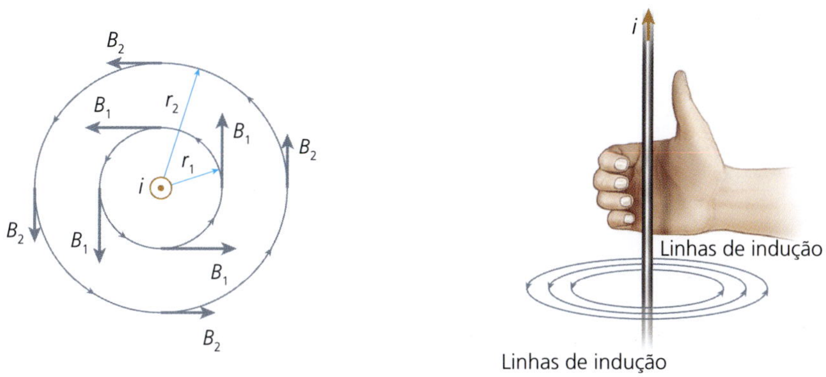

Figura 16. As linhas de indução são circunferências concêntricas com o condutor.

As linhas de indução podem ser visualizadas com limalha de ferro, como mostra a **figura 17**.

SCIENCEPHOTOS/ALAMY/OTHER IMAGES

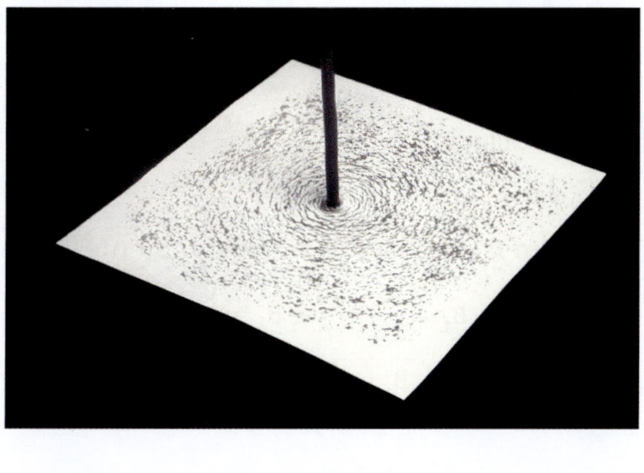

Figura 17. Visualização das linhas de indução do campo magnético gerado por uma corrente elétrica que percorre um condutor retilíneo.

Aplicando a teoria

7. **Aplicando a regra da mão direita, representar, no ponto P, o vetor campo magnético $\vec{B}$ nos casos indicados abaixo.**

a) 

b) 

c) 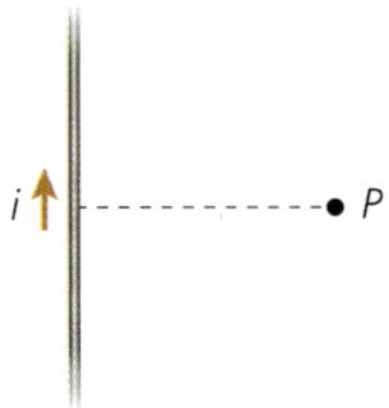

d) 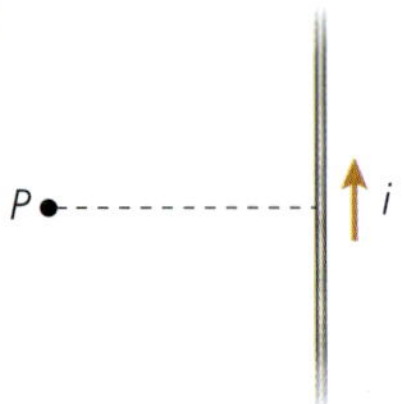

e) 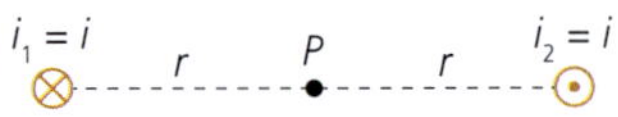

➤ Solução

Representamos a seguir o vetor campo magnético $\vec{B}$ no ponto P em cada um dos casos, aplicando a regra da mão direita.

a)

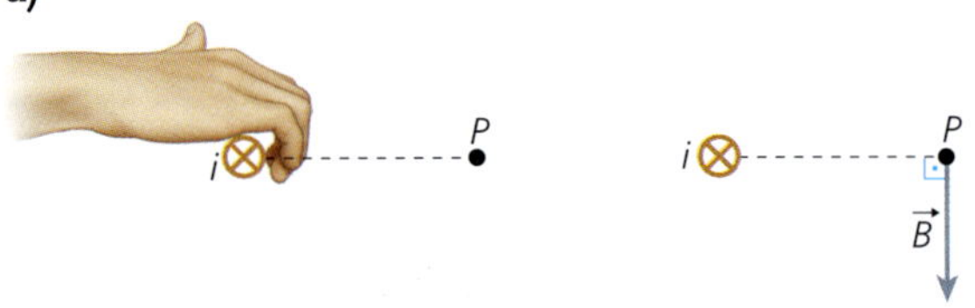

b)

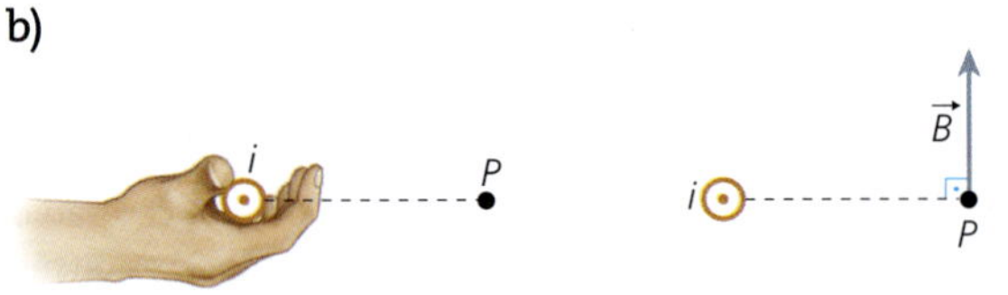

c)

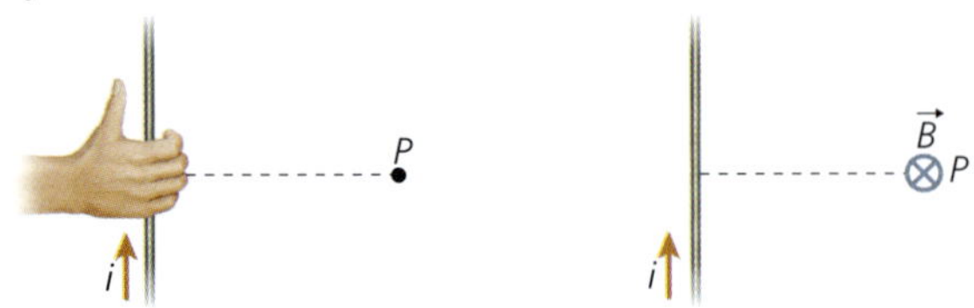

d)

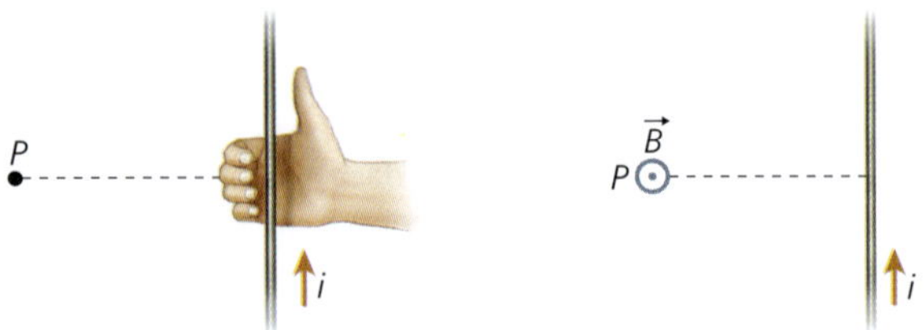

e) As correntes elétricas i_1 e i_2 geram em P os vetores campo magnético $\vec{B}_1$ e $\vec{B}_2$, de mesma intensidade. O vetor campo magnético resultante $\vec{B}$ é a soma vetorial de $\vec{B}_1$ e $\vec{B}_2$.

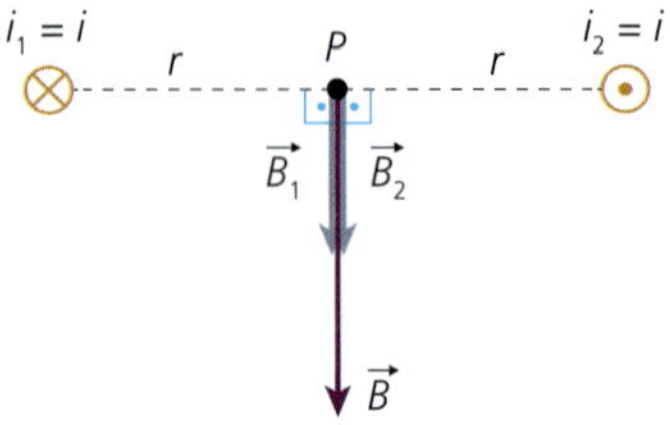

8. **Uma pequena agulha magnética é colocada no ponto P do campo magnético gerado por uma corrente elétrica i saindo do plano do papel. Como a pequena agulha se dispõe?**

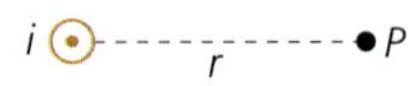

➤ Solução

Vamos representar em primeiro lugar, o vetor campo magnético que a corrente elétrica i gera em P. A pequena agulha magnética colocada no ponto P se orienta na direção do vetor campo magnético $\vec{B}$ existente em P e com o polo norte no sentido de $\vec{B}$:

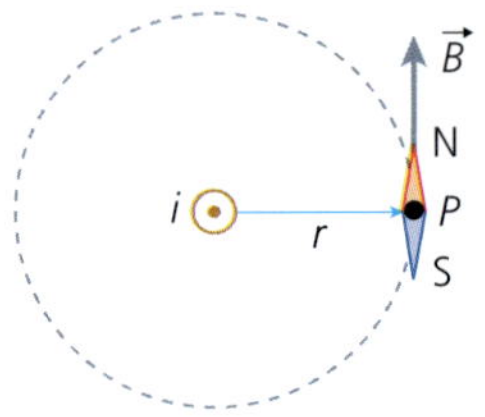

9. **O vetor campo magnético em um ponto P, situado a uma distância r de um condutor retilíneo percorrido por corrente elétrica i, tem intensidade B. Qual é, em função de B, a intensidade do vetor campo magnético nos pontos P_1 e P_2 do campo criado pela corrente de intensidade 2i que percorre outro condutor retilíneo?**

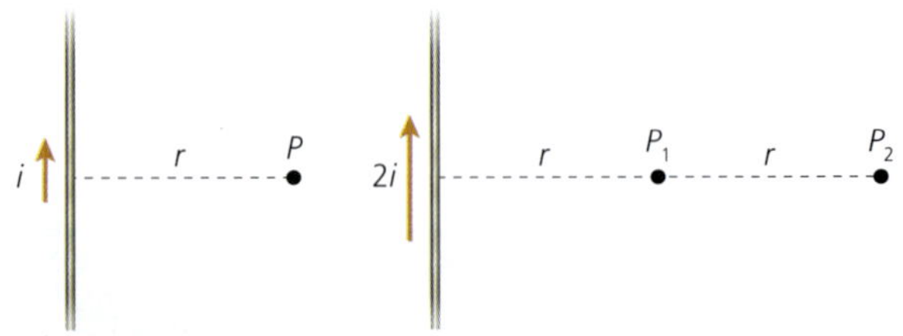

➤ Solução

Em P, temos: $B = \frac{\mu_0}{2\pi} \cdot \frac{i}{r}$

Em P_1 e P_2, temos, respectivamente:

$$B_1 = \frac{\mu_0}{2\pi} \cdot \frac{2i}{r} \text{ e } B_2 = \frac{\mu_0}{2\pi} \cdot \frac{2i}{2r} = \frac{\mu_0}{2\pi} \cdot \frac{i}{r}$$

Portanto: $\boxed{B_1 = 2B}$ e $\boxed{B_2 = B}$

Avaliando o aprendizado

7. Aplicando a regra da mão direita, represente no ponto P o vetor campo magnético $\vec{B}$ em cada caso.

a) 

b) 

c) 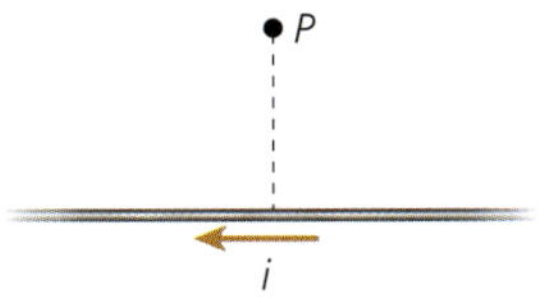

d) 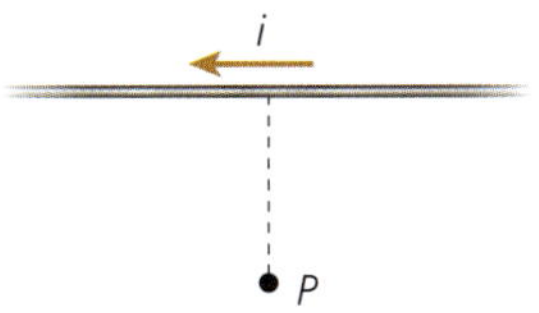

e) 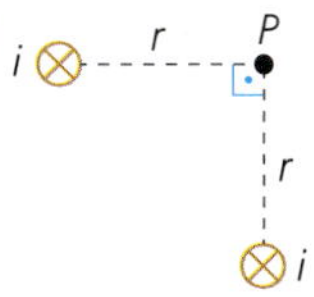

8. Pequenas agulhas magnéticas são colocadas nos pontos P_1 e P_2 do campo magnético originado pela corrente elétrica i. Das três situações indicadas abaixo, qual representa as posições corretas das agulhas? Despreze a ação do campo magnético terrestre.

a) 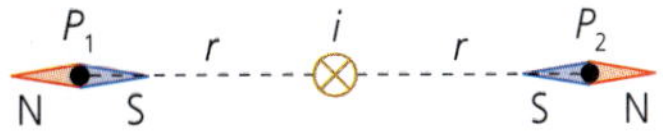

b) 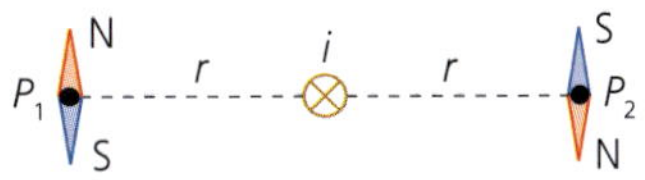

c) 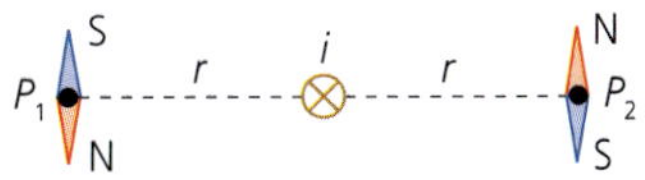

9. No campo magnético gerado pelas correntes elétricas de intensidades i_1 e i_2, sabe-se que o vetor campo magnético resultante no ponto P é nulo. Qual é a relação $\frac{i_1}{i_2}$?

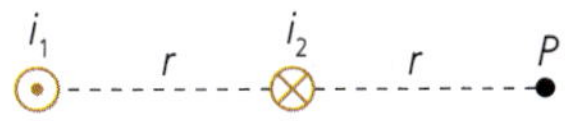

Campo magnético no centro de uma espira circular percorrida por corrente elétrica

Considere uma espira circular de raio *R*, isto é, um fio condutor dobrado segundo uma circunferência de raio *R*, percorrida por uma corrente elétrica de intensidade *i*.

O vetor campo magnético $\vec{B}$ no centro *O* da espira **(fig. 18)** tem as seguintes características:

- A **direção** é a mesma da reta perpendicular ao plano da espira.
- O **sentido** é obtido pela regra da mão direita.
- A **intensidade** é dada por: $B = \frac{\mu_0}{2} \cdot \frac{i}{R}$

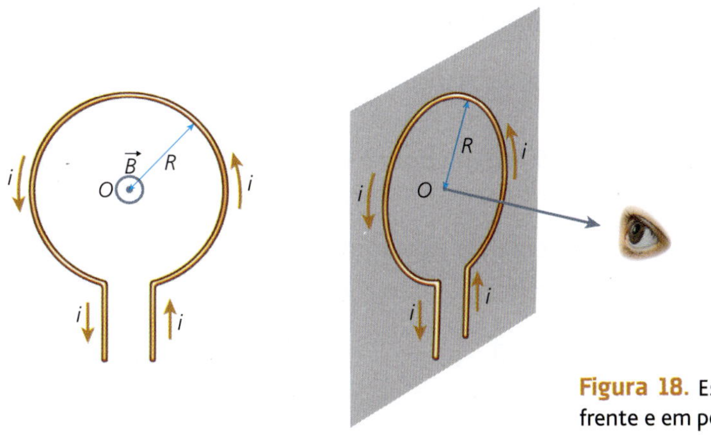

Figura 18. Espira vista de frente e em perspectiva.

Na **figura 19** representamos as linhas de indução do campo magnético gerado pela corrente elétrica que percorre a espira circular. Observe que as linhas de indução chegam em uma face da espira (vista pelo observador O_1) e partem da outra (vista pelo observador O_2).

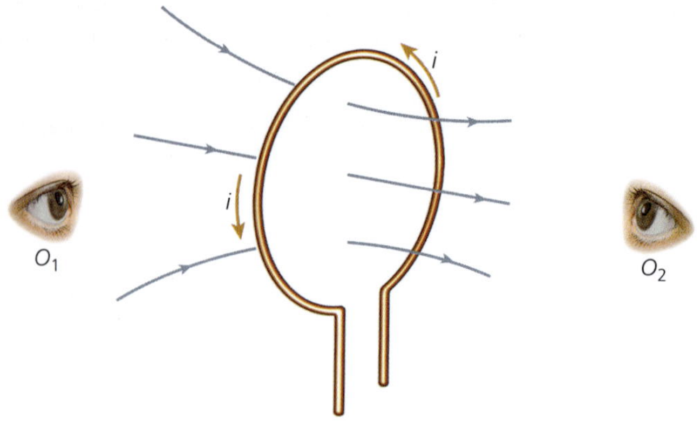

Figura 19. As linhas de indução chegam a uma das faces de uma espira e partem da outra.

Por analogia com os ímãs, são atribuídos dois polos a uma espira: o polo norte, que é a face da espira da qual partem as linhas de indução, e o polo sul, que é a face pela qual entram as linhas de indução **(fig. 20)**.

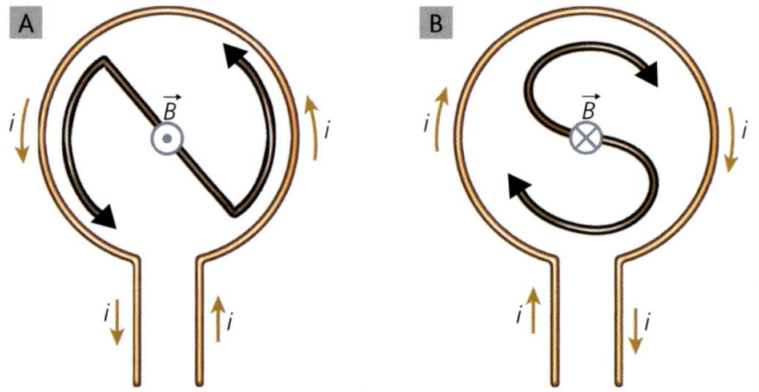

Figura 20. (A) Polo norte: a corrente elétrica tem sentido anti-horário; (B) polo sul: a corrente elétrica tem sentido horário.

Campo magnético no interior de um solenoide percorrido por corrente elétrica

O solenoide é constituído por um fio condutor enrolado em espiras de mesmo raio e igualmente espaçadas, uma ao lado da outra **(fig. 21)**.

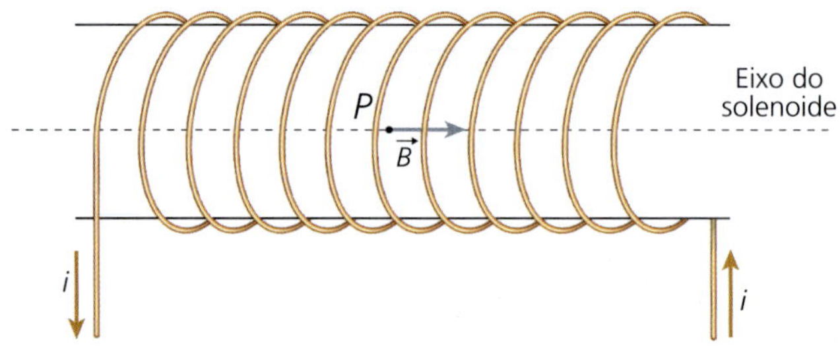

Figura 21. Solenoide ou bobina longa.

O vetor campo magnético $\vec{B}$ em um ponto qualquer no interior de um solenoide percorrido por uma corrente elétrica de intensidade i tem as seguintes características:

- A **direção** é a mesma do eixo do solenoide.
- O **sentido** é obtido pela regra da mão direita.
- A **intensidade** é dada por: $B = \mu_0 \cdot \frac{N}{L} \cdot i$

Na expressão anterior, $\frac{N}{L}$ é a densidade de espiras, ou seja, é o número N de espiras existentes em um comprimento L de solenoide.

Em qualquer outro ponto interno do solenoide, o vetor campo magnético tem as mesmas características. Isso significa que o campo magnético no interior do solenoide é uniforme; portanto, as linhas de indução em seu interior são retas paralelas igualmente orientadas e igualmente espaçadas.

Um solenoide também possui dois polos: o polo norte, que é a extremidade de onde partem as linhas de indução, e o polo sul, que é a extremidade por onde entram as linhas de indução **(fig. 22)**.

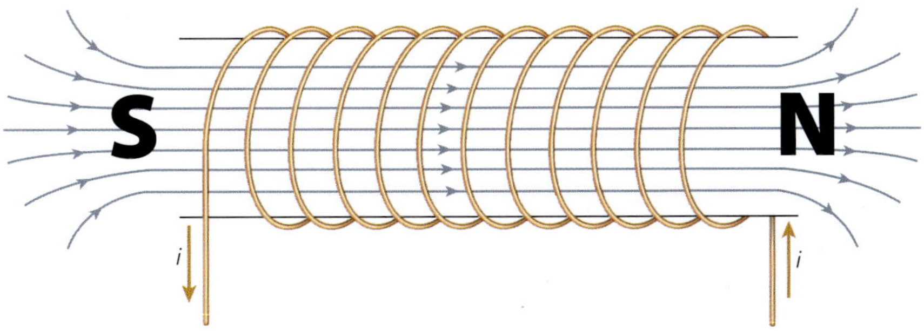

Figura 22. No interior de um solenoide, o campo magnético é uniforme.

Aplicando a teoria

10. **Representar o vetor campo magnético $\vec{B}$ no centro O da espira circular de raio R, vista de frente, como mostra a figura.**

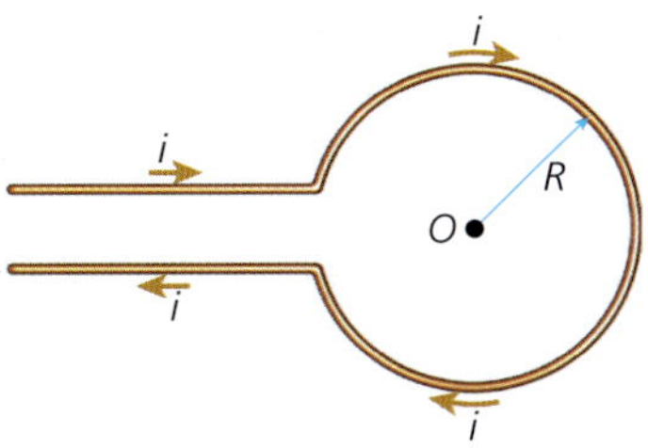

Dobrando-se a intensidade da corrente elétrica que percorre a espira, o que ocorre com a intensidade de $\vec{B}$?

➤ Solução

Pela regra da mão direita, concluímos que o vetor campo magnético $\vec{B}$ no ponto O está entrando no plano da espira.

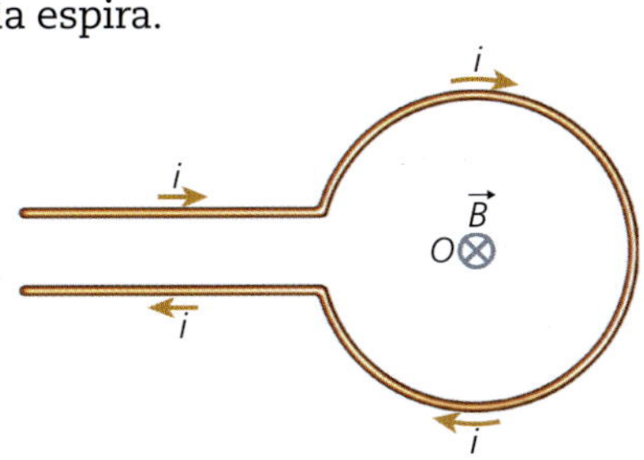

Como $B = \frac{\mu_0}{2} \cdot \frac{i}{R}$, concluímos que, dobrando-se a intensidade da corrente elétrica i que percorre a espira, o valor de B também dobra.

11. **Uma espira circular de raio R e centro O e um fio retilíneo são percorridos por correntes elétricas de intensidades i e I, respectivamente. A espira e o fio encontram-se no mesmo plano, conforme indica a figura.**

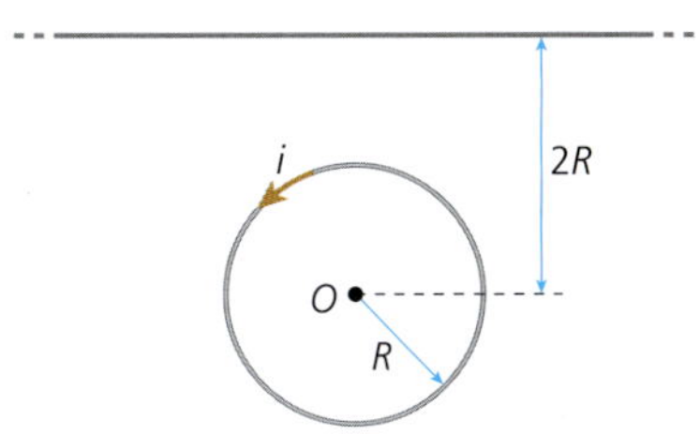

Sabendo que o campo magnético resultante em O é nulo, determinar:

a) o sentido de I;

b) a relação $\frac{i}{I}$.

➤ Solução

a) A corrente elétrica i origina o vetor campo magnético $\vec{B}_1$ saindo do plano do papel em O.

Para que o campo magnético resultante em O seja nulo, a corrente I deve originar em O um vetor campo magnético $\vec{B}_2$ entrando no plano do papel. Assim, o sentido de I é para a direita.

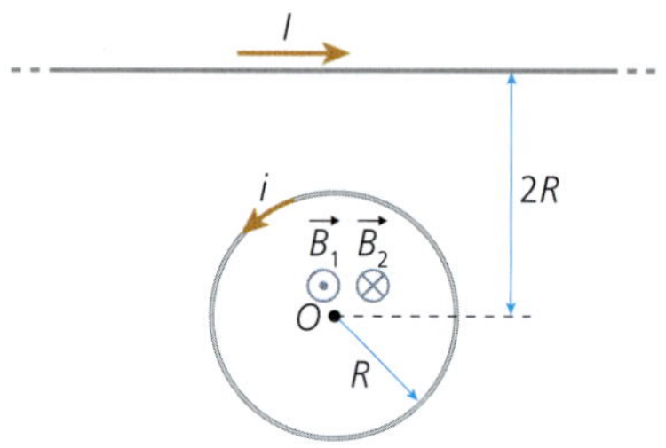

b) Como o vetor campo magnético resultante no ponto O é nulo, temos:

$$B_1 = B_2 \Rightarrow \frac{\mu_0}{2} \cdot \frac{i}{R} = \frac{\mu_0}{2\pi} \cdot \frac{I}{2R} \Rightarrow \boxed{\frac{i}{I} = \frac{1}{2\pi}}$$

12. Duas espiras concêntricas de raios R_1 e R_2 situadas no mesmo plano são percorridas por correntes elétricas de intensidades i_1 e i_2, conforme mostra a figura. Sabe-se que: $i_1 = 5$ A; $i_2 = 10$ A; $R_1 = 5$ cm; $R_2 = 10$ cm; $\mu_0 = 4\pi \cdot 10^{-7} \frac{T \cdot m}{A}$

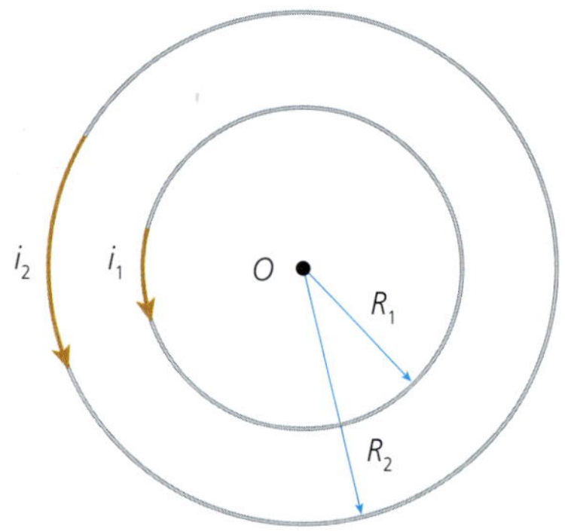

a) Determinar a intensidade do vetor campo magnético resultante no centro comum O.

b) Invertendo-se o sentido de i_2 e mantendo-se o de i_1, qual é a nova intensidade do campo magnético resultante em O?

➤ Solução

a) As correntes elétricas i_1 e i_2 originam em O os vetores campo magnético $\vec{B}_1$ e $\vec{B}_2$ saindo do plano do papel. Assim, o vetor campo magnético resultante em O tem intensidade B dada por:

$$B = B_1 + B_2 \Rightarrow B = \frac{\mu_0}{2} \cdot \frac{i_1}{R_1} + \frac{\mu_0}{2} \cdot \frac{i_2}{R_2} \Rightarrow$$

$$\Rightarrow B = \frac{4\pi \cdot 10^{-7}}{2} \cdot \frac{5}{5 \cdot 10^{-2}} + \frac{4\pi \cdot 10^{-7}}{2} \cdot \frac{10}{10 \cdot 10^{-2}} \Rightarrow$$

$$\Rightarrow \boxed{B = 4\pi \cdot 10^{-5}\, T}$$

b) Invertendo-se o sentido de i_2, o sentido de $\vec{B}_2$ também inverte. Como $\vec{B}_1$ e $\vec{B}_2$ têm a mesma intensidade e sentidos opostos, o vetor campo magnético resultante será nulo.

13. Considerar o solenoide esquematizado na figura abaixo.

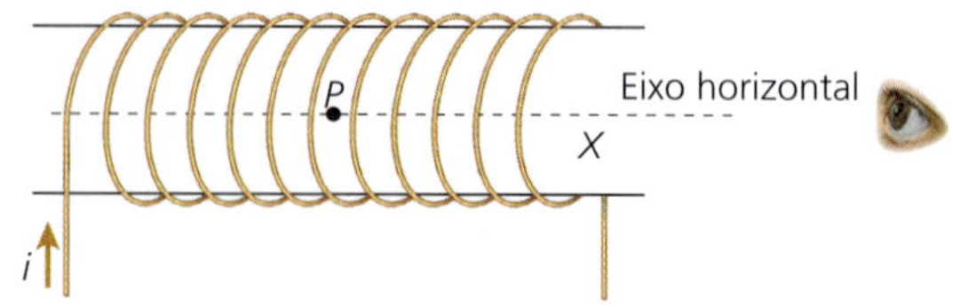

a) Qual é a direção e o sentido do vetor campo magnético $\vec{B}$ no ponto P, interno ao solenoide?

b) A face X é o polo norte ou o polo sul do solenoide?

c) Representar as linhas de indução no interior do solenoide.

d) Calcular a intensidade da corrente elétrica i que percorre o solenoide, sabendo que o campo magnético em seu interior tem intensidade $B = 4\pi \cdot 10^{-3}$ T.

$$\left(\text{Dados: } \mu_0 = 4\pi \cdot 10^{-7} \frac{T \cdot m}{A}; \frac{N}{L} = 1.000 \frac{\text{espiras}}{\text{metro}}\right)$$

➤ Solução

a) Pela regra da mão direita, concluímos que no ponto P o vetor $\vec{B}$ tem direção horizontal (direção do eixo do solenoide) e sentido para a esquerda.

b) O campo magnético entra pela face X. Logo, X é o polo sul do solenoide.

c) As linhas de indução estão representadas na figura abaixo.

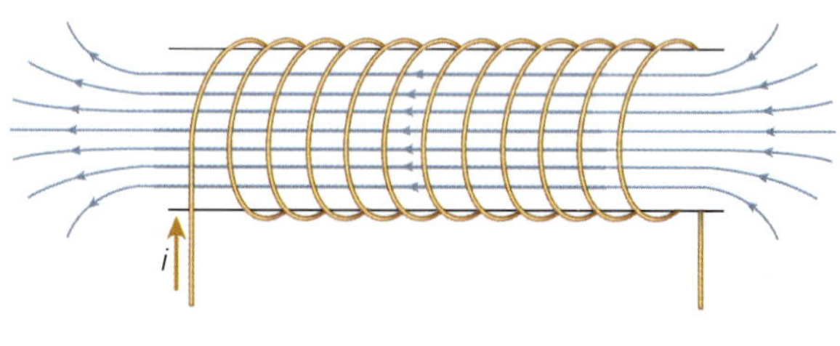

d) $B = \mu_0 \cdot \frac{N}{L} \cdot i \Rightarrow 4\pi \cdot 10^{-3} = 4\pi \cdot 10^{-7} \cdot 1.000 \cdot i \Rightarrow$

$$\Rightarrow \boxed{i = 10\text{ A}}$$

Avaliando o aprendizado

10. Considere $\vec{B}_1$, $\vec{B}_2$ e $\vec{B}_3$ os vetores campo magnético nos centros O_1, O_2 e O_3, respectivamente, das espiras vistas de frente, conforme mostram as figuras.

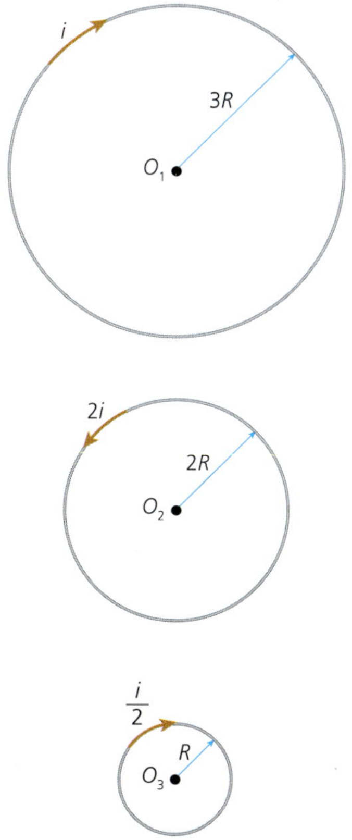

a) Represente graficamente os vetores $\vec{B}_1$, $\vec{B}_2$ e $\vec{B}_3$.

b) Qual desses vetores é o mais intenso?

11. Um fio retilíneo e uma espira circular de raio R e centro O são percorridos por correntes elétricas de intensidades I e i, respectivamente. A espira e o fio encontram-se no mesmo plano e tangenciam-se, conforme mostra a figura.

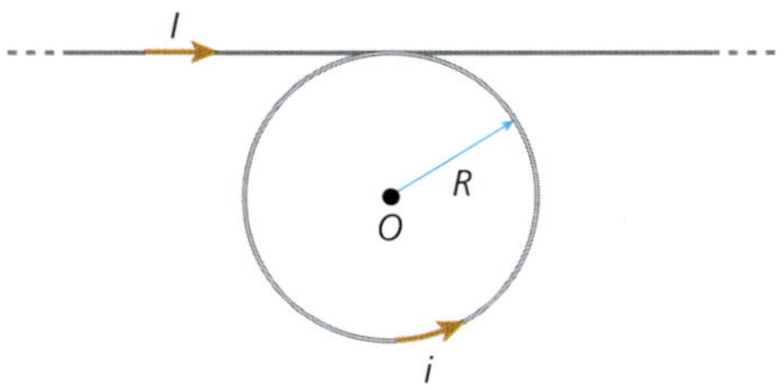

Com os sentidos indicados para as correntes elétricas, é possível que o campo magnético resultante no centro O seja nulo? Em caso afirmativo, qual deveria ser a relação $\frac{i}{I}$?

12. Duas espiras concêntricas de raios R_1 e R_2 situadas no mesmo plano, conforme mostra a figura, são percorridas por correntes elétricas de intensidades i_1 e i_2, respectivamente.

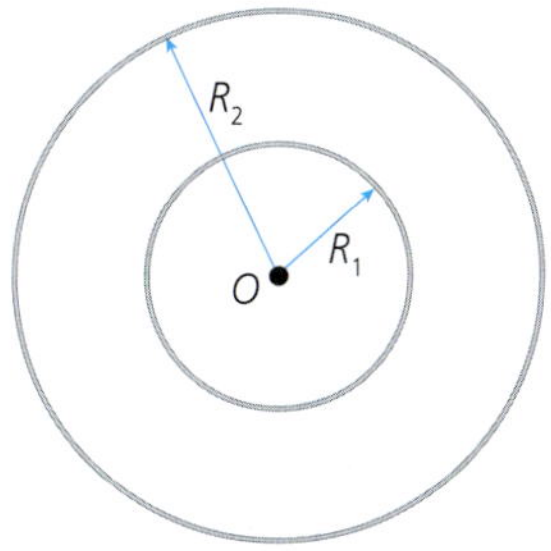

Sabendo que o vetor campo magnético resultante no centro O é nulo, pode-se afirmar que:

a) i_1 e i_2 têm o mesmo sentido e $\frac{i_1}{R_1} = \frac{i_2}{R_2}$.

b) i_1 e i_2 têm o mesmo sentido e $i_1 \cdot R_1 = i_2 \cdot R_2$.

c) i_1 e i_2 têm sentidos opostos e $\frac{i_1}{R_1} = \frac{i_2}{R_2}$.

d) i_1 e i_2 têm sentidos opostos e $i_1 \cdot R_1 = i_2 \cdot R_2$.

e) i_1 e i_2 têm o mesmo sentido e $i_1 = i_2$.

13. Um solenoide de resistência elétrica $R = 5\ \Omega$ contendo 10 espiras por centímetro é ligado a um gerador de força eletromotriz $\varepsilon = 12\ V$ e resistência interna $r = 1\ \Omega$.

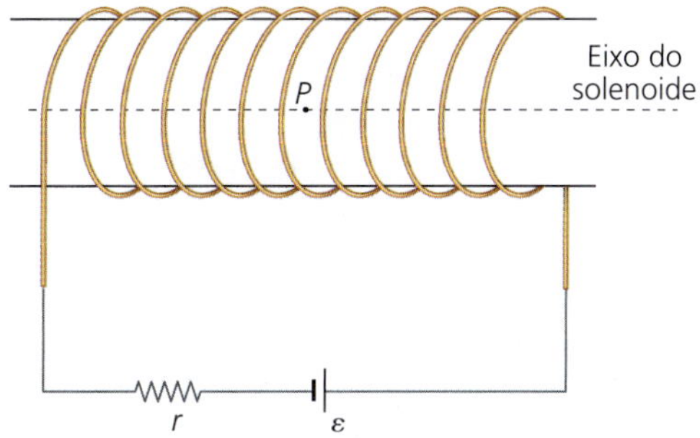

Sendo $\mu_0 = 4\pi \cdot 10^{-7}\ \frac{T \cdot m}{A}$ a permeabilidade magnética do meio:

a) determine a intensidade da corrente elétrica que percorre o solenoide;

b) determine a intensidade do campo magnético no interior do solenoide;

c) represente o vetor campo magnético $\vec{B}$ no ponto P pertencente ao eixo do solenoide.

Revisando o conteúdo

Ficha-resumo 1

Polos de um ímã

O polo voltado para o Norte geográfico recebe o nome de polo norte do ímã; o polo voltado para o Sul geográfico é o polo sul do ímã.

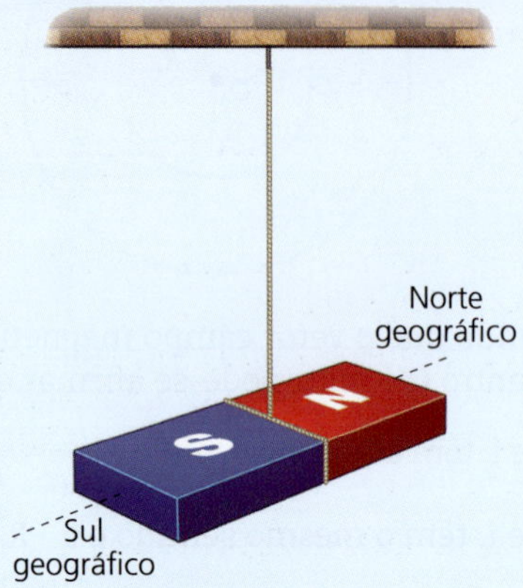

Atração e repulsão

Polos de mesmo nome repelem-se e polos de nomes distintos se atraem.

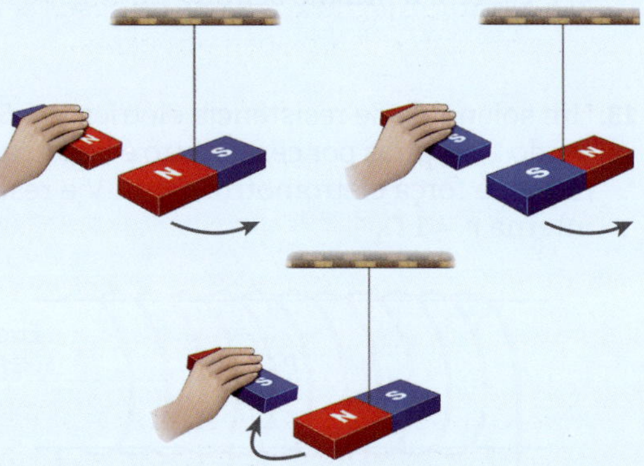

Inseparabilidade dos polos de um ímã

Partindo-se um ímã ao meio, observa-se que cada parte obtida constitui um novo ímã.

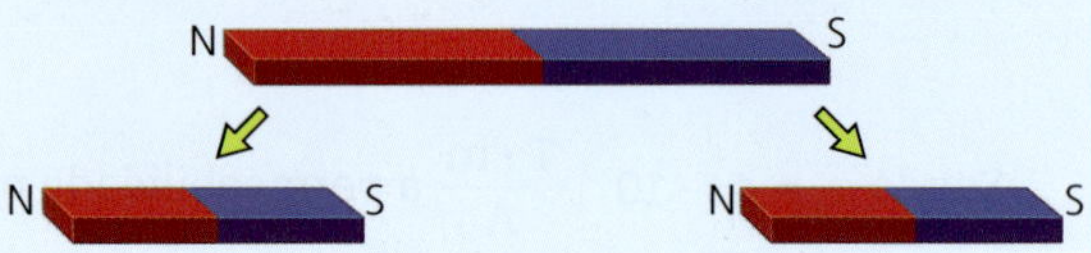

1. (Vunesp) A figura representa um ímã em forma de barra que vai ser cortado em duas partes.

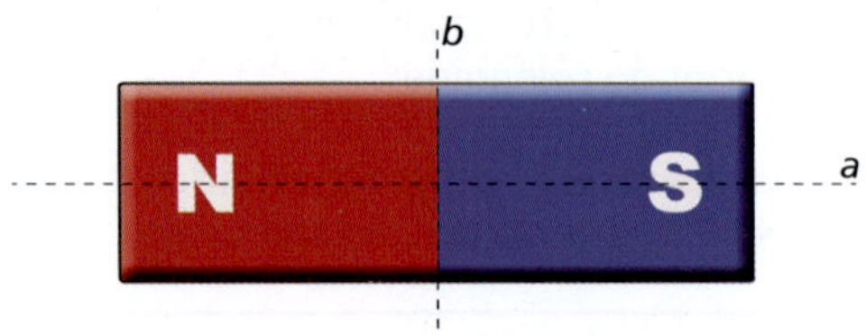

Logo em seguida ao corte, pode-se observar que os pedaços resultantes:

a) repelem-se, se o corte for segundo a linha *a* ou segundo a linha *b*.
b) atraem-se, se o corte for segundo a linha *a* ou segundo a linha *b*.
c) repelem-se, se o corte for segundo a linha *a*, e atraem-se, se o corte for segundo a linha *b*.
d) atraem-se, se o corte for segundo a linha *a*, e repelem-se, se o corte for segundo a linha *b*.
e) não interagem, se o corte for segundo a linha *a*, e atraem-se, se o corte for segundo a linha *b*.

2. (Fuvest-SP) Um ímã em forma de barra, de polaridade N (norte) e S (sul), é fixado numa mesa horizontal. Um outro ímã semelhante, de polaridade desconhecida, indicada por A e T, quando colocado na posição mostrada na **figura 1**, é repelido para a direita. Quebra-se esse ímã ao meio e, utilizando as duas metades, fazem-se quatro experiências, representadas nas figuras I, II, III e IV, em que as metades são colocadas, uma de cada vez, nas proximidades do ímã fixo.

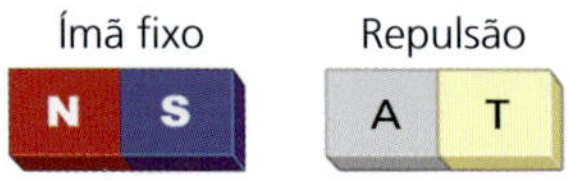

Figura 1

Indicando por "nada" a ausência de atração ou repulsão da parte testada, os resultados das quatro experiências são, respectivamente:

	I	II	III	IV
a)	repulsão	atração	repulsão	atração
b)	repulsão	repulsão	repulsão	repulsão
c)	repulsão	repulsão	atração	atração
d)	repulsão	nada	nada	atração
e)	atração	nada	nada	repulsão

Ficha-resumo 2

Magnetismo terrestre

A Terra se comporta como um enorme ímã, com o polo magnético sul localizado nas imediações do Norte geográfico e o polo magnético norte localizado nas imediações do Sul geográfico.

Campo magnético e linhas de indução

Um ímã influencia o espaço que o envolve por meio da criação de um campo de forças em torno de si mesmo. Esse campo é denominado **campo magnético**.

A cada ponto *P* do campo magnético associamos uma grandeza vetorial denominada **vetor campo magnético**, indicado por $\vec{B}$. A **direção** de $\vec{B}$ em *P* é aquela na qual se dispõe a agulha magnética e o **sentido** de $\vec{B}$ é aquele para o qual o polo norte da agulha aponta.

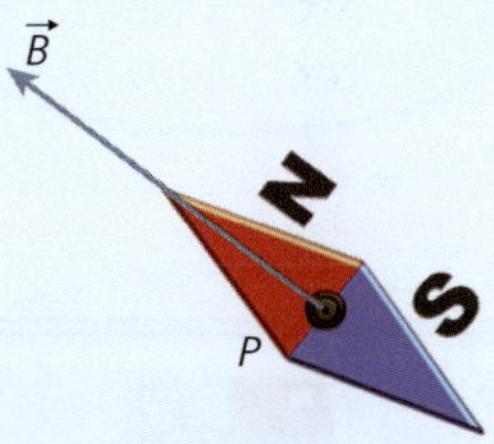

Linha de indução é uma linha imaginária que indica a direção e o sentido do vetor campo magnético $\vec{B}$ em cada ponto do campo.

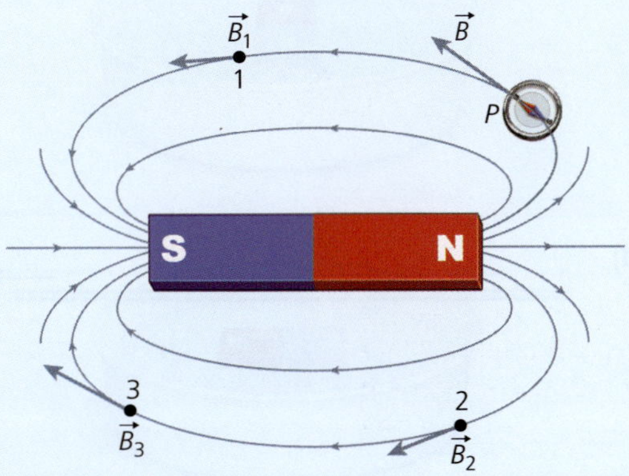

36.1 Visão do especialista

3. (UFMG) Fazendo uma experiência com dois ímãs em forma de barra, Júlia colocou-os sob uma folha de papel e espalhou limalhas de ferro sobre essa folha. Ela colocou os ímãs em duas diferentes orientações e obteve os resultados mostrados nas **figuras I** e **II**.

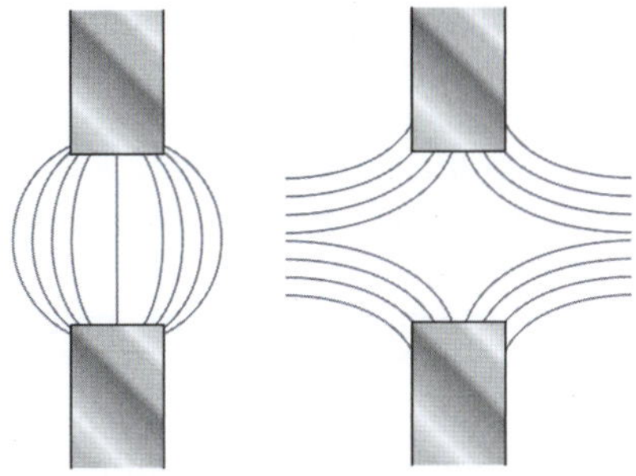

Figura I **Figura II**

Nessas figuras, os ímãs estão representados pelos retângulos.

Com base nessas informações, é correto afirmar que as extremidades dos ímãs voltadas para a região entre eles podem corresponder às seguintes polaridades:

a) norte e norte na figura I e sul e norte na figura II.

b) norte e norte na figura I e sul e sul na figura II.

c) norte e sul na figura I e sul e norte na figura II.

d) norte e sul na figura I e sul e sul na figura II.

4. (UEM-PR) O diagrama abaixo representa as linhas de um campo magnético uniforme.

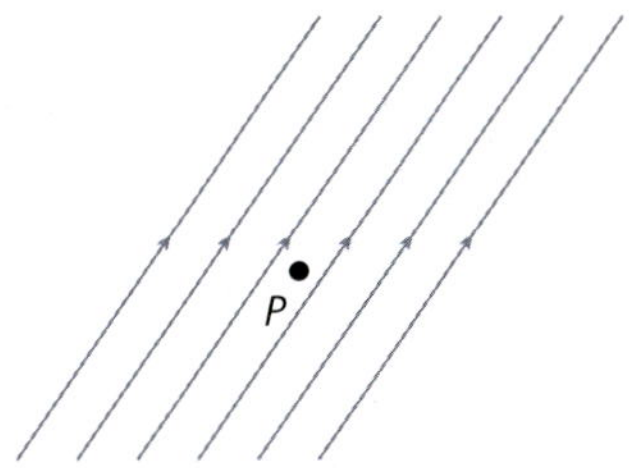

Assinale a alternativa que melhor representa a posição da agulha de uma bússola colocada em um ponto P, no mesmo plano do campo magnético.

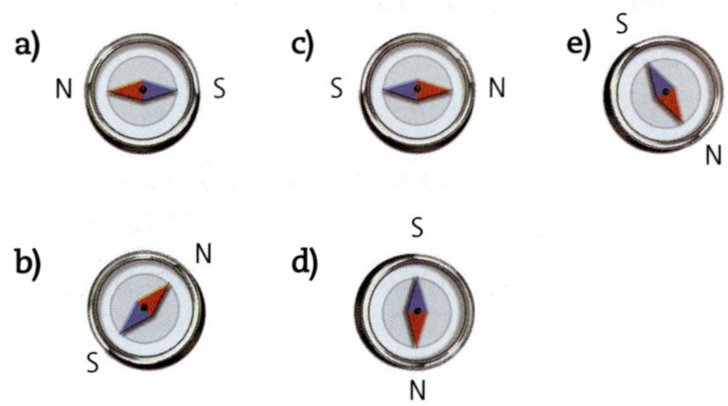

5. (UEMG) Uma pessoa colocou uma bússola sobre uma mesa e observou que a agulha magnética da bússola se orientava da maneira mostrada na figura.

Assinale a alternativa que apresenta uma conclusão **correta** sobre essa situação.

a) O campo magnético no local tem a mesma direção da agulha e o sentido para a direita.

b) O polo norte da agulha aponta para o polo Sul geográfico.

c) O polo norte da agulha aponta para o polo norte magnético da Terra.

d) O campo magnético da Terra é perpendicular à direção determinada pela agulha magnética.

6. (UFRGS) Uma pequena bússola é colocada próxima a um ímã permanente. Em quais das posições assinaladas na figura a extremidade norte da agulha apontará para o alto da página?

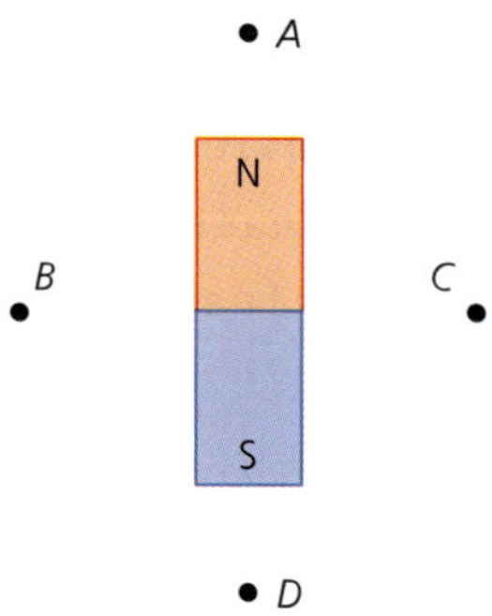

a) Somente em *A* ou *D*.

b) Somente em *B* ou *C*.

c) Somente em *A*, *B* ou *D*.

d) Somente em *B*, *C* ou *D*.

e) Em *A*, *B*, *C* ou *D*.

Ficha-resumo 3

Experiência de Oersted

Toda corrente elétrica origina no espaço que a envolve um campo magnético.

Campo magnético gerado por uma corrente elétrica que percorre um condutor retilíneo

O vetor campo magnético $\vec{B}$ em um ponto *P*, situado a uma distância *r* do condutor, tem as seguintes características:

- **Direção:** a mesma da reta perpendicular ao plano definido pelo ponto *P* e pelo condutor.
- **Sentido:** dado pela regra da mão direita.
- **Intensidade:** $B = \frac{\mu_0}{2\pi} \cdot \frac{i}{r}$

7. (UFMG) Esta figura mostra uma pequena chapa metálica imantada que flutua sobre a água de um recipiente. Um fio elétrico está colocado sobre esse recipiente.

O fio passa, então, a conduzir uma intensa corrente elétrica contínua, no sentido da esquerda para a direita.

A alternativa que melhor representa a posição da chapa metálica imantada, após um certo tempo, é:

a) 

b) 

c) 

d) 

e) 

8. (UEPB) O magnetismo e a eletricidade eram fenômenos já bem conhecidos, quando, em 1820, Hans Christian Oersted (1777-1851) observou que uma agulha magnética era desviada quando uma corrente elétrica passava por um fio próximo. A partir daí, eletricidade e magnetismo passaram a ser reconhecidos como fenômenos de uma mesma origem. A figura abaixo representa um fio percorrido por uma corrente de grande intensidade, situado acima de uma agulha magnética.

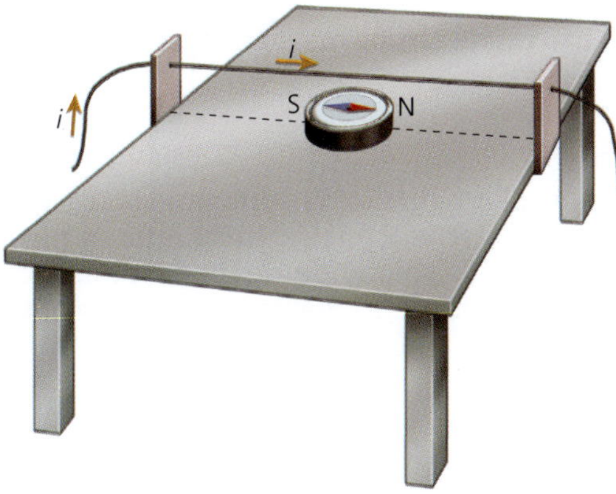

A partir dessas informações, é correto afirmar que:

a) a figura é coerente, pois uma agulha magnética tende a se orientar na mesma direção do fio no qual passa a corrente.

b) a figura não é coerente, pois uma agulha magnética tende a se orientar segundo um ângulo de 45°, em relação ao fio no qual passa a corrente.

c) a figura não é coerente, pois uma agulha magnética tende a se orientar perpendicularmente ao fio no qual passa a corrente.

d) a figura é coerente, pois a orientação da agulha magnética e a da corrente que percorre o fio são iguais, e o polo sul da agulha aponta para a esquerda.

e) a figura não é coerente, pois a orientação da agulha magnética e a da corrente que percorre o fio são iguais, porém o polo sul da agulha deveria estar apontando para a direita.

9. (Ufes) Em uma excursão acadêmica, um aluno levou uma lanterna com uma bússola acoplada. Em várias posições durante o dia, ele observou que a bússola mantinha sempre uma única orientação; perpendicular à direção seguida pelo Sol. À noite, estando a bússola sobre uma mesa e próxima de um fio perpendicular a ela, notou que a bússola mudou sua orientação, no momento em que foi ligado um gerador de corrente contínua.

A orientação inicial da agulha da bússola é a mostrada na figura a seguir.

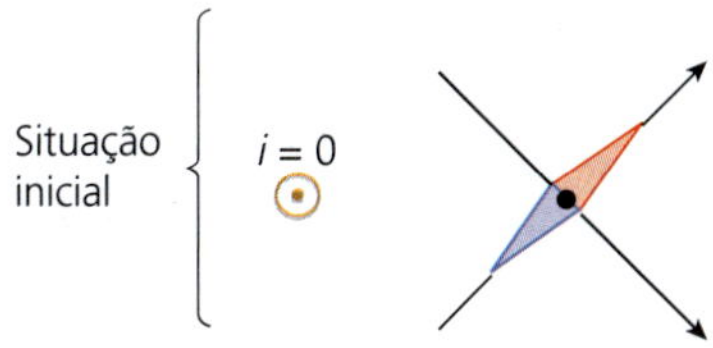

Ao ligar o gerador, a corrente sobe o fio (saindo do plano da ilustração). Assim, a orientação da bússola passará a ser a seguinte:

a) 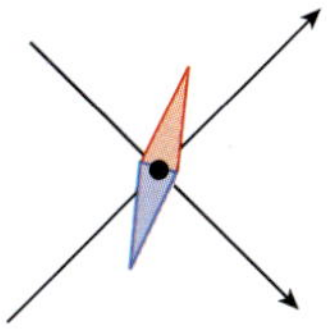

b) 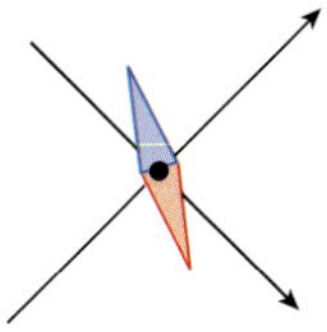

c) 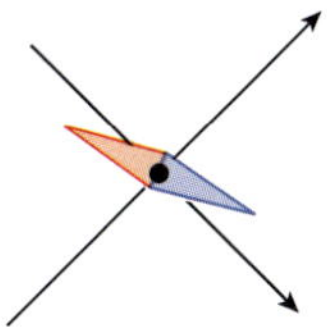

d) 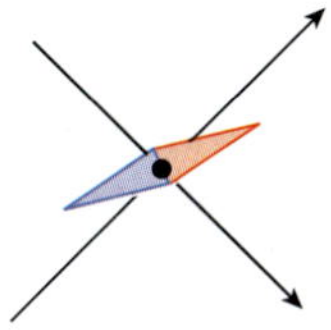

e) 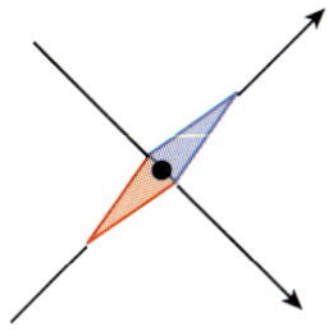

10. (UFPE) Dois longos fios paralelos transportam correntes iguais e de sentidos opostos e estão separados por uma distância igual a $2b$. Determine a relação $\frac{B_Q}{B_P}$ entre os módulos do vetor indução magnética no ponto Q, equidistante e coplanar aos dois fios, e no ponto P, coplanar aos fios e situado a uma distância b do fio da esquerda.

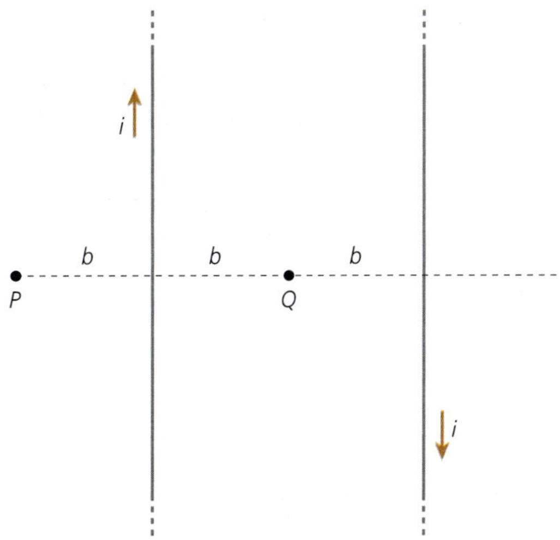

Ficha-resumo 4

Campo magnético no centro *O* de uma espira circular percorrida por corrente elétrica

- **Direção:** a mesma da reta perpendicular ao plano da espira.
- **Sentido:** dado pela regra da mão direita.
- **Intensidade:** $B = \frac{\mu_0}{2} \cdot \frac{i}{R}$

Campo magnético no interior de um solenoide percorrido por corrente elétrica

- **Direção:** a mesma do eixo do solenoide.
- **Sentido:** dado pela regra da mão direita.
- **Intensidade:** $B = \mu_0 \cdot \frac{N}{L} \cdot i$

11. (PUC-MG) No centro de uma espira circular de raio R percorrida por uma corrente de intensidade i, o vetor indução magnética:

I. tem módulo independente do meio que envolve a espira.

II. é perpendicular ao plano da espira.

III. tem módulo diretamente proporcional à razão $\frac{i}{R}$.

Com relação às afirmações I, II e III, é correto afirmar que:

a) só a I e a III são corretas.
b) só a II e a III são corretas.
c) só a II é correta.
d) todas são corretas.
e) todas são falsas.

12. (UCS-RS) Um fio reto *AB* e uma espira de centro C estão no plano da folha isolados entre si e percorridos pelas correntes elétricas i_1 e i_2. No centro C da espira são gerados os campos magnéticos $\vec{B}_1$ e $\vec{B}_2$ pelas correntes elétricas i_1 e i_2, respectivamente.

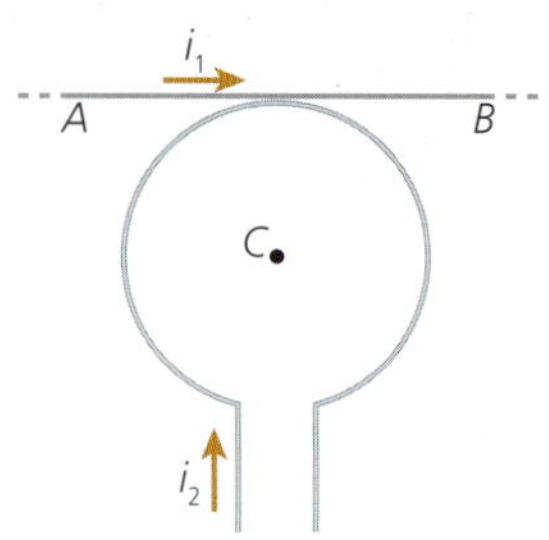

Com base no exposto, é correto afirmar que:

a) o sentido de $\vec{B}_1$ aponta para dentro da folha e o de $\vec{B}_2$, para fora da mesma.
b) os sentidos de $\vec{B}_1$ e $\vec{B}_2$ apontam para fora da folha.
c) o sentido de $\vec{B}_1$ aponta para fora da folha e o de $\vec{B}_2$ para dentro da mesma.
d) os sentidos de $\vec{B}_1$ e $\vec{B}_2$ apontam para dentro da folha.
e) não existe campo magnético resultante, pois $\vec{B}_1$ e $\vec{B}_2$ se anulam.

13. (Unifesp) A figura representa uma bateria, de força eletromotriz E e resistência interna $r = 5,0\ \Omega$, ligada a um solenoide de 200 espiras. Sabe-se que o amperímetro marca 200 mA e o voltímetro marca 8,0 V, ambos supostos ideais.

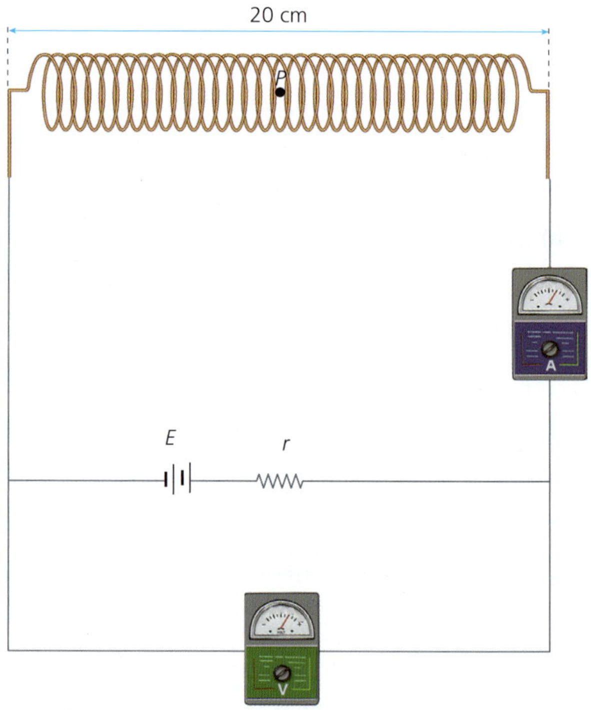

a) Qual o valor da força eletromotriz da bateria?
b) Qual a intensidade do campo magnético gerado no ponto P, localizado no meio do interior vazio do solenoide?

[Dados: $\mu_0 = 4\pi \cdot 10^{-7}\ \frac{T \cdot m}{A}$; $B = \mu_0 \cdot \frac{N}{L} \cdot i$ (módulo do campo magnético no interior de um solenoide)]

Capítulo 37

Força magnética

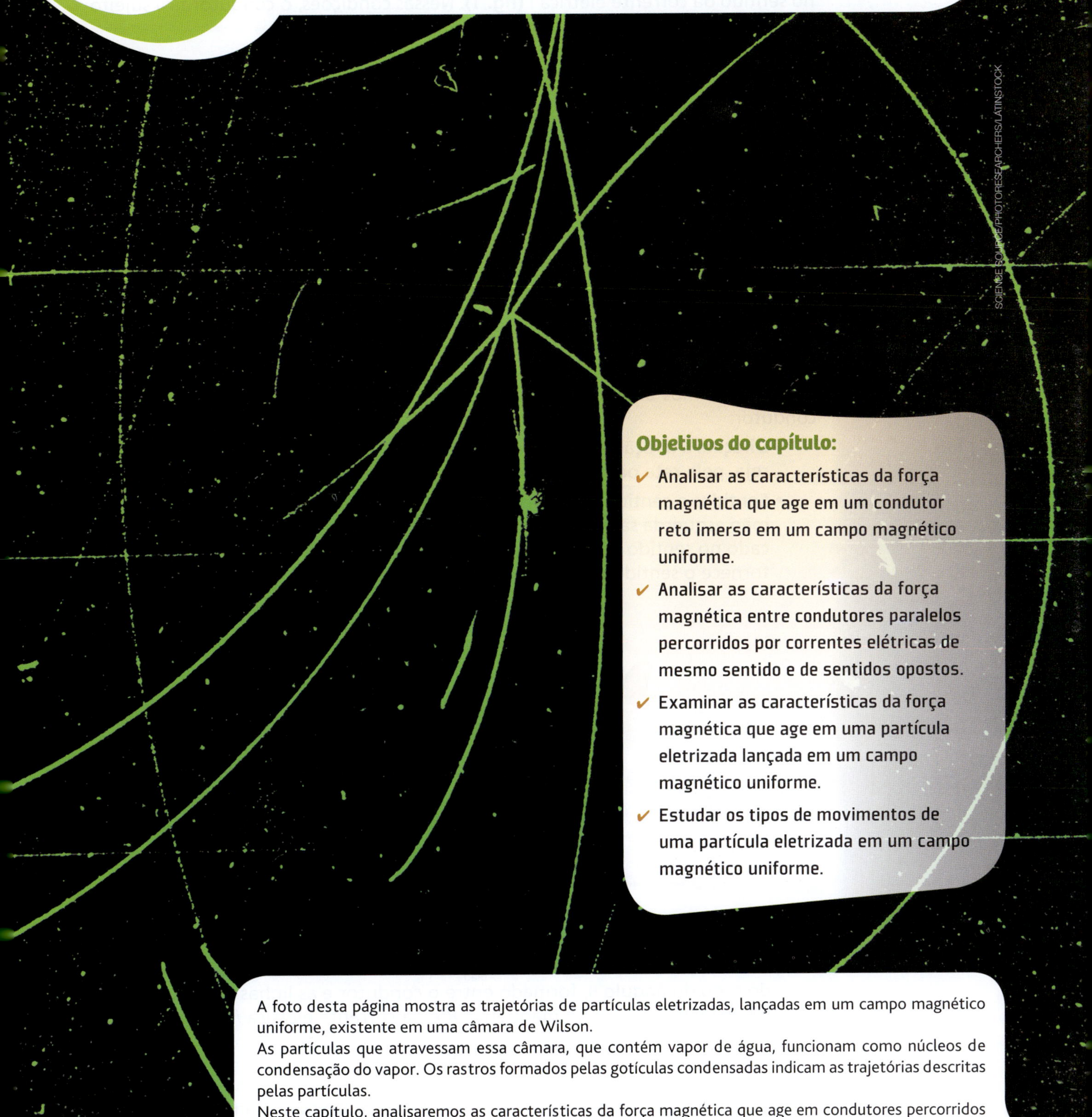

SCIENCE SOURCE/PHOTORESEARCHERS/LATINSTOCK

Objetivos do capítulo:

- Analisar as características da força magnética que age em um condutor reto imerso em um campo magnético uniforme.
- Analisar as características da força magnética entre condutores paralelos percorridos por correntes elétricas de mesmo sentido e de sentidos opostos.
- Examinar as características da força magnética que age em uma partícula eletrizada lançada em um campo magnético uniforme.
- Estudar os tipos de movimentos de uma partícula eletrizada em um campo magnético uniforme.

A foto desta página mostra as trajetórias de partículas eletrizadas, lançadas em um campo magnético uniforme, existente em uma câmara de Wilson.

As partículas que atravessam essa câmara, que contém vapor de água, funcionam como núcleos de condensação do vapor. Os rastros formados pelas gotículas condensadas indicam as trajetórias descritas pelas partículas.

Neste capítulo, analisaremos as características da força magnética que age em condutores percorridos por corrente elétrica e também em uma partícula eletrizada lançada em um campo magnético uniforme.

Força
Conteúdo multimídia

1 Força magnética sobre um condutor reto imerso em um campo magnético uniforme

Considere um condutor reto de comprimento L, percorrido por uma corrente elétrica de intensidade i e imerso em um campo magnético uniforme de intensidade B. Seja θ o ângulo entre o vetor campo magnético $\vec{B}$ e o condutor, orientado no sentido da corrente elétrica i **(fig. 1)**. Nessas condições, o condutor fica sujeito a uma força $\vec{F}_{mag}$ denominada **força magnética**.

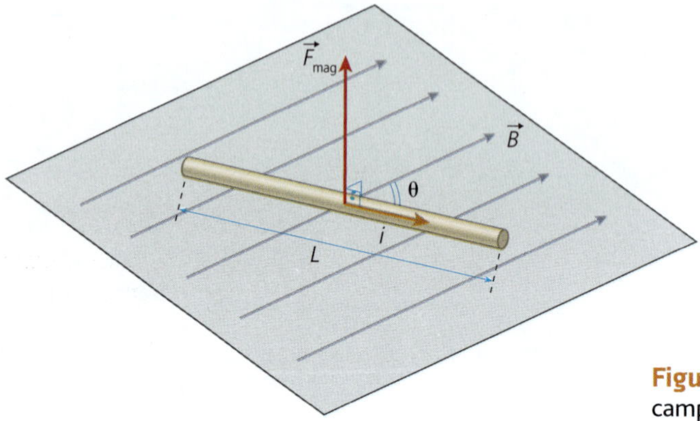

Figura 1. Condutor reto imerso em um campo magnético uniforme $\vec{B}$.

Agora vamos analisar as características da força magnética $\vec{F}_{mag}$ que age no condutor:

- **Direção:** a direção é determinada pela reta perpendicular a $\vec{B}$ e ao condutor, ou seja, pela reta perpendicular ao plano definido pelo vetor $\vec{B}$ e pelo condutor.
- **Sentido:** o sentido é determinado pela regra da mão esquerda. Os dedos da mão esquerda são dispostos como mostra a **figura 2**; o dedo indicador é colocado no sentido de $\vec{B}$ e o dedo médio, no sentido de i. Assim, o dedo polegar fornece o sentido de $\vec{F}_{mag}$.

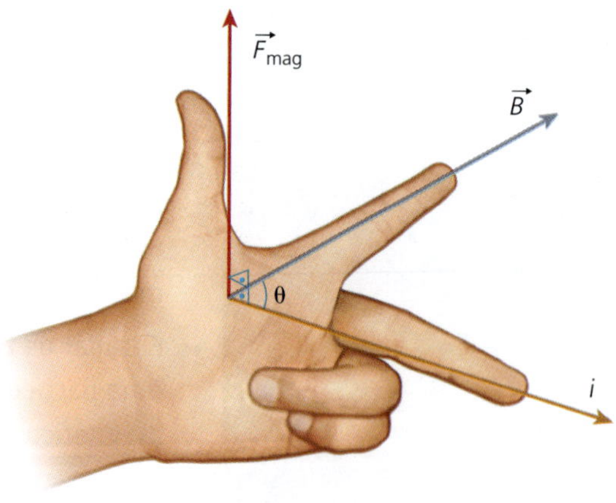

Figura 2. Regra da mão esquerda.

- **Intensidade:** a intensidade de $\vec{F}_{mag}$ depende do comprimento L do condutor, do seno do ângulo θ, formado entre o condutor e as linhas de indução, e das intensidades do campo magnético $\vec{B}$ e da corrente elétrica i. Assim:

$$F_{mag} = BiL \cdot \text{sen } \theta$$

Observe que, no caso em que o condutor é disposto paralelamente às linhas de indução, isto é, $\theta = 0°$ ou $\theta = 180°$, a força magnética é nula.

Aplicando a teoria

1. **Aplicando a regra da mão esquerda, representar a força magnética que age em um condutor retilíneo, percorrido por corrente elétrica e imerso em um campo magnético uniforme, nos casos indicados a seguir.**

a) 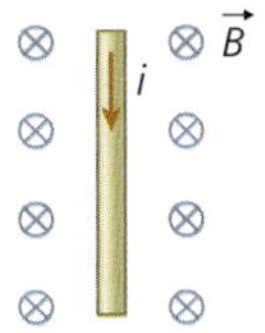

d) 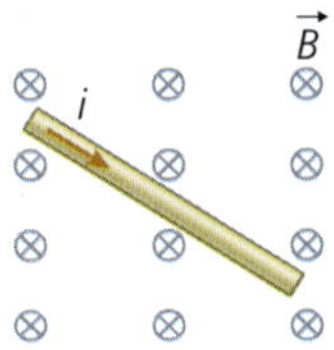

b) 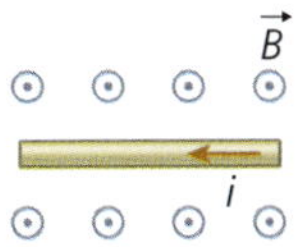

e) 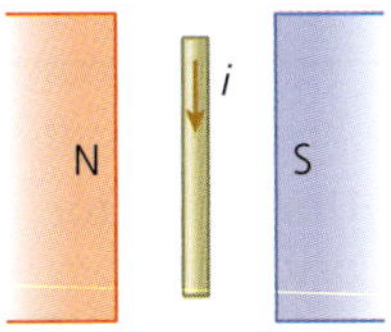

c) 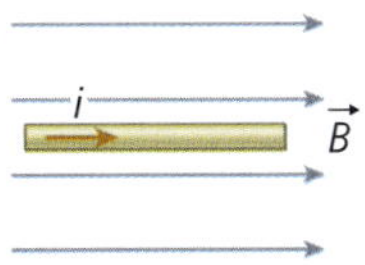

f) 

➤ Solução

Para determinar o sentido da força magnética, aplicamos, em cada caso, a regra da mão esquerda. Observe que, no item **c**, a força magnética é nula, uma vez que o ângulo θ, entre $\vec{B}$ e i, é nulo. No item **e**, determinamos em primeiro lugar o sentido de $\vec{B}$, lembrando que o campo magnético parte do polo norte e chega ao polo sul.

a) 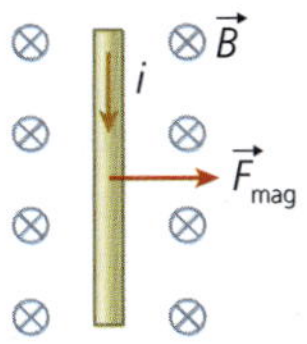

d) 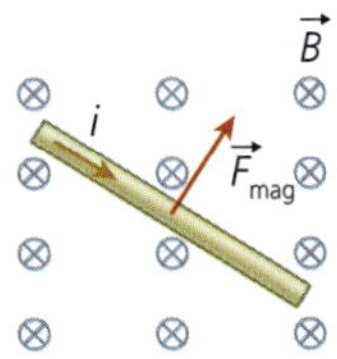

b) 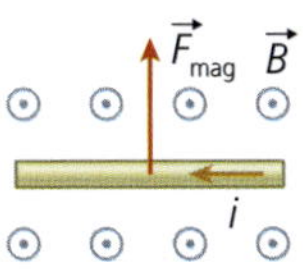

e) 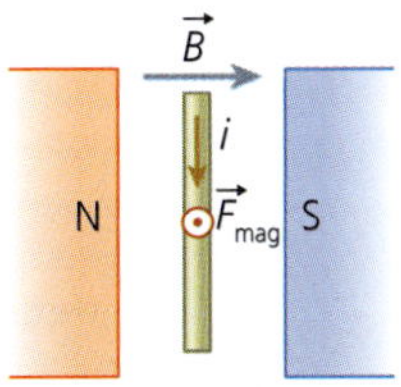

c) 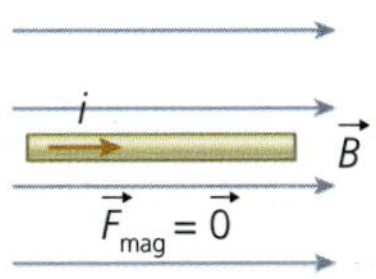

f) 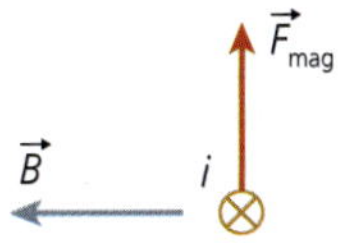

2. **Um condutor retilíneo de comprimento 20 cm está imerso em um campo magnético uniforme de intensidade $B = 4 \cdot 10^{-3}$ T. Considerando $i = 2$ A a intensidade da corrente elétrica que percorre o condutor, representar a força magnética que age no condutor e determinar sua intensidade nos dois casos indicados abaixo.**

a) 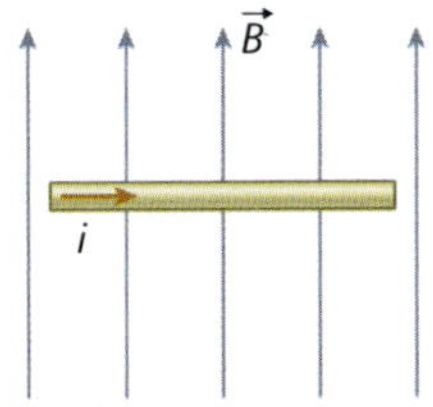

b) 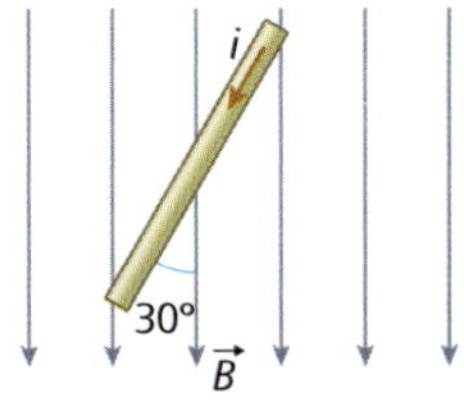

➤ Solução

Pela regra da mão esquerda, determinamos, em cada caso, o sentido da força magnética.

a) 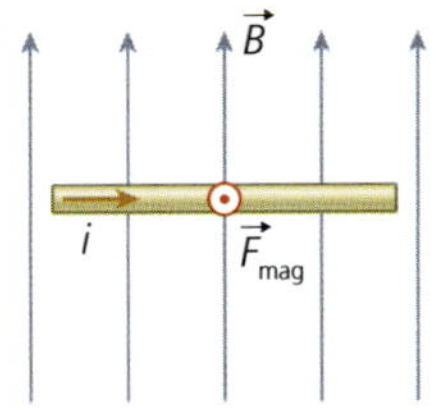

b) 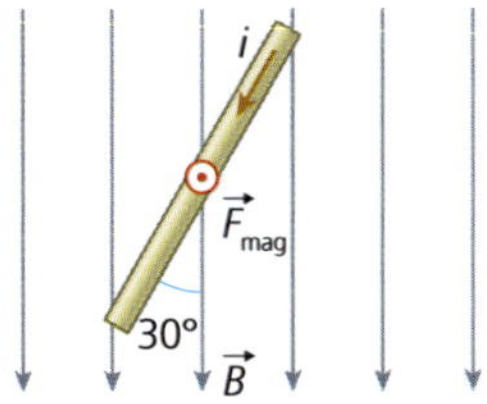

No item **a**, o ângulo θ, entre $\vec{B}$ e i, é igual a 90°. Assim:

$F_{mag} = BiL \cdot \text{sen } 90° \Rightarrow F_{mag} = 4 \cdot 10^{-3} \cdot 2 \cdot 0{,}2 \cdot 1 \Rightarrow$

$\Rightarrow F_{mag} = 1{,}6 \cdot 10^{-3}$ N

No item **b**, o ângulo θ, entre $\vec{B}$ e i, é igual a 30°. Assim:

$F_{mag} = BiL \cdot \text{sen } 30° \Rightarrow F_{mag} = 4 \cdot 10^{-3} \cdot 2 \cdot 0{,}2 \cdot \frac{1}{2} \Rightarrow$

$\Rightarrow F_{mag} = 8 \cdot 10^{-4}$ N

3. **Um condutor reto, disposto horizontalmente, de massa $m = 80$ g e comprimento $L = 20$ cm, está em equilíbrio pela ação do campo magnético uniforme de intensidade $B = 0{,}40$ T e da gravidade. Seja $g = 10$ m/s² a aceleração da gravidade.**

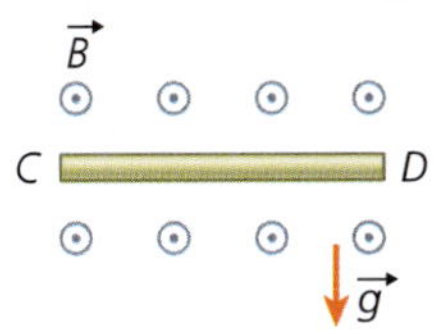

a) Representar as forças que agem no condutor.

b) Determinar o sentido e a intensidade da corrente elétrica i que percorre o condutor.

➤ Solução

a) As forças que agem no condutor são: o peso $\vec{P}$ (vertical e para baixo) e a força magnética $\vec{F}_{mag}$ (vertical e para cima), que equilibra o peso do condutor.

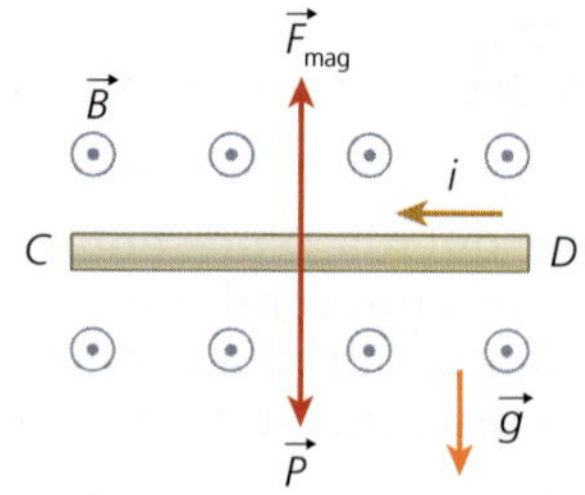

b) Pela regra da mão esquerda, conhecendo os sentidos de $\vec{F}_{mag}$ e de $\vec{B}$, determinamos o sentido de i: de D para C.

Sendo $F_{mag} = P$, temos:

$BiL \cdot sen\ 90° = mg \Rightarrow 0{,}40 \cdot i \cdot 0{,}20 = 80 \cdot 10^{-3} \cdot 10 \Rightarrow i = 10\ A$

Avaliando o aprendizado

1. Nos casos indicados a seguir, cada condutor está imerso em um campo magnético uniforme e é percorrido por uma corrente elétrica. Aplicando a regra da mão esquerda, represente a força magnética que age em cada condutor.

a)

b)

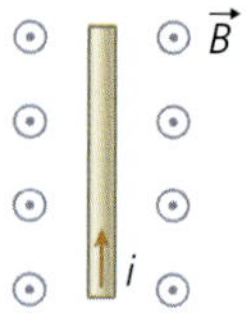

c)

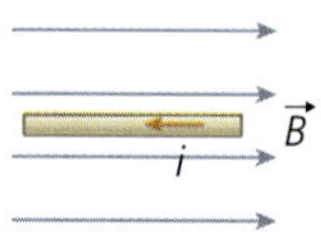

d)

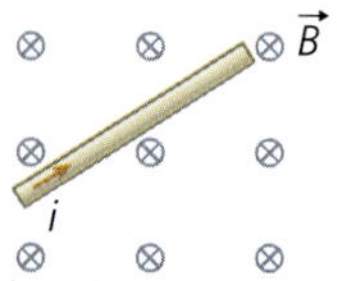

e)

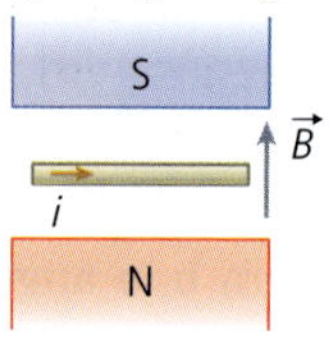

f)

2. Um condutor retilíneo de comprimento L = 30 cm, percorrido por uma corrente elétrica de intensidade i = 2,5 A, é colocado em um campo magnético uniforme de intensidade $B = 2 \cdot 10^{-3}$ T. Represente a força magnética que age no condutor e determine sua intensidade em cada um dos casos abaixo.

a)

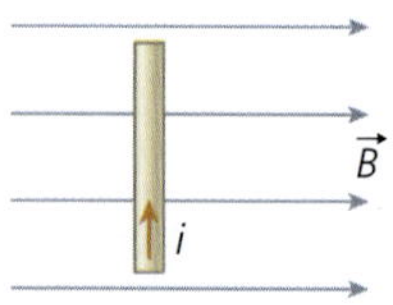

b)

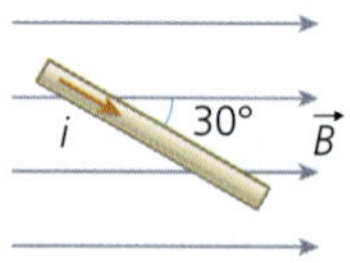

c)

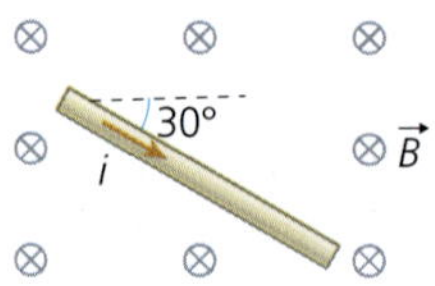

3. Um condutor reto de massa $m = 100$ g e comprimento $L = 40$ cm é colocado em um campo magnético uniforme de intensidade $B = 0{,}50$ T, suspenso por uma mola, como indica a **figura 1**. A mola sofre uma deformação de 2,0 cm quando não passa corrente elétrica pelo condutor. Considere a aceleração da gravidade $g = 10\ m/s^2$.

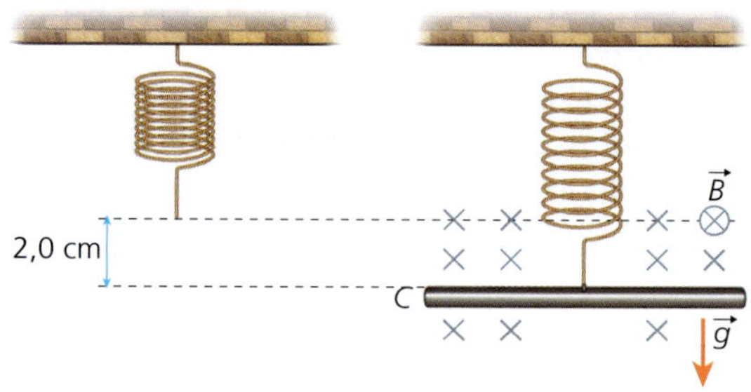

Figura ①

a) Determine a constante elástica k da mola.

b) Ao passar corrente elétrica pelo condutor, no sentido de C para D, observa-se que a deformação da mola se altera para 1,0 cm, como mostra a **figura 2**.

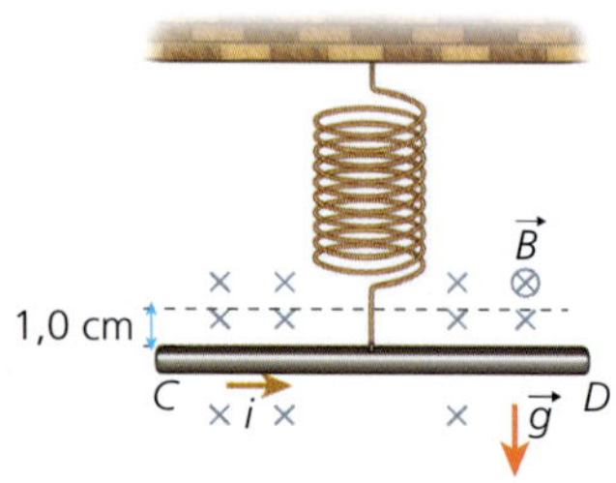

Figura ②

Qual é a intensidade da corrente que percorre o condutor?

2 Força magnética entre condutores paralelos percorridos por correntes elétricas

Considere dois condutores retilíneos, paralelos e bem longos, percorridos por correntes elétricas de intensidades i_1 e i_2. Essas correntes elétricas podem ter mesmo sentido ou sentidos opostos. Vamos analisar cada caso separadamente.

Força magnética entre condutores paralelos percorridos por correntes elétricas de mesmo sentido

A corrente elétrica que percorre um condutor origina em torno dele um campo magnético que age sobre outras correntes no seu entorno. Assim, nos pontos do condutor em que passa a corrente elétrica i_2, a corrente i_1 origina um campo magnético $\vec{B}_1$, cujo sentido é determinado pela regra da mão direita. Além disso, em um comprimento L do condutor, no qual passa a corrente i_2, o campo magnético $\vec{B}_1$ exerce uma força magnética $\vec{F}_{mag}$, cujo sentido é determinado pela regra da mão esquerda **(fig. 3)**.

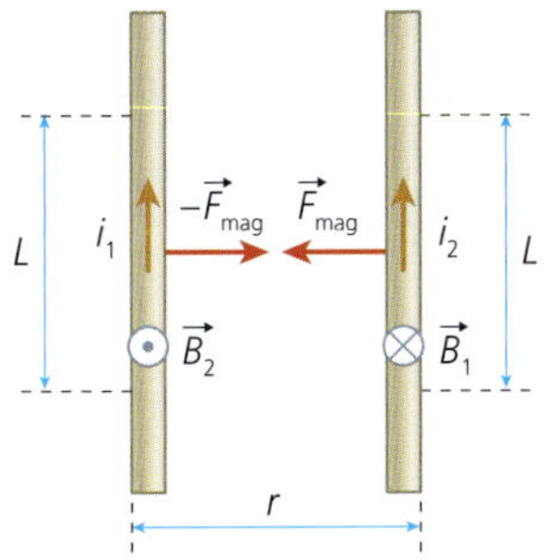

Figura 3. Força magnética entre condutores percorridos por correntes elétricas de mesmo sentido.

37.1 Visão do especialista

Ampère Conteúdo multimídia

Da mesma maneira, nos pontos do condutor em que passa a corrente elétrica i_1, a corrente i_2 origina um campo magnético $\vec{B}_2$, cujo sentido é determinado pela regra da mão direita. Além disso, em um comprimento L do condutor, no qual passa a corrente i_1, o campo magnético $\vec{B}_2$ exerce uma força magnética $-\vec{F}_{mag}$, cujo sentido é determinado pela regra da mão esquerda.

Assim, concluímos que entre condutores paralelos percorridos por correntes elétricas de mesmo sentido ocorre atração.

Intensidade da força magnética de atração: Considerando a força magnética que age no condutor percorrido pela corrente i_2, podemos escrever:

$$F_{mag} = B_1 i_2 L$$

Sendo $B_1 = \frac{\mu_0}{2\pi} \cdot \frac{i_1}{r}$, temos: $\boxed{F_{mag} = \frac{\mu_0 i_1 i_2 L}{2\pi r}}$

Considerando a força magnética que age no condutor percorrido pela corrente i_1, chegamos ao mesmo resultado. De fato, sendo $F_{mag} = B_2 i_1 L$ e $B_2 = \frac{\mu_0}{2\pi} \cdot \frac{i_2}{r}$, temos: $F_{mag} = \frac{\mu_0 i_1 i_2 L}{2\pi r}$

Força magnética entre condutores paralelos percorridos por correntes elétricas de sentidos opostos

Assim como vimos no caso anterior, nos pontos do condutor em que passa a corrente elétrica i_2, a corrente i_1 origina um campo magnético $\vec{B}_1$, cujo sentido é determinado pela regra da mão direita. Além disso, em um comprimento L do condutor, no qual passa a corrente i_2, o campo magnético $\vec{B}_1$ exerce uma força magnética $\vec{F}_{mag}$, cujo sentido é determinado pela regra da mão esquerda **(fig. 4)**.

Da mesma maneira, nos pontos do condutor em que passa a corrente i_1, a corrente elétrica i_2 origina um campo magnético $\vec{B}_2$, cujo sentido é determinado pela regra da mão direita. Além disso, em um comprimento L do condutor, no qual passa a corrente i_1, o campo magnético $\vec{B}_2$ exerce uma força magnética $-\vec{F}_{mag}$, cujo sentido é determinado pela regra da mão esquerda.

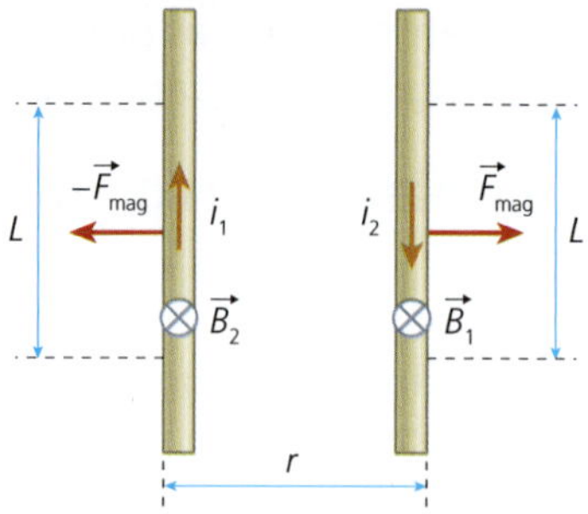

Figura 4. Força magnética entre condutores percorridos por correntes elétricas de sentidos opostos.

Assim, concluímos que entre condutores paralelos percorridos por correntes elétricas de sentidos opostos ocorre repulsão.

Intensidade da força magnética de repulsão: Também de modo análogo ao caso anterior, podemos demonstrar que a intensidade da força magnética de repulsão, que age nos dois condutores, é dada por: $F_{mag} = \dfrac{\mu_0 i_1 i_2 L}{2\pi r}$

Aplicando a teoria

4. Nos itens a seguir, para cada par de condutores retilíneos e paralelos, percorridos por uma corrente elétrica, verificar se ocorre atração ou repulsão.

a) 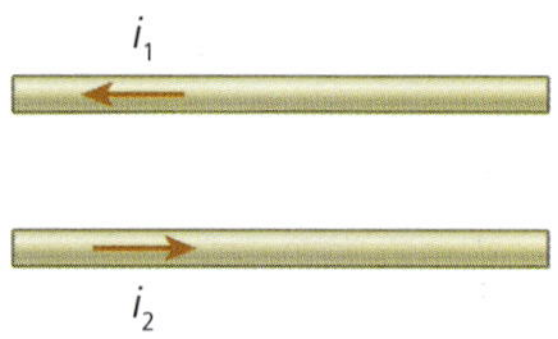

b) 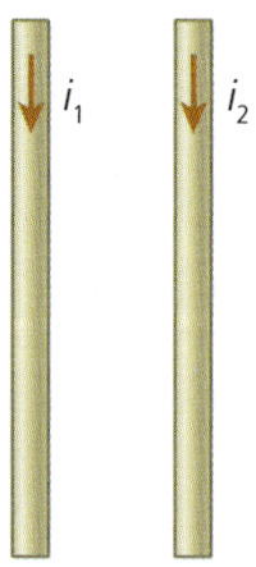

c) 

d) 

➤ Solução

Entre condutores paralelos percorridos por correntes elétricas de mesmo sentido ocorre atração. Já entre condutores paralelos percorridos por correntes de sentidos opostos ocorre repulsão. Portanto:

a) Ocorre repulsão.
b) Ocorre atração.
c) Ocorre repulsão.
d) Ocorre atração.

5. Considere dois condutores, 1 e 2, retilíneos, longos e paralelos, percorridos por correntes elétricas de mesmo sentido e de intensidades $i_1 = 2$ A e $i_2 = 4$ A. Sendo $\mu_0 = 4\pi \cdot 10^{-7}$ T · m/A a permeabilidade magnética do vácuo e $r = 20$ cm a distância entre os condutores, determinar:

a) a intensidade do campo magnético $\vec{B}_1$, originado pela corrente elétrica i_1 nos pontos em que está o condutor 2;
b) a intensidade da força magnética que o campo magnético $\vec{B}_1$ exerce sobre um comprimento L = 30 cm do condutor 2, percorrido pela corrente de intensidade i_2;
c) a intensidade do campo magnético $\vec{B}_2$ originado pela corrente elétrica i_2 nos pontos em que está o condutor 1;
d) a intensidade da força magnética que o campo magnético $\vec{B}_2$ exerce sobre um comprimento L = 30 cm do condutor 1, percorrido pela corrente de intensidade i_1.

➤ Solução

a) $B_1 = \frac{\mu_0}{2\pi} \cdot \frac{i_1}{r} \Rightarrow B_1 = \frac{4\pi \cdot 10^{-7}}{2\pi} \cdot \frac{2}{0,2} \Rightarrow$

$\Rightarrow B_1 = 2 \cdot 10^{-6}\ T$

b) $F_{mag} = B_1 \cdot i_2 \cdot L \Rightarrow F_{mag} = 2 \cdot 10^{-6} \cdot 4 \cdot 0,3 \Rightarrow$

$\Rightarrow F_{mag} = 2,4 \cdot 10^{-6}\ N$

c) $B_2 = \frac{\mu_0}{2\pi} \cdot \frac{i_2}{r} \Rightarrow B_2 = \frac{4\pi \cdot 10^{-7}}{2\pi} \cdot \frac{4}{0,2} \Rightarrow$

$\Rightarrow B_2 = 4 \cdot 10^{-6}\ T$

d) $F_{mag} = B_2 \cdot i_1 \cdot L \Rightarrow F_{mag} = 4 \cdot 10^{-6} \cdot 2 \cdot 0,3 \Rightarrow$

$\Rightarrow F_{mag} = 2,4 \cdot 10^{-6}\ N$

6. Considere três condutores retos percorridos por corrente elétrica de mesma intensidade i = 5,0 A, dispostos como mostra a figura.

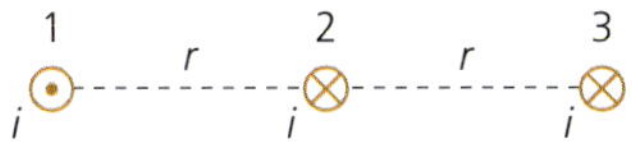

Determinar a intensidade da força magnética resultante que age em cada metro do condutor 2, pela ação dos condutores 1 e 3.
(Dados: r = 20 cm e $\mu_0 = 4\pi \cdot 10^{-7}\ T \cdot m/A$)

➤ Solução

O condutor 1 repele o condutor 2 com força de intensidade $F_{mag\,(12)}$, e o condutor 3 atrai o condutor 2 com força de intensidade $F_{mag\,(32)}$.

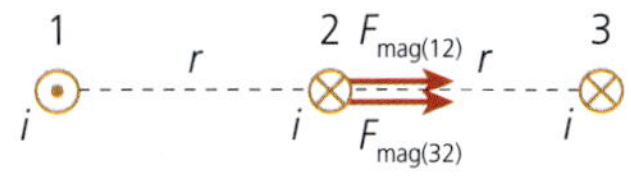

As forças $\vec{F}_{mag\,(12)}$ e $\vec{F}_{mag\,(32)}$ têm mesma intensidade.

$F_{mag\,(12)} = F_{mag\,(32)} = \frac{\mu_0 ii}{2\pi r} L = \frac{4\pi \cdot 10^{-7} \cdot 5,0 \cdot 5,0}{2\pi \cdot 0,20} \cdot 1,0 \Rightarrow$

$\Rightarrow F_{mag\,(12)} = F_{mag\,(32)} = 2,5 \cdot 10^{-5}\ N$

A força resultante que age no condutor 2 tem intensidade F dada por:

$F_{mag} = F_{mag\,(12)} + F_{mag\,(32)} \Rightarrow F_{mag} = 2,5 \cdot 10^{-5} + 2,5 \cdot 10^{-5} \Rightarrow$

$\Rightarrow F_{mag} = 5,0 \cdot 10^{-5}\ N$

Avaliando o aprendizado

4. Dois condutores retilíneos e paralelos, 1 e 2, são percorridos por correntes elétricas de intensidades i_1 e i_2, de acordo com a figura. No condutor 1, a corrente elétrica tem o sentido de A para B.

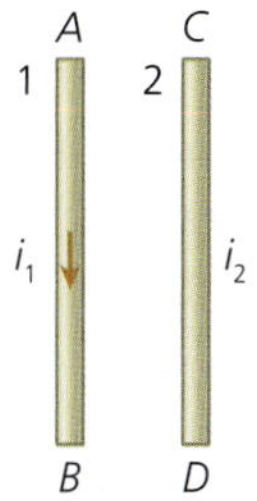

Qual deve ser o sentido da corrente no condutor 2 para que entre 1 e 2 ocorra atração? E repulsão?

5. Há dois condutores, 1 e 2, retilíneos, longos e paralelos, percorridos por correntes elétricas de mesmo sentido e mesma intensidade i. A distância entre os condutores é r e μ_0 é a permeabilidade magnética do meio. Para cada comprimento L dos condutores, pode-se afirmar que:

a) Entre os condutores ocorre atração e a intensidade da força magnética é diretamente proporcional à intensidade da corrente elétrica i.

b) Entre os condutores ocorre atração e a intensidade da força magnética é diretamente proporcional ao quadrado da intensidade da corrente elétrica i.

c) Entre os condutores ocorre repulsão e a intensidade da força magnética é diretamente proporcional à intensidade da corrente elétrica i.

d) Entre os condutores ocorre repulsão e a intensidade da força magnética é diretamente proporcional ao quadrado da intensidade da corrente elétrica i.

e) Entre os condutores ocorre atração e a intensidade da força magnética é inversamente proporcional ao quadrado da distância r entre os condutores.

6. Três condutores retos, percorridos por uma corrente elétrica de mesma intensidade i = 2,0 A, estão dispostos conforme indica a figura a seguir. Sendo r = 20 cm e $\mu_0 = 4\pi \cdot 10^{-7}\ T \cdot m/A$, determine a intensidade da força magnética resultante que age em cada metro do condutor 2, pela ação dos condutores 1 e 3.

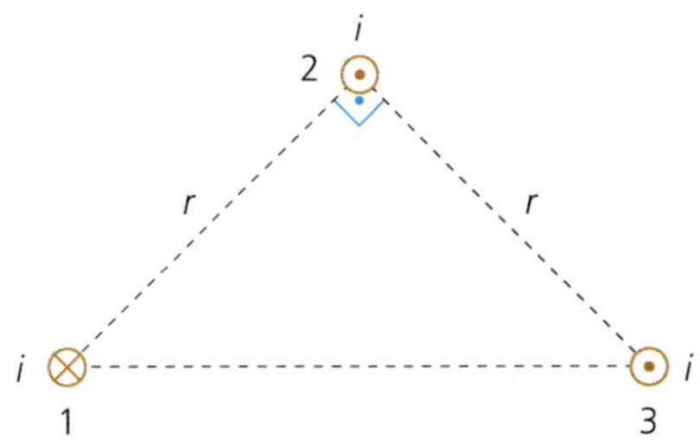

3 Força magnética sobre partículas eletrizadas lançadas em um campo magnético uniforme

No início deste capítulo, vimos que todo condutor percorrido por uma corrente elétrica e imerso em um campo magnético fica, em geral, sujeito à ação de uma força magnética $\vec{F}_{mag}$. Como a corrente elétrica é um movimento ordenado de partículas eletrizadas, concluímos que essas partículas ficam sujeitas à ação de forças de origem magnética, cuja resultante é a força $\vec{F}_{mag}$ que atua no condutor.

Vamos analisar as características da força magnética $\vec{F}_{mag}$ que age em uma partícula eletrizada com carga elétrica q, lançada com velocidade $\vec{v}$ em um campo magnético uniforme $\vec{B}$. Seja θ o ângulo entre o campo magnético $\vec{B}$ e a velocidade $\vec{v}$ **(fig. 5)**.

- **Direção:** a direção é determinada pela reta perpendicular ao plano que contém $\vec{B}$ e $\vec{v}$.
- **Sentido:** o sentido é determinado pela regra da mão esquerda. Os dedos da mão esquerda são dispostos como mostra a **figura 6**: o dedo indicador é colocado no sentido de $\vec{B}$ e o dedo médio, no sentido de $\vec{v}$. O polegar fornece o sentido de $\vec{F}_{mag}$, considerando $q > 0$. Para $q < 0$, o sentido da força magnética $\vec{F}_{mag}$ é oposto ao dado pela regra da mão esquerda.

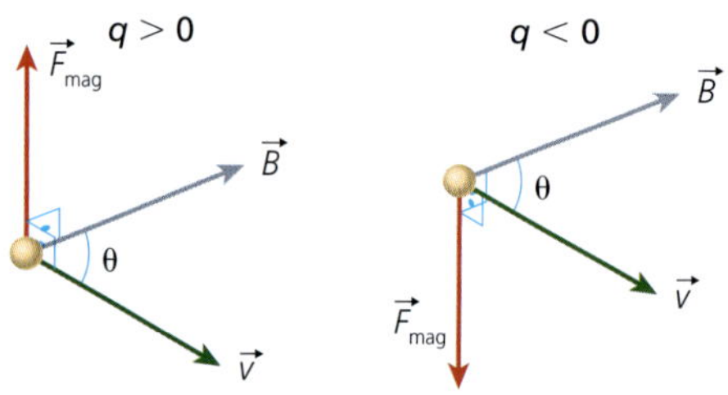

Figura 5. Força magnética sobre partículas eletrizadas.

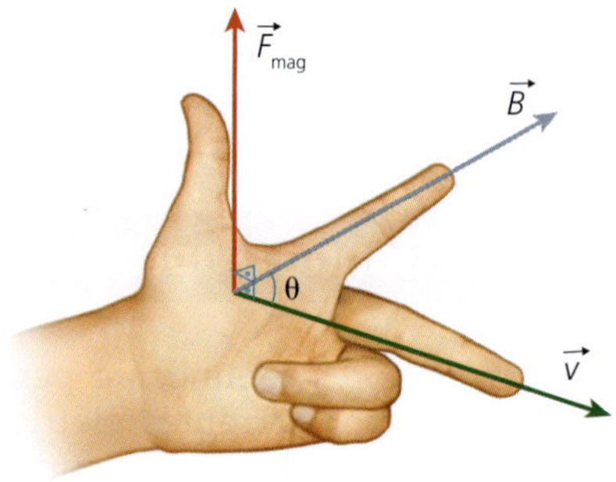

Figura 6. Regra da mão esquerda.

- **Intensidade:** a intensidade de $\vec{F}_{mag}$ depende do módulo da carga q, do seno do ângulo θ, formado entre a velocidade e as linhas de indução, das intensidades do campo magnético $\vec{B}$ e da velocidade $\vec{v}$. Assim:

$$F_{mag} = |q| \cdot v \cdot B \cdot \text{sen}\ \theta$$

4 Casos particulares importantes

Na análise dos casos a seguir, vamos considerar a partícula eletrizada sob a ação exclusiva de um campo magnético.

Partícula eletrizada abandonada em repouso no interior de um campo magnético

Nesse caso, $v = 0$ e, portanto, a força magnética é nula ($F_{mag} = 0$).

- Uma partícula eletrizada, quando abandonada em repouso no interior de um campo magnético, não fica sujeita à ação de uma força magnética.

Partícula eletrizada lançada paralelamente às linhas de indução de um campo magnético uniforme ($\vec{v}$ paralela a $\vec{B}$)

Nesse caso, a velocidade $\vec{v}$ é paralela ao campo magnético $\vec{B}$, isto é, $\theta = 0°$ ou $\theta = 180°$, como pode ser visto na **figura 7**. Como sen 0° = sen 180° = 0, concluímos que a força magnética é nula ($F_{mag} = 0$). Assim:

- Uma partícula eletrizada, quando lançada paralelamente às linhas de indução de um campo magnético uniforme, desloca-se livre da ação de uma força magnética, realizando um movimento retilíneo e uniforme (MRU).

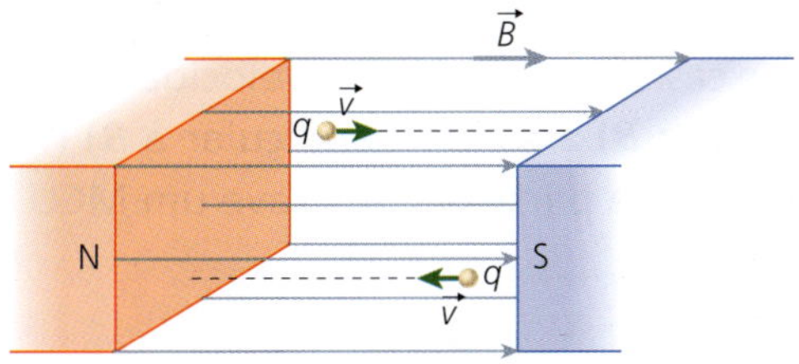

Figura 7. Partículas eletrizadas lançadas paralelamente às linhas de indução.

Partícula eletrizada lançada perpendicularmente às linhas de indução de um campo magnético uniforme ($\vec{v}$ perpendicular a $\vec{B}$)

Nesse caso, a velocidade $\vec{v}$ é perpendicular ao campo magnético $\vec{B}$, isto é, $\theta = 90°$ e, como sen 90° = 1, temos: $\boxed{F_{mag} = |q| \cdot v \cdot B}$

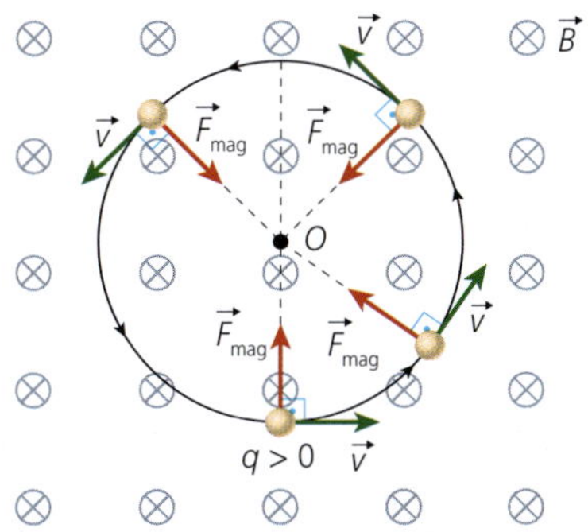

Figura 8. Partícula eletrizada lançada perpendicularmente às linhas de indução.

Como a força magnética $\vec{F}_{mag}$ é sempre perpendicular à velocidade $\vec{v}$, ela altera a direção da velocidade, mas não seu módulo. Portanto, a partícula realiza um **movimento uniforme**. Esse movimento é **plano** (pois $\vec{F}_{mag}$ e $\vec{v}$ estão sempre no mesmo plano, como podemos ver na **figura 9**) e **circular** (pois a intensidade da força magnética $\vec{F}_{mag}$ é constante, uma vez que B, v e q são constantes). Assim:

- Uma partícula eletrizada, quando lançada perpendicularmente às linhas de indução de um campo magnético uniforme, realiza um movimento circular e uniforme (MCU), em um plano perpendicular às linhas de indução.

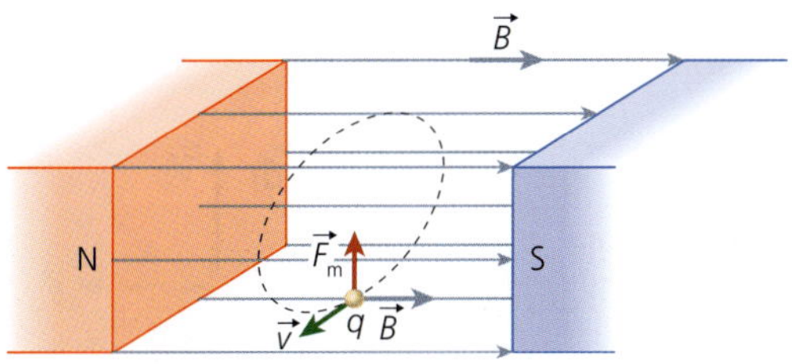

Figura 9. A trajetória circular pertence a um plano perpendicular às linhas de indução.

Sejam m a massa da partícula, R o raio da trajetória e T o período. Como a força magnética é uma resultante centrípeta, temos:

- **Raio da trajetória:** $F_{mag} = F_{cp} \Rightarrow |q| \cdot v \cdot B = m \cdot \dfrac{v^2}{R} \Rightarrow \boxed{R = \dfrac{m \cdot v}{|q| \cdot B}}$

- **Período:** $v = \dfrac{2\pi R}{T} \Rightarrow T = \dfrac{2\pi}{v} \cdot \dfrac{mv}{|q| \cdot B} \Rightarrow \boxed{T = \dfrac{2\pi m}{|q| \cdot B}}$

Partícula eletrizada lançada obliquamente às linhas de indução de um campo magnético uniforme

Nesse caso, decompomos a velocidade de lançamento $\vec{v}$ **(fig.10)** nas componentes $\vec{v}_1$ (paralela a $\vec{B}$) e $\vec{v}_2$ (perpendicular a $\vec{B}$) **(fig.11)**. Com $\vec{v}_1$, a partícula descreve um MRU. Com $\vec{v}_2$, a partícula descreve um MCU.

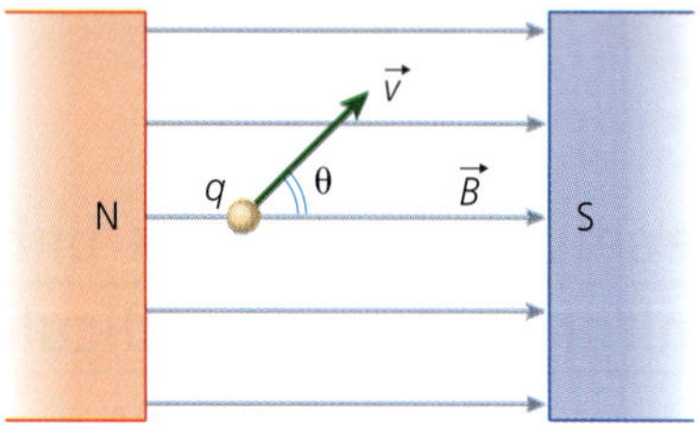

Figura 10. Partícula eletrizada lançada obliquamente às linhas de indução.

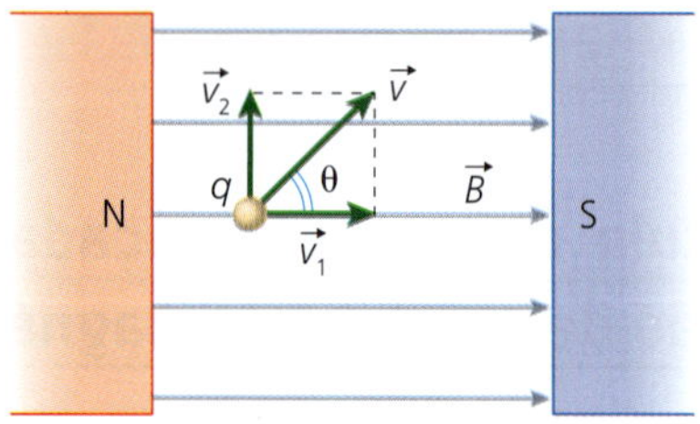

Figura 11. A velocidade $\vec{v}$ é decomposta nas componentes $\vec{v}_1$ e $\vec{v}_2$.

A composição de um MRU com um MCU determina um **movimento helicoidal uniforme**, e a trajetória é denominada **hélice cilíndrica (fig. 12)**. Assim:

> Uma partícula eletrizada, quando lançada obliquamente às linhas de indução de um campo magnético uniforme, realiza um movimento helicoidal e uniforme, descrevendo uma trajetória denominada hélice cilíndrica.

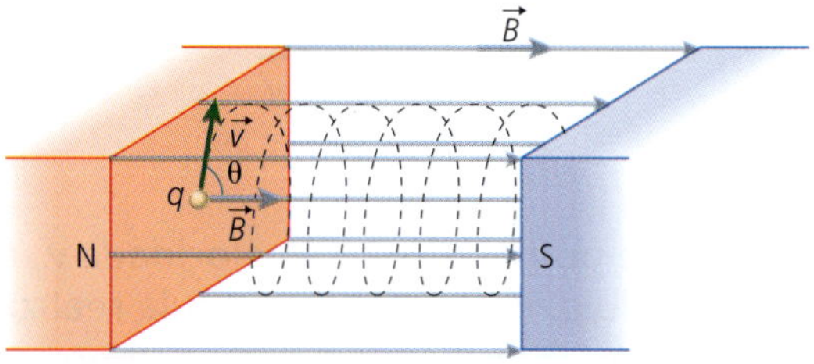

Figura 12. O movimento da partícula é helicoidal e uniforme.

Aplicando a teoria

7. Representar, em cada caso, a força magnética que age na partícula eletrizada com carga elétrica q, lançada com velocidade $\vec{v}$, em um campo magnético $\vec{B}$.

a) 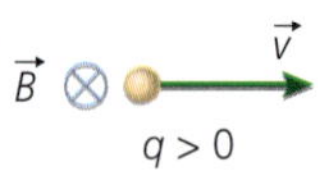

b) 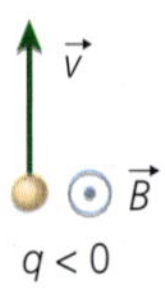

c) 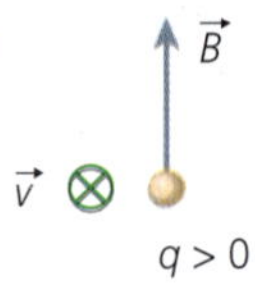

d) 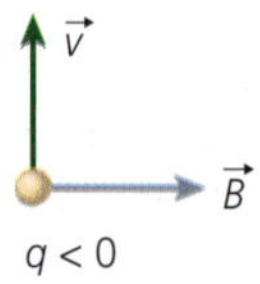

e) 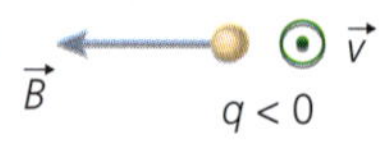

f) 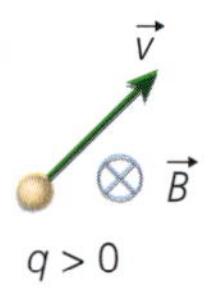

➤ Solução

Para determinar o sentido da força magnética, aplicamos, em cada caso, a regra da mão esquerda. Observe que, nos itens **b**, **d** e **e**, a partícula está eletrizada negativamente e o sentido da força magnética é contrário ao determinado pela regra da mão esquerda.

a)

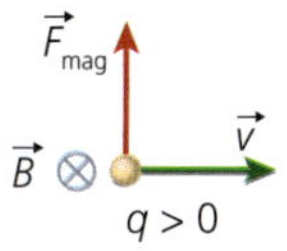

d)

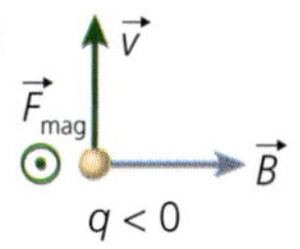

b)

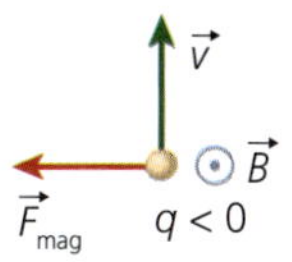

e)

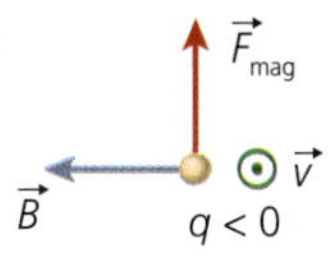

c)

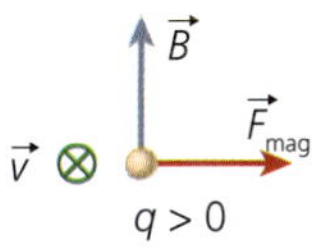

f)

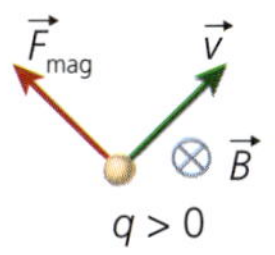

8. Três partículas eletrizadas, *A*, *B* e *C*, são lançadas em um campo magnético uniforme, como indica a figura abaixo, e ficam exclusivamente sob a ação do campo magnético. Classificar o tipo de movimento que cada partícula realiza.

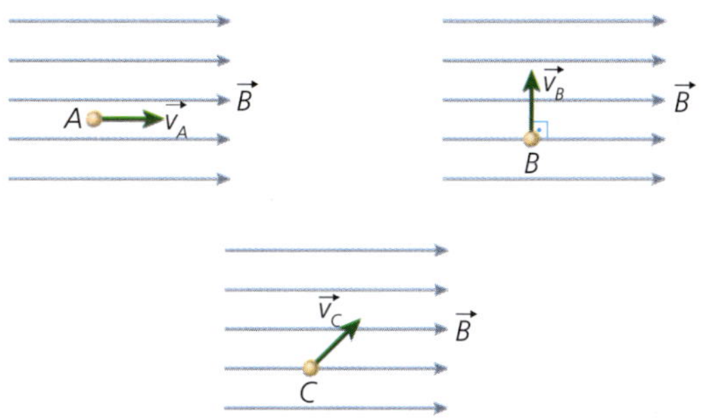

➤ Solução

Podemos classificar o movimento analisando a direção da velocidade de lançamento da partícula em relação à direção do campo magnético.

Partícula *A*: a velocidade $\vec{v}_A$ é paralela e tem o mesmo sentido de $\vec{B}$ ($\theta = 0°$). Portanto, o movimento da partícula A é retilíneo e uniforme.

Partícula *B*: a velocidade $\vec{v}_B$ é perpendicular a $\vec{B}$ ($\theta = 90°$). Portanto, o movimento da partícula *B* é circular e uniforme.

Partícula C: a velocidade $\vec{v}_C$ é oblíqua em relação a $\vec{B}$ (ou seja, θ é um ângulo agudo ou obtuso). Portanto, o movimento da partícula C é helicoidal e uniforme.

9. Duas partículas eletrizadas, *A* com carga positiva e *B* com carga negativa, são lançadas em um campo magnético uniforme, como indica a figura a seguir. Representar as trajetórias das partículas sabendo que elas não abandonam a região onde existe o campo magnético.

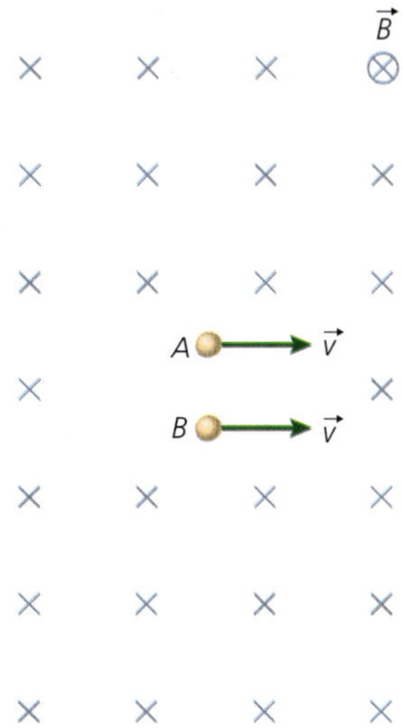

➤ Solução

Pela figura, sabemos que as partículas são lançadas perpendicularmente ao campo magnético. Também sabemos que a partícula *A* tem carga positiva e a partícula *B*, carga negativa. Elas descrevem trajetórias circulares situadas em planos perpendiculares às linhas de indução. Esses planos, nos casos em estudo, coincidem com o próprio plano do papel. Em cada caso, determinamos o sentido da força magnética pela regra da mão esquerda. Cada força aponta para o respectivo centro da circunferência, que é tangenciada pela velocidade. Assim, podemos representar as trajetórias das partículas na figura a seguir:

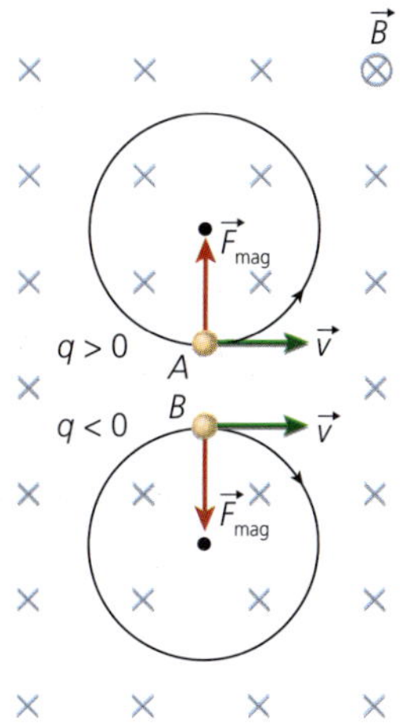

10. Uma partícula de massa *m* e eletrizada com carga elétrica $q < 0$ é lançada de um ponto *A*, com velocidade $v = 4 \cdot 10^5$ m/s, em uma região onde existe um campo magnético uniforme de intensidade $B = 2 \cdot 10^{-3}$ T. A partícula descreve a semicircunferência de centro O, indicada na figura, incidindo no ponto C do anteparo.

(Dados: $\frac{q}{m} = -5 \cdot 10^9$ C/kg)

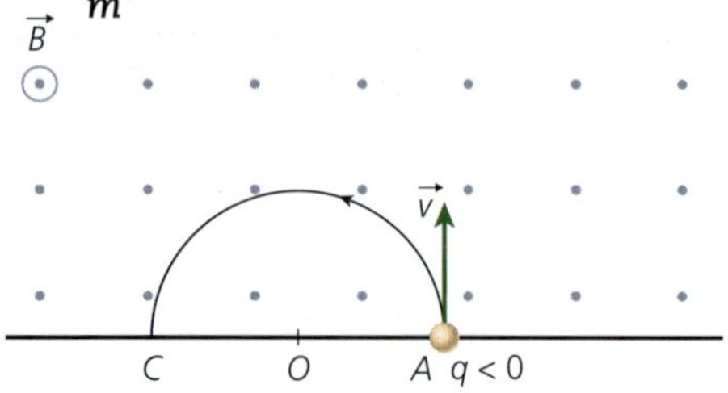

a) Calcular a distância do ponto A ao ponto C.

b) Qual deveria ser a intensidade do campo magnético para que a partícula atingisse o ponto O?

➤ Solução

a) A distância de A até C é o dobro do raio da trajetória descrita. Assim:

$$AC = 2 \cdot R = 2 \cdot \frac{m \cdot v}{|q| \cdot B} \Rightarrow AC = 2 \cdot \frac{4 \cdot 10^5}{5 \cdot 10^9 \cdot 2 \cdot 10^{-3}} \Rightarrow$$

$$\Rightarrow AC = 8 \cdot 10^{-2} \text{ m} = 8 \text{ cm}$$

b) Para atingir o ponto O, o raio da trajetória descrita deve ser a metade do raio da trajetória analisada no item anterior. Para isso, devemos dobrar a intensidade do campo magnético, ou seja, o campo magnético deve ter intensidade de $4 \cdot 10^{-3}$ T.

Avaliando o aprendizado

7. Em cada caso, represente a força magnética que age nas partículas eletrizadas A e C, lançadas com velocidades $\vec{v}_A$ e $\vec{v}_C$ em um campo magnético uniforme.

a)

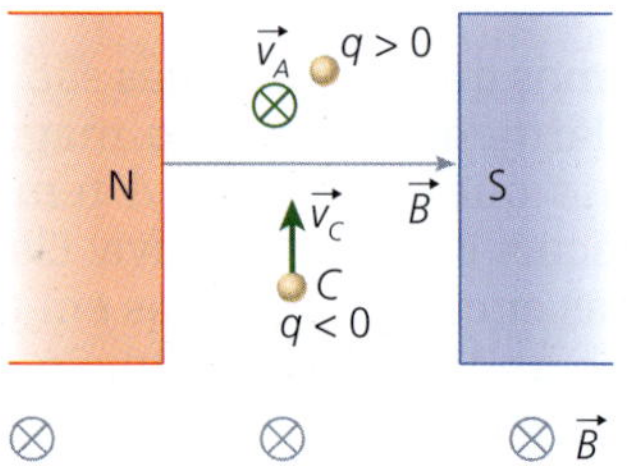

b)

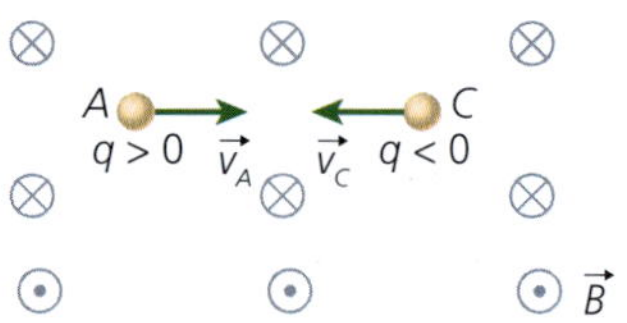

c)

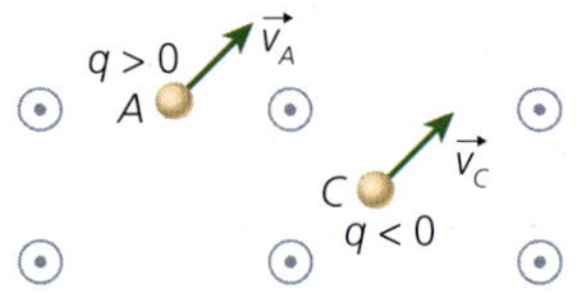

8. Uma partícula de massa m e eletrizada com carga elétrica q é lançada com velocidade de módulo v em um campo magnético uniforme de intensidade B, perpendicularmente às linhas de indução. Pode-se afirmar que:

a) A partícula descreve um movimento retilíneo uniforme.

b) A partícula descreve um movimento helicoidal uniforme.

c) A partícula descreve um movimento circular uniforme de raio $R = \frac{m \cdot v}{|q| \cdot B}$.

d) A partícula descreve um movimento circular uniforme, cujo período aumenta com o aumento da velocidade v.

e) A partícula descreve um movimento circular uniforme, cujo período diminui com o aumento da velocidade v.

9. Um feixe de partículas constituído de elétrons, nêutrons e pósitrons (partículas de carga elétrica positiva) é lançado em um campo magnético uniforme. As partículas descrevem as trajetórias I, II e III, indicadas na figura. Identifique a trajetória dos elétrons, dos nêutrons e dos pósitrons.

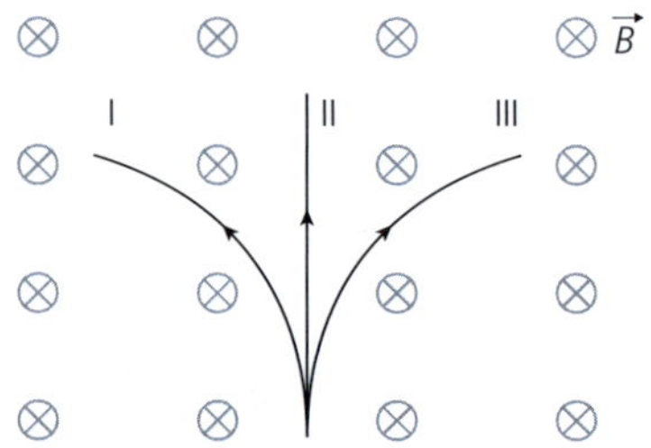

10. Duas partículas de mesma massa e eletrizadas com cargas elétricas q_1 e q_2 são lançadas com mesma velocidade $\vec{v}$ em um campo magnético uniforme $\vec{B}$. Considerando que as partículas descrevem as semicircunferências indicadas na figura, determine a relação $\frac{q_1}{q_2}$.

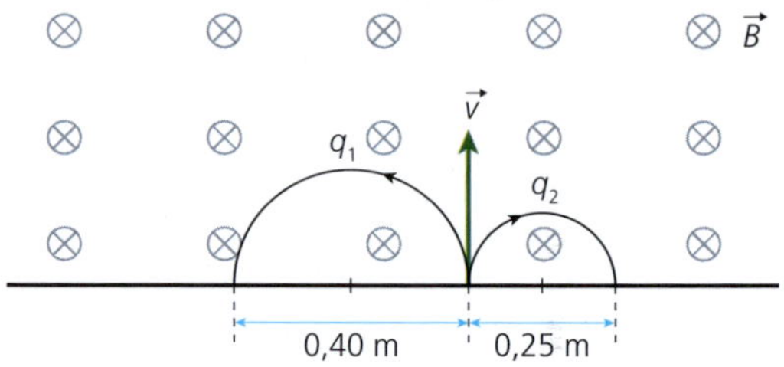

Revisando o conteúdo

Ficha-resumo 1

Força magnética sobre um condutor reto imerso em um campo magnético uniforme

- **Direção:** a direção é determinada pela reta perpendicular a $\vec{B}$ e ao condutor.
- **Sentido:** o sentido é determinado pela regra da mão esquerda.
- **Intensidade**: $F_{mag} = BiL \cdot \text{sen } \theta$

1. (Ufal) Um condutor elétrico de pequena espessura e comprimento de 50 cm é disposto horizontalmente numa região onde existe um campo magnético uniforme, de direção perpendicular a essa folha, sentido para dentro da folha e intensidade 2,0 T.

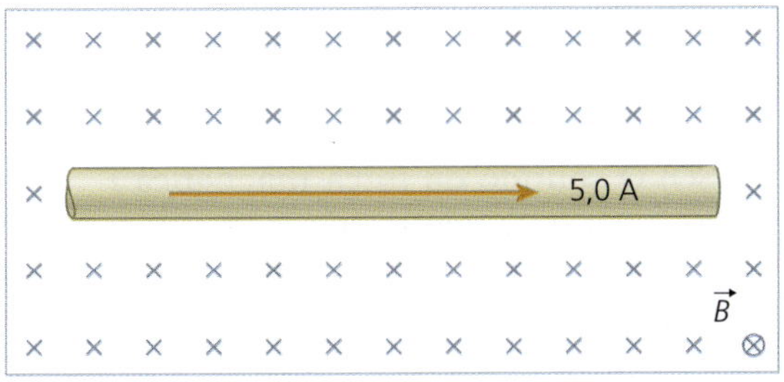

Determine o módulo, a direção e o sentido da força magnética que atua no fio quando ele é percorrido por uma corrente de intensidade 5,0 A, da esquerda para a direita, como mostra a figura.

2. (Uneb-BA) Um fio condutor de peso P = 1,0 N é sustentado por dois fios ideais e isolantes numa região onde existe um campo de indução magnética de módulo B = 1,0 T, conforme a figura.

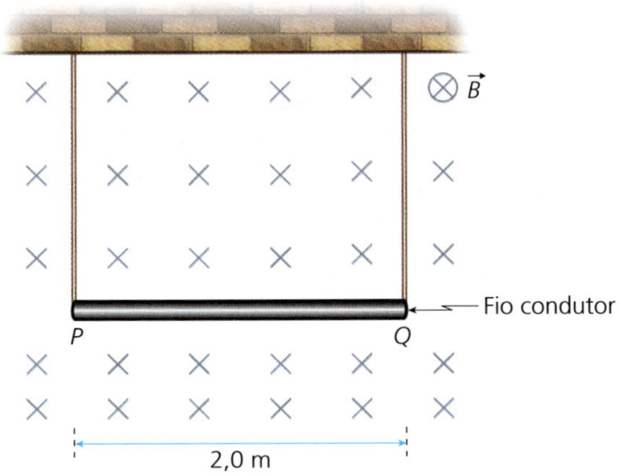

Fazendo-se passar uma corrente de intensidade i = 1,0 A, no sentido de Q para P, a tração em cada fio ideal é igual a:

a) 0,50 N
b) 1,0 N
c) 1,5 N
d) 2,0 N
e) 2,5 N

3. (UEPB) Um professor de Física resolve fazer um experimento de eletromagnetismo que objetiva determinar o valor do campo magnético entre os polos do ímã. Para isso, ele utiliza um ímã, uma bateria que fornece 4,8 V a um condutor cilíndrico AC com massa 5 g, comprimento de 10 cm e resistência elétrica igual a 0,10 Ω. Ao ligar a bateria ao circuito, mostrado na figura a seguir, o condutor cilíndrico fica suspenso em equilíbrio.

Considerando-se que as linhas do campo são perpendiculares ao condutor, que a resistência elétrica dos fios é 0,02 Ω, que a massa dos fios é desprezível e adotando $g = 10 \text{ m/s}^2$, o professor concluiu que o campo magnético, em tesla, tem valor igual a:

a) $12,5 \cdot 10^{-3}$
b) 125
c) $12,5 \cdot 10^{-4}$
d) $12,5 \cdot 10^{-2}$
e) 1.250

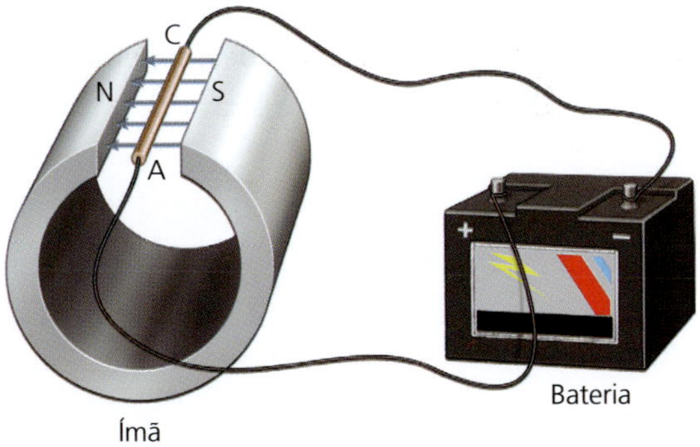

Ficha-resumo 2

Força magnética entre condutores paralelos percorridos por correntes elétricas

- Entre condutores percorridos por correntes elétricas de mesmo sentido ocorre atração.
- Entre condutores percorridos por correntes elétricas de sentidos opostos ocorre repulsão.
- **Intensidade:** $F_{mag} = \dfrac{\mu_0 i_1 i_2 L}{2\pi r}$

4. (Puccamp-SP) Dois condutores retos, extensos e paralelos estão separados por uma distância $d = 2,0$ cm e são percorridos por correntes elétricas de intensidade $i_1 = 1,0$ A e $i_2 = 2,0$ A, com os sentidos indicados na figura.

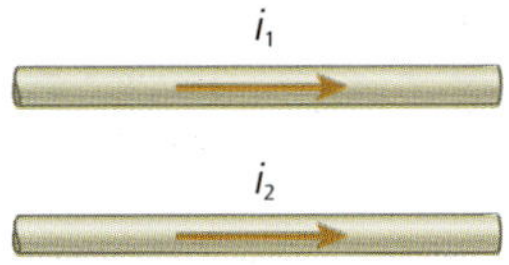

Se os condutores estão situados no vácuo ($\mu_0 = 4\pi \cdot 10^{-7}$ T · m/A), a força magnética entre eles, por unidade de comprimento, tem intensidade de:

a) $2 \cdot 10^{-5}$ N, sendo de repulsão.
b) $2 \cdot 10^{-5}$ N, sendo de atração.
c) $2\pi \cdot 10^{-5}$ N, sendo de atração.
d) $2\pi \cdot 10^{-5}$ N, sendo de repulsão.
e) $4\pi \cdot 10^{-5}$ N, sendo de repulsão.

5. (Vunesp-SP) Um fio metálico *AB*, suspenso por dois fios verticais, condutores e flexíveis, é colocado próximo e paralelamente a um fio longo pelo qual passa a corrente elétrica *i*, no sentido indicado na figura. O fio longo e o fio *AB* estão no mesmo plano horizontal. Utilizando essa montagem, um professor pretende realizar duas experiências, I e II. Na experiência I, fará passar uma corrente pelo fio AB, no sentido de A para B. Na experiência II, fará passar a corrente no sentido contrário. Nessas condições, espera-se que a distância entre o fio longo e o fio *AB*:

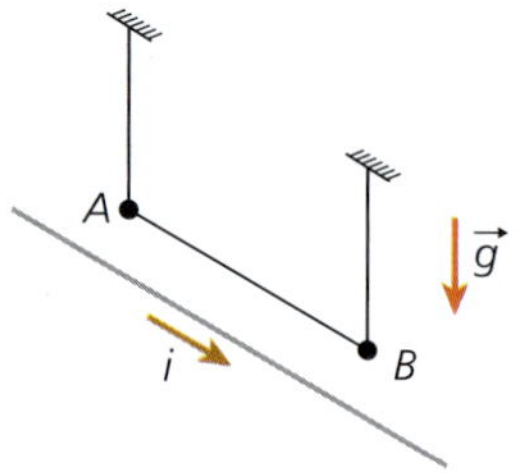

a) permaneça inalterada tanto na experiência I como na experiência II.
b) aumente na experiência I e diminua na experiência II.
c) aumente tanto na experiência I como na experiência II.
d) diminua tanto na experiência I como na experiência II.
e) diminua na experiência I e aumente na experiência II.

Ficha-resumo 3

Força magnética sobre partículas eletrizadas lançadas em um campo magnético uniforme

- **Direção:** a direção é determinada pela reta perpendicular a $\vec{B}$ e a $\vec{v}$.
- **Sentido:** o sentido é determinado pela regra da mão esquerda, considerando $q > 0$. Para $q < 0$, o sentido da força magnética é oposto ao dado pela regra da mão esquerda.
- **Intensidade:** $F_{mag} = |q| \cdot v \cdot B \cdot \text{sen}\,\theta$

6. (PUC-PR) Uma carga positiva *q* se movimenta em um campo magnético uniforme $\vec{B}$ com velocidade $\vec{v}$. Levando em conta a convenção a seguir, foram representadas três hipóteses com relação à orientação da força atuante sobre a carga *q*, devido à sua interação com o campo magnético. (⊗ — vetor perpendicular ao plano da folha, entrando nesta.)

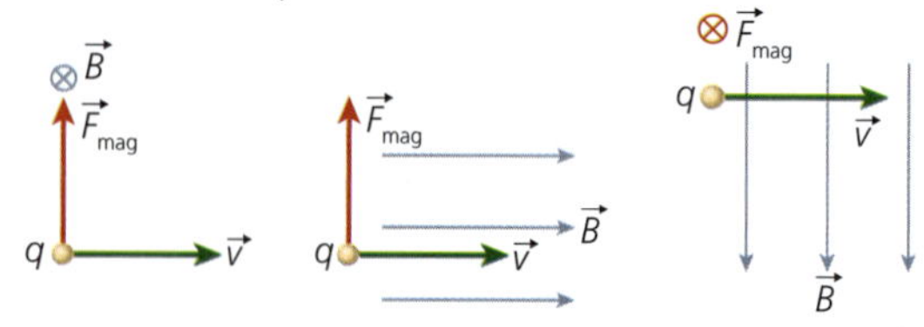

Hipótese I | Hipótese II | Hipótese III

Está correta ou estão corretas:

a) Somente I e III.
b) Somente I e II.
c) Somente II.
d) I, II e III.
e) Somente II e III.

7. (IJSO) O sentido da força magnética $\vec{F}_m$ que age numa partícula eletrizada com carga *q*, lançada com velocidade $\vec{v}$ num campo magnético $\vec{B}$, pode ser determinado pela regra da mão esquerda. Os dedos da mão esquerda são dispostos conforme a figura abaixo: o dedo indicador é colocado no sentido de $\vec{B}$, o dedo médio no sentido de $\vec{v}$. O dedo polegar fornece o sentido de $\vec{F}_m$, considerando $q > 0$. Para $q < 0$, o sentido da força magnética $\vec{F}_m$ é oposto ao dado pela regra da mão esquerda.

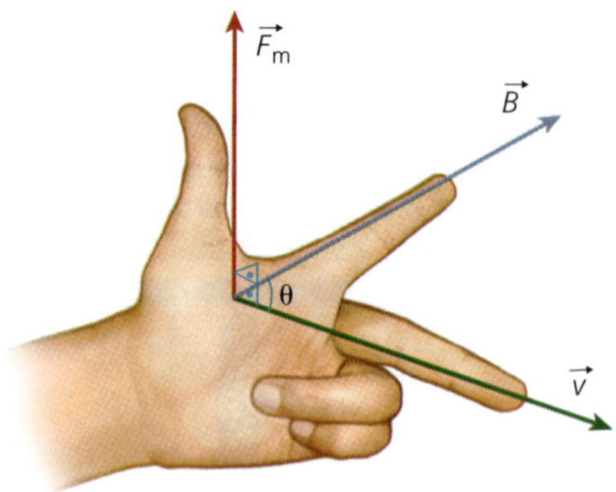

Na aula de Eletromagnetismo, o professor comentou que os ímãs geram no espaço que os envolve um campo magnético o qual pode ser representado por linhas (chamadas linhas de indução), que partem do polo norte e chegam ao polo sul. Afirmou também que, ao aproximar um ímã da tela de um televisor, a imagem se deforma. Pedro é um aluno que gosta de constatar experimentalmente os fenômenos físicos. Ele possui em casa um televisor antigo de tubo de raios catódicos, em preto e branco. Ligou a TV e aproximou, pela parte superior da tela, um ímã conforme a figura.

Vista frontal da tela do televisor.

A imagem produzida em virtude da incidência de elétrons na face interna da tela sofreu uma deformação para:

a) cima.
b) baixo.
c) a direita.
d) a esquerda.
e) a direita e para a esquerda alternadamente.

Ficha-resumo 4

Casos particulares de partículas eletrizadas lançadas em um campo magnético

- **Partícula eletrizada abandonada em repouso no interior de um campo magnético:** a partícula não fica sujeita à ação de uma força magnética ($F_{mag} = 0$).
- **Partícula eletrizada lançada paralelamente às linhas de indução de um campo magnético uniforme:** a partícula se desloca livre da ação de uma força magnética ($F_{mag} = 0$), realizando um movimento retilíneo e uniforme (MRU).
- **Partícula eletrizada lançada perpendicularmente às linhas de indução de um campo magnético uniforme:** a partícula realiza um movimento circular e uniforme (MCU), em um plano perpendicular às linhas de indução.

  Intensidade: $F_{mag} = |q| \cdot v \cdot B$

  Raio da trajetória: $R = \dfrac{m \cdot v}{|q| \cdot B}$

  Período: $T = \dfrac{2\pi m}{|q| \cdot B}$
- **Partícula eletrizada lançada obliquamente às linhas de indução de um campo magnético uniforme:** a partícula realiza um movimento helicoidal uniforme. A trajetória é denominada hélice cilíndrica.

8. (Uece) Um elétron ($e = 1{,}6 \cdot 10^{-19}$ C) está se movendo com velocidade de $8{,}0 \cdot 10^6$ m/s em módulo, numa região onde há um campo magnético uniforme de módulo $B = 83{,}0$ mT. Levando em consideração as possíveis direções do vetor campo magnético e do vetor velocidade do elétron, a menor força magnética (módulo) em newton que pode atuar no elétron nessa região é:

a) $6{,}24 \cdot 10^{-12}$
b) zero
c) $1{,}06 \cdot 10^{-13}$
d) $3{,}67 \cdot 10^{-16}$

9. (Uece) A região da figura possui um campo magnético uniforme B e a curva tracejada representa a trajetória de uma partícula nesse campo, sob ação apenas do campo magnético. Podemos afirmar:

I. Se a direção e o sentido do vetor campo magnético for perpendicular e saindo da folha de papel e a partícula tiver sinal negativo, ela percorrerá a trajetória tracejada mostrada de 1 para 2;

II. Se a direção e o sentido do vetor campo magnético for perpendicular e entrando na folha de papel e a partícula tiver sinal positivo, ela percorrerá a trajetória tracejada mostrada de 2 para 1;

III. Ao duplicar a intensidade do campo magnético, o raio da trajetória da partícula também duplicará.

Assinale a opção que indica o(s) item(ns) correto(s):

a) Somente I e III.
b) Somente III.
c) Somente I e II.
d) Somente II.
e) I, II e III.

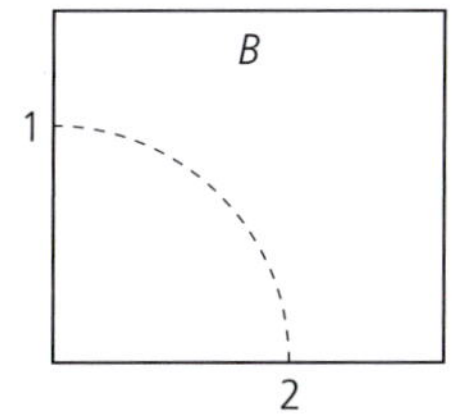

10. (Ufal) Uma partícula carregada move-se inicialmente em linha reta e sem atrito sobre uma superfície horizontal (ver figura). A partícula ingressa numa região (pintada de azul) em que existe um campo magnético uniforme, de módulo B e direção paralela à do vetor velocidade inicial da partícula. Nessas circunstâncias, é correto afirmar que a presença do campo magnético na região pintada de azul:

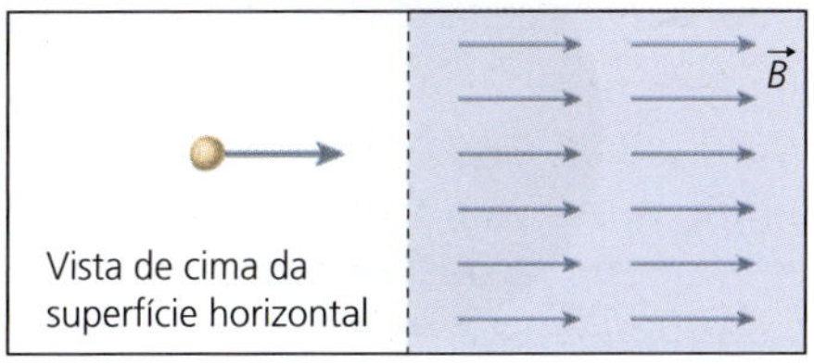

a) provocará uma diminuição no módulo da velocidade da partícula, mas não mudará a sua direção.

b) provocará um aumento no módulo da velocidade da partícula, mas não mudará a sua direção.

c) não provocará mudança no módulo da velocidade da partícula, mas fará com que a partícula execute um arco de circunferência sobre a superfície horizontal.

d) não provocará mudança no módulo da velocidade da partícula, mas fará com que a partícula execute um arco de parábola sobre a superfície horizontal.

e) não provocará alteração no módulo nem na direção da velocidade da partícula.

11. (Vunesp-SP) Duas cargas de massas iguais e sinais opostos, com a mesma velocidade inicial, entram pelo ponto A em uma região com um campo magnético uniforme, perpendicular ao plano xy e apontando para "cima". Sabe-se que a trajetória 2 possui um raio igual ao dobro do raio da trajetória 1.

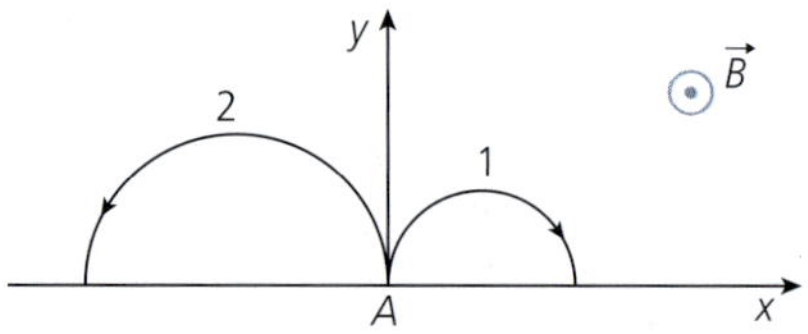

Analisando a figura e desprezando a interação entre as duas cargas, pode-se concluir que a carga da partícula 2 tem sinal:

a) negativo e o módulo da carga 1 é o dobro da 2.

b) negativo e o módulo da carga 2 é o dobro da 1.

c) positivo e o módulo da carga 1 é o dobro da 2.

d) positivo e o módulo da carga 2 é o dobro da 1.

e) positivo e o módulo da carga 2 é o triplo da 1.

12. (UFMG) Reações nucleares que ocorrem no Sol produzem partículas – algumas eletricamente carregadas – que são lançadas no espaço. Muitas dessas partículas vêm em direção à Terra e podem interagir com o campo magnético desse planeta. Nesta figura, as linhas indicam, aproximadamente, a direção e o sentido do campo magnético em torno da Terra:

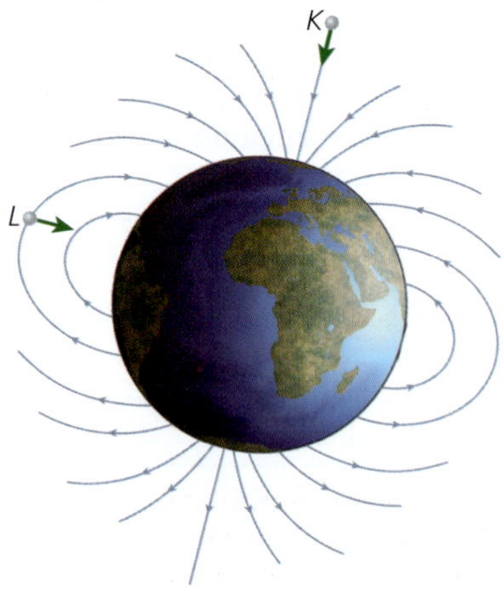

Nessa figura, K e L representam duas partículas eletricamente carregadas e as setas indicam suas velocidades em certo instante.

Com base nessas informações, Alice e Clara chegam a estas conclusões:

- Alice: "Independentemente do sinal da sua carga, a partícula L terá a direção de sua velocidade alterada pelo campo magnético da Terra".
- Clara: "Se a partícula K tiver carga elétrica negativa, sua velocidade será reduzida pelo campo magnético da Terra e poderá não atingi-la".

Considerando-se a situação descrita, é **correto** afirmar que:

a) Apenas a conclusão de Alice está certa.

b) Apenas a conclusão de Clara está certa.

c) Ambas as conclusões estão certas.

d) Nenhuma das duas conclusões está certa.

13. (Uema) Um elétron de carga e é arremessado perpendicularmente em direção às linhas de um campo magnético uniforme, cuja intensidade é $B = 4{,}0 \cdot 10^{-2}$ T. Determine:

a) a relação carga/massa do elétron, sabendo-se que o raio de sua trajetória é $R = 0{,}02$ m e sua velocidade é $v = 6{,}5 \cdot 10^7$ m/s.

b) a massa do elétron, sabendo-se que sua carga é $e = -1{,}6 \cdot 10^{-19}$ C.

14. (UFTM-MG) Duas partículas de mesma massa e cargas elétricas q_1 e q_2 penetram com mesma velocidade escalar V numa região R quadrada de lado L, na qual atua um campo de indução magnética $\vec{B}$, conforme a figura.

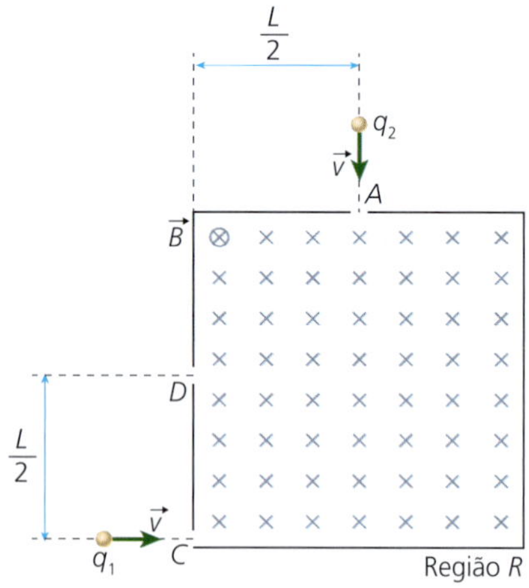

Sabendo-se que q_1 penetra em R pela fenda C, q_2 pela fenda A e que ambas devem sair pela fenda D, é correto afirmar que:

a) $q_1 = -q_2$

b) $q_1 = -2q_2$

c) $q_1 = 2q_2$

d) $q_2 = -2q_1$

e) $q_2 = 2q_1$

Capítulo 38

Indução eletromagnética

Objetivos do capítulo:

- ✔ Definir fluxo magnético.
- ✔ Interpretar graficamente o conceito de fluxo.
- ✔ Descrever o fenômeno da indução eletromagnética.
- ✔ Apresentar a lei de Lenz, que permite determinar o sentido da corrente elétrica induzida.
- ✔ Apresentar a lei de Faraday, que permite determinar a força eletromotriz induzida.

A geração de energia elétrica em usinas hidrelétricas baseia-se no fenômeno da indução eletromagnética. A água retida por enormes barragens escoa através de tubulações e atinge as pás das turbinas, fazendo-as girar: energia mecânica transforma-se em energia elétrica. Neste capítulo estudaremos o fenômeno da indução eletromagnética.

1 Fluxo magnético de um campo uniforme através de uma espira plana

Considere, por exemplo, uma espira plana e circular de área A imersa num campo magnético uniforme de intensidade B. Seja $\vec{n}$ um versor (vetor de módulo unitário) perpendicular à superfície da espira. Indiquemos por θ o ângulo que $\vec{B}$ forma com $\vec{n}$ (**fig. 1**).

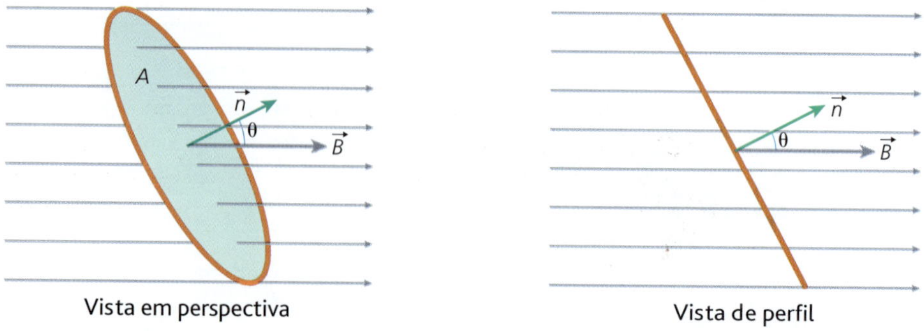

Figura 1. Espira plana de área A imersa num campo magnético uniforme $\vec{B}$.

Define-se o **fluxo magnético** do campo uniforme $\vec{B}$ através da espira plana de área A pela grandeza escalar:

$$\varphi = B \cdot A \cdot \cos\theta$$

Unidades no Sistema Internacional

Grandeza	Unidade
Área (A)	metro quadrado (m^2)
Intensidade do campo magnético (B)	tesla (T)
Fluxo magnético (φ)	weber (Wb)

2 Interpretação gráfica do conceito de fluxo

Considere uma espira imersa num campo magnético uniforme $\vec{B}$, representado por certo número de linhas de indução.

- O fluxo magnético é uma grandeza proporcional ao número de linhas de indução que atravessam a superfície da espira.

De fato, na **figura 2A**, as linhas de indução são perpendiculares à superfície da espira. Neste caso, o ângulo θ é igual a 0°, $\cos 0° = 1$ e o fluxo $\varphi = B \cdot A$ é máximo, assim como é máximo o número de linhas de indução que atravessam a espira.

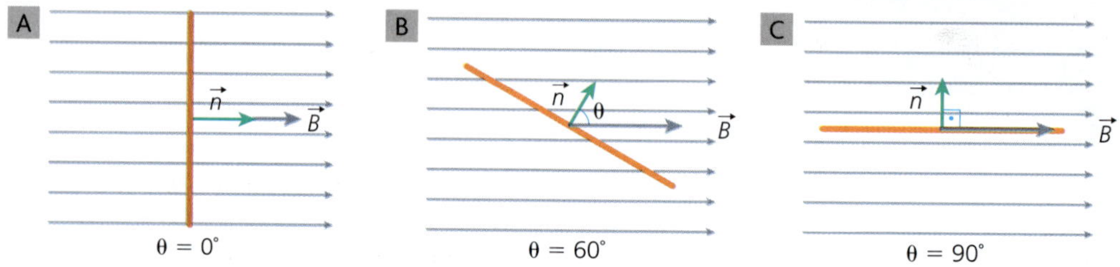

Figura 2. O fluxo magnético é proporcional ao número de linhas de indução que atravessam a superfície da espira.

No caso em que $\theta = 60°$ **(fig. 2B)**, o fluxo magnético é $\varphi = B \cdot A \cdot \cos 60°$, isto é, $\varphi = B \cdot A \cdot \left(\frac{1}{2}\right)$. Observe que, neste caso, o número de linhas de indução que atravessam a espira é metade do número de linhas de indução máximo. Para $\theta = 90°$, $\cos 90° = 0$ **(fig. 2C)**, a espira está disposta paralelamente às linhas de indução e nenhuma linha a atravessa.

3 O fenômeno da indução eletromagnética

Observe um ímã parado diante de uma espira na qual foi inserido um galvanômetro de zero central **(fig. 3)**. O galvanômetro, que é um aparelho que detecta correntes de pequenas intensidades, não registra passagem de corrente elétrica pela espira.

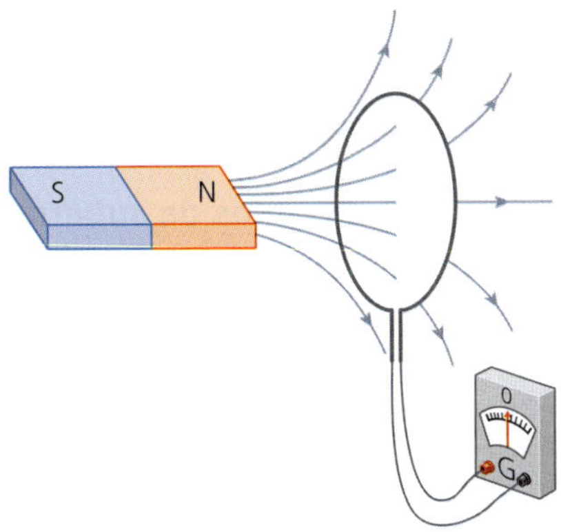

Figura 3. Ímã parado em relação à espira. O galvanômetro não registra passagem de corrente.

Ao se aproximar o ímã da espira, o galvanômetro indica a passagem de corrente elétrica num certo sentido **(fig. 4)**.

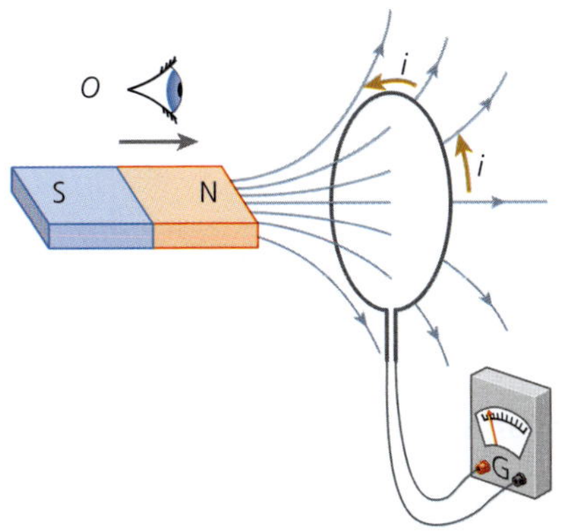

Figura 4. Ímã aproximando-se da espira. O galvanômetro indica passagem de corrente num certo sentido.

Ao se afastar o ímã da espira, o galvanômetro indica a passagem de corrente elétrica em sentido contrário **(fig. 5)**.

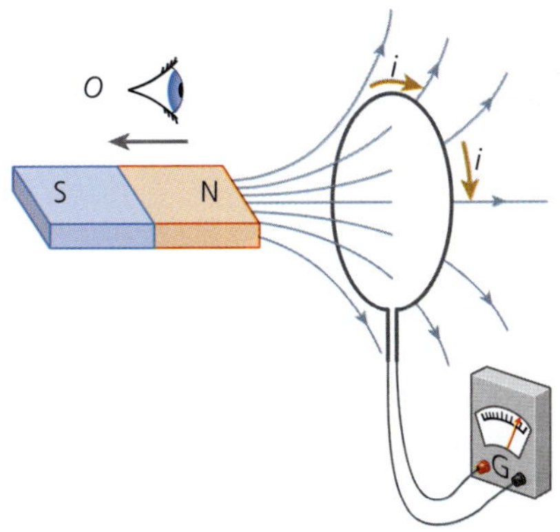

Figura 5. Ímã afastando-se da espira. O galvanômetro indica passagem de corrente em sentido contrário.

Com o ímã parado, a quantidade de linhas de indução que atravessam a espira não varia e, portanto, o fluxo magnético na superfície delimitada por ela não varia. Ao se aproximar ou se afastar o ímã, a quantidade de linhas de indução que atravessam a superfície da espira varia e, portanto, o fluxo magnético também varia. Nestas duas últimas situações, o galvanômetro indica a passagem de corrente elétrica pela espira.

Podemos, então, concluir que:

38.1 Conteúdo multimídia

- Quando o fluxo magnético varia na superfície de uma espira, surge nela uma corrente elétrica denominada **corrente elétrica induzida**. Esse fenômeno é chamado de **indução eletromagnética**.

4 Maneiras de se variar o fluxo magnético

Pode-se variar o fluxo magnético através da superfície de uma espira de três maneiras:

- **Variando a intensidade do campo magnético $\vec{B}$ nos pontos da superfície da espira**. Isso é obtido, por exemplo, aproximando (B aumenta) ou afastando (B diminui) o ímã da espira que é mantida fixa, como indicam as **figuras 4** e **5**. Outra possibilidade seria manter o ímã fixo e aproximar ou afastar a espira.
- **Variando a área A da espira**. Por exemplo, considere uma espira constituída por um fio condutor $CDEF$ e outro fio GH apoiado nos lados CD e EF. A área A da espira aumenta quando o condutor GH se desloca para a direita e diminui quando ele se desloca para a esquerda **(fig. 6)**.

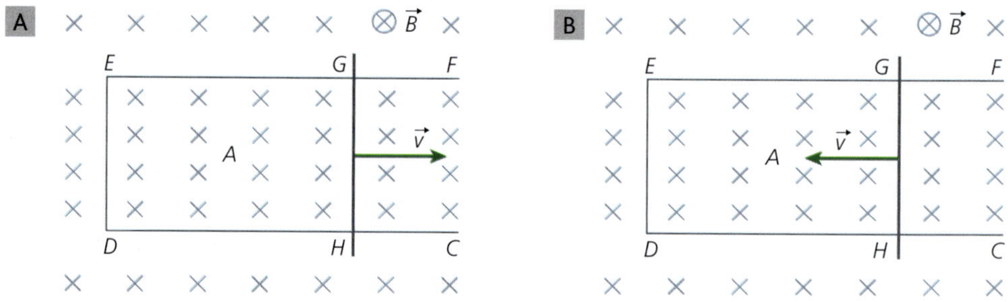

Figura 6. Variação da área A da espira $EGDH$. (A) O condutor GH se move para a direita e a área A aumenta;(B) GH se move para a esquerda, A diminui.

- **Variando o ângulo θ**: Neste caso, basta girar a espira **(fig. 7)**.

Tesla Conteúdo multimídia

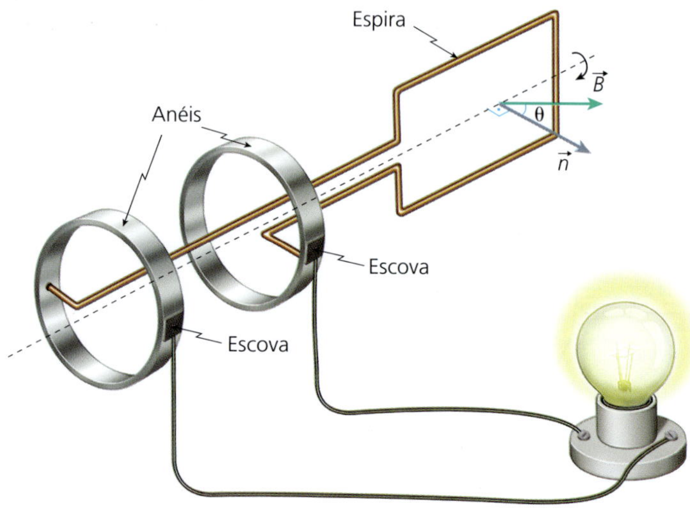

Figura 7. Variação do ângulo θ por meio do giro da espira.

5 Sentido da corrente elétrica induzida. Lei de Lenz

A aproximação ou o afastamento do ímã é a **causa** que tem como **efeito** o surgimento de uma corrente elétrica na espira. Entretanto, **o efeito se opõe à causa**, pois do contrário teríamos a geração de energia elétrica na espira, sem a necessidade de despender energia na aproximação ou no afastamento do ímã, o que contraria o princípio da conservação da energia.

Esse fato levou o físico **Heinrich Lenz (1804-1865)** a estabelecer a lei, conhecida como **lei de Lenz**, que permite determinar o sentido da corrente elétrica induzida:

O sentido da corrente induzida é tal que, por seus efeitos, opõe-se à causa que lhe deu origem.

Ao se aproximar da espira o polo norte do ímã, surge, na face da espira voltada para o ímã, um polo que se opõe à aproximação. Portanto, naquela face da espira, surge um polo norte. Concluímos que a corrente induzida tem sentido anti-horário, vista pelo observador *O* (**fig. 8**).

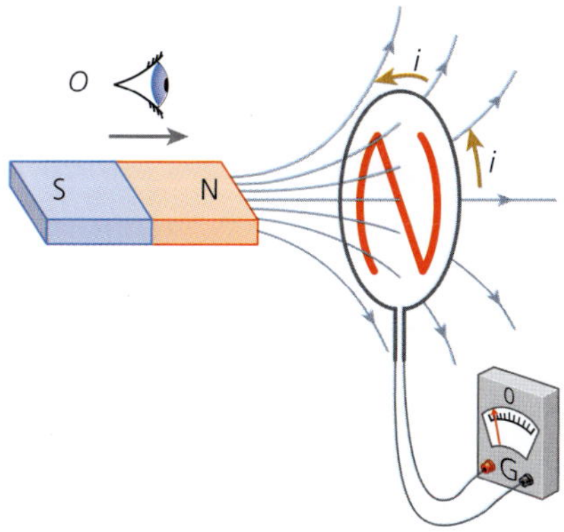

Figura 8. Em relação ao observador *O*, a corrente induzida tem sentido anti-horário.

Ao se afastar da espira o polo norte do ímã, surge, na face da espira voltada para o ímã, um polo que se opõe ao afastamento. Portanto, naquela face da espira, surge um polo sul. Concluímos que a corrente induzida tem sentido horário, vista pelo observador *O* (**fig. 9**).

38.2 Conteúdo multimídia

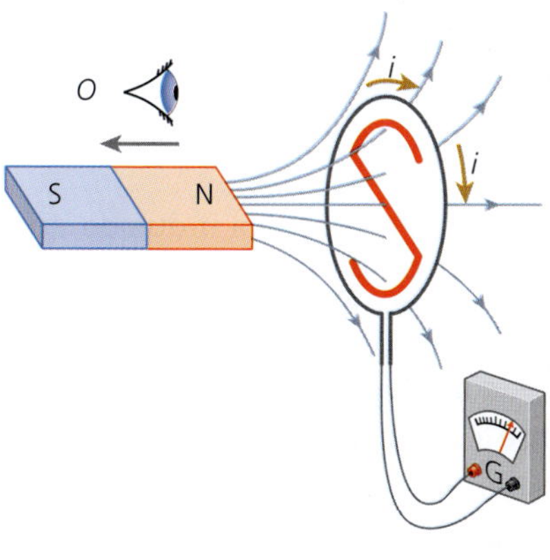

Figura 9. Em relação ao observador *O*, a corrente induzida tem sentido horário.

Aplicando a teoria

1. **Uma espira retangular de área $A = 50\ cm^2$ está imersa num campo magnético uniforme de intensidade $B = 6 \cdot 10^{-3}\ T$. Determinar o fluxo do campo magnético através da espira. Analisar os casos abaixo onde se representa a espira vista de perfil.**

(Dados: $\cos 0° = 1$; $\cos 60° = \frac{1}{2}$; $\cos 90° = 0$.)

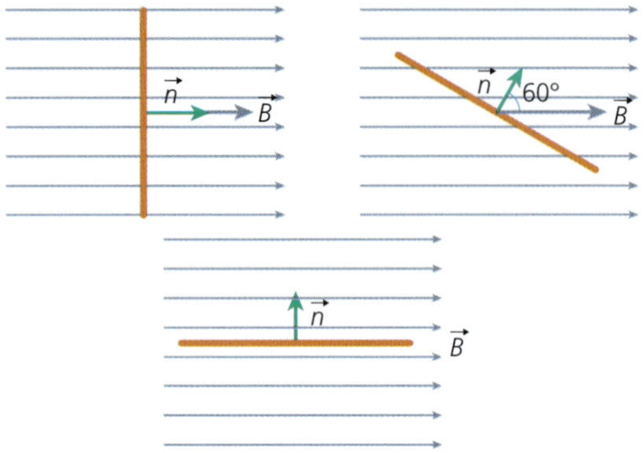

➤ Solução

Sendo $A = 50\ cm^2 = 50 \cdot 10^{-4}\ m^2$, $B = 6 \cdot 10^{-3}\ T$ e como $\varphi = B \cdot A \cdot \cos\theta$, obtemos:

Caso I:

$\varphi = B \cdot A \cdot \cos\theta \Rightarrow \varphi = 6 \cdot 10^{-3} \cdot 50 \cdot 10^{-4} \cdot \cos 0° \Rightarrow$

$\Rightarrow \boxed{\varphi = 3 \cdot 10^{-5}\ Wb}$

Caso II:

$\varphi = B \cdot A \cdot \cos\theta \Rightarrow \varphi = 6 \cdot 10^{-3} \cdot 50 \cdot 10^{-4} \cdot \cos 60° \Rightarrow$

$\Rightarrow \boxed{\varphi = 1{,}5 \cdot 10^{-5}\ Wb}$

Caso III:

$\varphi = B \cdot A \cdot \cos\theta \Rightarrow \varphi = 6 \cdot 10^{-3} \cdot 50 \cdot 10^{-4} \cdot \cos 90° \Rightarrow$

$\Rightarrow \boxed{\varphi = 0}$

2. **Na figura representamos um ímã situado diante de uma espira.**

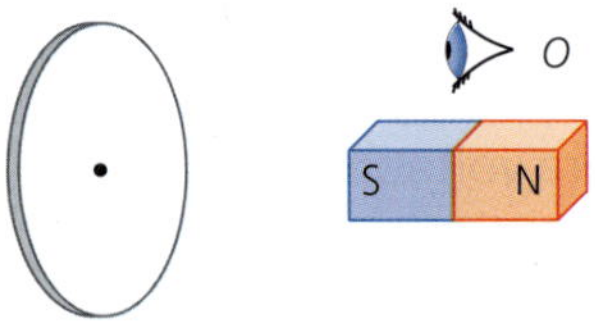

Analisar as proposições abaixo.

I. Ao se aproximar o ímã da espira, haverá, em relação ao observador O, uma corrente elétrica induzida na espira no sentido anti-horário.

II. Ao se aproximar o ímã da espira, haverá, em relação ao observador O, uma corrente elétrica induzida na espira no sentido horário.

III. Ao se afastar o ímã da espira, haverá, em relação ao observador O, uma corrente elétrica induzida na espira no sentido anti-horário.

IV. Ao se afastar o ímã da espira, haverá, em relação ao observador O, uma corrente elétrica induzida na espira no sentido horário.

V. Aproximando ou afastando o ímã da espira, não haverá corrente induzida na espira.

Podemos afirmar que:

a) somente as proposições I e III são corretas.
b) somente as proposições II e IV são corretas.
c) somente as proposições I e IV são corretas.
d) somente as proposições II e III são corretas.
e) somente a proposição V é correta.

➤ Solução

Ao se aproximar da espira o polo sul do ímã, surge, na face da espira voltada para o ímã, um polo sul que se opõe à aproximação. Assim, a corrente induzida tem sentido horário, em relação ao observador O.

Ao se afastar da espira o polo sul do ímã, surge, na face da espira voltada para ímã, um polo norte que se opõe ao afastamento. Concluímos que a corrente induzida tem sentido anti-horário, em relação ao observador O.

Estão corretas as proposições II e III.

Resposta: d

3. **Um ímã é colocado diante de uma espira disposta num plano horizontal.**

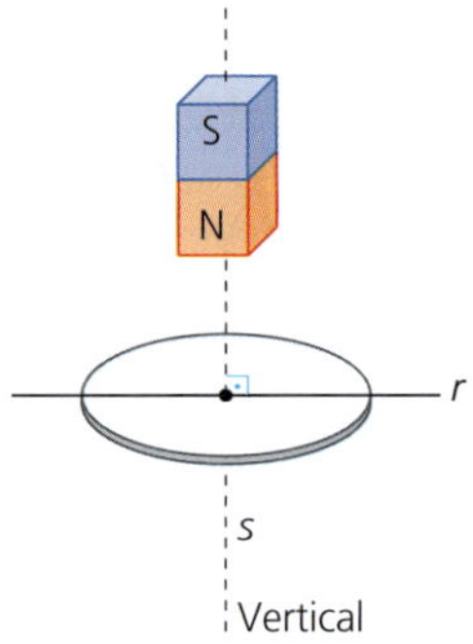

Analisar os casos abaixo e indicar em quais deles surge corrente elétrica induzida na espira.

I. O ímã e a espira estão em repouso.

II. O ímã e a espira movem-se verticalmente para cima com a mesma velocidade.

III. O ímã e a espira movem-se verticalmente para baixo com a mesma velocidade.

IV. O ímã aproxima-se da espira que está fixa.

V. O ímã afasta-se da espira que está fixa.

VI. O ímã está fixo e a espira gira em torno do eixo horizontal *r*.

VII. O ímã está fixo e a espira gira em torno do eixo vertical s.

➤ Solução

Na espira surge corrente elétrica induzida quando o fluxo magnético varia. Isso ocorre quando aproximamos ou afastamos o ímã da espira, que é mantida fixa, ou quando giramos a espira em torno do eixo *r*, com o ímã fixo.

Portanto, surge corrente elétrica nos casos IV, V e VI.

Avaliando o aprendizado

1. A espira circular de área $A = 60\ cm^2$ passa da posição 1 para a posição 2 e, a seguir, para a posição 3, estando imersa num campo magnético uniforme de intensidade $B = 8 \cdot 10^{-2}\ T$. Determine a variação do fluxo magnético através da espira ao passar da posição 1 para a posição 2 e da posição 1 para a posição 3.

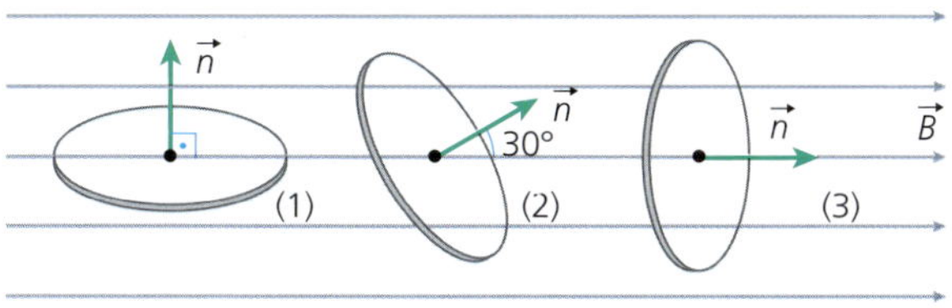

2. Um ímã aproxima-se de uma espira, a atravessa e depois se afasta. Determine o sentido da corrente elétrica induzida em relação ao observador O, durante a aproximação e durante o afastamento.

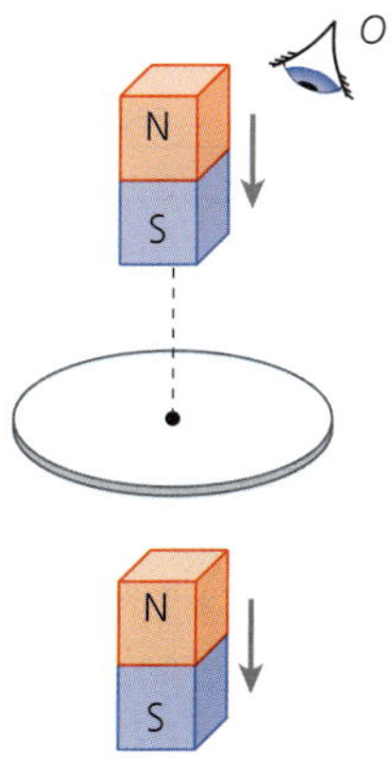

3. Considere as três situações apresentadas.

I.

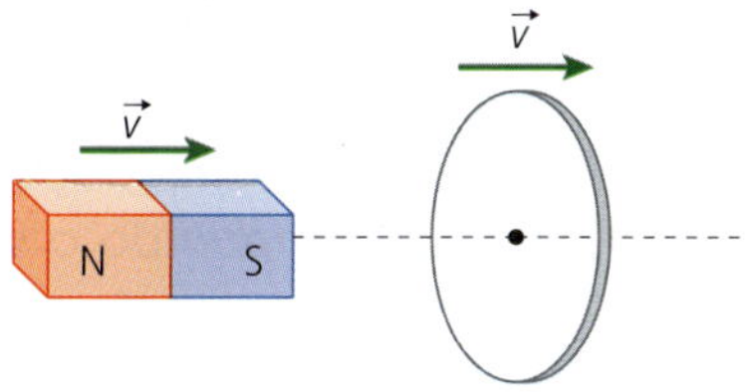

II.

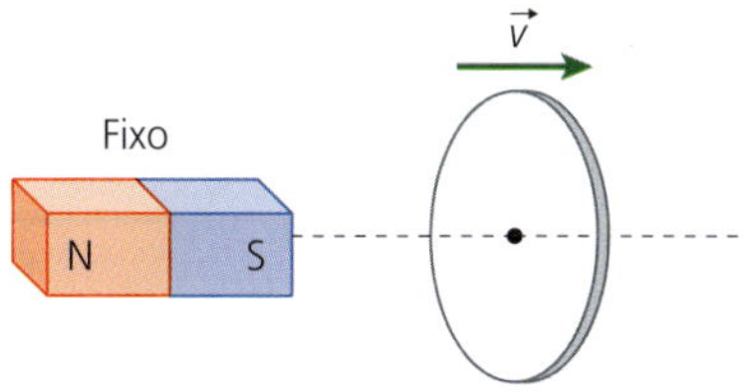

III.

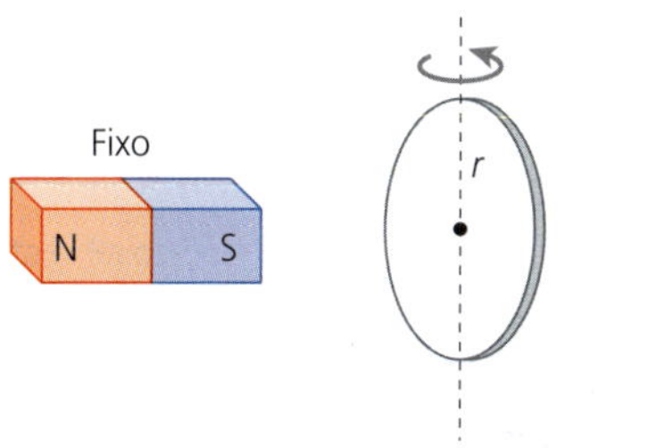

Na espira é induzida uma corrente elétrica:

a) nas três situações descritas.
b) somente na situação I.
c) somente nas situações I e II.
d) somente nas situações II e III.
e) somente na situação II.

6 Outra maneira de apresentar a lei de Lenz

Vamos, agora, apresentar a lei de Lenz de outro modo. Para isso, observe a situação indicada na **figura 10**, em que uma espira está imersa num campo magnético $\vec{B}$ cuja intensidade varia no decurso do tempo.

O campo magnético $\vec{B}$ gera um fluxo magnético φ denominado **fluxo indutor**. A corrente elétrica induzida *i* gera um fluxo magnético φ' denominado **fluxo induzido**. A lei de Lenz pode também ser assim enunciada:

> O sentido da corrente induzida é tal que origina um fluxo induzido φ' que se opõe à variação do fluxo magnético indutor φ.

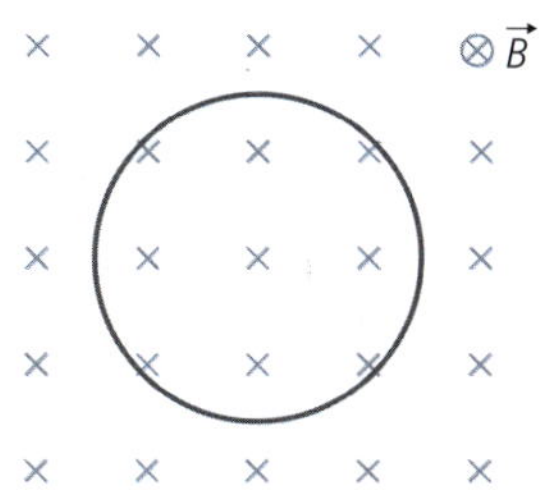

Figura 10. A intensidade de $\vec{B}$ varia no decurso do tempo.

Desse modo, se φ cresce, surge φ' em sentido contrário para se opor ao crescimento de φ. Se φ decresce, surge φ' no mesmo sentido para se opor à diminuição de φ. As duas situações estão exemplificadas a seguir.

1) A intensidade de $\vec{B}$ aumenta com o decorrer do tempo

Se a intensidade de $\vec{B}$ aumenta, φ aumenta e φ' surge em sentido oposto ao de φ. Conhecendo o sentido de φ', que é o mesmo do campo magnético induzido, usamos a regra da mão direita e determinamos o sentido **anti-horário** para a corrente induzida **(fig. 11)**.

2) A intensidade de $\vec{B}$ diminui com o decorrer do tempo

Se a intensidade de $\vec{B}$ diminui, φ diminui e φ' surge no mesmo sentido de φ. Conhecendo o sentido de φ', que é o mesmo do campo magnético induzido, usamos a regra da mão direita e determinamos o sentido **horário** para a corrente induzida **(fig. 12)**

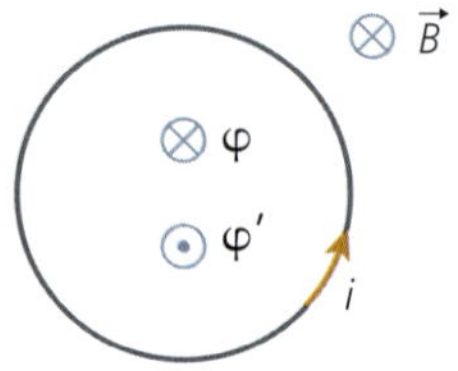

Figura 11. A intensidade de $\vec{B}$ aumenta: a corrente induzida tem sentido anti-horário.

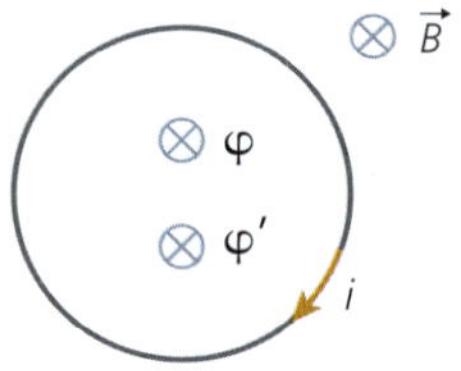

Figura 12. A intensidade de $\vec{B}$ diminui: a corrente induzida tem sentido horário.

Aplicando a teoria

4. **Uma espira é constituída por dois fios condutores *CDEF* e *GH*, que estão apoiados nos lados *CD* e *EF*. O conjunto está imerso num campo magnético uniforme $\vec{B}$.**

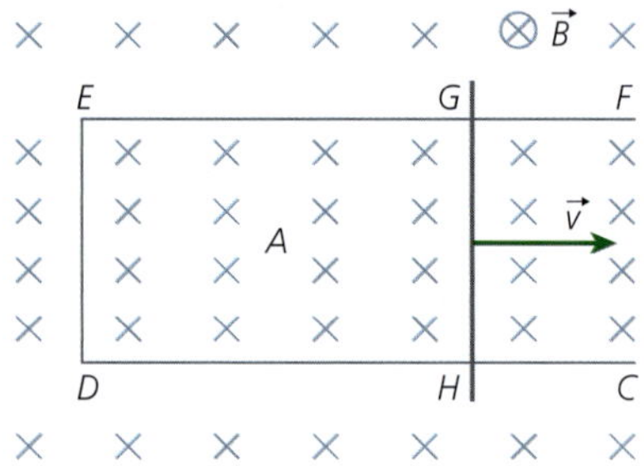

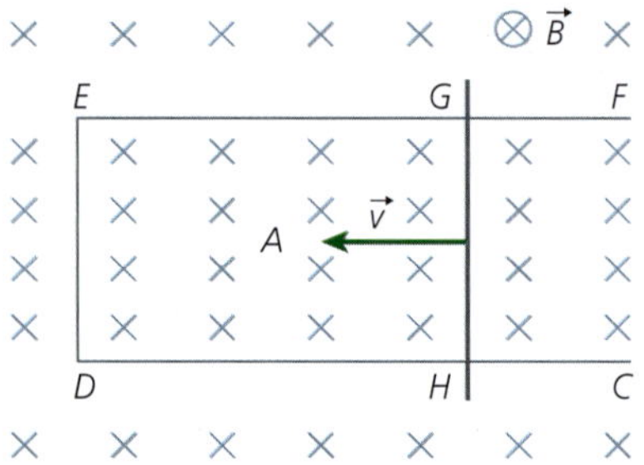

Determinar o sentido da corrente elétrica induzida na espira nos casos em que:

a) o condutor *GH* se desloca para a direita;

b) o condutor *GH* se desloca para a esquerda.

➤ Solução

a) Ao se deslocar o condutor *GH* para a direita, a área A da espira aumenta e, consequentemente, o fluxo indutor φ aumenta. O fluxo induzido φ' surge em sentido contrário para se opor ao crescimento de φ. Conhecendo o sentido de φ', que é o mesmo do campo magnético induzido, com a regra da mão direita determinamos o sentido da corrente induzida: anti-horário.

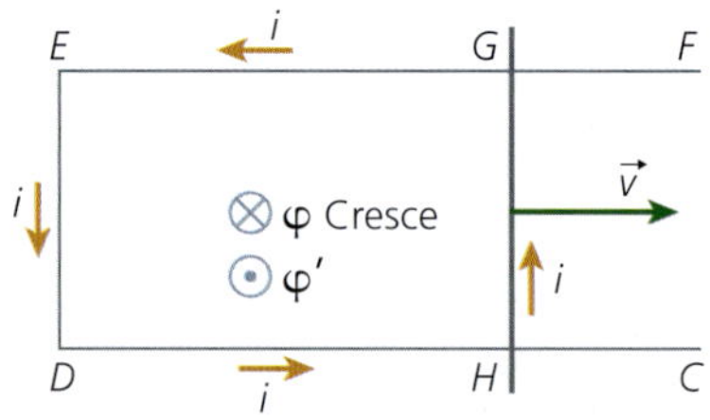

b) Ao se deslocar o condutor *GH* para a esquerda, a área A da espira diminui e, consequentemente, o fluxo indutor φ diminui. O fluxo induzido φ' surge no mesmo sentido para se opor ao decréscimo de φ. Conhecendo o sentido de φ', que é o mesmo do campo magnético induzido, com a regra da mão direita determinamos o sentido da corrente induzida: horário.

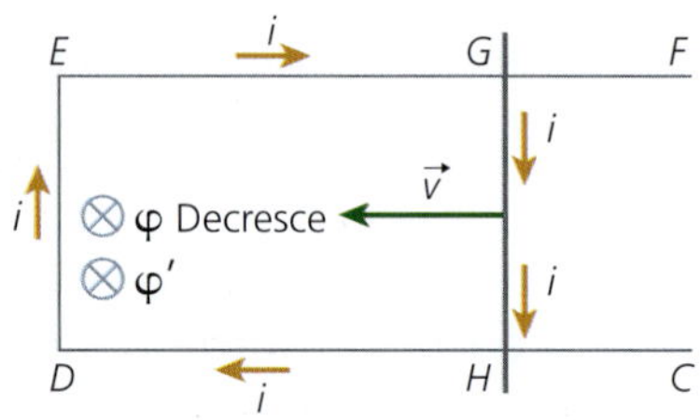

5. A figura representa três posições de uma espira retangular que atravessa com velocidade $\vec{v}$ constante uma região onde existe um campo magnético uniforme $\vec{B}$.

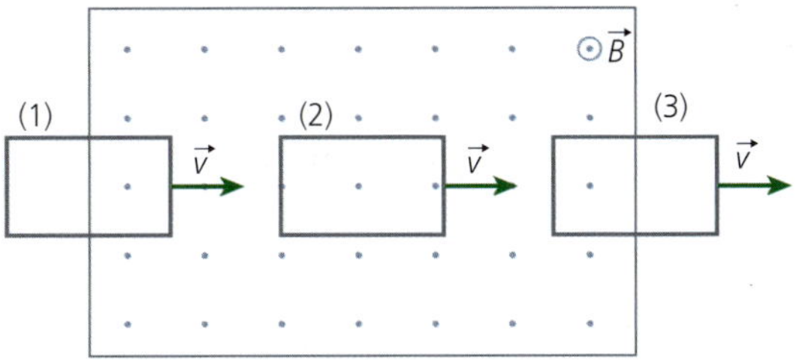

a) Determinar o sentido da corrente elétrica induzida que percorre a espira quando ela está passando pelas posições 1 e 3.

b) O que ocorre com o fluxo magnético através da espira no intervalo de tempo em que ela atravessa a região totalmente imersa no campo?

c) O que se pode dizer a respeito da corrente elétrica induzida na espira no instante em que está passando pela posição 2?

➤ Solução

a) Ao passar pela posição 1, a espira está entrando no campo e o fluxo indutor φ está aumentando. O fluxo induzido φ' surge em sentido contrário para se opor ao crescimento de φ. Conhecendo o sentido de φ' , que é o mesmo do campo magnético induzido, usamos a regra da mão direita e determinamos o sentido da corrente induzida: horário.

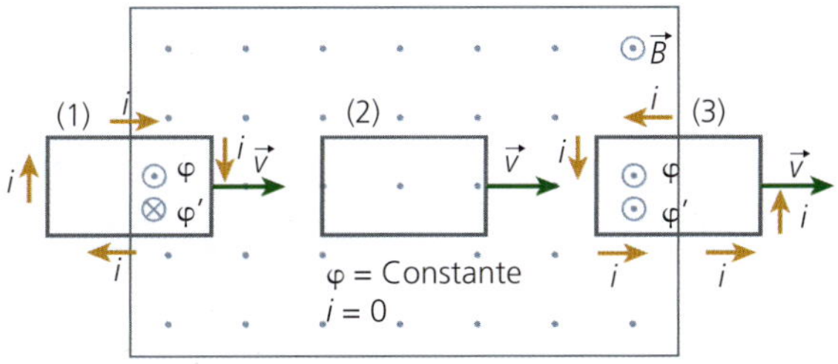

Ao passar pela posição 3, a espira está saindo do campo e o fluxo indutor φ está diminuindo. O fluxo induzido φ' surge no mesmo sentido para se opor à diminuição de φ. Conhecendo o sentido de φ', que é o mesmo do campo magnético induzido, determinamos, pela regra da mão direita, o sentido da corrente induzida: anti-horário.

b) Não há variação do fluxo magnético

c) A corrente elétrica induzida é nula.

6. Um condutor retilíneo e duas espiras, uma circular e outra retangular, situam-se num mesmo plano. O condutor retilíneo é percorrido por uma corrente elétrica de intensidade *I*. Determinar o sentido da corrente elétrica i induzida nas espiras no caso em que *I* cresce com o decorrer do tempo.

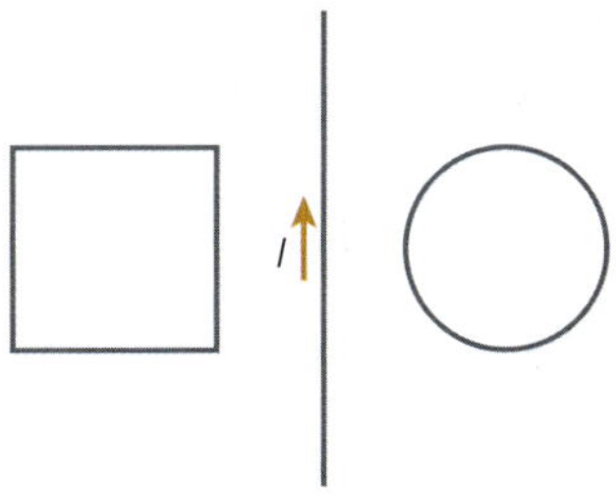

➤ Solução

A corrente elétrica *I* que percorre o condutor retilíneo gera, à direita, um campo magnético entrando no plano do papel e, à esquerda, saindo. Se *I* cresce, então *B* também cresce, assim como o fluxo indutor φ. O fluxo induzido φ' surge em sentido contrário para se opor ao crescimento de φ. Pela regra da mão direita, concluímos que a corrente elétrica induzida *i* tem sentido anti-horário na espira circular e horário na retangular:

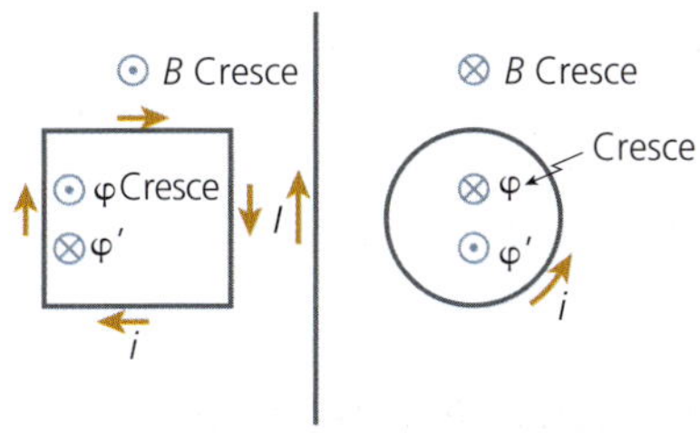

Avaliando o aprendizado

4. Uma espira é constituída por dois fios condutores *CDEF* e *GH* apoiados nos lados *CD* e *EF*. O conjunto está imerso num campo magnético uniforme $\vec{B}$, saindo do plano do papel. Determine o sentido da corrente elétrica induzida na espira quando o condutor *GH* é deslocado verticalmente para baixo, com velocidade constante.

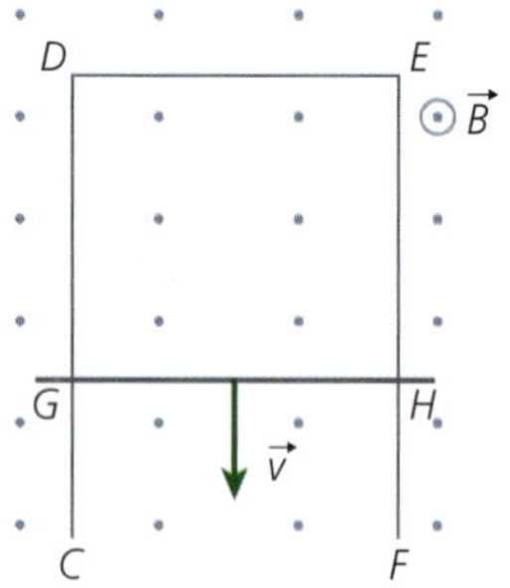

5. Uma espira retangular atravessa uma região onde existe um campo magnético uniforme, perpendicular ao plano da espira. Determine o sentido da corrente elétrica induzida na espira, na situação indicada, na qual ela está sendo retirada do campo.

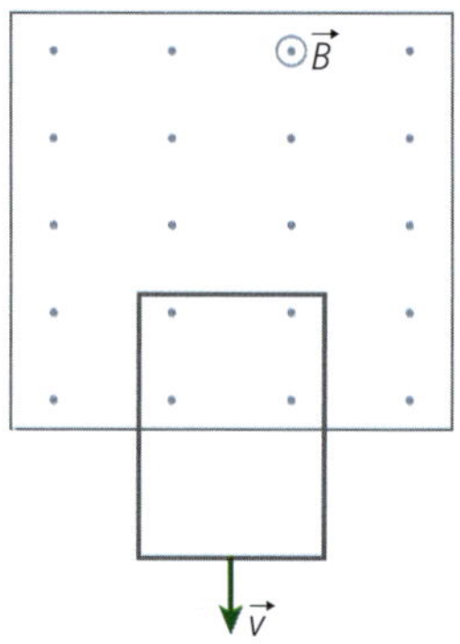

6. Um condutor retilíneo e uma espira retangular situam-se num mesmo plano. O condutor retilíneo é percorrido por uma corrente elétrica de intensidade *I* constante. Determine o sentido da corrente elétrica *i* induzida na espira no caso em que ela está se afastando do fio com velocidade constante $\vec{v}$.

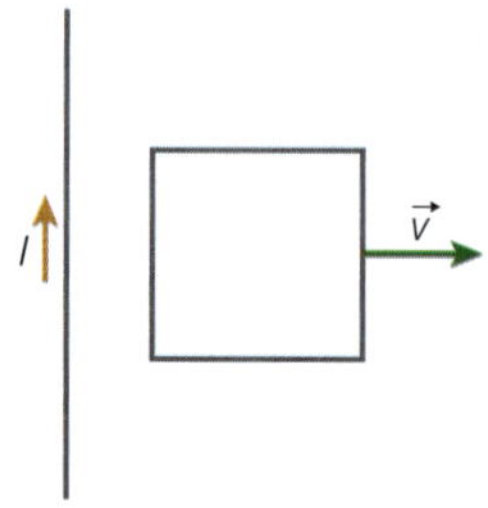

7. Uma bateria, uma bobina e uma espira circular, cujo eixo coincide com o da bobina, estão dispostos conforme mostra a figura. Determine, em relação ao observador O, o sentido da corrente elétrica induzida no instante em que a chave *ch* é fechada e no instante em que ela é aberta. Se a chave permanece fechada, há corrente induzida na espira?

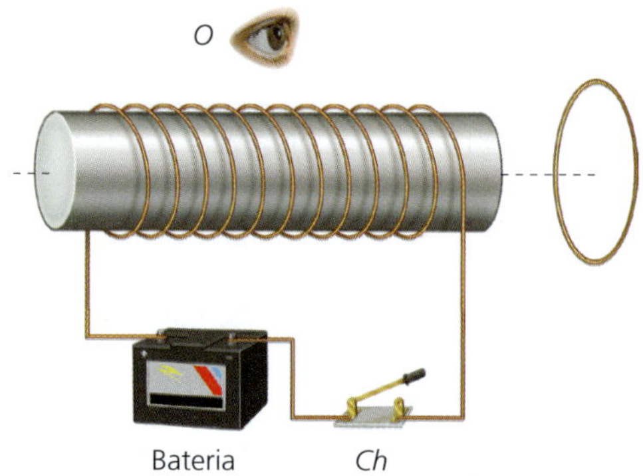

7 A lei de Faraday

Quando estudamos o fenômeno da indução eletromagnética, vimos que a variação do fluxo magnético na superfície de uma espira leva ao surgimento de uma corrente elétrica induzida na espira. A presença de uma corrente induzida indica que deve haver uma **força eletromotriz** que a produz. Observe a **figura 13**. Quando giramos a espira em torno do eixo *r*, passando-a da posição 1 para a posição 2, ocorre uma variação de fluxo $\Delta\varphi$ num intervalo de tempo Δt. Uma força eletromotriz média ε_m é induzida na espira.

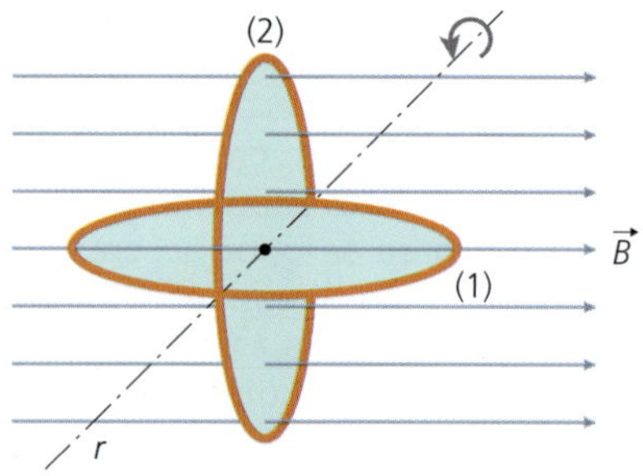

Figura 13. Quando a espira passa da posição 1 para a posição 2, ocorre uma variação de fluxo $\Delta\varphi$ num intervalo de tempo Δt.

Faraday observou experimentalmente que, quanto mais rápida é a variação de fluxo magnético, maior é o módulo da força eletromotriz média induzida. Portanto:

Faraday
Conteúdo multimídia

- O módulo da força eletromotriz induzida média é dado pela rapidez com que o módulo do fluxo magnético varia com o tempo. Isto é:

$$|\varepsilon_m| = \frac{|\Delta\varphi|}{\Delta t}$$

38.1 Biblioteca do estudante

38.3 Conteúdo multimídia

Aplicando a teoria

7. O fluxo magnético na superfície de uma espira varia com o tempo conforme a tabela abaixo.

t (s)	0	1,0	2,0	3,0	4,0
φ (Wb)	$2,0 \cdot 10^{-6}$	$5,0 \cdot 10^{-6}$	$7,0 \cdot 10^{-6}$	$8,0 \cdot 10^{-6}$	$8,0 \cdot 10^{-6}$

Determinar o módulo da força eletromotriz média induzida nos intervalos de tempo:

a) de 0 a 2,0 s; b) de 1,0 s a 3,0 s; c) de 3,0 s a 4,0 s.

➤ Solução

a) De 0 a 2,0 s:

$$|\varepsilon_m| = \frac{|\Delta\varphi|}{\Delta t} \Rightarrow |\varepsilon_m| = \frac{7,0 \cdot 10^{-6} - 2,0 \cdot 10^{-6}}{2,0 - 0} \Rightarrow |\varepsilon_m| = 2,5 \cdot 10^{-6}\ \text{V}$$

b) De 1,0 s a 3,0 s:

$$|\varepsilon_m| = \frac{|\Delta\varphi|}{\Delta t} \Rightarrow |\varepsilon_m| = \frac{8,0 \cdot 10^{-6} - 5,0 \cdot 10^{-6}}{3,0 - 1,0} \Rightarrow |\varepsilon_m| = 1,5 \cdot 10^{-6}\ \text{V}$$

c) De 3,0 s a 4,0 s:

$$|\varepsilon_m| = \frac{|\Delta\varphi|}{\Delta t} \Rightarrow |\varepsilon_m| = \frac{8,0 \cdot 10^{-6} - 8,0 \cdot 10^{-6}}{4,0 - 3,0} \Rightarrow |\varepsilon_m| = 0$$

8. Uma espira circular de área $A = 3,0 \cdot 10^{-2}\ m^2$ está imersa num campo magnético uniforme de intensidade $B = 2,0 \cdot 10^{-3}$ T. Ao ser girada em torno do eixo *r*, a espira passa da posição 1, paralela às linhas de indução, para a posição 2, perpendicular às linhas de indução. Determinar:

a) a variação de fluxo magnético através da espira, ao passar da posição 1 para a posição 2;

b) o módulo da força eletromotriz induzida na espira ao passar da posição 1 para a 2. Considere que a passagem de uma posição à outra ocorreu num intervalo de tempo de 2,0 s;

c) a resposta do item **b** se a passagem de uma posição à outra ocorresse em 0,05 s.

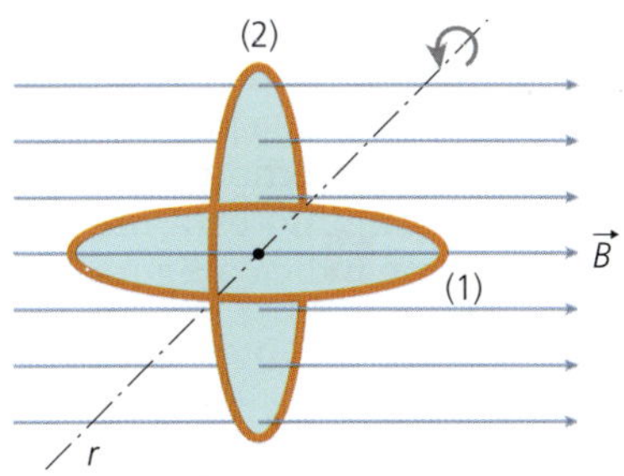

➤ Solução

a) $\varphi_1 = 0$, pois $\theta = 90°$

$\varphi_2 = B \cdot A \Rightarrow \varphi_2 = 2,0 \cdot 10^{-3} \cdot 3,0 \cdot 10^{-2} \Rightarrow \varphi_2 = 6,0 \cdot 10^{-5}$ Wb

$\Delta\varphi = \varphi_2 - \varphi_1 \Rightarrow \boxed{\Delta\varphi = 6,0 \cdot 10^{-5}\ \text{Wb}}$

b) $|\varepsilon_m| = \frac{|\Delta\varphi|}{\Delta t} \Rightarrow |\varepsilon_m| = \frac{6,0 \cdot 10^{-5}}{2,0} \Rightarrow \boxed{|\varepsilon_m| = 3,0 \cdot 10^{-5}\ \text{V}}$

c) $|\varepsilon_m| = \frac{|\Delta\varphi|}{\Delta t} \Rightarrow |\varepsilon_m| = \frac{6,0 \cdot 10^{-5}}{0,05} \Rightarrow \boxed{|\varepsilon_m| = 1,2 \cdot 10^{-3}\ \text{V}}$

Observação: Se, em vez de uma espira, tivéssemos 10.000 espiras justapostas (bobina chata), o resultado anterior seria multiplicado por 10.000 e a força eletromotriz média teria módulo igual a 12 V.

Avaliando o aprendizado

8. O fluxo magnético na superfície de uma espira varia com o tempo conforme o gráfico abaixo.

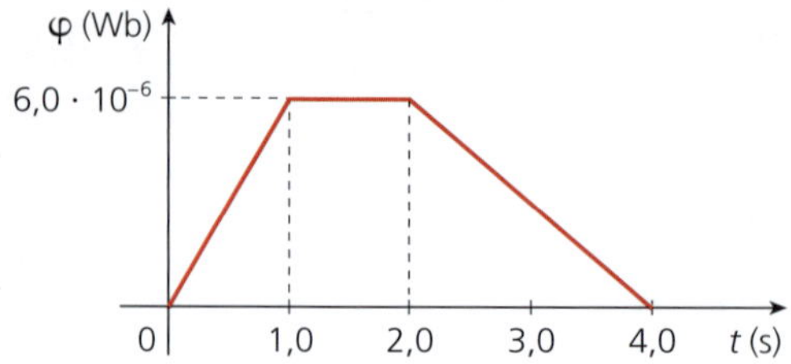

Determine o módulo da força eletromotriz média induzida nos intervalos de tempo:

a) de 0 a 1,0 s;

b) de 1,0 s a 2,0 s;

c) de 2,0 s a 4,0 s;

9. Uma espira circular de área $A = 4,0 \cdot 10^{-2}\,m^2$ está imersa num campo magnético de intensidade $B = 2,0 \cdot 10^{-3}\,T$, conforme indica a figura. Esse campo é reduzido a zero em 2,0 s. Qual é o módulo da força eletromotriz média induzida nesse intervalo de tempo?

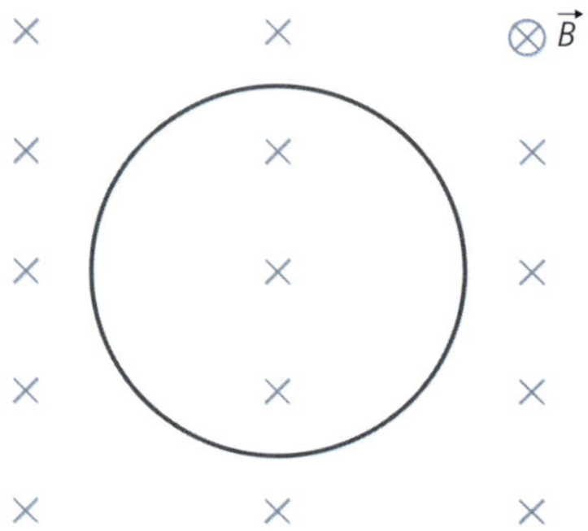

10. O condutor AC de comprimento L desloca-se com velocidade constante v. No instante t, ele passa pela posição 1 e no instante $t + \Delta t$, pela posição 2. Qual é o módulo da força eletromotriz média induzida na espira nesse intervalo de tempo? Sabe-se que o conjunto está imerso num campo magnético uniforme de intensidade B, conforme indica a figura. Dê a resposta em função de B, L e v.

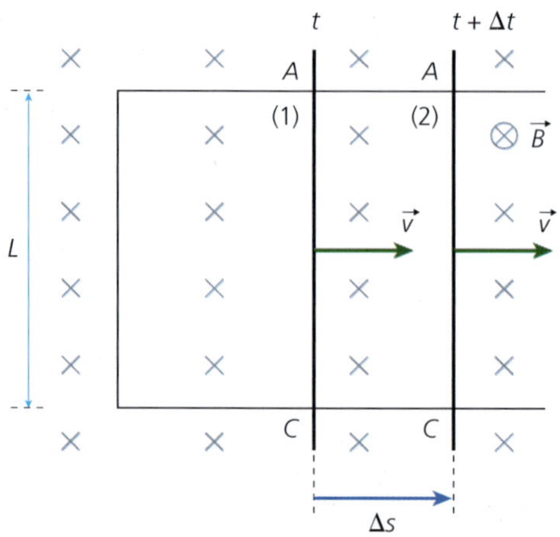

Revisando o conteúdo

Ficha-resumo 1

Fluxo magnético de um campo uniforme através de uma espira plana

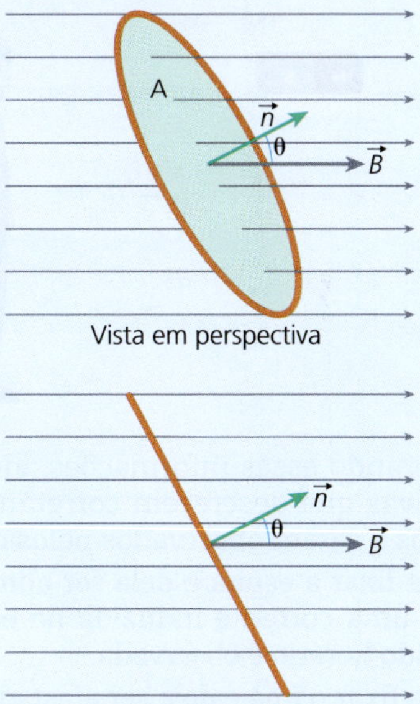

Vista em perspectiva

Vista de perfil

$$\varphi = B \cdot A \cdot \cos \theta$$

O fluxo magnético é uma grandeza proporcional ao número de linhas de indução que atravessam a superfície da espira.

1. (UFPR) A figura indica a existência do campo magnético $\vec{B}$ de 0,2 T, orientado segundo o eixo y.

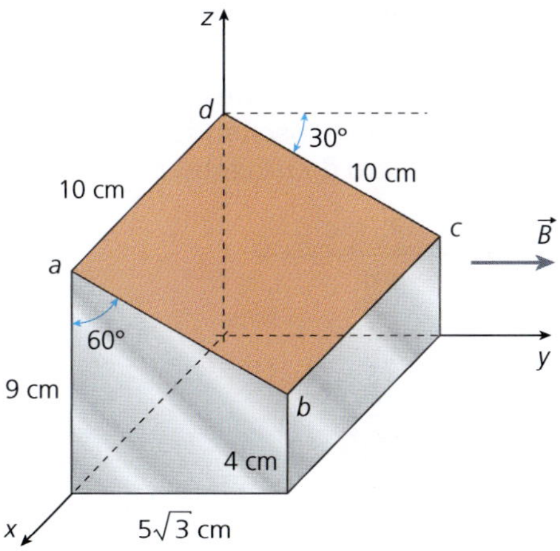

Determine o fluxo deste campo através da face *abcd*, dando a resposta em mWb.

2. (EEM-SP) Um fio condutor, em forma de anel, com raio R = 5 cm, está numa região do espaço onde existe um campo magnético constante e uniforme, de módulo B = 1 T. A direção de $\vec{B}$ forma com o plano do anel um ângulo de 30°. Calcule o fluxo de $\vec{B}$ através do anel.

Ficha-resumo 2

O fenômeno da indução eletromagnética

A variação do fluxo magnético na superfície de uma espira dá origem a uma **corrente elétrica induzida** na espira. Esse fenômeno é chamado **indução eletromagnética.**

Sentido da corrente elétrica induzida. Lei de Lenz

O sentido da corrente induzida é tal que, por seus efeitos, opõe-se à causa que lhe deu origem.

ou

O sentido da corrente induzida é tal que origina um fluxo induzido φ' que se opõe à variação fluxo magnético indutor φ.

3. (UFMG) Uma bobina condutora, ligada a um amperímetro, é colocada em uma região onde há um campo magnético $\vec{B}$, uniforme, vertical, paralelo ao eixo da bobina, como representado nesta figura:

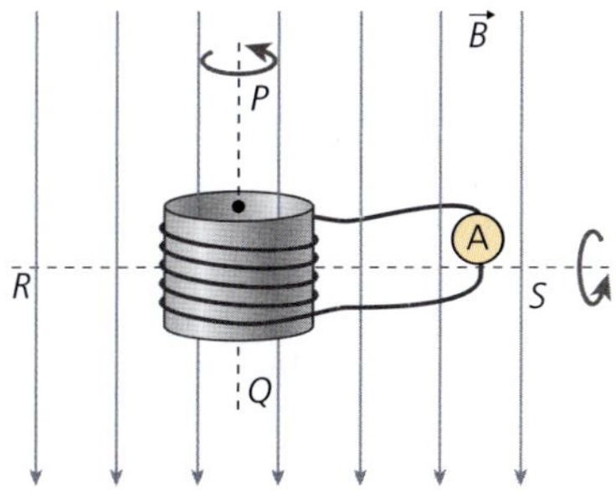

Essa bobina pode ser deslocada horizontal ou verticalmente ou, ainda, ser girada em torno do eixo PQ da bobina ou da direção RS, perpendicular a esse eixo, permanecendo, sempre, na região do campo.

Considerando-se essas informações, é **correto** afirmar que o amperímetro indica uma corrente elétrica quando a bobina é:

a) deslocada horizontalmente, mantendo-se seu eixo paralelo ao campo magnético.
b) deslocada verticalmente, mantendo-se seu eixo paralelo ao campo magnético.
c) girada em torno do eixo PQ.
d) girada em torno da direção RS.

4. (Pasusp) Uma das mais importantes formas de produção de energia elétrica, em nossa vida cotidiana, é proveniente de processos de transformação que envolvem a obtenção dessa energia pelo movimento. A construção de geradores de energia elétrica baseia-se nos estudos de Faraday, que observou correntes elétricas (induzidas) em circuitos fechados, sem que pilhas ou baterias estivessem conectadas aos mesmos. As figuras representam, esquematicamente, situações fundamentais para a compreensão das condições necessárias para a obtenção de corrente elétrica induzida.

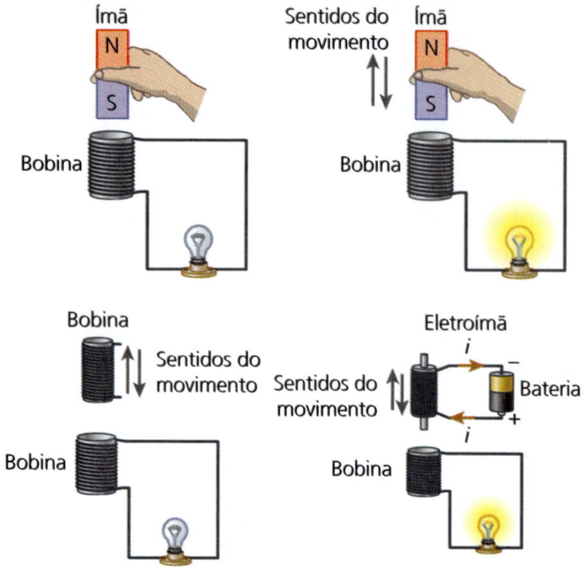

Correntes elétricas induzidas aparecem em um circuito fechado quando:

I. um ímã ou uma bobina permanecem parados próximos ao circuito.

II. um ímã ou um eletroímã movem-se na região do circuito.

III. ocorrem variações, com o tempo, do campo magnético na região do circuito.

Está correto o que se afirma apenas em:

a) I b) II c) III d) I e III e) II e III

5. (Fuvest-SP) Aproxima-se um ímã de um anel metálico fixo em um suporte isolante, como mostra a figura.

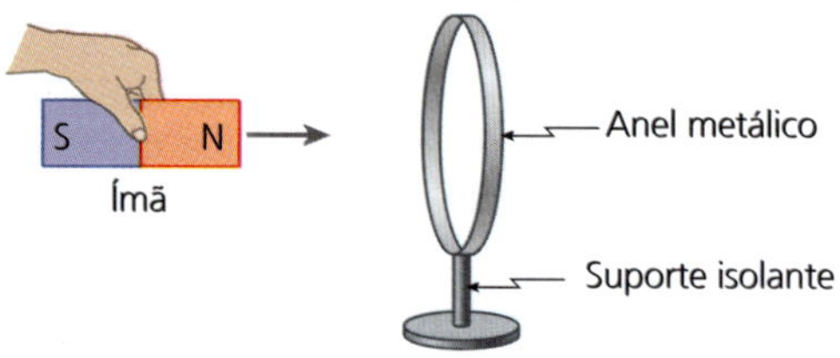

O movimento do ímã, em direção ao anel,

a) não causa efeitos no anel.

b) produz corrente alternada no anel.

c) faz com que o polo sul do ímã vire polo norte e vice-versa.

d) produz corrente elétrica no anel, causando uma força de atração entre anel e ímã.

e) produz corrente elétrica no anel, causando uma força de repulsão entre anel e ímã.

6. (UFPB) Em um laboratório de Eletricidade e Magnetismo, um grupo de estudantes analisa os efeitos produzidos pelo movimento relativo entre um ímã e uma espira condutora, conforme representação na figura abaixo.

Considerando essas informações, identifique as afirmativas que descrevem corretamente os fenômenos a serem observados pelos estudantes.

I. Ao se fixar a espira e dela ser aproximado o ímã, uma corrente induzida na espira com sentido horário é observada.

II. Ao se fixar o ímã e dele ser afastada a espira, uma corrente induzida na espira com sentido horário será observada.

III. Ao se fixar a espira e dela ser afastado o ímã, una corrente induzida na espira no sentido horário é observada.

IV. Ao se fixar o ímã e dele ser aproximada a espira, uma corrente induzida no sentido anti-horário será observada.

V. Para induzir uma corrente na espira, é suficiente que um fluxo de linhas de indução de campo magnético atravesse essa espira.

7. (UEG-GO) A figura abaixo representa um ímã preso a uma mola que está oscilando verticalmente, passando pelo centro de um anel metálico.

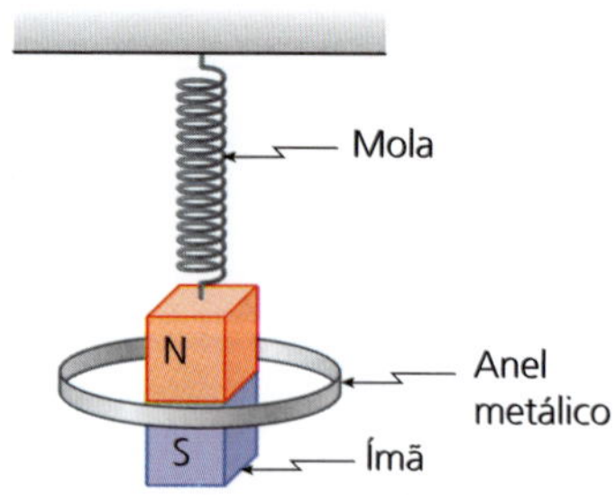

Com base no princípio da conservação de energia e na lei de Lenz, responda aos itens a seguir.

a) Qual é o sentido da corrente induzida quando o ímã se aproxima (descendo) do anel? Justifique.

b) O que ocorre com a amplitude de oscilação do ímã? Justifique.

8. (Cefet-SP) A produção de energia elétrica em usinas hidrelétricas baseia-se no fenômeno da indução eletromagnética. Esse fenômeno ocorre quando uma bobina se encontra mergulhada em um campo magnético. Um gerador transforma energia mecânica devida à queda-d'água em energia elétrica por meio do movimento relativo entre o campo magnético e a bobina. A figura a seguir ilustra esse processo.

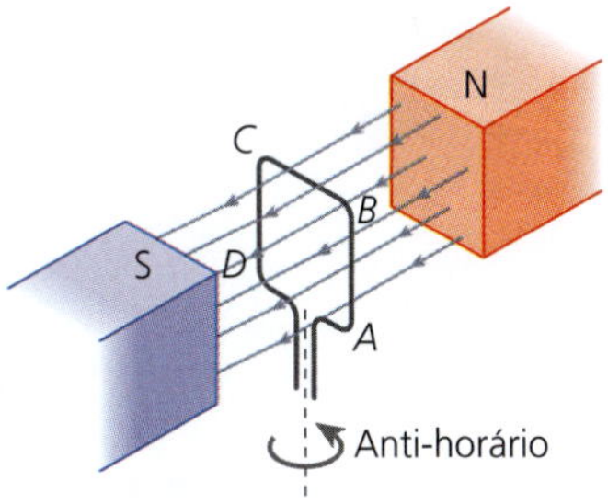

Na figura, uma espira retangular *ABCD* de área constante está imersa, em repouso, num campo magnético uniforme horizontal criado entre os polos norte e sul de um ímã, perpendicularmente às linhas de indução desse campo. Essa espira pode rodar ao redor de um eixo vertical, no sentido horário ou anti-horário (indicado na figura) ou mover-se, mantendo seu plano sempre perpendicular às linhas de indução, aproximando-se do polo norte ou do polo sul do ímã. Pode-se afirmar corretamente que surgirá na espira uma corrente induzida no sentido:

a) *ABCD*, se a espira girar até 90°, apenas no sentido horário.
b) *ABCD*, se a espira girar até 90°, no sentido horário ou anti-horário.
c) *ABCD*, se a espira girar até 90°, apenas no sentido anti-horário.
d) *DCBA*, se a espira se aproximar do polo norte.
e) *DCBA*, se a espira se aproximar do polo sul.

9. (UFU-MG) Uma aliança de noivado de ouro (condutora elétrica), pendurada por um barbante (isolante), é solta (em *P*) para balançar no mesmo plano que a contém. Durante o seu movimento pendular, essa aliança entra (em *E*) em uma região que contém um campo magnético de intensidade *B*, o qual entra na folha perpendicularmente ao plano da aliança e de seu movimento. Essa aliança atravessa essa região e sai dela (em *S*), conforme figura abaixo.

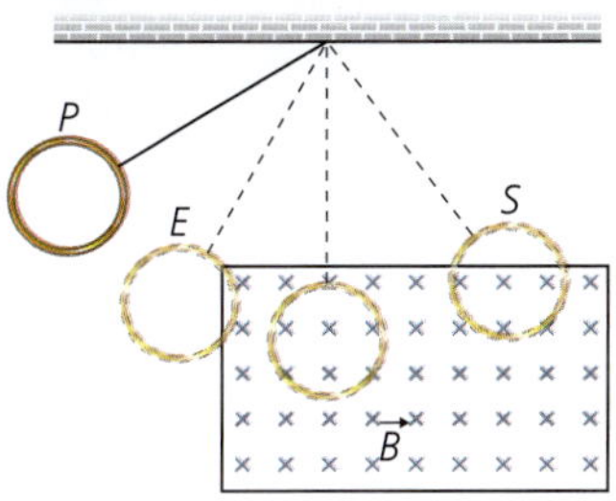

Considerando a figura como referência, marque a alternativa correta.

a) Enquanto a aliança estiver **saindo** (em **S**) da região com campo magnético, a corrente elétrica induzida que a percorrerá criará um campo magnético no sentido **contrário** ao sentido do campo magnético (*B*) existente.
b) Enquanto a aliança estiver **entrando** (em *E*) na região com campo magnético, surgirá nela uma corrente elétrica induzida no sentido horário.
c) Enquanto a aliança **permanecer totalmente no interior** da região com campo magnético, a corrente elétrica induzida que a percorrerá criará um campo magnético no sentido contrário ao sentido do campo magnético (*B*) existente.
d) Enquanto a aliança estiver **saindo** (em *S*) da região com campo magnético, surgirá nela uma corrente elétrica induzida no sentido **horário**.

Ficha-resumo 3

A lei de Faraday

O módulo da força eletromotriz induzida média é dada pela rapidez com que o módulo do fluxo magnético varia com o tempo. Isto é:

$$|\varepsilon_m| = \frac{|\Delta\varphi|}{\Delta t}$$

10. (Unimontes-MG) O gráfico apresenta a variação do fluxo magnético através de uma bobina, com o tempo. A bobina constitui um circuito fechado, com resistência R = 10 Ω.

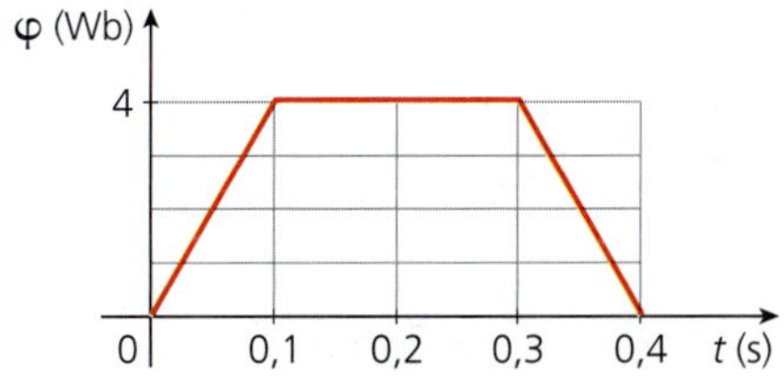

O valor da corrente elétrica induzida na bobina, entre t = 0,3 s e t = 0,4 s, é:

a) zero b) 4,0 A c) 3,0 A d) 2,0 A

11. (UFV-MG) Uma bobina composta de 10 espiras circulares, de área A cada uma, é colocada entre os polos de um grande eletroímã onde o campo magnético é uniforme e forma um ângulo de 30° com o eixo da bobina (como mostra a figura abaixo). Reduzindo-se o campo magnético com uma taxa igual a 0,5 T/s, o módulo da força eletromotriz induzida na bobina, durante a variação do campo magnético, é:

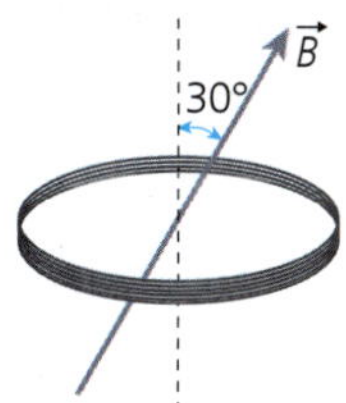

a) $\frac{5\,A}{2}$
b) $\frac{5\sqrt{3}\,A}{2}$
c) $\frac{5\sqrt{3}\,A}{20}$
d) $\frac{5\,A}{20}$

Capítulo 39

Ondas eletromagnéticas

DR. SETH SHOSTAK/SCIENCE PHOTO LIBRARY/LATINSTOCK

Objetivos do capítulo:

- Conhecer as equações de Maxwell e as bases de sua teoria eletromagnética.
- Estudar a geração e a propagação de campos elétricos e magnéticos variáveis no tempo.
- Constatar a interdependência dos campos elétricos e magnéticos variáveis.
- Estudar a transmissão e a recepção de ondas eletromagnéticas.
- Conhecer e estudar aplicações práticas das ondas eletromagnéticas.

As ondas eletromagnéticas são parte indispensável da nossa vida. Somos completamente dependentes das tecnologias baseadas na transmissão e recepção de dados e informações que viajam pela atmosfera, por cabos ou via satélite. É inconcebível para nós, atualmente, passar um dia sem ouvir uma notícia por rádio ou televisão, sem enviar ou receber *e-mail*, sem fazer uma ligação telefônica, ou sem acessar a Internet para uma pesquisa ou mesmo para um "lazer mental". As ondas eletromagnéticas estão presentes em praticamente todos os campos de atividade do ser humano. Na foto, vemos o Radiotelescópio da Universidade de Cornell, instalado em Arecibo, Porto Rico. Montada sobre a cratera de um vulcão extinto, com 305 m de diâmetro e área de 77.550 m^2, essa antena é hoje o principal elemento na pesquisa de vida extraterrestre.

1 Introdução

Um dos fenômenos eletromagnéticos mais importantes e conhecidos, a **indução eletromagnética**, foi descoberto e estudado quase simultaneamente por Michael Faraday e Joseph Henry por volta de 1830, embora ambos trabalhassem independentemente.

Esse fenômeno é a base de quase toda a tecnologia eletroeletrônica da qual desfrutamos diariamente. Motores elétricos, geradores elétricos e transformadores elétricos são exemplos de aplicações práticas da indução eletromagnética.

Em palavras simples, podemos resumir a indução eletromagnética como a geração de um campo elétrico a partir da variação do fluxo magnético. Isto é, um campo elétrico é gerado sem a presença de cargas elétricas nas proximidades.

Um aspecto notável da indução eletromagnética é a possibilidade de se transmitir energia entre dois sistemas, sem contato entre eles. Um circuito, denominado emissor, emite os sinais eletromagnéticos, que são recebidos por outro circuito, denominado receptor. O rádio, a TV, o radar e os aparelhos de telefonia sem fio são exemplos de sistemas que interagem com outros a distância.

Apesar da significativa contribuição de Oersted, Ampère e Faraday para o desenvolvimento da eletricidade e do magnetismo, suas descobertas formavam um conjunto de fatos isolados, destituídos de base teórica. Entre 1861 e 1868, o físico e matemático escocês James C. Maxwell (1831-1879) organizou esses conhecimentos, sintetizando-os em um conjunto de quatro equações, hoje denominadas "equações de Maxwell". A **figura 1** mostra uma alusão jocosa às equações de Maxwell. Essas equações são parte de uma teoria completa denominada "Uma teoria dinâmica do Eletromagnetismo", na qual Maxwell demonstra a interdependência dos campos elétrico e magnético.

Maxwell
Conteúdo multimídia

As equações de Maxwell preveem a existência de dois tipos de campos elétricos: os campos eletrostáticos e os campos elétricos induzidos pela variação do fluxo do vetor $\vec{B}$ do campo magnético (φ_B), ambos já estudados em capítulos anteriores.

Gauss
Conteúdo multimídia

Desde o início do século XIX, devido aos fenômenos da interferência, da dispersão e da polarização, já se sabia que a luz era uma manifestação ondulatória que, de algum modo, estava ligada à eletricidade e ao magnetismo. O trabalho de Maxwell não somente demonstrou sistemática e definitivamente que luz, eletricidade e magnetismo estão intimamente relacionados, mas também anunciou a possibilidade de que campos elétricos e magnéticos oscilantes pudessem se propagar pelo espaço com velocidade igual à da luz. Nascia a ideia das "ondas eletromagnéticas".

... and Maxwell said:

$$\vec{\nabla} \cdot \vec{E} = \frac{\rho}{\varepsilon_0}$$

$$\vec{\nabla} \cdot \vec{B} = 0$$

$$\vec{\nabla} \times \vec{E} = -\frac{\partial \vec{B}}{\partial t}$$

$$\vec{\nabla} \times \vec{B} = \mu_0 \vec{J} + \frac{1}{c^2} \frac{\partial \vec{E}}{\partial t}$$

... and there was light!

Figura 1. Uma paródia sobre a criação do mundo e as equações de Maxwell: ... e Maxwell disse: [equações], ... e fez-se a luz.

2 Geração de ondas eletromagnéticas

Somente em 1888 o físico alemão Heinrich R. Hertz (1857-1894) demonstrou experimentalmente a real existência das ondas eletromagnéticas. A **figura 2A** mostra o aparato experimental usado por Hertz.

A

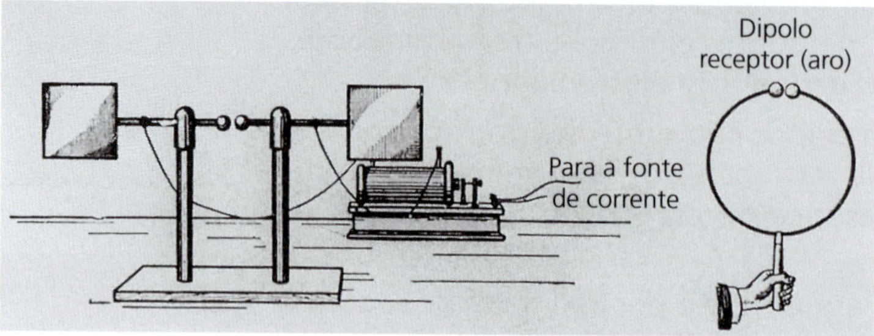

SCIENCE SOURCE/PHOTORESEACHERS/ LATINSTOCK

B

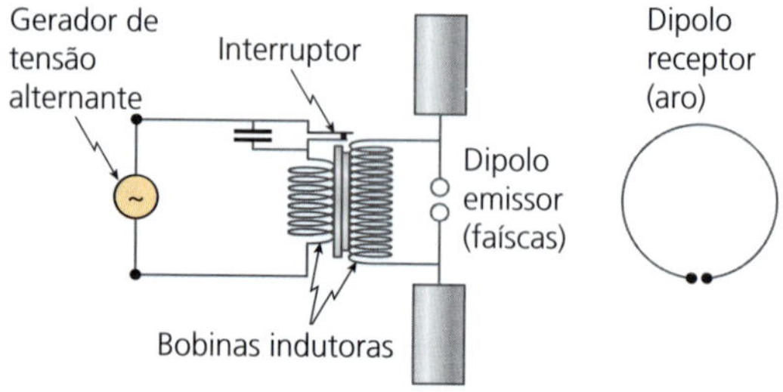

Figura 2. (A) Sabendo que "o que oscilava" na propagação luminosa eram campos elétricos e magnéticos, Heinrich Hertz produziu artificialmente ondas de comprimentos diferentes da luz usando o aparato acima; (B) esquema do gerador e do receptor das ondas hertzianas, como ficaram conhecidas na época.

A faísca produzida no dipolo emissor **(fig. 2B)** por uma bobina de alta tensão induz uma faísca no dipolo receptor, o aro. Portanto, uma descarga elétrica ocorrida a certa distância gerou no aro uma corrente elétrica que produziu outra descarga elétrica entre suas extremidades. Hertz concluiu que houve transmissão de energia entre os dois sistemas, sem contato direto. Na época, essas ondas foram denominadas "ondas hertzianas" e foram uma prova definitiva da propagação de campos elétricos e magnéticos pelo espaço, confirmando inequivocamente as previsões de Maxwell, feitas cerca de vinte e cinco anos antes.

Hertz também obteve **ondas eletromagnéticas estacionárias** de diversas frequências, facilitando assim a determinação dos comprimentos de onda e da velocidade de propagação dessas ondas, confirmando que tais ondas se propagam com a mesma velocidade de propagação da luz no vácuo.

No interior dos fornos de micro-ondas, as micro-ondas formam ondas estacionárias, o que justifica o fato de o prato suporte ser giratório, proporcionando assim uma absorção mais uniforme da energia pelos alimentos.

A **figura 3** mostra o início da formação das ondas emitidas por uma antena constituída de duas hastes metálicas (antena dipolar) ligadas a um gerador eletromagnético de tensão alternante. Em dado instante, temos a configuração mostrada. Devido à eletrização das hastes, formam-se as linhas do campo elétrico mostradas em roxo.

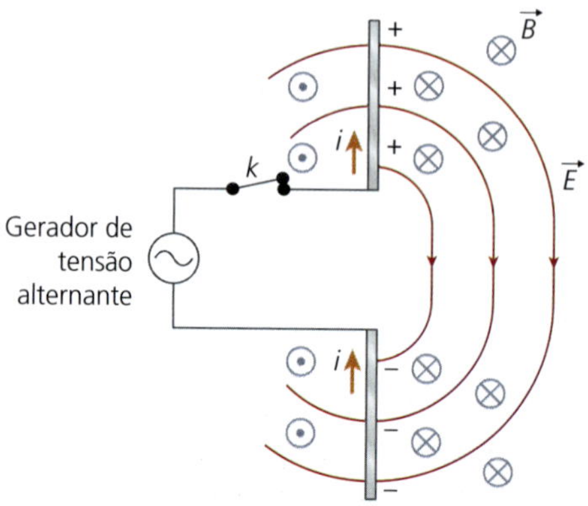

Figura 3. Princípio de geração e emissão de ondas eletromagnéticas em uma antena dipolar.

Durante o processo de eletrização das hastes, a corrente elétrica *i* gera o campo magnético mostrado pelos círculos azuis. Com a inversão periódica da polaridade do gerador, os sentidos desses campos também são invertidos, gerando as cristas e os vales das ondas. A **figura 4A** mostra o processo de propagação das ondas em andamento. Na **figura 4B** também mostra esquematicamente a propagação das ondas no espaço próximo à antena emissora, fornecendo uma visão tridimensional.

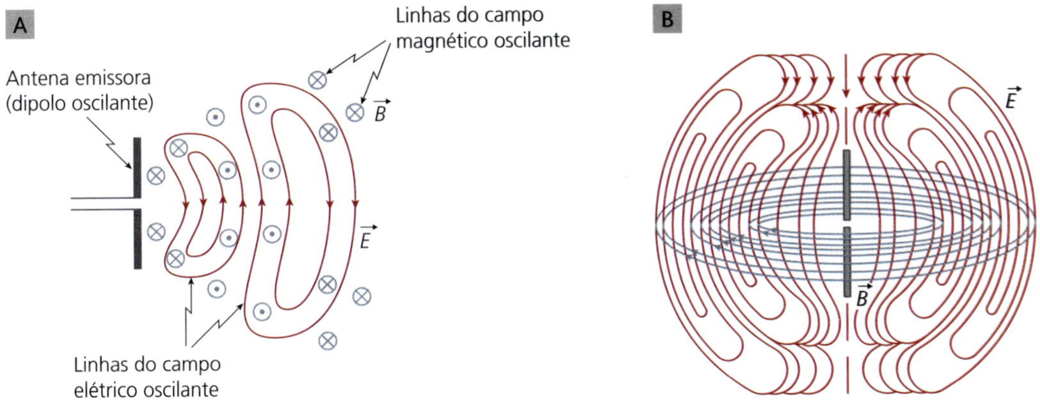

Figura 4. (A) Modelo de propagação dos campos elétrico e magnético gerados na antena; (B) esquema tridimensional da propagação dos ondas.

Atualmente as ondas eletromagnéticas são essenciais em quase todas as nossas atividades. As transmissões de rádio e TV, a telefonia sem fio, os sistemas de localização via satélite (GPS), os aparelhos controlados à distância (controles remotos), os sistemas de intercâmbio de dados sem fios (*wireless systems*) e na Astronomia, em que as ondas eletromagnéticas permitem o estudo de boa parte do que sabemos sobre o universo, esses são alguns exemplos das inúmeras aplicações das ondas eletromagnéticas.

3 Características das ondas eletromagnéticas

A partir das suas quatro equações, Maxwell elaborou uma hipótese ousada e inovadora para a Física da época: "Se campos magnéticos oscilantes geram campos elétricos oscilantes, esses mesmos campos elétricos oscilantes geram campos magnéticos oscilantes que geram campos elétricos oscilantes, ... e assim por diante". Matematicamente, Maxwell demonstrou que essa sucessão de campos elétricos e magnéticos oscilantes propaga-se pelo espaço, inclusive no vácuo, obedecendo a uma equação semelhante às equações das ondas mecânicas e apresentando propriedades típicas de ondas. Maxwell denominou essas ondas de **ondas eletromagnéticas**. A **figura 5** mostra o modelo de Maxwell para a propagação dessas ondas.

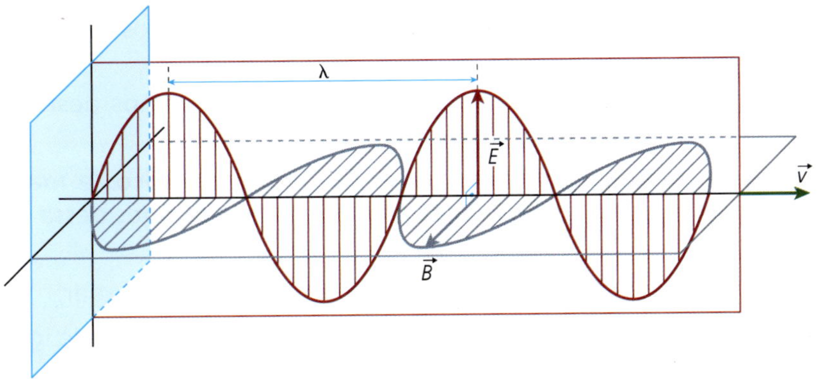

Figura 5. Modelo da propagação das ondas eletromagnéticas de Maxwell. Os vetores $\vec{E}$ e $\vec{B}$ dos campos elétrico e magnético induzidos são ortogonais entre si e a propagação se dá numa direção perpendicular ao plano determinado por esses vetores.

Nesse modelo, os vetores $\vec{E}$ e $\vec{B}$ são ortogonais entre si e a propagação da onda se dá numa direção perpendicular ao plano determinado por esses vetores. Essa configuração qualifica as ondas eletromagnéticas como **transversais**.

A **figura 6** mostra a regra prática, conhecida como regra da mão esquerda, para se determinar os sentidos dos vetores $\vec{E}$, $\vec{B}$ e $\vec{v}$ em qualquer instante.

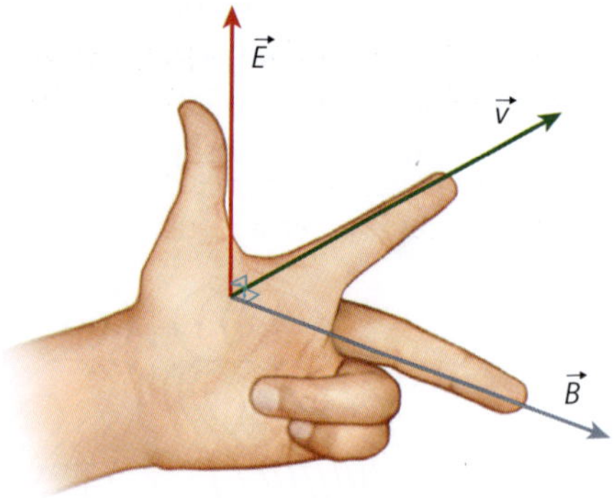

Figura 6. Regra prática para se determinar os sentidos dos vetores $\vec{E}$, $\vec{B}$ e $\vec{v}$ no modelo de Maxwell.

Outra característica do modelo de Maxwell para as ondas eletromagnéticas é o fato de os campos elétrico e magnético oscilarem em fase, isto é, $\vec{E}$ e $\vec{B}$ atingem valores máximos e mínimos simultaneamente.

Como para qualquer outra onda, vale também para as ondas eletromagnéticas a equação fundamental da propagação ondulatória:

$$v = \lambda \cdot f$$

Maxwell também deduziu que a relação entre as intensidades dos campos induzidos $\vec{E}$ e $\vec{B}$ e o módulo da velocidade de propagação v das ondas é:

$$\boxed{\frac{E}{B} = v}$$

Outro resultado importante da teoria eletromagnética de Maxwell foi a constatação de que, no vácuo, todas as ondas eletromagnéticas propagam-se com velocidade $v = \sqrt{\frac{1}{\varepsilon_0 \mu_0}}$, sendo ε_0 a permissividade elétrica do vácuo, $8{,}854 \cdot 10^{-12}$ (SI), e μ_0 a permeabilidade magnética do vácuo, $4\pi \cdot 10^{-7}$ (SI). Portanto:

$$v = \sqrt{\frac{1}{8{,}854 \cdot 10^{-12} \cdot 4\pi \cdot 10^{-7}}} \Rightarrow v \simeq 2{,}998 \cdot 10^{8} \text{ m/s},$$

valor que é igual ao da velocidade de propagação da luz no vácuo (*c*) já conhecido na época de Maxwell.

Com base nessa surpreendente constatação, Maxwell propôs que a luz também era uma onda eletromagnética. Essa notável e irrefutável comprovação teórica do caráter ondulatório da luz unificou a Eletricidade, o Magnetismo e a Óptica, colocando-os como componentes de um mesmo fenômeno: as **ondas eletromagnéticas**. É usual o termo **radiações eletromagnéticas** quando nos referimos às ondas eletromagnéticas.

A partir da teoria eletromagnética de Maxwell, podemos destacar algumas propriedades das ondas eletromagnéticas:

- embora sejam originadas por oscilações de campos elétricos e magnéticos, as ondas eletromagnéticas não são afetadas por outros campos dessa natureza ao se propagar;
- essas ondas não necessitam de um meio suporte para se propagar;
- no vácuo, as ondas eletromagnéticas propagam-se com velocidade igual à da luz, *c*, transmitindo energia e quantidade de movimento;
- são ondas de natureza transversal e, portanto, podem ser polarizadas;

Embora não transportem massa, essas ondas sofrem influência de campos gravitacionais intensos, como será visto no capítulo 40.

Aplicando a teoria

1. Uma radiação eletromagnética com frequência de 120 MHz propaga-se nas proximidades da superfície terrestre, com velocidade de $3{,}0 \cdot 10^8$ m/s, no sentido de oeste para leste.

A amplitude $B_{máx}$ do campo magnético oscilante dessa onda é igual a $7 \cdot 10^{-9}$ T e, num dado instante, tem sentido de norte para sul. Determinar para essa onda, nesse instante:

a) seu comprimento de onda;

b) a frequência f de oscilação do campo elétrico;

c) a intensidade, a direção e o sentido da amplitude $E_{máx}$ do campo elétrico.

➤ **Solução:**

a) Da relação $v = \lambda \cdot f$, obtemos:

$$3{,}0 \cdot 10^8 = \lambda \cdot 120 \cdot 10^6 \Rightarrow \boxed{\lambda = 2{,}5 \text{ m}}$$

b) Os campos induzidos $\vec{E}$ e $\vec{B}$ oscilam em fase, portanto têm a mesma frequência, isto é:

$$\boxed{f_E = f_B = 120 \text{ MHz}}$$

c) Pela regra da mão esquerda, temos a configuração ao lado. Portanto, o vetor $\vec{E}$ tem direção vertical e sentido para cima. Sua amplitude é calculada pela relação:

$$\frac{E_{máx}}{B_{máx}} = v \Rightarrow E_{máx} = vB_{máx} \Rightarrow$$

$$\Rightarrow E_{máx} = 3{,}0 \cdot 10^8 \cdot 7{,}0 \cdot 10^{-9} \Rightarrow$$

$$\Rightarrow \boxed{E_{máx} = 2{,}1 \text{ V/m}}$$

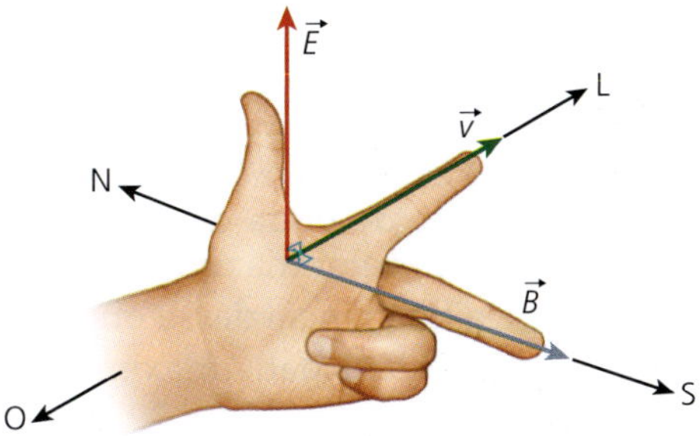

2. Sejam $\vec{E}$, $\vec{B}$ e $\vec{v}$, respectivamente, os vetores campo elétrico induzido, campo magnético induzido e velocidade de propagação de uma onda eletromagnética. Nos casos apresentados, desenhar o vetor que falta na figura, considerando o modelo dado pela regra da mão esquerda.

a) 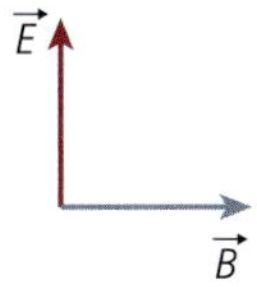

b) 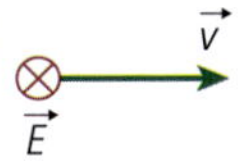

c) 

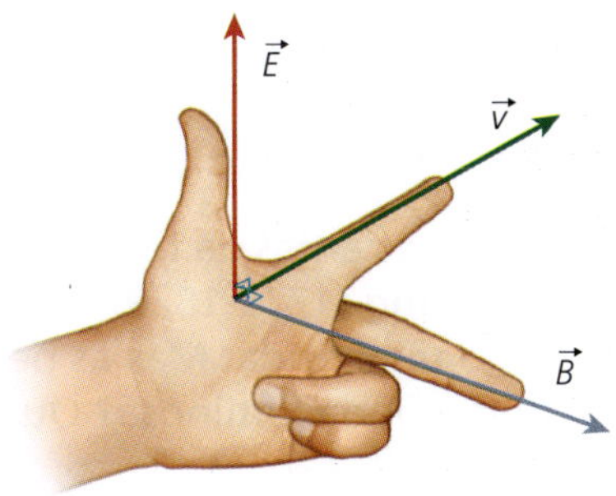

➤ **Solução:**

Usando o modelo da regra da mão esquerda para cada item teremos:

a) 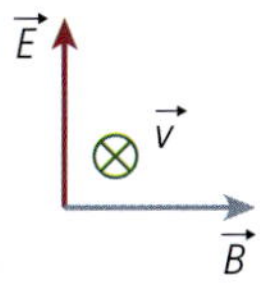

b) 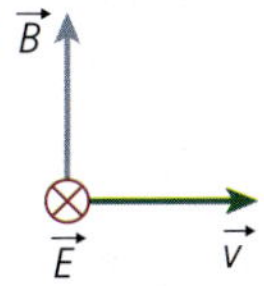

c) 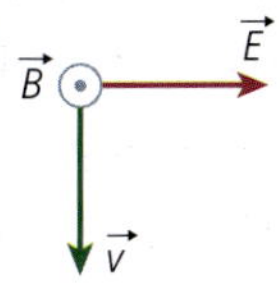

Avaliando o aprendizado

Salvo indicação contrária no enunciado, considere $c = 3{,}0 \cdot 10^8$ m/s a velocidade de propagação das ondas eletromagnéticas no vácuo.

1. Uma onda eletromagnética propagando-se no vácuo tem amplitude de intensidade do campo elétrico induzido igual a $E_{máx} = 9{,}0 \cdot 10^{-4}$ V/m. Assim, a amplitude de intensidade $B_{máx}$ do campo magnético induzido para essa onda é, em tesla, igual a:

a) $3{,}0 \cdot 10^{-12}$ b) $3{,}3 \cdot 10^{-12}$ c) $3{,}0 \cdot 10^{-11}$ d) $3{,}3 \cdot 10^{11}$

2. Nas figuras a seguir, o símbolo ⊗ representa um vetor "entrando" perpendicularmente ao plano do papel e o símbolo ⊙, um vetor "saindo" perpendicularmente do plano do papel.

Considerando que os vetores $\vec{E}$ e $\vec{B}$ correspondem, respectivamente, aos campos elétrico e magnético oscilantes de uma onda eletromagnética, determine o sentido de propagação da onda em cada um dos casos.

a) 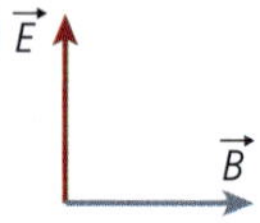

b) 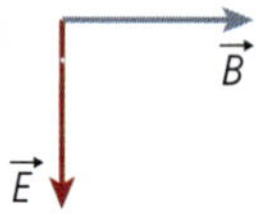

c) 

d) 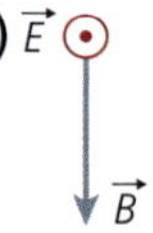

3. Uma onda eletromagnética plana propaga-se no sentido positivo do eixo x, com comprimento de onda de 20 cm. O campo elétrico oscila na direção do eixo y, atingindo um valor máximo de 0,3 V/m.

a) Qual é a frequência dessa onda eletromagnética, em GHz (gigahertz)?
b) Qual é a intensidade máxima atingida pelo campo magnético, em nT (nanotesla)?
c) Em que direção o campo magnético oscila?

4. Uma onda eletromagnética propagando-se horizontalmente no vácuo no sentido de sul para norte está polarizada de modo que o campo elétrico $\vec{E}$ oscila verticalmente com frequência de 3,0 MHz e tem valor máximo igual a 900 V/m. Determine para essa radiação:

a) a direção de oscilação do campo magnético;
b) o seu comprimento de onda;
c) o valor máximo do campo magnético oscilante.

O espectro eletromagnético

Em 1801, portanto mais de 60 anos antes da teoria eletromagnética de Maxwell, o físico e médico inglês Thomas Young (1773-1829) obteve resultados convincentes de que a luz se comportava como uma onda. Mas as perguntas, na época sem respostas, eram: O que "oscila" numa onda luminosa? Qual é o meio elástico em que elas se propagam?

Young obteve experimentalmente os comprimentos de onda das ondas luminosas, situando-os no intervalo de $\lambda_1 = 4{,}0 \cdot 10^{-7}$ m a $\lambda_2 = 7{,}0 \cdot 10^{-7}$ m.

Após a constatação de Maxwell de que as ondas eletromagnéticas propagavam-se no vácuo com velocidade igual à da luz, aproximadamente $3{,}0 \cdot 10^8$ m/s, os cientistas da época aceitavam, com reservas, que a luz fosse um tipo de onda eletromagnética.

Assim, as correspondentes frequências para as radiações luminosas ficam entre $f_2 = 4{,}3 \cdot 10^{14}$ Hz, que corresponde a λ_2, e $f_1 = 7{,}5 \cdot 10^{14}$ Hz, que corresponde a λ_1. Esses valores eram bem maiores que os obtidos por Hertz em suas experiências (cerca de 10^9 Hz).

As ondas hertzianas e as ondas luminosas são apenas dois exemplos de ondas eletromagnéticas em meio a muitos outros, como veremos a seguir.

Quando ordenadas segundo suas frequências ou seus comprimentos de onda, as ondas eletromagnéticas formam uma sucessão de radiações que costuma ser chamada de espectro eletromagnético, como se vê na **figura 7.**

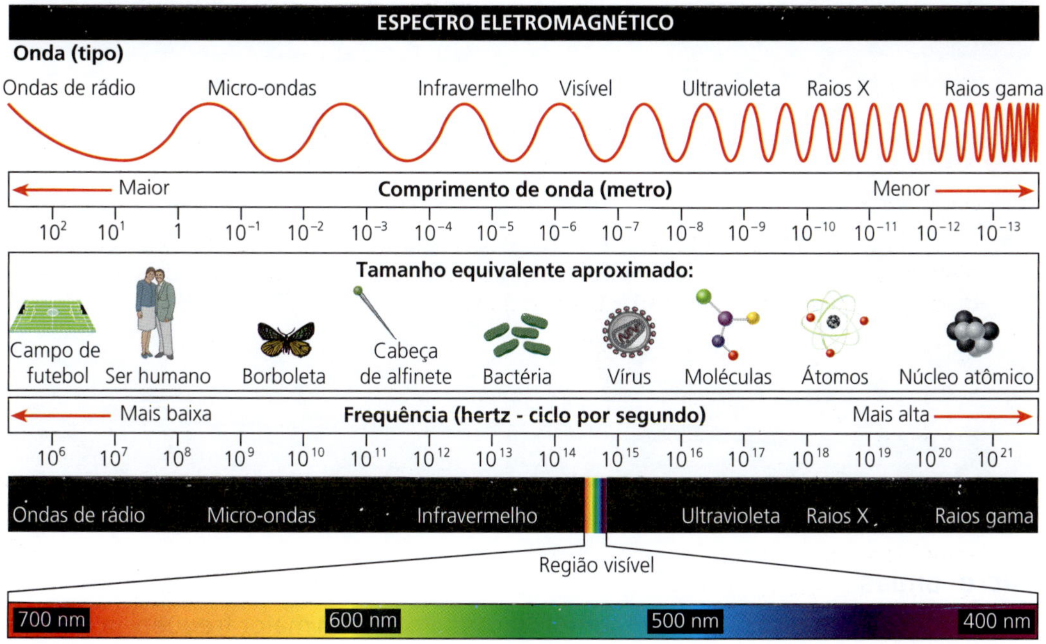

Figura 7. Espectro eletromagnético. Comprimentos de onda, frequências e dimensões comparativas.

As faixas não têm limites bem definidos, há sobreposições. Os nomes são dados segundo o modo como as ondas foram geradas ou segundo suas aplicações.

A seguir vamos analisar um pouco mais detalhadamente cada tipo, destacando seus aspectos relevantes.

Ondas de rádio

É o nome dado às ondas utilizadas em comunicações por rádio (AM e FM), TV, *walkie-talkie*, radar e outras. Em termos simples, a comunicação se resume à emissão das ondas por uma antena, a **antena transmissora**, e à recepção por outra antena, a **antena receptora**.

Sua faixa de frequências é a mais ampla do espectro. Vai desde cerca de 2 Hz (ELF: *Extremely Low Frequency*), utilizada em comunicação submarina, até aproximadamente 200 MHz (VHF: *Very High Frequency*), utilizada em comunicação aeroviária.

As comunicações por ondas de rádio podem ser divididas em três categorias:

- transmissões ponto a ponto a baixa altitude, isto é, próximas do solo. Em inglês, esse tipo de transmissão é denominado "*Ground waves*";
- transmissões atmosféricas ponto a ponto, isto é, as ondas são refletidas nas baixas camadas da atmosfera. Em inglês, essas transmissões são denominadas "*Sky waves*";
- transmissões ponto a ponto via satélite, isto é, as ondas são enviadas para além da atmosfera terrestre até um satélite que as recebe e as reenvia para outro ponto da Terra. Em inglês, essas transmissões são denominadas "*Space waves*".

A **figura 8** mostra esquematicamente esses tipos de transmissões.

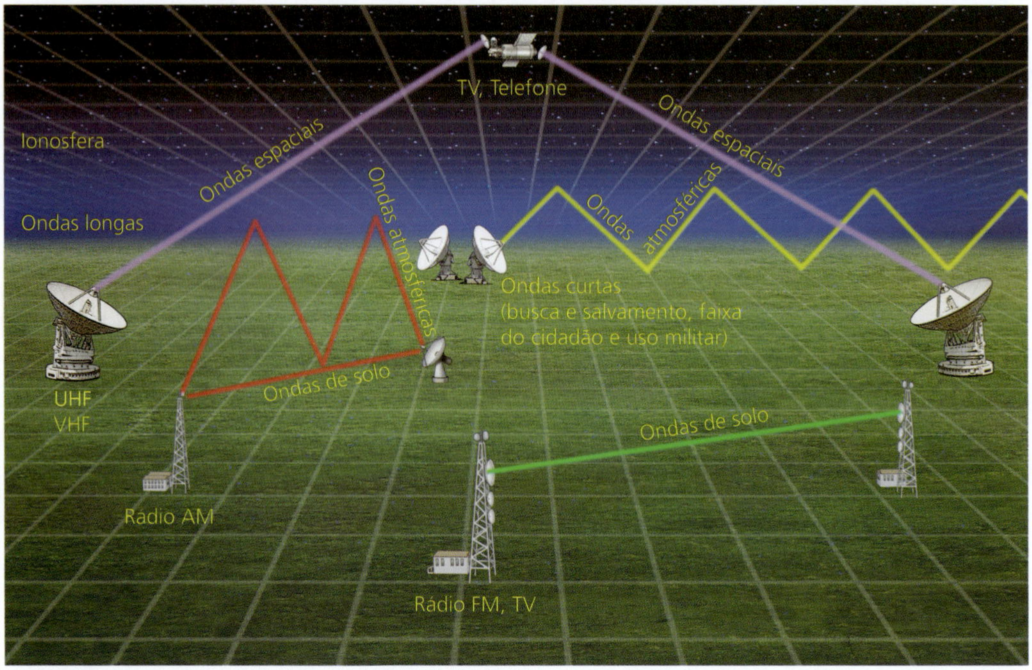

Figura 8. Tipos de transmissões por ondas de rádio.

Micro-ondas

São ondas também usadas em comunicações. Por terem maior frequência, podem transportar maior quantidade de informações que as ondas de rádio. Em contrapartida, não sofrem reflexão nas camadas da atmosfera terrestre. Sua transmissão a grandes distâncias é feita por repetição, isto é, as informações são difundidas por uma rede de antenas receptoras e transmissoras entre pontos distantes. Também são usados satélites para o processo de repetição.

Sua faixa de frequências está situada entre 300 MHz e 300 GHz, com comprimentos de onda que variam de 1 mm a 1 m.

Classificadas como radiação não ionizante, as micro-ondas têm efeitos fisiológicos estritamente térmicos, não oferecendo risco de danos aos tecidos orgânicos, como ocorre com os raios X e os raios gama (γ), que são radiações muito mais energéticas. Entretanto, órgãos internacionais de saúde não recomendam a exposição prolongada a emissões de micro-ondas com intensidades superiores a 5 mW/cm^2.

A **figura 9** mostra rádiotelescópios, que são na verdade antenas, para captação de micro-ondas e ondas de rádio, usadas em radioastronomia. Esse tipo de "telescópio" não opera na faixa visível do espectro eletromagnético.

MANAMANA/SHUTTERSTOCK

Figura 9. Antenas parabólicas para captação de micro-ondas e ondas de rádio.

As micro-ondas são mais conhecidas por suas "aplicações culinárias". Hoje é bastante comum o uso doméstico de fornos de micro-ondas. Esses eletrodomésticos operam com ondas de frequência da ordem de 2,45 GHz, aquecendo a água dos alimentos por ressonância. Alimentos como arroz e macarrão crus não podem ser cozidos em fornos de micro-ondas se não estiverem mergulhados em água.

Aplicando a teoria

3. Uma emissora de rádio transmite sua programação "em 800 kHz". Portanto, o comprimento de onda das onda emitidas é comparável:

a) à altura de uma pessoa.
b) ao comprimento de uma sala.
c) à altura de um prédio de 50 andares.
d) à altura do morro do Pão de Açúcar, na cidade do Rio de Janeiro.
e) à distância São Paulo-Rio de Janeiro.

➤ **Solução:**

Da relação $v = \lambda \cdot f$, obtemos:

$3{,}0 \cdot 10^8 = \lambda \cdot 800 \cdot 10^3$

$\lambda = 375$ m

Portanto, é comparável à altura do Pão de Açúcar (396 m).

Resposta: d

Avaliando o aprendizado

Salvo indicação contrária no enunciado, considere $c = 3{,}0 \cdot 10^8$ m/s a velocidade de propagação das ondas eletromagnéticas no vácuo.

5. Algumas emissoras de rádio transmitem em "ondas curtas", isto é, ondas de rádio com comprimentos menores que 200 m. Portanto, as frequências dessas ondas devem ser:

a) maiores que 1,5 kHz.
b) maiores que 1,5 MHz.
c) menores que 1,5 kHz.
d) maiores que 1,5 MHz.
e) iguais a 1,5 MHz.

6. Em uma experiência com um forno de micro-ondas doméstico, foram obtidas ondas estacionárias no seu interior com nós separados por 6,0 cm. Assim, podemos afirmar que a frequência das micro-ondas desse forno vale, em GHz:

a) 2,5 b) 3,0 c) 5,0 d) 6,0 e) 10

7. Uma onda eletromagnética estacionária, de frequência $2{,}5 \cdot 10^{10}$ Hz, foi gerada em um meio tal que os nós ficaram espaçados de 3,6 mm. Determine para essa radiação:

a) a sua velocidade de propagação nesse meio;
b) o índice de refração desse meio.

Infravermelho

São ondas eletromagnéticas cujos comprimentos de onda estão entre 700 nm e 1,0 μm aproximadamente. Portanto, suas frequências situam-se na faixa entre $4{,}0 \cdot 10^{11}$ Hz e $3{,}0 \cdot 10^{14}$ Hz.

Descobertas em 1800 por Sir Frederick William Herschel (1738-1822), como uma componente invisível da radiação solar que recebemos, essas ondas são percebidas por nós na forma de calor. Ao nos aproximar de uma chama ou de um objeto quente, percebemos o aquecimento devido à emissão de ondas de infravermelho.

Essa onda eletromagnética é por vezes denominada **radiação térmica**. Qualquer corpo, em qualquer temperatura, emite radiação infravermelha. Quanto maior a temperatura, maior a taxa de emissão dessa radiação.

Essas radiações têm inúmeras aplicações tecnológicas, como a termografia ou fotografia térmica, usadas em Medicina, binóculos para "visão noturna", para uso científico e militar, dispositivos termossensíveis de orientação e identificação, usados em mísseis e aviões de guerra etc.

Os controles remotos de equipamentos eletroeletrônicos são dotados de uma fonte emissora de radiação infravermelha que envia uma sucessão de pulsos em linguagem binária ao sensor, um fototransistor, localizado no aparelho que está sendo acionado a distância. O circuito digital ao qual está ligado esse sensor decodifica a mensagem binária e executa a função por ela determinada. Essas fontes de infravermelho costumam ser erroneamente chamadas de "LEDs" de infravermelho. Na verdade, esses dispositivos emissores de radiação infravermelha são os IRDs (*Infrared Diods*). A sigla LED, em inglês, significa diodo emissor de luz, que não é a radiação usada nos controles remotos.

Espectro visível

CAMBRIDGE UNIVERSITY LIBRARY

Figura 10. Decomposição da luz branca natural. Isaac Newton.

Embora ocupem uma estreita faixa do espectro eletromagnético, as radiações visíveis são, sem dúvida, as ondas eletromagnéticas mais importantes para o ser humano. Quase toda a vida na superfície terrestre depende da luz que nos chega do Sol.

Entre 1670 e 1672, Isaac Newton estudou a luz branca natural, isto é, a luz solar **(fig. 10)**. Fazendo-a atravessar um prisma de vidro, Newton demonstrou que "essa luz" é composta por sete radiações que estimulam nossos órgãos da visão. Cada uma dessas radiações tem uma cor característica: vermelho, laranja, amarelo, verde, azul, anil e violeta, como se vê na **figura 11**. Os trabalhos de Newton em Óptica foram publicados em 1704 em seu livro *Opticks*.

A **figura 11** mostra o intervalo das frequências e dos comprimentos de onda para essas radiações, componentes do espectro eletromagnético.

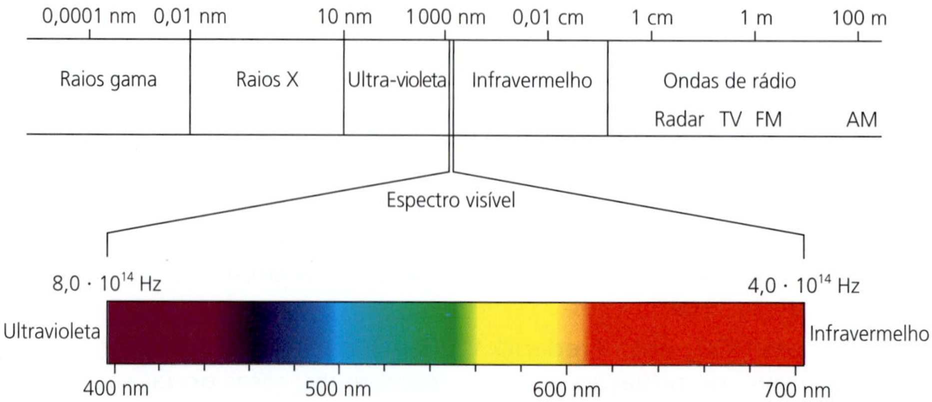

Figura 11. Espectro electromagnético. Em destaque, a região das radiações visíveis.

Os intervalos correspondentes às cores não são bem definidos, como se vê na figura. Há uma transição contínua entre as cores.

De todo o espectro eletromagnético, essas são as únicas radiações capazes de sensibilizar nossa visão.

A decomposição da luz branca natural é explicada pela diferença de velocidades de propagação de cada radiação nos meios materiais. Por terem velocidades diferentes, as radiações propagam-se separadamente através do meio. Esse fenômeno denomina-se **dispersão da luz branca**. Dizemos, portanto, que a luz branca natural é policromática, ou seja, é constituída por várias frequências (**fig. 12**).

Figura 12. Fonte de luz policromática. As diferentes radiações são emitidas com intensidades e frequências diferentes.

Mesmo as fontes de luz comum de uma "única" cor, como as lâmpadas de sódio, por exemplo, emitem várias frequências próximas, dando a impressão de ser monocromáticas.

Verifica-se que, quanto menor a frequência da luz, maior é a velocidade de propagação dessa radiação no meio.

Assim:

$$v_{\text{vermelho}} > v_{\text{laranja}} > v_{\text{amarelo}} > v_{\text{verde}} > v_{\text{azul}} > v_{\text{anil}} > v_{\text{violeta}}$$

Em 1960, o físico Theodore H. Maiman (1927-2007) obteve um tipo especial de luz, que ficou conhecido pela sigla *LASER* (*Light Amplification by Stimulated Emission of Radiation* ou "amplificação de luz pela emissão estimulada de radiação").

O *LASER* de Maiman emitia luz vermelha, com comprimento de onda de 694 nm, a partir da excitação dos átomos de uma barra de rubi por uma fonte de energia pulsante (cintilador). A energia emitida pelo cintilador excita os elétrons dos átomos de rubi para níveis de energia mais elevados. Ao retornarem aos seus níveis de origem, eles emitem radiações com frequências absolutamente iguais, isto é, a radiação é monocromática. A **figura 13A** mostra os componentes de uma fonte de luz *LASER* de rubi e a **figura 13B** mostra um esquema simplificado desse processo.

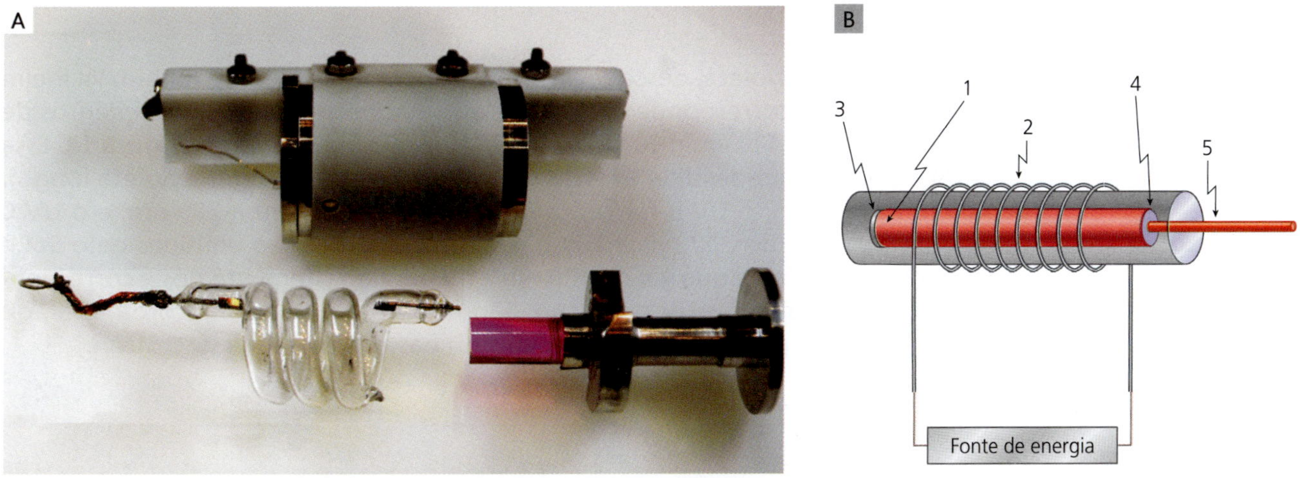

GUY IMMEGA/CC0 1.0

Figura 13. (A) *LASER* de Theodore Maiman, construído em 1960, EUA; (B) esquema de uma fonte de luz *LASER* (1) Barra de rubi. (2) Cintilador. (3) Espelho de alta refletividade. (4) Espelho semitransparente. (5) Feixe de luz amplificado (*LASER*).

Aplicando a teoria

4. Dentre as opções abaixo, escolher aquela na qual as radiações monocromáticas visíveis estão em ordem decrescente de comprimento de onda:

a) verde, azul e amarelo.
b) vermelho, verde e violeta.
c) violeta, amarelo e vermelho.
d) laranja, vermelho e verde.
e) anil, amarelo e verde.

➤ **Solução:**

O espectro eletromagnético possui uma estreita faixa visível ao olho humano. Nesta faixa encontram-se as radiações monocromáticas visíveis, que possuem comprimentos de onda entra 400 nm e 750 nm. De acordo com a **figura 11** do espectro eletromagnético, podemos observar que as radiações, em ordem decrescente de comprimento de onda, são: vermelho, laranja, amarelo, verde, azul, anil, violeta.

Resposta: b

Avaliando o aprendizado

Salvo informação contrária, use $3{,}0 \cdot 10^8$ m/s para a velocidade de propagação das ondas eletromagnéticas no ar e no vácuo.

8. As radiações infravermelhas são ondas eletromagnéticas com comprimentos de onda no intervalo de 750 nm a 600 μm, aproximadamente. Portanto, as frequências dessas radiações, em terahertz (10^{12} Hz), estão no intervalo:

a) $0{,}5 \lesssim f \lesssim 40$
b) $0{,}5 \lesssim f \lesssim 400$
c) $5{,}0 \lesssim f \lesssim 40$
d) $5{,}0 \lesssim f \lesssim 400$
e) $50 \lesssim f \lesssim 400$

(Obs.: o símbolo $\lesssim$ significa "da ordem de ... ou menor que ...")

9. A superfície de qualquer corpo, a uma dada temperatura absoluta *T*, emite radiação em toda a extensão do espectro eletromagnético, cujo comprimento de onda $\lambda_{I_{máx}}$ da radiação emitida com intensidade máxima é dada pela lei de Wien: $\lambda_{I_{máx}} T \simeq 3{,}0 \cdot 10^3$ μmK.
Se, em um deserto, a temperatura da areia chega a atingir 57 °C durante o dia, a radiação emitida com maior intensidade pelo solo nessa temperatura tem frequência da ordem de:

a) 3,3 GHz
b) 33 GHz
c) 3,3 THz
d) 33 THz
e) 330 THz

Ultravioleta

A radiação ultravioleta, descoberta em 1801 pelo físico alemão Johann Wilhelm Ritter (1776-1810), corresponde às ondas eletromagnéticas com comprimentos de onda na faixa entre 400 nm e 10 nm (1 nm = 10^{-9} m), como mostra a **figura 14**. Essa faixa do espectro é subdividida em três grandes faixas: o UV-A (ultravioleta longo), de 400 nm a 300 nm, o UV-B (ultravioleta médio), de 300 nm a 200 nm, e o UV-C (ultravioleta curto), de 200 nm a 100 nm. Essas radiações são emitidas pelo Sol e chegam até nós. A faixa que vai de 100 nm a 10 nm não chega até nós e corresponde às radiações chamadas UV do vácuo. São radiações geradas na coroa solar, ou artificialmente nos plasmas superaquecidos ou nas fontes de luz síncrotron.

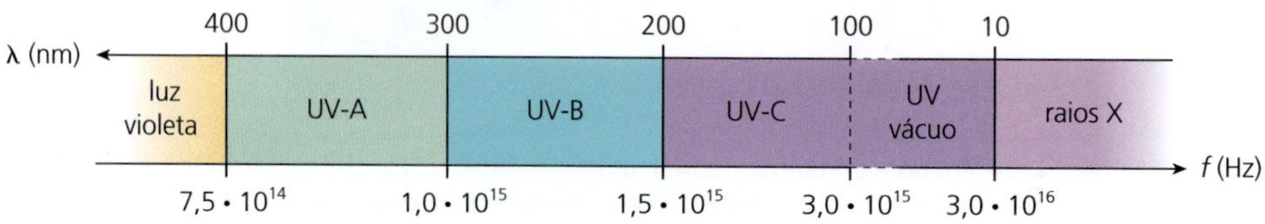

Figura 14. Faixa espectral das radiações ultravioleta e suas subdivisões.

As lâmpadas fluorescentes, as lâmpadas de vapor de mercúrio e as lâmpadas de "arco" voltaico emitem grandes quantidades de radiação ultravioleta durante seu funcionamento. Quando essas lâmpadas são usadas para fins de iluminação, a radiação ultravioleta é devidamente convertida em radiação visível e reemitida.

LEDs e *LASERS* de ultravioleta, que operam na faixa entre 262 nm e 395 nm, são fabricados e utilizados na indústria da computação, em dispositivos de segurança e na Medicina, no tratamento de vitiligo e psoríase.

Cerca 10% de toda a radiação solar que atinge a Terra é constituída pelo ultravioleta. Essa quantidade já seria suficiente para pôr em risco toda a vida no nosso planeta. Felizmente, o planeta conta com um filtro solar natural que o protege: a camada de ozônio, entre 30 e 40 km de altitude, que absorve cerca de 97% da radiação ultravioleta incidente.

Nos seres humanos, os efeitos biológicos das ondas de UV-A, radiação menos energética, estão associados ao bronzeamento da pele, pois estimulam a produção da melanina, substância que dá tom mais escuro à pele.

A radiação UV-B, mais energética, atinge as camadas mais superficiais da derme e provoca a dilatação dos capilares sanguíneos, provocando vermelhidão na pele.

A radiação ultravioleta UV-C, bastante energética, tem propriedades germicidas e, por esse motivo, é usada para esterilizar alimentos e equipamentos médicos.

A radiação ultravioleta também tem efeitos benéficos aos seres vivos. Boa parte da vitamina D, indispensável aos humanos e aos animais, é produzida quando a pele é controladamente exposta aos raios ultravioleta.

Raios X

São radiações eletromagnéticas cujos comprimentos de onda situam-se na faixa entre $6,0 \cdot 10^{-12}$ m e $1,0 \cdot 10^{-9}$ m, ou frequências entre $3,0 \cdot 10^{17}$ Hz e $5,0 \cdot 10^{19}$ Hz.

Descobertos em 1895 pelo físico alemão Wilhelm Conrad Röntgen (1845-1923), os raios X são emitidos nas transições de elétrons das camadas mais internas dos átomos, por exemplo, quando elétrons acelerados por altas tensões colidem com átomos de um alvo metálico. A **figura 15A** mostra uma fonte de raios X e a **figura 15B** o esquema do seu funcionamento.

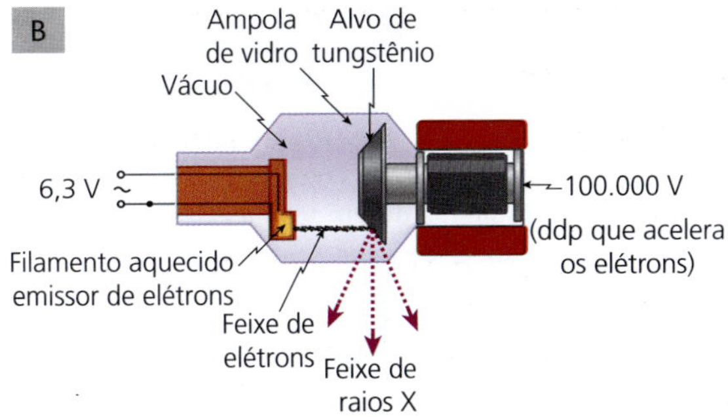

Figura 15. (A) Ampola de raios X para uso em radiografias; (B) esquema de funcionamento simplificado.

Atualmente os raios X têm inúmeras aplicações. Na Medicina, por exemplo, os diagnósticos por radiografias são extremamente comuns, principalmente em Ortopedia. As tomografias computadorizadas por raios X revolucionaram os diagnósticos por imagens em tecidos moles, a partir de 1972. Em 1979, seus inventores, Godfrey N. Hounsfield e Allan MacLeod Cormack receberam o prêmio Nobel de Fisiologia e Medicina.

A **figura 16A** mostra um esquema de um tomógrafo computadorizado de raios X.

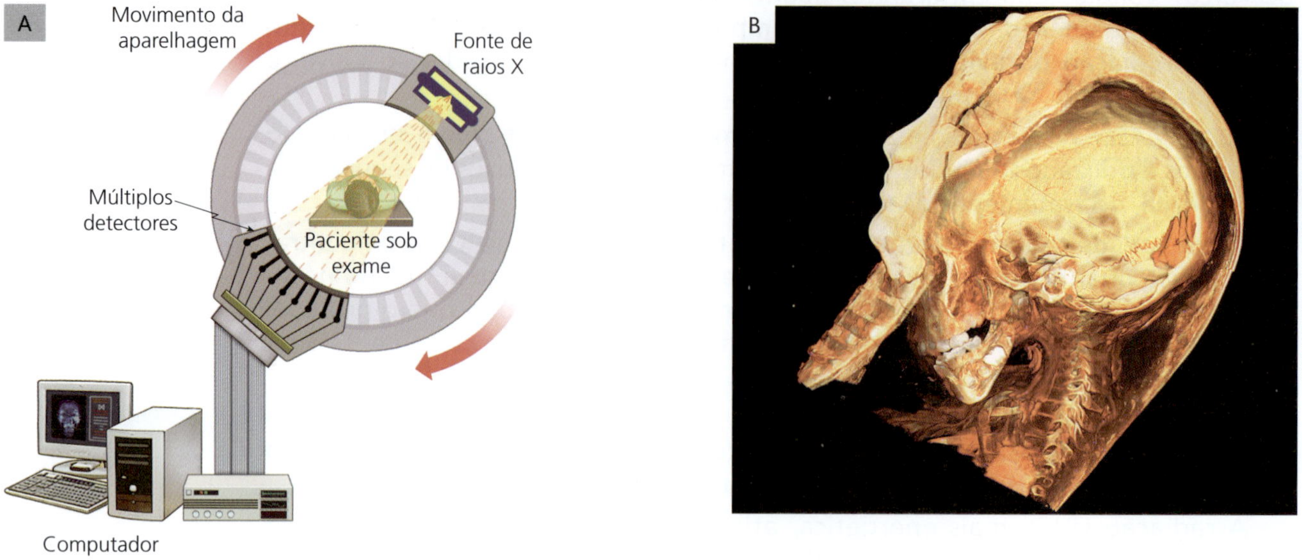

Figura 16. (A) Tomógrafo computadorizado de raios X, para exames em tecidos moles; (B) tomografia 3D do crânio de uma múmia.

Quando necessário, as múltiplas imagens obtidas são sobrepostas em computador por aplicativos específicos que fornecem imagens com contornos tridimensionais.

Na Universidade de Stanford, na Califórnia, arqueólogos e engenheiros de computação, usando tomografia computadorizada de alta resolução, geraram, sem abrir ou danificar o sarcófago, 60.000 imagens 2D da múmia de uma criança egípcia que foram compostas em computador para criar o modelo 3D do seu interior, como vemos na **figura 16B**.

Nos aeroportos, passageiros e bagagens são vistoriados passando por *scanners* de raios X, como vemos na **figura 17**.

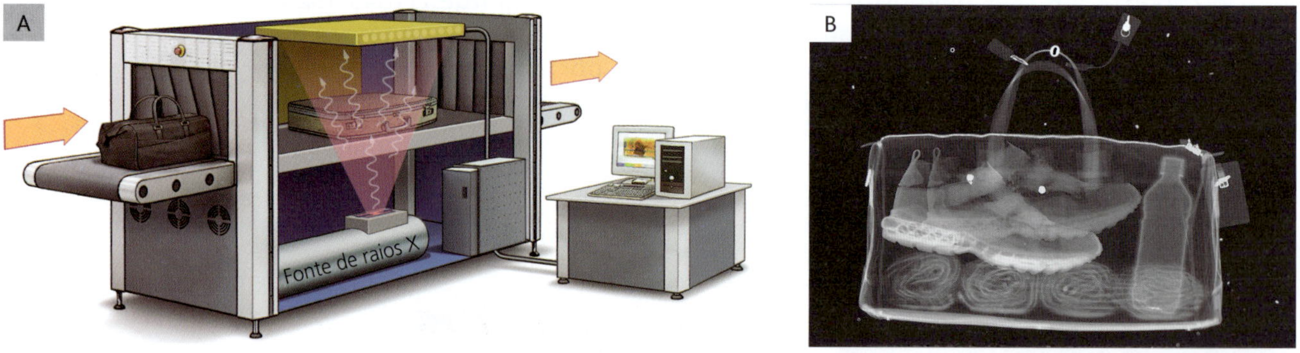

Figura 17. (A) Esquema de um *scanner* de bagagens usados em aeroportos; (B) objetos visualizados com auxílio de um *scanner* de raios X em um aeroporto.

Raios gama (γ)

São as radiações eletromagnéticas mais intensas de todo o espectro. São de origem nuclear, isto é, são emitidas na desintegração de núcleos atômicos instáveis e, por isso, estão presentes em grande quantidade nos reatores nucleares e nos grandes aceleradores de partículas.

Raios gama típicos dos processos radioativos têm frequências que correspondem a valores entre $3{,}0 \cdot 10^{18}$ Hz e $3{,}0 \cdot 10^{22}$ Hz. Entretanto, já foram detectados raios gama provenientes do espaço interestelar com frequências da ordem de 10^{26} Hz. Isso corresponde a energias muitíssimo maiores que as encontradas nos maiores aceleradores de partículas existentes.

Descoberta em 1900 pelo físico francês Paul Ulrich Villard (1860-1934), essa radiação foi denominada "radiação gama (γ)" em 1903 por Ernest Rutherford (1871-1937), para distingui-la das outras já identificadas por ele, denominadas alfa (α) e beta (β).

Sendo muito difícil sua absorção pela matéria, a interação das radiações gama com organismos vivos causa sérios efeitos aos tecidos, em virtude de seu alto poder ionizante, destruindo moléculas e por vezes até mesmo núcleos atômicos. Seu manuseio requer cuidados extremos de isolamento.

Por outro lado, algumas fontes de radiação gama são usadas em Medicina Nuclear, no tratamento de câncer por irradiação. O mapeamento de órgãos por isótopos radioativos permite uma "visualização" das condições dos tecidos afetados, técnica que foi desenvolvida em 1940.

Aplicando a teoria

5. **Quando observamos a radiografia de uma mão, como a que se mostra ao lado, percebemos que as regiões correspondentes aos ossos são mais claras. Isso se deve ao fato de, nos corpos mais densos:**

a) ser menor a absorção dos raios X.
b) ser maior a absorção dos raios X.
c) ocorrer reflexão total dos raios X.
d) ocorrer difração dos raios X.
e) ocorrer interferência destrutiva dos raios X.

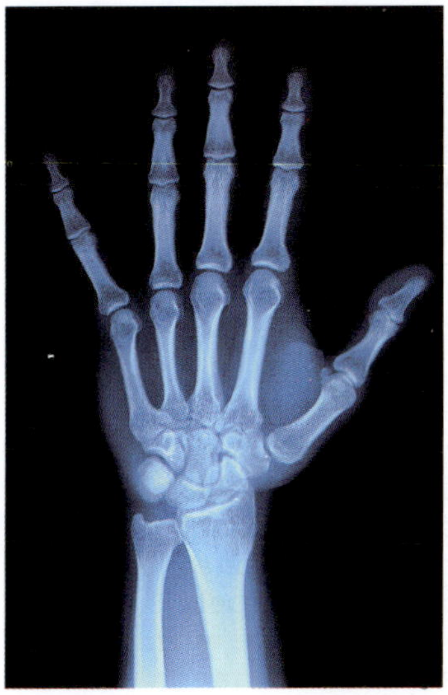

ITSMEJUST/SHUTTERSTOCK

➤ Solução:

Os tecidos menos densos do corpo humano são praticamente transparentes aos raios X, permitindo que essa radiação chegue até a chapa fotossensível. Os tecidos mais densos, como ossos por exemplo, são praticamente opacos a esse tipo de radiação, absorvendo-a e não permitindo que ela sensibilize a chapa radiográfica.

Resposta: b

Avaliando o aprendizado

10. Em 1900, Max Planck demonstrou que os corpos emitem energia radiante em quantidades mínimas (*quantum*) E proporcionais à frequência f da radiação emitida, isto é, $E = hf$, sendo h uma constante universal, denominada constante de Planck. Se os raios γ emitidos nas desintegrações radioativas têm frequências da ordem de $3 \cdot 10^{19}$ Hz e energias da ordem de 123 keV, sendo 1 eV $= 1{,}6 \cdot 10^{-19}$ joule, podemos estimar o valor da constante de Planck em:

a) $4{,}1 \cdot 10^{-15}$ eVs
b) $4{,}1 \cdot 10^{-15}$ Js
c) $4{,}1 \cdot 10^{-34}$ Js
d) $4{,}1 \cdot 10^{15}$ eVs
e) $6{,}6 \cdot 10^{34}$ Js

11. Já foram detectados raios gama (γ) provenientes do espaço com frequências da ordem de 10^{26} Hz. Portanto, usando o valor aproximado da constante de Planck, h, encontrado no exercício anterior, a energia dessas radiações, em GeV, isto é, 10^9 eV, pode ser estimada em:

a) 4,1
b) 41
c) 410
d) 4.100
e) 41.000

Revisando o conteúdo

Ficha-resumo 1

Ondas eletromagnéticas

- Velocidade de propagação no vácuo
  Valor exato: $c = 299.792.458$ m/s
  Valor aproximado: $v \simeq 3{,}0 \cdot 10^8$ m/s
- Os campos elétrico $\vec{E}$ e magnético $\vec{B}$ oscilam em fase e são perpendiculares entre si
- O vetor velocidade $\vec{v}$ é perpendicular ao plano formado por $\vec{E}$ e $\vec{B}$
- Relação entre E,B e v: $E = vB$

1. (Ufes) Uma nave espacial, a uma distância de $1.404 \cdot 10^6$ km da Terra, envia fotos do planeta Saturno por meio de sinais que se propagam com velocidade igual à da luz no vácuo. O tempo, em hora, que o sinal gasta para atingir a Terra é de:

a) 4.680
b) 78
c) 13
d) 7,8
e) 1,3

2. (Fuvest-SP) No mês de agosto de 1988, o planeta Marte teve sua máxima aproximação da Terra. Nesse dia, as pessoas, ao observarem o planeta, estavam vendo a luz emitida pelo Sol algum tempo antes. Aproximadamente quanto tempo antes? Considere as órbitas da Terra e de Marte circulares e coplanares, com raios de 150.000.000 km e 231.000.000 km, respectivamente.

a) 81 anos-luz
b) 2 h
c) 30 s
d) 8 min
e) 17 min

3. Considere o sistema de eixos ortogonais Oxyz, como se mostra na figura ao lado. Em dado instante, uma onda eletromagnética tem as amplitudes dos seus campos elétrico e magnético oscilantes com direções, sentidos e intensidades iguais a $E_y = +1{,}8$ V/m e $B_z = +7{,}5$ nT ($n = 10^{-9}$).

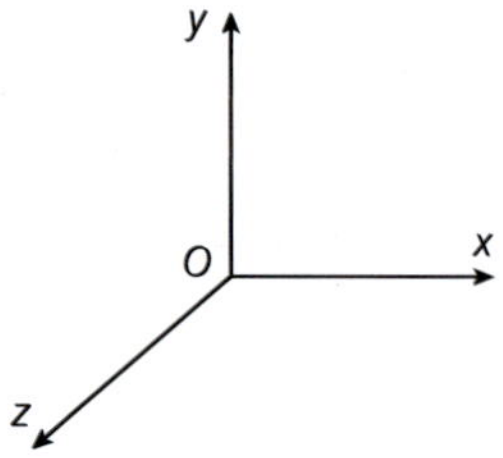

Determine para essa onda, nesse instante:

a) a direção, o sentido e o módulo da sua velocidade de propagação $\vec{v}$;
b) o índice de refração n do meio de propagação.

4. Considere o sistema de eixos ortogonais Oxyz, como mostra a figura do exercício anterior.
Em dado instante, uma onda eletromagnética tem o seu campo elétrico oscilante com direção, sentido e intensidade iguais a $E_x = +0{,}15$ V/cm. A velocidade de propagação dessa onda é $v_y = +3{,}0 \cdot 10^8$ m/s e a sua frequência vale $f = 3{,}0$ GHz. Determine para essa onda, nesse instante:

a) a direção, o sentido e a intensidade, em nT, do vetor do campo magnético $\vec{B}$;
b) o seu comprimento de onda λ, em cm;

Ficha-resumo 2

Espectro eletromagnético

- Ordem crescente de frequências: ondas de rádio, micro-ondas, infravermelho, visível (luz), ultravioleta, raios X e raios gama (γ)
- Na ordem inversa crescem os comprimentos de onda
- Espectro visível: vermelho, laranja, amarelo, verde, azul, anil, violeta
- *LASER*: luz monocromática emitida por fontes coerentes

5. (UFMG) A característica que certamente diferencia uma luz monocromática azul de uma monocromática vermelha é:

a) a amplitude.
b) a frequência.
c) a intensidade.
d) a velocidade.
e) o número de harmônicos.

6. (Unisinos-RS) A utilização do *LASER* tem crescido vertiginosamente, nos últimos tempos, em várias áreas que abrangem desde a Medicina até a coreografia em *shows* de *rock*. A respeito da luz *LASER*, afirma-se que:

I. é monocromática.
II. tem alta frequência e grande comprimento de onda.
III. sua velocidade de propagação é maior que a velocidade da luz no vácuo.

Das afirmativas:

a) somente I é correta.
b) somente II é correta.
c) apenas I e II são corretas.
d) apenas I e III são corretas.
e) I, II e III são corretas.

7. (Unisinos-RS) A figura representa, por meio de um "código de barras", o preço de uma mercadoria. Sua leitura é feita por meio de um aparelho que usa raios *LASER*.

7 896054 003899

A respeito da luz *LASER*, afirma-se que:

I. é monocromática.

II. é constituída por uma mistura de radiações de diversas frequências.

III. é coerente.

Das afirmativas acima:

a) somente I é correta.
b) somente II é correta.
c) somente I e II são corretas.
d) somente I e III são corretas.
e) I, II e III são corretas.

8. (Fuvest-SP) Um forno de micro-ondas é projetado para, mediante um processo de ressonância, transferir energia para os alimentos que necessitamos aquecer ou cozer. Nesse processo de ressonância, as moléculas de água do alimento começam a vibrar, produzindo o calor necessário para o cozimento ou aquecimento. A frequência das ondas produzidas pelo forno é da ordem de $2{,}45 \cdot 10^9$ Hz, que é igual à frequência própria de vibração da molécula de água.

a) Qual é o comprimento das ondas do forno?
b) Por que os fabricantes de fornos de micro-ondas aconselham os usuários a não utilizarem invólucros metálicos para envolver os alimentos?

9. (PUC-RJ) Uma superfície quente emite radiação em toda a faixa do espectro eletromagnético. Para uma dada temperatura absoluta T da superfície, o comprimento de onda λ_M da radiação para a qual a intensidade da emissão é máxima é dada por: $\lambda_M T = C$ (esta relação é conhecida pelo nome de lei de Wien), onde $C = 0{,}29 \cdot 10^{-2}$ mK. A temperatura média da pele humana é de 27 °C. Em que comprimento de onda a pele emite radiação com intensidade máxima?

10. Com relação ao exercício anterior:

a) Qual é a frequência da onda eletromagnética emitida com intensidade máxima pela pele humana?
b) Como essa onda é classificada dentro do espectro eletromagnético?

11. (UFC-CE) De acordo com Einstein, um feixe de luz é composto de fótons ("partículas" de luz). Cada fóton transporta uma quantidade de energia proporcional à frequência da onda associada a esse feixe de luz. Considere dois feixes de luz, 1 e 2, com comprimentos de onda λ_1 e λ_2, respectivamente, com $\lambda_1 = \frac{1}{4}\lambda_2$. Sejam E_1 a energia dos fótons do feixe 1 e E_2 a energia dos fótons do feixe 2. Assinale a opção correta:

a) $E_1 = 4E_2$
b) $E_1 = 2E_2$
c) $E_1 = E_2$
d) $E_1 = 0{,}5E_2$
e) $E_1 = 0{,}25E_2$

12. (Vunesp) A figura representa, num determinado instante, o valor (em escala arbitrária) do campo elétrico E associado a uma onda eletromagnética que se propaga no vácuo, ao longo do eixo x, correspondente a um raio de luz de cor laranja. A velocidade da luz no vácuo vale $3{,}0 \cdot 10^8$ m/s.

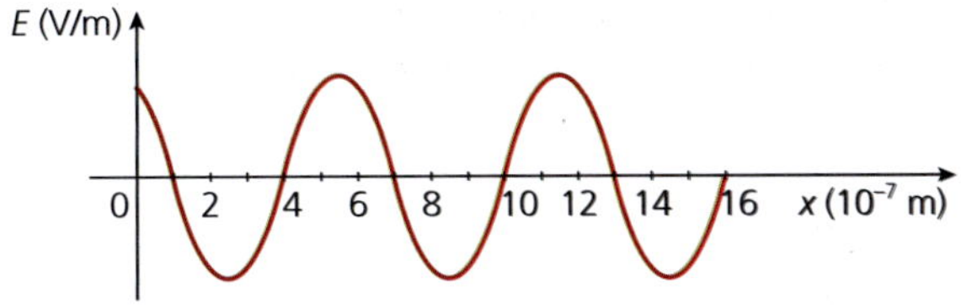

Podemos concluir que a frequência dessa luz de cor laranja vale, em hertz, aproximadamente:

a) 180
b) $4{,}0 \cdot 10^{-15}$
c) $0{,}25 \cdot 10^{15}$
d) $2{,}0 \cdot 10^{-15}$
e) $0{,}5 \cdot 10^{15}$

O enunciado a seguir se refere às questões 13 e 14.

(PUC-MG) Leia todo o enunciado, analise os gráficos com cuidado, e só depois responda às questões.

Os gráficos mostrados abaixo ilustram como o índice de refração de um certo material e a sensibilidade do olho humano dependem do comprimento de onda da luz. Esse material é transparente às radiações infravermelha, visíveis e ultravioleta.

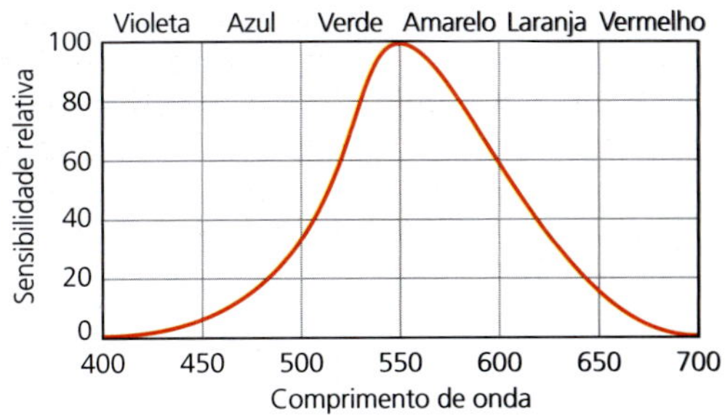

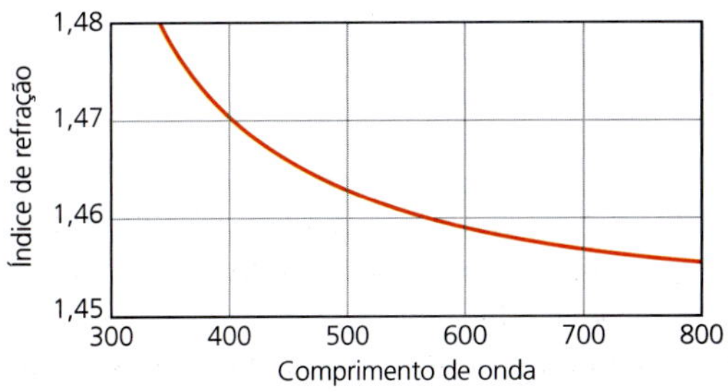

Analise cada opção das questões 13 e 14 e indique (para cada questão) a alternativa correspondente abaixo.

a) se apenas a primeira e a segunda afirmativas forem verdadeiras.

b) se apenas a primeira e a terceira afirmativas forem verdadeiras.

c) se apenas a segunda e a terceira afirmativas forem verdadeiras.

d) se todas as afirmativas forem verdadeiras.

e) se apenas uma das afirmativas for verdadeira.

13. I. A cores diferentes correspondem índices de refração diferentes.

II. O comprimento de onda da luz vermelha propagando-se no ar muda de valor quando ela penetra no material citado.

III. Um raio luminoso de cor azul e um de cor laranja, paralelos, provenientes do ar, incidem obliquamente sobre a superfície (plana) do material mencionado. O raio de cor azul se aproxima mais da normal do que o de cor laranja ao refratarem.

14. I. As informações contidas nos gráficos permitem explicar o fenômeno da dispersão da luz branca.

II. Um fóton de luz de cor vermelha tem energia maior do que um fóton de luz de cor amarela.

III. No interior do material citado, a velocidade de uma onda de luz de cor verde é maior do que a velocidade de uma onda de luz de cor violeta.

15. (ITA-SP) Uma luz monocromática de comprimento de onda $\lambda = 600$ nm propaga-se no ar (de índice de refração $n = 1{,}00$) e incide na água (de índice de refração $n = \frac{4}{3}$). Considerando a velocidade da luz no ar como sendo $v = 3{,}00 \cdot 10^8$ m/s, a luz propaga-se no interior da água:

a) com sua frequência inalterada e seu comprimento de onda inalterado, porém com uma nova velocidade $v' = 2{,}25 \cdot 10^8$ m/s.

b) com um novo comprimento de onda $\lambda' = 450$ nm e uma nova frequência $f' = 3{,}75 \cdot 10^{14}$ Hz, mas com a velocidade inalterada.

c) com um novo comprimento de onda $\lambda' = 450$ nm e uma nova velocidade $v' = 2{,}25 \cdot 10^8$ m/s, mas com a frequência inalterada.

d) com uma nova frequência $f' = 3{,}75 \cdot 10^{14}$ Hz e uma nova velocidade $v' = 2{,}25 \cdot 10^8$ m/s, mas com o comprimento de onda inalterado.

e) com uma nova frequência $f' = 3{,}75 \cdot 10^{14}$ Hz, um novo comprimento de onda $\lambda' = 450$ nm e uma nova velocidade $v' = 2{,}25 \cdot 10^8$ m/s.

16. (UFCE) Ondas eletromagnéticas com frequências entre 10^9 e 10^{11} Hz são chamadas de micro-ondas e com frequências entre 10^{16} e 10^{20} Hz são chamadas de raios X. Considere uma micro-onda com frequência $f_m = 2 \cdot 10^{10}$ Hz e um raio X com frequência $f_X = 4 \cdot 10^{18}$ Hz. Determine a razão entre os comprimentos de onda correspondentes, $\frac{\lambda_m}{\lambda_X}$, no vácuo.

17. (PUC-MG) Uma pessoa verificou que um dispositivo gerador de ondas eletromagnéticas emitia, predominantemente, radiações cujo comprimento de onda, no ar, era $\lambda = 1{,}5 \cdot 10^{-10}$ m. Sabendo que a velocidade da luz no ar vale $3 \cdot 10^8$ m/s e tendo em vista o diagrama da figura abaixo, que apresenta, de maneira aproximada, as frequências das diversas radiações componentes do espectro eletromagnético, podemos concluir que o dispositivo observado poderia ser:

a) uma antena de uma emissora FM.

b) um ferro de passar roupa a 300 °C.

c) uma antena de micro-ondas da Embratel.

d) uma lâmpada elétrica comum.

e) um tubo de raios X.

Capítulo 40

Física Moderna e contemporânea

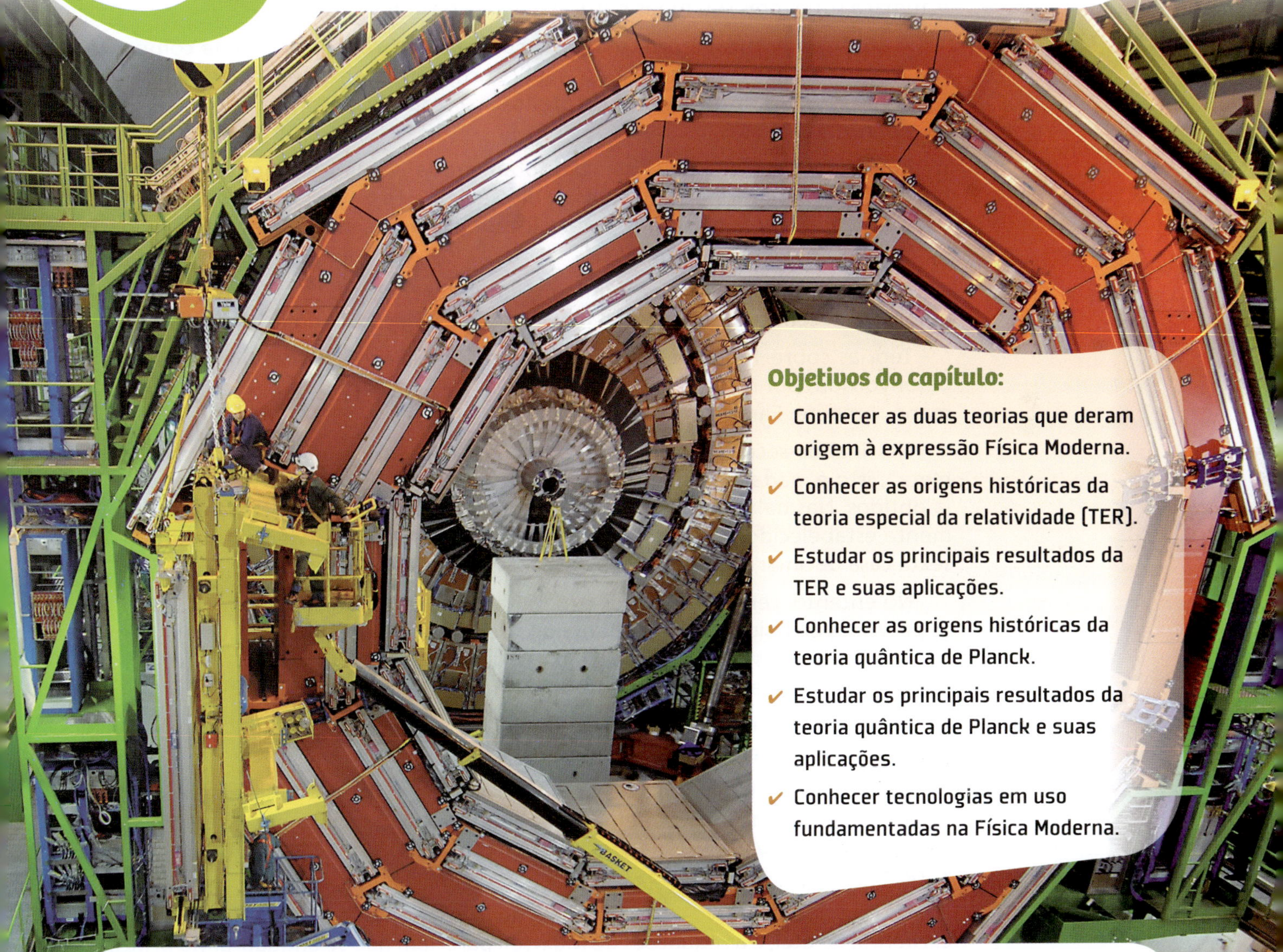

LIONEL FLUSIN/CONTRIBUTOR/GAMMA-RAPHO/GETTY IMAGES

Objetivos do capítulo:

- Conhecer as duas teorias que deram origem à expressão Física Moderna.
- Conhecer as origens históricas da teoria especial da relatividade (TER).
- Estudar os principais resultados da TER e suas aplicações.
- Conhecer as origens históricas da teoria quântica de Planck.
- Estudar os principais resultados da teoria quântica de Planck e suas aplicações.
- Conhecer tecnologias em uso fundamentadas na Física Moderna.

O LHC (Large Hadron Collider ou Grande Colisor de Hádrons) é o maior e mais potente acelerador de partículas do mundo. Ele pode acelerar prótons a velocidades que podem chegar a 99,9999991% da velocidade da luz no vácuo. Em março de 2010, o LHC acelerou os prótons de dois feixes movendo-se em sentidos opostos até energias que chegaram a 3,5 TeV por partícula, antes de realizar uma espetacular colisão. Em 2012 a energia dos prótons dos feixes foi elevada para 4,0 TeV. Essa energia é aproximadamente a energia cinética de um mosquito em voo. É pouco? Se considerarmos que cada feixe tem cerca de 300 trilhões de prótons, a energia total dos feixes no instante da colisão era equivalente à energia cinética de uma locomotiva de 120 toneladas movendo-se a 300 km/h! No final de 2012, o LHC entra em "férias" de 20 meses para ser preparado para operar com a sua máxima energia, 7,0 TeV por próton.

Poderíamos questionar: "Para que tanta energia?" ou "O que se busca com tudo isso?". As pesquisas no LHC visam tentar responder às questões mais profundas sobre a origem, a evolução e a constituição atual do universo, procurando reproduzir as condições de sua criação. Em julho de 2012, o CERN (em português, Organização Europeia de Pesquisa Nuclear) anunciou a detecção de uma partícula que pode ser a partícula fundamental mais procurada da Física: o "bóson de Higgs". A realidade ou não dessa descoberta ainda está em estudos.

Neste capítulo estudaremos os fundamentos das duas teorias que moldaram toda a ciência do século XX, a teoria especial da relatividade (TER) e a teoria quântica da radiação (TQR).

Energia
Conteúdo multimídia

1 Introdução

Podemos considerar que as primeiras tentativas na busca de uma explicação lógica para os fenômenos naturais teve seus primórdios na Grécia Antiga. Para Aristóteles, o movimento era ligado a uma tendência de todas as coisas chegarem ao seu "lugar natural". A chuva cai porque seu lugar natural é o centro da Terra. A fumaça sobe, pois seu lugar natural é acima da Terra.

A ausência praticamente total de instrumentos precisos para uma comprovação crítica dessas premissas e a notável concordância entre elas e os fenômenos observados fizeram da Física aristotélica a "verdade absoluta" durante quase 2.000 anos.

Entretanto, as ideias de Aristóteles foram gradativamente abandonadas após os brilhantes e revolucionários trabalhos de Galileu e Newton, sobre os movimentos dos corpos terrestres e celestes, que colocaram a Física em um patamar de ciência autônoma, com base experimental.

Nos duzentos anos que se seguiram, inúmeras descobertas e teorias foram surgindo, fornecendo a base para a ciência como conhecemos hoje.

Teorias sobre fenômenos térmicos, elétricos, magnéticos e luminosos foram desenvolvidas por mentes brilhantes como as de Carnot, Clausius, Kirchhoff, Boltzmann, Ampère, Faraday, Maxwell e outros.

No final do século XIX acreditava-se, ingenuamente, que a Física estava "completa", isto é, nada mais havia para se descobrir, senão apenas aprimorar os dados já obtidos. Nas palavras de A. A. Michelson: "Os grandes princípios já estão firmemente estabelecidos, [...] as futuras verdades da Física terão de ser procuradas na sexta casa decimal".

No entanto, certos resultados experimentais teimavam em não concordar com as previsões da Física que hoje chamamos de Física Clássica. Havia algumas "pequenas nuvens escuras" pairando sobre o céu límpido da Física Clássica. "Nuvens" que levaram à revisão e à reformulação dos conceitos físicos da época.

Uma dessas "nuvens" era o fato de que a teoria eletromagnética de Maxwell não explicava o efeito fotoelétrico descoberto por Hertz em 1887.

A Termodinâmica não explicava a discrepância entre a teoria e a experiência para o espectro das radiações emitidas pelos corpos aquecidos para frequências da ordem do ultravioleta ou maiores. Era a "catástrofe do ultravioleta", como Paul Ehrenfest a denominou em 1911.

O resultado negativo da experiência de Michelson e Morley, de tentar provar a existência do éter, e as equações de Maxwell pareciam não se enquadrar no princípio da relatividade de Galileu e Newton.

A existência dos raios X e a radioatividade de certos elementos não podiam ser explicadas com as teorias existentes.

O "cenário" da Física não estava completo e, como se constatou pouco tempo depois, as "nuvens escuras" no céu não eram tão pequenas assim.

Essas discrepâncias entre a teoria e os dados experimentais levaram a uma futura revisão dos paradigmas científicos da época.

Em 1900, Max Planck, com sua teoria quântica da radiação, e em 1905, Albert Einstein, com sua teoria especial da relatividade, fizeram desabar duas gigantescas tempestades sobre a ciência da época. Além de dissipar aquelas "pequenas" nuvens, essas tempestades também revolucionaram o modo de ver, interpretar e viver o nosso mundo.

Neste capítulo conheceremos os princípios fundamentais das teorias de Planck e de Einstein, sua influência na ciência da época, de hoje e do futuro e suas aplicações nas tecnologias que nos cercam, como o Linac Coherent Light Source (LCLS), ou Fonte de Luz Coerente do Linac, também denominado *laser* de raios X, do Stanford Linear Accelerator Center (SLAC), em Stanford, na Califórnia. A julgar pelo nome, parece até algo inspirado nos filmes de James Bond ou na série *Star Trek*, mas já é realidade desde 2009. Esse poderosíssimo *laser* opera na faixa de comprimentos de onda da ordem de 1,5 Å, podendo capturar "imagens" de átomos e moléculas em movimento em tempo real.

Como o feixe pulsa a cada $\frac{1}{10}$ de trilionésimo de segundo, várias imagens da amostra são obtidas e sobrepostas em computador, gerando o efeito de movimento em três dimensões. Trata-se de um processo semelhante ao que se tem em uma tomografia computadorizada.

Os comprimentos de onda da luz comum variam entre 4.000 Å e 7.000 Å, tornando-a inviável para a observação de estruturas com dimensões moleculares ou atômicas por causa da difração. A faixa dos comprimentos de onda do *laser* de raios X é ideal para essa finalidade.

2 Declínio da Física Clássica

Embora atualmente a teoria especial da relatividade esteja ligada a quase todos os campos da Física e da Tecnologia, sua origem está atrelada ao Eletromagnetismo e à Óptica.

O fato de as ondas eletromagnéticas, previstas por Maxwell e trazidas à realidade nas experiências de Hertz, aparentemente não necessitarem de um meio para se propagar desafiava os paradigmas da Física da época.

Como uma onda pode se propagar sem um meio elástico que transmita suas perturbações? Em uma propagação ondulatória, "sempre" há algo que se deforma, pensavam. Mas... o que ondula na propagação da luz?

Essa questão ocupou muitas das mentes mais brilhantes do século XIX. Várias experiências foram idealizadas e realizadas na tentativa de detectar e investigar as propriedades desse meio sutil, quase sobrenatural, que foi chamado de **éter**. Na mitologia grega, *aithér* é o ar mais puro, o ar sublime, o ar das esferas mais elevadas, respirado pelos "deuses" e muito diferente do ar impuro ("*aér*") respirado por nós, simples mortais.

Em 1887, A. A. Michelson e E. Morley aperfeiçoaram uma experiência já realizada em 1881 por Michelson, destinada a medir a variação da velocidade de propagação da luz através do éter, considerado imóvel (**fig. 1A**). Assim, a velocidade da luz seria afetada pela "correnteza do éter" resultante do movimento de translação da Terra. Essa experiência foi contínua e exaustivamente repetida entre abril e julho de 1887, registrando um sistemático e desconcertante resultado negativo, isto é, não se detectou variação alguma na velocidade de propagação da luz, o que indicava a inexistência do éter. Essa experiência ficou conhecida como "*The most famous 'failed' experiment.*" (A mais famosa experiência que "falhou"). Era o início da "primeira tempestade nos céus" da Física.

Esse resultado teve tamanho impacto na comunidade científica da época que, até por volta de 1930, portanto 43 anos depois da experiência original e 25 anos após a formulação da teoria especial da relatividade, ela foi sistematicamente repetida, usando-se até fontes de luz extraterrestres (Sol e outras estrelas), mas sempre apresentou o mesmo resultado negativo.

Em 1892, o físico holandês Hendrik A. Lorentz (1853-1928) apresentou um argumento puramente matemático, que já havia sido proposto em 1889 pelo físico irlandês George F. FitzGerald (1851-1901), na tentativa de preservar o conceito de éter e justificar os resultados inesperados das experiências de Michelson e Morley.

De acordo com Lorentz e FitzGerald, se "encurtássemos" o percurso paralelo ao movimento da Terra, percurso *ACD* na **figura 1B**, por um fator $\gamma = \dfrac{1}{\sqrt{1-\left(\dfrac{v}{c}\right)^2}}$, sem alterar o percurso transversal ao movimento da Terra, percurso *ABD* na **figura 1B**, isso seria suficiente para explicar a não influência do éter e do movimento da Terra na propagação da luz. Nessa expressão, *c* é a velocidade da luz no vácuo e o fator γ é denominado **fator de contração de Lorentz-FitzGerald**.

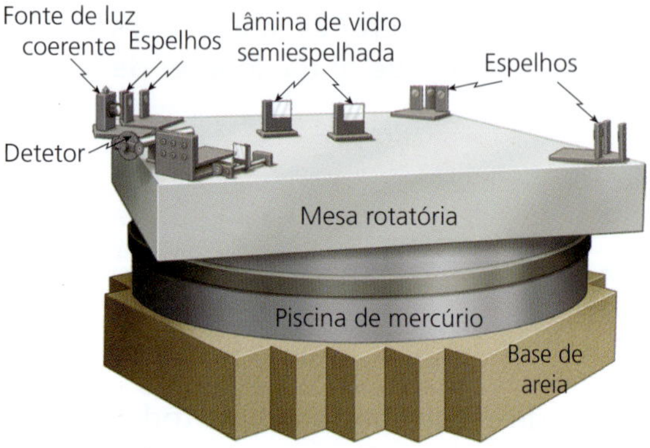

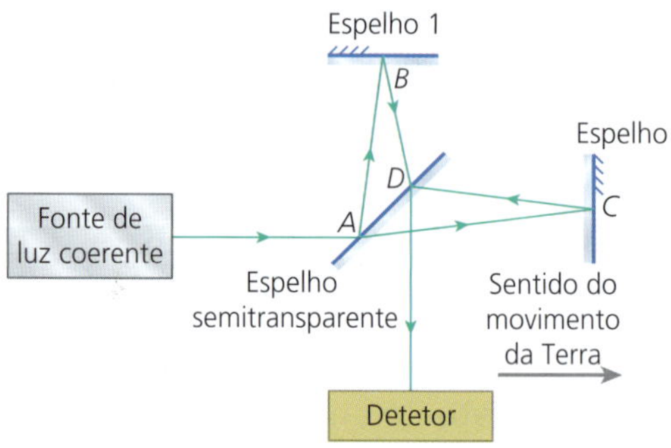

Figura 1. (A) Representação da montagem de Michelson e Morley, para a experiência de 1887. As partes ópticas estavam montadas sobre um suporte que flutuava em mercúrio a fim de reduzir as vibrações que afetaram experiências anteriores; (B) esquema simplificado. Se a velocidade de propagação da luz dependesse da direção relativa do movimento da Terra através do éter, o detector deveria registrar alguma alteração. Nada foi detectado, isto é, a propagação da luz nas direções paralela e perpendicular à "correnteza do éter" não altera sua velocidade.

É comum representarmos o quociente $\dfrac{v}{c}$ pela letra grega β. Assim, temos:

$$\gamma = \frac{1}{\sqrt{1-\beta^2}}$$

Em algumas aplicações, será útil e prática a aproximação: $\gamma \simeq 1 + \dfrac{1}{2}\beta^2$

Essa aproximação dá excelentes resultados para $0 \leqslant \beta \leqslant 0{,}3$ ou $0 \leqslant v \leqslant 0{,}3c$.

Para os padrões da época, a ideia da **contração do espaço** era tão ousada quanto supor a inexistência do éter, isto é, ter de admitir que as ondas de luz não necessitavam de um meio para se propagar. Era inconcebível para a época que uma onda pudesse se propagar sem um meio que lhe desse suporte. Seria uma onda sem "ondulações"!

Lorentz e outros preferiram introduzir o fator γ e tentar dar um significado a ele. O próprio Lorentz achava que o fator γ era apenas um artifício matemático necessário para solucionar um problema, sem um significado físico consistente. Entretanto, em 1897 o físico irlandês Joseph Larmor (1857-1942) desenvolveu uma teoria sobre a origem eletromagnética de todas as forças e, como consequência direta do seu modelo, obteve o mesmo fator de contração do espaço.

Somente em 1905, com a publicação da sua **teoria especial da relatividade**, Albert Einstein (1879-1955) mostrou que a contração do espaço, e outros efeitos jamais imaginados na história da Física, são consequências naturais de uma nova interpretação dos conceitos de matéria, espaço, tempo e simultaneidade. Nascia uma nova Física.

A partir da próxima seção deste capítulo estudaremos os princípios básicos e os resultados, nada óbvios, da teoria especial da relatividade de Albert Einstein.

Aplicando a teoria

1. Calcular o fator γ de Lorentz-FitzGerald para:

a) $v = 0$
b) $v = 0{,}10c$
c) $v = 0{,}60c$
d) $v = 0{,}80c$
e) $v = 0{,}90c$
f) $v = 0{,}99c$

➤ **Solução**

a) $v = 0 \Rightarrow \gamma = \dfrac{1}{\sqrt{1-\left(\dfrac{v}{c}\right)^2}} = \dfrac{1}{\sqrt{1-\left(\dfrac{0}{c}\right)^2}} \Rightarrow \boxed{\gamma = 1}$

b) $v = 0{,}10c \Rightarrow \gamma = \dfrac{1}{\sqrt{1-\left(\dfrac{v}{c}\right)^2}} = \dfrac{1}{\sqrt{1-\left(\dfrac{0{,}10\cdot c}{c}\right)^2}} = \dfrac{1}{\sqrt{1-0{,}01}} \Rightarrow \boxed{\gamma = 1{,}005}$

c) $v = 0{,}60c \Rightarrow \gamma = \dfrac{1}{\sqrt{1-\left(\dfrac{v}{c}\right)^2}} = \dfrac{1}{\sqrt{1-\left(\dfrac{0{,}60c}{c}\right)^2}} = \dfrac{1}{\sqrt{1-0{,}36}} = \dfrac{1}{\sqrt{0{,}64}} \Rightarrow \boxed{\gamma = 1{,}25}$

d) $v = 0{,}80c \Rightarrow \gamma = \dfrac{1}{\sqrt{1-\left(\dfrac{v}{c}\right)^2}} = \dfrac{1}{\sqrt{1-\left(\dfrac{0{,}80c}{c}\right)^2}} = \dfrac{1}{\sqrt{1-0{,}64}} = \dfrac{1}{\sqrt{0{,}36}} \Rightarrow \boxed{\gamma \simeq 1{,}67}$

e) $v = 0{,}90c \Rightarrow \gamma = \dfrac{1}{\sqrt{1-\left(\dfrac{v}{c}\right)^2}} = \dfrac{1}{\sqrt{1-\left(\dfrac{0{,}90\cdot c}{c}\right)^2}} = \dfrac{1}{\sqrt{1-0{,}81}} \Rightarrow \boxed{\gamma \simeq 2{,}29}$

f) $v = 0{,}99c \Rightarrow \gamma = \dfrac{1}{\sqrt{1-\left(\dfrac{v}{c}\right)^2}} = \dfrac{1}{\sqrt{1-\left(\dfrac{0{,}99c}{c}\right)^2}} = \dfrac{1}{\sqrt{1-0{,}98}} = \sqrt{50} \Rightarrow \boxed{\gamma \simeq 7{,}07}$

Obs.:
1) À medida que v se aproxima de c, o fator γ aumenta. No LHC, γ chegará perto de 7.200!
2) Quando v é muito menor que c, isto é, quando $v \to 0$, temos $\gamma \simeq 1$.

3 Teoria especial da relatividade

Galileu Galilei (1564-1642) é considerado um dos pioneiros no trato da Física como uma ciência experimental que estuda os fenômenos da Natureza; por isso, é frequentemente referido como "o pai da Ciência moderna". Ele introduziu nas ciências, de modo geral, o **método experimental**, segundo o qual a repetição e a observação direta dos fenômenos levam a conclusões mais seguras e isentas de ideias preconcebidas, como ocorria desde os tempos de Aristóteles. Na Física, Galileu introduziu o conceito de **referencial inercial**, em relação ao qual os corpos **livres da ação de forças** estão em repouso ou em movimento retilíneo com velocidade de módulo constante (MRU). Qualquer outro referencial que se mova relativamente ao primeiro em linha reta e com velocidade constante também será considerado inercial e equivalente ao primeiro. As leis físicas da Mecânica galileana devem ser as mesmas em qualquer referencial inercial. Este é o **princípio da relatividade de Galileu**, que pode assim ser enunciado:

> Qualquer experiência mecânica, realizada em algum referencial inercial, conserva os mesmos princípios e as mesmas leis físicas que conservaria se fosse realizada em qualquer outro referencial inercial.

A teoria eletromagnética de Maxwell descreve perfeitamente os fenômenos elétricos e magnéticos que ocorrem em determinado referencial inercial. Entretanto, ao passarmos de um referencial inercial para outro, as equações de Maxwell fornecem resultados conflitantes para um mesmo fenômeno. Acompanhe o exemplo a seguir.

Na **figura 2**, um fio condutor em repouso no referencial R do laboratório é percorrido por uma corrente elétrica de intensidade i, constituída por elétrons que se movem com velocidade $\vec{v}$ constante, medida em R. Essa corrente gera um campo magnético de indução $\vec{B}$ ao redor do fio, que exerce uma força magnética de repulsão $\vec{F}_{mag}$ sobre uma carga elétrica positiva q, que se move com velocidade igual à dos elétrons.

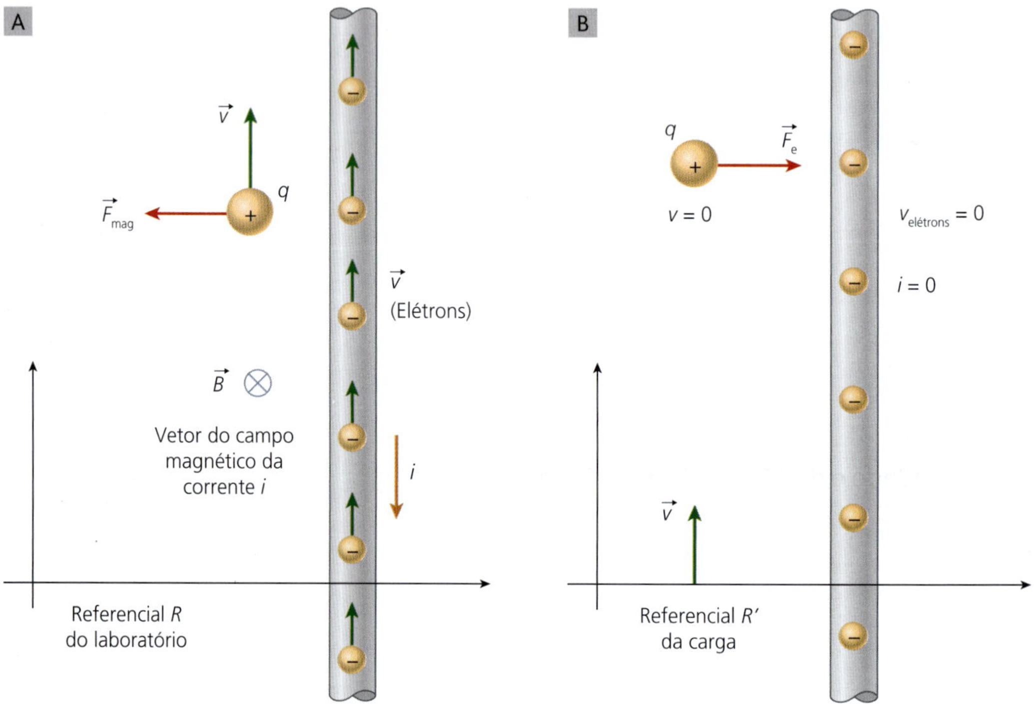

Figura 2. Os fenômenos eletromagnéticos não preservam o princípio da relatividade de Galileu. (A) No referencial do laboratório (Terra), a carga é repelida pela força devida ao campo magnético da corrente; (B) no referencial da própria carga, a força é de atração eletrostática.

No referencial R', onde a carga q está em repouso, pela relatividade galileana os elétrons do fio também estão em repouso. Nesse referencial, a carga sofre uma força de atração de origem eletrostática por parte dos elétrons e não há interação magnética. Embora, no referencial R', as cargas positivas do fio estejam em movimento com velocidade $-\vec{v}$, a carga q não sofre ação de força magnética por estar em repouso nesse referencial.

Chegamos assim a uma aparente contradição: no referencial R, a carga q é repelida pelo fio, enquanto no referencial R' ela é atraída para ele.

Essa experiência mostra que, nesse caso, os referenciais inerciais R e R' não são equivalentes entre si, como exige o princípio da relatividade de Galileu.

Os cientistas da época não sabiam se alteravam a teoria eletromagnética de Maxwell ou se o princípio de Galileu não se aplicava aos fenômenos eletromagnéticos. Felizmente, nenhuma dessas opções foi escolhida.

Einstein
Conteúdo multimídia

Em 1905, Albert Einstein apresentou uma teoria que, além de resolver esse conflito, revolucionou os conceitos de matéria, espaço e tempo até então concebidos. Chamou-a de **teoria da relatividade restrita**, uma vez que tratava apenas de eventos observados a partir de referenciais inerciais. É também conhecida como **teoria especial da relatividade**. Essa teoria fundamenta-se em dois postulados:

Princípio da relatividade

- As leis da Física são as mesmas em todos os referenciais inerciais. Não existe um referencial inercial privilegiado ou absoluto.

Princípio da constância da velocidade da luz

- A velocidade da luz no vácuo tem o mesmo valor em todos os referenciais inerciais, e é independente do movimento relativo entre fonte e observador.

Para melhor entendimento do segundo postulado, acompanhe o seguinte raciocínio:

- Segundo o princípio da relatividade de Einstein, as leis do Eletromagnetismo devem ser as mesmas em todas os referenciais inerciais.
- Segundo a teoria eletromagnética de Maxwell, as ondas eletromagnéticas propagam-se no vácuo com velocidade igual à da luz.

  Portanto, conclusão lógica e imediata:
- A velocidade da luz no vácuo tem de ser a mesma em todos os referenciais inerciais.

Desde a 15ª Conferência Geral de Pesos e Medidas de 1975, em Paris, adota-se o valor $c = 299.792.458$ m/s, considerado exato, para a velocidade de propagação das ondas eletromagnéticas no vácuo, que é frequentemente aproximado para $3,0 \cdot 10^8$ m/s.

O primeiro princípio refere-se às leis da Mecânica, da Termodinâmica, da Óptica, da Eletricidade e do Magnetismo, e é uma generalização do princípio da relatividade de Galileu, que se aplicava somente às leis da Mecânica. Essa generalização só foi possível após uma nova interpretação dos conceitos de espaço e tempo.

O segundo princípio está em perfeito acordo com o primeiro, uma vez que, se a velocidade da luz no vácuo fosse igual a c somente para algum referencial especial, este poderia ser identificado ou distinguido entre outros por alguma experiência envolvendo a velocidade da luz, o que estaria em contradição com o primeiro princípio.

Outra consequência do segundo postulado é ser o valor 300.000 km/s o limite para as velocidades na natureza. Nenhuma partícula pode mover-se com velocidade superior a c. Se não fosse assim, um observador movendo-se de encontro a um raio de luz, no vácuo, mediria uma velocidade de propagação maior que c, o que contraria o princípio.

Esses dois princípios levam a consequências que contradizem o senso comum. Discutiremos a seguir algumas dessas consequências: a **dilatação do tempo**, a **contração do espaço,** o **efeito Doppler relativístico**, a lei relativística da **adição de velocidades** e a **equivalência massa-energia**.

Dilatação do tempo

O intervalo tempo se modifica quando passamos de um referencial para outro. Embora essa não seja uma ideia óbvia para o senso comum, é a mais pura verdade.

Vamos demonstrá-la analisando a situação mostrada na **figura 3**, que pode ser denominada "relógio de luz".

Uma nave move-se em MRU relativamente à Terra, com velocidade $\vec{v}$ horizontal para a direita. Dentro da nave, um pulso de luz é emitido verticalmente de baixo para cima e refletido de volta ao ponto de partida.

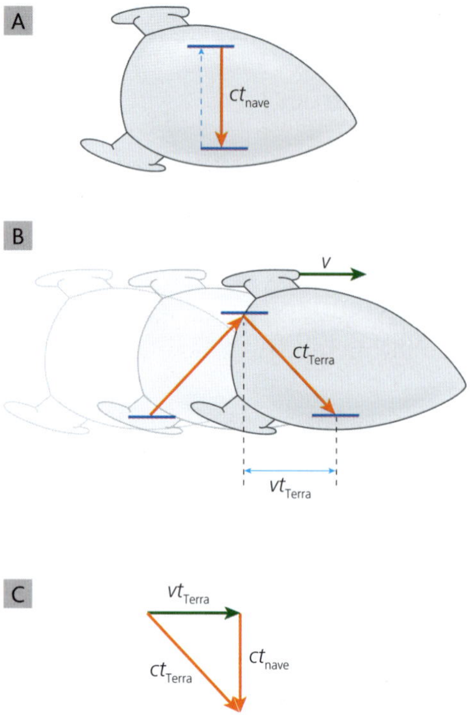

Figura 3. Dilatação do tempo. No referencial da Terra o tempo passa mais rápido que no referencial da nave. (A) Percurso do pulso de luz medido dentro da nave; (B) percurso do pulso de luz medido na Terra; (C) composição dos dois percursos.

Para um observador dentro da nave, a distância total percorrida, ida e volta, é $2ct_{nave}$ (**fig. 3A**), onde t_{nave} é o tempo entre a emissão e a recepção do pulso de luz, no referencial da nave.

Para um observador na Terra, a distância total percorrida é $2ct_{Terra}$ (**fig. 3B**), enquanto a nave se desloca $2vt_{Terra}$, relativamente à Terra, onde t_{Terra} é o tempo entre duas reflexões sucessivas no referencial da Terra.

Considerando-se apenas o percurso de volta do pulso, os três deslocamentos formam um triângulo retângulo, como se vê na **figura 3C**.

Do teorema de Pitágoras, temos:

$$(ct_{Terra})^2 = (ct_{nave})^2 + (vt_{Terra})^2 \text{ ou } (c^2 - v^2) \cdot (t_{Terra})^2 = c^2 \cdot (t_{nave})^2$$

Dividindo a equação acima por c^2, obtemos:

$$\left[1-\left(\frac{v}{c}\right)^2\right] \cdot t_{Terra}^2 = t_{nave}^2 \Rightarrow t_{Terra} = \frac{t_{nave}}{\sqrt{1-\left(\frac{v}{c}\right)^2}} \text{ ou } t_{Terra} = \gamma t_{nave}$$

Como $\gamma > 1$, temos que $t_{Terra} > t_{nave}$, isto é, no referencial da Terra decorre um intervalo de tempo maior que no referencial da nave. Dentro da nave o tempo corre mais lentamente. Dizemos que houve uma **dilatação do tempo**.

Usando a notação dos referenciais R, "fixo", e R', "móvel", podemos escrever:

$$\Delta t_{(R)} = \frac{\Delta t_{(R')}}{\sqrt{1-\left(\frac{v}{c}\right)^2}} \quad \text{ou} \quad \Delta t_{(R)} = \gamma \Delta t_{(R')}$$

O intervalo de tempo medido no referencial em que o relógio está em repouso é denominado **intervalo de tempo próprio**.

Portanto:

$$\Delta t_{relativo} = \frac{\Delta t_{próprio}}{\sqrt{1-\left(\frac{v}{c}\right)^2}}$$

40.1 Conteúdo multimídia

Em 1971, Joseph Hafele e Richard Keating realizaram uma experiência para testar a dilatação do tempo. Um relógio atômico registrou o tempo de voo de um jato comercial ao redor da Terra e comparou com o registro de outro relógio atômico que ficou no Observatório Naval dos Estados Unidos. Os relógios registraram uma diferença de 39,0 ns contra os 39,8 ns previstos teoricamente. Um erro de apenas 2%.

Diferenças dessa natureza precisam ser consideradas nos sistemas de GPS. Os relógios a bordo dos satélites são constantemente sincronizados com os relógios aqui na Terra. É a relatividade de Einstein presente em "baixas" velocidades.

Aplicando a teoria

2. **Devido às inúmeras colisões entre partículas vindas do espaço, raios cósmicos e partículas das altas camadas da atmosfera terrestre, são criadas partículas instáveis denominadas múons (μ^-). Essas partículas, quando em repouso, não "vivem" mais que 2,2 μs. Esse intervalo de tempo, chamado de vida média da partícula, é o intervalo de tempo próprio $\Delta t_{próprio}$ para elas.**

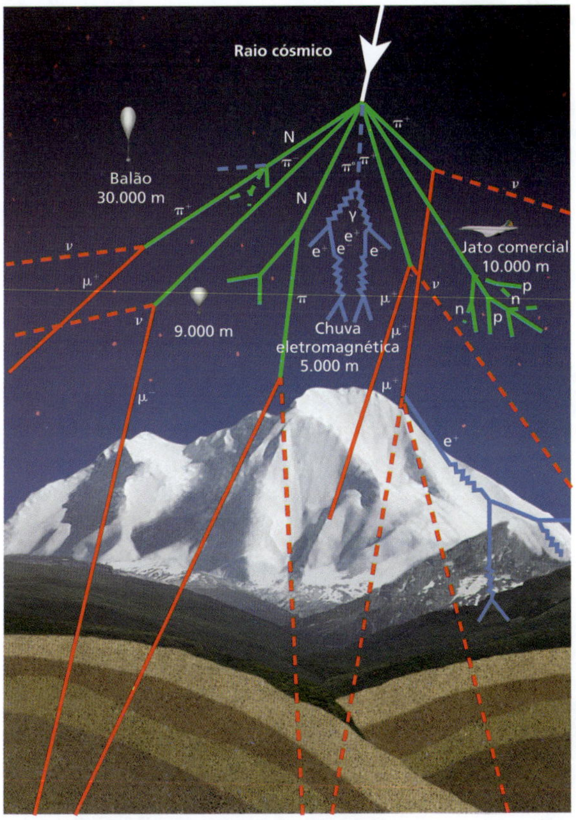

Produção de múons (traços vermelhos contínuos) na atmosfera terrestre pela incidência de raios cósmicos.

Damy Wataghin
Conteúdo multimídia

A velocidade dessas partículas, no instante da sua criação, é cerca de 0,998 c. Com essa velocidade, essas partículas percorreriam pouco mais de 650 m durante sua vida média. Entretanto, já foram detectadas partículas desse tipo que viajaram mais de 10 km! Como isso é possível? Explicar usando a dilatação do tempo.

➤ **Solução**

Temos que o fator γ para os múons será:

$$\gamma = \frac{1}{\sqrt{1 - \left(\frac{v}{c}\right)^2}} = \frac{1}{\sqrt{1 - \left(\frac{0{,}998\ c}{c}\right)^2}} = 15{,}8$$

Assim, o intervalo de tempo de "vida" dos múons medido em movimento, isto é, no referencial da Terra, é dado por:

$$\Delta t_{Terra} = \gamma \Delta t_0 \Rightarrow \Delta t_{Terra} = 15{,}8 \cdot 2{,}2 \cdot 10^{-6} \Rightarrow$$
$$\Rightarrow \Delta t_{Terra} = 3{,}48 \cdot 10^{-5}\ s$$

Podemos agora calcular a distância percorrida pelos múons, em relação à Terra:

$$D_{Terra} = v\Delta t_{Terra} \Rightarrow D_{Terra} = 0.998c\ \Delta t_{Terra} \Rightarrow$$
$$\Rightarrow D_{Terra} \simeq 10.400\ m$$

Conclusão: A dilatação do tempo é real! O movimento ocorre como se no referencial dos múons passasse apenas "um dia" e no referencial da Terra passassem quase "16 dias"!

3. **No livro do escritor francês Pierre Boulle, *La planète des singes* (O planeta dos macacos,1963), que deu origem ao filme de mesmo título em 1968, uma nave tripulada viaja durante 2 anos, medidos no relógio de bordo, até um "distante planeta" dominado por macacos. No tempo da Terra, a viagem demorou 350 anos. Com base nos valores apresentados nessa obra de ficção, determinar:**

a) o fator γ para a nave;

b) a razão β entre a velocidade v da nave e a velocidade c da luz $\left(\beta = \frac{v}{c}\right)$.

➤ **Solução**

O intervalo de tempo medido na nave é o intervalo de tempo próprio: $\Delta t_0 = 2$ anos.

a) $\Delta t_{Terra} = \gamma \Delta t_0 \Rightarrow 350 \text{ anos} = \gamma \cdot 2 \text{ anos} \Rightarrow$

$\Rightarrow \boxed{\gamma = 175}$

b) $\gamma = \dfrac{1}{\sqrt{1 - \left(\frac{v}{c}\right)^2}} = \gamma = \dfrac{1}{\sqrt{1 - \beta^2}} \Rightarrow 1 - \beta^2 = \dfrac{1}{\gamma^2} \Rightarrow$

$\beta = 0{,}999967$ ou $\boxed{v = 99{,}9967\%\ \text{de } c}$

Contração do comprimento

Uma consequência direta da dilatação do tempo é a **contração do espaço**, já prevista por Lorentz, FitzGerald, Larmor e outros.

Para entender melhor esse efeito da velocidade, vamos realizar uma "experiência mental" (*Gedankenexperiment*), como dizia Einstein.

Observando a **figura 4** vemos que o observador em P_1 registra o instante t_1 e o observador em P_2 registra o instante t_2 da passagem da frente do trem pelas suas respectivas posições. Obtemos assim o intervalo de tempo $t_p = t_2 - t_1$ para que a frente do trem percorra toda a extensão L da plataforma.

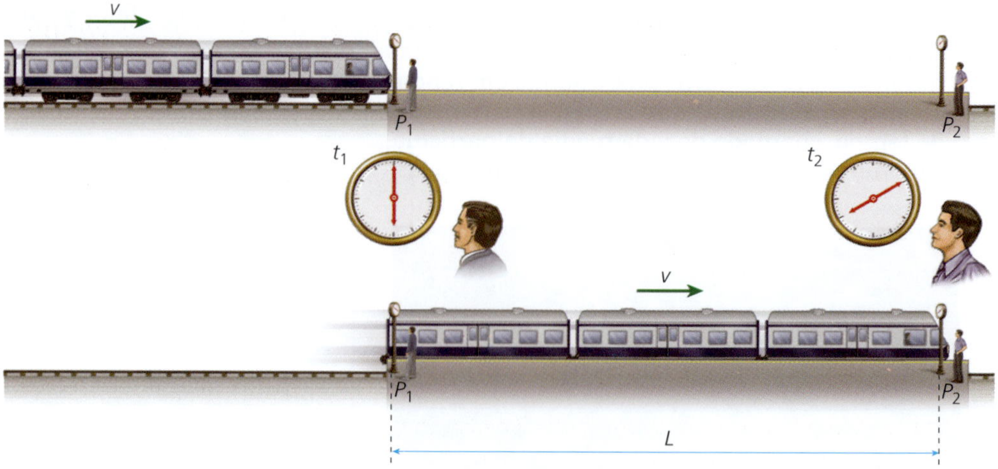

Figura 4. Os observadores P_1 e P_2, parados na plataforma, medem um intervalo de tempo $t_p = t_2 - t_1$ para o trem percorrer o comprimento L.

Dentro do trem, um observador T mede um intervalo de tempo t_T para o trem percorrer a extensão da plataforma (**fig. 5**).

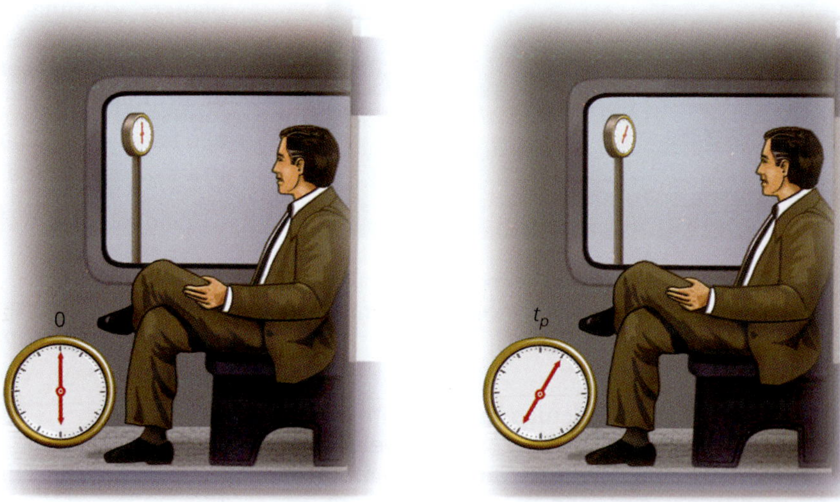

Figura 5. O observador T no trem mede t_T segundos para a trem percorrer a extensão da plataforma. Para T, o comprimento da plataforma é L_T.

Para P, o comprimento da plataforma é $L_P = vt_P$. Para T, o comprimento da plataforma é $L_T = vt_T$. Devido à dilatação do tempo, sabemos que $t_P = \gamma t_T$. Portanto:

$$L_T = vt_T \Rightarrow L_T = v \cdot \frac{1}{\gamma} \cdot t_P \Rightarrow L_T = \frac{1}{\gamma} \cdot \underbrace{v \cdot t_P}_{L_P} \Rightarrow L_T = \frac{1}{\gamma} \cdot L_P$$

ou

$$L_{\text{Relativo}} = \frac{1}{\gamma} \cdot L_{\text{Próprio}}$$

Como temos $\gamma > 1$, devemos ter: $L_{\text{Relativo}} < L_{\text{Próprio}}$

- Um comprimento, medido de um referencial em movimento, apresenta valor menor que o valor medido no seu referencial de repouso (comprimento próprio).

Observações:

- Evidentemente a plataforma não encolheu. A aparente contração no seu comprimento é consequência do movimento relativo entre o observador e o objeto medido.
- *T* mede o intervalo de tempo próprio; *P* mede o intervalo de tempo relativo.
- *P* mede o comprimento próprio da plataforma; *T* mede o comprimento relativo.
- Quem mede o tempo próprio não mede o comprimento próprio, e vice-versa.

Avaliando o aprendizado

Salvo indicação contrária, onde for necessário use: $c = 3{,}0 \cdot 10^8$ m/s.

1. Representa-se por β a razão entre a velocidade v de uma partícula e a velocidade c da luz no vácuo: $\left(\beta = \frac{v}{c}\right)$.

a) Determine β^2 como função de γ.
b) Determine o valor do produto $(\beta\gamma)^2$.

2. Define-se **ano-luz** ($a\ell$) como a **distância** percorrida pela luz, no vácuo, durante um ano terrestre. Portanto $1\ a\ell = c \cdot 1$ ano, sendo c a velocidade da luz no vácuo. Determine o valor de $1\ a\ell$ em metro e em quilômetro.

3. Uma espaçonave afasta-se 12 anos-luz ($a\ell$) da sua base terrestre com velocidade de $0{,}60c$. Ambos os valores são medidos em relação à Terra. Determine para essa nave:

a) o fator γ de Lorentz nessa velocidade;
b) quanto tempo durou sua viagem, medido por um observador aqui na Terra;
c) quanto tempo durou a sua viagem, para um tripulante dela;
d) a distância percorrida, medida no seu próprio referencial.

4. Qual deve ser a velocidade relativa entre dois observadores para que o relógio de um deles indique 50% a mais que o outro?

5. Uma partícula de alta energia entra em um detector, deixa um traço de 27 cm, e desintegra-se em 1,5 ns, sendo ambos os valores medidos no referencial do laboratório. Calcule para essa partícula:

a) a sua velocidade no referencial do laboratório;
b) o valor do fator γ de Lorentz;
c) o tempo de vida no seu referencial de repouso (tempo próprio);
d) a distância percorrida dentro do detector, medida no seu referencial.

Lei relativística da adição de velocidades

Devido ao segundo postulado da teoria especial da relatividade, torna-se necessária uma nova lei de adição de velocidades.

Imagine duas naves aproximando-se uma da outra em rota de colisão, com velocidades iguais a $0{,}8c$ cada uma, medidas no referencial da Terra. Pela relatividade de Galileu, cada uma mediria $1{,}6c$ para a velocidade da outra, o que é impossível pelo segundo postulado. Portanto, precisamos de uma lei de adição de velocidades que faça a seguinte "mágica aritmética": $0{,}8c + 0{,}8c < c$!

Einstein demonstrou que essa lei tem a seguinte forma:

$$v' = \frac{v - V}{1 - \frac{v \cdot V}{c^2}}$$

Na expressão acima, *v* é a velocidade medida no referencial *R* da Terra e *v'* é a velocidade medida no referencial *R'* que se move com velocidade *V* em relação à Terra **(fig. 6)**.

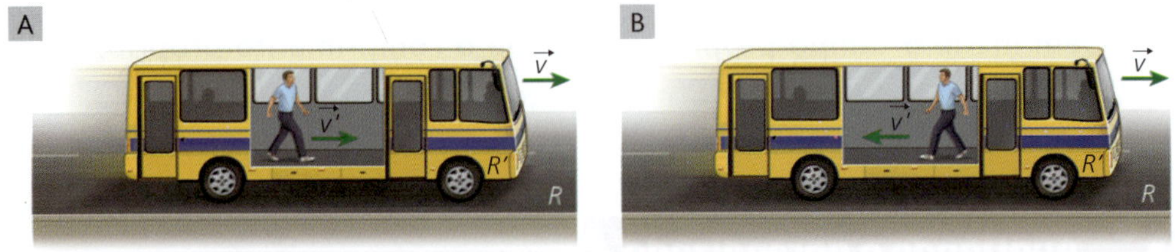

Figura 6. (A) As velocidades *v'* e *V* têm o mesmo sentido e, portanto, serão consideradas com o mesmo sinal; (B) as velocidades *v'* e *V* têm sentidos opostos e, portanto, serão consideradas com sinais contrários.

A transformação inversa, isto é, do referencial *R'* para o *R*, é:

$$v = \frac{v' + V}{1 + \frac{v' \cdot V}{c^2}}$$

Aplicando a teoria

4. Na situação mostrada, determinar a velocidade do feixe de luz, medida pelo observador A, no solo?

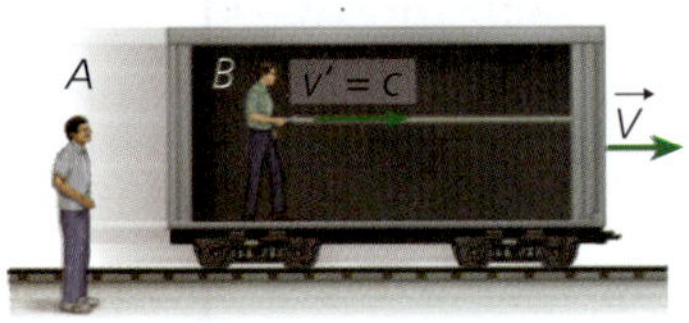

➤ Solução

Como v' e V têm mesmo sentido, a velocidade do feixe de luz em relação ao solo será:

$$v = \frac{v' + V}{1 + \frac{v' \cdot V}{c^2}} = \frac{c + V}{1 + \frac{c \cdot V}{c^2}} = \frac{c + V}{1 + \frac{V}{c}} = \frac{c + V}{\frac{c + V}{c}} = \frac{c \cdot (c + V)}{(c + V)}$$

$\Rightarrow$ $\boxed{v = c}$

5. Determinar a velocidade do feixe de luz, medida pelo observador A, no solo, porém com o feixe movendo-se no sentido contrário ao do vagão.

➤ Solução

Como v' e V têm sentidos opostos, a velocidade do feixe de luz em relação ao vagão será $v' = -c$ e, em relação ao solo será:

$$v = \frac{v' + V}{1 + \frac{v' \cdot V}{c^2}} = \frac{-c + V}{1 - \frac{c \cdot V}{c^2}} = \frac{-c + V}{1 - \frac{V}{c}} = \frac{-c + V}{\frac{c - V}{c}} = \frac{c \cdot (-c + V)}{(c - V)}$$

$\Rightarrow$ $\boxed{v = -c}$

Avaliando o aprendizado

6. Relativamente a um referencial inercial R', uma partícula move-se com velocidade $v' = -0{,}5c$. O referencial R' move-se com velocidade $V = +0{,}5c$, relativamente a outro referencial inercial R, parado no solo. Qual é a velocidade dessa partícula no referencial R? As velocidads citadas são paralelas aos eixos coincidentes x e x' dos referenciais.

7. Relativamente a um referencial inercial R', uma partícula move-se com velocidade $v' = +0{,}5c$. O referencial R' move-se com velocidade $V = +0{,}5c$, relativamente a outro referencial inercial R, parado no solo. Qual é a velocidade dessa partícula no referencial R? As velocidades citadas são paralelas aos eixos coincidentes x e x' dos referenciais.

8. Uma nave passa pela Terra com velocidade $V_x = +0{,}8c$ e ejeta um projétil com velocidade $v_x' = -0{,}8c$, relativa à nave, no sentido oposto ao do movimento da nave. Qual é a velocidade do projétil relativa à Terra?

Efeito Doppler-Fizeau relativístico

De modo semelhante ao que ocorre com as ondas mecânicas, especialmente as ondas sonoras, as ondas eletromagnéticas também experimentam o efeito Doppler--Fizeau, isto é, uma alteração na frequência observada quando fonte e observador apresentam entre si algum tipo de movimento relativo.

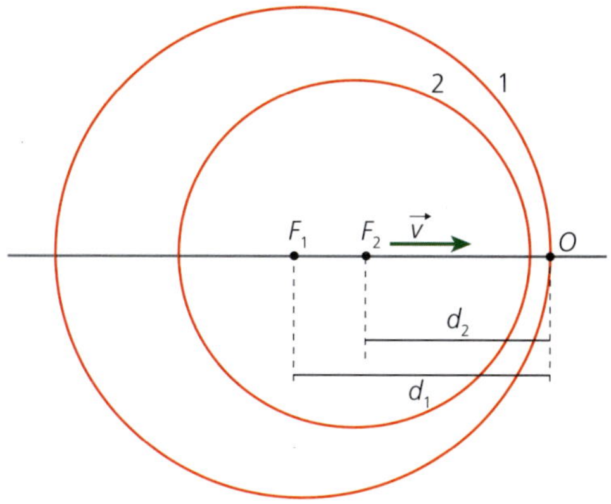

Figura 7. Efeito Doppler eletromagnético, outra consequência da invariância da velocidade da luz com relação ao movimento da fonte.

A **figura 7** mostra uma fonte F de ondas eletromagnéticas, luz ou ondas de rádio, por exemplo, em movimento retilíneo com velocidade $\vec{v}$ constante, emitindo pulsos de onda com frequência f_F e velocidade de propagação c. Os pulsos 1 e 2 foram emitidos pela fonte quando ela estava nos pontos F_1 e F_2, respectivamente. Os pulsos foram emitidos com um intervalo de tempo Δt_F, que é o período das ondas emitidas medido no referencial da fonte. Essas ondas chegam ao observador O com um intervalo de tempo Δt_O, que é o período das ondas medido no referencial do observador. Aplicando-se a dilatação do tempo entre os referenciais da fonte e do observador, temos para a frequência f_O medida pelo observador, em função da frequência f_F emitida pela fonte, o valor:

$$f_O = f_F \cdot \frac{\sqrt{1-\beta^2}}{(1-\beta\cos\theta)} \text{ ou } f_O = f_F \cdot \sqrt{\frac{c+v}{c-v}}$$

sendo $\beta = \frac{v}{c}$ a razão entre a velocidade da fonte e a velocidade da luz. A expressão usada para as ondas mecânicas não é válida para as ondas eletromagnéticas.

Para velocidades v muito pequenas em relação a c ($v << c$), β^2 torna-se desprezível quando comparado com 1. Assim, temos:

$$f_O = f_F \cdot \sqrt{\frac{1+\beta}{1-\beta}} \Rightarrow f_O = f_F \cdot \sqrt{\frac{(1+\beta)^2}{1-\beta^2}} \Rightarrow f_O = f_F \cdot \frac{1+\beta}{\sqrt{1-\beta^2}} \Rightarrow$$

$$\Rightarrow f_O = f_F \cdot (1+\beta) \text{ e } \Delta f = f_F \cdot \beta$$

Essas aproximações dão bons resultados para $0 \leq |\beta| \leq 0{,}2$.

Em todas as expressões acima convencionamos $\beta > 0$ na aproximação, e $\beta < 0$ no afastamento.

Para os comprimentos de onda, os expressões acima ficam:

$$\lambda_O = \lambda_F \cdot \sqrt{\frac{c-v}{c+v}} \quad \text{ou} \quad \lambda_O = \lambda_F \cdot \sqrt{\frac{1-\beta}{1+\beta}}$$

Se $v << c$ teremos: $\Delta\lambda = -\lambda_F \cdot \beta$.

Os quocientes $\frac{\Delta f}{f_F}$ e $\frac{\Delta\lambda}{\lambda_F}$ são as variações percentuais da frequência e do comprimento de onda, que satisfazem as relações: $\frac{\Delta f}{f_F} = -\frac{\Delta\lambda}{\lambda_F} = \beta$

Aplicando a teoria

6. Considere uma fonte que emite luz de frequência f_L, movendo-se com velocidade constante 0,60c, afastando-se de um observador A em repouso e aproximando-se de outro observador B, também em repouso, estando os dois observadores e a fonte numa mesma reta, como se vê na figura.

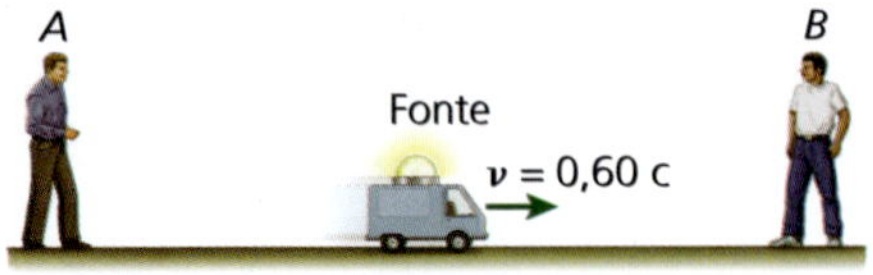

Determinar:

a) o módulo do fator β para essa fonte;

b) a frequência da luz recebida pelo observador A;

c) a frequência da luz recebida pelo observador B.

➤ Solução

a) $|\beta| = \left|\frac{v}{c}\right| \Rightarrow |\beta| = \frac{0{,}60 \cdot c}{c} \Rightarrow \boxed{|\beta| = 0{,}60}$

Nesse caso, temos $\theta = 0$, portanto usaremos:

$$f_O = f_F \cdot \sqrt{\frac{1+\beta}{1-\beta}}$$

b) $f_A = f_L \cdot \sqrt{\frac{1+\beta}{1-\beta}} = f_L \cdot \sqrt{\frac{1+(-0{,}60)}{c-(-0{,}60)}} =$

$= f_L \cdot \sqrt{\frac{0{,}40}{1{,}60}} \Rightarrow \boxed{f_A = \frac{1}{2} f_L}$

c) $f_B = f_L \cdot \sqrt{\frac{1+\beta}{1-\beta}} = f_L \cdot \sqrt{\frac{1+(+0{,}60)}{1-(+0{,}60)}} =$

$= f_L \cdot \sqrt{\frac{1{,}60}{0{,}40}} \Rightarrow \boxed{f_B = 2f_L}$

7. Em uma rodovia, um radar envia ondas de rádio frontalmente aos veículos e as recebe de volta com a frequência alterada. Pela variação da frequência, o aparelho avalia a velocidade do veículo que refletiu as ondas. Se f_0 é a frequência das ondas emitidas, $\Delta f = f_R - f_0$ é a variação de frequência entre as ondas refletidas e emitidas de volta ao radar e c é a velocidade dessas ondas no vácuo. Determinar a velocidade v do veículo, em função de c, f_0 e Δf.

➤ Solução

Vamos dividir a solução em duas partes: a primeira envolve o cálculo da frequência f' da onda que chega ao carro e reflete, e a segunda, o cálculo da frequência f_R da onda recebida de volta pelo radar.

Para os dois cálculos, usaremos a aproximação $f_o = f_F \cdot (1 + \beta)$, uma vez que $v << c$.

A onda recebida pelo veículo tem frequência $f' = f_F \cdot (1 + \beta)$ e não sofre alteração na reflexão.

Já para as ondas refletidas que retornam ao radar, o carro comporta-se como uma fonte que "emite" ondas de frequência f'. Assim:

$$f_R = f' \cdot (1 + \beta) \Rightarrow f_R = f_0 \cdot (1 + \beta) \cdot (1 + \beta) \Rightarrow$$

$$\Rightarrow f_R = f_0 \cdot (1 + 2\beta + \beta^2)$$

Como v é muito menor que c, podemos desprezar β^2 quando comparado com β. Assim:

$$f_R = f_0 \cdot (1 + 2\beta) \Rightarrow f_R - f_0 = 2 \cdot f_0 \cdot \beta \Rightarrow$$

$$\Rightarrow \beta = \frac{1}{2} \cdot \left(\frac{\Delta f}{f_0}\right) \text{ ou } \boxed{v = \frac{1}{2} \cdot \left(\frac{\Delta f}{f_0}\right) \cdot c}$$

Avaliando o aprendizado

9. Uma galáxia afasta-se da Terra de modo que uma radiação por ela emitida é captada aqui com frequência de $5{,}4 \cdot 10^{14}$ Hz, sendo seu valor real $6{,}0 \cdot 10^{14}$ Hz. Assim, podemos dizer que a velocidade de afastamento dessa galáxia, relativamente à Terra, é k vezes a velocidade da luz c. Determine k

a) usando a fórmula exata do efeito Doppler relativístico;

b) usando a fórmula aproximada para baixas velocidades.

10. Um automóvel vem diretamente ao encontro de um aparelho de radar utilizado para controle de velocidade nas rodovias. A onda emitida pelo radar tem frequência de $6{,}0 \cdot 10^{14}$ Hz e é recebida por um automóvel com um aumento de $1{,}0 \cdot 10^{8}$ Hz. Portanto, podemos dizer que a velocidade do veículo vale aproximadamente:

a) 25 km/h
b) 50 km/h
c) 80 km/h
d) 90 km/h
e) 120 km/h

11. Para que um pulso de luz emitido com 700 nm seja captado com 350 nm, a velocidade da fonte relativamente ao observador deve ser de:

a) aproximação e igual a 0,60c.

b) afastamento e igual a 0,60c.

c) aproximação e igual a 0,80c.

d) afastamento e igual a 0,80c.

e) aproximação e igual a 0,60c.

Equivalência massa-energia

Ao longo dos tempos, no desenvolvimento das ciências da natureza como a Física, a Química e a Biologia, a conservação da energia e a conservação da massa sempre foram consideradas propriedades da matéria não interdependentes.

Com a teoria especial da relatividade, entretanto, Einstein mostrou que a massa e a energia são aspectos distintos de uma mesma quantidade. Massa pode ser convertida em energia e energia pode ser convertida em massa.

Nos reatores nucleares, poucos gramas de urânio por dia são convertidos em enormes quantidades de energia térmica que movimentam as turbinas de uma usina de geração de energia elétrica.

Nos grandes aceleradores de partículas, como os gigantes LHC na Europa ou o Tevatron nos Estados Unidos, energia cinética é convertida em matéria nos vários milhões de colisões por segundo que ocorrem entre as partículas.

Portanto, se massa se converte em energia e energia se converte em massa, o que se conserva é o "dueto" **massa-energia.**

Essa dualidade massa-energia está expressa na equação:

$$E_0 = mc^2$$

Nesse equação, E_0 representa a energia correspondente à massa m em repouso e costuma ser chamada de **energia de repouso**. Se a partícula está em movimento com velocidade v, sua energia total E é a soma de sua energia de repouso E_0 com sua energia cinética relativística E_c. Einstein demonstrou que E vale:

$$E = \gamma mc^2$$

sendo γ o fator de Lorentz. Assim:

$$E = E_0 + E_{cin} \Rightarrow \gamma mc^2 = mc^2 + E_c \Rightarrow \boxed{E_c = (\gamma - 1) \cdot mc^2}$$

Como já vimos, quando $v \ll c$, podemos usar a aproximação $\gamma \simeq 1 + \frac{1}{2}\beta^2$ ou $\gamma - 1 \simeq \frac{1}{2}\beta^2$. Substituindo-se $\gamma - 1$ na expressão relativística da energia cinética, obtemos a expressão clássica:

$$E_c = (\gamma - 1) \cdot mc^2 \Rightarrow E_c = \frac{1}{2}\beta^2 mc^2 \Rightarrow E_c = \frac{1}{2}m\underbrace{\beta^2 c^2}_{v^2} \Rightarrow E_c = \frac{1}{2}mv^2$$

Portanto, não há erro na expressão clássica, o que ocorre é que ela é válida apenas para baixas velocidades.

Aplicando a teoria

8. **Uma sonda espacial tem velocidade igual a 0,6c, isto é, $\beta = 0{,}6$. Determine a sua energia cinética:**

a) pela expressão clássica;

b) pela expressão relativística e compare com o resultado do item **a**.

➤ Solução

a) $E_c = \frac{1}{2}mv^2 = \frac{1}{2}m(0{,}6c)^2 = \boxed{E_c = 0{,}18mc^2}$

b) O fator γ é dado por: $\frac{1}{\sqrt{1-\beta^2}} = \frac{1}{\sqrt{1-(0{,}6)^2}} = 1{,}25$

Assim: $E_c = (\gamma - 1) \cdot mc^2 \Rightarrow E_c = (1{,}25 - 1) \cdot mc^2 \Rightarrow$

$\Rightarrow \boxed{E_c = 0{,}25mc^2}$ Uma diferença de 28%!

Avaliando o aprendizado

12. Se apenas 1,8 grama de urânio fosse totalmente convertido em energia elétrica

a) quantos quilowatts-hora seriam gerados?

b) quantas residências poderiam ser supridas com essa energia elétrica, durante um ano, cada uma consumindo em média 500 kWh por mês?

(*Dados*: $c = 3{,}0 \cdot 10^8$ m/s e 1 kWh = 3.600.000 joules.)

13. A fissão de um núcleo de urânio-235 libera uma quantidade de energia da ordem de 200 milhões de elétrons-volt (1 elétron-volt (eV) = $1{,}6 \cdot 10^{-19}$ J). Para gerar 1.360 MJ (M = mega = 10^6) de energia elétrica, o reator nuclear Angra II deve gerar 4.000 MJ de energia térmica, por segundo. Determine para esse reator:

a) o número de fissões que ocorrem, por segundo, no seu interior;

b) a massa de urânio-235 necessária para mantê-lo funcionando durante um dia.

(*Dados*: 1 dia $\simeq 9{,}0 \cdot 10^4$ s; massa de um núcleo de $^{235}U = 4{,}0 \cdot 10^{-25}$ kg.)

14. No Cern, quando o LHC operar com sua capacidade total, prótons serão acelerados até atingir energias de 6,58 TeV (TeV = 10^{12} eV) e velocidades muito próximas à velocidade c da luz no vácuo.

Sendo 1 eV = 1 elétron-volt = $1{,}6 \cdot 10^{-19}$ J e 940 MeV a energia de repouso do próton, determine para os prótons desse acelerador:

a) o fator γ de Lorentz nessa energia;

b) a diferença entre a velocidade da luz no vácuo c e a velocidade v atingida, usando a aproximação. $c - v = \dfrac{c}{2\gamma^2}$.

Planck
Conteúdo multimídia

4 Teoria quântica da radiação de Max Planck

Ao final do século XIX e início do século XX, certas evidências experimentais mostravam que a interação da radiação eletromagnética com a matéria não estava totalmente de acordo com a teoria eletromagnética de Maxwell.

O desenvolvimento da teoria cinética da matéria, por Ludwig Boltzmann em 1871, a descoberta do efeito fotoelétrico por Heinrich Hertz em 1887, a descoberta do elétron por J. J. Thomson em 1897, a constatação do átomo nuclear por Ernest Rutherford, em 1911, entre outros fatos, obrigaram os físicos a reformular a Mecânica das Partículas Subatômicas, uma vez que seus movimentos não obedeciam exatamente às leis da Mecânica Newtoniana nem da teoria de Maxwell.

Para explicar as novas observações, os físicos formularam e incorporaram novas ideias, algumas delas extremamente inovadoras e revolucionárias. Essas ideias foram evoluindo para o que conhecemos hoje como **teoria quântica da matéria** ou **Física Quântica**.

A Física Quântica e a teoria especial da relatividade são os divisores que separam a Física praticada até fins do século XIX, conhecida como Física Clássica, e a Física que se pratica do início do século XX até hoje, conhecida como Física Moderna.

Na tarde de 14 de dezembro de 1900, na sede da *Deutsche Physikalische Gesellschaft* (Sociedade Alemã de Física), o físico alemão Max Karl Ludwig Planck (1858-1947) revelava ao mundo resultados que foram tão importantes para a ciência quanto os obtidos por Isaac Newton dois séculos antes. Nascia ali a Física Quântica, também conhecida como teoria dos *quanta* (o termo *quântica* vem do latim *quantum*, que significa quantidade; o plural de *quantum* é *quanta*).

Todo corpo emite radiação eletromagnética, seja qual for sua temperatura. Essa emissão de radiação representa a conversão em radiação eletromagnética de parte da energia térmica de agitação das partículas que constituem o corpo.

As intensidades das radiações emitidas dependem apenas da temperatura do corpo e não do material que o constitui. Em baixas temperaturas, a maior taxa de emissão está na faixa do infravermelho. Com o aumento gradativo da temperatura, em torno de 525 °C, o corpo começa a emitir radiação na faixa visível do espectro eletromagnético, inicialmente de cor levemente avermelhada, passando ao amarelo, até chegar ao branco, em temperaturas da ordem de 6.000 °C. A **figura 8** mostra a emissão de luz por uma barra de aço a uma temperatura em torno de 1.300 °C.

RICARDO AZOURY/PULSAR IMAGENS

Figura 8. Lingotamento na Companhia Siderúrgica Nacional, em Volta Redonda, RJ.

Uma análise mais detalhada da radiação eletromagnética emitida revela que ela é uma distribuição contínua de comprimentos de onda que vão do infravermelho, passando pelo visível, chegando até a região do ultravioleta do espectro eletromagnético, como mostra a **figura 9**.

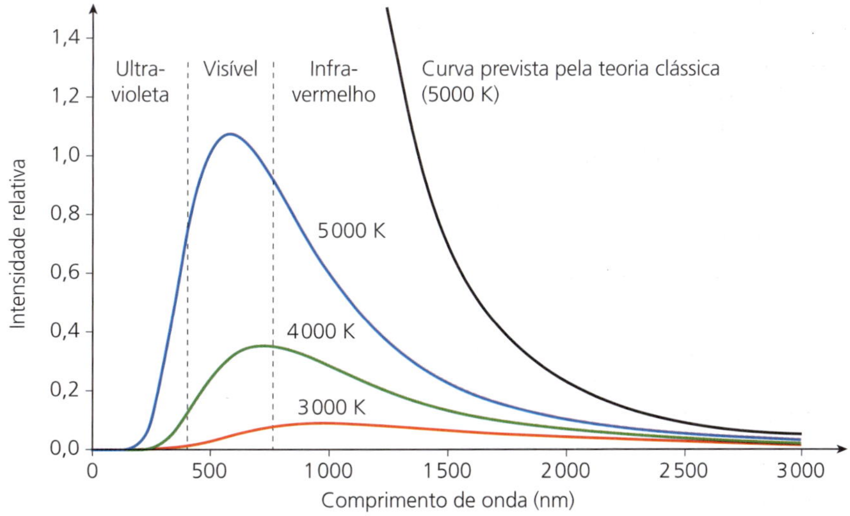

Figura 9. Para radiações com comprimentos de onda abaixo de 3.000 nm, a teoria clássica falha grosseiramente nas previsões.

A forma da curva da radiação emitida, obtida experimentalmente, desafiava os físicos e a Física do final do século XIX. As teorias clássicas não explicavam os fatos experimentais.

Para ajustar a teoria aos fatos, Planck admitiu, mesmo contra suas sólidas convicções clássicas, que os átomos emissores de radiação comportavam-se como osciladores elementares, do tipo massa e mola, que emitiam e absorviam energia em quantidades discretas e proporcionais à sua frequência f de oscilação (**fig. 10**).

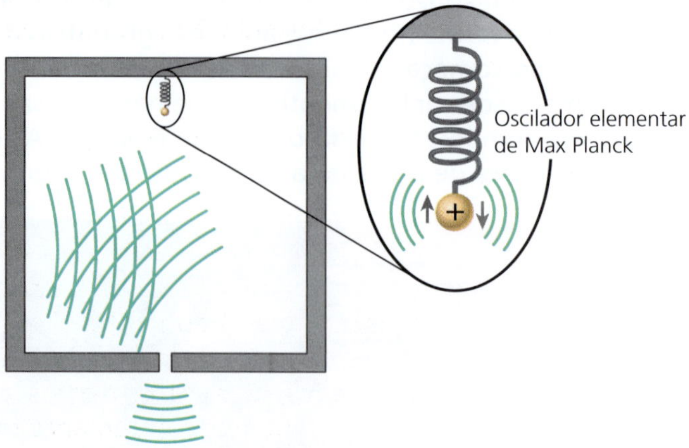

Figura 10. Modelo de Max Planck para a emissão de radiação térmica. As cargas elétricas oscilantes irradiam energia em quantidades discretas proporcionais à sua frequência de oscilação (*quantum* de energia).

Portanto, se E é a quantidade mínima de energia absorvida ou emitida por um oscilador em uma interação com a radiação eletromagnética, pela hipótese de Planck temos:

$$E = hf$$

sendo h uma constante que Planck supôs ser a mesma para todos os osciladores. Portanto, ao absorver ou emitir energia, um oscilador elementar tem sua energia aumentada ou diminuída de valores múltiplos de hf, isto é, hf é o *quantum* de energia.

Desde 1900, essa expressão ficou conhecida como a equação da **quantização da energia.**

Conhecida hoje como **constante de Planck**, h é uma constante universal, fundamental para toda a Física posterior a 1900, e seu valor em unidades SI é $h = 6{,}626 \cdot 10^{-34}\ \text{J} \cdot \text{s}$.

O modelo de Planck para a emissão de radiação térmica também admitia que os átomos do material ocupavam determinados níveis permitidos de energia, isto é, os níveis de energia eram quantizados, como se vê na **figura 11.**

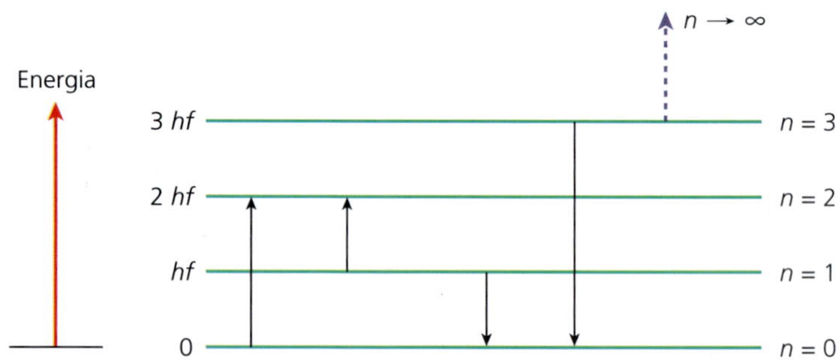

Figura 11. Diagrama de níveis de energia segundo a hipótese de Planck. Ao absorver energia, o átomo passa para um nível de energia mais elevado (setas para cima). Ao emitir energia, os átomos passam para um nível mais baixo de energia (setas para baixo).

Os átomos só emitem ou absorvem energia quando mudam de nível. Enquanto um átomo permanece em determinado nível, nenhuma energia é emitida nem absorvida. Esses níveis permitidos são chamados **estados quânticos estacionários**.

Planck achava que seu modelo era apenas um artifício matemático para resolver o problema ao qual se dedicava desde 1890. Ele e outros físicos da época não acreditavam na existência real dos *quanta*. "[...] tomei esse caminho numa atitude desesperada, pois sou contra aventuras duvidosas. Eu tinha de chegar a algum resultado positivo, mesmo sacrificando minhas mais profundas convicções físicas", escreveu Planck a um amigo em 1931.

Entretanto, em 1905, Einstein usou a ideia da quantização da energia para explicar o efeito fotoelétrico, e isso lhe valeu o Prêmio Nobel de Física de 1921. Em 1914, os físicos alemães James Franck e Gustav Hertz, este último sobrinho de Heinrich Hertz, demonstraram experimentalmente a existência dos estados quânticos estacionários de energia, sendo laureados com o Prêmio Nobel de Física de 1925. Nos vinte anos que se seguiram à sua formulação, a teoria quântica de Planck explicou inúmeros outros fenômenos em nível atômico e molecular, nos quais as teorias clássicas falharam.

Os últimos 110 anos de desenvolvimento científico e tecnológico mudaram drasticamente o cotidiano humano. Quase toda a tecnologia desenvolvida nesse período foi implementada com base na teoria quântica de Planck, essa "estranha realidade" do nosso mundo.

40.1 Biblioteca do estudante

As leis da Física Quântica regem o Universo desde a escala subatômica até a escala cósmica. Entre 1973 e 1974, o físico inglês Stephen Hawking aplicou a Mecânica Quântica à teoria dos buracos negros, chegando à incômoda conclusão de que eles não são tão negros como se pensava. Os buracos negros 'evaporam', isto é, podem emitir radiação e partículas. Um fenômeno puramente quântico, denominado tunelamento.

Hawking Conteúdo multimídia

Não há como duvidar... O Universo é quântico!

A teoria quântica de Max Planck, que evoluiu para a Mecânica Quântica de Bohr, Heisenberg e Pauli, é uma das teorias científicas mais bem-sucedidas da história da humanidade. Seu potencial de aplicação se amplia a cada dia.

Efeito fotoelétrico ou efeito Hertz

Em 1887, enquanto investigava a emissão de ondas eletromagnéticas em descargas elétricas, Henrich Hertz percebeu que a descarga era facilitada e intensificada quando se iluminavam os eletrodos de cobre com radiação ultravioleta. No ano seguinte, Wilhelm Hallwachs obteve emissão de elétrons iluminando superfícies de outros metais como zinco, potássio e sódio. Não havia explicação para esse fenômeno na teoria eletromagnética de Maxwell. A **figura 12** mostra a separação das tiras metálicas de um eletroscópio, comprovando a sua eletrização por emissão de elétrons.

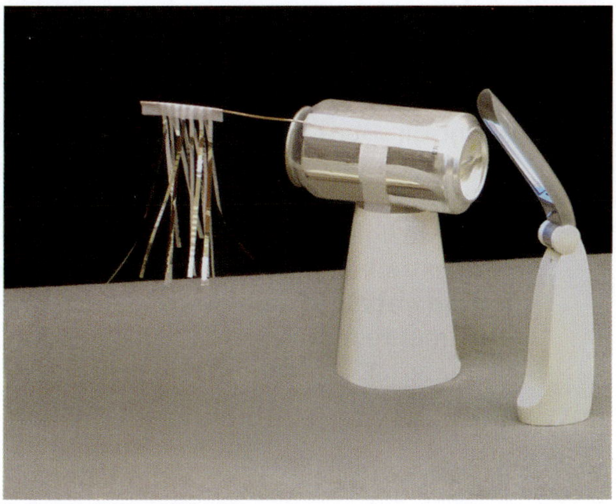

ADAM BEEHLER

Figura 12. A luz provoca emissão fotoelétrica na superfície da lata metálica eletrizando as tiras metálicas, que se afastam por repulsão eletrostática.

O processo de emissão de elétrons por iluminação foi denominado de **emissão fotoelétrica** ou **efeito fotoelétrico**. Os elétrons emitidos são denominados fotoelétrons. Esse fenômeno também é conhecido pelo nome **efeito Hertz**.

Fotocélulas, controles remotos e sensores eletrônicos em geral são aplicações do efeito fotoelétrico.

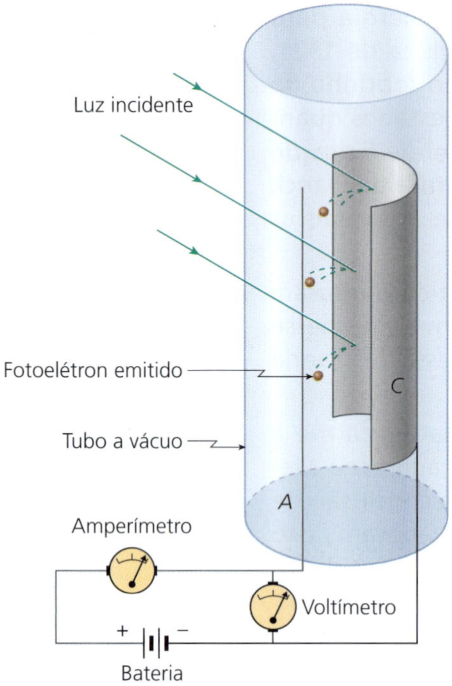

Figura 13. Esquema do circuito utilizado para estudar quantitativamente o efeito fotoelétrico. Os fotoelétrons geram uma corrente elétrica que pode ser medida no amperímetro. *C* (cátodo) (−) *A* (ânodo)(+)

A **figura 13** mostra um esquema do circuito usado para se estudar o efeito fotoelétrico.

Experimentalmente foram observadas quatro características principais na emissão fotoelétrica:

- A emissão de elétrons era praticamente instantânea.
- A quantidade de fotoelétrons emitidos aumenta com o aumento da intensidade da radiação incidente.
- A emissão fotoelétrica só ocorre se a radiação incidente tiver uma frequência superior a um valor mínimo característico do material irradiado. Essa é a frequência de corte do material (f_0), abaixo da qual não se verifica emissão de fotoelétrons.
- Acima da frequência de corte, a energia cinética máxima dos elétrons emitidos é uma função linear e crescente da frequência da radiação incidente.

Essas observações não podiam ser explicadas pela Física Clássica, pois, de acordo com ela, radiação de qualquer frequência deveria ser capaz de arrancar elétrons do metal, mesmo que o elétron demorasse certo tempo para absorver energia suficiente para ser emitido. Além disso, de acordo com a Física Clássica, ao se aumentar a intensidade da radiação incidente, os elétrons deveriam ser ejetados do metal com energia cinética maior.

A explicação do efeito fotoelétrico foi dada por Albert Einstein em 1905, mesmo ano da publicação da teoria especial da relatividade e de outros artigos sobre a estrutura da matéria. Para explicar o efeito fotoelétrico, Einstein formulou três postulados:

1º) A luz é formada por minúsculos "pacotes de energia", cada um transportando energia *hf*, aos quais Einstein denominou ***quanta* de luz** (posteriormente, em 1926, o físico-químico norte-americano Gilbert Lewis "rebatizou-os" com o sugestivo nome de **fótons**, até hoje em uso).

2º) Os *quanta* de luz, ou fótons, são sempre emitidos ou absorvidos integralmente. Não existem quantidades fracionárias como $\frac{1}{2}$ fóton, ou $\frac{1}{4}$ de fóton.

3º) Ao incidir sobre a superfície do metal, cada fóton transfere toda a sua energia *hf* a apenas um elétron. Parte dessa energia é usada para "arrancar" o elétron da estrutura à qual está ligado. Ao valor mínimo dessa energia necessária para extrair o elétron do material Einstein deu o nome de **função trabalho fotoelétrico**, ou somente **função trabalho**, usualmente representada por *W*, e ela é uma característica do material. O excedente de energia, se houver, é convertido em energia cinética do fotoelétron (**fig. 14**).

40.2 Conteúdo multimídia

Efeito fotoelétrico

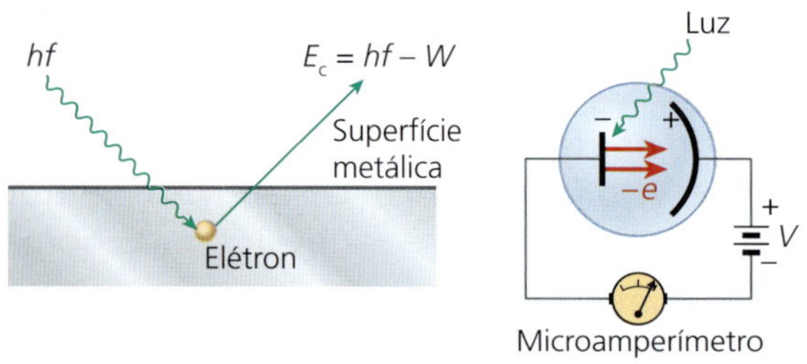

Figura 14. Condição para a ocorrência do efeito fotoelétrico: a energia *hf* do fóton deve ser maior que a função trabalho *W* do material.

Assim:

$$E_{c(máx)} = hf - W$$

Essa é a **equação de Einstein** para o efeito fotoelétrico.

Como h e W são constantes, a equação de Einstein é, na verdade, uma função do primeiro grau entre f e $E_{c(máx)}$. A **figura 15** mostra o gráfico dessa função.

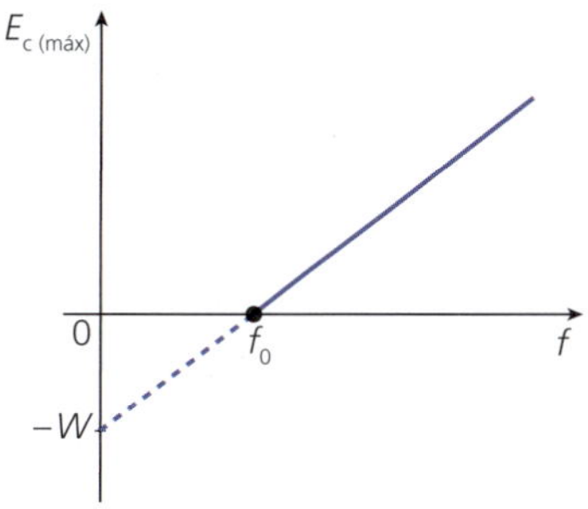

Figura 15. Gráfico da "equação" do efeito fotoelétrico. W é a função trabalho e f_0 é a frequência de corte característica do material.

O coeficiente angular da reta é a constante h de Planck; o coeficiente linear é $-W$, em que W é a função trabalho do material, e f_0 é a frequência de corte.

Pela análise do gráfico podemos obter o valor W da função trabalho ou a frequência de corte f_0 do material, fazendo $E_{c(máx)} = 0$. Portanto:

$$0 = hf_0 - W \Rightarrow W = hf_0 \text{ ou } f_0 = \frac{W}{h}$$

Na **tabela 1** encontramos valores da função trabalho para alguns metais.

Tabela 1. Função trabalho de alguns metais

Metal	Função trabalho (eV)
Aluminio (Al)	4,08
Césio (Cs)	2,10
Cobre (Cu)	4,70
Mercúrio (Hg)	4,50
Níquel (Ni)	5,01
Ouro (Au)	5,10
Prata (Ag)	4,73
Platina (Pt)	6,35
Sódio (Na)	2,28
Zinco (Zn)	4,30
$1\ \text{eV} = 1{,}602 \cdot 10^{-19}\ \text{J}$	

Fonte: Tipler A.; Llewellyn, R. *Física Moderna*. 3. ed. Rio de Janeiro: LTC, 2001.

Aplicando a teoria

9. a) Escrever a equação da quantização da energia de Planck, $E = hf$, em função do comprimento de onda da radiação emitida ou absorvida.

b) A partir da equação de Einstein para o efeito fotoelétrico, determinar o comprimento de onda de corte do material.

➤ Solução

a) Sendo $c = \lambda f \Rightarrow f = \frac{c}{\lambda}$, então: $E = hf \Rightarrow \boxed{E = \frac{hc}{\lambda}}$

b) $E_{c(máx)} = hf - W \Rightarrow 0 = hf_0 - W \Rightarrow f_0 = \frac{W}{h} \Rightarrow \frac{c}{\lambda_0} = \frac{W}{h} \Rightarrow \boxed{\lambda_0 = \frac{hc}{W}}$

10. a) Determinar qual é a energia, em elétron-volt (eV), de um fóton de uma radiação eletromagnética de comprimento de onda $\lambda = 250$ nm?

b) Dos metais listados na **tabela 1**, quais não emitiriam fotoelétrons se fossem iluminados com essa radiação?

(*Dado*: constante de Planck × velocidade da luz no vácuo = $hc = 1.240$ eV · nm.)

a) $E = \dfrac{hc}{\lambda} \Rightarrow E = \dfrac{1.240 \text{ eV} \cdot \text{nm}}{250 \text{ nm}} \Rightarrow \boxed{E = 4{,}96 \text{ eV}}$

b) Para haver emissão de fotoelétrons, a energia do fóton da radiação incidente deve ser maior que a função trabalho do metal. Portanto, de acordo com a tabela, os fótons da radiação em questão podem extrair fotoelétrons de todos os metais listados exceto o níquel, o ouro e a platina, visto que as funções de trabalho desses três metais têm valores maiores que a energia dos fótons da radiação.

Avaliando o aprendizado

Onde for necessário use:
$h = 6{,}63 \cdot 10^{-34}$ J · s = $4{,}14 \cdot 10^{-15}$ eV · s
$c = 3{,}0 \cdot 10^{8}$ m/s
1 J = $6{,}25 \cdot 10^{18}$ eV
$hc = 1.240$ eV · nm = $1{,}240 \cdot 10^{-6}$ eV · m

15. As radiações ultravioleta têm comprimentos de onda com valores entre 10 nm e 400 nm, aproximadamente. Determine, em elétron-volt (eV), a energia de um fóton de radiação ultravioleta de comprimento de onda igual a:

a) 200 nm; b) 13,6 nm.

16. Em condições normais, são necessários 13,6 eV para ionizar um átomo de hidrogênio. Determine:

a) o comprimento de onda da radiação cujo fóton tem a energia mínima necessária para ionizar um átomo de hidrogênio;

b) a faixa do espectro eletromagnético em que se situa essa radiação.

As informações a seguir referem-se aos gráficos abaixo e serão úteis para os exercícios 17 e 18.

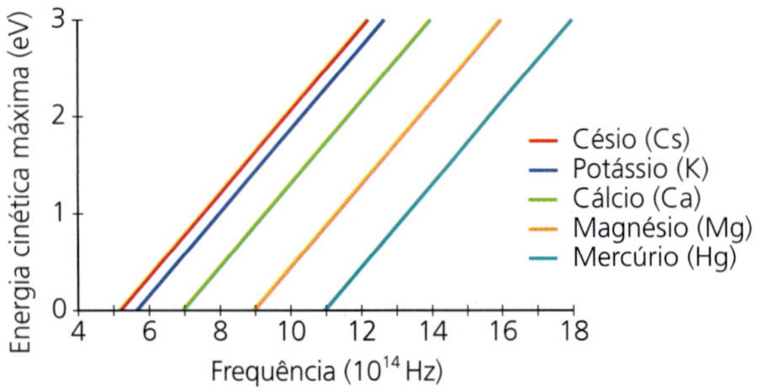

I. Considere que os comprimentos de onda das radiações eletromagnéticas visíveis (luz) estejam no intervalo 400 nm $< \lambda <$ 750 nm.

II. Os gráficos representam as energias cinéticas máximas de fotoelétrons emitidos por vários metais, em função da frequência da radiação incidente.

17. Assinale a afirmação **correta**.

a) As retas mostradas no gráfico são paralelas, pois esses metais têm funções de trabalho de mesmo valor.

b) As retas mostradas no gráfico são paralelas, porque para esses metais as frequências de corte apresentam o mesmo valor.

c) As retas mostradas no gráfico são paralelas, pois o coeficiente angular dessas retas é numericamente igual à constante de Planck (h).

d) Dos metais apresentados no gráfico, o Hg é aquele para o qual o comprimento de onda de corte tem maior valor.

e) Dos metais apresentados no gráfico, o Hg é aquele que tem a menor função trabalho.

18. Assinale a afirmação **incorreta**.

a) Os fótons da radiação de 400 nm têm energia de 3,1 eV.

b) Estimando pelo gráfico, a função trabalho do Ca tem valor próximo de 2,90 eV.

c) Estimando pelo gráfico, a função trabalho do Mg tem valor próximo de 3,72 eV.

d) Observando-se o gráfico, podemos ordenar as funções de trabalho (W) desses metais assim: $W_{Cs} < W_K < W_{Ca} < W_{Mg} < W_{Hg}$.

e) O fóton mais energético das radiações visíveis pode extrair fotoelétrons de qualquer dos metais mostrados no gráfico, exceto do Hg.

19. A função trabalho para um certo metal é W. Determine para esse metal, em função de W, h e c:

a) a frequência de corte f_0;

b) o comprimento de onda de corte λ_0.

20. Considere as seguintes situações:

a) Na figura A I o eletroscópio está eletrizado negativamente e em equilíbrio. Na figura A II aproxima-se da placa de zinco uma lâmpada incandescente comum e não se nota alteração no estado de eletrização do eletroscópio. Mesmo triplicando-se a intensidade da iluminação sobre a placa de zinco, figura A III, o estado de eletrização do eletroscópio permanece inalterado. Explique por que isso ocorre.

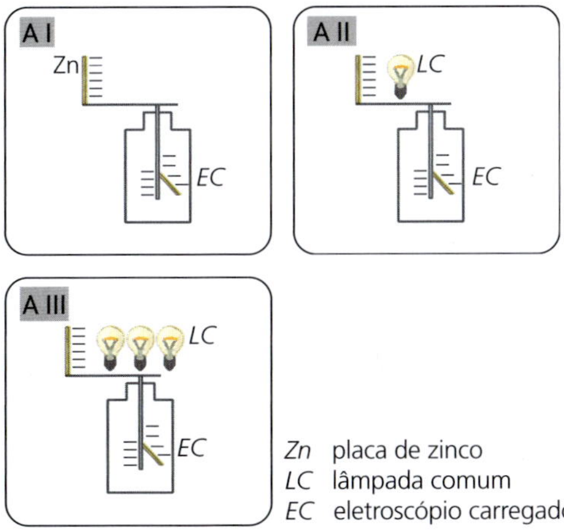

Zn placa de zinco
LC lâmpada comum
EC eletroscópio carregado

b) Na figura BI o eletroscópio está eletrizado negativamente e em equilíbrio. Na figura BII aproxima-se da placa de zinco uma fonte de radiação ultravioleta que descarrega totalmente o eletroscópio. Explique por que isso ocorreu.

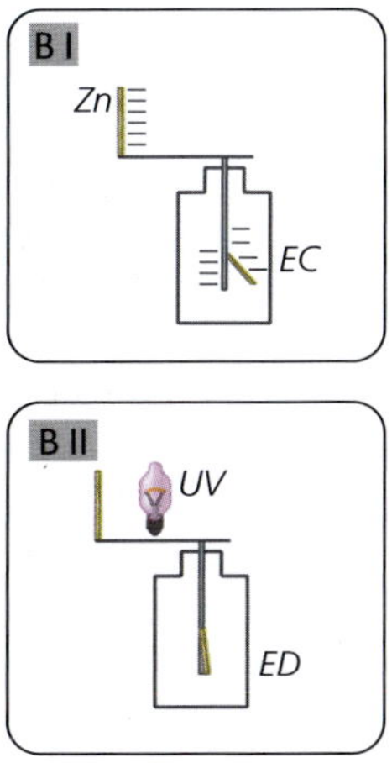

Zn placa de zinco
UV fonte de ultravioleta
EC eletroscópio carregado
ED eletroscópio descarregado

21. Em uma experiência sobre o efeito fotoelétrico, de 1916, o físico norte-americano Robert Millikan obteve o gráfico mostrado na figura abaixo.

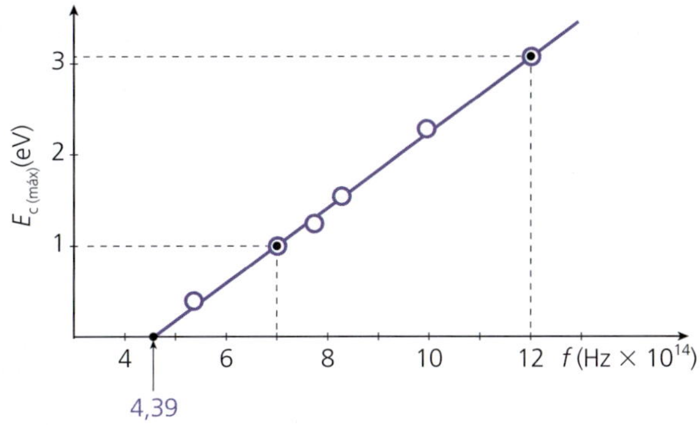

Com base nos valores que podemos tirar do gráfico, estime:

a) o valor da constante de Planck (h), em eVs;

b) o comprimento de onda de corte (λ_0) para o metal usado;

c) o valor da função trabalho (W) do metal.

22. Satélites artificiais orbitando a Terra podem ficar superficialmente eletrizados devido ao efeito fotoelétrico. Supondo que a superfície do satélite seja recoberta com uma película de uma liga metálica com função trabalho 6,20 eV, determine o maior comprimento de onda ($\lambda_{máx}$) de um fóton capaz de provocar emissão fotoelétrica nesse material.

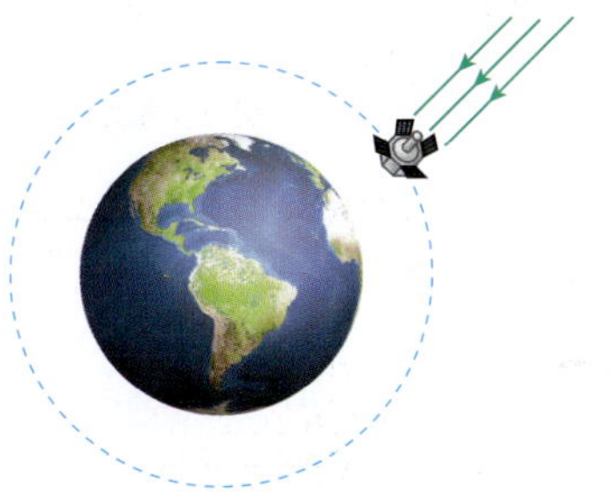

Modelos atômicos. Átomo de hidrogênio

Teorias sobre a constituição "descontínua" ou "granulada" da matéria já existiam na Índia desde o século VI a.C.

Na Grécia Antiga, Demócrito (470 a.C.-360 a.C.), aprimorando as ideias de seu mestre Leucipo (metade do século V a.C.), criou o termo **átomo**, que significa "indivisível". Mesmo destituído do seu significado original, atualmente o termo **átomo** refere-se à menor porção de matéria que ainda conserva suas propriedades.

O *atomismo*, a teoria sobre a composição descontínua da matéria, teve grande avanço a partir do final do século XVII, com René Descartes (1596-1650), Robert Boyle (1627-1691) e Isaac Newton (1642-1727). O modelo corpuscular da luz, usado por Newton para explicar a reflexão e a refração, foi influenciado pelo atomismo.

A partir do final do século XVIII até meados do século XIX, experiências indicavam que a matéria realmente deveria ser formada de porções descontínuas, que foram identificadas como os "átomos de Demócrito".

O químico e físico inglês John Dalton (1766-1844) é considerado o fundador da moderna teoria atômica. Várias descobertas experimentais feitas por Dalton entre 1803 e 1808 não deixavam dúvidas sobre a existência dos átomos.

O átomo de Dalton era indivisível, mas as substâncias eram formadas pela combinação de diferentes tipos de átomos. Esse modelo foi uma excelente base para o desenvolvimento da teoria cinética da matéria. Entretanto, outros modelos foram sendo criados à medida que certos experimentos revelavam a natureza elétrica e complexa do próprio átomo.

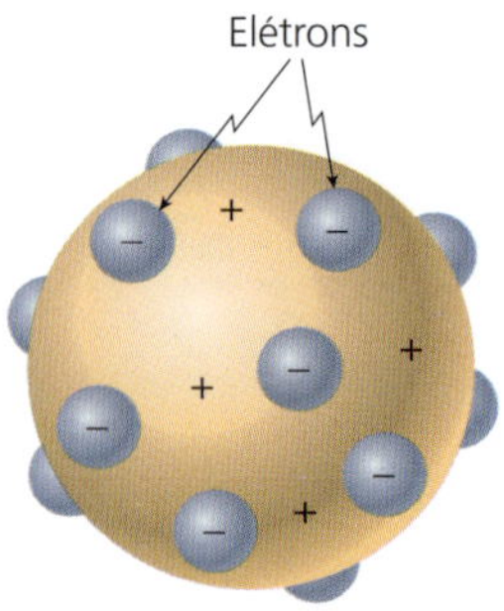

Figura 16. Modelo atômico de Thomson.

Em 1904, o físico britânico J. J. Thomson (1856-1940) sugeriu um modelo atômico no qual os elétrons com cargas negativas estariam uniformemente distribuídos em um grande volume de matéria com carga positiva. A quantidade de carga positiva deveria ser igual à carga negativa total dos elétrons, tornando assim o átomo eletricamente neutro. A **figura 16** mostra esse modelo.

Rutherford
Conteúdo multimídia

Em 1911, o físico neozelandês Ernest Rutherford (1871-1937) realizou um experimento que revolucionou o conceito de átomo, derrubando o modelo de Thomson. A **figura 17** mostra um esquema desse experimento.

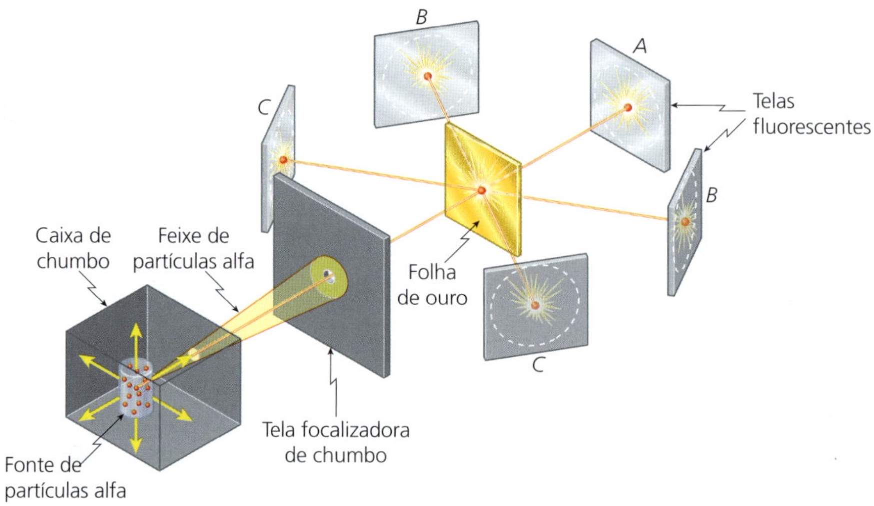

Figura 17. Esquema da experiência de Rutherford que revelou o átomo com grandes espaços vazios e um núcleo muito denso.

Partículas alfa emitidas por núcleos radioativos, lançadas contra uma fina folha de ouro, passavam em sua maioria através desse metal como se estivessem movendo-se no vazio. Algumas eram fortemente desviadas de suas trajetórias após passarem pela folha de ouro, e uma pequena parcela era refletida no sentido contrário ao do seu movimento original (**fig. 18A**).

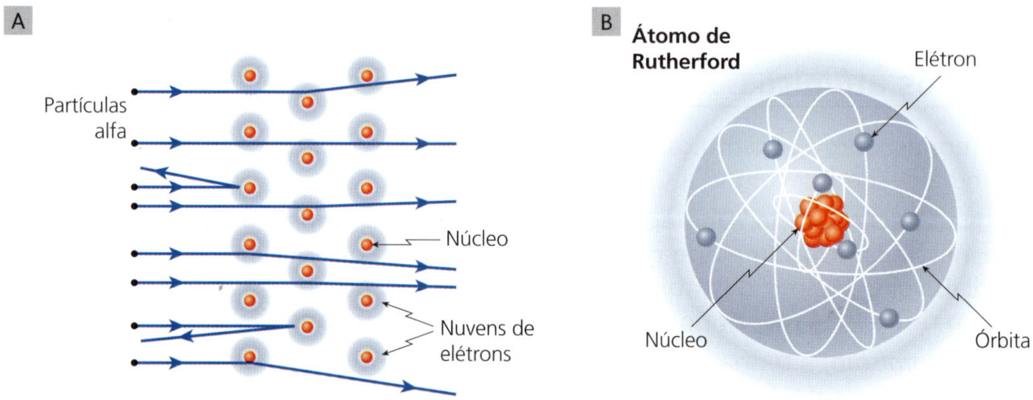

Figura 18. (A) Modelo explicativo do resultado da experiência de Rutherford; (B) modelo do átomo planetário de Rutherford.

Os resultados dessas experiências levaram Rutherford a criar um novo modelo de átomo, formado por uma parte positiva, localizada numa região muito pequena e muito densa no centro do átomo, à qual chamou de **núcleo** atômico, e por uma parte negativa, constituída por elétrons, ocupando uma vasta região externa envolvendo o núcleo, à qual chamou de nuvem de elétrons, atualmente denominada **eletrosfera**.

Para garantir a estabilidade do átomo, os elétrons estariam em movimento ao redor do núcleo, em órbitas circulares, de modo semelhante aos planetas ao redor do Sol. Esse modelo ficou conhecido como **modelo planetário** do átomo (**fig. 18B**).

Entretanto, havia um sério problema com o modelo de Rutherford. Os elétrons em movimento orbital estão sob ação de uma aceleração centrípeta e, de acordo com a teoria eletromagnética de Maxwell, cargas elétricas aceleradas emitem radiação, perdendo energia. Nesse caso, os elétrons estariam continuamente emitindo radiação eletromagnética e deveriam rapidamente "cair" sobre o núcleo atômico, provocando o colapso da matéria! Algo parecido com a situação da **figura 19**. Obviamente esse colapso nunca foi observado. Portanto, era preciso aperfeiçoar o modelo.

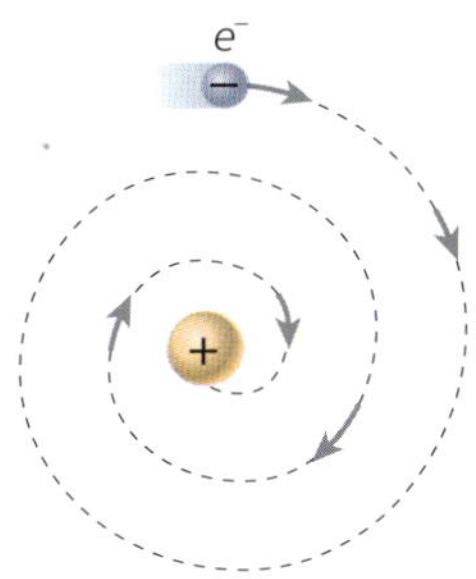

Figura 19. O colapso da matéria. Pela teoria eletromagnética de Maxwell, cargas elétricas aceleradas irradiam energia. Assim, os elétrons deveriam "cair" sobre o núcleo, o que felizmente não se verifica.

Bohr Conteúdo multimídia

Em 1913, para escapar da contínua e catastrófica emissão de radiação pelos elétrons dos átomos, o físico dinamarquês Niels Bohr (1885-1962) admitiu que a teoria de Maxwell não seria aplicável aos sistemas em escala atômica. Utilizando a ideia da quantização da energia de Planck, Bohr admitiu que, "dentro" do átomo, os elétrons ficam "confinados" em certos níveis estáveis de energia, nos quais não há emissão de radiação. Esses níveis permitidos de energia foram chamados de **estados estacionários** de energia.

Só há emissão ou absorção de energia quando um elétron muda de nível. Ao passar de um nível "inferior" para outro "mais elevado", o elétron absorve um fóton com energia estritamente suficiente para executar a transição. Ao retornar ao estado estacionário original, o elétron emite de volta o fóton absorvido, na forma de radiação eletromagnética (**fig. 20**).

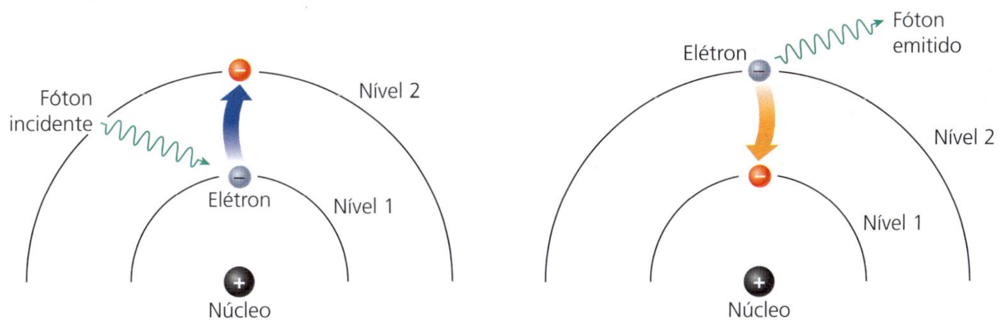

40.3 Conteúdo multimídia

Figura 20. Salto quântico. Modelo de Bohr para a emissão de radiação pelos átomos. O elétron absorve a energia do fóton incidente, salta para um nível mais elevado e emite a mesma quantidade de energia absorvida, na forma de radiação eletromagnética, quando retorna ao nível de origem.

A frequência da radiação emitida é proporcional à diferença das energias dos respectivos estados inicial (i) e final (f), isto é:

$$f = \frac{|E_i - E_f|}{h}$$

Portanto, no modelo de Bohr, os níveis de energia do átomo são quantizados.

Como teste para sua teoria, Bohr aplicou esse modelo ao átomo de hidrogênio, calculando com muita precisão as energias dos níveis permitidos. A concordância com os dados experimentais foi espantosa.

O modelo explicou com precisão os espectros de emissão de energia observados para o hidrogênio e íons "hidrogenoides", isto é, íons com apenas um elétron, como o He^{+} e o Li^{2+}.

A **figura 21** mostra um esquema da quantização dos níveis de energia do átomo de hidrogênio e os comprimentos de onda dos fótons das radiações absorvidas e emitidas nas transições entre os níveis de energia indicados.

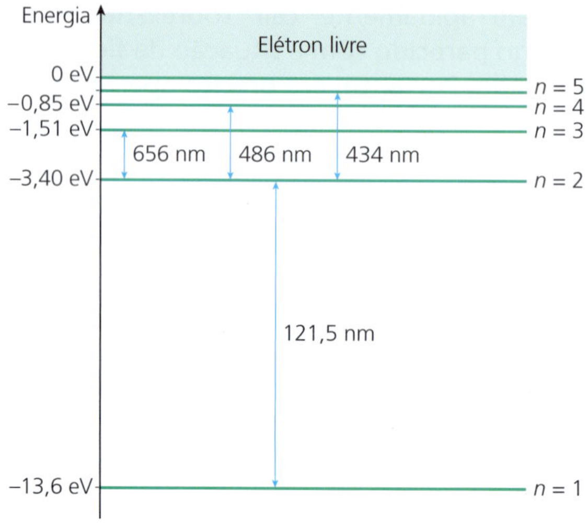

Figura 21. Níveis de energia para o átomo de hidrogênio. O nível $n = 1$ é o estado fundamental do átomo. Acima do nível de energia zero, o elétron está "fora" do átomo e a energia não é mais quantizada. Os valores em nm são os comprimentos de onda dos fótons absorvidos e emitidos nas transições entre os níveis.

O nível $n = 1$ é denominado **estado fundamental** do átomo. Os demais níveis, $n = 2, 3, 4, 5...$ são os **estados estacionários excitados**. As energias dos estados são negativas, pois são estados ligados, isto é, o elétron precisa ganhar energia para poder sair do átomo, como se ele estivesse em um "poço" e quisesse chegar ao nível do solo (energia zero).

Aplicando a teoria

11. a) Calcular o comprimento de onda da radiação emitida pelo elétron do átomo de hidrogênio ao voltar do nível $n = 2$ para o nível $n = 1$ na **figura 21**.

b) Calcular o comprimento de onda da radiação eletromagnética cujo fóton tem a energia mínima necessária para ionizar o átomo de hidrogênio a partir do seu estado fundamental.

➤ Solução

a) Pela equação de Bohr para a quantização dos níveis de energia do átomo de hidrogênio, temos:

$$f = \frac{|E_i - E_f|}{h} \Rightarrow \frac{c}{\lambda} = \frac{|E_i - E_f|}{h} \Rightarrow \lambda = \frac{hc}{|E_i - E_f|} \Rightarrow$$

$$\Rightarrow \lambda = \frac{1240 \text{ eV} \cdot \text{nm}}{|-3{,}40 - (-13{,}6)|\text{eV}} \Rightarrow \boxed{\lambda \simeq 121{,}57 \text{ nm}}$$

b) No estado fundamental, temos $E_i = -13{,}6$ eV. Para que haja ionização, o elétron deve chegar pelo menos ao nível zero, isto é, $E_f = 0$. Assim:

$$\lambda = \frac{hc}{|E_i - E_f|} \Rightarrow \lambda = \frac{1.240 \text{ eV} \cdot \text{nm}}{|-13{,}6 - 0|\text{eV}} \Rightarrow \boxed{\lambda \simeq 91{,}2 \text{ nm}}$$

Obs.: Ambos os valores encontrados estão na região do ultravioleta.

Avaliando o aprendizado

23. São dadas quatro possíveis transições entre os estados estacionários de um átomo de hidrogênio, que são mostrados na figura abaixo.

I. $n_i = 1, n_f = 4$.
II. $n_i = 3, n_f = 1$.
III. $n_i = 4, n_f = 2$.
IV. $n_i = 2, n_f = 3$.

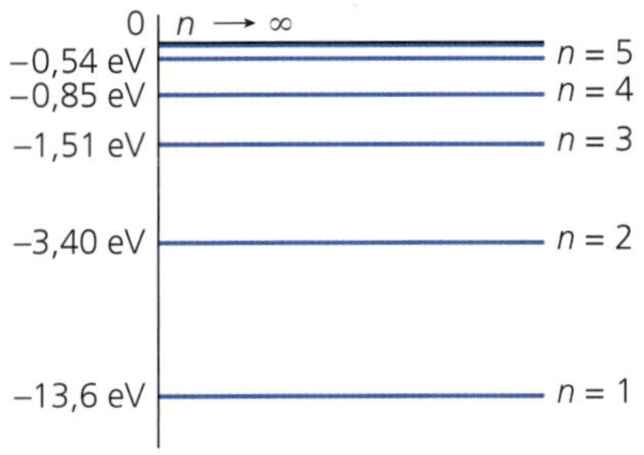

a) Quais das transições ocorrem com absorção de energia e quais ocorrem com emissão de energia?

b) Em qual das transições o átomo emite radiação de comprimento de onda menor?

c) Em qual das transições o átomo absorve mais energia?

24. A figura ao lado fornece valores típicos dos comprimentos de onda das radiações visíveis do espectro eletromagnético. As abreviaturas referem-se às cores VErmelho, LAranja, AMarelo, VerDe, AZul, ANil e VioLeta.

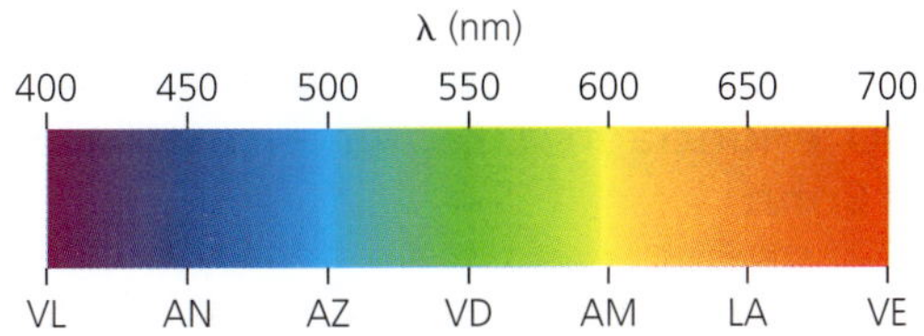

Considerando os valores que estão na **figura 21**, podemos dizer que, para que o elétron de um átomo de hidrogênio passe:

I. do estado $n = 2$ para o estado $n = 3$, ele deve absorver energia correspondente a um fóton de comprimento de onda entre LA e AM.

II. do estado $n = 2$ para estado $n = 4$, ele deve absorver energia correspondente a um fóton de comprimento de onda entre AZ e AN.

III. do estado $n = 2$ para o estado fundamental, ele deve emitir energia correspondente a um fóton de comprimento de onda entre AZ e VD.

IV. do estado $n = 2$ para o estado $n = 5$, ele deve absorver energia correspondente a um fóton de comprimento de onda entre VL e AN.

V. do estado $n = 5$ para o estado $n = 2$, ele deve emitir um fóton de energia de aproximadamente 2,86 eV.

Assinale a afirmação correta.

a) Todas as afirmações estão corretas.

b) Todas as afirmações estão erradas.

c) Estão corretas apenas as afirmações I, III e IV.

d) Estão corretas apenas as afirmações II, III e V.

e) Estão corretas apenas as afirmações II, IV e V.

25. O diagrama ao lado mostra simplificadamente estados estacionários de um átomo hipotético. A diferença de energias entre os estados A e B é o dobro da diferença de energias entre os estados B e C. Ao passar de C para B, um elétron emite um fóton de comprimento de onda 600 nm. Determine:

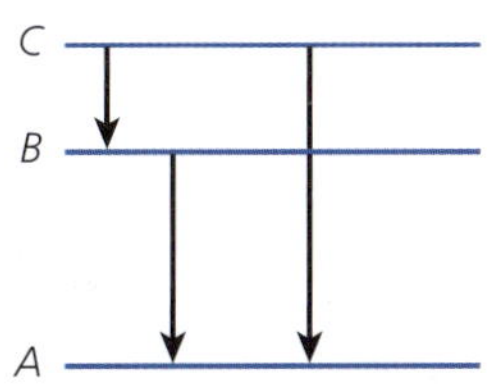

a) o comprimento de onda do fóton emitido pelo elétron quando “salta” de B para A;

b) o comprimento de onda do fóton que o elétron deve absorver para “saltar” de A para C.

A dualidade onda-partícula

A explicação de Einstein para o efeito fotoelétrico é uma forte evidência em favor do modelo corpuscular da luz, os fótons ou partículas de luz, como Einstein chamava os "pacotes" de energia. Entretanto, os fenômenos da difração e da interferência só podem ser explicados pelo princípio de Huygens, isto é, considerando a luz como onda.

Essa aparente contradição levanta uma questão crucial: "Afinal, a luz é onda ou partícula?" Se, por um lado, somente o modelo de fótons explica precisamente o efeito fotoelétrico, por outro, somente o modelo ondulatório explica plenamente a difração e a interferência. Então..., qual modelo é o correto? A resposta é simples, mas incômoda: **Devemos considerar ambos os modelos!** A verdadeira natureza da luz, e das demais radiações eletromagnéticas, não deve ser descrita apenas por um único modelo teórico. O modelo corpuscular, necessário para explicar o efeito fotoelétrico, e o modelo ondulatório, necessário para explicar a difração e a interferência, complementam-se mutuamente, não há contradição. Devemos aceitar que a luz tem uma natureza dual, isto é, ora exibe características de onda, ora de partícula.

A luz exibe uma **dualidade onda-partícula**. Em certas situações, um ou outro modelo é necessário para explicar os resultados experimentais.

O enunciado a seguir é o **princípio da complementaridade**, enunciado por Bohr:

> No nível quântico, ambos os aspectos, o corpuscular e o ondulatório, são necessários para uma descrição completa do sistema estudado.

Se a natureza dual da luz é, por si só, um conceito difícil de aceitar, mais intrigante ainda é o fato de que a matéria também apresenta natureza dual.

De Broglie
Conteúdo multimídia

Em 1923, em sua tese de doutorado, o físico francês Louis-Victor Pierre Raymond, 7º duque de Broglie, ou simplesmente Louis de Broglie (1892-1987), como ficou mais conhecido, lançou uma ideia ousada e inovadora na Física: "Se a luz apresenta características de onda e de partícula [...], talvez a matéria também apresente características duais de onda e partícula".

Partindo dessa ideia, de Broglie sugeriu que partículas com massa também apresentariam propriedades ondulatórias e, consequentemente, um comprimento de onda característico, determinado por sua quantidade de movimento.

O **comprimento de onda de de Broglie**, λ_B, associado a uma partícula é dado por:

$$\lambda_B = \frac{h}{Q} \quad \text{ou} \quad \lambda_B = \frac{h}{mv}$$

Q é a quantidade de movimento da partícula de massa m e velocidade v e h é a constante de Planck.

Na última igualdade fica evidente a hipótese dual da matéria. O caráter ondulatório é representado pelo comprimento de onda λ_B, e o caráter corpuscular, pela quantidade de movimento mv.

Até a época de sua formulação, nenhuma evidência experimental confirmava a hipótese da dualidade.

Em 1927, em dois experimentos independentes, George P. Thomson, no Reino Unido, e Davisson e Germer, nos Estados Unidos, confirmaram a hipótese de de Broglie, obtendo difração de elétrons em cristais, embora o segundo experimento tenha sido realizado com a intenção de "derrubar" aquela hipótese.

Aplicando a teoria

12. **Sabemos que as ondas difratam ao encontrar obstáculos com dimensões da ordem do seu comprimento de onda (λ).**

Em um cristal, a distância média entre íons vizinhos é da ordem de 1 Å, isto é, 10^{-10} m. Determinar a velocidade necessária para que um feixe de elétrons possa sofrer difração nesse cristal.

(*Dados*: Massa do elétron (m_e) = $9{,}11 \cdot 10^{-31}$ kg; Constante de Planck (h) = $6{,}63 \cdot 10^{-34}$ J · s)

➤ **Solução**

Para haver difração, o comprimento de onda de de Broglie (λ_B) para os elétrons do feixe deve ser do ordem de 1 Å. Assim, pela relação de de Broglie, temos:

$$\lambda_B = \frac{h}{m_e v_e} \Rightarrow v_e = \frac{h}{m_e \lambda} \Rightarrow v_e = \frac{6{,}63 \cdot 10^{-34}}{9{,}11 \cdot 10^{-31} \cdot 10^{-10}} \Rightarrow \boxed{v_e \simeq 7{,}3 \cdot 10^6 \text{ m/s}}$$

13. **Determinar qual é o comprimento de onda de de Broglie (λ_B) para uma partícula de massa m, cuja energia cinética é igual a E_c?**

➤ **Solução**

Temos:

$$E_c = \frac{1}{2}mv^2 \Rightarrow v = \sqrt{\frac{2E_c}{m}};$$

Assim:

$$\lambda_B = \frac{h}{mv} \Rightarrow \lambda_B = \frac{h}{m \cdot \sqrt{\frac{2E_c}{m}}} \Rightarrow \boxed{\lambda_B = \frac{h}{\sqrt{2mE_c}}}$$

Avaliando o aprendizado

26. Assinale a afirmação que explica corretamente o que ocorre quando se aumenta a intensidade da luz emitida por uma fonte monocromática.

a) Os fótons são emitidos pela fonte com maior velocidade.

b) Aumenta a energia de cada fóton emitido.

c) O comprimento de onda de de Broglie de cada fóton aumenta.

d) A taxa de emissão de fótons pela fonte é maior.

27. A energia cinética E_c de uma partícula **não relativística** de massa m é inversamente proporcional ao quadrado do comprimento de onda de de Broglie, λ_B, isto é, $E_c = \frac{K}{\lambda_B^2}$.

Determine a constante K, conhecendo a constante de Planck, h.

28. Determine a energia cinética, em elétron-volt (eV), para um elétron cujo comprimento de onda de De Broglie seja igual a 1 Å.

(Dados: a constante K, obtida no exercício anterior, para o elétron vale $2{,}4 \cdot 10^{-37}$ (SI) e 1 J = $6{,}25 \cdot 10^{18}$ eV.)

29. A seguir representam-se três estados estacionários do átomo de hidrogênio e os comprimentos de onda correspondentes a duas transições (saltos quânticos) entre estados. Considere que os comprimentos de onda da faixa visível do espectro eletromagnético estejam ente 750 nm, luz vermelha, e 400 nm, luz violeta.

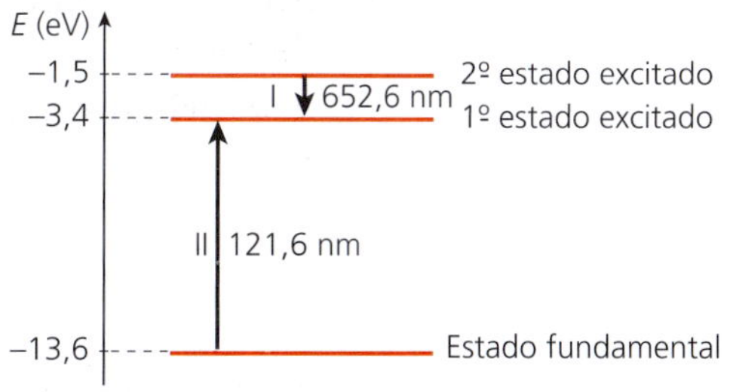

Assim, é correto afirmar que a transição:

a) I ocorre com a emissão de um fóton de radiação ultravioleta.

b) II ocorre com a emissão de um fóton de radiação ultravioleta.

c) I ocorre com a absorção de um fóton de radiação infravermelho.

d) I ocorre com a emissão de um fóton de radiação infravermelho.

e) II ocorre com a absorção de um fóton de radiação ultravioleta.

40.2
40.3
40.4
Biblioteca do estudante

Revisando o conteúdo

Ficha-resumo 1

- O valor c da velocidade da luz no vácuo é independente do referencial inercial onde é medida: $c \simeq 3{,}0 \cdot 10^8$ m/s
- Fator de Lorentz-FitzGerald:

$$\gamma = \frac{1}{\sqrt{1-\beta^2}} = \frac{1}{\sqrt{1-\left(\frac{v}{c}\right)^2}}$$

para $v << c$, usamos: $\gamma \simeq 1 + \frac{1}{2}\left(\frac{v}{c}\right)^2$

- Dilatação do tempo: $\Delta t_{(\text{laboratório})} = \gamma \Delta t_{(\text{veículo})}$
- Contração do espaço: $L_{(\text{laboratório})} = \frac{1}{\gamma} \cdot L_{(\text{veículo})}$

1. (Enade) Em relação à teoria da relatividade restrita ou teoria especial da relatividade de Albert Einstein, analise e julgue as afirmações a seguir.

I. O valor da velocidade da luz no vácuo é sempre o mesmo para quaisquer observadores inerciais.

II. A teoria eletromagnética de Maxwell é compatível com a teoria da relatividade restrita.

III. As leis da Física são as mesmas em todos os referenciais inerciais.

Está correto o que se afirma em:

a) I, apenas.
b) II, apenas.
c) III, apenas.
d) I e III, apenas.
e) I, II e III.

2. (UFSC) O ano de 2005 será o Ano Internacional da Física, pois estaremos completando 100 anos de importantes publicações realizadas por Albert Einstein. O texto abaixo representa um possível diálogo entre dois cientistas, em algum momento, nas primeiras décadas do século XX.

"Z – Não posso concordar que a velocidade da luz seja a mesma para qualquer referencial. Se estivermos caminhando a 5 km/h em um trem que se desloca com velocidade de 100 km/h em relação ao solo, nossa velocidade em relação ao solo será de 105 km/h. Se acendermos uma lanterna no trem, a velocidade da luz desta lanterna em relação ao solo será de c + 100 km/h.

B – O nobre colega está supondo que a equação para comparar velocidades em referenciais diferentes seja $v' = v_0 + v$. Eu defendo que a velocidade da luz no vácuo é a mesma em qualquer referencial com velocidade constante e que a forma para comparar velocidades é que deve ser modificada.

Z – Não diga também que as medidas de intervalos de tempo serão diferentes em cada sistema. Isto é um absurdo!

B – Mas é claro que as medidas de intervalos de tempo podem ser diferentes em diferentes sistemas de referência.

Z – Com isto você está querendo dizer que tudo é relativo!

B – Não! Não estou afirmando que tudo é relativo! A velocidade da luz no vácuo será a mesma para qualquer observador inercial. As grandezas observadas poderão ser diferentes, mas as leis da Física deverão ser as mesmas para qualquer observador inercial."

Com o que você sabe sobre teoria da relatividade e considerando o diálogo acima apresentado, assinale a(s) proposição(ões) **correta(s)**.

01) O cientista B defende ideias teoricamente corretas sobre a teoria da relatividade restrita, mas que não têm nenhuma comprovação experimental.

02) O cientista Z aceita que objetos podem se mover com velocidades acima da velocidade da luz no vácuo, pois a Mecânica newtoniana não coloca um limite superior para a velocidade de qualquer objeto.

04) O cientista Z está defendendo as ideias da Mecânica newtoniana, que não podem ser aplicadas a objetos que se movem com velocidades próximas à velocidade da luz.

08) De acordo com a teoria da relatividade, o cientista B está correto ao dizer que as medidas de intervalos de tempo dependem do referencial.

16) De acordo com a teoria da relatividade, o cientista B está correto ao afirmar que as leis da Física são as mesmas para cada observador inercial.

Dê como resposta a soma dos números que precedem as alternativas corretas.

3. (UFRN) André está parado em relação a um referencial inercial, e Regina está parada em relação a outro referencial inercial, que se move com velocidade vetorial constante em relação ao primeiro. O módulo dessa velocidade é v. André e Regina vão medir o intervalo de tempo entre dois eventos que ocorrem no local onde Regina se encontra. (Por exemplo, o intervalo de tempo entre o instante em que um pulso de luz é emitido por uma lanterna na mão de Regina e o instante em que esse pulso volta à lanterna, após ser refletido por um espelho.) A teoria da relatividade restrita nos diz que, nesse caso, o intervalo de tempo medido por André ($\Delta t_{André}$) está relacionado ao intervalo de tempo medido por Regina (Δt_{Regina}) pela expressão: $\Delta t_{André} = \gamma \Delta t_{Regina}$, sendo γ (gama) o fator de Lorentz-FitzGerald.

O gráfico abaixo mostra a relação funcional entre γ e $\frac{v}{c}$, sendo c a velocidade da luz no vácuo.

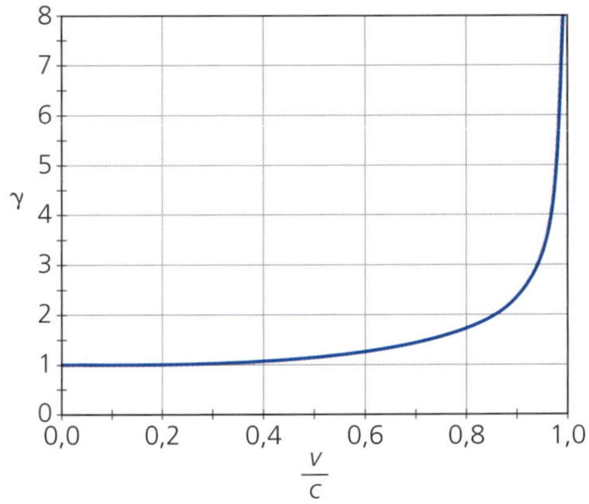

Imagine que, realizadas as medidas e comparados os resultados, fosse constatado que $\Delta t_{André} = 2 \cdot \Delta t_{Regina}$. Usando essas informações, é possível estimar que, para se obter esse resultado, a velocidade v teria de ser aproximadamente:

a) 20% da velocidade da luz no vácuo.
b) 50% da velocidade da luz no vácuo.
c) 87% da velocidade da luz no vácuo.
d) 105% da velocidade da luz no vácuo.

4. Um elétron e um pósitron movem-se em sentidos opostos com velocidades de módulos iguais a $2{,}0 \cdot 10^8$ m/s. Após a colisão entre ambos, e a consequente aniquilação do par, são gerados dois fótons gama (γ) que se separam em sentidos opostos. Determine:

a) a velocidade de cada fóton, medida no referencial do laboratório (Terra);
b) a velocidade de um fóton em relação ao outro.

5. Segundo a teoria especial da relatividade de Einstein, se um astronauta viajar em uma nave espacial muito rapidamente em relação a um referencial na Terra, o tempo passará mais devagar para o astronauta do que para as pessoas que ficaram na Terra.

Suponha que um astronauta viaje numa nave espacial até um planeta P recém-descoberto, a uma velocidade constante v, na ida e na volta, relativamente à sua base na Terra. Desprezando-se os efeitos da aceleração e da desaceleração da nave, os intervalos de tempo Δt_T, decorrido na Terra e ΔT_N, decorrido na nave, em função de v são respectivamente:

$$\Delta t_T = \frac{4{,}0c}{v}$$

$$\text{e} \quad \Delta T_N = \frac{4{,}0c}{v} \cdot \sqrt{1 - \left(\frac{v}{c}\right)^2}$$

sendo Δt_T e ΔT_N medidos em anos e c a velocidade da luz no vácuo. Com essas informações determine:

a) a duração da viagem da nave, medida no referencial da Terra, sendo $v = 0{,}8 \cdot c$;
b) a duração da viagem medida no referencial da nave;
c) a distância D_T percorrida pela nave, em ano-luz, medida no referencial da Terra;
d) a distância D_N percorrida pela nave, em ano-luz, medida no referencial da nave.

(*Dado*: 1 ano-luz = c × 1 ano)

6. Uma sonda espacial não tripulada viaja 4,5 anos-luz a uma velocidade 0,6c. Ambos os valores são medidos em relação à Terra. Considere desprezíveis os intervalos de tempo de aceleração e de desaceleração da sonda.

a) Qual foi a duração da viagem medida pelo controle da missão aqui na Terra?
b) Quanto tempo transcorreu aqui na Terra desde o lançamento até a chegada da primeira mensagem de rádio informando a chegada da sonda ao seu destino?
c) Qual foi a duração da viagem medida no relógio da sonda?
d) Qual foi a distância percorrida pela sonda, em ano-luz, medida no seu próprio referencial?

7. (Udesc) Uma espaçonave passa sobre a Terra com velocidade igual a 0,80c, sendo c a velocidade da luz no vácuo. O tripulante observa a pista de pouso de um aeroporto – orientada paralelamente à direção do movimento da nave – que, medida segundo o referencial da Terra, possui comprimento l_0. O comprimento da pista medido pelo tripulante será:

a) 60% maior do que l_0.
b) igual a l_0.
c) 40% menor do que l_0.
d) 80% maior do que l_0.
e) 36% menor do que l_0.

Ficha-resumo 2

- Adição relativística de velocidades:

$$v = \frac{v' + V}{1 + \frac{v' \cdot V}{c^2}} \quad \text{ou} \quad v' = \frac{v - V}{1 - \frac{v \cdot V}{c^2}}$$

sendo v a velocidade no referencial da Terra e v' a velocidade no referencial móvel.

- Efeito Doppler relativístico: $f' = f_0 \cdot \sqrt{\frac{c + v}{c - v}}$ ou $\lambda' = \lambda_0 \cdot \sqrt{\frac{c - v}{c + v}}$
- Aproximação: $v > 0$, $f' > f_0$ e $\lambda' < \lambda_0$
- Afastamento: $v < 0$, $f' < f_0$ e $\lambda' > \lambda_0$
- Para $v << c$ temos: $\frac{\Delta f}{f_0} = -\frac{\Delta\lambda}{\lambda_0} = \frac{v}{c}$
- Se $v > 0 \Rightarrow \Delta f > 0$ e $\Delta\lambda < 0$; se $v < 0 \Rightarrow \Delta f < 0$ e $\Delta\lambda > 0$.

8. Um fóton de um raio cósmico afasta-se de uma nave cuja velocidade é 0,5c relativamente à Terra. Ambas as velocidades estão numa mesma direção e no mesmo sentido. Assim, relativamente à nave, a velocidade de afastamento do fóton é:

a) 0,3c
b) 0,4c
c) 0,5c
d) 0,8c
e) 1,0c

9. Um próton, emitido após uma erupção solar, colide frontalmente com uma sonda espacial cuja velocidade é igual a 0,5c, medida em um referencial no Sol. Do ponto de vista da sonda, a velocidade do próton antes da colisão era 0,8c. Qual era o módulo da velocidade do próton, relativa ao Sol, antes da colisão?

10. Uma sonda espacial afastando-se da Terra com velocidade 0,04c, comunica-se com sua base emitindo ondas de radiofrequência de 100 MHz.

a) Para qual valor de frequência deve ser ajustado o receptor aqui na Terra?
b) Qual o comprimento das ondas recebidas aqui na Terra?

11. Certos comprimentos de onda, emitidos de uma galáxia da constelação de Virgem, são recebidos na Terra com um aumento relativo de 0,04%.

a) Essa galáxia está se afastando ou se aproximando de nós?
b) Qual é o módulo da sua velocidade relativa à Terra, em km/s?

Hubble
Conteúdo multimídia

Ficha-resumo 3

- Equivalência massa-energia: $E = m \cdot c^2$
- Energia de repouso de uma partícula: $E_0 = mc^2$
- Energia cinética relativística: $E_c = (\gamma - 1) \cdot mc^2$
- $1 \text{ MeV} = 1{,}6 \cdot 10^{-13}$ J

12. Para que uma partícula tenha uma energia cinética igual ao dobro da sua energia de repouso, o fator γ de Lorentz deve ser igual a:

a) 1 b) 2 c) 3 d) 4 e) 5

13. Nas condições do exercício anterior, o parâmetro β da velocidade da partícula será:

a) $\frac{1}{9}$
b) $\frac{1}{3}$
c) $\frac{\sqrt{3}}{4}$
d) $\frac{8}{9}$
e) $\sqrt{\frac{8}{9}}$

14. Considere uma partícula com velocidade $v = \frac{\sqrt{3}}{2}c$, relativa ao referencial do laboratório. Assim, o erro cometido no cálculo da energia cinética dessa partícula pela expressão clássica $E_c = \frac{1}{2}mv^2$, em comparação com o valor que se obtém pela expressão relativística $E_c = (\gamma - 1) \cdot mc^2$ é:

a) menor que 1%.
b) igual a 37,5%.
c) menor que 60%.
d) igual a 62,5%.
e) igual a 86,6%.

15. (UFRN) O desenvolvimento da geração de energia por fusão nuclear tem sido lento e difícil, porém existe uma esperança de que esse processo seja fundamental como fonte de energia para as futuras gerações. Nele, dois núcleos leves se fundem para formar um novo elemento. Reações como essa ocorrem no interior do Sol e se constituem na sua principal fonte de geração de energia. Por exemplo, quando o trítio e o deutério (isótopos do hidrogênio) se combinam, formam um núcleo de hélio e um nêutron, cada um deles com grande energia cinética, a qual é transformada em calor e aproveitada para gerar energia elétrica.

$${}^{3}_{1}H + {}^{2}_{1}H \longrightarrow {}^{4}_{2}H + {}^{1}_{0}n + 17{,}6 \text{ MeV}$$

Para a reação nuclear de fusão representada acima, a soma das massas dos produtos da reação:

a) é menor que a soma das massas dos isótopos, antes da reação, e a energia a ser aproveitada é determinada pela equação $\Delta E = hf$.
b) é maior que a soma das massas dos isótopos, antes da reação, e a energia a ser aproveitada é determinada pela equação $\Delta E = \Delta mc^2$.
c) é menor que a soma das massas dos isótopos, antes da reação, e a energia a ser aproveitada é determinada pela equação $\Delta E = \Delta mc^2$.
d) é maior que a soma das massas dos isótopos, antes da reação, e a energia a ser aproveitada é determinada pela equação $\Delta E = hf$.

16. Considere a reação de fissão nuclear do ^{235}U induzida por nêutrons representada na equação abaixo:

$$^{235}U + n \rightarrow {}^{148}La + {}^{88}Br + Q$$

Q é a quantidade de energia gerada na reação. O valor de Q, para a reação de 1 mol de átomos de ^{235}U, será, em MeV, da ordem de:

a) 10^{-29}
b) 10^{-15}
c) 10^{27}
d) 10^{15}
e) 10^{13}

Dados:

Reagentes e produtos	Massas aproximadas para 1 mol
^{235}U	235 g
n	1 g
^{148}La	147 g
^{88}Br	87 g

1 MeV = $1{,}6 \cdot 10^{-13}$ J e $c = 3{,}0 \cdot 10^8$ m/s

Ficha-resumo 4

- Equação da quantização da energia de Planck: $E = hf = \dfrac{hc}{\lambda}$
- Constante de Planck: $h \simeq 6{,}63 \cdot 10^{-34}\ J \cdot s \simeq 4{,}14 \cdot 10^{-15}\ eV \cdot s$
- $c \simeq 3{,}0 \cdot 10^8$ m/s
- $hc \simeq 1240$ eV · nm

17. (Enade) Em 1900, Max Planck apresentou à Sociedade Alemã de Física um estudo, onde, entre outras coisas, surge a ideia de quantização. Em 1920, ao receber o Prêmio Nobel, no final do seu discurso, referindo-se às ideias contidas naquele estudo, comentou:

"O fracasso de todas as tentativas de lançar uma ponte sobre o abismo logo me colocou frente a um dilema: ou o *quantum* de energia era uma grandeza meramente fictícia e, portanto, seria falsa toda a dedução da lei da radiação, puro jogo de fórmulas, ou na base dessa dedução havia um conceito físico verdadeiro. A admitir-se este último, o *quantum* tenderia a desempenhar, na Física, um papel fundamental... destinado a transformar por completo nossos conceitos físicos que, desde que Leibnitz e Newton estabeleceram o cálculo infinitesimal, permaneceram baseados no pressuposto da continuidade das cadeias causais dos eventos. A experiência se mostrou a favor da segunda alternativa."

(Adaptado de Moulton, F.R. e Schiffers, J.J. *Autobiografia de la ciencia*, Trad. Francisco A. Delfiane, 2 ed. México: Fondo de Cultura Económica, 1986, p. 510)

O referido estudo foi realizado para explicar:

a) a confirmação da teoria de Maxwell-Boltzmann, de velocidades e de trajetórias das moléculas de um gás.
b) a experiência de Rutherford do espalhamento de partículas alfa, que levou à formulação de um novo modelo atômico.
c) o calor irradiante dos corpos celestes, cuja teoria havia sido proposta por Lord Kelvin e já havia dados experimentais.
d) as emissões radioativas do isótopo rádio-226, descoberto por Pierre e Marie Curie, a partir do minério chamado "pechblenda".
e) o espectro de emissão térmica dos corpos, cujos dados experimentais não estavam de acordo com as teorias clássicas até então formuladas.

18. O gráfico a seguir mostra as curvas de emissão térmica de radiação para três temperaturas. O filamento de uma lâmpada incandescente, quando em funcionamento normal, atinge uma temperatura da ordem de 2.550 °C.

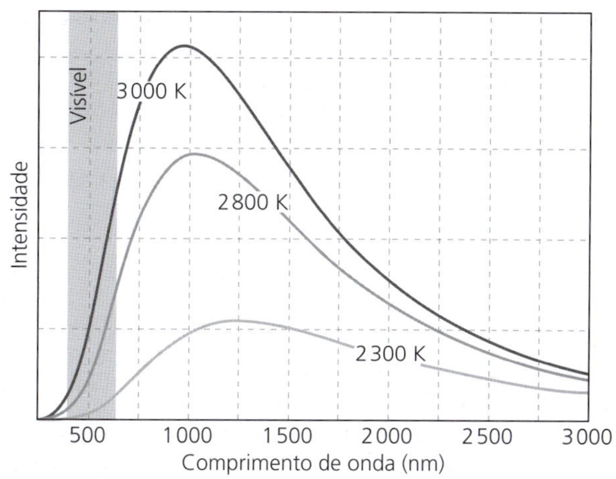

Com o auxílio do gráfico, estime para esse filamento:

a) a frequência, em Hz, da radiação emitida com máxima intensidade pelo filamento;

b) a energia, em eV, de um fóton da radiação emitida com intensidade máxima pelo filamento.

19. Uma fonte emite uma radiação monocromática de comprimento de onda 310 nm, com uma potência de 40 W. Determine para essa fonte:

a) a energia de um fóton dessa radiação, em eV;

b) a quantidade de energia emitida pela fonte em um segundo, em eV;

c) quantos fótons são emitidos por segundo pela fonte.

Ficha-resumo 5

- Equação do efeito fotoelétrico:

  $E_{c(máx)} = hf - W$

- W: função trabalho do metal
- f_0: frequência de corte ou limiar de emissão fotoelétrica do metal
- $W = hf_0$
- Constante de Planck: $h \simeq 4{,}0 \cdot 10^{-15}$ eV · s; $hc \simeq 1240$ eV · nm

20. (PUC-RS) Considere as seguintes afirmações sobre o efeito fotoelétrico:

I. O efeito fotoelétrico consiste na emissão de elétrons por uma superfície metálica atingida por radiação eletromagnética.

II. O efeito fotoelétrico pode ser explicado satisfatoriamente com a adoção de um modelo corpuscular para a luz.

III. Uma superfície metálica fotossensível somente emite fotoelétrons quando a frequência da luz incidente nessa superfície excede um certo valor mínimo, que depende do metal.

Quais estão corretas?

a) Apenas I.

b) Apenas I e II.

c) Apenas II.

d) Apenas I e III.

e) I, II e III.

21. (Enade) Hertz, no experimento em que evidenciou a existência das ondas eletromagnéticas, notou que a descarga elétrica nos eletrodos era mais facilmente percebida quando iluminados com radiação de frequência acima de um certo valor. A explicação de Einstein para este efeito, denominado efeito fotoelétrico, considera que:

a) o aumento da intensidade da radiação implica um aumento do número de elétrons de mesma energia emitidos pelos eletrodos.

b) o intervalo de tempo entre a chegada da radiação aos eletrodos e a emissão dos elétrons é diretamente proporcional à intensidade da radiação.

c) a radiação se comporta como onda no momento em que ocorre o efeito.

d) a energia dos elétrons emitidos depende diretamente da intensidade da radiação incidente.

e) a energia do fóton incidente é igual á energia cinética do elétron emitido.

22. O comprimento de onda correspondente ao limiar de emissão fotoelétrica para um certo metal vale 248 nm. Determine, para esse metal:

a) a sua função trabalho (W), em eV;

b) a frequência de corte (f_0).

23. A superfície de um metal, de função trabalho W = 2,3 eV, é iluminada por dois feixes de "luz", cujos parâmetros são dados na tabela abaixo. $E_{máx}$ é a energía cinética máxima dos fotoelétrons emitidos em cada caso.

	Comprimento da onda (nm)	E_{max} (eV)
Feixe 1	$\lambda_1 = \lambda$	$E_1 = 2{,}7$
Feixe 2	$\lambda_2 = 2\lambda$	E_2

Os valores aproximados dos parâmetros λ e E_2 são, respectivamente:

a) 496 e 1,4.

b) 496 e 0,7.

c) 248 e 0,7.

d) 248 e 0,2.

e) 124 e 0,2.

24. (Unicamp-SP) O efeito fotoelétrico, cuja descriçao por Albert Einstein está completando 100 anos em 2005 (Ano Internacional da Física), consiste na emissão de elétrons por um metal no qual incide um feixe de luz. No processo, "pacotes", bem definidos de energia luminosa, chamados fótons, são absorvidos um a um pelos elétrons do metal. O valor da energia de cada fóton é dado por $E_{fóton} = hf$, onde $h = 4 \cdot 10^{-15}$ eV · s é a chamada constante de Planck e f é a frequência da luz incidente. Um elétron só é emitido do interior do metal se a energia do fóton absorvido for maior que uma energia mínima. Para os elétrons mais fracamente ligados ao metal, essa energia mínima é chamada função trabalho W e varia de metal para metal (ver a tabela a seguir). Considere c = 300.000 km/s

Metal	*W* (eV)
Césio	2,1
Potássio	2,3
Sódio	2,8

a) Calcule a energia do fóton (em eV), quando o comprimento de onda da luz incidente for $5 \cdot 10^{-7}$ m.

b) A luz de $5 \cdot 10^{-7}$ m é capaz de arrancar elétrons de quais dos metais apresentados na tabela?

c) Qual será a energia cinética de elétrons emitidos pelo potássio, se o comprimento de onda da luz incidente for $3 \cdot 10^{-7}$ m? Considere os elétrons mais fracamente ligados do potássio e que a diferença entre a energia do foton absorvido e a função trabalho W é inteiramente convertida em energia cinética.

25. No início do século XX, Rutherford estava envolvido numa pesquisa cujo objetivo era descrever e explicar os fenômenos que acompanhavam a passagem das partículas alfa através da matéria. Um de seus alunos observou que, vez por outra, as partículas alfa, em vez de seguirem direta ou quase diretamente, eram defletidas pela matéria e se desviavam em ângulos consideráveis. Os grandes desvios surpreenderam Rutherford que, mais tarde, declarou que foi como se alguém lhe tivesse dito que, ao atirar em uma folha de papel, a bala tivesse ricocheteado!

Em 1911, Rutherford anunciou que descobrira a razão pela qual as partículas alfa desviavam-se em ângulos grandes.

Sua descoberta implicou diretamente a:

a) formulação de um novo modelo atômico, o modelo planetário, em substituição ao modelo de Thomson.

b) descoberta da estrutura do núcleo atômico, composto por prótons e nêutrons.

c) hipótese da existência de órbitas estacionárias para os elétrons que, dessa forma, não seriam capturados pelos prótons do núcleo atômico.

d) descoberta dos raios X, radiações eletromagnéticas emitidas pela matéria quando bombardeada pelas partículas alfa.

e) descoberta do nêutron, partícula eletricamente neutra que possibilitaria a estabilidade do núcleo atômico.

Ficha-resumo 6

- Níveis de energia do átomo de hidrogênio: $E_n = -\dfrac{13{,}6\text{ eV}}{n^2}$
- Constante de Planck: $h = 6{,}63 \cdot 10^{-34}\text{ J} \cdot \text{s} = = 4{,}14 \cdot 10^{-15}\text{ eV} \cdot \text{s}$
- Saltos quânticos:
  I. do nível mais baixo para o mais alto ⇒ ⇒ absorção de energia (fóton);
  II. do nível mais alto para o mais baixo ⇒ ⇒ emissão de energia (fóton).

26. (UFRN) Um átomo de hidrogênio, ao passar de um estado quântico para outro, emite ou absorve radiação eletromagnética de energias bem definidas. No diagrama a seguir, estão esquematicamente representados os três primeiros níveis de energia do átomo de hidrogênio.

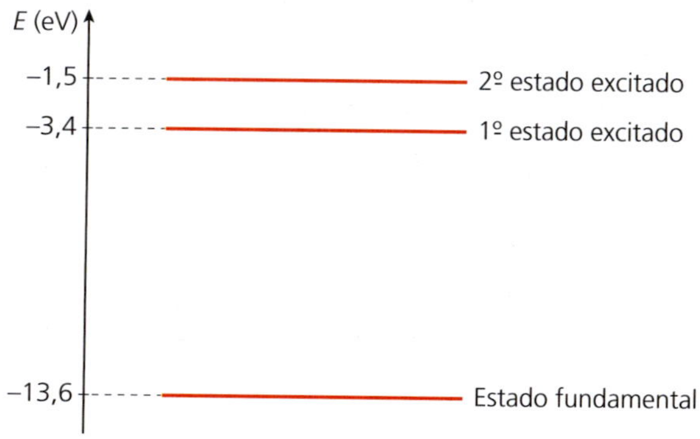

Considere dois fótons, f_1 e f_2, com energias iguais a 10,2 eV e 2,0 eV, respectivamente, e um átomo de hidrogênio no estado fundamental. Esse átomo de hidrogênio poderá absorver:

a) apenas o fóton f_1.

b) apenas o fóton f_2.

c) ambos os fótons.

d) nenhum dos dois fótons.

27. (Udesc) Um elétron em um átomo de hidrogênio efetua uma transição entre dois estados cujas energias são $E_i = -0{,}54$ eV e $E_f = -3{,}40$ eV.

A frequência da radiação emitida vale, em hertz:

a) $4{,}3 \cdot 10^{14}$

b) $6{,}9 \cdot 10^{14}$

c) $5{,}2 \cdot 10^{14}$

d) $1{,}3 \cdot 10^{14}$

e) $8{,}2 \cdot 10^{14}$

Cap. 1 Introdução à Física

Avaliando o aprendizado

1. a) $1{,}8 \cdot 10^4$ m b) $4 \cdot 10^{-1}$ m c) $3{,}5 \cdot 10^{-2}$ m
2. a) $2 \cdot 10^6$ m² b) $5 \cdot 10^{-6}$ m² c) $3 \cdot 10^{-2}$ m²
3. 3,6 ares **4.** 36.000 L **5.** 6,54 kg
6. 157 s **7.** $1{,}2 \cdot 10^{-1}$ m²
8. a) $1{,}28 \cdot 10^2$ b) $8 \cdot 10^{-4}$ c) $2{,}67 \cdot 10^{-7}$
9. $6 \cdot 10^{23}$ moléculas **10.** 10^5 voltas
11. 10^9 batimentos **12.** 10^5 gotas

Revisando o conteúdo

1. a **2.** e **3.** c **4.** d **5.** b
6. e **7.** b **8.** c **9.** c **10.** b
11. b **12.** d **13.** c

Cap. 2 Introdução à Cinemática

Avaliando o aprendizado

1. Os aviões de caça estão em repouso em relação ao avião-tanque, para que possam ser reabastecidos. Em relação à Terra, eles estão em movimento, assim como o avião-tanque.

2. a) Em relação a um observador situado dentro do helicóptero, o ponto P descreve um movimento circular. Desse modo, a trajetória descrita por P, em relação a esse observador, é uma circunferência.

b) Em relação a um observador situado no solo, P realiza um movimento helicoidal. Assim, em relação a esse observador, a trajetória de P é uma hélice cilíndrica.

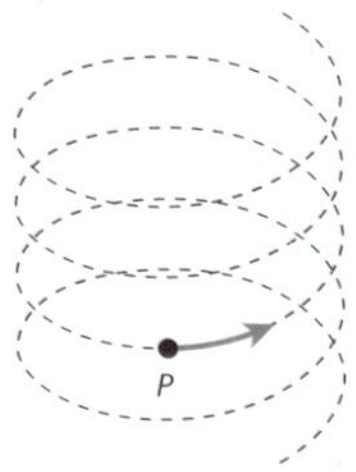

3. a) O espaço inicial é o espaço do móvel no instante t = 0: s_0 = 2 m
b) Entre 0 s e 20 s: Δs = 6 m − 2 m = 4 m
Entre 10 s e 40 s: Δs = 6 m − 4 m = 2 m
Entre 30 s e 50 s: Δs = 4 m − 8 m = −4 m

4. 4 h **5.** 50 m

6. a) Para t = 0, s = 10 m
Para t = 2, s = 16 m
Para t = 6, s = 4 m
b) De 0 s a 2 s: v_m = 3 m/s
De 0 s a 6 s: v_m = −1 m/s

7. A aceleração do carro de Fórmula 1 é aproximadamente 4,3 vezes a do carro de passeio.

8. O movimento é acelerado nas duas situações; no item **a** o movimento é progressivo e no item **b** o movimento é retrógrado.

9. A velocidade escalar é positiva.

Revisando o conteúdo

1. c

2. Os conceitos de movimento e repouso de um corpo são definidos em relação a um referencial. Assim, tanto Heloísa quanto Abelardo estão corretos. De fato, o passageiro não se move em relação ao ônibus e está em movimento em relação à rodovia.

3. c **4.** d **5.** a **6.** b
7. d **8.** b **9.** 36 km/h **10.** d
11. c

Cap. 3 Movimento uniforme (MU)

Avaliando o aprendizado

1. a) $9{,}45 \cdot 10^{12}$ km
b) 8,5 min-luz. Esse resultado mostra que a luz, proveniente do Sol, gasta 8,5 min para chegar até nós.

2. c **3.** a **4.** d **5.** c

6. a) 1,25 km/min
b) s = 30 + 1,25t
c) s = 55 km

7. a

8. a)

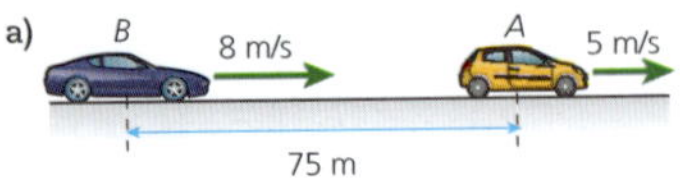

b) s_A = 75 + 5t (SI)
s_B = 0 + 8t (SI)
c) t_e = 25 s
d) Δs_A = 125 m
Δs_B = 200 m

9. d

10. a) Carlos estará 4 km distante de Paulo.
b) Δt = 12 min
c) Δs_{Carlos} = 12 km
d) Δs_{Paulo} = 16 km

11. c

12. a) $v_{relativa}$ = 75 m/s b) Δt = 4 s

13. a) Δt ≃ 36 s
b) Δs_1 ≃ 1.500 m
Δs_2 ≃ 900 m

14. a) trecho I: s crescente. Então: $v > 0$
trecho II: s constante. Então: $v = 0$
trechos III e IV: s decrescente. Então: $v < 0$
trecho V: s crescente: Então: $v > 0$
b) trecho I: $v > 0$. Então: MUP
trecho II: $v = 0$. Então: R
trechos III e IV: $v < 0$. Então: MUR
trecho V: $v > 0$. Então: MUP

15.

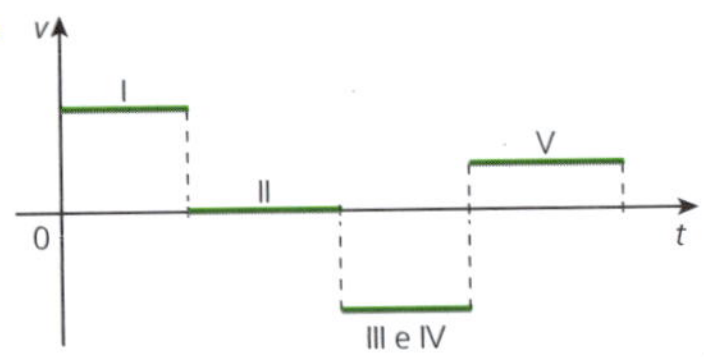

16. a) v = 10 km/h b) s = −2,0 + 10t

17. a) v = −5,0 m/s b) s = 2,0 − 5,0t

18. a) Δs = 24 m

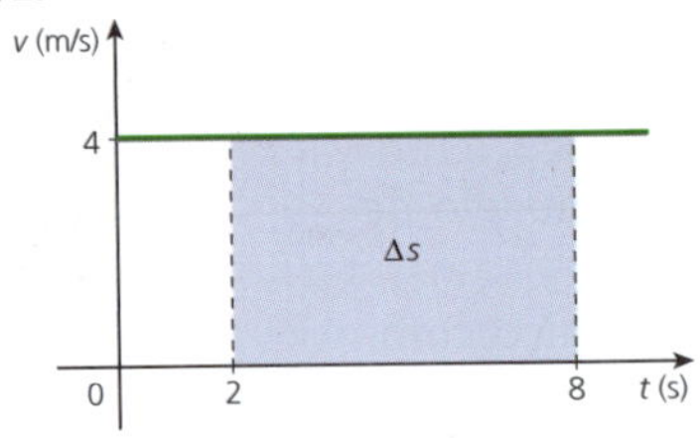

b) s = −30 + 4t
c) t_0 = 7,5 s

19. a) Δs = −50 m

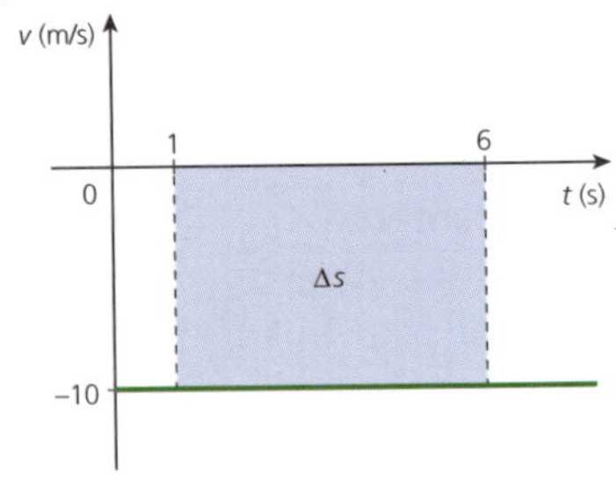

b) s = 80 − 10t
c) t_0 = 8 s

Revisando o conteúdo

1. b **2.** c **3.** c **4.** a
5. b **6.** e **7.** b **8.** c

9. a) 3 m/s
b) s_0 = −15 m
c) s = −15 + 3t
d) x = 9 m
y = 12 s
e) Δs = 45 m

10. d **11.** d

12. a) Δt = 60 s b) 40 m

13. d **14.** c **15.** a **16.** c **17.** a

Cap. 4 Movimento uniformemente variado (MUV)

Avaliando o aprendizado

1. a **2.** e

3. a) 5,0 m/s²
b) 10 m/s

4. a) 4,0 m/s² c) 7 m/s e) 11 m/s
b) v = 3 + 4t d) 22 m

5. a) 2 m/s² b) −10 m/s c) x = 0
d)

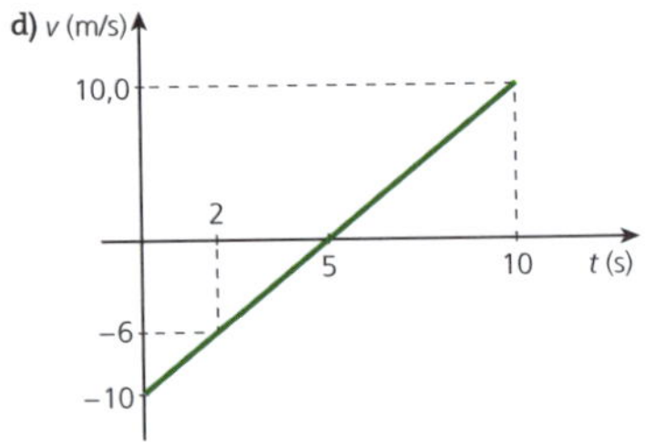

e) Δs_{total} = 0 f) v_m = 0

6. a) 3,0 m/s² b) 1,5 m c) 6,0 m/s d) 6,0 m

7. a) 2,0 m/s² c) 9,0 m e) 5,0 m
b) 4,0 m d) 3,0 m

8. b **9.** d

10. a) t_u = 10 s c) v_A = 40 m/s; v_B = 20 m/s
b) s_u = 200 m d) t = 5,0 s

11. a) $s_A = 2t^2$; $s_B = 64 + 1t^2$
b) t_u = 8 s
c) s_u = 128 m
d) v_A = 32 m/s
v_B = 16 m/s

12. b **13.** c **14.** a **15.** d

16. x = 45 cm; y = 135 cm

17. a) 3 s b) 30 m/s c) 40 m/s

18. a **19.** b

20. a) 1,2 s b) 7,2 m

Revisando o conteúdo

1. a) 1,5 m/s b) 3,0 m/s c) 1,5 m/s²

2. b **3.** c **4.** b **5.** d

6. a) −16 m/s c) s = 25 − 16t + 1,6t² (SI)
b) 3,2 m/s²

7. a

8. a) 10 m/s² b) 30 m/s

9. c **10.** d **11.** b **12.** c

13. e **14.** a

15. a) 9,0 m/s²
b) 27 m/s = 97,2 km/h

16. a) $v_0 = \frac{1}{2} g (t_1 + t_2)$
b) $T_T = t_1 + t_2$
c) $h = \frac{1}{2} g t_1 t_2$

Cap. 5 Vetores

Avaliando o aprendizado

1. a) Vetor $\vec{u}$. Ver gráfico abaixo.
b) Vetor $\vec{v}$. Ver gráfico abaixo.
c) Vetor $\vec{w}$. Ver gráfico abaixo.

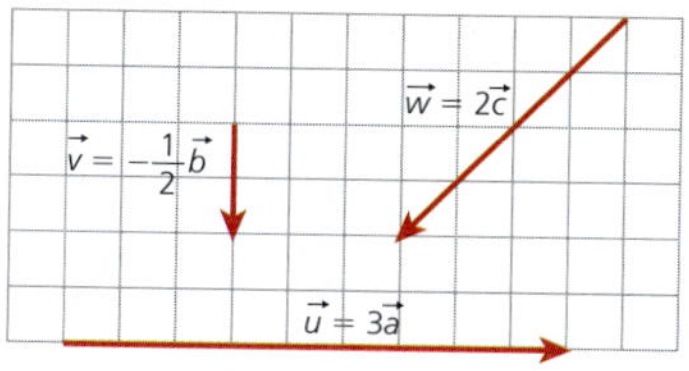

2. a) Os vetores pedidos estão representados na figura a seguir

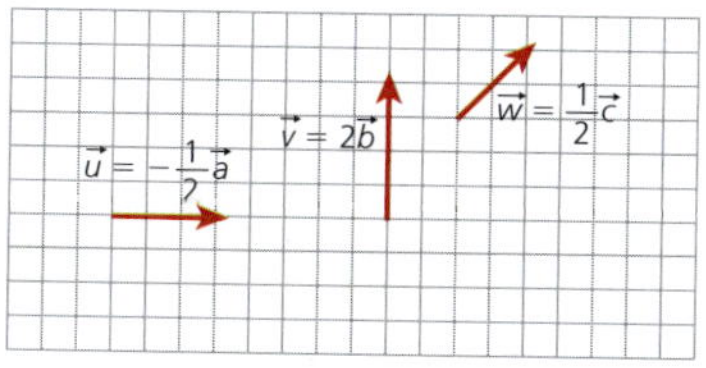

b) $\vec{u} = \vec{e}, \vec{v} = \vec{d}$ e $\vec{w} = \vec{f}$

3. a) $\alpha = -\frac{1}{2}$ b) $\beta = -1$ c) $\delta = -2$

4. S = 7 u

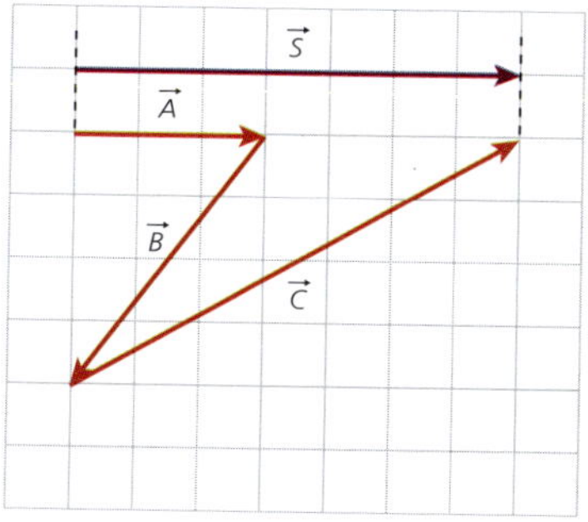

5. S = 5 u

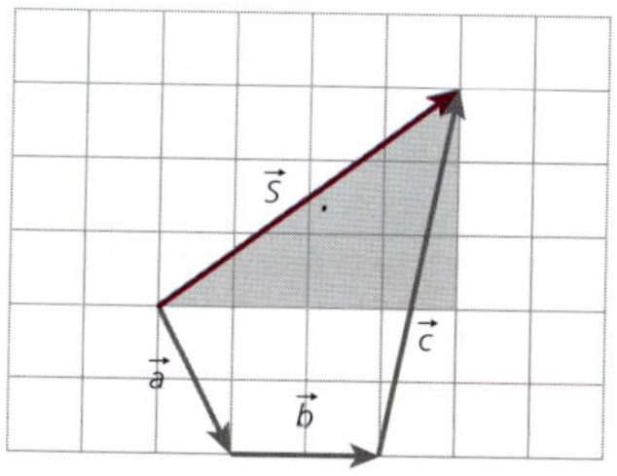

6. a) 35 u b) 5 u c) 25 u

7. c

8. $|\vec{x} - \vec{y}| = 5$ u

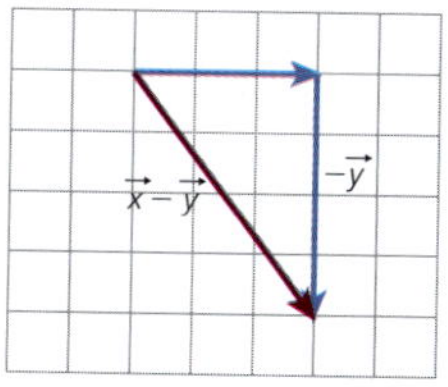

9. 10 u

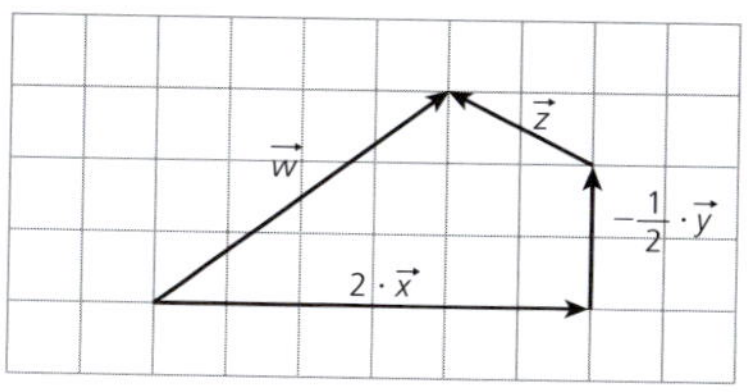

10. d

11. $F_x = 20$ u e $F_y = 20\sqrt{3}$ u

12. $V_x = 10\sqrt{3}$ u e $V_y = 10$ u

13. a) $V = 60\sqrt{2}$ u
b) $V_y = 60$ u

Revisando o conteúdo

1. d **2.** d **3.** c **4.** a

5. F = 45 N

6. d

7. 04 + 08 = 12

8. zero

9. c

10. 60° com a componente de módulo 1 e 30° com a componente de módulo $\sqrt{3}$.

11. c

12. e

Cap. 6 Cinemática vetorial

Avaliando o aprendizado

1.

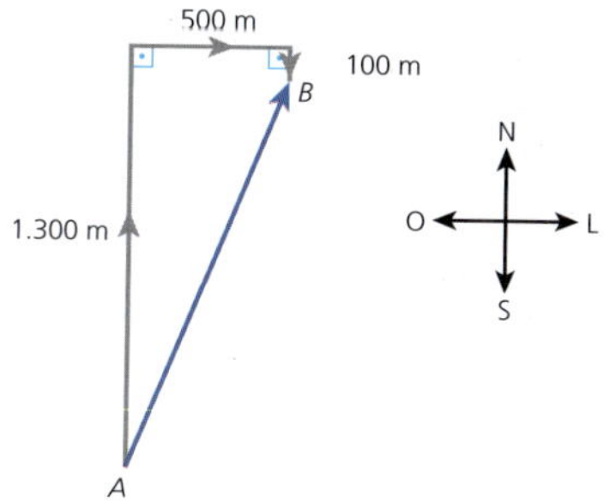

$|\vec{d}| = 1.300$ m

2. $|\vec{v}_m| = 14$ km/h; $|v_m| = 15$ km/h

3. $|\vec{v}_m| = |v_m| = 7{,}5$ m/s

4.

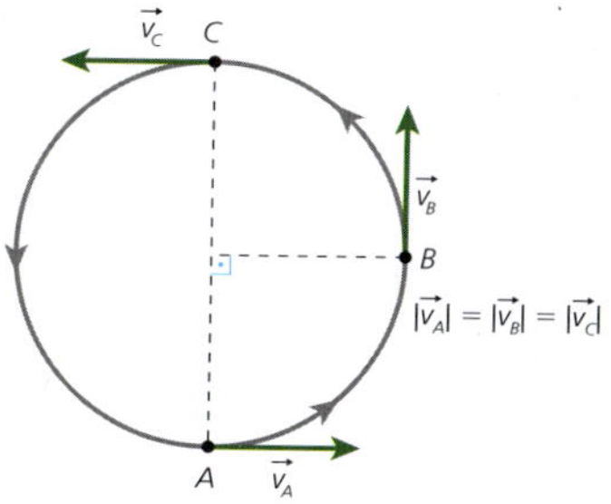

5. Afirmação correta

6. $|\vec{a}_m| = \frac{2}{3}$ m/s²

7. a)

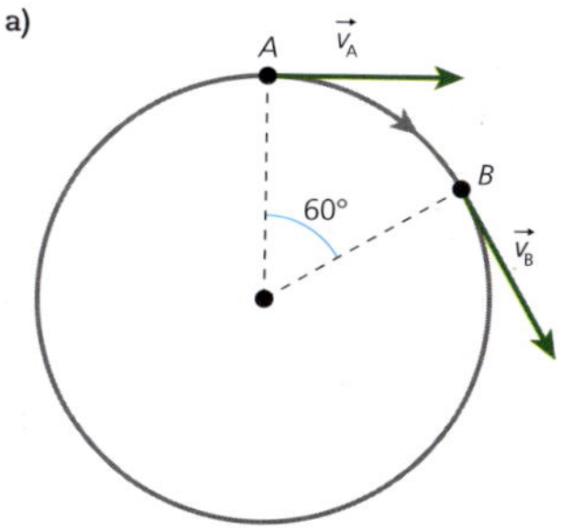

b) $|\Delta\vec{v}| =$ 10 m/s
c) $|\vec{a}_m| =$ 0,5 m/s²

8. $|\vec{a}_t| = 3$ m/s²; $|\vec{a}_{cp}| = 4$ m/s²; $|\vec{a}| = 5$ m/s²

9. a) $|\vec{a}_{cp}| = 2{,}5$ m/s²
b)

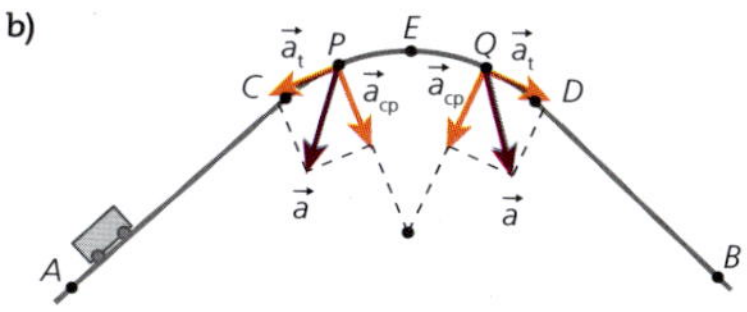

Revisando o conteúdo

1. a) 3 min b) $|\vec{v}_m| = 10$ km/h

2. a

3. $|\vec{v}_m| \simeq 1{,}4$ m/s

4. a) 5,5 cm/s b) 2,5 cm/s

5. d

6. 72 km/h

7. b

8. I. d II. c III. a IV. b V. e

Cap. 7 Movimentos bidimensionais

Avaliando o aprendizado

1. a) 14 s b) 700 m c) 50 m/s e 140 m/s

2. 3 m/s

3. $t = 2$ s, ponto *D* e $t = 3$ s, ponto *k*

4. a) 2 s
b) 20 m/s
c) $t = 1$ s; $v_x = +20$ m/s; $v_y = +10$ s;
$v = \simeq 22{,}4$ m/s
$t = 3$ s; $v_x = +20$ m/s; $v_y = -10$ s;
$v = \simeq 22{,}4$ m/s

5. a) $20\sqrt{3}$ m b) $20\sqrt{3}$ m

6. ponto *D*

Revisando o conteúdo

1. e **2.** c **3.** d **4.** c **5.** b **6.** c

7. 45 m/s

8. a

Cap. 8 Movimento circular e uniforme (MCU)

Avaliando o aprendizado

1. a **2.** a **3.** c **4.** d

5. a **6.** d **7.** d

8. a) $2\pi^2$ m/s b) $80\pi^3$ m/s²

9. c **10.** b **11.** d **12.** b **13.** c **14.** b

15. a) 60 rad/s c) 80 rad/s
b) 800 rpm d) 14,4 m/s

16. d **17.** b

Revisando o conteúdo

1. c

2. a) N = 3.000 voltas b) 2,5 Hz

3. e

4. a) $v = 20$ m/s b) $\omega = 0{,}5$ rad/s c) $R = 40$ m

5. a) 1 b) $\frac{r}{R}$ c) $\frac{r}{R}$

6. a) $\frac{R}{r}$ b) $\frac{r}{R}$ **7.** a

8. a) $\left(\frac{a_A}{1} = \frac{a_B}{2} = \frac{a_C}{3}\right)$

9. a) 600 m b) 200 m c) 4,5 m/s²

10. 5 *g* **11.** c **12.** a **13.** c **14.** a

15. a) $\frac{2\pi a}{T}$ b) $\frac{b}{a} T$

16. a) sentido horário
b) 5.000 dentes/min
c) 50 rpm

Cap. 9 Leis de Newton

Avaliando o aprendizado

1. a) 13 N b) 2 m/s²

2. A resultante das forças é nula.

3. 60 N

4. a) 3 m/s² b) 15 N

5. A afirmação está errada. As forças que constituem o paração-reação sempre atuam em dois corpos distintos e, portanto, nunca se anulam.

6. a) A aceleração é nula.
b) 800 N

7. a) $5\ m/s^2$ b) $15\ m/s$

8. $T = \dfrac{ma}{\cos\theta}$

9. a) 50 N b) 50 N c) 15 N d) 35 N

10. $a = 4\ m/s^2$ e $T = 0,8\ N$

11. a) $2\ m/s^2$ b) 2,4 N

12. a) $5\ m/s^2$ b) 150 N c) 50 N

13. a) $2\ m/s^2$ b) 80 N

14. a) $2\ m/s^2$ b) 10 m/s

15. a) $F_{at(A)} = 56\ N$; $F_{at(B)} = 14\ N$
b) $3\ m/s^2$
c) 20 N

16. $1\ m/s^2$; 0,8 N

Revisando o conteúdo

1. e 2. c 3. b 4. a 5. b
6. b 7. 10 kg 8. b 9. c 10. d
11. a 12. d 13. a 14. d 15. a
16. b

Cap. 10 Dinâmica dos movimentos curvilíneos

Avaliando o aprendizado

1. a) $50\ m/s^2$ b) 30.000 N

2. a) $\simeq 0,63\ m/s$ b) $\simeq 0,4\ m/s^2$ c) $\simeq 12\ N$

3. a) 1 m/s
b) $30\ m/s^2$ e $10\ m/s^2$
c) 30 N e 40 N

4. 90 N 5. 3.500 N

6. a) 11.600 N b) 7.600 N

7. 1.000 m

8.

Movimento	Aceleração tangencial	Aceleração centrípeta
MRU	Nula	Nula
MRUV	Não nula	Nula
MCU	Nula	Não nula
MCUV	Não nula	Não nula

9. 10 m/s

10. a) 4.500 N b) 20 m/s

11. a)

b) $\theta \simeq 26,6°$

12. 100 m/s

Revisando o conteúdo

1. 01 + 02 + 08 = 11 2. d 3. c
4. 02 + 04 + 08 + 16 = 30 5. c
6. e 7. b
8. a) 200 N b) 40 cm
9. R = 2 m 10. c
11. 01 + 02 + 04 + 16 = 23 12. b

13. a) $F_R = 0,30\ N$

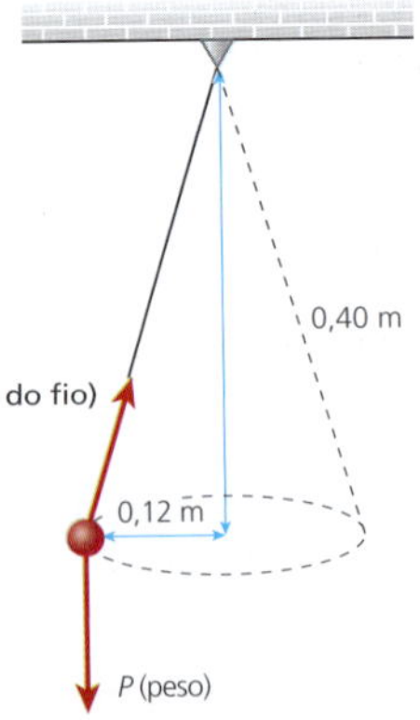

b) $v = 0,6\ m/s$; $f \simeq 0,80\ Hz$

14. a) 7.500 N b) $F_{at(máx)} = 9.600\ N$ c) $\mu = 0,40$

Cap. 11 Trabalho e potência

Avaliando o aprendizado

1. $\tau_F = 50\ J$; $\tau_{F_{at}} = -30\ J$; $\tau_P = 0$; $\tau_N = 0$ e $\tau_{F_R} = 20\ J$

2. $\tau_F = 800\ J$; $\tau_{F_{at}} = -500\ J$; $\tau_P = 0$; $\tau_N = 0$ e $\tau_{F_R} = 300\ J$

3. $\tau_{F_R} = 160.000\ J = 160\ kJ$

4. a) No trecho I o movimento é variado.
No trecho II o movimento é uniformemente variado.
No trecho III o movimento é variado.
b) $a = 5\ m/s^2$
c) $\tau_{F_R} = 140\ J$

5. $\tau_{F_R} = 1.100\ J$

6. $\tau = 2.000\ J$

7. $\tau_{F_R} = +480\ J$

8. a) $k = 400\ N/m$ b) $\tau_{F_{el}} = 2\ J$

9. $\tau_{F_{el}} = 0,9\ J$

10. a) $E_A = 2E$ b) $E_B = 4E$ c) $E_C = 8E$

11. a) $F = 60\ N$ b) $\tau_{F_R} = 2.250\ J$

12. a) $\tau_F = 10\ J$ b) $v_2 = 10\ m/s$

13. 10 m/s

14. a) $v_m = \dfrac{1}{3}\ m/s$ b) $P_m = 50\ kW$

15. a) $P_u = 250\ W$ b) $E_{consumida} = 30.000\ J$

16. a) $a = 3\ m/s^2$ b) $P_m = 54\ kW$

17. a) $\tau_F = 3.500\ J$ b) $P_u = 700\ W$ c) $\eta = 70\%$

Revisando o conteúdo

1. e 2. b 3. a 4. c 5. a 6. c
7. b 8. b 9. a 10. b 11. b
12. a) F = 30 N b) $\tau = 1.125\ J$
13. c 14. e 15. c 16. b
17. d 18. b 19. a 20. 24%

Cap. 12 Energia mecânica

Avaliando o aprendizado

1. e 2. b 3. c 4. b 5. e

6. a) 40 J b) 20 m/s c) 10 J

7. a) 45 m b) 22,5 m c) 5,0 J

8. d 9. d

10. a) 2 m/s ou 7,2 km/h b) −1.600 J

11. a) 2,0 m b) 3.000 N

12. a) $v = \sqrt{2gL}$ b) $T = 3mg$

13. a) 5,0 J b) 20 cm c) 50 N d) 47,5 N

Revisando o conteúdo

1. c

2. a) $E_{pgrav(A)} < E_{pgrav(B)} = E_{pgrav(D)} < E_{pgrav(C)}$
b) $E_{c(C)} < E_{c(A)} = E_{c(B)} < E_{c(D)}$

3. a) $m_1 < m_2$ b) $E_{c(1)} > E_{c(2)}$

4. c 5. e 6. c 7. b 8. a 9. d

10. b 11. e 12. c 13. b 14. b

15. a) $k = 30\ N/m$ b) 15 N c) $50\ m/s^2$

16. a 17. d 18. c 19. c 20. e 21. a

22. a) $h_2 = 12,8\ m$ b) $v_2 = 16\ m/s$

Cap. 13 Impulso e quantidade de movimento

Avaliando o aprendizado

1. Direção: vertical
Sentido: para baixo
Intensidade: $10\ N \cdot s$

2. a) $4\ N \cdot s$ b) 40 N

3. $0,8\ kg \cdot m/s$

4. 20 J

5. a) $15\ N \cdot s$ b) 10 m/s

6. 40 N

7. a)

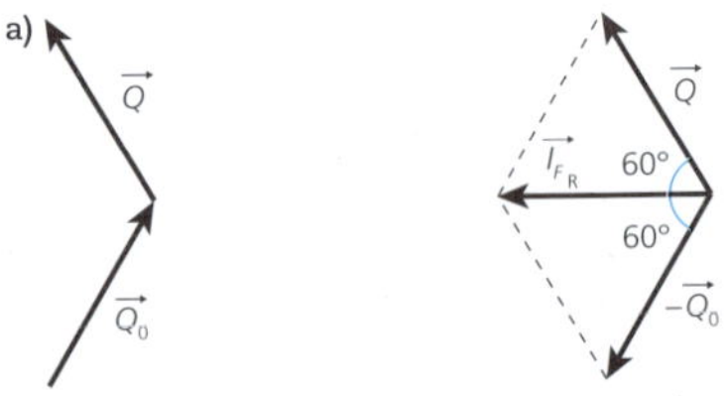

b) $Q_0 = Q = 2,5\ kg \cdot m/s$ e $I_R = 2,5\ N \cdot s$

8. $v_B = 1\ m/s$

9. $v_C = 15\ m/s$

10. $v = 3,5\ m/s$

11. a) v'_A = zero; $v'_B = 2,0\ m/s$
b) $v'_A = 1,0\ m/s$; $v'_B = 1,0\ m/s$

12. Após os choques, a esfera A retorna com velocidade de módulo v. As esferas B e C param.

13. a) 2,0 m/s b) 2,0 m/s

Revisando o conteúdo

1. a 2. a 3. b 4. a 5. e 6. b
7. a) $1,0 \cdot 10^{-8}\ m/s$ b) $5,4 \cdot 10^{23}\ J$
8. b
9. V - F - V - F - F
10. a) V = 1,0 m/s
b) H = 5,0 cm e T = 57,0 N
11. e
12. 02 + 04 + 06 + 64 = 86

Cap. 14 Gravitação universal

Avaliando o aprendizado

1. c 2. d 3. d

4. a) $e = 0,8$
b) $\dfrac{v_P}{v_A} = 9,0$
c) $T_s \simeq 31,6$ anos terrestres

5. b 6. c 7. e 8. a
9. c 10. b 11. d 12. e

13. a) $\dfrac{v_2}{v_1} = \sqrt{2}$ b) $v_0 = v_1$

14. a) $M_{Terra} \simeq 80\ M_{Lua}$
b) $\simeq 11,2\ km/s$
c) $R_T \simeq 4,7R_L$

Revisando o conteúdo

1. c 2. b

3. a) aproximadamente 11,2 AT
b) aproximadamente 1,6 UA

4. e 5. a 6. b

7. a) $g = g_0 \cdot \left(\dfrac{R}{R+h}\right)^2$ b) $h = R$

8. a 9. a 10. b 11. e

12. a) $v = \dfrac{2\pi r}{T}$
b) $M_{Lua} = \dfrac{4\pi^2 r^3}{GT^2}$

13. e

14. a) $v = \frac{1}{2}\sqrt{\frac{GM}{R}}$

b) $E_c = G \cdot \frac{Mm}{8R}$

c) $E_{pgrav} = -G \cdot \frac{Mm}{4R}$

d) $E_{mec} = -G \cdot \frac{Mm}{8R}$

15. a) $v = \sqrt{\frac{GM}{2R}}$

b) $E_{mec} = -G \cdot \frac{Mm}{4R}$

Cap. 15 Estática do ponto material e do corpo extenso

Avaliando o aprendizado

1. $F_3 = 10$ N; $\theta \simeq 36{,}87°$

2. $T_1 = 500$ N; $T_2 = 400$ N; $T_3 = 300$ N

3. $T_1 = 100$ N; $T_2 = 100$ N; $T_3 = 100\sqrt{2}$ N; $\mu = 0{,}5$

4. $\frac{200\sqrt{3}}{3}$ N; $\frac{100\sqrt{3}}{3}$ N

5. a) $M_{F_1} = 0$; $M_{F_2} = -5$ N · m; $M_{F_3} = +4$ N · m; $M_{F_4} = 0$

b) A chave irá girar no sentido anti-horário, pois o momento resultante é negativo ($M_R = -1$ N · m).

6. Fb

7. a) 100 N b) $x = 2{,}5$ m

8. $N_A = 350$ N; $N_B = 150$ N

9. 39 kg **10.** $F = 40$ N

Revisando o conteúdo

1. d **2.** b **3.** e **4.** c **5.** b **6.** d

7. a **8.** 01 + 16 + 32 = 49

9. a **10.** d **11.** e **12.** 0; 2; 3

13. d **14.** b **15.** b **16.** b

Cap. 16 Hidrostática

Avaliando o aprendizado

1. a) 0,90 g/cm³
b) 0,85 g/cm³

2. d

3. a) 1.615 g
b) 95 cm³

4. a) 5,0 g/cm³
b) 972 g

5. b **6.** d

7. 120 atm

8. a) $p_1 = p$ b) $p_2 = 2p$

9. a

10. a) $P = 4dga^3$
b) $4dga$

11. d

12. a) $2{,}00 \cdot 10^4$ N
b) $1{,}96 \cdot 10^4$ N
c) 400 N

13. c

14. a) $p_1 = 3.000$ Pa; $p_2 = 4.000$ Pa
b) $F_1 = 1.200$ N; $F_2 = 1.200$ N

15. a) 13,6 cm b) 6,80 m

16. a) $2{,}0 \cdot 10^3$ Pa c) 8,0 kg
b) 80 N d) 1,0 g/cm³

17. b

18. c

19. a) 600 N b) 5,0 cm c) 12 L

20. b

21. b

22. a) $f = \frac{a}{A} \cdot F$
b) $\Delta f = dgha$

23. 0,25 g/cm³

24. $d_c = 1{,}50$ g/cm³

25. a) No Mar Morto, pois a densidade da água é maior.
b) 84%

26. a) $d_A < d_B < d_{água}$
b) $P_1 = P_2 = P_3$
c) $P'_1 > P'_2 > P'_3$

27. e

28. d

29. a) $E = 20$ N
b) $P_{ap} = 80$ N
c) $a = 8{,}0$ m/s²

Revisando o conteúdo

1. a

2. $d_{cubo} = 2{,}0$ g/cm³; $\mu_{A\ell} = 2{,}5$ g/cm³

3. 17 g

4. a) Sim, $d_{coroa} = 16$ g/cm³; portanto, a coroa não é de ouro puro.
b) 750 g

5. c **6.** c **7.** a

8. d

9. a) 1,25 g/cm³
b) $2{,}25 \cdot 10^5$ Pa $\simeq 2{,}25$ atm

10. d **11.** a

12. $\simeq 184{,}5$ m

13. a **14.** d **15.** d

16. a **17.** c **18.** e

19. a) 0,5 g/cm³ b) 1,5 g/cm³

20. b **21.** a

Cap. 17 Termometria

Avaliando o aprendizado

1. a) $\theta = \frac{2p}{5} + 80$
b) 320 °X
c) 425 mmHg

2. a) $\theta = \frac{3h}{2} + 15$ c) $h = 30$ mm
b) $\theta = 105$ °W

3. 77 °F

4. De 95 °F a 107,6 °F.

5. $\simeq 54{,}4$ °C

6. a) $\frac{\theta_C}{5} = \frac{\theta_A - 30}{8}$ b) 94 °A

7. a) $\theta_C = \frac{25 \cdot (\theta_E - 2)}{24}$
b) $\simeq 39{,}58$ °C
c) 50 °C

8. $\simeq 66{,}7$ °X

9. a) 220 °A b) −50 °B c) 70 °A e −25 °B

10. 14 K

11. a) 327 °C e 620,6 °F
b) 40 °C e 313 K
c) −40 °F e 233 K

Revisando o conteúdo

1. b **2.** a **3.** a **4.** d **5.** −12,3 °F

6. b **7.** a **8.** e **9.** a **10.** e **11.** d

12. b **13.** $\Delta T = 6$ °X **14.** b **15.** e

16. a) −195 °C b) −319 °F

17. d

Cap. 18 Dilatação dos sólidos e dos líquidos

Avaliando o aprendizado

1. 100,34 m

2. a) $2 \cdot 10^{-5}$ °C^{-1} b) 300,6 m

3. $\alpha_m = \frac{L_1\alpha_1 + L_2\alpha_2}{L_1 + L_2}$

4. $\frac{\alpha_1}{\alpha_2} = \frac{L_2}{L_1}$

5. 600,6 m² **6.** 16 cm² **7.** 12 cm³

8. 5,25 L **9.** 1.000,45 mL

10. A escala ficaria invertida: as temperaturas mais altas ficariam próximas do bulbo do termômetro e as temperaturas mais baixas, no alto do tubo.

11. 2,4% **12.** 35 cm³

Revisando o conteúdo

1. c **2.** 30 **3.** c **4.** b **5.** c

6. c **7.** d **8.** $L_A = 96$ cm **9.** b **10.** c

11. 01 + 04 + 32 = 37

12. 08 + 16 = 24

13. c **14.** b **15.** a

16. b **17.** b **18.** b

Cap. 19 Calorimetria

Avaliando o aprendizado

1. 30 cal/°C

2. a) 300 cal b) 6 cal/°C

3. $\frac{C_A}{C_B} = \frac{2}{3}$

4. 90 °C **5.** $Q = 6.625$ cal

6. a) 9.600 cal b) 192 cal/°C c) 0,64 cal/(g · °C)

7. a) 115 °C b) 180 s ou 3 min

8. $c = 0{,}1$ cal/(g · °C) **9.** 0,16 cal/(g · °C)

10. $\frac{\Delta\theta_A}{\Delta\theta_B} = \frac{1}{3}$ **11.** 40 °C **12.** 55 °C

13. 0,1 cal/(g · °C)

Revisando o conteúdo

1. c **2.** 08 + 16 = 24

3. 08 + 32 = 40

4. a **5.** e **6.** 01 + 02 + 08 + 16 = 27

7. c **8.** c **9.** d **10.** d **11.** b **12.** c

13. c **14.** d **15.** b **16.** a

Cap. 20 Mudanças de estado

Avaliando o aprendizado

1. $\simeq 5{,}3$ g

2. 160 min

3. 125 s

4. a) $Q = 26.000$ cal

b)

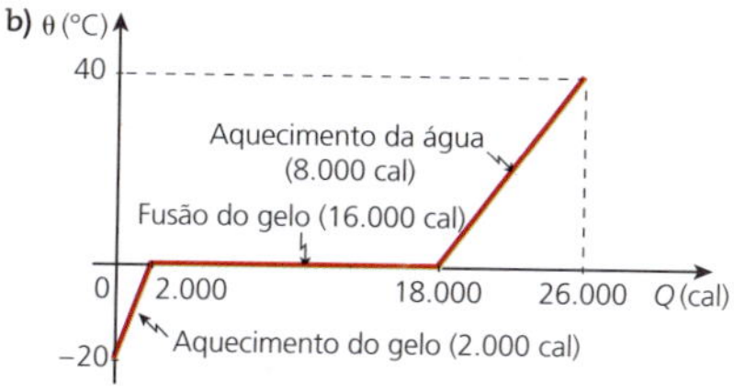

5. 22,5 g **6.** 100 g **7.** $\frac{1}{2}$ **8.** $\theta = 32$ °C

9. a) De acordo com a curva da fusão, um aumento de pressão provoca uma diminuição da temperatura de fusão (como no caso da água). Portanto, essa substância se contrai na fusão.
b) Situação *A*: estado líquido, situação *B*: estado gasoso e situação *C*: estado sólido.
c) solidificação
d) sublimação inversa

10. a) De acordo com a curva da fusão, um aumento de pressão provoca um aumento da temperatura de fusão. Portanto, essa substância se dilata na fusão.
b) Situação *A*: estado sólido, situação *B*: estado líquido e situação *C*: estado gasoso.
c) sublimação
d) vaporização

11. A água poderá ferver a uma temperatura menor que 100 °C se a pressão sobre ela for menor que 1 atm.

12. Sim, desde que a pressão atmosférica na cidade *A*, onde a água já está fervendo, seja menor que a pressão atmosférica na cidade *B*.

Revisando o conteúdo

1. b **2.** e **3.** a **4.** e **5.** d

6. b **7.** a **8.** c **9.** a **10.** a

11. c **12.** e **13.** c **14.** c

Cap. 21 Transmissão de calor

Avaliando o aprendizado

1. Como a mão está a uma temperatura mais alta que o metal e a madeira, ela transmite calor por condução para o metal e para a madeira. Entretanto, como o metal é melhor condutor de calor que a madeira, a perda de calor da mão para o metal é maior que a perda de calor para a madeira. Assim, temos a impressão de que o metal está mais frio.
2. O ar existente entre as vidraças reduz a perda de calor por condução do interior (mais quente) para o exterior (mais frio), pois o ar é um bom isolante térmico.
3. Os cobertores não poderiam ser usados para aquecer a cama ou qualquer outro corpo porque não geram calor. Eles apenas dificultam a perda de calor de nosso corpo para o ambiente. Porém, quando nos deitamos, nosso corpo perde calor para o colchão. Assim, a temperatura debaixo dos cobertores entra em equilíbrio com a temperatura do nosso corpo. Os cobertores dificultam então a perda de calor para o ambiente, dando-nos uma sensação térmica agradável.
4. Baixo valor do coeficiente de condutibilidade térmica.
5. A barra de gelo deve ser colocada sobre o galão, pois, dessa maneira, a água na parte superior do galão é resfriada, torna-se mais densa e desce, sendo substituída pela água mais quente da parte inferior.
6. Por ser menos denso, o ar mais quente sobe, criando uma região de baixa pressão que será preenchida pelo ar proveniente de outras regiões. Esse movimento do ar atmosférico é denominado vento.
7. A parte superior da geladeira ficará mais fria que o esperado, enquanto a parte inferior ficará mais quente.
8. O aparelho de refrigeração deve ser instalado em local alto, possibilitando a descida do ar frio e a refrigeração de todo o ambiente. Já o aquecedor deve ser instalado em local baixo, para permitir a subida do ar quente e o aquecimento de todo o ambiente.
9. O uso de roupas claras favorece a reflexão das ondas de calor, o que diminui a quantidade de calor absorvido por irradiação.
10. a) Devido à diferença de temperaturas, nossas mãos irradiam calor para o gelo. Essa perda de calor de nossas mãos nos dá sensação de frio. Deve-se levar em conta que nossas mãos também perdem calor para o ar frio que envolve o bloco de gelo.
    b) O forno ligado, por sua vez, irradia calor para nossas mãos. Essa energia recebida por nossas mãos nos dá a sensação de calor. Além disso, nossas mãos recebem calor do ar quente que envolve o forno ligado.
11. Os edifícios envidraçados apresentam temperaturas internas mais elevadas que os edifícios não envidraçados por causa do efeito estufa. O vidro permite a entrada do calor radiante do Sol, mas dificulta a saída do calor reemitido pelos corpos do interior dos edifícios.
12. d

Revisando o conteúdo

1. d 2. c 3. d 4. a 5. a
6. c 7. a 8. d 9. a
10. a)

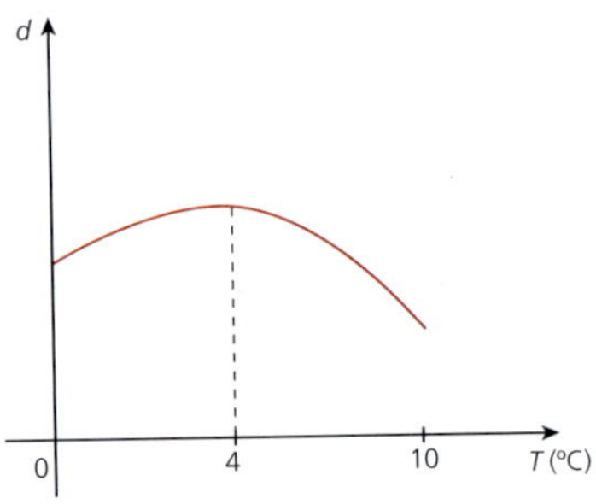

b) No recipiente B, pois a água do fundo, a 0 °C, tem densidade menor que a água da parte de cima, a 4 °C. Assim, a água do fundo tende a subir, sendo substituída pela água mais quente.

11. c 12. d 13. d 14. b 15. e 16. b

Cap. 22 Comportamento térmico dos gases

Avaliando o aprendizado

1. 4,00 atm
2. a) 48,8 g b) $1,47 \cdot 10^{25}$ moléculas c) 546,2 L
3. $\frac{n_B}{n_A} = 12$ 4. $\frac{5n}{6}$
5. 525 K ou 252 °C 6. 630 mmHg
7. a) 7,3 mols b) 300 K
8. $5{,}33p$ 9. $3p$
10. a) $V_2 = 4\ m^3$ b) $p_3 = 2{,}5$ atm
11. 10 L
12. a) 20 L
    b)

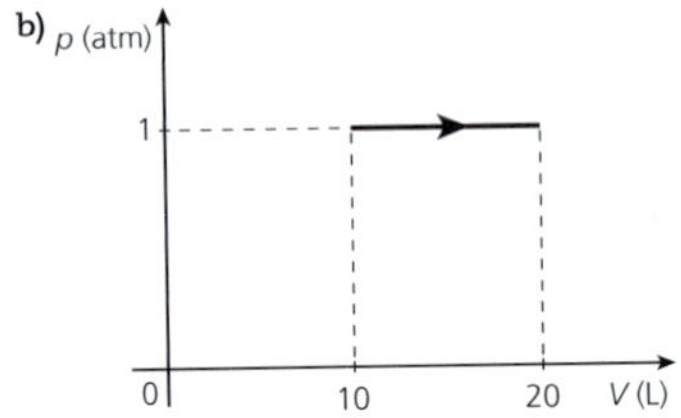

13. 900 K ou 627 °C 14. 360 K ou 87 °C

Revisando o conteúdo

1. c 2. b 3. b 4. d 5. a 6. a
7. a 8. a 9. e 10. c 11. a 12. d
13. c 14. d 15. c 16. 02 + 08 + 32 = 42

Cap. 23 Termodinâmica

Avaliando o aprendizado

1. a) 2U b) 6U
2. a) $p = 20.775\ N/m^2$ b) $T_2 = 250$ K
   c) $\Delta U = 31.162{,}5$ J
3. 60 atm L 4. +800 J 5. +8 J
6. a) 150 K b) $5 \cdot 10^5$ J
7. a) $\tau = 0$ b) $\Delta U = +1.000$ J
8. a) 180 J b) 420 J
9. $6 \cdot 10^4$ J
10. a) A temperatura é mínima no ponto A (isoterma mais próxima da origem) e máxima no ponto C (isoterma mais afastada).
    b) O gás realiza trabalho, pois o ciclo é de sentido horário.
    c) De acordo com a primeira lei da Termodinâmica, se o gás realiza trabalho em um ciclo, ele recebe calor do ambiente.
    d) $\tau_{ciclo} = p_0V_0$; $Q_{ciclo} = p_0V_0$
11. $2{,}4 \cdot 10^6$ J
12. V - F - F - V - V - V
13. 0,1 ou 10%
14. a) 40 J b) 60 J c) 0,4 ou 40%
15. a) 0,268 ou 26,8% b) 134 J c) 366 J

Revisando o conteúdo

1. c 2. c 3. 02 + 32 = 34 4. b
5. b 6. e 7. 01 + 08 = 09
8. 02 + 32 = 34 9. 01 + 02 + 04 + 32 = 39
10. 02 + 04 + 32 = 38
11. a 12. d 13. e 14. b 15. c

Cap. 24 Introdução à Óptica Geométrica

Avaliando o aprendizado

1. 1,3 s
2. $2{,}5 \cdot 10^{17}$ km, essa distância é aproximadamente 1,7 bilhão de vezes maior que a distância da Terra ao Sol.
3. Primárias: O filamento de uma lâmpada incandescente acesa e o sistema de estrelas *Alpha Centauri*.
   Secundárias: O planeta Terra, um palito de fósforo apagado, o planeta Júpiter, os satélites de Júpiter descobertos por Galileu Galilei - Io, Europa, Ganimedes e Calisto - e um cartão magnético.
4. H = 5 m
5.

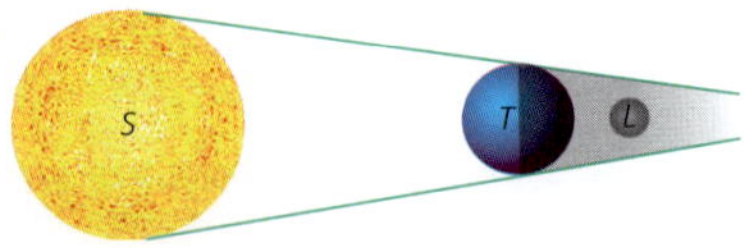

O Sol é a fonte de luz, a Terra, o objeto opaco, e a Lua, o anteparo.

6. Aumenta de 10 cm.
7. e

Revisando o conteúdo

1. b 2. c
3. e
4. 4,5 anos-luz; $\simeq 4{,}3 \cdot 10^{13}$ km
5. c
6. d
7. e
8. a) A Lua deve estar mais afastada do observador O. Nessas condições, a Lua encobre a parte central do Sol (os raios emitidos dentro do ângulo A'ÔB' continuam bloqueados pela Lua). Os raios de luz emitidos pelo Sol dentro dos ângulos AÔA' e BÔB' atingem o observador O.

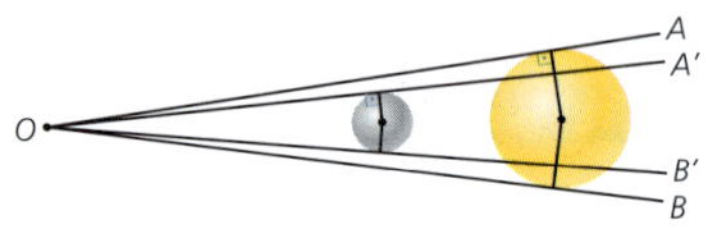

   b) $d = 375 \cdot 10^3$ km
9. h = 1,8 m 10. b
11. 8 cm 12. d = 8 cm

Cap. 25 Reflexão da luz

Avaliando o aprendizado

1. e
2. Iluminada com luz solar a rosa apresenta-se vermelha porque reflete difusamente a luz vermelha e absorve as demais cores. Já as folhas verdes, iluminadas com luz solar, refletem difusamente a luz verde e absorvem as demais. Em um ambiente iluminado com luz monocromática verde, a flor será vista na cor preta e as folhas serão vistas na cor verde.
3. Os retângulos brancos serão vistos amarelos, o quadrilátero vermelho e o retângulo azul serão vistos pretos e o retângulo amarelo será visto amarelo.
4. 70°
5. $\alpha = 30°$
6. a) d = 15 cm b) 20 cm e 35 cm
7. 50 cm
8. c
9. resposta pessoal
10. 4 s
11. Ele não consegue se ver de corpo inteiro.

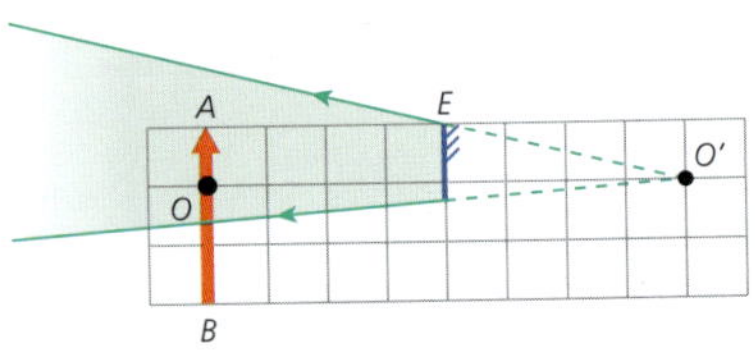

12.

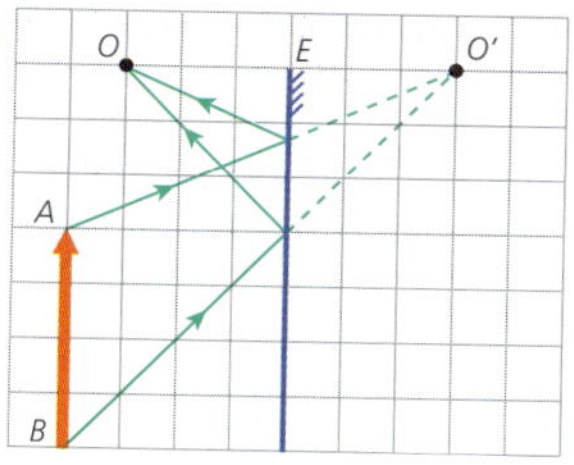

13. c

14.

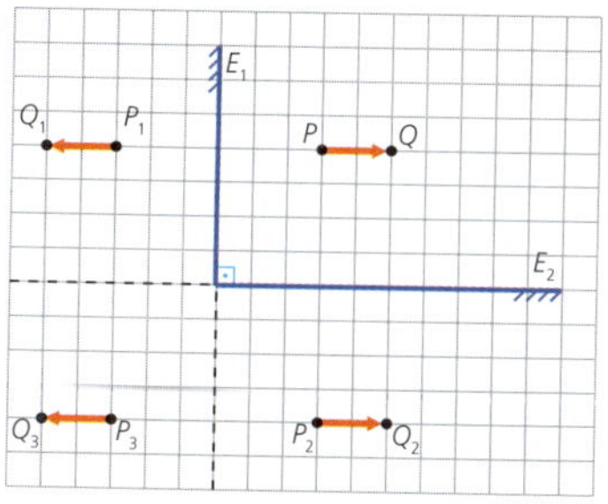

P_1Q_1: imagem de PQ fornecida por E_1

P_2Q_2: imagem de PQ fornecida por E_2

P_3Q_3: imagem de P_2Q_2 fornecida por E_1 e que coincide com a imagem de P_1Q_1 fornecida por E_2

15. 15 cm

16. I, II, IV e VI

17. Se a imagem virtual é menor, o espelho é convexo. Se é maior, o espelho é côncavo.

18. A imagem é real, invertida, tem a mesma altura do objeto e se forma sobre o ponto C.

19. a) real, invertida e maior
b) real, invertida e menor

20.

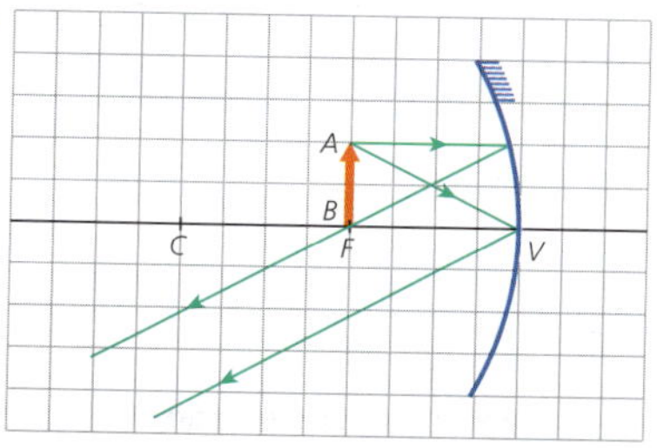

21. a) côncavo
b) invertida
c) 9 cm
d) 6 cm e 12 cm

22. a) −5 cm
b) 15 cm
c) $\frac{1}{2}$
d) 2,5 cm

23. a) 12 cm
b) 10 cm

Revisando o conteúdo

1. a **2.** c **3.** d **4.** d
5. a **6.** c **7.** c **8.** c

9.

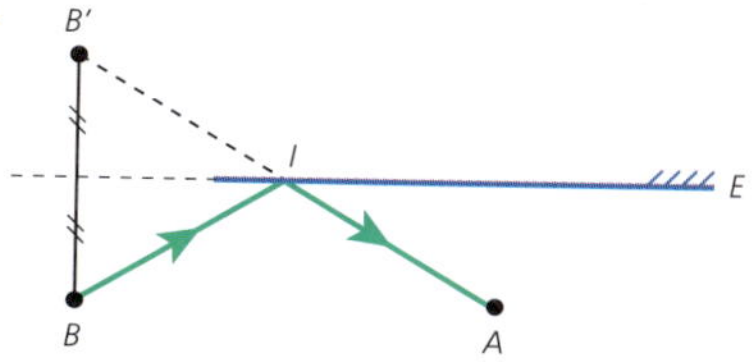

10. b **11.** c **12.** a **13.** d **14.** e
15. b **16.** c **17.** e **18.** a **19.** a

20. a) imagem real, invertida e menor que o objeto
b) t = 8 s
c) 30 cm e 20 cm, respectivamente

21. e **22.** c

23. F – V – V – V – F

24. d = 10 cm

Cap. 26 Refração da luz

Avaliando o aprendizado

1. n = 1,5 **2.** 2,5 · 10^5 m/s **3.** 0,8

4. II e III **5.** 30°

6. a) i = 60° e r = 30° b) $\frac{n_1}{n_2} = \frac{\sqrt{3}}{3}$

7. a) meio A
b) meio B

8. b **9.** 20 cm

10.

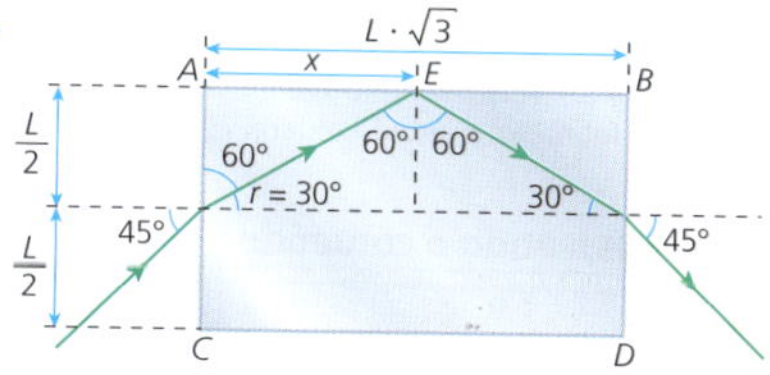

11. A imagem P' é virtual (encontro de prolongamentos) e está mais próxima da pessoa que a pedra P.

12. a) 3,2 cm b) 1,8 cm

13. $n_2 = \frac{4}{3}$ e 53°

14. $n_2 = \frac{2 \cdot \sqrt{3}}{3}$

15. A luz amarela é representada pelo raio 1.

16. d

17. a

18. A lente pode ser convergente ou divergente. Se a imagem é virtual e maior, a lente é convergente. Se é virtual e menor, a lente é divergente.

19. a) A imagem é real, invertida e maior do que o objeto.
b) A imagem é real, invertida e menor do que o objeto.

20. A imagem é real, invertida e tem a mesma altura do objeto. A distância entre o objeto e a imagem é 4f e a imagem se forma em A'.

21.

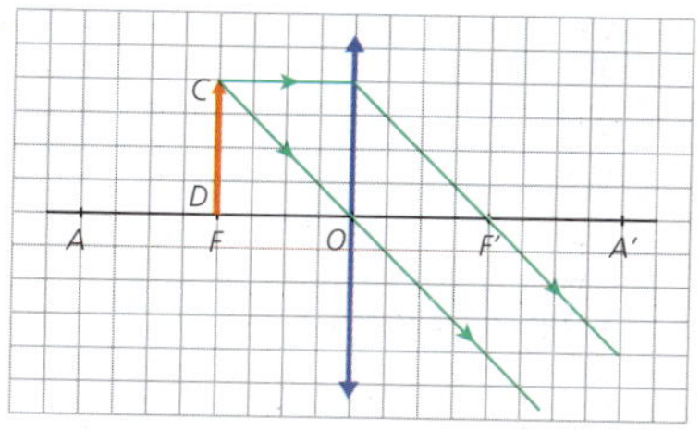

22. a) convergente
b) invertida
c) 9 cm
d) 6 cm

23. a) 5 cm
b) 5 cm
c) $\frac{1}{2}$
d) 2,5 cm

24. a) 12 cm
b) 10 cm

Revisando o conteúdo

1. e **2.** b **3.** 11,54°
4. b **5.** b **6.** c
7. b **8.** a **9.** c **10.** b **11.** b **12.** e

13. 01 + 02 + 16 = 19

14. e **15.** c **16.** b **17.** b

18. IV e V

19. b **20.** b **21.** e

22. 01 + 04 + 32 = 37

23. b **24.** d **25.** c **26.** a

27. V – F – V – V

28. a) 2 b) $\frac{5}{4}$

29. c

Cap. 27 Óptica da visão

Avaliando o aprendizado

1. As lentes usadas para a correção da miopia são divergentes. Portanto, elas devem ter bordas espessas. É o caso da lente II.

2. f_A = −0,50 m e D_A = 0,50 m;
f_B = −0,25 m e D_B = 0,25 m;
f_C = −0,10 m e D_C = 0,10 m

3. Pedro possui hipermetropia, e Raphael é míope.

4. f_A = 1,00 m e $d_A \simeq$ 0,33 m;
f_B = 0,50 m e d_B = 0,50 m;
$f_C \simeq$ 0,33 m e d_C = 1,00 m

5. V = 1,5 di (1,5 grau)

6. Hipermetrope e possui também astigmatismo.

Revisando o conteúdo

1. a) O míope deve usar lentes divergentes.
b) f = −0,20 m

2. b

3. $f \simeq$ 0,375 m

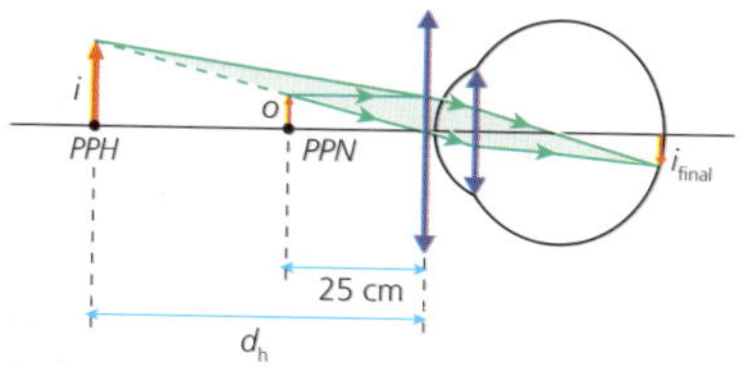

4. a) Defeito A: miopia; lente corretiva: divergente, isto é, lente de bordas espessas (lente 2).
Defeito B: hipermetropia; lente corretiva: convergente, isto é, lente de bordas finas (lente 1).
b) V = − 2 di

5. a) f = 0,30 m
b) Como a lente é convergente, provavelmente, o estudante é hipermetrope.

6. a) aos 25 anos $f \simeq$ 2,2 cm; aos 65 anos: $f \simeq$ 2,4 cm.
b) 0,2 cm

7. d **8.** a **9.** e

Cap. 28 Estudo das ondas

Avaliando o aprendizado

1. a) 18 g/m b) 180 N

2. 300 m/s

3. a) 3 ondas completas
b) λ = 1,5 m
c) f = 300 Hz

4. b **5.** d **6.** c **7.** b **8.** a

9.

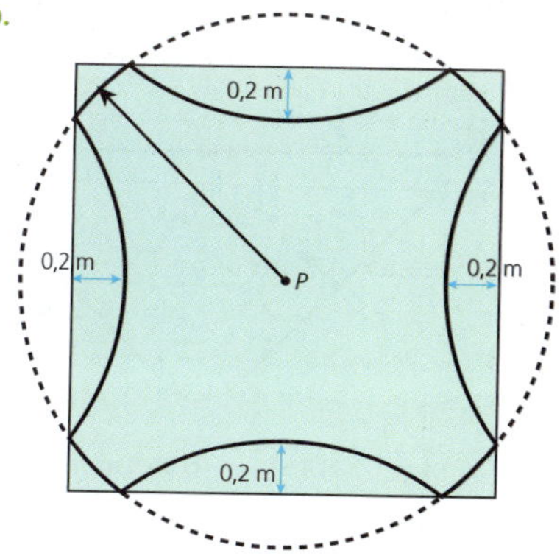

10. a) Como a barreira é rígida, as reflexões ocorrem com inversão de fase.
b)

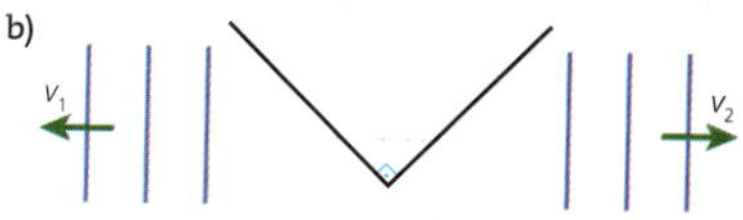

11. a)

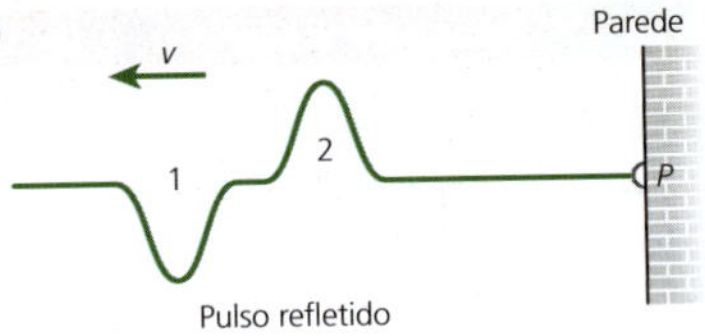

b)

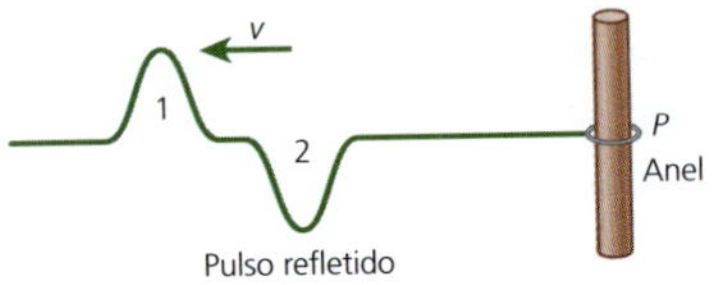

12.

13. a) $v_c < v_a < v_b$
b) $n_c > n_a > n_b$

14. a) $f_1 = f_2 = 4{,}0$ Hz
b) 0,4 m

15. d **16.** d

17. a) 10 cm b) 28 cm/s c) 14 cm d) 4,9 cm

18. e **19.** c **20.** d

21. d

Revisando o conteúdo

1. a

2. b

3. b

4. $\frac{t_A}{t_B} = \frac{1}{3}$

5. $\frac{v_1}{v_2} = \frac{1}{2}$ **6.** a) 10 m/s

b)

7. a) 5 cm b) 8 m c) 10 m/s d) 1,25 Hz

8. a) 40 cm
b) 2 m/s e 5 Hz

9.

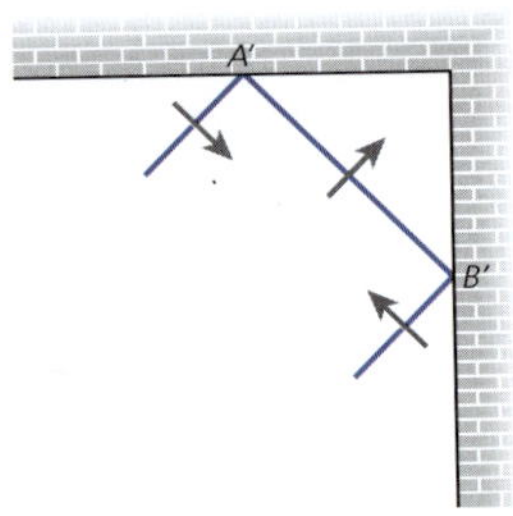

10. a) 1,5 s b) 240 m

11. a) 8,0 s b) 7,0 s

12. a) 2,0 s
b)

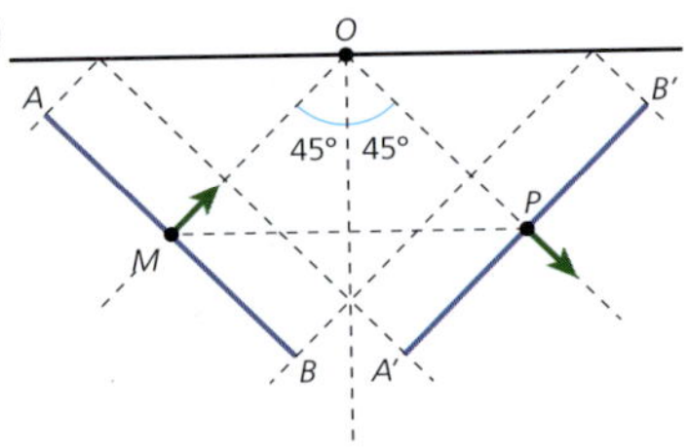

13. a) 3,4 m b) 4,5 c) 15,3 m

14. c **15.** 800 nm

16. a) 476 m/s b) 23,8 m

17. d **18.** d **19.** c

Cap. 29 Acústica

Avaliando o aprendizado

1. b **2.** 3,125 s **3.** 6.000 m/s

4. c **5.** c **6.** b **7.** a **8.** b

9. e **10.** c **11.** d **12.** b **13.** d

14. a) 550 Hz b) 450 Hz

15. b **16.** 53° **17.** b **18.** e **19.** a **20.** c

21. a) 150 cm ou 1,5 m b) 220 Hz

22. a) $\frac{5\lambda}{2}$ ou 2,5λ
b) $\lambda' = \frac{1}{2}\lambda$

23. a

24. a) 50 cm b) 25 m/s

25. c **26.** d

27. a) 30 Hz b) 20 Hz

28. d **29.** c

30. a) 1,50 m b) 330 m/s

31. a) 125 Hz b) 66 cm
c) Não. Teria de ser o 28º harmônico de um tubo fechado, que não existe.

Revisando o conteúdo

1. c **2.** c **3.** a **4.** e

5. b **6.** c **7.** b

8. a) 20 Hz $< f <$ 200 Hz b) 1 W/m² c) 100 vezes

9. e **10.** e **11.** a **12.** d

13. a **14.** c **15.** a

16. a) 2A b) zero

17. c **18.** e **19.** c **20.** e

Cap. 30 Introdução à Eletricidade

Avaliando o aprendizado

1. $6{,}25 \cdot 10^{18}$

2. $5 \cdot 10^{10}$

3. a) $\Delta Q = +3{,}2$ μC c) $2 \cdot 10^{13}$
b) O corpo perdeu elétrons.

4. A (−), B (+), C (+) e D (+). Se aproximarmos o corpo B e o corpo C, eles irão sofrer repulsão.

5. a) $Q_{final(A)} = +6{,}0$ μC, $Q_{final(B)} = +3{,}0$ μC

6. a) $\Delta Q_A = +4$ μC
b) $Q_{final(A)} = +24$ μC; $Q_{final(B)} = +3$ μC; $Q_{final(C)} = -17$ μC

7. a) $Q_{vidro} = +8{,}0$ μC b) $Q_{lã} = -8{,}0$ μC

8. Q = 12 μC

9. 1º. Encostamos B em C; 2º. Aproximamos A de C para provocar indução; 3º. Ainda na presença de A, afastamos B de C; 4º. Afastamos A e chegamos à situação final desejada.

10. Só um dos corpos está eletrizado e o outro está neutro ou ambos estão eletrizados com cargas de sinais opostos.

11. c **12.** 4,8 N

13. $1{,}0 \cdot 10^{-7}$ C

14. $1 \cdot 10^{-6}$ C

15. a) $Q_A = 2$ μC; $Q_B = -1$ μC e $Q_C = 2$ μC
b) d = 10 cm

Revisando o conteúdo

1. a **2.** +10 μC **3.** c

4. e **5.** b **6.** b **7.** 08 **8.** d

9. d **10.** e **11.** b **12.** d **13.** b

14. d **15.** d **16.** d **17.** c

Cap. 31 Campo elétrico

Avaliando o aprendizado

1. $F_{el} = 3 \cdot 10^{-4}$ N, vertical e para baixo.

2. a) E = 200 N/C, vertical e para baixo.
b) $F_{el} = 4 \cdot 10^{-4}$ N, vertical e para baixo.

3. $a = 10$ m/s² **4.** $q = -2 \cdot 10^{-5}$ C **5.** F-V-V-V-F

6. a) $F_{el(A)}$ $3{,}2 \cdot 10^{-3}$ N, na mesma direção e sentido do campo, elétrico.

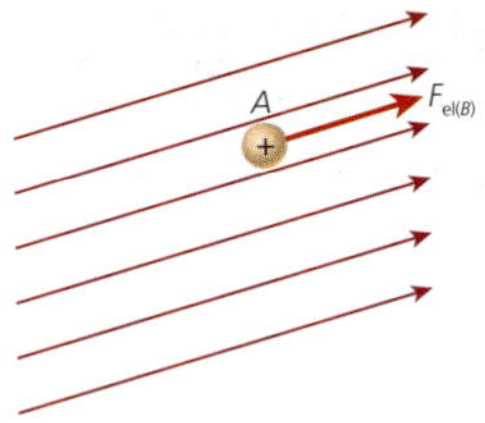

b) $F_{el(B)}$ $2{,}4 \cdot 10^{-3}$ N, na mesma direção do campo, mas de sentido oposto.

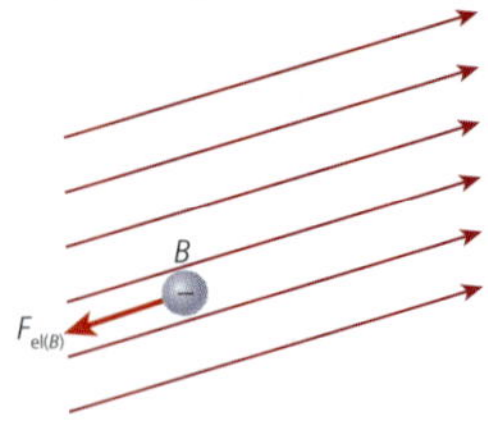

7. a) E = $1{,}35 \cdot 10^6$ N/C (horizontal para a direita)
b) $F_{el} = 1{,}35$ N (na mesma direção e sentido do campo)

8. a) P (3, 2) b) 36 N/C

9.

Carga	Distância	Módulo do vetor campo elétrico
Q	d	E
2Q	2d	$\frac{E}{2}$
3Q	d	3E
$\frac{Q}{2}$	$\frac{d}{2}$	2E

10. $\frac{Q_1}{Q_2} = \frac{3}{8}$

11. 02 + 04 + 08 = 14

12. $-2 \cdot 10^{-3}$ C

13. 02 + 04 + 16 = 22

14. 750 N/C

15. a) $Q_A = +2$ μC b) $Q_A = -0{,}5$ μC c) $Q_A = -128$ μC

Revisando o conteúdo

1. e **2.** d **3.** a **4.** d **5.** a **6.** a

7. d **8.** e **9.** e **10.** a **11.** d **12.** d

13. b **14.** e **15.** a **16.** b **17.** c **18.** a

Cap. 32 Potencial elétrico e energia potencial elétrica

Avaliando o aprendizado

1. $E_{pel} = 3 \cdot 10^{-4}$ J **2.** $V = 2 \cdot 10^3$ V

3. a) $\tau_{F_{el}} = +4 \cdot 10^{-4}$ J b) $\tau_{F_{el}} = -4 \cdot 10^{-4}$ J

4. a) $V_A = 20$ V; $V_B = -60$ V
b) $\tau_{F_{el}} = -4 \cdot 10^{-4}$ J

5. a) $E_{pel(A)} = 1 \cdot 10^{-3}$ J e $E_{pel(B)} = 4 \cdot 10^{-4}$ J
b) $E_{c(B)} = 6 \cdot 10^{-4}$ J c) $E_{c(B)} = 6 \cdot 10^{-4}$ J

6. a) $V = -2{,}7 \cdot 10^5$ V b) $E_{pel} = -5{,}4 \cdot 10^{-1}$ J

7. a) $V_A = 9 \cdot 10^4$ V c) $\tau_F = 1{,}2 \cdot 10^{-3}$ J
b) $V_B = 3 \cdot 10^4$ V

8. $v = 24$ m/s

9. $V = 3 \cdot 10^3$ V

10. 6 m à esquerda de Q_1 e 2 m à direita de Q_1.

11. a) $V_B = -9 \cdot 10^3$ V e $V_D = 9 \cdot 10^3$ V
b) $\tau_{F_{el}} = 0 - 36 \cdot 10^{-3}$ J $= -36$ mJ

12. $E = 1{,}2 \cdot 10^4$ N/C

13. a) $F_{el} = 3 \cdot 10^{-4}$ N b) $\tau_{F_{el}} = 1{,}5 \cdot 10^{-5}$ J

14. a) d = 0,5 m e $V_C = 80$ V c) $\tau_{F_{el}} = 6 \cdot 10^{-4}$ J
b) $E_{pel} = -3{,}6 \cdot 10^{-4}$ J

15. A esfera menor acaba por se descarregar.

16. a) A esfera menor permanece neutra.
b) Se o contato for externo, parte da carga elétrica da esfera maior será transferida para a esfera menor, até que ambas atinjam um mesmo potencial elétrico.

17. a) $E = 0$ e $V = 6 \cdot 10^5$ V
b) $E = 1 \cdot 10^6$ N/C e $V = 6 \cdot 10^5$ V
c) $E = 1{,}125 \cdot 10^6$ N/C e $V = 4{,}5 \cdot 10^5$ V

Revisando o conteúdo

1. I, II e IV
2. c **3.** d **4.** $\frac{4}{3}$m **5.** c
6. d **7.** c **8.** 02 + 04 + 08 = 14
9. $V_A = 90$ V
10. a) $x = 4$ m b) $V = 15 \cdot 10^4$ V
c) $a = 0{,}3$ m/s^2; direção: eixo x; sentido: negativo.
11. e **12.** e **13.** d **14.** a
15. b **16.** a **17.** a

Cap. 33 Corrente elétrica, potência, resistores e leis de Ohm

Avaliando o aprendizado

1. 32 A
2. a) $2 \cdot 10^{17}$ elétrons b) 3,2 mA
3. B → E; i = 7A; E → C; i = 3A; E → F; i = 4A

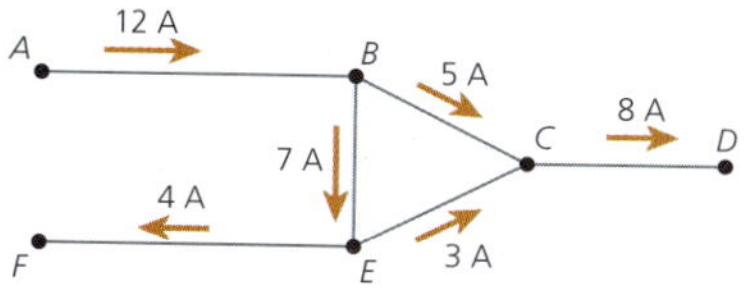

4. 1,1 kWh **5.** R$ 13,20
6. 550 min ou 9 h 10 min
7. 20 Ω **8.** 240 Ω
9. a) 22 A b) 4.840 W
10. O resistor não é ôhmico, pois sua resistência elétrica variou.
11. 30 mA **12.** 9P **13.** i' = 1,5i e P' = 4,5P
14. a) 80 Ω b) 1,5 A c) 180 W
15. 50 V

Revisando o conteúdo

1. c **2.** a **3.** c **4.** I, II e V.
5. e **6.** a **7.** 10 C **8.** d
9. b **10.** a **11.** c **12.** d
13. a) 1.100 W b) 5 A c) 44 Ω
14. c **15.** e **16.** c **17.** e
18. 01 + 02 + 16 = 19
19. d **20.** d

Cap. 34 Associação de resistores

Avaliando o aprendizado

1. a) $R_{eq} = 25$ Ω, i = 1,8 A c) $R_{eq} = 45$ Ω, i = 1 A
b) $R_{eq} = 10$ Ω, i = 4,5 A
2. Em uma associação em série de *n* resistores iguais, cada um com resistência elétrica R, o resistor equivalente tem resistência elétrica dada por:
$R_{eq} = R_1 + R_2 + R_3 + \cdots + R_n$
$R_{eq} = R_1 + R_2 + R_3 + \ldots + R$ (*n* parcelas)
$R_{eq} = nR$
3. a) 6 A b) $U_1 = 24$ V; $U_2 = 12$ V
4. a) 2 Ω b) 3 Ω c) 2 Ω
5. a) $i_1 = 0{,}3$ A; $i_2 = 0{,}7$ A c) 210 Ω
b) $i_{total} = 1{,}0$ A
6. a) 24 V b) 12 Ω
7. a) 4 Ω b) 40 Ω c) 8 Ω
8. 160 W **9.** 9 Ω **10.** 8 Ω
11. 345 W **12.** 10 Ω
13.

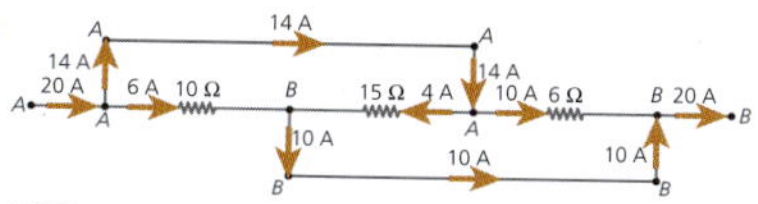

14. 60 V
15. a) 6 A b) 18 V
16. $i_2 = 0{,}25$ A e $i_3 = 0{,}20$ A
17. a) 2 A b) 7 V

Revisando o conteúdo

1. e **2.** d **3.** a **4.** e **5.** a
6. a **7.** a **8.** e **9.** e **10.** a
11. c **12.** b **13.** a
14. a) 1.248 Ω b) Aproximadamente 0,176 A.
15. 02 + 04 + 32 = 38
16. c **17.** b **18.** 45 mA
19. a) 245 Ω b) 726 Wh
20. a)

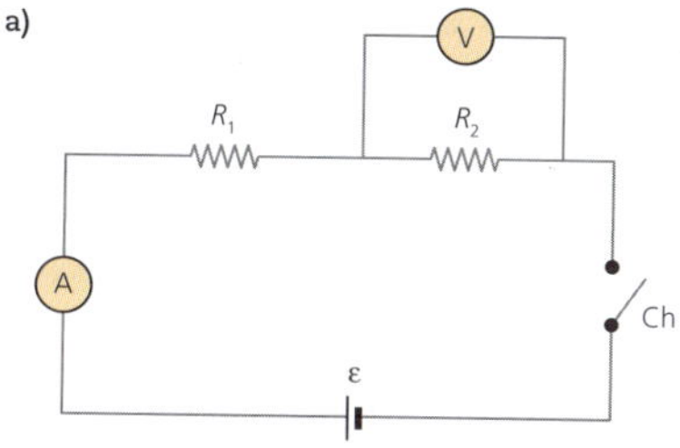

b) 0,01 mA e 2,0 V

Cap. 35 Geradores, receptores e capacitores

Avaliando o aprendizado

1. a) ε = 15 V e r = 2 Ω
b) U = 15 − 2i (com U em volt e i em ampère)
2. a) 0,4 Ω
b) U = 12 − 0,4i (com U em volt e i em ampère)
3. ε = 6 V, r = 2 Ω e $i_{cc} = 3{,}0$ A
4. 4 Ω **5.** 2 A **6.** 1,2 A e 6 V
7. a) ε = 18 V, r = 2,5 Ω b) 8 V
8. 16 W
9. a) U = 100 + 5i (com U em volt e i em ampère)
b)

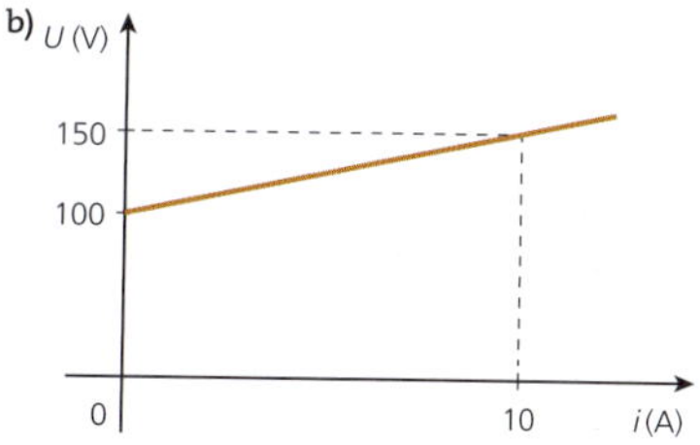

10. ε' = 9 V e r' = 1 Ω
11. a) 5 A c) aproximadamente 91,7%
b) 11 V
12. a)

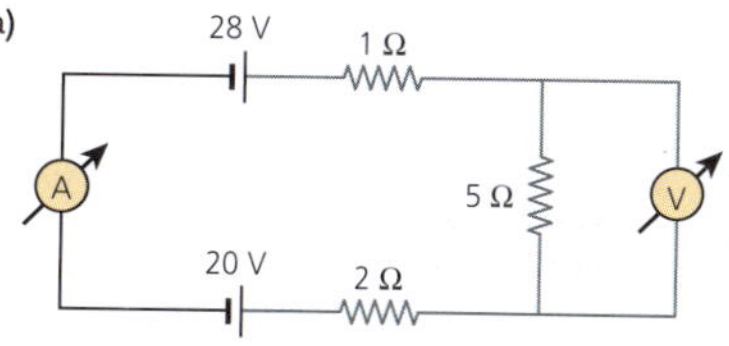

b) 1 A e 5 V c) 5 W
d) Aproximadamente 90,9%
13. 10 V **14.** 60 μC e 360 μJ
15. 1 μF e 400 V
16. a) 2 μF b) 0,04 J
17. a) 2 A b) 8 V c) 16 μC
18. 2 A

Revisando o conteúdo

1. a **2.** b **3.** c **4.** a
5. c **6.** e **7.** e **8.** V – F – V – V – V
9. 02 + 04 = 06 **10.** $\frac{\varepsilon}{3}$ **11.** d **12.** c
13. 01 + 04 + 08 = 13 **14.** c **15.** d **16.** a
17. 02 + 08 + 16 = 26 **18.** c **19.** d **20.** e

Cap. 36 Magnetismo e fontes de campo magnético

Avaliando o aprendizado

1. I, II e III **2.** I e II
3. A: polo sul; B: polo norte; D: polo norte
4.

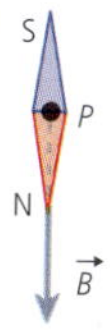

5. a)

b)

c)

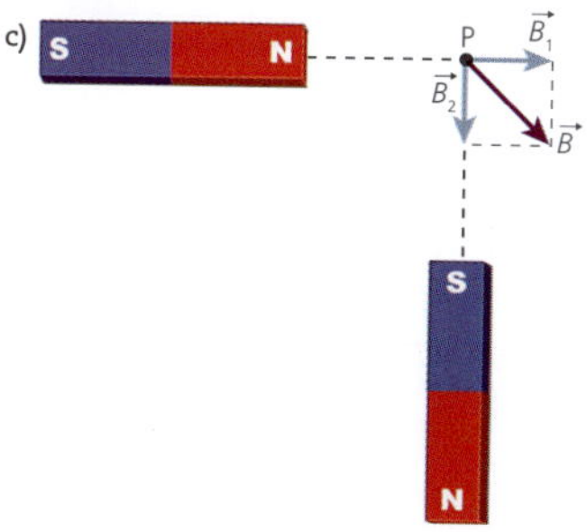

6. As linhas obtidas representam as linhas de indução.
7. a)

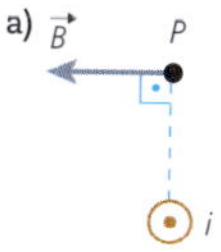

b)

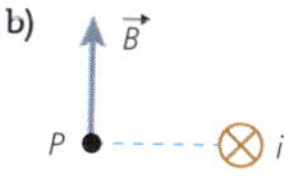

c)

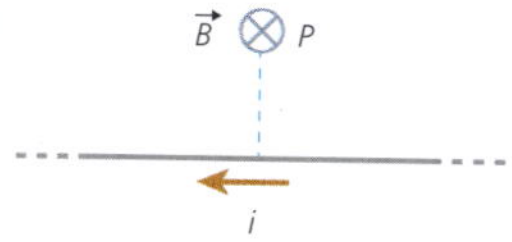

d)

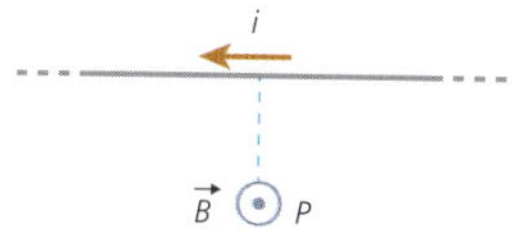

e)

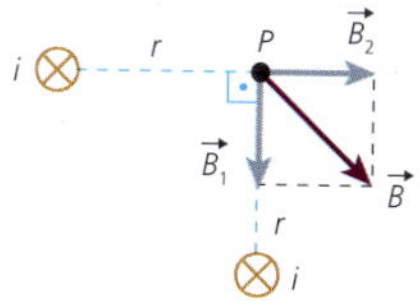

8. b **9.** $\frac{i_1}{i_2} = 2$
10. a)

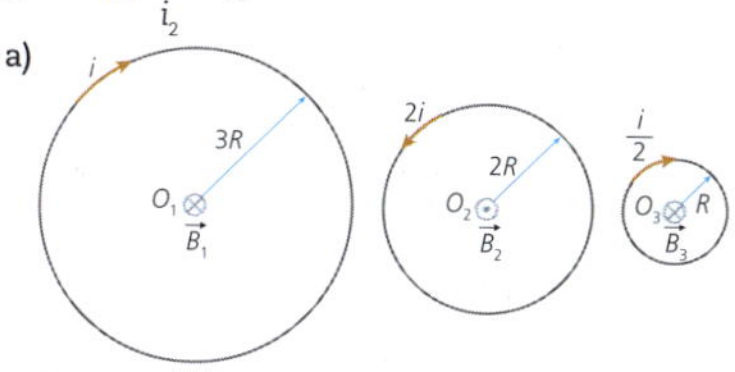

b) $\vec{B}_2$ é o mais intenso

11. sim; $\frac{i}{I} = \frac{1}{\pi}$

12. c

13. a) $i = 2{,}0$ A

b) $B = 8\pi \cdot 10^{-4}$ T

c)

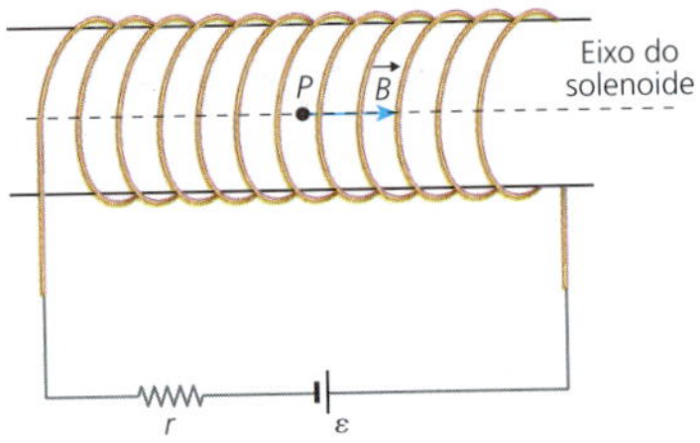

Revisando o conteúdo

1. c **2.** a **3.** d **4.** b

5. a **6.** a **7.** c **8.** c

9. a **10.** $\frac{B_Q}{B_P} = 3$ **11.** b **12.** d

13. a) $E = 9{,}0$ V

b) $B = 8\pi \cdot 10^{-5}$ T

Cap. 37 Força magnética

Avaliando o aprendizado

1. a)

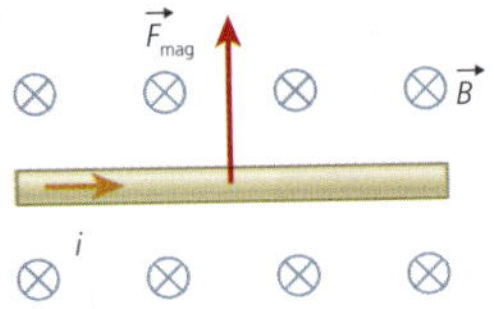

b)

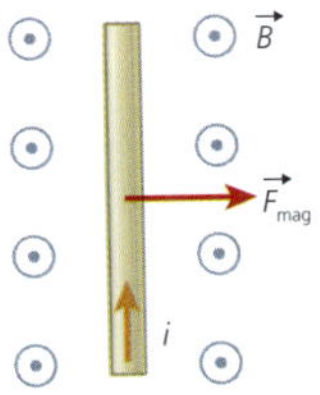

c)

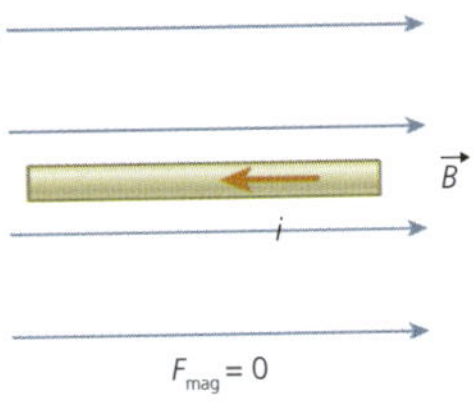

d)

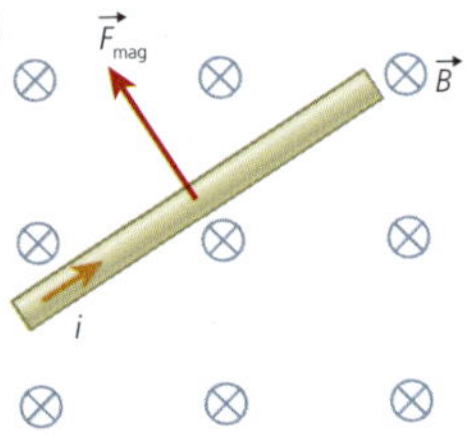

e)

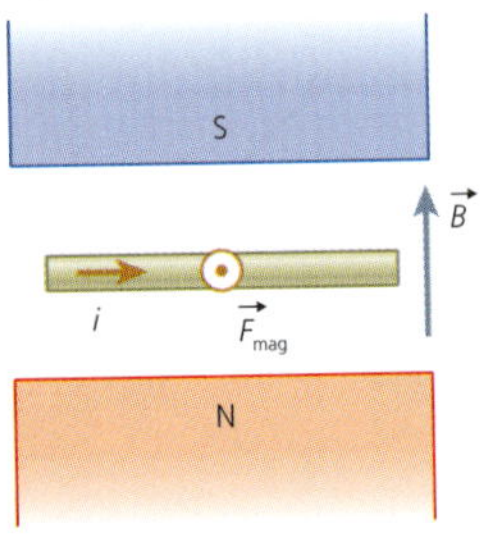

f)

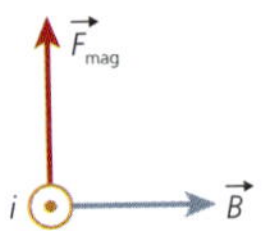

2. a) $F_{mag} = 1{,}5 \cdot 10^{-3}$ N

b) $F_{mag} = 7{,}5 \cdot 10^{-4}$ N

c) $F_{mag} = 1{,}5 \cdot 10^{-3}$ N

a)

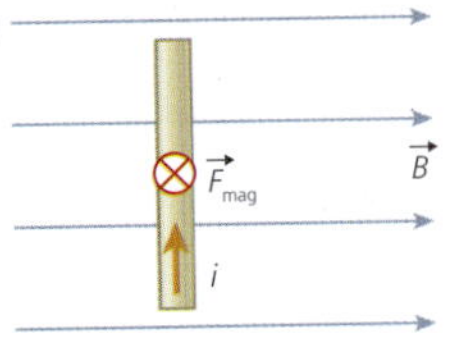

b)

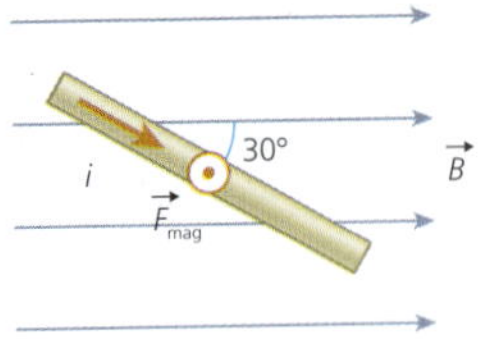

c)

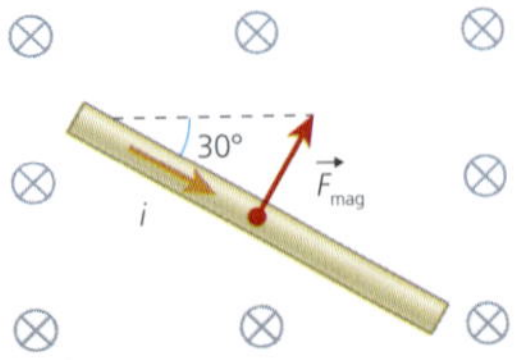

3. a) $k = 50$ N/m

b) $i = 2{,}5$ A

4. atração: C para D; repulsão: D para C

5. b

6. $F = 4{,}0 \cdot \sqrt{2} \cdot 10^{-6}$ N

7. a)

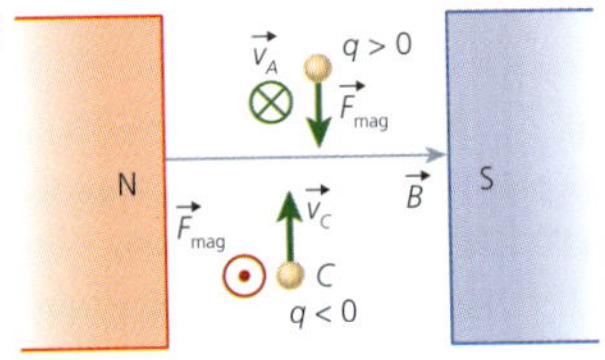

b)

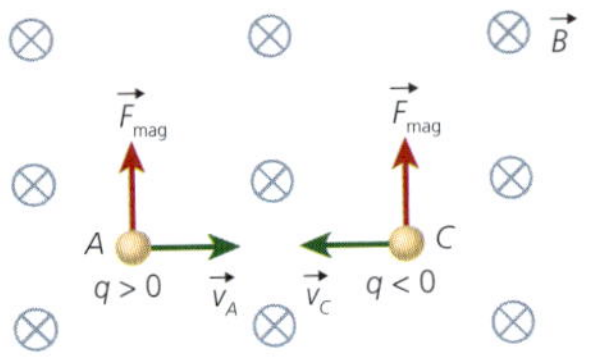

c)

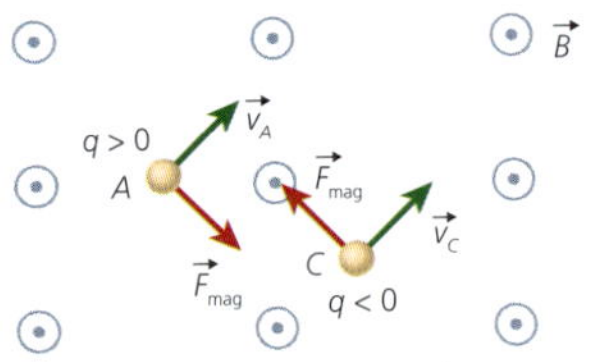

8. c

9. nêutrons: trajetória II; pósitrons: trajetória I; elétrons: trajetória III

10. $\frac{q_1}{q_2} = -1{,}6$

Revisando o conteúdo

1. $F_{mag} = 5{,}0$ N **2.** c **3.** a **4.** b

5. e **6.** a **7.** d **8.** b

9. d **10.** e **11.** a **12.** a

13. a) $\frac{q}{m} \simeq -8{,}1 \cdot 10^{10} \frac{C}{kg}$ b) $m \simeq 2{,}0 \cdot 10^{-30}$ kg

14. b

Cap. 38 Indução eletromagnética

Avaliando o aprendizado

1. Da posição 1 para a posição 2:

$\Delta\varphi_{1\text{-}2} = \varphi_2 - \varphi_1 = 2{,}4 \cdot \sqrt{3} \cdot 10^{-4}$ Wb

Da posição 1 para a posição 3:

$\Delta\varphi_{1\text{-}3} = \varphi_3 - \varphi_1 = 4{,}8 \cdot 10^{-4}$ Wb

2. Durante a aproximação: a corrente induzida tem sentido horário em relação ao observador O. Durante o afastamento: a corrente induzida tem sentido anti-horário em relação ao observador O.

3. d **4.** Sentido horário

5. Sentido anti-horário

6. Sentido horário

7. No instante em que a chave *ch* é fechada, o sentido da corrente elétrica induzida é horário. No instante em que a chave *ch* é aberta, o sentido da corrente elétrica induzida é anti-horário. No intervalo de tempo em que a chave permanece fechada, não há corrente induzida, pois o fluxo magnético não varia. Equivale a um ímã parado em frente à espira.

8. a) $|\varepsilon_m| = 6{,}0 \cdot 10^{-6}$ V

b) $|\varepsilon_m| = 0$

c) $|\varepsilon_m| = 3{,}0 \cdot 10^{-6}$ V

9. $|\varepsilon_m| = 4{,}0 \cdot 10^{-5}$ V

10. $|\varepsilon_m| = B \cdot L \cdot v$

Revisando o conteúdo

1. 1 mWb **2.** Aproximadamente $4 \cdot 10^{-3}$ Wb

3. d **4.** e **5.** e **6.** II, III e IV

7. a) O sentido da corrente no anel é o horário.

b) A amplitude diminui.

8. b **9.** d **10.** b **11.** b

Cap. 39 Ondas eletromagnéticas

Avaliando o aprendizado

1. a

2. a) $\otimes \vec{v}$ b) $\odot \vec{v}$ c) $\uparrow \vec{v}$ d) $\vec{v} \rightarrow$

3. a) 1,5 GHz

b) 1,0 nT

c) na direção do eixo z

4. a) horizontal, de leste para oeste

b) 100 m c) $B_{max} = 3{,}0\ \mu$T

5. d **6.** a

7. a) $1{,}8 \cdot 10^8$ m/s b) aproximadamente 1,67

8. b **9.** d **10.** a **11.** c

Revisando o conteúdo

1. e **2.** e

3. a) $v = 2{,}4 \cdot 10^8$ m/s; sentido positivo de Ox

b) $n_{meio} = 1{,}25$

4. a) $B = 50$ nT, no sentido negativo do eixo z

b) $\lambda = 10$ cm

5. b **6.** a **7.** d

8. a) aproximadamente 12,2 cm

b) A reflexão das ondas na superfície metálica impede que elas cheguem até o alimento e também podem danificar a fonte emissora.

9. aproximadamente 9,7 μm

10. a) aproximadamente $3{,}1 \cdot 10^{13}$ Hz

b) infravermelho

11. a **12.** e **13.** d **14.** b

15. a **16.** $\frac{\lambda_m}{\lambda_x} = 2 \cdot 10^8$ **17.** e

Cap. 40 Física Moderna e contemporânea

Avaliando o aprendizado

1. a) $\beta^2 = 1 - \frac{1}{\gamma^2}$ b) $\gamma^2 - 1$

2. 1 al = c · 1 ano $\simeq 9{,}46 \cdot 10^{15}$ m $\simeq 9{,}5 \cdot 10^{15}$ m $\simeq$ $\simeq 9{,}5 \cdot 10^{12}$ km

3. a) 1,25 b) 20 anos c) 16 anos d) 9,6 aℓ

4. 0,745 c

5. a) $1{,}8 \cdot 10^8$ m/s c) 1,2 ns

b) 1,25 d) 21,6 cm

6. zero **7.** $v = 0{,}80$ c **8.** zero

9. a) aproximadamente 0,105

b) $k = 0{,}1$

10. d **11.** b

12. a) $45 \cdot 10^6$ kWh b) 7.500 residências

13. a) $1,25 \cdot 10^{20}$ fissões/s b) 4,5 kg

14. a) $\gamma \simeq 7.000$ b) $c - v \simeq 3,0$ m/s

15. a) 6,2 eV b) 91,2 eV

16. a) 91,2 nm b) ultravioleta

17. c **18.** e

19. a) W/h b) hc/W

20. a) O eletroscópio não se descarregou, pois o fóton da radiação utilizada não tem energia suficiente para gerar fotoelétrons. Mesmo aumentando a intensidade da radiação, não haverá emissão de elétrons. A frequência da radiação é menor que a frequência de corte do metal.
b) A frequência da radiação utilizada na experiência é maior que a frequência de corte do metal; por isso, há emissão de elétrons descarregando o eletroscópio.

21. a) $\simeq 4,2 \cdot 10^{-15}$ eV · s
b) $\lambda_0 = 683,4$ nm
c) W = 1,82 eV

22. 200 nm, ultravioleta

23. a) absorção: I e IV; emissão: II e III
b) transição II
c) transição I

24. e

25. a) 300 nm b) 200 nm

26. d **27.** $K = \frac{h^2}{2m}$ **28.** 150 eV **29.** e

Revisando o conteúdo

1. e **2.** 02 + 04 + 08 + 16 = 30 **3.** c

4. a) $c = 3,0 \cdot 10^8$ m/s b) $c = 3,0 \cdot 10^8$ m/s

5. a) 5,0 anos
b) 3,0 anos
c) 4,0 anos-luz
d) 2,4 anos

6. a) 7,5 anos
b) 12 anos
c) 6,0 anos
d) 3,6 anos-luz

7. c **8.** e **9.** 0,5 c

10. a) aproximadamente 96 MHz b) 3,125 m

11. a) afastando b) aproximadamente 120 km/s

12. c **13.** e **14.** d

15. c **16.** c **17.** e

18. a) aproximadamente $3,0 \cdot 10^{14}$ Hz
b) aproximadamente 1,24 eV

19. a) 4,0 eV
b) $2,5 \cdot 10^{20}$ eV
c) $6,25 \cdot 10^{19}$ fótons

20. e **21.** a

22. a) W = 5,0 eV b) $f_0 \simeq 1,2 \cdot 10^{15}$ Hz

23. e

24. a) 2,4 eV
b) césio e potássio
c) 1,7 eV

25. a **26.** a **27.** b

Lista de siglas

Acafe-SC – Associação Catarinense das Fundações Educacionais

Cefet-AL – Centro Federal de Educação Tecnológica de Alagoas

Cefet-CE – Centro Federal de Educação Tecnológica do Ceará

Cefet-MG – Centro Federal de Educação Tecnológica de Minas Gerais

Cefet-PR – Centro Federal de Educação Tecnológica do Paraná

Cefet-RJ – Centro Federal de Educação Tecnológica Celso Suckow da Fonseca

Cefet-SP – Centro Federal de Educação Tecnológica de São Paulo

Cefsa-SP – Centro Educacional da Fundação Salvador Arena

Cesgranrio-RJ – Fundação Cesgranrio

E. E. Mauá-SP – Escola de Engenharia Mauá

Enade – Exame Nacional de Desempenho de Estudantes

Enem – Exame Nacional do Ensino Médio

Esal-MG – Escola Superior de Agricultura de Lavras

Escola Naval-RJ – Escola Naval do Rio de Janeiro

EsPCEx-SP – Escola Preparatória de Cadetes do Exército

Estácio-RJ – Universidade Estácio de Sá

F. M. Taubaté-SP – Faculdade de Medicina de Taubaté

Faap-SP – Fundação Armando Álvares Penteado

Fatec-SP – Faculdade de Tecnologia de São Paulo

FCC-SP – Fundação Carlos Chagas de São Paulo

FCM-MG – Faculdade de Ciências Médicas de Minas Gerais

FEI-SP – Faculdade de Engenharia Industrial

Fesp-SP – Faculdade de Engenharia São Paulo

FGV-RJ – Fundação Getúlio Vargas

FGV-SP – Fundação Getúlio Vargas

FMABC-SP – Faculdade de Medicina do ABC

FSA-SP – Fundação Santo André

Furg-RS – Fundação Universidade Federal do Rio Grande

Fuvest-SP – Fundação Universitária para o Vestibular

IJSO – *International Junior Science Olympiad* (Olimpíada Internacional Júnior de Ciências)

IME-RJ – Instituto Militar de Engenharia

Inatel-MG – Instituto Nacional de Telecomunicações

ITA-SP – Instituto Tecnológico de Aeronáutica

Mackenzie-SP – Universidade Presbiteriana Mackenzie

Pasusp – Programa de Avaliação Seriada da USP

Pisa – *Programme for International Student Assessment* (Programa Internacional de Avaliação de Alunos)

Puccamp-SP – Pontifícia Universidade Católica de Campinas

PUC-MG – Pontifícia Universidade Católica de Minas Gerais

PUC-PR – Pontifícia Universidade Católica do Paraná

PUC-RJ – Pontifícia Universidade Católica do Rio de Janeiro

PUC-RS – Pontifícia Universidade Católica do Rio Grande do Sul

PUC-SP – Pontifícia Universidade Católica de São Paulo

UCDB-MS – Universidade Católica Dom Bosco (antiga FCMT)

UCG-GO – Pontifícia Universidade Católica de Goiás

UCMG – União Colegial de Minas Gerais

UCS-RS – Universidade de Caxias do Sul

UCSal-BA – Universidade Católica do Salvador

Udesc – Universidade do Estado de Santa Catarina

Uece – Universidade Estadual do Ceará

UEFS-BA – Universidade Estadual de Feira de Santana

UEG-GO – Universidade Estadual de Goiás

UEL-PR – Universidade Estadual de Londrina

Uema – Universidade Estadual do Maranhão

UEMG – Universidade do Estado de Minas Gerais

UEM-PR – Universidade Estadual de Maringá

Uenp-PR – Universidade Estadual do Norte do Paraná

UEPB – Universidade Estadual da Paraíba

Uepe – Universidade Estadual de Pernambuco

UEPG-PR – Universidade Estadual de Ponta Grossa

Uerj – Universidade do Estado do Rio de Janeiro

Uesb-BA – Universidade Estadual do Sudoeste da Bahia

Uesc-BA – Universidade Estadual de Santa Cruz

Uespi – Universidade Estadual do Piauí

Ufac – Universidade Federal do Acre

Ufal – Universidade Federal de Alagoas

Ufam – Universidade Federal do Amazonas

UFBA – Universidade Federal da Bahia

UFC-CE – Universidade Federal do Ceará

Ufes – Universidade Federal do Espírito Santo

UFF-RJ – Universidade Federal Fluminense

UFGD-MS – Universidade Federal da Grande Dourados

UFG-GO – Universidade Federal de Goiás

UFJF-MG – Universidade Federal de Juiz de Fora

Ufla-MG – Universidade Federal de Lavras

UFMA – Universidade Federal do Maranhão

UFMG – Universidade Federal de Minas Gerais

UFMS – Universidade Federal de Mato Grosso do Sul

UFMT – Universidade Federal de Mato Grosso

UFPA – Universidade Federal do Pará

UFPB – Universidade Federal da Paraíba

UFPE – Universidade Federal de Pernambuco

UFPel-RS – Universidade Federal de Pelotas

UFPI – Universidade Federal do Piauí

UFPR – Universidade Federal do Paraná

UFRGS – Universidade Federal do Rio Grande do Sul

UFRJ – Universidade Federal do Rio de Janeiro

UFRN – Universidade Federal do Rio Grande do Norte

UFRR – Universidade Federal de Roraima

UFRRJ – Universidade Federal Rural do Rio de Janeiro

UFSC – Universidade Federal de Santa Catarina

UFSCar-SP – Universidade Federal de São Carlos

UFSM-RS – Universidade Federal de Santa Maria

UFS-SE – Universidade Federal de Sergipe

UFTM-MG – Universidade Federal do Triângulo Mineiro

UFU-MG – Universidade Federal de Uberlândia

UFV-MG – Universidade Federal de Viçosa

UFVJM-MG – Universidade Federal dos Vales do Jequitinhonha e Mucuri

UGF-RJ – Universidade Gama Filho

Unama-PA – Universidade da Amazônia

UnB-DF – Universidade de Brasília

Unemat-MT – Universidade do Estado de Mato Grosso

Unesp – Universidade Estadual Paulista

Unic-MT – Universidade de Cuiabá

Unicamp-SP – Universidade Estadual de Campinas

Unicentro-PR – Universidade Estadual do Centro-Oeste

Unifal-MG – Universidade Federal de Alfenas

Unifap – Universidade Federal do Amapá

UniFEI-SP – Centro Universitário da Faculdade de Engenharia Industrial

Unifesp – Universidade Federal de São Paulo

Unifor-CE – Universidade de Fortaleza

Unimep-SP – Universidade Metodista de Piracicaba

Unimontes-MG – Universidade Estadual de Montes Claros

Unioeste-PR – Universidade Estadual do Oeste do Paraná

Unip-SP – Universidade Paulista

Unirio-RJ – Universidade Federal do Estado do Rio de Janeiro

Unisinos-RS – Universidade do Vale do Rio dos Sinos

Unitau-SP – Universidade de Taubaté

Uniube-MG – Universidade de Uberaba

Univali-SC – Universidade do Vale do Itajaí

UPE – Universidade de Pernambuco

UTFPR – Universidade Tecnológica Federal do Paraná

Vunesp – Fundação para o Vestibular da Universidade Estadual Paulista

ALONSO, Marcelo e FINN, Edward. *Física*. Trad. Maria Alice Gomes da Costa e Maria de Jesus Vaz de Carvalho. São Paulo: Addison-Wesley do Brasil, 1999.

BAEYER, Hans Christian von. *Arco-íris, flocos de neve, quarks*: a Física e o mundo que nos rodeia. Trad. Luiz Euclydes Trindade Frazão Filho. Rio de Janeiro: Campus, 1994.

BEN-DOV, Yoav. *Convite à Física*. Trad. Maria Luiza X. de A. Borges. Rio de Janeiro: Zahar, 1996.

BLOOMFIELD, Louis A. *How Things Work, the Physics of everyday life*. New York: John Wiley, 1997.

CALVANI, Paolo. *Juegos científicos*. Trad. Ana Maria Marquez Gomez. Madrid: Piramide, 1988.

CARR, Gerry. *Biomecânica dos esportes*. São Paulo: Manole, 1998.

CHAVES, Alaor e SAMPAIO, J. F. *Física Básica, Mecânica*. Gravitação, Fluidos, Ondas, Termodinâmica, Eletromagnetismo. Rio de Janeiro: LTC, 2007.

CUTNELL, John e JOHNSON, Kenneth W. *Física*. Trad. Jose Paulo Soares de Azevedo. Rio de Janeiro: LTC, 2006. v. 1, 2 e 3.

EISBERG, Robert M. e LERNER, Lawrence S. *Física, fundamentos e aplicações*. Trad. José Ivan Albuquerque. São Paulo: McGraw-Hill do Brasil, 1982.

FERREIRA, Moacyr Costa. *História da Física*. São Paulo: Edicon, 1988.

________. *Dicionário de inventos e inventores*. 2. ed. São Paulo: Edicon, 1998.

FEYNMAN, Richard P. *Física em seis lições*. Trad. Ivo Korytowski. Rio de Janeiro: Ediouro, 1999.

________; LEIGHTON, Robert B. e SANDS, Matthew. *Lições de Física*. Trad. Antônio José Roque da Silva e Sylvio Roberto Accioly Canuto. Porto Alegre: Artmed, 2008.

FISHBANE, Paul M.; GASIOROWICZ, Stephen e THORNTON, Stephen T. *Physics for Scientists and Engineers*. 2. ed. New Jersey: Prentice-Hall, 1996.

FOLMER-JOHNSON, Tore N. O. *Elementos de Mecânica*: Dinâmica. São Paulo: Nobel, 1965.

________. *Elementos de Termologia*. São Paulo: Nobel, 1965.

________. *Elementos de Eletrostática*. São Paulo: Nobel, s.d.

GIANCOLI, Douglas C. *Physics, Principles with Applications*. 4. ed. New Jersey: Prentice-Hall, 1995.

HALLIDAY, David; RESNICK, Robert e WALKER, Jearl. *Fundamentos de Física*. 7. ed. Trad. Flavio Menezes de Aguiar e Jose Wellington Rocha Tabosa. Rio de Janeiro: LTC, 2007. v. 1 – Mecânica, v. 2 – Gravitação, Ondas e Termodinâmica e v. 4 – Óptica e Física Moderna.

________ e RESNICK, Robert. *Física*. 4. ed. Trad. Antonio Maximo R. Luz. Rio de Janeiro: LTC, 1983.

HAZEN, Robert e TREFIL, James. *The Physical Sciences*: An Integrated Approach. New York: John Wiley, 1996.

HEWITT, Paul G. *Física conceptual*. Trad. Sergio de Regules Ruiz-Funes. 2. ed. Delaware: Addison-Wesley-Iberoamericana, 1995.

LUCIE, Pierre. *Física 1ª série*. Rio de Janeiro: Francisco Alves, 1977.

________. *Física básica*: Mecânica. Rio de Janeiro: Campus, 1979.

________. *Física básica*: Física Térmica. Rio de Janeiro: Campus, 1979.

KNIGHT, Randall D. *Física, uma abordagem estratégica*. Porto Alegre: Bookman, 2009. v. 1, 2, 3 e 4.

MACEDO, Horacio. *Dicionário de Física ilustrado*. Rio de Janeiro: Nova Fronteira, 1976.

MISNER, Charles W.; THORNE, Kip S. e WHEELER, John A. *Gravitation*. New York: W. H. Freeman, 1973.

MLODINOW, Leonard. *O arco-íris de Feynman*. Trad. Claudio Figueiredo. Rio de Janeiro: Sextante, 2005.

NEIVA, Jucy. *Fontes alternativas de energia*. 2. ed. Rio de Janeiro: Mayti, 1987.

NUSSENZVEIG, H. Moysés. *Curso de Física básica*. São Paulo: Edgard Blücher, 1981. v. 1 e 2.

OKUNO, Emico; CALDAS, Ibere L. e CHOW, Cecil. *Física para Ciências Biológicas e Biomédicas*. São Paulo: Harbra, 1982.

OREAR, Jay. *Física*. Trad. Ivan Cunha Nascimento e José Roberto Moreira. Rio de Janeiro: LTC, 1971.

________. *Fundamentos da Física*. Trad. Jaime Oltramari. Rio de Janeiro: LTC, 1991. v. 1 e 2.

PAULI, Wolfgang. *Theory of Relativity*. Mineola: Dover, 1981.

PEDROSA, Israel. *Da cor à cor inexistente*. 8. ed. Rio de Janeiro: Léo Christiano, 2002.

PINTO, Alexandre Custódio; SILVA, José Alves e LEITE, Cristina. *A Física das cores*. São Paulo: Editora do Brasil, 2000. (Coleção Projeto Escolar e Cidadania)

________. *A Física está dentro de você*. São Paulo: Editora do Brasil, 2000. (Coleção Projeto Escolar e Cidadania)

RAMALHO, Francisco; FERRARO, Nicolau Gilberto e TOLEDO SOARES, Paulo Antonio. *Os fundamentos da Física*. 10. ed. São Paulo: Moderna, 2009. v. 1, 2 e 3.

RESNICK, Robert. *Conceptos de relatividad y teoría cuántica*. Trad. Arturo Heyer Banda. Mexico: Limusa, 1976.

________. *Introdução à relatividade especial*. Trad. Shigeo Watanabe. São Paulo: Edusp/Polígono, 1971.

RIVAL, Michel. *Os grandes experimentos científicos*. Rio de Janeiro: Jorge Zahar, 1997.

ROUSSEAU, René-Lucien. *A linguagem das cores*. Trad. J. Constantino K. Riemma. São Paulo: Pensamento, 1980.

SAYÃO, Jorge (Org.). *Enigmas visuais*. Rio de Janeiro: Frente, 2004.

SCHENBERG, Mario. *Pensando a Física*. 5. ed. São Paulo: Laudy, 2001.

SEARS, Francis W.; ZEMANSKY, Mark e YOUNG, Hugh D. *Física*. Rio de Janeiro: LTC, 1993. v. 2 e 3.

SERWAY, Raymond e JEWETT, John W. *Princípios de Física*. Trad. André Koch Torres Assis. São Paulo: Pioneira Thomson Learning, 2004. v. 1 – Mecânica Clássica, v. 2 – Movimento Ondulatório e Termodinâmica, v. 3 – Eletromagnetismo, v. 4 – Óptica e Física Moderna.

SPEYER, Edward. *Seis caminhos a partir de Newton*. Trad. Ivo Korytowski. Rio de Janeiro: Campus, 1995.

TIPLER, Paul A. *Física*. Trad. Ronaldo Sergio de Biasi. 4. ed. Rio de Janeiro: LTC, 2000.

——— e LLEWELLYN, Ralph A. *Física Moderna*. 3. ed. Rio de Janeiro: LTC, 2001.

TORRES, Carlos Magno; FERRARO, Nicolau Gilberto e TOLEDO SOARES, Paulo Antonio. *Física, Ciência e Tecnologia*. São Paulo: Moderna, 2010. v. 1, 2 e 3.

WILSON, Jerry D. e BUFFA, Antony J. *Física*. 5. ed. Mexico: Pearson, 2003.

WOLFSON, Richard e PASACHOFF, Jay M. *Physics*. 2. ed. New York: Harper, 1995.

YOUNG, Hugh D. e FREEDMAN, Roger. *Physics*. 9. ed. New York: Addison-Wesley, 1995.

Vereda Digital

Física

Nicolau • Torres • Penteado

Volume único

Conteúdo do DVD

✓ **Ficha de estudo**

✓ **Visão do especialista**

✓ **Biblioteca do estudante**
- Capítulos (Material complementar)
- Ferramentas digitais: como usar

✓ **Conteúdo multimídia**
- Capítulos (Animação, vídeo e simulador)
- Mapa conceitual temático
- Físicos em rede

✓ **Listas de exercícios**

Especificações técnicas para uso do DVD
- CPU de 1.0 GHz
- Memória RAM de 1 Gb
- Leitor de DVD
- Acrobat Reader
- Sistema operacional: Windows XP ou superior
- Resolução mínima de vídeo: 1024x768